JN397758

여러분의 합격을 응원하는

해커스PSAT의 특별 혜택

해커스PSAT 온라인 단과강의 **20% 할인쿠폰**

K496D57B480K6000

해커스PSAT 사이트(psat.Hackers.com) 접속 후 로그인 ▶
우측 퀵배너 [쿠폰/수강권등록] 클릭 ▶ 위 쿠폰번호 입력 후 이용

* 등록 후 7일간 사용 가능(ID당 1회에 한해 등록 가능)

PSAT 패스 10% 할인쿠폰

9B5BD57D6622K000

해커스PSAT 사이트(psat.Hackers.com) 접속 후 로그인 ▶
우측 퀵배너 [쿠폰/수강권등록] 클릭 ▶ 위 쿠폰번호 입력 후 이용

* 등록 후 7일간 사용 가능(ID당 1회에 한해 등록 가능)

쿠폰 이용 관련 문의 **1588-4055**

해커스PSAT

7급 PSAT 기출문제집

해커스

조은정

이력
- 이화여자대학교 사회과학대학 졸업
- (현) 해커스 7급 공채 PSAT 언어논리 강사
- (현) 베리타스에듀 5급 공채 PSAT 언어논리 강사
- (현) 시대인재 LEET 언어이해 강사
- (현) 해커스 9급 공채 국어 강사

저서
- 해커스PSAT 7급 PSAT 유형별 기출 200제 언어논리
- 해커스PSAT 7급+민경채 PSAT 17개년 기출문제집 언어논리
- 해커스PSAT 7급 PSAT 기출문제집
- 해커스PSAT 7급 PSAT 기본서 언어논리
- 해커스PSAT 7급 PSAT 입문서
- 5급 공채 PSAT 조은정 언어논리 입문서
- 5급 공채 PSAT 조은정 언어논리 기본서
- 112 PSAT 조은정의 떠먹는 언어논리
- PSAT 퀴즈99
- 112 민간경력자 PSAT 기출 유형분석 총정리
- PSAT 조은정 언어논리 실전모의고사

길규범

이력
- (현) 해커스 5급, 7급 공채 PSAT 상황판단 강사
- (현) 해커스 7급 공채 PSAT 자료해석 강사
- (전) 베리타스 법학원 5급 공채 PSAT 상황판단 강사

저서
- 해커스PSAT 길규범 상황판단 올인원 1, 2, 3권
- 해커스PSAT 7급 PSAT 유형별 기출 200제 상황판단
- 해커스PSAT 7급+민경채 PSAT 17개년 기출문제집 상황판단
- 해커스PSAT 7급 PSAT 기출문제집
- 해커스PSAT 7급 PSAT 기본서 상황판단
- 해커스PSAT 7급 PSAT 입문서
- PSAT 민간경력자 기출백서
- PSAT 상황판단 전국모의고사 400제
- 길규범 PSAT 상황판단 봉투모의고사
- PSAT 엄선 전국모의고사
- 30개 공공기관 출제위원이 집필한 NCS
- 국민건강보험공단 NCS 직업기초능력평가 봉투모의고사
- 547 5급 for 7급 엄선 봉투모의고사(언어논리, 상황판단)
- 길규범 상황판단 7급 PSAT 합격으로 가는 최종점검 봉투모의고사
- 길규범 PSAT 상황판단 텍스트 법조문 Workbook
- 최신 3개년 PSAT 피셋 가장 완벽한 올인원 기출해설집(언어논리, 자료해석, 상황판단)

김용훈

이력
- 서울시립대 법학부 졸업
- 서울대 행정대학원 행정학 전공 석사과정 재학 중
- 2012~2014년 5급 공채 행시 1차 PSAT 합격
- (현) 해커스 5급 및 7급 공채 PSAT 자료해석 강사
- (전) 베리타스 법학원 5급 공채 PSAT 자료해석 강사
- (전) 위포트 NCS 필기 강사
- (전) 법률저널 PSAT 전국모의고사 출제 및 검수위원
- (전) 중앙대 정보해석 출강 교수

저서
- 해커스PSAT 7급 PSAT 김용훈 자료해석 실전동형모의고사
- 해커스PSAT 7급+민경채 PSAT 17개년 기출문제집 자료해석
- 해커스PSAT 5급 PSAT 김용훈 자료해석 13개년 기출문제집
- 해커스PSAT 7급 PSAT 유형별 기출 200제 자료해석
- 해커스PSAT 7급 PSAT 기본서 자료해석
- 해커스PSAT 7급 PSAT 입문서
- EBS 와우패스 NCS 한국전력공사
- EBS 와우패스 NCS 한국수력원자력
- EBS 와우패스 NCS NH농협은행 5급
- EBS 와우패스 NCS 고졸채용 통합마스터
- PSAT 자료해석의 MIND 기본서 실전편
- PSAT 초보자를 위한 입문서 기초편

서문

7급 PSAT,
어떻게 준비해야 하나요?

국가직 7급 공채 PSAT 시험이 시행된 지 5년이 지났지만,
아직도 학습에 어려움을 겪는 수험생이 많습니다.

7급 PSAT 시험은 기출문제가 많지 않기 때문에 단순히 문제를 풀어보는 것만으로는 풀이 실력을 향상시키기 어렵습니다.
따라서 기출문제의 구조와 선택지 구성 방식 등을 꼼꼼히 분석하여 출제 경향을 익히고,
자신의 취약점을 파악해 보완하는 것이 가장 중요합니다.

최신 7급 PSAT 기출문제를 통해 효과적으로 실전에 대비할 수 있도록,
정확한 문제 분석으로 보다 빠르고 정확하게 문제를 풀 수 있도록,
본인의 약점을 확실히 파악하고 시험 전까지 완벽하게 극복할 수 있도록,

해커스는 수많은 고민을 거듭한 끝에
「해커스PSAT 7급 PSAT 기출문제집」을 출간하게 되었습니다.

「해커스PSAT 7급 PSAT 기출문제집」은

1. 2025~2021년에 출제된 최신 기출문제뿐 아니라, 2020년 모의평가와 2019년 예시문제까지 철저히 분석하여 7급 PSAT 기출 경향과 출제 유형을 확실하게 파악할 수 있습니다.
2. 상세한 분석과 꼼꼼한 해설을 통해 실전에 전략적으로 대비하고, 취약 유형 분석표와 취약 유형 공략 포인트를 통해 본인의 취약점을 효과적으로 진단하고 학습할 수 있습니다.
3. 7급 PSAT 출제 유형에 맞게 5급 PSAT 기출문제에서 엄선한 5급 기출 재구성 모의고사를 통해 실전 감각을 키우고 고득점을 달성할 수 있습니다.

「해커스PSAT 7급 PSAT 기출문제집」을 통해 7급 PSAT에 대비하는 수험생 모두 합격의 기쁨을 누리시기 바랍니다.

조은정, 길규범, 김용훈

목차

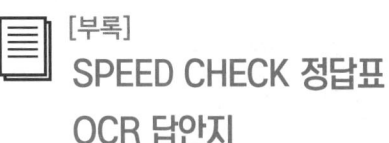

합격을 위한 이 책의 활용법

1 기출문제 풀이로 문제풀이 능력을 향상시킨다.

· 7급 PSAT 기출문제 전 문항을 풀고 분석하면서 문제풀이 능력을 향상시키고 실전 감각을 끌어올릴 수 있습니다.

· 7급 PSAT의 출제 유형에 맞게 엄선된 5급 기출 재구성 모의고사를 통해 실력을 점검하고 고난도 문제에 대비할 수 있습니다.

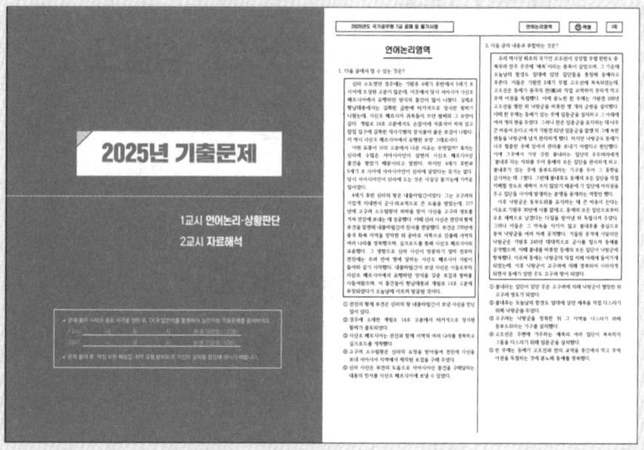

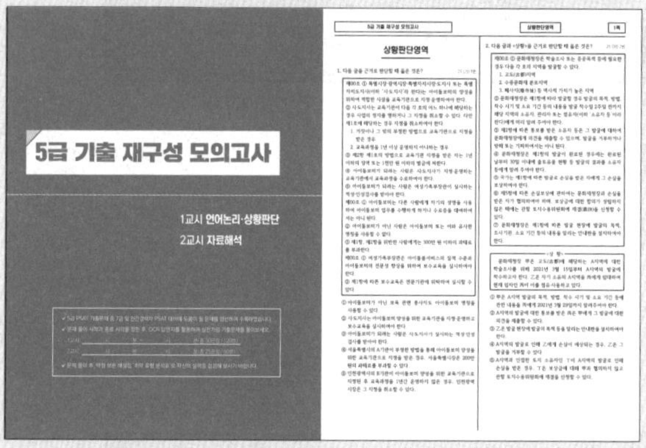

5급 기출 재구성 모의고사
1교시 언어논리·상황판단
2교시 자료해석
상황판단영역

2 꼼꼼한 기출 분석을 통해 출제 경향을 파악하고 전략적으로 학습한다.

· PSAT 전문가의 연도별 기출 총평을 통해 출제 경향을 정확히 파악하고, 영역별 기출 분석을 통해 시험에 효과적으로 대비할 수 있습니다.

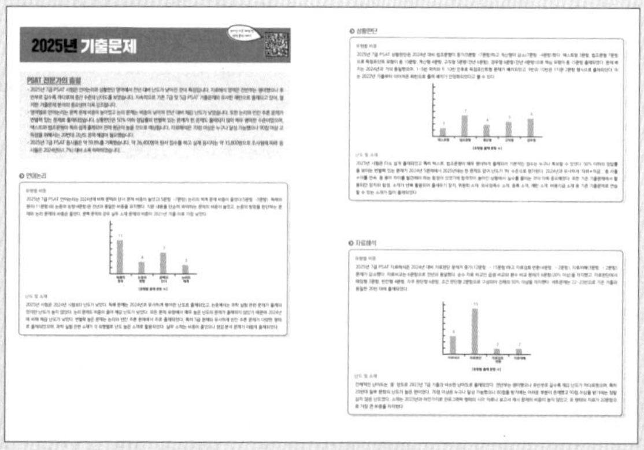

3 **상세한 해설**로 기출문제를 완벽 정리하고, **취약 유형 분석**으로 약점을 극복한다.

- 모든 문제에 제시된 유형과 난이도로 문제의 특성을 확인하며 실력을 점검할 수 있습니다.
- 효과적인 문제 접근법과 문제를 빠르게 해결할 수 있는 TIP을 얻을 수 있습니다.
- 유형별로 맞힌 문제 개수와 정답률을 체크하며 약점을 진단하고, 취약 유형 극복 전략을 학습할 수 있습니다.

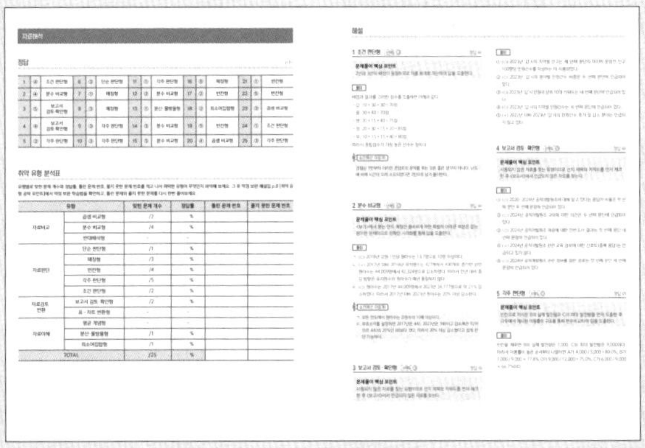

4 **부록으로 제공되는 자료**를 활용하여 학습 효율을 높인다.

- SPEED CHECK 정답표로 마킹한 OCR 답안지를 빠르게 채점하고, 출제 유형을 확인하며 효율적으로 학습할 수 있습니다.
- 실제 시험처럼 OCR 답안지에 마킹하며 문제를 풀어봄으로써 실전 감각을 극대화하고 시간 관리 연습도 할 수 있습니다.

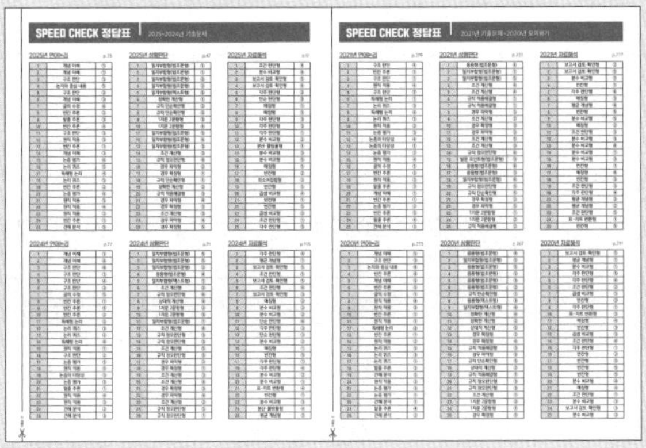

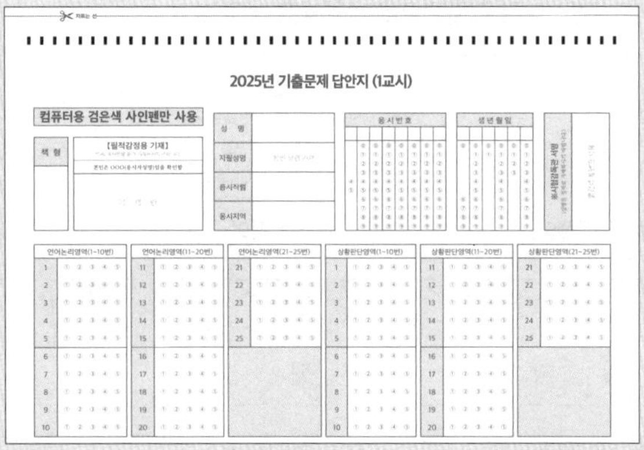

학습 타입별 맞춤 학습 플랜

자신이 원하는 학습 타입에 맞는 학습 플랜을 선택하여 계획을 수립하고, 계획에 따라 그날에 해당하는 분량을 공부합니다. 여러 번 반복하여 학습하고 싶은 경우 회독별 학습 가이드를 참고하여 효과적으로 학습할 수 있습니다.

실전 집중 대비 학습 플랜

· 실제 시험처럼 OCR 답안지에 마킹하며 제한 시간에 따라 기출문제를 풀어봅니다.
· 채점 후 틀린 문제와 풀지 못한 문제를 중심으로 해설을 꼼꼼히 읽으며 정답과 오답의 이유를 분석하고, 영역별 · 유형별 취약점을 복습하며 마무리 합니다.

5일 완성 플랜

이런 분에게 추천합니다!

· 시간이 부족하여 단기간에 기출학습을 끝내야 하는 분
· 실전 감각을 높이고 싶은 분

1일	2일	3일	4일	5일
___월 ___일	___월 ___일	___월 ___일	___월 ___일	___월 ___일
· 예시문제 풀이 · 2025년 풀이	2024년 풀이	2023~2022년 풀이	2021~2020년 풀이	· 5급 기출 재구성 풀이 · 취약 유형 복습

10일 완성 플랜

이런 분에게 추천합니다!

· 연도별 기출문제를 꼼꼼히 학습하고 싶은 분
· 자신의 취약점을 찾아 집중적으로 보완하고 싶은 분

1일	2일	3일	4일	5일
___월 ___일	___월 ___일	___월 ___일	___월 ___일	___월 ___일
예시문제 풀이	2025년 풀이	2025년 복습	2024~2023년 풀이	2024~2023년 복습
6일	**7일**	**8일**	**9일**	**10일**
___월 ___일	___월 ___일	___월 ___일	___월 ___일	___월 ___일
2022~2021년 풀이	2022~2021년 복습	· 2020년 풀이 · 5급 기출 재구성 풀이	· 2020년 복습 · 5급 기출 재구성 복습	취약 유형 복습

영역 중점 대비 학습 플랜

· 시간을 정해 놓고 한 영역의 문제를 꼼꼼히 풀어봅니다.
· 틀린 문제와 풀지 못한 문제를 확인하며 취약한 유형을 파악하고, 빠르고 정확한 풀이 전략을 정리하며 영역별 취약점을 중점적으로 학습합니다.

15일 완성 플랜

이런 분에게 추천합니다!

· 기출문제를 영역별로 학습하고 싶은 분
· 영역별 출제 유형부터 풀이 전략까지 차근차근 학습하고 싶은 분

1일	2일	3일	4일	5일
___월___일	___월___일	___월___일	___월___일	___월___일
· 언어논리 예시문제 풀이 · 2025년 언어논리 풀이	2024~2023년 언어논리 풀이	2022~2021년 언어논리 풀이	· 2020년 언어논리 풀이 · 5급 기출 재구성 언어논리 풀이	언어논리 취약 유형 복습
6일	**7일**	**8일**	**9일**	**10일**
___월___일	___월___일	___월___일	___월___일	___월___일
· 상황판단 예시문제 풀이 · 2025년 상황판단 풀이	2024~2023년 상황판단 풀이	2022~2021년 상황판단 풀이	· 2020년 상황판단 풀이 · 5급 기출 재구성 상황판단 풀이	상황판단 취약 유형 복습
11일	**12일**	**13일**	**14일**	**15일**
___월___일	___월___일	___월___일	___월___일	___월___일
· 자료해석 예시문제 풀이 · 2025년 자료해석 풀이	2024~2023년 자료해석 풀이	2022~2021년 자료해석 풀이	· 2020년 자료해석 풀이 · 5급 기출 재구성 자료해석 풀이	자료해석 취약 유형 복습

회독별 학습 가이드

1회독 "실전 감각 익히기"

· 정해진 시간 내에 OCR 답안지에 마킹하며 실전처럼 풀이한다.
· 틀린 문제와 풀지 못한 문제를 확인하며 취약한 부분을 파악하고, 풀이법을 숙지한다.

2회독 "문제 풀이 전략 심화 학습"

· 취약 유형 분석표와 취약 유형 공략 포인트를 바탕으로 취약한 부분을 꼼꼼히 복습한다.
· 기출 분석과 해설을 꼼꼼히 학습하고, 정답과 오답의 이유를 분석하여 더 빠르고 정확한 문제풀이 전략을 정리한다.

3회독 "취약 유형 보완 및 고득점 달성"

· 회독별 점수와 정답률 등을 분석하여 반복적으로 틀리는 문제를 파악한다.
· 문제풀이 핵심 포인트를 적용하여 취약한 유형의 문제를 중점적으로 풀어보고, 취약점을 극복한다.

7급 PSAT 알아보기

PSAT 소개

1. PSAT란?

PSAT(Public Service Aptitude Test, 공직적격성평가)는 공직과 관련된 상황에서 발생하는 여러 가지 문제에 신속히 대처할 수 있는 문제해결의 잠재력을 가진 사람을 선발하기 위해 도입된 시험입니다. 즉, 특정 과목에 대한 전문 지식 보유 수준을 평가하는 대신, 공직자로서 지녀야 할 기본적인 자질과 능력 등을 종합적으로 평가하는 시험입니다. 이에 따라 PSAT는 이해력, 추론 및 분석능력, 문제해결능력 등을 평가하는 언어논리, 상황판단, 자료해석 세 가지 영역으로 구성됩니다.

2. 시험 구성 및 평가 내용

과목	시험 구성	평가 내용
언어논리	각 25문항/120분	글의 이해, 표현, 추론, 비판과 논리적 사고 등의 능력을 평가함
상황판단		제시문과 표를 이해하여 상황 및 조건에 적용하고, 판단과 의사결정을 통해 문제를 해결하는 능력을 평가함
자료해석	25문항/60분	표, 그래프, 보고서 형태로 제시된 수치 자료를 이해하고 계산하거나 자료 간의 연관성을 분석하여 정보를 도출하는 능력을 평가함

* 본 시험 구성은 2022년 시험부터 적용

3. 공채 채용 프로세스

시험 공고 » 응시원서 접수 » 1차 PSAT 시험 » 합격자 발표 » 2차 전공 시험 » 합격자 발표 » 3차 면접 시험 » 최종합격자 발표

* 2025년 국가직 7급 공채 기준이며, 1차 PSAT 시험에서는 최종 선발 예정 인원의 약 7배수를 선발함
* 최신 시험의 상세 일정은 사이버국가고시센터(www.gosi.kr) 참고

시험장 Tip

1. 시험장 준비물

- **필수 준비물**: 신분증(주민등록증, 운전면허증, 여권, 주민등록번호가 포함된 장애인등록증 등), 응시표, 컴퓨터용 사인펜
- **기타**: 수정테이프(수정액 사용 불가), 손목시계, 무음 스톱워치, 클리어 파일, 풀이용 필기구(연필, 지우개) 등

2. 시험 시간표

시험 시간	단계	내용
12:50~13:30 (40분)	1교시 응시자 교육	12:50까지 시험실 입실 소지품 검사, 답안지 배부 등
13:30~15:30 (120분)	1교시 시험	언어논리영역 · 상황판단영역 * 2개 영역(언어논리, 상황판단)이 1개의 문제책으로 배부되며, 과목별 문제풀이 시간은 구분되지 않음
15:30~16:00 (30분)	휴식시간	16:00까지 시험실 입실
16:00~16:30 (30분)	2교시 응시자 교육	소지품 검사, 답안지 배부 등
16:30~17:30 (60분)	2교시 시험	자료해석영역

3. 시험장 실전 전략

- 시험 종료 후에는 별도의 OCR 답안지 작성 시간이 주어지지 않으므로 시험 시간 내에 OCR 답안지 작성을 완료할 수 있도록 답안지 작성 시간을 고려하여 문제 풀이 시간을 조절합니다.
- 시험 시간 중 화장실 사용은 지정된 시간(시험 시작 20분 이후 ~ 시험 종료 10분 전)에 1회에 한하여 사용할 수 있습니다.
  - 지정된 화장실만 사용 가능하고 사용 전 · 후 소지품 검사를 실시하며, 소지품 검사, 대기시간 등 화장실 사용과 관련된 모든 시간은 시험시간에 포함되므로 시험시간 관리에 유념해야 함

7급 PSAT 영역별 출제 경향 및 출제 유형

언어논리

1. 영역 분석

언어논리는 글을 정확하게 이해하는 능력과 논리적으로 분석하고 비판적으로 사고하는 능력을 평가하기 위한 영역입니다. 이에 따라 문학이나 어법 등의 암기적 지식을 평가하는 문제는 출제되지 않으며, 제시된 지문을 읽고 이해·추론·분석하는 문제가 출제됩니다.

2. 출제 경향

- **유형**: 2025년 시험은 기존 기출에서 출제된 유형들이 그대로 출제되어 익숙한 문제들로 구성되었으나 유형별 비중에 변화가 있었습니다. 지문 내용을 단순히 파악하는 문제의 비중이 늘었고, 논증의 방향을 판단하는 문제의 비중은 줄었습니다. 문맥 문제의 경우 실무 소재 문제의 비중이 2021년 기출 이후 가장 낮았습니다. 논리 문제 역시 2024년 시험보다 비중이 줄었습니다.
- **난도**: 2025년 시험은 2024년 시험보다 난도가 낮았습니다. 독해 문제는 2024년과 유사하게 평이한 난도로 출제되었습니다. 논증에서는 과학 실험 관련 문제가 출제되었지만 난도가 높지 않았고, 논리 문제도 비중이 줄어 체감 난도가 낮았습니다. 2025년 시험에서 변별력 높은 문제는 논리와 빈칸 추론 문제에서 주로 출제되었습니다. 특히 5급 문제와 유사하게 빈칸 추론 문제가 다양한 형태로 출제되었습니다. 실무 소재 문제는 비중이 줄었으나 쟁점 분석 문제가 어렵게 출제되었습니다.
- **소재**: 인문, 사회, 역사, 과학, 철학, 법조문 등 다양한 소재가 출제됩니다. 특히 실험 소재가 각 유형별로 난도 높은 소재로 활용되고 있습니다. 또한 7급 PSAT에서만 출제되는 실무 소재 역시 꾸준히 출제되고 있습니다.

3. 출제 유형

언어논리는 크게 네 가지 유형으로 나눌 수 있으며, 네 유형 모두 기본적인 독해력이 필수적으로 요구되므로 주어진 시간 내에 긴 길이의 지문을 빠르고 정확하게 이해하는 능력이 필요합니다.

<table>
<tr><td rowspan="4">독해의 원리</td><td colspan="2">2~5단락 정도의 지문을 제시하고, 내용을 정확히 이해했는지, 지문의 내용을 바탕으로 지문에 제시되지 않은 정보를 올바르게 추론할 수 있는지, 제시된 내용을 새로운 상황에 적용할 수 있는지 묻는 유형</td></tr>
<tr><td>개념 이해</td><td>특정 개념의 정의와 특성 등이 제시된 지문을 읽고, 지문의 내용을 바탕으로 선택지의 내용이 일치하는지, 선택지의 내용을 알 수 있는지의 여부를 판단하는 유형</td></tr>
<tr><td>구조 판단</td><td>지문의 내용뿐만 아니라 지문의 구조를 파악하여 이를 바탕으로 선택지의 내용이 적절한지 여부를 판단하는 유형</td></tr>
<tr><td>원칙 적용</td><td>지문에 제시된 원리나 원칙을 선택지나 〈보기〉에 적용하여 적절하게 추론하거나 판단하는 유형</td></tr>
</table>

논증의 방향	1~3단락 정도의 논증 또는 여러 사람의 견해가 포함된 지문을 제시하고, 논증의 주장이나 견해를 올바르게 이해했는지, 논증의 주장이나 견해에 대한 평가가 제시되었을 때 그 평가가 논증이나 견해를 지지하거나 약화하는지 등을 정확히 평가할 수 있는지를 묻는 유형	
	논지와 중심 내용	제시된 지문에서 필자가 말하고자 하는 가장 중요한 주장 · 논지 · 결론을 찾거나 일반적인 지문에서 다루는 내용 중 가장 중요한 내용을 찾는 유형
	견해 분석	여러 명의 견해가 제시된 지문에서 각각의 견해를 비교하고 선택지나 〈보기〉에서 올바르게 분석한 내용을 고르는 유형
	논증의 비판과 반박	지문으로 제시된 논증의 결론을 비판 · 반박하는 선택지나 〈보기〉를 제시하여 논증의 결론을 적절하게 반박하는 내용을 찾는 유형
	논증 평가	지문으로 제시된 논증의 내용을 파악하고, 선택지나 〈보기〉에 제시되는 사례가 논증의 결론이 참이 될 가능성을 높이는 진술(강화하는 진술)인지, 반대로 논증의 결론이 참이 될 가능성을 낮추는 진술(약화하는 진술)인지를 판단하는 유형
문맥과 단서	중간에 빈칸이나 밑줄이 있는 1~3단락 정도의 지문을 제시하고, 내용의 흐름을 파악하여 빈칸에 들어갈 내용을 적절하게 추론할 수 있는지, 밑줄 그어진 구절의 의미를 올바르게 판단할 수 있는지를 묻는 유형	
	빈칸 추론	일반적인 줄글 형태의 지문이나 대화체 지문의 중간에 빈칸이 한 개 이상 제시되고, 문맥에 따라 그 빈칸에 들어갈 가장 적절한 내용을 선택지나 〈보기〉에서 고르는 유형
	밑줄 추론	지문의 특정 단어나 구절에 밑줄을 긋고, 밑줄 그어진 단어나 구절이 지문에서 나타내는 의미를 문맥에 따라 파악하여 선택지나 〈보기〉의 옳고 그름을 판단하는 유형
	글의 수정	지문의 특정 구절이나 문장에 밑줄을 긋고, 전체 글의 흐름에 맞지 않는 부분을 찾아 수정하는 유형
논리의 체계	1~3단락 정도의 비교적 짧은 길이의 지문 또는 퀴즈를 해결하는 데 필요한 3~5개 정도의 명제나 조건을 제시하고, 제시된 명제나 조건의 참 · 거짓 여부를 판단할 수 있는지, 명제나 조건 간의 관계를 고려하여 논증에서 빠진 전제 또는 결론을 추론할 수 있는지를 묻는 유형	
	논증의 타당성	지문에서 논증의 전제가 참일 때 결론이 반드시 참인지 여부를 판단하는 유형
	논리 퀴즈	여러 개의 조건으로 제시된 논리 명제를 통해 선택지나 〈보기〉에 제시된 정보의 참 또는 거짓 여부를 판단하는 유형
	독해형 논리	'이 글의 내용이 모두 참일 때'를 가정하여 선택지나 〈보기〉에 제시된 정보가 반드시 참이 되는지 여부를 판단하는 유형

7급 PSAT 영역별 출제 경향 및 출제 유형

상황판단

1. 영역 분석

상황판단은 제시문과 표를 이해하여 상황 및 조건에 적용하고, 판단과 의사결정을 통해 문제를 해결하는 능력을 평가하기 위한 영역입니다. 이에 따라 사전에 암기한 지식을 통해 해결하기보다는 종합적인 사고를 요하는 문제가 출제됩니다.

2. 출제 경향

- **유형**: 매년 텍스트형과 법조문형, 즉 득점포인트 유형에 속하는 문제가 보통 8문제에서 10문제 정도 출제되고 나머지 계산형, 규칙형, 경우형 즉, 핵심유형에 속하는 문제가 15문제에서 17문제 정도 출제되는데, 올해 2025년 7급 공채 PSAT 문제도 득점포인트 유형에 속하는 문제가 10문제, 핵심유형에 속하는 문제가 15문제 출제되었습니다. 그리고 그 안에서 다섯 개 유형의 출제 비중도 텍스트 3문제, 법조문 7문제, 계산 4문제, 규칙 5문제, 경우 6문제로 기존의 출제 비중과 크게 달라지지 않았습니다. 문제 배치는 24년과 거의 동일했으며, 1~5번 위치와 9, 10번 전후로 득점포인트형 문제가 배치되었고, 9번과 10번은 1지문 2문항 형식으로 출제되었습니다. 이는 2022년 기출부터 이어져온 패턴으로, 이제 출제 배치가 안정화되었다고 볼 수 있습니다.
- **난도**: 최근 PSAT 출제 경향은 너무 쉽거나 너무 어려운 문제가 출제된다기보다는 쉬운 문제부터 중간 정도의 난도의 문제 위주로 출제되는 경향이 있습니다. 올해 2025년 7급 공채 PSAT 시험은 다소 쉽게 출제되었고 특히 텍스트, 법조문형이 매우 평이하게 출제되어 기본적인 점수는 누구나 확보할 수 있었기 때문에 전체 평균도 매우 높을 것이라 예상됩니다. 50% 이하의 정답률을 보이는 변별력 있는 문제가 2021년에는 8문제, 2022년에는 5문제, 2023년에는 1문제, 2024년에는 5문제 출제되었으나, 2025년에는 한 문제도 없었습니다. 이를 토대로 난도를 평가하면 2021년이 '상', 2020년 모의평가/2022년/2024년이 '중', 2023년/2025년이 '하' 수준이었습니다. 2024년과 유사하게 '직위≠직급', '총 사흘≠이틀 연속' 등 용어 차이를 발견해야 하는 함정이 있었으므로, 합격컷이 높아진 상황에서 실수를 줄이는 것이 더욱 중요해졌습니다.
- **소재**: 7급 공채 PSAT에서는 기존에 출제되었던 장치나 소재가 반복해서 출제되는 경우가 많습니다. 2025년에는 텍스트형에서 줄 세우기 장치(10번), 법조문형에서 위원회 소재(2번), 의사정족수 소재(3번), 등록 소재(4번), 제한 소재(11번), 비용지급 소재(13번), 계산형에서는 2개 차이 내는 장치(6번), 비용 우위 장치(14번), 값 대체 장치(23번), 규칙형에서는 선지 활용(7번), 조건 충족 결과 찾기(8, 18, 20번), 경우형에서는 최선·차선과 가성비 소재(16번), 여러 경우 중 확정(17, 22번), 표 그리기(25번) 등 기존 기출문제로 연습할 수 있는 소재 또는 장치가 많이 활용되었습니다. 이처럼 기존 기출문제의 소재, 장치와 함정, 해결에 필요한 사고가 반복해서 활용되고 있기 때문에 최근 7급 공채 기출문제는 얼마나 기존 기출문제를 잘 분석해 두는가가 안정적인 고득점의 관건이 되고 있습니다.

3. 출제 유형

상황판단은 크게 다섯 가지 유형으로 나눌 수 있으며, 다섯 유형 모두 제시된 글이나 조건 등을 이해하여 적용 · 판단하는 능력을 요구하므로 주어진 시간 내에 다양한 형태의 정보를 빠르고 정확하게 파악하는 능력이 필요합니다.

텍스트형	줄글 형태의 지문을 제시하고, 이를 토대로 필요한 정보를 올바르게 이해·추론할 수 있는지를 평가하는 유형	
	발문 포인트형	발문에 제시된 포인트에 맞춰서 지문을 읽고 문제를 해결하는 유형
	일치부합형	- 일반 키워드형: 키워드를 중심으로 지문을 읽고, 선택지나 〈보기〉의 내용이 지문과 부합하는지를 판단하는 유형 - 특수 키워드형: 비한글 요소를 활용하여 지문을 읽고, 선택지나 〈보기〉의 내용이 지문과 부합하는지를 판단하는 유형
	응용형	단순한 일치부합 여부의 판단이 아닌, 제시된 지문의 내용을 이해한 후 응용하여 선택지나 〈보기〉를 해결해야 하는 유형
	1지문 2문항형	지문이 하나가 제시되고, 이와 관련된 2문제가 출제되는 유형
	기타형	- 병렬형: 줄글의 형태의 지문이 甲·乙, A이론·B이론·C이론 등과 같이 분절 형태인 유형 - 논증형: 지문의 주장 또는 입장을 뒷받침하는 근거를 찾거나, 선택지나 〈보기〉가 지문과 같은 입장인지 다른 입장인지를 구분하는 유형
법조문형	법조문이나 법과 관련된 규정 및 줄글을 지문으로 제시하고 법조문을 정확히 이해할 수 있는지, 법·규정의 내용을 올바르게 응용할 수 있는지를 평가하는 유형	
	발문 포인트형	발문에 제시된 포인트에 맞춰서 지문을 읽고 문제를 해결하는 유형
	일치부합형	제시된 법조문의 일부분을 정확히 이해하여 선택지나 〈보기〉의 내용이 올바른지 판단하는 유형
	응용형	단순히 내용의 일치부합 여부 판단이 아닌, 제시된 법조문의 내용을 선택지나 〈보기〉에 응용·적용하거나 옳고 그름을 판단하는 유형
	법계산형	법조문 또는 법 관련 소재가 지문으로 제시되고, 이를 적용·응용하여 계산함으로써 해결하는 유형
	규정형	지문을 기준으로 세분화한 유형으로, 지문이 법조문의 형태가 아니라 법과 유사한 규정·규칙 형태로 제시되는 유형
	법조문소재형	지문을 기준으로 더욱 세분화한 유형으로, 지문이 내용상 법과 관련되어 있으나 형태가 법조문이 아닌 글이 제시되는 유형
계산형	수치가 제시된 지문이나 조건을 제시하고 이를 토대로 특정 항목의 최종 결괏값을 도출할 수 있는지, 결괏값을 올바르게 비교할 수 있는지를 평가하는 유형	
	정확한 계산형	발문에서 요구하는 특정 항목의 수치를 계산하여 최종 결괏값을 도출하는 유형
	상대적 계산형	정확한 계산형과 달리 최종 계산값을 정확하게 구하지 않고 항목 간 수치 비교를 통해 문제를 해결하는 유형
	조건 계산형	계산에 필요한 조건이나 계산과 관련한 다른 규칙, 상황 등이 복잡하게 제시되어 계산 능력 자체보다는 조건을 올바르게 이해하고 적용할 수 있는지를 평가하는 유형
규칙형	다양한 형태의 규칙을 제시하고, 규칙의 내용과 결과를 정확히 판단·적용할 수 있는지를 평가하는 유형	
	규칙 단순확인형	지문에 제시된 규칙을 통해서 관련 정보를 매칭 또는 단순 확인하여 문제를 해결하는 유형
	규칙 정오판단형	제시된 규칙을 읽고 선택지나 〈보기〉에 제시된 내용의 정오를 판단하는 유형
	규칙 적용해결형	제시된 규칙을 적용하여 조건에 맞는 특정 결과를 도출하는 유형
경우형	여러 가지 경우의 수가 가능한 문제 상황을 제시하고, 이를 정확히 분석하여 문제를 해결할 수 있는지를 평가하는 유형	
	경우 파악형	제시된 조건에 따를 때 등장할 수 있는 다양한 경우의 수를 파악해야 하는 유형
	경우 확정형	다양한 경우의 수 중에서 제시된 조건에 부합하는 결과를 확정하는 유형

7급 PSAT 영역별 출제 경향 및 출제 유형

자료해석

1. 영역 분석

자료해석은 문제에 제시된 표, 그래프, 보고서 형태로 제시된 수치 자료를 이해하고 계산하거나 자료 간의 연관성을 분석하여 정보를 도출하는 능력을 평가하는 영역입니다. 이에 따라 사전에 암기한 지식을 통해 해결하는 문제보다는 종합적인 사고를 요하는 문제가 출제됩니다.

2. 출제 경향

- **유형**: 신유형 문제 없이, 5급 및 민간경력자 PSAT 시험에 출제되었던 유형이 모두 동일하게 출제되고 있습니다. 제시된 자료의 수치를 곱셈 또는 분수 비교하는 유형 외에 각주를 판단하여 문제를 해결하고 보고서의 내용을 검토하여 접근해야 하는 문제가 높은 비중으로 출제되었습니다.
- **난도**: 2025년 시험은 전반부는 평이했으나 후반부로 갈수록 체감 난도가 까다로웠으며 특히 상대적으로 20번대 일부 문항의 난도가 높은 편이었습니다. 따라서 70점 이상은 누구나 할 수 있었으나 80점을 받기에는 어려운 부분이 분명 존재했고 90점 이상을 받기에는 정말 쉽지 않은 난도였다고 평가할 수 있습니다.
- **소재**: 2025년 시험에서는 2023년과 마찬가지로 인포그래픽 형태의 시각 자료나 보고서가 제시된 문제의 출제 비중이 높지 않았고 자료해석 영역에서 가장 흔하게 제시되는 표의 형태를 가지는 자료가 20문제로 가장 큰 비중으로 출제되었습니다.

3. 출제 유형

자료해석은 크게 네 가지 유형으로 나눌 수 있으며, 네 유형 모두 표나 그래프 등의 수치 자료를 올바르게 분석 또는 계산하여 해석하여야 하므로 주어진 시간 내에 자료를 빠르고 정확하게 파악하는 능력이 필요합니다.

자료비교	제시된 자료의 수치를 올바르게 비교하고 분석할 수 있는지 평가하는 유형	
	곱셈 비교형	주어진 자료의 수치를 토대로 곱셈식을 구성하고, 이를 서로 비교하여 선택지나 〈보기〉의 내용이 옳은지 판단하는 유형
	분수 비교형	실수 또는 비율 자료가 제시되고, 분수 형태의 수식을 비교하여 선택지나 〈보기〉의 내용이 옳은지 판단하는 유형
	반대해석형	제시된 자료에서 기준과 합계가 같은 2가지 이상의 항목이 제시되고, 선택지나 〈보기〉에서 특정 항목의 비율을 물어볼 때, 반대되는 항목의 비율로 해석하거나 반대되는 항목과의 배수 관계를 파악하여 선택지나 〈보기〉의 내용이 올바른지 판단하는 유형

<table>
<tr><td rowspan="6">자료판단</td><td colspan="2">제시된 자료와 조건을 활용하여 올바르게 항목을 매칭하고, 추가로 제시된 각주 및 정보를 활용하여 올바르게 판단할 수 있는지 평가하는 유형</td></tr>
<tr><td>단순 판단형</td><td>자료해석 영역에서 요구되는 기본적인 이론에 대한 학습이 없어도 답을 도출할 수 있는 단순한 유형</td></tr>
<tr><td>매칭형</td><td>자료와 함께 조건이나 정보가 제시되고, 이를 활용하여 자료의 항목과 선택지의 항목이 일치하도록 매칭하는 유형</td></tr>
<tr><td>빈칸형</td><td>제시된 자료 중 일부 항목이 빈칸으로 나타나고, 이 누락된 수치를 직접 또는 간접적으로 파악하여 선택지나 〈보기〉의 내용이 올바른지 판단하는 유형</td></tr>
<tr><td>각주 판단형</td><td>각주에 문제 풀이에 관한 핵심적인 정보나 계산식 등이 추가로 제시되고, 이를 적용하여 새로운 항목값을 계산·비교하는 유형</td></tr>
<tr><td>조건 판단형</td><td>표 또는 그래프와 함께 박스 형태로 추가적인 규칙이나 계산방식이 제시되었을 때, 이를 자료에 적용하여 문제에서 요구하는 항목을 도출하는 유형</td></tr>
<tr><td rowspan="3">자료
검토·변환</td><td colspan="2">보고서나 보도자료 등으로 제시된 자료를 해석하고, 특정 형태의 자료를 다른 형태로 변환할 수 있는지 평가하는 유형</td></tr>
<tr><td>보고서 검토·확인형</td><td>보고서를 작성하기 위해 추가로 필요한 자료가 있는지 검토하거나, 보고서 작성 시 사용된 자료가 있는지 표나 그래프를 통해 확인하는 유형</td></tr>
<tr><td>표-차트 변환형</td><td>표가 1~3개 내외로 제시되고, 제시된 자료를 그래프로 나타내었을 때 옳지 않게 변환한 자료를 판단하는 유형</td></tr>
<tr><td rowspan="4">자료이해</td><td colspan="2">다양한 형태의 자료를 제시하고, 평균, 반대해석, 최소여집합 등의 개념을 활용하여 자료를 올바르게 이해할 수 있는지 평가하는 유형</td></tr>
<tr><td>평균 개념형</td><td>일반 단순평균인 산술평균과 가중치를 적용한 가중평균에 관한 원리를 활용하여 선택지나 〈보기〉가 올바른지 판단하는 유형</td></tr>
<tr><td>분산·물방울형</td><td>가로축과 세로축에 제시된 항목 간의 상관관계를 파악하여 선택지나 〈보기〉의 내용이 올바른지 판단하는 유형</td></tr>
<tr><td>최소여집합형</td><td>자료의 합계는 동일하나 기준은 2가지 이상인 자료가 제시되고, 선택지나 〈보기〉에서 자료의 공통적인 속성을 모두 만족하는 항목의 수를 물어볼 때, 최소여집합을 활용하여 선택지나 〈보기〉의 내용이 올바른지 판단하는 유형</td></tr>
</table>

7급 PSAT 영역별 **예시문제 분석**

7급 PSAT 시험은 2019년에 인사혁신처에서 공개한 예시문제를 기반으로 문제가 출제되고 있습니다. 실제 기출문제를 풀기 전에 예시문제를 꼼꼼히 분석해서 출제 유형을 학습해 봅시다.

언어논리

1. 다음 (가)에 제시된 〈작성 원칙〉에 따라 (나)의 〈A시 보도자료〉를 수정하거나 보완하고자 할 때, 가장 적절한 것은?

(가) 〈작성 원칙〉

○ 보도자료의 제목 및 부제는 전체 내용을 압축적으로 제시하는 내용을 담아야 한다.

○ 첫 단락인 '리드'에서 '누가, 언제, 무엇을, 어떻게, 왜'의 핵심정보를 제시해야 한다.

○ 제목과 부제에서 드러내고 있는 핵심 정보를 본문에서 빠짐없이 제시해야 한다.

○ 불필요한 잉여 정보를 포함하거나 동일 정보를 필요 이상 반복해서는 안 된다.

○ 정보 전개에 필요한 표, 그래프, 그림 등을 적절하게 제공해야 한다.

(나) 〈A시 보도자료〉

㉠봄철 불청객 '황사' 이렇게 대처하겠습니다!

- 대응 체계 강화와 시민 행동 요령 안내 등 철저한 대비로 황사 피해 최소화 -

㉡A시는 매년 봄철(3~5월) 불청객으로 찾아오는 황사 피해를 최소화하기 위해 적극적인 대처 방안을 마련했다. 이에 따라 A시는 황사 대응 체계를 신속하게 가동하고, 시민 행동 요령을 적극적으로 안내할 예정이다. 또 관련부서 및 유관기관과 유기적으로 협조하기로 했다.

매년 봄철이면 반갑지 않은 손님인 황사가 찾아온다. 황사는 우리 인체에 악영향을 주기 때문에, 시민들의 건강 피해 예방을 위해 철저한 대비가 필요하다. A시의 최근 10년간 연평균 황사 관측일수는 6.1일이며, 이 중 5.1일(83%)이 봄철(3~5월)에 집중 발생하는 것으로 나타났다.

[㉢]

기상청의 기상 전망에 따르면 A시의 황사 발생 일수는 4월에는 평년(1.9일)과 비슷하겠으나, 5월에는 평년(2.5일)보다 많을 것으로 전망된다. 특히 ㉣최근 중국 북부지역의 가뭄으로 평년보다 더 강한 황사가 발생할 가능성이 있어 철저하게 대비해야 한다.

A시에서는 황사 발생시 관련부서 및 유관기관과 유기적으로 협조하여 기후 상황 전파, 도로변과 대규모 공사장 물 뿌리기, 진공청소차를 활용한 청소 등 체계적인 대응을 신속하게 실시하여 황사 피해를 최소화할 계획이다.

[㉤]

① ㉠을 '불청객 황사, 봄철 국민 건강을 위협하는 주범입니다'로 수정한다.
② ㉡은 아래 부분에서 반복적으로 설명되는 내용이므로 삭제한다.
③ ㉢에 최근 30년간 한국의 황사 발생 관측일수를 도표로 제공한다.
④ ㉣에 이어 중국 북부지역 가뭄 원인과 중국 정부의 대처 방안을 추가한다.
⑤ ㉤에 시민들이 황사 피해를 최소화할 수 있는 행동 요령과 그 안내 계획을 추가한다.

문제 특징

지문의 흐름을 파악하여 빈칸에 들어갈 내용을 찾거나 밑줄 친 내용을 문맥에 맞게 수정하는 문제이다. 인문, 사회, 과학, 철학 등의 일반적인 소재뿐 아니라 실무와 관련된 소재의 글이 제시된다.

문제풀이 핵심 포인트

밑줄 친 부분을 전체 흐름에 맞게 수정하는 것 외에 문맥에 맞게 빈칸에 들어갈 내용까지도 판단해야 하므로 글의 전체적인 흐름을 잡는 것이 중요하다. 따라서 지문을 처음부터 읽으면서 밑줄을 치거나, 빈칸이 나올 때마다 선택지의 내용이 전체 맥락에 맞는지를 확인한다.

정답 ⑤

보도자료의 부제에 '시민 행동 요령 안내'에 대한 언급이 있는데도 불구하고 본문 내용에는 이에 대한 언급이 없으므로, ㉤에 시민들이 황사 피해를 최소화할 수 있는 행동 요령과 그 안내 계획을 추가하는 것은 적절한 보완이 된다.

오답 분석

① 보도자료의 제목은 전체 내용을 압축적으로 제시해야 하므로, ㉠을 '불청객 황사, 봄철 국민 건강을 위협하는 주범입니다'로 수정하는 것은 적절하지 않다.

② 〈작성 원칙〉에 따르면 첫 단락인 '리드'에서 '누가, 언제, 무엇을, 어떻게, 왜'의 핵심정보를 제시해야 한다. 따라서 ㉡이 아래 부분에서 반복적으로 설명되는 내용이므로 삭제한다는 것은 적절하지 않다.

③ A시의 최근 10년간 연평균 황사 관측일수가 중요하므로 ㉢에 최근 30년간 한국의 황사 발생 관측일수를 도표로 제공하는 것은 적절하지 않다.

④ 지문은 A시에 대한 내용이므로 ㉣에 이어 중국 북부지역 가뭄 원인과 중국 정부의 대처 방안을 추가하는 것은 불필요한 잉여 정보를 포함하는 것이 해당된다. 따라서 적절하지 않다.

2. 다음 대화의 빈칸에 들어갈 내용으로 가장 적절한 것은?

> 갑: 2019년 7월 17일 학술연구자정보망에서 학술연구자 A의 기본 정보는 조회할 수 있는데, A의 연구 업적 정보는 조회가 되지 않는다는 민원이 있었습니다. 어떻게 답변해야 할까요?
>
> 을: 학술연구자가 학술연구자정보망에 기본 정보를 제공하는 데 동의하였으나, 연구 업적 정보 공개에 추가로 동의하지 않았을 경우, 민원인은 학술연구자의 연구 업적 정보를 조회할 수 없어요. 또한 동의했다고 하더라도 해당 학술연구자의 업적 정보의 집적이 완료되지 않았을 경우에도 그는 연구 업적 정보를 조회할 수 없습니다.
>
> 갑: 학술연구자가 연구 업적 정보 공개에 추가로 동의하지 않았다면 조회 화면에 무슨 문구가 표시되나요?
>
> 을: 조회 화면에 "해당 연구자가 상기 정보의 공개에 동의하지 않았습니다"라는 문구가 표시됩니다. 해당 연구자의 업적 정보의 집적이 완료되지 않은 경우에는 조회 화면에 "업적 정보 집적 중"이라는 문구가 표시되고요. 해당 민원인께서는 무슨 문구가 표시되었다고 말씀하시나요?
>
> 갑: 문구 표시에 대한 말씀은 듣지 못했어요. 아마 문구를 읽지 못한 것 같아요. 근데 학술연구자의 업적 정보 제공 동의율과 업적 정보 집적률은 현재 얼마만큼 되나요?
>
> 을: 2019년 7월 18일 오늘 기준으로 학술연구자의 연구 업적 정보 제공 동의율은 약 92%입니다. 동의자 대상 업적 정보 집적률은 약 88%고요. 동의한 학술연구자가 10여만 명에 이르러 자료를 집적하는 데 시간이 많이 걸려요. 하지만 2019년 8월 말까지는 정보 집적이 끝날 겁니다.
>
> 갑: 그렇군요. 그러면 제가 민원인에게 [　　　　　　]라고 답변 드리면 되겠네요. 고맙습니다.

① 지금은 조회할 수 없지만 2019년 8월 말이 되면 학술연구자 A의 연구 업적 정보가 조회될 것이다
② 학술연구자 A가 연구 업적 정보 공개에 동의하지 않았거나 그의 업적 정보가 현재 집적 중이기 때문에 그렇다
③ 현재 학술연구자 A는 연구 업적 정보 공개에 동의한 상태지만 그의 업적 정보가 현재 집적 중이기 때문에 그렇다
④ 지금은 조회할 수 없지만 만일 학술연구자 A가 연구 업적 정보 공개에 동의했다면 한 달 안에는 그의 연구 업적 정보를 조회할 수 있다
⑤ 오늘 다시 학술연구자 A의 연구 업적 정보를 조회한다면 "해당 연구자가 상기 정보의 공개에 동의하지 않았습니다"라는 문구가 나올 것이다

문제 특징

지문의 전체적인 흐름을 파악하여 글에 직접적으로 제시되지 않은 내용을 추론하는 문제이다.

문제풀이 핵심 포인트

빈칸에 들어갈 내용을 추론하기 위해 빈칸 주변에서 단서를 잡는 것이 필요하다. 민원의 내용이 무엇인지 찾고 그 답변이 무엇이 될 수 있는지 지문을 전체적으로 읽으면서 찾아야 한다. 빈칸이 들어간 문장이 '그러면 제가 민원인에게 ~라고 답변 드리면 되겠네요.'이므로 민원의 내용이 무엇인지 찾고 그 답변이 무엇이 될 수 있는지 파악한다.

정답 ②

민원의 내용은 학술연구자정보망에서 학술연구자 A의 기본 정보는 조회할 수 있는데, A의 연구 업적 정보는 조회가 되지 않는다는 것이다. 이에 대해 을은 학술연구자가 학술연구자정보망에 기본 정보를 제공하는 데 동의하였으나 연구 업적 정보 공개에 추가로 동의하지 않았을 경우, 민원인은 학술연구자의 연구 업적 정보를 조회할 수 없으며 정보 공개에 동의하더라도 해당 학술연구자의 업적 정보의 집적이 완료되지 않았을 경우에는 연구 업적 정보를 조회할 수 없다고 답변하고 있다. 따라서 빈칸에 들어갈 내용으로 가장 적절한 것은 '학술연구자 A가 연구 업적 정보 공개에 동의하지 않았거나 그의 업적 정보가 현재 집적 중이기 때문에 그렇다'이다.

오답 분석

① 지금은 조회할 수 없지만 2019년 8월 말이 되면 학술연구자 A의 연구 업적 정보가 조회될 것이라고 볼 수도 있으나, 이것이 민원에 대한 답변이 되지는 않으므로 빈칸에 들어갈 내용으로 적절하지 않다.

③ 현재 학술연구자 A가 연구 업적 정보 공개에 동의한 상태인지는 알 수 없으므로 빈칸에 들어갈 내용으로 적절하지 않다.

④ 민원의 날짜는 2019년 7월 17일이고, 정보 집적이 끝날 것으로 예상되는 시점은 2019년 8월 말이다. 따라서 만일 학술연구자 A가 연구 업적 정보 공개에 동의했더라도 한 달 안에 그의 연구 업적 정보를 조회할 수 있는지는 명확하지 않으므로 빈칸에 들어갈 내용으로 적절하지 않다.

⑤ 학술연구자 A가 상기 정보의 공개에 동의하지 않았다는 것이 확정되지 않았으므로 오늘 다시 학술연구자 A의 연구 업적 정보를 조회한다면 "해당 연구자가 상기 정보의 공개에 동의하지 않았습니다"라는 문구가 나올 것이라는 내용은 적절한 답변이 될 수 없다.

3. 다음 글의 ㉠의 내용으로 적절한 것은?

> ○○시에 주민등록을 두고 있으며 무직인 갑은 만 3세인 손녀의 돌봄을 위해 ○○시육아종합지원센터에서 운영하는 장난감 대여 서비스를 이용하려고 하였다. 하지만 ○○시육아종합지원센터는 다음의 ○○시육아종합지원센터 운영규정 (이하 '운영규정'이라 한다)에 따라 갑이 장난감 대여 서비스를 이용할 수 없다고 안내하였다.
>
> 「○○시육아종합지원센터 운영규정」
> 제95조(회원) ① 본 센터의 각종 서비스를 이용하려는 자는 회원으로 등록되어 있어야 한다.
> ② 회원이 될 수 있는 자는 만 5세 이하 자녀를 둔 ○○시에 주민등록을 두고 있는 자와 ○○시 소재 직장 재직자이다.
> ③ 회원등록을 위해 제출해야 하는 구비서류는 별도로 정한다.
>
> 그러자 갑은 ○○시가 제정한 다음의 ○○시육아종합지원센터 설치 및 운영 조례 (이하 '조례'라 한다)에 근거하여 장난감 대여 서비스를 이용하게 해달라는 민원을 제기하였다.
>
> 「○○시육아종합지원센터 설치 및 운영 조례」
> 제5조(회원) ① 회원은 본 센터에 개인정보를 제공하여 회원등록을 한 자로서 본 센터의 모든 서비스를 이용할 수 있는 자를 말한다.
> ② 회원이 되려는 자는 다음 각 호의 요건을 모두 갖추어야 한다.
> 1. ○○시에 주민등록을 두고 있는 자 또는 ○○시 소재 직장 재직자
> 2. 만 5세 이하 아동의 직계존속 또는 법정보호자
>
> 갑의 민원을 검토한 ○○시는 운영규정과 조례가 불일치함을 발견하고 ㉠갑과 같은 조건의 사람들도 장난감 대여 서비스를 이용할 수 있도록 운영규정 또는 조례의 일부를 개정하였다.

① 운영규정 제95조 제1항의 '회원으로 등록되어 있어야 한다'를 '본 센터에 개인정보를 제공하여 회원으로 등록되어 있어야 한다'로 개정한다.
② 운영규정 제95조 제2항의 '만 5세 이하 자녀를 둔'을 '만 5세 이하 아동의 직계존속 또는 법정보호자로서'로 개정한다.
③ 조례 제5조 제1항의 '서비스를 이용할 수 있는 자'를 '서비스를 이용할 수 있는 자의 직계존속 또는 법정보호자'로 개정한다.
④ 조례 제5조 제2항 제1호를 '○○시에 주민등록을 두고 있는 자'로 개정한다.
⑤ 조례 제5조 제2항 제2호를 '만 5세 이하 아동의 부모 또는 법정보호자'로 개정한다.

문제 특징

밑줄 친 특정 단어나 구절이 지문에서 나타내는 의미를 문맥에 따라 올바르게 추론하는 문제이다. 인문, 사회, 과학, 철학 등의 일반적인 소재뿐 아니라 실무와 관련된 소재의 글이 제시된다.

문제풀이 핵심 포인트

지문에서 핵심어나 중심 문장을 체크하면서 읽어야 한다. 이 문제에서는 밑줄 친 부분의 내용이 '갑과 같은 조건의 사람들도 장난감 대여 서비스를 이용할 수 있도록 운영규정 또는 조례의 일부를 개정'이다. 따라서 '갑과 같은 조건'이 무엇인지 파악하여 이를 바탕으로 장난감 대여 서비스의 내용을 개정하는 데 주목한다.

정답 ②

갑은 ○○시에 주민등록을 두고 있으나 만 3세인 손녀를 두고 있다. 따라서 운영규정 제95조 제2항의 '만 5세 이하 자녀를 둔'을 '만 5세 이하 아동의 직계존속 또는 법정보호자로서'로 개정하면 갑이 회원에 해당될 수 있으므로 ㉠의 내용으로 적절하다.

오답 분석

① 운영규정 제95조 제1항의 '회원으로 등록되어 있어야 한다'를 '본 센터에 개인정보를 제공하여 회원으로 등록되어 있어야 한다'로 개정하더라도 갑이 서비스를 이용할 수 있는 조건과 관련성이 없으므로 ㉠의 내용으로 적절하지 않다.
③ 조례 제5조 제1항의 '서비스를 이용할 수 있는 자'를 '서비스를 이용할 수 있는 자의 직계존속 또는 법정보호자'로 개정하더라도 운영규정에 의하여 갑이 서비스를 이용할 수 있는 자가 아니므로 ㉠의 내용으로 적절하지 않다.
④ 갑은 ○○시에 주민등록을 두고 있으므로 조례 제5조 제2항 제1호를 '○○시에 주민등록을 두고 있는 자'로 개정하는 것은 ㉠의 내용으로 적절하지 않다.
⑤ 갑은 만 3세인 손녀를 돌보고 있는 직계존속이므로 조례 제5조 제2항 제2호를 '만 5세 이하 아동의 부모 또는 법정보호자'로 개정하는 것은 ㉠의 내용으로 적절하지 않다.

4. 다음 글의 ㉠~㉤에서 전체 흐름과 맞지 않는 한 곳을 찾아 수정할 때, 가장 적절한 것은?

> '거짓말'을 어떻게 정의해야 하는가는 혼란을 일으킬 수 있는 물음입니다. 어떤 사람의 말을 '거짓말'로 만드는 것은 거짓말을 하려는 그 사람의 의도일까요? 아니면 그 말이 사실과 일치하는가의 여부일까요? ㉠자신이 거짓이라고 믿는 것을 의도적으로 말하는 사람을 두고 거짓말을 한다고 말하는 것은 당연합니다. 문제는, 자신이 참이라고 믿는 것을 믿는 대로 말했는데 그 말이 사실은 거짓인 경우, 이를 두고 거짓말을 한다고 할 수 있는가 하는 것입니다. 예를 들어서 이런 말을 듣곤 하지 않습니까? "거짓말을 하려고 한 게 아니라 어쩌다 보니 거짓말이 되고 말았다." 참이라고 생각하고 말했는데, 내가 참이라고 생각한 것이 사실과 달라 거짓이 되었다는 의미입니다. 이 경우에는 ㉡거짓말을 만드는 것은 말하는 사람의 의도라기보다는 사실과의 일치 여부가 되겠지요. 이런 의미에서 거짓말을 하는 것은 정직하지 않은 것과는 상관없는 일이 됩니다. ㉢사실과 일치하는 내용을 참이라고 믿고 말했지만, 결과적으로 거짓말을 하게 되는 셈이니까요. 이런 거짓말을 '결과적 거짓말'이라고 한다면, 자신이 믿는 것과는 반대로 말하는 것을 '의도적 거짓말'이라고 할 수 있을 것입니다. '거짓말'을 결과적 거짓말로 정의할 것인가, 의도적 거짓말로 정의할 것인가는 맥락에 따라서 다를 수 있지만, ㉣우리가 '거짓말'에 대해서 갖고 있는 개념에 더 잘 맞는 것은 의도적 거짓말이라고 생각합니다.
>
> '단순히 거짓인 말'과 '거짓말'은 서로 구별되어야 하는 말입니다. 마찬가지로 '우연히 참이 된 말'과 '참말'도 구별되어야겠지요. 가령, 모든 것을 자신이 믿는 바와는 정반대로 말하는 사람을 생각해 봅시다. 만일 이 사람이 '서울은 대한민국의 수도가 아니다.'라고 믿는다면, '서울은 대한민국의 수도이다.'라고 말할 것입니다. 이 경우 그는 사실과의 일치 여부로 보면 참말을 한 셈이지만, 사실과 일치하는 내용을 자신의 믿음대로 말한 사람과는 다른 의미에서 참말을 했다고 해야 하지 않을까요? 다시 말해서, ㉤그는 우연히 진실을 말했을 뿐입니다. 이런 사람과, 자신이 믿는 바대로 말하려고 했고 그 결과 진실을 말한 사람은 구별되어야 한다고 생각합니다.

① ㉠을 '자신이 참이라고 믿는 것을 의도적으로 말하는 사람을 두고 거짓말을 한다고 말하는 것은 당연합니다'로 수정한다.

② ㉡을 '거짓말을 만드는 것은 사실과의 일치 여부가 아니라 말하는 사람의 의도가 되겠지요'로 수정한다.

③ ㉢을 '사실과 일치하지 않는 내용을 참이라고 믿고 말했지만, 결과적으로 거짓말을 하게 되는 셈이니까요'로 수정한다.

④ ㉣을 '이 두 가지 거짓말이 모두 참말과 구분된다는 점에서는 동일한 거짓말이라고 생각합니다'로 수정한다.

⑤ ㉤을 '그는 의도적으로 진실을 말하고 있는 것입니다'로 수정한다.

문제 특징

밑줄 친 특정 문장 중에서 지문의 전체 흐름에 맞지 않는 부분을 찾아 문맥에 맞게 수정하는 문제이다.

문제풀이 핵심 포인트

밑줄 친 ㉠~㉤을 전체 흐름에 맞게 고쳐야 하므로 지문 전체적인 흐름을 잡는 것이 중요하다. 지문을 처음부터 읽으면서 밑줄 친 ㉠~㉤ 부분을 읽을 때는 전체 맥락에 맞는지 선택지를 확인한다.

정답 ③

㉢의 앞 내용은 자신이 참이라고 믿는 것을 믿는 대로 말했는데 그 말이 사실은 거짓인 경우에 해당되는 것이다. 따라서 ㉢을 '사실과 일치하는 내용'이 아니라, '사실과 일치하지 않는 내용을 참이라고 믿고 말했지만, 결과적으로 거짓말을 하게 되는 셈이니까요'로 수정하는 것이 적절하다.

오답 분석

① ㉠을 '자신이 참이라고 믿는 것을 의도적으로 말하는 사람을 두고 거짓말을 한다고 말하는 것은 당연합니다'로 수정하면, 뒤에서 이어지는 내용에 부합하지 않으므로 적절하지 않다.

② ㉡을 '거짓말을 만드는 것은 사실과의 일치 여부가 아니라 말하는 사람의 의도가 되겠지요'로 수정하면 앞에서 '참이라고 생각하고 말했는데'라고 언급한 내용에 부합하지 않으므로 적절하지 않다.

④ 전체적인 글의 내용 상 ㉣은 '우리가 '거짓말'에 대해서 갖고 있는 개념에 더 잘 맞는 것은 의도적 거짓말이라고 생각합니다'로 두는 것이 적합하다. 따라서 '이 두 가지 거짓말이 모두 참말과 구분된다는 점에서는 동일한 거짓말이라고 생각합니다'로 수정하는 것은 적절하지 않다.

⑤ ㉤을 '그는 의도적으로 진실을 말하고 있는 것입니다'로 수정하면, 앞에서 언급한 '우연히 한 참말'에 해당되지 않으므로 적절하지 않다.

상황판단

1. 다음 글을 근거로 판단할 때, (A)~(E)의 요건과 〈상황〉의 ㉮~㉲를 옳게 짝지은 것은?

> 민법 제00조는 "고의 또는 과실로 인한 위법행위로 타인에게 손해를 가한 자는 그 손해를 배상할 책임이 있다."고 규정하고 있다. 이는 가해자의 불법행위로 피해자가 손해를 입은 경우, 가해자의 손해배상책임을 인정하는 규정이다. 이 규정에 따라 손해배상책임이 인정되기 위해서는 다음의 (A)~(E) 다섯 가지 요건을 모두 충족하여야 한다.
> (A) 가해자에게 고의 또는 과실이 있어야 한다. 고의란 가해자가 불법행위의 결과를 인식하고 받아들이는 심리상태이며, 과실이란 가해자에게 무엇인가 준수해야 할 의무가 있음에도 부주의로 그 의무의 이행을 다하지 아니한 것을 말한다.
> (B) 피해자의 손해를 야기할 수 있는 가해자의 행위(가해행위)가 있어야 한다.
> (C) 가해행위가 위법한 행위이어야 한다. 일반적으로 법규에 어긋나는 행위는 위법한 행위에 해당한다.
> (D) 피해자에게 손해가 발생해야 한다.
> (E) 가해행위와 손해발생 사이에 인과관계가 있어야 한다. 가해행위가 없었더라면 손해가 발생하지 않았을 경우에 인과관계가 인정된다.

〈상 황〉

> 甲이 차량을 운전하다가 보행자 교통신호의 지시에 따라 횡단보도를 건너던 乙을 치어 乙에게 부상을 입혔다. 이 경우, ㉮ 甲이 차량으로 보행자 乙을 친 것, ㉯ 甲의 차량이 교통신호를 지키지 않아 도로교통법을 위반한 것, ㉰ 甲이 교통신호를 준수할 의무를 부주의로 이행하지 않은 것, ㉱ 횡단보도를 건너던 乙이 부상을 입은 것, ㉲ 甲의 차량이 보행자 乙을 치지 않았다면 乙이 부상을 입지 않았을 것이 (A)~(E) 요건을 각각 충족하기 때문에 甲의 손해배상책임이 인정된다.

① (A) - ㉱
② (B) - ㉮
③ (C) - ㉲
④ (D) - ㉰
⑤ (E) - ㉯

문제 특징

제시된 법조문의 내용을 파악하고 이를 특정 상황에 적용·응용하는 문제이다. 다양한 범주의 법조문이나 규정·규칙이 제시되며, 지문에 제시된 내용을 적용할 수 있는 구체적인 상황이 추가로 제시된다.

문제풀이 핵심 포인트

지문에서 요건이 다섯 개가 제시되고, 〈상황〉도 다섯 개가 제시되므로 하나씩 매칭되는 경우가 일반적이다. 따라서 (A)~(E) 요건의 핵심적인 키워드를 〈상황〉의 ㉮~㉲에 적용하여 매칭한다. 만약 직접 매칭하는 것이 어렵다면 선택지를 활용하여 풀이한다.

정답 ②

〈상황〉에서 (A)~(E) 요건을 각각 충족하기 때문에 甲의 손해배상책임이 인정된다고 했으므로 (A)~(E) 요건은 〈상황〉의 ㉮~㉲와 하나씩 반드시 매칭됨을 알 수 있다. 이에 따라 요건과 〈상황〉을 매칭하면 다음과 같다.

- (A) 가해자에게 고의 또는 과실이 있어야 한다. 고의란 가해자가 불법행위의 결과를 인식하고 받아들이는 심리상태이며, 과실이란 가해자에게 무엇인가 준수해야 할 의무가 있음에도 부주의로 그 의무의 이행을 다하지 아니한 것을 말한다.
  → ㉰ 甲이 교통신호를 준수할 의무를 부주의로 이행하지 않은 것
- (B) 피해자의 손해를 야기할 수 있는 가해자의 행위(가해 행위)가 있어야 한다.
  → ㉮ 甲이 차량으로 보행자 乙을 친 것
- (C) 가해행위가 위법한 행위이어야 한다. 일반적으로 법규에 어긋나는 행위는 위법한 행위에 해당한다.
  → ㉯ 甲의 차량이 교통신호를 지키지 않아 도로교통법을 위반한 것
- (D) 피해자에게 손해가 발생해야 한다.
  → ㉱ 횡단보도를 건너던 乙이 부상을 입은 것
- (E) 가해행위와 손해발생 사이에 인과관계가 있어야 한다. 가해행위가 없었더라면 손해가 발생하지 않았을 경우에 인과관계가 인정된다.
  → ㉲ 甲의 차량이 보행자 乙을 치지 않았다면 乙이 부상을 입지 않았을 것

따라서 ㉮는 (B) 요건을 충족한다.

2. 다음 글과 〈○○시 지도〉를 근거로 판단할 때, ㉠에 들어갈 수 있는 것만을 〈보기〉에서 모두 고르면?

> ○○시는 지진이 발생하면 발생지점으로부터 일정 거리 이내의 시민들에게 지진발생문자를 즉시 발송하고 있다. X등급 지진의 경우에는 발생지점으로부터 반경 1km, Y등급 지진의 경우에는 발생지점으로부터 반경 2km 이내의 시민들에게 지진발생문자를 발송한다. 단, 수신차단을 해둔 시민에게는 지진발생문자를 보내지 않는다.
>
> 8월 26일 14시 정각 '가'지점에서 Y등급 지진이 일어났을 때 A~E 중 2명만 지진발생문자를 받았다. 5분 후 '나'지점에서 X등급 지진이 일어났을 때에는 C와 D만 지진발생문자를 받았다. 다시 5분 후 '나'지점에서 정서쪽으로 2km 떨어진 지점에서 Y등급 지진이 일어났을 때에는 (㉠)만 지진발생문자를 받았다. A~E 중에서 지진발생문자 수신차단을 해둔 시민은 1명뿐이다.

〈○○시 지도〉

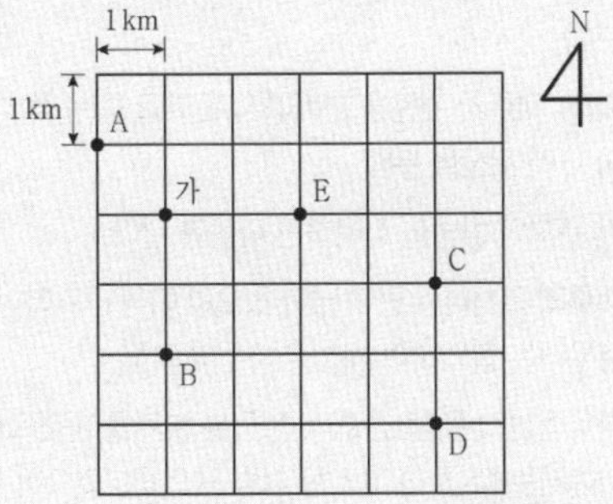

〈보 기〉

ㄱ. A	ㄴ. B	ㄷ. E
ㄹ. A와 E	ㅁ. B와 E	ㅂ. C와 E

① ㄱ, ㄷ
② ㄱ, ㄹ
③ ㄹ, ㅂ
④ ㄴ, ㄷ, ㅁ
⑤ ㄴ, ㅁ, ㅂ

문제 특징

제시된 조건을 모두 고려하여 가능한 경우의 수를 판단하는 문제이다. 여러 가지 경우의 수가 나올 수 있는 구체적인 상황이 제시되고, 문제를 해결할 수 있는 단서 조건이나 예외 조건이 함께 제시된다.

문제풀이 핵심 포인트

조건으로 제시된 지진발생문자 발송 방법과 단서 조건으로 제시된 수신차단 조건을 잘 이해한 후, 상황에 대입한다. 이때 가능한 경우의 수를 나누어 그에 따른 결과를 각각 확인한다.

정답 ④

지진이 발생하면, X등급 지진의 경우 발생지점으로부터 반경 1km, Y등급 지진의 경우 발생지점으로부터 반경 2km 이내의 시민들에게 지진발생문자를 발송한다. 단, 수신차단을 해둔 시민에게는 지진발생문자를 보내지 않는다. 이러한 발송방법을 토대로 각 상황에 따른 의미를 살펴보면 'A~E 중에서 지진발생문자 수신차단을 해둔 시민은 1명뿐이다.'는 A~E 중 한 명은 원칙적으로는 지진발생문자를 받아야 하는 경우에도 수신차단을 해두었기 때문에 지진발생문자를 받지 않는다는 의미이다.

- 상황1: 8월 26일 14시 정각 '가'지점에서 Y등급 지진이 일어났을 때 A~E 중 2명만 지진발생문자를 받았다.
  → Y등급 지진이 일어났다면, 발생지점인 '가'지점으로부터 반경 2km 이내의 시민들에게 지진발생문자를 발송해야 한다. A~E 중에서는 A, B, E 3명이 여기에 해당한다. 그런데 2명만 지진발생문자를 받았다는 것은 A, B, E 중 한 명이 수신차단을 했다는 의미이다. 이때 C와 D는 수신차단을 하지 않았음을 알 수 있다.
- 상황2: 5분 후 '나'지점에서 X등급 지진이 일어났을 때에는 C와 D만 지진발생문자를 받았다.
  → X등급 지진이 일어났다면, 발생지점인 '나'지점으로부터 반경 1km이내의 시민들에게 지진발생문자를 발송해야 한다. C에서 아래로 내린 직선과 D 사이에 있는 점이 '나'지점임을 알 수 있다.
- 상황3: 다시 5분 후 '나'지점에서 정서쪽으로 2km 떨어진 지점에서 Y등급 지진이 일어났을 때에는 (㉠)만 지진발생문자를 받았다.
  → '나'지점에서 정서쪽으로 2km 떨어진 지점에서 Y등급 지진이 일어났다면, 반경 2km 이내의 시민들에게 지진발생문자를 발송해야 하므로 B와 E가 대상자가 된다.

정리하면 A, B, E 중 한 명이 수신차단을 했고, B와 E가 ㉠의 대상자가 됨을 알 수 있다. 이때 수신차단을 한 시민에 따라 지진발생문자를 받는 사람이 달라지므로 이를 정리하면 다음과 같다.

수신차단	지진발생문자를 받은 사람
A	B, E
B	E
E	B

따라서 B, E, B와 E가 가능하다.

7급 PSAT 영역별 **예시문제 분석**

3. 다음 글과 〈상황〉을 근거로 판단할 때, 과거에 급제한 아들이 분재 받은 밭의 총 마지기 수는?

> 조선시대의 분재(分財)는 시기가 재주(財主) 생전인지 사후인지에 따라 구분할 수 있다. 별급(別給)은 재주 생전에 과거급제, 생일, 혼인, 출산, 감사표시 등 특별한 사유로 인해 이루어지는 분재였으며, 깃급[衿給]은 특별한 사유 없이 재주가 임종이 가까울 무렵에 하는 일반적인 분재였다.
>
> 재주가 재산을 분배하지 못하고 죽는 경우 재주 사후에 그 자녀들이 모여 재산을 분배하게 되는데, 이를 화회(和會)라고 했다. 화회는 재주의 3년 상(喪)을 마친 후에 이루어졌다. 자녀들이 재산을 나눌 때 재주의 유서나 유언이 남아 있으면 이에 근거하여 분재가 되었으나, 그렇지 못한 경우에는 합의하여 재산을 나누어 가졌다. 조선 전기에는 『경국대전』의 규정에 따랐는데, 친자녀 간 균분 분재를 원칙으로 하나 제사를 모실 자녀에게는 다른 친자녀 한 사람 몫의 5분의 1이 더 분재되었다. 그러나 이때에도 양자녀에게는 차별을 두도록 되어 있었다. 조선 중기 이후에는 『경국대전』의 규정이 그대로 지켜지지 못하고 장남에게 많은 재산이 우선적으로 분재되었다. 깃급과 화회 대상 재산에는 별급으로 받은 재산이 포함되지 않았다.

※ 분재: 재산을 나누어 줌
※ 재주: 분재되는 재산의 주인

〈상 황〉

- ○ 유서와 유언 없이 사망한 재주 甲의 분재 대상자는 아들 2명과 딸 2명이며, 이 중 딸 1명은 양녀이고 나머지 3명은 친자녀이다.
- ○ 甲이 별급한 재산은 과거에 급제한 아들 1명에게 밭 20마지기를 준 것과 두 딸이 시집갈 때 각각 밭 10마지기씩을 준 것이 전부였다.
- ○ 화회 대상 재산은 밭 100마지기이며 화회는 『경국대전』의 규정에 따라 이루어졌다.
- ○ 과거에 급제한 아들이 제사를 모시기로 하였으며, 양녀는 제사를 모시지 않는 친자녀 한 사람이 화회로 받은 몫의 5분의 4를 받았다.

① 30
② 35
③ 40
④ 45
⑤ 50

문제 특징

제시된 글의 내용을 파악하고, 이를 특정 상황에 적용하여 제시되지 않은 정보를 추론하는 문제이다.

문제풀이 핵심 포인트

지문에서 〈상황〉과 관련된 내용이 무엇인지 빠르게 찾아야 한다. 용어의 개념에 주의하며 분재의 방법, 분재 받는 밭의 총 마지기 수를 계산하는 과정을 파악한다.

정답 ⑤

분재의 시기가 재주의 생전인지 사후인지에 따라 분재의 종류를 정리하면 다음과 같다.

- 별급: 재주 생전에 과거급제, 생일, 혼인, 출산, 감사표시 등 특별한 사유로 인해 이루어지는 분재
- 깃급: 특별한 사유 없이 재주가 임종이 가까울 무렵에 하는 일반적인 분재
- 화회: 재주가 재산을 분배하지 못하고 죽는 경우 재주 사후에 그 자녀들이 모여 재산을 분배

또한 분재의 방법을 정리하면 다음과 같다.

- 재주의 유서나 유언이 남아 있으면 이에 근거하여 분재되나, 그렇지 못한 경우에는 합의하여 재산을 나누어 가짐
- 경국대전의 규정: 친자녀 간 균분 분재를 원칙으로 하나, 제사를 모실 자녀에게는 다른 친자녀 한 사람 몫의 5분의 1이 더 분재됨. 이때에도 양자녀에게는 차별을 둠
- 깃급과 화회 대상 재산에는 별급으로 받은 재산이 포함되지 않음

〈상황〉에서 甲이 별급한 재산은 과거에 급제한 아들 1명에게 밭 20마지기를 준 것과 두 딸이 시집갈 때 각각 밭 10마지기씩을 준 것이 전부라고 했고, 깃급과 화회 대상 재산에는 별급으로 받은 재산이 포함되지 않음을 알 수 있다. 이때 재주 甲은 유서와 유언 없이 사망하였고, 과거 급제한 아들이 제사를 모시기로 하였으며 화회 대상 재산은 경국대전의 규정에 따라 이루어졌음을 알 수 있다. 이에 따라 화회 대상 재산인 밭 100마지기를 분재 대상자 4명으로 나눈 25마지기씩 균분한 후, 제사를 모실 과거에 급제한 아들에게는 다른 친자녀 한 사람 몫의 5분의 1인 5마지기가 더 분재되고, 양녀는 제사를 모시지 않는 친자녀 한 사람이 화회로 받은 몫의 5분의 4인 20마지기를 분재 받는다. 따라서 과거에 급제한 아들은 별급으로 20마지기, 화회로 30마지기를 분재 받으므로 분재 받은 밭의 총 마지기 수는 50마지기이다.

4. 다음 글을 근거로 판단할 때, 〈보기〉에서 옳은 것만을 모두 고르면?

> 여행을 좋아하는 甲은 ○○항공의 마일리지를 최대한 많이 적립하기 위해, 신용카드 이용금액에 따라 ○○항공의 마일리지를 제공해주는 A, B 두 신용카드 중 하나의 카드를 발급받기로 하였다. 각 신용카드의 ○○항공 마일리지 제공 기준은 다음과 같다.
>
> 〈A신용카드의 ○○항공 마일리지 제공 기준〉
>
> 1) 이용금액이 월 50만 원 이상 100만 원 이하일 경우
>   - 이용금액 1,000원 당 1마일리지를 제공함.
>
> 2) 이용금액이 월 100만 원 초과 200만 원 이하일 경우
>   - 100만 원 이하 이용금액은 1,000원 당 1마일리지를, 100만 원 초과 이용금액은 1,000원 당 2마일리지를 제공함.
>
> 3) 이용금액이 월 200만 원을 초과할 경우
>   - 100만 원 이하 이용금액은 1,000원 당 1마일리지를, 100만 원 초과 200만 원 이하 이용금액은 1,000원 당 2마일리지를, 200만 원 초과 이용금액은 1,000원 당 3마일리지를 제공함.
>
> 〈B신용카드의 ○○항공 마일리지 제공 기준〉
>
> 1) 이용금액이 월 50만 원 이상 100만 원 이하일 경우
>   - 이용금액 1,000원 당 1마일리지를 제공함.
>
> 2) 이용금액이 월 100만 원 초과 200만 원 이하일 경우
>   - 100만 원 이하 이용금액은 1,000원 당 2마일리지를, 100만 원 초과 이용금액은 1,000원 당 1마일리지를 제공함.
>
> 3) 이용금액이 월 200만 원을 초과할 경우
>   - 70만 원 이하 이용금액은 1,000원 당 3마일리지를, 70만 원 초과 이용금액은 1,000원 당 1마일리지를 제공함.

※ 마일리지 제공 시 이용금액 1,000원 미만은 버림

〈보 기〉

ㄱ. 신용카드 이용금액이 월 120만 원이라면, A신용카드가 B신용카드보다 마일리지를 더 많이 제공한다.
ㄴ. 신용카드 이용금액이 월 100만 원을 초과할 경우, A신용카드가 제공하는 마일리지와 B신용카드가 제공하는 마일리지가 같은 경우가 발생할 수 있다.
ㄷ. 신용카드 이용금액이 월 200만 원을 초과할 경우, B신용카드가 A신용카드보다 마일리지를 더 많이 제공한다.

① ㄱ
② ㄴ
③ ㄷ
④ ㄱ, ㄴ
⑤ ㄴ, ㄷ

문제 특징

제시된 글 또는 조건을 바탕으로 특정 결괏값을 도출하고, 이를 비교한 내용이 올바른지 파악하는 문제이다.

문제풀이 핵심 포인트

조건이 많이 제시되더라도 계산에 필요한 정보만 찾아 풀어야 한다. 마일리지를 제공하는 규칙을 정확하게 이해한 후, 신용카드 이용금액에 따른 마일리지를 파악한다. 또한 〈보기〉 중 반례를 고려할 경우 극단적인 값을 상정하여 비교한다.

정답 ②

ㄴ. 신용카드 이용금액이 월 100만 원을 초과하여 200만 원인 경우, A신용카드가 제공하는 마일리지와 B신용카드가 제공하는 마일리지가 3,000마일리지로 같은 경우가 발생할 수 있다.

오답 분석

ㄱ. 신용카드 이용금액이 월 120만 원인 경우, A신용카드가 제공하는 마일리지는 1,400마일리지이고, B신용카드가 2,200 마일리지로 A신용카드가 B신용카드보다 마일리지를 더 적게 제공한다.

ㄷ. 신용카드 이용금액이 월 200만 원인 경우 A 신용카드는 100만 원까지 1,000마일리지, 200만 원까지 2,000마일리지가 제공되어 총 3,000마일리지가 제공된다. 이때 이후의 금액에는 1,000원 당 3마일리지가 제공된다. 반면 B신용카드는 70만 원까지 2,100마일리지가 제공되고, 200만 원까지 130만 원에 해당하는 금액에 1,300마일리지가 제공되어 3,400만 원의 마일리지가 제공된다. 이때 이후의 금액에는 1,000원 당 1마일리지가 제공된다. 이에 따라 카드 이용금액이 월 200만 원일 때는 A신용카드의 마일리지가 400마일리지 적은 상태이지만 그 이후 1,000원당 2마일리지가 더 많이 제공된다. 즉, 카드 이용금액이 월 220만 원이 되면 A신용카드와 B신용카드의 마일리지가 3,600마일리지로 동일해지고, 월 220만 원을 초과할 경우 A신용카드의 마일리지가 B신용카드의 마일리지보다 더 많아진다.
200만 원을 초과하는 구간에서 A신용카드는 200만 원 초과 이용금액은 1,000원 당 3마일리지를 제공하지만 B신용카드는 여전히 1,000원 당 1마일리지가 제공된다. 이에 따라 200만 원을 초과한 이후 A신용카드가 B신용카드보다 많은 마일리지가 제공되므로 월 이용금액이 많을수록 A신용카드에는 유리하다. 이에 따라 월 200만 원 '초과'라는 구간의 성질을 이용하여 월 10억 원을 쓴다고 가정할 경우 A신용카드가 B신용카드보다 마일리를 더 많이 제공함을 알 수 있다.

7급 PSAT 영역별 예시문제 분석

자료해석

1. 다음 〈표〉는 '갑' 박물관 이용자를 대상으로 12개 평가항목에 대해 항목별 중요도와 만족도를 조사한 결과이다. 이를 바탕으로 평가항목을 〈그림〉과 같이 4가지 영역으로 분류할 때, 이에 대한 설명으로 옳은 것은?

〈표〉 평가항목별 중요도와 만족도 조사결과

(단위: 점)

구분 / 평가항목	중요도	만족도
홈페이지	4.45	4.51
안내 직원	( )	4.23
안내 자료	4.39	4.13
안내 시설물	4.32	4.42
전시공간 규모	4.33	4.19
전시공간 환경	4.46	4.38
전시물 수	4.68	4.74
전시물 다양성	4.59	4.43
전시물 설명문	4.34	4.44
기획 프로그램	4.12	4.41
휴게 시설	4.18	4.39
교통 및 주차	4.29	4.17
평균	4.35	4.37

〈그림〉 중요도와 만족도에 따른 평가항목 영역 분류

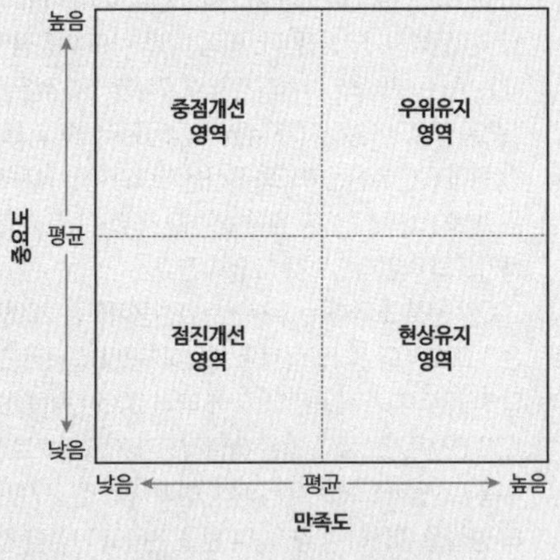

① '안내 직원'의 중요도는 중요도 평균보다 높다.
② '교통 및 주차'는 '현상유지 영역'으로 분류된다.
③ '점진개선 영역'으로 분류되는 항목은 2개이다.
④ '우위유지 영역'으로 분류되는 항목의 수는 '현상유지 영역'으로 분류되는 항목의 수와 같다.
⑤ '중점개선 영역'으로 분류된 항목은 없다.

문제 특징

2개 이상의 자료를 서로 연계하여 정보를 도출한 후, 평균, 반대해석, 최소 여집합 등의 개념을 활용하여 도출된 정보가 올바른지 판단하는 문제이다. 수치를 바탕으로 빈칸을 채워야 하는 자료가 제시되기도 한다.

문제풀이 핵심 포인트

평균과 편차의 합을 도출하여 비교한 후, 평가항목의 일부를 검토하는 선택지부터 순차적으로 해결한다.

정답 ④

'우위유지 영역'으로 분류되는 항목은 '홈페이지', '전시공간 규모', '전시공간 환경', '전시물 수'이고 '현상유지 영역'으로 분류되는 항목은 '안내 시설물', '전시물 설명문', '기획 프로그램', '휴게 시설'이다. 따라서 모두 4개 항목으로 같으므로 옳은 설명이다.

오답 분석

① '안내 직원'의 중요도는 4.05점으로 중요도 평균 4.35점보다 낮으므로 옳지 않은 설명이다. '안내 직원'의 중요도를 도출할 때 편차를 이용하면 빠르게 확인할 수 있다.

② '현상유지 영역'은 중요도는 평균보다 낮지만 만족도는 평균보다 높다. '교통 및 주차'는 중요도가 4.29점으로 평균 4.35점보다 낮고 만족도는 4.17점으로 평균 4.37점보다 낮다. 따라서 '교통 및 주차'는 중요도와 만족도 모두 평균보다 낮아 '점진개선 영역'으로 분류되므로 옳지 않은 설명이다.

③ '점진개선 영역'은 중요도와 만족도 모두 평균보다 낮다. 따라서 '점진개선 영역'으로 분류되는 항목은 '교통 및 주차', '안내직원', '전시공간 규모'로 3개이므로 옳지 않은 설명이다.

⑤ '중점개선 영역'은 중요도는 평균보다 높지만 만족도는 평균보다 낮다. '안내 자료'는 평균보다 중요도는 높고 만족도는 낮아 '중점개선 영역'으로 분류되므로 옳지 않은 설명이다.

2. 다음 식품의약품안전처 〈보도자료〉 내용에 대한 〈보기〉의 설명 중 옳은 것만을 모두 고르면?

식품의약품안전처 **보도자료** 보다 나은 정부

보도일시	브리핑(14시 이후)		
배포일시	2019.□□.□□	담당부서	식품의약품안전처 ○○○○과
담당과장	김◇◇(044-000-0001)	담당자	박△△(044-000-0009)

신선한 달걀, 산란일자 표시로 확인하세요!

○ 식품의약품안전처는 8월 23일 '달걀 산란일자 표시제' 전면 시행으로 산란일자가 표시된 달걀만 유통·판매되는 만큼 소비자는 시장, 마트 등에서 산란일자를 확인하고 신선한 달걀을 구입할 수 있게 되었다고 밝혔습니다.
- '달걀 산란일자 표시제'는 달걀의 안전성을 확보하고 소비자에게 달걀에 대한 정보제공을 강화하고자 마련한 제도로, 안정적인 정착을 위해 180일 간의 계도기간이 끝난 시점인 2019년 8월 23일 전면 시행되었습니다.
- 전면 시행 1개월을 앞두고 지난 7월 대형마트 100곳, 중소형마트 100곳에 유통 중인 달걀 전체를 대상으로 산란일자 표시여부를 조사하였고, 그 결과는 다음과 같습니다.

구분	대형마트	중소형마트	전체
표시율(%)	90	70	85

○ '달걀 산란일자 표시제' 시행 후 생산된 달걀 껍데기에는 산란일자 4자리 숫자를 포함하여 생산자고유번호(5자리), 사육환경번호(1자리) 순서로 총 10자리가 표시됩니다.

〈예 시〉

0823M3FDS2

산란일자 생산자고유번호 사육환경번호

사육환경번호	사육환경	내용
1	방사	방목장에서 닭이 자유롭게 다니도록 키우는 사육방식
2	평사	케이지와 축사를 자유롭게 다니도록 키우는 사육방식
3	개선 케이지	닭을 키우는 케이지 면적이 0.075m^2/마리 이상
4	기존 케이지	닭을 키우는 케이지 면적이 0.05m^2/마리 이상

〈보 기〉

ㄱ. '달걀 산란일자 표시제'의 계도기간은 2019년 2월에 시작되었다.
ㄴ. '1023M3FDS3'으로 표시된 달걀이 150m^2 면적의 케이지에서 산란되었다면, 10월 23일 기준 해당 케이지의 닭은 2,000마리 이하이다.
ㄷ. 2019년 7월 산란일자 표시여부 조사 대상 달걀 수는 대형마트가 중소형마트의 4배 미만이다.

① ㄱ ② ㄴ ③ ㄷ ④ ㄱ, ㄴ ⑤ ㄱ, ㄴ, ㄷ

문제 특징

보고서 형태로 제시된 자료를 올바르게 이해했는지를 묻는 문제이다. 표나 그림, 보고서 같은 기본적인 자료뿐만 아니라 실무와 관련성이 높은 보도자료 형식이 자료로 제시된다.

문제풀이 핵심 포인트

보도자료가 제시된 보고서 일치부합형 문제이므로 보도자료의 내용을 필요한 부분 위주로 빠르게 읽고, 〈보기〉와 매칭하여 풀이한다.

정답 ⑤

ㄱ. '달걀 산란일자 표시제'는 2019년 8월 23일 전면 시행되었으므로 이는 180일인 약 6개월간의 계도기간이 끝난 시점임을 알 수 있다. 따라서 '달걀 산란일자 표시제'의 계도기간은 2019년 2월에 시작되었다는 것은 옳은 설명이다.

ㄴ. '1023M3FDS3'으로 표시된 달걀의 사육환경번호는 3이므로 사육환경은 개선 케이지임을 알 수 있다. 개선 케이지는 닭을 키우는 케이지 면적이 0.075m^2/마리 이상이 되어야 하므로 150m^2 면적의 케이지에서 산란되었다면 150/0.075 = 2,000마리를 초과할 수 없다. 따라서 10월 23일 기준 해당 케이지의 닭은 2,000마리 이하이므로 옳은 설명이다.

ㄷ. 표시율을 기준으로 판단하면 전체 85%와 대형마트 90%의 비율 차이는 90 - 85 = 5%p이고, 전체 85%와 중소형마트 70%의 비율 차이는 85 - 70 = 15%p이다. 따라서 2019년 7월 산란일자 표시여부 조사대상 달걀 수는 대형마트 : 중소형마트 = 3 : 1 비율로 대형마트가 중소형마트의 4배 미만이므로 옳은 설명이다.

3. 다음 〈그림〉은 2012~2018년 동안 A제품과 B제품의 판매수량 및 평균 판매단가를 지수화하여 표시한 것이다. 〈그림〉으로부터 알 수 없는 것은?

〈그림 1〉 A제품과 B제품의 판매수량 지수

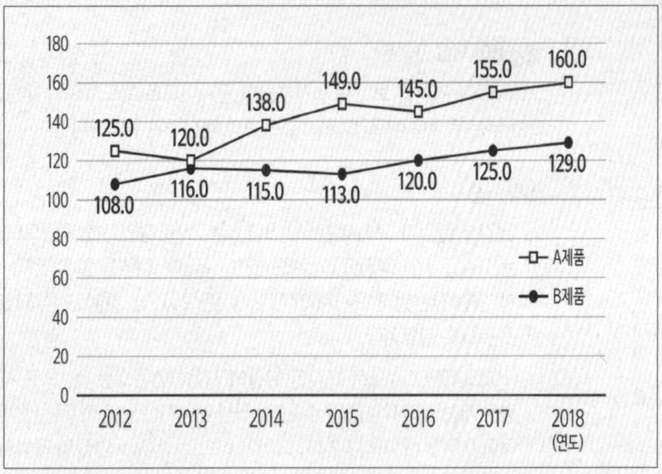

※ 판매수량 지수는 2011년의 판매수량을 100으로 하였을 때 해당연도 판매수량의 상대적 비율임.

〈그림 2〉 A제품과 B제품의 평균 판매단가 지수

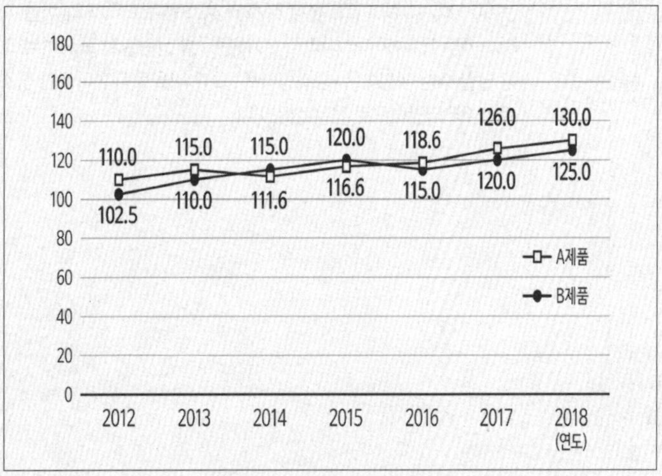

※ 1) 평균 판매단가 지수는 2011년의 평균 판매단가를 100으로 하였을 때 해당연도 평균 판매단가의 상대적 비율임.
2) 2011년 A제품의 평균 판매단가는 B제품과 동일함.
3) 매출액 = 평균 판매단가 × 판매수량

① A제품 매출액의 연평균 증가율
② 2012년 A제품 매출액 대비 B제품 매출액 비율
③ B제품 평균 판매단가의 연평균 증가율
④ 2018년 B제품 평균 판매단가 대비 A제품 평균 판매단가 비율
⑤ B제품 판매수량의 연평균 증가율

문제 특징

각주에 추가적인 정보가 제시되고, 제시된 자료 내에서 판단할 수 있는 항목과 판단할 수 없는 항목을 구별하는 문제이다.

문제풀이 핵심 포인트

〈그림〉 이외에 각주가 추가로 제시되었으므로 각주의 내용을 파악한다. 이 문제의 경우 〈그림〉과 각주를 토대로 계산하여 항목값이 도출 가능한지를 묻고 있으므로 직접 계산하지 않고, 〈그림〉과 각주를 토대로 계산이 가능한지 검토한다.

정답 ②

각주 3)에 따르면 매출액 = 평균 판매단가 × 판매수량이고, 각주 2)에서 2011년 A제품의 평균 판매단가는 B제품과 동일하다고 했으나 2011년 A제품과 B제품의 판매수량을 알 수 없으므로 2012년 A제품과 B제품의 판매수량 역시 알 수 없다. 따라서 2012년 A제품 매출액 대비 B제품 매출액 비율은 알 수 없다.

오답 분석

① 각주 3)에 따르면 매출액 = 평균 판매단가 × 판매수량이고, 2011년 100을 기준으로 2012년 이후 평균 판매단가 지수와 판매수량 지수가 모두 제시되어 있으므로 A제품 매출액의 연평균 증가율을 알 수 있다.
③ 2011년 B제품 평균 판매단가를 100으로 하였을 때, 연도별 평균 판매단가 지수가 제시되어 있으므로 B제품 평균 판매단가의 연평균 증가율을 알 수 있다.
④ 각주 2)에 따르면 2011년 A제품의 평균 판매단가는 B제품과 동일하다고 했고, 2011년 100을 기준으로 2012년 이후 B제품과 A제품 평균 판매단가 지수가 제시되어 있으므로 2018년 B제품 평균 판매단가 대비 A제품 평균 판매단가 비율을 알 수 있다.
⑤ 2011년 B제품 판매수량을 100으로 하였을 때, 연도별 판매수량 지수가 제시되어 있으므로 B제품 판매수량의 연평균 증가율을 알 수 있다.

4. 다음 〈표〉는 국민 삶의 질을 평가하는 다양한 개별지표와 종합 지수이다. 〈표〉의 종합 지수를 아래의 〈대화〉에 근거하여 재작성할 경우, '환산된 2014년 주관적 웰빙 영역 지수'(A)와 '2015년 기존의 종합 지수 대비 재작성된 종합 지수의 변화'(B)를 바르게 나열한 것은?

〈표〉 영역별 지수 및 종합 지수

영역 \ 연도	2006	2007	2008	2009	2010	2011	2012	2013	2014	2015
소득·소비	100.0	99.4	103.9	109.0	109.6	108.7	111.9	113.4	114.4	116.5
고용·임금	100.0	102.1	103.0	100.3	99.8	101.8	103.6	105.2	103.6	103.2
사회복지	100.0	101.3	103.2	108.4	107.8	107.8	110.0	112.8	115.4	116.3
주거	100.0	100.3	100.5	101.3	102.0	101.9	102.1	103.6	105.2	105.2
건강	100.0	112.7	114.2	110.6	107.1	108.5	105.6	105.7	108.9	107.2
교육	100.0	104.5	107.7	114.3	116.7	119.7	124.4	119.7	122.5	123.9
문화·여가	100.0	99.9	98.9	98.9	99.5	95.4	104.4	111.0	111.4	112.7
가족·공동체	100.0	98.3	98.2	94.9	95.6	96.6	98.5	98.5	98.2	98.6
시민참여	100.0	103.1	111.5	116.1	114.8	114.1	116.9	116.3	113.4	111.1
안전	100.0	96.9	97.5	101.3	108.9	113.2	114.5	116.3	121.4	122.2
환경	100.0	102.7	109.5	103.9	103.8	105.3	109.4	107.1	108.5	111.9
종합	100.0	101.9	104.4	105.4	106.0	106.6	109.2	110.0	111.2	111.7

〈대 화〉

사무관: 2013년부터 '주관적 웰빙' 영역의 개별지표값이 처음으로 측정되어 이 영역이 추가됩니다. '주관적 웰빙' 영역의 개별지표값은 정리되었나요?

주무관: 네, '주관적 웰빙' 영역의 개별지표값은 다음과 같습니다.

영역	개별지표 \ 연도	2013	2014	2015
주관적 웰빙	삶에 대한 만족도	5.0	5.0	5.7
	긍정정서	6.0	5.7	6.6

사무관: '주관적 웰빙' 영역까지 포함한 종합 지수를 재작성해야 합니다. 작성방법은 다음과 같습니다.

> □ 영역 지수는 기준년도(2006년) 대비 당해연도 영역별 '개별지표 비율'의 산술평균임.(단, '주관적 웰빙' 영역의 기준년도는 2013년임)
>
> ○ 개별지표 비율 = $\frac{\text{당해연도 지표값}}{\text{기준년도 지표값}} \times 100$
>
> □ 종합 지수는 모든 영역 지수의 산술평균임.

주무관: 영역 지수에 '주관적 웰빙' 영역을 추가하고, 종합 지수를 재작성하겠습니다.

사무관: 아! 그런데, 2013년 '주관적 웰빙' 영역 지수는 2013년 기존 종합 지수 값인 110.0을 사용하고, 이 값을 기준으로 2014년과 2015년의 '주관적 웰빙' 영역 지수를 환산해주세요.

※ 지수는 소수점 둘째자리에서 반올림함.

	A	B
①	97.5	감소
②	97.5	증가
③	107.3	감소
④	107.3	증가
⑤	107.3	없음

문제 특징

기본적인 표나 그림 자료 외에 추가로 계산식, 조건 등의 규칙이 제시되고, 이를 연계하여 새로운 항목의 구체적인 수치를 계산하는 문제이다.

문제풀이 핵심 포인트

〈대화〉에 구체적인 종합 지수의 작성법이 규칙으로 제시되었다. 이 문제에서는 2013년 110.0을 기준으로 2014년과 2015년 변화된 지수를 판단한다.

정답 ④

- 2013년 '주관적 웰빙' 영역 지수는 2013년 기준 종합 지수 값인 110.0을 사용하고, 이 값을 기준으로 2014년의 '주관적 웰빙' 영역 지수를 환산해야 하므로 2014년 개별지표인 '삶에 대한 만족도'는 2013년과 동일한 110.0이다. '긍정정서'는 6.0에서 5.7로 6.0 − 5.7 = 0.3 감소하여 (0.3/6) × 100=5% 감소했으므로 2014년 '긍정정서'는 2013년 110.0에서 5% 감소한 110.0 × 0.95 = 104.5이다. 따라서 '환산된 2014년 주관적 웰빙 영역 지수'는 개별지표 '삶에 대한 만족도'와 '긍정정서'의 산술평균인 (110.0 + 104.5)/2 ≒ 107.3이다.
- 종합 지수는 모든 영역 지수의 산술평균이므로 영역별 가중치는 동일하다. 종합 지수는 2013년이 110.0, 2015년이 111.7으로 2013년 대비 2015년 종합 지수 증가율은 {(111.7 − 110.0)/110.0} × 100 ≒ 1.5%이다. 한편, '주관적 웰빙' 영역을 구성하는 개별지표인 '삶에 대한 만족도'는 5.0에서 5.7로 10% 이상 증가하고, '긍정정서'는 6.0에서 6.6으로 10% 증가하므로 2013년 대비 2015년에 '주관적 웰빙' 영역은 10% 이상 증가한다. 따라서 2015년 재작성된 종합 지수는 2013년 대비 10% 이상 증가했으므로 '2015년 기존의 종합 지수 대비 재작성된 종합 지수의 변화'는 증가한다.

2025년 기출문제

1교시 언어논리·상황판단

2교시 자료해석

✓ 문제 풀이 시작과 종료 시각을 정한 후, OCR 답안지를 활용하여 실전처럼 기출문제를 풀어보세요.

1교시: 시 분 ~ 시 분(총 50문항 / 120분)

2교시: 시 분 ~ 시 분(총 25문항 / 60분)

✓ 문제 풀이 후, 약점 보완 해설집 '취약 유형 분석표'로 자신의 실력을 점검해 보시기 바랍니다.

언어논리영역

1. 다음 글에서 알 수 있는 것은?

> 신라 수도였던 경주에는 기원후 4세기 후반에서 5세기 초 사이에 조성된 고분이 많은데, 이곳에서 당시 서아시아 사산조 페르시아에서 유행하던 양식의 물건이 많이 나왔다. 실제로 황남대총에서는 길쭉한 금판에 터키석으로 장식한 팔찌가 나왔는데, 사산조 페르시아 귀족들이 쓰던 팔찌와 그 모양이 같다. 계림로 14호 고분에서도 손잡이에 석류석이 박혀 있고 칼집 입구에 길쭉한 직사각형의 장식물이 붙은 보검이 나왔다. 이 역시 사산조 페르시아에서 유행한 모양 그대로이다.
>
> 이런 유물이 신라 고분에서 나온 이유는 무엇일까? 혹자는 신라에 수많은 서아시아인이 살면서 사산조 페르시아산 물건을 팔았기 때문이라고 말한다. 하지만 4세기 후반과 5세기 초 사이에 서아시아인이 신라에 살았다는 증거는 없다. 당시 서아시아인이 신라에 오는 것은 사실상 불가능에 가까운 일이었다.
>
> 4세기 후반 신라의 왕은 내물마립간이었다. 그는 고구려와 가깝게 지내면서 군사·외교적으로 큰 도움을 받았는데, 377년에 고구려 소수림왕의 허락을 받아 사신을 고구려 영토를 거쳐 전진에 보내는 데 성공했다. 이때 신라 사신은 전진의 황제 부견을 알현해 내물마립간의 친서를 전달했다. 부견은 370년에 중국 화북 지역을 장악한 뒤 곧바로 서쪽으로 진출해 서역의 여러 나라를 정복했으며, 실크로드를 통해 사산조 페르시아와 교류했다. 그 영향으로 신라 사신이 방문하기 얼마 전부터 전진에는 무려 만여 명에 달하는 사산조 페르시아 사람이 들어와 살기 시작했다. 내물마립간이 보낸 사신은 이들로부터 사산조 페르시아에서 유행하던 양식을 갖춘 보검과 팔찌를 사들여왔으며, 이 물건들이 황남대총과 계림로 14호 고분에 부장되었다가 오늘날에 이르러 발굴된 것이다.

① 전진의 황제 부견은 신라의 왕 내물마립간이 보낸 사신을 만난 일이 있다.
② 경주에 소재한 계림로 14호 고분에서 터키석으로 장식된 팔찌가 출토되었다.
③ 사산조 페르시아는 전진과 함께 서역의 여러 나라를 정복하고 실크로드를 개척했다.
④ 고구려 소수림왕은 신라의 요청을 받아들여 전진에 사신을 보내 서아시아 지역에서 제작된 보검을 구해 주었다.
⑤ 신라 사신은 부견의 도움으로 서아시아산 물건을 구해달라는 내용의 친서를 사산조 페르시아에 보낼 수 있었다.

2. 다음 글의 내용과 부합하는 것은?

> 우리 역사상 최초의 국가인 고조선이 성장할 무렵 한반도 중·북부와 만주 곳곳에 '예족'이라는 종족이 살았으며, 그 가운데 오늘날의 함경도 일대에 있던 집단들을 통칭해 동예라고 부른다. 이들은 기원전 2세기 무렵 고조선에 복속되었는데, 고조선은 동예가 중국의 한(漢)과 직접 교역하지 못하게 막고 무역 이권을 독점했다. 이에 분노한 한 무제는 기원전 108년 고조선을 멸한 뒤 낙랑군을 비롯한 몇 개의 군현을 설치했다. 이때 한 무제는 동예가 있는 곳에 임둔군을 설치하고 그 아래에 여러 개의 현을 두었다. 그러나 한은 임둔군을 유지하는 데 너무 큰 비용이 든다고 여겨 기원전 82년 임둔군을 없앤 뒤 그에 속한 현들을 낙랑군에 넘겨 관리하게 했다. 하지만 낙랑군도 동예가 너무 험준한 곳에 있어서 관리를 보내기 어렵다고 판단했다. 이에 그곳에서 가장 강한 불내라는 집단의 우두머리에게 '불내후'라는 직위를 주어 동예의 모든 집단을 관리하게 하고, 불내후가 있는 곳에 동부도위라는 기구를 두어 그 동향을 감시하는 데 그쳤다. 그런데 불내후도 동예의 모든 집단을 직접 지배할 정도로 세력이 크지 않았기 때문에 각 집단에 자치권을 주고 집단들 사이에 발생하는 분쟁을 중재하는 역할만 했다.
>
> 이후 낙랑군은 동부도위를 유지하는 데 큰 비용이 든다는 이유로 기원후 30년에 이를 없애고, 동예의 모든 집단으로부터 우호 세력으로 남겠다는 다짐을 받아낸 뒤 독립시켜 주었다. 그러나 이들은 그 약속을 지키지 않고 불내후를 중심으로 뭉쳐 낙랑군을 여러 차례 공격했다. 거듭된 공격에 시달리던 낙랑군은 기원후 245년 대대적으로 군사를 일으켜 동예를 공격했으며, 이때 불내를 비롯한 동예의 모든 집단이 낙랑군에 항복했다. 이로써 동예는 낙랑군의 직접 지배 아래에 들어가게 되었는데, 이후 낙랑군이 고구려에 의해 정복되어 사라지게 되면서 동예가 있던 곳도 고구려 땅이 되었다.

① 불내라는 집단이 있던 곳은 고구려에 의해 낙랑군이 멸망한 뒤 고구려 영토가 되었다.
② 불내후는 오늘날의 함경도 일대에 살던 예족을 직접 다스리기 위해 낙랑군을 두었다.
③ 고구려는 낙랑군을 정복한 뒤 그 지역을 다스리기 위해 동부도위라는 기구를 설치했다.
④ 고조선은 주변에 거주하는 예족의 여러 집단이 복속하자 그들을 다스리기 위해 임둔군을 설치했다.
⑤ 한 무제는 동예가 고조선과 한의 교역을 중간에서 막고 무역 이권을 독점하는 것에 분노해 동예를 정복했다.

3. 다음 글에서 추론할 수 있는 것은?

우리 사회에는 다양한 연령, 신체 조건, 인지능력, 언어능력 등을 지닌 사람들이 함께 살아가고 있다. '유니버설디자인'은 제품과 서비스 등을 디자인할 때 다양한 특성을 지닌 사람들을 모두 포용해야 한다는 관점에서 디자인하는 것이다. 이 용어를 처음 사용한 사람은 미국의 건축가인데, 휠체어를 이용하는 장애인인 그는 장애인을 위해 디자인된 제품이나 서비스가 오히려 그들을 사회에서 격리하거나 소외하는 것을 자주 목격했다. 이에 장애인을 위한 특별한 디자인보다는 모든 사람이 사용할 수 있는 디자인을 만들어야 한다고 생각하고 유니버설디자인을 주장한 것이다.

이와 동일한 관점이 유럽에서는 '인클루시브디자인' 또는 '모두를위한디자인'이라는 용어로 제시된다. 영국 표준연구소의 정의에 따르면, 인클루시브디자인은 디자인을 특화할 필요 없이 최대한 많은 사람들이 접근하고 사용할 수 있도록 제품과 서비스를 디자인하는 것을 의미한다. 용어만 다를 뿐, 고령자, 어린이, 장애인, 임산부, 외국인 등 모두가 사용할 수 있는 디자인을 추구함으로써 인간의 존엄성을 지키고 평등을 실현하려 한다는 점에서 유니버설디자인과 관점이 동일하다.

이러한 디자인 관점은 사용상 걸림돌이 되는 요소를 제거하는 데 초점을 맞추어 온 기존의 '배리어프리디자인'보다 발전된 문제의식을 보여준다. 배리어프리디자인도 고령자 등이 일상에서 겪는 어려움을 해결하는 데 큰 기여를 했지만, 배리어프리디자인이 적용된 제품을 사용하는 과정에서 신체적 특성이 부각되거나 차별감을 느낄 수 있기 때문이다. 휠체어 사용자를 위해 지하철역 계단에 설치된 리프트가 이에 해당한다. 유니버설디자인의 관점은, 배리어프리디자인처럼 사용자를 다르게 취급하는 디자인은 좋은 해결책이 아니라고 본다. 휠체어 사용자를 포함하여 모두가 이용할 수 있는 엘리베이터가 그렇지 않은 리프트보다 바람직한 디자인이라는 것이다.

그러나 하나의 디자인을 모든 사람들이 사용할 수 있도록 만드는 일은 현실적으로 대단히 어렵다. 따라서 배제되는 사람을 최소화할 수 있는 제품과 서비스를 디자인하는 것이 유니버설디자인의 현실적 목표라고 할 수 있다. 예컨대, 원형 손잡이가 아니라 손에 장애가 있거나 양손에 물건을 든 사람도 위에서 살짝 누르기만 하면 문을 열 수 있는 레버형 손잡이가 유니버설디자인이 추구하는 해결책이다.

① 배리어프리디자인을 적용한 제품은 모두 인클루시브디자인이 적용된 제품이다.
② 배리어프리디자인이 적용된 제품을 쓰는 장애인은 차별받는 기분을 느끼지 않는다.
③ 장애인 화장실 대신 장애인과 비장애인 모두가 사용할 수 있는 화장실을 설치하는 것은 유니버설디자인을 추구한 사례이다.
④ 휠체어 사용자를 위해 주출입구 계단과 떨어진 곳에 별도로 설치된 경사로는 인클루시브디자인이 적용된 사례이다.
⑤ 유니버설디자인의 관점은 모두를위한디자인의 관점보다 다양한 특성의 사람들을 더 많이 포용한다.

4. 다음 글의 핵심 논지로 가장 적절한 것은?

미술에 관심이 많지 않은 사람이라도 다빈치의 「모나리자」나 미켈란젤로의 「천지창조」와 같은 유명한 그림의 미적 가치가 형편없다는 말에 동의하지 않을 것이다. 우리는 이 그림 정도는 책이나 온라인상에서 이미 수십 번을 보았을 것이고, 그 과정에서 작품 자체가 지닌 미적 가치의 위대함을 이해한다고 생각한다. 그런데 과연 미술작품의 미적 가치를 우리가 스스로 이해한 것일까?

일부 사람을 제외하면 우리 기억에 있는 「모나리자」나 「천지창조」는 원본을 사실에 가깝게 찍은 사진 이미지에 불과하다. 실제 본 적도 없으면서 우리가 「모나리자」나 「천지창조」에 감동하는 이유는 실제 그 그림에 내재된 미적 가치를 스스로 알아차렸기 때문이 아니라, 미술 분야 전문가들이 해석하는 미적 가치에 대한 설명과 해설을 들어서 생긴 일종의 학습효과 때문이다. 이것은 원본을 본 경우에도 다르지 않다. 루브르박물관이나 시스티나성당에 가서 「모나리자」와 「천지창조」를 직접 보고 올 기회가 생겼다고 하자. 그림을 보는 순간 깊이 감동받아 가슴이 떨릴 수도 있지만, 그것 역시 위대하다고 알려진 미술작품을 직접 알현한 것에 대한 흥분이지 그 대상의 미적 가치에 대한 이해와는 무관하다.

이번에는 「빌렌도르프의 비너스」나 이집트 기자에 있는 피라미드를 생각해 보자. 「빌렌도르프의 비너스」는 원시시대 다산의 상징으로 만들어진 거칠고 투박한 여인상이다. 그런데 거기에 '비너스'라는 이름을 붙이고, 투박한 돌덩어리에 불과한 그것에 질박미라는 미적 가치를 부여한 것은 후대 사람들이다. 다산을 기원하는 모습이라는 해석 역시 후대의 것이다. 그럼 기자의 피라미드는 어떨까? 고대 이집트인들에게 피라미드는 미술작품이 아니라, 귀신이 돌아올 육신을 보존하는 거대한 돌무덤이었다. 그런데 피라미드에 고고학적 가치뿐만 아니라 그 조형성을 바탕으로 미적 가치를 부여한 것은 후대 미술가들이다. 우리는 후대 미술가들의 설명과 해설을 기반으로 미적 가치를 이해한 것이지, 미술작품의 미적 가치를 스스로 이해한 것은 아니다.

① 미술작품의 미적 가치가 위대한지 아닌지는 학습할 수 없다.
② 미술작품의 미적 가치는 다양하기 때문에 단일한 기준으로 평가할 수 없다.
③ 미술작품의 원본을 실제로 보아야 그 작품의 미적 가치를 스스로 이해할 수 있다.
④ 미술작품의 고고학적 가치를 이해하지 않고서는 미술작품의 미적 가치를 이해하지 못한다.
⑤ 미술작품의 미적 가치는 우리 스스로 이해한 것이 아니라 타인의 해석을 바탕으로 이해한 것이다.

5. 다음 글에서 알 수 있는 것은?

> 오픈사이언스는 디지털 기술을 활용하여 연구성과와 과정 및 그와 관련한 정보를 공개하는 일련의 활동을 총칭한다. 일찍이 오픈사이언스는 과학자들끼리 연구성과를 공개함으로써 상호 검증·발전시키는 연구문화 및 규범을 일컫는 개념이었으나, 디지털 기술의 발달로 성과 공개의 대상과 방식이 확장되면서 개방적인 연구 활동 전반을 일컫는 용어로 재개념화되었다.
>
> 연구성과 또는 과정의 개방은 최종 연구성과인 출판논문을 온라인상에 공개하는 오픈액세스라는 활동에서 시작되었다. 오픈액세스는 논문을 오프라인이 아닌 온라인에서 출판하는 활동으로 확장되었는데, 그 결과 기술적으로는 출판물의 생산과 이용에서 시공간적인 접근 제약을 줄이고, 경제적으로는 출판비용 부담의 감소를 통해 이용자의 접근 장벽을 낮췄다.
>
> 연구 과정 중 생산된 중간산출물을 공유하는 활동인 오픈데이터도 꾸준히 활성화되고 있다. 출판논문에는 포함되지 않은 연구데이터가 공개되기도 하고, 학술적 가치가 높은 일부 중간산출물은 출판논문과 별도로 연구자 사이에서 공유되기도 한다. 연구 완료 이후 이루어지는 최종 연구성과의 공개인 오픈액세스와 달리, 오픈데이터는 연구 과정의 개방화를 추동한다. 출판논문과 달리 중간산출물은 연구 과정 및 절차와 관련된 상세한 정보를 포함하기 때문이다.
>
> 오픈사이언스에 포함되는 활동의 하나로서 오픈콜라보레이션 또한 활성화되고 있다. 오픈콜라보레이션이란 연구의 최종산출물과 중간산출물을 제외한 그 외의 정보들을 온라인 플랫폼을 통해 공유함으로써 연구자들끼리 협력하는 활동을 말한다. 연구자 프로필 웹서비스 이용이나 소셜미디어 활용 등이 이에 해당한다. 오픈콜라보레이션을 통해 연구자들의 활동 영역은 온라인 네트워크로 연결된 가상 공간으로 확장되고 있다.

① 오픈사이언스는 그 용어의 의미가 개방적인 연구 활동을 일컫던 것에서 연구문화 및 규범을 가리키는 것으로 재개념화되었다.
② 오픈데이터는 연구가 종료되기 전의 연구 과정에 관한 정보 및 그 과정에서 생산된 중간산출물의 공유를 촉진한다.
③ 오픈액세스는 연구자들이 오프라인 공간에서 소통하고 협력하기 위한 플랫폼을 제공하는 활동이다.
④ 오픈사이언스는 연구자 간 상호 검증이 가상 공간 바깥에서 이루어지도록 추동한다.
⑤ 오픈콜라보레이션은 연구 절차에 관한 정보 및 출판논문을 공유하는 연구 활동의 하나이다.

6. 다음 글에서 알 수 있는 것은?

> 1948년 정부 수립 직후에 전기업공업통제협회와 같은 기관이 출범하기도 했지만, 한국에서 전자기술의 산업화에 대한 관심이 싹트기 시작한 것은 한국전쟁이 정전된 1953년 무렵이다. 미군이 전쟁 중 가지고 들어온 라디오와 가전기기 등이 전자기술의 산업화에 대한 관심을 촉발했다. 그런데 전자기술의 하나인 반도체 기술은 1960년대에 외국 반도체 기업들을 통해 국내에 도입되기 시작했다. 따라서 이 시기를 한국 반도체 산업의 태동기라 부를 수 있다.
>
> 1960년에 한국은 외자도입의 양적 확대에 초점을 둔 「외자도입촉진법」을 제정했다. 이 법을 통해 한국은 여러 나라와 국제기구로부터의 차관을 확대하여 경제 발전을 이루고자 했다. 1966년에는 「외자도입법」을 제정하였는데, 이 법은 외자도입의 양적 확대를 지양하고 질적 선별을 강화함과 더불어 외국 기업의 투자에 대한 제한을 철폐함으로써, 외국의 선진기술을 받아들이는 것을 장려하였다. 외국 반도체 기업들이 국내 자본과의 합작 또는 직접 투자의 방식으로 한국에 진출하기 시작한 것이 이 법의 제정을 전후한 시기였다. 1965년에 미국의 코미사가 한국 자본과의 합작 투자로 한국 최초의 반도체 조립 업체인 고미전자산업을 설립했다. 당시 반도체 생산을 주도했던 국가는 미국과 일본이었는데, 이들 국가의 기업들은 기술집약적인 공정과 노동집약적인 조립 생산을 분리했다. 그리고 저임금으로 장시간 노동할 수 있는 인력이 풍부해 노동집약적 생산에 적합한 한국에 반도체 제품을 단순 조립할 회사를 연이어 설립했다.

① 외국 반도체 기업 가운데 코미사는 합작 투자가 아닌 방식으로 한국에 진출했다.
② 한국 최초의 반도체 조립 업체가 설립된 것은 「외자도입촉진법」이 제정되기 이전이었다.
③ 전기업공업통제협회가 출범할 당시 한국에 반도체 기술은 아직 도입되지 않은 상태였다.
④ 「외자도입법」이 제정됨으로써 여러 국제기구가 한국의 경제 발전을 위한 차관을 양적으로 확대했다.
⑤ 한국전쟁 발발 이전부터 미군을 통해 유입된 라디오와 가전기기 등은 전자기술에 대한 관심을 촉발했다.

7. 다음 글의 ㉠~㉤을 문맥에 맞게 수정한 것으로 가장 적절한 것은?

> '오다'는 ㉠ 화자의 위치를 기준으로 이동의 방향을 지시하는 것이 일반적이다. "창수가 나에게 오면 상세히 설명할게요." 와 같은 표현이 그러하다. 그런데 '오다'가 화자의 위치가 아닌 청자의 위치로 이동할 때에 쓰이는 경우가 적지 않다. "창수가 당신에게 오면 잘 타일러 주세요."는 청자 중심의 표현이라고 할 수 있다.
>
> 그런데 '오다'가 ㉡ 화자 또는 청자의 위치와 무관하게 쓰이기도 한다. "여보, 창수가 회사에 오지 않았나 봐요." 의 사례는 창수가 회사에 출근하지 않은 것을 어머니가 알고 나서 아버지에게 하는 발화이다. 여기에서 '오다'의 쓰임에 대해서 살펴보면, 창수의 이동 목적지인 회사는 화자나 청자의 위치와는 아무런 관련이 없다. 그런데도 이런 표현이 가능한 것은 '오다'가 반드시 대화 참여자의 실제 위치에 기초해서 발화되지 않을 수 있음을 보여준다. 여기서 '오다'는 대화 참여자의 실제 위치가 아닌 대화 참여자가 당연하다고 생각하는 규범적 위치, 곧 표준 위치를 기준으로 발화한 것이다. 출근해야 하는 창수에게 회사가 표준 위치라고 생각하는 것은 대화 참여자 누구에게나 충분히 가능한 일이다. 따라서 이때 '오다'는 ㉢ 이동체가 표준 위치인 회사를 향해서 이동하는 것을 나타낸다.
>
> '오다'의 다른 예를 보자. "창희가 학교에 왔습니까?"는 어머니가 딸의 등교 여부를 알고 싶어서 담임 교사에게 전화로 한 발화이다. 여기에서 '오다'의 쓰임은 두 가지 관점에서 해석할 수 있다. 하나는 '학교'를 청자인 담임 교사가 있는 위치로 간주하고 청자 중심으로 이동했다고 보는 것이다. 다른 하나는 '학교'를 창희가 이동 목표로 삼는 표준 위치로 간주하고 표준 위치로 이동했다고 보는 것이다. 그런데 이 같은 발화는 담임 교사가 학교가 아닌 다른 곳, 예컨대 퇴근 후 집에 있을 때에도 사용할 수 있다. 따라서 여기에서 '오다'는 ㉣ 뒤의 해석보다는 앞의 해석으로 보는 것이 설득력이 있다.
>
> 또 다른 예를 보자. "집에 빨리 오너라."는 어머니가 집에 있으면서 외출 중인 딸에게 한 발화이다. 그런데 모녀가 시내에 함께 나왔다가 딸은 남고 어머니만 먼저 집에 들어가야 하는 상황을 가정해 보자. 이 경우에도 어머니가 딸에게 똑같이 말한다면 이는 ㉤ 화자의 도착 예정지를 기준으로 '오다'를 사용하고 있는 것이다.

① ㉠을 '화자의 위치에서 청자의 위치로의 이동을 지시하는'으로 수정한다.
② ㉡을 '화자의 위치와 관련이 있어야 하는 반면 청자의 위치와 무관하게'로 수정한다.
③ ㉢을 '이동체가 표준 위치인 회사에서 벗어나 이동하는'으로 수정한다.
④ ㉣을 '앞의 해석보다는 뒤의 해석으로 보는'으로 수정한다.
⑤ ㉤을 '화자가 현재 위치한 장소를 기준으로'로 수정한다.

8. 다음 글의 (가)와 (나)에 들어갈 말을 적절하게 나열한 것은?

> 중국계 미국인 경제학자 첸은 언어가 인간의 사고와 행동에 어떻게 영향을 미치는가에 대해 관심을 가졌다. 그는 영어와 중국어의 친족 호칭의 차이점에 주목했다. 영어에서는 조부모의 바로 아래 세대 사람들 중 아버지를 제외한 남성 친족을 모두 '엉클'이라 부르지만, 중국어에서는 이 남성이 모계인지 부계인지, 혈연관계인지 결혼을 통해 맺어진 관계인지, 나의 부모보다 나이가 많은지 적은지가 구분되어 호칭에 드러난다. 예를 들어, 한국어의 큰아버지에 해당하는 중국어 '백부'라는 호칭을 사용할 때는 (가) 사실을 항상 무의식적으로 기억하게 된다. 이로부터 첸은 언어가 단순한 의사소통의 수단이 아니고 개인이 세상을 인식하는 방식을 재창조하고 편집하는 것이라고 생각하게 되었다.
>
> 이러한 생각에서 첸은 언어가 다르면 경제적 사고나 행동에서도 차이를 보일 것이라는 가설을 세웠다. 이 가설을 검증하기 위해 그가 살펴보고자 한 것은 시간에 관한 언어 표현의 차이였다. 미래 시제가 확실히 존재하는 언어권 사람들은 언어가 지배하는 무의식의 영역에서 미래를 현재와 동떨어진 것으로 인식할 것이고, 미래 시제가 현재 시제와 차이가 없는 언어권 사람들은 미래가 이미 현재와 다름없이 다가와 있다고 인식할 것이라고 생각한 첸은 76개국을 조사하여 흥미로운 사실을 발견하였다. '미래 시제가 엄격하게 구분되는' 언어와 '문법상 현재와 미래에 차이가 없는' 언어를 비교했을 때, 두 언어의 모국어 사용자 집단 사이에 저축률이 현격한 차이가 있었던 것이다. 영어, 그리스어 등과 같은 전자의 언어를 모국어로 쓰는 사람들은 저축률이 낮고, 중국어, 핀란드어 등 후자의 언어를 모국어로 쓰는 사람들은 저축률이 높았다. 사람들이 (나) 는 점을 확인한 것이다. 이를 통해 첸은 언어가 저축과 같은 경제적 의사결정에도 영향을 미친다고 주장했다.

① (가): 그가 나의 부계 남성 혈족이며 내 아버지보다 나이가 많다는
(나): 미래를 예측하기 쉬우면 저축을 적게 하고, 미래를 예측하기 어려우면 저축을 많이 한다

② (가): 그가 나의 부계 남성 혈족이며 내 아버지보다 나이가 많다는
(나): 미래를 현재와 동떨어진 것으로 여기면 저축을 적게 하고, 미래를 곧 다가올 현재라고 여기면 저축을 많이 한다

③ (가): 그와 내가 혈연으로 묶인 한 가족의 일원이라는
(나): 미래를 예측하기 쉬우면 저축을 적게 하고, 미래를 예측하기 어려우면 저축을 많이 한다

④ (가): 그가 나의 조부모의 바로 아래 세대 남성 혈족이라는
(나): 미래를 현재와 동떨어진 것으로 여기면 저축을 적게 하고, 미래를 곧 다가올 현재라고 여기면 저축을 많이 한다

⑤ (가): 그가 나의 조부모의 바로 아래 세대 남성 혈족이라는
(나): 미래를 예측하기 쉬우면 저축을 적게 하고, 미래를 예측하기 어려우면 저축을 많이 한다

9. 다음 대화의 ㉠으로 적절한 것만을 <보기>에서 모두 고르면?

갑: 최근 우리 A시 행정복지센터에서 악성 민원을 견디다 못해 휴직한 직원이 3명이나 됩니다. 악성 민원에 대처하는 방법이라든가 악성 민원을 줄이는 방법이 있을까요?

을: 우리 행정복지센터에는 악성 민원 대응 매뉴얼이 마련되어 있지 않습니다. B시의 모든 공공 기관에서는 악성 민원 대응 매뉴얼대로 악성 민원에 대처하고 있는데, B시는 악성 민원 대응 매뉴얼 도입 이후 담당 직원들의 민원 스트레스가 현저히 감소했다고 합니다. 우리 센터도 악성 민원 대응 매뉴얼을 마련해서, 악성 민원으로 인한 직원들의 민원 스트레스를 줄여야 합니다.

병: 같은 내용의 민원을 반복적으로 제기하는 악성 민원에 대해 담당 직원에게 종결권을 부여하는 것도 좋은 방법입니다. 이 제도를 도입한 기관 직원들의 업무 만족도가 도입 이전보다 높아졌다고 합니다. C시 행정복지센터에도 악성 민원 종결권 제도를 도입하려고 몇 달 전부터 논의 중입니다. 우리 센터도 악성 민원 종결권 제도를 도입해서 직원들의 민원 업무 만족도를 높여야 합니다.

정: 같은 내용의 민원이라도 민원인이 욕설과 폭언을 하지 않도록 사전에 차단해야 합니다. 최근 D시의 모든 행정복지센터에서는 민원 응대 시 캠코더로 녹화되고 있음을 고지하는 정책을 시행하고 있습니다. D시에서는 이 정책 도입 이후 욕설과 폭언을 하는 민원인이 확실히 줄었다고 합니다. 우리 센터도 캠코더 사용 고지 정책을 도입해야 합니다.

갑: 의견 감사합니다. 오늘 제안된 방법의 효과성 검증에 ㉠ 필요한 자료를 조사해 주십시오. 이를 바탕으로 일주일 뒤에 심층 논의를 진행하겠습니다.

<보 기>

ㄱ. B시 공공 기관의 악성 민원 대응 매뉴얼 도입 후 담당 직원들의 민원 스트레스 감소 정도

ㄴ. A시와 C시의 행정복지센터 직원들의 민원 업무 만족도 차이

ㄷ. D시의 행정복지센터의 캠코더 사용 고지 정책 도입 후 욕설과 폭언을 하는 민원인의 감소 정도

① ㄱ
② ㄴ
③ ㄱ, ㄷ
④ ㄴ, ㄷ
⑤ ㄱ, ㄴ, ㄷ

10. 다음 글의 ㉠~㉥에 대한 설명으로 적절한 것은?

○○청은 개인정보가 포함된 온라인 게시물의 삭제를 도와주는 '디지털 지우개' 서비스를 시작하였다. 이 서비스의 취지는 미성년 시절에 개인정보를 노출하였거나 타인이 무단으로 올린 게시물에 개인정보가 노출된 국민을 구제하기 위함이다.

이 서비스를 이용하려면 먼저 신청인이 ○○청 누리집에서 서비스를 신청해야 한다. 신청이 완료되면 ○○청은 신청 내용을 확인하는데, 이 단계에서 삭제 요청 대상 게시물에 신청인의 개인정보가 포함된 것인지를 판단한다. 포함된 것이 인정되면 ○○청은 해당 게시물을 관리하는 기관에 해당 게시물의 삭제를 요청한다.

게시물 삭제를 요청 받은 기관은 해당 게시물을 삭제하고 ○○청에 처리 결과를 알려야 한다. 그 뒤 ○○청은 해당 게시물이 삭제되었는지 검토하는데, 이 단계에서 해당 기관의 조치가 미흡한 경우 ○○청은 해당 기관에 삭제를 재요청한다. 게시물이 완전히 삭제된 것을 최종 확인하면 ○○청은 신청인에게 결과를 통보한다. 디지털 지우개 서비스의 진행 과정은 다음과 같다.

주체	신청인	㉠		㉡		㉢	
단계	㉣ ➡	신청 내용 확인 ➡	㉤ ➡	삭제 ➡	㉥ ➡	검토 ➡	결과 통보

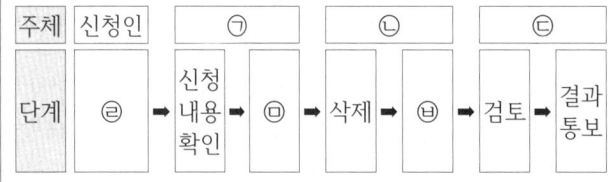

① 신청 내용 확인 단계에서 ㉠은 ㉡에게 신청인의 개인정보가 게시물에 포함되었는지 확인을 요청할 수 있다.
② ㉠과 ㉢은 다른 주체이다.
③ 검토 단계에서 게시물 삭제 조치가 미흡한 것으로 판단되면 ㉣로 돌아간다.
④ 삭제 요청 대상 게시물에 신청인의 개인정보가 포함된 것이 인정되면 ㉤을 수행한다.
⑤ ㉥은 신청인에게 삭제 완료 사실을 통보하는 단계이다.

11. 다음 글에서 알 수 없는 것은?

> 왜 지구에서 만들 인공태양은 태양보다 더 높은 온도를 갖는 상태를 유지해야 할까? 핵융합 반응은 플라스마의 밀도와 온도를 곱한 값이 일정 수준에 도달했을 때 발생한다. 플라스마 덩어리인 태양의 중심부 온도는 약 1,500만°C이지만, 태양은 큰 질량과 그에 따른 중력에 의해 내부의 플라스마 밀도가 높아서 핵융합 반응이 일어날 수 있다. 하지만 질량이 훨씬 작은 지구에서 태양과 유사한 밀도의 플라스마를 구현하기란 불가능하다. 따라서 플라스마의 온도를 태양보다 훨씬 더 높게, 즉 1억°C가 넘게 만들어야 지구에서도 태양에서와 같은 핵융합 반응이 일어나게 할 수 있다. 이를 위해 과학자들은 다양한 플라스마 가열 방식을 사용한다.
>
> 플라스마를 가열하는 방식 중에는 공명 가열과 중성 입자 빔 주입이 있다. 공명 가열은 플라스마 내에 있는 이온과 전자 중 무엇을 가열하는지에 따라 이온 공명 가열과 전자 공명 가열로 나뉜다. 외부에서 가하는 힘의 주파수가 힘이 가해진 이온이나 전자가 가진 고유 주파수와 같으면 공명이 일어난다. 공명이 일어나면 이온이나 전자는 원래보다 더 큰 진폭으로 진동을 하면서 해당 이온이나 전자를 가지고 있는 물질의 온도가 올라가게 된다. 이와 같이 공명을 일으키기 위해, 이온 공명 가열의 경우에는 수십 메가헤르츠 대역의 주파수를, 전자 공명 가열의 경우에는 수만~수십만 메가헤르츠 대역의 주파수를 사용한다.
>
> 중성 입자 빔 주입은 외부에서 가속된 고에너지의 중성 입자를 플라스마 속으로 투입하여 플라스마를 가열하는 방식이다. 투입된 중성 입자는 플라스마 내의 이온과 충돌을 일으켜 에너지를 전달하고 온도를 높인다. 중성 입자 빔 주입 방식과 공명 가열 방식을 사용하는 우리나라의 핵융합 연구 장치 케이스타는 1억°C에서 48초간 플라스마를 유지하는 실험에 성공하였다.

① 케이스타는 고온의 플라스마를 얻기 위해 공명 가열 방식을 사용하고 있다.
② 핵융합 장치에서 공명을 일으킬 때 전자의 경우는 이온의 경우보다 더 높은 주파수를 사용한다.
③ 중성 입자 빔 주입 방식을 통해 플라스마 내로 투입되는 중성 입자는 플라스마 속에 들어와서 가속된다.
④ 공명 가열은 외부에서 가해지는 힘의 주파수와 그 힘을 받는 이온이나 전자의 고유 주파수가 같을 때 가능하다.
⑤ 지구에서 플라스마의 밀도를 더 높일 수 있다면 1억°C보다 더 낮은 온도에서 핵융합 반응을 일으키는 것이 가능하다.

12. 다음 글에서 추론할 수 있는 것만을 <보기>에서 모두 고르면?

> 도체인 금속 내부에는 음전하를 띤 다수의 자유 전자들이 존재하는데, 이것들은 금속 내에 고정된 양이온들 사이에서 자유롭게 움직일 수 있다. 도체 내부에서 자유 전자는 양이온들에 의해 당겨지고 다른 자유 전자들에 의해 밀쳐지면서, 각각에 작용하는 전기력의 합력이 0이 되도록 위치하게 된다.
>
> 금속에 전자들을 추가하여 금속을 대전시키면 추가된 전자들은 어디에 위치하게 될까? 대전된 상황에서도 금속 내부의 모든 전자에 작용하는 전기력의 합력은 0이어야 한다. 그런데 만약 금속 내부의 어떤 위치에 전자가 추가된다면, 이 전자는 새로운 전기력을 발생시킬 것이기 때문에 이를 상쇄하기 위해 원래 있던 자유 전자들이 이동할 것이고 이러한 이동으로 인해 또 다른 자유 전자들의 위치도 재조정되어야 한다. 그러나 이러한 위치 재조정은 금속 내부 공간에서는 완료될 수 없다. 따라서 금속 내부에는 새로운 전자가 놓일 자리가 없다.
>
> 금속이 대전될 때 추가된 전자들이 내부로 들어갈 수 없다면 그 전자들은 모두 표면에 존재할 수밖에 없다. 이 경우 대전된 금속의 내부에 있는 자유 전자에 작용하는 전기력의 합력은 0인 반면, 표면에 있는 전자에 작용하는 전기력의 합력은 0이 아니다. 이때 표면의 전자에는 표면에 수직인 바깥 방향으로 전기력의 합력이 작용한다.

<보 기>

ㄱ. 대전되지 않은 금속 내부에서 자유 전자에 작용하는 전기력의 합력은 0이 된다.
ㄴ. 금속에 전자들이 추가되면 금속 표면에 있는 전자는 외부로 향하는 전기력의 합력을 받는다.
ㄷ. 도체가 대전되면 도체 내부의 자유 전자에 작용하는 전기력의 합력은 0이 아니다.

① ㄱ
② ㄷ
③ ㄱ, ㄴ
④ ㄴ, ㄷ
⑤ ㄱ, ㄴ, ㄷ

13. 다음 글의 (가)~(다)에 들어갈 말을 적절하게 나열한 것은?

> 조선 후기에 지주들은 소작인으로부터 소작료를 거둘 때, 수확된 결과물의 절반을 수취하는 정률제 방식, 곧 '타작'을 대부분의 논과 밭에 적용했지만, 일부 농토에는 정액제에 해당하는 '도지'를 적용하기도 했다. 도지는 토지를 이용한 대가인 지대량을 이른 봄철에 지주와 소작인이 미리 정하는 농업경영 형태이므로 풍흉에 따른 지대량의 변화가 없는 것이 원칙이었다. 도지가 적용된 논에서는 평년작의 절반 수준에서, 그리고 밭에서는 평년작의 절반보다 훨씬 낮은 수준에서 지대량이 정해지는 것이 일반적이었다.
>
> (가) 은/는 다음과 같은 점에서 지주에게 여러 장점이 있었다. 첫째, 직접적인 관리가 어려운 원격지 소재 전답을 더 효율적으로 관리할 수 있었다. 소작인들의 수확물 은닉 여부를 일일이 감독할 필요가 없었기 때문이다. 둘째, 밭작물의 경우 수확 시기가 매우 다양한데, 이 방식을 적용하면 수확의 정도를 확인하기 위해 서로 다른 수확 시기마다 먼 곳까지 올 필요가 없었다. 이러한 방식하에서 만약 어느 해에 예상과는 달리 풍년이 들었다면, (나) 에게 훨씬 더 유리했다.
>
> 지주들은 18세기 후반부터 '집조'를 적용하기도 했다. 집조란 수확이 임박한 시점에 지주가 농사 상황을 실지 조사하여 그해의 작황 수준을 살펴본 다음, 현장에서 지대량을 결정하는 농업경영 형태이다. 이 방식은 당해 연도의 작황 수준이 비교적 정확히 반영된다는 측면에서 (다) 와/과 유사하다.

	(가)	(나)	(다)
①	도지	소작인	타작
②	도지	소작인	도지
③	도지	지주	타작
④	타작	소작인	도지
⑤	타작	지주	타작

14. 다음 글에서 알 수 있는 것은?

> 말은 정치·경제 발전의 중요한 수단이었다. 말은 빠르기도 하거니와 지구력이 좋고 힘이 세다. 행정, 농업, 목축업, 광업, 제조업, 운송, 통신, 전투 등 거의 모든 분야에서 말의 이런 능력이 활용되었다. 그렇기에 말의 능력을 활용한 지역은 그렇지 않은 지역보다 더 빠르게 발전하는 양상을 보였다.
>
> 말은 인간에게 길들여지기 전에 야생에서 살았는데, 야생말은 시기별로 서식지의 분포가 달랐다. 기원전 1만 년경 후기 홍적세 시기까지 야생말은 유라시아의 전 지역과 아메리카 및 북부 아프리카에 서식했다. 그런데 이 시기부터 기원전 약 6천 년경 중기 충적세 시기에 이르는 동안 야생말의 서식 지역의 분포가 바뀌었다. 이 시기에 유라시아의 중북부 스텝 기후 지역을 제외한 대부분의 유라시아 지역에서 사람들이 식용을 목적으로 야생말을 대규모로 사냥했다. 이로 인해 이 스텝 기후 지역을 제외한 유라시아의 야생말은 거의 멸종하다시피 했다. 이와 달리 유라시아 중북부의 스텝 기후 지역은 인구가 많지 않아 인간으로부터 사냥을 당하는 경우가 적었으며, 이 덕분에 야생말은 생존할 수 있었다.
>
> 이후 기원전 3,500년경 당나귀에 이어 야생말이 길들여졌다. 그 당시 메소포타미아 지역의 목축업자들이 북쪽으로 이동하면서 유라시아 중북부의 스텝 기후 지역에 들어갔는데, 그들은 이 지역에 살던 야생말을 길들이기 시작했다. 이때부터 인류는 말을 실생활에 이용했다. 말에 안장을 얹어 장거리 이동 수단으로 사용하기도 했고, 등에 짐을 실어 운송 수단으로 활용하기도 했다. 이뿐 아니라 전쟁과 농업에서도 말이 널리 사용되었다. 이런 과정을 거쳐 말은 인류 발전의 밑바탕이 되었다.

① 중기 충적세 시기에 야생말의 지구력이 좋아지기 시작했다.
② 후기 홍적세 시기 이전부터 북부 아프리카에서는 야생말을 운송 수단으로 썼다.
③ 기원전 3,500년경 유라시아 중북부의 스텝 기후 지역에 살던 야생말이 길들여지기 시작했다.
④ 후기 홍적세 시기부터 초기 충적세 시기 사이에 인류는 농업과 운송 등의 실생활에 말을 이용했다.
⑤ 당나귀를 이동 수단으로 쓰던 지역은 말을 이동 수단으로 이용하던 지역보다 정치·경제적으로 더 발전했다.

15. 다음 글의 ㉠을 약화하는 것으로 가장 적절한 것은?

> 분석은 자연과 사회의 다양한 현상에 대하여 왜 그런 현상이 나타나는지를 설명하기 위한 방법이다. 널리 쓰이는 것은 요소 분석으로, 설명의 대상을 적절한 요소들로 나누어 살피는 분석법이다. 요소 분석의 요체는 분석 대상인 전체와는 다른 속성을 지니면서도 합쳐지면 전체를 구성하는 부분, 즉 '요소' 들을 찾아 제시하는 데 있다. 분석자는 그러한 요소들의 속성을 결합하여 대상 전체의 속성을 설명하려 할 것이다.
>
> 그런데 어째서 물이 불을 끌 수 있는가 하는, 물의 속성에 관한 물음을 해명하려는 화학자가 있다고 해 보자. 만일 그가 물을 산소와 수소라는 두 요소로 분석했다면, 그는 수소가 타는 속성을 지닌 기체이고 산소도 연소를 돕는 속성을 지녔다는 사실 앞에서 당황하게 될 것이다. 산소와 수소라는 요소들로 물이 불을 끌 수 있는 이유를 설명할 수 없기 때문이다. 이것은 요소 분석이 지닌 한계를 암시한다. 전체의 속성을 이해하려는 이가 그것을 구성하는 요소들에만 주목할 경우, 이와 유사한 당혹감을 느끼게 될 위험이 크다. 해명되어야 할 속성은 분석 과정에서 증발해 버리고 요소들 간의 관계를 피상적으로 서술하는 일에 그치게 될 위험이 있는 것이다. 그런 분석으로는 설명에 도달할 수 없다.
>
> 따라서 ㉠ <u>우리는 새로운 종류의 분석, 즉 단위 분석을 선택해야 한다</u>. 단위 분석은 복잡하면서도 모종의 통일성을 지닌 전체를 '단위'로 나누는 분석이다. 단위란 앞에서 화학자의 분석이 주목했던 요소와 달리, 전체의 고유한 속성들을 고스란히 갖추고 있으면서 더 이상 나눌 수 없는, 전체의 살아 있는 부분을 가리킨다. 현상을 제대로 설명하려면 먼저 그런 부분들을 찾아내야 한다. 그렇게 할 때, 요소 분석의 한계를 극복하고 분석의 목적을 실현할 수 있다.

① 분석 대상을 시간 요소로 나누어 살피더라도 인과관계는 드러나지 않기 때문에 설명에 도움이 되지 않는다.
② 요소들의 결합으로 대상 전체가 어떻게 구성되는지 보여주는 데 성공하더라도 그것은 대상의 속성을 설명하는 일과 다르다.
③ 요소 분석에서는 전체를 설명하기 위하여 요소들 간의 상호 관계까지 추가로 해명해야 하기 때문에 설명의 경제성이 삭감된다.
④ 단위가 전체의 속성들을 그대로 지닌다면 설명되어야 할 대상 자체와 다를 바 없으므로 단위 분석은 설명에 기여하지 못한다.
⑤ 설명의 적절성은 설명을 요구하는 구체적인 문제의 특성에 따라 달라지기 때문에 설명에는 다양한 단위 분석이 존재할 수 있다.

16. 다음 글의 내용이 참일 때 반드시 참인 것은?

> △△부에서는 10월에 신설되는 ○○위원회에 파견할 인원을 선발하는 중이다. 박 주무관, 이 주무관, 선 주무관, 남 주무관, 오 주무관이 파견 대상 후보인데, 이와 관련하여 다음과 같은 사실이 알려졌다.
>
> ○ 박 주무관이 선발되면, 오 주무관도 선발된다.
> ○ 이 주무관이 선발되면, 남 주무관도 선발된다.
> ○ 선 주무관이 선발되면, 박 주무관도 선발된다.
> ○ 선 주무관이 선발되거나 이 주무관이 선발된다.

① 남 주무관이 선발된다.
② 이 주무관과 선 주무관이 둘 다 선발된다.
③ 박 주무관이 선발되거나 선 주무관이 선발된다.
④ 오 주무관이 선발되지 않으면 박 주무관은 선발된다.
⑤ 남 주무관과 오 주무관 중 적어도 한 사람은 선발된다.

17. 다음 글의 빈칸에 들어갈 말로 가장 적절한 것은?

> 심적 대상이 있다면, 심적 대상은 물리적 대상과 같지 않다. 만약 심적 대상이 있고 심적 대상이 물리적 대상과 같지 않다면, 심적 대상의 소유자는 심적 대상에 접근할 수 있는 인식적 특권을 지닌다. 그런데 심적 대상의 소유자가 심적 대상에 접근할 수 있는 인식적 특권을 지닌다면, 심적 대상에 관해 그 소유자만이 알 수 있는 부분이 있다. 심적 대상에 관해 그 소유자만이 알 수 있는 부분이 있다면, 심적 대상에 관해 검증 불가능한 지식이 존재한다. 그러므로 심적 대상은 없다. 왜냐하면 [   ].

① 심적 대상은 물리적 대상과 같지 않기 때문이다
② 심적 대상이 물리적 대상과 같다면 심적 대상은 없기 때문이다
③ 심적 대상에 관해 그 소유자만이 알 수 있는 부분이 있기 때문이다
④ 심적 대상에 관해 검증 불가능한 지식은 존재하지 않기 때문이다
⑤ 심적 대상의 소유자가 심적 대상에 접근할 수 있는 인식적 특권을 지니기 때문이다

18. 다음 글의 내용이 참일 때 반드시 참인 것은?

> △△부에서는 3명의 과학기술 직군 수습 주무관 A, B, C와 3명의 행정 직군 수습 주무관 D, E, F를 4개 부서 갑, 을, 병, 정에 배치할 예정이다. 4개의 부서 중 2개의 부서에는 1명씩 배치되고 남은 2개의 부서에는 2명씩 배치된다. 이 배치와 관련하여 다음과 같은 사실이 알려졌다.
>
> ○ 갑 부서에는 수습 주무관이 1명만 배치된다.
> ○ 을 부서에는 과학기술 직군 수습 주무관이 배치되지 않는다.
> ○ 동일 직군의 수습 주무관은 같은 부서에 배치되지 않는다.
> ○ A와 D는 다른 수습 주무관 없이 혼자 배치된다.

① A가 갑 부서에 배치되고 C가 정 부서에 배치된다.
② B가 병 부서에 배치되면 E가 정 부서에 배치된다.
③ B가 정 부서에 배치되지 않고 C가 병 부서에 배치된다.
④ D가 을 부서에 배치되지 않고 A도 갑 부서에 배치되지 않는다.
⑤ F가 정 부서에 배치되면 E가 병 부서에 배치된다.

19. 다음 글의 (가)~(다)에 들어갈 말을 적절하게 나열한 것은?

독이 없는 어떤 개구리 종은 독이 있는 개구리 종의 외형을 모방함으로써 새로부터 잡아먹힐 위험을 줄인다. 이것은 의태의 예이다. 모방의 대상이 될 수 있는 종이 여럿일 경우 모방자는 어떤 종을 모방하는 것이 유리할까? 이를 알아보기 위해 다음의 <실험>을 수행하였다.

<실 험>

○○지역에는 독성이 강한 개구리 종 a와 독성이 약한 개구리 종 b가 있으며 이 두 종은 외형이 조금 다르다. 또한 그 지역에 있는 독 없는 개구리 종 c는 a를 모방하고, 독 없는 개구리 종 d는 b를 모방한다. 새 종 X는 a~d를 잡아먹을 수 있으며, 독성이 있는 개구리 종을 잡아먹으면 학습이 되어 이후 같은 외형을 가진 개구리를 잡아먹는 것을 회피한다.

실험 1: a도 b도 잡아먹어 본 적이 없는 X에게 a를 잡아먹게 하였다. 이 새를 X-1이라고 하고 a, c, d를 잡아먹는지 관찰하였다. X-1은 a, c, d 어느 것도 잡아먹으려 하지 않았다.

실험 2: a도 b도 잡아먹어 본 적이 없는 X에게 b를 잡아먹게 하였다. 이 새를 X-2라고 하고 b, c, d를 잡아먹는지 관찰하였다. X-2는 b와 d를 잡아먹으려 하지 않았지만, c를 잡아먹는 것은 회피하지 않았다.

<실험 해석>

독성이 (가) 개구리 종을 잡아먹어 학습된 새는 독성이 강한 개구리 종을 모방한 개구리 종과 독성이 약한 개구리 종을 모방한 개구리 종 중 어느 것도 잡아먹으려 하지 않았다. 독성이 (나) 개구리 종을 잡아먹어 학습된 새는 독성이 강한 개구리 종을 모방한 개구리 종을 잡아먹는 것을 회피하지 않았으나, 독성이 약한 개구리 종을 모방한 개구리 종은 잡아먹으려 하지 않았다. 따라서 ○○지역에 서식하는 독이 없는 개구리가 X에게 잡아먹히지 않으려면 독성이 (다) 개구리 종을 모방하는 것이 더 유리하다는 것을 알 수 있다.

	(가)	(나)	(다)
①	강한	강한	강한
②	강한	약한	약한
③	강한	약한	강한
④	약한	강한	약한
⑤	약한	강한	강한

20. 다음 글의 ㉠에 대한 평가로 적절한 것만을 <보기>에서 모두 고르면?

곤충 X는 유충에서 변태를 거쳐 성충이 된다. X의 변태에 관여하는 호르몬으로는 α와 β가 있다. 과학자 A가 조사한 결과는 다음과 같았다. X의 유충 시기에 α, β 각각의 혈중 농도는 변함없이 일정하였고, 성충 시기에도 α, β 각각의 혈중 농도는 변함없이 일정하였으나, 변태 시기 동안 α의 혈중 농도는 증가한 반면에 β의 혈중 농도는 감소하였다. X의 유충 시기에는 α의 혈중 농도가 β의 혈중 농도보다 낮았다. 이에 A는 ㉠ X의 유충 시기보다 성충 시기에 α와 β의 혈중 농도 차이가 더 작다는 가설을 세웠다.

<보 기>

ㄱ. X의 성충 시기에 α의 혈중 농도가 β의 혈중 농도보다 높다는 실험 결과가 나오면, ㉠은 강화된다.
ㄴ. X의 성충 시기에 β의 혈중 농도가 α의 혈중 농도보다 높다는 실험 결과가 나오면, ㉠은 강화된다.
ㄷ. X의 성충 시기에 α와 β의 혈중 농도가 같다는 실험 결과가 나오면, ㉠은 강화된다.

① ㄱ
② ㄴ
③ ㄱ, ㄷ
④ ㄴ, ㄷ
⑤ ㄱ, ㄴ, ㄷ

[21~22] **다음 글을 읽고 물음에 답하시오.**

다음은 사람들이 확률을 활용하여 어떻게 추론하는지를 연구하기 위해 고안한 설문지이다.

<설문지>

A시에는 택시가 총 100대 있는데, 이 중 초록색 택시가 90%, 파란색 택시가 10%이다. 그런데 안개가 낀 어느 날 밤에 택시 한 대가 사고를 일으키고 달아났다. 사고의 유일한 목격자인 갑은 달아난 택시가 파란색이었다고 증언했다. 이에 법정에서는 갑의 증언이 신뢰할 만한지 판단하기 위해 사고가 난 밤과 동일한 조건에서 실험하였다. 그 결과, 갑의 증언의 정확도는 80%임이 밝혀졌다. 즉, 갑이 초록색 택시를 초록색으로 알아맞힌 비율도, 파란색 택시를 파란색으로 알아맞힌 비율도 80%였다. 이를 바탕으로 올바르게 추론한 결과는 다음 중 어느 것인가?

(a) 그날 사고를 일으키고 달아난 택시가 파란색이었을 확률이 초록색이었을 확률보다 크다.
(b) 그날 사고를 일으키고 달아난 택시가 초록색이었을 확률이 파란색이었을 확률보다 크다.

정답은 (b)이다. 이것은 다음과 같이 설명할 수 있다. 사고 당시와 동일한 조건에서 A시의 모든 택시를 갑에게 보여 주는 실험을 했다고 가정해 보자. 이 실험에서 갑은 90대의 초록색 택시와 10대의 파란색 택시를 본다. 90대의 초록색 택시 중 그가 파란색이라고 부정확하게 식별한 것은 20%, 즉 18대이다. 그리고 10대의 파란색 택시 중 그가 파란색이라고 정확하게 식별한 것은 80%, 즉 8대이다. 결국 이 실험에서 갑이 파란색 택시라고 식별한 것은 모두 26대이지만, 이 중 단 8대만이 실제로 파란색이다. 따라서 갑이 본 달아난 택시가 실제로 파란색일 확률은 8/26로 약 31%이고, 초록색일 확률은 18/26로 약 69%이다.

그런데 설문 조사 결과, 대다수의 사람들이 (a)를 택했다. 그 이유는 사람들이 기저율을 무시하는 경향이 있기 때문인데, 이렇게 기저율을 무시하여 생기는 오류를 기저율 오류라고 한다. 위 설문지에는 A시의 전체 택시 중에서 파란색 택시의 비율 및 A시의 전체 택시 중에서 초록색 택시의 비율이 기저율로 제시되어 있다. (a)를 택했다면 갑의 증언의 정확도가 80%라는 사실에 초점을 맞춰 추론하면서 A시에 있는 대부분의 택시가 초록색이라는 사실을 무시했기 때문일 것이다.

우리가 합리적 추론을 하기 위해 지켜야 할 원칙 중 하나로 전체 증거의 원칙이 있다. 전체 증거의 원칙이란 확보된 모든 증거를 고려하여 추론해야 한다는 것이다. 위 설문지에서 (a)를 택한 사람들은 기저율을 고려하지 않고 갑의 증언의 정확도에만 초점을 맞춰 추론함으로써 전체 증거의 원칙을 어긴 것이다.

21. 위 글에서 추론할 수 있는 것은?

① 설문지에서 (b)가 옳다고 답변한 사람은 합리적 추론을 한 것이 아니다.
② A시의 택시 중 파란색 택시 비율에만 주목하여 (a)가 옳다고 답변한 사람은 합리적 추론을 한 것이다.
③ 설문지의 조건에서 갑의 증언의 정확도만 70%로 바꿨을 때 (a)가 옳다고 답변한 사람은 기저율 오류를 저지른 것이 아니다.
④ 설문지의 조건에서 A시의 택시 대수만 총 1,000대로 바꿨을 때 (a)가 옳다고 답변한 사람은 기저율 오류를 저지른 것이 아니다.
⑤ A시의 택시 중 파란색 택시 비율과 갑의 증언의 정확도 중 하나라도 고려하지 않은 사람이 (b)가 답이라고 추론한다면, 그 사람은 전체 증거의 원칙을 지키지 않은 것이다.

22. 위 글에 비추어 볼 때, <사례>에 대한 판단으로 적절한 것만을 <보기>에서 모두 고르면?

<사 례>

을은 100만 명 중 한 명의 비율로 걸리는, 즉 기저율이 1/1,000,000인 병 X에 대한 검사를 받았다. 이 검사법의 정확도는 99%이다. 즉 이 검사법은 X에 걸렸을 때 99%의 확률로 양성 반응이 나타나고, 걸리지 않았을 때 99%의 확률로 음성 반응이 나타난다. 을은 X가 1/1,000,000의 확률로 걸리는 희귀병이라는 점과 그 검사법의 정확도에 대해 알고 있다.

<보 기>

ㄱ. 을은 X에 대한 검사에서 양성 반응이 나올 확률이 그렇지 않을 확률보다 크다고 판단할 것이다.
ㄴ. 을이 기저율을 무시한다면, 을은 X에 대한 검사에서 양성 반응이 나왔을 때, 자신이 X에 실제로 걸렸을 확률이 걸리지 않았을 확률보다 크다고 판단할 것이다.
ㄷ. 을이 기저율을 무시하지 않는다면, 을은 X에 대한 검사에서 양성 반응이 나왔을 때, 자신이 X에 실제로 걸렸을 확률이 걸리지 않았을 확률보다 작다고 판단할 것이다.

① ㄱ
② ㄷ
③ ㄱ, ㄴ
④ ㄴ, ㄷ
⑤ ㄱ, ㄴ, ㄷ

23. 다음 글에서 추론할 수 있는 것만을 <보기>에서 모두 고르면?

△△부는 '적극행정 가산점' 제도를 시행하고 있는데, 각 직원의 가산점은 유형 Ⅰ과 Ⅱ에서 받은 점수의 합으로 계산된다. 각 유형의 활동별 점수는 다음 표와 같다.

유형	활동	점수
Ⅰ	혁신적인 아이디어 제안	0~1
	예산을 절감하는 성과 창출	0~2
	국민 중점 민원 해결	0~3
Ⅱ	타 부서의 적극행정 추진에 협력	1
	적극행정 신규 사례 발굴	2

유형 Ⅰ에 속하는 활동에 대한 점수는 부서장의 요청과 이에 대한 평가단의 검증을 거쳐 확정된다. 이와 달리 유형 Ⅱ에 속하는 활동에 대한 점수는 외부 전문가들로 구성된 적극행정추진위원회가 요청하면 검증 없이 그대로 확정된다. 올해 △△부 직원에 대한 적극행정 가산점이 모두 확정되었는데, △△부에서 취합한 적극행정 가산점 요청 내역은 다음과 같다.

<적극행정 가산점 요청 내역>

○ 부서장의 요청
- 직원 갑: 혁신적인 아이디어 제안
- 직원 을: 국민 중점 민원 해결
- 직원 병: 예산을 절감하는 성과 창출

○ 적극행정추진위원회의 요청
- 직원 갑: 타 부서의 적극행정 추진에 협력
- 직원 병: 적극행정 신규 사례 발굴

<보 기>

ㄱ. 적극행정 가산점은 갑이 을보다 높을 수 없다.
ㄴ. 적극행정 가산점은 을이 병보다 높을 수 없다.
ㄷ. 적극행정 가산점은 갑이 병보다 높을 수 없다.

① ㄱ
② ㄷ
③ ㄱ, ㄴ
④ ㄴ, ㄷ
⑤ ㄱ, ㄴ, ㄷ

24. 다음 대화의 (가)와 (나)에 들어갈 말을 적절하게 나열한 것은?

갑: 최근 우리 시에 있는 A마트가 의무휴업일에 영업을 했으니 이에 대해 조치해 달라는 민원이 접수되었습니다. 어떻게 처리하여야 할까요?

을: A마트가 「유통산업발전법」에 규정된 의무휴업, 개설등록 등이 적용되는 대규모 점포에 해당하는지부터 확인해야 겠군요.

갑: A마트에서 제출한 사용승인 신청서의 내용을 확인해 보니, 「유통산업발전법」 제2조에 규정된 대규모 점포의 요건을 갖춘 것으로 보입니다. 따라서 영업 개시 전에 개설등록을 해야 하고 의무휴업일도 적용됩니다.

을: 그러면 A마트에 대해 의무휴업 적용 대상이라고 안내하고 기왕의 의무휴업 위반에 대한 제재를 부과해야 겠네요. 법령에 의하면 의무휴업 위반 횟수가 2회 이하이면 과태료 부과 대상이고 3회 이상이면 영업정지 처분 대상이니, 우선 A마트의 의무휴업 위반 횟수부터 파악해 봅시다.

갑: 우리 시의 의무휴업일이 매월 2, 4째 주 일요일인데 A마트는 지난주에 영업을 시작했으니까 위반 횟수는 1회이겠군요. 그런데 A마트가 아직 개설등록을 하지 않았는데 그래도 의무휴업이 적용되는 것인지부터 검토할 필요가 있겠네요.

을: 제가 전에 비슷한 사안을 처리했는데, 그때 산업통상자원부에 질의하여 (가) 의무휴업이 적용된다는 내용의 회신을 받았습니다.

갑: 그렇다면 A마트에 대해서는 의무휴업이 적용되지 않겠군요. 그런데 「유통산업발전법」을 보니까 개설등록을 하지 않고 대규모 점포를 개설하여 영업한 것은 위법하고 벌금형 부과 대상이네요.

을: 네, 그렇습니다. 다만 벌금형 부과는 우리 시에서 할 수는 없으니 수사기관에 고발하는 것까지만 할 수 있겠네요.

갑: 잘 알겠습니다. 그러면 민원인에게 A마트의 법령 위반 영업 행위에 대해 (나) 진행하겠다고 회신하겠습니다.

① (가): 개설등록을 하여 적법한 영업 요건을 충족해야
(나): 수사기관에 고발하는 조치를
② (가): 개설등록을 하여 적법한 영업 요건을 충족해야
(나): 수사기관에 고발하는 조치와 과태료 부과 처분을
③ (가): 대규모 점포에 해당해야
(나): 수사기관에 고발하는 조치를
④ (가): 대규모 점포에 해당해야
(나): 수사기관에 고발하는 조치와 영업정지 처분을
⑤ (가): 사용승인 처분을 받아야
(나): 영업정지 처분을

25. 다음 글의 <논쟁>에 대한 분석으로 적절한 것만을 <보기>에서 모두 고르면?

갑과 을은 △△국 「주택임차인 보호법」 제3조, 제4조의 해석을 놓고 논쟁하고 있다. 그 조문은 다음과 같다.

> 제3조(대항력) ① 임차인이 임차주택에 대한 주민등록을 마친 때에는 임차주택을 매수한 제삼자에게 임대차 계약의 효력을 주장할 수 있다.
> ② 임차주택이 경매된 경우에 임차인이 그 경매 대금으로부터 다른 채권자보다 우선적으로 임대차 보증금을 배당 받으려면 임차주택에 대한 주민등록을 마쳐야 하고 확정일자가 기재된 임대차 계약서를 갖춰야 한다.
> 제4조(계약의 갱신) ① 임대인이 임대차 기간 종료 6개월 전부터 2개월 전까지의 기간에 임차인에게 계약 종료 통지를 하지 않으면 임차인은 임대차 계약이 자동으로 갱신되었다고 주장할 수 있다.

위 법의 적용 대상인 X주택을 그 소유자인 A가 B에게 임대했다. B는 X주택에 대한 주민등록을 마쳤다. 임대차 계약서에는 A의 자필로 계약일자가 기재되어 있었고 확정일자는 없었다.

<논 쟁>

쟁점 1: 임대차 기간 중 진행된 X주택에 대한 경매 절차를 통해 C가 X주택의 소유자가 되자 B는 C에게 임대차 계약의 효력을 주장한다. 이러한 B의 주장에 대해 갑은 타당하다고 하지만 을은 부당하다고 한다.

쟁점 2: 임대차 기간 중에 경매된 X주택의 경매 대금으로부터 B가 임대차 보증금을 다른 채권자인 D보다 우선적으로 배당 받을 수 있는지에 대해, 갑은 그렇다고 주장하고 을은 그렇지 않다고 주장한다.

쟁점 3: 임대차 기간 종료 6개월 전부터 2개월 전까지의 기간에 A가 B에게 계약 종료 통지를 하지 않았다. 임대차 계약 기간이 만료된 후 B는 임대차 계약 종료 통지를 했으나 A는 임대차 계약 갱신을 주장하는 경우, 갑은 임대차 계약이 갱신된 것으로 보아야 한다고 주장하나 을은 임대차 계약이 종료된 것으로 보아야 한다고 주장한다.

<보 기>

ㄱ. 쟁점 1과 관련하여, 경매 절차를 통해 임차주택의 소유권을 취득한 자가 위 법 제3조제1항의 '임차주택을 매수한 제삼자'에 포함된다고 해석하면, 갑의 주장은 옳고 을의 주장은 옳지 않다.

ㄴ. 쟁점 2와 관련하여, 갑은 임대인이 자필로 계약일자를 기재한 것도 위 법 제3조제2항의 확정일자가 기재된 것에 해당한다고 해석하고 을은 그렇지 않다고 해석하고 있다면, 갑과 을의 주장 불일치를 설명할 수 있다.

ㄷ. 쟁점 3과 관련하여, 위 법 제4조제1항의 목적이 임차인의 선택을 최대한 존중하는 것이라고 해석하면, 갑의 주장은 옳지 않지만 을의 주장은 옳다.

① ㄱ ② ㄷ ③ ㄱ, ㄴ
④ ㄴ, ㄷ ⑤ ㄱ, ㄴ, ㄷ

약점 보완 해설집 p.12

상황판단영역

1. 다음 글을 근거로 판단할 때 옳은 것은?

제00조(기상산업의 실태조사 등) ① 기상청장은 기상산업을 체계적으로 진흥하고 기본계획과 시행계획 등을 효율적으로 수립·추진하기 위하여 기상산업에 대한 실태조사(이하 '실태조사'라 한다)와 자료수집을 할 수 있다.
② 기상청장은 실태조사와 자료수집을 위하여 필요하다고 인정하면 관련 행정기관·연구기관·교육기관 또는 기상사업자 등에게 필요한 자료나 의견을 제출하도록 요청할 수 있다.
③ 기상청장은 실태조사를 기상산업에 관한 전문성을 갖춘 기관 또는 단체에 의뢰하여 실시할 수 있다.
④ 기상청장은 실태조사를 실시한 경우 그 결과를 기상청의 인터넷 홈페이지에 공표해야 한다.
제00조(기상정보의 제공) ① 기상청장은 기상사업자가 기상정보의 제공을 신청한 경우 정당한 이유가 없으면 그 정보를 제공하여야 한다.
② 제1항에 따라 기상청장이 기상정보를 제공할 때에는 그 기상정보의 제공에 드는 비용에 충당하기 위하여 수수료를 징수할 수 있다.
제00조(기상정보의 출처 명시 등) ① 기상사업자는 기상정보를 제3자에게 제공하는 경우 그 출처를 밝혀야 한다.
② 기상청장은 기상사업자가 제1항에 따른 출처를 밝히지 아니하는 경우에는 시정을 요구할 수 있다.

① 기상청장은 실태조사를 직접 실시하지 않고 기상산업에 관한 전문성을 갖춘 단체에 의뢰하여 실시할 수 있다.
② 기상청장은 실태조사와 자료수집을 위해 필요한 경우, 관련 행정기관에게 필요한 자료의 제출을 요청할 수 있지만 기상사업자에게는 요청할 수 없다.
③ 기상사업자는 기상청장으로부터 제공받은 기상정보를 제3자에게 제공할 수 없다.
④ 기상청장이 기상사업자에게 기상정보를 제공할 때에는 기상정보의 경제적 가치에 해당하는 수수료를 징수하여야 한다.
⑤ 기상청장은 기상산업 진흥을 위한 자료수집을 한 경우, 그 결과를 기상청 인터넷 홈페이지에 공표해야 한다.

2. 다음 글을 근거로 판단할 때 옳은 것은?

제00조(정의) 이 법에서 '국제기구 분담금'이란 정부가 국제기구에 의무적으로 납부하여야 하는 경비 또는 국제기구와 협력사업 추진을 위하여 재량적으로 납부하는 경비를 말한다. 다만 국제금융기구 및 녹색기후기금에 납입하는 출자금 또는 출연금은 제외한다.
제00조(국제기구 분담금 심의위원회) ① 국제기구 분담금 관리에 관한 주요사항을 심의·조정하기 위하여 외교부장관 소속으로 국제기구 분담금 심의위원회(이하 '위원회'라 한다)를 둔다.
② 위원회는 다음 각 호의 사항을 심의·조정한다.
1. 중앙행정기관별 전년도 국제기구 분담금 납부실적 및 자체평가 결과
2. 중앙행정기관별 다음 연도 국제기구 분담금 납부계획
제00조(국제기구 분담금 납부실적에 대한 자체평가 등) ① 중앙행정기관의 장은 소관 국제기구 분담금의 전년도 납부실적 및 납부목적 부합 여부에 대하여 매년 자체평가를 실시하여야 한다.
② 중앙행정기관의 장은 매년 3월 31일까지 소관 국제기구 분담금의 전년도 납부실적, 제1항에 따른 자체평가 결과 및 다음 연도 국제기구 분담금 납부계획을 위원회에 제출하여야 한다.
③ 외교부장관은 제2항에 따라 제출된 납부실적 등에 대한 위원회의 심의·조정 결과를 매년 5월 31일까지 기획재정부장관에게 송부하고, 기획재정부장관은 송부받은 위원회의 심의·조정 결과를 존중하여 다음 연도 예산안을 편성하여야 한다.

① 위원회는 중앙행정기관별 다음 연도 국제기구 분담금 납부계획을 심의·조정한다.
② 위원회는 중앙행정기관이 납부하는 국제기구 분담금의 납부목적 부합 여부에 대한 자체평가를 매년 실시하여야 한다.
③ 환경부가 녹색기후기금에 출연금을 납입하였다면 환경부장관은 해당 납입실적을 위원회에 제출하여야 한다.
④ 외교부장관은 중앙행정기관의 장이 제출한 납부실적을 매년 3월 31일까지 기획재정부장관에게 송부하여야 한다.
⑤ 국제기구와의 협력사업 추진을 위하여 시민단체가 스스로 국제기구에 납부하는 경비는 국제기구 분담금에 해당한다.

3. 다음 글을 근거로 판단할 때 옳은 것은?

제○○조(특허심판원) ① 특허·실용신안·디자인·상표에 관한 심판(이하 '심판사건'이라 한다)을 관장하게 하기 위하여 특허청장 소속으로 특허심판원을 둔다.
② 특허심판원에 특허심판원장(이하 '원장'이라 한다)과 심판관을 둔다.
제□□조(심판관 등의 지정) ① 원장은 각 심판사건에 대하여 제△△조에 따른 합의체를 구성할 심판관을 지정하여야 한다.
② 원장은 제1항에 따라 지정된 심판관 중에서 1명을 심판장으로 지정하여야 한다.
③ 제2항에도 불구하고 원장은 특히 중요하다고 인정되는 심판사건에 대해서는 원장 스스로 심판장이 될 수 있다.
④ 심판장은 그 심판사건에 관한 사무를 총괄한다.
제△△조(심판의 합의체, 심리 등) ① 심판은 3명 또는 5명의 심판관으로 구성되는 합의체가 한다.
② 제1항의 합의체의 합의는 과반수로 결정한다.
③ 심판은 구술심리 또는 서면심리로 한다. 다만 당사자가 구술심리를 신청하였을 때에는 서면심리만으로 결정할 수 있다고 인정되는 경우 외에는 구술심리를 하여야 한다.
④ 구술심리는 공개하여야 한다. 다만 공공의 질서 또는 선량한 풍속에 어긋날 우려가 있으면 그러하지 아니하다.

① 심판의 합의체는 심판장 1명과 심판관 1명으로 구성될 수 있다.
② 원장이 심판장으로서 심판사건에 관한 사무를 총괄하는 경우가 있다.
③ 합의체의 합의는 심판관 전원의 일치된 의견으로 결정한다.
④ 당사자가 구술심리를 신청한 경우에는 서면심리로 심판할 수 없다.
⑤ 서면심리로 심판하는 경우 그 심리는 공개하여야 한다.

4. 다음 글을 근거로 판단할 때 옳은 것은?

제00조(의료 해외진출의 신고) ① 의료 해외진출을 하려는 의료기관의 개설자는 보건복지부장관에게 신고하여야 한다.
② 보건복지부장관은 제1항에 따른 신고를 한 의료기관의 개설자에게 의료 해외진출의 신고확인증을 발급하여야 한다.
제00조(외국인환자 유치에 대한 등록) ① 외국인환자를 유치하려는 의료기관은 다음 각 호의 요건을 갖추어 특별시장·광역시장·특별자치시장·도지사 또는 특별자치도지사(이하 '시·도지사'라 한다)에게 등록하여야 한다.
1. 외국인환자를 유치하려는 진료과목별로 전문의를 1명 이상 둘 것
2. 의료배상공제조합 또는 보건복지부령으로 정하는 의료사고배상책임보험에 가입하였을 것
② 외국인환자를 유치하려는 비의료기관은 다음 각 호의 요건을 갖추어 시·도지사에게 등록하여야 한다.
1. 보건복지부령으로 정하는 보증보험에 가입하였을 것
2. 국내에 사무소를 설치하였을 것
③ 시·도지사는 제1항에 따라 등록한 의료기관(이하 '외국인환자 유치의료기관'이라 한다) 및 제2항에 따라 등록한 비의료기관(이하 '외국인환자 유치사업자'라 한다)에게 등록증을 발급하여야 한다.
④ 제1항 및 제2항에 따른 등록의 유효기간은 등록일부터 3년으로 한다.
⑤ 제4항에 따른 유효기간이 만료된 후 계속하여 외국인환자를 유치하려는 자는 유효기간이 만료되기 전에 그 등록을 갱신하여야 한다.

① 의료 해외진출을 하려는 의료기관의 개설자는 시·도지사에게 등록하여야 한다.
② 외국인환자 유치를 위해 시·도지사에게 등록하려는 의료기관이 보건복지부령으로 정하는 의료사고배상책임보험에 가입하지 않는다면 의료배상공제조합에는 가입하여야 한다.
③ 외국인환자 유치사업자는 등록일부터 3년이 지난 후에도 그 등록의 갱신 없이 계속하여 외국인환자를 유치할 수 있다.
④ 외국인환자를 유치하려는 비의료기관이 시·도지사에게 등록하기 위해서는 진료과목별로 전문의 1명 이상을 두어야 한다.
⑤ 시·도지사는 국내에 사무소를 설치하지 않은 비의료기관에게 외국인환자 유치사업자 등록증을 발급할 수 있다.

5. 다음 글을 근거로 판단할 때 옳은 것은?

> 조선시대에는 서해안과 남해안을 중심으로 소금 생산이 활발했다. 소금의 최대 생산지는 평안도에서 전라도에 이르는 서해안의 갯벌 지대로, 대표적인 지역은 전라도 부안과 충청도 태안이었다. 이러한 소금 생산지에는 염장이라는 관청을 설치해 소금 생산을 관리하였다.
>
> 동해안의 소금 생산 방법은 서해안이나 남해안과 달랐다. 동해안에서는 바닷물을 끓여서 소금을 만들었다. 바닷물을 끓일 때 나무가 필요했기 때문에 소금 생산 지역의 주변 산은 대부분 민둥산이었다. 반면 서해안과 남해안은 조석(潮汐) 간만의 차를 이용했다. 해안가에 작은 둑을 쌓아 염전을 만들어 보름에 한 번씩 바닷물을 가두고, 가둔 물을 둑 안에서 자연 증발시켜 소금을 얻었다. 이처럼 자연 증발을 통해 얻은 소금이 천일염이다.
>
> 소금은 나루터를 중심으로 유통되었다. 예를 들어, 조선시대 경기도 일대 소금은 대부분 한강의 마포나루에 집결되었다. 그런 까닭으로 조선시대에는 마포염이라는 말이 있을 정도였다. 염전 하나 없는 마포가 소금으로 유명해진 것은 소금 유통의 중심지였기 때문이다. 경강상인은 마포나루를 비롯한 한강 일대의 나루터에 창고를 지어 놓고, 소금, 젓갈, 생선 등을 거래하였다.

① 동해안에서는 조석 간만의 차를 이용한 소금 생산 방식을 주로 사용하였다.
② 조선시대에 경강상인에 의한 소금 거래는 이루어지지 않았다.
③ 조선시대 소금의 최대 생산지는 남해안의 갯벌 지대였다.
④ 마포염은 마포에서 생산된 소금을 이르는 말이다.
⑤ 조선시대에 천일염은 염전에서 얻을 수 있었다.

6. 다음 글을 근거로 판단할 때, 乙이 먹은 어묵의 개수는?

> 甲: 분식집에서 얼마 냈어?
> 乙: 15,000원.
> 甲: 어묵 한 개 1,000원, 떡볶이 한 접시 3,000원, 만두 한 접시 2,000원이었잖아. 둘이 먹었는데 그렇게 많이 나왔어?
> 乙: 떡볶이 한 접시와 만두 한 접시를 먹었지. 그리고 어묵은 여러 개 먹었어. 그런데 사장님이 만둣값은 안 받으셨어.
> 甲: 어묵을 많이 먹긴 했나 보다.
> 乙: 네가 나보다 어묵을 두 개나 더 먹었잖아.

① 5
② 6
③ 7
④ 8
⑤ 9

7. 다음 글을 근거로 판단할 때, 16~20번 문항의 정답으로 가능한 것은?

> 甲은 5지선다형 20개 문항으로 구성된 시험을 출제한다. 각 문항의 선택지는 A, B, C, D, E이며, 정답별 문항 개수 및 정답 배열에 관한 조건은 다음과 같다.
>
> ○ A가 정답인 문항은 2개 이상 6개 이하여야 한다. B~E도 마찬가지이다.
> ○ 동일한 정답이 연속해서 3회 이상 나와서는 안 된다.
>
> 甲은 현재 15번 문항까지 출제하였다. 14번과 15번 문항의 정답은 모두 A이며, 15번까지 정답별 문항 개수는 다음과 같다.

정답	A	B	C	D	E
문항 개수	2	0	3	5	5

	16번	17번	18번	19번	20번
①	A	B	B	C	B
②	B	A	B	B	C
③	B	A	D	B	D
④	C	B	B	B	D
⑤	D	B	E	C	A

8. 다음 글을 근거로 판단할 때, 세미나 장소 A~E 중 甲이 선정할 곳은?

> ○ △△부서 주무관 甲은 다음 조건에 따라 정책 세미나 개최를 위한 장소를 선정하고자 한다.
> - 세미나 시간은 14:00~16:00이며, 43명이 참석한다.
> - 세미나 시간 동안 해당 장소에 타 부서의 예약이 없어야 하며, 프로젝터 사용이 가능한 장소여야 한다.
> - 위 조건을 모두 만족하는 장소가 여러 곳인 경우, 그중 다과 제공이 가능한 장소가 있다면 그 장소를 선정한다.
>
> ○ 다음은 세미나 장소 A~E에 관한 정보이다.

장소	세미나 당일 타 부서 예약 현황	프로젝터 사용 가능 여부	최대 수용 가능 인원	다과 제공 가능 여부
A	13:00~15:00	○	65명	○
B	없음	○	40명	○
C	11:00~12:30	○	50명	×
D	없음	×	80명	×
E	없음	○	45명	○

① A
② B
③ C
④ D
⑤ E

[9~10] 다음 글을 읽고 물음에 답하시오.

○○국은 노후의 건강증진 및 생활안정을 도모하고 부양가족의 부담을 덜어줌으로써 국민 삶의 질을 높이기 위해 노인장기요양보험제도를 시행 중이다. 이를 통해 고령이나 노인성 질병 등의 사유로 혼자 일상생활을 하기 어려운 노인에게 신체활동 또는 가사활동 지원 등의 장기요양급여를 제공하고 있다.

노인장기요양보험제도는 소득에 관계없이 심신기능의 상태를 고려한 요양 필요도에 따라 장기요양 인정을 받은 자에게 서비스를 제공하는 것이다. 이는 국민기초생활보장대상자 등 특정 저소득층을 대상으로 제공되는 기존 노인복지서비스와 차이가 있다.

노인장기요양보험제도 수급자(이하 '수급자'라 한다)가 제공받을 수 있는 급여로는 재가(在家)급여, 시설급여, 복지용구급여, 특별현금급여 네 가지가 있다. 재가급여는 노인요양시설에 입소하지 않은 수급자의 가정을 방문하여 제공하는 방문요양, 방문목욕, 방문간호와 재가 노인을 일정 시간 동안 요양기관에서 보호해 주는 주·야간보호로 이루어져 있다. 시설급여는 수급자를 노인요양시설에서 장기간 보호해 주는 것을 말한다. 복지용구급여는 심신기능이 저하되어 일상생활을 영위하는 데 지장이 있는 수급자에게 일상생활·신체활동 지원 및 인지기능의 유지·향상에 필요한 용구를 구입하거나 대여해 주는 것을 말한다. 단, 시설급여 수급자의 경우 복지용구급여는 제공받지 못한다. 특별현금급여는 수급자가 천재지변, 신체 또는 정신 등의 사유로 재가급여나 시설급여를 받을 수 없어 그 가족 등으로부터 방문요양에 상당하는 서비스를 받을 때 지급하는 현금급여를 뜻하며, 수급자에게 매월 15만 원씩 지급한다.

한편 노인장기요양보험제도 수급자에게는 본인부담금이 발생한다. 급여별 본인부담금은 다음과 같다. 재가급여의 경우 해당 장기요양급여비용의 100분의 15, 시설급여는 100분의 20, 복지용구급여는 100분의 15이다. 다만 국민기초생활보장대상자에게는 본인부담금이 발생하지 않는다.

9. 윗글을 근거로 판단할 때, <보기>에서 옳은 것만을 모두 고르면?

<보 기>

ㄱ. 노인장기요양보험제도의 지원 대상은 국민기초생활보장 대상자 등 특정 저소득층이다.
ㄴ. 노인요양시설에 입소해 장기간 보호받고 있는 수급자 A는 그 기간 동안 방문목욕급여를 받을 수 없다.
ㄷ. 시설급여 수급자 B는 신체활동 지원에 필요한 용구인 성인용 보행기 대여에 대한 복지용구급여를 받을 수 없다.
ㄹ. 재가급여나 시설급여를 제공받을 수 있음에도 가족으로부터 방문요양에 상당하는 서비스를 받는 C는 특별현금급여를 제공받을 수 있다.

① ㄱ, ㄴ
② ㄱ, ㄹ
③ ㄴ, ㄷ
④ ㄴ, ㄹ
⑤ ㄷ, ㄹ

10. 윗글과 <상황>을 근거로 판단할 때, 甲~丙을 이번 달 수급 현황에 따른 본인부담금이 높은 순서대로 나열한 것은?

<상 황>

○ 노인장기요양보험제도 급여별 장기요양급여비용은 다음과 같다.

급여 유형	급여 내용	급여비용
재가급여	방문요양	2만 원/시간
	방문목욕	7만 원/회
	방문간호	4만 원/시간
	주·야간보호	1만 원/시간
시설급여	노인요양시설 보호	7만 원/일
복지용구급여	복지용구 구입	복지용구 구입비
	복지용구 대여	복지용구 대여료

○ 노인장기요양보험제도 수급자 甲~丙의 이번 달 수급 현황은 다음과 같다.

수급자	수급 내역	비고
甲	방문목욕 10회, 복지용구(전동침대) 구입	전동침대 구입비 30만 원
乙	주·야간보호 45시간, 방문요양 28시간	국민기초생활보장 대상자
丙	노인요양시설 보호 11일	-

① 甲 > 乙 > 丙
② 甲 > 丙 > 乙
③ 乙 > 丙 > 甲
④ 丙 > 甲 > 乙
⑤ 丙 > 乙 > 甲

11. 다음 글을 근거로 판단할 때 옳은 것은?

> 제00조(행위제한) ① 사람이 거주하지 아니하거나 극히 제한된 지역에만 거주하는 섬으로서 자연생태계 보전을 위하여 환경부장관이 지정하여 고시하는 도서(이하 '특정도서'라 한다)에서 다음 각 호의 어느 하나에 해당하는 행위를 하여서는 아니 된다.
> 1. 건축물 또는 공작물의 신축·증축
> 2. 택지의 조성, 토지의 형질변경, 토지의 분할
> 3. 도로의 신설
> 4. 폐기물을 매립하거나 버리는 행위
>
> ② 제1항에도 불구하고 다음 각 호의 어느 하나에 해당하는 경우에는 제1항을 적용하지 아니한다.
> 1. 군사·항해·조난구호 행위
> 2. 재해의 발생 방지 및 대응을 위하여 필요한 행위
> 3. 국가가 시행하는 해양자원개발 행위
>
> ③ 제2항에 따른 행위를 한 자는 그 행위의 내용과 결과를 환경부장관에게 통보하여야 한다.
>
> 제00조(허가) 환경부장관은 특정도서의 지정 목적에 지장이 없다고 인정하는 경우에는 다음 각 호의 어느 하나에 해당하는 행위를 허가할 수 있다. 다만 문화유산으로 지정된 특정도서에 대하여는 미리 국가유산청장과 협의하여야 한다.
> 1. 국가나 지방자치단체가 등산로, 산책로, 공중화장실, 정자 등을 설치하는 행위
> 2. 자연생태계의 연구·조사를 목적으로 하는 행위

① 특정도서에서의 도로 신설이 군사 행위인 경우 그 행위의 내용과 결과를 환경부장관에게 통보할 필요가 없다.
② 특정도서에 거주하는 주민은 재해발생 방지를 위해 필요한 경우에도 특정도서에서의 공작물 신축 행위를 할 수 없다.
③ 환경부장관이 특정도서에서 건축물의 증축을 허가하기 위해서는 미리 국가유산청장과 협의하여야 한다.
④ 민간기업이 영리 목적으로 특정도서에 산책로를 설치하려는 경우 환경부장관은 이를 허가할 수 있다.
⑤ 특정도서에서 자연생태계의 연구·조사를 목적으로 하는 행위에 대해 환경부장관의 허가를 얻으면 그 행위를 할 수 있다.

12. 다음 글을 근거로 판단할 때 옳은 것은?

> 제○○조(특수건강진단 등) ① 사업주는 특수건강진단대상 업무에 종사하는 근로자의 건강관리를 위하여 특수건강진단을 실시하여야 한다.
>
> ② 사업주는 제△△조 제1항에 따른 특수건강진단기관에서 특수건강진단을 실시하여야 한다.
>
> 제□□조(특수건강진단에 관한 사업주의 의무) ① 사업주는 특수건강진단을 실시하는 경우 근로자대표가 요구하면 근로자대표를 참석시켜야 한다.
>
> ② 사업주는 산업안전보건위원회 또는 근로자대표가 요구할 때에는 특수건강진단 결과에 대하여 설명하여야 한다. 다만 개별 근로자의 특수건강진단 결과는 본인의 동의 없이 공개해서는 아니 된다.
>
> ③ 사업주는 특수건강진단의 결과 근로자의 건강을 유지하기 위하여 필요하다고 인정할 때에는 작업장소 변경, 작업 전환, 근로시간 단축, 야간근로(오후 10시부터 다음 날 오전 6시까지 사이의 근로를 말한다)의 제한, 작업환경측정 또는 시설·설비의 설치·개선 등 적절한 조치를 하여야 한다.
>
> 제△△조(특수건강진단기관) ① 의료기관이 특수건강진단을 수행하려는 경우에는 고용노동부장관으로부터 특수건강진단을 할 수 있는 기관(이하 '특수건강진단기관'이라 한다)으로 지정받아야 한다.
>
> ② 고용노동부장관은 특수건강진단기관의 진단·분석 결과에 대한 정확성과 정밀도를 확보하기 위하여 특수건강진단기관의 진단·분석능력을 확인하고, 특수건강진단기관을 지도하거나 교육할 수 있다.
>
> ③ 고용노동부장관은 특수건강진단기관을 평가하고 그 결과(제2항에 따른 진단·분석능력의 확인 결과를 포함한다)를 공개할 수 있다.

① 사업주는 특수건강진단을 실시하는 경우 고용노동부장관이 요구하면 근로자대표를 참석시켜야 한다.
② 근로자대표는 산업안전보건위원회의 동의 없이는 사업주가 특수건강진단 결과에 대하여 설명하도록 요구할 수 없다.
③ 산업안전보건위원회는 특수건강진단의 결과 근로자의 건강을 유지하기 위하여 필요하다고 인정할 때에는 야간근로를 제한하는 조치를 하여야 한다.
④ 고용노동부장관은 특수건강진단기관의 진단·분석능력 확인 결과를 포함하여 특수건강진단기관에 대한 평가 결과를 공개할 수 있다.
⑤ 사업주는 근로자대표의 요구가 있다면 개별 근로자의 특수건강진단 결과를 본인 동의 없이 공개할 수 있다.

13. 다음 글을 근거로 판단할 때 옳은 것은?

> 제○○조(소방활동 종사명령, 소방활동 비용지급) ① 소방대장은 화재가 발생한 현장에서 소방활동을 위하여 필요할 때에는 그 현장에 있는 사람으로 하여금 사람을 구출하는 일 또는 불을 끄거나 불이 번지지 아니하도록 하는 일을 하게 할 수 있다.
> ② 제1항에 따른 명령에 따라 소방활동에 종사한 사람은 시·도지사로부터 소방활동의 비용을 지급받을 수 있다. 다만 다음 각 호의 어느 하나에 해당하는 사람의 경우에는 그러하지 아니하다.
> 1. 건물·차량·선박·산림·인공구조물 또는 물건(이하 '소방대상물'이라고 한다)에 화재가 발생한 경우 그 소방대상물의 소유자·관리자 또는 점유자
> 2. 고의 또는 과실로 화재를 발생시킨 사람
> 3. 화재 또는 구조·구급 현장에서 물건을 가져간 사람
>
> 제□□조(강제처분 등) ① 소방대장은 사람을 구출하거나 불이 번지는 것을 막기 위하여 필요할 때에는 화재가 발생하거나 불이 번질 우려가 있는 소방대상물 및 토지에 대한 일시적 사용·사용제한 등 소방활동에 필요한 처분을 할 수 있다.
> ② 소방대장은 소방활동을 위하여 긴급하게 출동할 때에는 소방자동차의 통행과 소방활동에 방해가 되는 주차 또는 정차된 차량 및 물건 등을 제거하거나 이동시킬 수 있다.
> ③ 소방대장은 제2항에 따른 소방활동에 방해가 되는 주차 또는 정차된 차량의 제거나 이동을 위하여 관할 지방자치단체 등 관련 기관에 견인차량과 인력 등에 대한 지원을 요청할 수 있다.
> ④ 시·도지사는 제3항에 따라 견인차량과 인력 등을 지원한 자에게 비용을 지급할 수 있다.
>
> 제△△조(손실보상) 소방청장 또는 시·도지사는 다음 각 호의 어느 하나에 해당하는 자에게 손실보상을 하여야 한다.
> 1. 제○○조 제1항에 따른 소방활동 종사로 인하여 사망하거나 부상을 입은 자
> 2. 제□□조 제2항에 따른 처분으로 인하여 손실을 입은 자. 다만 법령을 위반하여 소방자동차의 통행과 소방활동에 방해가 된 경우는 제외한다.

① 화재가 발생한 건물의 소유자가 소방대장의 소방활동 종사명령에 따라 해당 건물에서 사람을 구출하는 일을 한 경우, 그는 소방활동의 비용을 지급받을 수 있다.
② 과실로 화재를 발생시킨 사람이 소방대장의 소방활동 종사명령에 따라 불을 끄는 일을 하던 중 부상을 입은 경우, 그는 손실보상을 받을 수 없다.
③ 소방대장은 사람을 구출하기 위하여 필요할 때에는 불이 번질 우려가 있는 토지의 사용을 일시적으로 제한할 수 있다.
④ 소방대장이 화재진압을 위한 소방자동차의 긴급 출동에 방해가 되는 불법 주차 차량을 이동시키던 중 그 차량이 파손된 경우, 해당 차량을 주차한 소유자는 손실보상을 받는다.
⑤ 소방청장은 소방대장의 요청에 따라 견인차량을 지원한 자에게 견인비용을 지급하여야 한다.

14. 다음 글을 근거로 판단할 때, <보기>에서 옳은 것만을 모두 고르면?

> 甲기업은 A, B 두 개의 공장을 가지고 있으며, 두 공장에서 같은 제품을 생산한다. A에서는 제품 생산을 위해 설비를 가동하는 데 1일 100만 원의 가동비용이 발생하며, 제품 1개를 생산할 때마다 1만 원의 비용이 소요된다. B에서는 가동비용이 발생하지 않으며, 제품 1개를 생산할 때마다 2만 원의 비용이 소요된다. A, B 모두 하루에 각각 최대 150개까지 제품 생산이 가능하다. 甲기업은 최소 비용으로 1일 목표 생산량 Q개를 달성하도록 생산량을 A, B에 배분한다.

<보 기>

ㄱ. Q가 120이라면 A에서만 생산해야 한다.
ㄴ. Q가 200이라면 B에서 150개를 생산해야 한다.
ㄷ. Q가 200일 때, A의 가동비용이 1일 50만 원으로 감소해도 A, B에 대한 배분량은 달라지지 않는다.

① ㄱ
② ㄴ
③ ㄱ, ㄷ
④ ㄴ, ㄷ
⑤ ㄱ, ㄴ, ㄷ

15. 다음 글을 근거로 판단할 때 옳은 것은?

甲도는 A~E 총 5개 지역으로 이루어져 있으며, 각 지역의 인구는 서로 다르다. 甲도는 건강행태에 대한 전수조사를 매년 실시하고 있다. 조사하는 지표 중 하나인 건강생활실천율은 거주자 중 금연, 절주, 걷기를 모두 실천하는 사람의 비율이다. 지역별 건강생활실천율은 다음과 같다.

지역	A	B	C	D	E
건강생활실천율(%)	35	30	25	30	30

① A지역에서 금연, 절주, 걷기를 실천하는 사람의 비율이 각각 2%p씩 높아지면 건강생활실천율도 2%p 높아진다.
② 건강생활실천율이 증가하려면 금연, 절주, 걷기를 실천하는 사람의 비율 중 가장 낮은 값이 증가해야만 한다.
③ 금연과 절주를 동시에 실천하는 사람의 비율은 B지역이 C지역보다 높다.
④ D지역에서 걷기를 실천하는 사람의 비율은 최소 30%이다.
⑤ 甲도의 건강생활실천율은 30%이다.

16. 다음 글을 근거로 판단할 때, 甲이 자격증 취득 시 지불해야 하는 최소 수강료는?

甲은 자격증을 취득하려고 한다. 자격증 시험은 각각 100점 만점인 A, B, C 3과목으로 이루어져 있다. 3과목의 점수 합이 150점 이상이면 자격증 취득이 가능하지만, 어느 과목이라도 40점 미만을 받은 경우에는 과락으로 자격증을 취득할 수 없다. 甲은 학원에서 A, B, C 3과목을 모두 수강하되, 그중 2과목은 일반과정, 1과목은 속성과정으로 수강하려고 한다. 甲이 다니는 학원은 수강 과목의 취득점수에 따라 사후적으로 수강료를 부과한다. 다음은 학원에서 수강할 수 있는 과목의 취득점수 1점당 수강료이다.

과목	취득점수 1점당 수강료(원)	
	일반과정	속성과정
A	5,000	10,000
B	3,000	7,000
C	10,000	13,000

① 810,000원
② 930,000원
③ 970,000원
④ 1,010,000원
⑤ 1,030,000원

17. 다음 글과 <대화>를 근거로 판단할 때, 甲과 丙의 근무처와 직위를 옳게 나열한 것은?

○ 직급이 5급 이상인 공무원 甲, 乙, 丙은 서로 다른 우체국 A, B, C에서 근무하고 있다.
○ 각 우체국의 5급 이상 공무원에게는 국장, 과장, 팀장의 직위가 부여되며 그 현황은 다음과 같다.
- A우체국: 3급 1명(국장), 4급 2명(과장), 5급 1명(팀장)
- B우체국: 4급 1명(국장), 5급 3명(과장)
- C우체국: 5급 1명(국장)

<대 화>

甲: 저는 C우체국에서 근무하지 않아요.
乙: 저는 甲과 직급이 같아요.
丙: 저는 A우체국에서 근무하지 않고, 乙이 근무하는 우체국의 어느 공무원보다도 직급이 높아요.

	甲	丙
①	A우체국 팀장	B우체국 국장
②	A우체국 과장	B우체국 과장
③	A우체국 국장	B우체국 국장
④	B우체국 과장	C우체국 국장
⑤	B우체국 국장	C우체국 국장

18. 다음 글과 <상황>을 근거로 판단할 때, 아파트 매물 A~E 중 甲이 선택할 곳은?

○ 甲은 다음 기준에 따라 아파트 매물 중 한 곳을 선택하고자 한다.
- 10층 이상이고, 2025년 7월 내 입주 가능
- 담보 대출 없음
- 전세 보증금 2.3억 원 이하(단, 붙박이장이 있는 경우 2.5억 원 이하)
○ 위 기준을 모두 충족하는 매물이 2개 이상인 경우, 그중 대한동 매물이 있다면 그 매물을 선택한다.

<상 황>

다음은 2025년 7월 1일 현재 아파트 매물의 정보이다.

매물	지역	동·호수	입주 가능 시기	전세 보증금 (억 원)	담보 대출	붙박이장
A	대한동	1011동 1601호	즉시	2.5	없음	있음
B	대한동	503동 1704호	즉시	2.3	있음	없음
C	민국동	301동 1504호	즉시	2.0	없음	없음
D	대한동	308동 1306호	2025. 8. 1. 이후	2.0	없음	있음
E	민국동	616동 806호	즉시	2.3	없음	없음

※ 호수가 네 자리 수인 경우 앞 두 자리의 수, 호수가 세 자리 수인 경우 앞 한 자리의 수는 층을 의미한다. 예를 들어 1601호는 16층이다.

① A
② B
③ C
④ D
⑤ E

19. 다음 글과 <상황>을 근거로 판단할 때, A부서의 1개월치 월세 지원액의 합은?

A부서는 거주지와 근무지가 멀리 떨어져 있어 출퇴근에 어려움을 겪는 직원에게 매달 월세를 지원한다.

○ 지원 대상은 주택을 소유하지 않은 직원 중, 거주지와 근무지 간 편도 거리가 50km 이상이거나 통근 시간이 1시간 이상인 직원이다.
○ 지원액은 아래의 지급기준에 따라 지원 대상자 본인의 월세를 초과하지 않는 범위 내에서 최대로 한다. 단, 복수의 지급기준에 해당하는 경우에는 더 높은 지원 한도액을 적용한다.

지급기준	지원 한도액
장애, 질병 등으로 출퇴근에 어려움이 있는 자	35만 원
신규임용일로부터 3년이 지나지 않은 자	25만 원
그 이외의 자	20만 원

<상 황>

A부서의 직원은 甲~戊이며, 이들의 정보는 아래와 같다. 이들 중 甲과 戊는 신규임용일로부터 3년이 지나지 않았으며, 乙은 질병으로 출퇴근에 어려움이 있다.

직원	거주지와 근무지 간 편도 거리	통근 시간	주택 소유 여부	월세
甲	50km	1시간 10분	○	45만 원
乙	45km	1시간	×	30만 원
丙	100km	1시간 30분	×	45만 원
丁	40km	50분	×	40만 원
戊	70km	1시간 40분	×	35만 원

① 70만 원
② 75만 원
③ 80만 원
④ 95만 원
⑤ 100만 원

20. 다음 글과 <상황>을 근거로 판단할 때, A~E 중 세무조사 대상으로 지정될 기업만을 모두 고르면?

甲부처는 2025년 7월 1일 현재, 세무조사 대상 기업을 지정하려고 한다. 아래 기준에 따라 기업 A~E의 점수를 매기고, 그 합산 점수가 7점을 초과하는 경우 세무조사 대상 기업으로 지정한다. 단, 최근 1년 내 세무조사를 받은 기업은 제외한다.

○ 전년도 매출액
  - 500억 원 미만: 1점
  - 500억 원 이상 5,000억 원 미만: 3점
  - 5,000억 원 이상: 5점
○ 최근 1년간 탈세 의심 민원 건수
  - 1건당 0.5점
○ 전년도 부실 거래 건수
  - 1건당 0.3점
○ 최근 5년 내 성실 납세 기업으로 선정된 경우 1점 감해 줌

<상 황>

2025년 7월 1일 현재, 기업 A~E의 정보는 다음과 같다.

기업	전년도 매출액 (억 원)	최근 1년간 탈세 의심 민원(건)	전년도 부실 거래 (건)	성실 납세 기업 선정 연도	최근 1년 내 세무조사 여부
A	1,700	5	7	2021년	×
B	480	10	4	2017년	×
C	6,250	6	2	2022년	○
D	3,000	7	5	2023년	×
E	5,000	3	3	2010년	×

① A, D
② B, D
③ B, E
④ A, C, E
⑤ B, D, E

21. 다음 글을 근거로 판단할 때, 甲의 셔츠의 최소 벌수는?

> 매일 아침 甲은 세탁소에서 찾아온 셔츠를 한 벌 꺼내 입는다. 그는 입었던 셔츠를 한데 모아 놓았다가 매주 월요일 점심에 세탁소에 모두 맡기고 온다. 매주 월요일 저녁에는 세탁이 다 된 셔츠를 세탁소에서 찾아온다. 셔츠 세탁에는 일주일이 소요되므로 찾아오는 셔츠는 그 전주 월요일 점심에 맡겼던 셔츠이다. 단, 세탁소에 다녀올 때는 그날 아침에 꺼내 입은 셔츠를 입는다.

① 7
② 8
③ 14
④ 15
⑤ 16

22. 다음 글을 근거로 판단할 때 옳은 것은?

> 甲~丁 4명은 동물카드를 이용한 게임을 하려 한다. 동물카드의 종류에는 사자, 불곰, 얼룩말, 하이에나 카드가 있으며, 승부를 정하는 방법은 다음과 같다.
>
> ○ 사자 카드는 얼룩말 카드를 이긴다.
> ○ 불곰 카드는 사자 카드를 이긴다.
> ○ 얼룩말 카드는 하이에나 카드를 이긴다.
> ○ 하이에나 카드는 사자 카드를 이긴다.
> ○ 그 외 카드 조합은 무승부로 한다.
>
> 甲~丁은 서로 다른 동물카드를 한 장씩 나누어 가졌으며, 다음과 같은 대화를 나누었다.
>
> 甲: 나는 丁과 겨루면 지게 돼.
> 乙: 내가 丁과 겨루면 이겨.
> 丙: 나와 丁이 겨루면 무승부야.

① 甲의 카드는 얼룩말 카드이다.
② 乙의 카드는 하이에나 카드이다.
③ 丙의 카드는 불곰 카드이다.
④ 丁의 카드는 사자 카드이다.
⑤ 甲~丁이 가지고 있는 카드는 어느 것도 확정할 수 없다.

23. 다음 글과 <상황>을 근거로 판단할 때, 甲이 받을 새로운 식권의 개수는?

A부처의 구내식당에서는 점심 가격이 상승하여 기존 식권을 4,500원과 5,500원 두 종류의 새로운 식권으로 교환해 주고 있다. 교환할 때에는 식권의 종류에 상관없이 기존 식권의 총액과 새로운 식권의 총액이 동일하도록 교환한다. 그럴 수 없는 경우, 최소의 추가 금액을 결제하여 교환한다.

<상 황>

甲은 기존 4,000원 식권 6장과 5,000원 식권 7장을 가지고 있다. 甲은 자신이 가진 모든 식권을 한 번에 교환하려고 한다.

① 10
② 11
③ 12
④ 13
⑤ 14

24. 다음 글을 근거로 판단할 때, 씨앗 A~D의 싹이 튼 순서로 옳은 것은?

찬우는 봄을 맞이하여 네 종류의 씨앗(A~D)을 화단에 심었다. 화단에 심은 씨앗의 싹이 트는 조건은 각각 아래와 같다.

씨앗 A: 이틀 연속 날이 맑으면 다음 날에 싹이 튼다.
씨앗 B: 맑은 날 다음 날에 싹이 튼다.
씨앗 C: 비가 온 날이 총 사흘이 된 다음 날에 싹이 튼다.
씨앗 D: 이틀 연속 비가 오면 다음 날에 싹이 튼다.

찬우는 4월 1일 0시에 A~D를 하나씩 심었고, 이후 7일 동안 날짜별로 싹이 튼 씨앗의 개수는 다음과 같다.

4월 1일	4월 2일	4월 3일	4월 4일	4월 5일	4월 6일	4월 7일
0	1	0	1	0	1	1

※ 이 기간에 맑은 날은 내내 맑았고, 비가 온 날은 내내 비가 왔다.

① A - B - D - C
② B - A - C - D
③ B - A - D - C
④ B - D - A - C
⑤ B - D - C - A

25. 다음 글과 <상황>을 근거로 판단할 때, 올해 A기업의 1~3분기 안전평가에서 '보완' 등급이 부여된 횟수는?

> A기업에서는 매 분기 전체 5개 부서 중 3개 이상의 부서를 대상으로 안전평가를 실시하여 '우수' 또는 '보완' 등급을 부여한다. 안전평가 대상은 직전 분기 안전평가에서 보완 등급을 받은 부서이다. 다만 직전 분기에 보완 등급을 받은 부서가 2개 이하인 경우, 안전평가를 받은 지 오래된 순서대로 부서를 추가하여 평가한다.

<상 황>

> A기업은 올해 1월 초, 4월 초, 7월 초에 각각 1, 2, 3분기 안전평가를 실시하였다. 아래는 A기업의 서로 다른 부서에 속해 있는 5명(甲~戊)의 7월 말 대화이다.
>
> 甲: 이번 달 안전평가에서 3개 부서가 우수 등급을 받았대.
> 乙: 우리 부서는 1월 안전평가에서 우수 등급을 받았어.
> 丙: 우리 부서는 1월에 안전평가를 받지 않았어.
> 丁: 올해 우리 부서는 안전평가를 받지 않았어.
> 戊: 우리 부서는 매 분기마다 안전평가를 받았어.

① 1
② 2
③ 3
④ 4
⑤ 5

약점 보완 해설집 p.20

자료해석영역

1. 다음은 '갑'~'무'선수의 A퍼즐 대회 결과와 종합점수 산정 방법에 관한 자료이다. 이를 근거로 판단할 때, '갑'~'무' 중 종합점수가 가장 높은 선수는?

<표> '갑'~'무'선수의 A퍼즐 대회 결과

문제	배점	선수 갑	을	병	정	무
1번	20점	□ ■	□ □	■ ■	■ ■	□ ■
2번	30점	■ ■	■ ■	□ □	■ ■	□ ■
3번	30점	■ ■	□ □	□ ■	□ ■	□ ■
4번	40점	□ □	■ ■	■ ■	□ ■	■ ■

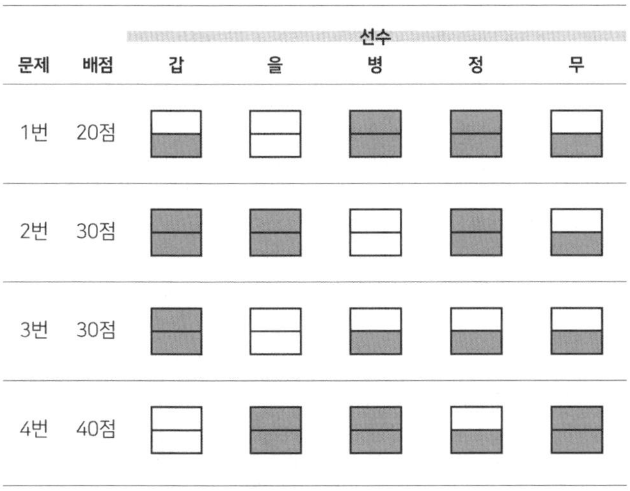

※ A퍼즐 대회 문제는 1~4번뿐임.

<종합점수 산정 방법>

○ 문제별 획득 점수는 다음과 같다.

결과	획득 점수
 □ □	0
 □ ■	배점×0.5
 ■ ■	배점×1.0

○ 문제별 획득 점수를 합하여 종합점수를 산정한다.

① 갑
② 을
③ 병
④ 정
⑤ 무

2. 다음 <표>는 2017~2023년 '갑'시의 유치원 현황에 관한 자료이다. 이에 대한 <보기>의 설명 중 옳은 것만을 모두 고르면?

<표> 2017~2023년 '갑'시의 유치원 현황

(단위: 개, 명)

구분 / 연도	유치원수	원아수	교원수
2017	427	44,009	3,042
2018	430	42,324	3,095
2019	423	39,373	2,853
2020	403	38,319	2,920
2021	399	36,170	2,891
2022	396	35,427	2,909
2023	393	34,777	3,042

<보 기>

ㄱ. 2018년 교원 1인당 원아수는 10명 이상이다.
ㄴ. 전년 대비 증감 방향은 유치원수와 원아수가 매년 동일하다.
ㄷ. 2017년 대비 2023년 원아수는 20% 이상 감소한다.

① ㄱ
② ㄴ
③ ㄷ
④ ㄱ, ㄷ
⑤ ㄱ, ㄴ, ㄷ

3. 다음은 2022년과 2023년 '갑'시의 민원건수에 관한 자료이다. 제시된 <표> 이외에 <보고서>를 작성하는 데 사용되지 않은 자료는?

<표> 2022년과 2023년 '갑'시의 월별 민원건수

(단위: 건)

월 \ 연도	2022	2023
1	10,639	9,834
2	9,163	9,595
3	9,464	12,025
4	9,939	11,417
5	10,879	12,365
6	10,597	12,422
7	11,064	13,961
8	11,186	14,281
9	11,222	13,393
10	11,516	12,890
11	11,324	11,991
12	9,873	11,771

<보고서>

2023년 '갑'시의 전체 민원건수는 145,945건으로 전년 126,866건 대비 15% 이상 증가하였다. 2023년 월별 민원건수는 8월에 가장 많았고, 1월을 제외하고 매월 전년 동월 대비 증가하였다.

2023년 분야별로는 '교통' 분야의 민원건수가 가장 많았고, 다음으로 '도로', '행정' 분야 순으로 많았다. 특히, 민원건수 상위 3개 분야가 전체 민원건수의 75% 이상을 차지하였다.

2023년 지역별로는 A지역의 민원건수가 60,433건으로 '갑'시 전체 민원건수의 40% 이상을 차지하였으며, B지역의 민원건수는 35,904건으로 그 뒤를 따랐다. B지역의 인구 100명당 민원건수는 30건 이상으로 '갑'시에 속한 A~E지역 중 가장 많았다.

2023년 '갑'시 민원의 상위 10대 키워드에는 '불법주정차', '어린이 보호구역' 등 교통법규 관련 키워드와 '철도역 신설', '버스노선 신설' 등 교통환경 관련 키워드, 그리고 '소음', '악취' 등 주거환경 관련 키워드가 포함되었다.

① 2023년 '갑'시의 지역별 인구

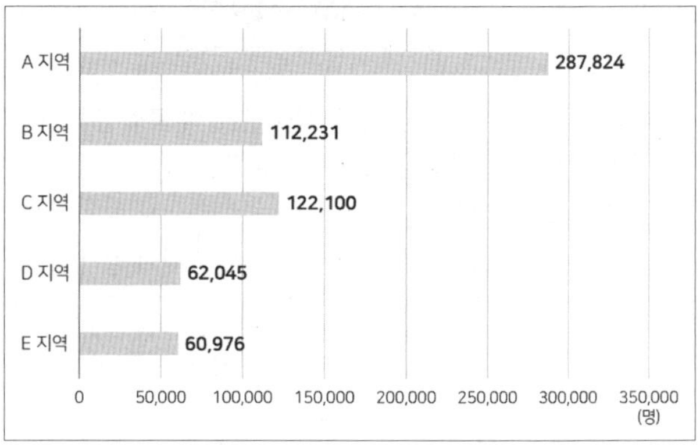

② 2023년 '갑'시의 분야별 민원건수 비중

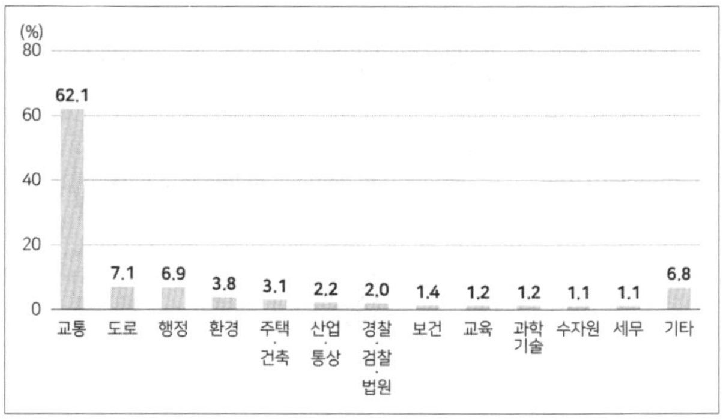

③ 2023년 '갑'시 민원의 상위 10대 키워드

순위	키워드
1	불법주정차
2	어린이 보호구역
3	장애인 전용구역
4	친환경차 충전구역
5	철도역 신설
6	버스노선 신설
7	소음
8	고속도로 개발
9	악취
10	소각장 폐쇄

④ 2023년 '갑'시의 지역별 민원건수

(단위: 건)

지역	A	B	C	D	E
민원건수	60,433	35,904	26,852	12,399	10,357

⑤ 2022년 대비 2023년 '갑'시의 민원건수 증가 및 감소 분야

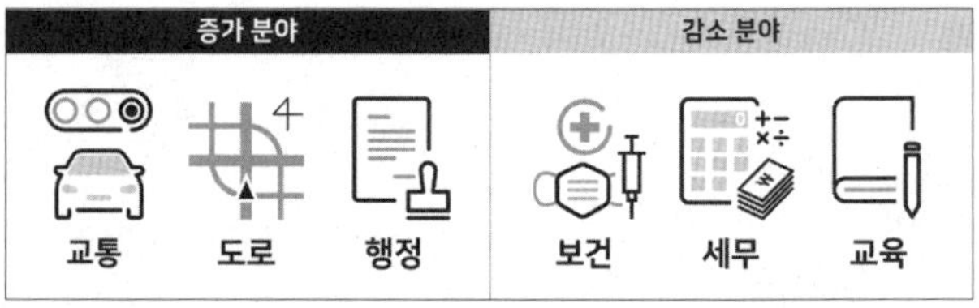

4. 다음은 2024년 '갑'국의 공적개발원조에 대한 국민인식 조사 보고서이다. <보고서>를 작성하는 데 사용되지 않은 자료는?

<보고서>

2024년 '갑'국 국민 1,200명을 대상으로 공적개발원조에 대한 인식을 조사했다. 공적개발원조에 대해 알고 있다는 응답자 비율은 83.8%이고 2021년 이후 증가 추세에 있는 것으로 나타났다. 공적개발원조 관련 정보를 접한 경로로는 'TV 또는 라디오'로 응답한 비율이 가장 높았고, '신문'과 '동영상 플랫폼'이 그 뒤를 이었다. 공적개발원조 제공에 대한 찬반조사 결과를 보면 찬성 비율은 77.8%로 반대 비율보다 높았으며, 특히 여성이 남성보다 찬성 비율이 높게 나타났다.

2024년 공적개발원조 규모에 대한 의견으로는 '부족함'이 48.0%, '적정함'이 31.2%, '과다함'이 20.8%로 나타났다. '갑'국의 2024년 공적개발원조 규모가 과다하다고 응답한 이유로는 '현재 경제상황이 나쁘기 때문에'라는 답변이 46.8%로 가장 많았고, '원조가 어떻게 사용되는지 모르기 때문에'라는 답변이 24.0%로 그 뒤를 이었다. 이에 따라, 공적개발원조 관련 교육의 확대 필요성이 대두되고 있다.

① 2020~2024년 공적개발원조에 대해 알고 있다는 응답자 비율

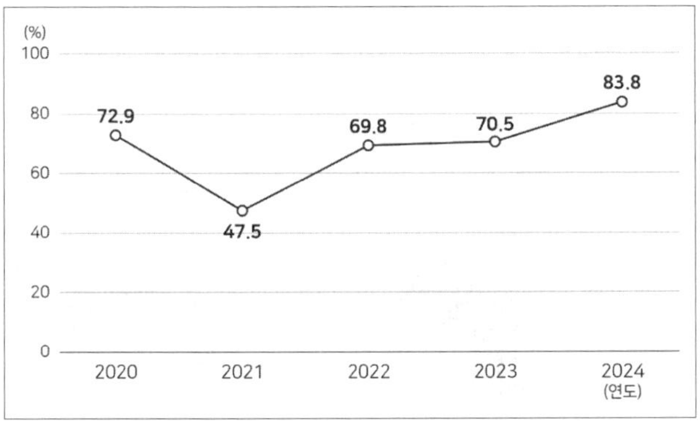

② 2024년 공적개발원조 규모에 대한 의견

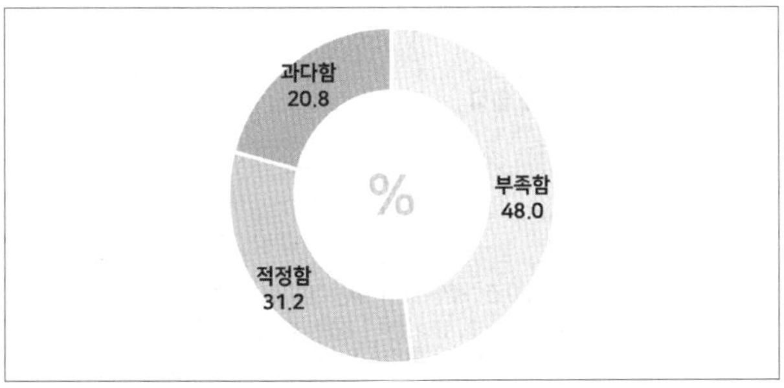

③ 2024년 공적개발원조 제공에 대한 찬반조사 결과

(단위: %)

구분 \ 성별	찬성		반대	
	매우 찬성한다	약간 찬성한다	약간 반대한다	매우 반대한다
전체	15.0	62.8	16.8	5.4
남성	18.3	55.6	19.2	6.9
여성	11.5	70.6	14.1	3.8

④ 2024년 공적개발원조 관련 교육 경로에 대한 선호도(중복 응답)

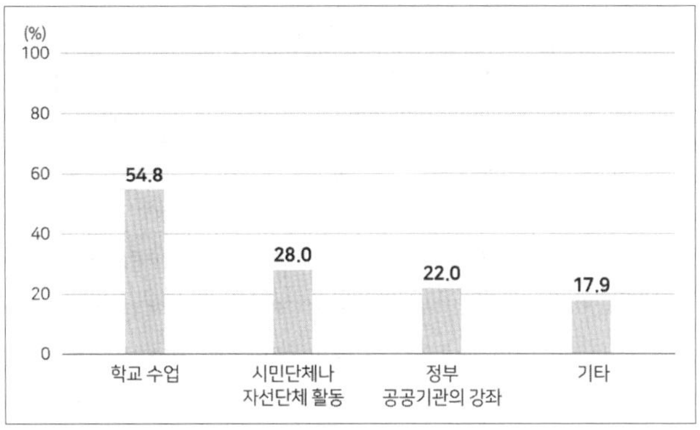

⑤ 2024년 공적개발원조 관련 정보를 접한 경로

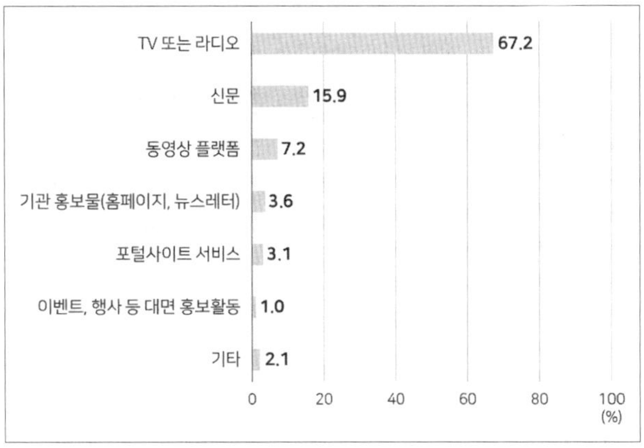

5. 다음 <표>는 2024년 '갑'국 원자력발전소 A~D의 발전량에 관한 자료이다. 이를 근거로 A~D를 이용률이 가장 높은 원자력발전소부터 순서대로 바르게 나열한 것은?

<표> 2024년 '갑'국 원자력발전소 A~D의 발전량 현황

(단위: GWh)

구분 \ 원자력발전소	실제 발전량	최대 발전량
A	4,000	5,000
B	( )	9,000
C	6,000	( )
D	9,000	12,000
합계	26,000	35,000

※ 이용률(%) = $\frac{\text{실제 발전량}}{\text{최대 발전량}} \times 100$

① A, B, C, D
② A, B, D, C
③ A, C, B, D
④ B, A, C, D
⑤ B, A, D, C

6. 다음 <표>는 '갑' 연구소가 지역별 커피 원두를 항목별로 평가한 결과이다. 이에 대한 설명으로 옳은 것은?

<표> 지역별 커피 원두의 항목별 평가결과

지역	원두	항목				
		향	산미	단맛	쓴맛	바디감
아시아	인도네시아 자바	●●●●○	●●○○○	●●●○○	●●○○○	●●●●○
	인도네시아 만델링	●●●●○	●●○○○	●●●●●	●●○○○	●●●●○
	인도네시아 발리 칸타마니	●●●●○	●●○○○	●●●○○	●●○○○	●●●○○
	인도네시아 토리자	●●●●○	●●●●●	●●●○○	●●○○○	●●●●○
	인도 몬순드 말리바	●●●●●	●●●●○	●●●●○	●●●○○	●●●●○
아메리카	콜롬비아 슈프리모	●●●●●	●●●●●	●●●○○	●●○○○	●●●○○
	과테말라 SHB	●●●●●	●●●●○	●●●○○	●●●○○	●●●●○
	도미니카 AA	●●○○○	●●●●○	●●●○○	●●○○○	●○○○○
	브라질 산토스	●●●●○	●●●○○	●●●○○	●●○○○	●●○○○
	페루 HB GRADE1	●●●●●	●●●●○	●●●●○	●●●○○	●●●●○
아프리카	에티오피아 예가체프	●●●●○	●●●●●	●●●○○	●●●○○	●●●●○
	르완다 AB+	●●○○○	●●●○○	●●●○○	●●●○○	●●●●○
	짐바브웨 AA+	●●●●○	●●●●●	●●●●○	●●●●○	●●●●○
	케냐 AA	●●●●○	●●●●●	●●●○○	●●●○○	●●●●○

※ 1) ●(○)는 1(0)점을 나타내며, 항목별로 ● 1개당 1점을 부여하여 5점 척도로 항목별 평가점수를 계산함.
2) 종합 평가점수는 항목별 평가점수의 합임.

① '단맛'으로 원두를 비교할 때 가장 높은 점수를 받은 원두는 아프리카 지역의 원두이다.
② 아프리카 지역의 원두는 모두 '향' 평가점수가 '단맛' 평가점수보다 높다.
③ 아메리카 지역은 '바디감'으로 원두를 비교할 때 가장 낮은 점수를 받은 원두가 '향'으로 원두를 비교할 때도 가장 낮은 점수를 받았다.
④ 아시아 지역은 '산미'로 원두를 비교할 때 가장 높은 점수를 받은 원두가 종합 평가점수도 가장 높다.
⑤ 각 지역에서 종합 평가점수가 가장 높은 원두의 종합 평가점수는 모두 같다.

7. 다음 <표>는 업체 A~E가 제출한 국립묘지 관리사업 제안서를 평가한 결과이고, <대화>는 '갑' 업체의 평가결과에 대한 팀장과 주무관 사이의 대화 내용이다. 이를 근거로 판단할 때, A~E 중 '갑'에 해당하는 업체는?

<표> 업체 A~E의 국립묘지 관리사업 제안서 평가결과

(단위: 점)

평가항목	제안개요		제안업체 일반현황		사업수행계획		총점
세부항목 / 업체	제안요청서 부합성	사업 이해도	조직 관리능력	지식·기술능력	세부 계획	사후 관리	
A	4	10	6	14	32	10	76
B	8	6	10	12	24	8	68
C	6	4	8	16	34	2	70
D	8	6	4	20	36	8	82
E	10	6	10	16	28	6	76

※ 평가항목 점수는 해당 평가항목에 속한 세부항목 점수의 합이며, 총점은 각 평가항목 점수의 합임.

<대 화>

이번 국립묘지 관리사업 제안서 평가는 어떻게 되었나요?
5개 업체가 입찰에 참여했던데, '갑' 업체부터 평가결과를 요약해주세요.
네, '갑' 업체의 평가결과에 대해 말씀드리겠습니다.
윤 팀장
류 주무관
먼저 '제안개요' 평가항목 점수를 보면 14점 이상으로 나타났습니다.
다음으로 '제안업체 일반현황'의 평가항목 점수는 최소 기준인 20점 이상이었고, 두 세부항목 간 점수 차이도 10점 미만이었습니다.
마지막으로 '사업수행계획'의 평가항목 점수는 총점의 50% 이상이었습니다.

① A
② B
③ C
④ D
⑤ E

8. 다음 <표>는 2024년 '갑'국 기관 A~D의 재직자 교육 프로그램에 대한 만족도 조사 결과이다. <표>와 <조건>을 근거로 A~D에 해당하는 기관을 바르게 연결한 것은?

<표> 기관 A~D의 재직자 교육 프로그램 만족도

(단위: 명, 점)

기관	참여자	교육환경 만족도	내용 만족도	강사 만족도
A	190	4.2	4.1	4.3
B	120	3.9	4.0	3.8
C	180	4.6	4.8	4.1
D	150	3.8	3.6	3.9

※ A~D는 문화청, 발명청, 세무청, 자료청 중 하나임.

<조 건>

○ '강사 만족도'가 '교육환경 만족도'보다 높은 기관은 발명청과 세무청이다.
○ '내용 만족도'는 자료청이 세무청보다 높다.
○ '참여자'는 문화청이 자료청보다 많다.

	A	B	C	D
①	문화청	세무청	발명청	자료청
②	발명청	문화청	자료청	세무청
③	발명청	자료청	문화청	세무청
④	세무청	문화청	자료청	발명청
⑤	세무청	자료청	문화청	발명청

9. 다음 <표>는 2024년 '갑'국의 전력수급 현황에 관한 자료이다. 이에 대한 <보기>의 설명 중 옳은 것만을 모두 고르면?

<표> '갑'국의 전력수급 현황

(단위: TWh)

구분	수도권	비수도권					전국
			A지역	B지역	C지역	D지역	
발전량	144.4	450.3	33.9	114.1	222.0	80.3	594.7
소비량	214.8	333.1	17.3	92.9	151.2	71.7	547.9

※ 전력자급률(%) $= \frac{\text{발전량}}{\text{소비량}} \times 100$

<보 기>

ㄱ. 수도권 소비량은 전국 소비량의 40% 이상이다.
ㄴ. 전력자급률은 A지역이 수도권의 2배 이상이다.
ㄷ. C지역 발전량과 D지역 발전량의 합은 전국 발전량의 50% 이상이다.
ㄹ. B~D 각 지역의 전력자급률은 150% 이상이다.

① ㄱ, ㄴ
② ㄱ, ㄹ
③ ㄴ, ㄷ
④ ㄴ, ㄹ
⑤ ㄷ, ㄹ

10. 다음 <표>는 2021~2024년 '갑'국 제조업의 산업군별 재고지수 및 출하지수에 관한 자료이다. 이에 대한 <보기>의 설명 중 옳은 것만을 모두 고르면?

<표> 2021~2024년 산업군별 재고지수 및 출하지수

연도	산업군 / 지수	고위기술 산업군	중고위기술 산업군	중저위기술 산업군	저위기술 산업군
2021	재고지수	102.9	80.0	89.9	91.8
	출하지수	96.2	102.8	116.7	108.5
2022	재고지수	106.6	91.4	93.8	90.0
	출하지수	92.2	107.1	111.6	107.3
2023	재고지수	112.2	98.9	96.4	95.9
	출하지수	93.4	106.0	106.4	104.7
2024	재고지수	95.0	97.7	97.5	94.9
	출하지수	93.8	104.6	105.9	103.7

※ 1) 산업군은 '고위기술산업군', '중고위기술산업군', '중저위기술산업군', '저위기술산업군'으로만 구성됨.
2) 재고(출하)지수는 기준연도 2020년의 재고(출하)량을 100으로 할 때, 해당 연도 재고(출하)량의 상대적인 값임.
3) 연도별 재고율(%) $= \frac{\text{해당 연도의 재고지수}}{\text{해당 연도의 출하지수}} \times 100$

<보 기>

ㄱ. 2020년 이후 출하지수의 연도별 증감 방향이 '저위기술산업군'과 동일한 산업군은 '중저위기술산업군'뿐이다.
ㄴ. 기준연도를 2024년으로 변경한다면, 모든 산업군별 재고지수는 매년 각각 100 이상이 된다.
ㄷ. 재고율이 매년 100% 이상인 산업군은 '고위기술산업군'뿐이다.

① ㄱ
② ㄴ
③ ㄱ, ㄷ
④ ㄴ, ㄷ
⑤ ㄱ, ㄴ, ㄷ

11. 다음 <표>는 통산 승점 기준 상위 9개 국가의 역대 FIFA 월드컵 본선 성적에 관한 자료이다. 이에 대한 <보기>의 설명 중 옳은 것만을 모두 고르면?

<표> 통산 승점 기준 상위 9개 국가의 역대 FIFA 월드컵 본선 성적

순위	국가	통산 승점	경기수	승리	무승부	패배
1	브라질	247	114	76	19	19
2	독일	225	112	68	21	23
3	아르헨티나	158	88	47	17	24
4	이탈리아	156	83	45	21	17
5	프랑스	131	73	39	14	20
6	잉글랜드	118	74	32	22	20
7	스페인	110	67	31	17	19
8	네덜란드	104	55	30	14	11
9	우루과이	88	59	25	13	21

※ 1) 평균 승점 = $\frac{\text{통산 승점}}{\text{경기수}}$

2) 승률 = $\frac{\text{승리 경기수}}{\text{경기수}}$

<보 기>

ㄱ. 순위 8위 이내 국가 중 승률이 0.5 이하인 국가는 2개이다.
ㄴ. 순위가 높은 국가일수록 평균 승점이 높다.
ㄷ. 경기수 중 무승부 경기수의 비중은 독일이 잉글랜드보다 크다.

① ㄱ
② ㄴ
③ ㄷ
④ ㄱ, ㄴ
⑤ ㄱ, ㄷ

12. 다음 <표>는 '갑'국의 '환경친화적 자동차 구매목표제' 시행에 따른 민간부문과 공공부문의 구매실적에 관한 자료이다. 이를 근거로 작성한 <보고서>의 (가)~(다)에 해당하는 내용을 바르게 연결한 것은?

<표 1> 2024년 민간부문 구매실적

(단위: 대)

업종구분 \ 차종		하이브리드차	전기차	수소차	합계
공시대상기업집단		6,333	8,771	(　　)	15,177
자동차대여사업자		9,393	7,537	6	16,936
시내버스운송사업자		0	399	(　　)	407
일반택시운송사업자		0	64	0	64
화물자동차 운수사업자	우수물류	4	68	0	72
	택배서비스	7	62	0	69
전체		15,737	16,901	87	32,725

<표 2> 2019~2024년 공공부문 구매실적

(단위: 대)

연도 \ 차종	하이브리드차	전기차	수소차	합계
2019	833	2,104	61	2,998
2020	1,135	1,486	20	2,641
2021	1,916	2,366	109	4,391
2022	3,422	1,307	136	4,865
2023	682	2,813	174	3,669
2024	307	2,939	95	3,341

※ 환경친화적 자동차는 하이브리드차, 전기차, 수소차뿐임.

<보고서>

'갑'국에서는 에너지 절감을 위한 '환경친화적 자동차 구매목표제'를 2019년부터 시행하고 있다. 2024년 민간부문과 공공부문 구매실적의 합이 가장 큰 차종은 (가) 였다.

2024년 민간부문의 업종구분별 구매실적을 보면, 자동차대여사업자는 하이브리드차를 가장 많이 구매하였고 그 외의 업종구분에서는 전기차를 가장 많이 구매하였다. 한편, 전기차 구매실적 대비 수소차 구매실적 비율이 가장 높은 업종구분은 (나) (으)로 나타났다.

2019~2024년 공공부문 구매실적을 보면, 하이브리드차의 공공부문 구매실적은 정책 시행 시작연도인 2019년부터 매년 증가하여 (다) 년에 최대가 되었다가 이후 매년 감소하였다.

	(가)	(나)	(다)
①	전기차	공시대상기업집단	2022
②	전기차	시내버스운송사업자	2022
③	전기차	시내버스운송사업자	2023
④	하이브리드차	공시대상기업집단	2023
⑤	하이브리드차	시내버스운송사업자	2023

13. 다음 <그림>은 배양기 A~J의 온도지수 및 습도지수이고, <표>는 '갑'세포 생존지수에 따른 배양환경 유형에 관한 자료이다. 이를 근거로 A~J 중 배양환경 유형이 '주의'인 배양기만을 모두 고르면?

<그림> 배양기 A~J의 온도지수 및 습도지수

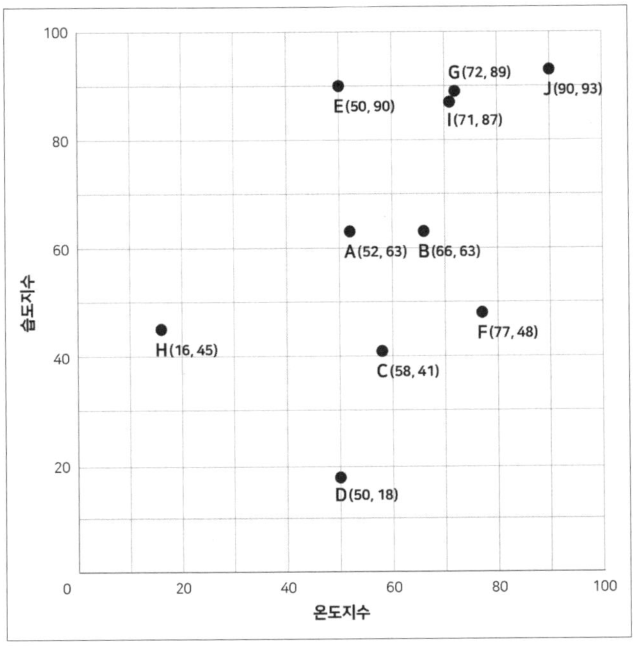

<표> '갑'세포 생존지수에 따른 배양환경 유형

'갑'세포 생존지수	150 미만	150 이상 300 미만	300 이상 350 미만	350 이상
유형	양호	주의	경고	위험

※'갑'세포 생존지수 = 3 × 온도지수 + 2 × 습도지수

① A, C, D
② B, E, F
③ C, D, H
④ E, G, I, J
⑤ A, B, C, D, F

14. 다음 <보고서>는 2022~2024년 A부처의 정부포상 실적에 관한 자료이다. <보고서>의 내용과 부합하는 자료는?

<보고서>

A부처는 민간기관의 참여 활성화를 위해 매년 정부포상을 실시하고 있다. 정부포상은 「정부 표창 규정」에 따라 '대통령표창', '국무총리표창', 그리고 '장관표창'으로 구분되고, 2022~2024년 A부처의 연도별 정부포상 실적은 다음과 같다.

먼저, '대통령표창'과 '국무총리표창'은 포상분야 및 포상인원이 각각 매년 증가하였다. 특히 '국무총리표창'의 포상분야는 2024년이 2022년 대비 20% 이상 증가하였다. 2024년 정부포상을 포상분야 1개당 포상인원이 많은 표창부터 순서대로 나열하면 '장관표창', '국무총리표창', '대통령표창' 순이다.

①
(단위: 개, 명)

표창 \ 연도	2022		2023		2024	
구분	포상분야	포상인원	포상분야	포상인원	포상분야	포상인원
대통령표창	8	24	12	26	15	27
국무총리표창	25	112	27	132	28	141
장관표창	41	253	37	281	39	277

②
(단위: 개, 명)

표창 \ 연도	2022		2023		2024	
구분	포상분야	포상인원	포상분야	포상인원	포상분야	포상인원
대통령표창	8	21	12	25	9	27
국무총리표창	25	112	31	109	36	117
장관표창	44	253	43	281	45	297

③
(단위: 개, 명)

표창 \ 연도	2022		2023		2024	
구분	포상분야	포상인원	포상분야	포상인원	포상분야	포상인원
대통령표창	4	24	5	26	6	27
국무총리표창	25	112	27	132	30	141
장관표창	41	253	37	281	39	277

④
(단위: 개, 명)

표창 \ 연도	2022		2023		2024	
구분	포상분야	포상인원	포상분야	포상인원	포상분야	포상인원
대통령표창	8	21	9	25	9	27
국무총리표창	25	112	31	115	36	117
장관표창	44	281	43	253	45	257

⑤
(단위: 개, 명)

표창 \ 연도	2022		2023		2024	
구분	포상분야	포상인원	포상분야	포상인원	포상분야	포상인원
대통령표창	4	24	5	26	6	27
국무총리표창	25	129	31	132	36	141
장관표창	41	351	37	281	39	314

15. 다음 <보고서>는 2024년 '갑'국의 행정기관위원회에 관한 자료이다. <보기>의 자료 중 <보고서>의 내용에 부합하는 것만을 모두 고르면?

<보고서>

2024년 '갑'국의 행정기관위원회는 총 590개이고, 이중 행정위원회가 40개, 자문위원회가 550개였다. 행정기관위원회를 소속별로 보면 부처 소속이 514개로 가장 많았고, 다음으로 국무총리, 대통령 소속 순이었다. 그리고 부처 소속 행정기관위원회는 2020년 이후 매년 전체 행정기관위원회의 80% 이상을 차지한 것으로 나타났다.

2024년 행정기관위원회의 회의 개최 횟수를 살펴보면 4회 이상 회의를 개최한 행정기관위원회는 전체 행정기관위원회의 절반에도 미치지 못했다. 특히 회의를 한 번도 개최하지 않은 행정기관위원회는 69개로 나타났다.

2024년 행정기관위원회를 예산규모별로 보면 예산이 5천만 원을 초과한 행정기관위원회는 전체 행정기관위원회의 20%에도 미치지 못했다. 특히 예산이 미편성된 행정기관위원회가 전체 행정기관위원회의 55%를 넘었다.

<보 기>

ㄱ. 2020~2024년 행정기관위원회 중 행정위원회 비중

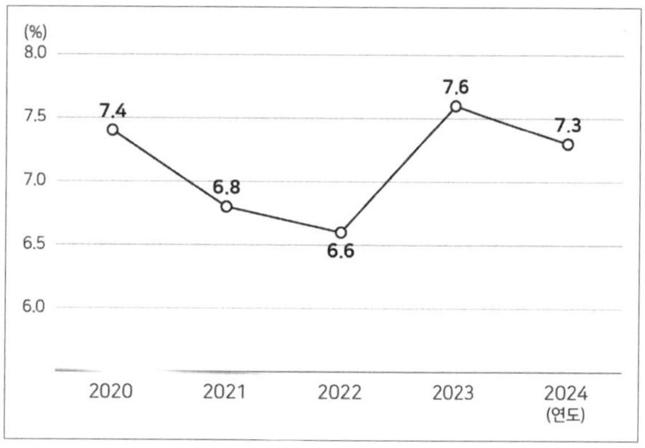

ㄴ. 2020~2024년 소속별 행정기관위원회 수

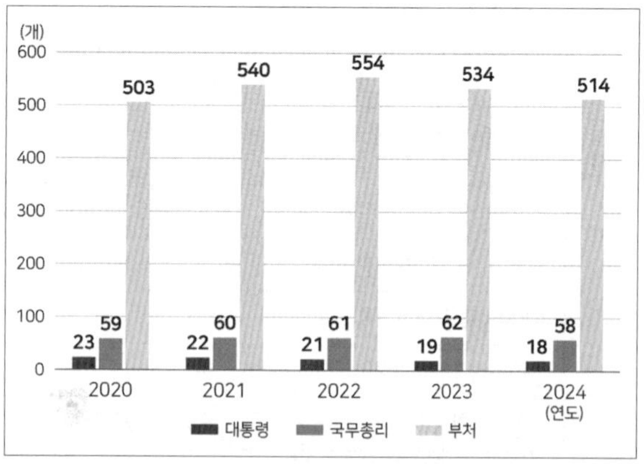

ㄷ. 2024년 회의 개최 횟수별 행정기관위원회 수

(단위: 개)

회의 횟수	0회	1회	2회	3회	4회	5~10회	11~20회	21회 이상	전체
위원회 수	69	88	78	55	62	101	59	78	590

ㄹ. 2024년 예산규모별 행정기관위원회 수

(단위: 백만 원, 개)

예산규모	미편성	0 초과 10 이하	10 초과 50 이하	50 초과 200 이하	200 초과 1,000 이하	1,000 초과
위원회 수	336	71	90	60	27	6

① ㄱ, ㄴ
② ㄱ, ㄷ
③ ㄱ, ㄹ
④ ㄴ, ㄷ
⑤ ㄴ, ㄹ

16. 다음 <표>는 2022년과 2023년 A국의 중고차 수출량에 관한 자료이다. <표>와 <조건>을 근거로 판단할 때, 2023년 A국의 중고차 수출량 기준 상위 10개 수출대상국 중 '갑'국에 해당하는 국가는?

<표> 2023년 A국의 중고차 수출량 기준 상위 10개 수출대상국으로의 2022년과 2023년 중고차 수출량

(단위: 대)

순위	연도 / 수출대상국	2023	2022
1	리비아	150,087	54,826
2	이집트	58,534	37,197
3	튀르키예	48,501	21,689
4	요르단	30,865	40,762
5	키르기스스탄	30,734	13,741
6	아제르바이잔	17,584	7,675
7	아랍에미리트연합	16,777	7,137
8	타지키스탄	15,758	12,000
9	알바니아	13,752	1,811
10	몽골	10,735	5,491
A국 전체		502,028	303,416

<조 건>

○ 2023년 A국 전체 중고차 수출량에서 '갑'국으로의 중고차 수출량이 차지하는 비중은 10% 이하이다.
○ A국 전체 중고차 수출량에서 '갑'국으로의 중고차 수출량이 차지하는 비중은 2023년이 2022년보다 크다.
○ 2021년 대비 2022년 A국에서 '갑'국으로의 중고차 수출량 증가율이 20%라면, 2021년 A국에서 '갑'국으로의 중고차 수출량은 12,000대 이상이다.

① 리비아
② 요르단
③ 키르기스스탄
④ 타지키스탄
⑤ 튀르키예

17. 다음 <표>는 2024년 '갑'시 A~D지역의 도로 현황에 관한 자료이다. 이에 대한 설명으로 옳지 않은 것은?

<표> 2024년 '갑'시 A~D지역의 도로 현황

(단위: km, km^2, %)

지역 \ 구분	도로 연장	도로 면적	시가화 면적	도로율
A	323	3.43	11.79	29.1
B	330	3.20	13.85	23.1
C	442	5.80	( )	22.2
D	257	2.35	( )	23.9

※ 1) '갑'시는 A~D지역으로만 구성됨.
2) 도로율(%) = $\frac{\text{도로 면적}}{\text{시가화 면적}} \times 100$

① '도로 연장'당 '도로 면적'은 A지역이 D지역보다 크다.
② B지역의 '도로 연장'은 '갑'시 '도로 연장'의 25% 이상이다.
③ '도로율'이 가장 낮은 지역은 '시가화 면적'이 가장 크다.
④ D지역의 '시가화 면적'은 $10km^2$ 이하이다.
⑤ '갑'시의 '시가화 면적'은 $50km^2$ 이상이다.

18. 다음 <표>는 2020~2024년 A시의 빛공해 민원건수에 관한 자료이다. 이에 대한 설명으로 옳은 것은?

<표 1> 피해유형별 빛공해 민원건수

(단위: 건)

연도 \ 피해유형	수면방해	생활불편	눈부심	심리불안	전체
2020	2,014	217	177	5	2,413
2021	2,096	294	167	20	2,577
2022	1,490	388	264	26	2,168
2023	1,107	354	333	50	1,844
2024	885	502	390	57	1,834
계	7,592	1,755	1,331	158	10,836

<표 2> 조명종류별 빛공해 민원건수

(단위: 건)

연도 \ 조명종류	공간 조명	광고 조명	전광판 조명	장식 조명	기타	전체
2020	1,792	353	53	75	140	2,413
2021	1,768	464	82	55	208	2,577
2022	1,176	626	41	107	218	2,168
2023	829	560	44	120	291	1,844
2024	827	522	90	101	294	1,834
계	6,392	2,525	310	458	1,151	10,836

① 장식조명 민원건수가 전년 대비 증가한 모든 해에는 전광판조명 민원건수도 전년 대비 증가한다.
② 2023년 공간조명으로 인한 수면방해 민원건수는 92건 이상이다.
③ 2021년 전체 민원건수 중 수면방해 민원건수의 비중은 85% 이상이다.
④ 눈부심 민원건수의 전년 대비 증가율은 2024년이 가장 높다.
⑤ 기타를 제외하고 매년 조명종류의 민원건수 순위는 동일하다.

19. 다음 <표>는 2023년 '갑'항구의 월별 컨테이너 물동량에 관한 자료이다. 이에 대한 <보기>의 설명 중 옳은 것만을 모두 고르면?

<표> 2023년 '갑'항구의 월별 컨테이너 물동량

(단위: 천 TEU)

월 \ 구분	물동량	누적 물동량
1	273	273
2	229	( )
3	( )	( )
4	( )	( )
5	282	1,370
6	280	1,650
7	287	( )
8	( )	2,222
9	307	2,529
10	300	( )
11	312	3,141
12	( )	3,461

※ 1) 누적 물동량은 1월부터 해당 월까지의 물동량을 합한 값임.
2) 월평균 물동량은 1~12월 물동량의 합을 12(개월)로 나눈 값임.

<보 기>

ㄱ. 8월 물동량은 7월 물동량보다 많다.
ㄴ. 1월 대비 12월 물동량의 증가율은 15% 이상이다.
ㄷ. 2023년 월평균 물동량보다 물동량이 많은 달은 5개 이상이다.

① ㄱ
② ㄴ
③ ㄷ
④ ㄱ, ㄴ
⑤ ㄴ, ㄷ

20. 다음은 '갑'국 공공기관 A~D의 예산액에 관한 자료이다. 이에 대한 <보기>의 설명 중 옳은 것만을 모두 고르면?

<그림> 2018~2023년 연도별 공공기관 예산액 중 A~D 예산액 비중

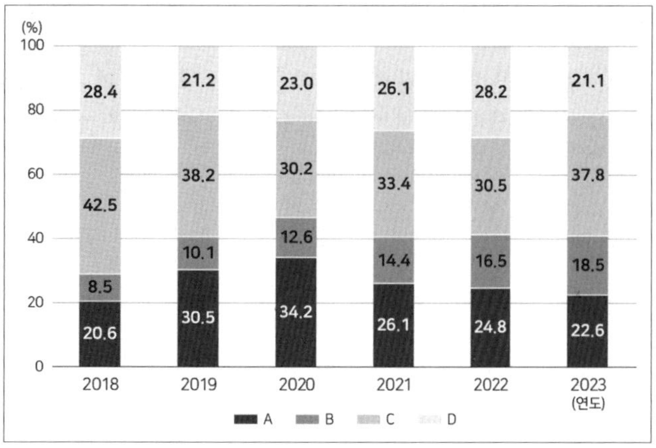

※ '갑'국 공공기관은 A~D뿐임.

<표> 2021~2023년 연도별 공공기관 A의 예산액

(단위: 억 원)

구분 \ 연도		2021	2022	2023
일반관리비	인건비	139	160	135
	경비	70	88	80
사업비		443	581	( )
출연금		250	250	260
합계		902	1,079	1,129

※ 예산액은 일반관리비(인건비, 경비), 사업비, 출연금으로만 구성됨.

<보 기>

ㄱ. 2018~2023년 동안 공공기관 예산액 중 B의 예산액 비중은 매년 1%p 이상 증가하였다.

ㄴ. 2023년 A는 사업비가 출연금의 3배 이상이다.

ㄷ. 2021~2023년 동안 A는 매년 인건비가 일반관리비의 60% 이상이다.

ㄹ. 2022년 C의 예산액은 전년 대비 증가하였다.

① ㄱ, ㄴ
② ㄱ, ㄷ
③ ㄴ, ㄹ
④ ㄱ, ㄷ, ㄹ
⑤ ㄴ, ㄷ, ㄹ

21. 다음은 '갑'국의 2024학년도와 2025학년도 대학입학시험 응시 현황에 관한 자료이다. 이를 근거로 A와 D에 해당하는 값을 바르게 연결한 것은?

<보고서>

2024학년도 대학입학시험 응시 현황을 살펴보면, 응시원서 접수 인원은 504,588명이었고, 응시 인원은 그중 88.2%에 해당하는 444,870명이었다. 응시원서 접수 인원 중 '재학생'은 326,646명, '졸업생 및 검정고시학력 인정자'는 177,942명이었다. 응시 인원 중 '재학생'은 287,502명, '졸업생 및 검정고시학력 인정자'는 157,368명으로, 각각 응시 인원의 64.6%, 35.4%를 차지하였다.

<그림> 2025학년도 대학입학시험 응시 현황

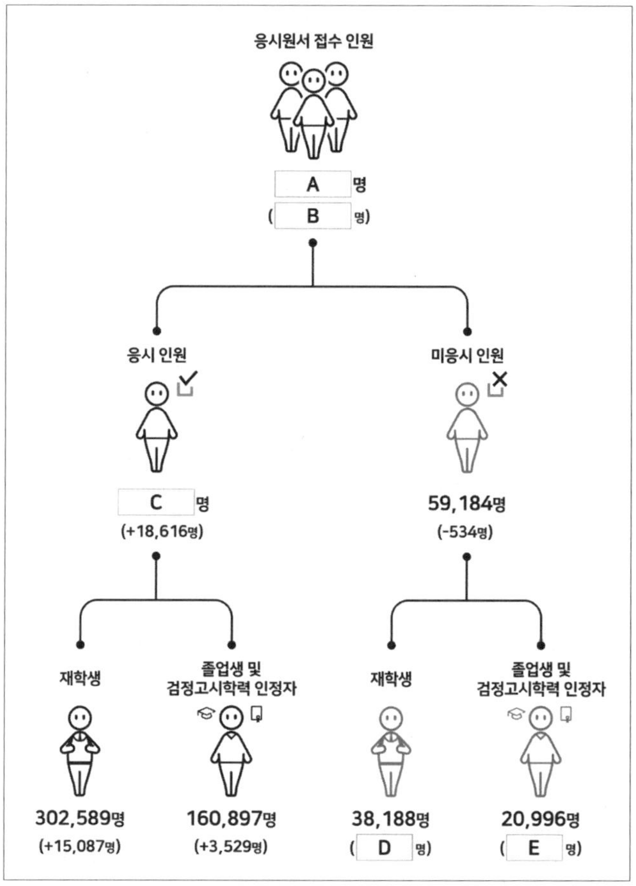

※ 1) ( )안의 수치는 2025학년도 인원에서 2024학년도 인원을 뺀 값임.
2) 응시원서 접수 인원은 '재학생', '졸업생 및 검정고시학력 인정자'로만 구분됨.

	A	D
①	522,670	-956
②	522,670	-926
③	522,670	422
④	523,738	-956
⑤	523,738	422

[22~23] 다음 <표>는 2025년 1월 A도매점 및 B소매점의 수산물 가격과 '갑'~'무'요리사가 1월 5주 B소매점에서 구매한 수산물에 관한 자료이다. 다음 물음에 답하시오.

<표 1> A도매점의 주별 수산물 가격

(단위: 원/kg)

어종	상태	1	2	3	4	5	평균
고등어	냉장	7,700	7,300	6,200	6,900	6,700	6,960
	냉동	5,500	5,600	5,300	5,400	5,600	5,480
갈치	냉동	11,600	11,600	12,100	( )	( )	13,000
오징어	냉장	16,500	16,100	13,500	13,800	14,300	14,840
	냉동	12,300	12,900	14,300	13,900	13,600	13,400
명태	냉동	2,400	2,300	2,200	2,100	2,300	2,260
멸치	건조	14,300	14,200	12,800	12,900	12,800	13,400

<표 2> B소매점의 주별 수산물 가격

(단위: 원/kg)

어종	상태	1	2	3	4	5	평균
고등어	냉장	11,700	11,200	12,300	12,700	14,100	12,400
	냉동	12,200	13,500	11,500	11,400	12,800	12,280
갈치	냉동	15,200	15,700	13,600	( )	( )	14,000
오징어	냉장	26,700	24,800	26,300	25,300	26,400	25,900
	냉동	20,100	19,300	20,000	19,200	22,400	20,200
명태	냉동	5,700	5,400	5,500	5,400	6,100	5,620
멸치	건조	29,600	29,200	27,500	27,900	28,800	28,600

※ 1) A도매점과 B소매점은 제시된 수산물만 판매함.
2) 주별 수산물 가격은 해당 주 동안 일정함.
3) 평균은 1~5주 가격의 합을 5로 나눈 값임.

<표 3> '갑'~'무'요리사의 1월 5주 B소매점 구매 수산물 및 총구매액

(단위: kg, 원)

어종	상태	갑	을	병	정	무
고등어	냉장	4	3	5	5	5
오징어	냉장	4	5	3	2	1
명태	냉동	2	2	2	3	4
총구매액		174,200	186,500	161,900	141,600	121,300

22. 위 <표>에 대한 <보기>의 설명 중 옳은 것만을 모두 고르면?

<보 기>

ㄱ. 냉동 고등어 가격의 전주 대비 증감 방향은 A도매점과 B소매점이 동일하다.
ㄴ. 냉장 수산물 중 1주 가격 대비 3주 가격 증감률이 가장 큰 어종은 A도매점과 B소매점이 동일하다.
ㄷ. A도매점이 B소매점보다 주별 냉동 갈치 가격이 높은 주가 있다.

① ㄴ
② ㄷ
③ ㄱ, ㄴ
④ ㄱ, ㄷ
⑤ ㄴ, ㄷ

23. '갑'~'무'요리사가 <표 3>에서 구매한 수산물을 1월 5주에 A도매점에서 구매한다면, 총구매액이 가장 큰 폭으로 감소하는 요리사는?

① 갑
② 을
③ 병
④ 정
⑤ 무

24. 다음은 주요 10개국의 인공지능(AI) 반도체 분야에 대한 국가별 기술점수 산정 방법과 결과에 관한 자료이다. 이에 대한 <보기>의 설명 중 옳은 것만을 모두 고르면?

<국가별 기술점수 산정 방법>

○ 해당 국가의 원점수는 '논문', '특허', '전문가 평가' 3가지 부문별로 집계한다.
○ 해당 국가의 변환점수는 3가지 부문별로 다음과 같이 산출한다.
- 해당 부문에서 원점수가 가장 높은 국가 원점수 대비 해당 국가 원점수의 비율을 구한다.
- 위 비율에 해당 부문 배점을 곱하여 변환점수를 산출한다. (단, 3가지 부문 배점의 합은 100점임)
○ 해당 국가의 기술점수는 3가지 부문 변환점수를 합하여 산정한다.

<표> AI 반도체 분야 주요 10개국 기술점수

(단위: 점)

부문 / 국가 \ 점수	논문		특허		전문가 평가		기술점수
	원점수	변환점수	원점수	변환점수	원점수	변환점수	
미국	511	6.7	4,104	20.0	1,000	70.0	96.7
중국	767	10.0	431	2.1	850	59.5	71.6
한국	153	2.0	248	1.2	835	58.5	61.7
영국	138	1.8	167	0.8	760	53.2	55.8
대만	45	0.6	22	0.1	770	53.9	54.6
이스라엘	14	0.2	117	0.6	760	53.2	54.0
일본	47	0.6	430	2.1	725	50.8	53.5
프랑스	56	0.7	143	0.7	710	49.7	51.1
독일	62	0.8	105	0.5	700	49.0	50.3
캐나다	73	1.0	85	0.4	680	47.6	49.0

※ 변환점수는 소수 둘째 자리에서 반올림한 값임.

<보 기>

ㄱ. '전문가 평가' 부문 배점은 '논문'과 '특허' 부문 배점 합의 2배 이상이다.
ㄴ. 독일의 '논문' 부문 원점수만 50점 증가한다면, 기술점수는 독일이 프랑스보다 높아진다.
ㄷ. '논문'과 '특허' 부문 배점이 서로 바뀐다면, 기술점수는 이스라엘이 대만보다 높아진다.

① ㄱ
② ㄷ
③ ㄱ, ㄴ
④ ㄱ, ㄷ
⑤ ㄴ, ㄷ

25. 다음 <표>는 2024년 133개 국가를 대상으로 세계혁신지수(GII)를 조사하고 소득그룹별로 GII 기준 상위 10개 국가씩 나타낸 자료이다. 이에 대한 <보기>의 설명 중 옳은 것만을 모두 고르면?

<표> 2024년 소득그룹별 GII 기준 상위 10개 국가

소득그룹(국가 수) / 소득그룹 내 순위 \ 구분	고소득(51)		중상소득(34)		중저소득(38)		저소득(10)	
	국가	GII 순위	국가	GII 순위	국가	GII 순위	국가	GII 순위
1	스위스	1	중국	11	인도	39	르완다	104
2	스웨덴	2	말레이시아	33	베트남	44	마다가스카르	110
3	미국	3	튀르키예	37	필리핀	53	토고	117
4	싱가포르	4	불가리아	38	우크라이나	60	우간다	121
5	영국	5	태국	41	이란	64	부룬디	127
6	대한민국	6	브라질	50	모로코	66	모잠비크	128
7	핀란드	7	세르비아	52	몽골	67	부르키나파소	129
8	네덜란드	8	인도네시아	54	요르단	73	에티오피아	130
9	독일	9	모리셔스	55	튀니지	81	말리	131
10	덴마크	10	멕시코	56	우즈베키스탄	83	니제르	132

※ 1) 조사 대상 133개 국가는 고소득그룹, 중상소득그룹, 중저소득그룹, 저소득그룹 중 하나로만 분류됨.
2) GII 순위는 133개 국가를 대상으로 부여되었으며 공동 순위는 없음.
3) 소득그룹 내 순위는 소득그룹별로 GII 순위가 높은 국가부터 순서대로 부여됨.

<보 기>

ㄱ. GII 순위가 스위스보다 낮고 중국보다 높은 국가는 모두 고소득그룹 국가이다.
ㄴ. GII 순위 41위부터 50위까지 국가 중 고소득그룹 국가 수는 7개이다.
ㄷ. 마다가스카르보다 GII 순위가 낮으면서 저소득그룹이 아닌 국가 수는 14개이다.
ㄹ. 중상소득그룹과 중저소득그룹을 중소득그룹으로 묶으면, 필리핀의 중소득그룹 내 순위는 10위이다.

① ㄱ, ㄷ
② ㄱ, ㄴ, ㄷ
③ ㄱ, ㄴ, ㄹ
④ ㄱ, ㄷ, ㄹ
⑤ ㄴ, ㄷ, ㄹ

약점 보완 해설집 p.32

2024년 기출문제

1교시 언어논리·상황판단

2교시 자료해석

✓ 문제 풀이 시작과 종료 시각을 정한 후, OCR 답안지를 활용하여 실전처럼 기출문제를 풀어보세요.

1교시: 시 분 ~ 시 분(총 50문항 / 120분)

2교시: 시 분 ~ 시 분(총 25문항 / 60분)

✓ 문제 풀이 후, 약점 보완 해설집 '취약 유형 분석표'로 자신의 실력을 점검해 보시기 바랍니다.

언어논리영역

1. 다음 글의 내용과 부합하는 것은?

> 현재 서울의 청량리 근처에는 홍릉이라는 곳이 있다. 을미사변으로 일본인들에게 시해된 명성황후의 능이 조성된 곳이다. 고종은 홍릉을 자주 찾아 참배했는데, 그때마다 대규모로 가마꾼을 동원하는 등 불편이 작지 않았다. 개항 직후 우리나라에 들어와 경인철도회사를 운영하던 미국인 콜브란은 이 점을 거론하며 서대문에서 청량리까지 전차 노선을 부설해야 한다고 주장했다.
>
> 이전부터 전기와 전차 사업에 관심이 많았던 고종은 콜브란의 주장을 받아들여 전차 사업을 목적으로 하는 회사를 설립하기로 결심했다. 고종은 황실이 직접 회사를 설립하는 대신 민간인인 김두승과 이근배로 하여금 농상공부에 회사를 만들겠다는 청원서를 내도록 권유했다. 이에 따라 김두승 등은 전기회사 설립 청원서를 농상공부에 제출한 뒤 허가를 받아 한성전기회사를 설립했다. 한성전기회사는 서울 시내 각지에 전기등을 설치하는 한편 전차 노선 부설 사업을 추진했다. 한성전기회사는 당초 남대문에서 청량리까지 전차 노선을 부설하기로 했으나 당시 부설 중이던 경인철도의 종착역이 서대문역으로 정해졌기 때문에 이와 연결하기 위해 계획을 수정해 서대문에서 청량리까지 부설하기로 변경했다. 이후, 변경된 계획대로 전차 노선이 부설되었으며, 1899년 5월에 정식 개통식이 거행되었다.
>
> 한성전기회사는 고종이 단독 출자한 자본금을 바탕으로 설립되고 운영되었지만, 전차 노선 부설에 필요한 공사비가 부족해지자 회사 재산을 담보로 콜브란으로부터 부족분을 빌려 공사를 마무리할 수 있었다. 콜브란은 1902년에 그 상환 기일이 돌아오자 회사 운영을 지원하기 위해 상환 기일을 2년 연장해주었다. 이후 1904년 상환 기일이 다가오자, 고종은 콜브란과 협의하여 채무액의 절반인 75만 원만 상환하고 나머지 금액만큼의 회사 자산을 콜브란에게 넘겨주었다. 이로써 콜브란은 고종과 함께 회사의 대주주가 되어 경영에 참여할 수 있게 되었다. 이때 고종과 콜브란은 한성전기회사를 한미전기회사로 재편하였고, 한미전기회사가 전차 및 전기등 사업을 이어받았다.

① 한성전기회사가 경인철도회사보다 먼저 설립되었다.
② 전차 노선의 시작점은 원래 서대문이었으나 나중에 남대문으로 바뀌었다.
③ 한성전기회사가 전차 노선을 부설하는 데 부족한 자금은 미국인 콜브란이 빌려주었다.
④ 서울 시내에 처음으로 전차 노선을 부설한 회사는 황실이 주도해 농상공부가 설립하였다.
⑤ 서울 시내에서 전기등 설치 사업을 벌인 한미전기회사는 김두승과 이근배의 출자로 설립되었다.

2. 다음 글에서 알 수 있는 것은?

> 사고(史庫)는 실록을 비롯한 국가의 귀중한 문헌을 보관하는 곳이었으므로 아무나 열 수 없었고, 반드시 중앙 정부에서 파견된 사관이 여는 것이 원칙이었다. 하지만 사관은 그 수가 얼마 되지 않아 사관만으로는 실록 편찬이나 사고의 도서 관리에 관한 모든 일을 담당하기에 벅찼다. 이에 중종 때에 사관을 보좌하기 위해 중앙과 지방에 겸직사관을 여러 명 두었다.
>
> 사고에 보관된 도서는 해충이나 곰팡이 피해를 입을 수 있었으므로 관리가 필요했다. 당시 도서를 보존, 관리하는 가장 효과적인 방법은 포쇄였다. 포쇄란 책을 서가에서 꺼내 바람과 햇볕에 일정 시간 노출시켜 책에 생길 수 있는 해충이나 곰팡이 등을 방지하거나 제거하는 것을 말한다. 사고 도서의 포쇄는 3년마다 정기적으로 실시되었다.
>
> 사고 도서의 포쇄를 위해서는 사고를 열어 책을 꺼내야 했고, 이 과정에서 귀중한 도서가 분실되거나 훼손될 수 있었다. 따라서 책임 있는 관리가 이 일을 맡아야 했고, 그래서 중앙 정부에서 사관을 파견토록 되어 있었다. 그런데 중종 14년 중종은 사관을 보내는 것은 비용이 많이 드는 등의 폐단이 있다고 하며, 지방 사고의 경우 지방 거주 겸직사관에게 포쇄를 맡기는 것이 효율적이라고 주장했다. 이에 대해 사고 관리의 책임 관청이었던 춘추관이 반대했다. 춘추관은 정식 사관이 아닌 겸직사관에게 포쇄를 맡기는 것은 문헌 보관의 일을 가벼이 볼 수 있는 계기가 될 거라고 주장했다. 그러나 중종은 이 의견을 따르지 않고 사고 도서의 포쇄를 겸직사관에게 맡겼다. 하지만 중종 23년에는 춘추관의 주장에 따라 사관을 파견하는 것으로 결정되었다.
>
> 포쇄 때는 반드시 포쇄 상황을 기록한 포쇄형지안이 작성되었다. 포쇄형지안에는 사고를 여닫을 때 이를 책임진 사람의 이름, 사고에서 꺼낸 도서의 목록, 포쇄에 사용한 약품 등을 자세하게 기록했다. 포쇄 때마다 포쇄형지안을 철저하게 작성하여, 사고에 보관된 문헌의 분실이나 훼손을 방지하고 책임 소재를 명확하게 함으로써 귀중한 문헌이 후세에 제대로 전달되도록 했다.

① 겸직사관은 포쇄의 전문가 중에서 선발되어 포쇄의 효율성이 높았다.
② 중종은 포쇄를 위해 사관을 파견하면 문헌이 훼손되는 폐단이 생긴다고 주장했다.
③ 춘추관은 겸직사관이 사고의 관리 책임을 맡으면 문헌 보관의 일을 경시할 수 있게 된다고 하며 겸직사관의 폐지를 주장했다.
④ 사고 도서의 포쇄 상황을 기록한 포쇄형지안은 3년마다 정기적으로 작성되었다.
⑤ 도서에 피해를 입히는 해충을 막기 위해 사고 안에 약품을 살포했다.

3. 다음 글에서 알 수 있는 것은?

미국 헌법의 전문은 "우리 미합중국의 사람들은"이라는 구절로 시작한다. 여기서 '사람들'에 해당하는 대한민국 헌법상의 용어는 헌법 제정 주체로서의 '국민'이다. 대한민국 헌법의 전문은 "유구한 역사와 전통에 빛나는 우리 대한국민은"으로 시작한다. 이 구절들에서 '사람들'과 '국민'은 맥락상 동일한 의미를 지닌다. 그러나 이 단어들의 사전적 의미 사이에는 간극이 크다. '사람'은 보편적 인간을, '국민'은 국가의 구성원을 의미하기 때문이다. 그래서 '인민'이 '국민'보다 더 적절한 표현이라는 주장이 종종 제기되는데, 사실 대한민국의 제헌 헌법 초안에서는 이 단어가 사용되었다.

대한민국 역사에서 '인민'은 개화기부터 통용된 자연스러운 말이며 정부 수립 전까지의 헌법 관련 문헌들 대부분에 빈번히 등장한다. 법학자 유진오가 기초한 제헌헌법의 초안도 "유구한 역사와 전통에 빛나는 우리들 조선 인민은"으로 시작한다. 그러나 '인민'은 공산당의 용어인데 어째서 그러한 말을 쓰려고 하느냐는 공박을 당했고, '인민'은 결국 제정된 제헌헌법에서 '국민'으로 대체되었다.

이에 유진오는 '인민'이 예부터 흔히 사용되어 온 말로 '국민'으로 환원될 수 없는 의미를 지니며, 미국 헌법에서도 국적을 가진 자들로 한정될 수 없는 경우에 '사람들'이 사용되었다고 지적했다. 또한 '국민'은 국가의 구성원이라는 점이 강조된 국가 우월적 표현이기 때문에, 국가조차도 함부로 침범할 수 없는 자유와 권리의 주체로서의 보편적 인간까지 함의하기에는 적절하지 못하다고 비판했다.

'인민'이 모두 '국민'으로 대체되면서 대한민국 헌법에서 혼란의 여지가 생긴 것은 사실이다. '국민'이 국적을 가진 자뿐만 아니라 천부인권을 지니는 보편적 인간까지 지칭하게 되었기 때문이다. 예를 들어 대한민국으로 여행을 온 외국인은 전자에 해당하지 않지만 후자에 속하는 것이 명백하다. 따라서 선거권, 사회권 등 국적을 기반으로 하는 권리까지 주어지는 것은 아니지만, 헌법상의 평등권, 자유권 등 기본적 인권은 보장되는 것이다. 이에 향후 헌법 개정이 있다면 그 기회에 보편적 인간을 의미하는 경우의 '국민'을 '사람들'로 바꾸자는 제안도 있다.

① 대한민국 역사에서 '인민'은 분단 후 공산주의 사상이 금기시되면서 사용되기 시작한 말이다.
② 대한민국으로 여행을 온 외국인은 대한민국 헌법상의 자유권을 보장받지 못한다.
③ 미국 헌법에서 '사람들'은 보편적 인간이 아니라 미국 국적을 가진 자를 의미한다.
④ 법학자 유진오는 '국민'이 보편적 인간을 의미하기에는 적절하지 않다고 비판했다.
⑤ 대한민국 제헌헌법에서는 '인민'이 사용되었으나 비판을 받아 이후의 개정을 통해 헌법에서 삭제되었다.

4. 다음 글에서 알 수 있는 것은?

필사문화와 초기 인쇄문화에서 독서는 대개 한 사람이 자신이 속한 집단 내에서 다른 사람들에게 책을 읽어서 들려주는 사회적 활동을 의미했다. 개인이 책을 소유하고 혼자 눈으로 읽는 묵독과 같은 오늘날의 독서 방식은 당시 대다수 사람에게 익숙한 일이 아니었다. 근대 초기만 해도 문맹률이 높았기 때문에 공동체적 독서와 음독이 지속되었다.

'공동체적 독서'는 하나의 읽을거리를 가족이나 지역·직업공동체가 공유하는 것을 의미한다. 이는 같은 책을 여러 사람이 돌려 읽는 윤독이 이루어졌을 뿐 아니라, 구연을 통하여 특정 공간에 모인 사람들이 책의 내용을 공유했음을 알려준다. 여기에는 도시와 농촌의 여염집 사랑방이나 안방에서 소규모로 이루어진 가족 구성원들의 독서, 도시와 촌락의 장시에서 주로 이루어진 구연을 통한 독서가 포함된다. 공동체적 독서의 목적은 독서에 참여한 사람들로 하여금 책의 사상과 정서에 공감하게 하는 데 있다.

음독은 '소리 내어 읽음'이라는 의미로서 낭송, 낭독, 구연을 포함한다. 낭송은 혼자서 책을 읽으며 암기와 감상을 위하여 읊조리는 행위를, 낭독은 다른 사람들에게 들려주기 위하여 보다 큰 소리로 책을 읽는 행위를 의미한다. 이에 비해 구연은 좀 더 큰 규모의 청중을 상대로 하며 책을 읽는 행위가 연기의 차원으로 높아진 것을 일컫는다. 이런 점에서 볼 때 음독은 공동체적 독서와 긴밀한 연관을 가질 수밖에 없지만, 음독이 꼭 공동체적 독서라고는 할 수 없다.

전근대 사회에서는 개인적 독서의 경우에도 묵독보다는 낭송이 더 일반적인 독서 형태였다. 그렇다고 해서 도식적으로 공동체적 독서와 음독을 전근대 사회의 독서 형태라 간주하고, 개인적 독서를 근대 이후의 독서 형태라 보는 것은 곤란하다. 현대 사회에서도 필요에 따라 공동체적 독서와 음독이 많이 행해지며, 반대로 전근대 사회에서도 지배계급이나 식자층의 독서는 자주 묵독으로 이루어졌을 것이기 때문이다. 다만 '공동체적 독서'에서 '개인적 독서'로의 이행은 전근대 사회에서 근대 사회로 이행하는 과정에서 확인되는 독서 문화의 추이라고 볼 수 있다.

① 필사문화를 통해 묵독이 유행하기 시작했다.
② 전근대 사회에서 낭송은 공동체적 독서를 의미한다.
③ 공동체적 독서와 개인적 독서 모두 현대사회에서 행해지는 독서 형태이다.
④ 근대 초기 식자층의 독서 방식이었던 음독은 높은 문맹률로 인해 생겨났다.
⑤ 근대 사회에서 윤독은 주로 도시와 촌락의 장시에서 이루어진 독서 형태였다.

5. 다음 글에서 알 수 없는 것은?

의학적 원리만을 놓고 볼 때 '인두법'과 '우두법'은 전혀 차이가 없다. 둘 다 두창을 이미 앓은 개체에서 미량의 딱지나 고름을 취해서 앓지 않은 개체에게 접종하는 방식이다. 그렇지만 인두법 저작인 정약용의 『종두요지』와 우두법 저작인 지석영의 『우두신설』을 비교하면 접종대상자의 선정, 사후 관리, 접종 방식 등 세부적인 측면에서 적지 않은 차이가 발견된다.

먼저, 접종대상자의 선정 과정을 보면 인두법이 훨씬 까다롭다. 접종대상자는 반드시 생후 12개월이 지난 건강한 아이여야 했다. 중병을 앓고 얼마 되지 않은 아이, 몸이 허약한 아이, 위급한 증세가 있는 아이는 제외되었다. 이렇게 접종대상자의 몸 상태에 세심하게 신경을 쓰는 까닭은 비록 소량이라고 하더라도 사람에게서 취한 두(痘)의 독이 강력했기 때문이다. 한편, 『우두신설』에서는 생후 70~100일 정도의 아이를 접종대상자로 하며, 아이의 몸 상태에 특별히 신경을 쓰지 않는다. 이는 우두의 독력이 인두보다 약한 데서 기인한다. 우두법은 접종 시기를 크게 앞당김으로써 두창 감염에 따른 위험을 줄였고, 아이의 몸 상태에 크게 좌우되지 않는다는 장점이 있었다.

인두와 우두의 독력 차이로 사후 관리 또한 달랐음을 위 저작들에서 발견할 수 있다. 정약용은 접종 후에 나타나는 각종 후유증을 치료하기 위한 처방을 상세히 기재하고 있는 데 반해, 지석영은 그런 처방을 매우 간략하게 제시하거나 전혀 언급하지 않는다.

접종 방식의 차이도 두드러진다. 『종두요지』의 대표적인 접종 방식으로 두의 딱지를 말려 코 안으로 불어넣는 한묘법, 두의 딱지를 적셔 코 안에 접종하는 수묘법이 있다. 한묘법은 위험성이 높아서 급하게 효과를 보려고 할 때만 쓴 반면, 수묘법은 일반적으로 통용되었고 안전성 면에서도 보다 좋은 방법이었다. 이에 반해 우두 접종은 의료용 칼을 사용해서 팔뚝 부위에 일부러 흠집을 내어 접종했다. 종래의 인두법에서 코의 점막에 불어넣거나 묻혀서 접종하는 방식은 기도를 통한 발병 위험이 매우 높았기 때문이다.

① 우두법은 접종을 시작할 수 있는 나이가 인두법보다 더 어리다.
② 인두 접종 방식 가운데 수묘법이 한묘법보다 일반적으로 통용되는 접종 방식이었다.
③ 『종두요지』에는 접종 후에 나타나는 후유증을 치료하기 위한 처방이 제시되어 있었다.
④ 인두법은 의료용 칼을 사용하여 팔뚝 부위에 흠집을 낸 후 접종하는 방식이었다.
⑤ 『우두신설』에 따르면 몸이 허약한 아이에게도 접종할 수 있었다.

6. 다음 글에서 알 수 있는 것은?

과학자가 고안한 새로운 이론이 과학적 진보에 기여하는지를 평가할 때, 다음의 세 가지 조건이 고려된다.

첫째는 통합적 설명 조건이다. 새로운 이론은 여러 현상들을 통합하여 설명할 수 있는 단순한 개념 틀을 제공해야 한다. 예컨대 뉴턴의 새로운 이론은 오랫동안 서로 다르다고 여겨졌던 지상계의 운동과 천상계의 운동을 단지 몇 가지 개념을 통해 설명할 방법을 제시하였다. 하지만 통합적 설명 조건만을 만족한다고 해서 과학적 진보에 기여한다고 보기는 어렵다.

둘째는 새로운 현상의 예측 조건이다. 새로운 이론은 기존의 이론이 예측할 수 없는 새로운 현상을 예측해야 한다. 새로운 현상을 예측하면, 과학자들은 그 예측이 맞는지 확인하기 위해 다양한 반증 시도를 하게 된다. 그 과정에서 과학자들은 기존에 관심을 두지 않았던 영역을 탐구하게 되고 새로운 관측 방법을 개발한다. 통합적 설명 조건을 만족하면서 동시에 새로운 현상을 예측하여 반증 시도를 허용하는 이론이 과학적 진보에 기여하게 되는 것이다.

셋째는 통과 조건이다. 이 조건은 위 두 조건을 모두 만족하는 이론이 제시한 새로운 예측이 실제 관측이나 실험 결과에 들어맞아야 한다는 것을 뜻한다. 혹자는 통과 조건을 만족하지 못하고 반증된 이론은 실패한 이론이고 과학적 진보에 기여하지 못한다고 생각하지만, 그렇지 않다. 그런 이론도 새로운 이론을 고안하도록 과학자를 추동하는 역할을 하기 때문이다. 따라서 통과 조건을 만족하지 못하더라도 통합적 설명 조건과 새로운 현상의 예측 조건을 모두 만족하는 이론은 과학적 진보에 기여하는 것으로 평가할 수 있다.

① 단순하면서 통합적인 개념 틀을 제공하는 이론은 통과 조건을 만족한다.
② 통과 조건을 만족하지 못하더라도 과학적 진보에 기여하는 이론이 있을 수 있다.
③ 반증된 이론은 과학자들이 새로운 이론을 고안하도록 추동하는 역할을 하지 못한다.
④ 새로운 현상의 예측 조건을 만족하지 못하는 이론은 통합적 설명 조건을 만족하지 못한다.
⑤ 통합적 설명 조건과 새로운 현상의 예측 조건 중 하나만 만족하는 이론도 과학적 진보에 기여한다.

7. 다음 글의 ㉠~㉤을 문맥에 맞게 수정한 것으로 가장 적절한 것은?

『논어』「자한」편 첫 문장은 일반적으로 "공자께서는 이익, 천명, 인(仁)에 대해서 드물게 말씀하셨다."라고 해석된다. 그런데 『논어』 전체에서 인이 총 106회 언급되었다는 사실과 이 문장 안에 포함된 '드물게(罕)'라는 말은 상충하는 것처럼 보인다. 이러한 충돌을 해결하기 위한 시도는 크게 두 가지 방향에서 이루어졌다. 먼저 해당 한자의 의미를 ㉠ 기존과 다르게 해석하여 이 문장에 대한 일반적 해석을 변경하는 방식으로 이를 해결하려는 시도가 있다. 하지만 이와 다른 방식으로 충돌을 해결할 수 있다고 믿었던 이들도 있다. 그들은 이 문장의 일반적 해석을 바꾸지 않고 다음과 같은 방법들로 문제를 풀려고 시도했다.

첫째, 어떤 이들은 정도를 나타내는 표현이 상대성을 가질 수 있다는 점에 주목했다. 사실, '드물게'라는 것이 과연 어느 정도의 횟수를 의미하는지는 분명하지 않다. '드물다'는 표현은 동일 선상에 있는 다른 것과의 비교를 염두에 둔 것이다. 따라서 ㉡ 인이 106회 언급되었다고 해도 다른 것에 비해서는 드물다고 평가할 수 있다.

둘째, 다른 이들은 텍스트의 형성 과정에 주목했다. 『논어』는 발화자와 기록자가 서로 다른데, 공자 사후 공자의 제자들은 각자가 기억하는 스승의 말이나 스승에 대한 그간의 기록을 모아서 『논어』를 편찬하였다. 이를 염두에 둔다면 다음과 같은 상황을 상상할 수 있다. 공자는 인에 대해 실제로 드물게 말했다. 공자가 인을 중시하면서도 그에 대해 드물게 언급하다 보니 제자들이 자주 물을 수밖에 없었다. 그 대화의 결과들을 끌어모은 것이 『논어』인 까닭에, 『논어』에는 ㉢ 인에 대한 기록이 많아질 수밖에 없었다.

셋째, ㉣ 이 문장을 기록한 제자의 개별적 특성에 주목했던 이들도 있다. 즉, 다른 제자들은 인에 대해 여러 차례 들었지만, 이 문장의 기록자만 드물게 들었을 수 있다. 공자는 질문하는 제자가 어떤 사람인지에 따라 각 제자에게 주는 가르침을 달리했다. 그렇다면 '드물게'는 이 문장을 기록한 제자의 어떤 특성 때문에 나타난 결과일 수 있다.

넷째, 어떤 이들은 시간의 변수를 도입했다. 기록자가 공자의 가르침을 돌아보면서 ㉤ 이 문장을 기록한 시점 이후에 공자는 정말로 인에 대해 드물게 말했는지도 모른다. 그리고 그 뒤 어느 시점부터 공자가 빈번하게 인에 대해 설파하기 시작했으며, 『논어』에 보이는 인에 대한 106회의 언급은 그 결과일 수 있다.

① ㉠을 "기존과 동일하게 해석하여 이 문장에 대한 일반적 해석을 준수하는 방식"으로 고친다.
② ㉡을 "인이 106회 언급되었다면 다른 어떤 것에 비해서도 드물다고 평가할 수 없다"로 고친다.
③ ㉢을 "인에 대한 기록이 적어질 수밖에 없었다"로 고친다.
④ ㉣을 "『논어』를 편찬한 공자 제자들의 공통적 특성"으로 고친다.
⑤ ㉤을 "이 문장을 기록했던 시점까지"로 고친다.

8. 다음 글의 (가)와 (나)에 들어갈 말을 짝지은 것으로 가장 적절한 것은?

오늘날 우리는 끊임없이 무엇인가를 전시하고 이에 대한 주변인의 반응을 기다린다. 특히 전시의 공간이 온라인 플랫폼으로 확장되면서 우리의 삶 자체가 전시물이 되는 시대에 살고 있다. 전시된 삶에 공감하는 익명의 사람들은 '좋아요' 버튼을 누른다. '좋아요'의 수가 많을수록 전시된 콘텐츠의 가치가 높아진다. 이제 얼마나 많은 수의 '좋아요'를 확보하느냐가 관건이 된다.

그러다 보니 우리는 손에 잡히지 않지만 눈으로 확인할 수 있는 누군가의 '좋아요'를 좇게 된다. '좋아요'는 전시된 콘텐츠에 대한 공감의 표현 방식이었지만, 어느 순간 관계가 역전되어 '좋아요'를 얻기 위해 콘텐츠를 가상 공간에 전시하기 시작한다. 이제 우리는 '좋아요'를 많이 얻을 수 있는 콘텐츠를 만들어내는 데 최선의 노력을 기울이게 된다.

이 관계의 역전은 문제를 일으킨다. '좋아요'의 선택을 받기 위해 노력하다 보면 어느 순간 현실에 존재하는 '나'가 사라지고 만다. 타인이 좋아할 만한 일상과 콘텐츠를 선별하거나 심지어 만들어서라도 전시하기 때문이다. (가) . 타인의 '좋아요'를 얻기 위해 현실에 존재하는 내가 사라지고 마는 아이러니를 직면하는 순간이다.

'좋아요'의 공동체 안에서는 타자도 존재하지 않는다. 이 공동체는 '좋아요'를 매개로 모인 서로 '같음'을 공유하는 사람들로 구성된다. 그래서 같은 것을 좋아하고 긍정하는 '좋아요'의 공동체 안에서 각자의 '다름'은 점차 사라진다. (나) . 이제 공동체에서 그러한 타자를 환대하거나 그의 말을 경청하려는 사람은 점점 줄어들고, '다름'은 '좋아요'가 용납하지 않는 별개의 언어가 된다.

'좋아요'는 그 특유의 긍정성 덕분에 뿌리치기 힘든 유혹으로 다가온다. 하지만 '좋아요'에 함몰되는 순간 나와 타자를 동시에 잃어버릴 수 있다. 우리는 '좋아요'를 거부하는 타자들을 인정하고 그들의 말에 귀를 기울여야 한다. 이렇게 '좋아요'가 축출한 '다름'의 언어를 되찾아오기 시작할 때 '좋아요'의 아이러니에서 벗어날 수 있을 것이다.

① (가): '좋아요'를 얻기 위해 현실의 나와 다른 전시용 나를 제작하는 셈이다
(나): '좋아요'를 거부하고 다른 의견을 내는 사람은 불편한 대상이자 배제의 대상이 된다
② (가): '좋아요'를 얻기 위해 현실의 나와 다른 전시용 나를 제작하는 셈이다
(나): '좋아요'의 공동체에서는 어떠한 갈등이나 의견 대립도 발생하지 않는다
③ (가): '좋아요'를 얻기 위해 나의 내면과 사생활까지도 타인에게 적극적으로 개방한다
(나): '좋아요'를 거부하고 다른 의견을 내는 사람은 불편한 대상이자 배제의 대상이 된다
④ (가): '좋아요'를 얻기 위해 나의 내면과 사생활까지도 타인에게 적극적으로 개방한다
(나): '좋아요'의 공동체에서는 어떠한 갈등이나 의견 대립도 발생하지 않는다
⑤ (가): '좋아요'를 얻기 위해 현실의 내가 가진 매력적 콘텐츠를 더욱 많이 발굴하는 것이다
(나): '좋아요'의 공동체에서는 어떠한 갈등이나 의견 대립도 발생하지 않는다

9. 다음 글의 빈칸에 들어갈 내용으로 가장 적절한 것은?

> 여행가들은 종종 여행으로 세계에 대한 새로운 지식을 얻었을 뿐만 아니라 차별과 편견을 제거할 수 있었다고 말한다. 이 깨달음은 신경과학자들 덕분에 사실로 입증되었다. 신경과학자들은 여행이 뇌의 전측대상피질(ACC)을 자극한다는 것을 알아냈다. ACC는 자신이 가진 세계 모델을 기초로 앞으로 들어올 지각 정보의 기대치를 결정하고 새로 들어오는 지각 정보들을 추적한다. 새로 들어온 정보가 기대치에 맞지 않으면 ACC는 경보를 발령하고, 이 정보에 대한 판단을 지연시켜 새로운 정보를 분석할 시간을 제공한다. 정보에 대한 판단이 지연되면, 그에 대한 말과 행동 또한 미뤄진다. ACC의 경보가 발령되면 우리는 어색함을 느끼고 멈칫한다. 결국 ACC는 주변 환경을 더 면밀히 관찰하라고 촉구한다.
>
> 우리의 뇌는 의식적으로든 반사적으로든 끊임없이 판단을 내린다. 이와 관련하여 인지과학자들은 판단을 늦출수록 판단의 정확성이 높아진다는 사실을 발견했다. 오랜 시간을 들여 더 많은 관련 정보를 파악하는 것이 정확한 판단의 핵심이기 때문이다. 최후의 순간까지 정보에 대한 판단을 유보할수록 정확한 판단을 내릴 가능성이 커진다.
>
> 낯선 장소를 방문할 때 우리는 늘 어색함을 느낀다. 음식, 지리, 날씨 등 모든 게 기존의 세계 모델과 일치하지 않기 때문이다. 여행은 ACC를 자극하고, ACC의 경보 발령으로 우리는 신속한 판단이나 반사적 행동을 자제하게 된다. 따라서 더 이질적인 문화를 경험하면, 우리의 뇌는 [　　　　].

① ACC를 덜 활성화시킨다
② 더 적은 정보를 처리한다
③ 주변 환경에 더 친숙해진다
④ 기존의 세계 모델을 더 확신한다
⑤ 정보에 대한 판단을 더 지연시킨다

10. 다음 글의 빈칸에 들어갈 내용으로 가장 적절한 것은?

> 갑은 이번에 들어온 신입 사원 민철에 대해서 '그는 결혼하지 않았다.'라는 정보와 '그는 비혼이다.'라는 정보를 획득했다. 한편 을은 민철에 대해서 '그는 결혼하지 않았다.'라는 정보와 '그에게는 아이가 있다.'라는 정보를 획득했다. 갑이 획득한 정보 집합과 을이 획득한 정보 집합 중에서 무엇이 더 정합적인가? 다르게 말해 어떤 집합 내 정보들이 서로 더 잘 들어맞는가? 갑의 정보 집합이 더 정합적이라고 여기는 것이 상식적이다.
>
> 그렇다면 이런 정보 집합의 정합성은 어떻게 측정할 수 있을까? 그 방법 중 하나인 C는 확률을 이용해 그 정합성의 정도, 즉 정합도를 측정한다. 여러 정보로 이루어진 정보 집합 S가 있다고 해보자. 방법 C에 따르면, S의 정합도는 [　　　　]으로 정의된다.
>
> 그 정의에 따라 정합도를 측정하면, 위 갑과 을이 획득한 정보 집합의 정합성을 우리의 상식에 맞춰 비교할 수 있다. 갑이 획득한 정보에서 '그가 결혼하지 않았으며 비혼일 확률'과 '그가 결혼하지 않았거나 비혼일 확률'은 모두 '그가 비혼일 확률'과 같다. 왜냐하면 결혼하지 않았다는 것과 비혼이라는 것은 서로 같은 말이기 때문이다. 따라서 방법 C에 따르면 갑이 획득한 정보 집합의 정합도는 1이다.
>
> 한편, '그가 결혼하지 않았으며 아이가 있을 확률'은 '그가 결혼하지 않았거나 아이가 있을 확률'보다 낮다. 왜냐하면 그가 결혼하지 않았거나 아이가 있는 경우에 비해, 그가 결혼하지 않고 아이가 있는 경우는 드물기 때문이다. 따라서 방법 C에 따르면 을의 정보 집합의 정합도는 1보다 작다. 이런 식으로 방법 C는 갑의 정보 집합의 정합도가 을의 정보 집합의 정합도보다 크다고 말해 준다. 그리고 그 점에서 갑의 정보 집합이 을의 정보 집합보다 더 정합적이라고 판단한다. 이는 우리 상식에 부합하는 결과이다.

① S의 정보 중 적어도 하나가 참일 확률을 S의 모든 정보가 참일 확률로 나눈 값
② S의 모든 정보가 참일 확률을 S의 정보 중 적어도 하나가 참일 확률로 나눈 값
③ S의 정보 중 기껏해야 하나가 참일 확률을 S의 모든 정보가 참일 확률로 나눈 값
④ S의 모든 정보가 참일 확률을 S의 정보 중 기껏해야 하나가 참일 확률로 나눈 값
⑤ S의 정보 중 기껏해야 하나가 참일 확률을 S의 정보 중 적어도 하나가 참일 확률로 나눈 값

11. 다음 글의 ㉠을 이끌어내기 위해 추가해야 할 전제로 가장 적절한 것은?

> 우리는 보고, 듣고, 냄새를 맡는 등 지각적 경험을 한다. 우리가 지각적 경험이 가능한 이유는 이러한 지각을 야기하는 원인이 존재하기 때문이다. 나는 ㉠ 신의 마음이 바로 나의 지각을 야기하는 원인임을 논증을 통해 보이고자 한다.
>
> 이 세상에 존재하는 모든 것은 지각되는 것이고, 그러한 지각을 야기하는 원인이 존재한다. 그러한 원인이 존재한다면 그 원인은 내 마음속 관념이거나 나의 마음이거나 나 이외의 다른 마음 중 하나일 것이다. 하지만 나의 지각을 야기하는 원인은 내 마음속 관념이 아니다. 왜냐하면 지각이 관념의 원인이 될 수는 있지만 관념이 지각을 야기할 수는 없기 때문이다.
>
> 나의 지각을 야기하는 원인은 내 마음도 아니다. 왜냐하면 내 마음이 내 지각의 원인이라면 나는 내가 지각하는 바를 조종할 수 있어야 한다. 예를 들어, 내가 내 앞의 빨간 사과를 보고 있다고 해보자. 나는 이 사과를 빨간색으로 지각할 수밖에 없다. 아무리 내가 이 사과 색깔을 빨간색 대신 노란색으로 지각하려고 안간힘을 쓰더라도 이를 내 마음대로 바꿀 수는 없다. 그러므로 나의 지각을 야기하는 원인은 나 이외의 다른 마음이다.
>
> 나 이외의 다른 마음은 나 이외의 다른 사람의 마음이거나 사람이 아닌 다른 존재의 마음이다. 다른 사람의 마음이 내 지각을 야기하는 원인이 될 수 없다. 그들이 내가 지각하는 바를 조종할 수는 없기 때문이다. 그러므로 나의 지각을 야기하는 원인은 사람이 아닌 다른 존재의 마음이다.

① 내 마음속 관념이 곧 신이다.
② 사람과 신 이외에 마음을 지닌 존재는 없다.
③ 신의 마음은 나의 마음을 야기하는 원인이다.
④ 감각기관을 통한 지각적 경험은 신뢰할 수 있다.
⑤ 나 이외의 다른 마음만이 내가 지각하는 바를 조종할 수 있다.

12. 다음 글의 내용이 참일 때 반드시 참인 것은?

> A부서에서는 새로 시작된 프로젝트에 다섯 명의 주무관 가은, 나은, 다은, 라은, 마은의 참여 여부를 점검하고 있다. 주무관들의 업무 전문성을 고려할 때, 다음과 같은 예측을 할 수 있었고 그 예측들은 모두 옳은 것으로 밝혀졌다.
>
> ○ 가은이 프로젝트에 참여하면 나은과 다은도 프로젝트에 참여한다.
> ○ 나은이 프로젝트에 참여하지 않으면 라은이 프로젝트에 참여한다.
> ○ 가은이 프로젝트에 참여하거나 마은이 프로젝트에 참여한다.

① 가은이 프로젝트에 참여하지 않으면 나은이 프로젝트에 참여한다.
② 다은이 프로젝트에 참여하면 마은이 프로젝트에 참여한다.
③ 다은이 프로젝트에 참여하거나 마은이 프로젝트에 참여한다.
④ 라은이 프로젝트에 참여하면 마은이 프로젝트에 참여한다.
⑤ 라은이 프로젝트에 참여하거나 마은이 프로젝트에 참여한다.

13. 다음 글의 내용이 참일 때 반드시 참인 것은?

> 가훈은 모든 게임에서 2인 1조로 다른 조를 상대해야 한다. 게임은 구슬치기, 징검다리 건너기, 줄다리기, 설탕 뽑기 순으로 진행되며 다른 게임은 없다. 이에 가훈은 남은 참가자 갑, 을, 병, 정, 무 중 각각의 게임에 적합한 서로 다른 인물을 한 명씩 선택하여 조를 구성할 계획을 세웠다. 게임의 총괄 진행자는 가훈의 선택에 대해 다음과 같이 예측하였다.
>
> ○ 갑은 설탕 뽑기에 선택되고 무는 징검다리 건너기에 선택된다.
> ○ 을이 구슬치기에 선택되거나 정이 줄다리기에 선택된다.
> ○ 을은 구슬치기에 선택되지 않고 무는 징검다리 건너기에 선택되지 않는다.
> ○ 병은 어떤 게임에도 선택되지 않고 정은 줄다리기에 선택된다.
> ○ 무가 징검다리 건너기에 선택되거나 정이 줄다리기에 선택되지 않는다.
>
> 가훈의 조 구성 결과 이 중 네 예측은 옳고 나머지 한 예측은 그른 것으로 밝혀졌다.

① 갑이 어느 게임에도 선택되지 않았다.
② 을이 구슬치기에 선택되었다.
③ 병이 줄다리기에 선택되었다.
④ 정이 징검다리 건너기에 선택되었다.
⑤ 무가 설탕 뽑기에 선택되었다.

14. 다음 글의 빈칸에 들어갈 말로 적절한 것은?

> 문 주무관과 공 주무관은 하나의 팀을 이루어 문공 팀 제안서를 제출하였다. 이와 관련하여 공 주무관은 자신이 수집, 정리한 인사 관련 정보를 문 주무관과 다음과 같이 공유하였다. “강 주무관이 업무 평가에서 S등급을 받았다고 가정하면, 남 주무관이 업무 평가에서 S등급을 받은 경우 문공 팀 제안서가 폐기될 것입니다. 그런데 문공 팀 제안서가 폐기되는 일과 도 주무관이 전보 발령 대상이 되는 일, 둘 중 적어도 하나는 일어날 것입니다. 강 주무관과 남 주무관 둘 중 적어도 한 사람은 S등급을 받은 것이 분명합니다. 그런데 강 주무관만 S등급을 받고 남 주무관은 못 받는 그런 일은 없습니다. 다행히도, 문공 팀 제안서가 폐기되지 않고 심층 검토될 예정이라는 소식입니다.”
>
> 그러나 공 주무관이 공유한 정보를 살펴보던 문 주무관은 자신이 입수한 정보를 공유하면서 공 주무관에게 말하였다. “공 주무관님, 그런데 조금 전 확인된 바로, ________. 그렇다고 보면, 공 주무관님이 말씀하신 정보는 내적 일관성이 없고 따라서 전부 참일 수는 없습니다. 어딘가 최소한 한 군데는 잘못된 정보라는 말이지요. 지금으로선 어느 부분이 문제인지 알 수 없으니, 수고스럽더라도 어느 부분에 문제가 있는지 다시 확인해주셔야 하겠습니다.”

① 남 주무관은 업무 평가에서 S등급을 받았습니다
② 강 주무관은 업무 평가에서 S등급을 받지 못했습니다
③ 도 주무관이 전보 발령 대상이 아닌 경우, 문공 팀 제안서가 폐기됩니다
④ 남 주무관이 업무 평가에서 S등급을 받은 경우, 도 주무관은 전보 발령 대상이 아닙니다
⑤ 강 주무관이 업무 평가에서 S등급을 받은 경우, 남 주무관도 업무 평가에서 S등급을 받습니다

15. 다음 글에서 추론할 수 있는 것만을 <보기>에서 모두 고르면?

종이와 같이 전류가 흐르지 않는 성질을 가진 물질을 절연체라 한다. 절연체는 전기적으로 중성이며 전하를 띠지 않는다. 그러나 어떤 상황에서는 전하 사이에 작용하는 힘인 전기력에 의한 운동이 가능하다. 어떻게 이러한 절연체의 운동이 가능한가를 알아보자.

절연체는 전기적으로 중성이지만 그 안에는 무수히 많은 전하가 존재한다. 다만, 음전하와 양전하가 똑같은 숫자로 존재하며 물체에 균일하게 분포되어 있다. 이들에게 외부의 전하가 작용할 때 발생하는 전기력인 척력과 인력이 서로 상쇄되어 아무런 힘이 작용하지 않을 것처럼 보인다.

그런데 외부에서 전기력이 작용하면 절연체 내부의 전하들은 개별적으로 그 힘에 반응한다. 가령, 양으로 대전된 물체에 의해서 절연체에 전기력이 작용하는 경우, 절연체 내부의 음전하는 대전된 물체 방향으로 끌려가는 힘인 인력을 받고, 양전하는 밀려나는 힘인 척력을 받는다.

절연체 내부의 전하들은 이러한 전기력에 의해 미세하게 이동할 수 있는데, 음전하는 양으로 대전된 물체와 가까워지는 방향으로, 양전하는 멀어지는 방향으로 이동하게 된다. 그 결과 대전된 물체의 양전하와 절연체의 음전하 간의 인력이 대전된 물체의 양전하와 절연체의 양전하 간의 척력보다 커져 절연체는 대전된 물체 방향으로 끌려가게 된다. 전기력은 전하 간 거리가 멀수록 작아지는 특성이 있기 때문이다. 다만 절연체의 무게가 충분히 작아야만 이러한 전기력이 절연체의 무게를 극복하고 절연체를 끌어당길 수 있다.

<보 기>

ㄱ. 절연체 내부 전하의 위치는 절연체 외부의 영향에 의해서 변할 수 있다.
ㄴ. 대전된 물체는 절연체 내 음전하와 양전하의 구성 비율을 변화시킬 수 있다.
ㄷ. 음으로 대전된 물체를 특정 무게 이하의 절연체에 가까이 함으로써 절연체를 밀어내는 것이 가능하다.

① ㄱ
② ㄴ
③ ㄱ, ㄷ
④ ㄴ, ㄷ
⑤ ㄱ, ㄴ, ㄷ

16. 다음 글에서 추론할 수 있는 것은?

사람의 근육 운동은 근육 세포의 수축과 이완이 반복되면서 일어나며, 근육 세포의 수축과 이완이 정상적으로 일어나지 않으면 근육 마비가 일어난다. 근육 세포의 수축과 이완은 근육 세포와 인접해 있는 운동 신경 세포에서 아세틸콜린의 방출을 조절함으로써 일어날 수 있다.

운동 신경 세포에 작용하는 신호에 의해 운동 신경 세포에서 아세틸콜린이 방출된다. 방출된 아세틸콜린은 근육 세포의 막에 있는 아세틸콜린 결합 단백질에 결합하고 이 근육 세포가 수축되게 한다. 뇌의 운동피질에서 유래한 신호가 운동 신경 세포에 작용하여 이와 같은 현상을 일으킬 수 있다.

운동 신경 세포에서 아세틸콜린의 방출은 운동 신경 세포와 접하고 있는 억제성 신경 세포에 의해서도 조절될 수 있다. 억제성 신경 세포는 글리신을 방출하는데, 이 글리신은 운동 신경 세포에 작용하여 아세틸콜린의 방출을 막음으로써 근육 세포가 이완되게 한다.

사람의 근육 운동에 영향을 미치는 물질 중에는 보툴리눔 독소와 파상풍 독소가 있다. 두 독소는 각각 병원균인 보툴리눔균과 파상풍균이 분비하는 독성 단백질이다. 보툴리눔 독소는 운동 신경 세포에 작용하여 아세틸콜린이 방출되는 것을 막아 근육 세포가 이완된 상태로 있게 하여 근육 마비를 일으킨다. 파상풍 독소는 억제성 신경 세포에 작용하여 글리신이 방출되는 것을 막아 근육 세포가 수축된 상태로 있게 하여 근육 마비를 일으킨다.

① 근육 세포의 막에는 글리신 결합 단백질이 있다.
② 보툴리눔 독소는 근육 세포의 수축이 일어나지 않게 하여 근육 마비를 일으킨다.
③ 운동 신경 세포에서 방출된 아세틸콜린은 억제성 신경 세포에서 글리신의 방출을 막는다.
④ 뇌의 운동피질에서 유래된 신호는 운동 신경 세포에서 아세틸콜린의 방출을 막아서 근육의 수축을 일으킨다.
⑤ 파상풍 독소는 운동 신경 세포에서 방출된 아세틸콜린이 근육 세포의 막에 있는 결합 단백질에 결합할 수 없게 한다.

17. 다음 글의 (가)와 (나)에 들어갈 말을 짝지은 것으로 가장 적절한 것은?

> 진공 상태에서 금속이나 반도체 물질에 높은 전압을 가하면 그 표면에서 전자가 방출된다. 방출된 전자가 형광체에 충돌하면 빛이 발생하는데, 이 빛을 이용하여 디스플레이를 만들 수 있다. 이런 디스플레이를 만들기 위해, 금속이나 반도체 물질로 만들어진 원기둥 형태의 나노 구조체가 기판에 고밀도로 존재하도록 제작하는 기술이 개발되고 있다.
>
> 고밀도의 나노 구조체가 있는 기판을 제작하려는 것은 나노 구조체의 밀도가 높을수록 단위 면적당 더 많은 양의 전자가 방출될 것이라는 가설 H1에 근거하고 있다. 그러나 기판의 단위 면적당 방출되는 전자의 양은 나노 구조체의 밀도가 일정 수준 이상으로 높아지면 오히려 줄어들게 될 것이라는 가설 H2를 주장하는 과학자들의 수가 많아지고 있다. 이는 나노 구조체가 너무 조밀하게 모여 있으면 나노 구조체 각각에 가해지는 실제 전압이 오히려 감소한다는 사실에 기반을 두고 있다.
>
> 과학자 L은 가설 H1과 가설 H2를 확인하기 위한 원기둥 형태의 금속 재질의 나노 구조체 X가 있는 기판을 제작하였다. 이 기판에 동일 거리에서 동일 전압을 가하여 다음의 실험을 수행하였다.
>
> <실 험>
>
> 실험 1: X가 있는 기판 A와 A보다 면적이 두 배이고 X의 개수가 네 배인 기판 B를 제작하였다. 이때 단위 면적당 방출된 전자의 양은 기판 A와 기판 B가 같았다.
>
> 실험 2: 단위 면적당 방출된 전자의 양은, 기판 C에 10,000개의 X가 있을 때보다 20,000개의 X가 있을 때 더 많았고, 기판 C에 20,000개의 X가 있을 때보다 30,000개의 X가 있을 때 더 적었다.
>
> 두 실험 중 실험 1은 가설 H1을 [(가)], 실험 2는 가설 H2를 [(나)].

	(가)	(나)
①	강화하고	강화한다
②	강화하고	약화한다
③	약화하지 않고	약화한다
④	약화하고	약화한다
⑤	약화하고	강화한다

18. 다음 글의 실험 결과를 가장 잘 설명하는 것은?

> 광검출기는 빛을 흡수하고 이를 전기 신호인 광전류로 변환하여 빛의 세기를 측정하는 장치로, 얼마나 넓은 범위의 세기를 측정할 수 있는지가 광검출기의 성능을 결정하는 주요 지표이다.
>
> 광검출기에서는 빛이 조사되지 않아도 열에너지의 유입 등 외부 요인에 의해 미세한 전류가 발생할 수 있는데, 이러한 전류를 암전류라 한다. 그런데 어떤 광검출기에 세기가 매우 작은 빛이 입력되어 암전류보다 작은 광전류가 발생한다면, 발생한 전류가 암전류에 의한 것인지 빛의 조사에 의한 것인지 구분할 수 없다. 따라서 이 빛의 세기는 이 광검출기에서 측정할 수 없다.
>
> 한편, 광검출기에는 광포화 현상이 발생하는데, 이는 광전류의 크기가 빛의 세기에 따라 증가하다가 특정 세기 이상의 빛이 입력되어도 광전류의 크기가 더 이상 증가하지 않고 일정하게 유지되는 것을 뜻한다. 광포화가 일어나기 위한 빛의 최소 세기를 광포화점이라 하고, 광검출기는 광포화점 이상의 세기를 갖는 서로 다른 빛에 대해서는 각각의 세기를 측정할 수 없다. 결국, 어떤 광검출기가 측정할 수 있는 빛의 최소 세기를 결정하는 암전류의 크기와 빛의 최대 세기를 결정하는 광포화점의 크기는 광검출기의 성능을 결정하는 주요 지표이다.
>
> 한 과학자는 세기가 서로 다른 빛 A~D를 이용하여 광검출기 I과 II의 성능 비교 실험을 하였다. 이때 빛의 세기는 A > B > C 이며 D > C이다. 광검출기 I과 II로 A~D 각각의 빛의 세기를 측정할 수 있는 경우를 ○, 측정할 수 없는 경우를 ×로 정리하여 실험 결과를 아래 표에 나타내었다.

광검출기 \ 빛	A	B	C	D
I	○	○	×	×
II	×	○	×	○

① 두 광검출기가 각각 검출할 수 있는 빛의 최소 세기는 I과 II가 같고, 광포화점은 I이 II보다 작다.
② 두 광검출기가 각각 검출할 수 있는 빛의 최소 세기는 I이 II보다 크고, 광포화점은 I이 II보다 작다.
③ 두 광검출기가 각각 검출할 수 있는 빛의 최소 세기는 I이 II보다 작고, 광포화점은 I이 II보다 작다.
④ 두 광검출기가 각각 검출할 수 있는 빛의 최소 세기는 I이 II보다 작고, 광포화점은 I이 II보다 크다.
⑤ 두 광검출기가 각각 검출할 수 있는 빛의 최소 세기는 I이 II보다 크고, 광포화점은 I이 II보다 크다.

[19~20] 다음 글을 읽고 물음에 답하시오.

우리가 임의의 명제 p를 지지하는 증거를 지니면 p에 대한 우리의 믿음은 인식적으로 정당화되고, p를 지지하는 증거를 지니지 않으면 p에 대한 우리의 믿음은 인식적으로 정당화되지 않는다. p에 대한 믿음이 인식적으로 정당화된 상황에서 p를 믿는 것은 우리의 인식적 의무일까? p를 믿는 것이 우리의 인식적 의무라면 이와 관련해 발생하는 문제는 없을까? 이 질문들과 관련해 의무론 논제, 비의지성 논제, 자유주의 논제를 고려해보자.

○ 의무론 논제: ㉠ 만약 우리가 p를 믿는다는 것이 인식적으로 정당화된다면 그것을 믿어야 하고, 만약 우리가 p를 믿는다는 것이 인식적으로 정당화되지 않는다면 그것을 믿어야 하는 것은 아니다. 즉 우리가 p를 믿어야 한다는 것은 우리가 p를 믿는다는 것이 인식적으로 정당화되기 위한 필요충분조건이다. 이것이 의무론 논제라 불리는 이유는 '우리가 p를 믿어야 한다.'는 것을 인식적 의무로 간주하기 때문이다.

○ 비의지성 논제: ㉡ 우리가 p를 믿는다는 것은 자유롭게 선택할 수 있는 것이 아니다. 즉 믿음은 선택의 대상이 아니다. 예를 들어, 갑이 창밖에 있는 나무를 바라보며 창밖에 나무가 있다는 것을 믿는다고 해보자. 이때 갑이 이를 믿지 않으려고 해도 그는 그럴 수 없다.

○ 자유주의 논제: ㉢ 만약 우리가 p를 믿는다는 것이 자유롭게 선택할 수 있는 것이 아니라면, 우리에게 p를 믿어야 할 인식적 의무는 없다. 예를 들어, 창밖에 나무가 있다는 갑의 믿음이 비의지적이라면, 갑에게는 창밖에 나무가 있다는 것을 믿어야 할 인식적 의무가 없다.

그런데 의무론 논제, 비의지성 논제, 자유주의 논제를 모두 받아들이면 ㉣ 우리가 p를 믿는다는 것은 인식적으로 정당화되지 않는다는 받아들이기 힘든 결론을 얻는다. 왜 그러한가? 이 논증은 다음과 같이 구성된다. 우선 우리가 p를 믿는다는 것이 자유롭게 선택할 수 있는 것이 아니라고, 즉 우리의 p에 대한 믿음이 비의지적이라고 하자. 그렇다면 자유주의 논제에 따라, 우리에게 p를 믿어야 할 인식적 의무는 없다. 그리고 의무론 논제에 따라, 우리가 p를 믿는다는 것은 인식적으로 정당화되지 않는다. 이러한 결론을 거부하려면 위 세 논제 중 적어도 하나를 거부해야 한다.

철학자 A는 자유주의 논제와 비의지성 논제는 받아들이면서 의무론 논제를 거부하여 위 논증의 결론을 거부한다. A에 따르면 위 논증에서 우리에게 p를 믿어야 할 인식적 의무가 없다는 것은 성립하지만, 우리에게 인식적 의무가 없더라도 그 믿음이 인식적으로 정당화될 수 있는 그런 경우가 있다. 위 예처럼 창밖에 나무가 있다는 것을 믿어야 할 인식적 의무가 없더라도, 창밖의 나무를 실제로 보고 있다는 것으로부터 그 믿음은 충분히 인식적으로 정당화될 수 있다. 따라서 위 논증의 결론은 거부된다.

철학자 B는 의무론 논제와 비의지성 논제는 받아들이면서 자유주의 논제를 거부하여 위 논증의 결론을 거부한다. B에 따르면 위 논증에서 우리의 p에 대한 믿음이 비의지적이더라도 그 믿음에 대한 인식적 의무는 있을 수 있다. 비유적으로 생각해 보자. 돈이 없어서 빚을 갚을지 말지에 대해 선택의 여지가 없다고 하더라도 빚을 갚아야 한다는 의무는 있다. B에 따르면 이러한 방식으로 비의지적인 믿음에 대한 인식적 의무에 대해 말할 수 있다.

19. 위 글의 ㉠~㉣에 대한 분석으로 적절한 것만을 <보기>에서 모두 고르면?

<보 기>

ㄱ. ㉠과 ㉢만으로는 ㉣이 도출되지 않는다.
ㄴ. ㉡의 부정으로부터 ㉢의 부정이 도출된다.
ㄷ. ㉢과 "'지금 비가 오고 있다.'를 믿는다는 것이 비의지적이다."라는 전제로부터 "우리에게 '지금 비가 오고 있다.'를 믿어야 할 인식적 의무가 없다."는 것이 도출된다.

① ㄱ
② ㄴ
③ ㄱ, ㄷ
④ ㄴ, ㄷ
⑤ ㄱ, ㄴ, ㄷ

20. 위 글에 대한 평가로 적절한 것만을 <보기>에서 모두 고르면?

<보 기>

ㄱ. "우리가 p를 믿는다는 것은 자유롭게 선택할 수 있는 것이다."는 것이 사실이면, 철학자 A의 입장은 약화된다.
ㄴ. "우리에게 p를 믿어야 할 인식적 의무가 있다면 우리의 p에 대한 믿음이 인식적으로 정당화된다."는 것이 사실이면, 철학자 B의 입장은 강화된다.
ㄷ. "우리가 p를 믿는다는 것이 자유롭게 선택할 수 있는 것이 아니더라도 우리에게 p를 믿어야 할 인식적 의무가 있다."는 것이 사실이면, 철학자 A와 B의 입장은 약화된다.

① ㄱ
② ㄷ
③ ㄱ, ㄴ
④ ㄴ, ㄷ
⑤ ㄱ, ㄴ, ㄷ

21. 다음 대화의 ㉠으로 적절한 것만을 <보기>에서 모두 고르면?

> 갑: 현재 지방자치단체들에서는 아동학대 피해자들을 위해 아동보호 전문기관과 연계하여 적극적인 보호조치를 취하는 대응체계를 구축하고 있는데요. 그럼에도 불구하고 아동학대로부터 제대로 보호 받지 못하는 피해자들이 여전히 많은 이유는 무엇일까요?
> 을: 제 생각에는 신속한 보호조치가 미흡한 것 같습니다. 현행 대응체계에서는 신고가 접수된 이후부터 실제 아동학대로 판단되어 보호조치가 취해지기까지 긴 시간이 소요됩니다. 신고를 해 놓고 보호조치를 기다리는 동안 또다시 학대를 받는 아동이 많은 것은 아닐까요?
> 병: 글쎄요. 저는 다른 이유가 있다고 생각합니다. 현행 대응체계에서는 일단 아동학대 신고가 접수되면 실제 아동학대로 판단될 수 있는 사례인지를 조사합니다. 그 결과 아동학대로 판단되지 않은 사례에 대해서는 보호조치가 취해지지 않는데요. 당장은 직접적인 학대 정황이 포착되지 않아 아동학대로 판단되지 않았으나, 실제로는 아동학대였던 경우가 많았을 것이라고 생각합니다.
> 정: 옳은 지적이긴 합니다. 하지만 저는 더 근본적인 문제가 있다고 생각합니다. 아동학대가 가까운 친인척에 의해 발생한다는 점, 그리고 피해자가 아동이라는 점 등으로 인해 신고 자체가 어려운 경우가 많습니다. 애당초 신고를 하기 어려우니 보호조치가 취해질 가능성 또한 낮은 것이지요.
> 갑: 모두들 좋은 의견 감사합니다. 오늘 회의에서 제시하신 의견을 뒷받침할 수 있는 ㉠ 자료 조사를 수행해 주세요.

<보 기>

ㄱ. 을의 주장을 뒷받침하기 위해, 신고가 접수된 시점과 아동학대 판단 후 보호조치가 시행된 시점 사이에 아동학대가 재발한 사례의 수를 조사한다.

ㄴ. 병의 주장을 뒷받침하기 위해, 아동학대로 판단되지 않은 신고 사례 가운데 보호조치가 취해지지 않은 사례가 차지하는 비중을 조사한다.

ㄷ. 정의 주장을 뒷받침하기 위해, 아동학대 피해자 가운데 친인척과 동거하지 않으며 보호조치를 받지 못한 사례의 수를 조사한다.

① ㄱ
② ㄴ
③ ㄱ, ㄷ
④ ㄴ, ㄷ
⑤ ㄱ, ㄴ, ㄷ

22. 다음 글에서 추론할 수 있는 것은?

> 현재 갑국의 소매업자가 상품을 판매할 수 있는 방식을 정리하면 <표>와 같다.

<표> 판매 유형 및 방법에 따른 구분

유형 \ 방법	주문 방법	결제 방법	수령 방법
대면	영업장 방문	영업장 방문	영업장 방문
예약 주문	온라인	영업장 방문	영업장 방문
스마트 오더	온라인	온라인	영업장 방문
완전 비대면	온라인	온라인	배송

> 갑국은 주류에 대하여 국민 건강 증진 및 청소년 보호를 이유로 스마트 오더 및 완전 비대면 방식으로 판매하는 것을 금지해 왔다. 단, 전통주 제조자가 관할 세무서장의 사전 승인을 받은 경우, 그리고 음식점을 운영하는 음식업자가 주문 받은 배달 음식과 함께 소량의 주류를 배달하는 경우에 예외적으로 주류의 완전 비대면 판매가 가능했다.
>
> 그러나 IT 기술 발전으로 인터넷 상점이나 휴대전화 앱 등을 이용한 재화 및 서비스의 구매 비중이 커져 주류 판매 관련 규제도 변해야 한다는 각계의 요청이 있었다. 이에 갑국 국세청은 관련 고시를 최근 개정하여 주류 소매업자가 이전과 다른 방식으로 주류를 판매하는 것도 허용했다.
>
> 이전에는 슈퍼마켓, 편의점 등을 운영하는 주류 소매업자는 대면 및 예약 주문 방식으로만 주류를 판매할 수 있었다. 그러나 개정안에 따르면 주류 소매업자가 스마트 오더 방식으로도 소비자에게 주류를 판매할 수 있게 되었다. 다만 완전 비대면 판매는 이전처럼 예외적인 경우에만 허용된다.

① 고시 개정과 무관하게 음식업자는 주류만 완전 비대면으로 판매할 수 있다.
② 고시 개정 이전에는 슈퍼마켓을 운영하는 주류 소매업자는 온라인으로 주류 주문을 받을 수 없었다.
③ 고시 개정 이전에는 주류를 구매하는 소비자는 반드시 영업장을 방문하여 상품을 대면으로 수령해야 했다.
④ 고시 개정 이전에는 편의점을 운영하는 주류 소매업자는 주류 판매 대금을 온라인으로 결제 받을 수 없었다.
⑤ 고시 개정 이후에는 전통주를 구매하는 소비자는 전통주 제조자의 영업장에 방문하여 주류를 구입할 수 없다.

23. 다음 글의 <표>에 대한 판단으로 적절한 것만을 <보기>에서 모두 고르면?

갑 부처는 민감정보 및 대규모 개인정보를 처리하는 공공기관에 대해 매년 「공공기관 개인정보 보호수준 평가」(이하 '보호수준 평가')를 실시한다. 갑 부처는 공공기관의 개인정보 보호 업무에 대한 관심도와 관리 수준을 평가하여 우수기관은 표창하고 취약기관에는 과태료를 부과할 수 있다.

보호수준 평가는 접근권한 관리, 암호화 조치, 접속기록 점검의 총 세 항목에 대해서 이루어진다. 각 항목에 대해 '상', '중', '하' 중 하나의 등급을 부여하며, 평가 대상 기관이 세 항목 모두 하 등급을 받으면 취약기관으로 지정된다. 평가 대상 기관이 두 항목에서 하 등급을 받는다면, 그것만으로는 취약기관으로 지정되지 않는다. 그러나 하 등급을 받은 항목의 수가 2년 연속 둘이라면, 그 기관은 취약기관으로 지정된다.

우수기관으로 지정되기 위해서는 당해 연도와 전년도에 각각 둘 이상의 항목에서 상 등급을 받고 당해 연도에는 하 등급을 받은 항목이 없어야 한다.

A기관과 B기관은 2023년과 2024년에 보호수준 평가를 받았으며, 각 항목에 대한 평가 결과는 <표>와 같다.

<표> 2023년과 2024년 보호수준 평가 결과

기관	항목 / 연도	접근권한 관리	암호화 조치	접속기록 점검
A	2023	㉠	중	㉡
	2024	㉢	하	상
B	2023	㉣	상	하
	2024	중	㉤	㉥

<보 기>

ㄱ. ㉠과 ㉢이 다르면 A기관은 2024년에 우수기관으로도 취약기관으로도 지정되지 않는다.

ㄴ. ㉤과 ㉥이 모두 '하'라면 B기관은 2024년에 취약기관으로 지정된다.

ㄷ. 2024년에 A기관은 취약기관으로 지정되었고 B기관은 우수기관으로 지정되었다면, ㉡과 ㉣은 같지 않다.

① ㄱ
② ㄴ
③ ㄱ, ㄷ
④ ㄴ, ㄷ
⑤ ㄱ, ㄴ, ㄷ

24. 다음 갑~무의 대화에 대한 분석으로 적절하지 않은 것은?

갑: 2017년부터 우리 A시에 주민등록을 하여 거주해 오는 주민이 출산 직후인 2024년 4월 22일에 출산장려금과 산후관리비의 지원을 신청했습니다. 그런데 그 주민은 2023년 8월 30일부터 2023년 9월 8일까지 다른 지역으로 주민등록을 옮겨서 거주한 일이 있어서, 지원 대상이 될 수 없다고 통보하자 민원을 제기했습니다.

을: 안타까운 일이군요. 민원인은 요건상의 기간 중에 배우자의 직장 문제로 열흘 정도 다른 지역에 계셨을 뿐, 줄곧 우리 A시에 살고 계십니다.

갑: 「A시 산후관리비 및 출산장려금 지원에 관한 조례」(이하 'A시 조례') ㉠ 제3조의 산후관리비 지원 자격 요건은 "출산일 기준으로 12개월 전부터 신청일 현재까지 계속하여 A시에 주민등록을 둔 산모"라고 규정합니다. 어쩔 수 없습니다.

을: ㉡ 제7조의 출산장려금 지원 자격 요건은 제3조에서와 동일하게 규정되어 있는데 "계속하여"라는 문구는 없습니다. 그러니 출산장려금은 지급했어야 하는 것 아닙니까?

병: 그것도 또한 계속성을 요구한다고 해석해야 합니다. 우리와 인접한 B시의 「B시 출산장려금 지원 조례」(이하 'B시 조례') ㉢ 제2조의 출산장려금 지원 자격 요건은 A시 조례 제7조와 같은 취지와 형식의 문구로 되어 있으면서 계속성을 명시합니다. 다른 지방자치단체들의 조례도 마찬가지입니다.

정: 그러나 B시 조례를 잘 보면 출산 전 주민등록의 기간은 우리의 절반밖에 되지 않습니다. 이 점을 고려하면, 둘을 동일 선상에 놓고 보아서는 안 됩니다.

무: 판례를 고려하여 해석하는 것이 적절해 보입니다. 갱신되거나 반복된 근로계약에서는 그 사이 일부 공백 기간이 있더라도 근로관계의 계속성을 인정해야 한다는 판결이 있습니다. 근로자를 보호하는 취지인데요, 자녀를 두는 가정을 보호하려는 A시 조례의 두 지원 사업은 그와 일맥상통합니다. 계속성은 유연하게 해석합시다.

① 갑은 민원인이 ㉠을 갖추었는지 여부에 대한 판단에서 병과는 같고 무와는 다르다.
② 을은 ㉠에 관한 조항에 나오는 "계속하여"라는 문구의 의미를 갑, 병과 달리 이해한다.
③ 병은 ㉢에서처럼 주민등록의 계속성을 명시하는 것이 ㉡과 같은 경우보다 일반적이라고 이해한다.
④ 정은 조문의 해석에서 ㉢에서의 주민등록 기간이 ㉡에서와 다르다는 점을 고려할 수 있다고 본다.
⑤ 무는 ㉠과 관련하여 일시적인 단절이 있어도 계속성의 요건이 충족될 수 있다고 본다.

25. 다음 글의 <논쟁>에 대한 분석으로 적절한 것만을 <보기>에서 모두 고르면?

K국의 「형법」 제7조(이하 '현행 조항')는 다음과 같다.

> 제7조 죄를 지어 외국에서 형의 전부 또는 일부가 집행된 사람에 대해서는 선고하는 형을 감경 또는 면제할 수 있다.

최근 K국 의회에서는 현행 조항에서 "할 수 있다"의 문구를 "해야 한다"(이하 '개정 문구')로 개정하려 한다. 이에 대하여 갑과 을이 논쟁한다.

<논 쟁>

쟁점 1: 갑은, 이중처벌 금지의 원칙에 따르면 외국에서 받은 형 집행은 K국에서 반드시 반영되어야 하는 것인데도 현행 조항은 법관이 그것을 아예 반영하지 않을 수 있는 재량까지 부여하기 때문에 어떻게든 개정은 해야 한다고 주장한다. 그러나 을은, 현행 조항은 이중처벌 금지의 원칙과 무관하기 때문에 개정 문구가 타당한지를 따질 것도 없이 그 원칙을 개정의 논거로 삼을 수 없다고 주장한다.

쟁점 2: 갑은, 현행 조항은 신체의 자유를 과도하게 제한하는 위헌적 조문이라서 향후 국민 기본권의 침해를 피할 수 없으므로 개정이 필요하다고 주장한다. 그러나 을은, 현재 K국 법원은 법률상의 재량을 합리적으로 행사하여 위헌의 사례 없이 사실상 개정 문구대로 운영하므로 현행 조항을 유지해도 된다고 맞선다.

<보 기>

ㄱ. 쟁점 1과 관련하여, 을은 이중처벌 금지가 하나의 범죄행위에 대해 동일한 국가가 형벌권을 거듭 행사해서는 안 된다는 의미라고 해석하는 것이라면, 갑과 을 사이의 주장 불일치를 설명할 수 있다.

ㄴ. 쟁점 2와 관련하여, 갑은 현행 조항으로 말미암아 헌법상 신체의 자유가 침해될 것이라고 전망하지만, 을은 그러한 전망에 동의하지 않는다.

ㄷ. '외국에서 형의 집행을 받은 피고인에게 K국 법원이 형을 선고할 때에는 이미 집행된 형량을 공제해야 한다.'는 내용으로 K국 의회가 현행 조항을 개정한다면, 갑과 을은 개정에 반대할 것이다.

① ㄱ
② ㄷ
③ ㄱ, ㄴ
④ ㄴ, ㄷ
⑤ ㄱ, ㄴ, ㄷ

약점 보완 해설집 p.42

상황판단영역

1. 다음 글을 근거로 판단할 때 옳은 것은?

제00조 ① A부장관은 클라우드컴퓨팅(cloud computing)에 관한 정책의 효과적인 수립·시행에 필요한 산업 현황과 통계를 확보하기 위한 실태조사(이하 '실태조사'라 한다)를 할 수 있다.
② A부장관은 실태조사를 위하여 필요한 경우에는 클라우드컴퓨팅서비스 제공자나 그 밖의 관련 기관 또는 단체에 자료의 제출이나 의견의 진술 등을 요청할 수 있다.
③ A부장관은 클라우드컴퓨팅의 발전과 이용 촉진 및 이용자 보호와 관련된 중앙행정기관(이하 '관계 중앙행정기관'이라 한다)의 장이 요구하는 경우 실태조사 결과를 통보하여야 한다.
④ A부장관은 실태조사를 할 때에는 다음 각 호의 사항을 내용에 포함하여야 한다.
  1. 클라우드컴퓨팅 관련 기업 현황 및 시장 규모
  2. 클라우드컴퓨팅기술 및 클라우드컴퓨팅서비스의 이용·보급 현황
  3. 클라우드컴퓨팅 산업의 인력 현황 및 인력 수요 전망
  4. 클라우드컴퓨팅 관련 연구개발 및 투자 규모
⑤ 실태조사는 현장조사, 서면조사, 통계조사 및 문헌조사 등의 방법으로 실시하되, 효율적인 실태조사를 위하여 필요한 경우에는 정보통신망 및 전자우편 등의 전자적 방식으로 실시할 수 있다.
제00조 ① 관계 중앙행정기관의 장은 클라우드컴퓨팅기술 및 클라우드컴퓨팅서비스에 관한 연구개발사업을 추진할 수 있다.
② 관계 중앙행정기관의 장은 기업·연구기관 등에 제1항에 따른 연구개발사업을 수행하게 하고 그 사업 수행에 드는 비용의 전부 또는 일부를 지원할 수 있다.
제00조 국가와 지방자치단체는 클라우드컴퓨팅기술 및 클라우드컴퓨팅서비스의 발전과 이용 촉진을 위하여 조세감면을 할 수 있다.

① 실태조사는 전자적 방식으로 실시하는 것을 원칙으로 하되, 필요한 경우 현장조사, 서면조사 등의 방법으로 실시할 수 있다.
② 클라우드컴퓨팅기술 및 클라우드컴퓨팅서비스의 발전과 이용 촉진을 위하여 지방자치단체가 조세감면을 할 수는 없다.
③ A부장관은 실태조사의 내용에 클라우드컴퓨팅 산업의 인력 현황을 포함해야 하지만, 인력 수요에 대한 전망을 포함시킬 필요는 없다.
④ A부장관은 관계 중앙행정기관의 장에게 실태조사 결과를 요구할 수 있고, 이 경우 관계 중앙행정기관의 장은 그 결과를 A부장관에게 통보하여야 한다.
⑤ 관계 중앙행정기관의 장이 연구기관에 클라우드컴퓨팅기술 및 클라우드컴퓨팅서비스에 관한 연구개발사업을 수행하게 한 경우, 그 사업 수행에 드는 비용을 지원할 수 있다.

2. 다음 글을 근거로 판단할 때 옳은 것은?

제00조 이 법에서 사용하는 용어의 뜻은 다음과 같다.
  1. "산림병해충"이란 산림에 있는 식물과 산림이 아닌 지역에 있는 수목에 해를 끼치는 병과 해충을 말한다.
  2. "예찰"이란 산림병해충이 발생할 우려가 있거나 발생한 지역에 대하여 발생 여부, 발생 정도, 피해 상황 등을 조사하거나 진단하는 것을 말한다.
  3. "방제"란 산림병해충이 발생하지 아니하도록 예방하거나, 이미 발생한 산림병해충을 약화시키거나 제거하는 모든 활동을 말한다.
제00조 ① 산림소유자는 산림병해충이 발생할 우려가 있거나 발생하였을 때에는 예찰·방제에 필요한 조치를 하여야 한다.
② 산림청장, 시·도지사, 시장·군수·구청장 또는 지방산림청장은 산림병해충이 발생할 우려가 있거나 발생하였을 때에는 예찰·방제에 필요한 조치를 할 수 있다.
③ 시·도지사, 시장·군수·구청장 또는 지방산림청장(이하 '시·도지사 등'이라 한다)은 산림병해충이 발생할 우려가 있거나 발생하였을 때에는 산림소유자, 산림관리자, 산림사업 종사자, 수목의 소유자 또는 판매자 등에게 다음 각 호의 조치를 하도록 명할 수 있다. 이 경우 명령을 받은 자는 특별한 사유가 없으면 명령에 따라야 한다.
  1. 산림병해충이 있는 수목이나 가지 또는 뿌리 등의 제거
  2. 산림병해충이 발생할 우려가 있거나 발생한 산림용 종묘, 베어낸 나무, 조경용 수목 등의 이동 제한이나 사용 금지
  3. 산림병해충이 발생할 우려가 있거나 발생한 종묘·토양의 소독
④ 시·도지사 등은 제3항 제2호에 따라 산림용 종묘, 베어낸 나무, 조경용 수목 등의 이동 제한이나 사용 금지를 명한 경우에는 그 내용을 해당 기관의 게시판 및 인터넷 홈페이지 등에 10일 이상 공고하여야 한다.
⑤ 시·도지사 등은 제3항 각 호의 조치이행에 따라 발생한 농약대금, 인건비 등의 방제비용을 예산의 범위에서 지원할 수 있다.

① 산림병해충이 발생하지 않도록 예방하는 활동은 방제에 해당하지 않는다.
② 산림병해충이 발생할 우려가 있는 경우, 수목의 판매자는 예찰에 필요한 조치를 하여야 한다.
③ 산림병해충 발생으로 인한 조치 명령을 이행함에 따라 발생한 인건비는 시·도지사 등의 지원 대상이 아니다.
④ 산림병해충이 발생한 종묘에 대해 관할 구청장이 소독을 명한 경우, 그 내용을 구청 게시판 및 인터넷 홈페이지에 10일 이상 공고하여야 한다.
⑤ 산림병해충이 발생하여 관할 지방산림청장이 해당 수목의 소유자에게 수목 제거를 명령하였더라도, 특별한 사유가 있으면 그 명령에 따르지 않을 수 있다.

3. 다음 글을 근거로 판단할 때 옳은 것은?

> 제00조 ① 게임물의 윤리성 및 공공성을 확보하고 사행심 유발 또는 조장을 방지하며 청소년을 보호하고 불법 게임물의 유통을 방지하기 위하여 ○○관리위원회(이하 '위원회'라 한다)를 둔다.
> ② 위원회는 위원장 1명을 포함한 9명 이내의 위원으로 구성하되, 위원장은 상임으로 한다.
> ③ 위원회의 위원은 문화예술·문화산업·청소년·법률·교육·정보통신·역사 분야에 종사하는 사람으로서 게임산업·아동 또는 청소년에 대한 전문성과 경험이 있는 사람 중에서 관련 단체의 장이 추천하는 사람을 A부장관이 위촉하며, 위원장은 위원 중에서 호선한다.
> ④ 위원장 및 위원의 임기는 3년으로 한다.
> 제00조 ① 위원회는 법인으로 한다.
> ② 위원회는 A부장관의 인가를 받아 주된 사무소의 소재지에서 설립등기를 함으로써 성립한다.
> 제00조 ① 위원회의 업무 및 회계에 관한 사항을 감사하기 위하여 위원회에 감사 1인을 둔다.
> ② 감사는 A부장관이 임명하며, 상임으로 한다.
> ③ 감사의 임기는 3년으로 한다.

① 감사와 위원의 임기는 다르다.
② 위원장과 감사는 상임으로 한다.
③ 위원장은 A부장관이 위원 중에서 지명한다.
④ 위원회는 감사를 포함하여 9명으로 구성하여야 한다.
⑤ 위원회는 A부장관의 인가 여부와 관계없이 주된 사무소의 소재지에서 설립등기를 함으로써 성립할 수 있다.

4. 다음 글과 <상황>을 근거로 판단할 때, 제사주재자를 옳게 짝지은 것은?

> 사망한 사람의 제사를 주재하는 사람(이하 '제사주재자'라 한다)은 사망한 사람의 공동상속인들 간 협의에 의해 정하는 것이 원칙이다. 다만 공동상속인들 사이에 협의가 이루어지지 않을 때, 누구를 제사주재자로 결정할 것인지 문제가 된다.
> 종전 대법원 판례는, 제사주재자의 지위를 유지할 수 없는 특별한 사정이 없는 한 사망한 사람의 직계비속으로서 장남(장남이 이미 사망한 경우에는 장손자)이 제사주재자가 되고, 공동상속인들 중 아들이 없는 경우에는 장녀가 제사주재자가 된다고 하였다. 이 판례에 대해, 사망한 사람에게 아들, 손자가 있다는 이유만으로 여성 상속인이 자신의 의사와 무관하게 제사주재자가 되지 못한다는 점에서 양성평등의 원칙에 어긋난다는 비판이 있었다.
> 이를 반영해서 최근 대법원은 연령을 기준으로 하여 제사주재자가 결정되는 것으로 판례를 변경하였다. 즉, 공동상속인들 사이에 협의가 이루어지지 않으면, 제사주재자의 지위를 유지할 수 없는 특별한 사정이 없는 한 사망한 사람의 직계비속 가운데 남녀를 불문하고 최근친(最近親) 중 연장자가 제사주재자가 된다고 하였다.

<상 황>

> 甲과 乙은 혼인하여 자녀 A(딸), B(아들), C(아들)를 두었다. B는 혼인하여 자녀 D(아들)가 있고, A와 C는 자녀가 없다. B는 2023. 5. 1. 43세로 사망하였고, 甲은 2024. 5. 1. 사망하였다. 2024. 6. 1. 현재 甲의 공동상속인인 乙(73세), A(50세), C(40세), D(20세)는 각자 자신이 甲의 제사주재자가 되겠다고 다투고 있다. 이들에게는 제사주재자의 지위를 유지할 수 없는 특별한 사정이 없다.

	종전 대법원 판례	최근 대법원 판례
①	A	C
②	C	A
③	C	乙
④	D	A
⑤	D	乙

5. 다음 글을 근거로 판단할 때 옳은 것은?

> 자기조절력은 스스로 목표를 설정하고 그 목표를 달성하기 위해 집념과 끈기를 발휘하는 능력을 말한다. 또한 자기조절력은 자기 자신의 감정을 잘 조절하는 능력이기도 하며, 내가 나를 존중하는 능력이기도 하다. 자기조절을 하기 위해서는 도달하고 싶으나 아직 구현되지 않은 나의 미래 상태를 현재 나의 상태와 구별해 낼 수 있어야 한다. 자기조절력의 하위 요소로는 자기절제와 목표달성 등이 있다. 이러한 하위 요소들은 신경망과도 관련이 있는 것으로 알려져 있다.
>
> 우선 자기절제는 충동을 통제하고, 일상적이고도 전형적인 혹은 자동적인 행동을 분명한 의도를 바탕으로 억제하는 것이다. 이처럼 특정한 의도를 갖고 자신의 행동이나 생각을 의식적으로 억제하거나 마음먹은 대로 조절하는 능력은 복외측전전두피질과 내측전전두피질을 중심으로 한 신경망과 관련이 깊다.
>
> 한편 목표달성을 위해서는 두 가지 능력이 필요하다. 첫 번째는 자기 자신에 집중할 수 있는 능력이다. 나 자신에 집중하기 위해서는 끊임없이 자신을 되돌아보며 현재 나의 상태를 알아차리는 자기참조과정이 필요하다. 자기참조과정에 주로 관여하는 것은 내측전전두피질을 중심으로 후방대상피질과 설전부를 연결하는 신경망이다. 두 번째는 자신이 도달하고자 하는 대상에 집중할 수 있는 능력이다. 특정 대상에 주의를 집중하는 데 필요한 뇌 부위는 배외측전전두피질로 알려져 있다. 배외측전전두피질은 주로 내측전전두피질과 연결되어 작동한다. 내측전전두피질과 배외측전전두피질 간의 기능적 연결성이 강할수록 목표를 위해 에너지를 집중하고 지속적인 노력을 쏟아 부을 수 있는 능력이 높아진다.

① 자기조절을 위해서는 현재 나의 상태와 아직 구현되지 않은 나의 미래 상태를 구분할 수 있어야 한다.
② 내측전전두피질과 배외측전전두피질 간의 기능적 연결성이 약할수록 목표를 위한 집중력이 높아진다.
③ 목표달성을 위해서는 일상적이고 전형적인 행동을 강화하는 능력이 필요하다.
④ 자신이 도달하고자 하는 대상에 집중하는 과정을 자기참조과정이라 한다.
⑤ 자기조절력은 자기절제의 하위 요소이다.

6. 다음 글을 근거로 판단할 때, 보이지 않는 숫자를 모두 합한 값은?

> 甲~丁은 매일 최대한 많이 걷기로 하고 특정 시간에 만나서 각자의 걸음 수와 그 합을 기록하였다. 그 기록한 걸음 수의 합은 199,998걸음이었다. 그런데 수명이 다 된 펜으로 각자의 걸음 수를 쓴 탓이었는지 다음날에 보니 아래와 같이 다섯 개의 숫자(□)가 보이지 않았다.

甲:	□	5	7	0	1
乙:	8	4	□	9	8
丙:	8	3	□	□	4
丁:	□	6	7	1	5

① 13
② 14
③ 15
④ 16
⑤ 17

7. 다음 글을 근거로 판단할 때, <보기>에서 옳은 것만을 모두 고르면?

> 甲은 아래 3가지 색의 공을 <조건>에 따라 3개의 상자에 나누어 모두 담으려고 한다.
>
> | 색 | 무게(g) | 개수 |
> |---|---|---|
> | 빨강 | 30 | 3 |
> | 노랑 | 40 | 2 |
> | 파랑 | 50 | 2 |
>
> <조 건>
>
> ○ 각 상자에는 100g을 초과해 담을 수 없다.
> ○ 각 상자에는 적어도 2가지 색의 공을 담아야 한다.

<보 기>

ㄱ. 빨간색 공은 모두 서로 다른 상자에 담기게 된다.
ㄴ. 각 상자에 담긴 공 무게의 합은 서로 다르다.
ㄷ. 빨간색 공이 담긴 상자에는 파란색 공이 담기지 않는다.
ㄹ. 3개의 상자 중에서 공 무게의 합이 가장 작은 상자에는 파란색 공이 담기게 된다.

① ㄱ, ㄴ
② ㄱ, ㄷ
③ ㄴ, ㄷ
④ ㄴ, ㄹ
⑤ ㄷ, ㄹ

8. 다음 글을 근거로 판단할 때, A사가 투자할 작품만을 모두 고르면?

> ○ A사는 투자할 작품을 결정하려고 한다. 작품별 기본점수 등 현황은 다음과 같다.
>
> | 현황
작품 | 기본 점수 (점) | 스태프 인원 (명) | 장르 | 감독의 최근 2개 작품 흥행 여부 (개봉연도) | |
> |---|---|---|---|---|---|
> | 성묘 | 70 | 55 | 판타지 | 성공 (2009) | 실패 (2015) |
> | 서울의 겨울 | 85 | 45 | 액션 | 실패 (2018) | 실패 (2020) |
> | 만날 결심 | 75 | 50 | 추리 | 실패 (2020) | 성공 (2022) |
> | 빅 포레스트 | 65 | 65 | 멜로 | 성공 (2011) | 성공 (2018) |
>
> ○ 최종점수는 작품별 기본점수에 아래 기준에 따른 점수를 가감해 산출한다.
>
> | 기준 | 가감 점수 |
> |---|---|
> | 스태프 인원이 50명 미만 | 감점 10점 |
> | 장르가 판타지 | 가점 10점 |
> | 감독의 최근 2개 작품이 모두 흥행 성공 | 가점 10점 |
> | 감독의 직전 작품이 흥행 실패 | 감점 10점 |
>
> ○ 최종점수가 75점 이상인 작품에 투자한다.

① 성묘, 만날 결심
② 성묘, 빅 포레스트
③ 서울의 겨울, 만날 결심
④ 만날 결심, 빅 포레스트
⑤ 서울의 겨울, 빅 포레스트

[9～10] 다음 글을 읽고 물음에 답하시오.

암호 기술은 일반적인 문장(평문)을 해독 불가능한 암호문으로 변환하거나, 암호문을 해독 가능한 평문으로 변환하기 위한 원리, 수단, 방법 등을 취급하는 기술을 말한다. 이 암호 기술은 암호화와 복호화로 구성된다. 암호화는 평문을 암호문으로 변환하는 것이며, 반대로 암호문에서 평문으로 변환하는 것은 복호화라 한다.

암호 기술에서 사용되는 알고리즘, 즉 암호 알고리즘은 대상 메시지를 재구성하는 방법이다. 암호 알고리즘에는 메시지의 각 원소를 다른 원소에 대응시키는 '대체'와 메시지의 원소들을 재배열하는 '치환'이 있다. 예를 들어 대체는 각 문자를 다른 문자나 기호로 일대일로 대응시키는 것이고, 치환은 단어, 어절 등의 순서를 바꾸는 것이다.

암호 알고리즘에서는 보안을 강화하기 위해 키(key)를 사용하기도 한다. 키는 암호가 작동하는 데 필요한 값이다. 송신자와 수신자가 같은 키를 사용하면 대칭키 방식이라 하고, 다른 키를 사용하면 비대칭키 방식이라 한다. 대칭키 방식은 동일한 키로 상자를 열고 닫는 것이고, 비대칭키 방식은 서로 다른 키로 상자를 열고 닫는 것이다. 비대칭키 방식의 경우에는 수신자가 송신자의 키를 몰라도 자신의 키만 알면 복호화가 가능하다. 그리고 비대칭키 방식은 서로 다른 키를 사용하기 때문에, 키의 유출 염려가 덜해 조금 더 보안성이 높다고 알려져 있다.

한편 암호 알고리즘에 사용하기 위해 만들 수 있는 키의 수는 키를 구성하는 비트(bit)의 수에 따른다. 비트는 0과 1을 표현할 수 있는 가장 작은 단위인데, 예를 들어 8비트로 만들 수 있는 키의 수는 2^8, 즉 256개이다. 키를 구성하는 비트의 수가 많으면 많을수록 모든 키를 체크하는 데 시간이 오래 걸려 보안성이 높아진다. 256개 정도의 키는 컴퓨터로 짧은 시간에 모두 체크할 수 있으나, 100비트로 구성된 키가 사용되었다면 체크해야 할 키의 수가 2^{100}개에 달해 초당 100만 개의 키를 체크할 수 있는 컴퓨터를 사용하더라도 상당히 많은 시간이 걸릴 것이다.

56비트로 구성된 키를 사용하여 만든 암호 알고리즘에는 DES(Data Encryption Standard)가 있다. 그런데 오늘날 컴퓨팅 기술의 발전으로 인해 DES는 더 이상 안전하지 않아, DES보다는 DES를 세 번 적용한 삼중 DES(triple DES)나 그 뒤를 이은 AES(Advanced Encryption Standard)를 사용하고 있다.

9. 윗글을 근거로 판단할 때, <보기>에서 옳은 것만을 모두 고르면?

<보 기>

ㄱ. 복호화를 통하여 암호문을 평문으로 변환할 수 있다.
ㄴ. 비대칭키 방식의 경우, 수신자는 송신자의 키를 알아야 암호를 해독할 수 있다.
ㄷ. 대체는 단어, 어절 등의 순서를 바꾸는 것이다.
ㄹ. 삼중 DES 알고리즘은 DES 알고리즘보다 안전성이 높다.

① ㄱ, ㄴ
② ㄱ, ㄹ
③ ㄴ, ㄷ
④ ㄴ, ㄹ
⑤ ㄷ, ㄹ

10. 윗글과 <상황>을 근거로 판단할 때, (가)에 해당하는 수는?

<상 황>

2^{56}개의 키를 1초에 모두 체크할 수 있는 컴퓨터의 가격이 1,000,000원이다. 컴퓨터의 체크 속도가 2배가 될 때마다 컴퓨터는 10만 원씩 비싸진다. 60비트로 만들 수 있는 키를 1초에 모두 체크할 수 있는 컴퓨터의 최소 가격은 (가) 원이다.

① 1,100,000
② 1,200,000
③ 1,400,000
④ 1,600,000
⑤ 2,000,000

11. 다음 글을 근거로 판단할 때 옳은 것은?

제00조 ① A부장관은 김치산업의 활성화를 위한 제조기술 및 김치와 어울리는 식문화 보급을 위하여 필요한 전문인력을 양성할 수 있다.
② A부장관은 제1항에 따른 전문인력 양성을 위하여 대학·연구소 등 적절한 시설과 인력을 갖춘 기관·단체를 전문인력 양성기관으로 지정·관리할 수 있다.
③ A부장관은 제2항에 따라 지정된 전문인력 양성기관에 대하여 예산의 범위에서 그 양성에 필요한 경비를 지원할 수 있다.
④ A부장관은 김치산업 전문인력 양성기관이 다음 각 호의 어느 하나에 해당하는 경우에는 지정을 취소하거나 6개월 이내의 범위에서 기간을 정하여 업무의 전부 또는 일부를 정지할 수 있다. 다만, 제1호에 해당하는 경우에는 지정을 취소하여야 한다.
1. 거짓이나 그 밖의 부정한 방법으로 지정을 받은 경우
2. 지정받은 사항을 위반하여 업무를 행한 경우
3. 지정기준에 적합하지 아니하게 된 경우

제00조 ① 국가는 김치종주국의 위상제고, 김치의 연구·전시·체험 등을 위하여 세계 김치연구소를 설립하여야 한다.
② 국가와 지방자치단체는 세계 김치연구소의 효율적인 운영·관리를 위하여 필요한 경비를 예산의 범위에서 지원할 수 있다.

제00조 ① 국가와 지방자치단체는 김치산업의 육성, 김치의 수출 경쟁력 제고 및 해외시장 진출 활성화를 위하여 김치의 대표상품을 홍보하거나 해외시장을 개척하는 개인 또는 단체에 대하여 필요한 지원을 할 수 있다.
② A부장관은 김치의 품질향상과 국가 간 교역을 촉진하기 위하여 김치의 국제규격화를 추진하여야 한다.

① 김치산업 전문인력 양성기관으로 지정된 기관이 부정한 방법으로 지정을 받은 경우, A부장관은 그 지정을 취소하여야 한다.
② A부장관은 김치의 품질향상과 국가 간 교역을 촉진하기 위하여 김치의 국제규격화는 지양하여야 한다.
③ A부장관은 적절한 시설을 갖추지 못한 대학이라도 전문인력 양성을 위하여 해당 대학을 김치산업 전문인력 양성기관으로 지정할 수 있다.
④ 국가와 지방자치단체는 김치종주국의 위상제고를 위해 세계 김치연구소를 설립하여야 한다.
⑤ 지방자치단체가 김치의 해외시장 개척을 지원함에 있어서 개인은 그 지원대상이 아니다.

12. 다음 글을 근거로 판단할 때, 인쇄에 필요한 A4용지의 장수는?

甲주무관은 <인쇄 규칙>에 따라 문서 A~D를 각 1부씩 인쇄하였다.

<인쇄 규칙>

○ 문서는 A4용지에 인쇄한다.
○ A4용지 한 면에 2쪽씩 인쇄한다. 단, 중요도가 상에 해당하는 보도자료는 A4용지 한 면에 1쪽씩 인쇄한다.
○ 단면 인쇄를 기본으로 한다. 단, 중요도가 하에 해당하는 문서는 양면 인쇄한다.
○ 한 장의 A4용지에는 한 종류의 문서만 인쇄한다.

종류	유형	쪽수	중요도
A	보도자료	2	상
B	보도자료	34	중
C	보도자료	5	하
D	설명자료	3	상

① 11장
② 12장
③ 22장
④ 23장
⑤ 24장

13. 다음 글을 근거로 판단할 때 옳은 것은?

> 이름 뒤에 성이 오는 보통의 서양식 작명법과 달리, A국에서는 별도의 성을 사용하지 않고 이름 뒤에 '부칭(父稱)'이 오도록 작명을 한다. 부칭은 이름을 붙이는 대상자의 아버지 이름에 접미사를 붙여서 만든다. 아들의 경우 그 아버지의 이름 뒤에 s와 손(son)을 붙이고, 딸의 경우 s와 도티르(dottir)를 붙여 '~의 아들' 또는 '~의 딸'이라는 의미를 가지는 부칭을 만든다. 예를 들어, 욘 스테파운손(Jon Stefansson)의 아들 피얄라르(Fjalar)는 '피얄라르 욘손(Fjalar Jonsson)', 딸인 카트린(Katrin)은 '카트린 욘스도티르(Katrin Jonsdottir)'가 되는 식이다.
>
> 같은 사회적 집단에 속해 있는 사람끼리 이름과 부칭이 같으면 할아버지의 이름까지 써서 작명하기도 한다. 예를 들어, 욘 토르손이라는 사람이 한 집단에 두 명 있는 경우에는 욘 토르손 아이나르소나르(Jon Thorsson Einarssonar)와 욘 토르손 스테파운소나르(Jon Thorsson Stefanssonar)와 같이 구분한다. 전자의 경우 '아이나르의 아들인 토르의 아들인 욘'을, 후자의 경우 '스테파운의 아들인 토르의 아들인 욘'을 의미한다.
>
> 한편 공식적인 자리에서 A국 사람들은 이름을 부르거나 이름과 부칭을 함께 부르며, 부칭만으로 서로를 부르지는 않는다. 또한 A국에서는 부칭이 아닌 이름의 영어 알파벳 순서로 정렬하여 전화번호부를 발행한다.

① 피얄라르 토르손 아이나르소나르(Fjalar Thorsson Einarssonar)로 불리는 사람의 할아버지의 부칭을 알 수 있다.
② 피얄라르 욘손(Fjalar Jonsson)은 공식적인 자리에서 욘손으로 불린다.
③ A국의 전화번호부에는 피얄라르 욘손(Fjalar Jonsson)의 아버지의 이름이 토르 아이나르손(Thor Einarsson)보다 먼저 나올 것이다.
④ 스테파운(Stefan)의 아들 욘(Jon)의 부칭과 손자 피얄라르(Fjalar)의 부칭은 같을 것이다.
⑤ 욘 스테파운손(Jon Stefansson)의 아들과 욘 토르손(Jon Thorsson)의 딸은 동일한 부칭을 사용할 것이다.

14. 다음 글과 <상황>을 근거로 판단할 때, <보기>에서 옳은 것만을 모두 고르면?

> 甲국은 국내 순위 1~10위 선수 10명 중 4명을 국가대표로 선발하고자 한다. 국가대표는 국내 순위가 높은 선수가 우선 선발되나, A, B, C팀 소속 선수가 최소한 1명씩은 포함되어야 한다.

<상 황>

○ 국내 순위 1~10위 중 공동 순위는 없다.
○ 선수 10명 중 4명은 A팀, 3명은 B팀, 3명은 C팀 소속이다.
○ C팀 선수 중 국내 순위가 가장 낮은 선수가 A팀 선수 중 국내 순위가 가장 높은 선수보다 국내 순위가 높다.
○ B팀 소속 선수 3명의 국내 순위는 각각 2위, 5위, 8위이다.

<보 기>

ㄱ. 국내 순위 1위 선수의 소속팀은 C팀이다.
ㄴ. A팀 소속 선수 중 국내 순위가 가장 낮은 선수는 9위이다.
ㄷ. 국가대표 중 국내 순위가 가장 낮은 선수는 7위이다.
ㄹ. 국내 순위 3위 선수와 4위 선수는 같은 팀이다.

① ㄱ, ㄴ
② ㄱ, ㄷ
③ ㄱ, ㄹ
④ ㄴ, ㄷ
⑤ ㄴ, ㄹ

15. 다음 글을 근거로 판단할 때, Q를 100리터 생산하는 데 드는 최소 비용은?

○ 화학약품 Q를 생산하려면 A와 B를 2:1의 비율로 혼합해야 한다. 이 혼합물을 가공하면 B와 같은 부피의 Q가 생산된다. 예를 들어, A 2리터와 B 1리터를 혼합하여 가공하면 Q 1리터가 생산된다.
○ A는 원료 X와 Y를 1:2의 비율로 혼합하여 만든다. 이 혼합물을 가공하면 X와 같은 부피의 A가 생산된다. 예를 들어, X 1리터와 Y 2리터를 혼합하여 가공하면 A 1리터가 생산된다.
○ B는 원료 Z와 W를 혼합하여 만들거나, Z나 W만 사용하여 만든다. Z와 W를 혼합하여 가공하면 혼합비율에 관계없이 원료 절반 부피의 B가 생산된다. 예를 들어, Z와 W를 1리터씩 혼합하여 가공하면 B 1리터가 생산된다. 두 재료를 혼합하지 않고 Z나 W만 사용하여 가공하는 경우에도 마찬가지로 원료 절반 부피의 B가 생산된다.
○ 각 원료의 리터당 가격은 다음과 같다. 원료비 이외의 비용은 발생하지 않는다.

원료	X	Y	Z	W
가격(만 원/리터)	1	2	4	3

① 1,200만 원
② 1,300만 원
③ 1,400만 원
④ 1,500만 원
⑤ 1,600만 원

16. 다음 글과 <상황>을 근거로 판단할 때, <보기>에서 옳은 것만을 모두 고르면?

두 선수가 맞붙어 승부를 내는 스포츠 경기가 있다. 이 경기는 개별 게임으로 이루어져 있으며, 한 게임의 승부가 결정되면 그 게임의 승자는 1점을 얻고 패자는 점수를 얻지 못한다. 무승부는 없다. 개별 게임을 반복적으로 진행하여 한 선수의 점수가 다른 선수보다 2점 많아지면 그 선수가 경기의 승자가 되고 경기가 종료된다.

<상 황>

두 선수 甲과 乙이 맞붙어 이 경기를 치른 결과, n번째 게임을 끝으로 甲이 경기의 승자가 되고 경기가 종료되었다. 단, n > 3이다.

<보 기>

ㄱ. n이 홀수인 경우가 있다.
ㄴ. (n - 1)번째 게임에서 乙이 이겼을 수도 있다.
ㄷ. (n - 2)번째 게임 종료 후 두 선수의 점수는 같았다.
ㄹ. (n - 3)번째 게임에서 乙이 이겼을 수도 있다.

① ㄱ
② ㄷ
③ ㄱ, ㄴ
④ ㄴ, ㄹ
⑤ ㄷ, ㄹ

17. 다음 글과 <상황>을 근거로 판단할 때, 甲이 치른 3경기의 순위를 모두 합한 수는?

10명의 선수가 참여하는 경기가 있다. 현재까지 3경기가 치러졌다. 참여한 선수에게는 매 경기의 순위에 따라 다음과 같이 점수를 부여한다.

순위	점수	순위	점수
1	100	6	8
2	50	7	6
3	30	8	4
4	20	9	2
5	10	10	1

만약 어떤 순위에 공동 순위가 나온다면, 그 순위를 포함하여 공동 순위자의 수만큼 이어진 순위 각각에 따른 점수의 합을 공동 순위자에게 동일하게 나누어 부여한다. 예를 들어 공동 3위가 3명이면, 공동 3위 각각에게 부여되는 점수는 (30+20+10)÷3으로 20이다. 이 경우 그다음 순위는 6위가 된다.

<상 황>

○ 甲은 3경기에서 총 157점을 획득하였으며, 공동 순위는 한 번 기록하였다.
○ 치러진 3경기에서 공동 순위가 4명 이상인 경우는 없었다.

① 8
② 9
③ 10
④ 11
⑤ 12

18. 다음 글을 근거로 판단할 때 옳지 않은 것은?

인터넷 장애로 인해 甲~丁은 '메일', '공지', '결재', '문의' 중 접속할 수 없는 메뉴가 각자 1개 이상 있다. 다음은 이에 관한 甲~丁의 대화이다.

甲: 나는 결재를 포함한 2개 메뉴에만 접속할 수 없고, 乙, 丙, 丁은 모두 이 2개 메뉴에 접속할 수 있어.
乙: 丙이나 丁이 접속하지 못하는 메뉴는 나도 전부 접속할 수 없어.
丙: 나는 문의에 접속해서 이번 오류에 대해 질문했어.
丁: 나는 공지에 접속할 수 없고, 丙은 공지에 접속할 수 있어.

① 甲은 공지에 접속할 수 없다.
② 乙은 메일에 접속할 수 없다.
③ 乙은 2개의 메뉴에 접속할 수 있다.
④ 丁은 문의에 접속할 수 있다.
⑤ 甲과 丙이 공통으로 접속할 수 있는 메뉴가 있다.

19. 다음 글을 근거로 판단할 때, 1층 바닥면에서 2층 바닥면까지의 높이는?

> 1층 바닥면과 2층 바닥면이 계단으로 연결된 건물이 있다. A가 1층 바닥면에 서 있고, B가 2층 바닥면에 서 있을 때, A의 머리 끝과 B의 머리 끝의 높이 차이는 240cm이다. A와 B가 위치를 서로 바꾸는 경우, A와 B의 머리 끝의 높이 차이는 220cm이다. A와 B의 키는 1층 바닥면에서 2층 바닥면까지의 높이보다 크지 않다.

① 210cm
② 220cm
③ 230cm
④ 240cm
⑤ 250cm

20. 다음 글을 근거로 판단할 때, 가장 많은 액수를 지급받을 예술단체의 배정액은?

> □□부는 2024년도 예술단체 지원사업 예산 4억 원을 배정하려 한다. 지원 대상이 되는 예술단체의 선정 및 배정액 산정·지급 방법은 다음과 같다.
>
> ○ 2023년도 기준 인원이 30명 미만이거나 운영비가 1억 원 미만인 예술단체를 선정한다.
> ○ 사업분야가 공연인 단체의 배정액은 '(운영비×0.2)+(사업비×0.5)'로 산정한다.
> ○ 사업분야가 교육인 단체의 배정액은 '(운영비×0.5)+(사업비×0.2)'로 산정한다.
> ○ 인원이 많은 단체부터 순차적으로 지급한다. 다만 예산 부족으로 산정된 금액 전부를 지급할 수 없는 단체에는 예산 잔액을 배정액으로 한다.
> ○ 2023년도 기준 예술단체(A~D) 현황은 다음과 같다.

단체	인원(명)	사업분야	운영비(억 원)	사업비(억 원)
A	30	공연	1.8	5.5
B	28	교육	2.0	4.0
C	27	공연	3.0	3.0
D	33	교육	0.8	5.0

① 8,000만 원
② 1억 1,000만 원
③ 1억 4,000만 원
④ 1억 8,000만 원
⑤ 2억 1,000만 원

21. 다음 글과 <대화>를 근거로 판단할 때, 직무교육을 이수하지 못한 사람만을 모두 고르면?

> 甲~丁은 월요일부터 금요일까지 5일 동안 실시되는 직무교육을 받게 되었다. 교육장소에는 2×2로 배열된 책상이 있었으며, 앞줄에 2명, 뒷줄에 2명을 각각 나란히 앉게 하였다. 교육기간 동안 자리 이동은 없었다. 교육 첫째 날과 마지막 날은 4명 모두 교육을 받았다. 직무교육을 이수하기 위해서는 4일 이상 교육을 받아야 한다.

<대 화>

甲: 교육 둘째 날에 내 바로 앞사람만 결석했어.
乙: 교육 둘째 날에 나는 출석했어.
丙: 교육 셋째 날에 내 바로 뒷사람만 결석했어.
丁: 교육 넷째 날에 내 바로 앞사람과 나만 교육을 받았어.

① 乙
② 丙
③ 甲, 丙
④ 甲, 丁
⑤ 乙, 丁

22. 다음 글을 근거로 판단할 때, (가)에 해당하는 수는?

> A공원의 다람쥐 열 마리는 각자 서로 다른 개수의 도토리를 모았는데, 한 다람쥐가 모은 도토리는 최소 1개부터 최대 10개까지였다. 열 마리 다람쥐는 두 마리씩 쌍을 이루어 그날 모은 도토리 일부를 함께 먹었다. 도토리를 모으고 먹는 이런 모습은 매일 동일하게 반복됐다. 이때 도토리를 먹는 방법은 정해져 있었다. 한 쌍의 다람쥐는 각자가 그날 모은 도토리 개수를 비교해서 그 차이 값에 해당하는 개수의 도토리를 함께 먹는다. 예를 들면, 1개의 도토리를 모은 다람쥐와 9개의 도토리를 모은 다람쥐가 쌍을 이루면 이 두 마리는 8개의 도토리를 함께 먹는다.
>
> 열 마리의 다람쥐를 이틀 동안 관찰한 결과, '첫째 날 각 쌍이 먹은 도토리 개수'는 모두 동일했고, '둘째 날 각 쌍이 먹은 도토리 개수'도 모두 동일했다. 하지만 '첫째 날 각 쌍이 먹은 도토리 개수'와 '둘째 날 각 쌍이 먹은 도토리 개수'는 서로 달랐고, 그 차이는 (가) 개였다.

① 1
② 2
③ 3
④ 4
⑤ 5

23. 다음 글을 근거로 판단할 때, 처음으로 물탱크가 가득 차는 날은?

> 신축 A아파트에는 용량이 10,000리터인 빈 물탱크가 있다. 관리사무소는 입주민의 입주 시작일인 3월 1일 00:00부터 이 물탱크에 물을 채우려고 한다. 관리사무소는 매일 00:00부터 00:10까지 물탱크에 물을 900리터씩 채운다. 전체 입주민의 1일 물 사용량은 3월 1일부터 3월 5일까지 300리터, 3월 6일부터 3월 10일까지 500리터, 3월 11일부터는 계속 700리터이다. 3월 15일에는 아파트 외벽 청소를 위해 청소업체가 물탱크의 물 1,000리터를 추가로 사용한다. 물을 채우는 시간이라도 물탱크가 가득 차면 물 채우기를 중지하고, 물을 채우는 시간에는 물을 사용할 수 없다.

① 4월 4일
② 4월 6일
③ 4월 7일
④ 4월 9일
⑤ 4월 10일

24. 다음 글을 근거로 판단할 때, <보기>에서 옳은 것만을 모두 고르면?

> 甲~丁은 6문제로 구성된 직무능력시험 문제를 풀었다.
>
> ○ 정답을 맞힌 경우, 문제마다 기본점수 1점과 난이도에 따른 추가점수를 부여한다.
> ○ 추가점수는 다음 식에 따라 결정한다.
>
> $$\text{추가점수} = \frac{\text{해당 문제를 틀린 사람의 수}}{\text{해당 문제를 맞힌 사람의 수}}$$
>
> ○ 6문제의 기본점수와 추가점수를 모두 합한 총합 점수가 5점 이상인 사람이 합격한다.
>
> 甲~丁이 6문제를 푼 결과는 다음과 같고, 5번과 6번 문제의 결과는 찢어져 알 수가 없다.
>
> (○: 정답, ×: 오답)

구분	1번	2번	3번	4번	5번	6번
甲	○	×	○	○		
乙	○	×	○	×		
丙	○	○	×	×		
丁	×	○	○	×		
정답률(%)	75	50	75	25	50	50

<보 기>

ㄱ. 甲이 최종적으로 받을 수 있는 최대 점수는 $\frac{32}{3}$점이다.
ㄴ. 1~4번 문제에서 받은 점수의 합은 乙이 가장 낮다.
ㄷ. 4명 모두가 합격할 수는 없다.
ㄹ. 4명이 받은 점수의 총합은 24점이다.

① ㄱ, ㄷ
② ㄴ, ㄷ
③ ㄴ, ㄹ
④ ㄱ, ㄴ, ㄷ
⑤ ㄱ, ㄴ, ㄹ

25. 다음 <상황>을 근거로 판단할 때, <보기>에서 옳은 것만을 모두 고르면?

<상 황>

○ 테니스 선수 랭킹은 매달 1일 발표되며, 발표 전날로부터 지난 1년간 선수들이 각종 대회에 참가하여 획득한 점수의 합(이하 '총점수'라 한다)이 높은 순으로 순위가 매겨진다.
○ 매년 12월에는 챔피언십 대회(매년 12월 21일~25일)만 개최된다. 이 대회에는 당해 12월 1일 기준으로 랭킹 1~4위의 선수만 참가한다.
○ 매년 챔피언십 대회의 순위에 따른 획득 점수 및 2023년 챔피언십 대회 전후 랭킹은 아래와 같다. 단, 챔피언십 대회에서 공동 순위는 없다.

챔피언십 대회 성적	점수
우승	2000
준우승	1000
3위	500
4위	250

<2023년 12월 1일>

랭킹	선수	총점수
1위	A	7500
2위	B	7000
3위	C	6500
4위	D	5000
⋮	⋮	⋮

⇨

<2024년 1월 1일>

랭킹	선수	총점수
1위	C	7500
2위	B	7250
3위	D	7000
4위	A	6000
⋮	⋮	⋮

○ 총점수에는 지난 1년간 획득한 점수만 산입되므로, <2024년 1월 1일>의 총점수에는 2022년 챔피언십 대회에서 획득한 점수는 빠지고, 2023년 챔피언십 대회에서 획득한 점수가 산입되었다.

<보 기>

ㄱ. 2022년 챔피언십 대회 우승자는 A였다.
ㄴ. 2023년 챔피언십 대회 4위는 B였다.
ㄷ. 2023년 챔피언십 대회 우승자는 C였다.
ㄹ. 2022년 챔피언십 대회 3위는 D였다.

① ㄱ, ㄴ
② ㄱ, ㄷ
③ ㄴ, ㄷ
④ ㄴ, ㄹ
⑤ ㄱ, ㄴ, ㄹ

약점 보완 해설집 p.50

자료해석영역

1. 다음 <표>는 2023년 도시 A~E의 '갑' 감염병 현황에 관한 자료이다. 이를 근거로 치명률이 가장 높은 도시와 가장 낮은 도시를 바르게 연결한 것은?

<표> 2023년 도시 A~E의 '갑' 감염병 현황

(단위: 명)

구분 / 도시	환자 수	사망자 수
A	300	16
B	20	1
C	50	2
D	100	6
E	200	9

※ 치명률(%) = $\frac{\text{사망자 수}}{\text{환자 수}} \times 100$

	가장 높은 도시	가장 낮은 도시
①	A	C
②	A	E
③	D	B
④	D	C
⑤	D	E

2. 다음 <그림>은 2023년 A~C구 공사 건수 및 평균 공사비를 나타낸 자료이다. 이를 근거로 계산한 2023년 A~C구 전체 공사의 평균 공사비는?

<그림> 2023년 A~C구 공사 건수 및 평균 공사비

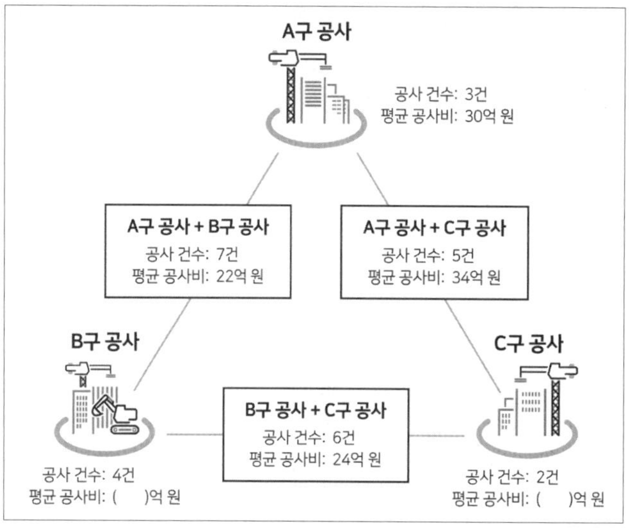

① 26억 원
② 27억 원
③ 28억 원
④ 29억 원
⑤ 30억 원

3. 다음 <보고서>는 '갑'시 시민의 2023년 문화예술교육 수강 현황에 관한 자료이다. <보고서>를 작성하는 데 사용되지 않은 자료는?

<보고서>

'갑'시 시민 1,000명을 대상으로 2023년 한 해 동안의 문화예술교육 수강 현황을 조사한 결과, 316명이 수강 경험이 있다고 응답하였다. 문화예술교육 수강 경험이 있는 응답자가 가장 많이 수강한 상위 5개 분야는 기타를 제외하고 영화, 사진, 음악, 공예, 미술 순이었다. 문화예술교육 수강자의 평균 지출 비용은 38만 8천 원이었는데, 연령대별로는 40대가 48만 4천 원으로 가장 많았다. 또한 문화예술교육 수강자의 동반자 유형 구성을 살펴보면, '혼자(동반자 없음)' 수강한 비율은 50% 이상이었고, '친구 및 연인'과 함께 수강한 비율은 18.4%였다. 문화예술교육 인지 경로는 '인터넷 검색'이 33.2%로 가장 높았고, 다음으로 '주변 지인'이 19.0%였다. 수강한 문화예술교육의 교육방식은 '예술적 기량 향상을 위한 강습'이 27.5%로 가장 높았다. 문화예술교육 수강 장소별 만족도는 미술관이 가장 높았고, 그 다음으로 박물관, 공연장, 지역문화재단의 순이었다.

① 문화예술교육 수강 경험 유무 및 수강 분야 구성비

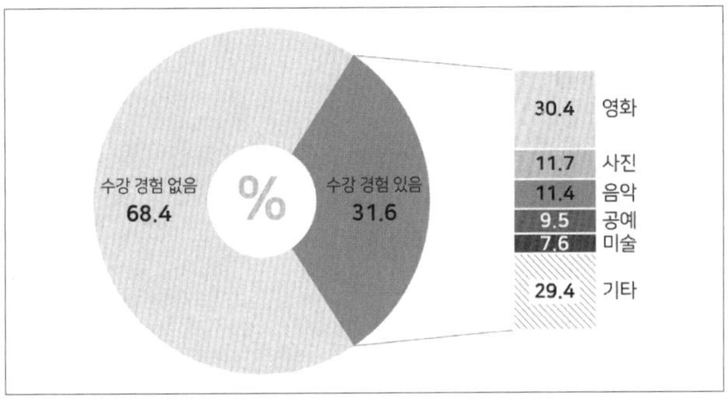

② 문화예술교육 수강자의 연령대별 평균 지출 비용

(단위: 만 원)

연령대	20대 이하	30대	40대	50대	60대 이상	전체
평균 지출 비용	36.8	46.9	48.4	39.5	19.9	38.8

③ 문화예술교육 수강자의 동반자 유형 구성비

(단위: %)

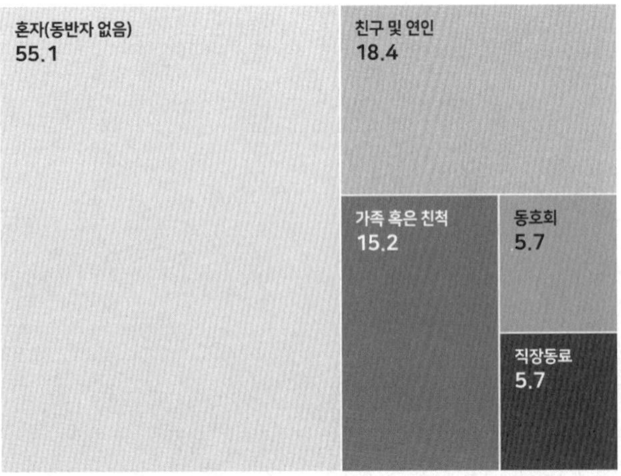

④ 문화예술교육 인지 경로 상위 5개 비율

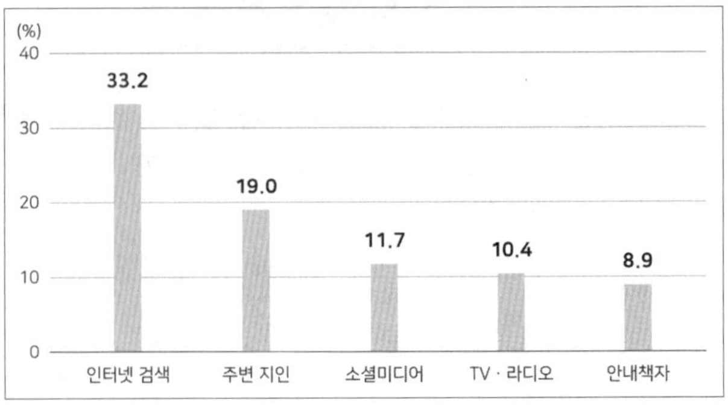

⑤ 문화예술교육 수강 이유 상위 5개 비율

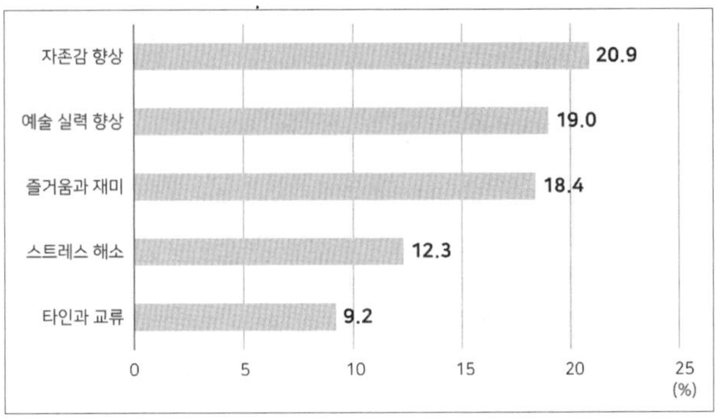

4. 다음은 2023년 '갑'국의 연근해 어선 감척지원금 산정에 관한 자료이다. 이를 근거로 어선 A~D 중 산정된 감척지원금이 가장 많은 어선과 가장 적은 어선을 바르게 연결한 것은?

<정 보>

○ 감척지원금 = 어선 잔존가치 + (평년수익액 × 3) + (선원 수 × 선원당 월 통상임금 고시액 × 6)

○ 선원당 월 통상임금 고시액: 5백만 원/명

<표> 감척지원금 신청 어선 현황

(단위: 백만 원, 명)

어선	어선 잔존가치	평년수익액	선원 수
A	170	60	6
B	350	80	8
C	200	150	10
D	50	40	3

	가장 많은 어선	가장 적은 어선
①	A	B
②	A	C
③	B	A
④	B	D
⑤	C	D

5. 다음은 2022년과 2023년 '갑'국 주택소유통계에 관한 자료이다. 제시된 <표>와 <정보> 이외에 <보고서>를 작성하기 위해 추가로 필요한 자료만을 <보기>에서 모두 고르면?

<표> 2022년과 2023년 주택소유 가구 수

(단위: 만 가구)

연도	2022	2023
주택소유 가구 수	1,146	1,173

<정 보>

$$\text{가구 주택소유율(\%)} = \frac{\text{주택소유 가구 수}}{\text{가구 수}} \times 100$$

<보고서>

'갑'국의 주택 수는 2022년 1,813만 호에서 2023년 1,853만 호로 2.2% 증가하였다. 개인소유 주택 수는 2022년 1,569만 호에서 2023년 1,597만 호로 1.8% 증가하였다. 주택소유 가구 수는 2022년 1,146만 가구에서 2023년 1,173만 가구로 2.4% 증가하였지만, 가구 주택소유율은 2022년 56.3%에서 2023년 56.0%로 감소하였다. 2023년 지역별 가구 주택소유율을 살펴보면, 상위 3개 지역은 A(64.4%), B(63.0%), C(61.0%)로 나타났다.

<보 기>

ㄱ. 2019~2023년 '갑'국 주택 수 및 개인소유 주택 수

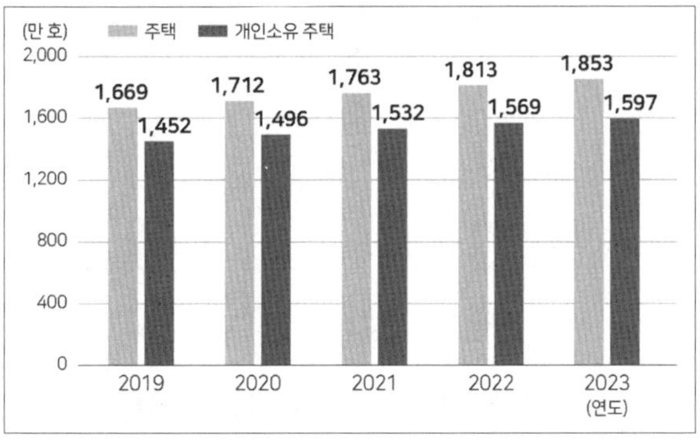

ㄴ. 2022년과 2023년 '갑'국 가구 수

(단위: 만 가구)

연도	2022	2023
가구 수	2,034	2,093

ㄷ. 2023년 '갑'국 지역별 가구 주택소유율 상위 3개 지역

(단위: %)

지역	A	B	C
가구 주택소유율	64.4	63.0	61.0

ㄹ. 2023년 '갑'국 가구주 연령대별 가구 주택소유율

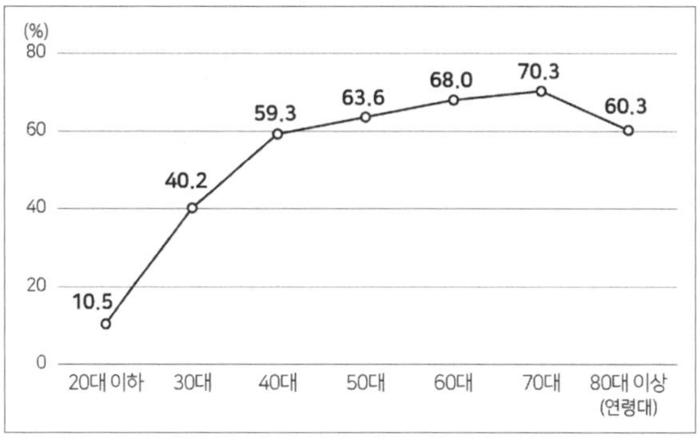

① ㄱ, ㄴ　② ㄱ, ㄹ　③ ㄴ, ㄷ
④ ㄴ, ㄹ　⑤ ㄱ, ㄴ, ㄷ

6. 다음은 '갑'국이 구매를 고려 중인 A~E전투기의 제원과 평가방법에 관한 자료이다. 이를 근거로 A~E 중 '갑'국이 구매할 전투기를 고르면?

<표> A~E전투기의 평가항목별 제원

(단위: 마하, 개, km, 억 달러)

평가항목 \ 전투기	A	B	C	D	E
최고속력	3.0	1.5	2.5	2.0	2.7
미사일 탑재 수	12	14	9	10	8
항속거리	1,400	800	1,200	1,250	1,500
가격	1.4	0.8	0.9	0.7	1.0
공중급유	가능	가능	불가능	가능	불가능
자체수리	불가능	가능	불가능	가능	가능

<평가방법>

○ 평가항목 중 최고속력, 미사일 탑재 수, 항속거리, 가격은 평가항목별로 전투기 간 상대평가를 하여 가장 우수한 전투기부터 5점, 4점, 3점, 2점, 1점 순으로 부여한다.
○ 최고속력은 높을수록, 미사일 탑재 수는 많을수록, 항속거리는 길수록, 가격은 낮을수록 전투기가 우수하다고 평가한다.
○ 평가항목 중 공중급유와 자체수리는 평가항목별로 '가능'이면 1점, '불가능'이면 0점을 부여한다.
○ '갑'국은 평가항목 점수의 합이 가장 큰 전투기를 구매한다. 단, 동점일 경우 그중에서 가격이 가장 낮은 전투기를 구매한다.

① A　② B　③ C　④ D　⑤ E

7. 다음 <표>는 2023년 '갑'국에서 배달대행과 퀵서비스 업종에 종사하는 운전자 실태에 관한 자료이다. 제시된 <표> 이외에 <보고서>를 작성하기 위해 추가로 필요한 자료만을 <보기>에서 모두 고르면?

<표 1> 운전자 연령대 구성비 및 평균 연령

(단위: %, 세)

구분 \ 업종	연령대					평균 연령
	20대 이하	30대	40대	50대	60대 이상	
배달대행	40.0	36.1	17.8	5.4	0.7	33.2
퀵서비스	0.0	3.1	14.1	36.4	46.4	57.8

<표 2> 이륜자동차 운전 경력 및 서비스 제공 경력의 평균

(단위: 년)

구분 \ 업종	배달대행	퀵서비스
이륜자동차 운전 경력	7.4	19.8
서비스 제공 경력	2.8	13.7

<표 3> 일평균 근로시간 및 배달건수

(단위: 시간, 건)

구분 \ 업종	배달대행	퀵서비스
근로시간	10.8	9.8
운행시간	8.5	6.1
운행 외 시간	2.3	3.7
배달건수	41.5	15.1

<보고서>

'갑'국에서 배달대행과 퀵서비스 업종에 종사하는 운전자 실태를 조사한 결과는 다음과 같다. 두 업종 모두 이륜자동차를 이용하여 유사한 형태의 서비스를 제공하지만, 운전자 특성에는 큰 차이가 있었다. 우선, 운전자 평균 연령은 퀵서비스가 57.8세로 배달대행 33.2세보다 높았다. 이는 배달대행은 30대 이하 운전자 비중이 전체의 70% 이상이지만 퀵서비스는 50대 이상 운전자가 전체의 80% 이상을 차지하기 때문이다. 운전자의 이륜자동차 운전 경력의 평균과 서비스 제공 경력의 평균도 각각 퀵서비스가 배달대행에 비해 10년 이상 길었다. 한편, 운전자가 배달대행이나 퀵서비스 시장에 진입하기 위해서는 이륜자동차 구입 비용이 소요되는데, 신차와 중고차 구입 각각에서 배달대행이 퀵서비스보다 평균 구입 비용이 높았다. 또한, 운행시간과 운행 외 시간을 합한 일평균 근로시간은 배달대행이 퀵서비스보다 1.0시간 길었고, 월평균 근로일수도 배달대행이 퀵서비스보다 3일 이상 많은 것으로 나타났다.

<보 기>

ㄱ. 이륜자동차 운전 경력 구성비

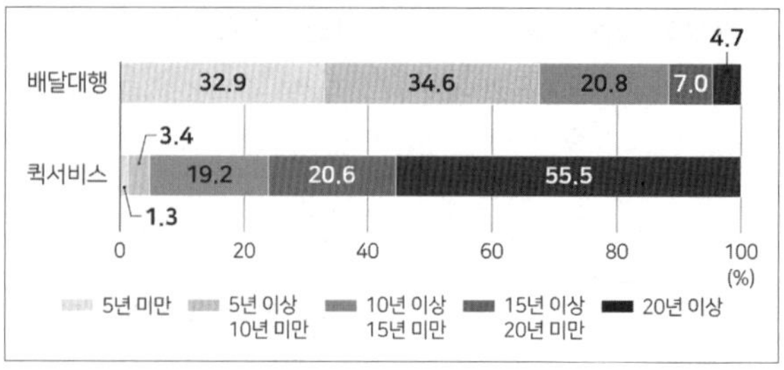

ㄴ. 서비스 제공 경력 구성비

(단위: %)

업종 \ 경력	5년 미만	5년 이상 10년 미만	10년 이상 15년 미만	15년 이상 20년 미만	20년 이상	전체
배달대행	81.9	15.8	2.3	0.0	0.0	100
퀵서비스	14.8	11.3	26.8	14.1	33.0	100

ㄷ. 배달대행 및 퀵서비스 시장 진입을 위한 이륜자동차 평균 구입 비용

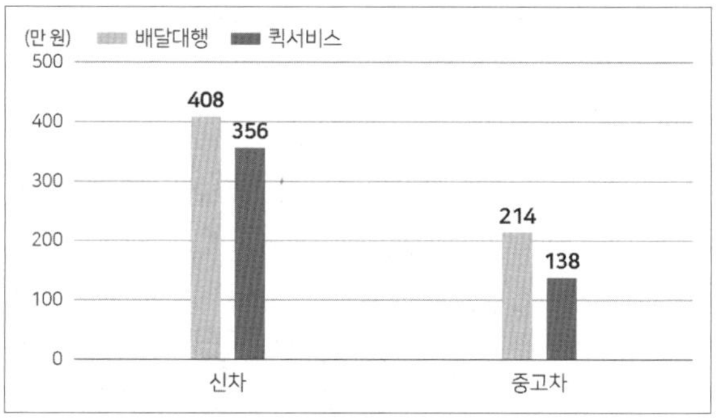

ㄹ. 월평균 근로일수

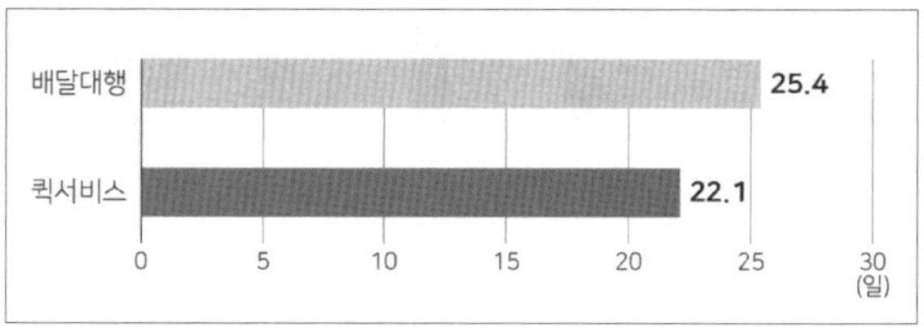

① ㄱ, ㄴ
② ㄴ, ㄷ
③ ㄷ, ㄹ
④ ㄱ, ㄴ, ㄹ
⑤ ㄱ, ㄷ, ㄹ

8. 다음은 2023년 '갑'국 주요 10개 업종의 특허출원 현황에 관한 자료이다. 이를 근거로 A~C에 해당하는 업종을 바르게 연결한 것은?

<표> 주요 10개 업종의 기업규모별 특허출원건수 및 특허출원기업 수

(단위: 건, 개)

구분 / 업종	기업규모별 특허출원건수			특허출원 기업 수
	대기업	중견기업	중소기업	
A	25,234	1,575	4,730	1,725
전기장비	6,611	501	3,265	1,282
기계	1,314	1,870	5,833	2,360
출판	204	345	8,041	2,550
자동차	5,460	1,606	1,116	617
화학제품	2,978	917	2,026	995
의료	52	533	2,855	1,019
B	18	115	3,223	1,154
건축	113	167	2,129	910
C	29	7	596	370

※ 기업규모는 '대기업', '중견기업', '중소기업'으로만 구분됨.

<정 보>

○ '중소기업' 특허출원건수가 해당 업종 전체 기업 특허출원 건수의 90% 이상인 업종은 '연구개발', '전문서비스', '출판'이다.
○ '대기업' 특허출원건수가 '중견기업'과 '중소기업' 특허출원 건수 합의 2배 이상인 업종은 '전자부품', '자동차'이다.
○ 특허출원기업당 특허출원건수는 '연구개발'이 '전문서비스'보다 많다.

	A	B	C
①	연구개발	전자부품	전문서비스
②	전자부품	연구개발	전문서비스
③	전자부품	전문서비스	연구개발
④	전문서비스	연구개발	전자부품
⑤	전문서비스	전자부품	연구개발

9. 다음 <표>는 2018~2023년 짜장면 가격 및 가격지수와 짜장면 주재료 품목의 판매단위당 가격에 관한 자료이다. 이에 대한 설명으로 옳은 것은?

<표 1> 2018~2023년 짜장면 가격 및 가격지수

(단위: 원)

연도 / 구분	2018	2019	2020	2021	2022	2023
가격	5,011	5,201	5,276	5,438	6,025	(　　)
가격지수	95.0	98.6	100	103.1	114.2	120.6

※ 가격지수는 2020년 짜장면 가격을 100으로 할 때, 해당 연도 짜장면 가격의 상대적인 값임.

<표 2> 2018~2023년 짜장면 주재료 품목의 판매단위당 가격

(단위: 원)

품목	판매단위 / 연도	2018	2019	2020	2021	2022	2023
춘장	14kg	26,000	27,500	27,500	33,000	34,500	34,500
식용유	900mL	3,890	3,580	3,980	3,900	4,600	5,180
밀가루	1kg	1,280	1,280	1,280	1,190	1,590	1,880
설탕	1kg	1,630	1,680	1,350	1,790	1,790	1,980
양파	2kg	2,250	3,500	5,000	8,000	5,000	6,000
청오이	2kg	4,000	8,000	8,000	10,000	10,000	15,000
돼지고기	600g	10,000	10,000	10,000	13,000	15,000	13,000

※ 짜장면 주재료 품목은 제시된 7개뿐임.

① 짜장면 가격지수가 80.0이면 짜장면 가격은 4,000원 이하이다.
② 2023년 짜장면 가격은 2018년에 비해 20% 이상 상승하였다.
③ 2018년에 비해 2023년 판매단위당 가격이 2배 이상인 짜장면 주재료 품목은 1개이다.
④ 2020년에 식용유 1,800mL, 밀가루 2kg, 설탕 2kg의 가격 합계는 15,000원 이상이다.
⑤ 매년 판매단위당 가격이 상승한 짜장면 주재료 품목은 2개 이상이다.

10. 다음 <표>는 2017~2023년 '갑'국의 '어린이 안전 체험 교실' 사업 운영 현황에 관한 자료이다. 이를 바탕으로 작성한 <보고서>의 A~C에 해당하는 내용을 바르게 연결한 것은?

<표> 2017~2023년 '어린이 안전 체험 교실' 사업 운영 현황

(단위: 개, 회, 명)

구분 \ 연도	참여 자치 단체 수	운영 횟수	교육 참여		자원봉사자 수
			어린이 수	학부모 수	
2017	9	11	10,265	6,700	2,083
2018	15	30	73,060	19,465	1,600
2019	14	38	55,780	15,785	2,989
2020	18	35	58,680	13,006	2,144
2021	19	39	61,380	11,660	2,568
2022	17	38	59,559	9,071	2,406
2023	18	40	72,261	8,619	2,071

<보고서>

안전 체험 시설이 없는 지역으로 찾아가는 '어린이 안전 체험 교실' 사업이 2017년부터 2023년까지 운영되었다. 해당 기간 동안 참여 자치 단체 수, 운영 횟수 등이 변화하였는데 그중 참여 자치 단체 수와 교육 참여 [A] 수의 전년 대비 증감 방향은 매년 같았다.

2021년은 사업 기간 중 참여 자치 단체 수가 가장 많았던 해로 2020년보다 운영 횟수와 교육 참여 어린이 수가 늘었다. 운영 횟수당 교육 참여 어린이 수는 2021년이 2020년보다 [B].

본 사업에 자원봉사자도 꾸준히 참여하였다. 2019년에는 사업 기간 중 가장 많은 자원봉사자가 참여하였다. 자원봉사자당 교육 참여 어린이 수는 2019년이 2017년보다 [C].

	A	B	C
①	어린이	많았다	많았다
②	어린이	적었다	많았다
③	어린이	적었다	적었다
④	학부모	많았다	적었다
⑤	학부모	적었다	적었다

11. 다음 <표>는 2019~2023년 '갑'국의 항공편 지연 및 결항에 관한 자료이다. 이에 대한 <보기>의 설명 중 옳은 것만을 모두 고르면?

<표 1> 2019~2023년 항공편 지연 현황

(단위: 편)

분기	월	국내선 2019	국내선 2020	국내선 2021	국내선 2022	국내선 2023	국제선 2019	국제선 2020	국제선 2021	국제선 2022	국제선 2023
1	1	0	0	0	0	0	1	0	0	1	0
	2	0	0	0	0	0	0	0	0	0	2
	3	0	0	0	0	0	6	0	0	0	0
2	4	0	0	0	0	0	0	0	2	0	1
	5	1	0	0	0	0	5	0	0	1	0
	6	0	0	0	0	0	0	0	10	11	1
3	7	40	0	0	3	68	53	23	11	83	55
	8	3	0	0	3	1	27	58	61	111	50
	9	0	0	0	0	161	7	48	46	19	368
4	10	0	93	0	23	32	21	45	44	98	72
	11	0	0	0	1	0	0	0	0	5	11
	12	0	0	0	0	0	2	1	6	0	17
전체		44	93	0	30	262	122	175	180	329	577

<표 2> 2019~2023년 항공편 결항 현황

(단위: 편)

분기	월	국내선 2019	국내선 2020	국내선 2021	국내선 2022	국내선 2023	국제선 2019	국제선 2020	국제선 2021	국제선 2022	국제선 2023
1	1	0	0	0	0	0	0	0	0	0	0
	2	0	0	0	0	0	0	0	0	0	14
	3	0	0	0	0	0	0	0	0	0	0
2	4	1	0	0	0	0	0	0	0	0	0
	5	6	0	0	0	0	10	0	0	0	0
	6	0	0	0	0	0	0	0	0	1	0
3	7	311	0	0	187	507	93	11	5	162	143
	8	62	0	0	1,008	115	39	11	71	127	232
	9	0	0	4	0	1,351	16	30	42	203	437
4	10	0	85	0	589	536	4	48	49	112	176
	11	0	0	0	0	0	0	0	0	0	4
	12	0	0	0	0	0	0	4	4	0	22
전체		380	85	4	1,784	2,509	162	104	171	605	1,028

<보 기>

ㄱ. 2022년 3분기 국제선 지연편수는 전년 동기 대비 100편 이상 증가하였다.

ㄴ. 2023년 9월의 결항편수는 국내선이 국제선의 3배 이상이다.

ㄷ. 매년 1월과 3월에는 항공편 결항이 없었다.

① ㄱ ② ㄷ ③ ㄱ, ㄴ
④ ㄴ, ㄷ ⑤ ㄱ, ㄴ, ㄷ

12. 다음 <표>는 2022학년도 '갑'대학교 졸업생의 취업 및 진학 현황에 관한 자료이다. 이에 대한 설명으로 옳지 않은 것은?

<표> 2022학년도 '갑'대학교 졸업생의 취업 및 진학 현황

(단위: 명, %)

계열 \ 구분	졸업생 수	취업자 수	취업률	진학자 수	진학률
A	800	500	(　)	60	7.5
B	700	400	57.1	50	7.1
C	500	200	40.0	40	(　)
전체	2,000	1,100	55.0	150	7.5

※ 1) 취업률(%) = $\frac{\text{취업자 수}}{\text{졸업생 수}} \times 100$

2) 진학률(%) = $\frac{\text{진학자 수}}{\text{졸업생 수}} \times 100$

3) 진로 미결정 비율(%) = 100 − (취업률 + 진학률)

① 취업률은 A계열이 B계열보다 높다.

② 진로 미결정 비율은 B계열이 C계열보다 낮다.

③ 진학자 수만 계열별로 20%씩 증가한다면, 전체의 진학률은 10% 이상이 된다.

④ 취업자 수만 계열별로 10%씩 증가한다면, 전체의 취업률은 60% 이상이 된다.

⑤ 진학률은 A~C계열 중 C계열이 가장 높다.

13. 다음 <그림>은 오이와 고추의 재배방식별 파종, 정식, 수확 가능 시기에 관한 자료이다. 이에 대한 설명으로 옳지 않은 것은?

<그림> 오이와 고추의 재배방식별 파종, 정식, 수확 가능 시기

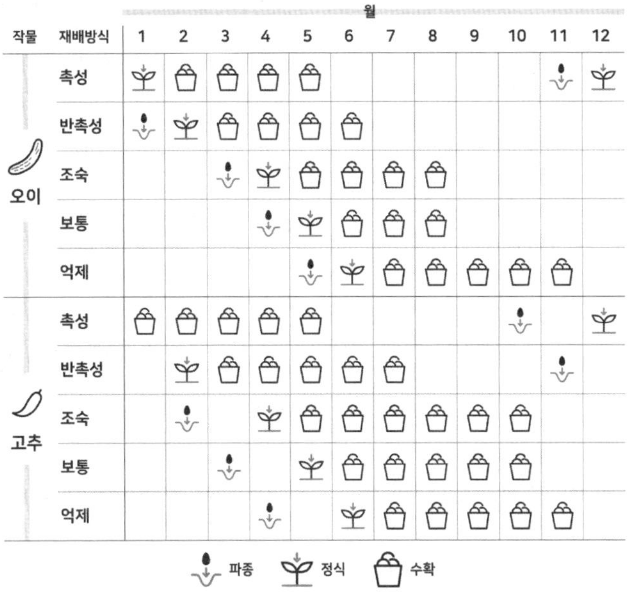

① '촉성' 재배방식에서 정식이 가능한 달의 수는 오이가 고추보다 많다.

② 고추의 각 재배방식에서 파종 가능 시기와 정식 가능 시기의 차이는 1개월 이상이다.

③ 오이는 고추보다 정식과 수확이 모두 가능한 달의 수가 더 많다.

④ 고추의 경우, 수확이 가능한 재배방식의 수는 7월이 가장 많다.

⑤ 오이의 재배방식 중 수확이 가능한 달의 수가 가장 적은 것은 '보통'이다.

14. 다음 <표>는 2019~2023년 '갑'국의 양식 품목별 면허어업 건수에 관한 자료이다. 이에 대한 설명으로 옳은 것은?

<표> 2019~2023년 양식 품목별 면허어업 건수

(단위: 건)

연도 양식 품목	2019	2020	2021	2022	2023
김	781	837	853	880	812
굴	1,292	1,314	1,317	1,293	1,277
새고막	1,076	1,093	1,096	1,115	1,121
바지락	570	587	576	582	565
미역	802	920	898	882	678
전체	4,521	4,751	4,740	4,752	4,453

※ 양식 품목은 '김', '굴', '새고막', '바지락', '미역'뿐임.

① '김' 면허어업 건수는 매년 증가한다.
② '굴'과 '새고막'의 면허어업 건수 합은 매년 전체의 50% 이상이다.
③ '바지락' 면허어업 건수의 전년 대비 증가율은 2020년이 2022년보다 낮다.
④ '미역' 면허어업 건수는 2023년이 2020년보다 많다.
⑤ 2023년에 면허어업 건수가 전년 대비 증가한 양식 품목은 2개이다.

15. 다음은 2019~2022년 우리나라의 원산지별 목재펠릿 수입량에 관한 자료이다. 이를 근거로 A~E국 중 우리나라에 해당하는 국가를 고르면?

<보고서>

목재펠릿은 작은 원통형으로 성형한 목재 연료로, 재생 가능한 청정에너지원이며 바이오매스 발전에 사용되고 있다. 2022년 기준 국내 목재펠릿 이용량의 84%가 수입산으로, 전체 수입량은 전년 대비 10% 이상 증가하였다. 매년 전체 목재펠릿 수입량의 절반 이상이 베트남산으로, 베트남에 대한 과도한 의존이 지속되고 있다. 2021년부터 충청남도 서산과 당진에 있는 바이오매스 발전소에 캐나다산 목재펠릿을 공급하면서 캐나다산 목재펠릿 수입이 증가하여 2022년 캐나다산 목재펠릿 수입량은 2019년 대비 30배 이상이 되었다. 또한, 2022년에는 유럽 시장에 수출길이 막힌 러시아산 목재펠릿의 수입량이 크게 증가하여 2022년 기준 러시아산이 우리나라 목재펠릿 수입량 2위를 차지하였다. 인도네시아산 목재펠릿 수입량은 2019년 이후 꾸준히 증가해 2022년에는 말레이시아산 목재펠릿 수입량을 추월하였다.

<표 1> 2019~2021년 우리나라의 원산지별 목재펠릿 수입량

(단위: 천 톤)

원산지 연도	베트남	말레이시아	캐나다	인도네시아	러시아	기타	전체
2019	1,941	520	11	239	99	191	3,001
2020	1,912	508	52	303	165	64	3,004
2021	2,102	406	329	315	167	39	3,358

<표 2> 2022년 A~E국의 원산지별 목재펠릿 수입량

(단위: 천 톤)

원산지 국가	베트남	말레이시아	캐나다	인도네시아	러시아	기타	전체
A	2,201	400	348	416	453	102	3,920
B	2,245	453	346	400	416	120	3,980
C	2,264	416	400	346	453	106	3,985
D	2,022	322	346	416	400	40	3,546
E	2,010	346	322	400	416	142	3,636

① A
② B
③ C
④ D
⑤ E

16. 다음 <표>는 2017~2022년 '갑'시 공공한옥시설의 유형별 현황에 관한 자료이다. 이에 대한 <보기>의 설명 중 옳은 것만을 모두 고르면?

<표> 2017~2022년 '갑'시 공공한옥시설의 유형별 현황

(단위: 개소)

유형 \ 연도	2017	2018	2019	2020	2021	2022
문화전시시설	8	8	10	11	12	12
전통공예시설	14	14	11	10	( )	9
주민이용시설	3	3	5	6	8	8
주거체험시설	0	0	1	3	4	( )
한옥숙박시설	2	2	( )	0	0	0
전체	27	27	28	30	34	34

※ 공공한옥시설의 유형은 '문화전시시설', '전통공예시설', '주민이용시설', '주거체험시설', '한옥숙박시설'로만 구분됨.

<보 기>

ㄱ. '전통공예시설'과 '한옥숙박시설'의 전년 대비 증감 방향은 매년 같다.
ㄴ. 전체 공공한옥시설 중 '문화전시시설'의 비율은 매년 20% 이상이다.
ㄷ. 2020년 대비 2022년 공공한옥시설의 유형별 증가율은 '주거체험시설'이 '주민이용시설'의 2배이다.
ㄹ. '한옥숙박시설'이 '주거체험시설'보다 많은 해는 2017년과 2018년뿐이다.

① ㄱ, ㄴ
② ㄴ, ㄷ
③ ㄴ, ㄹ
④ ㄱ, ㄷ, ㄹ
⑤ ㄴ, ㄷ, ㄹ

17. 다음 <그림>은 2015~2023년 '갑'국의 해외직접투자 규모와 최저개발국 직접투자 비중에 관한 자료이다. 이에 대한 설명으로 옳은 것은?

<그림> 해외직접투자 규모와 최저개발국 직접투자 비중

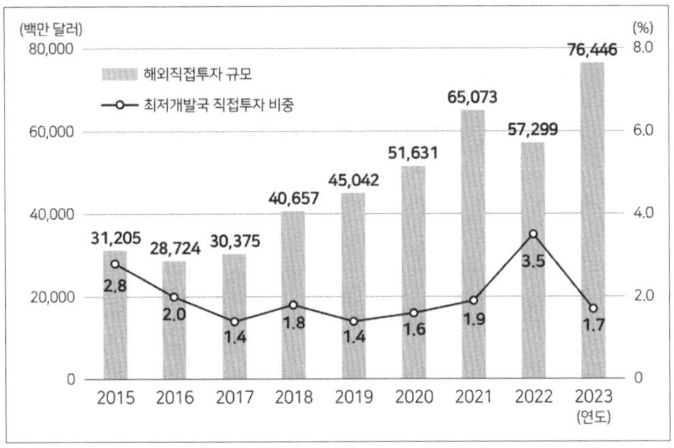

※ 최저개발국 직접투자 비중(%) = $\frac{\text{최저개발국 직접투자 규모}}{\text{해외직접투자 규모}} \times 100$

① 최저개발국 직접투자 규모는 2023년이 2015년보다 크다.
② 2021년 최저개발국 직접투자 비중은 전년보다 감소하였다.
③ 2018년 최저개발국 직접투자 규모는 10억 달러 이상이다.
④ 2023년 해외직접투자 규모는 전년 대비 40% 이상 증가하였다.
⑤ 2017년에 해외직접투자 규모와 최저개발국 직접투자 비중 모두 전년 대비 증가하였다.

18. 다음 <표>는 '갑'국의 가맹점 수 기준 상위 5개 편의점 브랜드 현황에 관한 자료이다. 이에 대한 <보기>의 설명 중 옳은 것만을 모두 고르면?

<표> 가맹점 수 기준 상위 5개 편의점 브랜드 현황

(단위: 개, 천 원/개, 천 원/m^2)

순위	브랜드	가맹점 수	가맹점당 매출액	가맹점 면적당 매출액
1	A	14,737	583,999	26,089
2	B	14,593	603,529	32,543
3	C	10,294	465,042	25,483
4	D	4,082	414,841	12,557
5	E	787	559,684	15,448

※ 가맹점 면적당 매출액(천 원/m^2) = $\frac{\text{해당 브랜드 전체 가맹점 매출액의 합}}{\text{해당 브랜드 전체 가맹점 면적의 합}}$

<보 기>

ㄱ. '갑'국의 전체 편의점 가맹점 수가 5만 개라면 편의점 브랜드 수는 최소 14개이다.

ㄴ. A~E 중, 가맹점당 매출액이 가장 큰 브랜드가 전체 가맹점 매출액의 합도 가장 크다.

ㄷ. A~E 중, 해당 브랜드 전체 가맹점 면적의 합이 가장 작은 편의점 브랜드는 E이다.

① ㄱ
② ㄴ
③ ㄷ
④ ㄴ, ㄷ
⑤ ㄱ, ㄴ, ㄷ

19. 다음 <표>는 2023년 '갑'시 소각시설 현황에 관한 자료이다. 이에 대한 설명으로 옳은 것은?

<표> 2023년 '갑'시 소각시설 현황

(단위: 톤/일, 톤, 명)

소각시설	시설용량	연간소각실적	관리인원
전체	2,898	689,052	314
A	800	163,785	66
B	48	12,540	34
C	750	169,781	75
D	400	104,176	65
E	900	238,770	74

※ 시설용량은 1일 가동 시 소각할 수 있는 최대량임.

① '연간소각실적'이 많은 소각시설일수록 '관리인원'이 많다.
② '시설용량' 대비 '연간소각실적' 비율이 가장 높은 소각시설은 E이다.
③ '연간소각실적'은 A가 D의 1.5배 이하이다.
④ C의 '시설용량'은 전체 '시설용량'의 30% 이상이다.
⑤ B의 2023년 가동 일수는 250일 미만이다.

[20 ~ 21] 다음 <표>는 2019~2023년 '갑'국 및 A지역의 식량작물 생산 현황에 관한 자료이다. 다음 물음에 답하시오.

<표 1> 2019~2023년 식량작물 생산량

(단위: 톤)

구분 \ 연도	2019	2020	2021	2022	2023
'갑'국 전체	4,397,532	4,374,899	4,046,574	4,456,952	4,331,597
A지역 전체	223,472	228,111	203,893	237,439	221,271
미곡	153,944	150,901	127,387	155,501	143,938
맥류	270	369	398	392	201
잡곡	29,942	23,823	30,972	33,535	30,740
두류	9,048	10,952	9,560	10,899	10,054
서류	30,268	42,066	35,576	37,112	36,338

<표 2> 2019~2023년 식량작물 생산 면적

(단위: ha)

구분 \ 연도	2019	2020	2021	2022	2023
'갑'국 전체	924,470	924,291	906,106	905,034	903,885
A지역 전체	46,724	47,446	46,615	47,487	46,542
미곡	29,006	28,640	28,405	28,903	28,708
맥류	128	166	177	180	98
잡곡	6,804	6,239	6,289	6,883	6,317
두류	5,172	5,925	5,940	5,275	5,741
서류	5,614	6,476	5,804	6,246	5,678

※ A지역 식량작물은 미곡, 맥류, 잡곡, 두류, 서류뿐임.

20. 위 <표>에 대한 설명으로 옳지 않은 것은?

① 2023년 식량작물 생산량의 전년 대비 감소율은 A지역 전체가 '갑'국 전체보다 낮다.
② 2019년 대비 2023년 생산량 증감률이 가장 큰 A지역 식량작물은 맥류이다.
③ 미곡은 매년 A지역 전체 식량작물 생산 면적의 절반 이상을 차지한다.
④ 2023년 생산 면적당 생산량이 가장 많은 A지역 식량작물은 서류이다.
⑤ A지역 전체 식량작물 생산량과 A지역 전체 식량작물 생산 면적의 전년 대비 증감 방향은 매년 같다.

21. 위 <표>를 이용하여 작성한 <보기>의 자료 중 옳은 것만을 모두 고르면?

<보 기>

ㄱ. 2020~2023년 '갑'국 전체 식량작물 생산 면적의 전년 대비 감소량

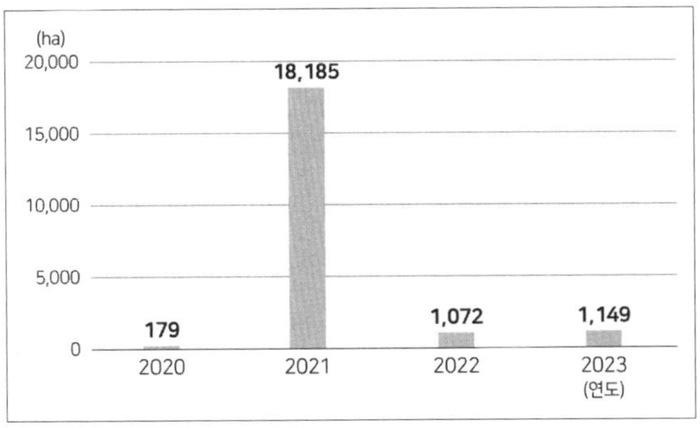

ㄴ. 연도별 A지역 잡곡, 두류, 서류 생산량

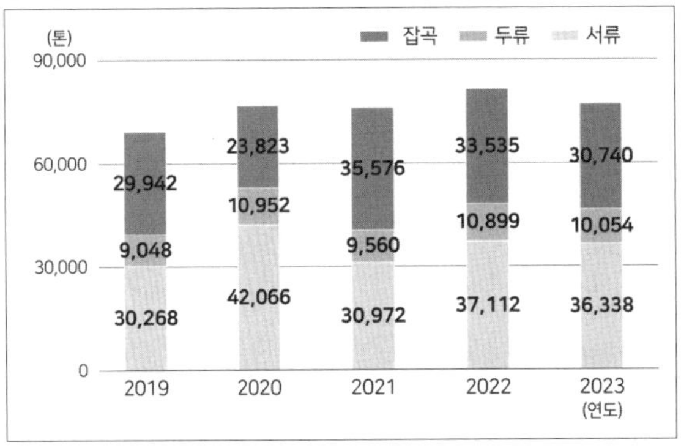

ㄷ. 2019년 대비 연도별 A지역 맥류 생산 면적 증가율

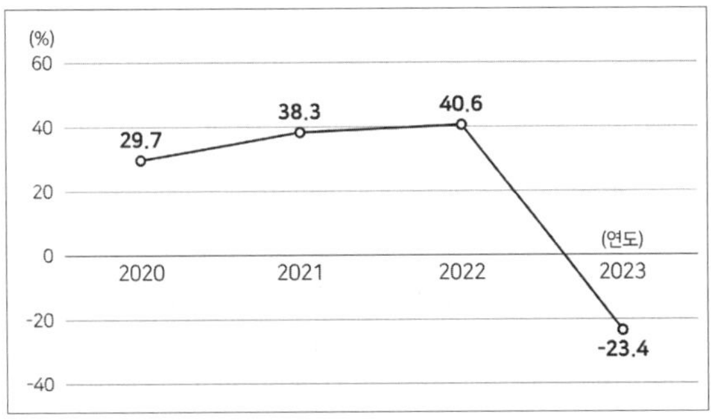

ㄹ. 2023년 A지역 식량작물 생산량 구성비

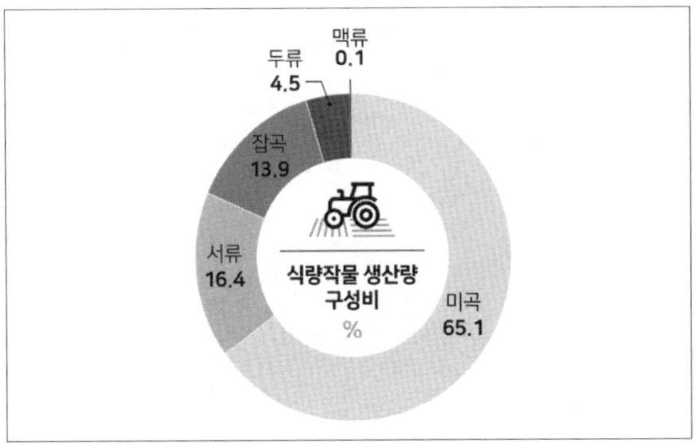

① ㄱ, ㄴ
② ㄱ, ㄷ
③ ㄴ, ㄹ
④ ㄱ, ㄷ, ㄹ
⑤ ㄴ, ㄷ, ㄹ

22. 다음 <표>는 2022년 3월 기준 '갑'시 A~L동의 지방소멸위험지수 및 지방소멸위험 수준에 관한 자료이다. 이에 대한 설명으로 옳지 않은 것은?

<표 1> 2022년 3월 기준 '갑'시 A~L동의 지방소멸위험지수

(단위: 명)

동	총인구	65세 이상 인구	20~39세 여성 인구	지방소멸 위험지수
A	14,056	2,790	1,501	0.54
B	23,556	3,365	(　)	0.88
C	29,204	3,495	3,615	1.03
D	21,779	3,889	2,614	0.67
E	11,224	2,300	1,272	(　)
F	16,792	2,043	2,754	1.35
G	19,163	2,469	3,421	1.39
H	27,146	4,045	4,533	1.12
I	23,813	2,656	4,123	(　)
J	29,649	5,733	3,046	0.53
K	36,326	7,596	3,625	(　)
L	15,226	2,798	1,725	0.62

※ 지방소멸위험지수 = $\frac{\text{20~39세 여성 인구}}{\text{65세 이상 인구}}$

<표 2> 지방소멸위험 수준

지방소멸위험지수	지방소멸위험 수준
1.5 이상	저위험
1.0 이상 1.5 미만	보통
0.5 이상 1.0 미만	주의
0.5 미만	위험

① 지방소멸위험 수준이 '주의'인 동은 5곳이다.
② '20~39세 여성 인구'는 B동이 G동보다 적다.
③ 지방소멸위험지수가 가장 높은 동의 '65세 이상 인구'는 해당 동 '총인구'의 10% 이상이다.
④ '총인구'가 가장 많은 동은 지방소멸위험지수가 가장 낮다.
⑤ 지방소멸위험 수준이 '보통'인 동의 '총인구' 합은 90,000명 이상이다.

23. 다음 <표>는 2023년 '갑'국의 생활계 폐기물 처리실적에 관한 자료이다. 이에 대한 설명으로 옳은 것은?

<표> 2023년 처리방법별, 처리주체별 생활계 폐기물 처리실적

(단위: 만 톤)

처리주체 \ 처리방법	재활용	소각	매립	기타	합
공공	403	447	286	7	1,143
자가	14	5	1	1	21
위탁	870	113	4	119	1,106
계	1,287	565	291	127	2,270

① 전체 처리실적 중 '매립'의 비율은 15% 이상이다.
② 기타를 제외하고, 각 처리방법에서 처리실적은 '공공'이 '위탁'보다 많다.
③ 각 처리주체에서 '매립'의 비율은 '공공'이 '자가'보다 높다.
④ 처리주체가 '위탁'인 생활계 폐기물 중 '재활용'의 비율은 75% 이하이다.
⑤ '소각' 처리 생활계 폐기물 중 '공공'의 비율은 90% 이상이다.

24. 다음 자료는 2020~2023년 우리나라 시도 행정심판위원회 사건 처리 현황이다. 이에 대한 <보고서>의 설명 중 옳은 것만을 모두 고르면?

<표> 2020~2022년 시도 행정심판위원회 인용률

(단위: %)

연도 / 시도	2020	2021	2022
서울	18.4	15.9	16.3
부산	22.6	15.9	12.8
대구	35.9	39.9	38.4
인천	33.3	36.0	38.1
광주	22.2	30.6	36.0
대전	28.1	47.7	35.8
울산	33.0	38.1	50.9
세종	7.7	16.7	0.0
경기	23.3	19.6	22.3
강원	21.4	14.1	18.2
충북	23.6	28.5	24.3
충남	26.7	19.9	23.1
전북	31.7	34.0	22.1
전남	36.2	34.5	23.8
경북	10.6	23.3	22.9
경남	18.5	25.7	12.4
제주	31.6	25.3	26.2

※ 인용률(%) = $\frac{\text{인용 건수}}{\text{처리 건수}} \times 100$

<그림> 2022년과 2023년 시도 행정심판위원회 처리 건수 상위 5개 시도 현황

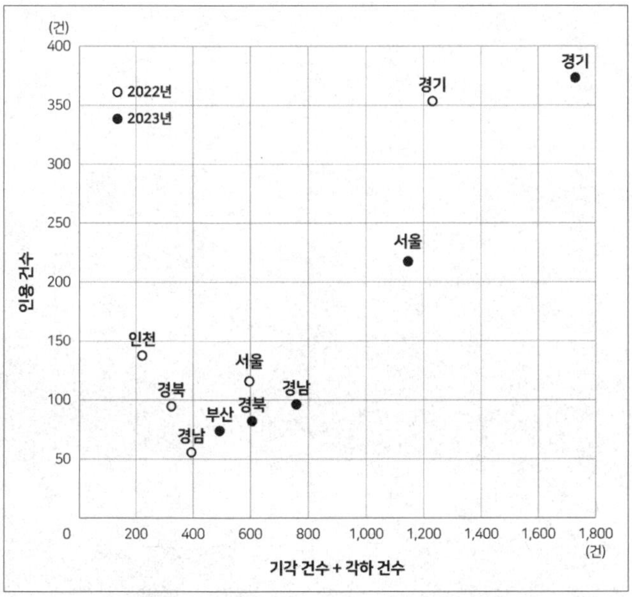

※ 처리 건수 = 인용 건수 + 기각 건수 + 각하 건수

<보고서>

2023년 우리나라 시도 행정심판위원회 처리 건수 상위 5개 시도는 경기, 서울, 경남, 경북, 부산이었다. 2022년에는 인천이 처리 건수 362건으로 상위 5개 시도에 속했으나, 2023년 부산에 자리를 넘겨주었다. 또한, ㉠ 2023년 처리 건수 상위 5개 시도의 처리 건수는 각각 전년 대비 증가하였다. 인용 건수를 살펴보면, ㉡ 2023년 처리 건수가 가장 많은 시도의 2023년 인용 건수는 2022년 인용률이 가장 높은 시도의 2022년 인용 건수의 1.5배 이상이다. 인용률을 살펴보면, ㉢ 2020년부터 2023년까지 인용률이 매년 감소한 시도는 3개이다.

① ㄱ ② ㄴ ③ ㄷ
④ ㄱ, ㄴ ⑤ ㄱ, ㄴ, ㄷ

25. 다음 <표>는 A회사 전체 임직원 100명의 직급별 인원과 시간당 임금에 관한 자료이다. 이에 대한 <보기>의 설명 중 옳은 것만을 모두 고르면?

<표> A회사의 직급별 임직원 수와 시간당 임금

(단위: 명, 원)

구분 / 직급	임직원 수	시간당 임금					
		평균	최저	Q1	중간값	Q3	최고
공장 관리직	4	25,000	15,000	15,000	25,000	30,000	( )
공장 생산직	52	21,500	12,000	20,500	23,500	26,500	31,000
본사 임원	8	( )	24,000	25,600	48,000	48,000	55,000
본사 직원	36	22,000	11,500	16,800	23,500	27,700	29,000

※ 1) 해당 직급 임직원의 시간당 임금을 낮은 값부터 순서대로 나열하여 4등분한 각 집단을 나열 순서에 따라 1분위, 2분위, 3분위, 4분위로 정함.
2) Q1과 Q3은 각각 1분위와 3분위에 속한 값 중 가장 높은 값임.
3) 해당 직급 임직원 수가 짝수인 경우, 중간값은 2분위에 속한 값 중 가장 높은 값과 3분위에 속한 값 중 가장 낮은 값의 평균임.

<보 기>

ㄱ. 공장 관리직의 '시간당 임금' 최고액은 35,000원이다.
ㄴ. '시간당 임금'이 같은 본사 임원은 3명 이상이다.
ㄷ. 본사 임원의 '시간당 임금' 평균은 40,000원 이상이다.
ㄹ. '시간당 임금'이 23,000원 이상인 임직원은 50명 미만이다.

① ㄱ, ㄴ ② ㄱ, ㄹ ③ ㄴ, ㄷ
④ ㄷ, ㄹ ⑤ ㄱ, ㄴ, ㄷ

약점 보완 해설집 p.62

2023년 기출문제

1교시 언어논리·상황판단

2교시 자료해석

✓ 문제 풀이 시작과 종료 시각을 정한 후, OCR 답안지를 활용하여 실전처럼 기출문제를 풀어보세요.

1교시: ______ 시 ______ 분 ~ ______ 시 ______ 분(총 50문항 / 120분)

2교시: ______ 시 ______ 분 ~ ______ 시 ______ 분(총 25문항 / 60분)

✓ 문제 풀이 후, 약점 보완 해설집 '취약 유형 분석표'로 자신의 실력을 점검해 보시기 바랍니다.

언어논리영역

1. 다음 글에서 알 수 있는 것은?

> 고려 정부는 범죄를 예방하고 사회질서를 유지하기 위하여 여러 가지 방책을 마련하였다. 특히, 수도인 개경은 국왕을 위시하여 정부 관료 등 주요 인사들이 거주하고 있을 뿐 아니라 중요 기관이 밀집된 가장 핵심적인 곳이었다. 그래서 고려 정부는 개경의 중요한 기관과 거점을 지키기 위한 군사 조직을 두었다. 도성 안의 관청과 창고를 지키는 간수군, 도성의 여러 성문을 방어하는 위숙군, 시장이나 시가의 주요 장소에 배치되는 검점군이 그것이다. 간수군을 포함한 이들 세 군사 조직은 본연의 업무뿐 아니라 순찰을 비롯한 도성 안의 치안 활동까지 담당하였다.
>
> 하지만 개경의 도시화가 진전됨에 따라 전문적인 치안 기구의 필요성이 증대되었다. 이에 성종은 개경 시내를 순찰하고 검문을 실시하는 전문적인 치안 조직인 순검군을 조직하였다. 순검군의 설치는 도성을 방위하고 국왕을 지키는 군대의 기능과 도성의 치안 유지를 위한 경찰의 기능이 분리되고 전문화된 것을 의미한다. 기존 군사 조직은 본연의 업무만을 담당하게 되었으며, 순검군은 치안과 질서 유지를 위하여 도성 안에서 순찰 활동, 도적 체포, 비행이나 불법을 저지르는 사람에 대한 단속 등의 활동을 담당하게 되었다.
>
> 그런데 범죄 행위나 정치적 음모, 범죄자의 도피 등은 주로 야간에 많이 일어났다. 이에 정부는 야간 통행을 금지하고 날이 저물면 성문을 닫게 하였으며, 급한 공무나 질병, 출생 등 부득이한 경우에만 사전 신고를 받고 야간에 통행하도록 하였다. 야간 통행이 금지되는 매일 저녁부터 새벽까지 도성 내를 순찰하는 활동, 즉 야경은 순검군의 중요한 업무가 되었다. 순검군은 도성 내의 군사 조직인 간수군, 위숙군, 검점군과 함께 개경의 안전을 책임지는 핵심적인 역할을 수행하였던 것이다.

① 개경은 고려의 다른 어떤 지역보다 범죄 행위가 많이 발생한 곳이었다.
② 순검군이 설치된 이후에도 도성의 성문을 지키는 임무는 위숙군에게 있었다.
③ 야간에 급한 용무로 시내를 통행하려는 사람은 먼저 시가지를 담당하는 검점군에 신고를 하였다.
④ 순검군은 야간 통행이 금지되는 저녁부터 새벽 시간까지 순찰 활동을 하며 성문 방어에도 투입되었다.
⑤ 순검군의 설치 이후에 간수군을 비롯한 개경의 세 군사 조직은 군대의 기능과 경찰의 기능을 모두 수행하였다.

2. 다음 글의 내용과 부합하는 것은?

> 고려 숙종 9년에 여진이 고려 동북면에 있는 정주성을 공격하였다. 고려는 윤관을 보내 여진을 막게 하였으며, 윤관이 이끄는 군대는 정주성 북쪽의 벽등수라는 곳에서 여진과 싸워 이겼다. 이에 여진은 사신을 보내 화의를 요청하였고, 고려는 이를 받아들였다. 그러나 윤관은 전투 과정에서 여진의 기병을 만나 고전하였기 때문에 대책을 세워야 한다고 생각하고, 숙종의 허락을 받아 별무반을 창설하였다. 별무반에는 기병인 신기군과 보병인 신보군, 적의 기병을 활로 막아내는 경궁군 등 다양한 부대가 편성되어 있었다.
>
> 윤관은 숙종의 뒤를 이은 예종 2년에 별무반을 이끌고 여진 정벌에 나섰다. 그는 정주성 북쪽으로 밀고 올라가 여진의 영주, 웅주, 복주, 길주를 점령하고 그곳에 성을 쌓았다. 이듬해 윤관은 정예 병사 8,000여 명을 이끌고 가한촌이라는 곳으로 나아갔다. 그런데 가한촌은 병목 지형이어서 병력을 지휘하기 어려웠다. 여진은 이러한 지형을 이용하여 길 양쪽에 매복하고 있다가 고려군을 기습하였다. 이때 윤관은 큰 위기를 맞이하였지만 멀리서 이를 본 척준경이 10여 명의 결사대를 이끌고 분전한 덕분에 영주로 탈출할 수 있었다. 이후 윤관은 여진의 끈질긴 공격을 물리치면서 함주, 공험진, 의주, 통태진, 평융진에도 성을 쌓아 총 9개의 성을 완성하였다. 윤관이 별무반을 이끌고 출정한 후 여진 지역에 쌓은 성이 모두 9개였기 때문에 그 지역을 동북 9성이라고 부른다.
>
> 하지만 여진은 이후 땅을 되찾기 위하여 여러 차례 웅주와 길주 등을 공격하였다. 윤관이 이끄는 고려군은 가까스로 이를 물리쳤지만, 여진이 성을 둘러싸고 길을 끊는 바람에 고립되는 일이 잦았다. 고려는 윤관 외에도 오연총 등을 파견하여 동북 9성에 대한 방비를 강화하였지만, 전투가 거듭될수록 병사들이 계속 희생되었고 물자 소비도 점점 많아졌다. 그래서 예종 4년에 여진이 자세를 낮추며 강화를 요청했을 때 고려는 이를 받아들이고 여진에 동북 9성 지역을 돌려주기로 하였다.

① 고려는 동북 9성을 방어하는 과정에서 병사들이 계속 희생되고 물자 소비도 늘어났기 때문에 여진의 강화 요청을 받아들였다.
② 오연총은 웅주에 있던 윤관이 여진군에 의해 고립된 사실을 알고 길주로부터 출정하여 그를 구출하였다.
③ 윤관은 여진군과의 끈질긴 전투 끝에 가한촌을 점령하고 그곳에 성을 쌓아 동북 9성을 완성하였다.
④ 척준경은 가한촌 전투에서 패배한 고려군을 이끌고 길주로 후퇴하였다.
⑤ 예종이 즉위하고 다음 해에 신기군과 신보군, 경궁군이 창설되었다.

3. 다음 글의 핵심 논지로 가장 적절한 것은?

> 우리는 보통 먹거리의 생산에 대해서는 책임을 묻는 것이 자연스럽다고 생각하면서도 먹거리의 소비는 책임져야 하는 행위로 생각하지 않는다. 우리는 무엇을 먹을 때 좋아하고 익숙한 것 그리고 싸고, 빠르고, 편리한 것을 찾아서 먹을 뿐이다. 그런데 먹는 일에도 윤리적 책임이 동반된다고 생각해 볼 수 있지 않을까?
>
> 먹는 행위를 두고 '잘 먹었다' 혹은 '잘 먹는다'고 말할 때 '잘'을 평가하는 기준은 무엇일까? 신체가 요구하는 영양분을 골고루 섭취하는 것은 생물학적 차원에서 잘 먹는 것이고, 섭취하는 음식을 통해 다양한 감각들을 만족시키며 개인의 취향을 계발하는 것은 문화적인 차원에서 잘 먹는 것이다. 그런데 이 경우들의 '잘'은 윤리적 의미를 띠고 있는 것 같지 않다. 이 두 경우는 먹는 행위를 개인적 경험의 차원으로 축소하기 때문이다.
>
> '잘 먹는다'는 것의 윤리적 차원은 우리의 먹는 행위가 그저 개인적 차원에서 일어나는 일이 아니라, 다른 사람들, 동물들, 식물들, 서식지, 토양 등과 관계를 맺는 행위임을 인식하기 시작할 때 비로소 드러난다. 오늘날 먹거리의 전 지구적인 생산·유통·소비 체계 속에서, 우리는 이들을 경제적 자원으로만 간주하는 특정한 방식으로 이들과 관계를 맺고 있다. 그러한 관계의 방식은 공장식 사육, 심각한 동물 학대, 농약과 화학비료 사용에 따른 토양과 물의 오염, 동식물의 생존에 필수적인 서식지 파괴, 전통적인 농민 공동체의 파괴, 불공정한 노동 착취 등을 동반한다.
>
> 우리가 무엇을 어떻게 먹는가 하는 것은 결국 우리가 그런 관계망에 속한 인간이나 비인간 존재를 어떻게 대우하고 있는가를 드러내며, 불가피하게 이러한 관계망의 형성이나 유지 혹은 변화에 기여하게 된다. 우리의 먹는 행위에 따라 이런 관계망의 모습은 바뀔 수도 있다. 그렇기에 이러한 관계들은 먹는 행위를 윤리적 반성의 대상으로 끌어 올린다.

① 윤리적으로 잘 먹기 위해서는 육식을 지양해야 한다.
② 먹는 행위에 대해서도 윤리적 차원을 고려하여야 한다.
③ 건강 증진이나 취향 만족을 위한 먹는 행위는 개인적 차원의 평가 대상일 뿐이다.
④ 먹는 행위는 동물, 식물, 토양 등의 비인간 존재와 인간 사이의 관계를 만들어낸다.
⑤ 먹는 행위를 평가할 때에는 먹거리의 소비자보다 생산자의 윤리적 책임을 더 고려하여야 한다.

4. 다음 글의 핵심 논지로 가장 적절한 것은?

> 지방분권화 시대를 맞아 지역의 균형 발전과 경제 활성화를 함께 도모할 수 있는 방안으로 지역문화콘텐츠의 역할이 강조되고 있다. 이와 관련하여 생태환경, 문화재, 유적지 등의 지역 자원을 이용해 지역에 생명을 불어넣고 지역의 특화된 가치를 창출하는 사례가 늘고 있다. 지역문화콘텐츠의 성공은 지역 산업의 동력이 될 뿐 아니라 지역민의 문화향유권 확장에 이바지한다는 점에서도 주목할 만하다.
>
> 그러나 지역문화콘텐츠의 전망이 밝기만 한 것은 아니다. 지역 내부의 문제로 우수한 문화자원이 빛을 보지 못하거나 특정 축제를 서로 자기 지역에 유치하기 위한 과잉 경쟁으로 지방자치단체가 몸살을 앓기도 한다. 또한, 불필요한 시설과 인프라 구축, 유사한 콘텐츠의 양산 및 미흡한 활용 등의 문제로 지역 예산을 헛되이 낭비한 사례도 적지 않다.
>
> 이러한 문제들이 많아지자, ○○부는 유사·중복 축제 행사를 통폐합하는 지방재정법 시행령과 심사 규칙 개정안을 내놓았다. 이 개정안은 특색 없는 콘텐츠를 정리하고 경쟁력 있는 콘텐츠 개발을 장려하는 것이 주목적이다. 하지만 이러한 방식만으로는 지역문화콘텐츠의 성공을 기대하기 어렵다.
>
> 그동안 지역문화 정책과 사업이 새로운 콘텐츠를 발굴·제작하는 데만 주력해 온 탓에 향유의 지속성 측면을 고려하지 못했다. 이로 인해, 관련 사업은 일부 향유자만을 대상으로 하거나 단발적인 제작 지원에 그쳐 지역민의 문화자원 향유가 지속되는 데 어려움이 있었다. 향유자에 초점을 둔 실효성 있는 정책을 실현하려면, 향유의 지속성까지 염두에 두어야 한다. 콘텐츠와 향유자를 잇고, 향유자의 향유 경험을 지속시킬 때 콘텐츠는 영속할 수 있다. 향유자에 의한 콘텐츠의 공유와 확산이 활발하게 이루어지는 향유, 아울러 향유자가 콘텐츠의 소비·매개·재생산의 주체가 되는 향유를 위한 방안이 개발되어야 한다. 이러한 방안을 통해 이미 만들어진 우수한 지역문화콘텐츠의 생명력을 연장하고 콘텐츠 향유의 활성화를 꾀할 수 있다.

① 중앙정부와 지방자치단체의 협력을 통해 지역문화콘텐츠의 경쟁력을 강화해야 한다.
② 새로운 콘텐츠의 발굴과 제작을 통해 지역문화콘텐츠의 생명력을 연장하고 활성화해야 한다.
③ 지역문화콘텐츠를 향유자와 연결하고 향유자의 향유 경험을 지속하게 할 방안을 마련해야 한다.
④ 지역문화콘텐츠 향유자 스스로 자신이 콘텐츠의 소비·매개·재생산의 주체임을 인식해야 한다.
⑤ 지역문화콘텐츠가 지역 산업의 발전과 지역민의 문화 향유 기회 확대에 기여할 수 있도록 중앙정부의 경제적 지원이 증대되어야 한다.

5. 다음 글의 내용과 부합하지 않는 것은?

> 정부는 공공사업 수립·추진 과정에서 사회적 갈등이 예상되는 경우 갈등영향분석을 통해 해결책을 마련하여야 한다. 갈등은 다양한 요인 및 양태 그리고 복잡한 이해관계를 갖고 있다. 따라서 갈등영향분석의 실시 여부는 공공사업의 규모, 유형, 사업 관련 이해집단의 분포 등 다양한 지표들을 고려하여 판단하여야 한다.
>
> 갈등영향분석 실시 여부의 대표적인 판단 지표 중 하나는 실시 대상 사업의 경제적 규모이다. 해당 사업을 수행하는 기관장은 예비타당성 조사 실시 기준인 총사업비를 판단 지표로 활용하여 갈등영향분석의 실시 여부를 판단하되, 그 경제적 규모가 실시 기준 이상이라도 갈등 발생 여지가 없거나 미미한 경우에는 갈등관리심의위원회 심의를 거쳐 갈등영향분석을 실시하지 않을 수 있다.
>
> 실시 대상 사업의 유형도 갈등영향분석 실시 여부의 판단 지표가 된다. 쓰레기 매립지, 핵폐기물처리장 등 기피 시설의 입지 선정은 지역사회 갈등을 유발하는 대표적 유형이다. 이러한 사업 유형은 경제적 규모와 관계없이 반드시 갈등영향분석이 이루어져야 한다. 해당 사업을 수행하는 기관장은 대상 시설이 기피 시설인지 여부를 판단할 때, 단독으로 판단하지 말고 지역 주민 관점에서 검토할 수 있도록 민간 갈등관리전문가 등의 자문을 거쳐야 한다.
>
> 갈등영향분석을 시행하기로 결정했다면, 해당 사업을 수행하는 기관장 주관으로, 갈등관리심의위원회의 자문을 거쳐 해당 사업과 관련된 주요 이해당사자들이 중립적이라고 인정하는 전문가가 갈등영향분석서를 작성하여야 한다. 이렇게 작성된 갈등영향분석서는 반드시 모든 이해당사자들의 회람 후에 해당 기관장에게 보고되고 갈등관리심의위원회에서 심의되어야 한다.

① 정부가 갈등영향분석 실시 여부를 판단할 때 예비타당성 조사 실시 기준인 총사업비를 판단 지표로 활용한다.
② 기피 시설 여부를 판단할 때 해당 사업을 수행하는 기관장이 별도 절차 없이 단독으로 판단해서는 안 된다.
③ 갈등영향분석서는 정부가 주관하여 중립적 전문가의 자문하에 해당 기관장이 작성하여야 한다.
④ 갈등영향분석서를 작성한 후에는 이해당사자가 회람하는 절차가 있어야 한다.
⑤ 갈등관리심의위원회는 갈등영향분석 실시 여부의 판단에 관여할 수 있다.

6. 다음 글에서 알 수 있는 것은?

> ○○시 교육청은 초·중학교 기초학력 부진학생의 기초학력 향상을 위해 3단계의 체계적인 지원체계를 구축하였다. 이는 학습 사각지대에 놓여있는 학생들을 조기에 발견하고, 학생 여건과 특성에 맞는 서비스를 제공하여 기초학력 부진을 해결하기 위한 조치이다.
>
> 1단계 지원은 기초학력 부진 판정을 받은 모든 학생을 대상으로 하며, 해당 학생에 대한 지도는 학교 내에서 담임교사가 담당한다. 학교 내에서 교사가 특별학습 프로그램을 진행하는 것이다.
>
> 2단계 지원은 기초학력 부진 판정을 받은 학생 중 복합적인 요인으로 어려움을 겪는 것으로 판정된 학생인 복합요인 기초학력 부진학생을 대상으로 권역학습센터에서 이루어진다. 권역학습센터는 권역별 1곳씩 총 5곳에 설치되어 있으며, 이 곳에서 학습멘토 프로그램을 운영한다. 이 프로그램에 참여하는 지원 인력은 ○○시의 인증을 받은 학습상담사이며, 기초학력 부진학생의 학습멘토 역할을 담당하게 된다.
>
> 3단계 지원은 복합요인 기초학력 부진학생 중 주의력결핍 과잉행동장애 또는 난독증 등의 문제로 학습에 어려움을 겪는 학생을 대상으로 ○○시 학습종합클리닉센터에서 이루어진다. ○○시 학습종합클리닉센터는 교육청 차원에서 지역사회 교육전문가를 초빙하여 해당 학생들을 위한 전문학습클리닉 프로그램을 운영한다. 이에 더해 소아정신과 전문의 등으로 이루어진 의료지원단을 구성하여 의료적 도움을 줄 수 있도록 한다.

① ○○시 학습종합클리닉센터는 ○○시에 총 5곳이 설치되어 있다.
② 기초학력 부진학생으로 판정된 학생은 학습멘토 프로그램에 참여할 수 없다.
③ 복합요인 기초학력 부진학생으로 판정된 학생 중 의료지원단의 의료적 도움을 받는 학생이 있을 수 있다.
④ 학습멘토 프로그램 및 전문학습클리닉 프로그램에 참여하는 지원 인력은 ○○시의 인증을 받지 않아도 된다.
⑤ 난독증이 있는 학생은 기초학력 부진 판정을 받지 않았더라도 ○○시 학습종합클리닉센터에서 운영하는 프로그램에 참여할 수 있다.

7. 다음 대화의 ㉠에 따라 <안내>를 수정한 것으로 적절하지 않은 것은?

갑: 지금부터 회의를 시작하겠습니다. 이 자리는 A시 시민안전보험의 안내문을 함께 검토하기 위한 자리입니다. A시 시민안전보험의 내용을 시민들에게 효과적으로 전달하기 위해서 수정 및 보완이 필요한 부분이 있다면 자유롭게 말씀해주시기 바랍니다.

을: 시민안전보험의 혜택을 누릴 수 있는 대상이 더 정확하게 표현되면 좋겠습니다. 단순히 A시에서 생활하는 사람이 아닌 A시에 주민으로 등록한 사람이라는 점이 명확하게 드러나야 한다고 생각합니다.

병: 2024년도부터는 시민안전보험의 보장 항목이 기존의 8종에서 10종으로 확대되었습니다. 보장 항목을 안내하면서 새롭게 추가된 두 가지 항목인 개 물림 사고와 사회재난 사망 사고를 포함하면 좋겠습니다.

정: 시민안전보험의 보험 기간뿐만 아니라 청구 기간에 대한 정보도 필요합니다. 보험 기간 내에 발생한 사고에 대해서 사고 발생 시점을 기준으로 할 때 보험금을 언제까지 청구할 수 있는지에 대한 안내가 추가되면 좋을 것 같습니다.

무: 보험금을 어디로 그리고 어떻게 청구할 수 있는지에 대한 구체적 정보도 부족합니다. 시민안전보험에 관심을 가진 시민이라면 연락처 정보만으로는 부족하다고 여길 것 같습니다. 안내문에 보험금 청구에 필요한 대표적인 서류들을 제시하면 어떨까요?

갑: 좋은 의견을 개진해주셔서 감사합니다. 참고로 최근 민간기업과의 업무 협약을 통해 A시 누리집뿐만 아니라 코리아톡 앱을 통해서도 A시 시민안전보험에 관한 정보를 확인할 수 있게 되어 이 점 역시 이번에 안내할 계획입니다. 그럼 ㉠오늘 회의에서 논의된 내용을 반영하여 안내문을 수정하도록 하겠습니다. 감사합니다.

<안 내>

우리 모두의 안전은 2024년 A시 시민안전보험 가입으로!
○ 가입 대상: A시 구성원 누구나
○ 보험 기간: 2024. 1. 1.~2024. 12. 31.
○ 보장 항목: 대중교통 이용 중 상해·후유장애 등 총 8종의 사고 보장
○ 청구 방법: B보험사 통합상담센터로 문의
○ 참고 사항: 자세한 관련 내용은 A시 누리집을 통해서도 확인 가능

① 가입 대상을 'A시에 주민으로 등록한 사람 누구나'로 수정한다.
② 보험 기간을 '2024. 1. 1.~2024. 12. 31. (보험 기간 내 사고 발생일로부터 3년 이내 보험금 청구 가능)'로 수정한다.
③ 보장 항목을 '대중교통 이용 중 상해·후유장애, 개 물림 사고, 사회재난 사망 사고 등 총 10종의 사고 보장'으로 수정한다.
④ 청구 방법을 '청구 절차 및 필요 서류는 B보험사 통합상담센터 (Tel. 15×× - ××××)로 문의'로 수정한다.
⑤ 참고 사항을 '자세한 관련 내용은 A시 누리집 및 코리아톡 앱을 통해서도 확인 가능'으로 수정한다.

8. 다음 대화의 ㉠으로 적절한 것만을 <보기>에서 모두 고르면?

갑: 최근 전동킥보드, 전동휠 등 개인형 이동장치 사고가 급증하고 있습니다. 도대체 무엇 때문에 이러한 현상이 나타나는 것일까요? 이에 대해 여러분은 어떤 의견을 가지고 있나요?

을: 원동기 면허만 있으면 19세 미만 미성년자도 개인형 이동장치를 이용할 수 있습니다. 하지만 원동기 면허가 없는 사람들도 많이 이용하고 있습니다. 안전 의식이 부족한 이용자가 증가해 사고가 더 많이 발생하는 것이지요.

병: 저는 개인형 이동장치의 경음기 부착 여부가 사고 발생 확률에 유의미한 영향을 미친다고 생각합니다. 현재 상당수의 개인형 이동장치는 경고음을 낼 수 있는 경음기가 부착되어 있지 않기 때문에 개인형 이동장치가 빠른 속도로 달려와도 주변에서 이를 인지하지 못하는 경우가 많습니다. 이것이 사고가 발생하는 주요한 원인이라고 생각합니다.

정: 저는 개인형 이동장치를 이용할 수 있는 인프라가 부족하다는 점이 가장 큰 원인이라고 생각합니다. 개인형 이동장치 이용자들은 안전한 운행이 가능한 도로를 원하고 있으나, 그러한 개인형 이동장치 전용도로를 갖춘 지역은 드뭅니다. 이처럼 인프라 수요를 공급이 따라가지 못해 사고가 발생하는 것입니다.

갑: 여러분 좋은 의견 제시해주셔서 감사합니다. 그렇다면 말씀하신 의견을 검증하기 위해 ㉠필요한 자료를 조사해 주세요.

<보 기>

ㄱ. 미성년자 중 원동기 면허 취득 비율과 19세 이상 성인 중 원동기 면허 취득 비율
ㄴ. 경음기가 부착된 개인형 이동장치 1대당 평균 사고 발생 건수와 경음기가 부착되지 않은 개인형 이동장치 1대당 평균 사고 발생 건수
ㄷ. 개인형 이동장치 등록 대수가 가장 많은 지역의 개인형 이동장치 사고 발생 건수와 개인형 이동장치 등록 대수가 가장 적은 지역의 개인형 이동장치 사고 발생 건수

① ㄱ
② ㄴ
③ ㄱ, ㄷ
④ ㄴ, ㄷ
⑤ ㄱ, ㄴ, ㄷ

9. 다음 글의 (가)와 (나)에 들어갈 말을 적절하게 짝지은 것은?

> 갑은 국민 개인의 삶의 질을 1부터 10까지의 수치로 평가하고 이 수치를 모두 더해 한 국가의 행복 정도를 정량화한다. 예를 들어, 삶의 질이 모두 5인 100명의 국민으로 구성된 국가의 행복 정도는 500이다.
>
> 갑은 이제 국가의 행복 정도가 클수록 더 행복한 국가라고 하면서 어느 국가가 더 행복한 국가인지까지도 서로 비교하고 평가할 수 있다고 주장한다. 하지만 갑의 주장은 받아들이기 어렵다. 행복한 국가라면 그 국가의 대다수 국민이 높은 삶의 질을 누리고 있다고 보는 것이 일반적인 직관인데, 이 직관과 충돌하는 결론이 나오기 때문이다. 예를 들어, A국과 B국의 행복 정도를 비교하는 다음의 경우를 생각해 보자. (가) . B국에서 가장 높은 삶의 질을 지닌 국민이 A국에서 가장 낮은 삶의 질을 지닌 국민보다 삶의 질 수치가 낮다. 그러면 갑은 (나) . 그러나 이러한 결론에 동의할 사람은 거의 없을 것이다.

① (가): A국의 행복 정도가 B국의 행복 정도보다 더 크지만
(나): B국이 A국보다 더 행복한 국가라고 말해야 할 것이다
② (가): A국의 행복 정도가 B국의 행복 정도보다 더 크지만
(나): A국이 B국보다 더 행복한 국가라고 말해야 할 것이다
③ (가): A국의 행복 정도와 B국의 행복 정도가 같지만
(나): B국이 A국보다 더 행복한 국가라고 말해야 할 것이다
④ (가): B국의 행복 정도가 A국의 행복 정도보다 더 크지만
(나): B국이 A국보다 더 행복한 국가라고 말해야 할 것이다
⑤ (가): B국의 행복 정도가 A국의 행복 정도보다 더 크지만
(나): A국이 B국보다 더 행복한 국가라고 말해야 할 것이다

10. 다음 글의 (가)와 (나)에 들어갈 말을 <보기>에서 골라 적절하게 짝지은 것은?

> 고대 철학자 A가 궁극적인 목적으로 삼았던 것은 행복한 삶이었다. 그런데 A가 가진 행복 개념은 현대인들이 가지고 있는 행복 개념과 다소 차이가 있다. 우리가 일상적으로 '행복'이라는 말을 사용할 때는 단순히 주관적 심리 상태를 지칭하는 경우가 많다. 하지만 A는 행복이 주관적 심리 상태만으로는 충분하지 않고, 그런 심리 상태를 뒷받침하는 객관적 조건이 반드시 갖추어져 있어야 한다고 생각했다. 요컨대, A가 사용한 행복 개념에 따르면, (가) . 그러나 A는 행복이 주관적 심리 상태만으로는 충분하지 않다고 하더라도, 주관적 심리 상태가 행복의 필수 조건임은 부정할 수 없다고 보았다. 따라서 A에게는 (나) .

<보 기>

ㄱ. 자신이 행복하다고 느끼고 있으면서도 행복하지 않은 경우란 있을 수 없다
ㄴ. 자신이 행복하다고 느끼고 있으면서도 행복하지 않은 경우가 있을 수 있다
ㄷ. 자신이 행복하지 않다고 느끼고 있으면서도 행복한 경우란 있을 수 없다

	(가)	(나)
①	ㄱ	ㄴ
②	ㄱ	ㄷ
③	ㄴ	ㄱ
④	ㄴ	ㄷ
⑤	ㄷ	ㄴ

11. 다음 글에서 추론할 수 있는 것만을 <보기>에서 모두 고르면?

> 진수는 병원에서 급성 중이염을 진단 받고, 항생제 투여 결과 이틀 만에 크게 호전되었다. 진수의 중이염 증상이 빠르게 호전된 것을 '항생제 투여 때문'이라고 답하는 것은 자연스러운 설명이다. 그런데 이것이 좋은 설명이 되려면, 그러한 증상의 치유에 항생제의 투여가 관련되어 있음을 보여 줄 필요가 있다.
>
> 확률의 차이는 이러한 관련성을 보여 주는 한 가지 방식이다. 예컨대 급성 중이염 증상에 대해 항생제 투여 없이 그대로 자연 치유에 맡기는 경우, 그 증상이 치유될 확률이 20%라고 하자. 이를 기준으로 삼아서 항생제 투여가 급성 중이염의 치유에 대해 갖는 긍정적 효과와 부정적 효과를 구분할 수 있다. 가령 항생제 투여를 할 경우에 그 확률이 80%라면, 이는 항생제 투여가 급성 중이염의 치유에 긍정적 효과가 있음을 보여 주는 것이다. 거꾸로, 급성 중이염의 치유를 위해 개발 과정에 있는 신약을 투여했더니 그 확률이 10%라는 조사 결과가 있다면, 이는 신약 투여가 급성 중이염의 치유에 부정적 효과가 있음을 보여 주는 것이다. 물론 두 경우 모두, 급성 중이염의 치유에 투여된 약 이외의 다른 요인이 개입하지 않았다는 점이 보장되어야 한다.

<보 기>

ㄱ. 투여된 약이 증상의 치유에 어떠한 효과도 없다는 것을 보이기 위해서는, 약을 투여하더라도 증상이 치유될 확률에 변화가 없을 뿐 아니라 약의 투여 이외의 다른 요인이 개입되지 않았다는 것이 밝혀져야 한다.
ㄴ. 투여된 약이 증상의 치유에 긍정적인 효과가 있다는 것을 보이기 위해서는 증상이 치유될 확률이 약의 투여 이전보다 이후에 더 높아지는 것을 보이는 것으로 충분하다.
ㄷ. 약 투여 이외의 다른 요인이 개입되지 않았다고 전제할 경우에, 투여된 약이 증상의 치유에 긍정적인 효과가 없다는 것을 보이기 위해서는 증상이 치유될 확률이 약의 투여 이전보다 이후에 더 낮아지는 것을 보이는 것이 필요하다.

① ㄱ
② ㄴ
③ ㄱ, ㄷ
④ ㄴ, ㄷ
⑤ ㄱ, ㄴ, ㄷ

12. 다음 갑~정의 논쟁에 대한 분석으로 적절한 것만을 <보기>에서 모두 고르면?

> 갑: 우리는 보통 인간이나 동물이 어떤 특성을 지니고 있어서 그에 부합하는 도덕적 지위를 갖는다고 생각한다. 의식이 바로 그런 특성이다. 나는 인공지능 로봇도 같은 방식으로 그 도덕적 지위를 결정해야 한다고 생각한다. 그래서 우리는 그런 로봇에게 의식이 있는지를 따져 봐야 할 것이다. 나는 인공지능 로봇이 의식을 갖는다고 생각한다.
>
> 을: 도덕적 지위를 결정하는 기준에 대해서는 나도 갑과 생각이 같다. 하지만 나는 바로 그런 이유에서 인공지능 로봇에게 도덕적 지위를 부여할 수 없다고 생각한다. 로봇은 기계이므로 의식을 갖는 것이 가능하지 않기 때문이다.
>
> 병: 나는 인공지능 로봇에게 의식이 있는지 없는지가 그것에게 도덕적 지위를 부여하느냐 마느냐를 결정하는 근거가 될 수 없다고 생각한다. 인공지능 로봇에게 의식이 있을 수도 있겠지만, 인간의 필요에 의해서 만든 도구적 존재에게 도덕적 지위를 부여하는 것은 말이 안 된다.
>
> 정: 어떤 존재의 도덕적 지위는 우리가 그 존재와 어떤 관계를 맺고 있는지에 따라 결정된다. 우리가 로봇과 가족이나 친구와 같은 유의미한 관계를 맺고 있다면, 인공지능 로봇이 의식을 갖지 않는 경우라 해도, 로봇에게 도덕적 지위를 부여해야 한다.

<보 기>

ㄱ. 을과 정은 인공지능 로봇에게는 의식이 없다고 생각한다.
ㄴ. 인공지능 로봇에게 의식이 있어도 도덕적 지위를 부여할 수 없다고 생각하는 사람이 있다.
ㄷ. 인공지능 로봇에게 실제로 의식이 있다고 밝혀진다면, 네 명 중 한 명은 인공지능 로봇에게 도덕적 지위를 부여해야 하는가에 대한 입장을 바꿔야 한다.

① ㄱ
② ㄴ
③ ㄱ, ㄷ
④ ㄴ, ㄷ
⑤ ㄱ, ㄴ, ㄷ

13. 다음 글에서 추론할 수 있는 것만을 <보기>에서 모두 고르면?

○○부는 올여름 폭염으로 국가적 전력 부족 사태가 예상됨에 따라 '공공기관 에너지 절약 세부 실천대책'을 발표하였다. 이에 따르면 공공기관은 냉방설비를 가동할 때 냉방 온도를 25℃ 이상으로 설정하여야 한다. 또한 14~17시에는 불필요한 전기 사용을 자제하여야 한다.

○○부는 추가적으로, 예비전력을 기준으로 전력수급 위기단계를 준비단계(500만 kW 미만 400만 kW 이상), 관심단계(400만 kW 미만 300만 kW 이상), 주의단계(300만 kW 미만 200만 kW 이상), 경계단계(200만 kW 미만 100만 kW 이상), 심각단계(100만 kW 미만) 순의 5단계로 설정하였다. 전력수급 상황에 따라 위기단계가 통보되면 공공기관은 아래 <표>에 따라 각 위기단계의 조치 사항을 이행하여야 한다. 이때의 조치 사항에는 그 전 위기단계까지의 조치 사항이 포함되어야 한다.

<표> 전력수급 위기단계별 조치 사항

위기단계	조치 사항
준비단계	실내조명과 승강기 사용 자제
관심단계	냉방 온도 28℃ 이상으로 조정
주의단계	냉방기 사용 중지, 실내조명 50% 이상 소등
경계단계	필수 기기를 제외한 모든 사무기기 전원 차단
심각단계	실내조명 완전 소등, 승강기 가동 중지

다만 장애인 승강기는 전력수급 위기단계와 관계없이 상시 가동하여야 한다. 또한 의료기관, 아동 및 노인 등 취약계층 보호시설은 냉방 온도 제한 예외 시설로서 자체적으로 냉방 온도를 설정하여 운영할 수 있다.

<보 기>

ㄱ. 예비전력이 50만 kW일 때 모든 공공기관은 실내조명을 완전 소등하여야 하며, 예비전력이 180만 kW일 때는 50% 이상 소등하여야 한다.

ㄴ. 취약계층 보호시설에 해당하지 않는 공공기관은 예비전력이 280만 kW일 때 냉방 온도를 24℃로 설정할 수 없으나, 예비전력이 750만 kW일 때는 설정할 수 있다.

ㄷ. 전력수급 위기단계가 심각단계일 때 취약계층 보호시설에 해당하는 공공기관은 장애인 승강기를 가동할 수 있으나 취약계층 보호시설에 해당하지 않는 공공기관은 장애인 승강기 가동을 중지하여야 한다.

① ㄱ
② ㄷ
③ ㄱ, ㄴ
④ ㄴ, ㄷ
⑤ ㄱ, ㄴ, ㄷ

14. 다음 글의 내용이 참일 때, 반드시 참인 것만을 <보기>에서 모두 고르면?

갑은 <공직 자세 교육과정>, <리더십 교육과정>, <글로벌 교육과정>, <직무 교육과정>, <전문성 교육과정>의 다섯 개 과정으로 이루어진 공직자 교육 프로그램에 참여할 것을 고려하고 있다. 갑이 <공직 자세 교육과정>을 이수한다면 <리더십 교육과정>도 이수한다. 또한 갑이 <글로벌 교육과정>을 이수한다면 <직무 교육과정>과 <전문성 교육과정>도 모두 이수한다. 그런데 갑은 <리더십 교육과정>을 이수하지 않거나 <전문성 교육과정>을 이수하지 않는다.

<보 기>

ㄱ. 갑은 <공직 자세 교육과정>을 이수하지 않거나 <글로벌 교육과정>을 이수하지 않는다.

ㄴ. 갑이 <직무 교육과정>을 이수하지 않는다면 <글로벌 교육과정>도 이수하지 않는다.

ㄷ. 갑은 <공직 자세 교육과정>을 이수하지 않는다.

① ㄱ
② ㄷ
③ ㄱ, ㄴ
④ ㄴ, ㄷ
⑤ ㄱ, ㄴ, ㄷ

15. 다음 글에서 갑이 새롭게 입수한 '정보'로 적절한 것은?

> 월요일부터 목요일까지 하루에 한 차례씩 시험 출제 회의가 열렸다. 회의에 참석한 시험위원들에 관한 자료를 정리하던 주무관 갑은 다음의 사실을 파악하였다.
> ○ 월요일에 참석한 시험위원은 모두 수요일에도 참석했다.
> ○ 화요일에 참석한 시험위원은 누구도 수요일에는 참석하지 않았다.
> ○ 수요일에 참석한 시험위원 중 적어도 한 사람은 목요일에도 참석했다.
> 갑은 이 사실에 새롭게 입수한 '정보'를 더하여 "월요일에는 참석하지 않았지만 목요일에는 참석한 시험위원이 적어도 한 사람은 있다."는 것을 알아내었다.

① 월요일에 참석하지 않은 시험위원이 적어도 한 사람은 있다.
② 화요일에 참석하지 않은 시험위원이 적어도 한 사람은 있다.
③ 수요일에 참석한 시험위원 중 적어도 한 사람은 목요일에 참석하지 않았다.
④ 목요일에는 참석하지 않았지만 월요일에는 참석한 시험위원이 적어도 한 사람은 있다.
⑤ 월요일에 참석한 시험위원 중에는 목요일에 참석한 시험위원은 없다.

16. 다음 글의 내용이 참일 때, 반드시 참인 것만을 <보기>에서 모두 고르면?

> 국제해양환경회의에 5명의 대표자가 참석하여 A, B, C, D 4개 정책을 두고 토론회를 열었다. 대표자들은 모두 각 정책에 대해 찬반 중 하나의 입장을 분명하게 표명했으며, 각자 하나 이상의 정책에 찬성하고 하나 이상의 정책에 반대한 것으로 드러났다. 그들의 입장을 정리한 결과는 다음과 같다.
> ○ A에 찬성하는 대표자는 2명이다.
> ○ A에 찬성하는 대표자는 모두 B에 찬성한다.
> ○ B에 찬성하는 대표자 중에 C에 찬성하는 사람과 반대하는 사람은 동수이다.
> ○ B와 D에 모두 찬성하는 대표자는 아무도 없다.
> ○ D에 찬성하는 대표자는 2명이다.
> ○ D에 찬성하는 대표자는 모두 C에 찬성한다.

<보 기>

ㄱ. 3개 정책에 반대하는 대표자가 있다.
ㄴ. B에 찬성하는 대표자는 2명이다.
ㄷ. C에 찬성하는 대표자가 가장 많다.

① ㄱ
② ㄴ
③ ㄱ, ㄷ
④ ㄴ, ㄷ
⑤ ㄱ, ㄴ, ㄷ

17. 다음 글에서 추론할 수 있는 것만을 <보기>에서 모두 고르면?

포유동물의 발생 과정에서 폐는 가장 늦게 그 기능을 발휘하는 기관 중 하나이다. 폐 내부의 폐포는 숨을 들이마시면 부풀어 오르는데 이때 폐포로 들어온 공기와 폐포를 둘러싸고 있는 모세혈관의 혈액 사이에 기체교환이 일어난다. 즉 공기 중의 산소를 혈액으로 전달하고 혈액에 있는 이산화탄소가 폐포 내에 있는 공기로 배출된다. 폐포가 정상적으로 기능을 발휘하려면 폐포가 접촉해도 서로 들러붙지 않도록 하는 충분한 양의 계면 활성제가 필요하다. 폐포 세포가 분비하는 이 계면 활성제는 임신 기간이 거의 끝날 때쯤, 즉 사람의 경우 임신 약 34주째쯤, 충분히 폐포에 분비되어 비로소 호흡할 수 있는 폐가 형성된다.

태아의 폐가 정상 기능을 하게 되면 곧이어 출산이 일어난다. 쥐 실험을 통해 호흡이 가능한 폐의 형성과 출산이 어떻게 연동되는지 확인되었다. 임신한 실험 쥐의 출산일이 다가오면, 쥐의 태아 폐포에서는 충분한 양의 계면 활성제가 분비되고 그중 일부가 양수액으로 이동하여 양수액에 있는 휴면 상태의 대식세포를 활성화시킨다. 활성화된 대식세포는 양수액에서 모태 쥐의 자궁 근육 안으로 이동하여, 자궁 근육 안에서 물질 A를 분비하게 한다. 물질 A는 비활성 상태의 효소 B에 작용하여 그것을 활성 상태로 바꾸고 활성화된 효소 B는 자궁 근육 안에서 물질 C가 만들어지게 하는데, 물질 C는 효소 B가 없으면 만들어지지 않는다. 이렇게 만들어진 물질 C가 일정 수준의 농도가 되면 자궁 근육을 수축하게 하여 쥐의 출산이 일어나게 하는데, 물질 C가 일정 수준의 농도에 이르지 않으면 자궁 근육의 수축이 일어나지 않는다.

<보 기>

ㄱ. 태아 시기 쥐의 폐포에서 물질 A가 충분히 발견되지 않는다면, 그 쥐의 폐는 정상적으로 기능을 발휘할 수 없다.
ㄴ. 임신 초기부터 효소 B가 모두 제거된 상태로 유지된 암쥐는 출산 시기가 되어도 자궁 근육의 수축이 일어나지 않는다.
ㄷ. 출산을 며칠 앞둔 암쥐의 자궁 근육에 물질 C를 주입하여 물질 C가 일정 수준의 농도에 이르게 되면 출산이 유도된다.

① ㄱ
② ㄴ
③ ㄱ, ㄷ
④ ㄴ, ㄷ
⑤ ㄱ, ㄴ, ㄷ

18. 다음 글에서 추론할 수 없는 것은?

물속에서 눈을 뜨면 물체를 뚜렷하게 볼 수 없다. 이는 공기에 대한 각막의 상대 굴절률이 물에 대한 각막의 상대 굴절률과 달라서 물속에서는 상이 망막에 선명하게 맺히기 힘들기 때문이다. 그런데 수경을 쓰면 빛이 공기에서 각막으로 굴절되어 망막에 들어오므로 상이 망막에 선명하게 맺혀서 물체를 뚜렷하게 볼 수 있다.

초기 형태의 수경은 덮개 형태의 두 부분으로 구성되어 있고 두 부분은 각각 오른쪽 눈과 왼쪽 눈을 덮고 있다. 한쪽 부분 안의 공기량이 약 7.5mL인 이 수경을 쓸 경우 3m 이상 잠수하면 결막 출혈이 생길 수 있다. 이런 현상은 다음과 같은 이유로 나타난다. 잠수를 하면 몸은 물의 압력인 수압을 받게 되는데, 수압은 잠수 깊이가 깊어질수록 커진다. 잠수 시 수압에 의해 신체가 압박되어 신체의 부피가 줄어들면서 체내 압력이 커져 수압과 같아지게 되는 반면, 수경 내부 공기의 부피는 변하지 않으므로 수경 내의 공기압인 수경 내압은 변하지 않는다. 이때 체내 압력이 수경 내압보다 일정 수준 이상 커지면 안구 안팎에 큰 압력 차이가 나타나 눈의 혈관이 압력차를 견디지 못하고 파열되어 결막 출혈이 일어난다. 초기 형태의 수경을 사용하던 해녀들은 깊이 잠수해 들어갈 때 흔히 이러한 결막 출혈을 경험하였다.

이러한 문제를 극복할 수 있도록 만들어진 수경 '부글래기'는 기존 수경에 공기가 담긴 고무주머니를 추가한 것인데 이 고무주머니는 수경 내부와 연결되어 있다. 이 수경은 잠수 시 수압에 의해 고무주머니가 압축되면, 고무주머니 내의 공기가 수압과 수경 내압이 같아질 때까지 수경 내로 이동하여 안구 안팎에 압력 차이가 나타나는 것을 막아 잠수 시 나타날 수 있는 결막 출혈을 방지한다. 우리나라에서는 모슬포 지역의 해녀들이 부글래기를 사용한 적이 있다.

오늘날 해녀들은 '큰눈' 또는 '왕눈'으로 불리는, 눈뿐만 아니라 코까지 덮는 수경을 사용한다. 이런 수경을 쓰면 잠수 시 수압에 의하여 폐가 압축되어 수압과 수경 내압이 같아질 때까지 폐의 공기가 기도와 비강을 거쳐 수경 내로 들어온다. 따라서 잠수 시 결막 출혈이 일어나지 않는다.

① 부글래기를 쓰고 잠수하면 빛이 공기에서 각막으로 굴절되어 망막에 들어와 물체를 뚜렷하게 볼 수 있다.
② 수경 내압은 큰눈을 쓰고 잠수했을 때보다 초기 형태의 수경을 쓰고 잠수했을 때가 더 크다.
③ 잠수 시 결막 출혈을 방지할 수 있는 수경이 모슬포 지역에서 사용된 적이 있다.
④ 왕눈을 쓰고 잠수하면 수경 내압과 체내 압력이 같아진다.
⑤ 체내 압력은 잠수하기 전보다 잠수했을 때가 더 크다.

19. 다음 글의 <실험>의 결과를 가장 잘 설명하는 것은?

소자 X는 전류가 흐르게 되면 빛을 발생시키는 반도체 소자로, p형 반도체와 n형 반도체가 접합된 구조를 가지고 있다. X에 전류가 흐르게 되면, p형 반도체 부분에 정공이 주입되고 n형 반도체 부분에 전자가 주입된다. 이때 p형 반도체와 n형 반도체의 접합 부분에서는 정공과 전자가 서로 만나 광자, 즉 빛이 발생한다. 그런데 X에 주입되는 모든 정공과 전자가 빛을 발생시키지는 않는다. 어떤 정공과 전자는 서로 만나지 못하기도 하고, 어떤 정공과 전자는 서로 만나더라도 빛을 발생시키지 못한다. 내부 양자효율은 주입된 정공-전자 쌍 중 광자로 변환된 것의 비율을 의미한다. 예를 들어, X에 정공-전자 100쌍이 주입되었을 때 이 소자 내부에서 60개의 광자가 발생하였다면, 내부 양자효율은 0.6으로 계산된다. 이는 X의 성능을 나타내는 중요한 지표 중 하나로, X의 불순물 함유율에 의해서만 결정되고, 불순물 함유율이 낮을수록 내부 양자효율은 높아진다.

X의 성능을 나타내는 또 하나의 지표로 외부 양자효율이 있다. 외부 양자효율은 X 내에서 발생한 광자가 X 외부로 방출되는 정도와 관련된 지표이다. X 내에서 발생한 광자가 X를 벗어나는 과정에서 일부는 반사되어 외부로 나가지 못한다. X 내에서 발생한 광자 중 X 외부로 벗어난 광자의 비율이 외부 양자효율로, 예를 들어 X 내에서 발생한 광자가 100개인데 40개의 광자만이 X 외부로 방출되었다면, 외부 양자효율은 0.4인 것이다. 외부 양자효율은 X의 굴절률에 의해서만 결정되며, 굴절률이 클수록 외부 양자효율은 낮아진다. 같은 개수의 정공-전자 쌍이 주입될 경우, X에서 방출되는 광자의 개수는 외부 양자효율과 내부 양자효율을 곱한 값이 클수록 많아진다.

한 연구자는 X의 세 종류 A, B, C에 대해 다음과 같은 실험을 수행하였다. A와 B의 굴절률은 서로 같았지만, 모두 C의 굴절률보다는 작았다.

<실 험>

같은 개수의 정공-전자 쌍이 주입되는 회로에 A, B, C를 각각 연결하고 방출되는 광자의 개수를 측정하였다. 실험 결과, 방출되는 광자의 개수는 A가 가장 많았고 B와 C는 같았다.

① 불순물 함유율은 B가 가장 높고, A가 가장 낮다.
② 불순물 함유율은 C가 가장 높고, A가 가장 낮다.
③ 내부 양자효율은 C가 가장 높고, A가 가장 낮다.
④ 내부 양자효율은 A가 B보다 높고, C가 B보다 높다.
⑤ 내부 양자효율은 C가 A보다 높고, C가 B보다 높다.

20. 다음 글의 논증에 대한 평가로 적절한 것만을 <보기>에서 모두 고르면?

사람의 특징 중 하나는 옷을 입는다는 것이다. 그렇다면 사람은 언제부터 옷을 입기 시작했을까? 사람이 옷을 입기 시작한 시점을 추정하기 위해 몇몇 생물학자들은 사람에 기생하는 이에 주목하였다. 사람을 숙주로 삼아 기생하는 이에는 두 종이 있는데, 하나는 옷에서 살아가며 사람 몸에서 피를 빨아 먹는 '사람 몸니'이고 다른 하나는 사람 두피에서 피를 빨아 먹으며 사는 '사람 머릿니'이다.

사람 몸니가 의복류에 적응한 것을 볼 때, 그것들은 아마 사람이 옷을 입기 시작했던 무렵에 사람 머릿니에서 진화적으로 분기되었을 것이다. 생물의 DNA 염기서열은 시간이 지나면서 조금씩 무작위적으로 변하는데 특정한 서식 환경에서 특정한 염기서열이 선택되면서 해당 서식 환경에 적응한 새로운 종이 생겨난다. 그러므로 현재 사람 몸니와 사람 머릿니의 염기서열의 차이를 이용하여 두 종의 이가 공통 조상에서 분기된 시점을 추정할 수 있다. 이를 위해 우선 두 종의 염기서열을 분석하여 두 종 간의 염기서열에 차이가 나는 비율을 산출한다. 그러나 이것만으로 두 종이 언제 분기되었는지 결정할 수는 없다.

사람 몸니와 사람 머릿니의 분기 시점을 추정하기 위해 침팬지의 털에서 사는 침팬지 이와 사람 머릿니를 이용할 수 있다. 우선 침팬지 이와 사람 머릿니의 염기서열을 비교하여 두 종 간의 염기서열에 차이가 나는 비율을 산출한다. 침팬지와 사람이 공통 조상에서 분기되면서 침팬지 이와 사람 머릿니도 공통 조상에서 분기되었다고 볼 수 있고, 화석학적 증거에 따르면 침팬지와 사람의 분기 시점이 약 550만 년 전이므로, 침팬지 이와 사람 머릿니 사이의 염기서열 차이는 550만 년 동안 누적된 변화로 볼 수 있다. 이로부터 1만 년당 이의 염기서열이 얼마나 변화하는지 계산할 수 있다. 이렇게 계산된 이의 염기서열의 변화율을 사람 머릿니와 사람 몸니의 염기서열의 차이에 적용하면, 사람이 옷을 입기 시작한 시점을 설득력 있게 추정할 수 있다. 연구 결과, 사람이 옷을 입기 시작한 시점은 약 12만 년 전 이후인 것으로 추정된다.

<보 기>

ㄱ. 염기서열의 변화가 일정한 속도로 축적되는 것이 사실이라면 이 논증은 강화된다.
ㄴ. 침팬지 이와 사람 머릿니의 염기서열의 차이가 사람 몸니와 사람 머릿니의 염기서열의 차이보다 작다면 이 논증은 약화된다.
ㄷ. 염기서열 비교를 통해 침팬지와 사람의 분기 시점이 침팬지 이와 사람 머릿니의 분기 시점보다 50만 년 뒤였음이 밝혀진다면, 이 논증은 약화된다.

① ㄴ ② ㄷ ③ ㄱ, ㄴ
④ ㄱ, ㄷ ⑤ ㄱ, ㄴ, ㄷ

[21~22] 다음 글을 읽고 물음에 답하시오.

공리주의에 따르면, 행복은 쾌락의 총량에서 고통의 총량을 뺀 값으로 수치화하여 나타낼 수 있고, 어떤 행위에 대한 도덕적 판단은 그 행위가 산출하는 행복의 증감에 의존하고, 더 큰 행복을 낳는 선택을 하는 것이 옳은 행위이다.

공리주의자 A는 한 개체로 인한 행복의 증감을 다른 개체로 인한 행복의 증감으로 대체할 수 있다는 대체가능성 논제를 받아들여, 육식이 도덕적으로 옳은 행위가 될 수 있다고 주장한다. 예를 들어, 닭고기를 먹는 일은 닭에게 죽음을 발생시키지만, 더 많은 닭의 탄생에도 기여한다. 태어나는 닭의 수를 고려하면 육식을 위한 도축은 거기 연루된 고통까지 고려하더라도 닭 전체의 행복의 총량을 증진한다. 왜냐하면 한 동물이 일생 동안 누릴 쾌락의 총량은 고통의 총량보다 크기 때문이다.

공리주의자 B는 A의 주장이 틀렸다고 비판한다. A가 받아들이는 대체가능성 논제가 존재하지 않는 대상의 고통과 쾌락을 도덕적 판단의 근거로 삼기 때문이다.

이에 A는 두 여인의 임신에 관한 다음의 사고실험을 토대로 B의 주장을 반박한다. 갑은 임신 3개월 때 의사로부터 태아에게 심각하지만 쉽게 치유 가능한 건강 문제가 있다는 진단을 받았다. 갑이 부작용 없는 약 하나만 먹으면 아이의 건강 문제는 사라진다. 을은 의사로부터 만일 지금 임신하면 아이가 심각한 건강 문제를 갖게 되지만, 3개월 후에 임신하면 아무런 문제가 없을 것이라는 진단을 받았다. 이 상황에서 갑은 약을 먹지 않아서, 을은 기다리지 않고 임신해서 둘 다 심각한 건강 문제를 가진 아이를 낳았다고 하자. B의 주장에 따르면 둘 사이에는 중요한 차이가 있다. 갑의 경우에는 태어난 아이에게 해악을 끼쳤다고 할 수 있는 반면, 을의 경우는 그렇지 않다. 을이 태어난 아이에게 해악을 끼쳤다고 평가하려면 그 아이가 건강하게 태어날 수도 있었다는 전제가 필요한데, 만일 을이 3개월을 기다려 임신했다면 그 아이가 아닌 다른 아이가 잉태되었을 것이기 때문이다. 그러나 A에 따르면, 갑과 마찬가지로 을도 도덕적 잘못을 저질렀다는 것이 일반적인 직관이므로 이에 반하는 B의 주장은 수용하기 어렵다.

A는 B의 주장을 수용하기 어려운 이유를 미래세대에 대한 도덕적 책임 문제에서도 찾을 수 있다고 말한다. 만일 현세대가 지금과 같은 삶의 방식을 고수한다면, 온난화가 가속되어 지구 환경은 나빠질 것이다. 그 결과 미래세대의 고통이 증가되었다면 현세대는 이에 대한 도덕적 책임이 있다는 것이 일반적인 직관이다. 그러나 B의 주장에 따르면 그렇게 평가할 수 없다. 왜냐하면 현세대가 미래세대를 고려하여 기존과 다른 삶의 방식을 취하게 되면, 현세대가 기존 방식을 고수했을 때와는 다른 구성원으로 이루어진 미래세대가 생겨나기 때문이다. 그래서 을이 태어난 아이에게 잘못을 저질렀다고 말할 수 없는 것과 마찬가지로, 현세대도 미래세대가 겪는 고통에 대해 도덕적 책임이 없다고 말해야 한다. 그러나 A가 보기에 ㉠ 이는 수용하기 어렵다.

21. 위 글에 대한 분석으로 적절한 것만을 <보기>에서 모두 고르면?

<보 기>

ㄱ. A의 주장에 따르면, 을의 행위는 도덕적으로 옳은 행위가 아니다.
ㄴ. 갑의 행위에 대한 B의 도덕적 평가는 대체가능성 논제의 수용 여부에 따라 달라지지 않는다.
ㄷ. B의 주장에 따르면, 을의 행위에 대한 도덕적 평가를 할 때 잉태되지 않은 존재의 쾌락이나 고통을 고려해서는 안 된다.

① ㄱ
② ㄷ
③ ㄱ, ㄴ
④ ㄴ, ㄷ
⑤ ㄱ, ㄴ, ㄷ

22. 위 글의 ㉠에 대한 평가로 적절한 것만을 <보기>에서 모두 고르면?

<보 기>

ㄱ. 미래세대 구성원이 달라질 경우 미래세대가 누릴 행복의 총량이 변한다면, ㉠은 약화되지 않는다.
ㄴ. 아직 현실에 존재하지 않는다는 이유로 미래세대를 도덕적 고려에서 배제하는 것이 불합리하다면, ㉠은 약화된다.
ㄷ. 일반적인 직관에 반하는 결론이 도출된다고 해도 그러한 직관이 옳은지의 여부가 별도로 평가되어야 한다면, ㉠은 약화된다.

① ㄱ
② ㄴ
③ ㄱ, ㄷ
④ ㄴ, ㄷ
⑤ ㄱ, ㄴ, ㄷ

23. 다음 글의 <표>에 대한 판단으로 적절한 것만을 <보기>에서 모두 고르면?

주무관 갑은 국민이 '적극행정 국민신청'을 하는 경우, '적극행정 국민신청제'의 두 기준을 충족하는지 검토한다. 이때 두 기준을 모두 충족한 신청안에만 적극행정 담당자를 배정하고, 두 기준 중 하나라도 충족하지 못한 신청안은 반려한다.

우선 신청안에 대해 '신청인이 같은 내용으로 민원이나 국민제안을 제출한 적이 있는지 여부'를 기준으로 하여 '제출한 적 있음'과 '제출한 적 없음'을 판단한다. 그리고 '신청인이 이전에 제출한 민원의 거부 또는 국민제안의 불채택 사유가 근거 법령의 미비나 불명확에 해당하는지 여부'를 기준으로 '해당함'과 '해당하지 않음'을 판단한다. 각각의 기준에서 '제출한 적 있음'과 '해당함'을 충족하는 신청안에만 적극행정 담당자가 배정된다.

최근에 접수된 안건 (가)는 신청인이 같은 내용의 민원을 제출한 적이 있으나, 근거 법령의 미비나 불명확 때문이 아니라 민원의 내용이 사인(私人) 간의 권리관계에 관한 것이어서 거부되었다. (나)는 신청인이 같은 내용의 국민제안을 제출한 적이 있으나, 근거 법령이 불명확하다는 이유로 불채택되었다. (다)는 신청인이 같은 내용으로 민원을 제출한 적이 있으나 근거 법령의 미비를 이유로 거부되었다. (라)는 신청인이 같은 내용으로 민원이나 국민제안을 제출한 적이 없었다.

접수된 안건 (가)~(라)에 대해 두 기준 및 그것의 충족 여부를 위의 내용을 바탕으로 다음과 같은 형식의 <표>로 나타내었다.

<표> 적극행정 국민신청안 처리 현황

기준 \ 안건	(가)	(나)	(다)	(라)
A	㉠	㉡	㉢	㉣
B	㉤	㉥	㉦	㉧

<보 기>

ㄱ. A에 '신청인이 같은 내용의 민원이나 국민제안을 제출한 적이 있는지 여부'가 들어가면 ㉠과 ㉡이 같다.

ㄴ. ㉠과 ㉢이 서로 다르다면, B에 '신청인이 이전에 제출한 민원의 거부 또는 국민제안의 불채택 사유가 근거 법령의 미비나 불명확에 해당하는지 여부'가 들어간다.

ㄷ. ㉤과 ㉥이 같다면 ㉦과 ㉧이 같다.

① ㄱ
② ㄴ
③ ㄱ, ㄷ
④ ㄴ, ㄷ
⑤ ㄱ, ㄴ, ㄷ

24. 다음 대화의 빈칸에 들어갈 말로 가장 적절한 것은?

갑: 안녕하세요. 저는 A도의회 사무처에 근무하는 ○○○입니다. 「재난안전법」 제25조의2제5항에 따라, 재난 상황에 대비하여 기능연속성계획을 수립해야 한다는 말씀을 듣고 문의드립니다. A도의회도 기능연속성계획을 수립해야 하는지, 만일 수립해야 한다면 그 업무는 A도의회 의장의 업무인지 궁금합니다.

을: 「재난안전법」상 기능연속성계획을 수립하도록 규정된 기관에는 재난관리책임기관인 중앙행정기관·지방자치단체, 그리고 국회·법원·헌법재판소·중앙선거관리위원회가 있습니다. 재난관리책임기관에서는 해당 기관의 장인 장관이나 시·도지사가, 국회·법원·헌법재판소·중앙선거관리위원회에서는 해당 기관의 행정사무를 처리하는 조직의 장이 기능연속성계획을 수립해야 합니다.

갑: 그러면 도의회는 성격상 유사한 의결기관인 국회의 경우에 준하여 도의회 사무처장이 기능연속성계획을 수립하면 될까요?

을: 도의회가 국회와 같은 의결기관이기는 하지만 국회에 준하여 판단해서는 안 됩니다. 「재난안전법」은 재난관리책임기관을 제3조제5호의 각 목에서 규정하고 있습니다. 가목에서는 중앙행정기관 및 지방자치단체를, 그리고 나목에서는 지방행정기관·공공기관·공공단체 및 재난관리의 대상이 되는 중요 시설의 관리기관 등으로서 대통령령으로 정하는 기관을 규정하고 있습니다. 그리고 「지방자치법」 제37조에 따르면 "지방자치단체에 주민의 대의기관인 의회를 둔다."라고 규정하여 도의회는 지방자치단체의 기관이기 때문에 도의회는 그 자체로 「재난안전법」에 명시된 재난관리책임기관이 아닙니다.

갑: 그렇다면 도의회에 관한 기능연속성계획은 수립되지 않아도 되는 것인가요?

을: 재난 발생 상황에서도 도의회가 연속성 있게 수행할 필요가 있는 핵심 기능이 있다고 판단되는지가 관건이겠습니다. 「재난안전법」상 그것을 판단할 권한은 해당 지방자치단체의 장에게 있습니다.

갑: 예, 그러면 [   ].

① 재난 상황이 발생하면 A도의회의 핵심 기능 유지를 위해 A도지사의 판단을 거쳐 신속하게 기능연속성계획을 수립해야 하겠군요
② A도의회는 재난 발생 시에도 수행해야 할 핵심 기능이 있기에 자체적으로 기능연속성계획을 수립해야 하겠군요
③ A도의회는 재난관리책임기관이므로 A도의회 의장이 재난에 대비한 기능연속성계획을 수립해야 하겠군요
④ A도의회는 국회 같은 차원의 의결기능을 갖고 있지 않으므로 기능연속성계획을 수립할 일이 없겠군요
⑤ A도의회에 관한 기능연속성계획이 수립되어야 하는지 여부는 A도지사의 판단에 따라 결정되겠군요

25. 다음 글의 ㉠의 내용으로 적절한 것만을 <보기>에서 모두 고르면?

A시에 주민등록을 두고 거주하는 갑은 B시 관내에 있는 고등학교에, B시에 주민등록을 두고 거주하는 을은 A시 관내에 있는 고등학교에 신입생으로 입학하게 되었다. 갑과 을이 입학할 예정인 고등학교는 모두 교복을 입는 학교이다. 갑과 을은 A시와 B시에서 교복 구입비 지원사업을 시행하는 것을 확인하고, 교복 구입비 지원을 받을 수 있을 것으로 기대하였다. 그러나 확인 결과, 둘 중 한 명은 A시와 B시 어느 곳에서도 교복 구입비 지원을 받을 수 없다는 문제가 드러났다. A시와 B시는 ㉠ 이 학생의 문제를 해결하기 위해 조례의 일부를 개정하려 한다.

「A시 교복 지원 조례」

제2조(정의) 이 조례에서 사용하는 용어의 뜻은 다음과 같다.

1. "학교"란 「초·중등교육법」 제2조에 따른 학교 중 A시 관내 중·고등학교를 말한다.

제4조(지원대상) 교복 구입비 지원 대상은 다음 각 호의 어느 하나에 해당하는 사람으로 한다.

1. 교복을 입는 학교에 신입생으로 입학하는 1학년 학생
2. 다른 시·도 또는 국외에서 제1호의 학교로 전입학하거나 편입학한 학생

「B시 교복 지원 조례」

제2조(정의) 이 조례에서 사용하는 용어의 정의는 다음과 같다.

1. "학교"란 「초·중등교육법」 제2조 규정에 해당하는 학교를 말한다.

제4조(지원대상) ① 교복 구입비 지원 대상은 B시에 주민등록이 되어 있고, 중·고등학교에 입학하는 학생을 대상으로 한다.

② 제1항에 따른 입학생은 당해년도 신입생으로 한다.

<보 기>

ㄱ. 「A시 교복 지원 조례」 제2조제1호의 '학교 중 A시 관내 중·고등학교'를 '학교'로, 제4조제1호의 '교복을 입는 학교에 신입생으로 입학하는 1학년 학생'을 'A시에 주민등록이 되어 있고, 교복을 입는 A시 관내 학교에 입학하는 신입생'으로 개정한다.

ㄴ. 「A시 교복 지원 조례」 제4조제1호의 '교복을 입는 학교에 신입생으로 입학하는 1학년 학생'을 'A시에 주민등록이 되어 있고, 교복을 입는 학교에 신입생으로 입학하는 1학년 학생'으로 개정한다.

ㄷ. 「B시 교복 지원 조례」 제4조제1항의 'B시에 주민등록이 되어 있고, 중·고등학교에 입학하는 학생'을 'B시 관내 중·고등학교에 입학하는 학생'으로 개정한다.

① ㄱ ② ㄷ ③ ㄱ, ㄴ
④ ㄴ, ㄷ ⑤ ㄱ, ㄴ, ㄷ

약점 보완 해설집 p.72

상황판단영역

1. 다음 글을 근거로 판단할 때 옳은 것은?

제00조(정의) 이 법에서 사용하는 용어의 정의는 다음과 같다.
1. "천문업무"란 우주에 대한 관측업무와 그에 따른 부대 업무를 말한다.
2. "천문역법"이란 천체운행의 계산을 통하여 산출되는 날짜와 천체의 출몰시각 등을 정하는 방법을 말한다.
3. "윤초"란 지구자전속도의 불규칙성으로 인하여 발생하는 세계시와 세계협정시의 차이가 1초 이내로 되도록 보정하여주는 것을 말한다.
4. "그레고리력"이란 1년의 길이를 365.2425일로 정하는 역법체계로서 윤년을 포함하는 양력을 말한다.
5. "윤년"이란 그레고리력에서 여분의 하루인 2월 29일을 추가하여 1년 동안 날짜의 수가 366일이 되는 해를 말한다.
6. "월력요항"이란 관공서의 공휴일, 기념일, 24절기 등의 자료를 표기한 것으로 달력 제작의 기준이 되는 자료를 말한다.

제00조(천문역법) ① 천문역법을 통하여 계산되는 날짜는 양력인 그레고리력을 기준으로 하되, 음력을 병행하여 사용할 수 있다.
② 과학기술정보통신부장관은 천문역법의 원활한 관리를 위하여 윤초의 결정을 관장하는 국제기구가 결정·통보한 윤초를 언론매체나 과학기술정보통신부 인터넷 홈페이지 등을 통하여 지체 없이 발표하여야 한다.
③ 과학기술정보통신부장관은 한국천문연구원으로부터 필요한 자료를 제출받아 매년 6월 말까지 다음 연도의 월력요항을 작성하여 관보에 게재하여야 한다.

① 그레고리력은 윤년을 제외하는 양력을 말한다.
② 달력 제작의 기준이 되는 자료인 월력요항에는 24절기가 표기된다.
③ 과학기술정보통신부장관은 세계시와 세계협정시를 고려하여 윤초를 결정한다.
④ 천문역법을 통해 계산되는 날짜는 음력을 사용할 수 없고, 양력인 그레고리력을 기준으로 한다.
⑤ 과학기술정보통신부장관은 한국천문연구원으로부터 자료를 제출받아 매년 6월 말까지 그해의 월력요항을 작성하여 관보에 게재하여야 한다.

2. 다음 글을 근거로 판단할 때 옳은 것은?

제00조(법 적용의 기준) ① 새로운 법령등은 법령등에 특별한 규정이 있는 경우를 제외하고는 그 법령등의 효력 발생 전에 완성되거나 종결된 사실관계 또는 법률관계에 대해서는 적용되지 아니한다.
② 당사자의 신청에 따른 처분은 법령등에 특별한 규정이 있거나 처분 당시의 법령등을 적용하기 곤란한 특별한 사정이 있는 경우를 제외하고는 처분 당시의 법령등에 따른다.

제00조(처분의 효력) 처분은 권한이 있는 기관이 취소 또는 철회하거나 기간의 경과 등으로 소멸되기 전까지는 유효한 것으로 통용된다. 다만, 무효인 처분은 처음부터 그 효력이 발생하지 아니한다.

제00조(위법 또는 부당한 처분의 취소) ① 행정청은 위법 또는 부당한 처분의 전부나 일부를 소급하여 취소할 수 있다. 다만, 당사자의 신뢰를 보호할 가치가 있는 등 정당한 사유가 있는 경우에는 장래를 향하여 취소할 수 있다.
② 행정청은 제1항에 따라 당사자에게 권리나 이익을 부여하는 처분을 취소하려는 경우에는 취소로 인하여 당사자가 입게 될 불이익을 취소로 달성되는 공익과 비교·형량(衡量)하여야 한다. 다만, 다음 각 호의 어느 하나에 해당하는 경우에는 그러하지 아니하다.
1. 거짓이나 그 밖의 부정한 방법으로 처분을 받은 경우
2. 당사자가 처분의 위법성을 알고 있었거나 중대한 과실로 알지 못한 경우

① 새로운 법령등은 법령등에 특별한 규정이 있는 경우에는 그 법령등의 효력 발생 전에 종결된 법률관계에 대해 적용될 수 있다.
② 무효인 처분의 경우 그 처분의 효력이 소멸되기 전까지는 유효한 것으로 통용된다.
③ 행정청은 부당한 처분의 일부는 소급하여 취소할 수 있으나 전부를 소급하여 취소할 수는 없다.
④ 당사자의 신청에 따른 처분은 처분 당시의 법령등을 적용하기 곤란한 특별한 사정이 있는 경우에도 처분 당시의 법령등에 따른다.
⑤ 당사자가 부정한 방법으로 자신에게 이익이 부여되는 처분을 받아 행정청이 그 처분을 취소하고자 하는 경우, 취소로 인해 당사자가 입게 될 불이익과 취소로 달성되는 공익을 비교·형량하여야 한다.

3. 다음 글을 근거로 판단할 때 옳은 것은?

> 제00조(조직 등) ① 자율방범대에는 대장, 부대장, 총무 및 대원을 둔다.
> ② 경찰서장은 자율방범대장이 추천한 사람을 자율방범대원으로 위촉할 수 있다.
> ③ 경찰서장은 자율방범대원이 이 법을 위반하여 파출소장이 해촉을 요청한 경우에는 해당 자율방범대원을 해촉해야 한다.
> 제00조(자율방범활동 등) ① 자율방범대는 다음 각 호의 활동(이하 '자율방범활동'이라 한다)을 한다.
> 1. 범죄예방을 위한 순찰 및 범죄의 신고, 청소년 선도 및 보호
> 2. 시·도경찰청장, 경찰서장, 파출소장이 지역사회의 안전을 위해 요청하는 활동
>
> ② 자율방범대원은 자율방범활동을 하는 때에는 자율방범활동 중임을 표시하는 복장을 착용하고 자율방범대원의 신분을 증명하는 신분증을 소지해야 한다.
> ③ 자율방범대원은 경찰과 유사한 복장을 착용해서는 안 되며, 경찰과 유사한 도장이나 표지 등을 한 차량을 운전해서는 안 된다.
> 제00조(금지의무) ① 자율방범대원은 자율방범대의 명칭을 사용하여 다음 각 호의 어느 하나에 해당하는 행위를 해서는 안 된다.
> 1. 기부금품을 모집하는 행위
> 2. 영리목적으로 자율방범대의 명의를 사용하는 행위
> 3. 특정 정당 또는 특정인의 선거운동을 하는 행위
>
> ② 제1항 제3호를 위반한 자에 대해서는 3년 이하의 징역 또는 600만 원 이하의 벌금에 처한다.

① 파출소장은 자율방범대장이 추천한 사람을 자율방범대원으로 위촉할 수 있다.
② 자율방범대원이 범죄예방을 위한 순찰을 하는 경우, 경찰과 유사한 복장을 착용할 수 있다.
③ 자율방범대원이 영리목적으로 자율방범대의 명의를 사용한 경우, 3년 이하의 징역에 처한다.
④ 자율방범대원이 청소년 선도활동을 하는 경우, 자율방범활동 중임을 표시하는 복장을 착용하면 자율방범대원의 신분을 증명하는 신분증을 소지하지 않아도 된다.
⑤ 자율방범대원이 자율방범대의 명칭을 사용하여 기부금품을 모집했고 이를 이유로 파출소장이 그의 해촉을 요청한 경우, 경찰서장은 해당 자율방범대원을 해촉해야 한다.

4. 다음 글과 <상황>을 근거로 판단할 때 옳은 것은?

> 제○○조(허가신청) ① 대기관리권역에서 총량관리대상 오염물질을 배출량 기준을 초과하여 배출하는 사업장을 설치하거나 이에 해당하는 사업장으로 변경하려는 자는 환경부장관으로부터 사업장 설치의 허가를 받아야 한다. 허가받은 사항을 변경하는 경우에도 같다.
> ② 제1항의 허가 또는 변경허가를 받으려는 자는 사업장의 설치 또는 변경의 허가신청서를 환경부장관에게 제출하여야 한다.
> 제□□조(허가제한) 환경부장관은 제○○조 제1항에 따른 설치 또는 변경의 허가신청을 받은 경우, 그 사업장의 설치 또는 변경으로 인하여 지역배출허용총량의 범위를 초과하게 되면 이를 허가하여서는 아니 된다.
> 제△△조(허가취소 등) ① 사업자가 거짓이나 그 밖의 부정한 방법으로 제○○조 제1항에 따른 허가 또는 변경허가를 받은 경우, 환경부장관은 그 허가 또는 변경허가를 취소할 수 있다.
> ② 환경부장관은 다음 각 호의 자에 대하여 해당 사업장의 폐쇄를 명할 수 있다.
> 1. 거짓이나 그 밖의 부정한 방법으로 제○○조 제1항에 따른 허가 또는 변경허가를 받은 자
> 2. 제○○조 제1항에 따른 허가 또는 변경허가를 받지 아니하고 사업장을 설치·운영하는 자
>
> 제◇◇조(벌칙) 다음 각 호의 어느 하나에 해당하는 자는 7년 이하의 징역 또는 2억 원 이하의 벌금에 처한다.
> 1. 제○○조 제1항에 따른 허가 또는 변경허가를 받지 아니하고 사업장을 설치하거나 변경한 자
> 2. 제△△조 제2항에 따른 사업장폐쇄명령을 위반한 자

<상 황>

> 甲~戊는 대기관리권역에서 총량관리대상 오염물질을 배출량 기준을 초과하여 배출하는 사업장을 설치하려 한다.

① 甲이 사업장 설치의 허가를 받은 경우, 이후 허가받은 사항을 변경하는 때에는 별도의 허가가 필요없다.
② 乙이 허가를 받지 않고 사업장을 설치한 경우, 7년의 징역과 2억 원의 벌금에 처한다.
③ 丙이 허가를 받지 않고 사업장을 설치·운영한 경우, 환경부장관은 해당 사업장의 폐쇄를 명할 수 있다.
④ 丁이 사업장 설치의 허가를 신청한 경우, 그 설치로 인해 지역배출허용총량의 범위를 초과하더라도 환경부장관은 이를 허가할 수 있다.
⑤ 戊가 사업장 설치의 허가를 부정한 방법으로 받은 경우에도 환경부장관은 그 허가를 취소할 수 없다.

5. 다음 글을 근거로 판단할 때 옳은 것은?

> 두부의 주재료는 대두(大豆)라는 콩이다. 50여 년 전만 해도, 모내기가 끝나는 5월쯤 대두의 씨앗을 심어 벼 베기가 끝나는 10월쯤 수확했다. 두부를 만들기 위해서 먼저 콩을 물에 불리는데, 겨울이면 하루 종일, 여름이면 반나절 정도 물에 담가둬야 한다. 콩을 적당히 불린 후 맷돌로 콩을 간다. 물을 조금씩 부어가며 콩을 갈면 맷돌 가운데에서 하얀색의 콩비지가 거품처럼 새어 나온다. 이 콩비지를 솥에 넣고 약한 불로 끓인다. 맷돌에서 막 갈려 나온 콩비지에서는 식물성 단백질에서 나는 묘한 비린내가 나는데, 익히면 이 비린내는 없어진다. 함지박 안에 삼베나 무명으로 만든 주머니를 펼쳐 놓고, 끓인 콩비지를 주머니에 담는다. 콩비지가 다 식기 전에 주머니의 입을 양쪽으로 묶고 그 사이에 나무 막대를 꽂아 돌리면서 마치 탕약 짜듯이 콩물을 빼낸다. 이 콩물을 두유라고 한다. 콩에 함유된 단백질은 두유에 녹아 있다.
>
> 두부는 두유를 응고시킨 음식이다. 두유의 응고를 위해 응고제가 필요한데, 예전에는 응고제로 간수를 사용했다. 간수의 주성분은 염화마그네슘이다. 두유에 함유된 식물성 단백질은 염화마그네슘을 만나면 응고된다. 두유에 간수를 넣고 잠시 기다리면 응고된 하얀 덩어리와 물로 분리된다. 하얀 덩어리는 주머니에 옮겨 담는다. 응고가 아직 다 되지 않았기 때문에 덩어리를 싼 주머니에서는 물이 흘러나온다. 함지박 위에 널빤지를 올리고 그 위에 입을 단단히 묶은 주머니를 올려놓는다. 또 다른 널빤지를 주머니 위에 얹고 무거운 돌을 올려놓는다. 이렇게 한참을 누르고 있으면 주머니에서 물이 빠져나오고 덩어리는 굳어져 두부의 모양을 갖추게 된다.

① 50여 년 전에는 5월쯤 그해 수확한 대두로 두부를 만들 수 있었다.
② 콩비지를 염화마그네슘으로 응고시키면 두부와 두유가 나온다.
③ 익힌 콩비지에서는 식물성 단백질로 인해서 비린내가 난다.
④ 간수는 두유에 함유된 식물성 단백질을 응고시키는 성질이 있다.
⑤ 여름에 두부를 만들기 위해서는 콩을 하루 종일 물에 담가둬야 한다.

6. 다음 글을 근거로 판단할 때, 처방에 따라 아기에게 더 먹여야 하는 해열시럽의 양은?

> 아기가 열이 나서 부모는 처방에 따라 해열시럽 4mL를 먹여야 하는데, 아기가 약 먹기를 거부했다. 부모는 꾀를 내어 배즙 4mL와 해열시럽 4mL를 균일하게 섞어 주었지만 아기는 맛이 이상했는지 4분의 1만 먹었다. 부모는 아기가 남긴 것 전부와 사과즙 50mL를 다시 균일하게 섞어 주었다. 아기는 그 절반을 먹더니 더 이상 먹지 않았다.

① 1.5mL
② 1.6mL
③ 2.0mL
④ 2.4mL
⑤ 2.5mL

7. 다음 글을 근거로 판단할 때, 甲주무관이 이용할 주차장은?

○ 甲주무관은 출장 중 총 11시간(09:00~20:00) 동안 요금이 가장 저렴한 주차장 한 곳을 이용하고자 한다.
○ 甲주무관의 자동차는 중형차이며, 3종 저공해차량이다.
○ 주차요금은 기본요금과 추가요금을 합산하여 산정하고, 할인대상인 경우 주차요금에 대하여 할인이 적용된다.
○ 일 주차권이 있는 주차장의 경우, 甲은 주차요금과 일 주차권 중 더 저렴한 것을 선택한다.
○ 주차장별 요금에 대한 정보는 아래와 같다.

구분	기본요금 (최초 1시간)	추가요금 (이후 30분마다)	비고
A주차장	2,000원	1,000원	-
B주차장	3,000원	1,500원	- 경차 전용 주차장 - 저공해차량 30% 할인
C주차장	3,000원	1,750원	- 경차 50% 할인 - 일 주차권 20,000원 (당일 00:00~24:00 이용 가능)
D주차장	5,000원	700원	-
E주차장	5,000원	1,000원	- 경차, 저공해차량(1, 2종) 50% 할인 - 저공해차량(3종) 20% 할인 - 18:00~익일 07:00 무료

① A주차장
② B주차장
③ C주차장
④ D주차장
⑤ E주차장

8. 다음 글과 <상황>을 근거로 판단할 때, 2023년 현재 甲~戊 중 청년자산형성적금에 가입할 수 있는 사람은?

A국은 청년의 자산형성을 돕기 위해 비과세 혜택을 부여하는 청년자산형성적금을 운영하고 있다.

청년자산형성적금은 가입일이 속한 연도를 기준으로 직전과세년도의 근로소득과 사업소득의 합이 5,000만 원 이하인 청년이 가입할 수 있다. 단, 직전과세년도에 근로소득과 사업소득이 모두 없는 사람과 직전 2개년도 중 한 번이라도 금융소득 종합과세 대상자였던 사람은 가입할 수 없다.

청년은 19~34세인 사람을 의미한다. 단, 군복무기간은 나이를 계산할 때 포함하지 않는다. 예를 들어, 3년간 군복무를 한 36세인 사람은 군복무기간 3년을 제외하면 33세이므로 청년에 해당한다.

<상 황>

이름	나이	직전과세년도 소득		최근 금융소득 종합과세 해당년도	군복무 기간
		근로소득	사업소득		
甲	20세	0원	0원	없음	없음
乙	36세	0원	5,000만 원	없음	없음
丙	29세	3,500만 원	1,000만 원	2022년	2년
丁	35세	4,500만 원	0원	2020년	2년
戊	27세	4,000만 원	1,500만 원	2021년	없음

① 甲
② 乙
③ 丙
④ 丁
⑤ 戊

[9~10] 다음 글을 읽고 물음에 답하시오.

향수를 만드는 데 사용되는 향료는 천연향료와 합성향료로 나눌 수 있다. 천연향료에는 꽃, 잎, 열매 등의 원료에서 추출한 식물성 향료와 사향, 용연향 등의 동물성 향료가 있다. 합성향료는 채취하기 어렵거나 소량 생산되는 천연향료의 성분을 화학적으로 합성한 것이다. 오늘날 향수의 대부분은 천연향료와 합성향료를 배합하여 만들어진다.

천연향료는 다양한 방법을 통해 얻을 수 있는데, 다음 3가지 방법이 대표적이다. 첫째, 가장 널리 쓰이는 방법은 수증기 증류법이다. 이는 향수 원료에 수증기를 통과시켜서 농축된 향의 원액인 향유를 추출하는 방법이다. 이 방법은 원료를 고온으로 처리하기 때문에 열에 약한 성분이 파괴된다는 단점이 있으나, 한꺼번에 많은 양을 값싸게 얻을 수 있다는 장점이 있다. 둘째, 압착법은 과일 껍질 등과 같은 원료를 압착해서 향유를 얻는 방법이다. 열에 비교적 강하며 물에 잘 녹지 않는 향료에는 수증기 증류법이 이용되지만, 감귤류처럼 열에 약한 것에는 압착법이 이용된다. 셋째, 흡수법은 지방과 같은 비휘발성 용매를 사용하여 향유를 추출하는 방법이다. 원료가 고가이고 향유의 함유량이 적으며 열에 약하고 물에 잘 녹는 경우에는 흡수법이 이용된다.

한편, A국에서 판매되는 향수는 EDC, EDT, EDP, Parfum으로 나뉜다. 이는 부향률, 즉 향료의 함유량 정도에 따른 구분이다. 향수는 부향률이 높을수록 향이 강하고 지속시간이 길다. 먼저 EDC(Eau De Cologne)는 부향률이 2~5%로 지속시간이 1~2시간이다. 향의 지속시간이 가장 짧고 잔향이 거의 없으며, 향이 가볍고 산뜻하다. EDT(Eau De Toilette)는 부향률이 5~15%로 3~5시간 지속되며 일반적으로 가장 많이 사용된다. EDP(Eau De Parfum)는 부향률이 15~20%로 5~8시간 지속된다. 풍부한 향을 가지고 있으며, 오랜 시간 향이 유지되는 것을 선호하는 사람들에게 알맞다. Parfum은 부향률이 20~30%로 8~10시간 지속되며, 가장 향이 강하고 오래간다.

9. 윗글을 근거로 판단할 때 옳은 것은?

① EDP의 부향률이 EDC의 부향률보다 높다.
② 흡수법은 많은 양의 향유를 값싸게 얻을 수 있는 방법이다.
③ 오늘날 많이 사용되는 향수의 대부분은 식물성 천연향료로 만들어진다.
④ 고가이고 향유의 함유량이 적은 원료에서 향유를 추출하고자 할 때는 흡수법보다는 압착법이 이용된다.
⑤ 부향률이 높은 향수일수록 향이 오래 지속되므로, 부향률이 가장 높은 향수가 일반적으로 가장 많이 사용된다.

10. 윗글과 <대화>를 근거로 판단할 때, 甲~戊 중 가장 늦은 시각까지 향수의 향이 남아 있는 사람은?

<대 화>

甲: 나는 오늘 오후 4시에 향수를 뿌렸어. 내 향수에는 EDC라고 적혀 있었어.
乙: 난 오늘 오전 9시 30분에 향수를 뿌렸는데, 우리 중 내가 뿌린 향수의 향이 가장 강해.
丙: 내 향수의 부향률은 18%라고 적혀 있네. 나는 甲보다 5시간 전에 향수를 뿌렸어.
丁: 난 오늘 오후 2시에 戊와 함께 향수 가게에 들렀어. 난 가자마자 EDT라고 적힌 향수를 뿌렸고, 戊는 나보다 1시간 뒤에 EDP라고 적힌 걸 뿌렸어.

① 甲
② 乙
③ 丙
④ 丁
⑤ 戊

11. 다음 글을 근거로 판단할 때 옳은 것은?

> 제○○조(해수욕장의 구역) 관리청은 해수욕장을 이용하는 용도에 따라 물놀이구역과 수상레저구역으로 구분하여 관리·운영하여야 한다. 다만, 해수욕장 이용이나 운영에 상당한 불편을 초래하거나 효율성을 떨어뜨린다고 판단되는 경우에는 그러하지 아니하다.
> 제□□조(해수욕장의 개장기간 등) ① 관리청은 해수욕장의 특성이나 여건 등을 고려하여 해수욕장의 개장기간 및 개장시간을 정할 수 있다. 이 경우 관리청은 해수욕장협의회의 의견을 듣고, 미리 관계 행정기관의 장과 협의하여야 한다.
> ② 관리청은 해수욕장 이용자의 안전 확보나 해수욕장의 환경보전 등을 위하여 필요한 경우에는 해수욕장의 개장기간 또는 개장시간을 제한할 수 있다. 이 경우 제1항 후단을 준용한다.
> 제△△조(해수욕장의 관리·운영 등) ① 해수욕장은 관리청이 직접 관리·운영하여야 한다.
> ② 관리청은 제1항에도 불구하고 해수욕장의 효율적인 관리·운영을 위하여 필요한 경우 관할 해수욕장 관리·운영업무의 일부를 위탁할 수 있다.
> ③ 관리청은 제2항에 따라 해수욕장 관리·운영업무를 위탁하려는 경우 지역번영회·어촌계 등 지역공동체 및 공익법인 등을 수탁자로 우선 지정할 수 있다.
> ④ 제2항 및 제3항에 따라 수탁자로 지정받은 자는 위탁받은 관리·운영업무의 전부 또는 일부를 재위탁하여서는 아니 된다.
> 제◇◇조(과태료) ① 다음 각 호의 어느 하나에 해당하는 자에게는 500만 원 이하의 과태료를 부과한다.
> 1. 거짓이나 부정한 방법으로 제△△조에 따른 수탁자로 지정받은 자
> 2. 제△△조 제4항을 위반하여 위탁받은 관리·운영업무의 전부 또는 일부를 재위탁한 자
>
> ② 제1항에 따른 과태료는 관리청이 부과·징수한다.

① 관리청은 해수욕장의 효율적인 관리·운영을 위하여 필요한 경우, 관할 해수욕장 관리·운영업무의 전부를 위탁할 수 있다.
② 관리청은 해수욕장을 운영함에 있어 그 효율성이 떨어진다고 판단하더라도 물놀이구역과 수상레저구역을 구분하여 관리·운영하여야 한다.
③ 관리청이 해수욕장 관리·운영업무를 위탁하려는 경우, 공익법인을 수탁자로 우선 지정할 수 있으나 지역공동체를 수탁자로 우선 지정할 수는 없다.
④ 관리청으로부터 해수욕장 관리·운영업무를 위탁받은 공익법인이 이를 타 기관에 재위탁한 경우, 관리청은 그 공익법인에 대해 300만 원의 과태료를 부과할 수 있다.
⑤ 관리청은 해수욕장의 개장기간 및 개장시간을 정함에 있어 해수욕장의 특성이나 여건 등을 고려해야 하나, 관계 행정기관의 장과 협의할 필요는 없다.

12. 다음 글을 근거로 판단할 때 옳은 것은?

> 제○○조(119구조견교육대의 설치·운영 등) ① 소방청장은 체계적인 구조견 양성·교육훈련 및 보급 등을 위하여 119구조견교육대를 설치·운영하여야 한다.
> ② 119구조견교육대는 중앙119구조본부의 단위조직으로 한다.
> ③ 119구조견교육대가 관리하는 견(犬)은 다음 각 호와 같다.
> 1. 훈련견: 구조견 양성을 목적으로 도입되어 훈련 중인 개
> 2. 종모견: 훈련견 번식을 목적으로 보유 중인 개
>
> 제□□조(훈련견 교육 및 평가 등) ① 119구조견교육대는 관리하는 견에 대하여 입문 교육, 정기 교육, 훈련견 교육 등을 실시한다.
> ② 훈련견 평가는 다음 각 호의 평가로 구분하여 실시하고 각 평가에서 정한 요건을 모두 충족한 경우 합격한 것으로 본다.
> 1. 기초평가: 훈련견에 대한 기본평가
>   가. 생후 12개월 이상 24개월 이하일 것
>   나. 기초평가 기준에 따라 총점 70점 이상을 득점하고, 수의검진 결과 적합판정을 받을 것
> 2. 중간평가: 양성 중인 훈련견의 건강, 성품 변화, 발전 가능성 및 임무 분석 등의 판정을 위해 실시하는 평가
>   가. 훈련 시작 12개월 이상일 것
>   나. 중간평가 기준에 따라 총점 70점 이상을 득점하고, 수의진료소견 결과 적합판정을 받을 것
>   다.공격성 보유, 능력 상실 등의 결격사유가 없을 것
>
> ③ 훈련견 평가 중 어느 하나라도 불합격한 훈련견은 유관기관 등 외부기관으로 관리전환할 수 있다.
> 제△△조(종모견 도입) 훈련견이 종모견으로 도입되기 위해서는 제□□조 제2항에 따른 훈련견 평가에 모두 합격하여야 하며, 다음 각 호의 요건을 갖추어야 한다.
> 1. 순수한 혈통일 것
> 2. 생후 20개월 이상일 것
> 3. 원친(遠親) 번식에 의한 견일 것

① 중앙119구조본부의 장은 구조견 양성 및 교육훈련 등을 위하여 119구조견교육대를 설치하여야 한다.
② 원친 번식에 의한 생후 20개월인 순수한 혈통의 훈련견은 훈련견 평가결과에 관계없이 종모견으로 도입될 수 있다.
③ 기초평가 기준에 따라 총점 80점을 득점하고, 수의검진 결과 적합판정을 받은 훈련견은 생후 15개월에 종모견으로 도입될 수 있다.
④ 생후 12개월에 훈련을 시작해 반년이 지난 훈련견이 결격사유 없이 중간평가 기준에 따라 총점 75점을 득점하고, 수의진료소견 결과 적합판정을 받는다면 중간평가에 합격한 것으로 본다.
⑤ 기초평가에서 합격했더라도 결격사유가 있어 중간평가에 불합격한 훈련견은 유관기관으로 관리전환할 수 있다.

13. 다음 글을 근거로 판단할 때, ㉠에 해당하는 수는?

○ 산타클로스는 연간 '착한 일 횟수'와 '울음 횟수'에 따라 어린이 甲~戊에게 선물 A, B 중 하나를 주거나 아무것도 주지 않는다.
○ 산타클로스가 선물을 나눠주는 방식은 다음과 같다. 어린이별로 ('착한 일 횟수' × 5) - ('울음 횟수' × ㉠)의 값을 계산한다. 그 값이 10 이상이면 선물 A를 주고, 0 이상 10 미만이면 선물 B를 주며, 그 값이 음수면 선물을 주지 않는다. 이때, ㉠은 자연수이다.
○ 이 방식을 적용한 결과, 甲~戊 중 1명이 선물 A를 받았고, 3명이 선물 B를 받았으며, 1명은 선물을 받지 못했다.
○ 甲~戊의 연간 '착한 일 횟수'와 '울음 횟수'는 아래와 같다.

구분	착한 일 횟수	울음 횟수
甲	3	3
乙	3	2
丙	2	3
丁	1	0
戊	1	3

① 1
② 2
③ 3
④ 4
⑤ 5

14. 다음 글을 근거로 판단할 때, 甲이 작성한 보고서 한 건의 쪽수의 최댓값은?

A회사 직원인 甲은 근무일마다 동일한 쪽수의 보고서를 한 건씩 작성한다. 甲은 작성한 보고서를 회사의 임원들 각각에게 당일 출력하여 전달한다. 甲은 A회사에 1개월 전 입사하였으며 총 근무일은 20일을 초과하였다. 甲이 현재까지 출력한 총량은 1,000쪽이며, 임원은 2명 이상이다.

① 5
② 8
③ 10
④ 20
⑤ 40

15. 다음 글을 근거로 판단할 때, A~E 중 한 명만 화상강의 시스템에 접속해 있던 시각으로 가능한 것은?

○ 어제 9:00부터 9:30까지 진행된 수업시간 중 학생 A~E가 화상강의 시스템에 접속해 있던 시간은 아래와 같다.

학생	A	B	C	D	E
시간(분)	13	15	17	21	25

○ 학생들의 접속 횟수는 각 1회였다.
○ A와 C가 접속해 있던 시간은 서로 겹치지 않았다.

① 9:04
② 9:10
③ 9:15
④ 9:21
⑤ 9:24

16. 다음 글을 근거로 판단할 때, 甲이 만든 비밀번호 각 자리의 숫자를 모두 곱한 값은?

○ 甲은 1, 2, 3, 4 중에서 숫자를 골라 네 자리 비밀번호를 만들었다.
○ 비밀번호 각 자리의 숫자를 '모두 더한 값'과 '모두 곱한 값'이 같았다.

① 8
② 9
③ 10
④ 12
⑤ 16

17. 다음 글과 <상황>을 근거로 판단할 때, 甲에게 배정되는 금액은?

A부서는 소속 직원에게 원격지 전보에 따른 이전여비를 지원한다. A부서는 다음과 같은 지침에 따라 지원액을 배정하고자 한다.

○ 지원액 배정 지침
- 이전여비 지원 예산 총액: 160만 원
- 심사를 통해 원격지 전보에 해당하는 신청자만 배정대상자로 함
- 예산 한도 내에서 지원 가능한 최대의 금액 배정
- 배정대상자 신청액의 합이 지원 예산 총액을 초과할 경우에는 각 배정대상자의 '신청액 대비 배정액 비율'이 모두 같도록 삭감하여 배정

<상 황>

다음은 이전여비 지원을 신청한 A부서 직원 甲~戊의 신청액과 원격지 전보 해당 여부이다.

구분	이전여비 신청액(원)	원격지 전보 해당 여부
甲	700,000	해당
乙	400,000	해당하지 않음
丙	500,000	해당
丁	300,000	해당
戊	500,000	해당

① 525,000원
② 560,000원
③ 600,000원
④ 620,000원
⑤ 630,000원

18. 다음 글과 <상황>을 근거로 판단할 때, 甲~戊 중 사업자로 선정되는 업체는?

△△부처는 □□사업에 대하여 용역 입찰공고를 하고, 각 입찰업체의 제안서를 평가하여 사업자를 선정하려 한다.

○ 제안서 평가점수는 입찰가격 평가점수(20점 만점)와 기술능력 평가점수(80점 만점)로 이루어진다.
○ 입찰가격 평가점수는 각 입찰업체가 제시한 가격에 따라 산정한다.
○ 기술능력 평가점수는 다음과 같은 방식으로 산정한다.
- 5명의 평가위원이 평가한다.
- 각 평가위원의 평가결과에서 최고점수와 최저점수를 제외한 나머지 3명의 점수를 산술평균하여 산정한다. 이때 최고점수가 복수인 경우 하나를 제외하며, 최저점수가 복수인 경우도 마찬가지이다.
○ 기술능력 평가점수에서 만점의 85% 미만의 점수를 받은 업체는 선정에서 제외한다.
○ 입찰가격 평가점수와 기술능력 평가점수를 합산한 점수가 가장 높은 업체를 선정한다. 이때 동점이 발생할 경우, 기술능력 평가점수가 가장 높은 업체를 선정한다.

<상 황>

○ □□사업의 입찰에 참여한 업체는 甲~戊이다.
○ 각 업체의 입찰가격 평가점수는 다음과 같다.

(단위: 점)

구분	甲	乙	丙	丁	戊
평가점수	13	20	15	14	17

○ 각 업체의 기술능력에 대한 평가위원 5명의 평가결과는 다음과 같다.

(단위: 점)

구분	甲	乙	丙	丁	戊
A위원	68	65	73	75	65
B위원	68	73	69	70	60
C위원	68	62	69	65	60
D위원	68	65	65	65	70
E위원	72	65	69	75	75

① 甲
② 乙
③ 丙
④ 丁
⑤ 戊

19. 다음 글을 근거로 판단할 때, 甲~戊 중 금요일과 토요일의 초과근무 인정시간의 합이 가장 많은 근무자는?

○ A기업에서는 근무자가 출근시각과 퇴근시각을 입력하면 초과근무 '실적시간'과 '인정시간'이 분 단위로 자동 계산된다.
- 실적시간은 근무자의 일과시간(월~금, 09:00~18:00)을 제외한 근무시간을 말한다.
- 인정시간은 실적시간에서 개인용무시간을 제외한 근무시간을 말한다. 하루 최대 인정시간은 월~금요일은 4시간이며, 토요일은 2시간이다.
- 재택근무를 하는 경우 실적시간을 인정하지 않는다.

○ A기업 근무자 甲~戊의 근무현황은 다음과 같다.

구분	금요일			토요일	
	출근 시각	퇴근 시각	비고	출근 시각	퇴근 시각
甲	8:55	20:00	-	10:30	13:30
乙	8:00	19:55	-	-	-
丙	9:00	21:30	개인용무시간 (19:00~19:30)	13:00	14:30
丁	8:30	23:30	재택근무	-	-
戊	7:00	21:30	-	-	-

① 甲
② 乙
③ 丙
④ 丁
⑤ 戊

20. 다음 글을 근거로 판단할 때, <보기>에서 甲의 시험과목별 점수로 옳은 것만을 모두 고르면?

○○국제교육과정 중에 있는 사람은 수료시험에서 5개 과목(A~E) 평균 60점 이상을 받고 한 과목도 과락(50점 미만)이 아니어야 수료할 수 있다.

甲은 수료시험에서 5개 과목 평균 60점을 받았으나 2개 과목이 과락이어서 ○○국제교육과정을 수료하지 못했다. 甲이 돌려받은 답안지에 점수는 기재되어 있지 않았고, 각 문항에 아래와 같은 표시만 되어 있었다. 이는 국적이 서로 다른 각 과목 강사가 자신의 국가에서 사용하는 방식으로 정답·오답 표시만 해놓은 결과였다.

과목	문항									
	1	2	3	4	5	6	7	8	9	10
A	○	○	×	○	×	○	×	○	○	○
B	V	×	V	V	V	×	V	×	V	V
C	/	○	○	○	○	/	/	○	/	○
D	○	○	V	V	V	○	○	V	V	V
E	/	/	/	/	×	×	/	/	/	/

※ 모든 과목은 각 10문항이며, 각 문항별 배점은 10점이다.

<보 기>

	시험과목	점수
ㄱ.	A	70
ㄴ.	B	30
ㄷ.	C	60
ㄹ.	D	40
ㅁ.	E	80

① ㄱ, ㄴ
② ㄱ, ㄷ
③ ㄱ, ㄹ, ㅁ
④ ㄴ, ㄷ, ㄹ
⑤ ㄴ, ㄷ, ㅁ

21. 다음 글을 근거로 판단할 때, 식목일의 요일은?

> 다음은 가원이의 어느 해 일기장에서 서로 다른 요일의 일기를 일부 발췌하여 날짜순으로 나열한 것이다.
>
> (1) 4월 5일 ○요일
> 오늘은 식목일이다. 동생과 한 그루의 사과나무를 심었다.
> (2) 4월 11일 ○요일
> 오늘은 아빠와 뒷산에 가서 벚꽃을 봤다.
> (3) 4월 □□일 수요일
> 나는 매주 같은 요일에만 데이트를 한다. 오늘 데이트도 즐거웠다.
> (4) 4월 15일 ○요일
> 오늘은 친구와 미술관에 갔다. 작품들이 멋있었다.
> (5) 4월 □□일 ○요일
> 내일은 대청소를 하는 날이어서 오늘은 휴식을 취했다.
> (6) 4월 □□일 ○요일
> 나는 매달 마지막 일요일에만 대청소를 한다. 그래서 오늘 대청소를 했다.

① 월요일
② 화요일
③ 목요일
④ 금요일
⑤ 토요일

22. 다음 글을 근거로 판단할 때, <보기>에서 옳은 것만을 모두 고르면?

> ○ 엘리베이터 안에는 각 층을 나타내는 버튼만 하나씩 있다.
> ○ 버튼을 한 번 누르면 해당 층에 가게 되고, 다시 누르면 취소된다. 취소된 버튼을 다시 누를 수 있다.
> ○ 1층에 계속해서 정지해 있던 빈 엘리베이터에 처음으로 승객 7명이 탔다.
> ○ 승객들이 버튼을 누른 횟수의 합은 10이며, 1층에서만 눌렀다.
> ○ 승객 3명은 4층에서, 2명은 5층에서 내렸다. 나머지 2명은 6층 이상의 서로 다른 층에서 내렸다.
> ○ 1층 외의 층에서 엘리베이터를 탄 승객은 없으며, 엘리베이터는 승객이 타거나 내린 층에서만 정지했다.

<보 기>

ㄱ. 각 승객은 1개 이상의 버튼을 눌렀다.
ㄴ. 5번 누른 버튼이 있다면, 2번 이상 누른 다른 버튼이 있다.
ㄷ. 4층 버튼을 가장 많이 눌렀다.
ㄹ. 승객이 내리지 않은 층의 버튼을 누른 사람은 없다.

① ㄱ
② ㄴ
③ ㄱ, ㄷ
④ ㄴ, ㄹ
⑤ ㄷ, ㄹ

23. 다음 글을 근거로 판단할 때 옳은 것은?

> A~E 간에 갖고 있는 상대방의 연락처에 대한 정보는 다음과 같다.
>
> ○ A는 3명의 연락처를 갖고 있는데, 그 중 2명만 A의 연락처를 갖고 있다. 그런데 A의 연락처를 갖고 있는 사람은 총 3명이다.
> ○ B는 2명의 연락처를 갖고 있는데, 그 2명을 제외한 2명만 B의 연락처를 갖고 있다.
> ○ C는 A의 연락처만 갖고 있는데, A도 C의 연락처를 갖고 있다.
> ○ D는 2명의 연락처를 갖고 있다.
> ○ E는 B의 연락처만 갖고 있다.

① A는 B의 연락처를 갖고 있다.
② B는 D의 연락처를 갖고 있다.
③ C의 연락처를 갖고 있는 사람은 3명이다.
④ D의 연락처를 갖고 있는 사람은 A뿐이다.
⑤ E의 연락처를 갖고 있는 사람은 2명이다.

24. 다음 글을 근거로 판단할 때, ㉠에 들어갈 내용으로 옳은 것은?

> 시계수리공 甲은 고장 난 시계 A를 수리하면서 실수로 시침과 분침을 서로 바꾸어 조립하였다. 잘못 조립한 것을 모르고 있던 甲은 A에 전지를 넣어 작동시킨 후, A를 실제 시각인 정오로 맞추고 작업을 마무리하였다. 그랬더니 A의 시침은 정상일 때의 분침처럼, 분침은 정상일 때의 시침처럼 움직였다. 그 후 A가 처음으로 실제 시각을 가리킨 때는 [㉠] 사이였다.

① 오후 12시 55분 0초부터 오후 1시 정각
② 오후 1시 정각부터 오후 1시 5분 0초
③ 오후 1시 5분 0초부터 오후 1시 10분 0초
④ 오후 1시 10분 0초부터 오후 1시 15분 0초
⑤ 오후 1시 15분 0초부터 오후 1시 20분 0초

25. 다음 글을 근거로 판단할 때 옳은 것은?

제○○조(정의) 이 법에서 사용하는 용어의 뜻은 다음과 같다.
1. "한부모가족"이란 모자가족 또는 부자가족을 말한다.
2. "모(母)" 또는 "부(父)"란 다음 각 목의 어느 하나에 해당하는 자로서 아동인 자녀를 양육하는 자를 말한다.
   가. 배우자와 사별 또는 이혼하거나 배우자로부터 유기된 자
   나. 정신이나 신체의 장애로 장기간 노동능력을 상실한 배우자를 가진 자
   다. 교정시설·치료감호시설에 입소한 배우자 또는 병역복무 중인 배우자를 가진 자
   라. 미혼자
3. "아동"이란 18세 미만(취학 중인 경우에는 22세 미만을 말하되, 병역의무를 이행하고 취학 중인 경우에는 병역의무를 이행한 기간을 가산한 연령 미만을 말한다)의 자를 말한다.

제□□조(지원대상자의 범위) ① 이 법에 따른 지원대상자는 제○○조 제1호부터 제3호까지의 규정에 해당하는 자로 한다.
② 제1항에도 불구하고 부모가 사망하거나 그 생사가 분명하지 아니한 아동을 양육하는 조부 또는 조모는 이 법에 따른 지원대상자가 된다.

제△△조(복지 급여 등) ① 국가나 지방자치단체는 지원대상자의 복지 급여 신청이 있으면 다음 각 호의 복지 급여를 실시하여야 한다.
1. 생계비
2. 아동교육지원비
3. 아동양육비

② 이 법에 따른 지원대상자가 다른 법령에 따라 지원을 받고 있는 경우에는 그 범위에서 이 법에 따른 급여를 실시하지 아니한다. 다만, 제1항 제3호의 아동양육비는 지급할 수 있다.
③ 제1항 제3호의 아동양육비를 지급할 때에 다음 각 호의 어느 하나에 해당하는 경우에는 예산의 범위에서 추가적인 복지 급여를 실시하여야 한다.
1. 미혼모나 미혼부가 5세 이하의 아동을 양육하는 경우
2. 34세 이하의 모 또는 부가 아동을 양육하는 경우

① 5세인 자녀를 홀로 양육하는 자가 지원대상자가 되기 위해서는 미혼자여야 한다.
② 배우자와 사별한 자가 18개월간 병역의무를 이행한 22세의 대학생 자녀를 양육하는 경우, 지원대상자가 될 수 없다.
③ 부모의 생사가 불분명한 6세인 손자를 양육하는 조모에게는 복지 급여 신청이 없어도 생계비를 지급하여야 한다.
④ 30세인 미혼모가 5세인 자녀를 양육하는 경우, 아동양육비를 지급할 때 추가적인 복지 급여를 실시할 수 없다.
⑤ 지원대상자가 다른 법령에 따른 지원을 받고 있는 경우에도 국가나 지방자치단체는 아동양육비를 지급할 수 있다.

약점 보완 해설집 p.80

자료해석영역

1. 다음 <그림>은 '갑' 지역의 리조트 개발 후보지 A~E의 지리정보 조사 결과이다. 이를 근거로 A~E 중 <입지조건>을 모두 만족하는 리조트 개발 후보지를 고르면?

<그림> 리조트 개발 후보지 A~E의 지리정보 조사 결과

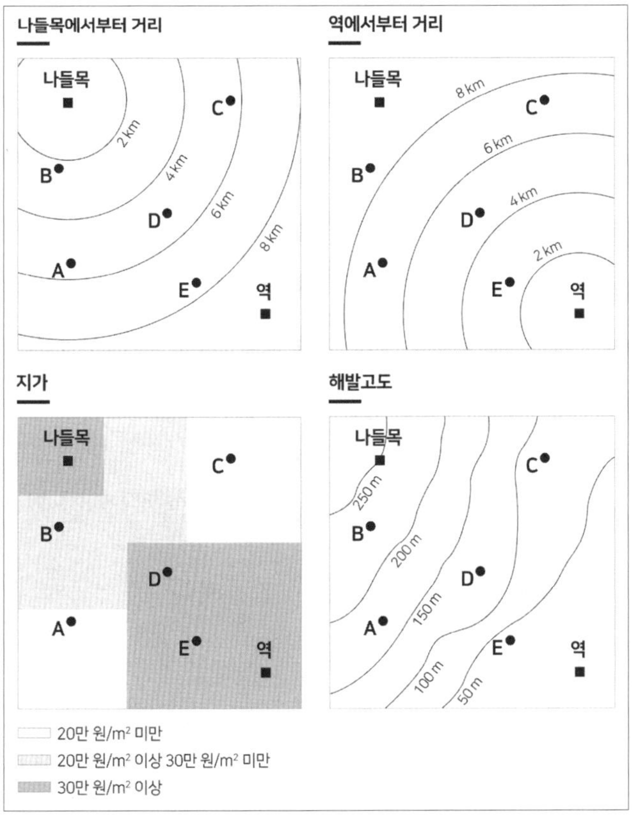

<입지조건>

○ 나들목에서부터 거리가 6km 이내인 장소
○ 역에서부터 거리가 8km 이내인 장소
○ 지가가 30만 원/m^2 미만인 장소
○ 해발고도가 100m 이상인 장소

① A
② B
③ C
④ D
⑤ E

2. 다음 <표>는 4월 5일부터 4월 11일까지 종합병원 A의 날짜별 진료 실적에 관한 자료이다. 4월 7일의 진료의사 1인당 진료환자 수는?

<표> 종합병원 A의 날짜별 진료 실적

(단위: 명)

구분 날짜	진료의사 수	진료환자 수	진료의사 1인당 진료환자 수
4월 5일	23	782	34
4월 6일	26	988	38
4월 7일	(　)	580	(　)
4월 8일	25	700	28
4월 9일	30	1,050	35
4월 10일	15	285	19
4월 11일	4	48	12
계	143	4,433	-

① 20
② 26
③ 29
④ 32
⑤ 38

3. 다음 <표>는 2022년 '갑'국 주요 수입 농산물의 수입경로별 수입량에 관한 자료이다. 이를 근거로 육로수입량 비중을 농산물별로 비교할 때, 육로수입량 비중이 가장 큰 농산물은?

<표> 2022년 '갑'국 주요 수입 농산물의 수입경로별 수입량

(단위: 톤)

수입경로 / 농산물	육로	해상	항공
콩	2,593	105,340	246,117
건고추	2,483	78,437	86,097
땅콩	2,260	8,219	26,146
참깨	2,024	12,986	76,812
팥	2,020	7,102	42,418

※ 1) 농산물별 수입량
= 농산물별 육로수입량 + 농산물별 해상수입량 + 농산물별 항공수입량

2) 농산물별 육로수입량 비중(%) = $\frac{\text{농산물별 육로수입량}}{\text{농산물별 수입량}} \times 100$

① 건고추
② 땅콩
③ 참깨
④ 콩
⑤ 팥

4. 다음 <표>는 '갑'시 공공정책 홍보사업에 입찰한 A~F홍보업체의 온라인 홍보매체 운영현황에 관한 자료이다. 이를 근거로 A~F 홍보업체 중 <선정방식>에 따라 홍보업체를 고르면?

<표> A~F홍보업체의 온라인 홍보매체 운영현황

(단위: 만 명)

구분 / 홍보업체	미디어채널 구독자 수	SNS 팔로워 수	공공정책 홍보경력
A	90	50	유
B	180	0	무
C	50	80	유
D	80	60	무
E	100	40	무
F	60	45	유

<선정방식>

○ 공공정책 홍보경력이 있는 홍보업체 중 인지도가 가장 높은 1곳과 공공정책 홍보경력이 없는 홍보업체 중 인지도가 가장 높은 1곳을 각각 선정함.
○ 홍보업체 인지도 =
(미디어채널 구독자 수 × 0.4) + (SNS 팔로워 수 × 0.6)

① A, D
② A, E
③ B, C
④ B, F
⑤ C, D

5. 다음은 2013~2022년 '갑'국 국방연구소가 출원한 지식재산권에 관한 자료이다. 제시된 <표> 이외에 <보고서>를 작성하기 위해 추가로 필요한 자료만을 <보기>에서 모두 고르면?

<표> 2013~2022년 '갑'국 국방연구소의 특허 출원 건수

(단위: 건)

구분 \ 연도	2013	2014	2015	2016	2017	2018	2019	2020	2021	2022
국내 출원	287	368	385	458	514	481	555	441	189	77
국외 출원	34	17	9	26	21	13	21	16	2	3

<보고서>

'갑'국 국방연구소는 국방에 필요한 무기와 국방과학기술을 연구·개발하면서 특허, 상표권, 실용신안 등 관련 지식재산권을 출원하고 있다.

2013~2022년 '갑'국 국방연구소가 출원한 연도별 특허 건수는 2017년까지 매년 증가하였고, 2019년 이후에는 매년 감소하였다. 2013~2022년 국외 출원 특허 건수를 대상 국가별로 살펴보면, 미국에 출원한 특허가 매년 가장 많았다.

2013~2022년 '갑'국 국방연구소는 2015년에만 상표권을 출원하였으며, 그중 국외 출원은 없었다. 또한, 2016년부터 2년마다 1건씩 총 4건의 실용신안을 국내 출원하였다.

<보 기>

ㄱ. '갑'국 국방연구소의 연도별 전체 특허 출원 건수

(단위: 건)

연도	2013	2014	2015	2016	2017	2018	2019	2020	2021	2022
전체	321	385	394	484	535	494	576	457	191	80

ㄴ. '갑'국 국방연구소의 국외 출원 대상 국가별 특허 출원 건수

(단위: 건)

대상 국가 \ 연도	2013	2014	2015	2016	2017	2018	2019	2020	2021	2022
독일	1	1	1	0	0	0	0	0	0	0
미국	26	15	8	18	20	11	16	15	2	3
일본	0	1	0	2	0	0	1	1	0	0
영국	0	0	0	5	1	1	0	0	0	0
프랑스	7	0	0	0	0	0	0	0	0	0
호주	0	0	0	0	0	0	3	0	0	0
기타	0	0	0	1	0	1	1	0	0	0
계	34	17	9	26	21	13	21	16	2	3

ㄷ. '갑'국 국방연구소의 연도별 상표권 출원 건수

(단위: 건)

구분 \ 연도	2013	2014	2015	2016	2017	2018	2019	2020	2021	2022
국내 출원	0	0	2	0	0	0	0	0	0	0
국외 출원	0	0	0	0	0	0	0	0	0	0

ㄹ. '갑'국 국방연구소의 연도별 실용신안 출원 건수

(단위: 건)

구분 \ 연도	2013	2014	2015	2016	2017	2018	2019	2020	2021	2022
국내 출원	0	0	0	1	0	1	0	1	0	1
국외 출원	0	0	0	0	0	0	0	0	0	0

① ㄱ, ㄴ
② ㄱ, ㄷ
③ ㄴ, ㄷ
④ ㄷ, ㄹ
⑤ ㄴ, ㄷ, ㄹ

6. 다음 <표>는 2022년 A~E국의 연구개발 세액감면 현황에 관한 자료이다. 이에 대한 <보기>의 설명 중 옳은 것만을 모두 고르면?

<표> 2022년 A~E국의 연구개발 세액감면 현황

(단위: 백만 달러, %)

국가 \ 구분	연구개발 세액감면액	GDP 대비 연구개발 세액감면액 비율	연구개발 총지출액 대비 연구개발 세액감면액 비율
A	3,613	0.20	4.97
B	12,567	0.07	2.85
C	2,104	0.13	8.15
D	4,316	0.16	10.62
E	6,547	0.13	4.14

<보 기>

ㄱ. GDP는 C국이 E국보다 크다.
ㄴ. 연구개발 총지출액이 가장 큰 국가는 B국이다.
ㄷ. GDP 대비 연구개발 총지출액 비율은 A국이 B국보다 높다.

① ㄱ
② ㄴ
③ ㄷ
④ ㄴ, ㄷ
⑤ ㄱ, ㄴ, ㄷ

7. 다음 <표>는 2013~2022년 '갑'국의 농업진흥지역 면적에 관한 자료이다. 이에 대한 <보고서>의 설명 중 옳은 것만을 모두 고르면?

<표> 2013~2022년 '갑'국의 농업진흥지역 면적

(단위: 만ha)

구분 \ 연도	전체 농지	농업진흥지역		
			논	밭
2013	180.1	91.5	76.9	14.6
2014	175.9	81.5	71.6	9.9
2015	171.5	80.7	71.0	9.7
2016	173.0	80.9	71.2	9.7
2017	169.1	81.1	71.4	9.7
2018	167.9	81.0	71.3	9.7
2019	164.4	78.0	67.9	10.1
2020	162.1	77.7	67.9	9.8
2021	159.6	77.8	68.2	9.6
2022	158.1	77.6	68.7	8.9

<보고서>

'갑'국은 우량농지를 보전하고 농지이용률을 높인다는 취지로 농업진흥지역을 지정하고 있다. 그러나, ㉠ 2014년부터 2022년까지 매년 농업진흥지역 면적은 전체 농지 면적의 50% 이하에 그치고 있다. 또한, ㉡ 같은 기간 농업진흥지역 면적은 매년 감소하여, 농업기반이 취약해지는 것으로 분석된다.

농업진흥지역 면적은 2013년 91.5만ha에서 2022년 77.6만ha로 15% 이상 감소했으며, 이는 같은 기간 전체 농지 면적의 감소율보다 크다. 한편, ㉢ 농업진흥지역 면적에서 밭 면적이 차지하는 비중은 2013년 이후 매년 15% 이하이다.

① ㄱ
② ㄴ
③ ㄱ, ㄴ
④ ㄱ, ㄷ
⑤ ㄴ, ㄷ

8. 다음은 '갑'군의 농촌관광 사업에 관한 <방송뉴스>이다. <방송뉴스>의 내용과 부합하는 자료는?

<방송뉴스>

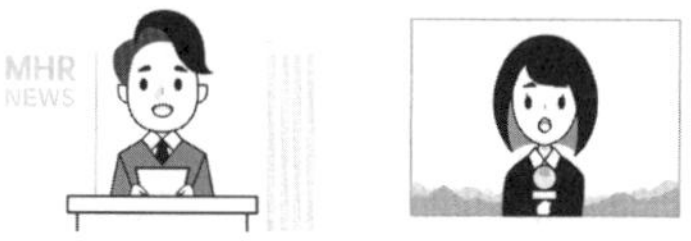

앵커: 농촌경제 활성화를 위하여 ○○부가 추진해오고 있는 농촌관광 사업이 있습니다. 최근 감염병으로 인해 농촌관광 사업도 큰 어려움을 겪고 있다고 합니다. □□□기자가 어려움을 겪고 있는 농촌관광 사업에 대해 보도합니다.

기자: …(중략)… '갑'군은 농촌의 소득 다변화를 위하여 다양한 농촌관광 사업을 추진했습니다. 하지만 감염병 확산으로 2020년 '갑'군의 농촌관광 방문객 수와 매출액이 크게 줄었습니다. 농촌체험마을은 2020년 방문객 수와 매출액이 2019년에 비해 75% 이상 감소하였습니다. 농촌민박도 2020년 방문객 수와 매출액이 전년과 비교하여 30% 이상 줄어들었습니다. 다만, 농촌융복합사업장은 2020년 방문객 수와 매출액이 전년과 비교해 줄어든 비율이 농촌체험마을보다는 작았습니다.

①

(단위: 명, 천 원)

구분 \ 연도	농촌체험마을		농촌민박		농촌융복합사업장	
	방문객 수	매출액	방문객 수	매출액	방문객 수	매출액
2019	1,118	12,280	2,968	98,932	395	6,109
2020	266	3,030	2,035	67,832	199	1,827

②

(단위: 명, 천 원)

구분 \ 연도	농촌체험마을		농촌민박		농촌융복합사업장	
	방문객 수	매출액	방문객 수	매출액	방문객 수	매출액
2019	1,118	12,320	2,968	98,932	395	6,109
2020	266	3,180	2,035	67,832	199	1,827

③

(단위: 명, 천 원)

구분 \ 연도	농촌체험마을		농촌민박		농촌융복합사업장	
	방문객 수	매출액	방문객 수	매출액	방문객 수	매출액
2019	1,118	12,280	2,968	98,932	395	6,309
2020	266	3,030	2,035	67,832	199	1,290

④

(단위: 명, 천 원)

구분 \ 연도	농촌체험마을		농촌민박		농촌융복합사업장	
	방문객 수	매출액	방문객 수	매출액	방문객 수	매출액
2019	1,118	12,320	2,968	96,932	395	6,309
2020	266	3,180	2,035	70,069	199	1,290

⑤

(단위: 명, 천 원)

구분 \ 연도	농촌체험마을		농촌민박		농촌융복합사업장	
	방문객 수	매출액	방문객 수	매출액	방문객 수	매출액
2019	1,118	12,280	2,968	96,932	395	6,109
2020	266	3,030	2,035	70,069	199	1,827

9. 다음 <그림>은 2020년과 2021년 '갑'국의 농림축수산물 종류별 수출입량에 관한 자료이다. 이에 대한 <보기>의 설명 중 옳은 것만을 모두 고르면?

<그림> 2020년과 2021년 농림축수산물 종류별 수출입량

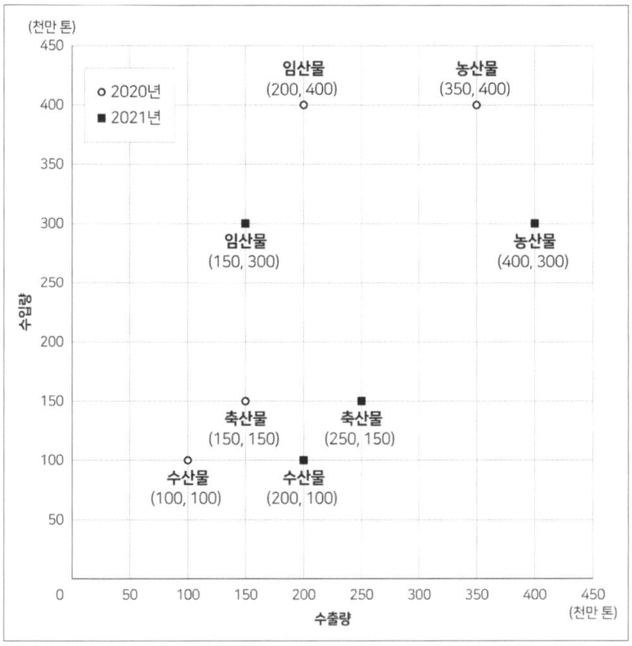

※ 농림축수산물 종류는 농산물, 임산물, 축산물, 수산물로만 구분됨.

<보 기>

ㄱ. 2021년 농산물, 축산물, 수산물의 수출량은 각각 전년 대비 증가하였다.

ㄴ. 2021년 농림축수산물 총수입량은 전년 대비 증가하였다.

ㄷ. 수출량 대비 수입량 비율이 가장 높은 농림축수산물 종류는 2020년과 2021년이 같다.

ㄹ. 2021년 수출량의 전년 대비 증가율은 축산물이 가장 높다.

① ㄱ, ㄴ
② ㄱ, ㄷ
③ ㄱ, ㄹ
④ ㄴ, ㄷ
⑤ ㄴ, ㄹ

10. 다음 <표>는 조선왕조실록에 수록된 1401~1418년의 이상 기상 및 자연재해 발생 건수에 관한 자료이다. 이에 대한 <보기>의 설명 중 옳은 것만을 모두 고르면?

<표> 1401~1418년 이상 기상 및 자연재해 발생 건수

(단위: 건)

유형 / 연도	천둥번개	큰 비	벼락	폭설	큰 바람	우박	한파 및 이상 고온	서리	짙은 안개	황충 피해	가뭄 및 홍수	지진 및 해일	전체
1401	2	1	6	0	2	8	3	7	5	1	3	1	39
1402	3	0	5	3	1	3	5	0	( )	2	2	2	41
1403	7	13	12	3	1	3	2	3	9	0	4	0	57
1404	1	18	0	0	1	4	2	0	3	0	0	0	29
1405	8	27	0	6	7	9	5	4	0	5	1	2	74
1406	4	( )	11	3	1	3	3	10	1	0	2	0	59
1407	4	14	8	4	1	3	4	2	2	3	4	0	49
1408	0	4	3	1	1	3	1	0	( )	3	0	0	23
1409	4	7	6	5	2	8	3	2	4	0	2	0	43
1410	14	14	5	1	2	6	1	1	5	2	6	1	58
1411	3	11	6	1	2	6	1	3	1	0	9	1	44
1412	4	8	4	2	5	6	2	0	3	2	2	0	38
1413	5	20	4	3	6	1	0	2	1	5	5	0	52
1414	5	21	7	3	3	3	5	5	0	0	6	0	58
1415	9	18	9	1	3	2	3	2	3	3	2	2	57
1416	5	11	5	1	5	2	0	3	4	1	3	0	40
1417	0	9	5	1	7	4	3	6	1	7	3	0	46
1418	5	17	0	0	6	2	0	2	0	3	3	1	39
합	83	( )	96	38	56	76	43	52	64	37	57	10	846

<보 기>

ㄱ. 연도별 전체 발생 건수 상위 2개 연도의 발생 건수 합은 하위 2개 연도의 발생 건수 합의 3배 이상이다.

ㄴ. '큰 비'가 가장 많이 발생한 해에는 '우박'도 가장 많이 발생했다.

ㄷ. 1401~1418년 동안의 발생 건수 합 상위 5개 유형은 '천둥번개', '큰 비', '벼락', '우박', '짙은 안개'이다.

ㄹ. 1402년에 가장 많이 발생한 유형은 1408년에도 가장 많이 발생했다.

① ㄱ, ㄴ
② ㄱ, ㄷ
③ ㄴ, ㄹ
④ ㄷ, ㄹ
⑤ ㄴ, ㄷ, ㄹ

11. 다음 <표>는 위원회 회의참석수당 지급규정에 대한 자료이다. 이를 근거로 <회의>의 (가)~(라) 중 총지급액이 가장 큰 회의와 세 번째로 큰 회의를 바르게 연결한 것은?

<표 1> 위원회 회의참석수당 지급규정

(단위: 천 원/인)

구분		전체위원회		조정위원회		전문위원회	기타위원회
		전체회의	소위	전체회의	소위		
안건검토비	위원장	300	250	200	150	200	150
	위원	250	200	150	100	150	100
회의참석비		회의시간이 2시간 미만인 경우 150 회의시간이 2시간 이상인 경우 200					
교통비		교통비 지급규정에 따라 정액 지급					

※ 1) 총지급액은 위원장과 위원의 회의참석수당 합임.
2) 위원(장) 회의참석수당=위원(장) 안건검토비+회의참석비+교통비

<표 2> 교통비 지급규정

(단위: 천 원/인)

회의개최장소	1급지	2급지	3급지	4급지
교통비	12	16	25	30

※ 교통비는 회의개최장소의 등급에 따라 지급하고, 회의개최장소는 1~4급지로 구분됨.

<회 의>

(가) 1급지에서 개최되고 위원장 1인과 위원 2인이 참석하며, 회의시간이 1시간인 전체위원회 소위
(나) 2급지에서 개최되고 위원장 1인과 위원 2인이 참석하며, 회의시간이 3시간인 조정위원회 전체회의
(다) 3급지에서 개최되고 위원장 1인과 위원 2인이 참석하며, 회의시간이 1시간인 전문위원회
(라) 4급지에서 개최되고 위원장 1인과 위원 2인이 참석하며, 회의시간이 4시간인 기타 위원회

	총지급액이 가장 큰 회의	총지급액이 세 번째로 큰 회의
①	(나)	(가)
②	(나)	(다)
③	(나)	(라)
④	(라)	(나)
⑤	(라)	(다)

12. 다음은 '갑'국의 특허 출원인 A~E의 IT 분야 등록특허별 피인용 횟수에 관한 자료이다. 이를 근거로 영향력 지수가 가장 큰 출원인과 기술력 지수가 가장 작은 출원인을 바르게 연결한 것은?

<표> '갑'국의 특허 출원인 A~E의 IT 분야 등록특허별 피인용 횟수

(단위: 회)

특허 출원인	등록특허	피인용 횟수
A	A1	3
	A2	25
B	B1	1
	B2	3
	B3	20
C	C1	3
	C2	2
	C3	10
	C4	5
	C5	6
D	D1	12
	D2	21
	D3	15
E	E1	6
	E2	56
	E3	4
	E4	12

※ A~E는 IT 분야 외 등록특허가 없음.

<정 보>

○ 해당 출원인의 영향력 지수 = $\frac{\text{해당 출원인의 피인용도 지수}}{\text{IT 분야 전체 등록특허의 피인용도 지수}}$

○ 해당 출원인의 기술력 지수 = 해당 출원인의 영향력 지수 × 해당 출원인의 등록특허 수

○ 해당 출원인의 피인용도 지수 = $\frac{\text{해당 출원인의 등록특허 피인용 횟수의 합}}{\text{해당 출원인의 등록특허 수}}$

○ IT 분야 전체 등록특허의 피인용도 지수 = $\frac{\text{IT 분야 전체의 등록특허 피인용 횟수의 합}}{\text{IT 분야 전체의 등록특허 수}}$

	영향력 지수가 가장 큰 출원인	기술력 지수가 가장 작은 출원인
①	A	B
②	D	A
③	D	C
④	E	B
⑤	E	C

13. 다음 <표>는 2018~2022년 '갑'국의 양자기술 분야별 정부 R&D 투자금액에 관한 자료이다. <표>를 이용하여 작성한 자료로 옳지 않은 것은?

<표> 양자기술 분야별 정부 R&D 투자금액

(단위: 백만 원)

분야 \ 연도	2018	2019	2020	2021	2022	합
양자컴퓨팅	61	119	200	285	558	1,223
양자내성암호	102	209	314	395	754	1,774
양자통신	110	192	289	358	723	1,672
양자센서	77	106	125	124	209	641
계	350	626	928	1,162	2,244	5,310

※ 양자기술은 양자컴퓨팅, 양자내성암호, 양자통신, 양자센서 분야로만 구분됨.

① 2019~2022년 양자통신 분야 정부 R&D 투자금액의 전년 대비 증가율

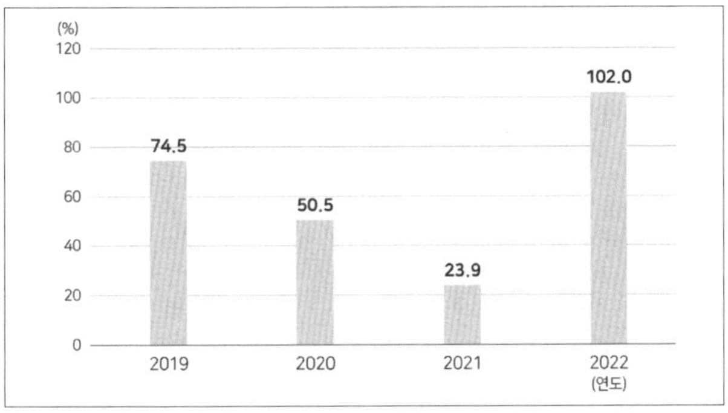

② 연도별 양자컴퓨팅, 양자통신 분야 정부 R&D 투자금액

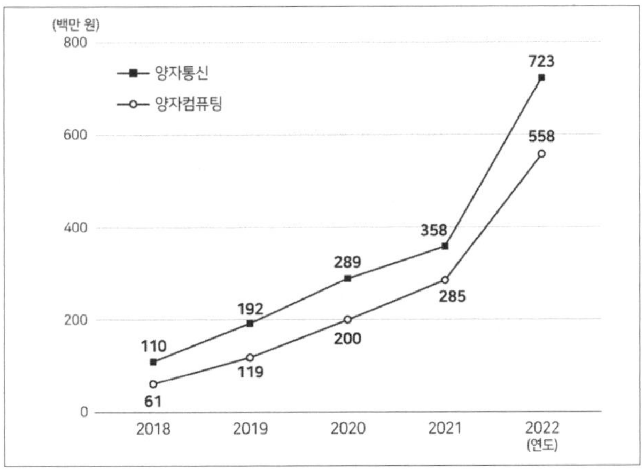

③ 2018~2022년 양자기술 정부 R&D 총투자금액의 분야별 구성비

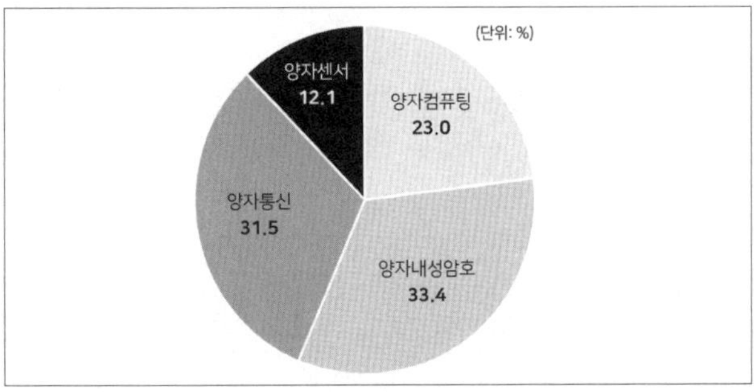

④ 연도별 양자내성암호 분야 정부 R&D 투자금액 대비 양자센서 분야 정부 R&D 투자금액 비율

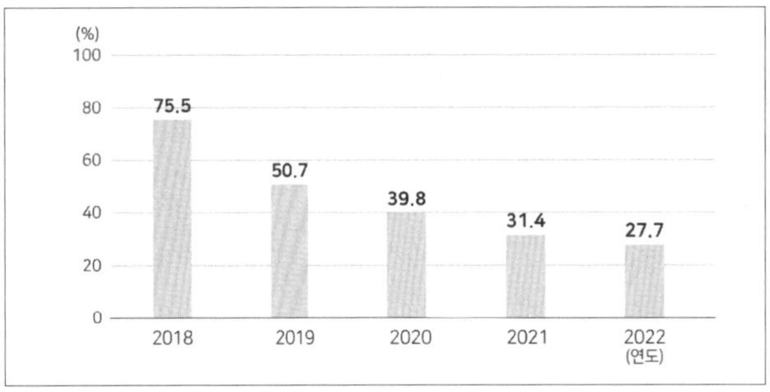

⑤ 2018~2022년 양자기술 정부 R&D 투자금액의 분야별 비중

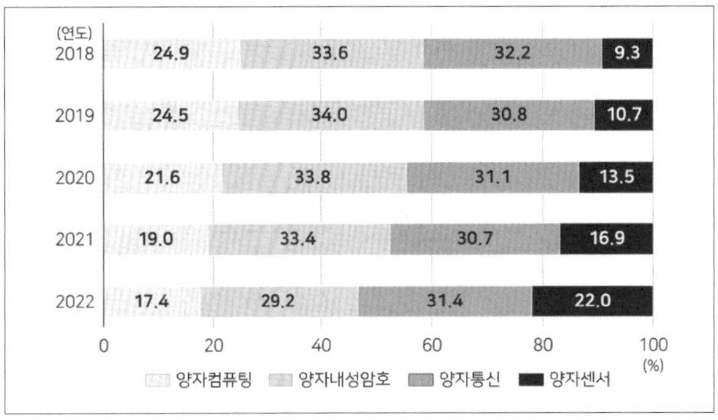

14. 다음 <표>는 2017~2022년 '갑'국의 병해충 발생면적에 관한 자료이다. 이에 대한 <보기>의 설명 중 옳은 것만을 모두 고르면?

<표> 2017~2022년 '갑'국의 병해충 발생면적

(단위: ha)

병해충 \ 연도	2017	2018	2019	2020	2021	2022
흰불나방	35,964	32,235	29,325	29,332	28,522	32,627
솔잎혹파리	35,707	38,976	(　)	27,530	27,638	20,840
솔껍질깍지벌레	4,043	7,718	6,380	5,024	3,566	3,497
참나무시들음병	1,733	1,636	1,576	1,560	1,240	(　)
전체	77,447	(　)	69,812	63,446	60,966	58,451

<보 기>

ㄱ. 2019~2022년 발생면적이 매년 감소한 병해충은 '솔껍질깍지벌레'뿐이다.

ㄴ. 전체 병해충 발생면적이 전년 대비 증가한 해는 2018년뿐이다.

ㄷ. 2019년 '솔잎혹파리' 발생면적은 2022년 '참나무시들음병' 발생면적의 30배 이상이다.

ㄹ. 2022년 병해충 발생면적의 전년 대비 증가율은 '참나무시들음병'이 '흰불나방'보다 낮다.

① ㄱ　② ㄷ　③ ㄱ, ㄴ
④ ㄷ, ㄹ　⑤ ㄱ, ㄴ, ㄹ

15. 다음은 '갑'국의 2017년과 2022년 A~H학생의 신장 및 체중과 체질량지수 분류기준에 관한 자료이다. 이에 대한 설명으로 옳지 않은 것은?

<그림> 2017년과 2022년 A~H학생의 신장 및 체중

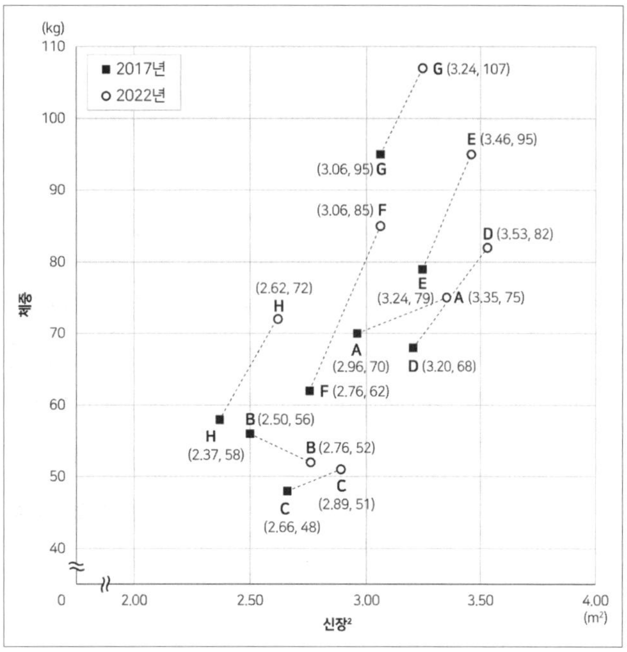

<표> '갑'국의 체질량지수 분류기준

(단위: kg/m²)

체질량지수	분류
20 미만	저체중
20 이상 25 미만	정상
25 이상 30 미만	과체중
30 이상 40 미만	비만
40 이상	고도비만

※ 체질량지수(kg/m²) = $\frac{\text{체중}}{\text{신장}^2}$

① '저체중'으로 분류된 학생의 수는 2022년이 2017년보다 많다.
② 2022년 A~H학생 체중의 평균은 2017년 대비 10% 이상 증가하였다.
③ 2017년과 2022년에 모두 '정상'으로 분류된 학생은 2명이다.
④ 2017년과 2022년 신장의 차이가 가장 큰 학생은 A이다.
⑤ 2022년 A~H학생의 체질량지수 중 가장 큰 값은 가장 작은 값의 2배 이상이다.

16. 다음은 2016~2022년 '갑'국의 스마트농업 정부연구비에 관한 자료이다. 이에 대한 <보기>의 설명 중 옳은 것만을 모두 고르면?

<그림> 연도별 스마트농업 정부연구비 및 연구과제 수

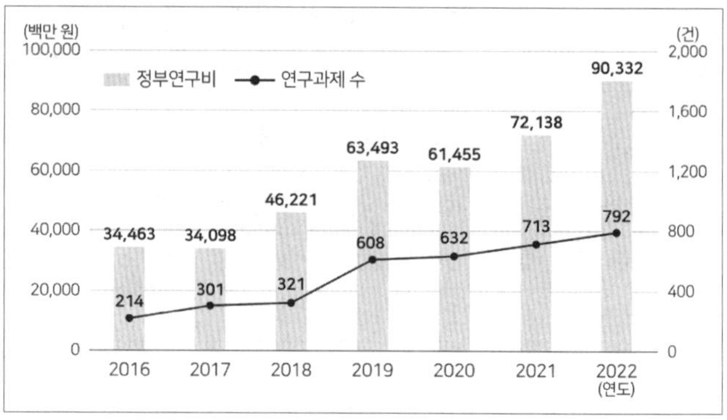

<표> 연도별·분야별 스마트농업 정부연구비

(단위: 백만 원)

분야 \ 연도	2016	2017	2018	2019	2020	2021	2022	전체
데이터기반구축	3,520	4,583	8,021	10,603	11,677	16,581	18,226	73,211
자동화설비기기	27,082	19,975	23,046	25,377	22,949	24,330	31,383	( )
융합연구	3,861	9,540	15,154	27,513	26,829	31,227	40,723	( )

※ 스마트농업은 데이터기반구축, 자동화설비기기, 융합연구 분야로만 구분됨.

<보 기>

ㄱ. 스마트농업의 연구과제당 정부연구비가 가장 많은 해는 2016년이다.
ㄴ. 전체 정부연구비가 가장 많은 스마트농업 분야는 '자동화설비기기'이다.
ㄷ. 스마트농업 정부연구비의 전년 대비 증가율이 가장 높은 해는 2022년이다.
ㄹ. 2019년 대비 2022년 정부연구비 증가율이 가장 높은 스마트농업 분야는 '데이터기반구축'이다.

① ㄱ, ㄴ
② ㄱ, ㄷ
③ ㄷ, ㄹ
④ ㄱ, ㄴ, ㄹ
⑤ ㄴ, ㄷ, ㄹ

17. 다음 <표>는 A지역 산불피해 복구에 대한 국비 및 지방비 지원금액에 관한 자료이다. 이에 대한 <보기>의 설명 중 옳은 것만을 모두 고르면?

<표 1> A지역 산불피해 복구에 대한 지원항목별, 재원별 지원금액

(단위: 천만 원)

지원항목 \ 재원	국비	지방비	합
산림시설 복구	32,594	9,000	41,594
주택 복구	5,200	1,800	7,000
이재민 구호	2,954	532	3,486
상·하수도 복구	10,930	260	11,190
농경지 복구	1,540	340	1,880
생계안정 지원	1,320	660	1,980
기타	520	0	520
전체	55,058	(　)	(　)

<표 2> A지역 산불피해 복구에 대한 부처별 국비 지원금액

(단위: 천만 원)

부처	행정안전부	산림청	국토교통부	환경부	보건복지부	그 외	전체
지원금액	2,930	33,008	(　)	9,520	350	240	55,058

<보 기>

ㄱ. 기타를 제외하고, 국비 지원금액 대비 지방비 지원금액 비율이 가장 높은 지원항목은 '주택 복구'이다.
ㄴ. 산림청의 '산림시설 복구' 지원금액은 1,000억 원 이상이다.
ㄷ. 국토교통부의 지원금액은 전체 국비 지원금액의 20% 이상이다.
ㄹ. 전체 지방비 지원금액은 '상·하수도 복구' 국비 지원금액보다 크다.

① ㄱ, ㄴ
② ㄱ, ㄷ
③ ㄴ, ㄷ
④ ㄴ, ㄹ
⑤ ㄷ, ㄹ

18. 다음 <표>는 2022년도 '갑'국의 운전면허 종류별 응시자 및 합격자 수에 관한 자료이다. 이에 대한 설명으로 옳은 것은?

<표> '갑'국의 운전면허 종류별 응시자 및 합격자 수

(단위: 명)

종류 \ 구분	응시자	응시자 남자	응시자 여자	합격자	합격자 남자	합격자 여자
전체	71,976	56,330	15,646	44,012	33,150	10,862
1종	29,507	(　)	1,316	16,550	15,736	814
1종 대형	4,199	4,149	50	995	991	4
1종 보통	24,388	23,133	1,255	15,346	14,536	810
1종 특수	920	909	11	209	209	0
2종	(　)	(　)	14,330	27,462	17,414	10,048
2종 보통	39,312	25,047	14,265	26,289	16,276	10,013
2종 소형	1,758	1,753	5	350	349	1
2종 원동기	1,399	1,339	60	823	789	34

※ 합격률(%) $= \frac{\text{합격자 수}}{\text{응시자 수}} \times 100$

① 2종 면허 응시자 수는 1종 면허 응시자 수의 2배 이상이다.
② 전체 합격률은 60% 미만이다.
③ 1종 보통 면허 합격률은 2종 보통 면허 합격률보다 높다.
④ 1종 면허 남자 응시자 수는 2종 면허 남자 응시자 수보다 많다.
⑤ 1종 대형 면허 여자 합격률은 2종 소형 면허 여자 합격률보다 높다.

19. 다음 <표>는 2022년 A~E국의 국방비와 GDP, 군병력, 인구에 관한 자료이다. 이에 대한 <보기>의 설명 중 옳은 것만을 모두 고르면?

<표> 2022년 A~E국의 국방비와 GDP, 군병력, 인구

(단위: 억 달러, 만 명)

국가 \ 구분	국방비	GDP	군병력	인구
A	8,010	254,645	133	33,499
B	195	13,899	12	4,722
C	502	16,652	60	5,197
D	320	20,120	17	6,102
E	684	30,706	20	6,814

<보 기>

ㄱ. 국방비가 가장 많은 국가의 국방비는 A~E국 국방비 합의 80% 이상이다.
ㄴ. 인구 1인당 GDP는 B국이 C국보다 크다.
ㄷ. 국방비가 많은 국가일수록 GDP 대비 국방비 비율이 높다.
ㄹ. 군병력 1인당 국방비는 A국이 D국의 3배 이상이다.

① ㄱ, ㄴ
② ㄱ, ㄹ
③ ㄴ, ㄷ
④ ㄱ, ㄷ, ㄹ
⑤ ㄴ, ㄷ, ㄹ

20. 다음은 '갑'국의 건설공사 안전관리비에 관한 자료이다. 이에 대한 <보기>의 설명 중 옳은 것만을 모두 고르면?

<표> '갑'국의 건설공사 종류 및 대상액별 안전관리비 산정 기준

대상액 / 공사 종류 \ 구분	5억 원 미만	5억 원 이상 50억 원 미만		50억 원 이상
	요율(%)	요율(%)	기초액(천 원)	요율(%)
일반건설공사(갑)	2.93	1.86	5,350	1.97
일반건설공사(을)	3.09	1.99	5,500	2.10
중건설공사	3.43	2.35	5,400	2.46
철도·궤도신설공사	2.45	1.57	4,400	1.66
특수 및 기타 건설공사	1.85	1.20	3,250	1.27

<안전관리비 산정 방식>

○ 대상액이 5억 원 미만 또는 50억 원 이상인 경우,
안전관리비 = 대상액 × 요율
○ 대상액이 5억 원 이상 50억 원 미만인 경우,
안전관리비 = 대상액 × 요율 + 기초액

<보 기>

ㄱ. 대상액이 10억 원인 경우, 안전관리비는 '일반건설공사(을)'가 '중건설공사'보다 적다.
ㄴ. 대상액이 4억 원인 경우, '일반건설공사(갑)'와 '철도·궤도신설공사'의 안전관리비 차이는 200만 원 이상이다.
ㄷ. '특수 및 기타 건설공사' 안전관리비는 대상액이 100억 원인 경우가 대상액이 10억 원인 경우의 10배 이상이다.

① ㄱ
② ㄴ
③ ㄱ, ㄷ
④ ㄴ, ㄷ
⑤ ㄱ, ㄴ, ㄷ

21. 다음 <표>는 '갑'국 재외국민의 5개 지역별 투표 결과에 관한 자료이다. 이에 대한 <보기>의 설명 중 옳은 것만을 모두 고르면?

<표> 재외국민 지역별 투표 결과

(단위: 개소, 명, %)

지역 \ 구분	제20대 선거				제19대 선거	
	투표소 수	선거인 수	투표자 수	투표율	투표자 수	투표율
아주	(　)	110,818	78,051	70.4	106,496	74.0
미주	62	(　)	50,440	68.7	68,213	71.7
유럽	47	32,591	25,629	(　)	36,170	84.9
중동	21	6,818	5,658	83.0	8,210	84.9
아프리카	21	2,554	2,100	82.2	2,892	85.4
전체	219	226,162	161,878	71.6	221,981	75.3

※ 1) 투표율(%) = $\frac{\text{투표자 수}}{\text{선거인 수}} \times 100$

2) '아주'는 '중동'을 제외한 아시아 및 오세아니아 지역을 의미함.

<보 기>

ㄱ. 제20대 선거에서 투표소 수는 '아주'가 '중동'의 4배 이상이다.

ㄴ. 제20대 선거에서 투표율이 가장 높은 지역과 가장 낮은 지역의 투표율 차이는 15%p 이상이다.

ㄷ. 제20대 선거에서 투표소당 선거인 수는 '미주'가 '유럽'보다 많다.

ㄹ. 제20대 선거와 제19대 선거의 선거인 수 차이가 큰 지역부터 순서대로 나열하면 '아주', '미주', '유럽', '중동', '아프리카' 순이다.

① ㄱ
② ㄹ
③ ㄷ, ㄹ
④ ㄱ, ㄴ, ㄷ
⑤ ㄴ, ㄷ, ㄹ

22. 다음 <표>는 2017~2021년 '갑'국의 해양사고 유형별 발생 건수와 인명피해 인원 현황이다. <표>와 <조건>을 근거로 A~E에 해당하는 유형을 바르게 연결한 것은?

<표 1> 2017~2021년 해양사고 유형별 발생 건수

(단위: 건)

연도 \ 유형	A	B	C	D	E
2017	258	65	29	96	160
2018	250	46	38	119	162
2019	244	110	61	132	228
2020	277	108	69	128	203
2021	246	96	54	149	174

<표 2> 2017~2021년 해양사고 유형별 인명피해 인원

(단위: 명)

연도 \ 유형	A	B	C	D	E
2017	35	20	25	3	60
2018	19	25	1	0	52
2019	10	19	0	16	52
2020	8	25	2	8	79
2021	9	27	3	3	76

※ 해양사고 유형은 '안전사고', '전복', '충돌', '침몰', '화재폭발' 중 하나로만 구분됨.

<조 건>

○ 2017~2019년 동안 '안전사고' 발생 건수는 매년 증가한다.
○ 2020년 해양사고 발생 건수 대비 인명피해 인원의 비율이 두 번째로 높은 유형은 '전복'이다.
○ 해양사고 발생 건수는 매년 '충돌'이 '전복'의 2배 이상이다.
○ 2017~2021년 동안의 해양사고 인명피해 인원 합은 '침몰'이 '안전사고'의 50% 이하이다.
○ 2020년과 2021년의 해양사고 인명피해 인원 차이가 가장 큰 유형은 '화재폭발'이다.

	A	B	C	D	E
①	충돌	전복	침몰	화재폭발	안전사고
②	충돌	전복	화재폭발	안전사고	침몰
③	충돌	침몰	전복	화재폭발	안전사고
④	침몰	전복	안전사고	화재폭발	충돌
⑤	침몰	충돌	전복	안전사고	화재폭발

23. 다음 <표>는 2017~2022년 '갑'시의 택시 위법행위 유형별 단속건수에 관한 자료이다. 이에 대한 설명으로 옳은 것은?

<표> 2017~2022년 '갑'시의 택시 위법행위 유형별 단속건수

(단위: 건)

유형 연도	승차 거부	정류소 정차 질서문란	부당 요금	방범등 소등위반	사업구역 외 영업	기타	전체
2017	(　　)	1,110	125	1,001	123	241	4,166
2018	1,694	701	301	(　　)	174	382	4,131
2019	1,991	1,194	441	825	554	349	5,354
2020	717	1,128	51	769	2,845	475	(　　)
2021	130	355	40	1,214	1,064	484	(　　)
2022	43	193	268	(　　)	114	187	2,067

① 위법행위 단속건수 상위 2개 유형은 2017년과 2018년이 같다.
② '부당요금' 단속건수 대비 '승차거부' 단속건수 비율이 가장 높은 연도는 2017년이다.
③ 전체 단속건수가 가장 많은 연도는 2020년이다.
④ 전체 단속건수 중 '방범등 소등위반' 단속건수가 차지하는 비중은 매년 감소한다.
⑤ 2017년 '승차거부' 단속건수는 2022년 '방범등 소등위반' 단속건수보다 적다.

[24 ~ 25] 다음 <표>는 '갑'국의 2022년 4~6월 A~D정유사의 휘발유와 경유 가격에 관한 자료이다. 다음 물음에 답하시오.

<표> 정유사별 휘발유와 경유 가격

(단위: 원/L)

유종	휘발유			경유		
정유사 \ 월	4	5	6	4	5	6
A	1,840	1,825	1,979	1,843	1,852	2,014
B	1,795	1,849	1,982	1,806	1,894	2,029
C	1,801	1,867	2,006	1,806	1,885	2,013
D	1,807	1,852	1,979	1,827	1,895	2,024

※ 가격은 해당 월의 정유사별 공시가임.

24. 위 <표>에 대한 설명으로 옳은 것은?

① 휘발유와 경유의 가격 차이가 가장 큰 정유사는 매월 같다.
② 4월에 휘발유 가격보다 경유 가격이 낮은 정유사는 1개이다.
③ 5월 휘발유 가격이 가장 높은 정유사는 5월 경유 가격도 가장 높다.
④ 각 정유사의 경유 가격은 매월 높아졌다.
⑤ 각 정유사의 5월과 6월 가격 차이는 경유가 휘발유보다 크다.

25. 위 <표>와 다음 <정보>를 근거로 <보기>의 설명 중 옳은 것만을 모두 고르면?

<정 보>

○ 가격 = 원가 + 유류세 + 부가가치세
○ 4월 유류세는 원가의 50%임.
○ 부가가치세는 원가와 유류세를 합한 금액의 10%임.

<보 기>

ㄱ. 5월 B의 휘발유 유류세가 원가의 40%라면, 5월 B의 휘발유 원가는 1,300원/L 이상이다.
ㄴ. 5월 C의 경유 원가가 전월과 같다면, 5월 C의 경유 유류세는 600원/L 이상이다.
ㄷ. 6월 D의 경유 유류세가 4월과 같은 금액이라면, 6월 D의 경유 유류세는 원가의 50% 이상이다.

① ㄱ
② ㄴ
③ ㄷ
④ ㄱ, ㄴ
⑤ ㄴ, ㄷ

약점 보완 해설집 p.90

2022년 기출문제

1교시 언어논리·상황판단

2교시 자료해석

✓ 문제 풀이 시작과 종료 시각을 정한 후, OCR 답안지를 활용하여 실전처럼 기출문제를 풀어보세요.

1교시: ______ 시 ______ 분 ~ ______ 시 ______ 분(총 50문항 / 120분)

2교시: ______ 시 ______ 분 ~ ______ 시 ______ 분(총 25문항 / 60분)

✓ 문제 풀이 후, 약점 보완 해설집 '취약 유형 분석표'로 자신의 실력을 점검해 보시기 바랍니다.

언어논리영역

1. 다음 글의 내용과 부합하는 것은?

979년 송 태종은 거란을 공격하러 가는 길에 고려에 원병을 요청했다. 거란은 고려가 참전할 수도 있다는 염려에서 크게 동요했다. 하지만 고려는 송 태종의 요청에 응하지 않았다. 이후 거란은 송에 보복할 기회를 엿보는 한편, 송과 다시 싸우기 전에 고려를 압박해 앞으로도 송을 군사적으로 돕지 않겠다는 약속을 받아내고자 했다.

당시 거란과 고려 사이에는 압록강이 있었는데, 그 하류 유역에는 여진족이 살고 있었다. 이 여진족은 발해의 지배를 받았었지만, 발해가 거란에 의해 멸망한 후에는 어느 나라에도 속하지 않은 채 독자적 세력을 이루고 있었다. 거란은 이 여진족이 사는 땅을 여러 차례 침범해 대군을 고려로 보내는 데 적합한 길을 확보했다. 이후 993년에 거란 장수 소손녕은 군사를 이끌고 고려에 들어와 몇 개의 성을 공격했다. 이때 소손녕은 "고구려 옛 땅은 거란의 것인데 고려가 감히 그 영역을 차지하고 있으니 군사를 일으켜 그 땅을 찾아가고자 한다."라는 내용의 서신을 보냈다. 이 서신이 오자 고려 국왕 성종과 대다수 대신은 "옛 고구려의 영토에 해당하는 땅을 모두 내놓아야 군대를 거두겠다는 뜻이 아니냐?"라며 놀랐다. 하지만 서희는 소손녕이 보낸 서신의 내용은 핑계일 뿐이라고 주장했다. 그는 고려가 병력을 동원해 거란을 치는 일이 없도록 하겠다는 언질을 주면 소손녕이 철군할 것이라고 말했다. 이렇게 논의가 이어지고 있을 때 안융진에 있는 고려군이 소손녕과 싸워 이겼다는 보고가 들어왔다.

패배한 소손녕은 진군을 멈추고 협상을 원한다는 서신을 보내왔다. 이 서신을 받은 성종은 서희를 보내 협상하게 했다. 소손녕은 서희가 오자 "실은 고려가 송과 친하고 우리와는 소원하게 지내고 있어 침입하게 되었다."라고 했다. 이에 서희는 압록강 하류의 여진족 땅을 고려가 지배할 수 있게 묵인해 준다면, 거란과 국교를 맺을 뿐 아니라 거란과 송이 싸울 때 송을 군사적으로 돕지 않겠다는 뜻을 내비쳤다. 이 말을 들은 소손녕은 서희의 요구를 수용하기로 하고 퇴각했다. 이후 고려는 북쪽 국경 너머로 병력을 보내 압록강 하류의 여진족 땅까지 밀고 들어가 영토를 넓혔으며, 그 지역에 강동 6주를 두었다.

① 거란은 압록강 유역에 살던 여진족이 고려의 백성이라고 주장하였다.
② 여진족은 발해의 지배에서 벗어나기 위해 거란과 함께 고려를 공격하였다.
③ 소손녕은 압록강 유역의 여진족 땅을 빼앗아 강동 6주를 둔 후 그곳을 고려에 넘겼다.
④ 고려는 압록강 하류 유역에 있는 여진족의 땅으로 세력을 확대한 거란을 공격하고자 송 태종과 군사동맹을 맺었다.
⑤ 서희는 고려가 거란에 군사적 적대 행위를 하지 않겠다고 약속하면 소손녕이 군대를 이끌고 돌아갈 것이라고 보았다.

2. 다음 글에서 알 수 있는 것은?

세종이 즉위한 이듬해 5월에 대마도의 왜구가 충청도 해안에 와서 노략질하는 일이 벌어졌다. 이 왜구는 황해도 해주 앞바다에도 나타나 조선군과 교전을 벌인 후 명의 땅인 요동반도 방향으로 북상했다. 세종에게 왕위를 물려주고 상왕으로 있던 태종은 이종무에게 "북상한 왜구가 본거지로 되돌아가기 전에 대마도를 정벌하라!"라고 명했다. 이에 따라 이종무는 군사를 모아 대마도 정벌에 나섰다.

남북으로 긴 대마도에는 섬을 남과 북의 두 부분으로 나누는 중간에 아소만이라는 곳이 있는데, 이 만의 초입에 두지포라는 요충지가 있었다. 이종무는 이곳을 공격한 후 귀순을 요구하면 대마도주가 응할 것이라 보았다. 그는 6월 20일 두지포에 상륙해 왜인 마을을 불사른 후 계획대로 대마도주에게 서신을 보내 귀순을 요구했다. 하지만 대마도주는 이에 반응을 보이지 않았다. 분노한 이종무는 대마도주를 사로잡아 항복을 받아내기로 하고, 니로라는 곳에 병력을 상륙시켰다. 하지만 그곳에서 조선군은 매복한 적의 공격으로 크게 패했다. 이에 이종무는 군사를 거두어 거제도 견내량으로 돌아왔다.

이종무가 견내량으로 돌아온 다음 날, 태종은 요동반도로 북상했던 대마도의 왜구가 그곳으로부터 남하하던 도중 충청도에서 조운선을 공격했다는 보고를 받았다. 이 사건이 일어난 지 며칠 지나지 않았음을 알게 된 태종은 왜구가 대마도에 당도하기 전에 바다에서 격파해야 한다고 생각하고, 이종무에게 그들을 공격하라고 명했다. 그런데 이 명이 내려진 후에 새로운 보고가 들어왔다. 대마도의 왜구가 요동반도에 상륙했다가 크게 패배하는 바람에 살아남은 자가 겨우 300여 명에 불과하다는 것이었다. 이 보고를 접한 태종은 대마도주가 거느린 병사가 많이 죽어 그 세력이 꺾였으니 그에게 다시금 귀순을 요구하면 응할 것으로 판단했다. 이에 그는 이종무에게 내린 출진 명령을 취소하고, 측근 중 적임자를 골라 대마도주에게 귀순을 요구하는 사신으로 보냈다. 이 사신을 만난 대마도주는 고심 끝에 조선에 귀순하기로 했다.

① 해주 앞바다에 나타나 조선군과 싸운 대마도의 왜구가 요동반도를 향해 북상한 뒤 이종무의 군대가 대마도로 건너갔다.
② 조선이 왜구의 본거지인 대마도를 공격하기로 하자 명의 군대도 대마도까지 가서 정벌에 참여하였다.
③ 이종무는 세종이 대마도에 보내는 사절단에 포함되어 대마도를 여러 차례 방문하였다.
④ 태종은 대마도 정벌을 준비하였지만, 세종의 반대로 뜻을 이루지 못하였다.
⑤ 조선군이 대마도주를 사로잡기 위해 상륙하였다가 패배한 곳은 견내량이다.

3. 다음 글에서 알 수 없는 것은?

> 인간에 대한 혐오의 감정을 긍정적으로 바라보는 인식을 바탕으로, 이를 사회 안정의 도구로 활용해야 한다거나 법적 판단의 근거로 삼아야 한다는 주장은 영미법의 오래된 역사에서 그리 낯설지 않다. 그러나 혐오의 감정이 특정 개인과 집단을 배척하기 위한 강력한 무기로 이용되었다는 사실을 고려하면 이러한 주장이 얼마나 그릇된 것인지 이해할 수 있다.
>
> 일반적으로 우리는 분비물이나 배설물, 악취 등에 대해 그리고 시체와 같이 부패하고 퇴화하는 것들에 대해 혐오의 감정을 갖는다. 인간은 타자를 공격하는 데 이러한 오염물의 이미지를 사용한다. 이때 혐오는 특정 집단을 오염물인 것처럼 취급하고 자신은 오염되지 않은 쪽에 속함으로써 얻게 되는 심리적인 우월감 및 만족감과 연결되어 있다. 역사적으로 볼 때 이런 과정을 거쳐 오염물로 취급된 집단 중 하나가 유대인이다.
>
> 중세 이후 반유대주의 세력이 유대인에게 부여한 부정적 이미지는 점액성, 악취, 부패, 불결함과 같은 혐오스러운 것들과 결부되어 있다. 히틀러는 유대인을 깨끗하고 건강한 독일 민족의 몸속에 숨겨진, 썩어 가는 시체 속의 구더기라고 표현했다. 혐오스러운 적대자를 설정함으로써 자신의 야욕을 달성하려 했던 것이다. 불행하게도 대다수의 독일인은 이러한 야만적인 정치적 선동에 동의를 표했다. 심지어 유대인을 암세포, 종양, 세균 등으로 묘사하면서 이들을 비인간적 존재로 전락시키는 의학적 담론이 유행하기도 했다. 비인간적으로 묘사되는 유대인의 이미지는 나치가 만든 허상이었음에도 불구하고, 유대인과 연관된 혐오의 이미지는 아이들이 보는 당대의 동화 속에 담겨 있을 정도로 널리 퍼져 있었다.

① 혐오는 정치적 선동의 도구로 이용되지 않았다.
② 개인뿐만 아니라 집단도 혐오의 대상이 될 수 있다.
③ 혐오의 대상이 되는 집단은 비인간적으로 묘사되기도 한다.
④ 혐오의 감정을 법적 판단의 근거로 삼아야 한다는 입장이 있었다.
⑤ 인간에 대한 혐오의 감정은 타자를 혐오함으로써 주체가 얻을 수 있는 심리적인 만족감과 연관되어 있다.

4. 다음 글에서 알 수 없는 것은?

> ‘계획적 진부화’는 의도적으로 수명이 짧은 제품이나 서비스를 생산함으로써 소비자들이 새로운 제품을 구매하도록 유도하는 마케팅 전략 중 하나이다. 여기에는 단순히 부품만 교체하는 것이 가능함에도 불구하고 새로운 제품을 구매하도록 유도하는 것도 포함된다.
>
> 계획적 진부화의 이유는 무엇일까? 첫째, 기업이 기존 제품의 가격을 인상하기 곤란한 경우, 신제품을 출시한 뒤 여기에 인상된 가격을 매길 수 있기 때문이다. 특히 제품의 기능은 거의 변함없이 디자인만 약간 개선한 신제품을 내놓고 가격을 인상하는 경우도 쉽게 볼 수 있다. 둘째, 중고품 시장에서 거래되는 기존 제품과의 경쟁을 피할 수 있기 때문이다. 자동차처럼 사용 기간이 긴 제품의 경우, 기업은 동일 유형의 제품을 팔고 있는 중고품 판매 업체와 경쟁해야만 한다. 그러나 기업이 새로운 제품을 출시하면, 중고품 시장에서 판매되는 기존 제품은 진부화되고 그 경쟁력도 하락한다. 셋째, 소비자들의 취향이 급속히 변화하는 상황에서 계획적 진부화로 소비자들의 만족도를 높일 수 있기 때문이다. 전통적으로 제품의 사용 기간을 결정짓는 요인은 기능적 특성이나 노후화·손상 등 물리적 특성이 주를 이루었지만, 최근에는 심리적 특성에도 많은 영향을 받고 있다. 이처럼 소비자들의 요구가 다양해지고 그 변화 속도도 빨라지고 있어, 기업들은 이에 대응하기 위해 계획적 진부화를 수행하기도 한다.
>
> 기업들은 계획적 진부화를 통해 매출을 확대하고 이익을 늘릴 수 있다. 기존 제품이 사용 가능한 상황에서도 신제품에 대한 소비자들의 수요를 자극하면 구매 의사가 커지기 때문이다. 반면, 기존 제품을 사용하는 소비자 입장에서는 크게 다를 것 없는 신제품 구입으로 불필요한 지출과 실질적인 손실이 발생할 수 있다는 점에서 계획적 진부화는 부정적으로 인식된다. 또한 환경이나 생태를 고려하는 거시적 관점에서도, 계획적 진부화는 소비자들에게 제공하는 가치에 비해 에너지나 자원의 낭비가 심하다는 비판을 받고 있다.

① 계획적 진부화로 소비자들은 불필요한 지출을 할 수 있다.
② 계획적 진부화는 기존 제품과 동일한 중고품의 경쟁력을 높인다.
③ 계획적 진부화는 소비자들의 요구에 대응하기 위하여 수행되기도 한다.
④ 계획적 진부화를 통해 기업은 기존 제품보다 비싼 신제품을 출시할 수 있다.
⑤ 계획적 진부화로 인하여 제품의 실제 사용 기간은 물리적으로 사용 가능한 수명보다 짧아질 수 있다.

5. 다음 글에서 알 수 없는 것은?

재화나 용역 중에는 비경합적이고 비배제적인 방식으로 소비되는 것들이 있다. 먼저 재화나 용역이 비경합적으로 소비된다는 말은, 그것에 대한 누군가의 소비가 다른 사람의 소비 가능성을 줄어들게 하지 않는다는 것을 뜻한다. 예컨대 10개의 사탕이 있는데 내가 8개를 먹어 버리면 다른 사람이 그 사탕을 소비할 가능성은 그만큼 줄어들게 된다. 반면에 라디오 방송 서비스 같은 경우는 내가 그것을 이용한다고 해서 다른 사람의 소비 가능성이 줄어들게 되지 않는다는 점에서 비경합적이다.

재화나 용역이 비배제적으로 소비된다는 말은, 그것이 공급되었을 때 누군가 그 대가를 지불하지 않았다고 해서 그 사람이 그 재화나 용역을 소비하지 못하도록 배제할 수 없다는 것을 뜻한다. 이러한 의미에서 국방 서비스는 비배제적으로 소비된다. 정부가 국방 서비스를 제공받는 모든 국민에게 그 비용을 지불하도록 하는 정책을 채택했다고 하자. 이때 어떤 국민이 이런 정책에 불만을 표하며 비용 지불을 거부한다고 해도 정부는 그를 국방 서비스의 수혜에서 배제하기 어렵다. 설령 그를 구속하여 감옥에 가두더라도 그는 국방 서비스의 수혜자 범위에서 제외되지 않는다.

비경합적이고 비배제적인 방식으로 소비되는 재화와 용역의 생산과 배분이 시장에서 제대로 이루어질 수 있을까? 국방의 예를 이어나가 보자. 대부분의 국민은 자신의 생명과 재산을 보호받고자 하는 욕구가 있고 국방 서비스에 대한 수요도 있기 마련이다. 그러나 만약 국방 서비스를 시장에서 생산하여 판매한다면, 경제적으로 합리적인 국민은 국방 서비스를 구매하지 않을 것이다. 왜냐하면 다른 이가 구매하는 국방 서비스에 자신도 무임승차할 수 있기 때문이다. 결과적으로 국방 서비스는 과소 생산되는 문제가 발생하고, 그 피해는 모든 국민에게 돌아가게 될 것이다. 따라서 이와 같은 유형의 재화나 용역을 사회적으로 필요한 만큼 생산하기 위해서는 국가가 개입해야 하기에 이런 재화나 용역에는 공공재라는 이름을 붙이는 것이다.

① 유료 공연에서 일정한 돈을 지불하지 않은 사람의 공연장 입장을 차단한다면, 그 공연은 배제적으로 소비될 수 있다.
② 국방 서비스를 소비하는 모든 국민에게 그 비용을 지불하도록 한다면, 그 서비스는 비경합적으로 소비될 수 없다.
③ 이용할 수 있는 수가 한정된 여객기 좌석은 경합적으로 소비될 수 있다.
④ 무임승차를 쉽게 방지할 수 없는 재화나 용역은 과소 생산될 수 있다.
⑤ 라디오 방송 서비스는 여러 사람이 비경합적으로 소비할 수 있다.

6. 다음 글의 핵심 논지로 가장 적절한 것은?

독일 통일을 지칭하는 '흡수 통일'이라는 용어는 동독이 일방적으로 서독에 흡수되었다는 인상을 준다. 그러나 통일 과정에서 동독 주민들이 보여준 행동을 고려하면 흡수 통일은 오해의 여지를 주는 용어일 수 있다.

1989년에 동독에서는 지방선거 부정 의혹을 둘러싼 내부 혼란이 발생했다. 그 과정에서 체제에 환멸을 느낀 많은 동독 주민들이 서독으로 탈출했고, 동독 곳곳에서 개혁과 개방을 주장하는 시위의 물결이 일어나기 시작했다. 초기 시위에서 동독 주민들은 여행·신앙·언론의 자유를 중심에 둔 내부 개혁을 주장했지만 이후 "우리는 하나의 민족이다!"라는 구호와 함께 동독과 서독의 통일을 요구하기 시작했다. 그렇게 변화하는 사회적 분위기 속에서 1990년 3월 18일에 동독 최초이자 최후의 자유총선거가 실시되었다.

동독 자유총선거를 위한 선거운동 과정에서 서독과 협력하는 동독 정당들이 생겨났고, 이들 정당의 선거운동에 서독 정당과 정치인들이 적극적으로 유세 지원을 하기도 했다. 초반에는 서독 사민당의 지원을 받으며 점진적 통일을 주장하던 동독 사민당이 우세했지만, 실제 선거에서는 서독 기민당의 지원을 받으며 급속한 통일을 주장하던 독일동맹이 승리하게 되었다. 동독 주민들이 자유총선거에서 독일동맹을 선택한 것은 그들 스스로 급속한 통일을 지지한 것이라고 할 수 있다. 이후 동독은 서독과 1990년 5월 18일에 「통화·경제·사회보장동맹의 창설에 관한 조약」을, 1990년 8월 31일에 「통일조약」을 체결했고, 마침내 1990년 10월 3일에 동서독 통일을 이루게 되었다.

이처럼 독일 통일의 과정에서 동독 주민들의 주체적인 참여를 확인할 수 있다. 독일 통일을 단순히 흡수 통일이라고 부른다면, 통일 과정에서 중요한 역할을 담당했던 동독 주민들을 배제한다는 오해를 불러일으킬 수 있다. 독일 통일의 과정을 온전히 이해하기 위해서는 동독 주민들의 활동에도 주목할 필요가 있다.

① 자유총선거에서 동독 주민들은 점진적 통일보다 급속한 통일을 지지하는 모습을 보여주었다.
② 독일 통일은 동독이 일방적으로 서독에 흡수되었다는 점에서 흔히 흡수 통일이라고 부른다.
③ 독일 통일은 분단국가가 합의된 절차를 거쳐 통일을 이루었다는 점에서 의의가 있다.
④ 독일 통일 전부터 서독의 정당은 물론 개인도 동독의 선거에 개입할 수 있었다.
⑤ 독일 통일의 과정에서 동독 주민들의 주체적 참여가 큰 역할을 하였다.

7. 다음 글의 (가)와 (나)에 들어갈 말을 적절하게 나열한 것은?

> 서양 사람들은 옛날부터 신이 자연 속에 진리를 감추어 놓았다고 믿고 그 진리를 찾기 위해 노력했다. 그들은 숨겨진 진리가 바로 수학이며 자연물 속에 비례의 형태로 숨어 있다고 생각했다. 또한 신이 자연물에 숨겨 놓은 수많은 진리 중에서도 인체 비례야말로 가장 아름다운 진리의 정수로 여겼다. 그래서 서양 사람들은 예로부터 이러한 신의 진리를 드러내기 위해서 완벽한 인체를 구현하는 데 몰두했다. 레오나르도 다빈치의 「인체 비례도」를 보면, 원과 정사각형을 배치하여 사람의 몸을 표현하고 있다. 가장 기본적인 기하 도형이 인체 비례와 관련 있다는 점에 착안하였던 것이다. 르네상스 시대 건축가들은 이러한 기본 기하 도형으로 건축물을 디자인하면 (가) 위대한 건물을 지을 수 있다고 생각했다.
>
> 건축에서 미적 표준으로 인체 비례를 활용하는 조형적 안목은 서양뿐 아니라 동양에서도 찾을 수 있다. 고대부터 중국이나 우리나라에서도 인체 비례를 건축물 축조에 활용하였다. 불국사의 청운교와 백운교는 3:4:5 비례의 직각삼각형으로 이루어져 있다. 이와 같은 비례로 건축하는 것을 '구고현(勾股弦)법'이라 한다. 뒤꿈치를 바닥에 대고 무릎을 직각으로 구부린 채 누우면 바닥과 다리 사이에 삼각형이 이루어지는데, 이것이 구고현법의 삼각형이다. 짧은 변인 구(勾)는 넓적다리에, 긴 변인 고(股)는 장딴지에 대응하고, 빗변인 현(弦)은 바닥의 선에 대응한다. 이 삼각형은 고대 서양에서 신성불가침의 삼각형이라 불렀던 것과 동일한 비례를 가지고 있다. 동일한 비례를 아름다움의 기준으로 삼았다는 점에서 (나) 는 것을 알 수 있다.

① (가): 인체 비례에 숨겨진 신의 진리를 구현한
 (나): 조형미에 대한 동서양의 안목이 유사하였다
② (가): 신의 진리를 넘어서는 인간의 진리를 구현한
 (나): 인체 실측에 대한 동서양의 계산법이 동일하였다
③ (가): 인체 비례에 숨겨진 신의 진리를 구현한
 (나): 건축물에 대한 동서양의 공간 활용법이 유사하였다
④ (가): 신의 진리를 넘어서는 인간의 진리를 구현한
 (나): 조형미에 대한 동서양의 안목이 유사하였다
⑤ (가): 인체 비례에 숨겨진 신의 진리를 구현한
 (나): 인체 실측에 대한 동서양의 계산법이 동일하였다

8. 다음 글의 ㉠~㉤에서 문맥에 맞지 않는 곳을 찾아 적절하게 수정한 것은?

> 반세기 동안 지속되던 냉전 체제가 1991년을 기점으로 붕괴되면서 동유럽 체제가 재편되었다. 동유럽에서는 연방에서 벗어나 많은 국가들이 독립하였다. 이 국가들은 자연스럽게 자본주의 시장경제를 받아들였는데, 이후 몇 년 동안 공통적으로 극심한 경제 위기를 경험하게 되었다. 급기야 IMF(국제통화기금)의 자금 지원을 받게 되는데, 이는 ㉠ 갑작스럽게 외부로부터 도입한 자본주의 시스템에 적응하는 일이 결코 쉽지 않다는 점을 보여준다.
>
> 이 과정에서 해당 국가 국민의 평균 수명이 급격하게 줄어들었는데, 이는 같은 시기 미국, 서유럽 국가들의 평균 수명이 꾸준히 늘었다는 것과 대조적이다. 이러한 현상에 대해 ㉡ 자본주의 시스템 도입을 적극적으로 지지했던 일부 경제학자들은 오래전부터 이어진 ㉢ 동유럽 지역 남성들의 과도한 음주와 흡연, 폭력과 살인 같은 비경제적 요소를 주된 원인으로 꼽았다. 즉 경제 체제의 변화와는 관련이 없다는 것이다.
>
> 이러한 주장에 의문을 품은 영국의 한 연구자는 해당 국가들의 건강 지표가 IMF의 자금 지원 전후로 어떻게 달라졌는지를 살펴보았다. 여러 사회적 상황을 고려하여 통계 모형을 만들고, ㉣ IMF의 자금 지원을 받은 국가와 다른 기관에서 자금 지원을 받은 국가를 비교하였다. 같은 시기 독립한 동유럽 국가 중 슬로베니아만 유일하게 IMF가 아닌 다른 기관에서 돈을 빌렸다. 이때 두 곳의 차이는, IMF는 자금을 지원받은 국가에게 경제와 관련된 구조조정 프로그램을 실시하게 한 반면, 슬로베니아를 지원한 곳은 그렇게 하지 않았다는 점이다. IMF 구조조정 프로그램을 실시한 국가들은 ㉤ 실시 이전부터 결핵 발생률이 크게 증가했던 것으로 나타났다. 그러나 슬로베니아는 같은 기간에 오히려 결핵 사망률이 감소했다. IMF 구조조정 프로그램의 실시 여부는 국가별 결핵 사망률과 일정한 상관관계가 있었던 것이다.

① ㉠을 "자본주의 시스템을 갖추지 않고 지원을 받는 일"로 수정한다.
② ㉡을 "자본주의 시스템 도입을 적극적으로 반대했던"으로 수정한다.
③ ㉢을 "수출입과 같은 국제 경제적 요소"로 수정한다.
④ ㉣을 "IMF의 자금 지원 직후 경제 성장률이 상승한 국가와 하락한 국가"로 수정한다.
⑤ ㉤을 "실시 이후부터 결핵 사망률이 크게 증가했던 것"으로 수정한다.

9. 다음 글에서 추론할 수 없는 것은?

감염병 우려로 인해 △△시험 관리본부가 마련한 대책은 다음과 같다. 먼저 모든 수험생을 확진, 자가격리, 일반 수험생의 세 유형으로 구분한다. 그리고 수험생 유형별로 시험 장소를 안내하고 마스크 착용 규정을 준수하도록 한다.

<표> 수험생 유형과 증상에 따른 시험장의 구분

수험생	시험장	증상	세부 시험장
확진 수험생	생활치료센터	유·무 모두	센터장이 지정한 센터 내 장소
자가격리 수험생	특별 방역 시험장	유	외부 차단 1인용 부스
		무	회의실
일반 수험생	최초 공지한 시험장	유	소형 강의실
		무	중대형 강의실

모든 시험장에 공통적으로 적용되는 마스크 착용 규정은 다음과 같다. 첫째, 모든 수험생은 입실부터 퇴실 시점까지 의무적으로 마스크를 착용해야 한다. 둘째, 마스크는 KF99, KF94, KF80의 3개 등급만 허용한다. 마스크 등급을 표시하는 숫자가 클수록 방역 효과가 크다. 셋째, 마스크 착용 규정에서 특정 등급의 마스크 의무 착용을 명시한 경우, 해당 등급보다 높은 등급의 마스크 착용은 가능하지만 낮은 등급의 마스크 착용은 허용되지 않는다.

시험장에 따라 달리 적용되는 마스크 착용 규정은 다음과 같다. 첫째, 생활치료센터에서는 각 센터장이 내린 지침을 의무적으로 따라야 한다. 둘째, 특별 방역 시험장에서는 KF99 마스크를 의무적으로 착용해야 한다. 셋째, 소형 강의실과 중대형 강의실에서는 각각 KF99와 KF94 마스크 착용을 권장하지만 의무 사항은 아니다.

① 일반 수험생 중 유증상자는 KF80 마스크를 착용하고 시험을 치를 수 없다.
② 일반 수험생 중 무증상자는 KF80 마스크를 착용하고 시험을 치를 수 있다.
③ 자가격리 수험생 중 유증상자는 KF99 마스크를 착용하고 시험을 치를 수 있다.
④ 자가격리 수험생 중 무증상자는 KF94 마스크를 착용하고 시험을 치를 수 없다.
⑤ 확진 수험생은 생활치료센터장이 허용하는 경우 KF80 마스크를 착용하고 시험을 치를 수 있다.

10. 다음 글의 <표>를 수정한 것으로 적절한 것만을 <보기>에서 모두 고르면?

○○부는 철새로 인한 국내 야생 조류 및 가금류 조류 인플루엔자(Avian Influenza, AI) 바이러스 감염 확산 여부를 추적 조사하고 있다. AI 바이러스는 병원성 정도에 따라 고병원성과 저병원성 AI 바이러스로 구분한다. 발표 자료에 따르면, 2020년 10월 25일 충남 천안시에서는 야생 조류 분변에서 고병원성 AI 바이러스가 검출되었으며 이는 2018년 2월 1일 충남 아산시에서 검출된 이래 2년 8개월 만의 검출 사례였다.

최근 야생 조류 고병원성 AI 바이러스 검출 사례는 2020년 10월 25일부터 11월 21일까지 경기도에서 3건, 충남에서 2건이 발표되었고, 가금류 고병원성 AI 바이러스 검출 사례는 전국에서 총 3건이 발표되었다. 같은 기간에 야생 조류 저병원성 AI 바이러스 검출 후 발표된 사례는 전국에 총 8건이다. 또한 채집된 의심 야생 조류의 분변 검사 결과, 고병원성·저병원성 AI 바이러스 모두에 해당하지 않아 바이러스 미분리로 분류된 사례는 총 7건이다. 야생 조류 AI 바이러스 검출 현황은 고병원성 AI, 저병원성 AI, 검사 중으로 분류하고 바이러스 미분리는 야생 조류 AI 바이러스 검출 현황에 포함하지 않는다. 야생 조류 AI 바이러스가 검출되고 나서 고병원성 여부를 확인하기 위해 정밀 검사를 하는 데 상당한 기간이 소요되므로, 아직 검사 중인 것이 9건이다. 그중 하나인 제주도 하도리의 경우 11월 22일 고병원성 AI 바이러스 검출 여부를 발표할 예정이다.

○○부 주무관 갑은 2020년 10월 25일부터 11월 21일까지 발표된 야생 조류 AI 바이러스 검출 현황을 아래와 같이 <표>로 작성하였으나 검출 현황을 적절히 반영하지 않아 수정이 필요하다.

<표> 야생 조류 AI 바이러스 검출 현황
(기간: 2020년 10월 25일~2020년 11월 21일)

고병원성 AI	저병원성 AI	검사 중	바이러스 미분리
8건	8건	9건	7건

<보 기>
ㄱ. 고병원성 AI 항목의 "8건"을 "5건"으로 수정한다.
ㄴ. 검사 중 항목의 "9건"을 "8건"으로 수정한다.
ㄷ. "바이러스 미분리" 항목을 삭제한다.

① ㄱ
② ㄴ
③ ㄱ, ㄷ
④ ㄴ, ㄷ
⑤ ㄱ, ㄴ, ㄷ

11. 다음 글의 A~C에 대한 평가로 적절한 것만을 <보기>에서 모두 고르면?

> 인간 존엄성은 모든 인간이 단지 인간이기 때문에 갖는 것으로서, 인간의 숭고한 도덕적 지위나 인간에 대한 윤리적 대우의 근거로 여겨진다. 다음은 인간 존엄성 개념에 대한 A~C의 비판이다.
>
> A: 인간 존엄성은 그 의미가 무엇인지에 대해 사람마다 생각이 달라서 불명료할 뿐 아니라 무용한 개념이다. 가령 존엄성은 존엄사를 옹호하거나 반대하는 논증 모두에서 각각의 주장을 정당화하는 데 사용된다. 어떤 이는 존엄성이란 말을 '자율성의 존중'이라는 뜻으로, 어떤 이는 '생명의 신성함'이라는 뜻으로 사용한다. 결국 쟁점은 존엄성이 아니라 자율성의 존중이나 생명의 가치에 관한 문제이며, 존엄성이란 개념 자체는 그 논의에서 실질적으로 중요한 기여를 하지 않는다.
>
> B: 인간의 권리에 대한 문서에서 존엄성이 광범위하게 사용되는 것은 기독교 신학과 같이 인간 존엄성을 언급하는 많은 종교적 문헌의 영향으로 보인다. 이러한 종교적 뿌리는 어떤 이에게는 가치 있는 것이지만, 다른 이에겐 그런 존엄성 개념을 의심할 근거가 되기도 한다. 특히 존엄성을 신이 인간에게 부여한 독특한 지위로 생각함으로써 인간이 스스로를 지나치게 높게 보도록 했다는 점은 비판을 받아 마땅하다. 이는 인간으로 하여금 인간이 아닌 종과 환경에 대해 인간 자신들이 원하는 것을 마음대로 해도 된다는 오만을 낳았다.
>
> C: 인간 존엄성은 인간이 이성적 존재임을 들어 동물이나 세계에 대해 인간 중심적인 견해를 옹호해 온 근대 휴머니즘의 유산이다. 존엄성은 인간종이 그 자체로 다른 종이나 심지어 환경 자체보다 더 큰 가치가 있다고 생각하는 종족주의의 한 표현에 불과하다. 인간 존엄성은 우리가 서로를 가치 있게 여기도록 만들기도 하지만, 인간 외의 다른 존재에 대해서는 그 대상이 인간이라면 결코 용납하지 않았을 폭력적 처사를 정당화하는 근거로 활용된다.

<보 기>

ㄱ. 많은 논란에도 불구하고 존엄사를 인정한 연명의료결정법의 시행은 A의 주장을 약화시키는 사례이다.

ㄴ. C의 주장은 화장품의 안전성 검사를 위한 동물실험의 금지를 촉구하는 캠페인의 근거로 활용될 수 있다.

ㄷ. B와 C는 인간에게 특권적 지위를 부여하는 인간 중심적인 생각을 비판한다는 점에서 공통적이다.

① ㄱ
② ㄷ
③ ㄱ, ㄴ
④ ㄴ, ㄷ
⑤ ㄱ, ㄴ, ㄷ

12. 다음 글의 <논증>에 대한 분석으로 적절한 것만을 <보기>에서 모두 고르면?

> 우리는 죽음이 나쁜 것이라고 믿는다. 죽고 나면 우리가 존재하지 않기 때문이다. 루크레티우스는 우리가 존재하지 않기 때문에 죽음이 나쁜 것이라면 우리가 태어나기 이전의 비존재도 나쁘다고 말해야 한다고 생각했다. 그러나 우리는 태어나기 이전에 우리가 존재하지 않았다는 사실에 대해서 애석해 하지 않는다. 따라서 루크레티우스는 죽음 이후의 비존재에 대해서도 애석해 할 필요가 없다고 주장했다. 다음은 이러한 루크레티우스의 주장을 반박하는 논증이다.
>
> <논 증>
>
> 우리는 죽음의 시기가 뒤로 미루어짐으로써 더 오래 사는 상황을 상상해 볼 수 있다. 예를 들어, 50살에 교통사고로 세상을 떠난 누군가를 생각해 보자. 그 사고가 아니었다면 그는 70살이나 80살까지 더 살 수도 있었을 것이다. 그렇다면 50살에 그가 죽은 것은 그의 인생에 일어날 수 있는 여러 가능성 중에 하나였다. 그런데 ㉠ 내가 더 일찍 태어나는 것은 상상할 수 없다. 물론, 조산이나 제왕절개로 내가 조금 더 일찍 세상에 태어날 수도 있었을 것이다. 하지만 여기서 고려해야 할 것은 나의 존재의 시작이다. 나를 있게 하는 것은 특정한 정자와 난자의 결합이다. 누군가는 내 부모님이 10년 앞서 임신할 수 있었다고 주장할 수도 있다. 그러나 그랬다면 내가 아니라 나의 형제가 태어났을 것이다. 그렇기 때문에 '더 일찍 태어났더라면'이라고 말해도 그것이 실제로 내가 더 일찍 태어났을 가능성을 상상한 것은 아니다. 나의 존재는 내가 수정된 바로 그 특정 정자와 난자의 결합에 기초한다. 그러므로 ㉡ 내가 더 일찍 태어나는 일은 불가능하다. 나의 사망 시점은 달라질 수 있지만, 나의 출생 시점은 그렇지 않다. 그런 의미에서 출생은 내 인생 전체를 놓고 볼 때 하나의 필연적인 사건이다. 결국 죽음의 시기를 뒤로 미뤄 더 오래 사는 것은 가능하지만, 출생의 시기를 앞당겨 더 오래 사는 것은 불가능하다. 따라서 내가 더 일찍 태어나지 않은 것은 나쁜 일이 될 수 없다. 즉 죽음 이후와는 달리 ㉢ 태어나기 이전의 비존재는 나쁘다고 말할 수 없다.

<보 기>

ㄱ. 냉동 보관된 정자와 난자가 수정되어 태어난 사람의 경우를 고려하면, ㉠은 거짓이다.

ㄴ. ㉠에 "어떤 사건이 가능하면, 그것의 발생을 상상할 수 있다."라는 전제를 추가하면, ㉡을 이끌어 낼 수 있다.

ㄷ. ㉢에 "태어나기 이전의 비존재가 나쁘다면, 내가 더 일찍 태어나는 것이 가능하다."라는 전제를 추가하면, ㉡의 부정을 이끌어 낼 수 있다.

① ㄱ
② ㄷ
③ ㄱ, ㄴ
④ ㄴ, ㄷ
⑤ ㄱ, ㄴ, ㄷ

[13~14] 다음 글을 읽고 물음에 답하시오.

인간은 지구상의 생명이 대량 멸종하는 사태를 맞이하고 있지만, 다른 한편으로는 실험실에서 인공적으로 새로운 생명체를 창조하고 있다. 이런 상황에서, 자연적으로 존재하는 종을 멸종으로부터 보존해야 한다는 생물 다양성의 보존 문제를 어떤 시각으로 바라보아야 할까? A는 생물 다양성을 보존해야 한다고 주장한다. 이를 위해 A는 다음과 같은 도구적 정당화를 제시한다. 우리는 의학적, 농업적, 경제적, 과학적 측면에서 이익을 얻기를 원한다. '생물 다양성 보존'은 이를 위한 하나의 수단으로 간주될 수 있다. 바로 그 수단이 우리가 원하는 이익을 얻는 최선의 수단이라는 것이 A의 첫 번째 전제이다. 그리고 (가) 는 것이 A의 두 번째 전제이다. 이 전제들로부터 우리에게는 생물 다양성을 보존할 의무와 필요성이 있다는 결론이 나온다.

이에 대해 B는 생물 다양성 보존이 우리가 원하는 이익을 얻는 최선의 수단이 아님을 지적한다. 특히 합성 생물학은 자연에 존재하는 DNA, 유전자, 세포 등을 인공적으로 합성하고 재구성해 새로운 생명체를 창조하는 것을 목표로 한다. B는 우리가 원하는 이익을 얻고자 한다면, 자연적으로 존재하는 생명체들을 대상으로 보존에 애쓰는 것보다는 합성 생물학을 통해 원하는 목표를 더 합리적이고 체계적으로 성취할 수 있을 것이라고 주장한다. 인공적인 생명체의 창조가 우리가 원하는 이익을 얻는 더 좋은 수단이므로, 생물 다양성 보존을 지지하는 도구적 정당화는 설득력을 잃는다는 것이다. 그래서 B는 A가 제시하는 도구적 정당화에 근거하여 생물 다양성을 보존하자고 주장하는 것은 옹호될 수 없다고 말한다.

한편 C는 모든 종은 보존되어야 한다고 주장하면서 생물 다양성 보존을 옹호한다. C는 대상의 가치를 평가할 때 그 대상이 갖는 도구적 가치와 내재적 가치를 구별한다. 대상의 도구적 가치란 그것이 특정 목적을 달성하는 데 얼마나 쓸모가 있느냐에 따라 인정되는 가치이며, 대상의 내재적 가치란 그 대상이 그 자체로 본래부터 갖고 있다고 인정되는 고유한 가치를 말한다. C에 따르면 생명체는 단지 도구적 가치만을 갖는 것이 아니다. 생명체를 오로지 도구적 가치로만 평가하는 것은 생명체를 그저 인간의 목적을 위해 이용되는 수단으로 보는 인간 중심적 태도이지만, C는 그런 태도는 받아들일 수 없다고 본다. 생명체의 내재적 가치 또한 인정해야 한다는 것이다. 그 생명체들이 속한 종 또한 그 쓸모에 따라서만 가치가 있는 것이 아니다. 그리고 내재적 가치를 지니는 것은 모두 보존되어야 한다. 이로부터 모든 종은 보존되어야 한다는 결론에 다다른다. 왜냐하면 (나) 때문이다.

13. 위 글의 (가)와 (나)에 들어갈 내용을 적절하게 나열한 것은?

① (가): 어떤 것이 우리가 원하는 이익을 얻는 최선의 수단이라면 우리에게는 그것을 실행할 의무와 필요성이 있다
(나): 생명체의 내재적 가치는 종의 다양성으로부터 비롯되기

② (가): 어떤 것이 우리가 원하는 이익을 얻는 최선의 수단이 아니라면 우리에게는 그것을 실행할 의무와 필요성이 없다
(나): 생명체의 내재적 가치는 종의 다양성으로부터 비롯되기

③ (가): 어떤 것이 우리가 원하는 이익을 얻는 최선의 수단이라면 우리에게는 그것을 실행할 의무와 필요성이 있다
(나): 모든 종은 그 자체가 본래부터 고유의 가치를 지니기

④ (가): 어떤 것이 우리가 원하는 이익을 얻는 최선의 수단이 아니라면 우리에게는 그것을 실행할 의무와 필요성이 없다
(나): 모든 종은 그 자체가 본래부터 고유의 가치를 지니기

⑤ (가): 우리에게 이익을 제공하는 수단 가운데 생물 다양성의 보존보다 더 나은 수단은 없다
(나): 모든 종은 그 자체가 본래부터 고유의 가치를 지니기

14. 위 글에 대한 분석으로 적절한 것만을 <보기>에서 모두 고르면?

<보 기>

ㄱ. A는 생물 다양성을 보존해야 한다고 주장하지만, B는 보존하지 않아도 된다고 주장한다.
ㄴ. B는 A의 두 전제가 참이더라도 A의 결론이 반드시 참이 되지는 않는다고 비판한다.
ㄷ. 자연적으로 존재하는 생명체가 도구적 가치를 가지느냐에 대한 A와 C의 평가는 양립할 수 있다.

① ㄱ
② ㄷ
③ ㄱ, ㄴ
④ ㄴ, ㄷ
⑤ ㄱ, ㄴ, ㄷ

15. 다음 논쟁에 대한 분석으로 적절한 것만을 <보기>에서 모두 고르면?

> 갑: 입증은 증거와 가설 사이의 관계에 대한 것이다. 내가 받아들이는 입증에 대한 입장은 다음과 같다. 증거 발견 후 가설의 확률 증가분이 있다면, 증거가 가설을 입증한다. 즉 증거 발견 후 가설이 참일 확률에서 증거 발견 전 가설이 참일 확률을 뺀 값이 0보다 크다면, 증거가 가설을 입증한다. 예를 들어보자. 사건 현장에서 용의자 X의 것과 유사한 발자국이 발견되었다. 그럼 발자국이 발견되기 전보다 X가 해당 사건의 범인일 확률은 높아질 것이다. 그렇다면 발자국 증거는 X가 범인이라는 가설을 입증한다. 그리고 증거 발견 후 가설의 확률 증가분이 클수록, 증거가 가설을 입증하는 정도가 더 커진다.
>
> 을: 증거가 가설이 참일 확률을 높인다고 하더라도, 그 증거가 해당 가설을 입증하지 못할 수 있다. 가령, X에게 강력한 알리바이가 있다고 해보자. 사건이 일어난 시간에 사건 현장과 멀리 떨어져 있는 X의 모습이 CCTV에 포착된 것이다. 그러면 발자국 증거가 X가 범인일 확률을 높인다고 하더라도, 그가 범인일 확률은 여전히 높지 않을 것이다. 그럼에도 불구하고 갑의 입장은 이러한 상황에서 발자국 증거가 X가 범인이라는 가설을 입증한다고 보게 만드는 문제가 있다. 이 문제는 내가 받아들이는 입증에 대한 다음 입장을 통해 해결될 수 있다. 증거 발견 후 가설의 확률 증가분이 있고 증거 발견 후 가설이 참일 확률이 1/2보다 크다면, 그리고 그런 경우에만 증거가 가설을 입증한다. 가령, 발자국 증거가 X가 범인일 확률을 높이더라도 증거 획득 후 확률이 1/2보다 작다면 발자국 증거는 X가 범인이라는 가설을 입증하지 못한다.

<보 기>

ㄱ. 갑의 입장에서, 증거 발견 후 가설의 확률 증가분이 없다면 그 증거가 해당 가설을 입증하지 못한다.
ㄴ. 을의 입장에서, 어떤 증거가 주어진 가설을 입증할 경우 그 증거 획득 이전 해당 가설이 참일 확률은 1/2보다 크다.
ㄷ. 갑의 입장에서 어떤 증거가 주어진 가설을 입증하는 정도가 작더라도, 을의 입장에서 그 증거가 해당 가설을 입증할 수 있다.

① ㄴ
② ㄷ
③ ㄱ, ㄴ
④ ㄱ, ㄷ
⑤ ㄱ, ㄴ, ㄷ

16. 다음 글에서 추론할 수 있는 것은?

> 국제표준도서번호(ISBN)는 전세계에서 출판되는 각종 도서에 부여하는 고유한 식별 번호이다. 2007년부터는 13자리의 숫자로 구성된 ISBN인 ISBN - 13이 부여되고 있지만, 2006년까지 출판된 도서에는 10자리의 숫자로 구성된 ISBN인 ISBN - 10이 부여되었다.
>
> ISBN - 10은 네 부분으로 되어 있다. 첫 번째 부분은 책이 출판된 국가 또는 언어 권역을 나타내며 1~5자리를 가질 수 있다. 예를 들면, 대한민국은 89, 영어권은 0, 프랑스어권은 2, 중국은 7 그리고 부탄은 99936을 쓴다. 두 번째 부분은 국가별 ISBN 기관에서 그 국가에 있는 각 출판사에 할당한 번호를 나타낸다. 세 번째 부분은 출판사에서 그 책에 임의로 붙인 번호를 나타낸다. 마지막 네 번째 부분은 확인 숫자이다. 이 숫자는 0에서 10까지의 숫자 중 하나가 되는데, 10을 써야 할 때는 로마 숫자인 X를 사용한다. 부여된 ISBN - 10이 유효한 것이라면 이 ISBN - 10의 열 개 숫자에 각각 순서대로 10, 9, …, 2, 1의 가중치를 곱해서 각 곱셈의 값을 모두 더한 값이 반드시 11로 나누어 떨어져야 한다. 예를 들어, 어떤 책에 부여된 ISBN - 10인 '89 - 89422 - 42 - 6'이 유효한 것인지 검사해 보자. (8×10) + (9×9) + (8×8) + (9×7) + (4×6) + (2×5) + (2×4) + (4×3) + (2×2) + (6×1) = 352이고, 이 값은 11로 나누어 떨어지기 때문에 이 ISBN - 10은 유효한 번호이다. 만약 어떤 ISBN - 10의 숫자 중 어느 하나를 잘못 입력했다면 서점에 있는 컴퓨터는 즉시 오류 메시지를 화면에 보여줄 것이다.

① ISBN - 10의 첫 번째 부분에 있는 숫자가 같으면 같은 나라에서 출판된 책이다.
② 임의의 책의 ISBN - 10에 숫자 3자리를 추가하면 그 책의 ISBN - 13을 얻는다.
③ ISBN - 10이 '0 - 285 - 00424 - 7'인 책은 해당 출판사에서 424번째로 출판한 책이다.
④ ISBN - 10의 두 번째 부분에 있는 숫자가 같은 서로 다른 두 권의 책은 동일한 출판사에서 출판된 책이다.
⑤ 확인 숫자 앞의 아홉 개의 숫자에 정해진 가중치를 곱하여 합한 값이 11의 배수인 ISBN - 10이 유효하다면 그 확인 숫자는 반드시 0이어야 한다.

17. 다음 글의 내용이 참일 때, 갑이 반드시 수강해야 할 과목은?

> 갑은 A~E 과목에 대해 수강신청을 준비하고 있다. 갑이 수강하기 위해 충족해야 하는 조건은 다음과 같다.
> ○ A를 수강하면 B를 수강하지 않고, B를 수강하지 않으면 C를 수강하지 않는다.
> ○ D를 수강하지 않으면 C를 수강하고, A를 수강하지 않으면 E를 수강하지 않는다.
> ○ E를 수강하지 않으면 C를 수강하지 않는다.

① A
② B
③ C
④ D
⑤ E

18. 다음 글의 내용이 참일 때, 반드시 참인 것만을 <보기>에서 모두 고르면?

> △△처에서는 채용 후보자들을 대상으로 A, B, C, D 네 종류의 자격증 소지 여부를 조사하였다. 그 결과 다음과 같은 사실이 밝혀졌다.
> ○ A와 D를 둘 다 가진 후보자가 있다.
> ○ B와 D를 둘 다 가진 후보자는 없다.
> ○ A나 B를 가진 후보자는 모두 C는 가지고 있지 않다.
> ○ A를 가진 후보자는 모두 B는 가지고 있지 않다는 것은 사실이 아니다.

<보 기>

ㄱ. 네 종류 중 세 종류의 자격증을 가지고 있는 후보자는 없다.
ㄴ. 어떤 후보자는 B를 가지고 있지 않고, 또 다른 후보자는 D를 가지고 있지 않다.
ㄷ. D를 가지고 있지 않은 후보자는 누구나 C를 가지고 있지 않다면, 네 종류 중 한 종류의 자격증만 가지고 있는 후보자가 있다.

① ㄱ
② ㄷ
③ ㄱ, ㄴ
④ ㄴ, ㄷ
⑤ ㄱ, ㄴ, ㄷ

19. 다음 글의 내용이 참일 때, 반드시 참인 것만을 <보기>에서 모두 고르면?

> 신입사원을 대상으로 민원, 홍보, 인사, 기획 업무에 대한 선호를 조사하였다. 조사 결과 민원 업무를 선호하는 신입사원은 모두 홍보 업무를 선호하였지만, 그 역은 성립하지 않았다. 모든 업무 중 인사 업무만을 선호하는 신입사원은 있었지만, 민원 업무와 인사 업무를 모두 선호하는 신입사원은 없었다. 그리고 넷 중 세 개 이상의 업무를 선호하는 신입사원도 없었다. 신입사원 갑이 선호하는 업무에는 기획 업무가 포함되어 있었으며, 신입사원 을이 선호하는 업무에는 민원 업무가 포함되어 있었다.

<보 기>

ㄱ. 어떤 업무는 갑도 을도 선호하지 않는다.
ㄴ. 적어도 두 명 이상의 신입사원이 홍보 업무를 선호한다.
ㄷ. 조사 대상이 된 업무 중에, 어떤 신입사원도 선호하지 않는 업무는 없다.

① ㄱ
② ㄷ
③ ㄱ, ㄴ
④ ㄴ, ㄷ
⑤ ㄱ, ㄴ, ㄷ

20. 다음 글에서 추론할 수 있는 것만을 <보기>에서 모두 고르면?

> 식물의 잎에 있는 기공은 대기로부터 광합성에 필요한 이산화탄소를 흡수하는 통로이다. 기공은 잎에 있는 세포 중 하나인 공변세포의 부피가 커지면 열리고 부피가 작아지면 닫힌다.
>
> 그렇다면 무엇이 공변세포의 부피에 변화를 일으킬까? 햇빛이 있는 낮에, 햇빛 속에 있는 청색광이 공변세포에 있는 양성자 펌프를 작동시킨다. 양성자 펌프의 작동은 공변세포 밖에 있는 칼륨이온과 염소이온이 공변세포 안으로 들어오게 한다. 공변세포 안에 이 이온들의 양이 많아짐에 따라 물이 공변세포 안으로 들어오고, 그 결과로 공변세포의 부피가 커져서 기공이 열린다. 햇빛이 없는 밤이 되면, 공변세포에 있는 양성자 펌프가 작동하지 않고 공변세포 안에 있던 칼륨이온과 염소이온은 밖으로 빠져나간다. 이에 따라 공변세포 안에 있던 물이 밖으로 나가면서 세포의 부피가 작아져서 기공이 닫힌다.
>
> 공변세포의 부피는 식물이 겪는 수분스트레스 반응에 의해 조절될 수도 있다. 식물 안의 수분량이 줄어듦으로써 식물이 수분스트레스를 받는다. 수분스트레스를 받은 식물은 호르몬 A를 분비한다. 호르몬 A는 공변세포에 있는 수용체에 결합하여 공변세포 안에 있던 칼륨이온과 염소이온이 밖으로 빠져나가게 한다. 이에 따라 공변세포 안에 있던 물이 밖으로 나가면서 세포의 부피가 작아진다. 결국 식물이 수분스트레스를 받으면 햇빛이 있더라도 기공이 열리지 않는다.
>
> 또한 기공의 여닫힘은 미생물에 의해 조절되기도 한다. 예를 들면, 식물을 감염시킨 병원균 α는 공변세포의 양성자 펌프를 작동시키는 독소 B를 만든다. 이 독소 B는 공변세포의 부피를 늘려 기공이 닫혀 있어야 하는 때에도 열리게 하고, 결국 식물은 물을 잃어 시들게 된다.

<보 기>

ㄱ. 한 식물의 동일한 공변세포 안에 있는 칼륨이온의 양은, 햇빛이 있는 낮에 햇빛의 청색광만 차단하는 필름으로 식물을 덮은 경우가 덮지 않은 경우보다 적다.
ㄴ. 수분스트레스를 받은 식물에 양성자 펌프의 작동을 못하게 하면 햇빛이 있는 낮에 기공이 열린다.
ㄷ. 호르몬 A를 분비하는 식물이 햇빛이 있는 낮에 보이는 기공 개폐 상태와 병원균 α에 감염된 식물이 햇빛이 없는 밤에 보이는 기공 개폐 상태는 다르다.

① ㄱ
② ㄴ
③ ㄱ, ㄷ
④ ㄴ, ㄷ
⑤ ㄱ, ㄴ, ㄷ

21. 다음 글의 ㉠과 ㉡에 대한 평가로 적절한 것만을 <보기>에서 모두 고르면?

> 진화론에 따르면 개체는 배우자 선택에 있어서 생존과 번식에 유리한 개체를 선호할 것으로 예측된다. 그런데 생존과 번식에 유리한 능력은 한 가지가 아니므로 합리적 선택은 단순하지 않다. 예를 들어 배우자 후보 α와 β가 있는데, 사냥 능력은 α가 우수한 반면, 위험 회피 능력은 β가 우수하다고 하자. 이 경우 개체는 더 중요하다고 판단하는 능력에 기초하여 배우자를 선택하는 것이 합리적이다. 이를테면 사냥 능력에 가중치를 둔다면 α를 선택하는 것이 합리적이라는 것이다. 그런데 α와 β보다 사냥 능력은 떨어지나 위험 회피 능력은 β와 α의 중간쯤 되는 새로운 배우자 후보 γ가 나타난 경우를 생각해 보자. 이때 개체는 애초의 판단 기준을 유지할 수도 있고 변경할 수도 있다. 즉 애초의 판단 기준에 따르면 선택이 바뀔 이유가 없음에도 불구하고, 새로운 후보의 출현에 의해 판단 기준이 바뀌어 위험 회피 능력이 우수한 β를 선택할 수 있다.
>
> 한 과학자는 동물의 배우자 선택에 있어 새로운 배우자 후보가 출현하는 경우, ㉠ 애초의 판단 기준을 유지한다는 가설과 ㉡ 판단 기준에 변화가 발생한다는 가설을 검증하기 위해 다음과 같은 실험을 수행하였다.
>
> <실 험>
>
> X 개구리의 경우, 암컷은 두 가지 기준으로 수컷을 고르는데, 수컷의 울음소리 톤이 일정할수록 선호하고 울음소리 빈도가 높을수록 선호한다. 세 마리의 수컷 A~C는 각각 다른 소리를 내는데, 울음소리 톤은 C가 가장 일정하고 B가 가장 일정하지 않다. 울음소리 빈도는 A가 가장 높고 C가 가장 낮다. 과학자는 A~C의 울음소리를 발정기의 암컷으로부터 동일한 거리에 있는 서로 다른 위치에서 들려주었다. 상황 1에서는 수컷 두 마리의 울음소리만을 들려주었으며, 상황 2에서는 수컷 세 마리의 울음소리를 모두 들려주고 각 상황에서 암컷이 어느 쪽으로 이동하는지 비교하였다. 암컷은 들려준 울음소리 중 가장 선호하는 쪽으로 이동한다.

<보 기>

ㄱ. 상황 1에서 암컷에게 들려준 소리가 A, B인 경우 암컷이 A로, 상황 2에서는 C로 이동했다면, ㉠은 강화되지 않지만 ㉡은 강화된다.
ㄴ. 상황 1에서 암컷에게 들려준 소리가 B, C인 경우 암컷이 B로, 상황 2에서는 A로 이동했다면, ㉠은 강화되지만 ㉡은 강화되지 않는다.
ㄷ. 상황 1에서 암컷에게 들려준 소리가 A, C인 경우 암컷이 C로, 상황 2에서는 A로 이동했다면, ㉠은 강화되지 않지만 ㉡은 강화된다.

① ㄱ
② ㄷ
③ ㄱ, ㄴ
④ ㄴ, ㄷ
⑤ ㄱ, ㄴ, ㄷ

22. 다음 글의 ㉠과 ㉡에 대한 평가로 적절한 것만을 <보기>에서 모두 고르면?

> 18세기에는 빛의 본성에 관한 두 이론이 경쟁하고 있었다. ㉠ 입자이론은 빛이 빠르게 운동하고 있는 아주 작은 입자들의 흐름으로 구성되어 있다고 설명한다. 이에 따르면, 물속에서 빛이 굴절하는 것은 물이 빛을 끌어당기기 때문이며, 공기 중에서는 이런 현상이 발생하지 않기 때문에 결과적으로 물속에서의 빛의 속도가 공기 중에서보다 더 빠르다. 한편 ㉡ 파동이론은 빛이 매질을 통하여 파동처럼 퍼져 나간다는 가설에 기초한다. 이에 따르면, 물속에서 빛이 굴절하는 것은 파동이 전파되는 매질의 밀도가 달라지기 때문이며, 밀도가 높아질수록 파동의 속도는 느려지므로 결과적으로 물속에서의 빛의 속도가 공기 중에서보다 더 느리다.
>
> 또한 파동이론에 따르면 빛의 색깔은 파장에 따라 달라진다. 공기 중에서는 파장에 따라 파동의 속도가 달라지지 않지만, 물속에서는 파장에 따라 파동의 속도가 달라진다. 반면 입자이론에 따르면 공기 중에서건 물속에서건 빛의 속도는 색깔에 따라 달라지지 않는다.
>
> 두 이론을 검증하기 위해 다음과 같은 실험이 고안되었다. 두 빛이 같은 시점에 발진하여 경로 1 또는 경로 2를 통과한 뒤 빠른 속도로 회전하는 평면거울에 도달한다. 두 개의 경로에서 빛이 진행하는 거리는 같으나, 경로 1에서는 물속을 통과하고, 경로 2에서는 공기만을 통과한다. 평면거울에서 반사된 빛은 반사된 빛이 향하는 방향에 설치된 스크린에 맺힌다. 평면거울에 도달한 빛 중 속도가 빠른 빛은 먼저 도달하고 속도가 느린 빛은 나중에 도달하게 되는데, 평면거울이 빠르게 회전하고 있으므로 먼저 도달한 빛과 늦게 도달한 빛은 반사 각도에 차이가 생기게 된다. 따라서 두 빛이 서로 다른 속도를 가진다면 반사된 두 빛이 도착하는 지점이 서로 달라지며, 더 빨리 평면거울에 도달한 빛일수록 스크린의 오른쪽에, 더 늦게 도달한 빛일수록 스크린의 왼쪽에 맺히게 된다.

<보 기>

ㄱ. 색깔이 같은 두 빛이 각각 경로 1과 2를 통과했을 때, 경로 1을 통과한 빛이 경로 2를 통과한 빛보다 스크린의 오른쪽에 맺힌다면 ㉠은 강화되고 ㉡은 약화된다.
ㄴ. 색깔이 다른 두 빛 중 하나는 경로 1을, 다른 하나는 경로 2를 통과했을 때, 경로 1을 통과한 빛이 경로 2를 통과한 빛보다 스크린의 왼쪽에 맺힌다면 ㉠은 약화되고 ㉡은 강화된다.
ㄷ. 색깔이 다른 두 빛이 모두 경로 1을 통과했을 때, 두 빛이 스크린에 맺힌 위치가 다르다면 ㉠은 약화되고 ㉡은 강화된다.

① ㄱ
② ㄴ
③ ㄱ, ㄷ
④ ㄴ, ㄷ
⑤ ㄱ, ㄴ, ㄷ

23. 다음 대화의 빈칸에 들어갈 내용으로 가장 적절한 것은?

갑: 2022년에 A보조금이 B보조금으로 개편되었다고 들었습니다. 2021년에 A보조금을 수령한 민원인이 B보조금의 신청과 관련하여 문의하였습니다. 민원인이 중앙부처로 바로 연락하였다는데 B보조금 신청 자격을 알 수 있을까요?

을: B보조금 신청 자격은 A보조금과 같습니다. 해당 지자체에 농업경영정보를 등록한 농업인이어야 하고 지급 대상 토지도 해당 지자체에 등록된 농지 또는 초지여야 합니다.

갑: 네. 민원인의 자격 요건에 변동 사항은 없다는 것을 확인했습니다. 그 외에 다른 제한 사항은 없을까요?

을: 대상자 및 토지 요건을 모두 충족하더라도 전년도에 A보조금을 부정한 방법으로 수령했다고 판정된 경우에는 B보조금을 신청할 수가 없어요. 다만 부정한 방법으로 수령했다고 해당 지자체에서 판정하더라도 수령인은 일정 기간 동안 중앙부처에 이의를 제기할 수 있습니다. 이의 제기 심의 기간에는 수령인이 부정한 방법으로 수령하지 않은 것으로 봅니다.

갑: 우리 중앙부처의 2021년 A보조금 부정 수령 판정 현황이 어떻게 되죠?

을: 2021년 A보조금 부정 수령 판정 이의 제기 신청 기간은 만료되었습니다. 부정 수령 판정이 총 15건이 있었는데, 그중 11건에 대한 이의 제기 신청이 들어왔고 1건은 심의 후 이의 제기가 받아들여져 인용되었습니다. 9건은 이의 제기가 받아들여지지 않아 기각되었고 나머지 1건은 아직 이의 제기 심의 절차가 진행 중입니다.

갑: 그렇다면 제가 추가로 ______만 확인하고 나면 다른 사유를 확인하지 않고서도 민원인이 현재 B보조금 신청 자격이 되는지를 바로 알 수 있겠네요.

① 민원인의 부정 수령 판정 여부, 민원인의 이의 제기 여부, 이의 제기 심의 절차 진행 중인 건이 민원인이 제기한 건인지 여부
② 민원인의 부정 수령 판정 여부, 민원인의 이의 제기 여부, 이의 제기 기각 건에 민원인이 제기한 건이 포함되었는지 여부
③ 민원인의 농업인 및 농지 등록 여부, 민원인의 이의 제기 여부, 이의 제기 심의 절차 진행 중인 건의 심의 완료 여부
④ 민원인의 부정 수령 판정 여부, 민원인의 이의 제기 여부, 이의 제기 인용 건이 민원인이 제기한 건인지 여부
⑤ 민원인의 농업인 및 농지 등록 여부, 민원인의 부정 수령 판정 여부, 민원인의 이의 제기 여부

24. 다음 대화의 빈칸에 들어갈 내용으로 가장 적절한 것은?

갑: 안녕하십니까? 저는 공립학교인 A 고등학교 교감입니다. 우리 학교의 교육 방침을 명확히 밝히는 조항을 학교 규칙(이하 '학칙')에 새로 추가하려고 합니다. 이때 준수해야 할 것이 무엇입니까?

을: 네. 학교에서 학칙을 제정하고자 할 때에는 「초·중등교육법」(이하 '교육법')에 어긋나지 않는 범위에서 제정이 이루어져야 합니다.

갑: 그렇군요. 그래서 교육법 제8조제1항의 학교의 장은 '법령'의 범위에서 학칙을 제정할 수 있다는 규정에 근거해서 학칙을 만들고 있습니다. 그런데 최근 우리 도(道) 의회에서 제정한 「학생인권조례」의 내용을 보니, 우리 학교에서 만들고 있는 학칙과 어긋나는 것이 있습니다. 이러한 경우에 법적 판단은 어떻게 됩니까?

을: ______.

갑: 교육법 제8조제1항에서는 '법령'이라는 용어를 사용하고, 제10조제2항에서는 '조례'라는 용어를 사용하고 있으니 교육법에서는 법령과 조례를 구분하는 것으로 보입니다.

을: 그것은 다른 문제입니다. 교육법 제10조제2항의 조례는 법령의 위임을 받아 제정되는 위임 입법입니다. 제8조제1항에서의 법령에는 조례가 포함된다고 해석하고 있으며, 이 경우에 제10조제2항의 조례와는 그 성격이 다르다고 할 수 있습니다.

갑: 교육법 제8조제1항은 초·중등학교 운영의 자율과 책임을 위한 것인데 이러한 조례로 인해서 오히려 학교 교육과 운영이 침해당하는 것 아닙니까?

을: 교육법 제8조제1항의 목적은 학교의 자율과 책임을 당연히 존중하는 것입니다. 다만 학칙을 제정할 때에도 국가나 지자체에서 반드시 지킬 것을 요구하는 최소한의 한계를 법령의 범위라는 말로 표현한 것입니다. 더욱이 학생들의 학습권, 개성을 실현할 권리 등은 헌법에서 보장된 기본권에서 나오고 교육법 제18조의4에서도 학생의 인권을 보장하도록 규정하고 있습니다. 최근 「학생인권조례」도 이러한 취지에서 제정되었습니다.

① 학칙의 제정을 통하여 학교 운영의 자율과 책임뿐 아니라 학생들의 학습권과 개성을 실현할 권리가 제한될 수 있습니다
② 법령에 조례가 포함된다고 해석할 여지는 없지만 교육법의 체계상 「학생인권조례」를 따라야 합니다
③ 교육법 제10조제2항에 따라 조례는 입법 목적이나 취지와 관계없이 법령에 포함됩니다
④ 「학생인권조례」에는 교육법에 어긋나는 규정이 있지만 학칙은 이 조례를 따라야 합니다
⑤ 법령의 범위에 있는 「학생인권조례」의 내용에 반하는 학칙은 교육법에 저촉됩니다

25. 다음 글의 <논쟁>에 대한 분석으로 적절한 것만을 <보기>에서 모두 고르면?

갑과 을은 △△국 「주거법」 제○○조의 해석에 대해 논쟁하고 있다. 그 조문은 다음과 같다.

> 제○○조(비거주자의 구분) ① 다음 각 호에 해당하는 △△국 국민은 비거주자로 본다.
> 1. 외국에서 영업활동에 종사하고 있는 사람
> 2. 2년 이상 외국에 체재하고 있는 사람. 이 경우 일시 귀국하여 3개월 이내의 기간 동안 체재한 경우 그 기간은 외국에 체재한 기간에 포함되는 것으로 본다.
> 3. 외국인과 혼인하여 배우자의 국적국에 6개월 이상 체재하는 사람
>
> ② 국내에서 영업활동에 종사하였거나 6개월 이상 체재하였던 외국인으로서 출국하여 외국에서 3개월 이상 체재 중인 사람의 경우에도 비거주자로 본다.

<논 쟁>

쟁점 1: △△국 국민인 A는 일본에서 2년 1개월째 학교에 다니고 있다. A는 매년 여름방학과 겨울방학 기간에 일시 귀국하여 2개월씩 체재하였다. 이에 대해, 갑은 A가 △△국 비거주자로 구분된다고 주장하는 반면, 을은 그렇지 않다고 주장한다.

쟁점 2: △△국과 미국 국적을 모두 보유한 복수 국적자 B는 △△국 C 법인에서 임원으로 근무하였다. B는 올해 C 법인의 미국 사무소로 발령받아 1개월째 영업활동에 종사 중이다. 이에 대해, 갑은 B가 △△국 비거주자로 구분된다고 주장하는 반면, 을은 그렇지 않다고 주장한다.

쟁점 3: △△국 국민인 D는 독일 국적의 E와 결혼하여 독일에서 체재 시작 직후부터 5개월째 길거리 음악 연주를 하고 있다. 이에 대해, 갑은 D가 △△국 비거주자로 구분된다고 주장하는 반면, 을은 그렇지 않다고 주장한다.

<보 기>

ㄱ. 쟁점 1과 관련하여, 일시 귀국하여 체재한 '3개월 이내의 기간'이 귀국할 때마다 체재한 기간의 합으로 확정된다면, 갑의 주장은 옳고 을의 주장은 그르다.

ㄴ. 쟁점 2와 관련하여, 갑은 B를 △△국 국민이라고 생각하지만 을은 외국인이라고 생각하기 때문이라고 하면, 갑과 을 사이의 주장 불일치를 설명할 수 있다.

ㄷ. 쟁점 3과 관련하여, D의 길거리 음악 연주가 영업활동이 아닌 것으로 확정된다면, 갑의 주장은 그르고 을의 주장은 옳다.

① ㄱ
② ㄷ
③ ㄱ, ㄴ
④ ㄴ, ㄷ
⑤ ㄱ, ㄴ, ㄷ

약점 보완 해설집 p.100

상황판단영역

1. 다음 글을 근거로 판단할 때 옳은 것은?

> 제00조 재해경감 우수기업(이하 '우수기업'이라 한다)이란 재난으로부터 피해를 최소화하기 위한 재해경감활동으로 우수기업 인증을 받은 기업을 말한다.
> 제00조 ① 우수기업으로 인증받고자 하는 기업은 A부 장관에게 신청하여야 한다.
> ② A부 장관은 제1항에 따라 신청한 기업의 재해경감활동에 대하여 다음 각 호의 기준에 따라 평가를 실시하고 우수기업으로 인증할 수 있다.
> 1. 재난관리 전담조직을 갖출 것
> 2. 매년 1회 이상 종사자에게 재난관리 교육을 실시할 것
> 3. 재해경감활동 비용으로 총 예산의 5% 이상 할애할 것
> 4. 방재관련 인력을 총 인원의 2% 이상 갖출 것
>
> ③ 제2항 각 호의 충족 여부는 매년 1월 말을 기준으로 평가하며, 모든 요건을 갖춘 경우 우수기업으로 인증한다. 다만 제3호의 경우 최초 평가에 한하여 해당 기준을 3개월 내에 충족할 것을 조건으로 인증할 수 있다.
> ④ 제3항에서 정하는 평가 및 인증에 소요되는 비용은 신청하는 자가 부담한다.
> 제00조 A부 장관은 인증받은 우수기업을 6개월마다 재평가하여 다음 각 호의 어느 하나에 해당하는 때에는 인증을 취소할 수 있다. 다만 제1호의 경우에는 인증을 취소하여야 한다.
> 1. 거짓이나 그 밖의 부정한 방법으로 인증을 받은 경우
> 2. 인증 평가기준에 미달되는 경우
> 3. 양도·양수·합병 등에 의하여 인증받은 요건이 변경된 경우

① 처음 우수기업 인증을 받고자 하는 甲기업이 총 예산의 4%를 재해경감활동 비용으로 할애하였다면, 다른 모든 기준을 충족하였더라도 우수기업으로 인증받을 여지가 없다.
② A부 장관이 乙기업을 평가하여 2022. 2. 25. 우수기업으로 인증한 경우, A부 장관은 2022. 6. 25.까지 재평가를 해야 한다.
③ 丙기업이 우수기업 인증을 신청하는 경우, 인증에 소요되는 비용은 A부 장관이 부담한다.
④ 丁기업이 재난관리 전담조직을 갖춘 것처럼 거짓으로 신청서를 작성하여 우수기업으로 인증을 받은 경우라도, A부 장관은 인증을 취소하지 않을 수 있다.
⑤ 우수기업인 戊기업이 己기업을 흡수합병하면서 재평가 당시 일시적으로 방재관련 인력이 총 인원의 1.5%가 되었더라도, A부 장관은 戊기업의 인증을 취소하지 않을 수 있다.

2. 다음 글과 <상황>을 근거로 판단할 때, 김가을의 가족관계등록부에 기록해야 하는 내용이 아닌 것은?

> 제○○조 ① 가족관계등록부는 전산정보처리조직에 의하여 입력·처리된 가족관계 등록사항에 관한 전산정보자료를 제□□조의 등록기준지에 따라 개인별로 구분하여 작성한다.
> ② 가족관계등록부에는 다음 사항을 기록하여야 한다.
> 1. 등록기준지
> 2. 성명·본·성별·출생연월일 및 주민등록번호
> 3. 출생·혼인·사망 등 가족관계의 발생 및 변동에 관한 사항
>
> 제□□조 출생을 사유로 처음 등록을 하는 경우에는 등록기준지를 자녀가 따르는 성과 본을 가진 부 또는 모의 등록기준지로 한다.

<상 황>

> 경기도 과천시 ☆☆로 1 - 11에 거주하는 김여름(金海 김씨)과 박겨울(密陽 박씨) 부부 사이에 2021년 10월 10일 경기도 수원시 영통구 소재 병원에서 남자아이가 태어났다. 이 부부는 태어난 아이의 이름을 김가을로 하고 과천시 ▽▽주민센터에 출생신고를 하였다. 김여름의 등록기준지는 부산광역시 남구 ◇◇로 2 - 22이며, 박겨울은 서울특별시 마포구 △△로 3 - 33이다.

① 서울특별시 마포구 △△로 3 - 33
② 부산광역시 남구 ◇◇로 2 - 22
③ 2021년 10월 10일
④ 金海
⑤ 남

3. 다음 글을 근거로 판단할 때 옳은 것은?

> 제00조 정비사업이란 도시기능을 회복하기 위하여 정비구역에서 정비사업시설을 정비하거나 주택 등 건축물을 개량 또는 건설하는 주거환경개선사업, 재개발사업, 재건축사업 등을 말한다.
> 제00조 특별자치시장·특별자치도지사·시장·군수·구청장(이하 '시장 등'이라 한다)은 노후불량건축물이 밀집하는 구역에 대하여 정비계획에 따라 정비구역을 지정할 수 있다.
> 제00조 시장 등이 아닌 자가 정비사업을 시행하려는 경우에는 토지 등 소유자로 구성된 조합을 설립해야 한다.
> 제00조 ① 시장 등이 아닌 사업시행자가 정비사업 공사를 완료한 때에는 시장 등의 준공인가를 받아야 한다.
> ② 제1항에 따라 준공인가신청을 받은 시장 등은 지체 없이 준공검사를 실시해야 한다.
> ③ 시장 등은 제2항에 따른 준공검사를 실시한 결과 정비사업이 인가받은 사업시행 계획대로 완료되었다고 인정되는 때에는 준공인가를 하고 공사의 완료를 해당 지방자치단체의 공보에 고시해야 한다.
> ④ 시장 등은 직접 시행하는 정비사업에 관한 공사가 완료된 때에는 그 완료를 해당 지방자치단체의 공보에 고시해야 한다.
> 제00조 ① 정비구역의 지정은 공사완료의 고시가 있은 날의 다음 날에 해제된 것으로 본다.
> ② 제1항에 따른 정비구역의 해제는 조합의 존속에 영향을 주지 않는다.

① 甲특별자치시장이 직접 정비사업을 시행하려는 경우에는 토지 등 소유자로 구성된 조합을 설립해야 한다.
② A도 乙군수가 직접 시행하는 정비사업에 관한 공사가 완료된 때에는 A도지사에게 준공인가신청을 해야 한다.
③ 丙시장이 사업시행자 B의 정비사업에 관해 준공인가를 하면, 토지 등 소유자로 구성된 조합은 해산된다.
④ 丁시장이 사업시행자 C의 정비사업에 관해 공사완료를 고시하면, 정비구역의 지정은 고시한 날 해제된다.
⑤ 戊시장이 직접 시행하는 정비사업에 관한 공사가 완료된 때에는 그 완료를 戊시의 공보에 고시해야 한다.

4. 다음 글을 근거로 판단할 때 옳은 것은?

> 제00조 ① 선박이란 수상 또는 수중에서 항행용으로 사용하거나 사용할 수 있는 배 종류를 말하며 그 구분은 다음 각 호와 같다.
> 1. 기선: 기관(機關)을 사용하여 추진하는 선박과 수면비행선박(표면효과 작용을 이용하여 수면에 근접하여 비행하는 선박)
> 2. 범선: 돛을 사용하여 추진하는 선박
> 3. 부선: 자력(自力) 항행능력이 없어 다른 선박에 의하여 끌리거나 밀려서 항행되는 선박
>
> ② 소형선박이란 다음 각 호의 어느 하나에 해당하는 선박을 말한다.
> 1. 총톤수 20톤 미만인 기선 및 범선
> 2. 총톤수 100톤 미만인 부선
>
> 제00조 ① 매매계약에 의한 선박 소유권의 이전은 계약당사자 사이의 양도합의만으로 효력이 생긴다. 다만 소형선박 소유권의 이전은 계약당사자 사이의 양도합의와 선박의 등록으로 효력이 생긴다.
> ② 선박의 소유자(제1항 단서의 경우에는 선박의 매수인)는 선박을 취득(제1항 단서의 경우에는 매수)한 날부터 60일 이내에 선적항을 관할하는 지방해양수산청장에게 선박의 등록을 신청하여야 한다. 이 경우 총톤수 20톤 이상인 기선과 범선 및 총톤수 100톤 이상인 부선은 선박의 등기를 한 후에 선박의 등록을 신청하여야 한다.
> ③ 지방해양수산청장은 제2항의 등록신청을 받으면 이를 선박원부(船舶原簿)에 등록하고 신청인에게 선박국적증서를 발급하여야 한다.
> 제00조 선박의 등기는 등기할 선박의 선적항을 관할하는 지방법원, 그 지원 또는 등기소를 관할 등기소로 한다.

① 총톤수 80톤인 부선의 매수인 甲이 선박의 소유권을 취득하기 위해서는 매도인과 양도합의를 하고 선박을 등록해야 한다.
② 총톤수 100톤인 기선의 소유자 乙이 선박의 등기를 하기 위해서는 먼저 관할 지방해양수산청장에게 선박의 등록을 신청해야 한다.
③ 총톤수 60톤인 기선의 소유자 丙은 선박을 매수한 날부터 60일 이내에 해양수산부장관에게 선박의 등록을 신청해야 한다.
④ 총톤수 200톤인 부선의 소유자 丁이 선적항을 관할하는 등기소에 선박의 등기를 신청하면, 등기소는 丁에게 선박국적증서를 발급해야 한다.
⑤ 총톤수 20톤 미만인 범선의 매수인 戊가 선박의 등록을 신청하면, 관할 법원은 이를 선박원부에 등록하고 戊에게 선박국적증서를 발급해야 한다.

5. 다음 글을 근거로 판단할 때 옳은 것은?

조선 시대 쌀의 종류에는 가을철 논에서 수확한 벼를 가공한 흰색 쌀 외에 밭에서 자란 곡식을 가공함으로써 얻게 되는 회색 쌀과 노란색 쌀이 있었다. 회색 쌀은 보리의 껍질을 벗긴 보리쌀이었고, 노란색 쌀은 조의 껍질을 벗긴 좁쌀이었다.

남부 지역에서는 보리가 특히 중요시되었다. 가을 곡식이 바닥을 보이기 시작하는 봄철, 농민들의 희망은 들판에 넘실거리는 보리뿐이었다. 보리가 익을 때까지는 주린 배를 움켜쥐고 생활할 수밖에 없었고, 이를 보릿고개라 하였다. 그것은 보리를 수확하는 하지, 즉 낮이 가장 길고 밤이 가장 짧은 시기까지 지속되다가 사라지는 고개였다. 보리 수확기는 여름이었지만 파종 시기는 보리 종류에 따라 달랐다. 가을철에 파종하여 이듬해 수확하는 보리는 가을보리, 봄에 파종하여 그해 수확하는 보리는 봄보리라고 불렀다.

적지 않은 농부들은 보리를 수확하고 그 자리에 다시 콩을 심기도 했다. 이처럼 같은 밭에서 1년 동안 보리와 콩을 교대로 경작하는 방식을 그루갈이라고 한다. 그렇지만 모든 콩이 그루갈이로 재배된 것은 아니었다. 콩 수확기는 가을이었으나, 어떤 콩은 봄철에 파종해야만 제대로 자랄 수 있었고 어떤 콩은 여름에 심을 수도 있었다. 한편 조는 보리, 콩과 달리 모두 봄에 심었다. 그래서 봄철 밭에서는 보리, 콩, 조가 함께 자라는 것을 볼 수 있었다.

① 흰색 쌀과 여름에 심는 콩은 서로 다른 계절에 수확했다.
② 봄보리의 재배 기간은 가을보리의 재배 기간보다 짧았다.
③ 흰색 쌀과 회색 쌀은 논에서 수확된 곡식을 가공한 것이었다.
④ 남부 지역의 보릿고개는 가을 곡식이 바닥을 보이는 하지가 지나면서 더 심해졌다.
⑤ 보리와 콩이 함께 자라는 것은 볼 수 있었지만, 조가 이들과 함께 자라는 것은 볼 수 없었다.

6. 다음 글을 근거로 판단할 때, <보기>에서 옳은 것만을 모두 고르면?

甲의 자동차에 장착된 내비게이션 시스템은 목적지까지 운행하는 도중 대안경로를 제안하는 경우가 있다. 이때 이 시스템은 기존경로와 비교하여 남은 거리와 시간이 어떻게 달라지는지 알려준다. 즉 목적지까지의 잔여거리(A)가 몇 km 증가·감소하는지, 잔여시간(B)이 몇 분 증가·감소하는지 알려준다. 甲은 기존경로와 대안경로 중 출발지부터 목적지까지의 평균속력이 더 높을 것으로 예상되는 경로를 항상 선택한다.

<보 기>

ㄱ. A가 증가하고 B가 감소하면 甲은 항상 대안경로를 선택한다.
ㄴ. A와 B가 모두 증가하면 甲은 항상 대안경로를 선택한다.
ㄷ. A와 B가 모두 감소할 때 甲이 대안경로를 선택하는 경우가 있다.
ㄹ. A가 감소하고 B가 증가할 때 甲이 대안경로를 선택하는 경우가 있다.

① ㄱ, ㄴ
② ㄱ, ㄷ
③ ㄴ, ㄷ
④ ㄴ, ㄹ
⑤ ㄷ, ㄹ

7. 다음 글을 근거로 판단할 때 옳은 것은?

甲은 정기모임의 간식을 준비하기 위해 과일 가게에 들렀다. 甲이 산 과일의 가격과 수량은 아래 표와 같다. 과일 가게 사장이 준 영수증을 보니, 총 228,000원이어야 할 결제 금액이 총 237,300원이었다.

구분	사과	귤	복숭아	딸기
1상자 가격(원)	30,700	25,500	14,300	23,600
구입 수량(상자)	2	3	3	2

① 한 과일이 2상자 더 계산되었다.
② 두 과일이 각각 1상자 더 계산되었다.
③ 한 과일이 1상자 더 계산되고, 다른 한 과일이 1상자 덜 계산되었다.
④ 한 과일이 1상자 더 계산되고, 다른 두 과일이 각각 1상자 덜 계산되었다.
⑤ 두 과일이 각각 1상자 더 계산되고, 다른 두 과일이 각각 1상자 덜 계산되었다.

8. 다음 글과 <상황>을 근거로 판단할 때, 甲~戊 중 휴가지원사업에 참여할 수 있는 사람만을 모두 고르면?

<2023년 휴가지원사업 모집 공고>

□ 사업 목적
○ 직장 내 자유로운 휴가문화 조성 및 국내 여행 활성화
□ 참여 대상
○ 중소기업·비영리민간단체·사회복지법인·의료법인 근로자. 단, 아래 근로자는 참여 제외
- 병·의원 소속 의사
- 회계법인 및 세무법인 소속 회계사·세무사·노무사
- 법무법인 소속 변호사·변리사
○ 대표 및 임원은 참여 대상에서 제외하나, 아래의 경우는 참여 가능
- 중소기업 및 비영리민간단체의 임원
- 사회복지법인의 대표 및 임원

<상 황>

甲~戊의 재직정보는 아래와 같다.

구분	직장명	직장 유형	비고
간호사 甲	A병원	의료법인	근로자
노무사 乙	B회계법인	중소기업	근로자
사회복지사 丙	C복지센터	사회복지법인	대표
회사원 丁	D물산	대기업	근로자
의사 戊	E재단	비영리민간단체	임원

① 甲, 丙
② 甲, 戊
③ 乙, 丁
④ 甲, 丙, 戊
⑤ 乙, 丙, 丁

[9～10] 다음 글을 읽고 물음에 답하시오.

'국민참여예산제도'는 국가 예산사업의 제안, 심사, 우선순위 결정과정에 국민을 참여케 함으로써 예산에 대한 국민의 관심도를 높이고 정부 재정운영의 투명성을 제고하기 위한 제도이다. 이 제도는 정부의 예산편성권과 국회의 예산심의·의결권 틀 내에서 운영된다.

국민참여예산제도는 기존 제도인 국민제안제도나 주민참여예산제도와 차이점을 지닌다. 먼저 '국민제안제도'가 국민들이 제안한 사항에 대해 관계부처가 채택 여부를 결정하는 방식이라면, 국민참여예산제도는 국민의 제안 이후 사업심사와 우선순위 결정과정에도 국민의 참여를 가능하게 함으로써 국민의 역할을 확대하는 방식이다. 또한 '주민참여예산제도'가 지방자치단체의 사무를 대상으로 하는 반면, 국민참여예산제도는 중앙정부가 재정을 지원하는 예산사업을 대상으로 한다.

국민참여예산제도에서는 3~4월에 국민사업제안과 제안사업 적격성 검사를 실시하고, 이후 5월까지 각 부처에 예산안을 요구한다. 6월에는 예산국민참여단을 발족하여 참여예산 후보사업을 압축한다. 7월에는 일반국민 설문조사와 더불어 예산국민참여단 투표를 통해 사업선호도 조사를 한다. 이러한 과정을 통해 선호순위가 높은 후보사업은 국민참여예산사업으로 결정되며, 8월에 재정정책자문회의의 논의를 거쳐 국무회의에서 정부예산안에 반영된다. 정부예산안은 국회에 제출되며, 국회는 심의·의결을 거쳐 12월까지 예산안을 확정한다.

예산국민참여단은 일반국민을 대상으로 전화를 통해 참여의사를 타진하여 구성한다. 무작위로 표본을 추출하되 성·연령·지역별 대표성을 확보하는 통계적 구성방법이 사용된다. 예산국민참여단원은 예산학교를 통해 국가재정에 대한 교육을 이수한 후, 참여예산 후보사업을 압축하는 역할을 맡는다. 예산국민참여단이 압축한 후보사업에 대한 일반국민의 선호도는 통계적 대표성이 확보된 표본을 대상으로 한 설문을 통해, 예산국민참여단의 사업선호도는 오프라인 투표를 통해 조사한다.

정부는 2017년에 2018년도 예산을 편성하면서 국민참여예산제도를 시범 도입하였는데, 그 결과 6개의 국민참여예산사업이 선정되었다. 2019년도 예산에는 총 39개 국민참여예산사업에 대해 800억 원이 반영되었다.

9. 윗글을 근거로 판단할 때 옳은 것은?

① 국민제안제도에서는 중앙정부가 재정을 지원하는 예산사업의 우선순위를 국민이 정할 수 있다.
② 국민참여예산사업은 국회 심의·의결 전에 국무회의에서 정부예산안에 반영된다.
③ 국민참여예산제도는 정부의 예산편성권 범위 밖에서 운영된다.
④ 참여예산 후보사업은 재정정책자문회의의 논의를 거쳐 제안된다.
⑤ 예산국민참여단의 사업선호도 조사는 전화설문을 통해 이루어진다.

10. 윗글과 <상황>을 근거로 판단할 때, 甲이 보고할 수치를 옳게 짝지은 것은?

<상 황>

2019년도 국민참여예산사업 예산 가운데 688억 원이 생활밀착형사업 예산이고 나머지는 취약계층지원사업 예산이었다. 2020년도 국민참여예산사업 예산 규모는 2019년도에 비해 25% 증가했는데, 이 중 870억 원이 생활밀착형사업 예산이고 나머지는 취약계층지원사업 예산이었다. 국민참여예산제도에 관한 정부부처 담당자 甲은 2019년도와 2020년도 각각에 대해 국민참여예산사업 예산에서 취약계층지원사업 예산이 차지한 비율을 보고하려고 한다.

	2019년도	2020년도
①	13%	12%
②	13%	13%
③	14%	13%
④	14%	14%
⑤	15%	14%

11. 다음 글을 근거로 판단할 때, 네 번째로 보고되는 개정안은?

△△처에서 소관 법규 개정안 보고회를 개최하고자 한다. 보고회는 아래와 같은 기준에 따라 진행한다.

○ 법규 체계 순위에 따라 법 - 시행령 - 시행규칙의 순서로 보고한다. 법규 체계 순위가 같은 개정안이 여러 개 있는 경우 소관 부서명의 가나다순으로 보고한다.
○ 한 부서에서 보고해야 하는 개정안이 여럿인 경우, 해당 부서의 첫 번째 보고 이후 위 기준에도 불구하고 그 부서의 나머지 소관 개정안을 법규 체계 순위에 따라 연달아 보고한다.
○ 이상의 모든 기준과 무관하게 보고자가 국장인 경우 가장 먼저 보고한다.

보고 예정인 개정안은 다음과 같다.

개정안명	소관 부서	보고자
A법 개정안	예산담당관	甲사무관
B법 개정안	기획담당관	乙과장
C법 시행령 개정안	기획담당관	乙과장
D법 시행령 개정안	국제화담당관	丙국장
E법 시행규칙 개정안	예산담당관	甲사무관

① A법 개정안
② B법 개정안
③ C법 시행령 개정안
④ D법 시행령 개정안
⑤ E법 시행규칙 개정안

12. 다음 글과 <상황>을 근거로 판단할 때, 甲이 선택할 사업과 받을 수 있는 지원금을 옳게 짝지은 것은?

○○군은 집수리지원사업인 A와 B를 운영하고 있다. 신청자는 하나의 사업을 선택하여 지원받을 수 있다. 수리 항목은 외부(방수, 지붕, 담장, 쉼터)와 내부(단열, 설비, 창호)로 나누어진다.

<사업 A의 지원기준>

○ 외부는 본인부담 10%를 제외한 나머지 소요비용을 1,250만 원 한도 내에서 전액 지원
○ 내부는 지원하지 않음

<사업 B의 지원기준>

○ 담장과 쉼터는 둘 중 하나의 항목만 지원하며, 각각 300만 원과 50만 원 한도 내에서 소요비용 전액 지원
○ 담장과 쉼터를 제외한 나머지 항목은 내·외부와 관계없이 본인부담 50%를 제외한 나머지 소요비용을 1,200만 원 한도 내에서 전액 지원

<상 황>

甲은 본인 집의 창호와 쉼터를 수리하고자 한다. 소요비용은 각각 500만 원과 900만 원이다. 甲은 사업 A와 B 중 지원금이 더 많은 사업을 선택하여 신청하려고 한다.

	사업	지원금
①	A	1,250만 원
②	A	810만 원
③	B	1,250만 원
④	B	810만 원
⑤	B	300만 원

13. 다음 글을 근거로 판단할 때, <보기>에서 옳은 것만을 모두 고르면?

이번 주 甲의 요일별 기본업무량은 다음과 같다.

요일	월	화	수	목	금
기본업무량	60	50	60	50	60

甲은 기본업무량을 초과하여 업무를 처리한 날에 '칭찬'을, 기본업무량 미만으로 업무를 처리한 날에 '꾸중'을 듣는다. 정확히 기본업무량만큼 업무를 처리한 날에는 칭찬도 꾸중도 듣지 않는다.

이번 주 甲은 방식1~방식3 중 하나를 선택하여 업무를 처리한다.

방식1: 월요일에 100의 업무량을 처리하고, 그다음 날부터는 매일 전날 대비 20 적은 업무량을 처리한다.
방식2: 월요일에 0의 업무량을 처리하고, 그다음 날부터는 매일 전날 대비 30 많은 업무량을 처리한다.
방식3: 매일 60의 업무량을 처리한다.

<보 기>

ㄱ. 방식1을 선택할 경우 화요일에 꾸중을 듣는다.
ㄴ. 어느 방식을 선택하더라도 수요일에는 칭찬도 꾸중도 듣지 않는다.
ㄷ. 어느 방식을 선택하더라도 칭찬을 듣는 날수는 동일하다.
ㄹ. 칭찬을 듣는 날수에서 꾸중을 듣는 날수를 뺀 값을 최대로 하려면 방식2를 선택하여야 한다.

① ㄱ, ㄷ
② ㄱ, ㄹ
③ ㄴ, ㄷ
④ ㄴ, ㄹ
⑤ ㄴ, ㄷ, ㄹ

14. 다음 글을 근거로 판단할 때, <보기>에서 옳은 것만을 모두 고르면?

○○부의 甲국장은 직원 연수 프로그램을 마련하기 위하여 乙주무관에게 직원 1,000명 전원을 대상으로 연수 희망 여부와 희망 지역에 대한 의견을 수렴할 것을 요청하였다. 이에 따라 乙은 설문조사를 실시하였고, 甲과 乙은 그 결과에 대해 대화를 나누고 있다.

甲: 설문조사는 잘 시행되었나요?
乙: 예. 직원 1,000명 모두 연수 희망 여부에 대해 응답하였습니다. 연수를 희망하는 응답자는 43%였으며, 남자직원의 40%와 여자직원의 50%가 연수를 희망하는 것으로 나타났습니다.
甲: 연수 희망자 전원이 희망 지역에 대해 응답했나요?
乙: 예. A지역과 B지역 두 곳 중에서 희망하는 지역을 선택하라고 했더니 B지역을 희망하는 비율이 약간 더 높았습니다. 그리고 연수를 희망하는 여자직원 중 B지역 희망 비율은 연수를 희망하는 남자직원 중 B지역 희망 비율의 2배인 80%였습니다.

<보 기>

ㄱ. 전체 직원 중 남자직원의 비율은 50%를 넘는다.
ㄴ. 연수 희망자 중 여자직원의 비율은 40%를 넘는다.
ㄷ. A지역 연수를 희망하는 직원은 200명을 넘지 않는다.
ㄹ. B지역 연수를 희망하는 남자직원은 100명을 넘는다.

① ㄱ, ㄷ
② ㄴ, ㄷ
③ ㄴ, ㄹ
④ ㄱ, ㄴ, ㄹ
⑤ ㄱ, ㄷ, ㄹ

15. 다음 글을 근거로 판단할 때, <보기>에서 甲이 지원금을 받는 경우만을 모두 고르면?

○ 정부는 자영업자를 지원하기 위하여 2020년 대비 2021년의 이익이 감소한 경우 이익 감소액의 10%를 자영업자에게 지원금으로 지급하기로 하였다.
○ 이익은 매출액에서 변동원가와 고정원가를 뺀 금액으로, 자영업자 甲의 2020년 이익은 아래와 같이 계산된다.

구분	금액	비고
매출액	8억 원	판매량(400,000단위) × 판매가격(2,000원)
변동원가	6.4억 원	판매량(400,000단위) × 단위당 변동원가(1,600원)
고정원가	1억 원	판매량과 관계없이 일정함
이익	0.6억 원	8억 원 - 6.4억 원 - 1억 원

<보 기>

ㄱ. 2021년의 판매량, 판매가격, 단위당 변동원가, 고정원가는 모두 2020년과 같았다.
ㄴ. 2020년에 비해 2021년에 판매가격을 5% 인하하였고, 판매량, 단위당 변동원가, 고정원가는 2020년과 같았다.
ㄷ. 2020년에 비해 2021년에 판매량은 10% 증가하고 고정원가는 5% 감소하였으나, 판매가격과 단위당 변동원가는 2020년과 같았다.
ㄹ. 2020년에 비해 2021년에 판매가격을 5% 인상했음에도 불구하고 판매량이 25% 증가하였고, 단위당 변동원가와 고정원가는 2020년과 같았다.

① ㄴ
② ㄹ
③ ㄱ, ㄴ
④ ㄴ, ㄷ
⑤ ㄷ, ㄹ

16. 다음 글과 <상황>을 근거로 판단할 때 옳지 않은 것은?

□□시는 부서 성과 및 개인 성과에 따라 등급을 매겨 직원들에게 성과급을 지급하고 있다.
○ 부서 등급과 개인 등급은 각각 S, A, B, C로 나뉘고, 등급별 성과급 산정비율은 다음과 같다.

성과 등급	S	A	B	C
성과급 산정비율(%)	40	20	10	0

○ 작년까지 부서 등급과 개인 등급에 따른 성과급 산정비율의 산술평균을 연봉에 곱해 직원의 성과급을 산정해왔다.
성과급 = 연봉 × {(부서 산정비율 + 개인 산정비율)/2}
○ 올해부터 부서 등급과 개인 등급에 따른 성과급 산정비율 중 더 큰 값을 연봉에 곱해 성과급을 산정하도록 개편하였다.
성과급 = 연봉 × max{부서 산정비율, 개인 산정비율}

※ max{a, b} = a와 b 중 더 큰 값

<상 황>

작년과 올해 □□시 소속 직원 甲~丙의 연봉과 성과 등급은 다음과 같다.

구분	작년			올해		
	연봉 (만 원)	성과 등급		연봉 (만 원)	성과 등급	
		부서	개인		부서	개인
甲	3,500	S	A	4,000	A	S
乙	4,000	B	S	4,000	S	A
丙	3,000	B	A	3,500	C	B

① 甲의 작년 성과급은 1,050만 원이다.
② 甲과 乙의 올해 성과급은 동일하다.
③ 甲~丙 모두 작년 대비 올해 성과급이 증가한다.
④ 올해 연봉과 성과급의 합이 가장 작은 사람은 丙이다.
⑤ 작년 대비 올해 성과급 상승률이 가장 큰 사람은 乙이다.

17. 다음 글을 근거로 판단할 때 옳은 것은?

甲부처 신입직원 선발시험은 전공, 영어, 적성 3개 과목으로 이루어진다. 3개 과목 합계 점수가 높은 사람순으로 정원까지 합격한다. 응시자는 7명(A~G)이며, 7명의 각 과목 성적에 대해서는 다음과 같은 사실이 알려졌다.

○ 전공시험 점수: A는 B보다 높고, B는 E보다 높고, C는 D보다 높다.
○ 영어시험 점수: E는 F보다 높고, F는 G보다 높다.
○ 적성시험 점수: G는 B보다도 높고 C보다도 높다.

합격자 선발 결과, 전공시험 점수가 일정 점수 이상인 응시자는 모두 합격한 반면 그 점수에 달하지 않은 응시자는 모두 불합격한 것으로 밝혀졌고, 이는 영어시험과 적성시험에서도 마찬가지였다.

① A가 합격하였다면, B도 합격하였다.
② G가 합격하였다면, C도 합격하였다.
③ A와 B가 합격하였다면, C와 D도 합격하였다.
④ B와 E가 합격하였다면, F와 G도 합격하였다.
⑤ B가 합격하였다면, B를 포함하여 적어도 6명이 합격하였다.

18. 다음 글을 근거로 판단할 때, <보기>에서 옳은 것만을 모두 고르면?

○ 甲과 乙이 아래와 같은 방식으로 농구공 던지기 놀이를 하였다.
- 甲과 乙은 각 5회씩 도전하고, 합계 점수가 더 높은 사람이 승리한다.
- 2점 슛과 3점 슛을 자유롭게 선택하여 도전할 수 있으며, 성공하면 해당 점수를 획득한다.
- 5회의 도전 중 4점 슛 도전이 1번 가능한데, '4점 도전'이라고 외친 후 뒤돌아서서 슛을 하여 성공하면 4점을 획득하고, 실패하면 1점을 잃는다.

○ 甲과 乙의 던지기 결과는 다음과 같았다.

(성공: ○, 실패: ×)

구분	1회	2회	3회	4회	5회
甲	○	×	○	○	○
乙	○	○	×	×	○

<보 기>

ㄱ. 甲의 합계 점수는 8점 이상이었다.
ㄴ. 甲이 3점 슛에 2번 도전하였고 乙이 승리하였다면, 乙은 4점 슛에 도전하였을 것이다.
ㄷ. 4점 슛뿐만 아니라 2점 슛, 3점 슛에 대해서도 실패 시 1점을 차감하였다면, 甲이 승리하였을 것이다.

① ㄱ
② ㄴ
③ ㄱ, ㄴ
④ ㄱ, ㄷ
⑤ ㄴ, ㄷ

19. 다음 글을 근거로 판단할 때, A군 양봉농가의 최대 수는?

> ○ A군청은 양봉농가가 안정적으로 꿀을 생산할 수 있도록 양봉농가 간 거리가 12km 이상인 경우에만 양봉을 허가하고 있다.
> ○ A군은 반지름이 12km인 원 모양의 평지이며 군 경계를 포함한다.
> ○ A군의 외부에는 양봉농가가 존재하지 않는다.

※ 양봉농가의 면적은 고려하지 않음

① 5개
② 6개
③ 7개
④ 8개
⑤ 9개

20. 다음 글을 근거로 판단할 때, ㉠에 해당하는 수는?

> 甲: 그저께 나는 만 21살이었는데, 올해 안에 만 23살이 될 거야.
> 乙: 올해가 몇 년이지?
> 甲: 올해는 2022년이야.
> 乙: 그러면 네 주민등록번호 앞 6자리의 각 숫자를 모두 곱하면 [㉠]이구나.
> 甲: 그래, 맞아!

① 0
② 81
③ 486
④ 648
⑤ 2,916

21. 다음 글과 <상황>을 근거로 판단할 때, 올해 말 A검사국이 인사부서에 증원을 요청할 인원은?

> 농식품 품질 검사를 수행하는 A검사국은 매년 말 다음과 같은 기준에 따라 인사부서에 인력 증원을 요청한다.
>
> ○ 다음 해 A검사국의 예상 검사 건수를 모두 검사하는 데 필요한 최소 직원 수에서 올해 직원 수를 뺀 인원을 증원 요청한다.
> ○ 직원별로 한 해 동안 수행할 수 있는 최대 검사 건수는 매년 정해지는 '기준 검사 건수'에서 아래와 같이 차감하여 정해진다.
> - 국장은 '기준 검사 건수'의 100%를 차감한다.
> - 사무 처리 직원은 '기준 검사 건수'의 100%를 차감한다.
> - 국장 및 사무 처리 직원을 제외한 모든 직원은 매년 근무시간 중에 품질 검사 교육을 이수해야 하므로, '기준 검사 건수'의 10%를 차감한다.
> - 과장은 '기준 검사 건수'의 50%를 추가 차감한다.

<상 황>

> ○ 올해 A검사국에는 국장 1명, 과장 9명, 사무 처리 직원 10명을 포함하여 총 100명의 직원이 있다.
> ○ 내년에도 국장, 과장, 사무 처리 직원의 수는 올해와 동일하다.
> ○ 올해 '기준 검사 건수'는 100건이나, 내년부터는 검사 품질 향상을 위해 90건으로 하향 조정한다.
> ○ A검사국의 올해 검사 건수는 현 직원 모두가 한 해 동안 수행할 수 있는 최대 검사 건수와 같다.
> ○ 내년 A검사국의 예상 검사 건수는 올해 검사 건수의 120%이다.

① 10명
② 14명
③ 18명
④ 21명
⑤ 28명

22. 다음 글을 근거로 판단할 때, <보기>에서 옳은 것만을 모두 고르면?

> ○ 甲, 乙, 丙 세 사람은 25개 문제(1~25번)로 구성된 문제집을 푼다.
> ○ 1회차에는 세 사람 모두 1번 문제를 풀고, 2회차부터는 직전 회차 풀이 결과에 따라 풀 문제가 다음과 같이 정해진다.
> - 직전 회차가 정답인 경우:
> 직전 회차의 문제 번호에 2를 곱한 후 1을 더한 번호의 문제
> - 직전 회차가 오답인 경우:
> 직전 회차의 문제 번호를 2로 나누어 소수점 이하를 버린 후 1을 더한 번호의 문제
> ○ 풀 문제의 번호가 25번을 넘어갈 경우, 25번 문제를 풀고 더 이상 문제를 풀지 않는다.
> ○ 7회차까지 문제를 푼 결과, 세 사람이 맞힌 정답의 개수는 같았고 한 사람이 같은 번호의 문제를 두 번 이상 푼 경우는 없었다.
> ○ 4, 5회차를 제외한 회차별 풀이 결과는 아래와 같다.
>
> (정답: ○, 오답: ×)

구분	1	2	3	4	5	6	7
甲	○	○	×			○	×
乙	○	○	○			×	○
丙	○	×	○			○	×

<보 기>

> ㄱ. 甲과 丙이 4회차에 푼 문제 번호는 같다.
> ㄴ. 4회차에 정답을 맞힌 사람은 2명이다.
> ㄷ. 5회차에 정답을 맞힌 사람은 없다.
> ㄹ. 乙은 7회차에 9번 문제를 풀었다.

① ㄱ, ㄴ
② ㄱ, ㄷ
③ ㄴ, ㄷ
④ ㄴ, ㄹ
⑤ ㄷ, ㄹ

23. 다음 글을 근거로 판단할 때 옳지 않은 것은?

> △△팀원 7명(A~G)은 새로 부임한 팀장 甲과 함께 하는 환영식사를 계획하고 있다. 모든 팀원은 아래 조건을 전부 만족시키며 甲과 한 번씩만 식사하려 한다.
> ○ 함께 식사하는 총 인원은 4명 이하여야 한다.
> ○ 단둘이 식사하지 않는다.
> ○ 부팀장은 A, B뿐이며, 이 둘은 함께 식사하지 않는다.
> ○ 같은 학교 출신인 C, D는 함께 식사하지 않는다.
> ○ 입사 동기인 E, F는 함께 식사한다.
> ○ 신입사원 G는 부팀장과 함께 식사한다.

① A는 E와 함께 환영식사에 참석할 수 있다.
② B는 C와 함께 환영식사에 참석할 수 있다.
③ C는 G와 함께 환영식사에 참석할 수 있다.
④ D가 E와 함께 환영식사에 참석하는 경우, C는 부팀장과 함께 환영식사에 참석하게 된다.
⑤ G를 포함하여 총 4명이 함께 환영식사에 참석하는 경우, F가 참석하는 환영식사의 인원은 총 3명이다.

24. 다음 글을 근거로 판단할 때, ㉠에 해당하는 수는?

> 甲과 乙은 같은 층의 서로 다른 사무실에서 근무하고 있다. 각 사무실은 일직선 복도의 양쪽 끝에 위치하고 있으며, 두 사람은 복도에서 항상 자신만의 일정한 속력으로 걷는다.
> 甲은 약속한 시각에 乙에게 서류를 직접 전달하기 위해 자신의 사무실을 나섰다. 甲은 乙의 사무실에 도착하여 서류를 전달하고 곧바로 자신의 사무실로 돌아올 계획이었다.
> 한편 甲을 기다리고 있던 乙에게 甲의 사무실 쪽으로 가야 할 일이 생겼다. 그래서 乙은 甲이 도착하기로 약속한 시각보다 [㉠]분 일찍 자신의 사무실을 나섰다. 乙은 출발한 지 4분 뒤 복도에서 甲을 만나 서류를 받았다. 서류 전달 후 곧바로 사무실로 돌아온 甲은 원래 예상했던 시각보다 2분 일찍 사무실로 복귀한 사실을 알게 되었다.

① 2
② 3
③ 4
④ 5
⑤ 6

25. 다음 글과 <상황>을 근거로 판단할 때 옳은 것은?

제00조 ① 재외공관에 근무하는 공무원(이하 '재외공무원'이라 한다)이 공무로 일시귀국하고자 하는 경우에는 장관의 허가를 받아야 한다.
② 공관장이 아닌 재외공무원이 공무 외의 목적으로 일시귀국하려는 경우에는 공관장의 허가를, 공관장이 공무 외의 목적으로 일시귀국하려는 경우에는 장관의 허가를 받아야 한다. 다만 재외공무원 또는 그 배우자의 직계존·비속이 사망하거나 위독한 경우에는 공관장이 아닌 재외공무원은 공관장에게, 공관장은 장관에게 각각 신고하고 일시귀국할 수 있다.
③ 재외공무원이 공무 외의 목적으로 일시귀국할 수 있는 기간은 연 1회 20일 이내로 한다. 다만 다음 각 호의 어느 하나에 해당하는 경우에는 이를 일시귀국의 횟수 및 기간에 산입하지 아니한다.
  1. 재외공무원의 직계존·비속이 사망하거나 위독하여 일시귀국하는 경우
  2. 재외공무원 또는 그 동반가족의 치료를 위하여 일시귀국하는 경우
④ 제2항에도 불구하고 다음 각 호의 어느 하나에 해당하는 경우에는 장관의 허가를 받아야 한다.
  1. 재외공무원이 연 1회 또는 20일을 초과하여 공무 외의 목적으로 일시귀국하려는 경우
  2. 재외공무원이 일시귀국 후 국내 체류기간을 연장하는 경우

<상 황>

A국 소재 대사관에는 공관장 甲을 포함하여 총 3명의 재외공무원(甲~丙)이 근무하고 있다. 아래는 올해 1월부터 7월 현재까지 甲~丙의 일시귀국 현황이다.

○ 甲: 공무상 회의 참석을 위해 총 2회(총 25일)
○ 乙: 동반자녀의 관절 치료를 위해 총 1회(치료가 더 필요하여 국내 체류기간 1회 연장, 총 17일)
○ 丙: 직계존속의 회갑으로 총 1회(총 3일)

① 甲은 일시귀국 시 장관에게 신고하였을 것이다.
② 甲은 배우자의 직계존속이 위독하여 올해 추가로 일시귀국하기 위해서는 장관의 허가를 받아야 한다.
③ 乙이 직계존속의 회갑으로 인해 올해 3일간 추가로 일시귀국하기 위해서는 장관의 허가를 받아야 한다.
④ 乙이 공관장의 허가를 받아 일시귀국하였더라도 국내 체류기간을 연장하였을 때에는 장관의 허가를 받았을 것이다.
⑤ 丙이 자신의 혼인으로 인해 올해 추가로 일시귀국하기 위해서는 공관장의 허가를 받아야 한다.

2022

해커스PSAT 7급 PSAT 기출문제집

약점 보완 해설집 p.110

자료해석영역

1. 다음 <그림>은 2021년 7월 '갑'지역의 15세 이상 인구를 대상으로 한 경제활동인구조사 결과를 정리한 자료이다. <그림>의 A, B에 해당하는 값을 바르게 나열한 것은?

<그림> 2021년 7월 경제활동인구조사 결과

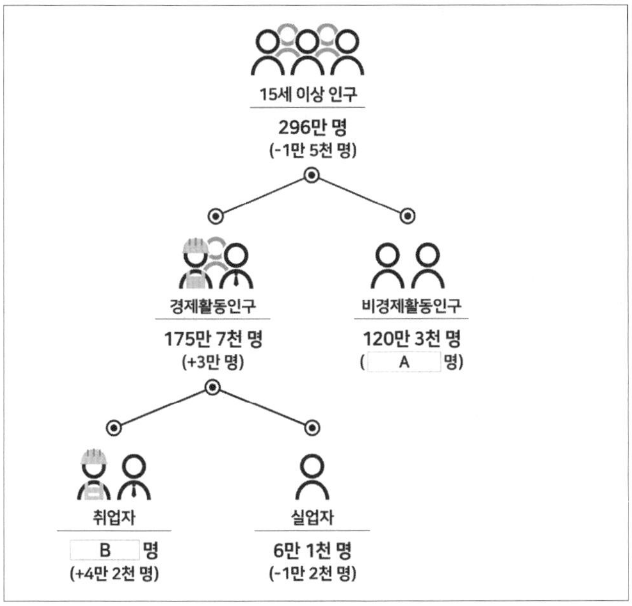

※ (　)는 2020년 7월 대비 증감 인구수임.

	A	B
①	- 4만 5천	169만 6천
②	- 4만 5천	165만 4천
③	- 1만 2천	172만 7천
④	- 1만 2천	169만 6천
⑤	+ 4만 2천	172만 7천

2. 다음 <표>는 2017~2021년 '갑'국의 청구인과 피청구인에 따른 특허심판 청구건수에 관한 자료이다. 이에 대한 <보기>의 설명 중 옳은 것만을 모두 고르면?

<표> 청구인과 피청구인에 따른 특허심판 청구건수

(단위: 건)

청구인 / 연도 \ 피청구인	내국인		외국인	
	내국인	외국인	내국인	외국인
2017	765	270	204	172
2018	889	1,970	156	119
2019	795	359	191	72
2020	771	401	93	230
2021	741	213	152	46

<보 기>

ㄱ. 2019년 청구인이 내국인인 특허심판 청구건수의 전년 대비 감소율은 50% 이상이다.

ㄴ. 2021년 피청구인이 내국인인 특허심판 청구건수는 피청구인이 외국인인 특허심판 청구건수의 3배 이상이다.

ㄷ. 2017년 내국인이 외국인에게 청구한 특허심판 청구건수는 2020년 외국인이 외국인에게 청구한 특허심판 청구건수보다 많다.

① ㄱ
② ㄷ
③ ㄱ, ㄴ
④ ㄴ, ㄷ
⑤ ㄱ, ㄴ, ㄷ

3. 다음 <보고서>는 2018~2021년 '갑'국의 생활밀접업종 현황에 대한 자료이다. <보고서>의 내용과 부합하지 않는 자료는?

<보고서>

생활밀접업종은 소매, 음식, 숙박, 서비스 등과 같이 일상생활과 밀접하게 관련된 재화 또는 용역을 공급하는 업종이다. 생활밀접업종 사업자 수는 2021년 현재 2,215천 명으로 2018년 대비 10% 이상 증가하였다. 2018년 대비 2021년 생활밀접업종 중 73개 업종에서 사업자 수가 증가하였는데, 이 중 스포츠시설운영업이 가장 높은 증가율을 기록하였고 펜션·게스트하우스, 애완용품점이 그 뒤를 이었다.

그러나 혼인건수와 출생아 수가 줄어드는 사회적 현상은 관련 업종에도 직접 영향을 미친 것으로 나타났다. 산부인과 병·의원 사업자 수는 2018년 이후 매년 감소하였다. 또한, 2018년 이후 예식장과 결혼상담소의 사업자 수도 각각 매년 감소하는 것으로 나타났다.

한편 복잡한 현대사회에서 전문직에 대한 수요는 꾸준히 증가하고 있다. 생활밀접업종을 소매, 음식, 숙박, 병·의원, 전문직, 교육, 서비스의 7개 그룹으로 분류했을 때 전문직 그룹의 2018년 대비 2021년 사업자 수 증가율이 17.6%로 가장 높았다.

① 생활밀접업종 사업자 수

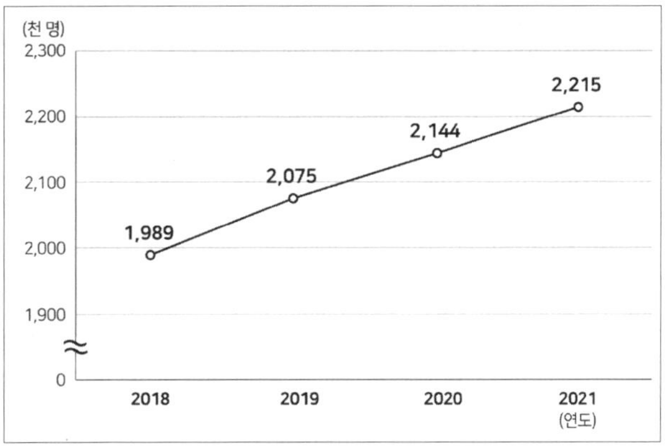

② 2018년 대비 2021년 생활밀접업종 사업자 수 증가율 상위 10개 업종

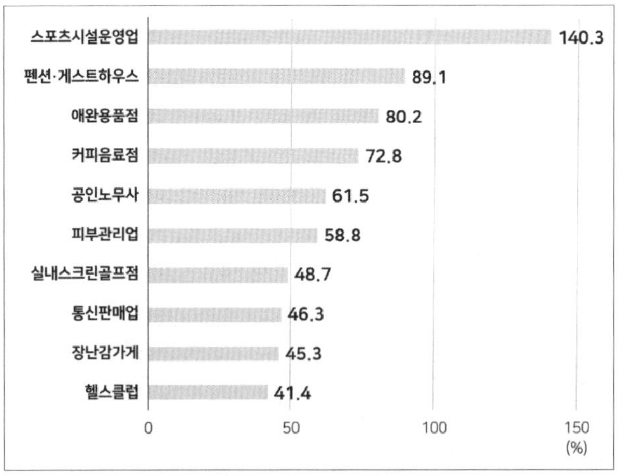

③ 주요 진료과목별 병·의원 사업자 수

(단위: 명)

진료과목 \ 연도	2018	2019	2020	2021
신경정신과	1,270	1,317	1,392	1,488
가정의학과	2,699	2,812	2,952	3,057
피부과·비뇨의학과	3,267	3,393	3,521	3,639
이비인후과	2,259	2,305	2,380	2,461
안과	1,485	1,519	1,573	1,603
치과	16,424	16,879	17,217	17,621
일반외과	4,282	4,369	4,474	4,566
성형외과	1,332	1,349	1,372	1,414
내과·소아과	10,677	10,861	10,975	11,130
산부인과	1,726	1,713	1,686	1,663

④ 예식장 및 결혼상담소 사업자 수

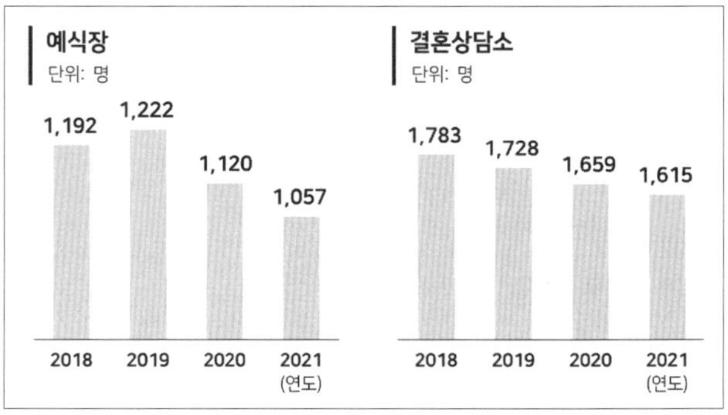

⑤ 2018년 대비 2021년 생활밀접업종의 7개 그룹별 사업자 수 증가율

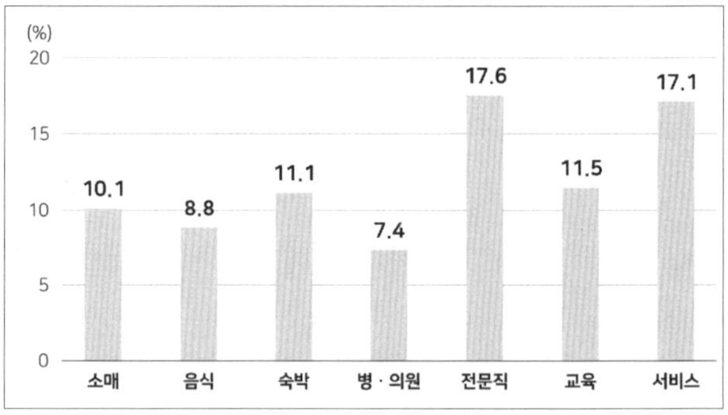

4. 다음 <표>는 '갑'국 A 위원회의 24~26차 회의 심의결과에 관한 자료이다. 이에 대한 <보기>의 설명 중 옳은 것만을 모두 고르면?

<표> A 위원회의 24~26차 회의 심의결과

회차 / 위원 \ 동의 여부	24		25		26	
	동의	부동의	동의	부동의	동의	부동의
기획재정부장관	○		○		○	
교육부장관	○			○	○	
과학기술정보통신부장관	○		○			○
행정안전부장관	○			○	○	
문화체육관광부장관	○			○	○	
농림축산식품부장관		○	○		○	
산업통상자원부장관		○		○		○
보건복지부장관	○		○		○	
환경부장관		○	○			○
고용노동부장관		○		○	○	
여성가족부장관	○		○		○	
국토교통부장관	○		○		○	
해양수산부장관	○		○		○	
중소벤처기업부장관		○	○			○
문화재청장	○		○		○	
산림청장	○			○	○	

※ 1) A 위원회는 <표>에 제시된 16명의 위원으로만 구성됨.
2) A 위원회는 매 회차 개최 시 1건의 안건만을 심의함.

<보 기>

ㄱ. 24~26차 회의의 심의안건에 모두 동의한 위원은 6명이다.
ㄴ. 심의안건에 부동의한 위원 수는 매 회차 증가하였다.
ㄷ. 전체 위원의 $\frac{2}{3}$ 이상이 동의해야 심의안건이 의결된다면, 24~26차 회의의 심의안건은 모두 의결되었다.

① ㄱ
② ㄴ
③ ㄱ, ㄷ
④ ㄴ, ㄷ
⑤ ㄱ, ㄴ, ㄷ

5. 다음 <표>는 1990년대 이후 A~E 도시의 시기별 및 자본금액별 창업 건수에 관한 자료이고, <보고서>는 A~E 중 한 도시의 창업 건수에 관한 설명이다. 이를 근거로 판단할 때, <보고서>의 내용에 부합하는 도시는?

<표> A~E 도시의 시기별 및 자본금액별 창업 건수

(단위: 건)

시기 / 도시 \ 자본금액	1990년대		2000년대		2010년대		2020년 이후	
	1천만 원 미만	1천만 원 이상	1천만 원 미만	1천만 원 이상	1천만 원 미만	1천만 원 이상	1천만 원 미만	1천만 원 이상
A	198	11	206	32	461	26	788	101
B	46	0	101	5	233	4	458	16
C	12	2	19	17	16	17	76	14
D	27	3	73	34	101	24	225	27
E	4	0	25	0	53	3	246	7

<보고서>

이 도시의 시기별 및 자본금액별 창업 건수는 다음과 같은 특징이 있다. 첫째, 1990년대 이후 모든 시기에서 자본금액 1천만 원 미만 창업 건수가 자본금액 1천만 원 이상 창업 건수보다 많다. 둘째, 자본금액 1천만 원 미만 창업 건수와 1천만 원 이상 창업 건수의 차이는 2010년대가 2000년대의 2배 이상이다. 셋째, 2020년 이후 전체 창업 건수는 1990년대 전체 창업 건수의 10배 이상이다. 넷째, 2020년 이후 전체 창업 건수 중 자본금액 1천만 원 이상 창업 건수의 비중은 3% 이상이다.

① A
② B
③ C
④ D
⑤ E

6. 다음 <표>는 '갑'국의 원료곡종별 및 등급별 가공단가와 A~C 지역의 가공량에 관한 자료이다. 이에 대한 <보기>의 설명 중 옳은 것만을 모두 고르면?

<표 1> 원료곡종별 및 등급별 가공단가

(단위: 천 원/톤)

원료곡종 \ 등급	1등급	2등급	3등급
쌀	118	109	100
현미	105	97	89
보리	65	60	55

<표 2> A~C 지역의 원료곡종별 및 등급별 가공량

(단위: 톤)

지역	원료곡종 \ 등급	1등급	2등급	3등급	합계
A	쌀	27	35	25	87
	현미	43	20	10	73
	보리	5	3	7	15
B	쌀	23	25	55	103
	현미	33	25	21	79
	보리	9	9	5	23
C	쌀	30	35	20	85
	현미	30	37	25	92
	보리	8	30	2	40
전체	쌀	80	95	100	275
	현미	106	82	56	244
	보리	22	42	14	78

※ 가공비용 = 가공단가 × 가공량

<보 기>

ㄱ. A 지역의 3등급 쌀 가공비용은 B 지역의 2등급 현미 가공비용보다 크다.

ㄴ. 1등급 현미 전체의 가공비용은 2등급 현미 전체 가공비용의 2배 이상이다.

ㄷ. 3등급 쌀과 3등급 보리의 가공단가가 각각 90천 원/톤, 50천 원/톤으로 변경될 경우, 지역별 가공비용 총액 감소폭이 가장 작은 지역은 A이다.

① ㄱ
② ㄷ
③ ㄱ, ㄴ
④ ㄱ, ㄷ
⑤ ㄴ, ㄷ

7. 다음 <표>는 재해위험지구 '갑', '을', '병'지역을 대상으로 정비사업 투자의 우선순위를 결정하기 위한 자료이다. '편익', '피해액', '재해발생위험도' 3개 평가 항목 점수의 합이 큰 지역일수록 우선순위가 높다. 이에 대한 <보기>의 설명 중 옳은 것만을 모두 고르면?

<표 1> '갑'~'병'지역의 평가 항목별 등급

지역 \ 평가 항목	편익	피해액	재해발생위험도
갑	C	A	B
을	B	D	A
병	A	B	C

<표 2> 평가 항목의 등급별 배점

(단위: 점)

등급 \ 평가 항목	편익	피해액	재해발생위험도
A	10	15	25
B	8	12	17
C	6	9	10
D	4	6	0

<보 기>

ㄱ. '재해발생위험도' 점수가 높은 지역일수록 우선순위가 높다.

ㄴ. 우선순위가 가장 높은 지역과 가장 낮은 지역의 '피해액' 점수 차이는 '재해발생위험도' 점수 차이보다 크다.

ㄷ. '피해액' 점수와 '재해발생위험도' 점수의 합이 가장 큰 지역은 '갑'이다.

ㄹ. '갑'지역의 '편익' 등급이 B로 변경되면, 우선순위가 가장 높은 지역은 '갑'이다.

① ㄱ, ㄴ
② ㄱ, ㄷ
③ ㄴ, ㄹ
④ ㄱ, ㄷ, ㄹ
⑤ ㄴ, ㄷ, ㄹ

8. 다음 <그림>은 2017~2021년 '갑'국의 반려동물 사료 유형별 특허 출원건수에 관한 자료이다. 이에 대한 <보기>의 설명 중 옳은 것만을 모두 고르면?

<그림> 반려동물 사료 유형별 특허 출원건수

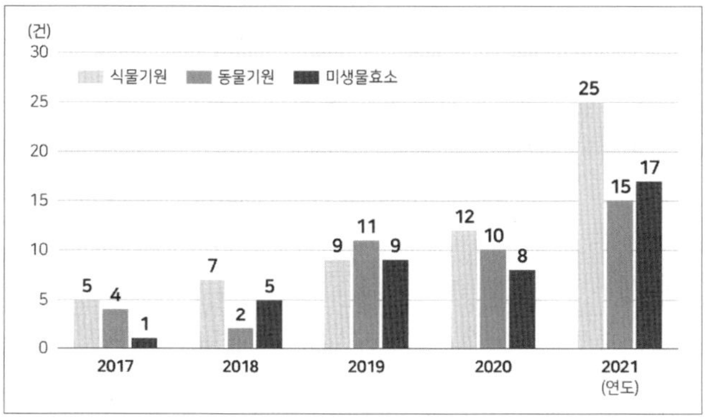

※ 반려동물 사료 유형은 식물기원, 동물기원, 미생물효소로만 구분함.

<보 기>

ㄱ. 2017~2021년 동안의 특허 출원건수 합이 가장 작은 사료 유형은 '미생물효소'이다.
ㄴ. 연도별 전체 특허 출원건수 대비 각 사료 유형의 특허 출원건수 비율은 '식물기원'이 매년 가장 높다.
ㄷ. 2021년 특허 출원건수의 전년 대비 증가율이 가장 높은 사료 유형은 '식물기원'이다.

① ㄱ
② ㄷ
③ ㄱ, ㄴ
④ ㄱ, ㄷ
⑤ ㄴ, ㄷ

9. 다음 <표>는 2019년과 2020년 지역별 전체주택 및 빈집 현황에 관한 자료이다. 이를 바탕으로 작성한 <보고서>의 A~C에 해당하는 내용을 바르게 나열한 것은?

<표> 2019년과 2020년 지역별 전체주택 및 빈집 현황

(단위: 호, %)

연도 / 지역 \ 구분	2019			2020		
	전체주택	빈집	빈집비율	전체주택	빈집	빈집비율
서울특별시	2,953,964	93,402	3.2	3,015,371	96,629	3.2
부산광역시	1,249,757	109,651	8.8	1,275,859	113,410	8.9
대구광역시	800,340	40,721	5.1	809,802	39,069	4.8
인천광역시	1,019,365	66,695	6.5	1,032,774	65,861	6.4
광주광역시	526,161	39,625	7.5	538,275	41,585	7.7
대전광역시	492,797	29,640	6.0	496,875	26,983	5.4
울산광역시	391,596	33,114	8.5	394,634	30,241	7.7
세종특별자치시	132,257	16,437	12.4	136,887	14,385	10.5
경기도	4,354,776	278,815	6.4	4,495,115	272,358	6.1
강원도	627,376	84,382	13.4	644,023	84,106	13.1
충청북도	625,957	77,520	12.4	640,256	76,877	12.0
충청남도	850,525	107,609	12.7	865,008	106,430	12.3
전라북도	724,524	91,138	12.6	741,221	95,412	12.9
전라남도	787,816	121,767	15.5	802,043	122,103	15.2
경상북도	1,081,216	143,560	13.3	1,094,306	139,770	12.8
경상남도	1,266,739	147,173	11.6	1,296,944	150,982	11.6
제주특별자치도	241,788	36,566	15.1	246,451	35,105	14.2
전국	18,126,954	1,517,815	8.4	18,525,844	1,511,306	8.2

※ 빈집비율(%) $= \frac{\text{빈집}}{\text{전체주택}} \times 100$

<보고서>

2020년 우리나라 전체주택 수는 전년 대비 39만 호 이상 증가하였으나 빈집 수는 6천 호 이상 감소하여 빈집비율은 전년 대비 감소하였다. 특히 세종특별자치시의 빈집비율이 가장 큰 폭으로 감소하였다.

하지만 2020년에는 [A]개 지역에서 빈집 수가 전년 대비 증가하였고, 전년 대비 빈집비율이 가장 큰 폭으로 증가한 지역은 [B]였다. 빈집비율이 가장 높은 지역과 가장 낮은 지역의 빈집비율 차이는 2019년에 비해 2020년이 [C]하였다.

	A	B	C
①	5	광주광역시	감소
②	5	전라북도	증가
③	6	광주광역시	증가
④	6	전라북도	증가
⑤	6	전라북도	감소

10. 다음 <표>와 <보고서>는 2021년 '갑'국의 초등돌봄교실에 관한 자료이다. 제시된 <표> 이외에 <보고서>를 작성하기 위해 추가로 필요한 자료만을 <보기>에서 모두 고르면?

<표 1> 2021년 초등돌봄교실 이용학생 현황

(단위: 명, %)

구분 \ 학년		1	2	3	4	5	6	합
오후돌봄교실	학생 수	124,000	91,166	16,421	7,708	3,399	2,609	245,303
	비율	50.5	37.2	6.7	3.1	1.4	1.1	100.0
저녁돌봄교실	학생 수	5,215	3,355	772	471	223	202	10,238
	비율	50.9	32.8	7.5	4.6	2.2	2.0	100.0

<표 2> 2021년 지원대상 유형별 오후돌봄교실 이용학생 현황

(단위: 명, %)

구분 \ 지원대상 유형		우선지원대상					일반 지원대상	합
		저소득층	한부모	맞벌이	기타	소계		
오후돌봄교실	학생 수	23,066	6,855	174,297	17,298	221,516	23,787	245,303
	비율	9.4	2.8	71.1	7.1	90.3	9.7	100.0

<보고서>

2021년 '갑'국의 초등돌봄교실 이용학생은 오후돌봄교실 245,303명, 저녁돌봄교실 10,238명이다. 오후돌봄교실의 경우 2021년 기준 전체 초등학교의 98.9%가 참여하고 있다.

오후돌봄교실의 우선지원대상은 저소득층 가정, 한부모 가정, 맞벌이 가정, 기타로 구분되며, 맞벌이 가정이 전체 오후돌봄교실 이용학생의 71.1%로 가장 많고 다음으로 저소득층 가정이 9.4%로 많다.

저녁돌봄교실의 경우 17시부터 22시까지 운영하고 있으나, 19시를 넘는 늦은 시간까지 이용하는 학생 비중은 11.2%에 불과하다. 2021년 현재 저녁돌봄교실 이용학생은 1~2학년이 8,570명으로 전체 저녁돌봄교실 이용학생의 83.7%를 차지한다.

초등돌봄교실 담당인력은 돌봄전담사, 현직교사, 민간위탁업체로 다양하다. 담당인력 구성은 돌봄전담사가 10,237명으로 가장 많고, 다음으로 현직교사 1,480명, 민간위탁업체 565명 순이다. 그중 돌봄전담사는 무기계약직이 6,830명이고 기간제가 3,407명이다.

<보 기>

ㄱ. 연도별 오후돌봄교실 참여 초등학교 수 및 참여율

(단위: 개, %)

구분 \ 연도	2016	2017	2018	2019	2020	2021
학교 수	5,652	5,784	5,938	5,972	5,998	6,054
참여율	96.0	97.3	97.3	96.9	97.0	98.9

ㄴ. 2021년 저녁돌봄교실 이용학생의 이용시간별 분포

(단위: 명, %)

구분 \ 이용시간	17~18시	17~19시	17~20시	17~21시	17~22시	합
이용학생 수	6,446	2,644	1,005	143	0	10,238
비율	63.0	25.8	9.8	1.4	0.0	100.0

ㄷ. 2021년 저녁돌봄교실 이용학생의 학년별 분포

(단위: 명, %)

구분 \ 학년	1~2	3~4	5~6	합
이용학생 수	8,570	1,243	425	10,238
비율	83.7	12.1	4.2	100.0

ㄹ. 2021년 초등돌봄교실 담당인력 현황

(단위: 명, %)

구분	돌봄전담사			현직교사	민간위탁업체	합
	무기계약직	기간제	소계			
인력	6,830	3,407	10,237	1,480	565	12,282
비율	55.6	27.7	83.3	12.1	4.6	100.0

① ㄱ, ㄴ ② ㄱ, ㄷ ③ ㄷ, ㄹ
④ ㄱ, ㄴ, ㄹ ⑤ ㄴ, ㄷ, ㄹ

11. 다음 <표>는 2016~2020년 '갑'국의 해양사고 심판현황이다. 이에 대한 <보기>의 설명 중 옳은 것만을 모두 고르면?

<표> 2016~2020년 해양사고 심판현황

(단위: 건)

구분 \ 연도	2016	2017	2018	2019	2020
전년 이월	96	100	(　)	71	89
해당 연도 접수	226	223	168	204	252
심판대상	322	(　)	258	275	341
재결	222	233	187	186	210

※ '심판대상' 중 '재결'되지 않은 건은 다음 연도로 이월함.

<보 기>

ㄱ. '심판대상' 중 '전년 이월'의 비중은 2018년이 2016년보다 높다.

ㄴ. 다음 연도로 이월되는 건수가 가장 많은 연도는 2016년이다.

ㄷ. 2017년 이후 '해당 연도 접수' 건수의 전년 대비 증가율이 가장 높은 연도는 2020년이다.

ㄹ. '재결' 건수가 가장 적은 연도에는 '해당 연도 접수' 건수도 가장 적다.

① ㄱ, ㄴ ② ㄱ, ㄷ ③ ㄴ, ㄷ
④ ㄴ, ㄹ ⑤ ㄷ, ㄹ

12. 다음 <표>는 '갑'주무관이 해양포유류 416종을 4가지 부류(A~D)로 나눈 후 2022년 기준 국제자연보전연맹(IUCN) 적색 목록 지표에 따라 분류한 자료이다. 이를 근거로 작성한 <보고서>의 A, B에 해당하는 해양포유류 부류를 바르게 연결한 것은?

<표> 해양포유류의 IUCN 적색 목록 지표별 분류 현황

(단위: 종)

지표 \ 해양포유류 부류	A	B	C	D	합
절멸종(EX)	3	-	2	8	13
야생절멸종(EW)	-	-	-	2	2
심각한위기종(CR)	-	-	-	15	15
멸종위기종(EN)	11	1	-	48	60
취약종(VU)	7	2	8	57	74
위기근접종(NT)	2	-	-	38	40
관심필요종(LC)	42	2	1	141	186
자료부족종(DD)	2	-	-	24	26
미평가종(NE)	-	-	-	-	0
계	67	5	11	333	416

<보고서>

국제자연보전연맹(IUCN)의 적색 목록(Red List)은 지구 동식물종의 보전 상태를 나타내며, 각 동식물종의 보전 상태는 9개의 지표 중 1개로만 분류된다. 이 중 심각한위기종(CR), 멸종위기종(EN), 취약종(VU) 3개 지표 중 하나로 분류되는 동식물종을 멸종우려종(threatened species)이라 한다.

조사대상 416종의 해양포유류를 '고래류', '기각류', '해달류 및 북극곰', '해우류' 4가지 부류로 나눈 후, IUCN의 적색 목록 지표에 따라 분류해 보면 전체 조사대상의 약 36%가 멸종우려종에 속하고 있다. 특히, 멸종우려종 중 '고래류'가 차지하는 비중은 80% 이상이다. 또한 '해달류 및 북극곰'은 9개의 지표 중 멸종우려종 또는 관심필요종(LC)으로만 분류된 것으로 나타났다.

한편 해양포유류에 대한 과학적인 이해가 부족하여 26종은 자료부족종(DD)으로 분류되고 있다. 다만 '해달류 및 북극곰'과 '해우류'는 자료부족종(DD)으로 분류된 종이 없다.

	A	B
①	고래류	기각류
②	고래류	해우류
③	기각류	해달류 및 북극곰
④	기각류	해우류
⑤	해우류	해달류 및 북극곰

13. 다음 <표>와 <조건>은 공유킥보드 운영사 A~D의 2022년 1월 기준 대여요금제와 대여방식이고 <보고서>는 공유킥보드 대여요금제 변경 이력에 관한 자료이다. <보고서>에서 (다)에 해당하는 값은?

<표> 공유킥보드 운영사 A~D의 2022년 1월 기준 대여요금제

(단위: 원)

구분 \ 운영사	A	B	C	D
잠금해제료	0	250	750	1,600
분당대여료	200	150	120	60

<조 건>

○ 대여요금 = 잠금해제료 + 분당대여료 × 대여시간
○ 공유킥보드 이용자는 공유킥보드 대여시간을 분단위로 미리 결정하고 운영사 A~D의 대여요금을 산정한다.
○ 공유킥보드 이용자는 산정된 대여요금이 가장 낮은 운영사의 공유킥보드를 대여한다.

<보고서>

2022년 1월 기준 대여요금제에 따르면 운영사 (가) 는 이용자의 대여시간이 몇 분이더라도 해당 대여시간에 대해 운영사 A~D 중 가장 낮은 대여요금을 제공하지 못하는 것으로 나타났다. 자사 공유킥보드가 1대도 대여되지 않고 있음을 확인한 운영사 (가) 는 2월부터 잠금해제 이후 처음 5분간 분당대여료를 면제하는 것으로 대여요금제를 변경하였다.

운영사 (나) 가 2월 기준 대여요금제로 운영사 A~D의 대여요금을 재산정한 결과, 이용자의 대여시간이 몇 분이더라도 해당 대여시간에 대해 운영사 A~D 중 가장 낮은 대여요금을 제공하지 못하는 것을 파악하였다. 이에 운영사 (나) 는 3월부터 분당대여료를 50원 인하하는 것으로 대여요금제를 변경하였다.

그 결과 대여시간이 20분일 때, 3월 기준 대여요금제로 산정된 운영사 (가) 와 (나) 의 공유킥보드 대여요금 차이는 (다) 원이다.

① 200
② 250
③ 300
④ 350
⑤ 400

14. 다음 <보고서>는 2021년 '갑'국 사교육비 조사결과에 대한 자료이다. <보고서>의 내용과 부합하지 않는 자료는?

<보고서>

2021년 전체 학생 수는 532만 명으로 전년보다 감소하였지만, 사교육비 총액은 23조 4천억 원으로 전년 대비 20% 이상 증가하였다. 또한, 사교육의 참여율과 주당 참여시간도 전년 대비 증가한 것으로 나타났다.

2021년 전체 학생의 1인당 월평균 사교육비는 전년 대비 20% 이상 증가하였고, 사교육 참여학생의 1인당 월평균 사교육비 또한 전년 대비 6% 이상 증가하였다. 2021년 전체 학생 중 월평균 사교육비를 20만 원 미만 지출한 학생의 비중은 전년 대비 감소하였으나, 60만 원 이상 지출한 학생의 비중은 전년 대비 증가한 것으로 나타났다.

한편, 2021년 방과후학교 지출 총액은 4,434억 원으로 2019년 대비 50% 이상 감소하였으며, 방과후학교 참여율 또한 28.9%로 2019년 대비 15.0%p 이상 감소하였다.

① 전체 학생 수와 사교육비 총액

(단위: 만 명, 조 원)

구분 \ 연도	2020	2021
전체 학생 수	535	532
사교육비 총액	19.4	23.4

② 사교육의 참여율과 주당 참여시간

(단위: %, 시간)

구분 \ 연도	2020	2021
참여율	67.1	75.5
주당 참여시간	5.3	6.7

③ 학생 1인당 월평균 사교육비

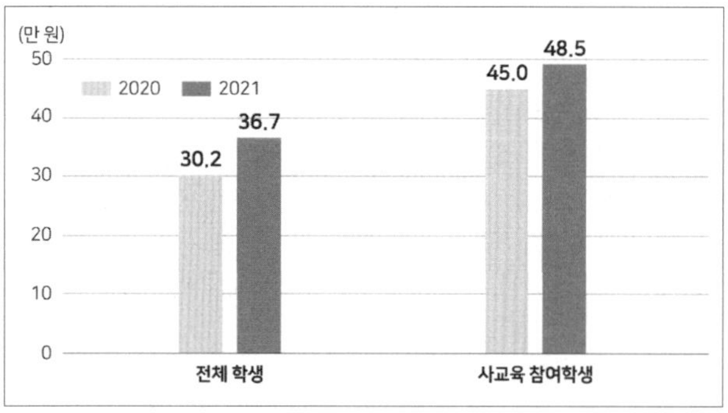

④ 전체 학생의 월평균 사교육비 지출 수준에 따른 분포

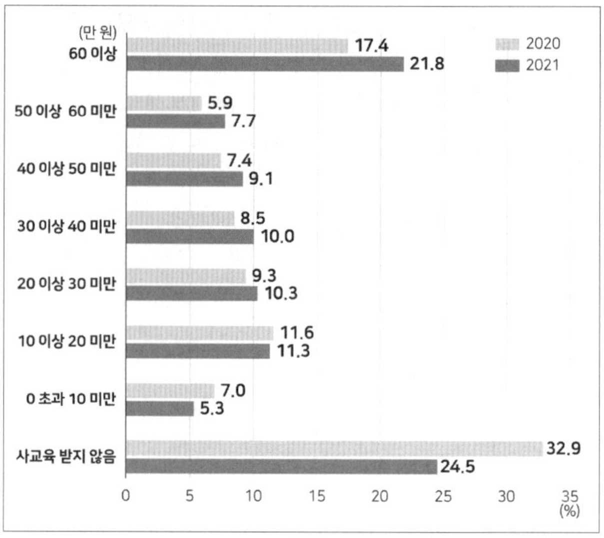

⑤ 방과후학교의 지출 총액과 참여율

(단위: 억 원, %)

구분 \ 연도	2019	2021
지출 총액	8,250	4,434
참여율	48.4	28.9

15. 다음 <표>는 '갑'국의 학교급별 여성 교장 수와 비율을 1980년부터 5년마다 조사한 자료이다. 이에 대한 설명으로 옳은 것은?

<표> 학교급별 여성 교장 수와 비율

(단위: 명, %)

학교급 / 구분 / 조사연도	초등학교		중학교		고등학교	
	여성 교장 수	비율	여성 교장 수	비율	여성 교장 수	비율
1980	117	1.8	66	3.6	47	3.4
1985	122	1.9	98	4.9	60	4.0
1990	159	2.5	136	6.3	64	4.0
1995	222	3.8	181	7.6	66	3.8
2000	490	8.7	255	9.9	132	6.5
2005	832	14.3	330	12.0	139	6.4
2010	1,701	28.7	680	23.2	218	9.5
2015	2,058	34.5	713	24.3	229	9.9
2020	2,418	40.3	747	25.4	242	10.4

※ 1) 학교급별 여성 교장 비율(%) = $\frac{\text{학교급별 여성 교장 수}}{\text{학교급별 전체 교장 수}} \times 100$

2) 교장이 없는 학교는 없으며, 각 학교의 교장은 1명임.

① 2000년 이후 중학교 여성 교장 비율은 매년 증가한다.
② 초등학교 수는 2020년이 1980년보다 많다.
③ 고등학교 남성 교장 수는 1985년이 1990년보다 많다.
④ 1995년 초등학교 수는 같은 해 중학교 수와 고등학교 수의 합보다 많다.
⑤ 초등학교 여성 교장 수는 2020년이 2000년의 5배 이상이다.

16. 다음 <표>는 도지사 선거 후보자 A와 B의 TV 토론회 전후 '가'~'마'지역 유권자의 지지율에 대한 자료이고, <보고서>는 이 중 한 지역의 지지율 변화를 분석한 자료이다. <보고서>의 내용에 해당하는 지역을 '가'~'마' 중에서 고르면?

<표> 도지사 선거 후보자 TV 토론회 전후 지지율

(단위: %)

시기 / 후보자 / 지역	TV 토론회 전		TV 토론회 후	
	A	B	A	B
가	38	52	50	46
나	28	40	39	41
다	31	59	37	36
라	35	49	31	57
마	29	36	43	41

※ 1) 도지사 선거 후보자는 A와 B뿐임.
2) 응답자는 '후보자 A 지지', '후보자 B 지지', '지지 후보자 없음' 중 하나만 응답하고, 무응답은 없음.

<보고서>

도지사 선거 후보자 TV 토론회를 진행하기 전과 후에 실시한 이 지역의 여론조사 결과, 도지사 후보자 지지율 변화는 다음과 같다. TV 토론회 전에는 B 후보자에 대한 지지율이 A 후보자보다 10%p 이상 높게 집계되어 B 후보자가 선거에 유리한 것으로 보였으나, TV 토론회 후에는 지지율 양상에 변화가 있는 것으로 분석된다.

TV 토론회 후 '지지 후보자 없음'으로 응답한 비율이 줄어 TV 토론회가 그동안 어떤 후보자에 투표할지 고민하던 유권자의 선택에 영향을 미친 것으로 판단된다. 또한, A 후보자에 대한 지지율 증가폭이 B 후보자보다 큰 것으로 나타나 TV 토론회를 통해 A 후보자의 강점이 더 잘 드러났던 것으로 분석된다. 그러나 TV 토론회 후 두 후보자간 지지율 차이가 3%p 이내에 불과하여 이 지역에서 선거의 결과는 예측하기 어렵다.

① 가
② 나
③ 다
④ 라
⑤ 마

17. 다음 <그림>은 '갑'공업단지 내 8개 업종 업체 수와 업종별 스마트시스템 도입률 및 고도화율에 관한 자료이다. 이에 대한 <보기>의 설명 중 옳은 것만을 모두 고르면?

<그림 1> 업종별 업체 수

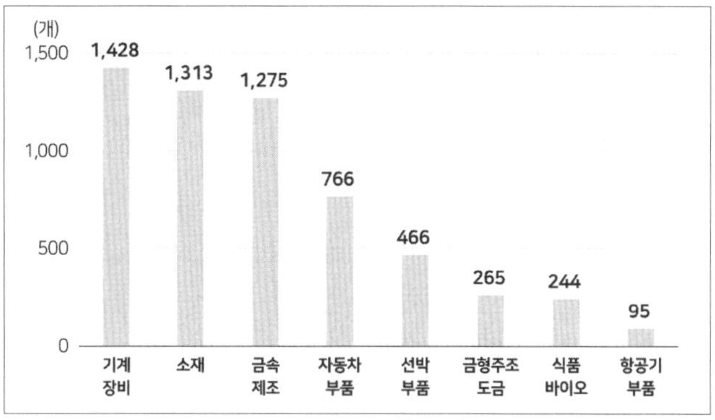

<그림 2> 업종별 스마트시스템 도입률 및 고도화율

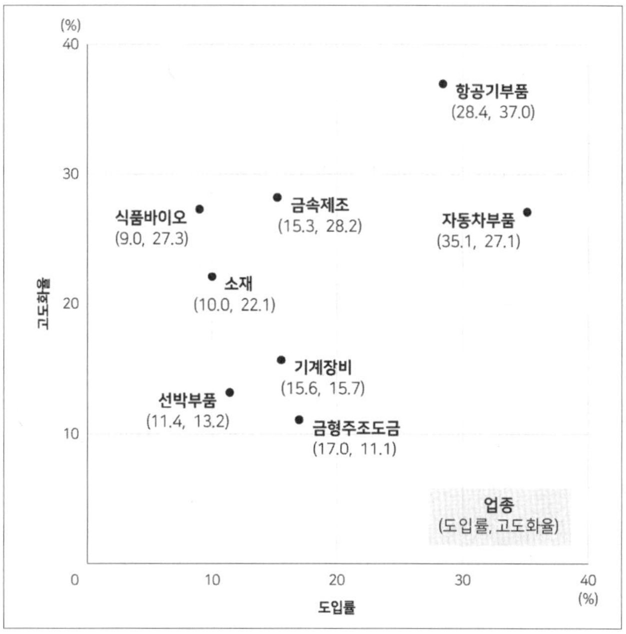

※ 1) 도입률(%) = $\frac{\text{업종별 스마트시스템 도입 업체 수}}{\text{업종별 업체 수}} \times 100$

2) 고도화율(%) = $\frac{\text{업종별 스마트시스템 고도화 업체 수}}{\text{업종별 스마트시스템 도입 업체 수}} \times 100$

<보 기>

ㄱ. 스마트시스템 도입 업체 수가 가장 많은 업종은 '자동차부품'이다.
ㄴ. 고도화율이 가장 높은 업종은 스마트시스템 고도화 업체 수도 가장 많다.
ㄷ. 업체 수 대비 스마트시스템 고도화 업체 수가 가장 높은 업종은 '항공기부품'이다.
ㄹ. 도입률이 가장 낮은 업종은 고도화율도 가장 낮다.

① ㄱ, ㄴ
② ㄱ, ㄷ
③ ㄱ, ㄹ
④ ㄴ, ㄷ
⑤ ㄴ, ㄹ

18. 다음 <표>는 운전자 A~E의 정지시거 산정을 위해 '갑'시험장에서 측정한 자료이다. <표>와 <정보>에 근거하여 맑은 날과 비 오는 날의 운전자별 정지시거를 바르게 연결한 것은?

<표> 운전자 A~E의 정지시거 산정을 위한 자료

(단위: m/초, 초, m)

구분 / 운전자	자동차	운행속력	반응시간	반응거리	마찰계수	
					맑은 날	비 오는 날
A	가	20	2.0	40	0.4	0.1
B	나	20	2.0	( )	0.4	0.2
C	다	20	1.6	( )	0.8	0.4
D	나	20	2.4	( )	0.4	0.2
E	나	20	1.4	( )	0.4	0.2

<정 보>

○ 정지시거 = 반응거리 + 제동거리

○ 반응거리 = 운행속력 × 반응시간

○ 제동거리 = $\frac{(\text{운행속력})^2}{2 \times \text{마찰계수} \times g}$

(단, g는 중력가속도이며 10m/초^2으로 가정함)

	운전자	맑은 날 정지시거[m]	비 오는 날 정지시거[m]
①	A	120	240
②	B	90	160
③	C	72	82
④	D	98	158
⑤	E	78	128

19. 다음 <표>와 <그림>은 '갑'국 8개 어종의 2020년 어획량에 관한 자료이다. 이에 대한 <보기>의 설명 중 옳은 것만을 모두 고르면?

<표> 8개 어종의 2020년 어획량

(단위: 톤)

어종	갈치	고등어	광어	멸치	오징어	전갱이	조기	참다랑어
어획량	20,666	64,609	5,453	26,473	23,703	19,769	23,696	482

<그림> 8개 어종 2020년 어획량의 전년비 및 평년비

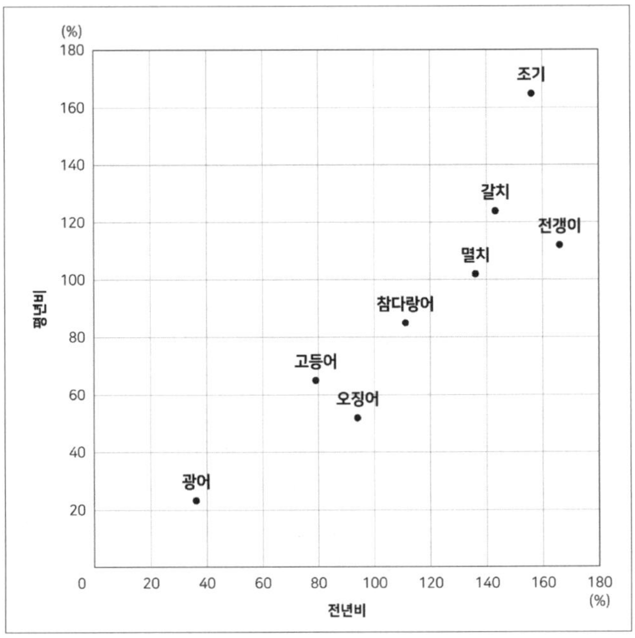

※ 1) 전년비(%) = $\frac{\text{2020년 어획량}}{\text{2019년 어획량}} \times 100$

2) 평년비(%) = $\frac{\text{2020년 어획량}}{\text{2011~2020년 연도별 어획량의 평균}} \times 100$

<보 기>

ㄱ. 8개 어종 중 2019년 어획량이 가장 많은 어종은 고등어이다.

ㄴ. 8개 어종 각각의 2019년 어획량은 해당 어종의 2011~2020년 연도별 어획량의 평균보다 적다.

ㄷ. 2021년 갈치 어획량이 2020년과 동일하다면, 갈치의 2011~2021년 연도별 어획량의 평균은 2011~2020년 연도별 어획량의 평균보다 크다.

① ㄱ
② ㄴ
③ ㄱ, ㄷ
④ ㄴ, ㄷ
⑤ ㄱ, ㄴ, ㄷ

20. 다음 <표>는 2021년 A시에서 개최된 철인3종경기 기록이다. 이에 대한 <보기>의 설명 중 옳은 것만을 모두 고르면?

<표> A시 개최 철인3종경기 기록

(단위: 시간)

종합기록 순위	국적	종합	수영	T1	자전거	T2	달리기
1	러시아	9:22:28	0:48:18	0:02:43	5:04:50	0:02:47	3:23:50
2	브라질	9:34:36	0:57:44	0:02:27	5:02:30	0:01:48	3:30:07
3	대한민국	9:37:41	1:04:14	0:04:08	5:04:21	0:03:05	3:21:53
4	대한민국	9:42:03	1:06:34	0:03:33	5:11:01	0:03:33	3:17:22
5	대한민국	9:43:50	(　　)	0:03:20	5:00:33	0:02:14	3:17:24
6	일본	9:44:34	0:52:01	0:03:28	5:25:59	0:02:56	3:20:10
7	러시아	9:45:06	1:08:32	0:03:55	5:07:46	0:03:02	3:21:51
8	독일	9:46:48	1:03:49	0:03:53	4:59:20	0:03:00	(　　)
9	영국	(　　)	1:07:01	0:03:37	5:07:07	0:03:55	3:26:27
10	중국	9:48:18	1:02:28	0:03:29	5:16:09	0:03:47	3:22:25

※ 1) 기록 '1:01:01'은 1시간 1분 1초를 의미함.
2) 'T1', 'T2'는 각각 '수영'에서 '자전거', '자전거'에서 '달리기'로 전환하는 데 걸리는 시간임.
3) 경기 참가 선수는 10명뿐이고, 기록이 짧을수록 순위가 높음.

<보 기>

ㄱ. '수영'기록이 한 시간 이하인 선수는 'T2'기록이 모두 3분 미만이다.
ㄴ. 종합기록 순위 2~10위인 선수 중, 종합기록 순위가 한 단계 더 높은 선수와의 '종합'기록 차이가 1분 미만인 선수는 3명뿐이다.
ㄷ. '달리기'기록 상위 3명의 국적은 모두 대한민국이다.
ㄹ. 종합기록 순위 10위인 선수의 '수영'기록 순위는 '수영'기록과 'T1'기록의 합산 기록 순위와 다르다.

① ㄱ, ㄴ
② ㄱ, ㄷ
③ ㄷ, ㄹ
④ ㄱ, ㄴ, ㄹ
⑤ ㄴ, ㄷ, ㄹ

21. 다음 <표>는 제품 A~E의 제조원가에 관한 자료이다. 제품 A~E 중 매출액이 가장 작은 제품은?

<표> 제품 A~E의 고정원가, 변동원가율, 제조원가율

(단위: 원, %)

제품 \ 구분	고정원가	변동원가율	제조원가율
A	60,000	40	25
B	36,000	60	30
C	33,000	40	30
D	50,000	20	10
E	10,000	50	10

※ 1) 제조원가 = 고정원가 + 변동원가
2) 고정원가율(%) = $\frac{\text{고정원가}}{\text{제조원가}} \times 100$
3) 변동원가율(%) = $\frac{\text{변동원가}}{\text{제조원가}} \times 100$
4) 제조원가율(%) = $\frac{\text{제조원가}}{\text{매출액}} \times 100$

① A
② B
③ C
④ D
⑤ E

[22～23] 다음 <표>는 2018~2020년 '갑'국 방위산업의 매출액 및 종사자 수에 관한 자료이다. 다음 물음에 답하시오.

<표 1> 2018~2020년 '갑'국 방위산업의 국내외 매출액

(단위: 억 원)

구분 \ 연도	2018	2019	2020
총매출액	136,493	144,521	153,867
국내 매출액	116,502	( )	( )
국외 매출액	19,991	21,048	17,624

<표 2> 2020년 '갑'국 방위산업의 기업유형별 매출액 및 종사자 수

(단위: 억 원, 명)

기업유형 \ 구분	총매출액	국내 매출액	국외 매출액	종사자 수
대기업	136,198	119,586	16,612	27,249
중소기업	17,669	16,657	1,012	5,855
전체	153,867	( )	17,624	33,104

<표 3> 2018~2020년 '갑'국 방위산업의 분야별 매출액

(단위: 억 원)

분야 \ 연도	2018	2019	2020
항공유도	41,984	45,412	49,024
탄약	24,742	21,243	25,351
화력	20,140	20,191	21,031
함정	18,862	25,679	20,619
기동	14,027	14,877	18,270
통신전자	14,898	15,055	16,892
화생방	726	517	749
기타	1,114	1,547	1,931
전체	136,493	144,521	153,867

<표 4> 2018~2020년 '갑'국 방위산업의 분야별 종사자 수

(단위: 명)

분야 \ 연도	2018	2019	2020
A	9,651	10,133	10,108
B	6,969	6,948	6,680
C	3,996	4,537	4,523
D	3,781	3,852	4,053
E	3,988	4,016	3,543
화력	3,312	3,228	3,295
화생방	329	282	228
기타	583	726	674
전체	32,609	33,722	33,104

※ '갑'국 방위산업 분야는 기타를 제외하고 항공유도, 탄약, 화력, 함정, 기동, 통신전자, 화생방으로만 구분함.

22. 위 <표>에 근거한 <보기>의 설명 중 옳은 것만을 모두 고르면?

<보 기>

ㄱ. 방위산업의 국내 매출액이 가장 큰 연도에 방위산업 총매출액 중 국외 매출액 비중이 가장 작다.

ㄴ. '기타'를 제외하고, 2018년 대비 2020년 매출액 증가율이 가장 낮은 방위산업 분야는 '탄약'이다.

ㄷ. 2020년 방위산업의 기업유형별 종사자당 국외 매출액은 대기업이 중소기업의 4배 이상이다.

ㄹ. 2020년 '항공유도' 분야 대기업 국내 매출액은 14,500억 원 이상이다.

① ㄱ, ㄴ
② ㄱ, ㄷ
③ ㄴ, ㄹ
④ ㄷ, ㄹ
⑤ ㄱ, ㄴ, ㄹ

23. 위 <표>와 다음 <보고서>를 근거로 '항공유도'에 해당하는 방위산업 분야를 <표 4>의 A~E 중에서 고르면?

<보고서>

2018년 대비 2020년 '갑'국 방위산업의 총매출액은 약 12.7% 증가하였으나 방위산업 전체 종사자 수는 약 1.5% 증가하는 데 그쳤다. '기타'를 제외한 7개 분야에 대해 이를 구체적으로 분석하면 다음과 같다.

2018년 대비 2020년 방위산업 분야별 매출액은 모두 증가하였으나 종사자 수는 '통신전자', '함정', '항공유도' 분야만 증가하고 나머지 분야는 감소한 것으로 나타났다. 2018~2020년 동안 매출액과 종사자 수 모두 매년 증가한 방위산업 분야는 '통신전자'뿐이고, '탄약'과 '화생방' 분야는 종사자 수가 매년 감소하였다. 특히, '기동' 분야는 2018년 대비 2020년 매출액 증가율이 방위산업 분야 중 가장 높았지만 종사자 수는 가장 많이 감소하였다. 2018년 대비 2020년 '함정' 분야 매출액 증가율은 방위산업 전체 매출액 증가율보다 낮았으나 종사자 수는 방위산업 분야 중 가장 많이 증가하였다. 이에 따라 방위산업의 분야별 종사자당 매출액 순위에도 변동이 있었다. 2018년에는 '화력' 분야의 종사자당 매출액이 가장 컸고, 다음으로 '함정', '항공유도' 순으로 컸다. 한편, 2020년에는 '화력' 분야의 종사자당 매출액이 가장 컸고, 다음으로 '기동', '항공유도' 순으로 컸다.

① A
② B
③ C
④ D
⑤ E

24. 다음 <표>는 2021년 국가 A~D의 국내총생산, 1인당 국내총생산, 1인당 이산화탄소 배출량에 관한 자료이다. 이를 근거로 국가 A~D를 이산화탄소 총배출량이 가장 적은 국가부터 순서대로 바르게 나열한 것은?

<표> 국가별 국내총생산, 1인당 국내총생산, 1인당 이산화탄소 배출량

(단위: 달러, 톤CO_2eq.)

구분 / 국가	국내총생산	1인당 국내총생산	1인당 이산화탄소 배출량
A	20조 4,941억	62,795	16.6
B	4조 9,709억	39,290	9.1
C	1조 6,194억	31,363	12.4
D	13조 6,082억	9,771	7.0

※ 1) 1인당 국내총생산 = $\frac{\text{국내총생산}}{\text{총인구}}$

2) 1인당 이산화탄소 배출량 = $\frac{\text{이산화탄소 총배출량}}{\text{총인구}}$

① A, C, B, D
② A, D, C, B
③ C, A, D, B
④ C, B, A, D
⑤ D, B, C, A

25. 다음 <표>는 2019~2021년 '갑'국의 장소별 전기차 급속충전기 수에 관한 자료이다. 이에 대한 <보기>의 설명 중 옳은 것만을 모두 고르면?

<표> 장소별 전기차 급속충전기 수

(단위: 대)

구분	장소 \ 연도	2019	2020	2021
다중이용시설	쇼핑몰	807	1,701	2,701
	주유소	125	496	( )
	휴게소	( )	( )	2,099
	문화시설	757	1,152	1,646
	체육시설	272	498	604
	숙박시설	79	146	227
	여객시설	64	198	378
	병원	27	98	152
	소계	2,606	5,438	8,858
일반시설	공공시설	1,595	( )	( )
	주차전용시설	565	898	1,275
	자동차정비소	119	303	375
	공동주택	( )	102	221
	기타	476	499	522
	소계	2,784	4,550	6,145
전체		5,390	9,988	15,003

<보 기>

ㄱ. 전체 급속충전기 수 대비 '다중이용시설' 급속충전기 수의 비율은 매년 증가한다.
ㄴ. '공공시설' 급속충전기 수는 '주차전용시설'과 '쇼핑몰' 급속충전기 수의 합보다 매년 많다.
ㄷ. '기타'를 제외하고, 2019년 대비 2021년 급속충전기 수의 증가율이 가장 큰 장소는 '주유소'이다.
ㄹ. 급속충전기 수는 '휴게소'가 '문화시설'보다 매년 많다.

① ㄱ, ㄴ
② ㄱ, ㄷ
③ ㄱ, ㄹ
④ ㄴ, ㄷ
⑤ ㄴ, ㄹ

약점 보완 해설집 p.122

2021년 기출문제

1교시 언어논리·상황판단

2교시 자료해석

✓ 문제 풀이 시작과 종료 시각을 정한 후, OCR 답안지를 활용하여 실전처럼 기출문제를 풀어보세요.

1교시: 시 분 ~ 시 분(총 50문항 / 120분)

2교시: 시 분 ~ 시 분(총 25문항 / 60분)

✓ 문제 풀이 후, 약점 보완 해설집 '취약 유형 분석표'로 자신의 실력을 점검해 보시기 바랍니다.

언어논리영역

1. 다음 글에서 알 수 있는 것은?

> 우리나라 국기인 태극기에는 태극 문양과 4괘가 그려져 있는데, 중앙에 있는 태극 문양은 만물이 음양 조화로 생장한다는 것을 상징한다. 또 태극 문양의 좌측 하단에 있는 이괘는 불, 우측 상단에 있는 감괘는 물, 좌측 상단에 있는 건괘는 하늘, 우측 하단에 있는 곤괘는 땅을 각각 상징한다. 4괘가 상징하는 바는 그것이 처음 만들어질 때부터 오늘날까지 변함이 없다.
>
> 태극 문양을 그린 기는 개항 이전에도 조선 수군이 사용한 깃발 등 여러 개가 있는데, 태극 문양과 4괘만 사용한 기는 개항 후에 처음 나타났다. 1882년 5월 조미수호조규 체결을 위한 전권대신으로 임명된 이응준은 회담 장소에 내걸 국기가 없어 곤란해 하다가 회담 직전 태극 문양을 활용해 기를 만들고 그것을 회담장에 걸어두었다. 그 기에 어떤 문양이 담겼는지는 오랫동안 알려지지 않았다. 그런데 2004년 1월 미국 어느 고서점에서 미국 해군부가 조미수호조규 체결 한 달 후에 만든 『해상 국가들의 깃발들』이라는 책이 발견되었다. 이 책에는 이응준이 그린 것으로 짐작되는 '조선의 기'라는 이름의 기가 실려 있다. 그 기의 중앙에는 태극 문양이 있으며 네 모서리에 괘가 하나씩 있는데, 좌측 상단에 감괘, 우측 상단에 건괘, 좌측 하단에 곤괘, 우측 하단에 이괘가 있다.
>
> 조선이 국기를 공식적으로 처음 정한 것은 1883년의 일이다. 1882년 9월에 고종은 박영효를 수신사로 삼아 일본에 보내면서, 그에게 조선을 상징하는 기를 만들어 사용해본 다음 귀국하는 즉시 제출하게 했다. 이에 박영효는 태극 문양이 가운데 있고 4개의 모서리에 각각 하나씩 괘가 있는 기를 만들어 사용한 후 그것을 고종에게 바쳤다. 고종은 이를 조선 국기로 채택하고 통리교섭사무아문으로 하여금 각국 공사관에 배포하게 했다. 이 기는 일본에 의해 강제 병합되기까지 국기로 사용되었는데, 언뜻 보기에 『해상 국가들의 깃발들』에 실린 '조선의 기'와 비슷하다. 하지만 자세히 보면 두 기는 서로 다르다. 조선 국기 좌측 상단에 있는 괘가 '조선의 기'에는 우측 상단에 있고, '조선의 기'의 좌측 상단에 있는 괘는 조선 국기의 우측 상단에 있다. 또 조선 국기의 좌측 하단에 있는 괘는 '조선의 기'의 우측 하단에 있고, '조선의 기'의 좌측 하단에 있는 괘는 조선 국기의 우측 하단에 있다.

① 미국 해군부는 통리교섭사무아문이 각국 공사관에 배포한 국기를 『해상 국가들의 깃발들』에 수록하였다.
② 조미수호조규 체결을 위한 회담 장소에서 사용하고자 이응준이 만든 기는 태극 문양이 담긴 최초의 기다.
③ 통리교섭사무아문이 배포한 기의 우측 상단에 있는 괘와 '조선의 기'의 좌측 하단에 있는 괘가 상징하는 것은 같다.
④ 오늘날 태극기의 우측 하단에 있는 괘와 고종이 조선 국기로 채택한 기의 우측 하단에 있는 괘는 모두 땅을 상징한다.
⑤ 박영효가 그린 기의 좌측 상단에 있는 괘는 물을 상징하고 이응준이 그린 기의 좌측 상단에 있는 괘는 불을 상징한다.

2. 다음 대화의 빈칸에 들어갈 내용으로 가장 적절한 것은?

> 갑: 국회에서 법률들을 제정하거나 개정할 때, 법률에서 조례를 제정하여 시행하도록 위임하는 경우가 있습니다. 그리고 이런 위임에 따라 지방자치단체에서는 조례를 새로 제정하게 됩니다. 각 지방자치단체가 법률의 위임에 따라 몇 개의 조례를 제정했는지 집계하여 '조례 제정 비율'을 계산하는데, 이 지표는 작년에 이어 올해도 지방자치단체의 업무 평가 기준에 포함되었습니다.
>
> 을: 그렇군요. 그 평가 방식이 구체적으로 어떻게 되고, A시의 작년 평가 결과는 어땠는지 말씀해 주세요.
>
> 갑: 먼저 그 해 1월 1일부터 12월 31일까지 법률에서 조례를 제정하도록 위임한 사항이 몇 건인지 확인한 뒤, 그 중 12월 31일까지 몇 건이나 조례로 제정되었는지로 평가합니다. 작년에는 법률에서 조례를 제정하도록 위임한 사항이 15건이었는데, 그 중 A시에서 제정한 조례는 9건으로 그 비율은 60%였습니다.
>
> 을: 그러면 올해는 조례 제정 상황이 어떻습니까?
>
> 갑: 1월 1일부터 7월 10일 현재까지 법률에서 조례를 제정하도록 위임한 사항은 10건인데, A시는 이 중 7건을 조례로 제정하였으며 조례로 제정하기 위하여 입법 예고 중인 것은 2건입니다. 현재 시의회에서 조례로 제정되기를 기다리며 계류 중인 것은 없습니다.
>
> 을: 모든 조례는 입법 예고를 거친 뒤 시의회에서 제정되므로, 현재 입법 예고 중인 2건은 입법 예고 기간이 끝나야만 제정될 수 있겠네요. 이 2건의 제정 가능성은 예상할 수 있나요?
>
> 갑: 어떤 조례는 신속히 제정되기도 합니다. 그러나 때로는 시의회가 계속 파행하기도 하고 의원들의 입장에 차이가 커 공전될 수도 있기 때문에 현재 시점에서 조례 제정 가능성을 단정하기는 어렵습니다.
>
> 을: 그러면 A시의 조례 제정 비율과 관련하여 알 수 있는 것은 무엇이 있을까요?
>
> 갑: A시는 [　　　　　　　　]

① 현재 조례로 제정하기 위하여 입법 예고가 필요한 것이 1건입니다.
② 올 한 해의 조례 제정 비율이 작년보다 높아집니다.
③ 올 한 해 총 9건의 조례를 제정하게 됩니다.
④ 현재 시점을 기준으로 평가를 받으면 조례 제정 비율이 90% 입니다.
⑤ 올 한 해 법률에서 조례를 제정하도록 위임 받은 사항이 작년보다 줄어듭니다.

3. 다음 글의 A~C에 대한 판단으로 가장 적절한 것은?

정책 네트워크는 다원주의 사회에서 정책 영역에 따라 실질적인 정책 결정권을 공유하고 있는 집합체이다. 정책 네트워크는 구성원 간의 상호 의존성, 외부로부터 다른 사회 구성원들의 참여 가능성, 의사결정의 합의 효율성, 지속성의 특징을 고려할 때 다음 세 가지 모형으로 분류될 수 있다.

특징 / 모형	상호 의존성	외부 참여 가능성	합의 효율성	지속성
A	높음	낮음	높음	높음
B	보통	보통	보통	보통
C	낮음	높음	낮음	낮음

A는 의회의 상임위원회, 행정 부처, 이익집단이 형성하는 정책 네트워크로서 안정성이 높아 마치 소정부와 같다. 행정부 수반의 영향력이 작은 정책 분야에서 집중적으로 나타나는 형태이다. A에서는 참여자 간의 결속과 폐쇄적 경계를 강조하며, 배타성이 매우 강해 다른 이익집단의 참여를 철저하게 배제하는 것이 특징이다.

B는 특정 정책과 관련해 이해관계를 같이하는 참여자들로 구성된다. B가 특정 이슈에 대해 유기적인 연계 속에서 기능하면, 전통적인 관료제나 A의 방식보다 더 효과적으로 정책 목표를 달성할 수 있다. B의 주요 참여자는 정치인, 관료, 조직화된 이익집단, 전문가 집단이며, 정책 결정은 주요 참여자 간의 합의와 협력에 의해 일어난다.

C는 특정 이슈를 중심으로 이해관계나 전문성을 가진 이익집단, 개인, 조직으로 구성되고, 참여자는 매우 자율적이고 주도적인 행위자이며 수시로 변경된다. 배타성이 강한 A만으로 정책을 모색하면 정책 결정에 영향을 미칠 수 있는 C와 같은 개방적 참여자들의 네트워크를 놓치기 쉽다. C는 관료제의 영향력이 작고 통제가 약한 분야에서 주로 작동하는데, 참여자가 많아 합의가 어려워 결국 정부가 위원회나 청문회를 활용하여 의견을 조정하려는 경우가 종종 발생한다.

① 외부 참여 가능성이 높은 모형은 관료제의 영향력이 작고 통제가 약한 분야에서 나타나기 쉽다.
② 상호 의존성이 보통인 모형에서는 배타성이 강해 다른 이익집단의 참여를 철저하게 배제한다.
③ 합의 효율성이 높은 모형이 가장 효과적으로 정책 목표를 달성할 수 있다.
④ A에 참여하는 이익집단의 정책 결정 영향력이 B에 참여하는 이익집단의 정책 결정 영향력보다 크다.
⑤ C에서는 참여자의 수가 많아질수록 네트워크의 지속성이 높아진다.

4. 다음 글에서 추론할 수 있는 것만을 <보기>에서 모두 고르면?

두 입자만으로 이루어지고 이들이 세 가지의 양자 상태 1, 2, 3 중 하나에만 있을 수 있는 계(system)가 있다고 하자. 여기서 양자 상태란 입자가 있을 수 있는 구별 가능한 어떤 상태를 지시하며, 입자는 세 가지 양자 상태 중 하나에 반드시 있어야 한다. 이때 그 계에서 입자들이 어떻게 분포할 수 있는지 경우의 수를 세는 문제는, 각 양자 상태에 대응하는 세 개의 상자 [1][2][3]에 두 입자가 있는 경우의 수를 세는 것과 같다. 경우의 수는 입자들끼리 서로 구별 가능한지와 여러 개의 입자가 하나의 양자 상태에 동시에 있을 수 있는지에 따라 달라진다.

두 입자가 구별 가능하고, 하나의 양자 상태에 여러 개의 입자가 있을 수 있다고 가정하자. 이것을 'MB 방식'이라고 부르며, 두 입자는 각각 a, b로 표시할 수 있다. a가 1의 양자 상태에 있는 경우는 [ab][ ][ ], [a][b][ ], [a][ ][b]의 세 가지이고, a가 2의 양자 상태에 있는 경우와 a가 3의 양자 상태에 있는 경우도 각각 세 가지이다. 그러므로 MB 방식에서 경우의 수는 9이다.

두 입자가 구별되지 않고, 하나의 양자 상태에 여러 개의 입자가 있을 수 있다고 가정하자. 이것을 'BE 방식'이라고 부른다. 이때에는 두 입자 모두 a로 표시하게 되므로 [aa][ ][ ], [ ][aa][ ], [ ][ ][aa], [a][a][ ], [a][ ][a], [ ][a][a]가 가능하다. 그러므로 BE 방식에서 경우의 수는 6이다.

두 입자가 구별되지 않고, 하나의 양자 상태에 하나의 입자만 있을 수 있다고 가정하자. 이것을 'FD 방식'이라고 부른다. 여기에서는 BE 방식과 달리 하나의 양자 상태에 두 개의 입자가 동시에 있는 경우는 허용되지 않으므로 [a][a][ ], [a][ ][a], [ ][a][a]만 가능하다. 그러므로 FD 방식에서 경우의 수는 3이다.

양자 상태의 가짓수가 다를 때에도 MB, BE, FD 방식 모두 위에서 설명한 대로 입자들이 놓이게 되고, 이때 경우의 수는 달라질 수 있다.

<보 기>

ㄱ. 두 개의 입자에 대해, 양자 상태가 두 가지이면 BE 방식에서 경우의 수는 2이다.
ㄴ. 두 개의 입자에 대해, 양자 상태의 가짓수가 많아지면 FD 방식에서 두 입자가 서로 다른 양자 상태에 각각 있는 경우의 수는 커진다.
ㄷ. 두 개의 입자에 대해, 양자 상태가 두 가지 이상이면 경우의 수는 BE 방식에서보다 MB 방식에서 언제나 크다.

① ㄱ
② ㄷ
③ ㄱ, ㄴ
④ ㄴ, ㄷ
⑤ ㄱ, ㄴ, ㄷ

5. 다음 글에서 추론할 수 있는 것은?

생쥐가 새로운 소리 자극을 받으면 이 자극 신호는 뇌의 시상에 있는 청각시상으로 전달된다. 청각시상으로 전달된 자극 신호는 뇌의 편도에 있는 측핵으로 전달된다. 측핵에 전달된 신호는 편도의 중핵으로 전달되고, 중핵은 신체의 여러 기관에 전달할 신호를 만들어서 반응이 일어나게 한다.

연구자 K는 '공포' 또는 '안정'을 학습시켰을 때 나타나는 신경생물학적 특징을 탐구하기 위해 두 개의 실험을 수행했다.

첫 번째 실험에서 공포를 학습시켰다. 이를 위해 K는 생쥐에게 소리 자극을 준 뒤에 언제나 공포를 일으킬 만한 충격을 가하여, 생쥐에게 이 소리가 충격을 예고한다는 것을 학습시켰다. 이렇게 학습된 생쥐는 해당 소리 자극을 받으면 방어적인 행동을 취했다. 이 생쥐의 경우, 청각시상으로 전달된 소리 자극 신호는 학습을 수행하기 전 상태에서 전달되는 것보다 훨씬 센 강도의 신호로 증폭되어 측핵으로 전달된다. 이 증폭된 강도의 신호는 중핵을 거쳐 신체의 여러 기관에 전달되고 이는 학습된 공포 반응을 일으킨다.

두 번째 실험에서는 안정을 학습시켰다. 이를 위해 K는 다른 생쥐에게 소리 자극을 준 뒤에 항상 어떤 충격도 주지 않아서, 생쥐에게 이 소리가 안정을 예고한다는 것을 학습시켰다. 이렇게 학습된 생쥐는 이 소리를 들어도 방어적인 행동을 전혀 취하지 않았다. 이 경우 소리 자극 신호를 받은 청각시상에서 만들어진 신호가 측핵으로 전달되는 것이 억제되기 때문에 측핵에 전달된 신호는 매우 미약해진다. 대신 청각시상은 뇌의 선조체에서 반응을 일으킬 수 있는 자극 신호를 만들어서 선조체에 전달한다. 선조체는 안정 상태와 같은 긍정적이고 좋은 느낌을 느낄 수 있게 하는 것에 관여하는 뇌 영역인데, 선조체에서 반응이 세게 나타나면 안정감을 느끼게 되어 학습된 안정 반응을 일으킨다.

① 중핵에서 만들어진 신호의 세기가 강한 경우에는 학습된 안정 반응이 나타난다.
② 학습된 공포 반응을 일으키지 않는 소리 자극은 선조체에서 약한 반응이 일어나게 한다.
③ 학습된 공포 반응을 일으키는 소리 자극은 청각시상에서 선조체로 전달되는 자극 신호를 억제한다.
④ 학습된 안정 반응을 일으키는 청각시상에서 받는 소리 자극 신호는 학습된 공포 반응을 일으키는 청각시상에서 받는 소리 자극 신호보다 약하다.
⑤ 학습된 안정 반응을 일으키는 경우와 학습된 공포 반응을 일으키는 경우 모두, 청각시상에서 측핵으로 전달되는 신호의 세기가 학습하기 전과 달라진다.

6. 다음 글의 빈칸에 들어갈 내용으로 가장 적절한 것은?

민간 문화 교류 증진을 목적으로 열리는 국제 예술 공연의 개최가 확정되었다. 이번 공연이 민간 문화 교류 증진을 목적으로 열린다면, 공연 예술단의 수석대표는 정부 관료가 맡아서는 안 된다. 만일 공연이 민간 문화 교류 증진을 목적으로 열리고 공연 예술단의 수석대표는 정부 관료가 맡아서는 안 된다면, 공연 예술단의 수석대표는 고전음악 지휘자나 대중음악 제작자가 맡아야 한다. 현재 정부 관료 가운데 고전음악 지휘자나 대중음악 제작자는 없다. 예술단에 수석대표는 반드시 있어야 하며 두 사람 이상이 공동으로 맡을 수도 있다. 전체 세대를 아우를 수 있는 사람이 아니라면 수석대표를 맡아서는 안 된다. 전체 세대를 아우를 수 있는 사람이 극히 드물기에, 위에 나열된 조건을 다 갖춘 사람은 모두 수석대표를 맡는다.

누가 공연 예술단의 수석대표를 맡을 것인가와 더불어, 참가하는 예술인이 누구인가도 많은 관심의 대상이다. 그런데 아이돌 그룹 A가 공연 예술단에 참가하는 것은 분명하다. 왜냐하면 만일 갑이나 을이 수석대표를 맡는다면 A가 공연 예술단에 참가하는데, ______ 때문이다.

① 갑은 고전음악 지휘자이며 전체 세대를 아우를 수 있기
② 갑이나 을은 대중음악 제작자 또는 고전음악 지휘자이기
③ 갑과 을은 둘 다 정부 관료가 아니며 전체 세대를 아우를 수 있기
④ 을이 대중음악 제작자가 아니라면 전체 세대를 아우를 수 없을 것이기
⑤ 대중음악 제작자나 고전음악 지휘자라면 누구나 전체 세대를 아우를 수 있기

7. 다음 글의 내용이 참일 때, 반드시 참인 것만을 <보기>에서 모두 고르면?

A기술원 해수자원화기술 연구센터는 2014년 세계 최초로 해수전지 원천 기술을 개발한 바 있다. 연구센터는 해수전지 상용화를 위한 학술대회를 열었는데 학술대회로 연구원들이 자리를 비운 사이 누군가 해수전지 상용화를 위한 핵심 기술이 들어 있는 기밀 자료를 훔쳐 갔다. 경찰은 수사 끝에 바다, 다은, 은경, 경아를 용의자로 지목해 학술대회 당일의 상황을 물으며 이들을 심문했는데 이들의 답변은 아래와 같았다.

바다: 학술대회에서 발표된 상용화 아이디어 중 적어도 하나는 학술대회에 참석한 모든 사람들의 관심을 받았어요. 다은은 범인이 아니에요.

다은: 학술대회에 참석한 사람들은 누구나 학술대회에서 발표된 하나 이상의 상용화 아이디어에 관심을 가졌어요. 범인은 은경이거나 경아예요.

은경: 학술대회에 참석한 몇몇 사람은 학술대회에서 발표된 상용화 아이디어 중 적어도 하나에 관심이 있었어요. 경아는 범인이 아니에요.

경아: 학술대회에 참석한 모든 사람들이 어떤 상용화 아이디어에도 관심이 없었어요. 범인은 바다예요.

수사 결과 이들은 각각 참만을 말하거나 거짓만을 말한 것으로 드러났다. 그리고 네 명 중 한 명만 범인이었다는 것이 밝혀졌다.

<보 기>

ㄱ. 바다와 은경의 말이 모두 참일 수 있다.
ㄴ. 다은과 은경의 말이 모두 참인 것은 가능하지 않다.
ㄷ. 용의자 중 거짓말한 사람이 단 한 명이면, 은경이 범인이다.

① ㄱ
② ㄴ
③ ㄱ, ㄷ
④ ㄴ, ㄷ
⑤ ㄱ, ㄴ, ㄷ

8. 다음 글의 내용이 참일 때, 반드시 참인 것만을 <보기>에서 모두 고르면?

최근 두 주 동안 직원들은 다음 주에 있을 연례 정책 브리핑을 준비해 왔다. 브리핑의 내용과 진행에 관해 알려진 바는 다음과 같다. 개인건강정보 관리 방식 변경에 관한 가안이 정책제안에 포함된다면, 보건정보의 공적 관리에 관한 가안도 정책제안에 포함될 것이다. 그리고 정책제안을 위해 구성되었던 국민건강 2025팀이 재편된다면, 앞에서 언급한 두 개의 가안이 모두 정책제안에 포함될 것이다. 개인건강정보 관리 방식 변경에 관한 가안이 정책제안에 포함되고 국민건강 2025팀 리더인 최팀장이 다음 주 정책 브리핑을 총괄한다면, 프레젠테이션은 국민건강 2025팀의 팀원인 손공정씨가 맡게 될 것이다. 그런데 보건정보의 공적 관리에 관한 가안이 정책제안에 포함될 경우, 국민건강 2025팀이 재편되거나 다음 주 정책 브리핑을 위해 준비한 보도자료가 대폭 수정될 것이다. 한편, 직원들 사이에서는, 최팀장이 다음 주 정책 브리핑을 총괄하면 팀원 손공정씨가 프레젠테이션을 담당한다는 말이 돌았는데 그 말은 틀린 것으로 밝혀졌다.

<보 기>

ㄱ. 개인건강정보 관리 방식 변경에 관한 가안과 보건정보의 공적 관리에 관한 가안 중 어느 것도 정책제안에 포함되지 않는다.
ㄴ. 국민건강 2025팀은 재편되지 않고, 이 팀의 최팀장이 다음 주 정책 브리핑을 총괄한다.
ㄷ. 보건정보의 공적 관리에 관한 가안이 정책제안에 포함된다면, 다음 주 정책 브리핑을 위해 준비한 보도자료가 대폭 수정될 것이다.

① ㄱ
② ㄴ
③ ㄱ, ㄷ
④ ㄴ, ㄷ
⑤ ㄱ, ㄴ, ㄷ

9. 다음 글의 내용이 참일 때, 반드시 참인 것은?

> A, B, C, D를 포함해 총 8명이 학회에 참석했다. 이들에 관해서 알려진 정보는 다음과 같다.
>
> ○ 아인슈타인 해석, 많은 세계 해석, 코펜하겐 해석, 보른 해석 말고도 다른 해석들이 있고, 학회에 참석한 이들은 각각 하나의 해석만을 받아들인다.
> ○ 상태 오그라듦 가설을 받아들이는 이들은 모두 5명이고, 나머지는 이 가설을 받아들이지 않는다.
> ○ 상태 오그라듦 가설을 받아들이는 이들은 코펜하겐 해석이나 보른 해석을 받아들인다.
> ○ 코펜하겐 해석이나 보른 해석을 받아들이는 이들은 상태 오그라듦 가설을 받아들인다.
> ○ B는 코펜하겐 해석을 받아들이고, C는 보른 해석을 받아들인다.
> ○ A와 D는 상태 오그라듦 가설을 받아들인다.
> ○ 아인슈타인 해석을 받아들이는 이가 있다.

① 적어도 한 명은 많은 세계 해석을 받아들인다.
② 만일 보른 해석을 받아들이는 이가 두 명이면, A와 D가 받아들이는 해석은 다르다.
③ 만일 A와 D가 받아들이는 해석이 다르다면, 적어도 두 명은 코펜하겐 해석을 받아들인다.
④ 만일 오직 한 명만이 많은 세계 해석을 받아들인다면, 아인슈타인 해석을 받아들이는 이는 두 명이다.
⑤ 만일 코펜하겐 해석을 받아들이는 이가 세 명이면, A와 D 가운데 적어도 한 명은 보른 해석을 받아들인다.

10. 다음 글의 <실험 결과>에서 추론할 수 있는 것은?

> 연구자 K는 동물의 뇌 구조 변화가 일어나는 방식을 규명하기 위해 다음의 실험을 수행했다. 실험용 쥐를 총 세 개의 실험군으로 나누었다. 실험군1의 쥐에게는 운동은 최소화하면서 학습을 시키는 '학습 위주 경험'을 하도록 훈련시켰다. 실험군2의 쥐에게는 특별한 기술을 학습할 필요 없이 수행할 수 있는 쳇바퀴 돌리기를 통해 '운동 위주 경험'을 하도록 훈련시켰다. 실험군3의 쥐에게는 어떠한 학습이나 운동도 시키지 않았다.
>
> <실험 결과>
>
> ○ 뇌 신경세포 한 개당 시냅스의 수는 실험군1의 쥐에서 크게 증가했고 실험군2와 3의 쥐에서는 거의 변하지 않았다.
> ○ 뇌 신경세포 한 개당 모세혈관의 수는 실험군 2의 쥐에서 크게 증가했고 실험군1과 3의 쥐에서는 거의 변하지 않았다.
> ○ 실험군1의 쥐에서는 대뇌 피질의 지각 영역에서 구조 변화가 나타났고, 실험군2의 쥐에서는 대뇌 피질의 운동 영역과 더불어 운동 활동을 조절하는 소뇌에서 구조 변화가 나타났다. 실험군3의 쥐에서는 뇌 구조 변화가 거의 나타나지 않았다.

① 대뇌 피질의 구조 변화는 학습 위주 경험보다 운동 위주 경험에 더 큰 영향을 받는다.
② 학습 위주 경험은 뇌의 신경세포당 시냅스의 수에, 운동 위주 경험은 뇌의 신경세포당 모세혈관의 수에 영향을 미친다.
③ 학습 위주 경험과 운동 위주 경험은 뇌의 특정 부위에 있는 신경세포의 수를 늘려 그 부위의 뇌 구조를 변하게 한다.
④ 특정 형태의 경험으로 인해 뇌의 특정 영역에 발생한 구조 변화가 뇌의 신경세포당 모세혈관 또는 시냅스의 수를 변화시킨다.
⑤ 뇌가 영역별로 특별한 구조를 갖는 것이 그 영역에서 신경세포당 모세혈관 또는 시냅스의 수를 변화시켜 특정 형태의 경험을 더 잘 수행할 수 있게 한다.

11. 다음 글의 <실험 결과>에 대한 판단으로 적절한 것만을 <보기> 에서 모두 고르면?

> 박쥐 X가 잡아먹을 수컷 개구리의 위치를 찾기 위해 사용하는 방법에는 두 가지가 있다. 하나는 수컷 개구리의 울음소리를 듣고 위치를 찾아내는 '음탐지' 방법이다. 다른 하나는 X가 초음파를 사용하여, 울음소리를 낼 때 커졌다 작아졌다 하는 울음주머니의 움직임을 포착하여 위치를 찾아내는 '초음파탐지' 방법이다. 울음주머니의 움직임이 없으면 이 방법으로 수컷 개구리의 위치를 찾을 수 없다.
>
> <실 험>
>
> 한 과학자가 수컷 개구리를 모방한 두 종류의 로봇개구리를 제작했다. 로봇개구리 A는 수컷 개구리의 울음소리를 내고, 커졌다 작아졌다 하는 울음주머니도 가지고 있다. 로봇개구리 B는 수컷 개구리의 울음소리만 내고, 커졌다 작아졌다 하는 울음주머니는 없다. 같은 수의 A 또는 B를 크기는 같지만 서로 다른 환경의 세 방 안에 같은 위치에 두었다. 세 방의 환경은 다음과 같다.
>
> ○ 방 1: 로봇개구리 소리만 들리는 환경
> ○ 방 2: 로봇개구리 소리뿐만 아니라, 로봇개구리가 있는 곳과 다른 위치에서 로봇개구리 소리와 같은 소리가 추가로 들리는 환경
> ○ 방 3: 로봇개구리 소리뿐만 아니라, 로봇개구리가 있는 곳과 다른 위치에서 로봇개구리 소리와 전혀 다른 소리가 추가로 들리는 환경
>
> 각 방에 같은 수의 X를 넣고 실제로 로봇개구리를 잡아먹기 위해 공격하는 데 걸리는 평균 시간을 측정했다. X가 로봇개구리의 위치를 빨리 알아낼수록 공격하는 데 걸리는 시간은 짧다.
>
> <실험 결과>
>
> ○ 방 1: A를 넣은 경우는 3.4초였고 B를 넣은 경우는 3.3초로 둘 사이에 유의미한 차이는 없었다.
> ○ 방 2: A를 넣은 경우는 8.2초였고 B를 넣은 경우는 공격하지 않았다.
> ○ 방 3: A를 넣은 경우는 3.4초였고 B를 넣은 경우는 3.3초로 둘 사이에 유의미한 차이는 없었다.

<보 기>

ㄱ. 방 1과 2의 <실험 결과>는, X가 음탐지 방법이 방해를 받는 환경에서는 초음파탐지 방법을 사용한다는 가설을 강화한다.
ㄴ. 방 2와 3의 <실험 결과>는, X가 소리의 종류를 구별할 수 있다는 가설을 강화한다.
ㄷ. 방 1과 3의 <실험 결과>는, 수컷 개구리의 울음소리와 전혀 다른 소리가 들리는 환경에서는 X가 초음파탐지 방법을 사용한다는 가설을 강화한다.

① ㄱ ② ㄷ ③ ㄱ, ㄴ
④ ㄴ, ㄷ ⑤ ㄱ, ㄴ, ㄷ

12. 다음 글에 대한 분석으로 적절한 것만을 <보기>에서 모두 고르면?

> '자연화'란 자연과학의 방법론에 따라 자연과학이 수용하는 존재론을 토대 삼아 연구를 수행한다는 의미이다. 심리학을 자연과학의 하나라고 생각하는 철학자 A는, 인식론의 자연화를 주장하기 위해 다음의 <논증>을 제시하였다.
>
> <논 증>
>
> (1) 전통적 인식론은 적어도 다음의 두 가지 목표를 가진다. 첫째, 세계에 관한 믿음을 정당화하는 것이고, 둘째, 세계에 관한 믿음을 나타내는 문장을 감각 경험을 나타내는 문장으로 번역하는 것이다.
> (2) 전통적 인식론은 첫째 목표도 달성할 수 없고 둘째 목표도 달성할 수 없다.
> (3) 만약 전통적 인식론이 이 두 가지 목표 중 어느 하나라도 달성할 수가 없다면, 전통적 인식론은 폐기되어야 한다.
> (4) 전통적 인식론은 폐기되어야 한다.
> (5) 만약 전통적 인식론이 폐기되어야 한다면, 인식론자는 전통적 인식론 대신 심리학을 연구해야 한다.
> (6) 인식론자는 전통적 인식론 대신 심리학을 연구해야 한다.

<보 기>

ㄱ. 전통적 인식론의 목표에 (1)의 '두 가지 목표' 외에 "세계에 관한 믿음이 형성되는 과정을 규명하는 것"이 추가된다면, 위 논증에서 (6)은 도출되지 않는다.
ㄴ. (2)를 "전통적 인식론은 첫째 목표를 달성할 수 없거나 둘째 목표를 달성할 수 없다."로 바꾸어도 위 논증에서 (6)이 도출된다.
ㄷ. (4)는 논증 안의 어떤 진술들로부터 나오는 결론일 뿐만 아니라 논증 안의 다른 진술의 전제이기도 하다.

① ㄱ
② ㄷ
③ ㄱ, ㄴ
④ ㄴ, ㄷ
⑤ ㄱ, ㄴ, ㄷ

13. 다음 글에 대한 분석으로 적절한 것만을 <보기>에서 모두 고르면?

> 어떤 사람이 당신에게 다음과 같이 제안했다고 하자. 당신은 호화 여행을 즐기게 된다. 다만 먼저 10만 원을 내야 한다. 여기에 하나의 추가 조건이 있다. 그것은 제안자의 말인 아래의 (1)이 참이면 그는 10만 원을 돌려주지 않고 약속대로 호화 여행은 제공하는 반면, (1)이 거짓이면 그는 10만 원을 돌려주고 약속대로 호화 여행도 제공한다는 것이다.
>
> (1) 나는 당신에게 10만 원을 돌려주거나 ⓐ 당신은 나에게 10억 원을 지불한다.
>
> 당신은 이 제안을 받아들였고 10만 원을 그에게 주었다.
>
> 이때 어떤 결과가 따를지 검토해 보자. (1)은 참이거나 거짓일 것이다. (1)이 거짓이라고 가정해 보자. 그러면 추가 조건에 따라 그는 당신에게 10만 원을 돌려준다. 또한 가정상 (1)이 거짓이므로, ㉠ 그는 당신에게 10만 원을 돌려주지 않는다. 결국 (1)이 거짓이라고 가정하면 그는 당신에게 10만 원을 돌려준다는 것과 돌려주지 않는다는 것이 모두 성립한다. 이는 가능하지 않다. 따라서 ㉡ (1)은 참일 수밖에 없다. 그런데 (1)이 참이라면 추가 조건에 따라 그는 당신에게 10만 원을 돌려주지 않는다. 따라서 ⓐ가 반드시 참이어야 한다. 즉, ㉢ 당신은 그에게 10억 원을 지불한다.

<보 기>

ㄱ. ㉠을 추론하는 데는 'A이거나 B'의 형식을 가진 문장이 거짓이면 A도 B도 모두 반드시 거짓이라는 원리가 사용되었다.

ㄴ. ㉡을 추론하는 데는 어떤 가정 하에서 같은 문장의 긍정과 부정이 모두 성립하는 경우 그 가정의 부정은 반드시 참이라는 원리가 사용되었다.

ㄷ. ㉢을 추론하는 데는 'A이거나 B'라는 형식의 참인 문장에서 A가 거짓인 경우 B는 반드시 참이라는 원리가 사용되었다.

① ㄱ
② ㄷ
③ ㄱ, ㄴ
④ ㄴ, ㄷ
⑤ ㄱ, ㄴ, ㄷ

14. 다음 글의 ㉠과 ㉡에 대한 평가로 적절한 것만을 <보기>에서 모두 고르면?

> 연역과 귀납, 이 두 종류의 방법은 지적 작업에서 사용될 수 있는 모든 추론을 포괄한다. 철학과 과학을 비롯한 모든 지적 작업에 연역적 방법이 필수적이라는 것을 부정하는 사람은 아무도 없다. 귀납적 방법의 경우 사정은 크게 다르다. 귀납적 방법이 철학적 작업에 들어설 여지가 없다고 믿는 사람이 있는가 하면, 한 걸음 더 나아가 어떠한 지적 작업에도 귀납적 방법이 불필요하다고 주장하는 사람들도 있다.
>
> ㉠ 귀납적 방법이 철학이라는 지적 작업에서 불필요하다는 견해는 독단적인 철학관에 근거한다. 이런 견해에 따르면 철학적 주장의 정당성은 선험적인 것으로, 경험적 지식을 확장하기 위해 사용되는 귀납적 방법에 의존할 수 없다. 그러나 이런 견해는 철학적 주장이 경험적 가설에 의존해서는 안 된다는 부당하게 편협한 철학관과 '귀납적 방법'의 모호성을 딛고 서 있다. 실제로 철학사에 나타나는 목적론적 신 존재 증명이나 외부 세계의 존재에 관한 형이상학적 논증 가운데는 귀납적 방법인 유비 논증과 귀추법을 교묘히 적용하고 있는 것도 있다.
>
> ㉡ 모든 지적 작업에서 귀납적 방법의 필요성을 부정하는 견해는 중요한 철학적 성과를 낳기도 하였다. 포퍼의 철학이 그런 사례 가운데 하나이다. 포퍼는 귀납적 방법의 정당화 가능성에 관한 회의적 결론을 받아들이고, 과학의 탐구가 귀납적 방법으로 진행된다는 견해는 근거가 없음을 보인다. 그에 따르면, 과학의 탐구 과정은 연역 논리 법칙에 따라 전개되는 추측과 반박의 작업으로 이루어진다. 이런 포퍼의 이론은 귀납적 방법의 필요성에 대한 전면적인 부정이 낳을 수 있는 흥미로운 결과 가운데 하나라고 할 수 있다.

<보 기>

ㄱ. 과학의 탐구가 귀납적 방법에 의해 진행된다는 주장은 ㉠을 반박한다.

ㄴ. 철학의 일부 논증에서 귀추법의 사용이 불가피하다는 주장은 ㉡을 반박한다.

ㄷ. 연역 논리와 경험적 가설 모두에 의존하는 지적 작업이 있다는 주장은 ㉠과 ㉡을 모두 반박한다.

① ㄱ
② ㄴ
③ ㄱ, ㄷ
④ ㄴ, ㄷ
⑤ ㄱ, ㄴ, ㄷ

15. 다음 글의 갑~병에 대한 판단으로 적절한 것만을 <보기>에서 모두 고르면?

다음 두 삼단논법을 보자.

(1) 모든 춘천시민은 강원도민이다.
모든 강원도민은 한국인이다.
따라서 모든 춘천시민은 한국인이다.

(2) 모든 수학 고득점자는 우등생이다.
모든 과학 고득점자는 우등생이다.
따라서 모든 수학 고득점자는 과학 고득점자이다.

(1)은 타당한 삼단논법이지만 (2)는 부당한 삼단논법이다. 하지만 어떤 사람들은 (2)도 타당한 논증이라고 잘못 판단한다. 왜 이런 오류가 발생하는지 설명하기 위해 세 가지 입장이 제시되었다.

갑: 사람들은 '모든 A는 B이다'를 '모든 B는 A이다'로 잘못 바꾸는 경향이 있다. '어떤 A도 B가 아니다'나 '어떤 A는 B이다'라는 형태에서는 A와 B의 자리를 바꾸더라도 아무런 문제가 없다. 하지만 '모든 A는 B이다'라는 형태에서는 A와 B의 자리를 바꾸면 논리적 오류가 생겨난다.

을: 사람들은 '모든 A는 B이다'를 약한 의미로 이해해야 하는데도 강한 의미로 이해하는 잘못을 저지르는 경향이 있다. 여기서 약한 의미란 그것을 'A는 B에 포함된다'로 이해하는 것이고, 강한 의미란 그것을 'A는 B에 포함되고 또한 B는 A에 포함된다'는 뜻에서 'A와 B가 동일하다'로 이해하는 것이다.

병: 사람들은 전제가 모두 '모든 A는 B이다'라는 형태의 명제로 이루어진 것일 경우에는 결론도 그런 형태이기만 하면 타당하다고 생각하고, 전제 가운데 하나가 '어떤 A는 B이다'라는 형태의 명제로 이루어진 것일 경우에는 결론도 그런 형태이기만 하면 타당하다고 생각하는 경향이 있다.

<보 기>

ㄱ. 대다수의 사람이 "어떤 과학자는 운동선수이다. 어떤 철학자도 과학자가 아니다."라는 전제로부터 "어떤 철학자도 운동선수가 아니다."를 타당하게 도출할 수 있는 결론이라고 응답했다는 심리 실험 결과는 갑에 의해 설명된다.

ㄴ. 대다수의 사람이 "모든 적색 블록은 구멍이 난 블록이다. 모든 적색 블록은 삼각 블록이다."라는 전제로부터 "모든 구멍이 난 블록은 삼각 블록이다."를 타당하게 도출할 수 있는 결론이라고 응답했다는 심리 실험 결과는 을에 의해 설명된다.

ㄷ. 대다수의 사람이 "모든 물리학자는 과학자이다. 어떤 컴퓨터 프로그래머는 과학자이다."라는 전제로부터 "어떤 컴퓨터 프로그래머는 물리학자이다."를 타당하게 도출할 수 있는 결론이라고 응답했다는 심리 실험 결과는 병에 의해 설명된다.

① ㄱ
② ㄷ
③ ㄱ, ㄴ
④ ㄴ, ㄷ
⑤ ㄱ, ㄴ, ㄷ

16. 다음 대화의 ㉠에 따라 <계획안>을 수정한 것으로 적절하지 않은 것은?

갑: 나눠드린 'A시 공공 건축 교육 과정' 계획안을 다 보셨죠? 이제 계획안을 어떻게 수정하면 좋을지 각자의 의견을 자유롭게 말씀해 주십시오.

을: 코로나19 상황을 고려해 대면 교육보다 온라인 교육이 좋겠습니다. 그리고 방역 활동에 모범을 보이는 차원에서 온라인 강의로 진행한다는 점을 강조하는 것이 좋겠습니다. 온라인 강의는 편안한 시간에 접속하여 수강하게 하고, 수강 가능한 기간을 명시해야 합니다. 게다가 온라인으로 진행하면 교육 대상을 A시 시민만이 아닌 모든 희망자로 확대하는 장점이 있습니다.

병: 좋은 의견입니다. 여기에 덧붙여 교육 대상을 공공 건축 업무 관련 공무원과 일반 시민으로 구분하는 것이 좋겠습니다. 관련 공무원과 일반 시민은 기반 지식에서 차이가 커 같은 내용으로 교육하기에 적합하지 않습니다. 업무와 관련된 직무 교육 과정과 일반 시민 수준의 교양 교육 과정으로 따로 운영하는 것이 좋겠습니다.

을: 교육 과정 분리는 좋습니다만, 공무원의 직무 교육은 참고할 자료가 많아 온라인 교육이 비효율적입니다. 직무 교육 과정은 다음에 논의하고, 이번에는 시민 대상 교양 과정으로만 진행하는 것이 좋겠습니다. 그리고 A시의 유명 공공 건축물을 활용해서 A시를 홍보하고 관심을 끌 수 있는 주제의 강의가 있으면 좋겠습니다.

병: 그게 좋겠네요. 마지막으로 덧붙이면 신청 방법이 너무 예전 방식입니다. 시 홈페이지에서 신청 게시판을 찾아가는 방법을 안내할 필요는 있지만, 요즘 같은 모바일 시대에 이것만으로는 부족합니다. A시 공식 어플리케이션에서 바로 신청서를 작성하고 제출할 수 있도록 하면 좋겠습니다.

갑: ㉠ 오늘 회의에서 나온 의견을 반영하여 계획안을 수정하도록 하겠습니다. 감사합니다.

<계획안>

A시 공공 건축 교육 과정

○ 강의 주제: 공공 건축의 미래 / A시의 조경
○ 일시: 7. 12.(월) 19:00~21:00 / 7. 14.(수) 19:00~21:00
○ 장소: A시 청사 본관 5층 대회의실
○ 대상: A시 공공 건축에 관심 있는 A시 시민 누구나
○ 신청 방법: A시 홈페이지 → '시민참여' → '교육' → '공공 건축 교육 신청 게시판'에서 신청서 작성

① 강의 주제에 "건축가협회 선정 A시의 유명 공공 건축물 TOP 3"를 추가한다.
② 일시 항목을 "○ 기간: 7. 12.(월) 06:00~7. 16.(금) 24:00"으로 바꾼다.
③ 장소 항목을 "○ 교육방식: 코로나19 확산 방지를 위해 온라인 교육으로 진행"으로 바꾼다.
④ 대상을 "A시 공공 건축에 관심 있는 사람 누구나"로 바꾼다.
⑤ 신청 방법을 "A시 공식 어플리케이션을 통한 A시 공공 건축 교육 과정 간편 신청"으로 바꾼다.

17. 다음 글의 ㉠~㉧에 들어갈 내용에 대한 설명으로 가장 적절한 것은?

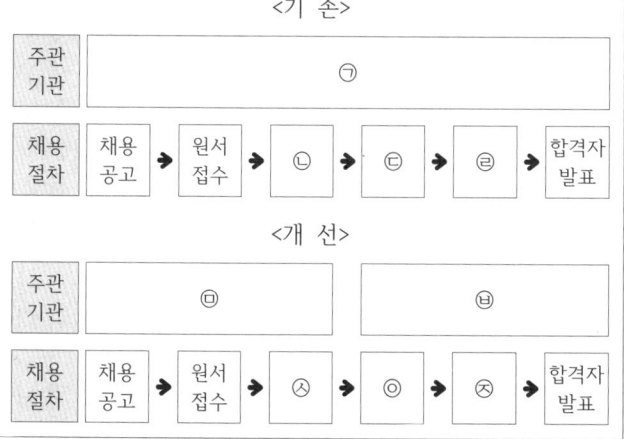

> ○○도는 2022년부터 '공공 기관 통합 채용' 시스템을 운영하여 공공 기관의 채용에 대한 체계적 관리와 비리 발생 예방을 도모할 계획이다. 기존에는 ○○도 산하 공공 기관들이 채용 전(全) 과정을 각기 주관하여 시행하였으나, 2022년부터는 ○○도가 채용 과정에 참여하기로 하였다. ○○도와 산하 공공 기관들이 '따로, 또 같이'하는 통합 채용을 통해 채용 과정의 투명성을 확보하고 기관별 특성에 맞는 인재 선발을 용이하게 하려는 것이다.
>
> ○○도는 채용 공고와 원서 접수를 하고 필기시험을 주관한다. 나머지 절차는 ○○도 산하 공공 기관이 주관하여 서류 심사 후 면접시험을 거쳐 합격자를 발표한다. 기존 채용 절차에서 서류 심사에 이어 필기시험을 치던 순서를 맞바꾸었는데, 이는 지원자에게 응시 기회를 확대 제공하기 위해서이다. 절차 변화에 대한 지원자의 혼란을 줄이기 위해 기존의 나머지 채용 절차는 그대로 유지하였다. 또 ○○도는 기존의 필기시험 과목인 영어·한국사·일반상식을 국가직무능력표준 기반 평가로 바꾸어 기존과 달리 실무 능력을 평가해서 인재를 선발할 수 있도록 제도를 보완하였다. ○○도는 이런 통합 채용 절차를 알기 쉽게 기존 채용 절차와 개선 채용 절차를 비교해서 도표로 나타내었다.
>
> <기 존>
>
> | 주관 기관 | ㉠ | | | | | |
> |---|---|---|---|---|---|---|
> | 채용 절차 | 채용 공고 → | 원서 접수 → | ㉡ → | ㉢ → | ㉣ → | 합격자 발표 |
>
> <개 선>
>
> | 주관 기관 | ㉤ | | | ㉥ | | |
> |---|---|---|---|---|---|---|
> | 채용 절차 | 채용 공고 → | 원서 접수 → | ㉦ → | ㉧ → | ㉨ → | 합격자 발표 |

① 개선 이후 ㉠에 해당하는 기관이 주관하는 채용 업무의 양은 이전과 동일할 것이다.
② ㉠과 같은 주관 기관이 들어가는 것은 ㉥이 아니라 ㉤이다.
③ ㉡과 ㉧에는 같은 채용 절차가 들어간다.
④ ㉢과 ㉦에서 지원자들이 평가받는 능력은 같다.
⑤ ㉣을 주관하는 기관과 ㉨을 주관하는 기관은 다르다.

18. 다음 글의 <표>에 대한 판단으로 적절한 것만을 <보기>에서 모두 고르면?

> 법제처 주무관 갑은 지방자치단체를 대상으로 조례 입안을 지원하고 있다. 갑은 지방자치단체가 조례 입안 지원 신청을 하는 경우, 두 가지 기준에 따라 나누어 신청 안들을 정리하고 있다. 해당 조례안의 입법 예고를 완료하였는지 여부를 기준으로 '완료'와 '미완료'로 나누고, 과거에 입안을 지원하였던 조례안 중에 최근에 접수된 조례안과 내용이 유사한 사례가 있는지를 판단하여 유사 사례 '있음'과 '없음'으로 나눈다. 유사 사례가 존재하지 않는 경우에만 갑은 팀장인 을에게 그 접수된 조례안의 주요 내용을 보고해야 한다.
>
> 최근 접수된 조례안 (가)는 지난 분기에 지원하였던 조례안과 많은 부분 유사한 내용을 담고 있다. 입법 예고는 현재 진행 중이다. 조례안 (나)의 경우는 입법 예고가 완료된 후에 접수되었고, 그 주요 내용이 지난해에 지원한 조례안의 주요 내용과 유사하다. 조례안 (다)는 주요 내용이 기존에 지원하였던 조례안과 유사성이 전혀 없는 새로운 내용을 규정하고 있으며, 입법 예고가 진행되지 않았다.
>
> 이상의 내용을 다음과 같은 형식으로 나타낼 수 있다.
>
> <표> 입안 지원 신청 조례안별 분류
>
> | 기준 \ 조례안 | (가) | (나) | (다) |
> |---|---|---|---|
> | A | ㉠ | ㉡ | ㉢ |
> | B | ㉣ | ㉤ | ㉥ |

<보 기>

ㄱ. A에 유사 사례의 유무를 따지는 기준이 들어가면, ㉣과 ㉥이 같다.
ㄴ. B에 따라 을에 대한 갑의 보고 여부가 결정된다면, ㉠과 ㉢은 같다.
ㄷ. ㉣과 ㉤이 같으면, ㉠과 ㉡이 같다.

① ㄱ
② ㄷ
③ ㄱ, ㄴ
④ ㄴ, ㄷ
⑤ ㄱ, ㄴ, ㄷ

19. 다음 대화의 ㉠으로 적절한 것만을 <보기>에서 모두 고르면?

갑: 우리 지역 장애인의 체육 활동을 지원하기 위한 ‘장애인 스포츠강좌 지원사업’의 집행 실적이 저조하다고 합니다. 지원 바우처를 제대로 사용하지 못하고 있다는 의미인데요. 비장애인을 대상으로 하는 ‘일반 스포츠강좌 지원사업’은 인기가 많아 예산이 금방 소진된다고 합니다. 과연 어디에 문제점이 있는 것일까요?

을: 바우처를 수월하게 사용하려면 사용 가능한 가맹 시설이 많이 있어야 합니다. 우리 지역의 ‘장애인 스포츠강좌 지원사업’ 가맹 시설은 10개소이며 ‘일반 스포츠강좌 지원사업’ 가맹 시설은 300개소입니다. 그런데 장애인들은 비장애인들에 비해 바우처를 사용하기 훨씬 어렵습니다. 혹시 장애인의 수에 비해 장애인 대상 가맹 시설의 수가 비장애인의 경우보다 턱없이 적어서 그런 것 아닐까요?

병: 글쎄요, 제 생각은 조금 다릅니다. 바우처 지원액이 너무 적은 것은 아닐까요? 장애인을 대상으로 하는 스포츠강좌는 보조인력 비용 등 추가 비용으로 인해, 비장애인 대상 강좌보다 수강료가 높을 수 있습니다. 바우처를 사용한다 해도 자기 부담금이 여전히 크다면 장애인들은 스포츠 강좌를 이용하기 어려울 것입니다.

정: 하지만 제가 보기엔 장애인들의 주요 연령대가 사업에서 제외된 것 같습니다. 현재 본 사업의 대상 연령은 만 12세에서 만 49세까지인데, 장애인 인구의 고령자 인구 비율이 비장애인 인구에 비해 높다는 사실을 고려하면, 대상 연령의 상한을 적어도 만 64세까지 높여야 한다고 생각합니다.

갑: 모두들 좋은 의견 감사합니다. 오늘 회의에서 논의된 내용을 확인하기 위해 ㉠ 필요한 자료를 조사해 주세요.

<보 기>

ㄱ. 장애인 및 비장애인 각각의 인구 대비 ‘스포츠강좌 지원사업’ 가맹 시설 수

ㄴ. 장애인과 비장애인 각각 ‘스포츠강좌 지원사업’에 참여하기 위해 본인이 부담해야 하는 금액

ㄷ. 만 50세에서 만 64세까지의 장애인 중 스포츠강좌 수강을 희망하는 인구와 만 50세에서 만 64세까지의 비장애인 중 스포츠강좌 수강을 희망하는 인구

① ㄴ
② ㄷ
③ ㄱ, ㄴ
④ ㄱ, ㄷ
⑤ ㄱ, ㄴ, ㄷ

20. 다음 글에서 추론할 수 있는 것만을 <보기>에서 모두 고르면?

갑: 조(粗)출생률은 인구 1천 명당 출생아 수를 의미합니다. 조출생률은 인구 규모가 상이한 지역이나 시점 간의 출산 수준을 간편하게 비교할 때 유용한 지표입니다. 예를 들어, 2016년에 세종시보다 인구 규모가 훨씬 큰 경기도의 출생아 수는 10만 5천 명으로 세종시의 3천 명보다 많지만, 조출생률은 경기도가 8.4명이고 세종시는 14.6명입니다. 출산 수준은 세종시가 더 높다는 의미입니다.

을: 그렇군요. 그럼 합계 출산율은 무엇인가요?

갑: 합계 출산율은 여성 한 명이 평생 동안 낳을 것으로 예상되는 출생아 수를 의미합니다. 여성이 실제 평생 동안 낳은 아이 수를 측정하는 것은 가임 기간 35년이 지나야 산출할 수 있다는 문제가 있습니다. 이에 비해 합계 출산율은 여성 1명이 출산 가능한 시기를 15세부터 49세까지로 가정하고 그 사이의 각 연령대 출산율을 모두 합해서 얻습니다. 15~19세 연령대 출산율은 한 해 동안 15~19세 여성에게서 태어난 출생아 수를 15~19세 여성의 수로 나눈 수치인데, 15~19세부터 45~49세까지 7개 구간 각각의 연령대 출산율을 모두 합한 것이 합계 출산율입니다. 합계 출산율은 한 여성이 가임 기간 내내 특정 시기의 연령대 출산율 패턴을 그대로 따른다는 가정을 전제로 산출하므로 실제 출산 현실과 차이가 있을 수 있습니다.

을: 그렇다면 조출생률과 합계 출산율을 구별하는 이유가 뭐죠?

갑: 조출생률과 달리 합계 출산율은 성비 및 연령 구조에 따른 출산 수준의 차이를 표준화할 수 있는 장점이 있습니다. 예를 들어, 이스라엘의 합계 출산율은 3.0인 반면 남아프리카공화국은 2.5 가량입니다. 하지만 조출생률은 거의 비슷하지요. 이것은 남아프리카공화국의 경우 전체 인구 대비 젊은 여성의 비율이 이스라엘보다 높기 때문입니다.

<보 기>

ㄱ. 조출생률을 계산할 때는 전체 인구 대비 여성의 비율은 고려하지 않는다.

ㄴ. 두 나라가 인구수와 조출생률에 차이가 없다면 각 나라의 합계 출산율에는 차이가 없다.

ㄷ. 합계 출산율은 한 명의 여성이 일생 동안 출산한 출생아의 수를 집계한 자료를 바탕으로 산출한다.

① ㄱ
② ㄴ
③ ㄱ, ㄷ
④ ㄴ, ㄷ
⑤ ㄱ, ㄴ, ㄷ

[21~22] 다음 글을 읽고 물음에 답하시오.

미국의 일부 주에서 판사는 형량을 결정하거나 가석방을 허가하는 판단의 보조 자료로 양형 보조 프로그램 X를 활용한다. X는 유죄가 선고된 범죄자를 대상으로 그 사람의 재범 확률을 추정하여 그 결과를 최저 위험군을 뜻하는 1에서 최고 위험군을 뜻하는 10까지의 위험지수로 평가한다.

2016년 A는 X를 활용하는 플로리다 주 법정에서 선고받았던 7천여 명의 초범들을 대상으로 X의 예측 결과와 석방 후 2년간의 실제 재범 여부를 조사했다. 이 조사 결과를 토대로 한 ㉠ A의 주장은 X가 흑인과 백인을 차별한다는 것이다. 첫째 근거는 백인의 경우 위험지수 1로 평가된 사람이 가장 많고 10까지 그 비율이 차츰 감소한 데 비하여 흑인의 위험지수는 1부터 10까지 고르게 분포되었다는 관찰 결과이다. 즉 고위험군으로 분류된 사람의 비율이 백인보다 흑인이 더 크다는 것이었다. 둘째 근거는 예측의 오류와 관련된 것이다. 2년 이내 재범을 (가) 사람 중에서 (나) 으로 잘못 분류되었던 사람의 비율은 흑인의 경우 45%인 반면 백인은 23%에 불과했고, 2년 이내 재범을 (다) 사람 중에서 (라) 으로 잘못 분류되었던 사람의 비율은 흑인의 경우 28%인 반면 백인은 48%로 훨씬 컸다. 종합하자면, 재범을 저지른 사람이든 그렇지 않은 사람이든, 흑인은 편파적으로 고위험군으로 분류된 반면 백인은 편파적으로 저위험군으로 분류된 것이다.

X를 개발한 B는 A의 주장을 반박하는 논문을 발표하였다. B는 X의 목적이 재범 가능성에 대한 예측의 정확성을 높이는 것이며, 그 정확성에는 인종 간에 차이가 나타나지 않는다고 주장했다. B에 따르면, 예측의 정확성을 판단하는 데 있어 중요한 것은 고위험군으로 분류된 사람 중 2년 이내 재범을 저지른 사람의 비율과 저위험군으로 분류된 사람 중 2년 이내 재범을 저지르지 않은 사람의 비율이다. B는 전자의 비율이 백인 59%, 흑인 63%, 후자의 비율이 백인 71%, 흑인 65%라고 분석하고, 이 비율들은 인종 간에 유의미한 차이를 드러내지 않는다고 주장했다. 또 B는 X에 의해서 고위험군 혹은 저위험군으로 분류되기 이전의 흑인과 백인의 재범률, 즉 흑인의 기저재범률과 백인의 기저재범률 간에는 이미 상당한 차이가 있었으며, 이런 애초의 차이가 A가 언급한 예측의 오류 차이를 만들어 냈다고 설명한다. 결국 ㉡ B의 주장은 X가 편파적으로 흑인과 백인의 위험지수를 평가하지 않는다는 것이다.

하지만 기저재범률의 차이로 인종 간 위험지수의 차이를 설명하여, X가 인종차별적이라는 주장을 반박하는 것은 잘못이다. 기저재범률에는 미국 사회의 오래된 인종차별적 특징, 즉 흑인이 백인보다 범죄자가 되기 쉬운 사회 환경이 반영되어 있기 때문이다. 처음 범죄를 저질러서 재판을 받아야 하는 흑인을 생각해 보자. 그의 위험지수를 판정할 때 사용되는 기저 재범률은 그와 전혀 상관없는 다른 흑인들이 만들어 낸 것이다. 그런 기저재범률이 전혀 상관없는 사람의 형량이나 가석방 여부에 영향을 주는 것은 잘못이다. 더 나아가 이런 식으로 위험지수를 평가받아 형량이 정해진 흑인들은 더 오랜 기간 교도소에 있게 될 것이며, 향후 재판받을 흑인들의 위험지수를 더욱 높이는 결과를 가져오게 될 것이다. 따라서 ㉢ X의 지속적인 사용은 미국 사회의 인종차별을 고착화한다.

21. 위 글의 (가)~(라)에 들어갈 말을 적절하게 나열한 것은?

	(가)	(나)	(다)	(라)
①	저지르지 않은	고위험군	저지른	저위험군
②	저지르지 않은	고위험군	저지른	고위험군
③	저지르지 않은	저위험군	저지른	저위험군
④	저지른	고위험군	저지르지 않은	저위험군
⑤	저지른	저위험군	저지르지 않은	고위험군

22. 위 글의 ㉠~㉢에 대한 평가로 적절한 것만을 <보기>에서 모두 고르면?

<보 기>

ㄱ. 강력 범죄자 중 위험지수가 10으로 평가된 사람의 비율이 흑인과 백인 사이에 차이가 없다면, ㉠은 강화된다.

ㄴ. 흑인의 기저재범률이 높을수록 흑인에 대한 X의 재범 가능성 예측이 더 정확해진다면, ㉡은 약화된다.

ㄷ. X가 특정 범죄자의 재범률을 평가할 때 사용하는 기저 재범률이 동종 범죄를 저지른 사람들로부터 얻은 것이라면, ㉢은 강화되지 않는다.

① ㄱ
② ㄷ
③ ㄱ, ㄴ
④ ㄴ, ㄷ
⑤ ㄱ, ㄴ, ㄷ

23. 다음 글의 빈칸에 들어갈 내용으로 가장 적절한 것은?

갑: 안녕하십니까. 저는 시청 토목정책과에 근무합니다. 부정 청탁을 받은 때는 신고해야 한다고 들었습니다.
을: 예, 「부정청탁 및 금품등 수수의 금지에 관한 법률」(이하 '청탁금지법')에서는, 공직자가 부정 청탁을 받았을 때는 명확히 거절 의사를 표현해야 하고, 그랬는데도 상대방이 이후에 다시 동일한 부정 청탁을 해 온다면 소속 기관의 장에게 신고해야 한다고 규정합니다.
갑: '금품등'에는 접대와 같은 향응도 포함되지요?
을: 물론이지요. 청탁금지법에 따르면, 공직자는 동일인으로부터 명목에 상관없이 1회 100만 원 혹은 매 회계연도에 300만 원을 초과하는 금품이나 접대를 받을 수 없습니다. 직무 관련성이 있는 경우에는 100만 원 이하라도 대가성 여부와 관계없이 처벌을 받습니다.
갑: '동일인'이라 하셨는데, 여러 사람이 청탁을 하는 경우는 어떻게 되나요?
을: 받는 사람을 기준으로 하여 따지게 됩니다. 한 공직자에게 여러 사람이 동일한 부정 청탁을 하며 금품을 제공하려 하였을 때에도 이들의 출처가 같다고 볼 수 있다면 '동일인'으로 해석됩니다. 또한 여러 행위가 계속성 또는 시간적·공간적 근접성이 있다고 판단되면, 합쳐서 1회로 간주될 수 있습니다.
갑: 실은, 연초에 있었던 지역 축제 때 저를 포함한 우리 시청 직원 90명은 행사에 참여한다는 차원으로 장터에 들러 1인당 8천 원씩을 지불하고 식사를 했는데, 이후에 그 식사는 X회사 사장인 A의 축제 후원금이 1인당 1만 2천 원씩 들어간 것이라는 사실을 알게 되었습니다. 이에 대하여는 결국 대가성 있는 접대도 아니고 직무 관련성도 없는 것으로 확정되었으며, 추가된 식사비도 축제 주최 측에 돌려주었습니다. 그리고 이달 초에는 Y회사의 임원인 B가 관급 공사 입찰을 도와달라고 청탁하면서 100만 원을 건네려 하길래 거절한 적이 있습니다. 그런데 어제는 고교 동창인 C가 찾아와 X회사 공장 부지의 용도 변경에 힘써 달라며 200만 원을 주려고 해서 단호히 거절하였습니다.
을: 그러셨군요. 말씀하신 것을 바탕으로 설명드리겠습니다.
[　　　　　　　　　　]

① X회사로부터 받은 접대는 시간적·공간적 근접성으로 보아 청탁금지법을 위반한 향응을 받은 것이 됩니다.
② Y회사로부터 받은 제안의 내용은 청탁금지법상의 금품이라고는 할 수 없지만 향응에는 포함될 수 있습니다.
③ 청탁금지법상 A와 C는 동일인으로서 부정 청탁을 한 것이 됩니다.
④ 직무 관련성이 없다면 B와 C가 제시한 금액은 청탁금지법상의 허용 한도를 벗어나지 않습니다.
⑤ 현재는 청탁금지법상 C의 청탁을 신고할 의무가 생기지 않지만, C가 같은 청탁을 다시 한다면 신고해야 합니다.

24. 다음 글의 ㉠에 해당하는 내용으로 가장 적절한 것은?

A시에 거주하면서 1세, 2세, 4세의 세 자녀를 기르는 갑은 육아를 위해 집에서 15km 떨어진 키즈 카페인 B카페에 자주 방문한다. B카페는 지역 유일의 키즈 카페라서 언제나 50여 구획의 주차장이 꽉 찰 정도로 성업 중이다. 최근 자동차를 교체하게 된 갑은 친환경 추세에 부응하여 전기차로 구매하였는데, B카페는 전기차 충전시설이 없었다. 세 자녀를 돌보느라 거주지에서의 자동차 충전 시기를 놓치는 때가 많은 갑은 이러한 불편함을 호소하며 B카페에 전기차 충전시설 설치를 요청하였다. 하지만 B카페는, 충전시설을 설치하고 싶지만 비용이 문제라서 A시의 「환경 친화적 자동차의 보급 및 이용 활성화를 위한 조례」(이하 '조례')에 따른 지원금이라도 받아야 간신히 설치할 수 있는 상황인데, 아래의 조문에서 보듯이 B카페는 그에 해당하지 않는다고 설명하였다.

> 「환경 친화적 자동차의 보급 및 이용 활성화를 위한 조례」
> 제9조(충전시설 설치대상) ① 주차단위구획 100개 이상을 갖춘 다음 각호의 시설은 전기자동차 충전시설을 설치하여야 한다.
> 1. 판매·운수·숙박·운동·위락·관광·휴게·문화시설
> 2. 500세대 이상의 아파트, 근린생활시설, 기숙사
>
> ② 시장은 제1항의 설치대상에 대하여는 설치비용의 반액을 지원하여야 한다.
> ③ 시장은 제1항의 설치대상에 해당하지 않는 사업장에 대하여도 전기자동차 충전시설의 설치를 권고할 수 있다.

갑은 영유아와 같이 보호가 필요한 이들이 많이 이용하는 키즈 카페 등과 같은 사업장에도 전기차 충전시설의 설치를 지원해 줄 수 있는 근거를 조례에 마련해 달라는 민원을 제기하였다. 갑의 민원을 검토한 A시 의회는 관련 규정의 보완이 필요하다고 인정하여, ㉠ 조례 제9조를 개정하였고, B카페는 이에 근거한 지원금을 받아 전기차 충전시설을 설치하게 되었다.

① 제1항 제3호로 "다중이용시설(극장, 음식점, 카페, 주점 등 불특정다수인이 이용하는 시설을 말한다)"을 신설
② 제1항제3호로 "교통약자(장애인·고령자·임산부·영유아를 동반한 사람, 어린이 등 일상생활에서 이동에 불편을 느끼는 사람을 말한다)를 위한 시설"을 신설
③ 제4항으로 "시장은 제2항에 따른 지원을 할 때 교통약자(장애인·고령자·임산부·영유아를 동반한 사람, 어린이 등 일상생활에서 이동에 불편을 느끼는 사람을 말한다)를 위한 시설을 우선적으로 지원하여야 한다."를 신설
④ 제4항으로 "시장은 제3항의 권고를 받아들이는 사업장에 대하여는 설치비용의 60퍼센트를 지원하여야 한다."를 신설
⑤ 제4항으로 "시장은 전기자동차 충전시설의 의무 설치대상으로서 조기 설치를 희망하는 사업장에는 설치 비용의 전액을 지원할 수 있다."를 신설

25. 다음 글의 <논쟁>에 대한 분석으로 적절한 것만을 <보기>에서 모두 고르면?

갑과 을은 「위원회의 운영에 관한 규정」 제8조에 대한 해석을 놓고 논쟁하고 있다. 그 조문은 다음과 같다.

> 제8조(위원장 및 위원) ① 위원장은 위촉된 위원들 중에서 투표로 선출한다.
> ② 위원장과 위원은 한 차례만 연임할 수 있다.
> ③ 위원장의 사임 등으로 보선된 위원장의 임기는 전임 위원장 임기의 남은 기간으로 한다.

<논 쟁>

쟁점1: A는 위원을 한 차례 연임하던 중 그 임기의 마지막 해에 위원장으로 선출되어, 2년에 걸쳐 위원장으로 활동하고 있다. 이에 대해, 갑은 A가 규정을 어기고 있다고 주장하지만, 을은 그렇지 않다고 주장한다.

쟁점2: B가 위원장을 한 차례 연임하여 활동하던 중에 연임될 때의 투표 절차가 적법하지 않다는 이유로 위원장의 직위가 해제되었는데, 이후의 보선에 B가 출마하였다. 이에 대해, 갑은 B가 선출되면 규정을 어기게 된다고 주장하지만, 을은 그렇지 않다고 주장한다.

쟁점3: C는 위원장을 한 차례 연임하였고, 다음 위원장으로 선출된 D는 임기 만료 직전에 사퇴하였는데, 이후의 보선에 C가 출마하였다. 이에 대해, 갑은 C가 선출되면 규정을 어기게 된다고 주장하지만, 을은 그렇지 않다고 주장한다.

<보 기>

ㄱ. 쟁점1과 관련하여, 갑은 위원으로서의 임기가 종료되면 위원장으로서의 자격도 없는 것으로 생각하지만, 을은 위원장이 되는 경우에는 그 임기나 연임 제한이 새롭게 산정된다고 생각하기 때문이라고 하면, 갑과 을 사이의 주장 불일치를 설명할 수 있다.

ㄴ. 쟁점2와 관련하여, 갑은 위원장이 부적법한 절차로 당선되었더라도 그것이 연임 횟수에 포함된다고 생각하지만, 을은 그렇지 않다고 생각하기 때문이라고 하면, 갑과 을 사이의 주장 불일치를 설명할 수 있다.

ㄷ. 쟁점3과 관련하여, 위원장 연임 제한의 의미가 '단절되는 일 없이 세 차례 연속하여 위원장이 되는 것만을 막는다'는 것으로 확정된다면, 갑의 주장은 옳고, 을의 주장은 그르다.

① ㄱ
② ㄷ
③ ㄱ, ㄴ
④ ㄴ, ㄷ
⑤ ㄱ, ㄴ, ㄷ

약점 보완 해설집 p.132

상황판단영역

1. 다음 글과 <상황>을 근거로 판단할 때 옳은 것은?

제00조 ① 다음 각 호의 어느 하나에 해당하는 사람은 주민등록지의 시장(특별시장·광역시장은 제외하고 특별자치도지사는 포함한다. 이하 같다)·군수 또는 구청장에게 주민등록번호(이하 '번호'라 한다)의 변경을 신청할 수 있다.
  1. 유출된 번호로 인하여 생명·신체에 위해를 입거나 입을 우려가 있다고 인정되는 사람
  2. 유출된 번호로 인하여 재산에 피해를 입거나 입을 우려가 있다고 인정되는 사람
  3. 성폭력피해자, 성매매피해자, 가정폭력피해자로서 유출된 번호로 인하여 피해를 입거나 입을 우려가 있다고 인정되는 사람

② 제1항의 신청 또는 제5항의 이의신청을 받은 주민등록지의 시장·군수·구청장(이하 '시장 등'이라 한다)은 ○○부의 주민등록번호변경위원회(이하 '변경위원회'라 한다)에 번호변경 여부에 관한 결정을 청구해야 한다.

③ 주민등록지의 시장 등은 변경위원회로부터 번호변경 인용결정을 통보받은 경우에는 신청인의 번호를 다음 각 호의 기준에 따라 지체 없이 변경하고 이를 신청인에게 통지해야 한다.
  1. 번호의 앞 6자리(생년월일) 및 뒤 7자리 중 첫째 자리는 변경할 수 없음
  2. 제1호 이외의 나머지 6자리는 임의의 숫자로 변경함

④ 제3항의 번호변경 통지를 받은 신청인은 주민등록증, 운전면허증, 여권, 장애인등록증 등에 기재된 번호의 변경을 위해서는 그 번호의 변경을 신청해야 한다.

⑤ 주민등록지의 시장 등은 변경위원회로부터 번호변경 기각결정을 통보받은 경우에는 그 사실을 신청인에게 통지해야 하며, 신청인은 통지를 받은 날부터 30일 이내에 그 시장 등에게 이의신청을 할 수 있다.

<상 황>

甲은 주민등록번호 유출로 인해 재산상 피해를 입게 되자 주민등록번호 변경신청을 하였다. 甲의 주민등록지는 A광역시 B구이고, 주민등록번호는 980101-23456□□이다.

① A광역시장이 주민등록번호변경위원회에 甲의 주민등록번호 변경 여부에 관한 결정을 청구해야 한다.
② 주민등록번호변경위원회는 번호변경 인용결정을 하면서 甲의 주민등록번호를 다른 번호로 변경할 수 있다.
③ 주민등록번호변경위원회의 번호변경 인용결정이 있는 경우, 甲의 주민등록번호는 980101-45678□□으로 변경될 수 있다.
④ 甲의 주민등록번호가 변경된 경우, 甲이 운전면허증에 기재된 주민등록번호를 변경하기 위해서는 변경신청을 해야 한다.
⑤ 甲은 번호변경 기각결정을 통지받은 날부터 30일 이내에 주민등록번호변경위원회에 이의신청을 할 수 있다.

2. 다음 글을 근거로 판단할 때 옳은 것은?

제00조 ① 각 중앙관서의 장은 그 소관 물품관리에 관한 사무를 소속 공무원에게 위임할 수 있고, 필요하면 다른 중앙관서의 소속 공무원에게 위임할 수 있다.
② 제1항에 따라 각 중앙관서의 장으로부터 물품관리에 관한 사무를 위임받은 공무원을 물품관리관이라 한다.
제00조 ① 물품관리관은 물품수급관리계획에 정하여진 물품에 대하여는 그 계획의 범위에서, 그 밖의 물품에 대하여는 필요할 때마다 계약담당공무원에게 물품의 취득에 관한 필요한 조치를 할 것을 청구하여야 한다.
② 계약담당공무원은 제1항에 따른 청구가 있으면 예산의 범위에서 해당 물품을 취득하기 위한 필요한 조치를 하여야 한다.
제00조 물품은 국가의 시설에 보관하여야 한다. 다만 물품관리관이 국가의 시설에 보관하는 것이 물품의 사용이나 처분에 부적당하다고 인정하거나 그 밖에 특별한 사유가 있으면 국가 외의 자의 시설에 보관할 수 있다.
제00조 ① 물품관리관은 물품을 출납하게 하려면 물품출납공무원에게 출납하여야 할 물품의 분류를 명백히 하여 그 출납을 명하여야 한다.
② 물품출납공무원은 제1항에 따른 명령이 없으면 물품을 출납할 수 없다.
제00조 ① 물품출납공무원은 보관 중인 물품 중 사용할 수 없거나 수선 또는 개조가 필요한 물품이 있다고 인정하면 그 사실을 물품관리관에게 보고하여야 한다.
② 물품관리관은 제1항에 따른 보고에 의하여 수선이나 개조가 필요한 물품이 있다고 인정하면 계약담당공무원이나 그 밖의 관계 공무원에게 그 수선이나 개조를 위한 필요한 조치를 할 것을 청구하여야 한다.

① 물품출납공무원은 물품관리관의 명령이 없으면 자신의 재량으로 물품을 출납할 수 없다.
② A중앙관서의 장이 그 소관 물품관리에 관한 사무를 위임하고자 할 경우, B중앙관서의 소속 공무원에게는 위임할 수 없다.
③ 계약담당공무원은 물품을 국가의 시설에 보관하는 것이 그 사용이나 처분에 부적당하다고 인정하는 경우, 그 물품을 국가 외의 자의 시설에 보관할 수 있다.
④ 물품수급관리계획에 정해진 물품 이외의 물품이 필요한 경우, 물품관리관은 필요할 때마다 물품출납공무원에게 물품의 취득에 관한 필요한 조치를 할 것을 청구해야 한다.
⑤ 물품출납공무원은 보관 중인 물품 중 수선이 필요한 물품이 있다고 인정하는 경우, 계약담당공무원에게 수선에 필요한 조치를 할 것을 청구해야 한다.

3. 다음 글을 근거로 판단할 때 옳은 것은?

> 제○○조 ① 누구든지 법률에 의하지 아니하고는 우편물의 검열·전기통신의 감청 또는 통신사실확인자료의 제공을 하거나 공개되지 아니한 타인 상호간의 대화를 녹음 또는 청취하지 못한다.
> ② 다음 각 호의 어느 하나에 해당하는 자는 1년 이상 10년 이하의 징역과 5년 이하의 자격정지에 처한다.
> 1. 제1항에 위반하여 우편물의 검열 또는 전기통신의 감청을 하거나 공개되지 아니한 타인 상호간의 대화를 녹음 또는 청취한 자
> 2. 제1호에 따라 알게 된 통신 또는 대화의 내용을 공개하거나 누설한 자
>
> ③ 누구든지 단말기기 고유번호를 제공하거나 제공받아서는 안 된다. 다만 이동전화단말기 제조업체 또는 이동통신사업자가 단말기의 개통처리 및 수리 등 정당한 업무의 이행을 위하여 제공하거나 제공받는 경우에는 그러하지 아니하다.
> ④ 제3항을 위반하여 단말기기 고유번호를 제공하거나 제공받은 자는 3년 이하의 징역 또는 1천만 원 이하의 벌금에 처한다.
> 제□□조 제○○조의 규정에 위반하여, 불법검열에 의하여 취득한 우편물이나 그 내용, 불법감청에 의하여 지득(知得) 또는 채록(採錄)된 전기통신의 내용, 공개되지 아니한 타인 상호간의 대화를 녹음 또는 청취한 내용은 재판 또는 징계절차에서 증거로 사용할 수 없다.

① 甲이 불법검열에 의하여 취득한 乙의 우편물은 징계절차에서 증거로 사용할 수 있다.
② 甲이 乙과 정책용역을 수행하면서 乙과의 대화를 녹음한 내용은 재판에서 증거로 사용할 수 없다.
③ 甲이 乙과 丙 사이의 공개되지 않은 대화를 녹음하여 공개한 경우, 1천만 원의 벌금에 처해질 수 있다.
④ 이동통신사업자 甲이 乙의 단말기를 개통하기 위하여 단말기기 고유번호를 제공받은 경우, 1년의 징역에 처해질 수 있다.
⑤ 甲이 乙과 丙 사이의 우편물을 불법으로 검열한 경우, 2년의 징역과 3년의 자격정지에 처해질 수 있다.

4. 다음 글과 <지원대상 후보 현황>을 근거로 판단할 때, 기업 F가 받는 지원금은?

> □□부는 2021년도 중소기업 광고비 지원사업 예산 6억 원을 기업에 지원하려 하며, 지원대상 선정 및 지원금 산정 방법은 다음과 같다.
>
> ○ 2020년도 총매출이 500억 원 미만인 기업만 지원하며, 우선 지원대상 사업분야는 백신, 비대면, 인공지능이다.
> ○ 우선 지원대상 사업분야 내 또는 우선 지원대상이 아닌 사업분야 내에서는 '소요 광고비 × 2020년도 총매출'이 작은 기업부터 먼저 선정한다.
> ○ 지원금 상한액은 1억 2,000만 원이나, 해당 기업의 2020년도 총매출이 100억 원 이하인 경우 상한액의 2배까지 지원할 수 있다. 단, 지원금은 소요 광고비의 2분의 1을 초과할 수 없다.
> ○ 위의 지원금 산정 방법에 따라 예산 범위 내에서 지급 가능한 최대 금액을 예산이 소진될 때까지 지원대상 기업에 순차로 배정한다.

<지원대상 후보 현황>

기업	2020년도 총매출(억 원)	소요 광고비 (억 원)	사업분야
A	600	1	백신
B	500	2	비대면
C	400	3	농산물
D	300	4	인공지능
E	200	5	비대면
F	100	6	의류
G	30	4	백신

① 없음
② 8,000만 원
③ 1억 2,000만 원
④ 1억 6,000만 원
⑤ 2억 4,000만 원

5. 다음 글의 ㉠과 ㉡에 해당하는 수를 옳게 짝지은 것은?

> 甲담당관: 우리 부서 전 직원 57명으로 구성되는 혁신조직을 출범시켰으면 합니다.
> 乙주무관: 조직은 어떻게 구성할까요?
> 甲담당관: 5~7명으로 구성된 10개의 소조직을 만들되, 5명, 6명, 7명 소조직이 각각 하나 이상 있었으면 합니다. 단, 각 직원은 하나의 소조직에만 소속되어야 합니다.
> 乙주무관: 그렇게 할 경우 5명으로 구성되는 소조직은 최소 (㉠)개, 최대 (㉡)개가 가능합니다.

	㉠	㉡
①	1	5
②	3	5
③	3	6
④	4	6
⑤	4	7

6. 다음 글을 근거로 판단할 때, 甲이 통합력에 투입해야 하는 노력의 최솟값은?

○ 업무역량은 기획력, 창의력, 추진력, 통합력의 4가지 부문으로 나뉜다.
○ 부문별 업무역량 값을 수식으로 나타내면 다음과 같다.

> 부문별 업무역량 값
> =(해당 업무역량 재능 × 4)+(해당 업무역량 노력 × 3)
>
> ※ 재능과 노력의 값은 음이 아닌 정수이다.

○ 甲의 부문별 업무역량의 재능은 다음과 같다.

기획력	창의력	추진력	통합력
90	100	110	60

○ 甲은 통합력의 업무역량 값을 다른 어떤 부문의 값보다 크게 만들고자 한다. 단, 甲이 투입 가능한 노력은 총 100이며 甲은 가능한 노력을 남김없이 투입한다.

① 67
② 68
③ 69
④ 70
⑤ 71

7. 다음 글을 근거로 판단할 때, 마지막에 송편을 먹었다면 그 직전에 먹은 떡은?

> 원 쟁반의 둘레를 따라 쑥떡, 인절미, 송편, 무지개떡, 팥떡, 호박떡이 순서대로 한 개씩 시계방향으로 놓여 있다. 이 떡을 먹는 순서는 다음과 같은 규칙에 따른다. 특정한 떡을 시작점(첫 번째)으로 하여 시계방향으로 떡을 세다가 여섯 번째에 해당하는 떡을 먹는다. 떡을 먹고 나면 시계방향으로 이어지는 바로 다음 떡이 새로운 시작점이 된다. 이 과정을 반복하여 떡이 한 개 남게 되면 마지막으로 그 떡을 먹는다.

① 무지개떡
② 쑥떡
③ 인절미
④ 팥떡
⑤ 호박떡

8. 다음 글을 근거로 판단할 때, 甲이 구매하려는 두 상품의 무게로 옳은 것은?

> ○○마트에서는 쌀 상품 A~D를 판매하고 있다. 상품 무게는 A가 가장 무겁고, B, C, D 순서대로 무게가 가볍다. 무게 측정을 위해 서로 다른 두 상품을 저울에 올린 결과, 각각 35kg, 39kg, 44kg, 45kg, 50kg, 54kg으로 측정되었다. 甲은 가장 무거운 상품과 가장 가벼운 상품을 제외하고 두 상품을 구매하기로 하였다.

※ 상품 무게(kg)의 값은 정수이다.

① 19kg, 25kg
② 19kg, 26kg
③ 20kg, 24kg
④ 21kg, 25kg
⑤ 22kg, 26kg

9. 다음 글을 근거로 판단할 때, A 괘종시계가 11시 정각을 알리기 위한 마지막 종을 치는 시각은?

> A 괘종시계는 매시 정각을 알리기 위해 매시 정각부터 일정한 시간 간격으로 해당 시의 수만큼 종을 친다. 예를 들어 7시 정각을 알리기 위해서는 7시 정각에 첫 종을 치기 시작하여 일정한 시간 간격으로 총 7번의 종을 치는 것이다. 이 괘종시계가 정각을 알리기 위해 2번 이상 종을 칠 때, 종을 치는 시간 간격은 몇 시 정각을 알리기 위한 것이든 동일하다. A 괘종시계가 6시 정각을 알리기 위한 마지막 6번째 종을 치는 시각은 6시 6초이다.

① 11시 11초
② 11시 12초
③ 11시 13초
④ 11시 14초
⑤ 11시 15초

10. 다음 글을 근거로 판단할 때, 현재 시점에서 두 번째로 많은 양의 일을 한 사람은?

> A부서 주무관 5명(甲~戊)은 오늘 해야 하는 일의 양이 같다. 오늘 업무 개시 후 현재까지 한 일을 비교해 보면 다음과 같다.
> 甲은 丙이 아직 하지 못한 일의 절반에 해당하는 양의 일을 했다. 乙은 丁이 남겨 놓고 있는 일의 2배에 해당하는 양의 일을 했다. 丙은 자신이 현재까지 했던 일의 절반에 해당하는 일을 남겨 놓고 있다. 丁은 甲이 남겨 놓고 있는 일과 동일한 양의 일을 했다. 戊는 乙이 남겨 놓은 일의 절반에 해당하는 양의 일을 했다.

① 甲
② 乙
③ 丙
④ 丁
⑤ 戊

11. 다음 글과 <대화>를 근거로 판단할 때, 丙이 받을 수 있는 최대 성과점수는?

○ A과는 과장 1명과 주무관 4명(甲~丁)으로 구성되어 있으며, 주무관의 직급은 甲이 가장 높고, 乙, 丙, 丁 순으로 낮아진다.
○ A과는 프로젝트를 성공적으로 마친 보상으로 성과점수 30점을 부여받았다. 과장은 A과에 부여된 30점을 자신을 제외한 주무관들에게 분배할 계획을 세우고 있다.
○ 과장은 주무관들의 요구를 모두 반영하여 성과점수를 분배하려 한다.
○ 주무관들이 받는 성과점수는 모두 다른 자연수이다.

<대 화>

甲: 과장님이 주시는 대로 받아야죠. 아! 그렇지만 丁보다는 제가 높아야 합니다.
乙: 이번 프로젝트 성공에는 제가 가장 큰 기여를 했으니, 제가 가장 높은 성과점수를 받아야 합니다.
丙: 기여도를 고려했을 때, 제 경우에는 상급자보다는 낮게 받고 하급자보다는 높게 받아야 합니다.
丁: 저는 내년 승진에 필요한 최소 성과점수인 4점만 받겠습니다.

① 6
② 7
③ 8
④ 9
⑤ 10

12. 다음 글을 근거로 판단할 때, 아기 돼지 삼형제와 각각의 집을 옳게 짝지은 것은?

○ 아기 돼지 삼형제는 엄마 돼지로부터 독립하여 벽돌집, 나무집, 지푸라기집 중 각각 다른 한 채씩을 선택하여 짓는다.
○ 벽돌집을 지을 때에는 벽돌만 필요하지만, 나무집은 나무와 지지대가, 지푸라기집은 지푸라기와 지지대가 재료로 필요하다. 지지대에 소요되는 비용은 집의 면적과 상관없이 나무집의 경우 20만 원, 지푸라기집의 경우 5만 원이다.
○ 재료의 1개당 가격 및 집의 면적 $1m^2$당 필요 개수는 아래와 같다.

구분	벽돌	나무	지푸라기
1개당 가격(원)	6,000	3,000	1,000
$1m^2$당 필요 개수	15	20	30

○ 첫째 돼지 집의 면적은 둘째 돼지 집의 2배이고, 셋째 돼지 집의 3배이다. 삼형제 집의 면적의 총합은 $11m^2$이다.
○ 모두 집을 짓고 나니, 둘째 돼지 집을 짓는 재료 비용이 가장 많이 들었다.

	첫째	둘째	셋째
①	벽돌집	나무집	지푸라기집
②	벽돌집	지푸라기집	나무집
③	나무집	벽돌집	지푸라기집
④	지푸라기집	벽돌집	나무집
⑤	지푸라기집	나무집	벽돌집

13. 다음 <A기관 특허대리인 보수 지급 기준>과 <상황>을 근거로 판단할 때, 甲과 乙이 지급받는 보수의 차이는?

<A기관 특허대리인 보수 지급 기준>

○ A기관은 특허출원을 특허대리인(이하 '대리인')에게 의뢰하고, 이에 따라 특허출원 건을 수임한 대리인에게 보수를 지급한다.
○ 보수는 착수금과 사례금의 합이다.
○ 착수금은 대리인이 작성한 출원서의 내용에 따라 <착수금 산정 기준>의 세부항목을 합산하여 산정한다. 단, 세부항목을 합산한 금액이 140만 원을 초과할 경우 착수금은 140만 원으로 한다.

<착수금 산정 기준>

세부항목	금액(원)
기본료	1,200,000
독립항 1개 초과분(1개당)	100,000
종속항(1개당)	35,000
명세서 20면 초과분(1면당)	9,000
도면(1도당)	15,000

※ 독립항 1개 또는 명세서 20면 이하는 해당 항목에 대한 착수금을 산정하지 않는다.

○ 사례금은 출원한 특허가 '등록결정'된 경우 착수금과 동일한 금액으로 지급하고, '거절결정'된 경우 0원으로 한다.

<상 황>

○ 특허대리인 甲과 乙은 A기관이 의뢰한 특허출원을 각각 1건씩 수임하였다.
○ 甲은 독립항 1개, 종속항 2개, 명세서 14면, 도면 3도로 출원서를 작성하여 특허를 출원하였고, '등록결정'되었다.
○ 乙은 독립항 5개, 종속항 16개, 명세서 50면, 도면 12도로 출원서를 작성하여 특허를 출원하였고, '거절결정'되었다.

① 2만 원
② 8만 5천 원
③ 123만 원
④ 129만 5천 원
⑤ 259만 원

14. 다음 글과 <상황>을 근거로 판단할 때, <보기>에서 옳은 것만을 모두 고르면?

□□부서는 매년 △△사업에 대해 사업자 자격 요건 재허가 심사를 실시한다.

○ 기본심사 점수에서 감점 점수를 뺀 최종심사 점수가 70점 이상이면 '재허가', 60점 이상 70점 미만이면 '허가 정지', 60점 미만이면 '허가 취소'로 판정한다.
  - 기본심사 점수: 100점 만점으로, ㉮~㉱의 4가지 항목(각 25점 만점) 점수의 합으로 한다. 단, 점수는 자연수이다.
  - 감점 점수: 과태료 부과의 경우 1회당 2점, 제재 조치의 경우 경고 1회당 3점, 주의 1회당 1.5점, 권고 1회당 0.5점으로 한다.

<상 황>

2020년 사업자 A~C의 기본심사 점수 및 감점 사항은 아래와 같다.

사업자	기본심사 항목별 점수			
	㉮	㉯	㉰	㉱
A	20	23	17	?
B	18	21	18	?
C	23	18	21	16

사업자	과태료 부과 횟수	제재 조치 횟수		
		경고	주의	권고
A	3	-	-	6
B	5	-	3	2
C	4	1	2	-

<보 기>

ㄱ. A의 ㉱ 항목 점수가 15점이라면 A는 재허가를 받을 수 있다.
ㄴ. B의 허가가 취소되지 않으려면 B의 ㉱ 항목 점수가 19점 이상이어야 한다.
ㄷ. C가 2020년에 과태료를 부과받은 적이 없다면 판정 결과가 달라진다.
ㄹ. 기본심사 점수와 최종심사 점수 간의 차이가 가장 큰 사업자는 C이다.

① ㄱ
② ㄴ
③ ㄱ, ㄴ
④ ㄴ, ㄷ
⑤ ㄷ, ㄹ

15. 다음 글과 <상황>을 근거로 판단할 때, 수질검사빈도와 수질기준을 둘 다 충족한 검사지점만을 모두 고르면?

□□법 제00조(수질검사빈도와 수질기준) ① 기초자치단체의 장인 시장·군수·구청장은 다음 각 호의 구분에 따라 지방상수도의 수질검사를 실시하여야 한다.

1. 정수장에서의 검사
   가. 냄새, 맛, 색도, 탁도(濁度), 잔류염소에 관한 검사: 매일 1회 이상
   나. 일반세균, 대장균, 암모니아성 질소, 질산성 질소, 과망간산칼륨 소비량 및 증발잔류물에 관한 검사: 매주 1회 이상
   단, 일반세균, 대장균을 제외한 항목 중 지난 1년간 검사를 실시한 결과, 수질기준의 10퍼센트를 초과한 적이 없는 항목에 대하여는 매월 1회 이상
2. 수도꼭지에서의 검사
   가. 일반세균, 대장균, 잔류염소에 관한 검사: 매월 1회 이상
   나. 정수장별 수도관 노후지역에 대한 일반세균, 대장균, 암모니아성 질소, 동, 아연, 철, 망간, 잔류염소에 관한 검사: 매월 1회 이상
3. 수돗물 급수과정별 시설(배수지 등)에서의 검사
   일반세균, 대장균, 암모니아성 질소, 동, 수소이온 농도, 아연, 철, 잔류염소에 관한 검사: 매 분기 1회 이상

② 수질기준은 아래와 같다.

항목	기준	항목	기준
대장균	불검출/100mL	일반세균	100CFU/mL 이하
잔류염소	4mg/L 이하	질산성 질소	10mg/L 이하

<상 황>

甲시장은 □□법 제00조에 따라 수질검사를 실시하고 있다. 甲시 관할의 검사지점(A~E)은 이전 검사에서 매번 수질기준을 충족하였고, 이번 수질검사에서 아래와 같은 결과를 보였다.

검사지점	검사대상	검사결과	검사빈도
정수장 A	잔류염소	2mg/L	매일 1회
정수장 B	질산성 질소	11mg/L	매일 1회
정수장 C	일반세균	70CFU/mL	매월 1회
수도꼭지 D	대장균	불검출/100mL	매주 1회
배수지 E	잔류염소	2mg/L	매주 1회

※ 제시된 검사대상 외의 수질검사빈도와 수질기준은 모두 충족한 것으로 본다.

① A, D
② B, D
③ A, D, E
④ A, B, C, E
⑤ A, C, D, E

16. 다음 글과 <상황>을 근거로 판단할 때 옳은 것은?

○ 민원의 종류
법정민원(인가·허가 등을 신청하거나 사실·법률관계에 관한 확인 또는 증명을 신청하는 민원), 질의민원(법령·제도 등에 관하여 행정기관의 설명·해석을 요구하는 민원), 건의민원(행정제도의 개선을 요구하는 민원), 기타민원(그 외 상담·설명 요구, 불편 해결을 요구하는 민원)으로 구분함

○ 민원의 신청
문서(전자문서를 포함, 이하 같음)로 해야 하나, 기타민원은 구술 또는 전화로 가능함

○ 민원의 접수
민원실에서 접수하고, 접수증을 교부하여야 함(단, 기타민원, 우편 및 전자문서로 신청한 민원은 접수증 교부를 생략할 수 있음)

○ 민원의 이송
접수한 민원이 다른 행정기관의 소관인 경우, 접수된 민원문서를 지체 없이 소관 기관에 이송하여야 함

○ 처리결과의 통지
접수된 민원에 대한 처리결과를 민원인에게 문서로 통지하여야 함(단, 기타민원의 경우와 통지에 신속을 요하거나 민원인이 요청하는 경우, 구술 또는 전화로 통지할 수 있음)

○ 반복 및 중복 민원의 처리
민원인이 동일한 내용의 민원(법정민원 제외)을 정당한 사유 없이 3회 이상 반복하여 제출한 경우, 2회 이상 그 처리결과를 통지하였다면 그 후 접수되는 민원에 대하여는 바로 종결 처리할 수 있음

<상 황>

○ 甲은 인근 공사장 소음으로 인한 불편 해결을 요구하는 민원을 A시에 제기하려고 한다.
○ 乙은 자신의 영업허가를 신청하는 민원을 A시에 제기하려고 한다.

① 甲은 구술 또는 전화로 민원을 신청할 수 없다.
② 乙은 전자문서로 민원을 신청할 수 없다.
③ 甲이 신청한 민원이 다른 행정기관 소관 사항인 경우라도, A시는 해당 민원을 이송 없이 처리할 수 있다.
④ A시는 甲이 신청한 민원에 대한 처리결과를 전화로 통지할 수 있다.
⑤ 乙이 동일한 내용의 민원을 이미 2번 제출하여 처리결과를 통지받았으나 정당한 사유 없이 다시 신청한 경우, A시는 해당 민원을 바로 종결 처리할 수 있다.

17. 다음 글과 <상황>을 근거로 판단할 때 옳지 않은 것은?

> 제00조 ① 건축물을 건축하거나 대수선하려는 자는 특별자치시장·특별자치도지사 또는 시장·군수·구청장의 허가를 받아야 한다. 다만 21층 이상의 건축물이나 연면적 합계 10만 제곱미터 이상인 건축물을 특별시나 광역시에 건축하려면 특별시장이나 광역시장의 허가를 받아야 한다.
> ② 허가권자는 제1항에 따른 허가를 받은 자가 다음 각 호의 어느 하나에 해당하면 허가를 취소하여야 한다. 다만 제1호에 해당하는 경우로서 정당한 사유가 있다고 인정되면 1년의 범위에서 공사의 착수기간을 연장할 수 있다.
> 1. 허가를 받은 날부터 2년 이내에 공사에 착수하지 아니한 경우
> 2. 제1호의 기간 이내에 공사에 착수하였으나 공사의 완료가 불가능하다고 인정되는 경우
>
> 제00조 ① ○○부 장관은 국토관리를 위하여 특히 필요하다고 인정하거나 주무부장관이 국방, 문화재보존, 환경보전 또는 국민경제를 위하여 특히 필요하다고 인정하여 요청하면 허가권자의 건축허가나 허가를 받은 건축물의 착공을 제한할 수 있다.
> ② 특별시장·광역시장·도지사(이하 '시·도지사'라 한다)는 지역계획이나 도시·군계획에 특히 필요하다고 인정하면 시장·군수·구청장의 건축허가나 허가를 받은 건축물의 착공을 제한할 수 있다.
> ③ ○○부 장관이나 시·도지사는 제1항이나 제2항에 따라 건축허가나 건축허가를 받은 건축물의 착공을 제한하려는 경우에는 주민의견을 청취한 후 건축위원회의 심의를 거쳐야 한다.
> ④ 제1항이나 제2항에 따라 건축허가나 건축물의 착공을 제한하는 경우 제한기간은 2년 이내로 한다. 다만 1회에 한하여 1년 이내의 범위에서 제한기간을 연장할 수 있다.

<상 황>

> 甲은 20층의 연면적 합계 5만 제곱미터인 건축물을, 乙은 연면적 합계 15만 제곱미터인 건축물을 각각 A광역시 B구에 신축하려고 한다.

① 甲은 B구청장에게 건축허가를 받아야 한다.
② 甲이 건축허가를 받은 경우에도 A광역시장은 지역계획에 특히 필요하다고 인정하면 일정한 절차를 거쳐 甲의 건축물 착공을 제한할 수 있다.
③ B구청장은 주민의견을 청취한 후 건축위원회의 심의를 거쳐 건축허가를 받은 乙의 건축물 착공을 제한할 수 있다.
④ 乙이 건축허가를 받은 날로부터 2년 이내에 정당한 사유 없이 공사에 착수하지 않은 경우, A광역시장은 건축허가를 취소하여야 한다.
⑤ 주무부장관이 문화재보존을 위하여 특히 필요하다고 인정하여 요청하는 경우, ○○부 장관은 건축허가를 받은 乙의 건축물에 대해 최대 3년간 착공을 제한할 수 있다.

18. 다음 글을 근거로 판단할 때 옳지 않은 것은?

> 제00조 ① 정보공개심의회(이하 '심의회'라 한다)는 다음 각 호의 구분에 따라 10인 이내의 위원으로 구성한다.
> 1. 내부 위원: 위원장 1인(○○실장)과 각 부서의 정보공개담당관 중 지명된 3인
> 2. 외부 위원: 관련분야 전문가 중에서 총 위원수의 3분의 1 이상 위촉
>
> ② 위원은 특정 성별이 다른 성별의 2분의 1 이하가 되지 않도록 한다.
> ③ 위원장을 비롯한 내부 위원의 임기는 그 직위에 재직하는 기간으로 하며, 외부 위원의 임기는 2년으로 하되 2회에 한하여 연임할 수 있다.
> ④ 심의회는 위원장이 소집하고, 회의는 위원장을 포함한 재적위원 3분의 2 이상의 출석으로 개의하고 출석위원 3분의 2 이상의 찬성으로 의결한다.
> ⑤ 위원은 부득이한 이유로 참석할 수 없는 경우에는 서면으로 의견을 제출할 수 있다. 이 경우 해당 위원은 심의회에 출석한 것으로 본다.

① 외부 위원의 최대 임기는 6년이다.
② 정보공개심의회는 최소 6명의 위원으로 구성된다.
③ 정보공개심의회 내부 위원이 모두 여성일 경우, 정보공개심의회는 7명의 위원으로 구성될 수 있다.
④ 정보공개심의회가 8명의 위원으로 구성되면, 위원 3명의 찬성으로 의결되는 경우가 있다.
⑤ 위원장을 포함한 위원 5명이 직접 출석하여 이들 모두 안건에 찬성하고, 위원 2명이 부득이한 이유로 서면으로 의견을 제출한 경우, 제출된 서면 의견에 상관없이 해당 안건은 찬성으로 의결된다.

19. 다음 글을 근거로 판단할 때, <보기>에서 옳은 것만을 모두 고르면?

2021년에 적용되는 ○○인재개발원의 분반 허용 기준은 아래와 같다.

○ 분반 허용 기준
  - 일반강의: 직전 2년 수강인원의 평균이 100명 이상이거나, 그 2년 중 1년의 수강인원이 120명 이상
  - 토론강의: 직전 2년 수강인원의 평균이 60명 이상이거나, 그 2년 중 1년의 수강인원이 80명 이상
  - 영어강의: 직전 2년 수강인원의 평균이 30명 이상이거나, 그 2년 중 1년의 수강인원이 50명 이상
  - 실습강의: 직전 2년 수강인원의 평균이 20명 이상

○ 이상의 기준에도 불구하고 직전년도 강의만족도 평가점수가 90점 이상이었던 강의는 위에서 기준으로 제시한 수강인원의 90% 이상이면 분반을 허용한다.

<보 기>

ㄱ. 2019년과 2020년의 수강인원이 각각 100명과 80명이고 2020년 강의만족도 평가점수가 85점인 일반강의 A는 분반이 허용된다.

ㄴ. 2019년과 2020년의 수강인원이 각각 10명과 45명인 영어강의 B의 분반이 허용되지 않는다면, 2020년 강의만족도 평가점수는 90점 미만이었을 것이다.

ㄷ. 2019년 수강인원이 20명이고 2020년 강의만족도 평가점수가 92점인 실습강의 C의 분반이 허용되지 않는다면, 2020년 강의의 수강인원은 15명을 넘지 않았을 것이다.

① ㄴ
② ㄷ
③ ㄱ, ㄴ
④ ㄱ, ㄷ
⑤ ㄴ, ㄷ

20. 다음 글과 <상황>을 근거로 판단할 때, <사업 공모 지침 수정안>의 밑줄 친 ㉮~㉴ 중 '관계부처 협의 결과'에 부합한 것만을 모두 고르면?

○ '대학 캠퍼스 혁신파크 사업'을 담당하는 A주무관은 신청조건과 평가지표 및 배점을 포함한 <사업 공모 지침 수정안>을 작성하였다. 평가지표는 I~IV의 지표와 그 하위 지표로 구성되어 있다.

<사업 공모 지침 수정안>

㉮ □ 신청 조건

최소 1만m^2 이상의 사업부지 확보. 단, 사업부지에는 건축물이 없어야 함

□ 평가지표 및 배점

평가지표	배점	
	현행	수정
㉯ I. 개발 타당성	20	25
- 개발계획의 합리성 - 관련 정부사업과의 연계가능성 - 학습여건 보호 가능성	10 5 5	10 10 5
㉰ II. 대학의 사업 추진 역량과 의지	10	15
- 혁신파크 입주기업 지원 방안 - 사업 전담조직 및 지원체계 - 대학 내 주체 간 합의 정도	5 5 -	5 5 5
㉱ III. 기업 유치 가능성	10	10
- 기업의 참여 가능성 - 참여 기업의 재무건전성	7 3	3 7
㉴ IV. 시범사업 조기 활성화 가능성	10	삭제
- 대학 내 주체 간 합의 정도 - 부지 조기 확보 가능성	5 5	이동 삭제
합계	50	50

<상 황>

A주무관은 <사업 공모 지침 수정안>을 작성한 후 뒤늦게 '관계부처 협의 결과'를 전달받았다. 그 내용은 다음과 같다.

○ 대학이 부지를 확보하는 것이 쉽지 않으므로 신청 사업부지 안에 건축물이 포함되어 있어도 신청 허용
○ 도시재생뉴딜사업, 창업선도대학 등 '관련 정부사업과의 연계가능성' 평가비중 확대
○ 시범사업 기간이 종료되었으므로 시범사업 조기 활성화와 관련된 평가지표를 삭제하되 '대학 내 주체 간 합의 정도'는 타 지표로 이동하여 계속 평가
○ 논의된 내용 이외의 하위 지표의 항목과 배점은 사업의 안정성을 위해 현행 유지

① ㉮, ㉯
② ㉮, ㉱
③ ㉯, ㉱
④ ㉰, ㉴
⑤ ㉯, ㉰, ㉴

21. 다음 글과 <대화>를 근거로 판단할 때, ㉠에 들어갈 丙의 대화 내용으로 옳은 것은?

> 주무관 丁은 다음과 같은 사실을 알고 있다.
> ○ 이번 주 개업한 A식당은 평일 '점심(12시)'과 '저녁(18시)'으로만 구분해 운영되며, 해당 시각 이전에 예약할 수 있다.
> ○ 주무관 甲~丙은 A식당에 이번 주 월요일부터 수요일까지 서로 겹치지 않게 예약하고 각자 한 번씩 다녀왔다.

<대 화>

> 甲: 나는 이번 주 乙의 방문후기를 보고 예약했어. 음식이 정말 훌륭하더라!
> 乙: 그렇지? 나도 나중에 들었는데 丙은 점심 할인도 받았대. 나도 다음에는 점심에 가야겠어.
> 丙: 월요일은 개업일이라 사람이 많을 것 같아서 피했어.
> ㉠
> 丁: 너희 모두의 말을 다 들어보니, 각자 식당에 언제 갔는지를 정확하게 알겠다!

① 乙이 다녀온 바로 다음날 점심을 먹었지.
② 甲이 먼저 점심 할인을 받고 나에게 알려준 거야.
③ 甲이 우리 중 가장 늦게 갔었구나.
④ 월요일에 갔던 사람은 아무도 없구나.
⑤ 같이 가려고 했더니 이미 다들 먼저 다녀왔더군.

22. 다음 글과 <상황>을 근거로 판단할 때, 날씨 예보 앱을 설치한 잠재 사용자의 총수는?

> 내일 비가 오는지를 예측하는 날씨 예보시스템을 개발한 A청은 다음과 같은 날씨 예보 앱의 '사전테스트전략'을 수립하였다.
> ○ 같은 날씨 변화를 경험하는 잠재 사용자의 전화번호를 개인의 동의를 얻어 확보한다.
> ○ 첫째 날에는 잠재 사용자를 같은 수의 두 그룹으로 나누어, 한쪽은 "비가 온다"로 다른 한쪽에는 "비가 오지 않는다"로 메시지를 보낸다.
> ○ 둘째 날에는 직전일에 보낸 메시지와 날씨가 일치한 그룹을 다시 같은 수의 두 그룹으로 나누어, 한쪽은 "비가 온다"로 다른 한쪽에는 "비가 오지 않는다"로 메시지를 보낸다.
> ○ 이후 날에도 같은 작업을 계속 반복한다.
> ○ 보낸 메시지와 날씨가 일치하지 않은 잠재 사용자를 대상으로도 같은 작업을 반복한다. 즉, 직전일에 보낸 메시지와 날씨가 일치하지 않은 잠재 사용자를 같은 수의 두 그룹으로 나누어, 한쪽은 "비가 온다"로 다른 한쪽에는 "비가 오지 않는다"로 메시지를 보낸다.

<상 황>

> A청은 사전테스트전략대로 200,000명의 잠재 사용자에게 월요일부터 금요일까지 5일간 메시지를 보냈다. 받은 메시지와 날씨가 3일 연속 일치한 경우, 해당 잠재 사용자는 날씨 예보 앱을 그날 설치한 후 제거하지 않았다.

① 12,500명
② 25,000명
③ 37,500명
④ 43,750명
⑤ 50,000명

[23～24] 다음 글을 읽고 물음에 답하시오.

○ 국가는 지방자치단체인 시·군·구의 인구, 지리적 여건, 생활권·경제권, 발전가능성 등을 고려하여 통합이 필요한 지역에 대하여는 지방자치단체 간 통합을 지원해야 한다.
○ △△위원회(이하 '위원회')는 통합대상 지방자치단체를 발굴하고 통합방안을 마련한다. 지방자치단체의 장, 지방의회 또는 주민은 인근 지방자치단체와의 통합을 위원회에 건의할 수 있다. 단, 주민이 건의하는 경우에는 해당 지방자치단체의 주민투표권자 총수의 50분의 1 이상의 연서(連書)가 있어야 한다. 지방자치단체의 장, 지방의회 또는 주민은 위원회에 통합을 건의할 때 통합대상 지방자치단체를 관할하는 특별시장·광역시장 또는 도지사(이하 '시·도지사')를 경유해야 한다. 이 경우 시·도지사는 접수받은 통합건의서에 의견을 첨부하여 지체 없이 위원회에 제출해야 한다. 위원회는 위의 건의를 참고하여 시·군·구 통합방안을 마련해야 한다.
○ □□부 장관은 위원회가 마련한 시·군·구 통합방안에 따라 지방자치단체 간 통합을 해당 지방자치단체의 장에게 권고할 수 있다. □□부 장관은 지방자치단체 간 통합권고안에 관하여 해당 지방의회의 의견을 들어야 한다. 그러나 □□부 장관이 필요하다고 인정하여 해당 지방자치단체의 장에게 주민투표를 요구하여 실시한 경우에는 그렇지 않다. 지방자치단체의 장은 시·군·구 통합과 관련하여 주민투표의 실시 요구를 받은 때에는 지체 없이 이를 공표하고 주민투표를 실시해야 한다.
○ 지방의회 의견청취 또는 주민투표를 통하여 지방자치단체의 통합의사가 확인되면 '관계지방자치단체(통합대상 지방자치단체 및 이를 관할하는 특별시·광역시 또는 도)'의 장은 명칭, 청사 소재지, 지방자치단체의 사무 등 통합에 관한 세부사항을 심의하기 위하여 공동으로 '통합추진공동위원회'를 설치해야 한다.
○ 통합추진공동위원회의 위원은 관계지방자치단체의 장 및 그 지방의회가 추천하는 자로 한다. 통합추진공동위원회를 구성하는 각각의 관계지방자치단체 위원 수는 다음에 따라 산정한다. 단, 그 결과값이 자연수가 아닌 경우에는 소수점 이하의 수를 올림한 값을 관계지방자치단체 위원 수로 한다.

관계지방자치단체 위원 수 = [(통합대상 지방자치단체 수) × 6 + (통합대상 지방자치단체를 관할하는 특별시·광역시 또는 도의 수) × 2 + 1] ÷ (관계지방자치단체 수)

○ 통합추진공동위원회의 전체 위원 수는 위에 따라 산출된 관계지방자치단체 위원 수에 관계지방자치단체 수를 곱한 값이다.

23. 윗글을 근거로 판단할 때 옳은 것은?

① □□부 장관이 요구하여 지방자치단체의 통합과 관련한 주민투표가 실시된 경우에는 통합권고안에 대해 지방의회의 의견을 청취하지 않아도 된다.
② 지방의회가 의결을 통해 다른 지방자치단체와의 통합을 추진하고자 한다면 통합건의서는 시·도지사를 경유하지 않고 △△위원회에 직접 제출해야 한다.
③ 주민투표권자 총수가 10만 명인 지방자치단체의 주민들이 다른 인근 지방자치단체와의 통합을 △△위원회에 건의하고자 할 때, 주민 200명의 연서가 있으면 가능하다.
④ 통합추진공동위원회의 위원은 □□부 장관과 관계지방자치단체의 장이 추천하는 자로 한다.
⑤ 지방자치단체의 장은 해당 지방자치단체의 통합을 △△위원회에 건의할 때, 지방의회의 의결을 거쳐야 한다.

24. 윗글과 <상황>을 근거로 판단할 때, '통합추진공동위원회'의 전체 위원 수는?

<상 황>

甲도가 관할하는 지방자치단체인 A군과 B군, 乙도가 관할하는 지방자치단체인 C군, 그리고 丙도가 관할하는 지방자치단체인 D군은 관련 절차를 거쳐 하나의 지방자치단체로 통합을 추진하고 있다. 현재 관계지방자치단체장은 공동으로 '통합추진공동위원회'를 설치하고자 한다.

① 42명
② 35명
③ 32명
④ 31명
⑤ 28명

25. 다음 글과 <상황>을 근거로 판단할 때, 괄호 안의 ㉠과 ㉡에 해당하는 것을 옳게 짝지은 것은?

> ○ 행정구역분류코드는 다섯 자리 숫자로 구성되어 있다.
> ○ 행정구역분류코드의 '처음 두 자리'는 광역자치단체인 시·도를 의미하는 고유한 값이다.
> ○ '그 다음 두 자리'는 광역자치단체인 시·도에 속하는 기초자치단체인 시·군·구를 의미하는 고유한 값이다. 단, 광역자치단체인 시에 속하는 기초자치단체는 군·구이다.
> ○ '마지막 자리'에는 해당 시·군·구가 기초자치단체인 경우 0, 자치단체가 아닌 경우 0이 아닌 임의의 숫자를 부여한다.
> ○ 광역자치단체인 시에 속하는 구는 기초자치단체이며, 기초자치단체인 시에 속하는 구는 자치단체가 아니다.

<상 황>

> ○○시의 A구와 B구 중 B구의 행정구역분류코드의 첫 네 자리는 1003이며, 다섯 번째 자리는 알 수 없다.
> 甲은 ○○시가 광역자치단체인지 기초자치단체인지 모르는 상황에서, A구의 행정구역분류코드는 ○○시가 광역자치단체라면 (㉠), 기초자치단체라면 (㉡)이/가 가능하다고 판단하였다.

	㉠	㉡
①	10020	10021
②	10020	10033
③	10033	10034
④	10050	10027
⑤	20030	10035

약점 보완 해설집 p.142

자료해석영역

1. 다음 <표>와 <보고서>는 2019년 전국 안전체험관과 생활안전에 관한 자료이다. 제시된 <표> 이외에 <보고서>를 작성하기 위해 추가로 이용한 자료만을 <보기>에서 모두 고르면?

<표> 2019년 전국 안전체험관 규모별 현황

(단위: 개소)

전체	대형		중형		소형
	일반	특성화	일반	특성화	
473	25	7	5	2	434

<보고서>

2019년 생활안전 통계에 따르면 전국 473개소의 안전체험관이 운영 중인 것으로 확인되었다. 전국 안전체험관을 규모별로 살펴보면, 대형이 32개소, 중형이 7개소, 소형이 434개소였다. 이 중 대형 안전체험관은 서울이 가장 많고 경북, 충남이 그 뒤를 이었다.

전국 안전사고 사망자 수는 2015년 이후 매년 감소하다가 2018년에는 증가하였다. 교통사고 사망자 수는 2015년 이후 매년 줄어들었고, 특히 2018년에 전년 대비 11.2% 감소하였다.

2019년 분야별 지역안전지수 1등급 지역을 살펴보면 교통사고 분야는 서울, 경기, 화재 분야는 광주, 생활안전 분야는 경기, 부산으로 나타났다.

<보 기>

ㄱ. 연도별 전국 교통사고 사망자 수 (단위: 명)

연도	2015	2016	2017	2018
사망자 수	4,380	4,019	3,973	3,529

ㄴ. 분야별 지역안전지수 4년 연속(2015~2018년) 1등급, 5등급 지역(시·도)

분야 / 등급	교통사고	화재	범죄	생활안전	자살
1등급	서울, 경기	-	세종	경기	경기
5등급	전남	세종	제주	제주	부산

ㄷ. 연도별 전국 안전사고 사망자 수 (단위: 명)

연도	2015	2016	2017	2018
사망자 수	31,582	30,944	29,545	31,111

ㄹ. 2018년 지역별 안전체험관 수

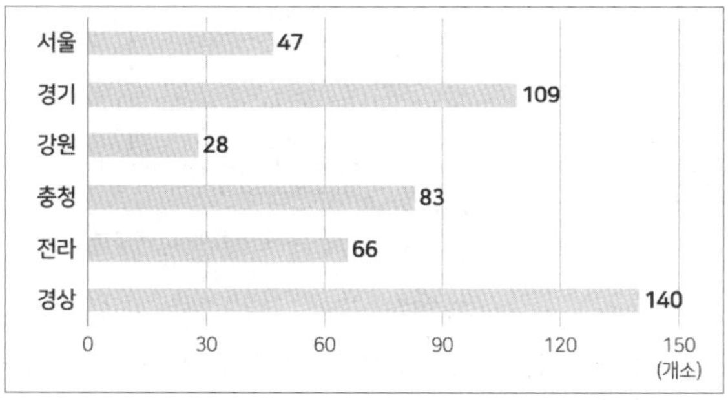

① ㄱ, ㄴ ② ㄱ, ㄷ ③ ㄴ, ㄹ
④ ㄱ, ㄷ, ㄹ ⑤ ㄴ, ㄷ, ㄹ

2. 다음 <표>는 아프리카연합이 주도한 임무단의 평화유지활동에 관한 자료이다. 이를 바탕으로 작성한 <보고서>의 설명 중 옳지 않은 것은?

<표> 임무단의 평화유지활동(2021년 5월 기준)

(단위: 명)

임무단	파견지	활동기간	주요 임무	파견규모
부룬디 임무단	부룬디	2003. 4.~ 2004. 6.	평화협정 이행 지원	3,128
수단 임무단	수단	2004. 10.~ 2007. 12.	다르푸르 지역 정전 감시	300
코모로 선거감시 지원 임무단	코모로	2006. 3.~ 2006. 6.	코모로 대통령 선거 감시	462
소말리아 임무단	소말리아	2007. 1.~ 현재	구호 활동 지원	6,000
코모로 치안 지원 임무단	코모로	2007. 5.~ 2008. 10.	앙주앙 섬 치안 지원	350
다르푸르 지역 임무단	수단	2007. 7.~ 현재	민간인 보호	6,000
우간다 임무단	우간다	2012. 3.~ 현재	반군 소탕작전	3,350
말리 임무단	말리	2012. 12.~ 2013. 7.	정부 지원	1,450
중앙아프리카 공화국 임무단	중앙아프리카 공화국	2013. 12.~ 2014. 9.	안정 유지	5,961

<보고서>

아프리카연합은 아프리카 지역 분쟁 해결 및 평화 구축을 위하여 2021년 5월 현재까지 9개의 임무단을 구성하고 평화유지활동을 주도하였다. ㉠ 평화유지활동 중 가장 오랜 기간 동안 활동한 임무단은 '소말리아 임무단'이다. 이 임무는 소말리아 과도 연방정부가 아프리카연합에 평화유지군을 요청한 것을 계기로 시작되어 현재에 이르고 있다. 한편, ㉡ '코모로 선거감시 지원 임무단'은 가장 짧은 기간 동안 활동하였다. 2006년 코모로는 대통령 선거를 앞두고 아프리카연합에 지원을 요청하였고 같은 해 3월 시작된 평화유지활동은 선거가 끝난 6월에 임무가 종료되었다.

㉢ 아프리카연합이 현재까지 평화유지활동을 위해 파견한 임무단의 총규모는 25,000명 이상이며, 현재 활동 중인 임무단의 규모는 소말리아 6,000명, 수단 6,000명, 우간다 3,350명으로 총 15,000여 명이다.

아프리카연합은 아프리카 내의 문제를 자체적으로 해결하기 위해 다양한 임무단 활동을 활발히 수행하였다. 특히 ㉣ 수단과 코모로에서는 각각 2개의 임무단이 활동하였다.

현재 평화유지활동을 수행 중인 임무단은 3개이지만 ㉤ 2007년 10월 기준 평화유지활동을 수행 중이었던 임무단은 5개였다.

① ㄱ ② ㄴ ③ ㄷ
④ ㄹ ⑤ ㅁ

3. 다음 <그림>은 2014~2020년 연말 기준 '갑'국의 국가채무 및 GDP에 관한 자료이다. 이에 대한 <보기>의 설명 중 옳은 것만을 모두 고르면?

<그림 1> GDP 대비 국가채무 및 적자성채무 비율 추이

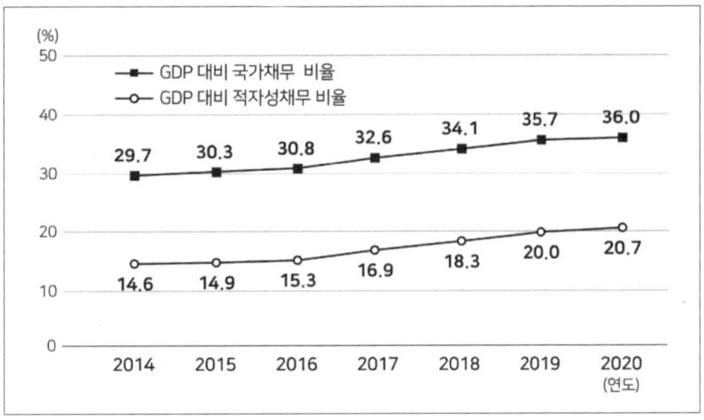

※ 국가채무 = 적자성채무 + 금융성채무

<그림 2> GDP 추이

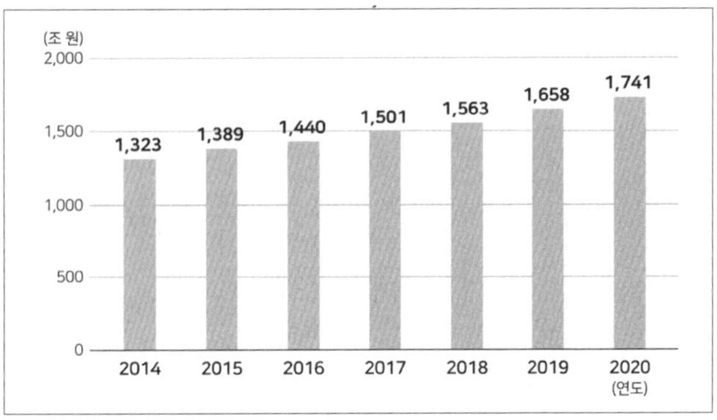

<보 기>

ㄱ. 2020년 국가채무는 2014년의 1.5배 이상이다.
ㄴ. GDP 대비 금융성채무 비율은 매년 증가한다.
ㄷ. 적자성채무는 2019년부터 300조 원 이상이다.
ㄹ. 금융성채무는 매년 국가채무의 50% 이상이다.

① ㄱ, ㄴ
② ㄱ, ㄷ
③ ㄴ, ㄹ
④ ㄱ, ㄷ, ㄹ
⑤ ㄴ, ㄷ, ㄹ

4. 다음 <표>는 최근 이사한 100가구의 이사 전후 주택규모에 관한 조사 결과이다. 이에 대한 <보기>의 설명 중 옳은 것만을 모두 고르면?

<표> 이사 전후 주택규모 조사 결과

(단위: 가구)

이사 전 / 이사 후	소형	중형	대형	합
소형	15	10	( )	30
중형	( )	30	10	( )
대형	5	10	15	( )
계	( )	( )	( )	100

※ 주택규모는 '소형', '중형', '대형'으로만 구분하며, 동일한 주택규모는 크기도 같음.

<보 기>

ㄱ. 주택규모가 이사 전 '소형'에서 이사 후 '중형'으로 달라진 가구는 없다.
ㄴ. 이사 전후 주택규모가 달라진 가구 수는 전체 가구 수의 50% 이하이다.
ㄷ. 주택규모가 '대형'인 가구 수는 이사 전이 이사 후보다 적다.
ㄹ. 이사 후 주택규모가 커진 가구 수는 이사 후 주택규모가 작아진 가구 수보다 많다.

① ㄱ, ㄴ　② ㄱ, ㄷ　③ ㄴ, ㄹ
④ ㄷ, ㄹ　⑤ ㄱ, ㄴ, ㄷ

5. 다음 <그림>은 A사 플라스틱 제품의 제조공정도이다. 1,000kg의 재료가 '혼합' 공정에 투입되는 경우, '폐기처리' 공정에 전달되어 투입되는 재료의 총량은 몇 kg인가?

<그림> A사 플라스틱 제품의 제조공정도

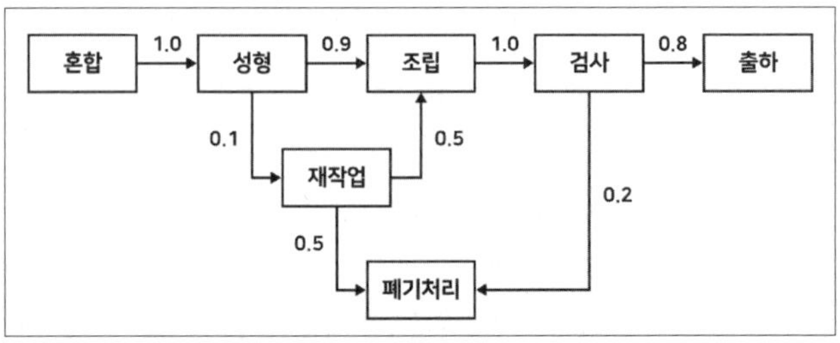

※ 제조공정도 내 수치는 직진율 $\left(=\frac{\text{다음 공정에 전달되는 재료의 양}}{\text{해당 공정에 투입되는 재료의 양}}\right)$을 의미함. 예를 들어, [가] →0.2 [나] 는 해당 공정 '가'에 100kg의 재료가 투입되면 이 중 20kg(= 100kg×0.2)의 재료가 다음 공정 '나'에 전달되어 투입됨을 의미함.

① 50　② 190　③ 230
④ 240　⑤ 280

6. 다음 <그림>은 12개 국가의 수자원 현황에 관한 자료이며, A~H는 각각 특정 국가를 나타낸다. <그림>과 <조건>을 근거로 판단할 때, 국가명을 알 수 없는 것은?

<그림> 12개 국가의 수자원 현황

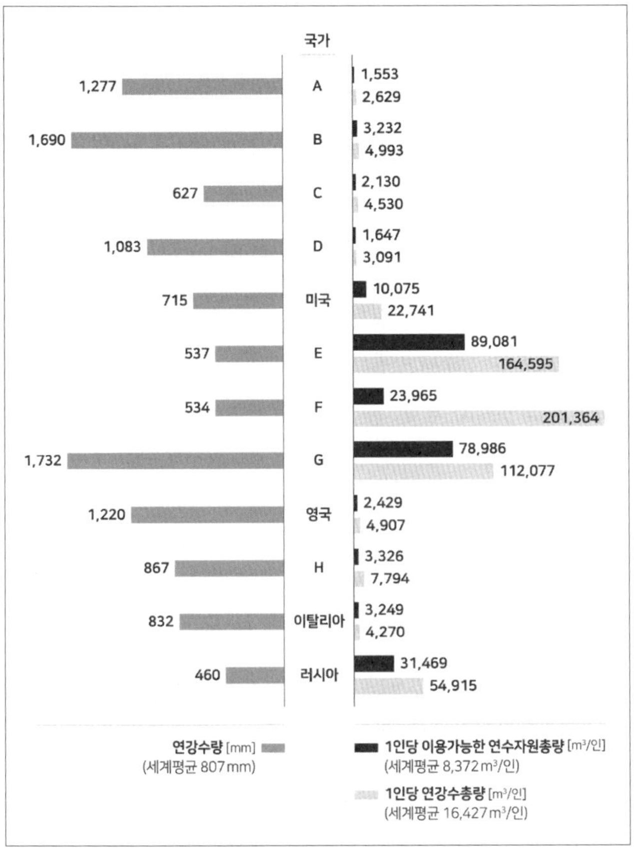

<조 건>

○ '연강수량'이 세계평균의 2배 이상인 국가는 일본과 뉴질랜드이다.

○ '연강수량'이 세계평균보다 많은 국가 중 '1인당 이용가능한 연수자원총량'이 가장 적은 국가는 대한민국이다.

○ '1인당 연강수총량'이 세계평균의 5배 이상인 국가를 '연강수량'이 많은 국가부터 나열하면 뉴질랜드, 캐나다, 호주이다.

○ '1인당 이용가능한 연수자원총량'이 영국보다 적은 국가 중 '1인당 연강수총량'이 세계평균의 25% 이상인 국가는 중국이다.

○ '1인당 이용가능한 연수자원총량'이 6번째로 많은 국가는 프랑스이다.

① B
② C
③ D
④ E
⑤ F

7. 다음 <표>는 학생 '갑'~'무'의 중간고사 3개 과목 점수에 관한 자료이다. 이에 대한 <보기>의 설명 중 옳은 것만을 모두 고르면?

<표> '갑'~'무'의 중간고사 3개 과목 점수

(단위: 점)

학생 \ 과목	갑	을	병	정	무
성별	남	여	( )	여	남
국어	90	85	60	95	75
영어	90	85	100	65	100
수학	75	70	85	100	100

<보 기>

ㄱ. 국어 평균 점수는 80점 이상이다.

ㄴ. 3개 과목 평균 점수가 가장 높은 학생과 가장 낮은 학생의 평균 점수 차이는 10점 이하이다.

ㄷ. 국어, 영어, 수학 점수에 각각 0.4, 0.2, 0.4의 가중치를 곱한 점수의 합이 가장 큰 학생은 '정'이다.

ㄹ. '갑'~'무'의 성별 수학 평균 점수는 남학생이 여학생보다 높다.

① ㄱ, ㄷ ② ㄱ, ㄹ ③ ㄴ, ㄷ
④ ㄱ, ㄷ, ㄹ ⑤ ㄴ, ㄷ, ㄹ

8. 다음 <표>는 2021~2027년 시스템반도체 중 인공지능반도체의 세계 시장규모 전망이다. 이에 대한 <보기>의 설명 중 옳은 것만을 모두 고르면?

<표> 시스템반도체 중 인공지능반도체의 세계 시장규모 전망

(단위: 억 달러, %)

구분 \ 연도	2021	2022	2023	2024	2025	2026	2027
시스템반도체	2,500	2,310	2,686	2,832	( )	3,525	( )
인공지능반도체	70	185	325	439	657	927	1,179
비중	2.8	8.0	( )	15.5	19.9	26.3	31.3

<보 기>

ㄱ. 인공지능반도체 비중은 매년 증가한다.

ㄴ. 2027년 시스템반도체 시장규모는 2021년보다 1,000억 달러 이상 증가한다.

ㄷ. 2022년 대비 2025년의 시장규모 증가율은 인공지능반도체가 시스템반도체의 5배 이상이다.

① ㄷ ② ㄱ, ㄴ ③ ㄱ, ㄷ
④ ㄴ, ㄷ ⑤ ㄱ, ㄴ, ㄷ

9. 다음 <표>는 A~H지역의 화물 이동 현황에 관한 자료이다. 이에 대한 <보기>의 설명 중 옳은 것만을 모두 고르면?

<표> 화물의 지역 내, 지역 간 이동 현황

(단위: 개)

출발 지역 \ 도착 지역	A	B	C	D	E	F	G	H	합
A	65	121	54	52	172	198	226	89	977
B	56	152	61	55	172	164	214	70	944
C	29	47	30	22	62	61	85	30	366
D	24	61	30	37	82	80	113	45	472
E	61	112	54	47	187	150	202	72	885
F	50	87	38	41	120	188	150	55	729
G	78	151	83	73	227	208	359	115	1,294
H	27	66	31	28	94	81	116	46	489
계	390	797	381	355	1,116	1,130	1,465	522	6,156

※ 출발 지역과 도착 지역이 동일한 경우는 해당 지역 내에서 화물이 이동한 것임.

<보 기>

ㄱ. 도착 화물보다 출발 화물이 많은 지역은 3개이다.
ㄴ. 지역 내 이동 화물이 가장 적은 지역은 도착 화물도 가장 적다.
ㄷ. 지역 내 이동 화물을 제외할 때, 출발 화물과 도착 화물의 합이 가장 작은 지역은 출발 화물과 도착 화물의 차이도 가장 작다.
ㄹ. 도착 화물이 가장 많은 지역은 출발 화물 중 지역 내 이동 화물의 비중도 가장 크다.

① ㄱ, ㄴ
② ㄱ, ㄷ
③ ㄴ, ㄷ
④ ㄴ, ㄹ
⑤ ㄱ, ㄷ, ㄹ

10. 다음 <표>와 <대화>는 4월 4일 기준 지자체별 자가격리자 및 모니터링 요원에 관한 자료이다. <표>와 <대화>를 근거로 C와 D에 해당하는 지자체를 바르게 나열한 것은?

<표> 지자체별 자가격리자 및 모니터링 요원 현황(4월 4일 기준)

(단위: 명)

구분 \ 지자체		A	B	C	D
내국인	자가격리자	9,778	1,287	1,147	9,263
	신규 인원	900	70	20	839
	해제 인원	560	195	7	704
외국인	자가격리자	7,796	508	141	7,626
	신규 인원	646	52	15	741
	해제 인원	600	33	5	666
모니터링 요원		10,142	710	196	8,898

※ 해당일 기준 자가격리자 = 전일 기준 자가격리자 + 신규 인원 − 해제 인원

<대 화>

갑: 감염병 확산에 대응하기 위한 회의를 시작합시다. 오늘은 대전, 세종, 충북, 충남의 4월 4일 기준 자가격리자 및 모니터링 요원 현황을 보기로 했는데, 각 지자체의 상황이 어떤가요?
을: 4개 지자체 중 세종을 제외한 3개 지자체에서 4월 4일 기준 자가격리자가 전일 기준 자가격리자보다 늘어났습니다.
갑: 모니터링 요원의 업무 부담과 관련된 통계 자료도 있나요?
을: 4월 4일 기준으로 대전, 세종, 충북은 모니터링 요원 대비 자가격리자의 비율이 1.8 이상입니다.
갑: 지자체에 모니터링 요원을 추가로 배치해야 할 것 같습니다. 자가격리자 중 외국인이 차지하는 비중이 4개 지자체 가운데 대전이 가장 높으니, 외국어 구사가 가능한 모니터링 요원을 대전에 우선 배치하는 방향으로 검토해 봅시다.

	C	D
①	충북	충남
②	충북	대전
③	충남	충북
④	세종	대전
⑤	대전	충북

11. 다음 <그림>과 <조건>은 직장인 '갑'~'병'이 마일리지 혜택이 있는 알뜰교통카드를 사용하여 출근하는 방법 및 교통비에 관한 자료이다. 이에 근거하여 월간 출근 교통비를 많이 지출하는 직장인부터 순서대로 나열하면?

<그림> 직장인 '갑'~'병'의 출근 방법 및 교통비 관련 정보

직장인	이동거리 A [m]	출근 1회당 대중교통요금 [원]	이동거리 B [m]	월간 출근 횟수 [회]	저소득층 여부
갑	600	3,200	200	15	O
을	500	2,300	500	22	×
병	400	1,800	200	22	O

<조 건>

○ 월간 출근 교통비
= {출근1회당대중교통요금 − (기본마일리지 + 추가마일리지) $\times \left(\frac{\text{마일리지 적용거리}}{800}\right)$} × 월간 출근 횟수

○ 기본 마일리지는 출근 1회당 대중교통요금에 따라 다음과 같이 지급함.

출근 1회당 대중교통요금	2천 원 이하	2천 원 초과 3천 원 이하	3천 원 초과
기본 마일리지 (원)	250	350	450

○ 추가 마일리지는 저소득층에만 다음과 같이 지급함.

출근 1회당 대중교통요금	2천 원 이하	2천 원 초과 3천 원 이하	3천 원 초과
추가 마일리지 (원)	100	150	200

○ 마일리지 적용거리(m)는 출근 1회당 도보·자전거로 이동한 거리의 합이며 최대 800m까지만 인정함.

① 갑, 을, 병
② 갑, 병, 을
③ 을, 갑, 병
④ 을, 병, 갑
⑤ 병, 을, 갑

12. 다음 <그림>은 개발원조위원회 29개 회원국 중 공적개발원조액 상위 15개국과 국민총소득 대비 공적개발원조액 비율 상위 15개국 자료이다. 이에 대한 <보기>의 설명 중 옳은 것만을 모두 고르면?

<그림 1> 공적개발원조액 상위 15개 회원국

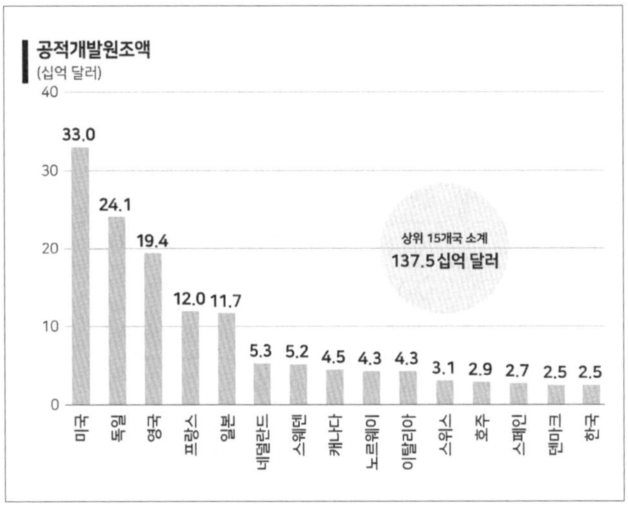

<그림 2> 국민총소득 대비 공적개발원조액 비율 상위 15개 회원국

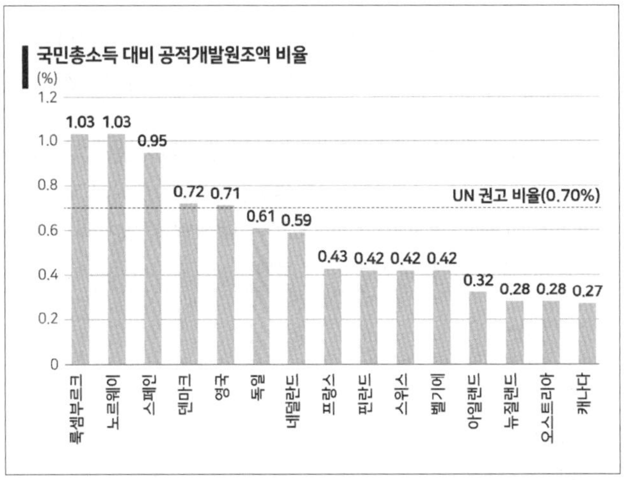

<보 기>

ㄱ. 국민총소득 대비 공적개발원조액 비율이 UN 권고 비율보다 큰 국가의 공적개발원조액 합은 250억 달러 이상이다.
ㄴ. 공적개발원조액 상위 5개국의 공적개발원조액 합은 개발원조위원회 29개 회원국 공적개발원조액 합의 50% 이상이다.
ㄷ. 독일이 공적개발원조액만 30억 달러 증액하면 독일의 국민총소득 대비 공적개발원조액 비율은 UN 권고 비율 이상이 된다.

① ㄱ
② ㄷ
③ ㄱ, ㄴ
④ ㄴ, ㄷ
⑤ ㄱ, ㄴ, ㄷ

13. 다음 <표>는 '갑'국의 2020년 농업 생산액 현황 및 2021~2023년의 전년 대비 생산액 변화율 전망치에 관한 자료이다. 이에 대한 <보기>의 설명 중 옳은 것만을 모두 고르면?

<표> 농업 생산액 현황 및 변화율 전망치

(단위: 십억 원, %)

구분	2020년 생산액	전년 대비 생산액 변화율 전망치		
		2021년	2022년	2023년
농업	50,052	0.77	0.02	1.38
재배업	30,270	1.50	-0.42	0.60
축산업	19,782	-0.34	0.70	2.57
소	5,668	3.11	0.53	3.51
돼지	7,119	-3.91	0.20	1.79
닭	2,259	1.20	-2.10	2.82
달걀	1,278	5.48	3.78	3.93
우유	2,131	0.52	1.12	0.88
오리	1,327	-5.58	5.27	3.34

※ 축산업은 소, 돼지, 닭, 달걀, 우유, 오리의 6개 세부항목으로만 구성됨.

<보 기>

ㄱ. 2021년 '오리' 생산액 전망치는 1.2조 원 이상이다.

ㄴ. 2021년 '돼지' 생산액 전망치는 같은 해 '농업' 생산액 전망치의 15% 이상이다.

ㄷ. '축산업' 중 전년 대비 생산액 변화율 전망치가 2022년보다 2023년이 낮은 세부항목은 2개이다.

ㄹ. 2020년 생산액 대비 2022년 생산액 전망치의 증감폭은 '재배업'이 '축산업'보다 크다.

① ㄱ, ㄴ
② ㄱ, ㄷ
③ ㄴ, ㄹ
④ ㄱ, ㄷ, ㄹ
⑤ ㄴ, ㄷ, ㄹ

14. 다음 <그림>은 2020년 기준 A 공제회 현황에 관한 자료이다. 이에 대한 설명으로 옳지 않은 것은?

<그림> 2020년 기준 A 공제회 현황

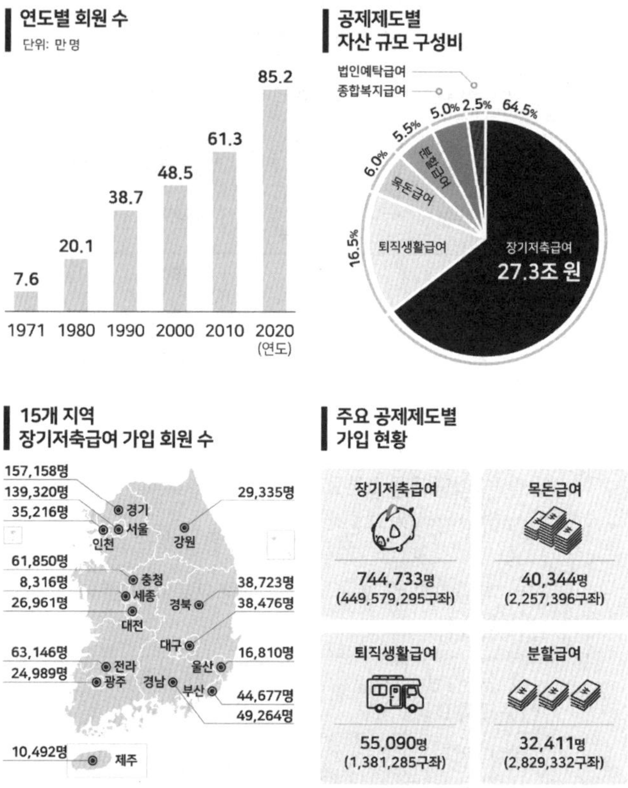

※ 1) 공제제도는 장기저축급여, 퇴직생활급여, 목돈급여, 분할급여, 종합복지급여, 법인예탁급여로만 구성됨.
2) 모든 회원은 1개 또는 2개의 공제제도에 가입함.

① 장기저축급여 가입 회원 수는 전체 회원의 85% 이하이다.
② 공제제도의 총자산 규모는 40조 원 이상이다.
③ 자산 규모 상위 4개 공제제도 중 2개의 공제제도에 가입한 회원은 2만 명 이상이다.
④ 충청의 장기저축급여 가입 회원 수는 15개 지역 평균 장기저축급여 가입 회원 수보다 많다.
⑤ 공제제도별 1인당 구좌 수는 장기저축급여가 분할급여의 5배 이상이다.

15. 다음은 국내 광고산업에 관한 문화체육관광부의 보도자료이다. 이에 부합하지 않는 자료는?

문화체육관광부	보도자료		사람이 있는 문화
보도일시	배포 즉시 보도해 주시기 바랍니다.		
배포일시	2020. 2. XX.	담당부서	□□□□국
담당과장	○○○(044-203-○○○○)	담당자	사무관△△△ (044-203-○○○○)

2018년 국내 광고산업 성장세 지속

○ 문화체육관광부는 국내 광고사업체의 현황과 동향을 조사한 '2019년 광고산업조사(2018년 기준)' 결과를 발표했다.

○ 이번 조사 결과에 따르면 2018년 기준 광고산업 규모는 17조 2,119억 원(광고사업체 취급액* 기준)으로, 전년 대비 4.5% 이상 증가했고, 광고사업체당 취급액 역시 증가했다.

* 광고사업체 취급액은 광고주가 매체(방송국, 신문사 등)와 매체 외 서비스에 지불하는 비용 전체(수수료 포함)임.

- 업종별로 살펴보면 광고대행업이 6조 6,239억 원으로 전체 취급액의 38% 이상을 차지했으나, 취급액의 전년 대비 증가율은 온라인광고대행업이 16% 이상으로 가장 높다.

○ 2018년 기준 광고사업체의 매체 광고비* 규모는 11조 362억 원(64.1%), 매체 외 서비스 취급액은 6조 1,757억 원(35.9%)으로 조사됐다.

* 매체 광고비는 방송매체, 인터넷매체, 옥외광고매체, 인쇄매체 취급액의 합임.

- 매체 광고비 중 방송매체 취급액은 4조 266억 원으로 가장 큰 비중을 차지하고 있으며, 그 다음으로 인터넷매체, 옥외광고매체, 인쇄매체 순으로 나타났다.
- 인터넷매체 취급액은 3조 8,804억 원으로 전년 대비 6% 이상 증가했다. 특히, 모바일 취급액은 전년 대비 20% 이상 증가하여 인터넷 광고시장의 성장세를 이끌었다.
- 한편, 간접광고(PPL) 취급액은 전년 대비 14% 이상 증가하여 1,270억 원으로 나타났으며, 그 중 지상파TV와 케이블TV 간 비중의 격차는 5%p 이하로 조사됐다.

① 광고사업체 취급액 현황(2018년 기준)

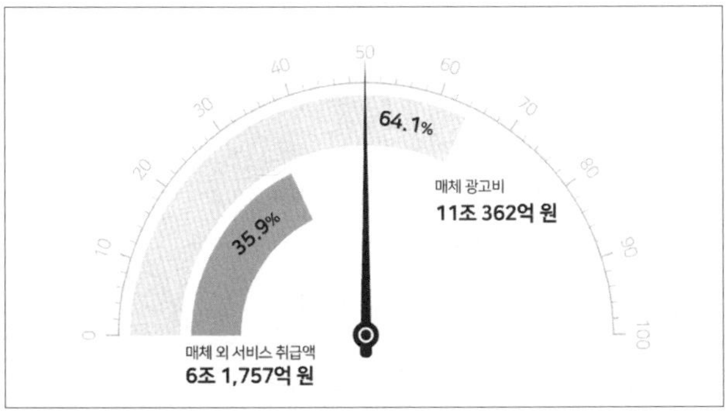

② 인터넷매체(PC, 모바일) 취급액 현황

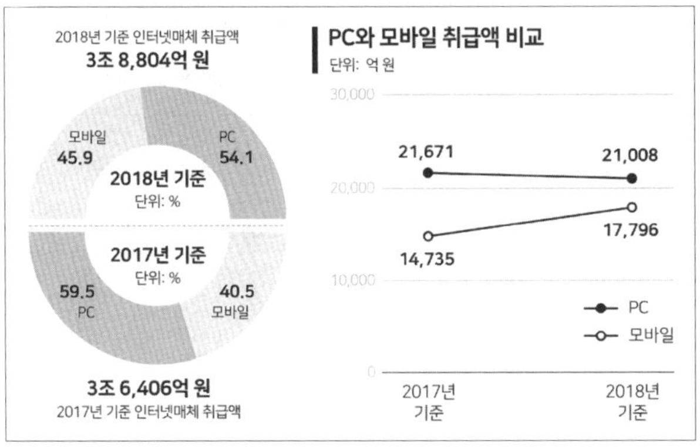

③ 간접광고(PPL) 취급액 현황

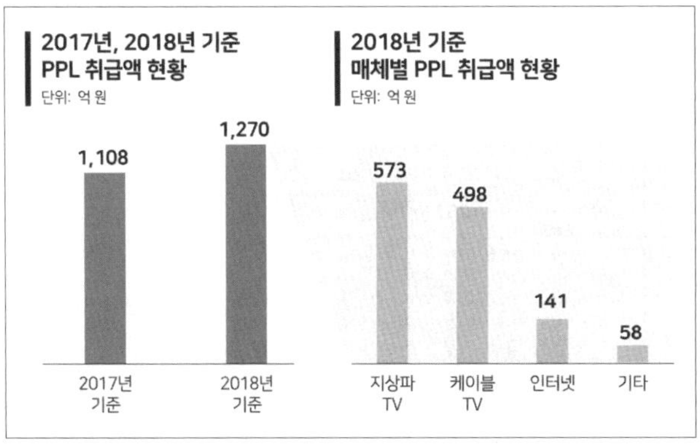

④ 업종별 광고사업체 취급액 현황

(단위: 개소, 억 원)

업종 \ 구분	2018년 조사(2017년 기준)		2019년 조사(2018년 기준)	
	사업체 수	취급액	사업체 수	취급액
전체	7,234	164,133	7,256	172,119
광고대행업	1,910	64,050	1,887	66,239
광고제작업	1,374	20,102	1,388	20,434
광고전문서비스업	1,558	31,535	1,553	33,267
인쇄업	921	7,374	921	8,057
온라인광고대행업	780	27,335	900	31,953
옥외광고업	691	13,737	607	12,169

⑤ 매체별 광고사업체 취급액 현황(2018년 기준)

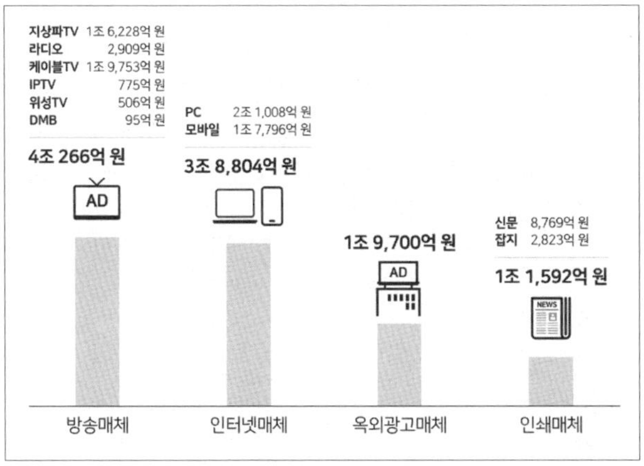

16. 다음 <그림>은 2020년 '갑'시의 교통사고에 관한 자료이다. 이에 대한 <보기>의 설명 중 옳은 것만을 모두 고르면?

<그림 1> 2020년 월별 교통사고 사상자

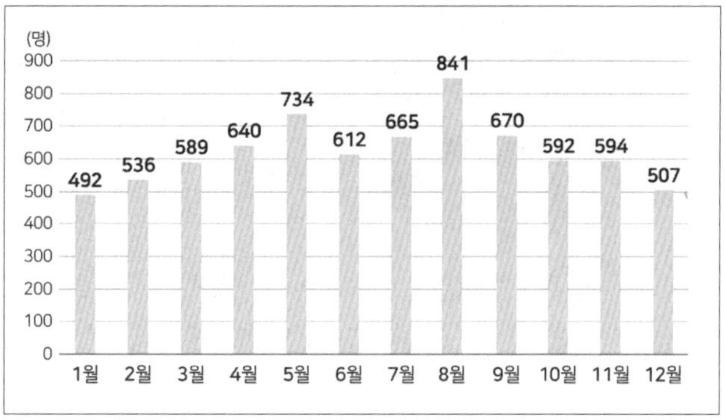

<그림 2> 2020년 월별 교통사고 건수

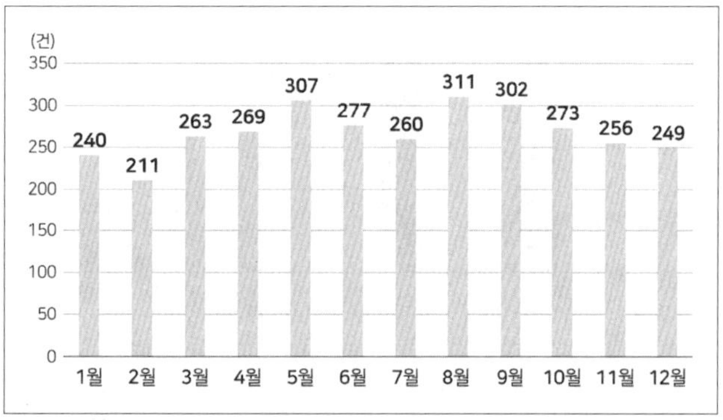

<그림 3> 2020년 교통사고 건수의 사고원인별 구성비

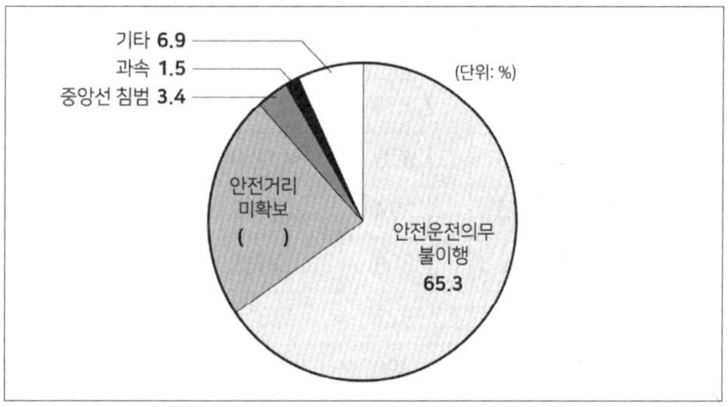

<보 기>

ㄱ. 월별 교통사고 사상자는 가장 적은 달이 가장 많은 달의 60% 이하이다.

ㄴ. 2020년 교통사고 건당 사상자는 1.9명 이상이다.

ㄷ. '안전거리 미확보'가 사고원인인 교통사고 건수는 '중앙선 침범'이 사고원인인 교통사고 건수의 7배 이상이다.

ㄹ. 사고원인이 '안전운전의무 불이행'인 교통사고 건수는 2,000건 이하이다.

① ㄱ, ㄴ
② ㄱ, ㄷ
③ ㄴ, ㄷ
④ ㄷ, ㄹ
⑤ ㄱ, ㄴ, ㄹ

17. 다음 <표>와 <정보>는 A~J 지역의 지역발전 지표에 관한 자료이다. 이를 근거로 '가'~'라'에 들어갈 수 있는 값으로만 나열한 것은?

<표> A~J 지역의 지역발전 지표

(단위: %, 개)

지표 지역	재정 자립도	시가화 면적 비율	10만 명당 문화시설수	10만 명당 체육시설수	주택 노후화율	주택 보급률	도로 포장률
A	83.8	61.2	4.1	111.1	17.6	105.9	92.0
B	58.5	24.8	3.1	(다)	22.8	93.6	98.3
C	65.7	35.7	3.5	103.4	13.5	91.2	97.4
D	48.3	25.3	4.3	128.0	15.8	96.6	100.0
E	(가)	20.7	3.7	133.8	12.2	100.3	99.0
F	69.5	22.6	4.1	114.0	8.5	91.0	98.1
G	37.1	22.9	7.7	110.2	20.5	103.8	91.7
H	38.7	28.8	7.8	102.5	19.9	(라)	92.5
I	26.1	(나)	6.9	119.2	33.7	102.5	89.6
J	32.6	21.3	7.5	113.0	26.9	106.1	87.9

<정 보>

○ 재정자립도가 E보다 높은 지역은 A, C, F임.

○ 시가화 면적 비율이 가장 낮은 지역은 주택노후화율이 가장 높은 지역임.

○ 10만 명당 문화시설수가 가장 적은 지역은 10만 명당 체육시설수가 네 번째로 많은 지역임.

○ 주택보급률이 도로포장률보다 낮은 지역은 B, C, D, F임.

	가	나	다	라
①	58.6	20.9	100.9	92.9
②	60.8	19.8	102.4	92.5
③	63.5	20.1	115.7	92.0
④	65.2	20.3	117.1	92.6
⑤	65.8	20.6	118.7	93.7

18. 다음 <표>는 '갑'국 대학 기숙사 수용 및 기숙사비 납부 방식에 관한 자료이다. 이에 대한 <보고서>의 설명 중 옳은 것만을 모두 고르면?

<표 1> 2019년과 2020년 대학 기숙사 수용 현황

(단위: 명, %)

연도 / 구분 / 대학유형		2020			2019		
		수용가능 인원	재학생 수	수용률	수용가능 인원	재학생 수	수용률
전체(196개교)		354,749	1,583,677	22.4	354,167	1,595,436	22.2
설립주체	국공립(40개교)	102,025	381,309	26.8	102,906	385,245	26.7
	사립(156개교)	( )	1,202,368	21.0	251,261	1,210,191	20.8
소재지	수도권(73개교)	122,099	672,055	18.2	119,940	676,479	( )
	비수도권(123개교)	232,650	911,622	25.5	234,227	918,957	25.5

※ 수용률(%) = $\frac{\text{수용가능 인원}}{\text{재학생 수}} \times 100$

<표 2> 2020년 대학 기숙사비 납부 방식 현황

(단위: 개교)

납부 방식 / 기숙사 유형 / 대학유형		카드납부 가능				현금분할납부 가능			
		직영	민자	공공	합계	직영	민자	공공	합계
전체(196개교)		27	20	0	47	43	25	9	77
설립주체	국공립(40개교)	20	17	0	37	18	16	0	34
	사립(156개교)	7	3	0	10	25	9	9	43
소재지	수도권(73개교)	3	2	0	5	16	8	4	28
	비수도권(123개교)	24	18	0	42	27	17	5	49

※ 각 대학은 한 가지 유형의 기숙사만 운영함.

<보고서>

2020년 대학 기숙사 수용률은 22.4%로, 2019년의 22.2%에 비해 증가하였지만 여전히 20%대 초반에 그쳤다. 대학유형별 기숙사 수용률은 사립대학보다는 국공립대학이 높고, 수도권 대학보다는 비수도권 대학이 높았다. 한편, ㉠ 2019년 대비 2020년 대학유형별 기숙사 수용률은 국공립대학보다 사립대학이, 비수도권대학보다 수도권대학이 더 큰 폭으로 증가하였다.

2020년 대학 기숙사 수용가능 인원의 변화를 설립주체별로 살펴보면, ㉡ 국공립대학은 전년 대비 800명 이상 증가하였으나, 사립대학은 전년 대비 1,400명 이상 감소하였다. 소재지별로 살펴보면 수도권 대학의 기숙사 수용가능 인원은 2019년 119,940명에서 2020년 122,099명으로 2,100명 이상 증가하였으나, 비수도권 대학은 2019년 234,227명에서 2020년 232,650명으로 1,500명 이상 감소하였다.

2020년 대학 기숙사비 납부 방식을 살펴보면, ㉢ 전체 대학 중 기숙사비 카드납부가 가능한 대학은 37.9%에 불과하였다. 이를 기숙사 유형별로 자세히 보면, ㉣ 카드납부가 가능한 공공기숙사는 없었고, 현금분할납부가 가능한 공공기숙사도 사립대학 9개교뿐이었다.

① ㄱ
② ㄱ, ㄴ
③ ㄱ, ㄹ
④ ㄷ, ㄹ
⑤ ㄴ, ㄷ, ㄹ

19. 다음 <조건>과 <표>는 2018~2020년 '가'부서 전체 직원 성과급에 관한 자료이다. 이를 근거로 판단할 때, '가'부서 전체 직원의 2020년 기본 연봉의 합은?

<조 건>

○ 매년 각 직원의 기본 연봉은 변동 없음.
○ 성과급은 전체 직원에게 각 직원의 성과등급에 따라 매년 1회 지급함.
○ 성과급 = 기본 연봉 × 지급비율
○ 성과등급별 지급비율 및 인원 수

성과등급 / 구분	S	A	B
지급비율	20%	10%	5%
인원 수	1명	2명	3명

<표> 2018~2020년 '가'부서 전체 직원 성과급

(단위: 백만 원)

연도 / 직원	2018	2019	2020
갑	12.0	6.0	3.0
을	5.0	20.0	5.0
병	6.0	3.0	6.0
정	6.0	6.0	12.0
무	4.5	4.5	4.5
기	6.0	6.0	12.0

① 430백만 원
② 460백만 원
③ 490백만 원
④ 520백만 원
⑤ 550백만 원

20. 다음 <표>는 '갑'국 하수처리장의 1일 하수처리용량 및 지역등급별 방류수 기준이고, <그림>은 지역등급 및 36개 하수처리장 분포이다. 이에 근거한 <보기>의 설명 중 옳은 것만을 모두 고르면?

<표> 하수처리장 1일 하수처리용량 및 지역등급별 방류수 기준

(단위: mg/L)

1일 하수처리용량 \ 항목	지역등급	생물학적 산소요구량	화학적 산소요구량	총질소	총인
500m^3 이상	Ⅰ	5 이하	20 이하	20 이하	0.2 이하
	Ⅱ	5 이하	20 이하	20 이하	0.3 이하
	Ⅲ	10 이하	40 이하	20 이하	0.5 이하
	Ⅳ	10 이하	40 이하	20 이하	2.0 이하
50m^3 이상 500m^3 미만	Ⅰ~Ⅳ	10 이하	40 이하	20 이하	2.0 이하
50m^3 미만	Ⅰ~Ⅳ	10 이하	40 이하	40 이하	4.0 이하

<그림> 지역등급 및 하수처리장 분포

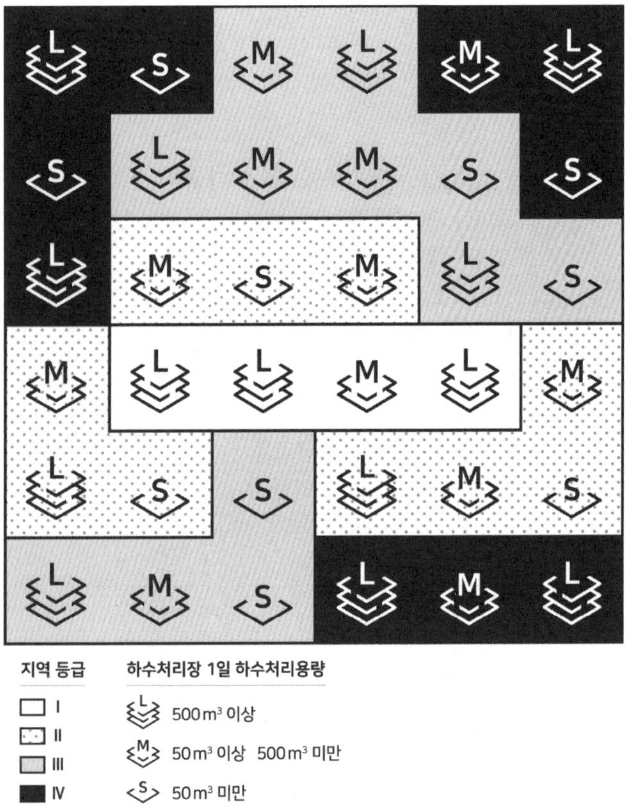

<보 기>

ㄱ. 방류수의 생물학적 산소요구량 기준이 '5mg/L 이하'인 하수처리장 수는 5개이다.

ㄴ. 1일 하수처리용량 500m^3 이상인 하수처리장 수는 1일 하수처리용량 50m^3 미만인 하수처리장 수의 1.5배 이상이다.

ㄷ. Ⅱ등급 지역에서 방류수의 총인 기준이 '0.3mg/L 이하'인 하수처리장의 1일 하수처리용량 합은 최소 1,000m^{3}이다.

ㄹ. 방류수의 총질소 기준이 '20mg/L 이하'인 하수처리장 수는 방류수의 화학적 산소요구량 기준이 '20mg/L 이하'인 하수처리장 수의 5배 이상이다.

① ㄱ, ㄴ ② ㄱ, ㄷ ③ ㄴ, ㄹ
④ ㄱ, ㄷ, ㄹ ⑤ ㄴ, ㄷ, ㄹ

21. 다음 <표>는 직원 '갑'~'무'에 대한 평가자 A~E의 직무평가 점수이다. 이에 대한 <보기>의 설명 중 옳은 것만을 모두 고르면?

<표> 직원 '갑'~'무'에 대한 평가자 A~E의 직무평가 점수

(단위: 점)

직원 \ 평가자	A	B	C	D	E	종합점수
갑	91	87	( )	89	95	89.0
을	89	86	90	88	( )	89.0
병	68	76	( )	74	78	( )
정	71	72	85	74	( )	77.0
무	71	72	79	85	( )	78.0

※ 1) 직원별 종합점수는 해당 직원이 평가자 A~E로부터 부여받은 점수 중 최댓값과 최솟값을 제외한 점수의 평균임.
2) 각 직원은 평가자 A~E로부터 각각 다른 점수를 부여받았음.
3) 모든 평가자는 1~100점 중 1점 단위로 점수를 부여하였음.

<보 기>

ㄱ. '을'에 대한 직무평가 점수는 평가자 E가 가장 높다.

ㄴ. '병'의 종합점수로 가능한 최댓값과 최솟값의 차이는 5점 이상이다.

ㄷ. 평가자 C의 '갑'에 대한 직무평가 점수는 '갑'의 종합점수보다 높다.

ㄹ. '갑'~'무'의 종합점수 산출 시, 부여한 직무평가 점수가 한 번도 제외되지 않은 평가자는 없다.

① ㄱ
② ㄱ, ㄹ
③ ㄴ, ㄷ
④ ㄱ, ㄴ, ㄹ
⑤ ㄴ, ㄷ, ㄹ

[22~23] 다음 <표 1>과 <표 2>는 '갑'국 A~E 5개 도시의 지난 30년 월평균 지상 10m 기온과 월평균 지표면 온도이고, <표 3>과 <표 4>는 도시별 설계적설하중과 설계기본풍속이다. 다음 물음에 답하시오.

<표 1> 도시별 월평균 지상 10m 기온

(단위: ℃)

도시 / 월	A	B	C	D	E
1	-2.5	1.6	-2.4	-4.5	-2.3
2	-0.3	3.2	-0.5	-1.8	-0.1
3	5.2	7.4	4.5	4.2	5.1
4	12.1	13.1	10.7	11.4	12.2
5	17.4	17.6	15.9	16.8	17.2
6	21.9	21.1	20.4	21.5	21.3
7	25.9	25.0	24.0	24.5	24.4
8	25.4	25.7	24.9	24.3	25.0
9	20.8	21.2	20.7	18.9	19.7
10	14.4	15.9	14.5	12.1	13.0
11	6.9	9.6	7.2	4.8	6.1
12	-0.2	4.0	0.6	-1.7	-0.1

<표 2> 도시별 월평균 지표면 온도

(단위: ℃)

도시 / 월	A	B	C	D	E
1	-2.4	2.7	-1.2	-2.7	0.3
2	-0.3	4.8	0.8	-0.7	2.8
3	5.6	9.3	6.3	4.8	8.7
4	13.4	15.7	13.4	12.6	16.3
5	19.7	20.8	19.4	19.1	22.0
6	24.8	24.2	24.5	24.4	25.9
7	26.8	27.7	26.8	26.9	28.4
8	27.4	28.5	27.5	27.0	29.0
9	22.5	19.6	22.8	21.4	23.5
10	14.8	17.9	15.8	13.5	16.9
11	6.2	10.8	7.5	5.3	8.6
12	-0.1	4.7	1.1	-0.7	2.1

<표 3> 도시별 설계적설하중

(단위: kN/m^2)

도시	A	B	C	D	E
설계적설하중	0.5	0.5	0.7	0.8	2.0

<표 4> 도시별 설계기본풍속

(단위: m/s)

도시	A	B	C	D	E
설계기본풍속	30	45	35	30	40

22. 위 <표>를 근거로 <보기>의 설명 중 옳은 것만을 모두 고르면?

<보 기>

ㄱ. '월평균 지상 10m 기온'이 가장 높은 달과 '월평균 지표면 온도'가 가장 높은 달이 다른 도시는 A뿐이다.

ㄴ. 2월의 '월평균 지상 10m 기온'은 영하이지만 '월평균 지표면 온도'가 영상인 도시는 C와 E이다.

ㄷ. 1월의 '월평균 지표면 온도'가 A~E 도시 중 가장 낮은 도시의 설계적설하중은 5개 도시 평균 설계적설하중보다 작다.

ㄹ. 설계기본풍속이 두 번째로 큰 도시는 8월의 '월평균 지상 10m 기온'도 A~E 도시 중 두 번째로 높다.

① ㄱ, ㄴ
② ㄴ, ㄷ
③ ㄴ, ㄹ
④ ㄷ, ㄹ
⑤ ㄱ, ㄷ, ㄹ

23. 폭설피해 예방대책으로 위 <표 3>에 제시된 도시별 설계적설하중을 수정하고자 한다. <규칙>에 따라 수정하였을 때, A~E 도시 중 설계적설하중 증가폭이 두 번째로 큰 도시와 가장 작은 도시를 바르게 연결한 것은?

<규 칙>

단계 1: 각 도시의 설계적설하중을 50% 증가시킨다.

단계 2: '월평균 지상 10m 기온'이 영하인 달이 3개 이상인 도시만 단계 1에 의해 산출된 값을 40% 증가시킨다.

단계 3: 설계기본풍속이 40m/s 이상인 도시만 단계 1~2를 거쳐 산출된 값을 20% 감소시킨다.

단계 4: 단계 1~3을 거쳐 산출된 값을 수정된 설계적설하중으로 한다. 단, 1.0kN/m^2 미만인 경우 1.0kN/m^2으로 한다.

	두 번째로 큰 도시	가장 작은 도시
①	A	B
②	A	C
③	B	D
④	D	B
⑤	D	C

24. 다음 <표>는 2017년과 2018년 '갑'국에 운항하는 항공사의 운송실적 및 피해구제 현황에 관한 자료이다. <표>를 이용하여 작성한 그래프로 옳지 않은 것은?

<표 1> 2017년과 2018년 국적항공사의 노선별 운송실적

(단위: 천 명)

국적항공사 \ 노선·연도		국내선 2017	국내선 2018	국제선 2017	국제선 2018
대형 항공사	태양항공	7,989	6,957	18,925	20,052
	무지개항공	5,991	6,129	13,344	13,727
저비용 항공사	알파항공	4,106	4,457	3,004	3,610
	에어세종	0	0	821	1,717
	청렴항공	3,006	3,033	2,515	2,871
	독도항공	4,642	4,676	5,825	7,266
	참에어	3,738	3,475	4,859	5,415
	동해항공	2,935	2,873	3,278	4,128
합계		32,407	31,600	52,571	58,786

<표 2> 2017년 피해유형별 항공사의 피해구제 접수 건수 비율

(단위: %)

항공사 \ 피해유형	취소환불 위약금	지연 결항	정보 제공 미흡	수하물 지연 파손	초과 판매	기타	합계
국적항공사	57.14	22.76	5.32	6.81	0.33	7.64	100.00
외국적항공사	49.06	27.77	6.89	6.68	1.88	7.72	100.00

<표 3> 2018년 피해유형별 항공사의 피해구제 접수 건수

(단위: 건)

항공사 \ 피해유형		취소 환불 위약금	지연 결항	정보 제공 미흡	수하물 지연 파손	초과 판매	기타	합계	전년 대비 증가
대형 항공사	태양항공	31	96	0	7	0	19	153	13
	무지개항공	20	66	0	5	0	15	106	-2
저비용 항공사	알파항공	9	9	0	1	0	4	23	-6
	에어세종	19	10	2	1	0	12	44	7
	청렴항공	12	33	3	4	0	5	57	16
	독도항공	34	25	3	9	0	27	98	-35
	참에어	33	38	0	6	0	8	85	34
	동해항공	19	32	1	10	0	10	72	9
국적항공사		177	309	9	43	0	100	638	36
외국적항공사		161	201	11	35	0	78	486	7

① 2017년 피해유형별 외국적항공사의 피해구제 접수 건수 대비 국적항공사의 피해구제 접수 건수 비

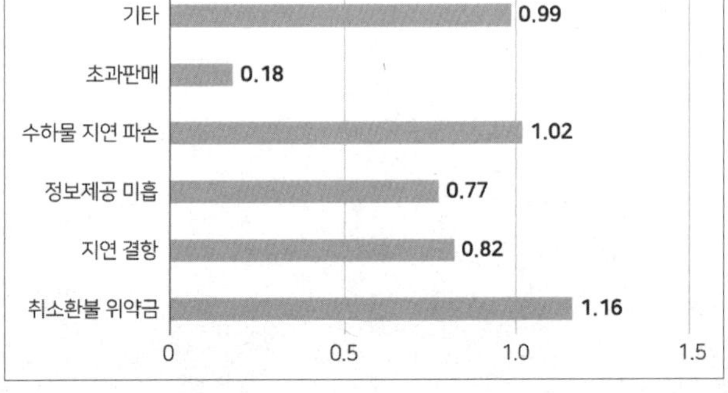

② 2017년 국적항공사별 피해구제 접수 건수 비중

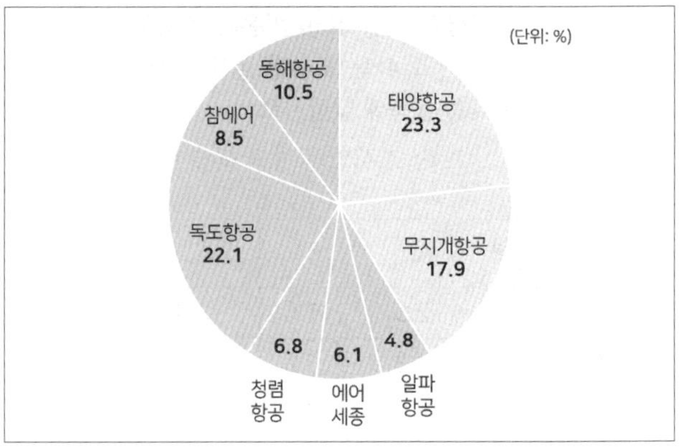

③ 2017년 피해유형별 국적항공사의 피해구제 접수 건수

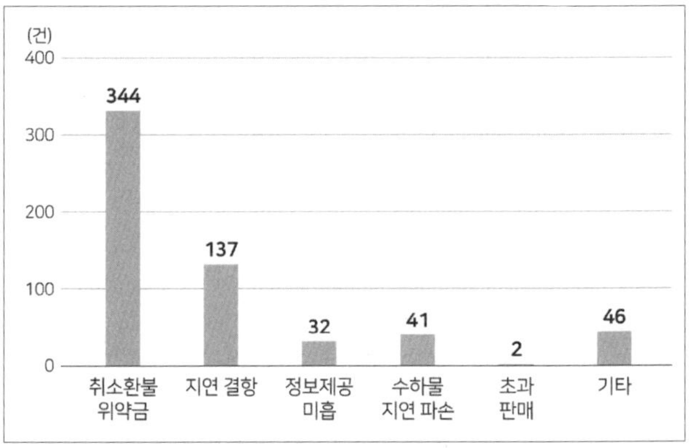

④ 2017년 대비 2018년 저비용 국적항공사의 전체 노선 운송실적 증가율

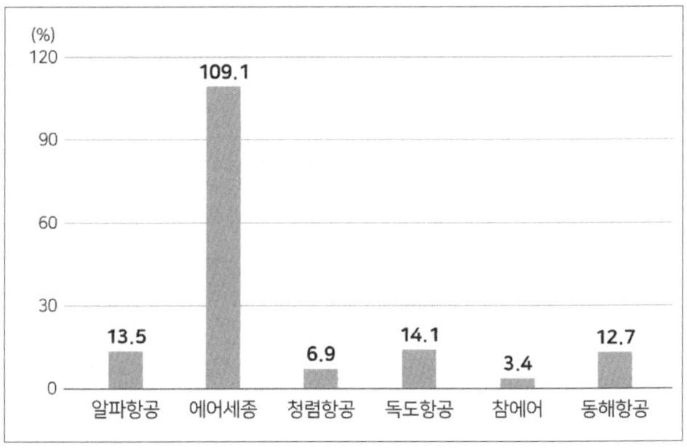

⑤ 대형 국적항공사의 전체 노선 운송실적 대비 피해구제 접수 건수 비

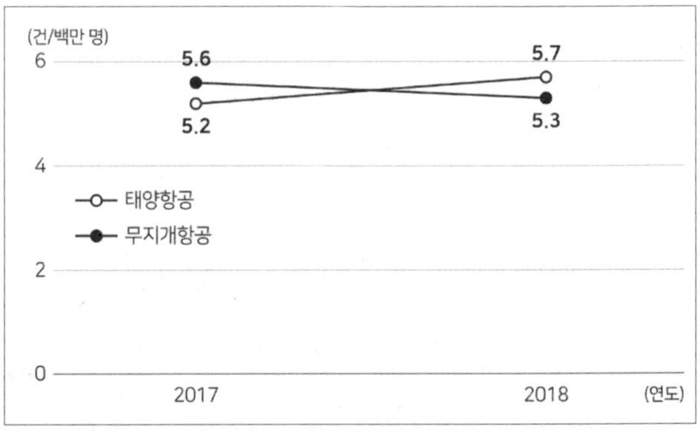

25. 다음 <표>는 2011~2020년 산불 건수 및 산불 가해자 검거 현황과 2020년 산불 원인별 가해자 검거 현황에 관한 자료이다. 이에 대한 <보기>의 설명 중 옳은 것만을 모두 고르면?

<표 1> 2011~2020년 산불 건수 및 산불 가해자 검거 현황

(단위: 건, %)

구분 연도	산불 건수	가해자 검거 건수	검거율
2011	277	131	47.3
2012	197	73	( )
2013	296	137	46.3
2014	492	167	33.9
2015	623	240	38.5
2016	391	( )	( )
2017	692	305	( )
2018	496	231	46.6
2019	653	239	36.6
2020	620	246	39.7
계	( )	1,973	( )

<표 2> 2020년 산불 원인별 산불 건수 및 가해자 검거 현황

(단위: 건, %)

구분 산불 원인	산불 건수	가해자 검거 건수	검거율
입산자 실화	( )	32	( )
논밭두렁 소각	49	45	( )
쓰레기 소각	65	( )	( )
담뱃불 실화	75	17	22.7
성묘객 실화	9	6	( )
어린이 불장난	1	1	100.0
건축물 실화	54	33	61.1
기타	150	52	34.7
전체	( )	246	39.7

※ 1) 산불 1건은 1개의 산불 원인으로만 분류함.
2) 가해자 검거 건수는 해당 산불 발생 연도를 기준으로 집계함.
3) $검거율(\%) = \frac{가해자\ 검거\ 건수}{산불\ 건수} \times 100$

<보 기>

ㄱ. 2011~2020년 연평균 산불 건수는 500건 이하이다.
ㄴ. 산불 건수가 가장 많은 연도의 검거율은 산불 건수가 가장 적은 연도의 검거율보다 높다.
ㄷ. 2020년에는 기타를 제외하고 산불 건수가 적은 산불 원인일수록 검거율이 높다.
ㄹ. 2020년 전체 산불 건수 중 입산자 실화가 원인인 산불 건수의 비율은 35%이다.

① ㄱ, ㄴ ② ㄴ, ㄹ ③ ㄷ, ㄹ
④ ㄱ, ㄴ, ㄷ ⑤ ㄱ, ㄴ, ㄹ

약점 보완 해설집 p.154

2020년 모의평가

1교시 언어논리·상황판단

2교시 자료해석

✓ 문제 풀이 시작과 종료 시각을 정한 후, OCR 답안지를 활용하여 실전처럼 기출문제를 풀어보세요.

1교시: 시 분 ~ 시 분(총 50문항 / 120분)

2교시: 시 분 ~ 시 분(총 25문항 / 60분)

✓ 문제 풀이 후, 약점 보완 해설집 '취약 유형 분석표'로 자신의 실력을 점검해 보시기 바랍니다.

언어논리영역

1. 다음 글에서 알 수 있는 것은?

3·1운동 직후 상하이에 모여든 독립운동가들은 임시정부를 만들기 위한 첫걸음으로 조소앙이 기초한 대한민국임시헌장을 채택했다. 대한민국임시헌장을 기초할 때 조소앙은 국호를 '대한민국'으로 하고 정부 명칭도 '대한민국 임시정부'로 하자고 했다. 그 제안이 받아들여졌기 때문에 대한민국임시헌장 제1조에 "대한민국은 민주공화제로 함."이라는 문구가 담기게 된 것이다.

'대한민국'이란 한국인들이 만든 '민국'이라는 뜻이다. 여기서 '민국'이란 국민이 주인인 나라라는 의미가 담긴 용어다. 조소앙은 3·1운동이 일어나기 전, 대한제국 황제가 국민의 동의 없이 마음대로 국권을 일제에 넘겼다고 말하면서 국민은 국권을 포기한 적이 없다고 밝힌 대동단결선언을 발표한 적이 있다. 이 선언에는 "구한국 마지막 날은 신한국 최초의 날"이라는 문구가 담겨 있다. '신한국'이란 말 그대로 '새로운 한국'을 의미한다. 조소앙은 대한제국을 대신할 '새로운 한국'이란 다름 아닌 한국 국민이 주인인 나라라고 말했다.

조소앙의 주장은 대한민국 임시정부에 참여한 독립운동가들로부터 열렬한 지지를 받았다. 독립운동가들은 황제나 일본 제국주의자들이 지배하는 나라가 아니라 국민이 주권을 가진 나라를 만들어야 한다는 데 뜻을 모았다. 1941년에 대한민국 임시정부는 이러한 의지를 보다 선명하게 드러낸 건국강령을 발표하기도 했다. 1948년에 소집된 제헌국회도 대한민국임시헌장에 담긴 정신을 계승했다. 잘 알려진 것처럼 제헌국회는 제헌헌법을 만들었는데, 이 헌법에 우리나라의 명칭을 '대한민국'이라고 한 내용이 있다.

① 대한민국 임시정부는 건국강령을 통해 대한민국임시헌장을 공포했다.
② 조소앙은 대한민국 임시정부의 요청을 받아들여 대동단결선언을 만들었다.
③ 대한민국임시헌장이 공포되기 전에는 '한국'이라는 명칭을 사용한 독립운동가가 없었다.
④ 제헌국회는 대한제국의 정치 제도를 계승하기 위해 '대한민국'이라는 국호를 사용했다.
⑤ 대한민국 임시정부를 만드는 데 참여한 독립운동가들은 민주공화제를 받아들이는 데 합의했다.

2. 다음 글에서 알 수 있는 것은?

인조가 남한산성에서 청군에 포위되어 있을 때, 신하들은 척화론과 주화론으로 나뉘어 서로 대립했다. 척화론을 주장한 김상헌은 청에 항복하는 것은 있을 수 없는 일이라며 끝까지 저항하자고 했다. 그는 중화인 명을 버리고 오랑캐와 화의를 맺는 일은 군신의 의리를 버리는 것이라고 말했다. 그와 달리 주화론을 주장한 최명길은 "나아가 싸워 이길 수도 없고 물러나 지킬 수도 없으면 타협하는 수밖에 없다."라고 했다. 그는 명을 섬겨야 한다는 김상헌의 주장에는 동의하지만, 그보다 나라를 보존하는 것이 우선이라고 말했다. 나라가 없어지면 명을 섬기는 것도 불가능하므로 일단 항복한 후 후일을 기약하자는 것이었다.

주화론과 척화론 사이에서 고심하던 인조는 결국 최명길의 입장을 받아들여 청에 항복하는 길을 선택했다. 청군이 물러난 후에 척화론자들은 국왕이 항복의 수모를 당한 것이 모두 주화론자들 탓이라며 비난했다. 그들은 주화론자들을 배신자라고 공격하는 한편 김상헌을 절개 있는 인물이라고 추켜세웠다.

인조 때에는 척화론을 주장했던 사람들이 정국을 주도하지 못했기 때문에 주화론을 내세웠던 사람들이 정계에서 쫓겨나가는 일은 벌어지지 않았다. 그러나 인조의 뒤를 이은 효종이 청에 복수하겠다는 북벌론을 내세우고, 예전에 척화론을 주장했던 자들을 중용하면서 최명길의 편에 섰던 사람들의 입지가 좁아졌다. 효종에 의해 등용되어 정계에 진출할 수 있었던 송시열은 인조가 남한산성에 피신해 있을 때 주화론을 주장했던 사람들과 그 후손들을 정계에서 배제해야 한다고 했다. 송시열 사후에 나타난 노론 세력은 최명길의 주장에 동조했던 사람들의 후손이 요직에 오르지 못하게 막았다. 이는 송시열의 뜻에 따른 것이었다. 이로써 김상헌의 가문인 안동 김씨들은 정계의 요직을 차지할 수 있었다.

① 최명길은 중화 중심의 세계관에서 벗어나야 한다는 생각에서 주화론을 주장했다.
② 효종은 송시열의 주장에 따라 청군의 항복 요구를 받아들이지 않기로 결정했다.
③ 김상헌은 명에 대한 군신의 의리를 지켜야 한다고 주장하면서 주화론에 맞섰다.
④ 인조는 청에 항복한 후 척화론을 받아들여 주화론자들을 정계에서 내쫓았다.
⑤ 노론 세력은 주화론을 받아들여야 한다고 인조를 설득했으나 뜻을 이루지 못했다.

3. 다음 글의 논지로 가장 적절한 것은?

사람들은 보통 질병이라고 하면 병균이나 바이러스를 떠올리고, 병에 걸리는 것은 개인적 요인 때문이라고 생각하곤 한다. 어떤 사람이 바이러스에 노출되었다면 그 사람이 평소에 위생 관리를 철저히 하지 않았기 때문이라고 여기는 것이다. 이는 발병 책임을 전적으로 질병에 걸린 사람에게 묻는 생각이다. 꾸준히 건강을 관리하지 않은 사람이나 비만, 허약 체질인 사람이 더 쉽게 병균에 노출된다고 생각하는 경향도 강하다. 그러나 발병한 사람들 전체를 고려하면, 성별, 계층, 직업 등의 사회적 요인에 따라 건강 상태나 질병 종류 및 그 심각성 등이 다르게 나타난다. 따라서 어떤 질병의 성격을 파악할 때 질병의 발생이 개인적 요인뿐만 아니라 계층이나 직업 등의 요인과도 관련될 수 있음을 고려해야 한다.

질병에 대처할 때도 사회적 요인을 고려해야 한다. 물론 어떤 사람들에게는 질병으로 인한 고통과 치료에 대한 부담이 가장 심각한 문제일 수 있다. 그러나 또 다른 사람들에게는 질병에 대한 사회적 편견과 낙인이 오히려 더 심각한 문제일 수 있다. 그들에게는 그러한 편견과 낙인이 더 큰 고통을 안겨 주기 때문이다. 질병이 나타나는 몸은 개인적 영역이면서 동시에 가족이나 직장과도 연결된 사회적인 것이다. 질병의 치료 역시 개인의 문제만으로 그치지 않고 가족과 사회의 문제로 확대되곤 한다. 나의 질병은 내 삶의 위기이자 가족의 근심거리가 되며 나아가 회사와 지역사회에도 긴장을 조성하기 때문이다. 요컨대 질병의 치료가 개인적 영역을 넘어서서 사회적 영역과 관련될 수밖에 없다는 것은 질병의 대처 과정에서 사회적 요인을 반드시 고려해야 한다는 점을 잘 보여준다.

① 병균이나 바이러스로 인한 신체적 이상 증상은 가정이나 지역사회에 위기를 야기할 수 있기에 중요한 사회적 문제이다.
② 한 사람의 몸은 개인적 영역인 동시에 사회적 영역이기에 발병의 책임을 질병에 걸린 사람에게만 묻는 것은 옳지 않다.
③ 질병으로 인한 신체적 고통보다 질병에 대한 사회적 편견으로 인한 고통이 더 크므로 이에 대한 사회적 대책이 필요하다.
④ 질병의 성격을 파악하고 질병에 대처하기 위해서는 사회적인 측면을 고려해야 한다.
⑤ 질병의 치료를 위해서는 개인적 차원보다 사회적 차원의 노력이 더 중요하다.

4. 다음 글의 빈칸에 들어갈 내용으로 가장 적절한 것은?

어떤 사람이 오존층을 파괴하는 냉각제를 사용하는 경우를 고려해보자. 오존층 파괴로 인해 무수히 많은 사람이 해악을 입었다고 하더라도, 이 한 사람의 행위가 어떤 특정 개인에게 미친 해악은 매우 미미하다고 말할 수 있을 것이다. 이때 그 사람은 그다지 죄책감을 느끼지 않을 수 있고, 따라서 자신에게 도덕적 책임이 있다는 것을 쉽게 인정하지 않을 수 있다. 이는 다음과 같은 사례를 통해 잘 설명된다.

<사 례>

가난한 마을에 갑훈을 포함한 산적 100명이 들이닥쳐 약탈을 저질렀다. 을훈을 포함한 주민 100명에게는 각각 콩 100알씩이 있었는데 산적들은 각자 주민 한 명을 맡아 그 사람의 콩을 몽땅 빼앗았다. 그 결과 모든 주민이 굶주리게 되었다. 이때 갑훈이 콩을 빼앗은 상대가 을훈이었다. 각자가 특정 개인에게 큰 해악을 입혔다는 사실에 죄책감을 느낀 산적들은 두 번째 약탈에서는 방법을 바꾸기로 하였다. 갑훈을 포함한 산적 100명은 이번에는 각자가 을훈을 포함한 모든 주민 100명에게서 각각 콩 한 알씩만 빼앗기로 했다. 콩 한 알의 손실은 미미한 해악에 지나지 않으므로 이번에는 어떤 산적도 특정 주민에게 큰 고통을 준 것은 아니었다. 결과적으로 모든 주민은 이번에도 굶주리게 되었지만, 산적들은 별로 죄책감을 느끼지 않았다.

하지만 이른바 '공범 원리'를 받아들이는 사람들은, 타인의 악행에 가담한 경우 결과에 얼마나 영향을 주었는지와 무관하게 도덕적 책임이 있다고 주장한다. 냉각제의 집단적 사용에서 한 사람의 가담 여부가 특정 개인에게 단지 미미한 해악만을 보탠 것이라서 별로 죄책감이 느껴지지 않는다고 하더라도, 그 사람은 단지 그 해악의 공범이라는 이유만으로 그에 따른 도덕적 책임을 져야 한다는 것이다. 그러므로 '공범 원리'에 따른다면, [   ]

① 갑훈은 두 번째 저지른 약탈 행위에 대해서 더 큰 죄책감을 느껴야 한다.
② 전체 해악의 크기가 커질수록 해악에 가담한 사람들의 도덕적 책임도 커진다.
③ 첫 번째 약탈과 두 번째 약탈에서 갑훈이 을훈에게 입힌 해악에는 차이가 없다.
④ 갑훈에게 도덕적 책임이 있다는 점에서 첫 번째 약탈과 두 번째 약탈은 차이가 없다.
⑤ 두 차례 약탈에서 갑훈이 빼앗은 전체 콩알의 수가 같기 때문에 갑훈이 져야 할 도덕적 책임에는 차이가 없다.

5. 다음 글에서 알 수 있는 것은?

갑: 사전연명의료의향서를 제출하여 연명의료 거부 의사를 표명한 사람에 대해서 병원이 연명의료를 실행하지 않는다는 제도가 2018년 2월부터 도입되었습니다. 이 제도 도입 후에 실제로 사전연명의료의향서를 내는 사람이 날로 늘어나고, 민원을 제기하는 사람도 많아지는 것 같습니다. 어떤 민원들이 들어오고 있습니까?

을: 자신이 사는 곳에 사전연명의료의향서를 접수하는 곳이 없어 불편하다는 민원이 많았습니다. 연명의료 전문 상담사의 수가 적어 접수 현장에서 너무 오래 기다렸다고 불만을 표시하는 사람도 많습니다. 이러한 민원에 대응해 2020년 1월 1일부터 전화로 상담을 예약할 수 있는 시스템을 도입해 지금까지 원활하게 운영하고 있으며, 2020년 4월 1일부터 전국 모든 보건소에서 사전연명의료의향서를 받도록 조치했습니다. 더 말씀드리자면, 어떤 사람은 연명의료 전문 상담사로부터 상담을 받지 않아도 사전연명의료의향서를 낼 수 있게 해달라고 요청했습니다.

갑: 연명의료를 거부하는 것은 중대한 사안이니 신중히 사전연명의료의향서를 작성하게 해야 합니다. 지금까지 한 것처럼 연명의료 전문 상담사의 상담을 받게 하는 조치를 유지해 주시기 바랍니다. 한 가지 더 확인하고자 합니다. 전국 모든 보건소에서 사전연명의료의향서를 받기로 했지만, 연명의료 전문 상담사를 모든 보건소에 배치할 수 있는 것은 아니라고 합니다. 혹시 그에 대한 대책을 마련했습니까?

을: 연명의료 전문 상담사 배치가 어려운 보건소의 직원들을 대상으로 연명의료 관련 기본 필수교육을 실시하고, 그 교육을 이수한 직원이 민원인에게 연명의료에 대해 간단히 설명하게 할 방침입니다. 민원인들이 보건소 직원으로부터 설명을 들은 후 그 자리에서 전화로 연명의료 전문 상담사로부터 구체적인 내용을 상담받을 수 있도록 하겠습니다.

① 2018년 2월부터 전국 모든 보건소에서 연명의료 전문 상담사가 사전연명의료의향서를 접수하기 시작했다.
② 2020년 4월부터 연명의료를 실행하지 않고자 하는 병원은 보건소에 사전연명의료의향서를 제출해야 한다.
③ 연명의료를 받고자 하는 사람은 주소지 관할 보건소가 지정한 연명의료 전문 상담사로부터 기본 필수교육을 받아야 한다.
④ 사전연명의료의향서 접수기관이 있는 곳의 거주자 중 연명의료 전문 상담사의 상담을 받으려는 사람은 전화예약 시스템을 이용해야 한다.
⑤ 연명의료 거부 의사가 있는 사람이 연명의료 전문 상담사의 상담을 받지 않은 상태에서 작성한 사전연명의료의향서는 받아들여지지 않는다.

6. 다음 대화의 빈칸에 들어갈 내용으로 가장 적절한 것은?

갑: 아시는 바와 같이 코로나19로 인한 위기 상황 속에서 어려움을 겪는 국민의 생계를 지원하기 위해 정부가 지난 5월에 전 국민을 대상으로 긴급재난지원금을 지급했습니다. 그런데 정부는 코로나19로 영업이 어려워진 소상공인 및 자영업자, 생계가 어려운 가구 등을 대상으로 지원금을 다시금 지급하기로 8월에 결정했습니다. 이 소식을 듣고 지원금 수령 가능 여부를 문의하는 민원인들이 많습니다. 문구점을 운영하는 A씨는 소상공인 및 자영업자에게 주는 지원금을 신청할 수 있는지 문의했습니다.

을: 이번에는 소상공인 및 자영업자의 일부, 생계 위기 가구 등에 지원금을 주게 되어 있습니다. 사회적 거리두기 2단계의 실시로 출입이 금지된 집합금지 및 집합제한업종의 자영업자는 특별한 증빙서류 없이 소상공인 및 자영업자 대상 지원금을 받을 수 있습니다. 또 사회적 거리두기 2.5단계부터 운영이 제한된 수도권의 카페나 음식점 등도 집합제한업종에 해당하여 지원금을 받을 수 있습니다. 집합금지 및 집합제한업종에 속하지 않더라도 연 매출 4억 원 이하라는 사실을 증명할 수 있는 자료와 함께 코로나19 확산으로 매출이 감소했음을 증빙하는 자료를 제출하면 지원금을 받을 수도 있습니다. A씨가 운영하는 가게가 집합금지 및 집합제한업종에 해당하는지 확인하셨습니까?

갑: 네, A씨가 운영하는 문구점은 집합금지 및 집합제한업종에 해당하지 않는 것으로 확인되었습니다.

을: 그렇다면 제가 말씀드린 내용을 바탕으로 A씨에게 적절한 답변을 해주시기 바랍니다.

갑: 잘 알겠습니다. 민원인 A씨에게 [　　　　　]고 말씀드리겠습니다.

① 문구점은 일반 업종에 해당하지 않으므로 긴급재난지원금을 신청할 수 없다
② 지난 5월에 긴급재난지원금을 받았다는 사실을 증명하는 서류를 제출해야 한다
③ 문구점은 집합금지 및 집합제한업종에 해당하지 않는 것으로 확인되었기 때문에 지원금을 받을 수 없다
④ 사회적 거리두기 2.5단계부터 운영이 제한되거나 금지된 업종이 아니면 긴급재난지원금을 받을 수 없다
⑤ 연 매출 4억 원에 미치지 못하고 코로나19로 매출이 감소한 자영업자라면 증빙서류를 갖추어 신청할 수 있다

7. 다음 대화의 ㉠에 따라 <계획안>을 수정한 것으로 적절하지 않은 것은?

> 갑: 지금부터 회의를 시작하겠습니다. 이 자리는 '보고서 작성법 특강'의 개최계획 검토를 위한 자리입니다. 특강을 성공적으로 개최하기 위해서 어떻게 해야 하는지 각자의 의견을 자유롭게 말씀해주시기 바랍니다.
> 을: 특강 참석 대상을 명확하게 정하고 그에 따라 개최 일시가 조정되었으면 좋겠습니다. 주중에 계속 근무하는 현직 공무원인 경우, 아무래도 주말에는 특강 참석률이 저조합니다. 특강을 평일에 개최하되 참석 시간을 근무시간으로 인정해 준다면 참석률이 높아질 것 같습니다.
> 병: 공무원이 되기 위해 준비하고 있는 예비공무원들에게는 서울이 더 낫겠지만, 중앙부처 소속 공무원에게는 세종시가 접근성이 더 좋습니다. 특강 참석 대상이 누구인가에 따라 장소를 조정할 필요가 있습니다.
> 정: 주제가 너무 막연하게 표현되어 있습니다. 보고서의 형식이나 내용은 누구에게 보고하느냐에 따라 크게 달라집니다. 보고 대상이 명시적으로 드러날 수 있도록 주제를 더 구체적으로 표현하면 좋겠습니다.
> 무: 특강과 관련된 정보가 부족합니다. 강의에 관심이 있는 사람이라면 별도 비용이 있는지, 있다면 구체적으로 금액은 어떠한지 등이 궁금할 겁니다.
> 갑: 얼마 전에 비슷한 특강이 서울에서 개최되었으니 이번 특강은 현직 중앙부처 소속 공무원을 대상으로 진행하도록 하겠습니다. 참고로 특강 수강 비용은 무료입니다. ㉠ 오늘 회의에서 논의된 내용을 반영하여 특강 계획을 수정하도록 하겠습니다. 감사합니다.

<계획안>

> 보고서 작성법 특강
> ○ 주제: 보고서 작성 기법
> ○ 일시: 2021. 11. 6.(토) 10:00~12:00
> ○ 장소: 정부서울청사 본관 5층 대회의실
> ○ 대상: 현직 공무원 및 공무원을 꿈꾸는 누구나

① 주제를 '효율적 정보 제시를 위한 보고서 작성 기법'으로 변경한다.
② 일시를 '2021. 11. 10.(수) 10:00~12:00(특강 참여 시 근무시간으로 인정)'으로 변경한다.
③ 장소를 '정부세종청사 6동 대회의실'로 변경한다.
④ 대상을 '보고서 작성 능력을 키우고 싶은 현직 중앙부처 공무원'으로 변경한다.
⑤ 특강을 듣기 위한 별도 부담 비용이 없다고 안내하는 항목을 추가한다.

8. 다음 글의 <표>에 대한 판단으로 옳은 것만을 <보기>에서 모두 고르면?

> 우리 몸에는 세 종류의 중요한 근육이 있는데 이것들은 서로 다른 두 기준에 따라 각각 두 종류로 분류될 수 있다. 두 기준은 근육을 구성하는 근섬유에 줄무늬가 있는지의 여부와 근육의 움직임을 우리가 의식적으로 통제할 수 있는지의 여부이다.
>
> 세 종류의 중요한 근육 중 뼈대근육은 우리가 의식적으로 통제하여 사용할 수 있기 때문에 수의근이라고 하며 뼈에 부착되어 있다. 이 근육에 있는 근섬유에는 줄무늬가 있어서 줄무늬근으로 분류된다. 뼈대근육은 달리기, 들어 올리기와 같은 신체적 동작을 일으킨다. 우리가 신체적 운동을 통해 발달시키고자 하는 근육이 바로 뼈대근육이다.
>
> 뼈대근육과 다른 종류로서 내장근육이 있는데, 이 근육은 소화기관, 혈관, 기도에 있는 근육으로서 의식적인 통제하에 있는 것이 아니다. 내장근육에 있는 근섬유에는 줄무늬가 없어서 민무늬근으로 분류된다. 위나 다른 소화기관에 있는 근육은 꿈틀운동을 일으킨다. 혈관에 있는 근육은 혈관의 직경을 변화시켜서 피의 흐름을 촉진시킨다. 기도에 있는 근육은 기도의 직경을 변화시켜서 공기의 움직임을 촉진시킨다.
>
> 심장근육은 심장에서만 발견되는데 심장근육에 있는 근섬유에는 줄무늬가 있다. 심장근육은 심장벽을 구성하고 있고 심장을 수축시키는 역할을 하는데, 이 근육은 우리가 의식적으로 통제할 수 있는 것이 아니기 때문에 불수의근으로 분류된다.
>
> 지금까지 기술한 내용을 정리하면 다음과 같다.
>
> <표> 근육의 종류와 특징
>
> | 기준 \ 종류 | 뼈대근육 | 내장근육 | 심장근육 |
> |---|---|---|---|
> | A | ㉠ | ㉡ | ㉢ |
> | B | ㉣ | ㉤ | ㉥ |

<보 기>

> ㄱ. ㉡과 ㉢이 같은 특징이라면, A에는 근섬유에 줄무늬가 있는지를 따지는 기준이 들어간다.
> ㄴ. ㉣과 ㉥이 다른 특징이라면, B에는 근육의 움직임을 의식적으로 통제할 수 있는지를 따지는 기준이 들어간다.
> ㄷ. ㉠에 '수의근'이 들어간다면, ㉤에는 '민무늬근'이 들어가야 한다.

① ㄱ
② ㄷ
③ ㄱ, ㄴ
④ ㄴ, ㄷ
⑤ ㄱ, ㄴ, ㄷ

9. 다음 글의 ㉠~㉤에 대한 설명으로 가장 적절한 것은?

세균은 산소에 대한 요구성과 내성에 따라 구분된다. '절대 호기성 세균'은 산소에 대한 내성이 있고 대사 과정에서 산소 호흡을 하기 때문에 산소의 농도가 높은 곳에서 잘 자랄 수 있다. 반면에 '미세 호기성 세균'은 산소 호흡을 하지만 산소에 대한 내성이 '절대 호기성 세균'보다 낮아서 '절대 호기성 세균'이 살아가는 환경의 산소 농도보다 낮은 농도의 산소에서만 살 수 있다. 두 종류의 세균은 모두 산소를 이용하는 호흡이 필수적이므로 산소가 없거나 너무 낮은 농도에서는 살 수 없다. '통성 세균'은 산소에 대한 내성이 있고, 산소가 있는 곳에서는 산소 호흡을 하고 산소가 없거나 너무 낮은 농도에서는 산소 호흡 대신 발효 과정을 통해 에너지를 만들어낼 수 있기 때문에 산소가 있는 환경과 없는 환경 모두에서 자랄 수 있다. 그러나 산소 호흡이 발효 과정보다 많은 에너지를 만들어내기 때문에 산소 농도가 높은 환경에서 더 잘 자란다. '혐기성 세균'은 산소 호흡을 할 수 없는 세균으로 발효 과정만을 통해 에너지를 만들어낸다. '혐기성 세균'은 산소에 대한 내성을 가지고 있어 산소가 있어도 자랄 수 있는 '내기 혐기성 세균'과 산소에 대한 내성이 없어 일정 농도 이상의 산소에 노출되면 사멸하는 '절대 혐기성 세균'으로 나뉜다. '내기 혐기성 세균'의 생장은 산소 농도와는 무관하다.

티오글리콜레이트 배양액을 담고 있는 시험관에서 배양액의 위쪽은 공기와 접하고 있어 산소가 충분하다. 시험관 배양액의 산소 농도는 시험관 아래쪽으로 갈수록 감소하며, 시험관의 맨 아래쪽에는 산소가 거의 없다. 아래 그림은 티오글리콜레이트 배양액을 담고 있는 5개의 시험관(㉠~㉤)에 '절대 호기성 세균', '미세 호기성 세균', '통성 세균', '내기 혐기성 세균', '절대 혐기성 세균' 중 하나를 배양한 결과를 나타내며, 각 시험관에는 서로 다른 세균이 배양되었다. 그림에서 검은색 점 각각은 살아있는 하나의 세균을 나타낸다.

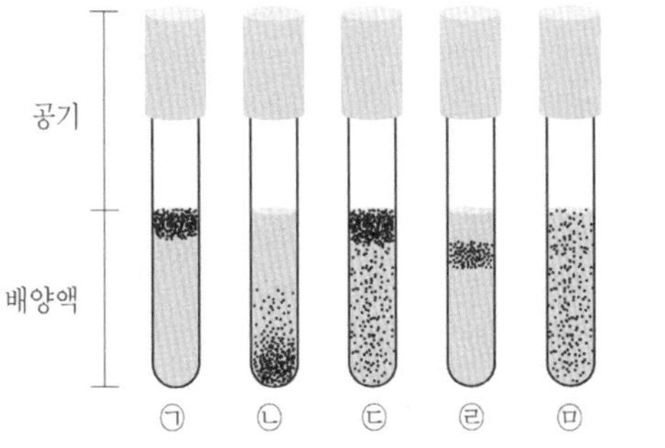

① ㉠은 '통성 세균'이 자란 시험관이다.
② ㉡에서 자란 세균은 발효 과정으로 에너지를 만들어 낸다.
③ ㉢에서 자란 세균은 산소에 대한 내성이 없다.
④ ㉣에서 자란 세균은 산소 호흡을 할 수 없다.
⑤ ㉣과 ㉤은 모두 '혐기성 세균'이 자란 시험관이다.

10. 다음 글의 ㉠과 ㉡에 들어갈 진술로 가장 적절한 것은?

A학파의 가장 큰 특징은 토지 문제를 토지 시장에 국한시키지 않고 경제 전체의 흐름과 밀접하게 연결해서 파악한다는 점이다. A학파의 주장에 따르면, 토지 문제는 이용의 효율에만 관련되는 단순한 문제가 아니라 경제 성장, 실업, 물가 등의 거시경제적 변수를 함께 고려해야만 하는 복잡한 문제이다. 그런 점에서 A학파는 토지 문제가 경기 변동과 직결될 뿐만 아니라 사회 정의와도 관련되는 것이라고 주장한다.

이와 달리 B학파는 다른 모든 종류의 상품과 마찬가지로 토지 문제 역시 수요·공급의 법칙에 따라 시장이 자율적으로 조정하도록 맡겨 두면 된다고 주장한다. B학파의 관점에 따르면, [㉠] 토지는 귀금속, 주식, 채권, 은행 예금만큼이나 좋은 투자 대상이다. 부동산의 자본 이득이 충분히 클 경우, 좋은 투자 대상이 되어 막대한 자금이 금융권으로부터 부동산 시장으로 흘러 들어간다. 반대로 자본 이득이 떨어지면 부동산에 투입되었던 자금이 금융권을 통해 회수되어 다른 시장으로 흘러 들어간다. 이와 같이 부동산의 자본 이득은 부동산 시장과 금융권 사이의 연결고리 역할을 한다.

A학파는 B학파와 달리 상품 투자와 토지 투자를 엄격히 구분한다. 상품 투자는 해당 상품의 가격을 상승시켜 상품 공급을 증가시킨다. 공급 증가는 다시 상품 투자의 억제 요인으로 작용하기 때문에 상품 투자에는 내재적 한계가 있기 마련이다. 그러나 [㉡] 그러므로 토지 투자의 경우에는 지가 상승이 투자를 조장하고 투자는 지가 상승을 더욱 부채질하는 악순환이 반복된다. A학파는 이런 악순환의 결과로 토지를 포함한 부동산 가격에 거품이 잔뜩 끼게 된다고 주장한다.

① ㉠: 토지에 대한 투자는 상품 투자의 일종으로 이해된다.
   ㉡: 토지 공급은 한정되어 있으므로 토지 투자는 상품 투자의 경우와는 달리 제어장치가 없다.
② ㉠: 토지에 대한 투자는 상품 투자의 일종으로 이해된다.
   ㉡: 토지 투자는 다른 상품의 생산 비용을 상승시켜 상품의 가격 상승으로 이어진다.
③ ㉠: 토지에 대한 투자는 상품 생산의 수단으로 활용된다.
   ㉡: 토지 공급은 한정되어 있으므로 토지 투자는 상품 투자의 경우와는 달리 제어장치가 없다.
④ ㉠: 토지 투자와 상품 투자는 거시경제적인 관점에서 상호 보완적 역할을 수행한다.
   ㉡: 토지 투자는 다른 상품의 생산 비용을 상승시켜 상품의 가격 상승으로 이어진다.
⑤ ㉠: 토지 투자와 상품 투자는 거시경제적인 관점에서 상호 보완적 역할을 수행한다.
   ㉡: 토지 공급은 한정되어 있으므로 토지 투자는 상품 투자의 경우와는 달리 제어장치가 없다.

11. 다음 글로부터 추론할 수 있는 것은?

사람의 혈액은 적혈구, 백혈구, 혈소판처럼 혈액 내에 존재하는 세포인 혈구 성분과 이러한 혈구 성분을 제외한 나머지 액상 성분인 혈장으로 나뉜다. 사람의 혈액을 구별하는 대표적인 방법은 혈액의 성분을 기준으로 삼는 ABO형 방법이다. 이에 따르면, 혈액은 적혈구의 표면에 붙어 있는 응집원과 혈장에 들어 있는 응집소의 유무 또는 종류를 기준으로 다음 표와 같이 구분할 수 있다.

혈액형	응집원	응집소
A	A형 응집원	응집소 β
B	B형 응집원	응집소 α
AB	A형 응집원 및 B형 응집원	없음
O	없음	응집소 α 및 응집소 β

이때, A형 응집원이 응집소 α와 결합하거나 B형 응집원이 응집소 β와 결합하면, 응집 반응이 일어난다. 이 반응은 혈액의 응고를 일으키는데, 혈액이 응고되면 혈액의 정상적인 흐름이 방해되어 심각한 문제가 발생할 수 있다. 혈액의 이러한 특성을 활용하면 수혈도를 작성할 수 있다.

① A형 응집원만을 선택적으로 제거한 A형 적혈구를 B형인 사람에게 수혈해도 응집 반응이 일어나지 않는다.
② B형 응집원만을 선택적으로 제거한 AB형 적혈구를 A형인 사람에게 수혈하면 응집 반응이 일어난다.
③ 응집소 β를 선택적으로 제거한 O형 혈장을 A형인 사람에게 수혈해도 응집 반응이 일어나지 않는다.
④ AB형인 사람은 어떤 혈액을 수혈 받아도 응집 반응이 일어나지 않는다.
⑤ O형인 사람은 어떤 적혈구를 수혈 받아도 응집 반응이 일어나지 않는다.

12. 다음 글의 ㉠을 이끌어내기 위해 추가해야 할 전제로 가장 적절한 것은?

A국에서는 교육 제도 개선을 추진하고 있다. 이와 관련하여 현재 거론되고 있는 방안 중 다음 네 조건을 모두 충족시키는 방안이 있다면, 정부는 그 방안을 추진해야 한다. 첫째, 공정한 기회 균등과 교육의 수월성을 함께 이룩할 수 있는 방안이어야 한다. 둘째, 신뢰할 수 있는 설문 조사에서 가장 많은 국민이 선호하는 방안으로 선택한 것이어야 한다. 셋째, 정부의 기존 교육 재정만으로 실행될 수 있는 방안이어야 한다. 넷째, 가계의 교육 부담을 줄일 수 있는 방안이어야 한다.

현재 거론되고 있는 방안들 중 선호하는 것에 대하여 국민 2,000명을 대상으로 한 설문 조사 결과, 300명이 대학교 평준화 도입을 꼽았고, 400명이 고등학교 자체 평가 확대를 꼽았으며, 600명이 대입 정시 확대와 수시 축소를 꼽았고, 700명이 고교 평준화 강화를 꼽았다. 이 설문 조사는 표본을 치우치지 않게 잡아 신뢰할 수 있다.

현재 거론된 방안들 가운데 정부의 기존 교육 재정만으로 실행될 수 없는 것은 대학교 평준화 도입 방안뿐이다. 대입 정시 확대와 수시 축소 방안은 가계의 교육 부담을 감소시키지 못하지만 다른 방안들은 그렇지 않다. 고교 평준화 강화 방안은 공정한 기회 균등을 이룰 수 있는 방안임이 분명하다. 따라서 ㉠ 정부는 고교 평준화 강화 방안을 추진해야 한다.

① 고교 평준화 강화는 가장 많은 국민이 선호하는 방안이다.
② 고교 평준화 강화는 교육의 수월성을 이룩할 수 있는 방안이다.
③ 고교 평준화 강화는 가계의 교육 부담을 줄일 수 있는 방안이다.
④ 고교 평준화 강화는 정부의 기존 교육 재정만으로도 실행될 수 있는 방안이다.
⑤ 정부가 고교 평준화 강화 방안을 추진하지 않아도 된다면, 그 방안은 공정한 기회 균등과 교육의 수월성을 함께 이룩할 수 없는 방안이다.

[13~14] 다음 글을 읽고 물음에 답하시오.

개정 근로기준법이 적용되면서 일명 '52시간 근무제'에 사람들이 큰 관심을 보였다. 하지만 개정 근로기준법에는 1주 최대 근로시간을 52시간으로 규정하는 조문이 명시적으로 추가된 것이 아니다. 다만, 기존 근로기준법에 "1주'란 휴일을 포함한 7일을 말한다'는 문장 하나가 추가되었을 뿐이다. 이 문장이 말하는 바는 상식처럼 보이는데, 이를 추가해서 어떻게 52시간 근무제를 확보할 수 있었을까?

월요일에서 금요일까지 1일 8시간씩 소정근로시간 동안 일하는 근로자를 생각해보자. 여기서 '소정근로시간'이란 근로자가 사용자와 합의하여 정한 근로시간을 말한다. 사실 기존 근로기준법에서도 최대 근로시간은 52시간으로 규정되어 있는 것처럼 보인다. 1일의 최대 소정근로시간이 8시간, 1주의 최대 소정근로시간이 40시간이고, 연장근로는 1주에 12시간까지만 허용되어 있으므로, 이를 단순 합산하면 총 52시간이 되기 때문이다. 그러나 기존 근로기준법에서는 최대 근로시간이 68시간이었다. 이는 휴일근로의 성격을 무엇으로 보느냐에 달려 있다. 기존 근로기준법에서 휴일근로는 소정근로도 아니고 연장근로도 아닌 것으로 간주되었다. 그래서 소정근로 40시간과 연장근로 12시간을 시키고 나서 추가로 휴일근로를 시키더라도 법 위반이 아니었다.

그런데 일요일은 휴일이지만, 토요일은 휴일이 아니라 근로의무가 없는 휴무일이기에 특별한 규정이 없는 한 근로를 시킬 수가 없다. 따라서 기존 근로기준법하에서 더 근로를 시키고 싶던 기업들은 단체협약 등으로 '토요일을 휴일로 한다'는 특별규정을 두는 일종의 꼼수를 쓰는 경우가 많았다. 이렇게 되면 토요일과 일요일, 2일 간 휴일근로를 추가로 시킬 수 있기에 최대 근로시간이 늘어나게 된다. 이것이 기존 판례의 입장이었다.

개정 근로기준법과 달리 왜 기존 판례는 ( ) 그 이유는 연장근로를 소정근로의 연장으로 보았고, 1주의 최대 소정근로시간을 정할 때 기준이 되는 1주를 5일에 입각하여 보았기 때문이다. 즉, 1주 중 소정근로일을 월요일부터 금요일까지의 5일로 보았기에 이 기간에 하는 근로만이 근로기준법상 소정근로시간의 한도에 포함된다고 본 것이다. 다만 이 입장에 따르더라도, 연장근로가 아닌 한 1일의 근로시간은 8시간을 초과할 수 없다고 기존 근로기준법에 규정되어 있기 때문에, 이미 52시간을 근로한 근로자에게 휴일에 1일 8시간을 넘는 근로를 시킬 수 없다. 그 결과 휴일근로로 가능한 시간은 16시간이 되어, 1주 68시간이 최대 근로시간이 된 것이다.

13. 위 글의 빈칸에 들어갈 내용으로 가장 적절한 것은?

① 휴일근로가 연장근로가 아니라고 보았을까?
② 토요일에 연장근로를 할 수 있다고 보았을까?
③ 1주의 최대 소정근로시간을 40시간으로 인정하였을까?
④ 1일의 최대 소정근로시간은 8시간을 초과할 수 없다고 보았을까?
⑤ 휴일에는 근로자의 합의가 없는 한 연장근로를 할 수 없다고 보았을까?

14. 위 글의 내용을 바르게 적용한 사람만을 <보기>에서 모두 고르면?

<보 기>

갑: 개정 근로기준법에 의하면, 1주 중 3일 동안 하루 15시간씩 일한 사람의 경우, 총 근로시간이 45시간으로 52시간보다 적으니 법에 어긋나지 않아.
을: 개정 근로기준법에 의하면, 월요일부터 목요일까지 매일 10시간씩 일한 사람의 경우, 금요일에 허용되는 최대 근로시간은 12시간이야.
병: 기존 근로기준법에 의하면, 일요일 12시간을 일했으면 12시간 전부가 휴일근로시간이지, 연장근로시간이 아니야.

① 갑
② 을
③ 갑, 병
④ 을, 병
⑤ 갑, 을, 병

15. 다음 글의 내용이 참일 때, 반드시 참인 것은?

> 갑돌과 정순은 매일 커피를 마시는 흡연자이다. 을순과 병돌은 매년 치석을 없앤다. 그리고 치아의 색깔에 관한 다음의 사실이 알려져 있다.
> ○ 치석을 매년 없애지 않고 매일 커피를 마시는 사람의 경우, 그의 이가 노랄 확률은 60% 이상이다.
> ○ 치석을 매년 없애지 않는 흡연자의 경우, 그의 이가 노랄 확률은 80% 이상이다.
> ○ 치석을 매년 없애지 않고 매일 커피를 마시는 흡연자의 경우, 그의 이가 노랄 확률은 90% 이상이다.
> ○ 치석을 매년 없애는 사람의 경우, 그의 이가 노랄 확률은 그의 커피 섭취 및 흡연 여부와 무관하게 20% 미만이다.

① 갑돌의 이가 노랄 확률은 80% 이상이다.
② 을순의 이가 노랗지 않을 확률은 80% 미만이다.
③ 병돌이 흡연자라면, 그의 이가 노랄 확률은 20% 이상이다.
④ 병돌이 매일 커피를 마신다면, 그의 이가 노랄 확률은 20% 이상이다.
⑤ 정순이 치석을 매년 없애지 않는다면, 그의 이가 노랄 확률은 90% 이상이다.

16. 다음 글의 내용이 참일 때, 반드시 참인 것만을 <보기>에서 모두 고르면?

> 인접한 지방자치단체인 ○○군을 △△시에 통합하는 안건은 △△시의 5개 구인 A, B, C, D, E 중 3개 구 이상의 찬성으로 승인된다. 안건에 관한 입장은 찬성하거나 찬성하지 않거나 둘 중 하나이다. 각 구의 입장은 다음과 같다.
> ○ A가 찬성한다면 B와 C도 찬성한다.
> ○ C는 찬성하지 않는다.
> ○ D가 찬성한다면 A와 E 중 한 개 이상의 구는 찬성한다.

<보 기>

ㄱ. B가 찬성하지 않는다면, 안건은 승인되지 않는다.
ㄴ. B가 찬성하는 경우 E도 찬성한다면, 안건은 승인된다.
ㄷ. E가 찬성하지 않는다면, D도 찬성하지 않는다.

① ㄱ
② ㄴ
③ ㄱ, ㄷ
④ ㄴ, ㄷ
⑤ ㄱ, ㄴ, ㄷ

17. 다음 글의 내용이 참일 때, 반드시 참인 것만을 <보기>에서 모두 고르면?

일반행정 직렬 주무관으로 새로 채용된 갑진, 을현, 병천은 행정안전부, 고용노동부, 보건복지부에 한 명씩 배치되는 것으로 정해졌다. 가인, 나운, 다은, 라연은 배치 결과를 궁금해 하며 다음과 같이 예측했는데, 이 중 한 명의 예측만 틀렸음이 밝혀졌다.

가인: 을현은 행정안전부에, 병천은 보건복지부에 배치될 거야.
나운: 을현이 행정안전부에 배치되면, 갑진은 고용노동부에 배치될 거야.
다은: 을현이 행정안전부에 배치되지 않으면, 병천이 행정안전부에 배치될 거야.
라연: 갑진은 고용노동부에, 병천은 행정안전부에 배치될 거야.

<보 기>

ㄱ. 갑진은 고용노동부에 배치된다.
ㄴ. 을현은 행정안전부에 배치된다.
ㄷ. 라연의 예측은 틀렸다.

① ㄱ
② ㄴ
③ ㄱ, ㄷ
④ ㄴ, ㄷ
⑤ ㄱ, ㄴ, ㄷ

18. 다음 글의 ㉠에 대한 판단으로 적절한 것만을 <보기>에서 모두 고르면?

어떤 회사가 소비자들을 A부터 H까지 8개의 동질적인 집단으로 나누어, 이들을 대상으로 마케팅 활동의 효과를 살펴보는 실험을 하였다. 마케팅 활동은 구매 전 활동과 구매 후 활동으로 구성되는데, 구매 전 활동에는 광고와 할인 두 가지가 있고 구매 후 활동은 사후 서비스 한 가지뿐이다. 구매 전 활동이 끝난 뒤 구매율을 평가하고, 구매 후 활동까지 모두 마친 뒤 구매 전과 구매 후의 마케팅 활동을 종합하여 마케팅 만족도를 평가하였다. 구매율과 마케팅 만족도는 모두 a, b, c, d로 평가하였는데, a가 가장 높고 d로 갈수록 낮다. 이 회사가 수행한 ㉠ 실험의 결과는 다음과 같다.

○ A와 B를 대상으로는 구매 전 활동을 실시하지 않았는데 구매율은 d였다. 이 중 A에 대해서는 사후 서비스를 하였고 B에 대해서는 하지 않았는데, 마케팅 만족도는 각각 c와 d였다.
○ C와 D를 대상으로 구매 전 활동 중 광고만 하였더니 구매율은 c였다. 이 중 C에 대해서는 사후 서비스를 하였고 D에 대해서는 하지 않았는데, 마케팅 만족도는 각각 b와 c였다.
○ E와 F를 대상으로 구매 전 활동 중 할인 기회만 제공하였더니 구매율은 b였다. 이 중 E에 대해서는 사후 서비스를 하였고 F에 대해서는 하지 않았는데, 마케팅 만족도는 모두 b였다.
○ G와 H를 대상으로 구매 전 활동으로 광고와 함께 할인 기회를 제공하였더니 구매율은 b였다. 이 중 G에 대해서는 사후 서비스를 하였고 H에 대해서는 하지 않았는데, 마케팅 만족도는 각각 a와 b였다.

<보 기>

ㄱ. 할인 기회를 제공한 경우가 제공하지 않은 경우보다 구매율이 높다.
ㄴ. 광고를 할 때, 사후 서비스를 한 경우가 하지 않은 경우보다 마케팅 만족도가 낮지 않다.
ㄷ. 사후 서비스를 하지 않을 때, 광고를 한 경우가 하지 않은 경우보다 마케팅 만족도가 높다.

① ㄱ
② ㄷ
③ ㄱ, ㄴ
④ ㄴ, ㄷ
⑤ ㄱ, ㄴ, ㄷ

19. 다음 글의 갑~병의 견해에 대한 분석으로 적절한 것만을 <보기>에서 모두 고르면?

> 우리는 'A라는 성질을 가진 대상이 모두 B라는 성질을 가진다.'고 주장할 때 'A는 모두 B이다.'라는 형식의 진술 U를 사용한다. A라는 성질을 가진 대상이 존재할 때, U가 언제 참이고 언제 거짓인지에 대한 어떤 의견 차이도 없다. 즉 A라는 성질을 가진 대상이 존재할 때, 그 대상들이 모두 B라는 성질을 가진다면 U는 참이고, 그 대상들 중 B라는 성질을 가지지 않는 대상이 있다면 U는 거짓이다. 하지만 A라는 성질을 가진 대상이 존재하지 않을 때, U가 언제 참이고 언제 거짓인지를 둘러싸고 여러 견해가 있다.
>
> 갑: U는 'A이면서 B가 아닌 대상은 하나도 없다.'는 주장으로 이해해야 한다. 만약 A인 대상이 존재하지 않는다면, A이면서 B가 아닌 대상은 당연히 존재하지 않는다. 따라서 A인 대상이 존재하지 않는 경우, U는 참이다.
>
> 을: U에는 'A이면서 B가 아닌 대상은 하나도 없다.'는 주장과 더불어 'A인 대상이 존재한다.'는 주장까지 담겨 있다. 그러므로 A인 대상이 존재하지 않는다면, 후자의 주장이 거짓이 되므로 U 역시 거짓이다.
>
> 병: A인 대상이 존재하지 않는다는 사실만 갖고 U가 참이라거나 거짓이라고 말해서는 안 된다. 오히려 A인 대상이 존재해야 한다는 것은 U를 참이나 거짓으로 판단하기 위해 먼저 성립해야 할 조건이다. 그러므로 A인 대상이 존재하지 않는다면, 이 조건을 충족하지 못한 것이므로 U는 참도 거짓도 아니다.

<보 기>

ㄱ. 갑과 을은 'A인 대상이 존재하지만 B인 대상이 존재하지 않는다면, U는 거짓이다.'라는 것에 동의한다.

ㄴ. 을과 병은 'U가 참이라면, A인 대상이 존재한다.'는 것에 동의한다.

ㄷ. 갑과 병은 'U가 거짓이라면, A인 대상이 존재한다.'는 것에 동의한다.

① ㄱ
② ㄷ
③ ㄱ, ㄴ
④ ㄴ, ㄷ
⑤ ㄱ, ㄴ, ㄷ

20. 다음 글의 내용을 적용한 것으로 가장 적절한 것은?

> 연역논증은 전제를 통해 결론이 참이라는 사실을 100% 보장하려는 논증인데, 이 가운데 결론의 참을 100% 보장하는 논증을 '타당한 논증'이라 한다. 반면 귀납논증은 전제를 통해 결론을 개연적으로 뒷받침하려는 논증이다. 귀납논증 중에는 뒷받침하는 정도가 강한 것도 있고 약한 것도 있다. 귀납논증은 형식의 측면에서도 여러 가지로 분류될 수 있는데, 이 중 우리가 자주 쓰는 귀납논증은 다음과 같은 것이다.
>
> ○ 보편적 일반화: 유형 I에 속하는 n개의 개체를 조사해 보니 이들 모두에서 속성 P를 발견하였다. 따라서 유형 I에 속하는 모든 개체들은 속성 P를 가질 것이다.
>
> ○ 통계적 일반화: 유형 I에 속하는 n개의 개체를 조사해 보니 이들 가운데 m개에서 속성 P를 발견하였다. 따라서 유형 I에 속하는 모든 개체 중 m/n이 속성 P를 가질 것이다. 단, m/n은 0보다 크고 1보다 작다.
>
> ○ 통계적 삼단논법: 유형 I에 속하는 개체 중 m/n에서 속성 P를 발견하였다. 개체 α는 유형 I에 속한다. 따라서 개체 α는 속성 P를 가질 것이다. 단, m/n은 0보다 크고 1보다 작다.
>
> ○ 유비추론: 유형 I에 속하는 개체 α가 속성 P_1, P_2, P_3을 갖고, 유형 II에 속하는 개체 β도 똑같이 속성 P_1, P_2, P_3을 갖는다. 개체 α가 속성 P_4를 가진다는 사실이 발견되었다. 따라서 개체 β는 속성 P_4를 가질 것이다.

① '우리나라 공무원 중 여행과 음악을 모두 좋아하는 이들의 비율은 전체의 80%를 넘지 않는다. 따라서 우리나라 공무원 중 여행을 좋아하는 이들의 비율은 전체의 80%를 넘지 않을 것이다.'는 타당한 논증으로 분류된다.
② '우리나라 전체 공무원 중 100명을 조사해 보니 이들은 업무의 70% 이상을 효과적으로 수행하고 있다. 따라서 우리나라 전체 공무원들은 업무의 70% 이상을 효과적으로 수행하고 있을 것이다.'는 보편적 일반화로 분류된다.
③ '우리나라 공무원 중 30%가 운동을 좋아한다. 따라서 우리나라 20대 공무원 중 30%는 운동을 좋아할 것이다.'는 통계적 일반화로 분류된다.
④ '해외연수를 다녀온 공무원의 95%가 정부 정책을 지지한다. 공무원 갑은 정부 정책을 지지하고 있다. 따라서 갑은 해외연수를 다녀왔을 것이다.'는 통계적 삼단논법으로 분류된다.
⑤ '임신과 출산으로 태어난 을과 그를 복제하여 만든 병은 유전자와 신경 구조가 똑같다. 따라서 을과 병은 둘 다 80세 이상 살 것이다.'는 유비추론으로 분류된다.

21. 다음 글의 실험 결과가 강화하는 것만을 <보기>에서 모두 고르면?

> 한 연구진은 자극 X가 뇌에 미치는 영향을 밝히기 위한 실험을 수행하였다. 그들은 자극 X가 있는 환경에서 성장한 동물과 자극 X가 없는 환경에서 성장한 동물을 비교했을 때 뇌에 차이가 있을 것이라고 추측했다.
>
> 실험을 위해 동일한 조건의 연구용 쥐 100마리를 절반씩 나누어 각각 A와 B 그룹으로 배정하였다. A 그룹의 쥐는 자극 X에 노출된 반면, B 그룹의 쥐는 자극 X에 노출되지 않았다. 자극 X를 제외한 다른 조건은 두 그룹에서 동일하였다. 일정 기간이 지나고 두 그룹 쥐의 뇌에 대해서 부위별로 무게 측정과 화학 분석이 이루어졌다. 그 결과 A 그룹의 쥐는 B 그룹의 쥐와 다른 점을 보여주었다.
>
> 두 그룹에서 나타난 가장 두드러진 차이점은 전체 뇌 무게에 대한 대뇌피질의 무게 비율이었다. 대뇌피질은 경험에 반응하고 운동, 기억, 학습, 감각적 입력을 관장하는 뇌의 한 부위이다. A 그룹 쥐의 대뇌피질은 B 그룹 쥐의 대뇌피질보다 더 무겁고 더 치밀했지만, 뇌의 나머지 부위의 무게에는 차이가 없었다.
>
> 또한 B 그룹의 쥐의 뇌보다 A 그룹의 쥐의 뇌에서는 크기가 큰 신경세포뿐만 아니라 신경교세포도 더 많이 발견되었다. 신경교세포는 뇌의 신경세포를 성장시켜 크기를 키우는 역할을 하는 세포이다. 세포의 DNA에 대한 RNA의 비율은 세포가 성장하지 않을 때보다 세포가 성장하여 크기가 커질 때 높아진다. 두 그룹의 쥐의 뇌를 분석한 결과, DNA에 대한 RNA의 비율이 높아진 뇌 신경세포가 B 그룹보다 A 그룹에 더 많이 있다는 사실이 확인되었다. A 그룹의 쥐의 뇌에서는 신경전달물질 α가 더 많이 분비되었는데, 신경전달물질 α의 양은 A 그룹 쥐의 뇌보다 B 그룹 쥐의 뇌에서 약 30% 이상 더 적은 것으로 확인되었다.

<보 기>

ㄱ. 자극 X가 있으면 없을 때보다 신경교세포의 수와 신경전달물질 α의 분비량이 많아진다.

ㄴ. 자극 X가 있으면 없을 때보다 전체 뇌 무게에 대한 대뇌피질의 무게 비율이 높아지고 대뇌피질이 촘촘해진다.

ㄷ. 자극 X가 없으면 있을 때보다 뇌 신경세포의 크기와 수가 늘어난다.

① ㄱ
② ㄷ
③ ㄱ, ㄴ
④ ㄴ, ㄷ
⑤ ㄱ, ㄴ, ㄷ

22. 다음 글의 ㉠을 강화하는 것만을 <보기>에서 모두 고르면?

> 1977년 캐나다의 실험에서 연구진은 인공 조미료 사카린이 인간에게 암을 일으킬 수 있는지를 밝히려고 약 200마리의 쥐를 사용해 실험했다. 실험 결과가 발표되자 그 활용의 타당성에 관해 비판이 제기되었다. 투여된 사카린의 양이 쥐가 먹는 음식의 5%로 너무 많다는 것이었다. 인간에게 그 양은 음료수 800병에 함유된 사카린 양인데, 누가 하루에 음료수를 800병이나 마시겠느냐는 비판이었다.
>
> 일리가 없는 말은 아니지만 ㉠ 이것은 합당한 비판이 아니다. 물론 인간에게 적용할 실험 결과를 얻으려면 인간이 사카린에 노출되는 상황을 그대로 재현하여 실험하는 것이 바람직하다. 그러나 일상적인 환경에서 대개의 발암물질은 유효성이 아주 낮아서 수천 명 중 한 명 정도의 비율로만 그 효과를 확인할 수 있다. 발암물질의 유효성은 몸에 해당 물질을 받아들인 개체들 가운데 암에 걸리는 개체의 비율에 의존하는데, 이 비율이 낮을수록 발암물질의 유효성이 낮아진다. 물론 발암물질의 유효성이 낮아도 그 피해는 클 수 있다. 예를 들어 유효성이 매우 낮은 경우라도, 관련 모집단이 수천만 명이라면 그로 인해 암에 걸리는 사람은 수만 명에 이를 수 있다. 이런 상황에서 발암물질의 효과를 확인하려는 동물 실험은 최소한 수만 마리의 쥐를 이용한 실험을 해야 유의미한 결과를 얻을 수 있다. 하지만 그렇게 많은 쥐를 이용해서 실험하는 것은 불가능하다.
>
> 이럴 때 택하는 전형적인 전략은 실험 대상의 수를 줄이고 발암물질의 투여량을 늘리는 것이다. 예를 들어 어떤 발암물질을 통상적인 수준에서 투여한다면 200마리의 쥐 가운데 암이 발생한 것은 거의 없을 것이다. 하지만 그 발암물질을 전체 음식의 5%로 늘리게 되면 200마리의 쥐 가운데에서도 암이 발생한 쥐의 수는 제법 늘어나게 될 것이다. 이렇게 발암물질의 투여량을 늘리면 실험 대상의 수를 줄이더라도 유의미한 실험 결과를 확보할 수 있는 것이다. 결국 사카린과 암 사이의 인과관계를 밝히려 한 1977년 실험과 그 활용의 타당성에 근본적인 잘못이 있다고 할 수 없다.

<보 기>

ㄱ. 인간이든 쥐든 암이 발생하는 사례의 수는 발암물질의 섭취량에 비례한다.

ㄴ. 쥐에게 다량 투입하였을 때 암을 일으킨 물질 중에는 인간에게 발암물질이 아닌 것이 있다.

ㄷ. 발암물질의 유효성이 클수록 더 많은 수의 실험 대상을 확보해야 유의미한 실험 결과를 얻을 수 있다.

① ㄱ
② ㄷ
③ ㄱ, ㄴ
④ ㄴ, ㄷ
⑤ ㄱ, ㄴ, ㄷ

23. 다음 논쟁을 분석한 것으로 적절한 것만을 <보기>에서 모두 고르면?

> A: 종 차별주의란 인간 종이 다른 생물 종과 생김새가 다르다는 이유만으로 특별한 대우를 받아야 한다는 주장이다. 이런 종 차별주의가 옳지 않다는 주장은 모든 종을 동등하게 대우해야 한다는 종 평등주의가 옳다는 말과 같다. 하지만 종 평등주의는 너무나 비상식적인 견해이다.
> B: 종 차별주의를 거부하는 것과 종 평등주의를 받아들이는 것은 별개다. 모든 생명체를 동등하게 대우해야 한다는 종 평등주의는 이웃 사람을 죽이는 것이 그른 만큼 양배추를 뽑아 버리는 것도 그르다는 것을 암시한다. 그러나 양배추는 신경계와 뇌가 없으므로 어떠한 경험을 할 수도 어떠한 의식을 가질 수도 없다. 그런 양배추를 뽑아 버리는 것이, 의식을 가지고 높은 수준의 경험을 누리는 이웃 사람을 죽이는 행위와 같을 수 없다. 종 차별주의에 대한 거부는 생김새가 아닌 의식에 의한 차별적 대우를 부정하지 않는다.
> C: 의식에 의한 차별이 정당하다는 주장이 옳다면, 각 인간이 가진 가치도 달라야 한다. 왜냐하면 인간마다 의식적 경험의 정도가 다르기 때문이다. 그러나 모든 인간이 동일한 존엄성과 무한한 생명 가치를 가진다는 것은 거부할 수 없는 윤리의 대전제이다. 따라서 의식을 이용하여 종 사이의 차별을 정당화한다면 이런 윤리의 대전제를 부정할 수밖에 없다.

<보 기>

ㄱ. A는 종 차별주의와 종 평등주의가 서로 모순된다고 보지만 B는 그렇지 않다.
ㄴ. B와 C는 모든 인간이 동일한 존엄성과 무한한 생명 가치를 가진다는 견해에 동의한다.
ㄷ. C는 인간과 인간이 아닌 것 사이의 차별적 대우를 정당화하는 근거가 있다는 것에 동의하지만, A는 그렇지 않다.

① ㄱ
② ㄴ
③ ㄱ, ㄷ
④ ㄴ, ㄷ
⑤ ㄱ, ㄴ, ㄷ

24. 다음 글의 ㉠의 내용으로 가장 적절한 것은?

> 2020년 7월 2일이 출산 예정일이었던 갑은 2020년 6월 28일 아이를 출산하여, 2020년 7월 10일에 ○○구 건강관리센터 산모·신생아 건강관리 서비스를 신청하였다. 2020년 1월 1일에 ○○구에 주민등록이 된 이후 갑은 주민등록지를 변경하지 않았으며, 실제로 ○○구에 거주하였다. 갑의 신청을 검토한 ○○구는 「○○구 산모·신생아 건강관리 지원에 관한 조례」(이하 "조례"라 한다)와 「○○구 건강관리센터 운영규정」(이하 "운영규정"이라 한다)이 불일치한다는 문제를 발견하였다. 이에 ㉠ 운영규정과 조례 중 무엇도 위반하지 않고 갑이 30만 원 이하의 본인 부담금만으로 해당 서비스를 이용할 수 있도록 조례 또는 운영규정을 일부 개정하였다.
>
> 「○○구 산모·신생아 건강관리 지원에 관한 조례」
> 제8조(산모·신생아 건강관리 지원) ① 구청장은 출산 예정일 또는 출산일을 기준으로 6개월 전부터 계속하여 ○○구에 주민등록을 두고 있는 산모와 출산 예정일 또는 출산일을 기준으로 1년 전부터 계속하여 ○○구를 국내 체류지로 하여 외국인 등록을 하고 ○○구에 체류하는 외국인 산모에게 산모·신생아 건강관리 서비스를 제공할 수 있다.
> ② 구청장은 제1항에 따른 서비스의 본인 부담금을 이용금액 기준에 따라 30만 원 한도 내에서 서비스 수급자에게 부과할 수 있다.
>
> 「○○구 건강관리센터 운영규정」
> 제21조(산모·신생아 건강관리 지원) ① 다음 각 호의 어느 하나에 해당하는 사람은 산모·신생아 건강관리 서비스를 이용할 수 있다.
> 1. 출산일을 기준으로 6개월 전부터 계속하여 ○○구에 주민등록을 두고 실제로 ○○구에 거주하고 있는 산모
> 2. 출산일을 기준으로 6개월 전부터 ○○구를 국내 체류지로 하여 외국인 등록을 하고 실제로 ○○구에 체류하고 있는 외국인 산모
> ② 제1항에 따른 서비스를 이용하는 경우 서비스 수급자에게 본인 부담금이 부과될 수 있다. 그 산정은 「○○구 산모·신생아 건강관리 지원에 관한 조례」의 기준에 따른다.

① 운영규정 제21조제3항과 조례 제8조제3항으로 '신청일은 출산일 기준 10일을 경과할 수 없다.'를 신설한다.
② 운영규정 제21조제1항의 '실제로 ○○구에 거주하고'와 '실제로 ○○구에 체류하고'를 삭제한다.
③ 운영규정 제21조제2항의 '본인 부담금'을 '30만 원 이하의 본인 부담금'으로 개정한다.
④ 운영규정 제21조제1항의 '출산일'을 모두 '출산 예정일 또는 출산일'로 개정한다.
⑤ 조례 제8조제1항의 '1년'을 '6개월'로 개정한다.

25. 다음 글의 <논쟁>에 대한 분석으로 적절한 것만을 <보기>에서 모두 고르면?

갑과 을은 M국의 손해사정을 업으로 하는 법인 A, B의 「보험업법」 위반 여부에 대해 논쟁하고 있다. 이 논쟁은 「보험업법」의 일부 규정 속 손해사정사가 상근인지 여부, 그리고 각 법인의 손해사정사가 상근인지 여부가 불분명함에서 비롯되었다. 해당 법의 일부 조항은 다음과 같다.

「보험업법」

제00조(손해사정업의 영업기준) ① 손해사정을 업으로 하려는 법인은 2명 이상의 상근 손해사정사를 두어야 한다. 이 경우 총리령으로 정하는 손해사정사의 구분에 따라 수행할 업무의 종류별로 1명 이상의 상근 손해사정사를 두어야 한다.

② 제1항에 따른 법인이 지점 또는 사무소를 설치하려는 경우에는 각 지점 또는 사무소별로 총리령으로 정하는 손해사정사의 구분에 따라 수행할 업무의 종류별로 1명 이상의 손해사정사를 두어야 한다.

<논 쟁>

쟁점 1: 법인 A는 총리령으로 정하는 손해사정사의 구분에 따른 업무의 종류가 4개이고 각 종류마다 2명의 손해사정사를 두고 있는데, 갑은 법인 A가 「보험업법」 제00조제1항을 어기고 있다고 주장하지만 을은 그렇지 않다고 주장한다.

쟁점 2: 법인 B의 지점 및 사무소 각각은 총리령으로 정하는 손해사정사의 구분에 따른 업무의 종류가 2개씩이고 각 종류마다 1명의 손해사정사를 두고 있는데, 갑은 법인 B가 「보험업법」 제00조제2항을 어기고 있다고 주장하지만 을은 그렇지 않다고 주장한다.

<보 기>

ㄱ. 쟁점 1과 관련하여, 법인 A에는 비상근 손해사정사가 2명 근무하고 있지만 이들이 수행하는 업무의 종류가 다르다는 사실이 밝혀진다면 갑의 주장은 옳지만 을의 주장은 옳지 않다.

ㄴ. 쟁점 2와 관련하여, 법인 B의 지점에 근무하는 손해사정사가 비상근일 경우에, 갑은 제00조제2항의 '손해사정사'가 반드시 상근이어야 한다고 생각하지만 을은 비상근이어도 무방하다고 생각한다는 사실은 법인 B에 대한 갑과 을 사이의 주장 불일치를 설명할 수 있다.

ㄷ. 법인 A 및 그 지점 또는 사무소에 근무하는 손해사정사와 법인 B 및 그 지점 또는 사무소에 근무하는 손해사정사가 모두 상근이라면, 을의 주장은 쟁점 1과 쟁점 2 모두에서 옳지 않다.

① ㄱ

② ㄴ

③ ㄱ, ㄷ

④ ㄴ, ㄷ

⑤ ㄱ, ㄴ, ㄷ

약점 보완 해설집 p.164

상황판단영역

1. 다음 글과 <상황>을 근거로 판단할 때 옳은 것은?

제00조(적용범위) 이 규정은 중앙행정기관, 광역자치단체(광역자치단체와 기초자치단체 공동주관 포함)가 국제행사를 개최하기 위하여 10억 원 이상의 국고지원을 요청하는 경우에 적용한다.
제00조(정의) "국제행사"라 함은 5개국 이상의 국가에서 외국인이 참여하고, 총 참여자 중 외국인 비율이 5% 이상(총 참여자 200만 명 이상은 3% 이상)인 국제회의·체육행사·박람회·전시회·문화행사·관광행사 등을 말한다.
제00조(국고지원의 제외) 국제행사 중 다음 각 호에 해당하는 행사는 국고지원의 대상에서 제외된다. 이 경우 제외되는 시기는 다음 각 호 이후 최초 개최되는 행사의 해당 연도부터로 한다.
1. 매년 1회 정기적으로 개최하는 국제행사로서 국고지원을 7회 받은 경우
2. 그 밖의 주기로 개최하는 국제행사로서 국고지원을 3회 받은 경우

제00조(타당성조사, 전문위원회 검토의 대상 등) ① 국고지원의 타당성조사 대상은 국제행사의 개최에 소요되는 총 사업비가 50억 원 이상인 국제행사로 한다.
② 국고지원의 전문위원회 검토 대상은 국제행사의 개최에 소요되는 총 사업비가 50억 원 미만인 국제행사로 한다.
③ 제1항에도 불구하고 국고지원 비율이 총 사업비의 20% 이내인 경우 타당성조사를 전문위원회 검토로 대체할 수 있다.

<상 황>

甲광역자치단체는 2021년에 제6회 A박람회를 국고지원을 받아 개최할 예정이다. A박람회는 매년 1회 총 250만 명이 참여하는 행사로서 20여 개국에서 8만 명 이상의 외국인들이 참여해 왔다. 2021년에도 동일한 규모의 행사가 예정되어 있다. 한편 2020년에 5번째로 국고지원을 받은 A박람회의 총 사업비는 40억 원이었으며, 이 중 국고지원 비율은 25%였다.

① 2021년에 총 250만 명의 참여자 중 외국인 참여자가 감소하여 6만 명이 되더라도 A박람회는 국제행사에 해당된다.
② 2021년에 A박람회가 예정대로 개최된다면, A박람회는 2022년에 국고지원의 대상에서 제외된다.
③ 2021년 총 사업비가 52억 원으로 증가하고 국고지원은 8억 원을 요청한다면, A박람회는 타당성조사 대상이다.
④ 2021년 총 사업비가 60억 원으로 증가하고 국고지원은 전년과 동일한 금액을 요청한다면, A박람회는 전문위원회 검토를 받을 수 있다.
⑤ 2021년 甲광역자치단체와 乙기초자치단체가 공동주관하여 전년과 동일한 총 사업비로 A박람회를 개최한다면, A박람회는 타당성조사 대상이다.

2. 다음 글을 근거로 판단할 때 옳은 것은?

제○○조(진흥기금의 징수) ① 영화위원회(이하 "위원회"라 한다)는 영화의 발전 및 영화·비디오물산업의 진흥을 위하여 영화상영관에 입장하는 관람객에 대하여 입장권 가액의 100분의 5의 진흥기금을 징수한다. 다만, 직전 연도에 제△△조 제1호에 해당하는 영화를 연간 상영일수의 100분의 60 이상 상영한 영화상영관에 입장하는 관람객에 대해서는 그러하지 아니하다.
② 영화상영관 경영자는 관람객으로부터 제1항의 규정에 따른 진흥기금을 매월 말일까지 징수하여 해당 금액을 다음 달 20일까지 위원회에 납부하여야 한다.
③ 위원회는 영화상영관 경영자가 제2항에 따라 관람객으로부터 수납한 진흥기금을 납부기한까지 납부하지 아니하였을 때에는 체납된 금액의 100분의 3에 해당하는 금액을 가산금으로 부과한다.
④ 위원회는 제2항에 따른 진흥기금 수납에 대한 위탁 수수료를 영화상영관 경영자에게 지급한다. 이 경우 수수료는 제1항에 따른 진흥기금 징수액의 100분의 3을 초과할 수 없다.
제△△조(전용상영관에 대한 지원) 위원회는 청소년 관객의 보호와 영화예술의 확산 등을 위하여 다음 각 호의 어느 하나에 해당하는 영화를 연간 상영일수의 100분의 60 이상 상영하는 영화상영관을 지원할 수 있다.
1. 애니메이션영화·단편영화·예술영화·독립영화
2. 제1호에 해당하지 않는 청소년관람가영화
3. 제1호 및 제2호에 해당하지 않는 국내영화

① 영화상영관 A에서 직전 연도에 연간 상영일수의 100분의 60 이상 청소년관람가 애니메이션영화를 상영한 경우 진흥기금을 징수한다.
② 영화상영관 경영자 B가 8월분 진흥기금 60만 원을 같은 해 9월 18일에 납부하는 경우, 가산금을 포함하여 총 61만 8천 원을 납부하여야 한다.
③ 관람객 C가 입장권 가액과 그 진흥기금을 합하여 영화상영관에 지불하는 금액이 12,000원이라고 할 때, 지불 금액 중 진흥기금은 600원이다.
④ 연간 상영일수가 매년 200일인 영화상영관 D에서 직전 연도에 단편영화를 40일, 독립영화를 60일 상영했다면 진흥기금을 징수하지 않는다.
⑤ 영화상영관 경영자 E가 7월분 진흥기금과 그 가산금을 합한 금액인 103만 원을 같은 해 8월 30일에 납부한 경우, 위원회는 E에게 최대 3만 원의 수수료를 지급할 수 있다.

3. 다음 글과 <상황>을 근거로 판단할 때 옳은 것은?

민사소송의 1심을 담당하는 법원으로는 지방법원과 지방법원지원(이하 "그 지원"이라 한다)이 있다. 지방법원과 그 지원이 재판을 담당하는 관할구역은 지역별로 정해져 있는데, 피고의 주소지를 관할하는 지방법원 또는 그 지원이 재판을 담당한다. 다만 금전지급청구소송은 원고의 주소지를 관할하는 지방법원 또는 그 지원도 재판할 수 있다.

한편, 지방법원이나 그 지원의 재판사무의 일부를 처리하기 위해서 그 관할구역 안에 시법원 또는 군법원(이하 "시·군법원"이라 한다)이 설치되어 있는 경우가 있다. 시·군법원은 지방법원 또는 그 지원이 재판하는 사건 중에서 소송물가액이 3,000만 원 이하인 금전지급청구소송을 전담하여 재판한다. 즉, 이러한 소송의 경우 원고 또는 피고의 주소지를 관할하는 시·군법원이 있으면 지방법원과 그 지원은 재판할 수 없고 시·군법원만이 재판한다.

※ 소송물가액: 원고가 승소하면 얻게 될 경제적 이익을 화폐 단위로 평가한 것

<상 황>

○ 甲은 乙에게 빌려준 돈을 돌려받기 위해 소송물가액 3,000만 원의 금전지급청구의 소(이하 "A청구"라 한다)와 乙에게서 구입한 소송물가액 1억 원의 고려청자 인도청구의 소(이하 "B청구"라 한다)를 각각 1심 법원에 제기하려고 한다.
○ 甲의 주소지는 김포시이고 乙의 주소지는 양산시이다. 이들 주소지와 관련된 법원명과 그 관할구역은 다음과 같다.

법원명	관할구역
인천지방법원	인천광역시
인천지방법원 부천지원	부천시, 김포시
김포시법원	김포시
울산지방법원	울산광역시, 양산시
양산시법원	양산시

① 인천지방법원 부천지원은 A청구를 재판할 수 있다.
② 인천지방법원은 A청구를 재판할 수 있다.
③ 양산시법원은 B청구를 재판할 수 있다.
④ 김포시법원은 B청구를 재판할 수 있다.
⑤ 울산지방법원은 B청구를 재판할 수 있다.

4. 다음 글과 <상황>을 근거로 판단할 때 옳은 것은?

발명에 대해 특허권이 부여되기 위해서는 다음의 두 가지 요건 모두를 충족해야 한다.

첫째, 발명은 지금까지 세상에 없는 새로운 것, 즉 신규성이 있는 발명이어야 한다. 이미 누구나 알고 있는 발명에 대해서 독점권인 특허권을 부여하는 것은 부당하기 때문이다. 이때 발명이 신규인지 여부는 특허청에의 특허출원 시점을 기준으로 판단한다. 따라서 신규의 발명이라도 그에 대한 특허출원 전에 발명 내용이 널리 알려진 경우라든지, 반포된 간행물에 게재된 경우에는 특허출원 시점에는 신규성이 상실되었기 때문에 특허권이 부여되지 않는다. 그러나 발명자가 자발적으로 위와 같은 신규성을 상실시키는 행위를 하고 그날로부터 12개월 이내에 특허를 출원하면 신규성이 상실되지 않은 것으로 취급된다. 이를 '신규성의 간주'라고 하는데, 신규성을 상실시킨 행위를 한 발명자가 특허출원한 경우에만 신규성이 있는 것으로 간주된다.

둘째, 여러 명의 발명자가 독자적인 연구를 하던 중 우연히 동일한 발명을 완성하였다면, 발명의 완성 시기에 관계없이 가장 먼저 특허청에 특허출원한 발명자에게만 특허권이 부여된다. 이처럼 가장 먼저 출원한 발명자에게만 특허권이 부여되는 것을 '선출원주의'라고 한다. 따라서 특허청에 선출원된 어떤 발명이 신규성 상실로 특허권이 부여되지 못한 경우, 동일한 발명에 대한 후출원은 선출원주의로 인해 특허권이 부여되지 않는다.

<상 황>

○ 발명자 甲, 乙, 丙은 각각 독자적인 연구개발을 수행하여 동일한 A발명을 완성하였다.
○ 甲은 2020. 3. 1. A발명을 완성하였지만 그 발명 내용을 비밀로 유지하다가 2020. 9. 2. 특허출원을 하였다.
○ 乙은 2020. 4. 1. A발명을 완성하자 2020. 6. 1. 간행되어 반포된 학술지에 그 발명 내용을 논문으로 게재한 후, 2020. 8. 1. 특허출원을 하였다.
○ 丙은 2020. 7. 1. A발명을 완성하자마자 바로 당일에 특허출원을 하였다.

① 甲이 특허권을 부여받는다.
② 乙이 특허권을 부여받는다.
③ 丙이 특허권을 부여받는다.
④ 甲, 乙, 丙이 모두 특허권을 부여받는다.
⑤ 甲, 乙, 丙 중 어느 누구도 특허권을 부여받지 못한다.

5. 다음 글과 <상황>을 근거로 판단할 때, <보기>에서 옳은 것만을 모두 고르면?

> 제00조 ① "주택담보노후연금보증"이란 주택소유자가 주택에 저당권을 설정하고 금융기관으로부터 제2항에서 정하는 연금 방식으로 노후생활자금을 대출(이하 "주택담보노후연금대출"이라 한다)받음으로써 부담하는 금전채무를 주택금융공사가 보증하는 행위를 말한다. 이 경우 주택소유자 또는 주택소유자의 배우자는 60세 이상이어야 한다.
> ② 제1항의 연금 방식이란 다음 각 호의 어느 하나에 해당하는 방식을 말한다.
> 1. 주택소유자가 생존해 있는 동안 노후생활자금을 매월 지급받는 방식
> 2. 주택소유자가 선택하는 일정한 기간 동안 노후생활자금을 매월 지급받는 방식
> 3. 제1호 또는 제2호의 어느 하나의 방식과, 주택소유자가 다음 각 목의 어느 하나의 용도로 사용하기 위하여 일정한 금액(단, 주택담보노후연금대출 한도의 100분의 50 이내의 금액으로 한다)을 지급받는 방식을 결합한 방식
> 가. 해당 주택을 담보로 대출받은 금액 중 잔액을 상환하는 용도
> 나. 해당 주택의 임차인에게 임대차보증금을 반환하는 용도

<상 황>

> A주택의 소유자 甲(61세)은 A주택에 저당권을 설정하여 주택담보노후연금보증을 통해 노후생활자금을 대출받고자 한다. 甲의 A주택에 대한 주택담보노후연금대출 한도액은 3억 원이다.

<보 기>

> ㄱ. 甲은 A주택의 임차인에게 임대차보증금을 반환하는 용도로 1억 원을 지급받고, 생존해 있는 동안 노후생활자금을 매월 지급받을 수 있다.
> ㄴ. 甲의 배우자의 연령이 60세 이상이어야 주택담보노후연금보증을 통해 노후생활자금을 대출받을 수 있다.
> ㄷ. 甲은 A주택을 담보로 대출받은 금액 중 잔액을 상환하는 용도로 1억 5천만 원을 지급받고, 향후 10년간 노후생활자금을 매월 지급받을 수 있다.

① ㄱ
② ㄴ
③ ㄱ, ㄷ
④ ㄴ, ㄷ
⑤ ㄱ, ㄴ, ㄷ

6. 다음 글과 <상황>을 근거로 판단할 때 옳은 것은?

> 제00조(지역개발 신청 동의 등) ① 지역개발 신청을 하기 위해서는 지역개발을 하고자 하는 지역의 총 토지면적의 3분의 2 이상에 해당하는 토지의 소유자의 동의 및 지역개발을 하고자 하는 지역의 토지의 소유자 총수의 2분의 1 이상의 동의를 받아야 한다.
> ② 지역개발 신청을 하기 위해서 필요한 동의자의 수는 다음 각 호의 기준에 따라 산정한다.
> 1. 토지는 지적도 상 1필의 토지를 1개의 토지로 한다.
> 2. 1개의 토지를 여러 명이 공동소유하는 경우에는 다른 공동소유자들을 대표하는 대표 공동소유자 1인만을 해당 토지의 소유자로 본다.
> 3. 1인이 여러 개의 토지를 소유하고 있는 경우에는 소유하는 토지의 수와 무관하게 1인으로 본다.
> 4. 지역개발을 하고자 하는 지역에 국유지가 있는 경우 국유지도 포함하여 토지면적을 산정하고, 그 토지의 재산관리청을 토지 소유자로 본다.

<상 황>

> ○ X지역은 100개의 토지로 이루어져 있고, 토지면적 합계가 총 $6km^2$이다.
> ○ 동의자 수 산정 기준에 따라 산정된 X지역 토지의 소유자는 모두 82인(이하 "동의대상자"라 한다)이고, 이 중에는 국유지 재산관리청 2인이 포함되어 있다.
> ○ 甲은 X지역에 토지 2개를 소유하고 있고, 해당 토지면적 합계는 X지역 총 토지면적의 4분의 1이다.
> ○ 乙은 X지역에 토지 10개를 소유하고 있고, 해당 토지면적 합계는 총 $2km^2$이다.
> ○ 丙, 丁, 戊, 己는 X지역에 토지 1개를 공동소유하고 있고, 해당 토지면적은 $1km^2$이다.

① 乙이 동의대상자 31인의 동의를 얻으면 지역개발 신청을 위한 X지역 토지의 소유자 총수의 2분의 1 이상의 동의 조건은 갖추게 된다.
② X지역에 대한 지역개발 신청에 甲~己 모두 동의한 경우, 나머지 동의대상자 중 38인의 동의를 얻으면 신청할 수 있다.
③ X지역에 토지 2개 이상을 소유하는 자는 甲, 乙뿐이다.
④ X지역의 1필의 토지면적은 $0.06km^2$로 모두 동일하다.
⑤ X지역 안에 있는 국유지의 면적은 $1.5km^2$이다.

7. 다음 글과 <상황>을 근거로 판단할 때, 甲~丁 가운데 근무계획이 승인될 수 있는 사람만을 모두 고르면?

<유연근무제>

□ 개념
○ 주 40시간을 근무하되, 근무시간을 유연하게 관리하여 1주일에 5일 이하로 근무하는 제도

□ 복무관리
○ 점심 및 저녁시간 운영
- 근무 시작과 종료 시각에 관계없이 점심시간은 12:00~13:00, 저녁시간은 18:00~19:00의 각 1시간으로 하고 근무시간으로는 산정하지 않음

○ 근무시간 제약
- 근무일의 경우, 1일 최대 근무시간은 12시간으로 하고 최소 근무시간은 4시간으로 함
- 하루 중 근무시간으로 인정하는 시간대는 06:00~24:00로 한정함

<상 황>

다음은 甲~丁이 제출한 근무계획을 정리한 것이며 위의 <유연근무제>에 부합하는 근무계획만 승인된다.

직원 \ 요일	월	화	수	목	금
甲	08:00 ~ 18:00	08:00 ~ 18:00	09:00 ~ 13:00	08:00 ~ 18:00	08:00 ~ 18:00
乙	08:00 ~ 22:00	08:00 ~ 22:00	-	08:00 ~ 22:00	08:00 ~ 12:00
丙	08:00 ~ 24:00	08:00 ~ 24:00	-	08:00 ~ 22:00	-
丁	06:00 ~ 16:00	08:00 ~ 22:00	-	09:00 ~ 21:00	09:00 ~ 18:00

① 乙
② 甲, 丙
③ 甲, 丁
④ 乙, 丙
⑤ 乙, 丁

8. 다음 글을 근거로 판단할 때, ㉠과 ㉡에 들어갈 수를 옳게 짝지은 것은?

올림픽은 원칙적으로 4년에 한 번씩 개최되는 세계 최대 규모의 스포츠 대회이다. 제1회 하계 올림픽은 1896년 그리스 아테네에서, 제1회 동계 올림픽은 1924년 프랑스 샤모니에서 개최되었다. 그런데 두 대회의 차수(次數)를 계산하는 방식은 서로 다르다.

올림픽 사이의 기간인 4년을 올림피아드(Olympiad)라 부르는데, 하계 올림픽의 차수는 올림피아드를 기준으로 계산한다. 이전 대회부터 하나의 올림피아드만큼 시간이 흐르면 올림픽 대회 차수가 하나씩 올라가게 된다. 대회가 개최되지 못해도 올림피아드가 사라지는 것은 아니기 때문에 대회 차수에는 영향을 미치지 않는다. 실제로 하계 올림픽은 제1·2차 세계대전으로 세 차례(1916년, 1940년, 1944년) 개최되지 못하였는데, 1912년 제5회 스톡홀름 올림픽 다음으로 1920년에 벨기에 안트베르펜에서 개최된 올림픽은 제7회 대회였다. 마찬가지로 1936년 제11회 베를린 올림픽 다음으로 개최된 1948년 런던 올림픽은 제(㉠)회 대회였다. 반면에 동계 올림픽의 차수는 실제로 열린 대회만으로 정해진다. 동계 올림픽은 제2차 세계대전으로 두 차례(1940년, 1944년) 열리지 못하였는데, 1936년 제4회 동계 올림픽 다음 대회인 1948년 동계 올림픽은 제5회 대회였다. 이후 2020년 전까지 올림픽이 개최되지 않은 적은 없다.

1992년까지 동계·하계 올림픽은 같은 해 치러졌으나 그 이후로는 IOC 결정에 따라 분리되어 2년 격차로 개최되었다. 1994년 노르웨이 릴레함메르에서 열린 동계 올림픽 대회는 이 결정에 따라 처음으로 하계 올림픽에 2년 앞서 치러진 대회였다. 이를 기점으로 동계 올림픽은 지금까지 4년 주기로 빠짐없이 개최되고 있다.

대한민국은 1948년 런던 하계 올림픽에 처음 출전하여, 1976년 제21회 몬트리올 하계 올림픽과 1992년 제(㉡)회 알베르빌 동계 올림픽에서 각각 최초로 금메달을 획득하였다.

	㉠	㉡
①	12	16
②	12	21
③	14	16
④	14	19
⑤	14	21

9. 다음 글을 근거로 판단할 때, <보기>에서 옳은 것만을 모두 고르면?

> 기상예보는 일기예보와 기상특보로 구분할 수 있다. 일기예보는 단기예보, 중기예보, 장기예보 등 시간에 따른 것이고, 기상특보는 주의보, 경보 등 기상현상의 정도에 따른 것이다.
>
> 일기예보 중 가장 짧은 기간을 예보하는 단기예보는 3시간 예보와 일일예보로 나뉜다. 3시간 예보는 오늘과 내일의 날씨를 예보하며, 매일 0시 발표부터 시작하여 3시간 간격으로 1일 8회 발표한다. 일일예보는 오늘과 내일, 모레의 날씨를 1일 단위(0시~24시)로 예보하며 매일 5시, 11시, 17시, 23시에 발표한다. 다음으로 중기예보에는 주간예보와 1개월 예보가 있다. 주간예보는 일일예보를 포함하여 일일예보가 예보한 기간의 다음날부터 5일간의 날씨를 추가로 예보하며 매일 발표한다. 1개월 예보는 앞으로 한 달간의 기상전망을 발표한다. 마지막으로 장기예보는 계절예보로서 봄, 여름, 가을, 겨울의 각 계절별 기상전망을 발표한다.
>
> 기상특보는 주의보와 경보로 나뉜다. 주의보는 재해가 일어날 가능성이 있는 경우에, 경보는 중대한 재해가 예상될 때 발표하는 것이다. 주의보가 발표된 후 기상현상의 경과가 악화된다면 경보로 승격 발표되기도 한다. 또한 기상특보의 기준은 지역마다 다를 수도 있다. 대설주의보의 예보 기준은 24시간 신(新)적설량이 대도시일 때 5cm 이상, 일반지역일 때 10cm 이상, 울릉도일 때 20cm 이상이다. 대설경보의 예보 기준은 24시간 신적설량이 대도시일 때 20cm 이상, 일반지역일 때 30cm 이상, 울릉도일 때 50cm 이상이다.

<보 기>

ㄱ. 월요일에 발표되는 주간예보에는 그 다음 주 월요일의 날씨가 포함된다.
ㄴ. 일일예보의 발표 시각과 3시간 예보의 발표 시각은 겹치지 않는다.
ㄷ. 오늘 23시에 발표된 일일예보는 오늘 5시에 발표된 일일예보보다 18시간 더 먼 미래의 날씨까지 예보한다.
ㄹ. 대도시 A의 대설경보 예보 기준은 울릉도의 대설주의보 예보 기준과 같다.

① ㄱ, ㄴ
② ㄱ, ㄷ
③ ㄷ, ㄹ
④ ㄱ, ㄴ, ㄹ
⑤ ㄴ, ㄷ, ㄹ

10. 다음 글과 <사무용품 배분방법>을 근거로 판단할 때, 11월 1일 현재 甲기관의 직원 수는?

> 甲기관은 사무용품 절약을 위해 <사무용품 배분방법>으로 한 달 동안 사용할 네 종류(A, B, C, D)의 사무용품을 매월 1일에 배분한다. 이에 따라 11월 1일에 네 종류의 사무용품을 모든 직원에게 배분하였다. 甲기관이 배분한 사무용품의 개수는 총 1,050개였다.

<사무용품 배분방법>

○ A는 1인당 1개씩 배분한다.
○ B는 2인당 1개씩 배분한다.
○ C는 4인당 1개씩 배분한다.
○ D는 8인당 1개씩 배분한다.

① 320명
② 400명
③ 480명
④ 560명
⑤ 640명

11. 다음 글을 근거로 판단할 때, 예약할 펜션과 워크숍 비용을 옳게 짝지은 것은?

甲은 팀 워크숍을 추진하기 위해 펜션을 예약하려 한다. 팀원은 총 8명으로 한 대의 렌터카로 모두 같이 이동하여 워크숍에 참석한다. 워크숍 기간은 1박 2일이며, 甲은 워크숍 비용을 최소화 하고자 한다.

○ 워크숍 비용은 아래와 같다.
워크숍 비용 = 왕복 교통비 + 숙박요금
○ 교통비는 렌터카 비용을 의미하며, 렌터카 비용은 거리 10km당 1,500원이다.
○ 甲은 다음 펜션 중 한 곳을 1박 예약한다.

구분	A 펜션	B 펜션	C 펜션
펜션까지 거리(km)	100	150	200
1박당 숙박요금(원)	100,000	150,000	120,000
숙박기준인원(인)	4	6	8

○ 숙박인원이 숙박기준인원을 초과할 경우, A~C 펜션 모두 초과 인원 1인당 1박 기준 10,000원씩 요금이 추가된다.

	예약할 펜션	워크숍 비용
①	A	155,000원
②	A	170,000원
③	B	215,000원
④	C	150,000원
⑤	C	180,000원

12. 다음 글을 근거로 판단할 때, <보기>에서 옳은 것만을 모두 고르면?

○ 甲국은 매년 X를 100톤 수입한다. 甲국이 X를 수입할 수 있는 국가는 A국, B국, C국 3개국이며, 甲국은 이 중 한 국가로부터 X를 전량 수입한다.
○ X의 거래조건은 다음과 같다.

국가	1톤당 단가	관세율	1톤당 물류비
A국	12달러	0%	3달러
B국	10달러	50%	5달러
C국	20달러	20%	1달러

○ 1톤당 수입비용은 다음과 같다.
1톤당 수입비용 = 1톤당 단가 + (1톤당 단가 × 관세율) + 1톤당 물류비
○ 특정 국가와 FTA를 체결하면 그 국가에서 수입하는 X에 대한 관세율이 0%가 된다.
○ 甲국은 지금까지 FTA를 체결한 A국으로부터만 X를 수입했다. 그러나 최근 A국으로부터 X의 수입이 일시 중단되었다.

<보 기>

ㄱ. 甲국이 B국과도 FTA를 체결한다면, 기존에 A국에서 수입하던 것과 동일한 비용으로 X를 수입할 수 있다.
ㄴ. C국이 A국과 동일한 1톤당 단가를 제시하였다면, 甲국은 기존에 A국에서 수입하던 것보다 저렴한 비용으로 C국으로부터 X를 수입할 수 있다.
ㄷ. A국으로부터 X의 수입이 다시 가능해졌으나 1톤당 6달러의 보험료가 A국으로부터의 수입비용에 추가된다면, 甲국은 A국보다 B국에서 X를 수입하는 것이 수입비용 측면에서 더 유리하다.

① ㄱ
② ㄴ
③ ㄷ
④ ㄱ, ㄴ
⑤ ㄱ, ㄷ

13. 다음 글을 근거로 판단할 때, 올바른 우편번호의 첫자리와 끝자리 숫자의 합은?

> 다섯 자리 자연수로 된 우편번호가 있다. 甲과 乙은 실수로 '올바른 우편번호'에 숫자 2를 하나 추가하여 여섯 자리로 표기하였다. 甲은 올바른 우편번호의 끝자리 뒤에 2를 추가하였고, 乙은 올바른 우편번호의 첫자리 앞에 2를 추가하였다. 그 결과 甲이 잘못 표기한 우편번호 여섯 자리 수는 乙이 잘못 표기한 우편번호 여섯 자리 수의 3배가 되었다.
>
> 올바른 우편번호와 甲과 乙이 잘못 표기한 우편번호는 아래와 같다.
>
> ○ 올바른 우편번호: □□□□□
> ○ 甲이 잘못 표기한 우편번호: □□□□□2
> ○ 乙이 잘못 표기한 우편번호: 2□□□□□

① 11
② 12
③ 13
④ 14
⑤ 15

14. 다음 글을 근거로 판단할 때, 甲의 승패 결과는?

> 甲과 乙이 10회 실시한 가위바위보에 대해 다음과 같은 사실이 알려져 있다.
> ○ 甲은 가위 6회, 바위 1회, 보 3회를 냈다.
> ○ 乙은 가위 4회, 바위 3회, 보 3회를 냈다.
> ○ 甲과 乙이 서로 같은 것을 낸 적은 10회 동안 한 번도 없었다.

① 7승 3패
② 6승 4패
③ 5승 5패
④ 4승 6패
⑤ 3승 7패

15. 다음 글을 근거로 판단할 때, 甲과 인사교류를 할 수 있는 사람만을 모두 고르면?

○ 甲은 인사교류를 통해 ○○기관에서 타 기관으로 전출하고자 한다. 인사교류란 동일 직급간 신청자끼리 1:1로 교류하는 제도로서, 각 신청자가 속한 두 기관의 교류 승인 조건을 모두 충족해야 한다.

○ 기관별로 교류를 승인하는 조건은 다음과 같다.

○○기관 : 신청자간 현직급임용년월은 3년 이상 차이나지 않고, 연령은 7세 이상 차이나지 않는 경우

□□기관: 신청자간 최초임용년월은 5년 이상 차이나지 않고, 연령은 3세 이상 차이나지 않는 경우

△△기관: 신청자간 최초임용년월은 2년 이상 차이나지 않고, 연령은 5세 이상 차이나지 않는 경우

○ 甲(32세)의 최초임용년월과 현직급임용년월은 2015년 9월로 동일하다.

○ 甲과 동일 직급인 인사교류 신청자(A~E)의 인사 정보는 다음과 같다.

신청자	연령(세)	현 소속 기관	최초임용년월	현직급임용년월
A	30	□□	2016년 5월	2019년 5월
B	37	□□	2009년 12월	2017년 3월
C	32	□□	2015년 12월	2015년 12월
D	31	△△	2014년 1월	2014년 1월
E	35	△△	2017년 10월	2017년 10월

① A, B
② B, E
③ C, D
④ A, B, D
⑤ C, D, E

16. 다음 글을 근거로 판단할 때 옳지 않은 것은?

1에서부터 5까지 적힌 카드가 각 2장씩 10장이 있다. 5가 적힌 카드 중 하나를 맨 왼쪽에 놓고, 나머지 9장의 카드를 일렬로 배열하려고 한다. 카드는 왼쪽부터 1장씩 놓는데, 각 카드에 적혀 있는 수는 바로 왼쪽 카드에 적혀 있는 수보다 작거나, 같거나, 1만큼 커야 한다.

이 규칙에 따라 카드를 다음과 같이 배열하였다.

5	1	2	3	A	3	B	C	D	E

① A로 가능한 수는 2가지이다.
② B는 4이다.
③ C는 5가 아니다.
④ D가 2라면 A, B, C, E를 모두 알 수 있다.
⑤ E는 1이나 2이다.

17. 다음 글과 <상황>을 근거로 판단할 때, 2021년 포획·채취 금지 고시의 대상이 되는 수산자원은?

매년 A~H 지역에서 포획·채취 금지가 고시되는 수산자원은 아래 <기준>에 따른다.

<기 준>

수산자원	금지기간	금지지역
대구	5월 1일 ~ 7월 31일	A, B
전어	9월 1일 ~ 12월 31일	E, F, G
꽃게	6월 1일 ~ 7월 31일	A, B, C
소라	3월 1일 ~ 5월 31일	E, F
	5월 1일 ~ 6월 30일	D, G
새조개	3월 1일 ~ 3월 31일	H

<상 황>

정부는 경제상황을 고려해서 2021년에 한하여 다음 중 어느 하나에 해당하는 경우, <기준>에 따른 포획·채취 금지 고시의 대상에서 제외한다.

○ 소비장려 수산자원: 전어
○ 소비촉진 기간: 4월 1일~7월 31일
○ 지역경제활성화 지역: C, D, E, F

① 대구
② 전어
③ 꽃게
④ 소라
⑤ 새조개

18. 다음 글과 <상황>을 근거로 판단할 때, A~C 자동차 구매 시 지불 금액을 비교한 것으로 옳은 것은?

○ 甲국은 전기차 및 하이브리드 자동차 보급을 장려하기 위해 다음과 같이 보조금과 세제 혜택을 제공한다.
- 정부는 차종을 고려하여 자동차 1대 당 보조금을 정액 지급한다. 중형 전기차에 대해서는 1,500만 원, 소형 전기차에 대해서는 1,000만 원, 하이브리드차에 대해서는 500만 원을 지급한다.
- 정부는 차종을 고려하여 아래 <기준>에 따라 세제 혜택을 제공한다. 자동차 구입 시 발생하는 세금은 개별소비세, 교육세, 취득세뿐이며, 개별소비세는 자동차 가격의 10%, 교육세는 2%, 취득세는 5%의 금액이 책정된다.

<기 준>

구분	개별소비세	교육세	취득세
중형 전기차	비감면	전액감면	전액감면
소형 전기차	전액감면		전액감면
하이브리드차	전액감면		비감면

○ 자동차 구매 시 지불 금액은 다음과 같다.
지불 금액 = 자동차 가격 - 보조금 + 세금

<상 황>

(단위: 만 원)

자동차	차종	자동차 가격
A	중형 전기차	4,000
B	소형 전기차	3,500
C	하이브리드차	3,500

① A<B<C
② B<A<C
③ B<C<A
④ C<A<B
⑤ C<B<A

19. 다음 글을 근거로 판단할 때, △△부가 2021년에 국가인증 농가로 선정할 곳만을 모두 고르면?

○ △△부에서는 2021년 고품질·안전 농식품 생산을 선도하는 국가인증 농가를 3곳 선정하려고 한다. 선정 기준은 다음과 같다.
- 친환경인증을 받으면 30점, 전통식품인증을 받으면 40점을 부여한다. 단, 두 인증을 모두 받은 경우 전통식품인증 점수만을 인정한다.
- (나)와 (다) 지역 농가에는 친환경인증 또는 전통식품인증 유무에 의한 점수와 도농교류 활성화 점수 합의 10%를 가산점으로 부여한다.
- 친환경인증 또는 전통식품인증 유무에 의한 점수, 도농교류 활성화 점수, 가산점을 합산하여 점수가 높은 순으로 선정한다.
- 도농교류 활성화 점수가 50점 미만인 농가는 선정하지 않는다.
- 동일 지역의 농가를 2곳 이상 선정할 수 없다.

○ 2021년 선정후보 농가(A~F) 현황은 다음과 같다.

농가	친환경 인증 유무	전통식품 인증 유무	도농교류 활성화 점수	지역
A	○	○	80	(가)
B	×	○	60	(가)
C	×	○	55	(나)
D	○	○	40	(다)
E	○	×	75	(라)
F	○	○	70	(라)

① A, C, F
② A, D, E
③ A, E, F
④ B, C, E
⑤ B, D, F

20. 다음 글을 근거로 판단할 때, <보기>에서 옳은 것만을 모두 고르면?

○ 甲주무관은 A법률 개정안으로 (가), (나), (다) 총 세 가지를 준비하고 있다.
○ 이해관계자, 관계부처, 입법부의 수용가능성 및 국정과제 관련도의 4개 평가항목에 따라 평가점수를 부여하고 평가점수 총합이 가장 높은 개정안을 채택한다. 단, 다음의 사항을 고려한다.
- 평가점수 총합이 동일한 경우, 국정과제 관련도 점수가 가장 높은 개정안을 채택한다.
- 개정안의 개별 평가항목 점수 중 어느 하나라도 2점 미만인 경우, 해당 개정안은 채택하지 않는다.

○ 수용가능성 평가점수를 높일 수 있는 추가 절차는 아래와 같다. 단, 각 절차는 개정안마다 최대 2회 진행할 수 있다.
- 이해관계자 수용가능성: 관계자간담회 1회당 1점 추가
- 관계부처 수용가능성: 부처간회의 1회당 2점 추가
- 입법부 수용가능성: 국회설명회 1회당 0.5점 추가

○ 수용가능성 평가항목별 점수를 높일 수 있는 추가 절차를 진행하지 않은 상태에서 개정안별 평가점수는 아래와 같다.

<A법률 개정안 평가점수>

개정안	수용가능성			국정과제 관련도	총합
	이해관계자	관계부처	입법부		
(가)	5	3	1	4	13
(나)	3	4	3	3	13
(다)	4	3	3	2	12

<보 기>

ㄱ. 추가 절차를 진행하지 않는 경우, (나)가 채택된다.
ㄴ. 3개 개정안 모두를 대상으로 입법부 수용가능성을 높이는 절차를 최대한 진행하는 경우, (가)가 채택된다.
ㄷ. (나)에 대한 부처간회의를 1회 진행하고 (다)에 대한 관계자간담회를 2회 진행하는 경우, (다)가 채택된다.

① ㄱ
② ㄷ
③ ㄱ, ㄴ
④ ㄴ, ㄷ
⑤ ㄱ, ㄴ, ㄷ

21. 다음 글을 근거로 판단할 때, <보기>에서 옳은 것만을 모두 고르면?

○ △△부는 적극행정 UCC 공모전에 참가한 甲~戊의 영상을 심사한다.
○ 총 점수는 UCC 조회수 등급에 따른 점수와 심사위원 평가점수의 합이고, 총 점수가 높은 순위에 따라 3위까지 수상한다.
○ UCC 조회수 등급에 따른 점수는 조회수에 따라 5등급(A, B, C, D, E)으로 나누어 부여된다. 최상위 A를 10점으로 하며 인접 등급 간의 점수 차이는 0.3점이다.
○ 심사위원 평가점수는 심사위원 (가)~(마)가 각각 부여한 점수(1~10의 자연수)에서 최고점 및 최저점을 제외한 3개 점수의 평균으로 계산한다. 이때 최고점이 복수인 경우에는 그 중 한 점수만 제외하여 계산한다. 최저점이 복수인 경우에도 이와 동일하다.
○ 심사 결과는 다음과 같다.

참가자	조회수 등급	심사위원별 평가점수				
		(가)	(나)	(다)	(라)	(마)
甲	B	9	(㉠)	7	8	7
乙	B	9	8	7	7	7
丙	A	8	7	(㉡)	10	5
丁	B	5	6	7	7	7
戊	C	6	10	10	7	7

<보 기>

ㄱ. ㉠이 5점이라면 乙의 총 점수가 甲의 총 점수보다 높다.
ㄴ. 丁은 ㉠과 ㉡에 상관없이 수상하지 못한다.
ㄷ. 戊는 조회수 등급을 D로 받았더라도 수상한다.
ㄹ. ㉠>㉡이면 甲의 총 점수가 丙의 총 점수보다 높다.

① ㄱ, ㄴ
② ㄱ, ㄷ
③ ㄴ, ㄷ
④ ㄴ, ㄹ
⑤ ㄷ, ㄹ

22. 다음 글과 <상황>을 근거로 판단할 때, <보기>에서 옳은 것만을 모두 고르면?

甲국에서는 4개 기관(A~D)에 대해 전기, 후기 두 번의 평가를 실시하고 있다. 전기평가에서 낮은 점수를 받은 기관이 후기평가를 포기하는 것을 막기 위해 다음과 같은 최종평가점수 산정 방식을 사용하고 있다.

최종평가점수=Max[0.5×전기평가점수+0.5×후기평가점수, 0.2×전기평가점수+0.8×후기평가점수]

여기서 사용한 Max[X, Y]는 X와 Y 중 큰 값을 의미한다. 즉, 전기평가점수와 후기평가점수의 가중치를 50:50으로 하여 산정한 점수와 20:80으로 하여 산정한 점수 중 더 높은 것이 해당 기관의 최종평가점수이다.

<상 황>

4개 기관의 전기평가점수(100점 만점)는 다음과 같다.

기관	A	B	C	D
전기평가점수	60	70	90	80

4개 기관의 후기평가점수(100점 만점)는 모두 자연수이고, C기관의 후기평가점수는 70점이다. 최종평가점수를 통해 확인된 기관 순위는 1등부터 4등까지 A-B-D-C 순이며 동점인 기관은 없다.

<보 기>

ㄱ. A기관의 후기평가점수는 B기관의 후기평가점수보다 최소 3점 높다.
ㄴ. B기관의 후기평가점수는 83점일 수 있다.
ㄷ. A기관과 D기관의 후기평가점수 차이는 5점일 수 있다.

① ㄱ
② ㄴ
③ ㄱ, ㄴ
④ ㄱ, ㄷ
⑤ ㄴ, ㄷ

[23~24] 다음 글을 읽고 물음에 답하시오.

독립운동가 김우전 선생은 일제강점기 광복군으로 활약한 인물로, 광복군의 무전통신을 위한 한글 암호를 만든 것으로 유명하다. 1922년 평안북도 정주 태생인 선생은 일본에서 대학에 다니던 중 재일학생 민족운동 비밀결사단체인 '조선민족 고유문화유지계몽단'에 가입했다. 1944년 1월 일본군에 징병돼 중국으로 파병됐지만 같은 해 5월 말 부대를 탈출해 광복군에 들어갔다.

1945년 3월 미 육군 전략정보처는 일본이 머지않아 패망할 것으로 보아 한반도 진공작전을 계획하고 중국에서 광복군과 함께 특수훈련을 하고 있었다. 이 시기에 선생은 한글 암호인 W-K(우전킴) 암호를 만들었다. W-K 암호는 한글의 자음과 모음, 받침을 구분하여 만들어진 암호체계이다. 자음과 모음을 각각 두 자리 숫자로, 받침은 자음을 나타내는 두 자리 숫자의 앞에 '00'을 붙여 네 자리로 표시한다.

W-K 암호체계에서 자음은 '11~29'에, 모음은 '30~50'에 순서대로 대응된다. 받침은 자음 중 ㄱ~ㅎ을 이용하여 '0011'부터 '0024'에 순서대로 대응된다. 예를 들어 '김'은 W-K 암호로 변환하면 'ㄱ'은 11, 'ㅣ'는 39, 받침 'ㅁ'은 0015이므로 '11390015'가 된다. 같은 방식으로 '1334001114390016'은 '독립'으로, '1340243000121334001114390016153000121742'는 '대한독립만세'로 해독된다. 모든 숫자를 붙여 쓰기 때문에 상당히 길지만 네 자리씩 끊어 읽으면 된다.

하지만 어렵사리 만든 W-K 암호는 결국 쓰이지 못했다. 작전 준비가 한창이던 1945년 8월 일본이 갑자기 항복했기 때문이다. 이 암호에 대한 기록은 비밀에 부쳐져 미국 국가기록원에 소장되었다가 1988년 비밀이 해제되어 세상에 알려졌다.

※ W-K 암호체계에서 자음의 순서는 ㄱ, ㄴ, ㄷ, ㄹ, ㅁ, ㅂ, ㅅ, ㅇ, ㅈ, ㅊ, ㅋ, ㅌ, ㅍ, ㅎ, ㄲ, ㄸ, ㅃ, ㅆ, ㅉ이고, 모음의 순서는 ㅏ, ㅑ, ㅓ, ㅕ, ㅗ, ㅛ, ㅜ, ㅠ, ㅡ, ㅣ, ㅐ, ㅒ, ㅔ, ㅖ, ㅘ, ㅙ, ㅚ, ㅝ, ㅞ, ㅟ, ㅢ이다.

23. 윗글을 근거로 판단할 때, <보기>에서 옳은 것만을 모두 고르면?

<보 기>

ㄱ. 김우전 선생은 일본군에 징병되었을 때 무전통신을 위해 W-K 암호를 만들었다.
ㄴ. W-K 암호체계에서 한글 단어를 변환한 암호문의 자릿수는 4의 배수이다.
ㄷ. W-K 암호체계에서 '183000152400'은 한글 단어로 해독될 수 없다.
ㄹ. W-K 암호체계에서 한글 '궤'는 '11363239'로 변환된다.

① ㄱ, ㄴ
② ㄴ, ㄷ
③ ㄷ, ㄹ
④ ㄱ, ㄴ, ㄹ
⑤ ㄱ, ㄷ, ㄹ

24. 윗글과 다음 <조건>을 근거로 판단할 때, '3·1운동!'을 옳게 변환한 것은?

<조 건>

숫자와 기호를 표현하기 위하여 W-K 암호체계에 다음의 규칙이 추가되었다.

○ 1~9의 숫자는 차례대로 '51~59', 0은 '60'으로 변환하고, 끝에 '00'을 붙여 네 자리로 표시한다.
○ 온점(.)은 '70', 가운뎃점(·)은 '80', 느낌표(!)는 '66', 물음표(?)는 '77'로 변환하고, 끝에 '00'을 붙여 네 자리로 표시한다.

① 53008000510018360012133400186600
② 53008000510018360012133500186600
③ 53007000510018360012133400187700
④ 5370005118360012133400176600
⑤ 5380005118360012133500177700

25. 다음 글과 <대화>를 근거로 판단할 때, 乙~丁의 소속 과와 과 총원을 옳게 짝지은 것은?

> ○ A부서는 제1과부터 제4과까지 4개 과, 총 35명으로 구성되어 있다.
> ○ A부서 각 과 총원은 과장 1명을 포함하여 7명 이상이며, 그 수가 모두 다르다.
> ○ A부서에 '부여'된 내선번호는 7001번부터 7045번이다.
> ○ 제1과~제4과 순서대로 연속된 오름차순의 내선번호가 부여되는데, 각 과에는 해당 과 총원 이상의 내선번호가 부여된다.
> ○ 모든 직원은 소속 과의 내선번호 중 서로 다른 번호 하나를 각자 '배정'받는다.
> ○ 각 과 과장에게 배정된 내선번호는 해당 과에 부여된 내선번호 중에 제일 앞선다.
> ○ 甲~丁은 모두 A부서의 서로 다른 과 소속이다.

<대 화>

> 甲: 홈페이지에 내선번호 알림을 새로 해야겠네요. 저희 과는 9명이고, 부여된 내선번호는 7016~7024번입니다.
> 乙: 甲주무관님 과는 총원과 내선번호 개수가 같네요. 저희 과 총원이 제일 많은데, 내선번호는 그보다 4개 더 있어요.
> 丙: 저희 과는 총원보다 내선번호가 3개 더 많아요. 아, 丁주무관님! 제 내선번호는 7034번이고, 저희 과장님 내선번호는 7025번이에요.
> 丁: 저희 과장님 내선번호 끝자리와 丙주무관님 과의 과장님 내선번호 끝자리가 동일하네요.

	직원	소속 과	과 총원
①	乙	제1과	10명
②	乙	제4과	11명
③	丙	제3과	8명
④	丁	제1과	7명
⑤	丁	제4과	8명

약점 보완 해설집 p.174

자료해석영역

1. 다음 <보고서>는 2019년 '갑'시의 5대 축제(A~E)에 관한 조사 결과이다. 이에 부합하지 않는 자료는?

<보고서>

'갑'시의 5대 축제를 분석·평가한 결과, 우수축제로 선정된 A 축제는 관람객 수, 인지도, 콘텐츠 영역에서 B 축제보다 높은 점수를 받았으나 경제적 효과 영역에서는 B 축제보다 낮은 점수를 받았다. 한편, 5대 축제의 관람객 만족도를 보면, 먹거리 만족도가 매년 떨어지고 있고 2019년에는 살거리 만족도도 2018년보다 낮아져 대책 마련이 시급하다는 평가도 있다.

설문조사에 따르면 축제 관련 정보 획득 매체는 연령대별로 차이를 보였다. 20대 이하와 30~40대는 각각 인터넷을 통해 정보를 획득한 관람객 수가 가장 많았다. 반면, 50대 이상은 현수막을 통해 정보를 획득한 관람객 수가 가장 많아 관람객의 연령대별 맞춤형 홍보 전략이 필요하다는 것을 보여준다.

축제로 인한 경제적 효과도 중요한 분석 대상이다. D 축제의 경우 취업자 수와 고용인 수 모두 가장 적지만, 고용인 1인당 취업자 수는 가장 많았다. 관람객 1인당 총지출액에서 숙박비의 비중이 가장 높은 축제는 C 축제이고 먹거리 비용의 비중이 가장 높은 축제는 E 축제이다.

① 5대 축제별 취업자 수와 고용인 수

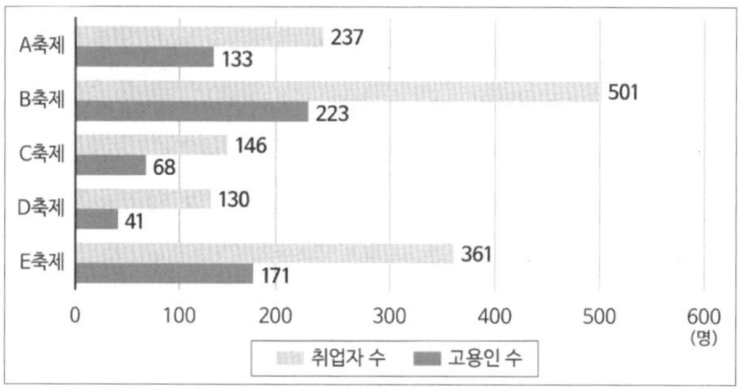

② 5대 축제의 관람객 만족도

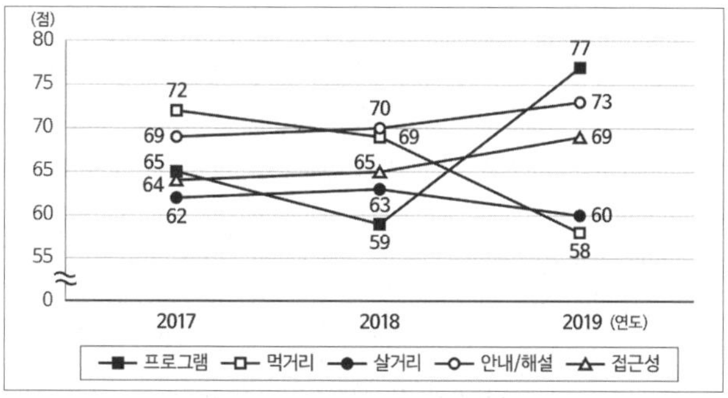

③ 5대 축제별 관람객 1인당 지출액 (단위: 원)

구분 \ 축제	A	B	C	D	E
숙박비	22,514	9,100	27,462	3,240	4,953
먹거리 비용	18,241	19,697	15,303	8,882	20,716
왕복교통비	846	1,651	9,807	1,448	810
상품구입비	17,659	4,094	6,340	3,340	411
기타	9	48	102	255	1,117
총지출액	59,269	34,590	59,014	17,165	28,007

④ A, B 축제의 영역별 평가점수

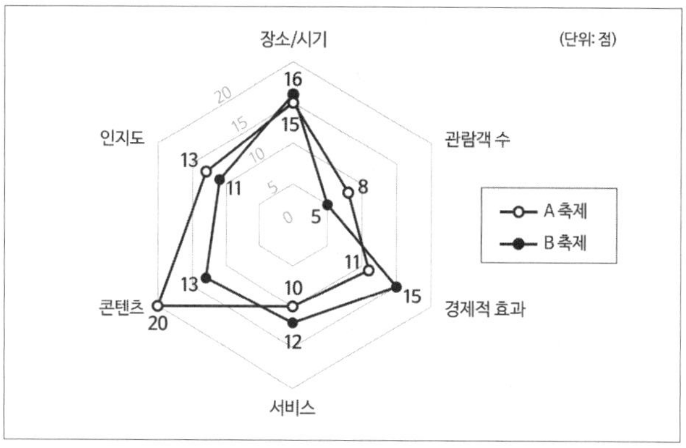

⑤ 관람객의 연령대별 5대 축제 관련 정보 획득 매체

(단위: %)

연령대 \ 매체	TV	인터넷	신문	현수막	기타
20대 이하	22.0	58.6	10.8	17.5	11.5
30~40대	25.4	35.0	16.5	18.0	9.0
50대 이상	35.0	20.2	21.0	29.5	8.0
전체	26.0	41.5	15.1	20.1	9.8

※ 중복응답 가능함.

2. 다음 <표>는 2019년 10월 첫 주 '갑' 편의점의 간편식 A~ F의 판매량에 관한 자료이다. <표>와 <조건>을 이용하여 간편식 B, E의 판매량을 바르게 나열한 것은?

<표> 간편식 A~F의 판매량

(단위: 개)

간편식	A	B	C	D	E	F	평균
판매량	95	( )	( )	( )	( )	43	70

<조 건>

○ A와 C의 판매량은 같다.
○ B와 D의 판매량은 같다.
○ E의 판매량은 D보다 23개 적다.

	B	E
①	70	47
②	70	57
③	83	47
④	83	60
⑤	85	62

3. 다음 <표>는 2015~2019년 '갑'국의 가스사고 현황에 관한 자료이다. 이에 대한 <보기>의 설명 중 옳은 것만을 모두 고르면?

<표 1> 원인별 사고건수

(단위: 건)

원인 \ 연도	2015	2016	2017	2018	2019
사용자 취급부주의	41	41	41	38	31
공급자 취급부주의	23	16	22	26	29
제품노후	4	12	19	12	18
고의사고	21	16	16	12	9
타공사	2	6	4	8	7
자연재해	12	9	5	3	3
시설미비	18	20	11	23	24
전체	121	120	118	122	121

<표 2> 사용처별 사고건수

(단위: 건)

사용처 \ 연도	2015	2016	2017	2018	2019
주택	48	50	39	42	47
식품접객업소	21	10	27	14	20
특수허가업소	14	14	16	16	12
공급시설	3	7	5	5	6
차량	4	5	4	5	6
제1종 보호시설	3	8	6	8	5
공장	9	6	7	6	4
다중이용시설	0	0	0	0	1
야외	19	20	14	26	20
전체	121	120	118	122	121

<보 기>

ㄱ. 2015년 대비 2019년 사고건수의 증가율은 '공급자 취급부주의'가 '시설미비'보다 작다.

ㄴ. '주택'과 '차량'의 연도별 사고건수 증감방향은 같다.

ㄷ. 2016년에는 사고건수 기준 상위 2가지 원인에 의한 사고건수의 합이 나머지 원인에 의한 사고건수의 합보다 적다.

ㄹ. 전체 사고건수에서 '주택'이 차지하는 비중은 매년 35% 이상이다.

① ㄱ, ㄴ
② ㄱ, ㄹ
③ ㄴ, ㄷ
④ ㄱ, ㄷ, ㄹ
⑤ ㄴ, ㄷ, ㄹ

4. 다음 <표>는 2015~2019년 A~D 지역의 해양수질, 해조류 군집 및 해양 저서동물 출현종수에 관한 자료이다. 이에 대한 설명으로 옳지 않은 것은?

<표 1> A~D 지역의 해양수질

(단위: mg/L)

측정항목	지역 \ 연도	2015	2016	2017	2018	2019
용존 산소량 (DO)	A	8.22	8.13	7.95	8.40	7.60
	B	8.18	8.23	8.12	8.60	8.10
	C	10.20	8.06	8.73	8.10	8.50
	D	7.51	6.97	7.39	8.43	8.35
화학적 산소 요구량 (COD)	A	1.73	1.38	1.19	1.54	1.34
	B	1.38	1.40	1.26	1.47	1.54
	C	2.35	2.29	1.71	1.59	1.69
	D	0.96	0.82	0.70	1.30	1.59
총질소 (Total-N)	A	0.16	0.14	0.16	0.15	0.12
	B	0.16	0.13	0.20	0.15	0.12
	C	0.45	0.51	0.68	0.11	0.08
	D	0.20	0.06	0.05	0.57	0.07

※ 해양수질 등급은 아래 기준으로 판정함.
- 1등급은 DO가 7.50mg/L 이상이고 COD는 1.00mg/L 이하이며 Total-N이 0.30mg/L 이하인 경우임.
- 2등급은 1등급에 해당하지 않으면서 DO가 2.00mg/L 이상이고 COD는 2.00mg/L 이하이며 Total-N이 0.60mg/L 이하인 경우임.
- 등급 외는 1, 2등급에 해당하지 않는 경우임.

<표 2> A~D 지역의 해조류 군집 및 해양 저서동물 출현종수

(단위: 개)

항목	지역 \ 연도	2015	2016	2017	2018	2019
해조류 군집 출현종수	A	108	77	46	48	48
	B	102	77	49	49	52
	C	26	27	28	29	27
	D	102	136	199	86	87
해양 저서동물 출현종수	A	147	79	126	134	153
	B	90	73	128	142	141
	C	112	34	58	85	102
	D	175	351	343	303	304

① 2015~2019년 A와 B 지역의 총질소(Total-N)의 연간 증감방향은 매년 동일하다.
② 2016년 B 지역은 해조류 군집 출현종수의 전년대비 증감률이 해양 저서동물 출현종수의 전년대비 증감률보다 크다.
③ 2019년에는 해양 저서동물 출현종수가 가장 많은 지역이 총질소(Total-N)가 가장 낮다.
④ 2015년에 해양수질이 1등급인 지역은 D가 유일하다.
⑤ A와 C 지역의 해양수질은 2015년부터 2017년까지 2등급으로 일정하다.

5. 다음 <그림>과 <표>는 2018~2019년 '갑'국의 월별 최대전력수요와 전력수급현황에 관한 자료이다. 이에 대한 설명으로 옳은 것은?

<그림> '갑'국의 월별 최대전력수요

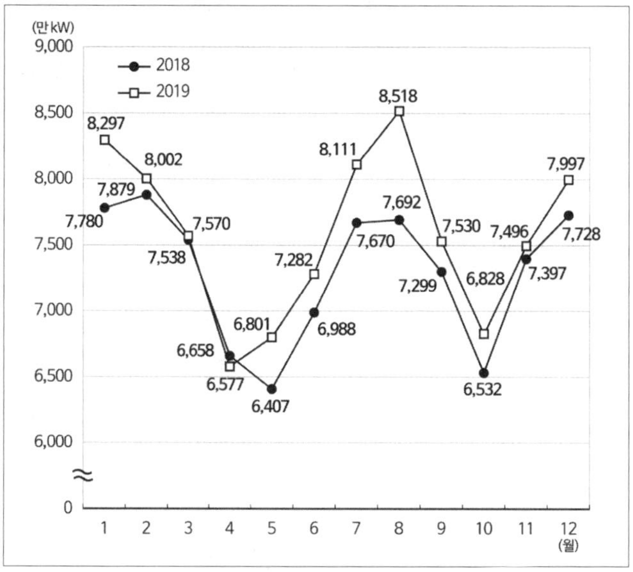

<표> '갑'국의 전력수급현황

(단위: 만 kW)

구분 \ 시기	2018년 2월	2019년 8월
최대전력수요	7,879	8,518
전력공급능력	8,793	9,240

※ 1) 공급예비력 = 전력공급능력 − 최대전력수요

2) 공급예비율(%) = $\frac{\text{공급예비력}}{\text{최대전력수요}} \times 100$

① 공급예비력은 2018년 2월이 2019년 8월보다 작다.
② 공급예비율은 2018년 2월이 2019년 8월보다 낮다.
③ 2019년 1~12월 동안 최대전력수요의 월별 증감방향은 2018년과 동일하다.
④ 해당 연도 1~12월 중 최대전력수요가 가장 큰 달과 가장 작은 달의 최대전력수요 차이는 2018년이 2019년보다 작다.
⑤ 2019년 최대전력수요의 전년동월 대비 증가율이 가장 높은 달은 1월이다.

6. 다음 <표>는 2018년 '갑'국 A~E 지역의 산사태 위험인자 현황에 관한 자료이다. <평가 방법>에 근거하여 산사태 위험점수가 가장 높은 지역과 가장 낮은 지역을 바르게 나열한 것은?

<표> A~E 지역의 산사태 위험인자 현황

위험인자 \ 지역	A	B	C	D	E
경사길이(m)	180	220	150	80	40
모암	화성암	퇴적암	변성암(편마암)	변성암(천매암)	변성암(편마암)
경사위치	중하부	중상부	중하부	상부	중상부
사면형	상승사면	복합사면	하강사면	복합사면	평형사면
토심(cm)	160	120	70	110	80
경사도(°)	30	20	25	35	55

<평가 방법>

○ 산사태 위험인자의 평가점수는 다음과 같다.

위험인자 \ 평가점수	0점	10점	20점	30점
경사길이(m)	50 미만	50 이상 100 미만	100 이상 200 미만	200 이상
모암	퇴적암	화성암	변성암(천매암)	변성암(편마암)
경사위치	하부	중하부	중상부	상부
사면형	상승사면	평형사면	하강사면	복합사면
토심(cm)	20 미만	20 이상 100 미만	100 이상 150 미만	150 이상
경사도(°)	40 이상	30 이상 40 미만	25 이상 30 미만	25 미만

○ 개별 지역의 산사태 위험점수는 6개 위험인자에 대한 평가점수의 합임.

	가장 높은 지역	가장 낮은 지역
①	B	A
②	B	E
③	D	A
④	D	C
⑤	D	E

7. 다음 <표>는 '갑' 회사 구내식당의 월별 이용자 수 및 매출액에 관한 자료이고, <보고서>는 '갑' 회사 구내식당 가격인상에 관한 내부검토 자료이다. '2019년 1월의 이용자 수 예측'에 대한 그래프로 <표>와 <보고서>의 내용에 부합하는 것은?

<표> 2018년 '갑' 회사 구내식당의 월별 이용자 수 및 매출액

(단위: 명, 천 원)

구분 / 월	특선식		일반식		총매출액
	이용자 수	매출액	이용자 수	매출액	
7	901	5,406	1,292	5,168	10,574
8	885	5,310	1,324	5,296	10,606
9	914	5,484	1,284	5,136	10,620
10	979	5,874	1,244	4,976	10,850
11	974	5,844	1,196	4,784	10,628
12	952	5,712	1,210	4,840	10,552

※ 총매출액은 특선식 매출액과 일반식 매출액의 합임.

<보고서>

2018년 12월 현재 회사 구내식당은 특선식(6,000원)과 일반식(4,000원)의 두 가지 메뉴를 판매하고 있다. 2018년 11월부터 구내식당 총매출액이 감소하고 있어 지난 2년 동안 동결되었던 특선식과 일반식 중 한 가지 메뉴의 가격을 2019년 1월부터 1,000원 인상할지를 검토하였다.

메뉴 가격에 변동이 없을 경우, 일반식 이용자와 특선식 이용자의 수가 모두 2018년 12월에 비해 감소하여 2019년 1월의 총매출액은 2018년 12월보다 감소할 것으로 예측된다.

특선식 가격만을 1,000원 인상하여 7,000원으로 할 경우, 특선식 이용자 수는 2018년 7월 이후 최저치 이하로 감소하지만, 가격 인상의 영향 등으로 총매출액은 2018년 10월 이상으로 증가할 것으로 예측된다.

일반식 가격만을 1,000원 인상하여 5,000원으로 할 경우, 일반식 이용자 수는 2018년 12월 대비 10% 이상 감소하며, 특선식 이용자 수는 2018년 10월보다 증가하지는 않으리라 예측된다.

①
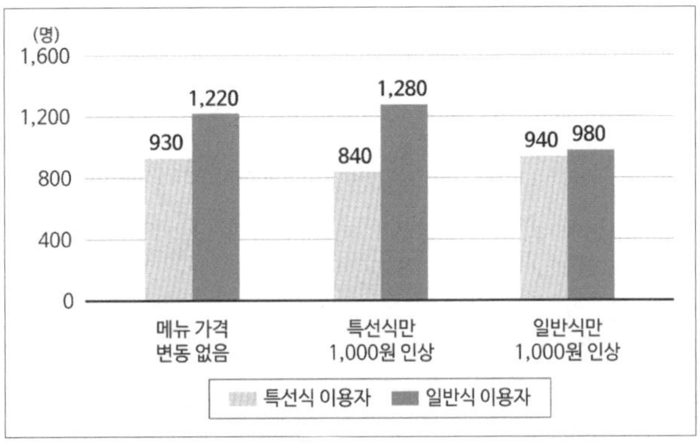

②
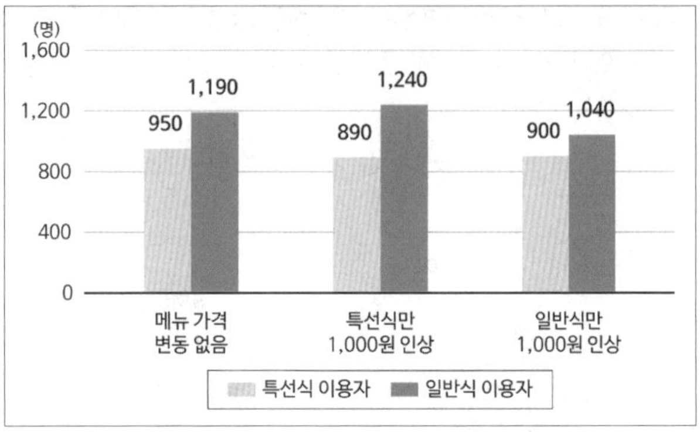

③
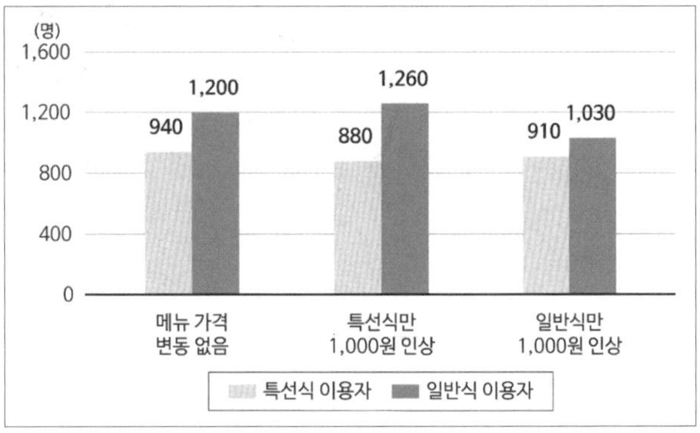

④
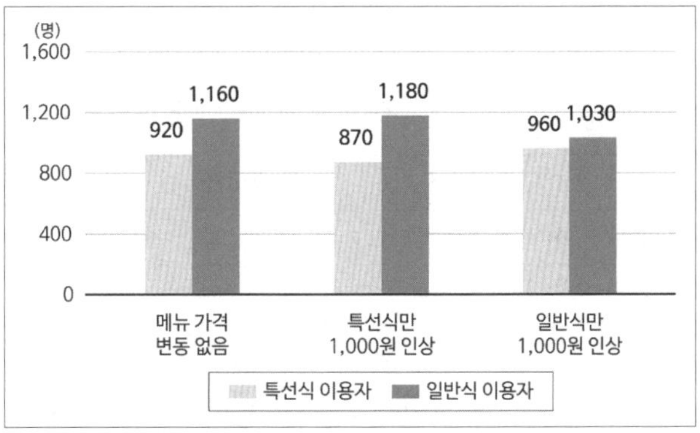

⑤
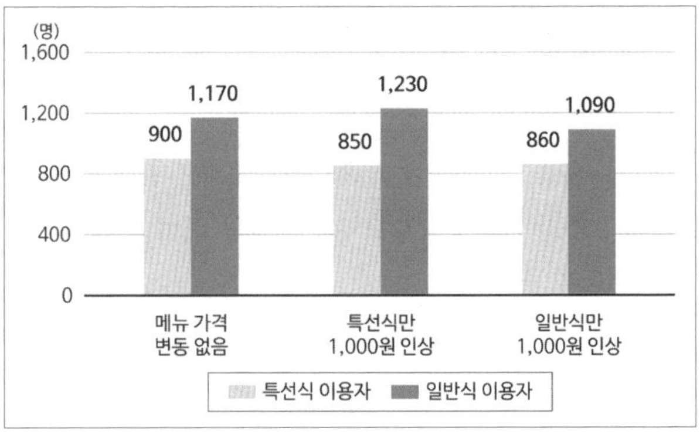

8. 다음 <표>는 '갑'시에서 주최한 10km 마라톤 대회에 참가한 선수 A~D의 구간별 기록이다. 이에 대한 <보기>의 설명 중 옳은 것만을 모두 고르면?

<표> 선수 A~D의 10km 마라톤 대회 구간별 기록

구간 \ 선수	A	B	C	D
0~1km	5분 24초	5분 44초	6분 40초	6분 15초
1~2km	5분 06초	5분 42초	5분 27초	6분 19초
2~3km	5분 03초	5분 50초	5분 18초	6분 00초
3~4km	5분 00초	6분 18초	5분 15초	5분 54초
4~5km	4분 57초	6분 14초	5분 24초	5분 35초
5~6km	5분 10초	6분 03초	5분 03초	5분 27초
6~7km	5분 25초	5분 48초	5분 14초	6분 03초
7~8km	5분 18초	5분 39초	5분 29초	5분 24초
8~9km	5분 10초	5분 33초	5분 26초	5분 11초
9~10km	5분 19초	5분 03초	5분 36초	5분 15초
계	51분 52초	(　　)	54분 52초	57분 23초

※ 1) A~D는 출발점에서 동시에 출발하여 휴식 없이 완주함.
2) A~D는 각 구간 내에서 일정한 속도로 달림.

<보 기>

ㄱ. 출발 후 6km 지점을 먼저 통과한 선수부터 나열하면 A, C, D, B 순이다.
ㄴ. B의 10km 완주기록은 60분 이상이다.
ㄷ. 3~4km 구간에서 B는 C에게 추월당한다.
ㄹ. A가 10km 지점을 통과한 순간, D는 7~8km 구간을 달리고 있다.

① ㄱ, ㄴ
② ㄱ, ㄷ
③ ㄱ, ㄹ
④ ㄴ, ㄷ
⑤ ㄷ, ㄹ

9. 다음 <그림>은 OECD 회원국 중 5개국의 2018년 가정용, 산업용 전기요금 지수를 나타낸 것이다. 이에 대한 <보기>의 설명 중 옳은 것만을 모두 고르면?

<그림> OECD 회원국 중 5개국의 가정용, 산업용 전기요금 지수

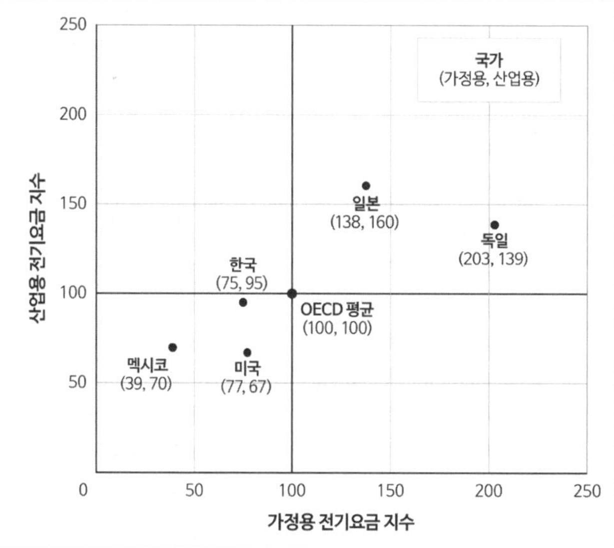

※ 1) OECD 각 국가의 전기요금은 100kWh당 평균 금액($)임.
2) 가정용(산업용) 전기요금 지수 = $\frac{\text{해당 국가의 가정용(산업용) 전기요금}}{\text{OECD 평균 가정용(산업용) 전기요금}} \times 100$
3) 2018년 한국의 가정용, 산업용 전기요금은 100kWh당 각각 $120, $95임.

<보 기>

ㄱ. 산업용 전기요금은 일본이 가장 비싸고 가정용 전기요금은 독일이 가장 비싸다.
ㄴ. OECD 평균 전기요금은 가정용이 산업용의 1.5배 이상이다.
ㄷ. 가정용 전기요금이 한국보다 비싼 국가는 산업용 전기요금도 한국보다 비싸다.
ㄹ. 일본은 산업용 전기요금이 가정용 전기요금보다 비싸다.

① ㄱ, ㄴ
② ㄱ, ㄷ
③ ㄴ, ㄹ
④ ㄷ, ㄹ
⑤ ㄱ, ㄴ, ㄹ

10. 다음 <표>는 2014~2018년 공공기관 신규채용 합격자 현황에 관한 자료이다. 이를 이용하여 작성한 그래프로 옳지 않은 것은?

<표 1> 공공기관 신규채용 합격자 현황

(단위: 명)

합격자 \ 연도	2014	2015	2016	2017	2018
전체	17,601	19,322	20,982	22,547	33,832
여성	7,502	7,664	8,720	9,918	15,530

<표 2> 공공기관 유형별 신규채용 합격자 현황

(단위: 명)

유형	합격자 \ 연도	2014	2015	2016	2017	2018
공기업	전체	4,937	5,823	5,991	6,805	9,070
	여성	1,068	1,180	1,190	1,646	2,087
준정부기관	전체	5,055	4,892	6,084	6,781	9,847
	여성	2,507	2,206	2,868	3,434	4,947
기타공공기관	전체	7,609	8,607	8,907	8,961	14,915
	여성	3,927	4,278	4,662	4,838	8,496

※ 공공기관은 공기업, 준정부기관, 기타공공기관으로만 구성됨.

① 공공기관 유형별 신규채용 합격자 현황

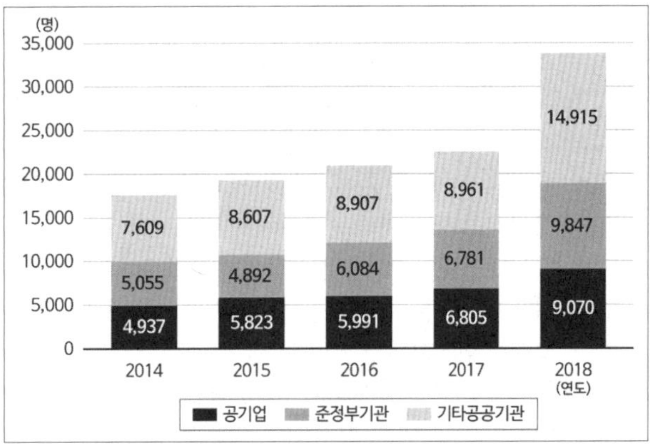

② 2016년 공공기관 유형별 신규채용 남성 합격자 현황

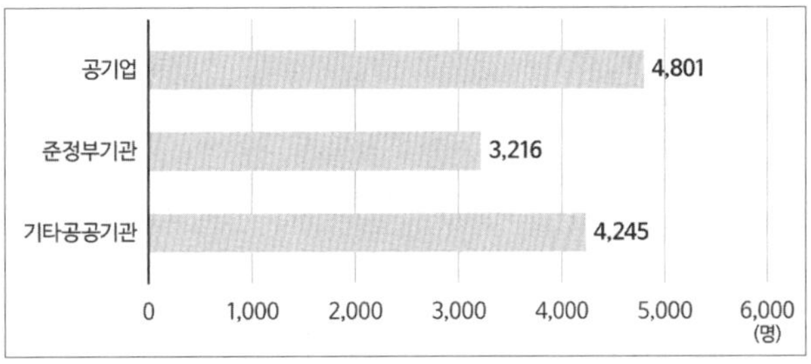

③ 공공기관 유형별 신규채용 합격자 중 여성 비중

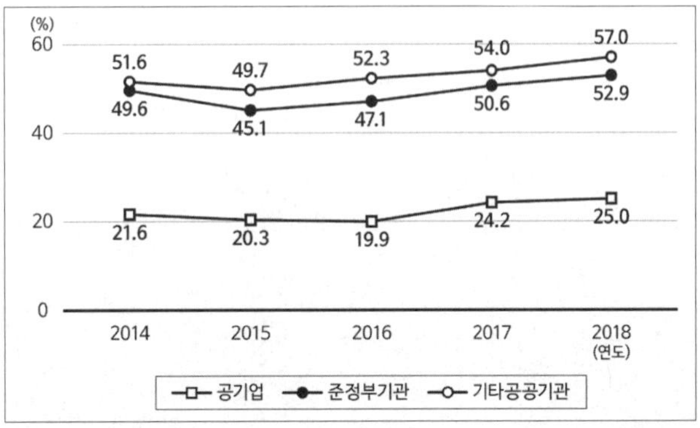

④ 공공기관 신규채용 합격자의 전년대비 증가율

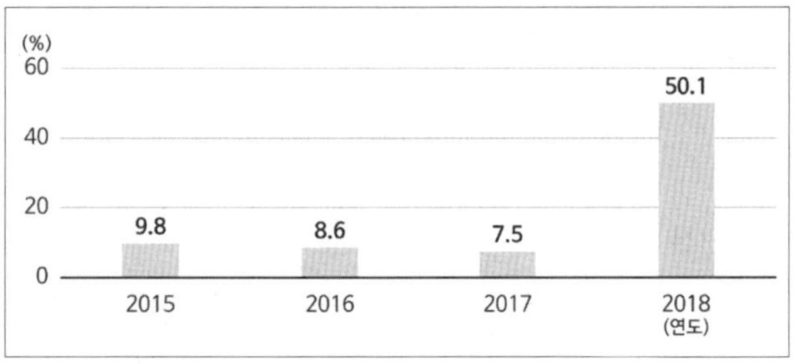

⑤ 2018년 공공기관 신규채용 합격자의 공공기관 유형별 구성비

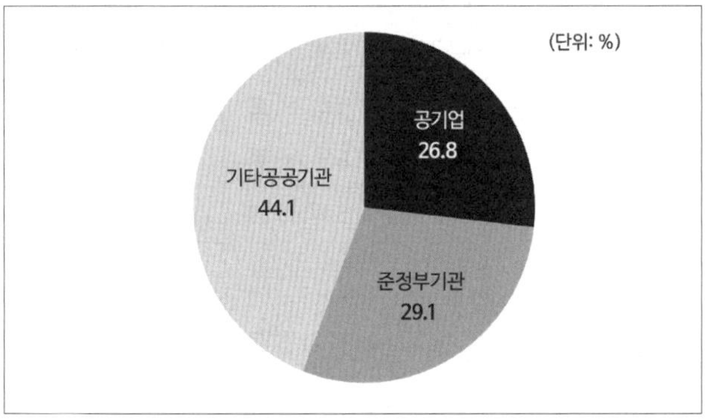

11. 다음 <표>는 2019년 기관 A~D 소속 퇴직예정공직자의 재취업을 위한 직무관련성 심사결과에 대한 자료이다. <표>와 <조건>을 근거로 A~D에 해당하는 기관을 바르게 나열한 것은?

<표> 직무관련성 심사결과

(단위: 건)

기관 \ 구분	관련있음	관련없음	각하	전체
A	8	33	4	45
B	17	77	3	97
C	99	350	59	508
D	0	9	0	9

<조 건>

○ 우주청의 전체 심사결과 중 '관련없음'의 비중은 혁신청의 전체 심사결과 중 '관련없음'의 비중보다 작다.

○ 기관별 전체 심사결과 중 '관련없음'의 비중은 문화청이 가장 크다.

○ '각하' 건수는 과학청이 혁신청보다 많다.

○ '관련없음' 대비 '관련있음' 건수의 비는 과학청이 우주청보다 높다.

	A	B	C	D
①	과학청	문화청	혁신청	우주청
②	과학청	혁신청	우주청	문화청
③	문화청	혁신청	우주청	과학청
④	우주청	혁신청	과학청	문화청
⑤	혁신청	우주청	과학청	문화청

12. 다음 <그림>은 가구 A~L의 2020년 1월 주거비와 식비, 필수생활비에 관한 자료이다. 이에 대한 설명으로 옳은 것은?

<그림 1> 가구 A~L의 주거비와 식비

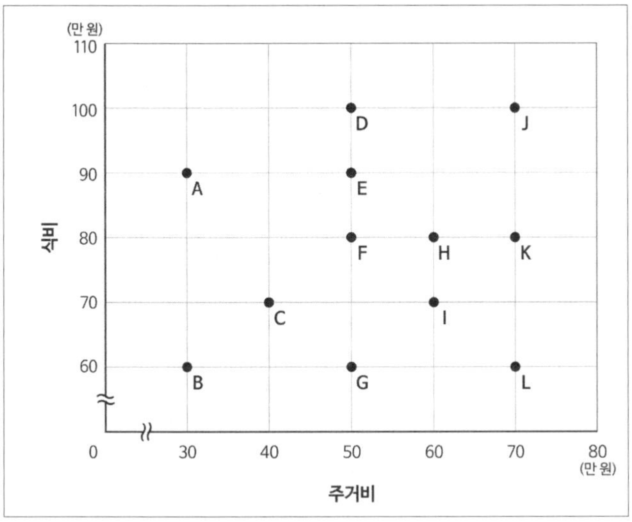

<그림 2> 가구 A~L의 식비와 필수생활비

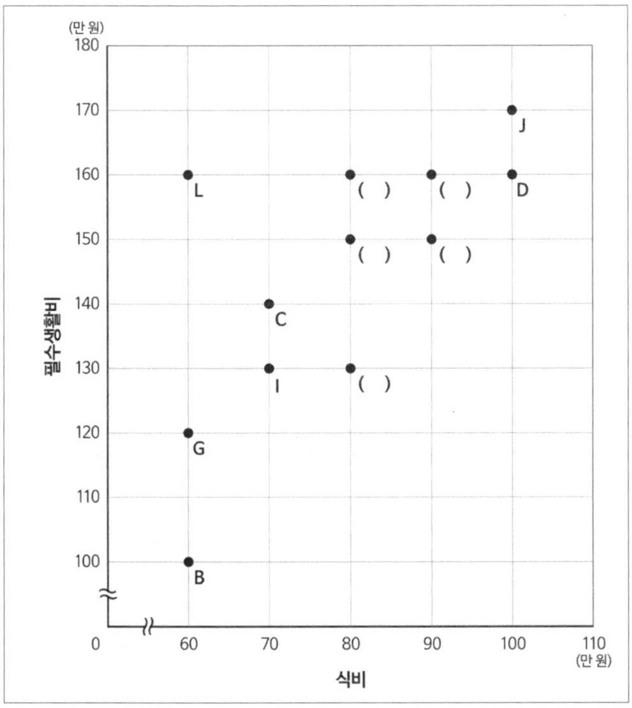

※ 필수생활비 = 주거비 + 식비 + 의복비

① 의복비는 가구 A가 가구 B보다 작다.
② 의복비가 0원인 가구는 1곳이다.
③ 주거비가 40만 원 이하인 가구의 의복비는 각각 10만 원 이상이다.
④ 식비 하위 3개 가구 의복비의 합은 60만 원 이상이다.
⑤ 식비가 80만 원이면서 필수생활비가 130만 원인 가구는 K이다.

13. 다음 <그림>은 추락사고가 발생한 항공기 800대의 사고 발생 시점과 사고 원인을 정리한 자료이다. 이에 대한 <보기>의 설명 중 옳은 것만을 모두 고르면?

<그림> 항공기 추락사고의 사고 발생시점과 사고 원인

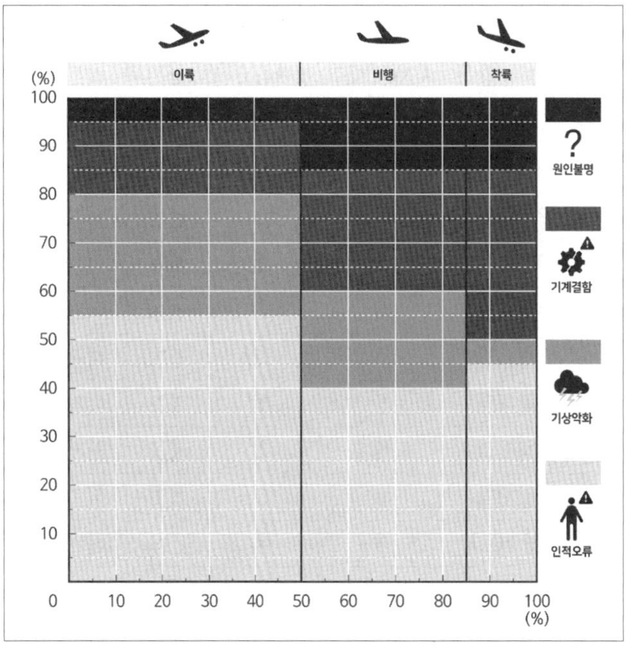

※ 사고 발생시점은 이륙, 비행, 착륙 중 하나이며, 사고 원인은 인적오류, 기상악화, 기계결함, 원인불명 중 하나임.

<보 기>

ㄱ. 이륙 중에 인적오류로 추락한 항공기 수는 착륙 중에 원인불명으로 추락한 항공기 수의 12배 이상이다.
ㄴ. 비행 중에 원인불명으로 추락한 항공기 수는 착륙 중에 기계결함으로 추락한 항공기 수보다 많다.
ㄷ. 비행 중에 인적오류로 추락한 항공기 수는 이륙 중에 기계결함으로 추락한 항공기 수보다 56대 더 많다.
ㄹ. 기계결함으로 추락한 항공기 수는 추락사고가 발생한 항공기 수의 20% 이상이다.

① ㄱ, ㄴ
② ㄱ, ㄷ
③ ㄱ, ㄹ
④ ㄴ, ㄷ
⑤ ㄷ, ㄹ

14. 다음 <표>는 '갑'국의 2020년 3월 1~15일 기상상황과 드론 비행 및 촬영 허가신청 결과에 관한 자료이다. <표>와 <조건>에 근거한 <보기>의 설명으로 옳은 것만을 모두 고르면?

<표> 기상상황과 드론 비행 및 촬영 허가신청 결과

구분 항목 / 날짜	기상상황			허가신청 결과	
	지자기지수	풍속(m/s)	날씨	비행	촬영
3월 1일	1	3	🌧	불허	불허
3월 2일	2	2	☼	불허	불허
3월 3일	3	3	☁	허가	허가
3월 4일	4	1	🌧	허가	허가
3월 5일	5	7	☁	허가	허가
3월 6일	5	12	☁	허가	허가
3월 7일	5	5	☼	허가	허가
3월 8일	4	3	☼	허가	허가
3월 9일	6	6	☼	허가	허가
3월 10일	3	4	☁	허가	불허
3월 11일	4	3	☁	허가	불허
3월 12일	2	2	☼	허가	허가
3월 13일	2	13	☼	허가	허가
3월 14일	3	5	🌧	허가	허가
3월 15일	1	3	☼	허가	허가

<조 건>

○ 기상상황 항목별 드론 비행 및 촬영 기준

구분 / 항목	비행	촬영
지자기지수	5 미만	10 미만
풍속(m/s)	10 미만	5 미만
날씨	☼ 또는 ☁	☼ 또는 ☁

○ 기상상황 항목별 비행 기준을 모두 충족하고 비행 허가신청 결과가 '허가'일 때, 비행에 적합함.

○ 기상상황 항목별 촬영 기준을 모두 충족하고 촬영 허가신청 결과가 '허가'일 때, 촬영에 적합함.

○ 기상상황 항목별 비행 및 촬영 기준을 모두 충족하고 비행 및 촬영 허가신청 결과가 모두 '허가'일 때, 항공촬영에 적합함.

<보 기>

ㄱ. 비행에 적합한 날은 총 6일이다.
ㄴ. 촬영에 적합한 날은 총 5일이다.
ㄷ. 항공촬영에 적합한 날은 총 4일이다.

① ㄱ
② ㄷ
③ ㄱ, ㄴ
④ ㄱ, ㄷ
⑤ ㄴ, ㄷ

15. 다음 <표>는 산림경영단지 A~E의 임도 조성 현황에 관한 자료이다. 이 경우 면적이 가장 넓은 산림경영단지는?

<표> 산림경영단지 A~E의 임도 조성 현황

(단위: %, km, km/ha)

구분 / 산림경영단지	작업임도 비율	간선임도 길이	임도 밀도
A	30	70	15
B	20	40	10
C	30	35	20
D	50	20	10
E	40	60	20

※ 1) 임도 길이(km) = 작업임도 길이 + 간선임도 길이

2) 작업임도 비율(%) = $\frac{\text{작업임도 길이}}{\text{임도 길이}} \times 100$

3) 간선임도 비율(%) = $\frac{\text{간선임도 길이}}{\text{임도 길이}} \times 100$

4) 임도 밀도(km/ha) = $\frac{\text{임도 길이}}{\text{산림경영단지 면적}}$

① A ② B ③ C
④ D ⑤ E

16. 다음 <표>는 2019년 '갑'국 국회의원선거의 당선자 수에 관한 자료이다. 이에 대한 <보기>의 설명 중 옳은 것만을 모두 고르면?

<표> '갑'국 국회의원선거의 당선자 수

(단위: 명)

정당 / 권역	A	B	C	D	E	합
가	48	( )	0	1	7	65
나	2	( )	( )	0	0	( )
기타	55	98	2	1	4	160
전체	105	110	25	2	11	253

※ '갑'국의 정당은 A~E만 존재함.

<보 기>

ㄱ. E 정당 전체 당선자 중 '가' 권역 당선자가 차지하는 비중은 60% 이상이다.
ㄴ. 당선자 수의 합은 '가' 권역이 '나' 권역의 3배 이상이다.
ㄷ. C 정당 전체 당선자 중 '나' 권역 당선자가 차지하는 비중은 A 정당 전체 당선자 중 '가' 권역 당선자가 차지하는 비중의 2배 이상이다.
ㄹ. B 정당 당선자 수는 '나' 권역이 '가' 권역보다 많다.

① ㄱ, ㄴ ② ㄱ, ㄷ ③ ㄴ, ㄷ
④ ㄴ, ㄹ ⑤ ㄷ, ㄹ

17. 다음 <표>는 소프트웨어 경쟁력 종합점수 산출을 위한 영역별 가중치와 소프트웨어 경쟁력 종합순위 1~10위 국가의 영역별 순위 및 원점수에 관한 자료이다. 이에 대한 설명으로 옳지 않은 것은?

<표 1> 소프트웨어 경쟁력 종합점수 산출을 위한 영역별 가중치

영역	환경	인력	혁신	성과	활용
가중치	0.15	0.20	0.25	0.15	0.25

<표 2> 소프트웨어 경쟁력 평가대상 국가 중 종합순위 1~10위 국가의 영역별 순위 및 원점수

(단위: 점)

종합순위	종합점수	국가	환경		인력		혁신		성과		활용	
			순위	원점수	순위	원점수	순위	원점수	순위	원점수	순위	원점수
1	72.41	미국	1	67.1	1	89.6	1	78.5	2	54.8	2	66.3
2	47.04	중국	28	20.9	8	35.4	2	66.9	18	11.3	1	73.6
3	41.48	일본	6	50.7	10	34.0	3	44.8	19	10.5	7	57.2
4	( )	호주	5	51.6	6	37.9	7	33.1	22	9.2	3	62.8
5	( )	캐나다	17	37.7	15	29.5	4	42.9	16	13.3	6	57.6
6	38.35	스웨덴	9	42.6	5	38.9	8	28.1	3	26.5	10	52.7
7	38.12	영국	12	40.9	3	46.3	12	20.3	6	23.3	8	56.6
8	( )	프랑스	11	41.9	2	53.6	11	22.5	15	13.8	11	49.3
9	( )	핀란드	10	42.5	14	30.5	10	22.6	4	24.9	4	59.4
10	( )	한국	2	62.9	19	27.5	5	41.5	25	6.7	21	41.1

※ 1) 점수가 높을수록 순위가 높음.
2) 영역점수 = 영역 원점수×영역 가중치
3) 종합점수는 5개 영역점수의 합임.

① 종합순위가 한국보다 낮은 국가 중에 '성과' 영역 원점수가 한국의 8배 이상인 국가가 있다.
② 종합순위 3~10위 국가의 종합점수 합은 320점 이하이다.
③ 소프트웨어 경쟁력 평가대상 국가는 28개국 이상이다.
④ 한국은 5개 영역점수 중 '혁신' 영역점수가 가장 높다.
⑤ 일본의 '활용' 영역 원점수가 중국의 '활용' 영역 원점수로 같아지면 국가별 종합순위는 바뀐다.

18. 다음 <표>는 2019년 주요 7개 지역(A~G)의 재해 피해 현황이다. 이에 대한 설명으로 옳지 않은 것은?

<표> 2019년 주요 7개 지역의 재해 피해 현황

지역 \ 구분	피해액(천 원)	행정면적(km^2)	인구(명)	1인당 피해액(원)
전국	187,282,994	100,387	51,778,544	3,617
A	2,898,417	1,063	2,948,542	983
B	2,883,752	10,183	12,873,895	224
C	3,475,055	10,540	3,380,404	1,028
D	7,121,830	16,875	1,510,142	4,716
E	24,482,562	8,226	2,116,770	11,566
F	86,648,708	19,031	2,691,706	32,191
G	( )	7,407	1,604,432	36,199

※ 피해밀도(원/km^2) = $\frac{\text{피해액}}{\text{행정면적}}$

① G 지역의 피해액은 전국 피해액의 35% 이하이다.
② 주요 7개 지역을 합친 지역의 1인당 피해액은 나머지 전체 지역의 1인당 피해액보다 크다.
③ D 지역과 F 지역을 합친 지역의 1인당 피해액은 전국 1인당 피해액의 5배 이상이다.
④ 피해밀도는 A 지역이 B 지역의 9배 이상이다.
⑤ 주요 7개 지역 중 피해밀도가 가장 낮은 지역은 D 지역이다.

19. 다음 <표>는 A 사에서 실시한 철근강도 평가 샘플 수 및 합격률에 관한 자료이다. 이에 대한 설명으로 옳은 것은?

<표> 철근강도 평가 샘플 수 및 합격률

(단위: 개, %)

구분 \ 종류		SD400	SD500	SD600	전체
샘플 수		35	( )	25	( )
평가항목별 합격률	항복강도	100.0	95.0	92.0	96.0
	인장강도	100.0	100.0	88.0	( )
최종 합격률		100.0	( )	84.0	( )

※ 1) 평가한 철근 종류는 SD400, SD500, SD600뿐임.
2) 항복강도와 인장강도 평가에서 모두 합격한 샘플만 최종 합격임.
3) 합격률(%) = $\frac{\text{합격한 샘플 수}}{\text{샘플 수}} \times 100$
4) 평가 결과는 합격 또는 불합격임.

① SD500 샘플 수는 50개 이상이다.
② 인장강도 평가에서 합격한 SD600 샘플은 항복강도 평가에서도 모두 합격하였다.
③ 항복강도 평가에서 불합격한 SD500 샘플 수는 4개이다.
④ 최종 불합격한 전체 샘플 수는 5개 이하이다.
⑤ 항복강도 평가에서 불합격한 SD600 샘플 수는 최종 불합격한 SD500 샘플 수와 같다.

20. 다음 <표>는 2015년 와인 생산량 및 소비량 상위 8개국 현황에 관한 자료이다. 이에 대한 <보기>의 설명 중 옳은 것만을 모두 고르면?

<표 1> 2015년 와인 생산량 상위 8개국 현황

(단위: 천 L, %)

국가 \ 구분	2015년 생산량	구성비	2013년 생산량 대비 증가율
이탈리아	4,950	17.4	-8.3
프랑스	4,750	16.7	12.8
스페인	3,720	13.1	-18.0
미국	2,975	10.4	-4.5
아르헨티나	1,340	4.7	-10.7
칠레	1,290	4.5	0.8
호주	1,190	4.2	-3.3
남아프리카공화국	1,120	3.9	22.4
계	21,335	74.9	-3.8

<표 2> 2015년 와인 소비량 상위 8개국 현황

(단위: 천 L, %)

국가 \ 구분	2015년 소비량	구성비	2013년 소비량 대비 증가율
미국	3,320	13.3	6.5
프랑스	2,720	10.9	-3.5
이탈리아	2,050	8.2	-5.9
독일	2,050	8.2	1.0
중국	1,600	6.4	-8.4
영국	1,290	5.2	1.6
아르헨티나	1,030	4.1	-0.4
스페인	1,000	4.0	2.0
계	15,060	60.2	-0.8

※ 1) 구성비는 세계 와인 생산(소비)량에서 각 국가 생산(소비)량이 차지하는 비율임.
2) 구성비와 증가율은 소수 둘째 자리에서 반올림한 값임.

<보기>

ㄱ. 2015년 와인 생산량 상위 8개국 중 와인 소비량이 생산량보다 많은 국가는 1개이다.

ㄴ. 2015년 와인 생산량 상위 8개국만 와인 생산량이 각각 10%씩 증가했다면, 2015년 세계 와인 생산량은 30,000천 L 이상이었을 것이다.

ㄷ. 2015년 중국 와인 소비량은 같은 해 세계 와인 생산량의 6% 미만이다.

ㄹ. 2013년 스페인 와인 생산량은 같은 해 영국 와인 소비량의 3배 미만이다.

① ㄱ, ㄷ ② ㄴ, ㄹ ③ ㄷ, ㄹ
④ ㄱ, ㄴ, ㄷ ⑤ ㄱ, ㄴ, ㄹ

21. 다음 <표>는 2017년 부산항 해운항만산업 사업실적에 관한 자료이다. 이에 대한 <보고서>의 내용 중 업종 A~D에 해당하는 사업체 수의 합은?

<표> 2017년 부산항 해운항만산업 사업실적

(단위: 억 원, 개)

업종 \ 구분	매출액	영업비용	영업이익	사업체 수
여객운송업	957	901	56	18
화물운송업	58,279	56,839	1,440	359
대리중개업	62,276	59,618	2,658	1,689
창고업	14,480	13,574	906	166
하역업	15,298	12,856	2,442	65
항만부대업	14,225	13,251	974	323
선용품공급업	58,329	54,858	3,471	1,413
수리업	8,275	7,493	782	478
전체	232,119	219,390	12,729	4,511

※ 영업이익률(%) = $\frac{\text{영업이익}}{\text{매출액}} \times 100$

<보고서>

2017년 부산항 해운항만산업 전체 매출액은 232,119억 원이다. 업종별로 보면, 매출액은 대리중개업이 가장 많고, 영업이익은 [A]이 가장 많다.

2017년 부산항 해운항만산업 전체의 영업이익률은 약 5.5%이다. [B]을 제외한 모든 업종이 10% 이하의 영업이익률을 기록하여 해운항만산업 고도화를 통한 부가가치 증대의 필요성을 보여준다.

2017년 부산항 해운항만산업 전체의 사업체당 매출액은 51억 원 이상이다. [C]은 사업체당 매출액이 부산항 해운항만산업 전체의 사업체당 매출액보다 적지만, 사업체당 영업이익이 3억 원을 초과한다. 반면, [D]은 부산항 해운항만산업 업종 중 사업체당 영업비용과 사업체당 매출액이 모두 가장 적다.

① 1,032
② 1,967
③ 2,232
④ 2,279
⑤ 3,333

22. 다음 <표>는 제품 A~E의 회수 시점의 평가 항목별 품질 상태를 나타낸 자료이다. <정보>에 근거하여 재사용 또는 폐기까지의 측정 및 가공 작업에 소요되는 비용이 가장 적은 제품과 가장 많은 제품을 바르게 나열한 것은?

<표> 제품 A~E의 회수 시점의 평가 항목별 품질 상태

평가 항목 / 제품	오염도	강도	치수
A	12	11	12
B	6	8	8
C	5	11	7
D	5	3	8
E	10	9	12

<정 보>

○ 제품 품질 측정 및 가공 작업 공정

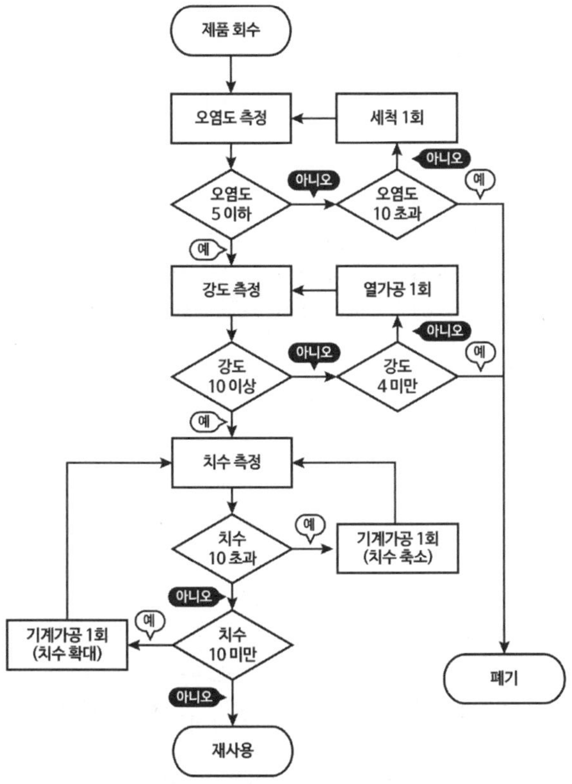

○ 단위작업별 내용 및 1회당 비용

(단위: 천 원)

단위작업	내용		비용
측정 작업	오염도 측정		5
	강도 측정		10
	치수 측정		2
가공 작업	세척		5
	열가공		50
	기계가공	치수 확대	20
		치수 축소	10

※ 세척 1회 시 오염도 1 감소, 열가공 1회 시 강도 1 증가, 기계가공 1회 시 치수 1만큼 확대 또는 축소됨.

	비용이 가장 적은 제품	비용이 가장 많은 제품
①	A	B
②	A	C
③	C	E
④	D	B
⑤	D	C

23. 다음 <그림>은 '갑'국의 2003~2019년 교통사고 현황에 관한 자료이다. 이를 근거로 2003년 인구와 2019년 인구 1만 명당 교통사고 건수를 바르게 나열한 것은?

<그림 1> 교통사고 건수 및 교통사고 사망자 수

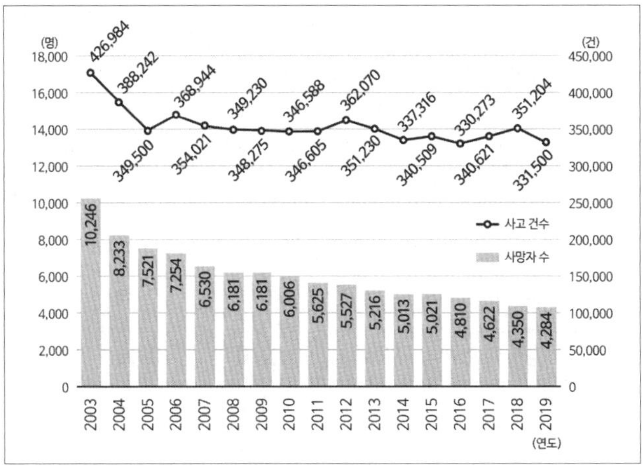

<그림 2> 인구 10만 명당 교통사고 사망자 수

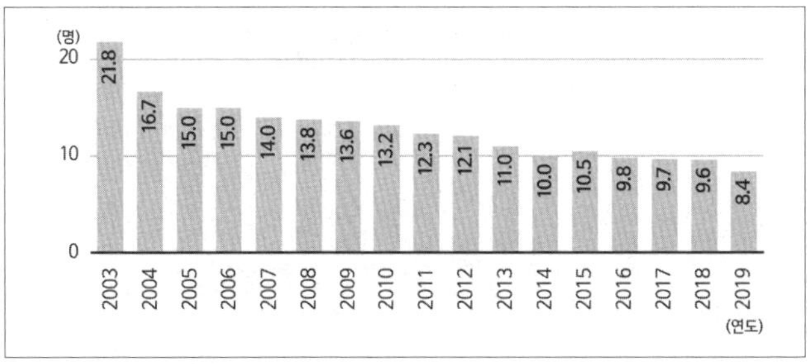

	2003년 인구(백만 명)	2019년 인구 1만 명당 교통사고 건수(건)
①	44	65
②	44	650
③	47	65
④	47	650
⑤	49	65

[24~25] 다음 <그림>과 <표>는 세계 및 국내 조선업 현황에 대한 자료이다. 다음 물음에 답하시오.

<그림> 세계 조선업 수주량 추이

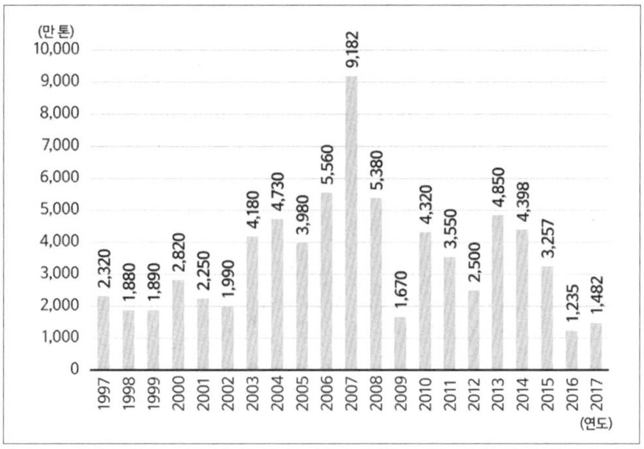

<표 1> 2014~2017년 국내 조선업 수주량 및 수주잔량

(단위: 만 톤, %)

구분 / 연도	수주량	전년대비 증가율	수주잔량	전년대비 증가율
2014	1,286	- 30.1	3,302	- 1.6
2015	1,066	(　　)	3,164	- 4.2
2016	221	(　　)	2,043	(　　)
2017	619	(　　)	1,761	- 13.8

※ 해당 연도 수주잔량 = 전년도 수주잔량 + 해당 연도 수주량 - 해당 연도 건조량

<표 2> 2014~2016년 국내 조선기자재업체 기업규모별 업체 수 및 이자보상배율이 1 미만인 업체 비율

(단위: 개, %)

기업규모	업체 수 \ 연도	2014	2015	2016
대형	20	15.0	20.0	25.0
중형	35	25.7	17.1	34.3
소형	96	19.8	28.1	38.5
전체	151	20.5	24.5	35.8

※ 1) 2014년 이후 기업규모별 업체 수는 변화 없음.
2) 비율은 소수 둘째 자리에서 반올림한 값임.

24. 제시된 <그림>과 <표> 이외에 <보고서>를 작성하기 위해 추가로 필요한 자료만을 <보기>에서 모두 고르면?

<보고서>

세계 조선업 경기는 최악의 부진에서 벗어나는 모습이다. 2016년 세계 조선업의 수주량은 1997년 이후 최저치였다. 2017년 한국은 중국을 밀어내고 수주량 1위를 차지했는데, 이는 2012년 중국에 1위 자리를 내어준 이후 6년 만이다. 3대 조선강국으로 분류되는 일본은 자국 발주 확대에도 불구하고 세계 수주량의 5.8%까지 비중이 하락하였다.

2016년 국내 조선업은 전년대비 79.3% 감소한 수주량을 기록하면서 유례없는 수주절벽을 경험하였다. 그리고 수주량 급감의 영향으로 2016년 수주잔량은 2,043만 톤까지 줄어든 것으로 조사되었다. 2014~2016년 3년간 국내 조선업 평균 건조량이 약 1,295만 톤이었음을 고려하면 수주잔량은 2년 치 미만 일감에 불과한 것으로 나타나 우려는 더욱 커졌다.

2017년 국내 대형 조선사는 해양플랜트 수주량 증가에 힘입어 실적이 개선되고 있다. 그러나 국내 중소형 조선사는 여전히 부진에서 벗어나지 못하고 있으며 국내 조선기자재업체의 실적 회복도 어려울 것으로 전망된다.

<보 기>

ㄱ. 2010~2017년 세계 조선업 수주량의 국가별 점유율
ㄴ. 2014~2016년 국내 조선업 건조량
ㄷ. 2014~2016년 중국 조선기자재업체 실적
ㄹ. 2010~2017년 국내 조선사 규모별 해양플랜트 수주량

① ㄱ, ㄴ　② ㄱ, ㄷ　③ ㄱ, ㄹ
④ ㄴ, ㄷ　⑤ ㄴ, ㄹ

25. 위 <표>에 근거한 <보기>의 설명 중 옳은 것만을 모두 고르면?

<보 기>

ㄱ. 2014~2016년 중 국내 조선업 건조량이 가장 적은 해는 2016년이다.
ㄴ. 2014년 이후 국내 조선업 수주량의 전년대비 증감률이 가장 큰 해는 2017년이다.
ㄷ. 2014년 이자보상배율이 1 미만인 국내 조선기자재업체 수는 중형이 대형의 3배이다.
ㄹ. 이자보상배율이 1 미만인 국내 조선기자재업체 수의 2015년 대비 2016년 증감폭이 가장 큰 기업규모는 중형이다.

① ㄱ, ㄴ　② ㄴ, ㄷ　③ ㄴ, ㄹ
④ ㄷ, ㄹ　⑤ ㄱ, ㄷ, ㄹ

약점 보완 해설집 p.186

5급 기출 재구성 모의고사

1교시 언어논리·상황판단

2교시 자료해석

✓ 5급 PSAT 기출문제 중 7급 및 민간경력자 PSAT 대비에 도움이 될 문제를 엄선하여 수록하였습니다.

✓ 문제 풀이 시작과 종료 시각을 정한 후, OCR 답안지를 활용하여 실전처럼 기출문제를 풀어보세요.

1교시: ______ 시 ______ 분 ~ ______ 시 ______ 분(총 50문항 / 120분)

2교시: ______ 시 ______ 분 ~ ______ 시 ______ 분(총 25문항 / 60분)

✓ 문제 풀이 후, 약점 보완 해설집 '취약 유형 분석표'로 자신의 실력을 점검해 보시기 바랍니다.

언어논리영역

1. 다음 글에서 알 수 있는 것은? 17 (가) 1번

일본이 조선을 지배하게 됨에 따라 삶이 힘들어진 조선인의 일본 본토로의 이주가 급격히 늘었다. 1911년에는 약 2,500명에 불과하던 재일조선인은 1923년에는 9만 명을 넘어섰다. 일본 정부는 재일조선인의 급증에 대해 조선인이 가장 많이 거주하던 오사카에 대책을 지시하였고, 이에 1923년 오사카 내선협화회가 창립되었다. 이후 일본 각지에 협화회가 만들어졌고, 이들을 총괄하는 중앙협화회가 1938년에 만들어졌다. 협화란 협력하여 화합한다는 뜻이다.

재일조선인은 모두 협화회에 가입해야만 하였다. 협화회 회원증을 소지하지 않은 조선인은 체포되거나 조선으로 송환되었다. 1945년 재일조선인은 전시노동동원자를 포함하여 230만 명에 달했는데, 이들은 모두 협화회의 회원으로 편성되어 행동과 사상 일체에 대해 감시를 받았다. 조선에 거주하는 조선인이 군이나 면과 같은 조선총독부 하의 일반행정기관의 통제를 받았다면 재일조선인은 협화회의 관리를 받았다.

협화회는 민간단체였지만 경찰이 주체가 되어 조직한 단체였다. 지부장은 경찰서장이었고 각 경찰서 특별고등과 내선계가 관내의 조선인을 통제하는 구조였다. 재일조선인은 일본의 침략 전쟁에 비협력적 태도로 일관하였고, 임금과 주거 등의 차별에 계속 저항하였으며, 조선인들끼리 서로 협력하고 연락하는 단체를 1천여 개나 조직하고 있었다. 일본 정부는 이를 용납할 수 없었고, 전쟁에 비협조적이면서 임금문제를 둘러싸고 조직적으로 파업을 일으키는 조선인 집단을 척결 대상으로 삼았다. 이것이 협화회를 조직하는 데 경찰이 주도적인 역할을 한 이유였다.

협화회는 재일조선인에 대한 감시와 사상 관리뿐 아니라 신사참배, 일본옷 강요, 조선어 금지, 강제예금, 창씨개명, 지원병 강제, 징병, 노동동원 등을 조선 본토보다 더 강압적으로 추진했다. 재일조선인은 압도적으로 다수인 일본인에 둘러싸여 있었고 협화회에서 벗어나기 어려웠다. 협화회는 재일조선인을 분열시키고 친일분자들을 증대시키기 위해 온갖 노력을 기울였다. 그 결과 학교에서 일본어와 일본사 등의 협화 교육을 받은 조선인 아이들이 조선어를 아예 모르는 경우까지도 생겨났다. 철저한 황민화였다. 하지만 재일조선인들은 집에서는 조선말을 하고 아리랑을 부르는 등 민족 정체성을 지키기 위하여 노력하였고, 일본이 항복을 선언한 후 조선에서와 마찬가지로 태극기를 만들어 축하 행진을 할 수 있었다.

① 협화회는 재일조선인에 대한 교육을 담당하였다.
② 협화회는 조선총독부와 긴밀한 협조체계를 유지하였다.
③ 협화회는 재일조선인 전시노동동원자에 대한 감시를 자행하였다.
④ 재일조선인은 협화회에 조직적으로 저항하며 민족 정체성을 유지하였다.
⑤ 일본의 민간인뿐만 아니라 일본 경찰에 협력한 조선인 친일분자들이 협화회 간부를 맡기도 하였다.

2. 다음 글에서 알 수 있는 것은? 15 (인) 21번

인삼은 한국 고유의 약용 특산물이었으며, 약재로서의 효능과 가치가 매우 높은 물건이었다. 중국과 일본에서는 조선 인삼에 대한 수요가 폭발적으로 증가하였다. 이에 따라 인삼을 상품화하여 상업적 이익을 도모하는 상인들이 등장하였다. 특히 개인 자본을 이용하여 상업 활동을 하던 사상(私商)들이 평안도 지방과 송도를 근거지로 하여 인삼 거래에 적극적으로 뛰어들었는데, 이들을 삼상(蔘商)이라고 하였다.

인삼은 매우 희귀한 물품이었으므로 조선 정부는 인삼을 금수품(禁輸品)으로 지정하여 자유로운 매매와 국외 유출을 억제하였다. 대신 삼상의 인삼 매매를 허가해 주고 그에 따른 세금을 거두어들였다. 또한 삼상의 특정 지역 출입을 엄격하게 통제하였다. 가령 평안도 강계부는 개마고원과 백두산 지역의 인삼이 모이는 거점이었는데, 삼상이 이곳에 출입하기 위해서는 먼저 일종의 여행증명서인 황첩(黃帖)을 호조에서 발급받아야 하였다. 그리고 강계부에 도착할 때까지 강계부를 관할하는 평안도 감영은 물론 평안도의 주요 거점에서 황첩을 제시해야 하였다. 강계부에 도착해서는 강계부의 관원에게 황첩을 확인받고, 이어 매입하려는 인삼량을 신고한 뒤 그에 따른 세금을 강계부에 선납한 후에야 비로소 인삼을 구매할 수 있었다. 강계부는 세금을 납부한 삼상들의 명단을 작성하고, 이들이 어느 지역의 어떤 사람과 거래하였는지, 그리고 거래량은 얼마인지를 일일이 파악하여 중앙의 비변사에 보고하였다. 황첩이 없거나 거래량을 허위로 신고한 삼상은 밀매업자인 잠상(潛商)으로 간주되어 처벌되었으며, 황첩이 없는 상인의 거래를 허가한 강계부사도 처벌되었다.

삼상은 이렇게 사들인 인삼을 경상도 동래의 왜관으로 가지고 와 왜인들에게 팔았다. 이때도 삼상은 동래부에 세금을 내야 하였으며, 인삼 판매도 매달 여섯 차례 열리는 개시(開市) 때만 가능했다. 정부는 개시에서 판매하는 인삼의 가격까지 통제하였으며, 숙종 6년에는 판매할 수 있는 상인의 수도 20명으로 제한하였다.

이렇듯 여러 가지 까다로운 절차와 세금, 인원수의 제한에 따라 많은 상인들이 합법적인 인삼 매매와 무역을 포기하고 잠상이 되었다. 더군다나 잠상은 합법적으로 인삼을 거래할 때보다 훨씬 많은 이윤을 얻을 수 있었다. 한양에서 70냥에 팔리는 인삼이 일본 에도에서는 300냥에 팔리기도 하였기 때문이다.

① 황첩을 위조하여 강계부로 잠입하는 잠상들이 많았다.
② 정부는 잠상을 합법적인 삼상으로 전환시키기 위해 노력하였다.
③ 상인들은 송도보다 강계부에서 인삼을 더 싸게 구입할 수 있었다.
④ 왜관에서의 인삼 거래는 한양에서의 거래보다 삼상에게 4배 이상의 매출을 보장해 주었다.
⑤ 중앙정부는 강계부에서 삼상에게 합법적으로 인삼을 판매한 백성이 어느 지역 사람인지를 파악할 수 있었다.

3. 다음 글의 내용과 부합하는 것은? 20 (나) 24번

> 미국의 건축물 화재안전 관리체제는 크게 시설계획기준을 제시하는 건축모범규준과 특정 시설의 화재안전평가 및 대안 설계안을 결정하는 화재안전평가제 그리고 기존 건축물의 화재위험도를 평가하는 화재위험도평가제로 구분된다. 건축모범규준과 화재안전평가제는 건축물의 계획 및 시공단계에서 설계지침으로 적용되며, 화재위험도평가제는 기존 건축물의 유지 및 관리단계에서 화재위험도 관리를 위해 활용된다. 우리나라는 정부가 화재안전 관리체제를 마련하고 시행하는 데 반해 미국은 공신력 있는 민간기관이 화재 관련 모범규준이나 평가제를 개발하고 주 정부가 주 상황에 따라 특정 제도를 선택하여 운영하고 있다.
>
> 건축모범규준은 미국화재예방협회에서 개발한 것이 가장 널리 활용되는데 3년마다 개정안이 마련된다. 특정 주요 기준은 대부분의 주가 최근 개정안을 적용하지만, 그 외의 기준은 개정되기 전 규준의 기준을 적용하는 경우도 있다. 역시 미국화재예방협회가 개발하여 미국에서 가장 널리 활용되는 화재안전평가제는 공공안전성이 강조되는 의료, 교정, 숙박, 요양 및 교육시설 등 5개 용도시설에 대해 화재안전성을 평가하고 대안설계안의 인정 여부를 결정함에 목적이 있다. 5개 용도시설을 제외한 건축물의 경우에는 건축모범규준의 적용이 권고된다. 화재위험도평가제는 기존 건축물에 대한 데이터를 수집하여 화재안전을 효율적으로 평가·관리함에 목적이 있다. 이 중에서 뉴욕주 소방청의 화재위험도평가제는 공공데이터 공유 플랫폼을 이용하여 수집된 주 내의 모든 정부기관의 정보를 평가자료로 활용한다.

① 건축모범규준이나 화재안전평가제에 따르면 공공안전성이 강조되는 건물에는 특정 주요 기준이 강제적으로 적용되고 있다.
② 건축모범규준, 화재안전평가제, 화재위험도평가제 모두 건축물의 설계·시공단계에서 화재안전을 확보하는 수단이다.
③ 건축모범규준을 적용하여 건축물을 신축하는 경우 반드시 가장 최근에 개정된 기준에 따라야 한다.
④ 미국에서는 민간기관인 미국화재예방협회가 건축모범규준과 화재안전평가제를 개발·운영하고 있다.
⑤ 뉴욕주 소방청은 화재위험도 평가에 타 기관에서 수집한 정보를 활용한다.

4. 두 과학자 진영 A와 B의 진술 내용과 부합하지 않는 것은? 08 (꿈) 3번

> 우리 은하와 비교적 멀리 떨어져 있는 은하들이 모두 우리 은하로부터 점점 더 멀어지고 있다는 사실이 확인되었다. 이 사실을 두고 우주의 기원과 구조에 대해 서로 다른 견해를 가진 두 진영이 다음과 같이 논쟁하였다.
>
> A진영: 우주는 시간적으로 무한히 오래되었다. 우주가 팽창하는 것은 사실이다. 그렇다고 우리 견해가 틀렸다고 볼 필요는 없다. 우주는 팽창하지만 전체적으로 항상성을 유지한다. 은하와 은하가 멀어질 때 그 사이에서 물질이 연속적으로 생성되어 새로운 은하들이 계속 형성되기 때문이다. 비록 우주는 약간씩 변화가 있겠지만, 우주 전체의 평균 밀도는 일정하게 유지된다. 만일 은하 사이에서 새로 생성되는 은하를 관측한다면, 우리의 가설을 입증할 수 있다. 반면 우주가 자그마한 씨앗으로부터 대폭발에 의해 생겨났다는 주장은 터무니없다. 이처럼 방대한 우주의 물질과 구조가 어떻게 그토록 작은 점에 모여 있을 수 있겠는가?
>
> B진영: A의 주장은 터무니없다. 은하 사이에서 새로운 은하가 생겨난다면 도대체 그 물질은 어디서 온 것이라는 말인가? 은하들이 우리 은하로부터 점점 더 멀어지고 있다는 사실은 오히려 우리 견해가 옳다는 것을 입증할 뿐이다. 팽창하는 우주를 거꾸로 돌린다면 우주가 시공간적으로 한 점에서 시작되었다는 결론을 얻을 수 있다. 만일 우주 안의 모든 물질과 구조가 한 점에 있었다면 초기 우주는 현재와 크게 달랐을 것이다. 대폭발 이후 우주의 물질들은 계속 멀어지고 있으며 우주의 밀도는 계속 낮아지고 있다. 대폭발 이후 방대한 전자기파가 방출되었는데, 만일 우리가 이를 관측한다면, 우리의 견해가 입증될 것이다.

① A에 따르면 물질의 총 질량이 보존되지 않는다.
② A에 따르면 우주는 시작이 없고, B에 따르면 우주는 시작이 있다.
③ A에 따르면 우주는 국소적인 변화는 있으나 전체적으로는 변화가 없다.
④ A와 B는 인접한 은하들 사이의 평균 거리가 커진다는 것을 받아들인다.
⑤ A와 B 모두 자신의 주장을 경험적으로 입증하기 위한 방법을 제안하고 있다.

5. 다음 글에서 알 수 없는 것은? 15 (인) 27번

대동법의 핵심 내용으로, 공물을 부과하는 기준이 호(戶)에서 토지[田結]로 바뀐 것과, 수취 수단이 현물에서 미(米)·포(布)로 바뀐 것을 드는 경우가 많다. 하지만 양자는 이미 대동법 시행 전부터 각 지방에서 광범위하게 시행되고 있었기 때문에 이를 대동법의 본질적 요소라고 볼 수는 없다. 대동법의 진정한 의미는 공물 부과 기준과 수취 수단이 법으로 규정됨으로써, 공납 운영의 원칙인 양입위출(量入爲出)※의 객관적 기준이 마련되었다는 점에 있다.

양입위출은 대동법 실시론자뿐만 아니라 공안(貢案) 개정론자도 공유하는 원칙이었으나, 공납제의 폐단을 두고 문제의 해법을 찾는 방식은 차이가 있었다. 공안 개정론자는 호마다 현물을 거두는 종래의 공물 부과 기준과 수취 수단을 유지하되 공물 수요자인 관료들의 절용을 강조함으로써 '위출'의 측면에 관심을 기울였다. 반면 대동법 실시론자들은 공물가를 한 번 거둔 후 다시 거두지 않도록 제도화할 것을 주장하여 '양입'의 측면을 강조하였다.

요컨대 양입위출에 대한 이런 강조점의 차이는 문제에 대한 해법을 개인적 도덕 수준을 제고하는 것으로 마련하는가, 아니면 제도적 보완이 필요하다고 보고 그 방안을 강구하는가의 차이였다. 공물 수취에 따른 폐해들을 두고 공안 개정론자는 공물 수요자 측의 사적 폐단, 즉 무분별한 개인적 욕망에서 비롯된 것으로 보았다. 반면 대동법 실시론자는 중앙정부 차원에서 공물세를 관리할 수 있는 합리적 근거와 기준이 미비하였기 때문이라고 보았다. 현물을 호에 부과하는 방식으로는 공납제 운영을 객관화하기 어려웠음에도 불구하고, 공안 개정론자는 공물 수요자의 자발적 절용을 강조하는 것 외에 그것을 강제할 수 있는 별도의 방법을 제시하지 못하였다. 이에 반해 대동법 실시론자는 공물 수요자 측의 절용이 필요하다고 보면서도 이들의 '사적 욕망'에서 빚어진 폐습을 극복하기 위해서는 이를 규제할 '공적 제도'가 필요하다고 믿었다.

※ 양입위출: 수입을 헤아려 지출을 행하는 재정 운영 방식

① 대동법 실시론자는 양입위출의 법적 기준을 마련하고자 하였다.
② 공안 개정론자와 대동법 실시론자는 양입위출의 원칙을 공유하였다.
③ 공안 개정론자는 절용을 통해 공물가의 수취 액수를 고정하는 데 관심을 기울였다.
④ 공안 개정론자와 대동법 실시론자는 공물 부과 기준과 수취 수단에 대한 주장이 달랐다.
⑤ 대동법 실시론자는 공물 수요자의 도덕적 수준을 높여야 한다는 공안 개정론자의 주장에 반대하지 않았다.

6. 다음 글의 논지로 가장 적절한 것은? 18 (나) 26번

베블런에 의하면 사치품 사용 금기는 전근대적 계급에 기원을 두고 있다. 즉, 사치품 소비는 상류층의 지위를 드러내는 과시소비이기 때문에 피지배계층이 사치품을 소비하는 것은 상류층의 안락감이나 쾌감을 손상한다는 것이다. 따라서 상류층은 사치품을 사회적 지위 및 위계질서를 나타내는 기호(記號)로 간주하여 피지배계층의 사치품 소비를 금지했다. 또한 베블런은 사치품의 가격 상승에도 그 수요가 줄지 않고 오히려 증가하는 이유가 사치품의 소비를 통하여 사회적 지위를 과시하려는 상류층의 소비행태 때문이라고 보았다.

그러나 소득 수준이 높아지고 대량 생산에 의해 물자가 넘쳐흐르는 풍요로운 현대 대중사회에서 서민들은 과거 왕족들이 쓰던 물건들을 일상생활 속에서 쓰고 있고 유명한 배우가 쓰는 사치품도 쓸 수 있다. 모든 사람들이 명품을 살 수 있는 돈을 갖고 있을 때 명품의 사용은 더 이상 상류층을 표시하는 기호가 될 수 없다. 따라서 새로운 사회의 도래는 베블런의 과시소비이론으로 설명하기 어려운 소비행태를 가져왔다. 이 때 상류층이 서민들과 구별될 수 있는 방법은 오히려 아래로 내려가는 것이다. 현대의 상류층에게는 차이가 중요한 것이지 사물 그 자체가 중요한 것이 아니기 때문이다. 월급쟁이 직원이 고급 외제차를 타면 사장은 소형 국산차를 타는 것이 그 예이다.

이와 같이 현대의 상류층은 고급, 화려함, 낭비를 과시하기보다 서민들처럼 소박한 생활을 한다는 것을 과시한다. 이것은 두 가지 효과가 있다. 사치품을 소비하는 서민들과 구별된다는 점이 하나이고, 돈 많은 사람이 소박하고 겸손하기까지 하여 서민들에게 친근감을 준다는 점이 다른 하나이다.

그러나 그것은 극단적인 위세의 형태일 뿐이다. 뽐냄이 아니라 남의 눈에 띄지 않는 겸손한 태도와 검소함으로 자신을 한층 더 드러내는 것이다. 이런 행동들은 결국 한층 더 심한 과시이다. 소비하기를 거부하는 것이 소비 중에서도 최고의 소비가 된다. 다만 그들이 언제나 소형차를 타는 것은 아니다. 차별화해야 할 아래 계층이 없거나 경쟁 상대인 다른 상류층 사이에 있을 때 그들은 마음 놓고 경쟁적으로 고가품을 소비하며 자신을 마음껏 과시한다. 현대사회에서 소비하지 않기는 고도의 교묘한 소비이며, 그것은 상류층의 표시가 되었다. 그런 점에서 상류층을 따라 사치품을 소비하는 서민층은 순진하다고 하지 않을 수 없다.

① 현대의 상류층은 낭비를 지양하고 소박한 생활을 지향함으로써 서민들에게 친근감을 준다.
② 현대의 서민들은 상류층을 따라 겸손한 태도로 자신을 한층 더 드러내는 소비행태를 보인다.
③ 현대의 상류층은 그들이 접하는 계층과는 무관하게 절제를 통해 자신의 사회적 지위를 과시한다.
④ 현대에 들어와 위계질서를 드러내는 명품을 소비하면서 과시적으로 소비하는 새로운 행태가 나타났다.
⑤ 현대의 상류층은 사치품을 소비하는 것뿐만 아니라 소비하지 않기를 통해서도 자신의 사회적 지위를 과시한다.

7. 다음 글의 ㉠과 ㉡에 들어갈 내용을 적절하게 짝지은 것은?

21 (가) 8번

> 우리는 전체 집단에서 특정 표본을 추출할 때 표본이 무작위로 선정되었을 것이라 기대하지만, 실제로 항상 그런 것은 아니다. 이 같은 표본 선정의 쏠림 현상, 즉 표본의 편향성은 종종 올바른 판단을 저해한다. 2차 세계대전 중 전투기의 보호 장비 개선을 위해 미국의 군 장성들과 수학자들 사이에서 이루어졌던 논의는 그 좋은 사례이다. 미군은 전투기가 격추되는 것을 막기 위해 전투기에 철갑을 둘렀다. 기체 전체에 철갑을 두르면 너무 무거워지기에 중요한 부분에만 둘러야 했다. 교전을 마치고 돌아온 전투기에는 많은 총알구멍이 있었지만, 기체 전체에 고르게 분포된 것은 아니었다. 총알구멍은 동체 쪽에 더 많았고 엔진 쪽에는 그다지 많지 않았다. 군 장성들은 철갑의 효율을 높일 수 있는 기회를 발견했다. (㉠) 생각이었다.
>
> 반면, 수학자들은 이와 같은 장성들의 생각에 반대하면서 다음과 같은 주장을 펼쳤다. 만일 피해가 전투기 전체에 골고루 분포된다면 분명히 엔진 덮개에도 총알구멍이 났을 텐데, 돌아온 전투기의 엔진 부분에는 총알구멍이 거의 없었다. 왜 이러한 현상이 발생한 것일까? 총알구멍이 엔진에 난 전투기는 대부분 격추되어 돌아오지 못한다. 엔진에 총알을 덜 맞은 전투기가 많이 돌아온 것은, 엔진에 총알을 맞으면 귀환하기 어렵기 때문이다. 병원 회복실을 가보면, 가슴에 총상을 입은 환자보다 다리에 총상을 입은 환자가 더 많다. 이것은 가슴에 총상을 입은 사람들이 회복하지 못했기 때문이다.
>
> 이 사례에서 군 장성들은 자신도 모르게 복귀한 전투기에 관한 어떤 가정을 하고 있었다. 그것은 기지로 복귀한 전투기가 (㉡) 것이었다. 군 장성들은 복귀한 전투기를 보호 장비 개선 연구를 위한 중요한 자료로 사용하고자 했다. 그러나 만약 잘못된 표본에 근거하여 정책을 결정한다면, 오히려 전투기의 생존율을 낮추는 결과를 초래할 수 있다.

① ㉠: 전투기에서 가장 중요한 엔진 쪽에만 철갑을 둘러도 충분한 보호 효과를 볼 수 있다는
  ㉡: 출격한 전투기 일부에서 추출된 편향된 표본이라는

② ㉠: 전투기에서 총알을 많이 맞는 동체 쪽에 철갑을 집중해야 충분한 보호 효과를 볼 수 있다는
  ㉡: 출격한 전투기 일부에서 추출된 편향된 표본이라는

③ ㉠: 전투기에서 가장 중요한 엔진 쪽에만 철갑을 둘러도 충분한 보호 효과를 볼 수 있다는
  ㉡: 출격한 전투기 전체에서 무작위로 추출된 표본이라는

④ ㉠: 전투기에서 총알을 많이 맞는 동체 쪽에 철갑을 집중해야 충분한 보호 효과를 볼 수 있다는
  ㉡: 출격한 전투기 전체에서 무작위로 추출된 표본이라는

⑤ ㉠: 전투기의 철갑 무게를 감당할 만큼 충분히 강력한 엔진을 달아야 한다는
  ㉡: 출격한 전투기 전체에서 무작위로 추출된 표본이라는

8. 다음 글의 흐름에 맞지 않는 곳을 ㉠~㉤에서 찾아 수정할 때 가장 적절한 것은?

21 (가) 7번

> 진화 과정에서 빛을 방출하는 일부 원생생물은 그렇지 않은 원생생물보다 어떤 점에서 생존에 더 유리했을까? 요각류라고 불리는 동물이 밤에 발광하는 원생생물인 와편모충을 먹는다는 사실은 이러한 의문을 풀어줄 실마리를 제공한다. 와편모충이 만든 빛은 요각류를 잡아먹는 어류를 유인할 수 있다. 이때 ㉠ 발광하는 와편모충을 잡아먹는 요각류가 발광하지 않는 와편모충만을 잡아먹는 요각류보다 그들의 포식자인 육식을 하는 어류에게 잡아먹힐 위험성이 더 높아질 것이다.
>
> 연구자들은 실험실의 커다란 수조 속에 요각류와 요각류의 포식자 중 하나인 가시고기를 같이 두어 이 가설을 검증하였다. 수조의 절반에는 발광하는 와편모충을 넣고 다른 절반에는 발광하지 않는 와편모충을 넣었다. 연구자들은 방을 어둡게 한 상태에서 요각류는 와편모충을, 그리고 가시고기는 요각류를 잡아먹게 하였다. 몇 시간 후 ㉡ 연구자들은 수조 속 살아남은 요각류의 수를 세었다.
>
> 그 결과는 예상과 같았다. 가시고기는 수조에서 ㉢ 빛을 내지 않는 와편모충이 있는 쪽보다 빛을 내는 와편모충이 있는 쪽에서 요각류를 더 적게 먹었다. 이러한 결과는 원생생물이 자신을 잡아먹는 동물에게 포식 위협을 증가시킴으로써 잡아먹히는 것을 회피할 수 있음을 시사한다. ㉣ 요각류에게는 빛을 내는 와편모충을 계속 잡는 것보다 도망치는 편이 더 이익이다. 이때 발광하는 와편모충은 요각류의 저녁 식사가 될 확률이 낮아지므로, 자연선택은 이들 와편모충에서 생물발광이 유지되도록 하였다.
>
> 만약 우리가 생물발광하는 원생생물이 자라고 있는 해변을 밤에 방문한다면 원생생물이 내는 불빛을 보게 될 것이다. 원생생물이 내는 빛은 ㉤ 포식자인 육식동물들에게 원생생물을 잡아먹는 동물이 근처에 있을 수 있다는 신호가 된다.

① ㉠을 "발광하지 않는 와편모충을 잡아먹는 요각류가 발광하는 와편모충만을 잡아먹는 요각류보다"로 고친다.

② ㉡을 "연구자들은 수조 속 살아남은 와편모충의 수를 세었다."로 고친다.

③ ㉢을 "빛을 내지 않는 와편모충이 있는 쪽보다 빛을 내는 와편모충이 있는 쪽에서 요각류를 더 많이 먹었다."로 고친다.

④ ㉣을 "요각류에게는 도망치는 것보다 빛을 내는 와편모충을 계속 잡는 편이 더 이익이다."로 고친다.

⑤ ㉤을 "포식자인 육식동물들에게 자신들의 먹이가 되는 원생생물이 많이 있음을 알려주는 신호가 된다."로 고친다.

9. 다음 글에서 추론할 수 있는 것은? 20 (나) 29번

두 국가에서 소득을 얻은 개인이 두 국가 모두의 거주자로 간주되면, 두 국가에서 벌어들인 소득 합계에 대한 세금을 두 국가 모두에 납부해야 한다. 이러한 이중 부과는 불합리하다. 이에, 다음 <기준>에 따라 <사례>의 개인 갑~정을 X국과 Y국 중 어느 국가의 거주자인지 결정하고자 한다. 갑~정의 국적은 각 하나씩이며, 네 명 모두 X국과 Y국에서만 소득을 얻는다. <기준>의 각 항목은 거주국이 결정될 때까지 '첫째'부터 순서대로 적용하되, 항목에 명시된 '경우'에 해당하지 않으면 적용하지 않는다. 거주국이 결정되면 그 뒤의 항목들은 고려하지 않는다.

<기 준>

첫째, 소득을 얻는 국가 중 한 국가에만 영구적인 주소가 있는 경우, 그 국가의 거주자로 본다. 둘째, 소득을 얻는 두 국가 모두에 영구적인 주소가 있는 경우, 더 중요한 이해관계를 가지는 쪽 국가의 거주자로 본다. 셋째, 소득을 얻는 두 국가 중 어느 쪽에도 영구적인 주소가 없거나 어느 쪽 국가에도 더 중요한 이해관계를 가지지 않는 경우에는 통상적으로 거주하는, 즉 1년의 50%를 초과하여 거주하는 국가의 거주자로 본다. 넷째, 소득을 얻는 두 국가 중 어느 쪽에도 통상적으로 거주하지 않는 경우, 국적에 따라 거주국을 결정한다.

<사 례>

○ X국 국적자 갑은 X국 법인의 회장으로 재직하여 X국에 더 중요한 이해관계를 가지며, 어느 나라에도 영구적인 주소가 없으나 1년에 약 3개월은 X국에 거주하고 나머지는 Y국에 거주한다.
○ Z국 국적자 을은 Y국 법인의 이사로 재직하여 Y국에 더 중요한 이해관계를 가진다. 을은 Y국에 통상적으로 거주하며 그가 유일하게 영구적인 주소를 가진 X국에는 1년에 4개월 정도 거주하는데 그 기간에는 영상회의로 Y국 법인의 업무에 참여한다.
○ Y국 국적자 병은 X국과 Y국에 각각 영구적인 주소를 가지며 1년 중 X국에 1/4, Y국에 3/4을 체류한다. 병은 Y국에 체류할 때는 주로 휴식을 취하지만 X국에 체류하는 동안에는 X국의 공장을 운영하는 등, X국에 더 중요한 이해관계를 가진다.
○ Y국 국적자 정은 Z국에만 영구적인 주소를 가지나, 거주는 X국과 Y국에서 정확히 50%씩 한다. 정은 X국과 Y국 중 어느 쪽에도 더 중요한 이해관계를 가지지 않는다.

① 갑과 병은 거주국이 같다고 결정된다.
② 갑~정 중 거주국이 결정되지 않는 사람이 있다.
③ 갑~정 중 국적이 Z국인 사람은 Y국의 거주자로 결정된다.
④ 갑~정 중 Z국에 영구적인 주소를 가지는 사람의 거주국은 X국으로 결정된다.
⑤ 갑~정 중, X국의 거주자로 결정된 사람의 수와 Y국의 거주자로 결정된 사람의 수는 같다.

10. 다음 ㉠의 내용으로 가장 적절한 것은? 17 (가) 9번

인지부조화는 한 개인이 가지는 둘 이상의 사고, 태도, 신념, 의견 등이 서로 일치하지 않거나 상반될 때 생겨나는 심리적인 긴장상태를 의미한다. 인지부조화는 불편함을 유발하기 때문에 사람들은 이것을 감소시키려고 한다. 인지부조화를 감소시키는 방법은 서로 모순관계에 있어서 양립할 수 없는 인지들 가운데 하나 이상의 인지가 갖는 내용을 바꾸어 양립할 수 있게 만들거나, 서로 모순되는 인지들 간의 차이를 좁힐 수 있는 새로운 인지를 추가하여 부조화된 인지상태를 조화된 상태로 전환하는 것이다.

그런데 실제로 부조화를 감소시키는 행동은 비합리적인 면이 있다. 그 이유는 그러한 행동들이 사람들로 하여금 중요한 사실을 배우지 못하게 하고 자신들의 문제에 대해서 실제적인 해결책을 찾지 못하도록 할 수 있기 때문이다. 부조화를 감소시키려는 행동은 자기방어적인 행동이고, 부조화를 감소시킴으로써 우리는 자신의 긍정적인 이미지, 즉 자신이 선하고 현명하며 상당히 가치 있는 인물이라는 긍정적인 측면의 이미지를 유지하게 된다. 비록 자기방어적인 행동이 유용한 것으로 생각될 수 있지만, 이러한 행동은 부정적 결과를 초래할 수 있다.

한 실험에서 연구자는 인종차별 문제에 대해서 확고한 입장을 보이는 사람들을 선정하였다. 일부는 차별에 찬성하였고, 다른 일부는 차별에 반대하였다. 선정된 사람들에게 인종차별에 대한 찬성과 반대 의견이 실린 글을 모두 읽게 하였는데, 어떤 글은 지극히 논리적이고 그럴듯하였고, 다른 글은 터무니없고 억지스러운 것이었다. 실험에서는 참여자들이 과연 어느 글을 기억할 것인지에 관심이 있었다. 인지부조화 이론에 따르면, 사람들은 현명한 사람을 자기 편, 우매한 사람을 다른 편이라 생각할 때 마음이 편안해질 것이다. 그렇다면 이 실험에서 인지부조화 이론은 다음과 같은 ㉠ 결과를 예측할 것이다.

① 참여자들은 자신의 의견에 동의하는 논리적인 글과 반대편의 의견에 동의하는 논리적인 글을 기억한다.
② 참여자들은 자신의 의견에 동의하는 모든 글을 기억하고 반대편의 의견에 동의하는 모든 글을 기억하지 않는다.
③ 참여자들은 자신의 의견에 동의하는 논리적인 글과 반대편의 의견에 동의하는 터무니없고 억지스러운 글을 기억한다.
④ 참여자들은 자신의 의견에 동의하는 터무니없고 억지스러운 글과 반대편의 의견에 동의하는 논리적인 글을 기억한다.
⑤ 참여자들은 자신의 의견에 동의하는 모든 글을 기억하고 반대편의 의견에 동의하는 논리적인 글은 기억하지 않는다.

11. 다음 (가)와 (나)에 대한 평가로 적절한 것만을 <보기>에서 모두 고르면? 17 (가) 17번

(가) 탄수화물은 우리 몸의 에너지원으로 쓰이는 필수 영양소이다. 건강한 신체 기능을 유지하기 위해서는 탄수화물 섭취 열량이 하루 총 섭취 열량의 55~70%가 되는 것이 이상적이다. 이에 해당하는 탄수화물의 하루 필요섭취량은 성인 기준 100~130g이다. 국민건강영양조사에 따르면, 우리나라 성인의 하루 탄수화물 섭취량은 평균 289.1g으로 필요섭취량의 약 2~3배에 가깝다. 이에 비추어 볼 때, 한국인은 탄수화물을 지나치게 많이 섭취하고 있다.

(나) 우리가 탄수화물을 계속 섭취하지 않으면 우리 몸은 에너지로 사용되던 연료가 고갈되는 상태에 이르게 된다. 이 경우 몸은 자연스레 '대체 연료'를 찾기 위해 처음에는 근육의 단백질을 분해하고, 이어 내장지방을 포함한 지방을 분해한다. 지방 분해 과정에서 '케톤'이라는 대사성 물질이 생겨나면서 수분 손실이 나타나고 혈액 내의 당분이 정상보다 줄어들게 된다. 이 과정에서 체내 세포들의 글리코겐 양이 감소한다. 특히 이러한 현상은 간세포에서 두드러지게 나타난다. 이로 인해 혈액 및 소변 등의 체액과 인체조직에서는 케톤 수치가 높아지면서 신진대사 불균형이 초래된다. 이를 '케토시스 현상'이라 부른다. 케토시스 현상이 생기면 두통, 설사, 집중력 저하, 구취 등의 불편한 증상이 나타난다. 따라서 탄수화물을 극단적으로 제한하는 식단은 바람직하지 않다.

<보 기>

ㄱ. 아시아의 경우 성인 기준 하루 300g 이상의 탄수화물 섭취가 필요하다는 연구결과는 (가)를 약화한다.
ㄴ. 우리나라 성인뿐 아니라 성인이 아닌 사람들의 탄수화물 섭취량 또한 과하다는 것이 밝혀지면 (가)의 설득력이 높아진다.
ㄷ. 우리 몸의 탄수화물이 충분한 상황에서 케토시스 현상이 나타나지 않는다는 연구결과는 (나)를 약화한다.

① ㄴ
② ㄷ
③ ㄱ, ㄴ
④ ㄱ, ㄷ
⑤ ㄱ, ㄴ, ㄷ

12. 다음 글의 <논증>에 대한 분석으로 적절한 것만을 <보기>에서 모두 고르면? 22 (나) 13번

철학자 A에 따르면, "오늘 비가 온다."와 같이 참, 거짓을 판단할 수 있는 문장만 의미가 있다. A는 이러한 문장과 달리 신의 존재에 대한 문장은 진위를 판단할 수 없고 따라서 무의미하다고 말한다. 하지만 그는 자신이 무신론자도 불가지론자도 아니라고 한다. 다음은 이와 관련된 A의 논증이다.

<논 증>

무신론자에 따르면 ㉠ "신이 존재하지 않는다."가 참이다. 불가지론자는 신의 존재 여부를 알 수 없다고 말한다. 무신론자의 견해는 신의 존재를 주장하는 문장이 무의미하다는 것과 양립할 수 없다. ㉡ "신이 존재한다."가 무의미하다면, "신이 존재하지 않는다."도 마찬가지로 무의미하다. 그 이유는 ㉢ 의미가 있는 문장이어야만 그 문장의 부정문도 의미가 있다는 것이 성립하기 때문이다. 따라서 "신이 존재한다."가 무의미하다면, "신이 존재하지 않는다."가 참이라는 무신론자의 주장은 받아들일 수 없다. 한편 불가지론자는 ㉣ "신이 존재한다."가 참인지 거짓인지 알 수 없다고 주장한다. 이 주장은 "신이 존재한다."가 의미가 있다는 것을 전제하고 있다. 그러므로 불가지론자의 주장도 "신이 존재한다."가 무의미하다는 것과 양립할 수 없다.

<보 기>

ㄱ. ㉡과 ㉢으로부터 "신이 존재하지 않는다."가 무의미하다는 것이 도출된다.
ㄴ. ㉡의 부정으로부터 ㉠과 ㉣ 중 적어도 하나가 도출된다.
ㄷ. "의미가 없는 문장은 참인지 거짓인지 알 수 없다."라는 전제가 추가되면 ㉡으로부터 ㉣이 도출된다.

① ㄴ
② ㄷ
③ ㄱ, ㄴ
④ ㄱ, ㄷ
⑤ ㄱ, ㄴ, ㄷ

[13~14] 다음 글을 읽고 물음에 답하시오. 13 (인) 39~40번

어떤 관찰 사례를 토대로 "모든 A는 B의 속성을 지녔다." 라는 명제가 입증되었다고 하자. 이 경우 그 관찰 사례는 "모든 A는 B의 속성을 지녔다."라는 명제를 논리적으로 함축하는 다른 명제에 대해서는 어떤 관계를 지니는가? 어떤 명제가 다른 명제를 함축한다는 것은 앞의 명제가 참일 경우 뒤의 명제도 반드시 참이라는 것을 뜻한다. 과학적 명제들은 커다란 체계 안에서 논리적으로 서로 연관되어 있다고 보는 것이 타당하고, 한 사례가 단 하나의 명제에 대해서만 입증력을 갖는다고 볼 이유는 없다. 여기서 "모든 C는 B의 속성을 지닌다."라는 명제를 생각해보자. 만일 C가 A의 부분집합에 해당한다면, 앞서 언급한 그 관찰 사례는 "모든 C는 B의 속성을 지녔다."라는 명제 역시 입증할 것이라고 보는 것이 우리의 직관과 부합한다. 즉, 한 관찰 사례가 어떤 명제를 입증할 경우 그 사례는 그 명제가 논리적으로 함축하는 임의의 명제도 입증한다는 것이다. 이를 α 규칙이라고 부르자.

한편, A를 부분집합으로 갖는 집합 D에 대해서는 어떨까? 앞서 서술한 그 관찰의 사례는 "모든 D는 B의 속성을 지녔다." 라는 명제를 입증할 것인가? 적잖은 이들이 이 물음에 대해서도 긍정의 대답을 제시한다. 예컨대 실험이나 관찰에 의해 "모든 구리는 도체다."라는 명제가 입증되었다면 "모든 금속은 도체다."라는 명제도 긍정적으로 평가되어야 한다는 생각이다. 이 경우를 일반화하여 말하면, 한 관찰 사례가 어떤 명제를 입증할 경우 그 사례는 그 명제를 논리적으로 함축하는 임의의 명제도 입증하리라고 생각할 수 있다. 이를 β 규칙이라고 부르자.

한 사례가 서로 연관된 두 명제에 대해 지니는 의미를 규정하는 위의 두 규칙은 모두 직관적 호소력을 지닌다. 그런데 문제는 α 규칙과 β 규칙을 모두 인정할 경우 곤혹스런 결론이 우리를 기다린다는 사실이다. 어떤 관찰 사례에 의해 어떤 명제 P가 입증되었다고 하자. 이 관찰 사례는 [㉠]에 의거하여 [㉡]라는 명제를 입증할 것이다. 이 명제에 포함되어 있는 Q가 어떤 내용인지는 아무런 상관이 없다. 왜냐하면 이 명제가 참일 경우 명제 P 역시 참일 수밖에 없다는 의미에서 이 명제는 P를 논리적으로 함축하고, 이렇게 판단하는 데에 Q가 어떤 내용의 명제인가는 고려되지 않기 때문이다. 이번에는 이 명제에 [㉢]을 적용해보자. 그러면 우리는 문제의 관찰 사례가 명제 Q도 입증한다고 평가하게 된다. 그런데 이미 강조했듯이 우리는 명제 Q의 내용에 대해 아무런 제약도 요구한 바 없다. 문제의 관찰 사례는 이제 임의의 명제 Q를 입증하게 된 셈이다. 물론 이것은 말도 안 되는 상황이다. 이렇게 해서 일견 합리적인 두 가지 규칙 α와 β 가운데 적어도 하나는 수용하기 어렵다는 결론에 도달하게 된다.

13. 위 글의 ㉠~㉢에 들어갈 말을 바르게 나열한 것은?

	㉠	㉡	㉢
①	α 규칙	"P이고 Q이다."	β 규칙
②	α 규칙	"P이지만 Q는 아니다."	β 규칙
③	α 규칙	"Q이면 P이다."	β 규칙
④	β 규칙	"P이고 Q이다."	α 규칙
⑤	β 규칙	"P이지만 Q는 아니다."	α 규칙

14. 위 글에서 추론할 수 없는 것은?

① α 규칙을 적용하면, "모든 A는 B의 속성을 지녔다."라는 명제를 입증하는 사례는, "모든 A는 B의 속성을 지녔다."라는 명제가 함축하는 모든 명제를 입증할 수 있다.

② β 규칙을 적용하면, "모든 A는 B의 속성을 지녔다."라는 명제를 입증하는 사례는, "모든 A는 B의 속성을 지녔다."라는 명제가 함축하지 않는 어떤 명제를 입증할 수 있다.

③ α 규칙을 적용하면, "모든 A는 B의 속성을 지녔다."라는 명제를 입증하는 사례는, A를 부분집합으로 갖는 집합 S에 관한 모든 명제를 입증할 수 있다.

④ β 규칙을 적용하면, "모든 A는 B의 속성을 지녔다."라는 명제를 입증하는 사례는, A를 부분집합으로 갖는 집합 S에 관한 어떤 명제를 입증할 수 있다.

⑤ α 규칙과 β 규칙을 모두 적용하면, "모든 A는 B의 속성을 지녔다."라는 명제를 입증하는 사례는, A를 부분집합으로 갖는 집합 S에 관한 어떤 명제를 입증할 수 있다.

15. 다음 갑~병의 견해에 대한 분석으로 적절한 것만을 <보기>에서 모두 고르면?

20 (나) 33번

갑: 인간과 달리 여타의 동물에게는 어떤 형태의 의식도 없다. 소나 개가 상처를 입었을 때 몸을 움츠리고 신음을 내는 통증 행동을 보이기는 하지만 실제로 통증을 느끼는 것은 아니다. 동물에게는 통증을 느끼는 의식이 없으므로 동물의 행동은 통증에 대한 아무런 느낌 없이 이루어지는 것이다. 우리는 늑대를 피해 도망치는 양을 보고 양이 늑대를 두려워한다고 말한다. 그러나 두려움을 느낀다는 것은 의식적인 활동이므로 양이 두려움을 느끼는 일은 일어날 수 없다. 양의 행동은 단지 늑대의 몸에서 반사된 빛이 양의 눈을 자극한 데 따른 반사작용일 뿐이다.

을: 동물이 통증 행동을 보일 때는 실제로 통증을 의식한다고 보아야 한다. 동물은 통증을 느낄 수 있으나 다만 자의식이 없을 뿐이다. 우리는 통증을 느낄 수 있는 의식과 그 통증을 '나의 통증'이라고 느낄 수 있는 자의식을 구별해야 한다. 의식이 있어야만 자의식이 있지만, 의식이 있다고 해서 반드시 자의식을 갖는 것은 아니다. 세 번의 전기충격을 받은 쥐는 그때마다 통증을 느끼지만, '내'가 전기충격을 세 번 받았다고 느끼지는 못한다. '나의 통증'을 느끼려면 자의식이 필요하며, 통증이 '세 번' 있었다고 느끼기 위해서도 자의식이 필요하다. 자의식이 없으면 과거의 경험을 기억하는 일은 불가능하기 때문이다.

병: 동물이 아무것도 기억할 수 없다는 주장을 인정하고 나면, 동물이 무언가를 학습할 수 있다는 주장은 아예 성립할 수 없을 것이다. 그렇게 되면 동물의 학습에 관한 연구는 무의미해질 것이다. 하지만 어느 이웃에게 한 번 발로 차인 개는 그를 만날 때마다 그 사실을 기억하고 두려움을 느끼며 몸을 피한다. 그렇다면 무언가를 기억하기 위해 자의식이 꼭 필요한 것일까. 그렇지는 않아 보인다. 실은 인간조차도 아무런 자의식 없이 무언가를 기억하여 행동할 때가 있다. 하물며 동물은 말할 것도 없을 것이다. 또한, 과거에 경험한 괴로운 사건은 '나의 것'이라고 받아들이지 않고도 기억될 수 있다.

<보 기>

ㄱ. 갑과 병은 동물에게 자의식이 없다고 여긴다.
ㄴ. 갑과 을은 동물이 의식 없이 행동할 수 있다고 여긴다.
ㄷ. 을에게 기억은 의식의 충분조건이지만, 병에게 기억은 학습의 필요조건이다.

① ㄱ
② ㄷ
③ ㄱ, ㄴ
④ ㄴ, ㄷ
⑤ ㄱ, ㄴ, ㄷ

16. 다음 글에서 추론할 수 있는 것만을 <보기>에서 모두 고르면?

16 (4) 5번

예술과 도덕의 관계, 더 구체적으로는 예술작품의 미적 가치와 도덕적 가치의 관계는 동서양을 막론하고 사상사의 중요한 주제들 중 하나이다. 그 관계에 대한 입장들로는 '극단적 도덕주의', '온건한 도덕주의', '자율성주의'가 있다. 이 입장들은 예술작품이 도덕적 가치판단의 대상이 될 수 있느냐는 물음에 각기 다른 대답을 한다.

극단적 도덕주의 입장은 모든 예술작품을 도덕적 가치판단의 대상으로 본다. 이 입장은 도덕적 가치를 가장 우선적인 가치이자 가장 포괄적인 가치로 본다. 따라서 모든 예술 작품은 도덕적 가치에 의해서 긍정적으로 또는 부정적으로 평가된다. 또한 도덕적 가치는 미적 가치를 비롯한 다른 가치들보다 우선한다. 이러한 입장을 대표하는 사람이 바로 톨스토이이다. 그는 인간의 형제애에 관한 정서를 전달함으로써 인류의 심정적 통합을 이루는 것이 예술의 핵심적 가치라고 보았다.

온건한 도덕주의는 오직 일부 예술작품만이 도덕적 판단의 대상이 된다고 보는 입장이다. 따라서 일부의 예술작품들에 대해서만 긍정적인 또는 부정적인 도덕적 가치판단이 가능하다고 본다. 이 입장에 따르면, 도덕적 판단의 대상이 되는 예술작품의 도덕적 가치와 미적 가치는 서로 독립적으로 성립하는 것이 아니다. 그것들은 서로 내적으로 연결되어 있기 때문에 어떤 예술작품이 가지는 도덕적 장점이 그 예술작품의 미적 장점이 된다. 또한 어떤 예술작품의 도덕적 결함은 그 예술작품의 미적 결함이 된다.

자율성주의는 어떠한 예술작품도 도덕적 가치판단의 대상이 될 수 없다고 보는 입장이다. 이 입장에 따르면, 도덕적 가치와 미적 가치는 서로 자율성을 유지한다. 즉, 도덕적 가치와 미적 가치는 각각 독립적인 영역에서 구현되고 서로 다른 기준에 의해 평가된다는 것이다. 결국 자율성주의는 예술작품에 대한 도덕적 가치판단을 범주착오에 해당하는 것으로 본다.

<보 기>

ㄱ. 자율성주의는 극단적 도덕주의와 온건한 도덕주의가 모두 범주착오를 범하고 있다고 볼 것이다.
ㄴ. 극단적 도덕주의는 모든 도덕적 가치가 예술작품을 통해 구현된다고 보지만 자율성주의는 그렇지 않을 것이다.
ㄷ. 온건한 도덕주의에서 도덕적 판단의 대상이 되는 예술작품들은 모두 극단적 도덕주의에서도 도덕적 판단의 대상이 될 것이다.

① ㄱ
② ㄴ
③ ㄱ, ㄷ
④ ㄴ, ㄷ
⑤ ㄱ, ㄴ, ㄷ

17. 다음 글의 내용이 참일 때 반드시 참인 것은? 21 (가) 36번

> K 부처는 관리자 연수과정에 있는 연수생 중에 서류심사와 부처 면접을 통해 새로운 관리자를 선발하기로 하였다. 먼저 서류심사를 진행하여 서류심사 접수자 중 세 명만을 면접 대상자로 결정하고 나머지 접수자들은 탈락시킨다. 그리고 면접 대상자들을 상대로 면접을 진행하여, 두 명만 새로운 관리자로 선발한다. 서류심사 접수자는 갑, 을, 병, 정, 무 총 5명이다. 다음은 이들이 나눈 대화이다.
>
> 갑: 나는 면접 대상자로 결정되었고 병은 서류심사에서 탈락했어.
> 을: 나는 서류심사에서 탈락했지만 병은 면접 대상자로 결정되었어.
> 병: 무는 새로운 관리자로 선발되었어.
> 정: 나는 새로운 관리자로 선발되었고 면접에서 병과 무와 함께 있었어.
> 무: 나는 갑과 정이랑 함께 면접 대상자로 결정되었어.
>
> 대화 이후 서류심사 결과와 부처 면접 결과가 모두 공개되자, 이들 중 세 명의 진술은 참이고 나머지 두 명의 진술은 거짓인 것으로 밝혀졌다.

① 갑은 면접 대상자로 결정되었다.
② 을은 서류심사에서 탈락하였다.
③ 병은 면접 대상자로 결정되었다.
④ 정은 새로운 관리자로 선발되었다.
⑤ 무는 새로운 관리자로 선발되지 않았다.

18. 다음 글의 내용이 참일 때, 반드시 참인 것만을 <보기>에서 모두 고르면? 19 (가) 12번

> A 부서에서는 새로운 프로젝트인 <하늘>을 진행할 예정이다. 이 부서에는 남자 사무관 가훈, 나훈, 다훈, 라훈 4명과 여자 사무관 모연, 보연, 소연 3명이 소속되어 있다. 아래의 조건을 지키면서 이들 가운데 4명을 뽑아 <하늘> 전담팀을 꾸리고자 한다.
>
> ○ 남자 사무관 가운데 적어도 한 사람은 뽑아야 한다.
> ○ 여자 사무관 가운데 적어도 한 사람은 뽑지 말아야 한다.
> ○ 가훈, 나훈 중 적어도 한 사람을 뽑으면, 라훈과 소연도 뽑아야 한다.
> ○ 다훈을 뽑으면, 모연과 보연은 뽑지 말아야 한다.
> ○ 소연을 뽑으면, 모연도 뽑아야 한다.

<보 기>

ㄱ. 남녀 동수로 팀이 구성된다.
ㄴ. 다훈과 보연 둘 다 팀에 포함되지 않는다.
ㄷ. 라훈과 모연 둘 다 팀에 포함된다.

① ㄱ
② ㄷ
③ ㄱ, ㄴ
④ ㄴ, ㄷ
⑤ ㄱ, ㄴ, ㄷ

19. 다음 글의 내용이 모두 참일 때 반드시 참인 것만을 <보기>에서 모두 고르면? 18 (나) 33번

신생벤처기업 지원투자 사업이나 벤처기업 입주지원 사업이 10월에 진행된다면 벤처기업 대표자 간담회도 10월에 열려야 한다. 그런데 창업지원센터가 10월에 간담회 장소로 대관되지 않을 경우 벤처기업 입주지원 사업이 10월에 진행된다. 만일 대관된다면 벤처기업 입주지원 사업은 11월로 연기된다. 또한 기존 중소기업 지원 사업이 10월에 진행된다면 벤처기업 대표자 간담회는 11월로 연기된다. 벤처기업 대표자 간담회가 10월에 열릴 경우 창업지원센터는 간담회 장소로 대관된다. 벤처기업 대표자 간담회 외의 일로 창업지원센터가 대관되는 일은 없다. 이러한 상황에서 신생벤처기업 지원투자 사업과 기존 중소기업 지원 사업 중 한 개의 사업만이 10월에 진행된다는 것이 밝혀졌다.

<보 기>

ㄱ. 벤처기업 입주지원 사업은 10월에 진행되지 않는다.
ㄴ. 벤처기업 대표자 간담회는 10월에 진행되지 않는다.
ㄷ. 신생벤처기업 지원투자 사업은 10월에 진행되지 않는다.

① ㄱ
② ㄷ
③ ㄱ, ㄴ
④ ㄴ, ㄷ
⑤ ㄱ, ㄴ, ㄷ

20. 다음 글에서 추론할 수 있는 것만을 <보기>에서 모두 고르면? 21 (가) 31번

신경계는 우리 몸 안팎에서 일어나는 여러 자극을 전달하여 이에 대한 반응을 유발하는 기관계이며, 그 기본 구성단위는 뉴런이다. 신경계 중 소화와 호흡처럼 뇌의 직접적인 제어를 받지 않는 자율신경계는 교감신경과 부교감신경으로 구성되어 있다. 교감신경과 부교감신경은 눈의 홍채와 같은 다양한 표적기관의 기능을 조절한다.

교감신경과 부교감신경 모두 일렬로 배열된 절전뉴런과 절후뉴런으로 구성되어 있다. 이 두 뉴런이 서로 인접해 있는 곳이 신경절이며, 절전뉴런은 신경절의 앞쪽에, 절후뉴런은 신경절의 뒤쪽에 있다. 절후뉴런의 끝은 표적기관과 연결된다. 교감신경이 활성화되면 교감신경의 절전뉴런 끝에서 신호물질인 아세틸콜린이 분비된다. 분비된 아세틸콜린은 교감신경의 절후뉴런을 활성화시키고, 절전뉴런으로부터 받은 신호를 표적기관에 전달하게 한다. 부교감신경 역시 활성화되면 부교감신경의 절전뉴런 끝에서 아세틸콜린이 분비된다. 아세틸콜린은 부교감신경의 절후뉴런을 활성화시킨다. 교감신경의 절후뉴런 끝에서는 노르아드레날린이, 부교감신경의 절후뉴런 끝에서는 아세틸콜린이 표적기관의 기능을 조절하기 위해 분비된다.

눈에 있는 동공의 크기 조절은 자율신경계가 표적기관의 기능을 조절하는 좋은 사례이다. 동공은 수정체의 앞쪽에 위치해 있는 홍채의 가운데에 있는 구멍이다. 홍채는 동공의 직경을 조절함으로써 눈의 망막에 도달하는 빛의 양을 조절한다. 동공 크기 변화는 홍채에 있는 두 종류의 근육인 '돌림근'과 '부챗살근'의 수축에 의해 일어난다. 이 두 근육은 각각 근육층을 이루는데, 홍채의 안쪽에는 돌림근층이, 바깥쪽에는 부챗살근층이 있다. 어두운 곳에서 밝은 곳으로 이동하면 부교감신경이 활성화되고, 부교감신경의 절후뉴런 끝에 있는 표적기관인 홍채의 돌림근이 수축한다. 돌림근은 동공 둘레에 돌림 고리를 형성하고 있어서, 돌림근이 수축하면 두꺼워지면서 동공의 크기가 줄어든다. 반대로 밝은 곳에서 어두운 곳으로 이동하면 교감신경이 활성화되고, 교감신경의 절후뉴런 끝에 있는 표적기관인 홍채의 부챗살근이 수축한다. 부챗살근은 자전거 바퀴의 살처럼 배열되어 있어서 수축할 때 부챗살근의 길이가 짧아지고 동공의 직경이 커진다. 이렇게 변화된 동공의 크기는 빛의 양에 변화가 일어날 때까지 일정하게 유지된다.

<보 기>

ㄱ. 밝은 곳에서 어두운 곳으로 이동하면 교감신경의 절전뉴런 끝에서 아세틸콜린이 분비된다.
ㄴ. 어두운 곳에서 밝은 곳으로 이동하면 부교감신경의 절후뉴런 끝에서 아세틸콜린이 분비되고 돌림근이 두꺼워진다.
ㄷ. 노르아드레날린은 돌림근의 수축을 일으키는 반면 아세틸콜린은 부챗살근의 수축을 일으킨다.

① ㄴ ② ㄷ ③ ㄱ, ㄴ
④ ㄱ, ㄷ ⑤ ㄱ, ㄴ, ㄷ

21. 다음 글의 ㉠~㉢에 대한 평가로 적절한 것만을 <보기>에서 모두 고르면?

20 (나) 36번

종소리를 울린다고 개가 침을 흘리지는 않지만, 먹이를 줄 때마다 종소리를 내면 종소리만으로도 개가 침을 흘리게 된다. 이처럼 원래 반응을 일으키지 않는 '중립적 자극'과 무조건 반응을 일으키는 '무조건 자극'을 결합하여 중립적 자극만으로도 반응이 일어나게 되는 과정을 '조건화'라고 한다. 조건화의 특성에 관하여 다음과 같은 주장이 있다. 첫째, ㉠ 조건화가 이루어지려면 중립적 자극과 무조건 자극이 여러 차례 연결되어야 한다. 둘째, ㉡ 조건화가 이루어지려면 중립적 자극과 무조건 자극 간의 간격이 0~1초 정도로 충분히 짧아야 한다. 셋째, ㉢ 무조건 자극과 중립적 자극이 각각 어떤 종류의 자극인지는 조건화의 정도에 영향을 미치지 않는다.

조건화의 특성을 확인하기 위해 쥐를 가지고 두 가지 실험을 했다. 실험에는 사카린을 탄 '단물'과 빛을 쬐어 밝게 빛나는 '밝은 물'을 이용하였다. 방사능을 쬔 쥐는 무조건 반응으로 구토증을 일으키고, 전기 충격을 받은 쥐는 무조건 반응으로 쇼크를 경험한다.

<실험 A>

쥐들을 두 집단으로 나누어 실험군에 속한 쥐들에게는 단물을 주고 30분 후 한 차례 방사능에 노출했다. 한편, 대조군에 속한 쥐들에게는 맹물을 주고 30분 후 한 차례 방사능에 노출했다. 사흘 뒤 두 집단의 쥐들에게 단물을 주었더니 물맛을 본 실험군의 쥐들은 구토 증상을 나타냈지만 대조군의 쥐들은 그러지 않았다.

<실험 B>

쥐들을 네 집단으로 나누었다. 집단 1의 쥐들에게 단물을 주면서 방사능에 노출했고, 집단 2의 쥐들에게는 단물을 주면서 전기 충격을 가했다. 집단 3의 쥐들에게 밝은 물을 주면서 방사능에 노출했고, 집단 4의 쥐들에게는 밝은 물을 주면서 전기 충격을 가했다. 이런 과정을 여러 차례 반복하고 사흘 뒤 자극에 대한 반응을 조사했다. 단물을 주자 일부 쥐들에서 미미한 쇼크 반응이 나타난 집단 2와 달리 집단 1의 쥐들은 확연한 구토 반응을 보였다. 또 밝은 물을 주었을 때, 미미한 구토 반응을 보인 집단 3과 달리 집단 4의 쥐들은 몸을 떨며 쇼크에 해당하는 반응을 보였다.

<보 기>

ㄱ. <실험 A>는 ㉠을 약화하지만 ㉢을 약화하지 않는다.
ㄴ. <실험 B>는 ㉠을 약화하지 않지만 ㉢을 약화한다.
ㄷ. <실험 A>는 ㉡을 약화하지만 <실험 B>는 ㉡을 약화하지 않는다.

① ㄱ
② ㄴ
③ ㄱ, ㄷ
④ ㄴ, ㄷ
⑤ ㄱ, ㄴ, ㄷ

22. 다음 글의 논지를 강화하는 것만을 <보기>에서 모두 고르면?

20 (나) 38번

인간이 발전시켜온 생각이나 행동의 역사를 놓고 볼 때, 인간이 지금과 같이 놀라울 정도로 이성적인 방향으로 발전해올 수 있었던 것은 이성적이고 도덕적 존재로서 자신의 잘못을 스스로 시정할 수 있는 능력 덕분이다. 인간은 토론과 경험에 힘입을 때에만 자신의 과오를 고칠 수 있다. 단지 경험만으로는 부족하다. 경험을 해석하기 위해서는 토론이 반드시 있어야 한다. 인간이 토론을 통해 내리는 판단의 힘과 가치는, 판단이 잘못되었을 때 그것을 고칠 수 있다는 사실로부터 비롯되며, 잘못된 생각과 관행은 사실과 논쟁 앞에서 점차 그 힘을 잃게 된다. 따라서 민주주의 국가에서는 자유로운 토론이 보장되어야 한다. 자유로운 토론이 없다면 잘못된 생각의 근거뿐 아니라 그러한 생각 자체의 의미에 대해서도 모르게 되기 때문이다.

어느 누구에게도 다른 사람들의 의사 표현을 통제할 권리는 없다. 다른 사람의 생각을 표현하지 못하게 억누르려는 권력은 정당성을 갖지 못한다. 가장 좋다고 여겨지는 정부일지라도 그럴 자격을 갖고 있지 않다. 흔히 민주주의 국가에서는 여론을 중시한다고 한다. 하지만 그 어떤 정부라 하더라도 여론의 힘을 빌려 특정 사안에 대한 토론의 자유를 제한하려 하는 행위를 해서는 안 된다. 그런 행위는 여론에 반(反)해 사회 구성원 대다수가 원하는 토론의 자유를 제한하려는 것만큼이나 나쁘다. 인류 전체를 통틀어 단 한 사람만이 다른 생각을 가지고 있다고 해도, 그 사람에게 침묵을 강요하는 것은 옳지 못하다. 이는 어떤 한 사람이 자신과 의견이 다른 나머지 사람 모두에게 침묵을 강요하는 것만큼이나 용납될 수 없는 일이다. 권력을 동원해서 억누르려는 의견은 옳은 것일 수도, 옳지 않은 것일 수도 있다. 그런데 정부가 자신이 옳다고 가정함으로써 다른 사람들이 그 의견을 들어볼 기회까지 봉쇄한다면 그것은 사람들이 토론을 통해 잘못을 드러내고 진리를 찾을 기회를 박탈하는 것이다. 설령 그 의견이 잘못된 것이라 하더라도 그 의견을 억압하는 것은 토론을 통해 틀린 의견과 옳은 의견을 대비시킴으로써 진리를 생생하고 명확하게 드러낼 수 있는 대단히 소중한 기회를 놓치는 결과를 낳게 된다.

<보 기>

ㄱ. 축적된 화재 사고 기록들에 대해 어떠한 토론도 이루어지지 않았음에도 불구하고 화재 사고를 잘 예방하였다.
ㄴ. 정부가 사람들의 의견 표출을 억누르지 않는 사회에서 오히려 사람들이 가짜 뉴스를 더 많이 믿었다.
ㄷ. 갈릴레오의 저서가 금서가 되어 천문학의 과오를 드러내고 진리를 찾을 기회가 한동안 박탈되었다.

① ㄱ
② ㄷ
③ ㄱ, ㄴ
④ ㄴ, ㄷ
⑤ ㄱ, ㄴ, ㄷ

23. 다음 글의 빈칸에 들어갈 진술로 가장 적절한 것은? 15 (인) 11번

> 우리의 지각 경험은 우리 마음 밖에 있는 외부 세계의 존재에 대한 믿음을 정당화할 수 있는가? 회의주의자들은 그렇지 않다고 말한다. 당신은 눈 앞에 있는 무언가를 관찰하고 있다. 자세히 보니 당신 눈 앞에 있는 것은 손인 것처럼 보인다. 이런 경험, 즉 앞에 있는 대상이 손인 것처럼 보이는 지각 경험은 앞에 손이 있다는 믿음을 정당화하는가 회의주의자들에 따르면, 이 질문에 대한 답은 당신이 현재 가지고 있는 다른 믿음에 의존한다. 가령, "앞에 있는 것은 진짜 손이 아니라 잘 꾸며진 플라스틱 손이다.", 혹은 "그것은 정교한 홀로그램이다.", 혹은 (심지어) "당신은 통 속에서 전기 자극을 받고 있는 뇌일 뿐이다." 등과 같은 회의적 대안 가설들을 생각해 보자. 이런 회의적 대안 가설들이 거짓이라는 믿음은 정당화될 수 있는가? 이런 정당화는 무척 어려운 듯이 보인다. 우리는 손처럼 보이는 지각 경험을 설명해낼 수 있는 수많은 대안 가설들을 만들어낼 수 있으며, 그 모든 가설들이 거짓이라는 것에 대한 증거를 획득하기란 매우 어렵다. 이에, 모든 회의적 대안 가설이 거짓이라는 믿음은 정당화될 수 없다. 이런 점에 비추어, 회의주의자들은 손인 것처럼 보이는 지각 경험이 손이 있다는 것에 대한 믿음을 정당화하지 못한다고 주장한다. 이와 같은 회의주의자들의 논증은 다음을 추가로 전제하고 있다.
>
> [   ]

① 우리가 외부 세계의 존재에 대한 믿음을 가지고 있다면 외부 세계는 존재할 수밖에 없다.
② 외부 세계가 존재한다고 하더라도 모든 회의적 대안 가설이 참이라는 믿음은 정당화될 수 있다.
③ 외부 세계의 존재에 대한 믿음이 거짓이라는 것을 정당화하기 위해서 사용할 수 있는 방법에는 지각 경험이 유일하다.
④ 지각 경험을 통해 외부 세계의 존재에 대한 믿음을 정당화하기 위해서는 회의적 대안 가설에 대한 믿음과 외부 세계에 대한 믿음이 양립가능하다는 것이 증명되어야 한다.
⑤ 모든 회의적 대안 가설이 거짓이라는 믿음이 정당화될 수 없다면, 손인 것처럼 보이는 지각 경험은 손이 있다는 것에 대한 믿음을 정당화하지 못한다.

24. 다음 글의 논증에 대한 비판으로 적절하지 않은 것은? 16 (4) 35번

> 진화론자들은 지구상에서 생명의 탄생이 30억 년 전에 시작됐다고 추정한다. 5억 년 전 캄브리아기 생명폭발 이후 다양한 생물종이 출현했다. 인간 종이 지구상에 출현한 것은 길게는 100만 년 전이고 짧게는 10만 년 전이다. 현재 약 180만 종의 생물종이 보고되어 있다. 멸종된 것을 포함해서 5억 년 전 이후 지구상에 출현한 생물종은 1억 종에 이른다. 5억 년을 100년 단위로 자르면 500만 개의 단위로 나눌 수 있다. 이것은 새로운 생물종이 평균적으로 100년 단위마다 약 20종이 출현한다는 것을 의미한다. 하지만 지난 100년간 생물학자들은 지구상에서 새롭게 출현한 종을 찾아내지 못했다. 이는 한 종에서 분화를 통해 다른 종이 발생한다는 진화론이 거짓이라는 것을 함축한다.

① 100년마다 20종이 출현한다는 것은 다만 평균일 뿐이다. 현재의 신생 종 출현 빈도는 그보다 훨씬 적을 수 있지만 언젠가 신생 종이 훨씬 많이 발생하는 시기가 올 수 있다.
② 5억 년 전 이후부터 지구상에 출현한 생물종이 1,000만 종 이하일 수 있다. 그러면 100년 내에 새로 출현하는 종의 수는 2종 정도이므로 신생 종을 발견하기 어려울 수 있다.
③ 생물학자는 새로 발견한 종이 신생 종인지 아니면 오래 전부터 존재했던 종인지 판단하기 어렵다. 따라서 신생 종의 출현이나 부재로 진화론을 검증하려는 시도는 성공할 수 없다.
④ 30억 년 전에 생물이 출현한 이후 5차례의 대멸종이 일어났으나 대멸종은 매번 규모가 달랐다. 21세기 현재, 알려진 종 중 사라지는 수가 크게 늘고 있어 우리는 인간에 의해 유발된 대멸종의 시대를 맞이하는 것으로 볼 수 있다.
⑤ 생물학자들이 발견한 몇몇 종은 지난 100년 내에 출현한 종이라고 판단할 이유가 있다. DNA의 구성에 따라 계통수를 그렸을 때 본줄기보다는 곁가지 쪽에 배치될수록 늦게 출현한 종임을 알 수 있기 때문이다.

25. 다음 A, B 학파에 대한 판단으로 적절하지 않은 것은? 18 (나) 6번

비정규 노동은 파트타임, 기간제, 파견, 용역, 호출 등의 근로형태를 의미한다. IMF 외환위기 이후 정규직과 비정규직 사이의 차별이 사회문제로 대두되었는데 그 중 가장 심각한 문제가 임금차별이다. 정규직과 비정규직 사이의 임금수준 격차는 점차 커져 비정규직 임금이 2001년에는 정규직의 63% 수준이었다가 2016년에는 53.5% 수준으로 떨어졌다. 이 문제를 어떻게 해결할 것인가를 놓고 크게 두 가지 시각이 대립한다.

A 학파는 차별적 관행을 고수하는 기업들은 비차별적 기업들과의 경쟁에서 자연적으로 도태되기 때문에 기업 간 경쟁이 임금차별 완화의 핵심이라고 이야기한다. 기업이 노동자 개인의 능력 이외에 다른 잣대를 바탕으로 차별하는 행위는 비합리적이기 때문에, 기업들 사이의 경쟁이 강화될수록 임금차별은 자연스럽게 줄어들 수밖에 없다는 것이다. 예를 들어 정규직과 비정규직 가릴 것 없이 오직 능력에 비례하여 임금을 결정하는 회사는 정규직 또는 비정규직이라는 이유만으로 무능한 직원들을 임금 면에서 우대하고 유능한 직원들을 홀대하는 회사보다 경쟁에서 앞서나갈 것이다.

B 학파는 실제로는 고용주들이 비정규직을 차별한다고 해서 기업 간 경쟁에서 불리해지지는 않는 현실을 근거로 A 학파를 비판한다. B 학파에 따르면 고용주들은 오직 사회적 비용이라는 추가적 장애물의 위협에 직면했을 때에만 정규직과 비정규직 사이의 임금차별 관행을 근본적으로 재고한다. 여기서 말하는 사회적 비용이란, 국가가 제정한 법과 제도를 수용하지 않음으로써 조직의 정당성이 낮아짐을 뜻한다. 기업의 경우엔 조직의 정당성이 낮아지게 되면 조직의 생존 가능성 역시 낮아지게 된다. 그래서 기업은 임금차별을 줄이는 강제적 제도를 수용함으로써 사회적 비용을 낮추는 선택을 하게 된다는 것이다. 따라서 B 학파는 법과 제도에 의한 규제를 통해 임금차별이 줄어들 것이라고 본다.

① A 학파에 따르면 경쟁이 치열한 산업군일수록 근로형태에 따른 임금 격차는 더 적어진다.
② A 학파는 시장에서 기업 간 경쟁이 약화되는 것을 방지하기 위한 보완 정책이 수립되어야 한다고 본다.
③ A 학파는 정규직과 비정규직 사이의 임금차별이 어떻게 줄어드는가에 대해 B 학파와 견해를 달리한다.
④ B 학파는 기업이 자기 조직의 생존 가능성을 낮춰가면서까지 임금차별 관행을 고수하지는 않을 것이라고 전제한다.
⑤ B 학파에 따르면 다른 조건이 동일할 때 기업의 비정규직에 대한 임금차별은 주로 강제적 규제에 의해 시정될 수 있다.

약점 보완 해설집 p.194

상황판단영역

1. 다음 글을 근거로 판단할 때 옳은 것은? 21 (가) 1번

> 제00조 ① 특별시장·광역시장·특별자치시장·도지사 또는 특별자치도지사(이하 '시·도지사'라 한다)는 아이돌보미의 양성을 위하여 적합한 시설을 교육기관으로 지정·운영하여야 한다.
> ② 시·도지사는 교육기관이 다음 각 호의 어느 하나에 해당하는 경우 사업의 정지를 명하거나 그 지정을 취소할 수 있다. 다만 제1호에 해당하는 경우 지정을 취소하여야 한다.
> 1. 거짓이나 그 밖의 부정한 방법으로 교육기관으로 지정을 받은 경우
> 2. 교육과정을 1년 이상 운영하지 아니하는 경우
>
> ③ 제2항 제1호의 방법으로 교육기관 지정을 받은 자는 1년 이하의 징역 또는 1천만 원 이하의 벌금에 처한다.
> ④ 아이돌보미가 되려는 사람은 시·도지사가 지정·운영하는 교육기관에서 교육과정을 수료하여야 한다.
> ⑤ 아이돌보미가 되려는 사람은 여성가족부장관이 실시하는 적성·인성검사를 받아야 한다.
> 제00조 ① 아이돌보미는 다른 사람에게 자기의 성명을 사용하여 아이돌보미 업무를 수행하게 하거나 수료증을 대여하여서는 아니 된다.
> ② 아이돌보미가 아닌 사람은 아이돌보미 또는 이와 유사한 명칭을 사용할 수 없다.
> ③ 제1항, 제2항을 위반한 사람에게는 300만 원 이하의 과태료를 부과한다.
> 제00조 ① 여성가족부장관은 아이돌봄서비스의 질적 수준과 아이돌보미의 전문성 향상을 위하여 보수교육을 실시하여야 한다.
> ② 제1항에 따른 보수교육은 전문기관에 위탁하여 실시할 수 있다.

① 아이돌보미가 아닌 보육 관련 종사자도 아이돌보미 명칭을 사용할 수 있다.
② 시·도지사는 아이돌보미 양성을 위한 교육기관을 지정·운영하고 보수교육을 실시하여야 한다.
③ 아이돌보미가 되려는 사람은 시·도지사가 실시하는 적성·인성검사를 받아야 한다.
④ 서울특별시의 A기관이 부정한 방법을 통해 아이돌보미 양성을 위한 교육기관으로 지정을 받은 경우, 서울특별시장은 200만 원의 과태료를 부과할 수 있다.
⑤ 인천광역시의 B기관이 아이돌보미 양성을 위한 교육기관으로 지정된 후 교육과정을 1년간 운영하지 않은 경우, 인천광역시장은 그 지정을 취소할 수 있다.

2. 다음 글과 <상황>을 근거로 판단할 때 옳은 것은? 21 (가) 2번

> 제00조 ① 문화재청장은 학술조사 또는 공공목적 등에 필요한 경우 다음 각 호의 지역을 발굴할 수 있다.
> 1. 고도(古都)지역
> 2. 수중문화재 분포지역
> 3. 폐사지(廢寺址) 등 역사적 가치가 높은 지역
>
> ② 문화재청장은 제1항에 따라 발굴할 경우 발굴의 목적, 방법, 착수 시기 및 소요 기간 등의 내용을 발굴 착수일 2주일 전까지 해당 지역의 소유자, 관리자 또는 점유자(이하 '소유자 등'이라 한다)에게 미리 알려 주어야 한다.
> ③ 제2항에 따른 통보를 받은 소유자 등은 그 발굴에 대하여 문화재청장에게 의견을 제출할 수 있으며, 발굴을 거부하거나 방해 또는 기피하여서는 아니 된다.
> ④ 문화재청장은 제1항의 발굴이 완료된 경우에는 완료된 날부터 30일 이내에 출토유물 현황 등 발굴의 결과를 소유자 등에게 알려 주어야 한다.
> ⑤ 국가는 제1항에 따른 발굴로 손실을 받은 자에게 그 손실을 보상하여야 한다.
> ⑥ 제5항에 따른 손실보상에 관하여는 문화재청장과 손실을 받은 자가 협의하여야 하며, 보상금에 대한 합의가 성립하지 않은 때에는 관할 토지수용위원회에 재결(裁決)을 신청할 수 있다.
> ⑦ 문화재청장은 제1항에 따른 발굴 현장에 발굴의 목적, 조사기관, 소요 기간 등의 내용을 알리는 안내판을 설치하여야 한다.

<상 황>

> 문화재청장 甲은 고도(古都)에 해당하는 A지역에 대한 학술조사를 위해 2021년 3월 15일부터 A지역의 발굴에 착수하고자 한다. 乙은 자기 소유의 A지역을 丙에게 임대하여 현재 임차인 丙이 이를 점유·사용하고 있다.

① 甲은 A지역 발굴의 목적, 방법, 착수 시기 및 소요 기간 등에 관한 내용을 丙에게 2021년 3월 29일까지 알려주어야 한다.
② A지역의 발굴에 대한 통보를 받은 丙은 甲에게 그 발굴에 대한 의견을 제출할 수 있다.
③ 乙은 발굴 현장에 발굴의 목적 등을 알리는 안내판을 설치하여야 한다.
④ A지역의 발굴로 인해 乙에게 손실이 예상되는 경우, 乙은 그 발굴을 거부할 수 있다.
⑤ A지역과 인접한 토지 소유자인 丁이 A지역의 발굴로 인해 손실을 받은 경우, 丁은 보상금에 대해 甲과 협의하지 않고 관할 토지수용위원회에 재결을 신청할 수 있다.

3. 다음 글을 근거로 판단할 때 옳은 것은? 20 (나) 1번

> 제○○조 ① 지방자치단체의 장은 소속공무원이 적극행정으로 인해 징계 의결 요구가 된 경우 적극행정지원위원회(이하 '위원회'라 한다)의 변호인 선임비용 지원결정(이하 '지원결정'이라 한다)에 따라 200만 원 이하의 범위 내에서 변호인 선임비용을 지원할 수 있다.
> ② 지방자치단체의 장은 소속공무원이 적극행정으로 인해 고소·고발을 당한 경우 위원회의 지원결정에 따라 기소 이전 수사과정에 한하여 500만 원 이하의 범위 내에서 변호인 선임비용을 지원할 수 있다.
> ③ 제1항, 제2항에 따라 지원결정을 받은 공무원은 이미 변호인을 선임한 경우를 제외하고는 선임비용을 지원받은 날부터 1개월 내에 변호인을 선임하여야 한다.
> 제□□조 ① 위원회는 지원결정을 받은 공무원이 다음 각 호의 어느 하나에 해당하는 경우 그 결정을 취소할 수 있다.
> 1. 허위 또는 부정한 방법으로 지원결정을 받은 경우
> 2. 제○○조 제2항의 고소·고발 사유와 동일한 사실관계로 유죄의 확정판결을 받은 경우
> 3. 제○○조 제3항의 사항을 이행하지 않은 경우
>
> ② 제1항에 따라 지원결정이 취소된 경우 해당 공무원은 지원받은 변호인 선임비용을 즉시 반환하여야 한다.
> ③ 위원회는 제2항에 따른 반환의무를 전부 부담시키는 것이 타당하지 않다고 판단하는 경우에는 반환의무의 일부 또는 전부를 면제하는 결정을 할 수 있다.
> ④ 제1항부터 제3항은 해당 공무원이 변호인 선임비용을 지원받은 후 퇴직한 경우에도 적용한다.

※ 적극행정이란 공무원이 불합리한 규제를 개선하는 등 공공의 이익을 위해 창의성과 전문성을 바탕으로 적극적으로 업무를 처리하는 행위를 말한다.

① 지방자치단체의 장은 소속공무원이 적극행정으로 인해 징계 의결 요구가 된 경우, 위원회의 지원결정에 따라 500만 원의 변호인 선임비용을 지원할 수 있다.
② 지원결정을 받은 공무원이 적극행정으로 인해 고발당한 사건에 대해 이미 변호인을 선임하였더라도 선임비용을 지원받은 날부터 1개월 내에 새로운 변호인을 선임해야 한다.
③ 지원결정을 받은 공무원이 적극행정으로 인해 고소당한 사유와 동일한 사실관계로 무죄의 확정판결을 받은 경우, 위원회는 지원결정을 취소해야 한다.
④ 지원결정이 취소된 경우라도 위원회는 해당 공무원이 지원받은 변호인 선임비용에 대한 반환의무의 일부 또는 전부를 면제하는 결정을 할 수 있다.
⑤ 지원결정에 따라 변호인 선임비용을 지원받고 퇴직한 공무원에 대해 지원결정이 취소되더라도 그가 그 비용을 반환하는 경우는 없다.

4. 다음 글을 근거로 판단할 때 옳은 것은? 20 (나) 22번

> 제00조 ① 특별자치시장·특별자치도지사·시장·군수 또는 자치구의 구청장(이하 '시장·군수 등'이라 한다)은 빈집이 다음 각 호의 어느 하나에 해당하면 빈집정비계획에서 정하는 바에 따라 그 빈집 소유자에게 철거 등 필요한 조치를 명할 수 있다. 다만 빈집정비계획이 수립되어 있지 아니한 경우에는 지방건축위원회의 심의를 거쳐 그 빈집 소유자에게 철거 등 필요한 조치를 명할 수 있다.
> 1. 붕괴·화재 등 안전사고나 범죄발생의 우려가 높은 경우
> 2. 공익상 유해하거나 도시미관 또는 주거환경에 현저한 장애가 되는 경우
>
> ② 제1항의 경우 빈집 소유자는 특별한 사유가 없으면 60일 이내에 조치를 이행하여야 한다.
> ③ 시장·군수 등은 제1항에 따라 빈집의 철거를 명한 경우 그 빈집 소유자가 특별한 사유 없이 제2항의 기간 내에 철거하지 아니하면 직권으로 그 빈집을 철거할 수 있다.
> ④ 시장·군수 등은 제3항에 따라 철거할 빈집 소유자의 소재를 알 수 없는 경우 그 빈집에 대한 철거명령과 이를 이행하지 아니하면 직권으로 철거한다는 내용을 일간신문 및 홈페이지에 1회 이상 공고하고, 일간신문에 공고한 날부터 60일이 지난 날까지 빈집 소유자가 빈집을 철거하지 아니하면 직권으로 철거할 수 있다.
> ⑤ 시장·군수 등은 제3항 또는 제4항에 따라 빈집을 철거하는 경우에는 정당한 보상비를 빈집 소유자에게 지급하여야 한다. 이 경우 시장·군수 등은 보상비에서 철거에 소요된 비용을 빼고 지급할 수 있다.
> ⑥ 시장·군수 등은 다음 각 호의 어느 하나에 해당하는 경우에는 보상비를 법원에 공탁하여야 한다.
> 1. 빈집 소유자가 보상비 수령을 거부하는 경우
> 2. 빈집 소유자의 소재불명(所在不明)으로 보상비를 지급할 수 없는 경우

※ 공탁이란 채무자가 변제할 금액을 법원에 맡기면 채무(의무)가 소멸하는 것을 말한다.

① A자치구 구청장은 주거환경에 현저한 장애가 되더라도 붕괴 우려가 없는 빈집에 대해서는 빈집정비계획에 따른 철거를 명할 수 없다.
② B군 군수가 소유자의 소재를 알 수 없는 빈집의 철거를 명한 경우, 일간신문에 공고한 날부터 60일 내에 직권으로 철거해야 한다.
③ C특별자치시 시장은 직권으로 빈집을 철거한 경우, 그 소유자에게 철거에 소요된 비용을 빼지 않고 보상비 전액을 지급해야 한다.
④ D군 군수가 빈집을 철거한 경우, 그 소유자가 보상비 수령을 거부하면 그와 동시에 보상비 지급의무는 소멸한다.
⑤ E시 시장은 빈집정비계획에 따른 빈집 철거를 명한 후 그 소유자가 특별한 사유 없이 60일 이내에 철거하지 않으면, 지방건축위원회의 심의 없이 직권으로 철거할 수 있다.

5. 다음 글을 근거로 판단할 때, <보기>에서 옳은 것만을 모두 고르면? 25 (가) 6번

> '장'은 우리 고유의 말이다. 한자 표기인 '欌(장)'도 우리나라에서 만들어 사용하는 한자이다. 欌이라는 한자가 사용되기 이전에는 중국의 명칭을 따라 '竪櫃(수궤)'라고 표기하였다. 이후 우리말을 표기하는 과정에서 장이 한자어가 된 것이다.
>
> 장은 실용성과 심미성이 커서 물건을 보관하거나 집 내부를 꾸미는 등 다양한 용도로 사용되었다. 주로 남성이 사용하는 사랑방에는 문방사우, 의복, 탁자 등을 둘 수 있는 책장, 의걸이장, 탁자장 등이 배치되었다. 여성이 기거하는 안방에는 용도에 따라 버선장, 실장, 솜장, 머릿장 등을 두었다. 이 중 머릿장은 사랑방에서 사용되기도 하였다.
>
> 장을 제작할 때는 자연스러운 아름다움을 추구하였다. 특히 또렷하게 드러나는 나이테 모양을 있는 그대로 활용하는 경우가 많았다. 다만 나이테 모양이 드러나는 판자를 그대로 사용하는 경우 계절의 변화에 따라 수축과 팽창이 심하여 가구의 변형이 많이 일어나는 문제가 있었다. 이를 해결하기 위해 느티나무, 물푸레나무 등 나이테가 뚜렷한 자재를 2~3mm 두께로 얇게 자르고, 변형이 적은 오동나무나 소나무와 같은 자재에 결을 엇갈리게 붙인 후 골재에 끼웠다. 이때 풀을 사용하지 않고 홈에 끼우는 촉짜임기법을 이용해 변형을 최소화하였다.

<보 기>

ㄱ. '竪櫃'라는 한자가 사용되기 이전에는 '欌'이라는 한자가 사용되었을 것이다.
ㄴ. 소나무 자재는 물푸레나무 자재보다 변형이 적을 것이다.
ㄷ. 머릿장은 안방에서만 사용했을 것이다.
ㄹ. 촉짜임기법은 장에 정교한 조각을 장식하기 위해 고안된 것이다.

① ㄱ
② ㄴ
③ ㄱ, ㄷ
④ ㄴ, ㄹ
⑤ ㄴ, ㄷ, ㄹ

6. 다음 글을 근거로 판단할 때, 우수부서 수와 기념품 구입 개수를 옳게 짝지은 것은? 20 (나) 27번

> A기관은 탁월한 업무 성과로 포상금 5,000만 원을 지급받았다. <포상금 사용기준>은 다음과 같다.
>
> <포상금 사용기준>
>
> ○ 포상금의 40% 이상은 반드시 각 부서에 현금으로 배분한다.
>   - 전체 15개 부서를 우수부서와 보통부서 두 그룹으로 나누어 우수부서에 150만 원, 보통부서에 100만 원을 현금으로 배분한다.
>   - 우수부서는 최소한으로 선정한다.
>
> ○ 포상금 중 2,900만 원은 직원 복지 시설을 확충하는 데 사용한다.
>
> ○ 직원 복지 시설을 확충하고 부서별로 현금을 배분한 후 남은 금액을 모두 사용하여 개당 1만 원의 기념품을 구입한다.

	우수부서 수	기념품 구입 개수
①	9개	100개
②	9개	150개
③	10개	100개
④	10개	150개
⑤	11개	50개

7. 다음 글을 근거로 판단할 때, <보기>에서 옳은 것만을 모두 고르면? 22 (나) 17번

국민은 A, B 두 집단으로 구분되며, 현행 정책과 개편안에 따라 각 집단에 속한 개인이 얻는 혜택은 다음과 같다.

집단	현행 정책	개편안
A	100	90
B	50	80

정부는 다음 (가), (나), (다) 중 하나를 판단기준으로 하여 정책을 채택하려고 한다.

(가) 국민 전체 혜택의 합이 더 큰 정책을 채택한다.
(나) 개인이 얻는 혜택이 적은 집단에 더 유리한 정책을 채택한다.
(다) A, B 두 집단 간 개인 혜택의 차이가 더 작은 정책을 채택한다.

<보 기>

ㄱ. (가)를 판단기준으로 할 경우, A인구가 B인구의 4배라면 현행 정책이 유지된다.
ㄴ. (가)를 판단기준으로 할 경우, B인구가 전체 인구의 30%라면 개편안이 채택된다.
ㄷ. (나)를 판단기준으로 할 경우, A와 B의 인구와 관계없이 개편안이 채택된다.
ㄹ. (다)를 판단기준으로 할 경우, A인구가 B인구의 5배라면 현행 정책이 유지된다.

① ㄱ, ㄴ
② ㄱ, ㄹ
③ ㄴ, ㄷ
④ ㄷ, ㄹ
⑤ ㄱ, ㄴ, ㄷ

8. 다음 글을 근거로 판단할 때, 민서가 결제할 금액은? 25 (가) 16번

다음은 인영과 민서가 아래 <표>를 보면서 나눈 <대화>이다.

<대 화>

인영: 이번에 좋은 공연이 많던데, 나는 뮤지컬 공연을 보고 싶어.
민서: 나는 지난달에 바이올린 협주 공연을 보고 와서 이번엔 다른 공연에 가려고 해.
인영: 그런데 티켓 가격이 조금 부담스럽지 않아? 너는 학생할인을 받을 수 있어서 조금 더 저렴하게 공연을 볼 수 있겠다.
민서: 맞아. 그래서 결제할 금액이 제일 저렴한 공연을 볼 생각이야.
인영: 그렇구나. 시험이 10월 11일이라 그 전에는 가기 어렵겠어.
민서: 아니야. 시험일정이 10월 9일로 바뀌어서 그 전만 아니면 괜찮을 거야. 그보다 B시는 우리집에서 너무 멀어서 안 가려고.

<표>

구분	뮤지컬	바이올린 협주	피아노 협주	오페라	오케스트라
티켓 가격	77,000원	90,000원	120,000원	100,000원	110,000원
공연 날짜	10월 6일	10월 15일	10월 11일	10월 17일	10월 10일
공연 장소	A시 아트센터	C시 문화회관	A시 아트센터	C시 문화회관	B시 콘서트홀
학생할인(20%) 여부	×	×	○	×	○

① 77,000원
② 88,000원
③ 90,000원
④ 96,000원
⑤ 100,000원

[9～10] 다음 글을 읽고 물음에 답하시오. 22 (나) 19~20번

'탄소중립'이란 인간 활동을 통한 온실가스 배출을 최대한 줄이고, 남은 온실가스는 산림 흡수 및 제거활동을 통해 실질적인 배출량을 0으로 만드는 것을 의미한다. 즉 배출되는 탄소량과 흡수·제거되는 탄소량을 동일하게 만든다는 개념으로, 이에 탄소중립을 '넷제로(Net-Zero)'라 부르기도 한다. 탄소중립에 동참하기로 한 A은행은 업무를 수행하면서 발생하는 이산화탄소 배출량을 줄이기 위해 2가지 사항에 주목하였다. 첫 번째는 항공 출장이고, 두 번째는 컴퓨터의 전력 낭비이다.

한 사람이 비행기로 출장 시 발생하는 이산화탄소 평균 배출량은 400kg으로, 이는 같은 거리를 4명이 자동차 한 대로 출장 시 발생하는 이산화탄소 평균 배출량의 2배에 해당한다. 항공 출장으로 인하여 현재 A은행이 배출하는 연간 이산화탄소의 양은 A은행의 연간 전체 이산화탄소 배출량의 1/5에 달하는 수준이다.

항공 출장을 줄이기 위해서 A은행은 화상회의시스템을 도입하기로 하였다. 화상회의시스템을 활용할 경우에 한 사람의 이산화탄소 평균 배출량은 항공 출장의 1/10 수준에 불과하다. A은행에서는 매년 연인원 1,000명이 항공 출장을 가고 있는데, 항공 출장인원의 30%에게 항공 출장 대신 화상회의시스템을 활용하도록 할 계획이다.

한편 은행과 같이 정보 처리가 업무의 핵심인 업계에서는 컴퓨터 시스템의 전력 소비가 전체 전력 소비의 큰 비중을 차지한다. A은행은 컴퓨터의 전력 낭비 요소를 파악하기 위하여 컴퓨터 전력 사용 현황을 조사하였다. 그 결과 컴퓨터의 전력 소비량이 밤 시간대에 놀라울 정도로 많다는 것을 발견하게 되었다. 그 이유는 직원들이 자신의 컴퓨터를 끄지 않고 퇴근하여 많은 컴퓨터가 밤에 계속 켜져 있었기 때문이다.

이에 A은행은 전력차단프로젝트를 수행하기로 하였다. 22,000대의 컴퓨터에 전력관리 소프트웨어를 설치하여, 컴퓨터가 일정시간 사용되지 않으면 언제라도 컴퓨터와 모니터의 전원이 자동으로 꺼지도록 하는 것이다. 이 프로젝트를 통하여 A은행은 연간 35만kWh의 전력 소비를 절감할 수 있을 것으로 예상되며, 이는 652톤의 이산화탄소 배출에 해당하는 양이다.

9. 윗글을 근거로 판단할 때, <보기>에서 옳은 것만을 모두 고르면?

<보 기>

ㄱ. A은행이 전력차단프로젝트를 시행하더라도 주간에 전력 절감은 없을 것이다.
ㄴ. A은행의 전력차단프로젝트로 절감되는 컴퓨터 1대당 전력량은 연간 15kWh 이상이다.
ㄷ. A은행이 화상회의시스템과 전력차단프로젝트를 도입하면 넷제로가 실현된다.
ㄹ. 1인당 이산화탄소 평균 배출량은 4명이 자동차 한 대로 출장을 가는 경우가 같은 거리를 1명이 비행기로 출장을 가는 경우의 1/8에 해당한다.

① ㄱ, ㄴ
② ㄱ, ㄷ
③ ㄴ, ㄹ
④ ㄱ, ㄷ, ㄹ
⑤ ㄴ, ㄷ, ㄹ

10. 윗글을 근거로 판단할 때, ㉠에 해당하는 것은?

A은행은 화상회의시스템과 전력차단프로젝트의 도입효과를 검토해 보았다. 검토 결과 둘을 도입하면, A은행 이산화탄소 배출량은 도입 전에 비해 연간 (㉠)% 감소할 것으로 예상되었다.

① 30
② 32
③ 34
④ 36
⑤ 38

11. 다음 글을 근거로 판단할 때 옳은 것은? 23 (가) 1번

> 제○○조(동물학대 등의 금지) 누구든지 동물에 대하여 학대행위를 하여서는 아니 된다.
> 제△△조(동물보호센터의 설치·지정 등) ① 지방자치단체의 장은 동물의 구조·보호조치 등을 위하여 A부장관이 정하는 기준에 맞는 동물보호센터를 설치·운영할 수 있다.
> ② A부장관은 지방자치단체의 장이 설치·운영하는 동물보호센터의 설치·운영비용의 전부 또는 일부를 지원할 수 있다.
> ③ 지방자치단체의 장은 A부장관이 정하는 기준에 맞는 기관이나 단체를 동물보호센터로 지정하여 동물의 구조·보호조치 등을 하게 할 수 있고, 이때 소요비용(이하 '보호비용'이라 한다)의 전부 또는 일부를 지원할 수 있다.
> ④ 제3항에 따른 동물보호센터로 지정받으려는 기관이나 단체는 A부장관이 정하는 바에 따라 지방자치단체의 장에게 신청하여야 한다.
> ⑤ 지방자치단체의 장은 지정된 동물보호센터가 다음 각 호의 어느 하나에 해당하는 경우에는 그 지정을 취소할 수 있다. 다만 제1호에 해당하는 경우에는 지정을 취소하여야 한다.
> 1. 거짓이나 그 밖의 부정한 방법으로 지정을 받은 경우
> 2. 제3항에 따른 지정기준에 맞지 아니하게 된 경우
> 3. 제○○조의 규정을 위반한 경우
> 4. 보호비용을 거짓으로 청구한 경우
>
> ⑥ 지방자치단체의 장은 제5항에 따라 지정이 취소된 기관이나 단체를 지정이 취소된 날부터 1년 이내에는 다시 동물보호센터로 지정하여서는 아니 된다. 다만 제5항 제3호에 따라 지정이 취소된 기관이나 단체는 지정이 취소된 날부터 2년 이내에는 다시 동물보호센터로 지정하여서는 아니 된다.

① A부장관은 지방자치단체의 장이 지정한 동물보호센터에 보호비용의 일부를 지원하여야 한다.
② 지정된 동물보호센터가 동물을 학대한 사실이 확인된 경우, 지방자치단체의 장은 그 지정을 취소하여야 한다.
③ 동물보호센터로 지정받고자 하는 기관은 지방자치단체의 장이 정하는 바에 따라 A부장관에게 신청하여야 한다.
④ 부정한 방법으로 동물보호센터 지정을 받아 그 지정이 취소된 기관은 지정이 취소된 날부터 2년이 지나야 다시 동물보호센터로 지정받을 수 있다.
⑤ 지정된 동물보호센터가 보호비용을 거짓으로 청구한 경우라도 지방자치단체의 장은 그 지정을 취소해야 하는 것은 아니다.

12. 다음 글을 근거로 판단할 때 옳은 것은? 25 (가) 2번

> 제00조 ① 누구든지 다음 각 호의 경우를 제외하고는 공개된 장소에 영상정보처리기기를 설치·운영하여서는 아니 된다.
> 1. 범죄의 예방 및 수사를 위하여 필요한 경우
> 2. 시설안전 및 화재 예방을 위하여 필요한 경우
> 3. 교통단속을 위하여 필요한 경우
> 4. 교통정보의 수집·분석·제공을 위하여 필요한 경우
>
> ② 누구든지 불특정 다수가 이용하는 목욕실, 화장실, 탈의실 등 개인의 사생활을 현저히 침해할 우려가 있는 장소의 내부를 볼 수 있도록 영상정보처리기기를 설치·운영하여서는 아니 된다. 다만 교도소, 정신보건시설 등 사람을 구금하거나 보호하는 시설에 대하여는 그러하지 아니하다.
> ③ 제1항 각 호에 따라 영상정보처리기기를 설치·운영하는 자(이하 '영상정보처리기기운영자'라 한다)는 정보주체가 쉽게 인식할 수 있도록 다음 각 호의 사항이 포함된 안내판을 설치하는 등 필요한 조치를 하여야 한다. 다만 군사시설, 국가중요시설 및 국가보안시설에 대하여는 그러하지 아니하다.
> 1. 설치 목적 및 장소
> 2. 촬영 범위 및 시간
> 3. 관리책임자 성명 및 연락처
>
> ④ 영상정보처리기기운영자는 영상정보처리기기의 설치 목적과 다른 목적으로 영상정보처리기기를 임의로 조작하거나 다른 곳을 비춰서는 아니 되며, 녹음기능은 사용할 수 없다.

① 영상정보처리기기운영자는 영상정보처리기기를 공개된 장소에 설치·운영하는 경우 해당 영상정보처리기기의 녹음기능을 사용할 수 있다.
② 교도소에서는 수형자가 이용하는 목욕실의 내부를 볼 수 있도록 영상정보처리기기를 설치·운영할 수 있다.
③ 범죄수사를 위하여 공개된 장소에 설치된 영상정보처리기기는 그 설치 목적과 다른 목적으로 임의로 조작하거나 다른 곳을 비출 수 있다.
④ 교통정보의 수집·분석·제공을 위한 목적으로는 공개된 장소에서 영상정보처리기기를 설치·운영할 수 없다.
⑤ 공개된 장소에 영상정보처리기기를 설치·운영하는 경우, 그 장소가 국가보안시설이라 하더라도 설치 목적·장소, 촬영 범위·시간 등이 명시된 안내판을 설치하여야 한다.

13. 다음 글을 근거로 판단할 때 옳은 것은? 25 (가) 21번

제00조(수출입규제폐기물의 수출허가) ① 수출입규제폐기물을 수출하려는 자는 환경부장관의 허가를 받아야 한다. 허가받은 사항을 변경하려는 경우에도 또한 같다.
② 환경부장관은 수출입규제폐기물의 수출허가 신청 또는 변경허가 신청을 받은 경우에는 다음 각 호의 어느 하나에 해당하면 이를 허가할 수 있다.
  1. 국내에서 해당 폐기물을 환경적으로 건전하고 적정하게 처리하기 위하여 필요한 기술과 시설을 가지고 있지 아니한 경우
  2. 해당 폐기물이 수입국에서 재활용을 위한 산업의 원료로 필요한 경우
③ 환경부장관은 제2항에 따른 수출허가를 하려는 경우에는 수출하려는 수출입규제폐기물의 수입국 및 경유국의 동의를 받아야 한다.
④ 환경부장관은 제2항에 따른 허가를 할 때 물리적·화학적 특성이 같은 수출입규제폐기물을 국내의 같은 세관 및 수입국의 같은 세관을 통하여 같은 자에게 두 번 이상 수출하는 경우에는 12개월의 범위에서 기간을 정하여 한꺼번에 허가할 수 있다.
⑤ 제1항에 따라 수출허가 또는 변경허가를 받은 자는 다른 자에게 자기의 명의나 상호를 사용하여 수출입규제폐기물을 수출하게 하거나 수출입규제폐기물 수출허가서 또는 변경허가서를 빌려주어서는 아니 된다.

① 환경부장관은 수입국의 동의가 없어도 경유국의 동의를 받아 수출입규제폐기물의 수출허가를 할 수 있다.
② 수출입규제폐기물을 수출하는 것은 허가를 받아야 하지만, 그 허가받은 사항을 변경하는 것은 허가 대상이 아니다.
③ 환경부장관이 수출입규제폐기물의 수출허가를 할 경우, 같은 자에게 수출하더라도 수입국의 세관이 동일하지 않으면 기간을 정하여 한꺼번에 허가할 수 없다.
④ 수출입규제폐기물의 수출허가를 받은 자는 다른 자에게 자기의 상호를 사용하여 수출입규제폐기물을 수출하게 할 수 있다.
⑤ 국내에서 특정 수출입규제폐기물을 환경적으로 건전하고 적정하게 처리하는 데 필요한 기술과 시설을 가지고 있다면, 해당 폐기물이 수입국에서 재활용을 위한 산업의 원료로 필요한 경우에도 환경부장관은 수출허가를 하여서는 안 된다.

14. 다음 글과 <상황>을 근거로 판단할 때, ㉠과 ㉡을 옳게 짝지은 것은? 24 (나) 8번

자동차 연비를 표시하는 단위는 나라마다 다르다. A국은 자동차 연비를 1갤런의 연료로 달릴 수 있는 거리(마일)로 계산하며, 단위는 mpg를 사용한다. B국에서는 100km를 달릴 때 소요되는 연료량(L)으로 계산하며, 단위는 L/100km를 사용한다. C국은 연료 1L로 주행할 수 있는 거리(km)로 계산하며 km/L를 단위로 사용한다.

※ 1갤런은 4L, 1마일은 1.6km로 간주한다.

<상 황>

X, Y, Z 세 대의 자동차가 있다. 각 자동차의 연비는 순서대로 15mpg, 8L/100km, 18km/L이다. 따라서 X는 120km를 이동하는 데 연료 [㉠]L가 소요된다. 그리고 4갤런의 연료로 Z는 Y보다 [㉡]km 더 이동할 수 있다.

	㉠	㉡
①	5	72
②	5	88
③	20	72
④	20	88
⑤	32	88

15. 다음 글을 근거로 판단할 때, ㉠과 ㉡을 옳게 짝지은 것은?

21 (가) 31번

○ 甲회사는 재고를 3개의 창고 A, B, C에 나누어 관리하며, 2020년 1월 1일자 재고는 A창고 150개, B창고 100개, C창고 200개였다.

○ 2020년 상반기 입·출고기록은 다음 표와 같으며, 재고는 입고 및 출고에 의해서만 변화한다.

입고기록				출고기록			
일자＼창고	A	B	C	일자＼창고	A	B	C
3월 4일	50	80	0	2월 18일	30	20	10
4월 10일	0	25	10	3월 27일	10	30	60
5월 11일	30	0	0	4월 13일	20	0	15

○ 2020년 5월 25일 하나의 창고에 화재가 발생하여 그 창고 안에 있던 재고 전부가 불에 그을렸는데, 그 개수를 세어보니 150개였다.

○ 화재 직후인 2020년 5월 26일 甲회사의 재고 중 불에 그을리지 않은 것은 [㉠]개였다.

○ 甲회사는 2020년 6월 30일 상반기 장부를 정리하던 중 두 창고 [㉡]의 상반기 전체 출고기록이 맞바뀐 것을 뒤늦게 발견하였다.

	㉠	㉡
①	290	A와 B
②	290	A와 C
③	290	B와 C
④	300	A와 B
⑤	300	A와 C

16. 다음 글을 근거로 판단할 때, 甲이 은행 금고에 맡길 A의 개수는?

24 (나) 12번

甲은 보석을 은행 금고에 맡기려 한다. 은행 금고에는 정확히 1kg만 맡길 수 있다. 甲은 모든 종류의 보석을 하나씩은 포함하여 최대 금액이 되도록 맡기려 한다. 다만, 보석을 쪼갤 수 없다.

甲이 가진 보석은 다음과 같다.

보석 종류	개당 가격 (만 원)	개당 무게(g)	수량(개)
A	10	12	52
B	7	10	48
C	3	3	150
D	1	2	31

① 44
② 45
③ 46
④ 47
⑤ 48

17. 다음 글을 근거로 판단할 때 옳은 것은? 19 (가) 32번

○○기업은 5명(甲~戊)을 대상으로 면접시험을 실시하였다. 면접시험의 평가기준은 가치관, 열정, 표현력, 잠재력, 논증력 5가지 항목이며 각 항목 점수는 3점 만점이다. 이에 따라 5명은 항목별로 다음과 같은 점수를 받았다.

<면접시험 결과>

(단위: 점)

구분	甲	乙	丙	丁	戊
가치관	3	2	3	2	2
열정	2	3	2	2	2
표현력	2	3	2	2	3
잠재력	3	2	2	3	3
논증력	2	2	3	3	2

종합점수는 각 항목별 점수에 항목가중치를 곱하여 합산하며, 종합점수가 높은 순으로 등수를 결정했다. 결과는 다음과 같다.

<등 수>

1등	乙
2등	戊
3등	甲
4등	丁
5등	丙

① 잠재력은 열정보다 항목가중치가 높다.
② 논증력은 열정보다 항목가중치가 높다.
③ 잠재력은 가치관보다 항목가중치가 높다.
④ 가치관은 표현력보다 항목가중치가 높다.
⑤ 논증력은 잠재력보다 항목가중치가 높다.

18. 다음 글과 <상황>을 근거로 판단할 때, <방식 1>과 <방식 2>에 따른 결승점을 옳게 짝지은 것은? 23 (가) 9번

신설된 어느 스포츠 종목은 두 팀이 대결하는 경기로, 1점씩 득점하며 경기 종료 시 더 많은 득점을 한 팀이 승리한다. 이 종목의 '결승점'을 정의하는 방식으로 다음 두 가지가 있다.

<방식 1>

상대 팀의 점수보다 1점 많아지는 득점을 한 후, 경기 종료 시까지 동점이나 역전을 허용하지 않고 승리할 때, 그 득점을 결승점으로 정의한다.

<방식 2>

승리한 팀의 득점 중 자기 팀의 점수가 상대 팀의 최종 점수보다 1점 많아질 때의 득점을 결승점으로 정의한다.

<상 황>

두 팀 A, B가 맞붙어 다음과 같은 순서로 득점을 하고 경기가 종료되었다. (A, B는 득점한 팀을 나타낸다)

A-A-B-B-B-A-B-A-A-A-B

	방식 1	방식 2
①	A의 세 번째 득점	A의 두 번째 득점
②	A의 다섯 번째 득점	A의 다섯 번째 득점
③	A의 다섯 번째 득점	A의 여섯 번째 득점
④	A의 여섯 번째 득점	A의 다섯 번째 득점
⑤	A의 여섯 번째 득점	A의 여섯 번째 득점

19. 다음 글을 근거로 판단할 때, 5세트가 시작한 시점에 경기장에 남아 있는 관람객 수의 최댓값은? 22 (나) 31번

○ 총 5세트의 배구경기에서 각 세트를 이길 때마다 세트 점수 1점을 획득하여 누적 세트 점수 3점을 먼저 획득하는 팀이 승리한다.
○ 경기 시작 전, 경기장에는 홈팀을 응원하는 관람객 5,000명과 원정팀을 응원하는 관람객 3,000명이 있었다.
○ 각 세트가 끝날 때마다 누적 세트 점수가 낮은 팀을 응원하는 관람객이 경기장을 나가는데, 홈팀은 1,000명, 원정팀은 500명이 나간다.
○ 경기장을 나간 관람객은 다시 들어오지 못하며, 경기 중간에 들어온 관람객은 없다.
○ 경기는 원정팀이 승리했으나 홈팀이 두 세트를 이기며 분전했다.

① 6,000명
② 6,500명
③ 7,000명
④ 7,500명
⑤ 8,000명

20. 다음 글을 근거로 판단할 때, 1년 중 홍수가 난 날은? 25 (가) 28번

개미는 매일 6g의 먹이를 먹는다. 1년(365일) 중 마지막 90일은 개미의 겨울이라서 이 기간에는 먹이를 구할 수 없다. 따라서 개미는 겨울을 제외한 기간에는 매일 아침 10g의 먹이를 수집하여 6g을 먹고, 남은 4g을 즉시 비축한다. 그런데 어느 날 밤 홍수가 나서, 그때까지 개미가 비축한 먹이 중 $\frac{2}{3}$가 휩쓸려 사라졌다. 그럼에도 개미는 이전과 같이 먹이 수집과 비축을 계속하여, 모자라거나 남는 먹이 없이 겨울을 무사히 보낼 수 있었다.

① 180일째 날
② 190일째 날
③ 200일째 날
④ 210일째 날
⑤ 220일째 날

21. 다음 글과 <상황>을 근거로 판단할 때, 일반하역사업 등록이 가능한 사업자만을 모두 고르면? 22 (나) 36번

<일반하역사업의 최소 등록기준>

구분	1급지 (부산항, 인천항, 포항항, 광양항)	2급지 (여수항, 마산항, 동해·묵호항)	3급지 (1급지와 2급지를 제외한 항)
총시설 평가액	10억 원	5억 원	1억 원
자본금	3억 원	1억 원	5천만 원

○ 사업자의 시설 중 본인 소유 시설평가액 총액이 등록기준에서 정한 급지별 '총시설평가액'의 3분의 2 이상이어야 한다.
○ 사업자의 하역시설 평가액 총액은 해당 사업자의 시설 평가액 총액의 3분의 2 이상이어야 한다.
○ 3급지 항에 대해서는 자본금이 1억 원 이상이면 등록기준에서 정한 급지별 '총시설평가액'을 2분의 1로 완화한다.

<상 황>

○ 시설 A~F 중 하역시설은 A, B, C이다.
○ 사업자 甲~丁 현황은 다음과 같다.

사업자	항만	자본금	시설	시설 평가액	본인 소유여부
甲	부산항	2억 원	B	4억 원	○
			C	2억 원	○
			D	1억 원	×
			E	3억 원	×
乙	광양항	3억 원	C	8억 원	○
			E	1억 원	×
			F	2억 원	×
丙	동해·묵호항	4억 원	A	1억 원	○
			C	4억 원	○
			D	3억 원	×
丁	대산항	1억 원	A	6천만 원	○
			B	1천만 원	×
			C	1천만 원	×
			D	1천만 원	○

① 甲, 乙
② 甲, 丙
③ 乙, 丙
④ 乙, 丁
⑤ 丙, 丁

22. 다음 글을 근거로 판단할 때, <보기>에서 옳은 것만을 모두 고르면? 20 (나) 11번

○ 甲과 乙은 총 10장의 카드를 5장씩 나누어 가진 후에 심판의 지시에 따라 게임을 한다.
○ 카드는 1부터 9까지의 서로 다른 숫자가 하나씩 적힌 9장의 숫자카드와 1장의 만능카드로 이루어진다.
○ 이 중 6 또는 9가 적힌 숫자카드는 9와 6 중에서 원하는 숫자카드 하나로 활용할 수 있다.
○ 만능카드는 1부터 9까지의 숫자 중 원하는 숫자가 적힌 카드 하나로 활용할 수 있다.

<보 기>

ㄱ. 심판이 가장 큰 다섯 자리의 수를 만들라고 했을 때, 가능한 가장 큰 수는 홀수이다.
ㄴ. 상대방보다 작은 두 자리의 수를 만들면 승리한다고 했을 때, 乙이 '12'를 만들었다면 승리한다.
ㄷ. 상대방보다 큰 두 자리의 수를 만들면 승리한다고 했을 때, 甲이 '98'을 만들었다면 승리한다.
ㄹ. 심판이 10보다 작은 3의 배수를 상대방보다 많이 만들라고 했을 때, 乙이 3개를 만들었다면 승리한다.

① ㄱ, ㄴ
② ㄱ, ㄷ
③ ㄷ, ㄹ
④ ㄱ, ㄴ, ㄹ
⑤ ㄴ, ㄷ, ㄹ

23. 다음 글을 근거로 판단할 때, 다음 주 수요일과 목요일의 청소 당번을 옳게 짝지은 것은? 22 (나) 14번

> A~D는 다음 주 월요일부터 금요일까지 하루에 한 명씩 청소당번을 정하려고 한다. 청소당번을 정하는 규칙은 다음과 같다.
>
> ○ A~D는 최소 한 번씩 청소당번을 한다.
> ○ 시험 전날에는 청소당번을 하지 않는다.
> ○ 발표 수업이 있는 날에는 청소당번을 하지 않는다.
> ○ 한 사람이 이틀 연속으로는 청소당번을 하지 않는다.
>
> 다음은 청소당번을 정한 후 A~D가 나눈 대화이다.
>
> A: 나만 두 번이나 청소당번을 하잖아. 월요일부터 청소당번이라니!
> B: 미안. 내가 월요일에 발표 수업이 있어서 그날 너밖에 할 사람이 없었어.
> C: 나는 다음 주에 시험이 이틀 있는데, 발표 수업이 매번 시험 보는 날과 겹쳐서 청소할 수 있는 요일이 하루밖에 없었어.
> D: 그래도 금요일에 청소하고 가야 하는 나보다는 나을걸.

	수요일	목요일
①	A	B
②	A	C
③	B	A
④	C	A
⑤	C	B

24. 다음 글과 <상황>을 근거로 판단할 때, <보기>에서 옳은 것만을 모두 고르면? 23 (가) 14번

> △△대륙의 국가들은 외교 조약을 체결한다. 외교 조약은 두 나라 사이에서만 직접 체결된다. 이때 그 두 나라는 '직접 조약' 관계에 있다고 한다.
>
> 한편 어떤 두 나라가 직접 조약 관계에 있지는 않지만, 그 두 나라와 공통으로 직접 조약 관계인 나라가 3개 이상인 경우 '친밀' 관계, 2개인 경우 '우호' 관계, 1개 이하인 경우 '중립' 관계라 한다.

<상 황>

○ △△대륙의 국가는 A~E국으로 총 5개국이다.
○ A국과 직접 조약 관계인 어떤 나라도 D국과 직접 조약 관계에 있지 않다.
○ A국과 B국은 친밀 관계이다.

<보 기>

ㄱ. D국과 E국은 우호 관계이다.
ㄴ. A국과 D국은 직접 조약 관계이다.
ㄷ. 중립 관계인 두 나라가 있다.

① ㄱ
② ㄷ
③ ㄱ, ㄴ
④ ㄴ, ㄷ
⑤ ㄱ, ㄴ, ㄷ

25. 다음 글과 <1차 투표 결과>를 근거로 판단할 때 옳은 것은?

24 (나) 34번

○ △△부서에서는 팀원 5명(甲~戊)의 투표를 통해 프로젝트명을 정하려 한다.
○ 프로젝트명 후보는 3개(A~C)이다.
○ 1차 투표에서는 한 명당 두 표를 가지며, 두 표 모두 하나의 후보에 줄 수도 있다.
○ 1차 투표 결과에 따라 최다 득표 후보를 프로젝트명으로 선정하며, 최다 득표 후보가 복수인 경우 최소 득표 후보를 제외하고 2차 투표를 실시한다.
○ 2차 투표에서는 한 명당 한 표씩 행사하여, 최다 득표 후보를 프로젝트명으로 선정한다.

<1차 투표 결과>

○ 하나의 후보에 두 표를 모두 준 사람은 甲과 乙뿐이며, 이들은 동일한 후보에 표를 주었다.
○ A에 투표한 사람은 3명이다.
○ B에 투표한 사람은 2명이다.
○ C에 투표한 사람은 3명이다.

① B는 선정될 수 없다.
② 1차 투표에서 丙과 丁이 투표한 후보의 조합은 서로 다르다.
③ 1차 투표에서 A가 받은 표는 최대 5표이다.
④ 1차 투표에서 C는 4표 이상 받았다.
⑤ 2차 투표를 실시하는 경우가 있다.

약점 보완 해설집 p.204

자료해석영역

1. 다음 <표>는 창호, 영숙, 기오, 준희가 홍콩 여행을 하며 지출한 경비에 관한 자료이다. 지출한 총 경비를 네 명이 동일하게 분담하는 정산을 수행할 때 <그림>의 A, B, C에 해당하는 금액을 바르게 나열한 것은? 15 (인) 39번

<표> 여행경비 지출 내역

구분	지출자	내역	금액	단위
숙박	창호	호텔비	400,000	원
교통	영숙	왕복 비행기	1,200,000	원
기타	기오	간식1	600	홍콩달러
		중식1	700	
		관광지1 입장권	600	
		석식	600	
		관광지2 입장권	1,000	
		간식2	320	
		중식2	180	

※ 환율은 1홍콩달러당 140원으로 일정하다고 가정함.

<그림> 여행경비 정산 관계도

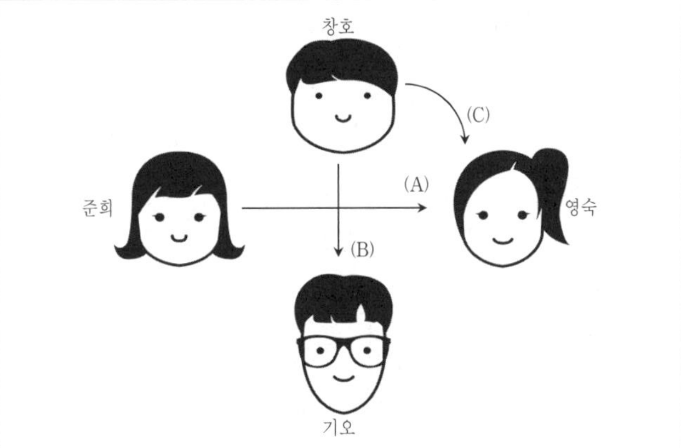

※ 돈은 화살표의 방향으로 각각 1회만 이동함.

	A	B	C
①	540,000원	20,000원	120,000원
②	540,000원	20,000원	160,000원
③	540,000원	40,000원	100,000원
④	300,000원	40,000원	100,000원
⑤	300,000원	20,000원	120,000원

2. 다음 <표>는 A~E 지점을 연이어 주행한 '갑'~'병'자동차의 구간별 연료 소모량 및 평균 속력에 관한 자료이다. 이에 대한 <보기>의 설명 중 옳은 것만을 모두 고르면? 22 (나) 2번

<표> '갑'~'병'자동차의 구간별 연료 소모량 및 평균 속력

(단위: km, L, km/h)

구간 \ 거리 \ 구분 \ 자동차(연료)		갑 (LPG)		을 (휘발유)		병 (경유)	
구간	거리	연료 소모량	평균 속력	연료 소모량	평균 속력	연료 소모량	평균 속력
A → B	100	7.0	100	5.0	100	3.5	110
B → C	50	4.0	90	3.0	100	2.0	90
C → D	70	5.0	100	4.0	90	3.0	100
D → E	20	2.0	100	1.5	110	1.5	100
전체	240	18.0	( )	13.5	( )	10.0	( )

※ 1) L당 연료비는 LPG 1,000원, 휘발유 1,700원, 경유 1,500원임.

2) 주행 연비(km/L) = $\frac{\text{주행 거리}}{\text{연료 소모량}}$

<보 기>

ㄱ. 전체 구간 주행 시간은 '병'이 가장 길다.

ㄴ. 전체 구간 주행 연료비는 '을'이 가장 많고, '병'이 가장 적다.

ㄷ. 전체 구간 주행 연비는 '병'이 가장 높고, '갑'이 가장 낮다.

ㄹ. '갑'의 A→B 구간 주행 연비는 '을'의 B→C 구간 주행 연비보다 높다.

① ㄱ, ㄴ
② ㄱ, ㄷ
③ ㄴ, ㄷ
④ ㄷ, ㄹ
⑤ ㄴ, ㄷ, ㄹ

3. 다음 <표>는 2005~2010년 IT산업 부문별 생산규모 추이에 관한 자료이다. 이에 대한 <보고서>의 설명 중 옳은 것만을 모두 고르면? 14 (A) 25번

<표> 2005~2010년 IT산업 부문별 생산규모 추이

(단위: 조 원)

구분 \ 연도		2005	2006	2007	2008	2009	2010
정보통신서비스	통신서비스	37.4	38.7	40.4	42.7	43.7	44.3
	방송서비스	8.2	9.0	9.7	9.3	9.5	10.3
	융합서비스	3.5	4.2	4.9	6.0	7.4	8.8
	소계	49.1	51.9	55.0	58.0	60.6	63.4
정보통신기기	통신기기	43.4	43.3	47.4	61.2	59.7	58.2
	정보기기	14.5	13.1	10.1	9.8	8.6	9.9
	음향기기	14.2	15.3	13.6	14.3	13.7	15.4
	전자부품	85.1	95.0	103.6	109.0	122.4	174.4
	응용기기	27.7	29.2	29.9	32.2	31.0	37.8
	소계	184.9	195.9	204.6	226.5	235.4	295.7
소프트웨어		19.2	21.1	22.1	26.2	26.0	26.3
합계		253.2	268.9	281.7	310.7	322.0	385.4

<보고서>

국가경제 성장의 핵심 역할을 하는 IT산업은 정보통신서비스, 정보통신기기, 소프트웨어 부문으로 구분된다. ㉠ 2010년 IT산업의 생산규모는 전년대비 15% 이상 증가한 385.4조 원을 기록하였다. 한편, 소프트웨어 산업은 경기위축에 선행하고 경기회복에 후행하는 산업적 특성 때문에 전년대비 2% 이하의 성장에 머물렀다.

2010년 정보통신서비스 생산규모는 IPTV 등 신규 정보통신서비스 확대로 전년대비 4.6% 증가한 63.4조 원을 기록하였다. ㉡ 2010년 융합서비스는 전년대비 생산규모 증가율이 정보통신서비스 중 가장 높았고, 정보통신서비스에서 차지하는 생산규모 비중도 가장 컸다.

IT산업 전체의 생산을 견인하고 있는 정보통신기기 생산규모는 통신기기를 제외한 다른 품목의 생산 호조에 따라 2010년 전년대비 25.6% 증가하였다. 한편, ㉢ 2006~2010년 동안 정보통신기기 생산규모에서 통신기기, 정보기기, 음향기기, 전자부품, 응용기기가 차지하는 비중의 순위는 매년 변화가 없었다. 2010년 전자부품 생산규모는 174.4조 원으로 정보통신기기 전체 생산규모의 59.0%를 차지한다. 전자부품 중 반도체와 디스플레이 패널의 생산규모는 전년대비 각각 48.6%, 47.4% 증가하여 전자부품 생산을 주도하였다.

㉣ 2005~2010년 동안 정보통신기기 부문에서 전자부품과 응용기기 각각의 생산규모는 매년 증가하였다.

① ㄱ, ㄴ ② ㄱ, ㄷ ③ ㄱ, ㄹ
④ ㄴ, ㄹ ⑤ ㄷ, ㄹ

4. 다음 <표>는 '갑'팀 구성원(가~라)의 보유 역량 및 수행할 작업(A~G)과 작업별 필요 역량에 대한 자료이다. 이에 대한 설명으로 옳지 않은 것은? 12 (인) 10번

<표 1> '갑'팀 구성원의 보유 역량

(○: 보유)

역량 \ 구성원	가	나	다	라
자기개발	○	○		
의사소통	○		○	○
수리활용		○		○
정보활용	○		○	
문제해결		○	○	
자원관리	○			
기술활용	○	○		
대인관계			○	○
문화이해	○		○	
변화관리	○	○	○	○

<표 2> 수행할 작업과 작업별 필요 역량

(○: 필요)

작업 \ 역량	자기개발	의사소통	수리활용	정보활용	문제해결	자원관리	기술활용	대인관계	문화이해	변화관리
A			○					○		○
B					○			○	○	
C					○	○				
D		○		○		○				○
E	○				○					○
F		○	○					○		
G		○					○			○

※ 각 작업별 필요 역량을 모두 보유하고 있는 구성원만이 해당 작업을 수행할 수 있음.

① '갑'팀 구성원 중 D작업을 수행할 수 있는 사람은 G작업도 수행할 수 있다.
② '갑'팀 구성원 중 A작업을 수행할 수 있는 사람이 F작업을 수행하기 위해서는 기존 보유 역량 외에 '의사소통' 역량이 추가로 필요하다.
③ '갑'팀 구성원 중 E작업을 수행할 수 있는 사람은 다른 작업을 수행할 수 없다.
④ '갑'팀 구성원 중 B작업을 수행할 수 있는 사람이 '기술활용' 역량을 추가로 보유하면 G작업을 수행할 수 있다.
⑤ '갑'팀 구성원 중 C작업을 수행할 수 있는 사람은 없다.

5. 다음 <표>는 세계 주요 지진의 인명피해 현황을 나타낸 자료이다. <표>와 <보고서>의 내용을 근거로 하여 A~F에 해당하는 지진을 바르게 나열한 것은? 12 (인) 29번

<표> 세계 주요 지진의 인명피해 현황

지진	발생년도	지진의 규모(M)	사망자 수(명)	부상자 수(명)
A	1976	7.5	240,000	799,000
B	1995	6.9	5,500	37,000
C	1999	7.6	2,400	8,700
D	2001	7.6	20,000	166,000
E	2003	6.9	27,000	30,000
F	2008	7.9	69,000	374,000

※ M은 리히터 지진규모의 단위임.

<보고서>

세계 주요 지진에 의한 인명피해 현황을 통해 지진에 대한 철저한 대비가 얼마나 중요한지 알 수 있다. 예를 들어, '가' 지진과 '나'지진의 규모는 동일하나 '가'지진에 의한 사망자 수가 '나'지진에 의한 사망자 수의 4배 이상이었다. 이는 '나' 지진이 건물 내진 설계와 주민 대피 훈련이 잘 이루어지는 국가에서 발생한데 반해, '가'지진은 건물 내진 설계와 주민 대피 훈련이 미흡한 국가에서 발생하였기 때문이다.

또한 '다'지진은 '가'지진보다 지진의 규모가 크지만 사망자 수와 부상자 수는 각각 적게 발생하였는데, 이는 '다' 지진 또한 건물 내진 설계와 주민 대피 훈련이 잘 이루어지는 국가에서 발생하였기 때문이다. 따라서, '바'지진에 의한 사망자 수가 같은 규모 지진인 '다'지진에 의한 사망자 수보다 8배 이상 발생하였음을 볼 때, '다'지진이 발생한 국가보다 '바'지진이 발생한 국가의 건물 내진 설계와 주민 대피 훈련이 부족하였음을 추측할 수 있다.

한편 동일한 국가에서 발생한 '라'지진과 '마'지진의 경우, 비록 지진의 규모는 '마'지진이 크지만 '마'지진에 의한 사망자 수는 '라'지진에 의한 사망자 수의 30% 이하이다. 이는 '라' 지진 발생 이후 해당 국가에서 건물의 내진 설계를 강화하고 주민들에게 지진에 대한 경각심을 꾸준히 높여 왔기 때문이다.

	A	B	C	D	E	F
①	가	나	다	바	라	마
②	다	가	마	바	나	라
③	다	나	바	마	가	라
④	라	나	다	바	가	마
⑤	마	나	다	바	가	라

6. 다음 <표>는 2010년 국가기록원의 '비공개기록물 공개 재분류 사업' 결과 및 현황이다. 이에 대한 설명으로 옳지 않은 것은? 14 (A) 22번

<표 1> 비공개기록물 공개 재분류 사업 결과

(단위: 건)

구분	합	재분류 결과			
		공개			비공개
		소계	전부공개	부분공개	
계	2,702,653	1,298,570	169,646	1,128,924	1,404,083
30년 경과 비공개기록물	1,199,421	1,079,690	33,012	1,046,678	119,731
30년 미경과 비공개기록물	1,503,232	218,880	136,634	82,246	1,284,352

<표 2> 30년 경과 비공개기록물 중 비공개로 재분류된 기록물의 비공개 사유별 현황

(단위: 건)

합	비공개 사유						
	법령상 비밀	국방 등 국익침해	국민의 생명 등 공익침해	재판 관련 정보	공정한 업무수행 지장	개인 사생활 침해	특정인의 이익침해
119,731	619	313	54,329	18,091	24	46,298	57

① 2010년 '비공개기록물 공개 재분류 사업' 대상 전체 기록물 중 절반 이상이 다시 비공개로 재분류되었다.

② 30년 경과 비공개기록물 중 전부공개로 재분류된 기록물 건수가 30년 경과 비공개기록물 중 '개인 사생활 침해' 사유에 해당하여 비공개로 재분류된 기록물 건수보다 적다.

③ 30년 경과 비공개기록물 중 공개로 재분류된 기록물의 비율이 30년 미경과 비공개기록물 중 비공개로 재분류된 기록물의 비율보다 낮다.

④ 재분류 건수가 많은 것부터 순서대로 나열하면, 30년 경과 비공개기록물은 부분공개, 비공개, 전부공개 순이고 30년 미경과 비공개기록물은 비공개, 전부공개, 부분공개 순이다.

⑤ 30년 경과 비공개기록물 중 '국민의 생명 등 공익침해'와 '개인 사생활 침해' 사유에 해당하여 비공개로 재분류된 기록물 건수의 합은 2010년 '비공개기록물 공개 재분류 사업' 대상 전체 기록물의 5% 이하이다.

7. 다음 <표>는 A국의 2008년과 2012년 의원 유형별, 정당별 전체 의원 및 여성 의원에 관한 자료이다. 이에 대한 <보기>의 설명 중 옳은 것만을 모두 고르면? 16 (4) 37번

<표 1> 2008년 의원 유형별, 정당별 전체 의원 및 여성 의원

(단위: 명)

의원 유형	구분 \ 정당	가	나	다	라	기타	전체
비례대표 의원	전체 의원 수	44	38	16	20	70	188
	여성 의원 수	21	18	6	10	25	80
지역구 의원	전체 의원 수	230	209	50	51	362	902
	여성 의원 수	16	21	2	7	17	63

<표 2> 2012년 의원 유형별, 정당별 전체 의원 및 여성 의원

(단위: 명, %)

의원 유형	구분 \ 정당	가	나	다	라	기타	전체
비례대표 의원	전체 의원 수	34	42	18	17	74	185
	여성 의원 비율	41.2	54.8	27.8	35.3	40.5	42.2
지역구 의원	전체 의원 수	222	242	60	58	344	926
	여성 의원 비율	7.2	12.4	10.0	13.8	4.1	8.0

※ 1) 의원 유형은 비례대표의원과 지역구의원으로만 구성됨.
2) 비율은 소수점 둘째 자리에서 반올림한 값임.

<보 기>

ㄱ. 2012년 A국 전체 의원 중 여성 의원의 비율은 15% 이하이다.
ㄴ. 2008년 정당별 지역구의원 중 여성 의원 비율은 '기타'를 제외하고 '라' 정당이 가장 높다.
ㄷ. 2008년 대비 2012년의 '가' 정당 여성 의원 비율은 비례대표의원 유형과 지역구의원 유형에서 모두 감소하였다.
ㄹ. 2008년 대비 2012년에 여성 지역구의원 수는 '가'~'라' 정당에서 모두 증가하였다.

① ㄱ, ㄴ
② ㄱ, ㄷ
③ ㄴ, ㄷ
④ ㄴ, ㄹ
⑤ ㄱ, ㄴ, ㄹ

8. 다음 <그림>은 2013년과 2014년 침해유형별 개인정보 침해경험을 설문조사한 결과이다. 이에 대한 설명으로 옳은 것은? 16 (4) 25번

<그림> 침해유형별 개인정보 침해경험 설문조사 결과

(단위: %)

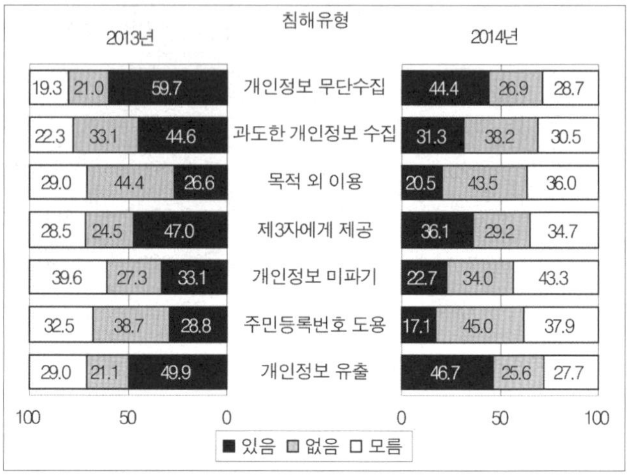

① '있음'으로 응답한 비율이 큰 침해유형부터 순서대로 나열하면 2013년과 2014년의 순서는 동일하다.
② 2014년 '개인정보 무단수집'을 '있음'으로 응답한 비율은 '개인정보 미파기'를 '있음'으로 응답한 비율의 2배 이상이다.
③ 2014년 '있음'으로 응답한 비율의 전년대비 감소폭이 가장 큰 침해유형은 '과도한 개인정보 수집'이다.
④ 2014년 '모름'으로 응답한 비율은 모든 침해유형에서 전년대비 증가하였다.
⑤ 2014년 '있음'으로 응답한 비율의 전년대비 감소율이 가장 큰 침해유형은 '주민등록번호 도용'이다.

9. 다음 <표>는 2023년 '갑'국 8개 도시(A~H)의 상수도 관련 자료이다. 이에 대한 설명으로 옳지 않은 것은? 24 (나) 20번

<표> '갑'국 A~H도시의 상수도 통계

(단위: %)

도시	유수율	무수율	누수율	계량기 불감수율	수도사업 용수량 비율
A	94.2	5.8	5.4	0.1	0.0
B	91.6	8.4	3.6	4.5	0.3
C	90.1	9.9	4.5	2.3	0.1
D	93.4	6.6	4.3	2.0	0.1
E	93.8	6.2	4.2	1.9	0.1
F	92.2	7.8	5.1	2.6	0.1
G	90.9	9.1	5.1	3.8	0.1
H	94.6	5.4	2.6	2.3	0.2

※ 1) 무수율 = 누수율 + 유효무수율
2) 유효무수율 = 계량기 불감수율 + 수도사업 용수량 비율 + 부정사용률

① 유효무수율이 가장 낮은 도시는 누수율이 가장 높다.
② 유수율이 가장 낮은 도시의 부정사용률은 유수율이 세 번째로 높은 도시의 부정사용률보다 높다.
③ 무수율과 부정사용률의 차이가 가장 큰 도시는 G이다.
④ 계량기 불감수율이 가장 높은 도시는 유효무수율도 가장 높다.
⑤ 부정사용률이 가장 높은 도시는 무수율도 가장 높다.

10. 다음 <그림>과 <표>를 이용하여 <보고서>를 작성하였다. 제시된 <그림>과 <표> 이외에 추가로 필요한 자료만을 <보기>에서 모두 고르면? 16 (4) 3번

<그림> 박사학위 취득자의 성별, 전공계열별 고용률 현황

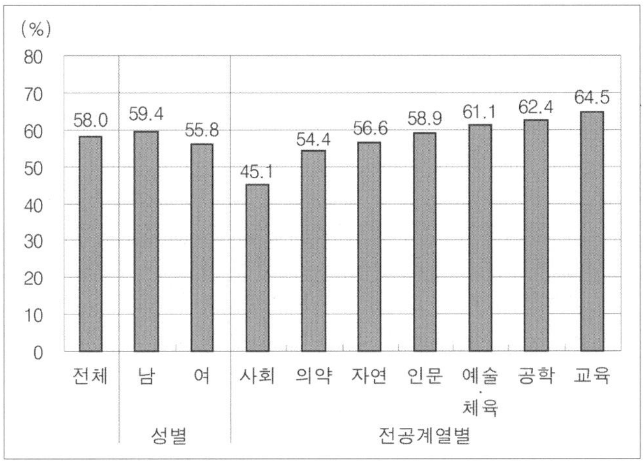

<표> 박사학위 취득자 중 취업자의 고용형태별 직장유형 구성비율

(단위: %)

고용형태 / 직장유형	전체	정규직	비정규직
대학	54.2	9.3	81.1
민간기업	24.9	64.3	1.2
공공연구소	10.3	8.5	11.3
민간연구소	3.3	6.4	1.5
정부·지자체	1.9	2.4	1.7
기타	5.4	9.1	3.2
계	100.0	100.0	100.0

<보고서>

박사학위 취득자의 전체 고용률은 58.0%이었다. 전공계열 중 교육계열의 고용률이 가장 높고 그 다음으로 공학계열, 예술·체육계열, 인문계열의 순으로 나타났으며, 사회계열, 의약계열과 자연계열의 고용률은 상대적으로 낮았다.

박사학위 취득자 중 취업자의 직장유형 구성비율을 살펴보면 대학이 가장 높았고, 그 다음으로 민간기업, 공공연구소 등의 순이었다.

박사학위 취득자 중 취업자의 고용형태를 살펴보면, 여성 취업자 중 비정규직 비율은 75% 이상이었다. 전공계열별로는 인문계열의 비정규직 비율이 가장 높고, 그 다음으로 예술·체육계열, 의약계열, 사회계열, 자연계열, 교육계열, 공학계열 순으로 나타났다. 정규직은 과반수가 민간기업에 소속된 반면, 비정규직은 80% 이상이 대학에 소속된 것으로 나타났다.

박사학위 취득자 중 취업자의 고용형태에 따라 평균 연봉 차이가 큰 것으로 나타났다. 정규직 취업자의 직장유형을 기타를 제외하고 평균 연봉이 높은 것부터 순서대로 나열하면 민간기업, 민간연구소, 공공연구소, 대학, 정부·지자체 순이었다. 또한, 비정규직 내에서도 직장유형별 평균 연봉의 편차가 크게 나타났다.

<보 기>

ㄱ. 박사학위 취득자 중 취업자의 전공계열별 고용형태
ㄴ. 박사학위 취득자 중 취업자의 성별, 전공계열별 평균 연봉
ㄷ. 박사학위 취득자 중 취업자의 고용형태별, 직장유형별 평균 연봉
ㄹ. 박사학위 취득자 중 취업자의 성별 고용형태
ㅁ. 박사학위 취득자 중 비정규직 여성 취업자의 전공계열별 평균 근속기간

① ㄱ, ㄴ, ㄷ ② ㄱ, ㄷ, ㄹ ③ ㄱ, ㄷ, ㅁ
④ ㄴ, ㄷ, ㄹ ⑤ ㄴ, ㄹ, ㅁ

11. 다음 <표>는 2008~2012년 한국을 포함한 OECD 주요국의 공공복지예산에 관한 자료이다. 이에 대한 <보기>의 설명 중 옳은 것만을 모두 고르면? 16 (4) 32번

<표 1> 2008~2012년 한국의 공공복지예산과 분야별 GDP 대비 공공복지예산 비율

(단위: 십억 원, %)

구분 / 연도	공공복지 예산	분야별 GDP 대비 공공복지예산 비율					
		노령	보건	가족	실업	기타	합
2008	84,466	1.79	3.28	0.68	0.26	1.64	7.65
2009	99,856	1.91	3.64	0.74	0.36	2.02	8.67
2010	105,248	1.93	3.74	0.73	0.29	1.63	8.32
2011	111,090	1.95	3.73	0.87	0.27	1.52	8.34
2012	124,824	2.21	3.76	1.08	0.27	1.74	9.06

<표 2> 2008~2012년 OECD 주요국의 GDP 대비 공공복지 예산 비율

(단위: %)

연도 / 국가	2008	2009	2010	2011	2012
한국	7.65	8.67	8.32	8.34	9.06
호주	17.80	17.80	17.90	18.20	18.80
미국	17.00	19.20	19.80	19.60	19.70
체코	18.10	20.70	20.80	20.80	21.00
영국	21.80	24.10	23.80	23.60	23.90
독일	25.20	27.80	27.10	25.90	25.90
핀란드	25.30	29.40	29.60	29.20	30.00
스웨덴	27.50	29.80	28.30	27.60	28.10
프랑스	29.80	32.10	32.40	32.00	32.50

<보 기>

ㄱ. 2011년 한국의 실업분야 공공복지예산은 4조 원 이상이다.
ㄴ. 한국의 공공복지예산 중 보건분야 예산이 차지하는 비중은 2011년과 2012년에 전년대비 감소한다.
ㄷ. 매년 한국의 노령분야 공공복지예산은 가족분야 공공복지예산의 2배 이상이다.
ㄹ. 2009~2012년 동안 OECD 주요국 중 GDP 대비 공공복지예산 비율이 가장 높은 국가와 가장 낮은 국가 간의 비율 차이는 전년대비 매년 증가한다.

① ㄱ, ㄹ ② ㄴ, ㄷ ③ ㄴ, ㄹ
④ ㄱ, ㄴ, ㄷ ⑤ ㄱ, ㄷ, ㄹ

12. 다음 <표>는 수자원 현황에 대한 자료이다. 이를 바탕으로 작성한 <보고서>의 내용 중 옳은 것만을 모두 고르면? 15 (인) 23번

<표 1> 지구상 존재하는 물의 구성

구분		부피(백만 km³)	비율(%)
총량		1,386.1	100.000
해수(바닷물)		1,351.0	97.468
담수	빙설(빙하, 만년설 등)	24.0	1.731
	지하수	11.0	0.794
	지표수(호수, 하천 등)	0.1	0.007

<표 2> 세계 각국의 강수량

구분	한국	일본	미국	영국	중국	캐나다	세계 평균
연평균 강수량 (mm)	1,245	1,718	736	1,220	627	537	880
1인당 강수량 (m³/년)	2,591	5,107	25,022	4,969	4,693	174,016	19,635

<표 3> 주요 국가별 1인당 물사용량

국가	독일	덴마크	프랑스	영국	일본	이탈리아	한국	호주
1인당 물사용량 (ℓ/일)	132	246	281	323	357	383	395	480

<보고서>

급격한 인구증가와 지구온난화로 인하여 인류가 사용할 수 있는 물의 양이 줄어들면서 물 부족 문제가 심화되고 있다. ㉠ 지구상에 존재하는 물의 97% 이상이 해수이고, 나머지는 담수의 형태로 존재한다. ㉡ 담수의 3분의 2 이상은 빙하, 만년설 등의 빙설이고, 나머지도 대부분 땅속에 있어 손쉽게 이용 가능한 지표수는 매우 적다.

최근 들어 강수량 및 확보 가능한 수자원이 감소되고 있는 실정이다. UN 조사에 따르면 이러한 상황이 지속될 경우 20년 후 세계 인구의 3분의 2는 물 스트레스 속에서 살게 될 것으로 전망된다. ㉢ 한국의 경우, 연평균 강수량은 세계평균의 1.4배 이상이지만, 1인당 강수량은 세계평균의 12% 미만이다. 또한 연강수량의 3분의 2가 여름철에 집중되어 수자원의 계절별, 지역별 편중이 심하다.

이와 같이 수자원 확보의 어려움에 직면하고 있으나 ㉣ 한국의 1인당 물사용량은 독일의 2.5배 이상이며, 프랑스의 1.4배 이상으로 오히려 다른 나라에 비해 높은 편이다.

① ㄱ, ㄴ
② ㄱ, ㄷ
③ ㄷ, ㄹ
④ ㄱ, ㄴ, ㄹ
⑤ ㄴ, ㄷ, ㄹ

13. 다음 <표>와 <조건>은 고객기관 유형별 기관수와 고객기관 유형별 공공데이터 자체활용 및 제공 현황이고, <그림>은 공공데이터의 제공 경로를 나타낸다. 이에 대한 <보기>의 설명 중 옳은 것만을 모두 고르면? 16 (4) 17번

<표> 고객기관 유형별 기관수

(단위: 개)

유형	기관수
1차 고객기관	600
2차 고객기관	300

<조 건>

○ 모든 1차 고객기관은 공공데이터 원천기관으로부터 제공받은 공공데이터를 보유하고 있으며, 1차 고객기관은 공공데이터를 자체활용만 하는 기관과 자체활용 없이 개인고객 또는 2차 고객기관에게 공공데이터를 제공하는 기관으로 구분된다.
○ 1차 고객기관 중 25%는 공공데이터를 자체활용만 한다.
○ 1차 고객기관 중 50%는 2차 고객기관에게 공공데이터를 제공하고, 1차 고객기관 중 60%는 개인고객에게 공공데이터를 제공한다.
○ 2차 고객기관 중 30%는 공공데이터를 자체활용만 하고, 70%는 개인고객에게 공공데이터를 제공한다.
○ 1차 고객기관으로부터 공공데이터를 제공받지 않는 2차 고객기관은 없다.

<그림> 공공데이터의 제공 경로

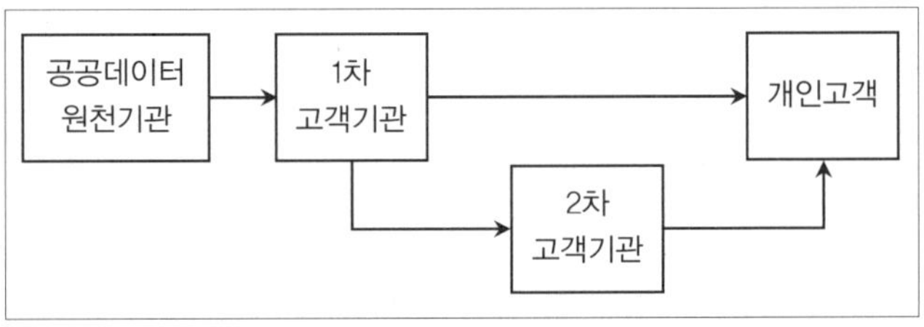

<보 기>

ㄱ. 개인고객에게 공공데이터를 제공하는 기관의 수는 1차 고객기관이 2차 고객기관보다 크다.
ㄴ. 공공데이터를 자체활용만 하는 기관의 수는 1차 고객기관이 2차 고객기관보다 크다.
ㄷ. 1차 고객기관 중 개인고객에게만 공공데이터를 제공하는 기관의 수는 1차 고객기관의 25%이다.
ㄹ. 1차 고객기관 중 개인고객에게만 공공데이터를 제공하는 기관의 수는 1차 고객기관 중 2차 고객기관에게만 공공데이터를 제공하는 기관의 수에 비해 70% 이상 더 크다.

① ㄱ, ㄴ
② ㄱ, ㄷ
③ ㄴ, ㄹ
④ ㄱ, ㄴ, ㄷ
⑤ ㄱ, ㄴ, ㄹ

14. 다음 <보고서>는 2012년 2분기말 외국인 국내토지 소유현황에 관한 것이다. <보고서>의 내용과 부합하지 않는 자료는?

13 (인) 19번

<보고서>

2012년 2분기말 현재 외국인의 국내토지 소유면적은 224,715천 ㎡, 금액으로는 335,018억 원인 것으로 조사되었다. 면적 기준으로 2012년 1분기말 대비 2,040천 ㎡, 보유필지수로는 1분기말 대비 3% 미만 증가한 것이다.

국적별로는 기타 지역을 제외하고 토지 소유면적이 넓은 것부터 나열하면 미국, 유럽, 일본, 중국 순이며, 미국 국적 외국인은 외국인 국내토지 소유면적의 50% 이상을 소유하였다. 용도별로 외국인 국내토지 소유면적을 넓은 것부터 나열하면 임야·농지, 공장용지, 주거용지, 상업용지, 레저용지 순이며, 이 중 주거용지, 상업용지, 레저용지 토지 면적의 합이 외국인 국내토지 소유면적의 10% 이상인 것으로 나타나 부동산 투기에 대한 지속적인 감시가 필요할 것으로 판단된다.

토지 소유 주체별로는 개인이 전체 외국인 소유 토지의 60% 이상을 차지하고 있으며, 특히 개인 소유 토지의 57.1%를 차지하고 있는 외국국적 교포의 토지 소유면적이 법인 및 외국정부단체 등이 소유한 토지 면적보다 더 넓은 것으로 나타났다. 외국인이 소유하고 있는 지역별 토지 면적을 넓은 것부터 나열하면 전남, 경기, 경북 순이고 이들 지역에서의 보유 면적의 합은 전체 외국인 국내토지 소유면적의 40%를 상회하고 있어 향후 집중적인 모니터링이 요구된다.

① 2012년 2분기말 주체별 외국인 국내토지 소유현황

구분	합	개인			법인			외국정부단체 등
		소계	외국국적 교포	순수 외국인	소계	합작 법인	순수 외국 법인	
면적(천 ㎡)	224,715	137,040	128,252	8,788	87,173	71,810	15,363	502
비율(%)	100.0	61.0	57.1	3.9	38.8	32.0	6.8	0.2

② 외국인 국내토지 소유현황

구분	2011년 4분기말	2012년 1분기말	2012년 2분기말
면적(천 ㎡)	221,899	222,675	224,715
금액(억 원)	310,989	323,109	335,018
필지수(필)	79,992	81,109	82,729

③ 2012년 2분기말 국적별 외국인 국내토지 소유현황

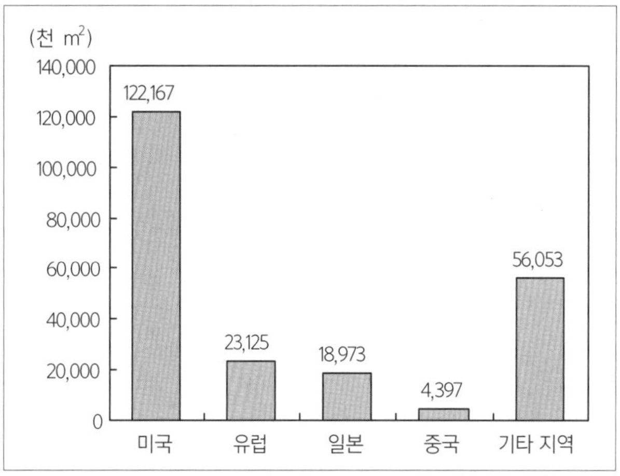

④ 2012년 2분기말 용도별 외국인 국내토지 소유현황

구분	임야·농지	공장용지	주거용지	상업용지	레저용지	합
면적(천 ㎡)	133,088	67,141	14,973	5,871	3,642	224,715

⑤ 2012년 2분기말 시도별 외국인 국내토지 소유현황

시도명	면적(천 ㎡)	비율(%)
서울	2,729	1.2
부산	5,738	2.6
대구	1,792	0.8
인천	4,842	2.2
광주	3,425	1.5
대전	837	0.4
울산	5,681	2.5
세종	867	0.4
경기	37,615	16.7
강원	18,993	8.5
충북	12,439	5.5
충남	22,313	9.9
전북	7,462	3.3
전남	37,992	16.9
경북	35,081	15.6
경남	17,058	7.6
제주	9,851	4.4
계	224,715	100.0

15. 다음 <표>는 출산여성의 임신기간 중 약물 복용횟수와 정상아 및 기형아 출산 현황에 대한 자료이다. 이에 대한 <보기>의 설명 중 옳은 것을 모두 고르면? 12 (인) 38번

<표> 약물 복용횟수와 정상아 및 기형아 출산 현황

(단위: 회, 명)

약물 복용횟수	출산여성 수		
	정상아 출산	기형아 출산	합계
0	15,952	48	16,000
1	12,460	40	12,500
2	792	8	800
3	194	6	200
4	38	2	40
5 이상	12	3	15

※ 1) 모든 출산여성은 정상아 또는 기형아 중 1명만 출산하였음.

2) 기형발생률(%)

$$= \frac{\text{약물 복용횟수 해당 구간의 기형아 출산여성 수}}{\text{약물 복용횟수 해당 구간의 출산여성 수}} \times 100$$

3) 기형발생 오즈(odds) $= \frac{\text{기형발생률}}{100 - \text{기형발생률}}$

<보 기>

ㄱ. 기형발생률은 약물 복용횟수가 1회인 경우가 0회인 경우보다 0.02%p 더 높다.

ㄴ. 약물 복용횟수가 2회 이하인 경우의 기형발생률은 1.62%이다.

ㄷ. 약물 복용횟수가 1회씩 증가할수록 기형발생률의 증가폭이 커진다.

ㄹ. 기형발생 오즈(odds)는 약물 복용횟수가 4회인 경우가 2회인 경우보다 5배 이상 높다.

① ㄱ, ㄴ
② ㄱ, ㄷ
③ ㄱ, ㄹ
④ ㄴ, ㄷ
⑤ ㄴ, ㄹ

16. 다음 <표>와 <그림>은 2015년 A~D국의 산업별 기업수와 국내총생산(GDP)에 대한 자료이다. 이와 <조건>에 근거하여 A~D에 해당하는 국가를 바르게 나열한 것은? 18 (나) 22번

<표> A~D국의 산업별 기업수

(단위: 개)

산업 / 국가	전체	제조업	서비스업	기타
A	3,094,595	235,093	2,283,769	575,733
B	3,668,152	396,422	2,742,627	529,103
C	2,975,674	397,171	2,450,288	128,215
D	3,254,196	489,530	2,747,603	17,063

<그림> A~D국의 전체 기업수와 GDP

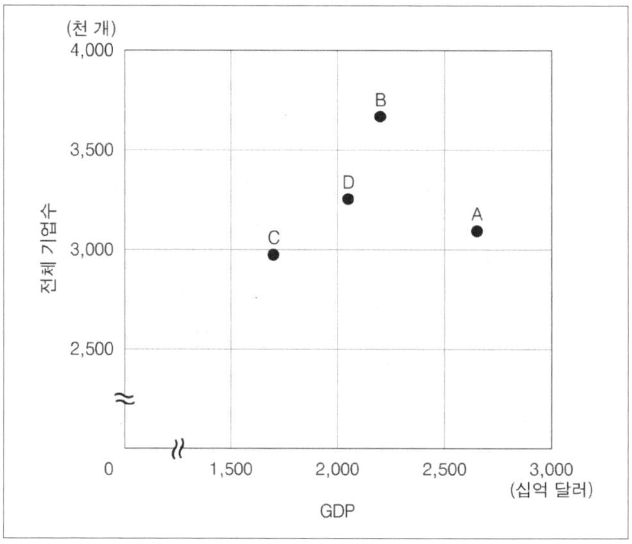

<조 건>

○ '갑'~'정'국 중 전체 기업수 대비 서비스업 기업수의 비중이 가장 큰 국가는 '갑'국이다.

○ '정'국은 '을'국보다 제조업 기업수가 많다.

○ '을'국은 '병'국보다 전체 기업수는 많지만 GDP는 낮다.

	A	B	C	D
①	갑	정	을	병
②	을	병	정	갑
③	병	을	갑	정
④	병	을	정	갑
⑤	정	을	병	갑

17. 다음 <표>와 <그림>은 '가'국의 수출입액 현황에 관한 자료이다. 이에 대한 <보기>의 설명 중 옳지 않은 것을 모두 고르면?

12 (인) 17번

<표> '가'국의 대상 지역별 수출입액 현황(2010~2011년)

(단위: 억 원, %)

구분	2010년			2011년			2011년 수출입액의 전년대비 증감률
	수출액	수입액	수출입액	수출액	수입액	수출입액	
아시아	939,383	2,320,247	3,259,630 (88.4)	900,206	2,096,471	2,996,677 (89.8)	-8.1
유럽	67,648	89,629	157,277 (4.3)	60,911	92,966	153,877 (4.6)	-2.2
미주	83,969	153,112	237,081 (6.4)	60,531	103,832	164,363 (4.9)	-30.7
아프리카	12,533	19,131	31,664 (0.9)	13,266	7,269	20,535 (0.7)	-35.1
전체	1,103,533	2,582,119	3,685,652 (100.0)	1,034,914	2,300,538	3,335,452 (100.0)	-9.5

※ 수출입액 = 수출액 + 수입액

<그림 1> '가'국의 대 유럽 수출입액 상위 6개국(2010년)

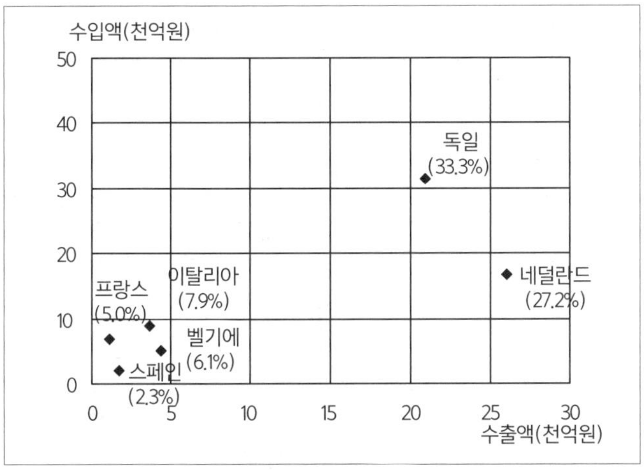

<그림 2> '가'국의 대 유럽 수출입액 상위 6개국(2011년)

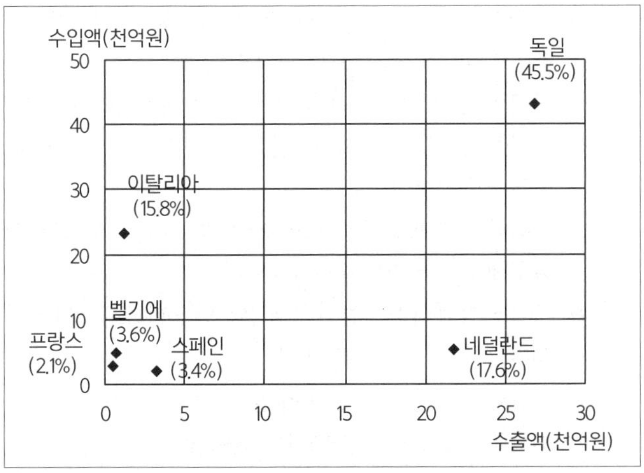

※ 1) '가'국의 유럽에 대한 전체 수출입액 중 해당국이 차지하는 수출입액의 비중이 큰 순서에 따라 상위 6개국을 선정함.
2) ( ) 안의 수치는 '가'국의 유럽에 대한 전체 수출입액 중 해당국이 차지하는 수출입액의 비중을 나타냄.

<보 기>

ㄱ. 2011년 '가'국의 아시아에 대한 수출입액은 전년대비 1.4%p 증가하여 2011년 전체 수출입액의 89.8%를 차지하였다.

ㄴ. 2011년 '가'국의 아시아, 유럽, 미주, 아프리카에 대한 수출입액은 각각 전년대비 감소하였다.

ㄷ. 2011년 '가'국의 유럽에 대한 수출입액은 전년대비 2.2% 감소하였고, 수출액은 전년대비 5.9% 감소하였으나, 수입액은 전년대비 3.7% 증가하였다.

ㄹ. 2011년 '가'국의 유럽에 대한 전체 수출입액 중 수출입액 상위 5개국이 차지하는 수출입액은 85.0% 이상이었다.

ㅁ. 2011년 '가'국의 네덜란드에 대한 수입액 대비 수출액 비율은 전년에 비해 감소하였고, 네덜란드에 대한 수출입액은 유럽에 대한 전체 수출입액의 17.6%를 차지하였다.

① ㄱ, ㄴ, ㄹ
② ㄱ, ㄷ, ㄹ
③ ㄱ, ㄷ, ㅁ
④ ㄴ, ㄷ, ㅁ
⑤ ㄴ, ㄹ, ㅁ

18. 다음 <그림>은 '갑'소독제 소독실험에서 소독제 누적주입량에 따른 병원성미생물 개체수의 변화를 나타낸 것이다. <그림>과 <실험정보>에 근거한 <보기>의 설명 중 옳은 것만을 모두 고르면?

17 (가) 13번

<그림> 소독제 누적주입량에 따른 병원성미생물 개체수 변화

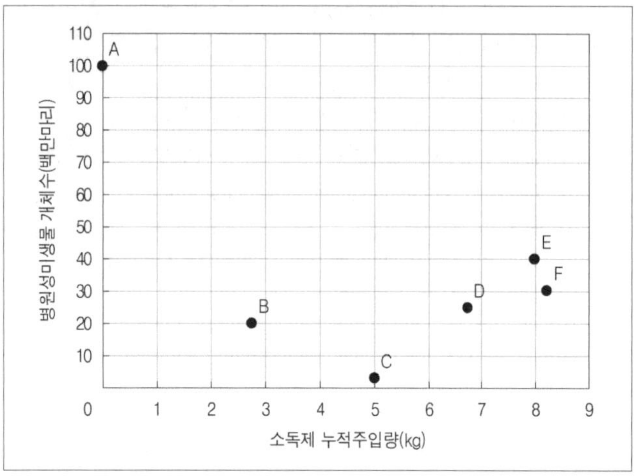

<실험정보>

○ 이 실험은 1회 시행한 단일 실험임.
○ 실험 시작시점(A)에서 측정한 값과, 이후 5시간 동안 소독제를 주입하면서 매 1시간이 경과하는 시점을 순서대로 B, C, D, E, F라고 하고 각 시점에서 측정한 값을 표시하였음.
○ 소독효율(마리/kg) = $\frac{\text{시작시점(A) 병원성미생물 개체수 - 측정시점 병원성미생물 개체수}}{\text{측정시점의 소독제 누적주입량}}$
○ 구간 소독속도(마리/시간) = $\frac{\text{구간의 시작시점 병원성미생물 개체수 - 구간의 종료시점 병원성미생물 개체수}}{\text{두 측정시점 사이의 시간}}$

<보 기>

ㄱ. 실험시작 후 2시간이 경과한 시점의 소독효율이 가장 높다.
ㄴ. 소독효율은 F가 D보다 낮다.
ㄷ. 구간 소독속도는 B~C 구간이 E~F 구간보다 낮다.

① ㄱ
② ㄴ
③ ㄷ
④ ㄴ, ㄷ
⑤ ㄱ, ㄴ, ㄷ

19. 다음 <그림 1>은 1인당 실질부가가치와 취업자 수 증가율에 따른 국가 유형 구분을 나타낸 것이다. <그림 2>는 <그림 1>을 주요 국가의 통신업과 금융업에 적용하여 작성된 자료이다. 이에 대한 <보기>의 설명 중 옳은 것을 모두 고르면?

12 (인) 13번

<그림 1> 1인당 실질부가가치와 취업자 수 증가율에 따른 국가 유형 구분

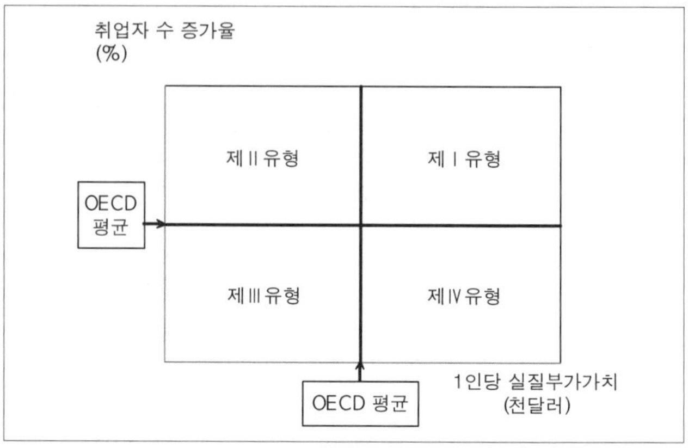

※ OECD 평균은 해당 업종의 OECD 회원국 평균을 나타냄.

<그림 2> 주요 국가의 통신업 및 금융업의 1인당 실질부가가치와 취업자 수 증가율

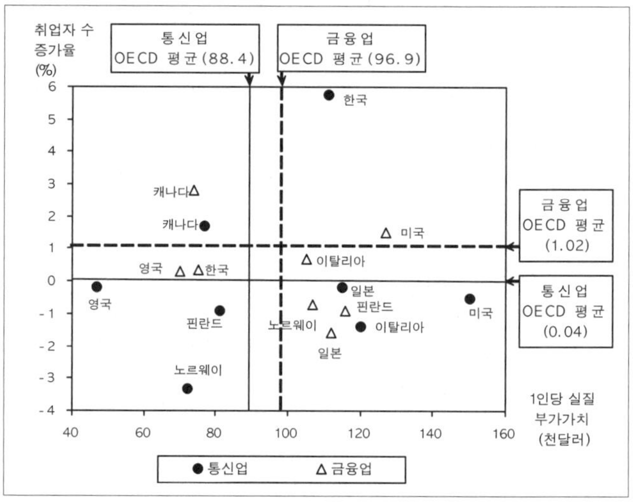

<보 기>

ㄱ. 한국과 일본의 통신업의 경우, 1인당 실질부가가치는 통신업의 OECD평균보다 각각 높다.
ㄴ. 한국의 경우 통신업의 1인당 실질부가가치와 취업자 수 증가율은 각각 금융업의 1인당 실질부가가치와 취업자 수 증가율보다 크다.
ㄷ. 통신업의 제Ⅲ유형에 속한 국가의 수와 금융업의 제Ⅳ유형에 속한 국가의 수는 같다.
ㄹ. 국가 유형에 따라 구분한 결과 통신업 유형과 금융업 유형이 동일한 국가의 수는 4개이다.
ㅁ. 금융업에서 미국의 1인당 실질부가가치는 캐나다의 1인당 실질부가가치에 비하여 2배 이상이다.

① ㄱ, ㄴ, ㄹ
② ㄱ, ㄴ, ㅁ
③ ㄱ, ㄷ, ㄹ
④ ㄴ, ㄷ, ㅁ
⑤ ㄷ, ㄹ, ㅁ

20. 다음 <표>와 <조건>은 주식매매 수수료율과 증권거래세율에 대한 자료이다. 이에 대한 <보기>의 설명 중 옳은 것을 모두 고르면?

13 (인) 39번

<표 1> 주식매매 수수료율과 증권거래세율

(단위: %)

구분 \ 연도	2001	2003	2005	2008	2011
주식매매 수수료율	0.1949	0.1805	0.1655	0.1206	0.0993
유관기관 수수료율	0.0109	0.0109	0.0093	0.0075	0.0054
증권사 수수료율	0.1840	0.1696	0.1562	0.1131	0.0939
증권거래세율	0.3	0.3	0.3	0.3	0.3

<표 2> 유관기관별 주식매매 수수료율

(단위: %)

유관기관 \ 연도	2001	2003	2005	2008	2011
한국거래소	0.0065	0.0065	0.0058	0.0045	0.0032
예탁결제원	0.0032	0.0032	0.0024	0.0022	0.0014
금융투자협회	0.0012	0.0012	0.0011	0.0008	0.0008
합계	0.0109	0.0109	0.0093	0.0075	0.0054

<조 건>

○ 주식매매 수수료는 주식 매도 시 매도자에게, 매수 시 매수자에게 부과됨.
○ 증권거래세는 주식 매도 시에만 매도자에게 부과됨.

※ 1) 주식거래 비용 = 주식매매 수수료 + 증권거래세
2) 주식매매 수수료 = 주식매매 대금 × 주식매매 수수료율
3) 증권거래세 = 주식매매 대금 × 증권거래세율

<보 기>

ㄱ. 2001년에 '갑'이 주식을 매수한 뒤 같은 해에 동일한 가격으로 전량 매도했을 경우, 매수 시 주식거래 비용과 매도 시 주식거래 비용의 합에서 증권사 수수료가 차지하는 비중은 50%를 넘지 않는다.
ㄴ. 2005년에 '갑'이 1,000만원 어치의 주식을 매수할 때 '갑'에게 부과되는 주식매매 수수료는 16,550원이다.
ㄷ. 모든 유관기관은 2011년 수수료율을 2008년보다 10% 이상 인하하였다.
ㄹ. 2011년에 '갑'이 주식을 매도할 때 '갑'에게 부과되는 주식거래 비용에서 유관기관 수수료가 차지하는 비중은 2% 이하이다.

① ㄱ, ㄴ
② ㄱ, ㄷ
③ ㄴ, ㄷ
④ ㄴ, ㄹ
⑤ ㄷ, ㄹ

21. 다음 <표>는 2022년 '갑'모터쇼에 전시된 전기차 A~E의 차량가격 및 제원에 관한 자료이다. 이에 대한 <보기>의 설명 중 옳은 것만을 모두 고르면?

24 (나) 9번

<표> 전기차 A~E의 차량가격 및 제원

(단위: 만 원, 분, km, kWh)

전기차 \ 구분	차량가격	완충시간	완충시 주행거리	배터리 용량
A	8,469	350	528	75.0
B	5,020	392	475	77.4
C	17,700	420	478	112.8
D	14,620	420	447	111.5
E	6,000	252	524	77.4

<보 기>

ㄱ. '배터리 용량'당 '차량가격'은 C가 가장 높다.
ㄴ. '차량가격'이 가장 낮은 전기차는 '완충시간' 대비 '배터리 용량'의 비율도 가장 낮다.
ㄷ. '완충시 주행거리' 대비 '완충시간'의 비율은 D가 E의 2배 이상이다.
ㄹ. '차량가격'이 높을수록 '배터리 용량'도 크다.

① ㄱ, ㄴ
② ㄱ, ㄷ
③ ㄷ, ㄹ
④ ㄱ, ㄴ, ㄹ
⑤ ㄴ, ㄷ, ㄹ

[22~23] 다음 <표>는 2019년 2월에 '갑'국 국민 중 표본을 추출하여 2017년, 2018년 고용형태와 소득분위의 변화를 조사한 자료이다. 다음 물음에 답하시오. 19 (가) 19~20번

<표 1> 2017년에서 2018년 표본의 고용형태 변화비율

(단위: %)

구분		2018년		합계
		사업가	피고용자	
2017년	사업가	80	20	100
	피고용자	30	70	100

※ 고용형태는 사업가와 피고용자로만 나누어지며 실업자는 없음.

<표 2> 고용형태 변화 유형별 표본의 소득분위 변화

(단위: %)

I. 사업가(2017년)→사업가(2018년)

2017년 \ 2018년	1분위	2분위	3분위	4분위	5분위	합계
1분위	40.0	35.0	10.0	10.0	5.0	100.0
2분위	10.0	55.0	25.0	5.0	5.0	100.0
3분위	5.0	15.0	45.0	25.0	10.0	100.0
4분위	5.0	5.0	20.0	45.0	25.0	100.0
5분위	0.0	0.0	5.0	15.0	80.0	100.0

II. 사업가(2017년)→피고용자(2018년)

2017년 \ 2018년	1분위	2분위	3분위	4분위	5분위	합계
1분위	70.0	30.0	0.0	0.0	0.0	100.0
2분위	25.0	55.0	15.0	5.0	0.0	100.0
3분위	5.0	25.0	50.0	15.0	5.0	100.0
4분위	5.0	10.0	20.0	50.0	15.0	100.0
5분위	0.0	5.0	5.0	15.0	75.0	100.0

III. 피고용자(2017년)→피고용자(2018년)

2017년 \ 2018년	1분위	2분위	3분위	4분위	5분위	합계
1분위	85.0	10.0	5.0	0.0	0.0	100.0
2분위	15.0	65.0	15.0	5.0	0.0	100.0
3분위	5.0	20.0	60.0	15.0	0.0	100.0
4분위	0.0	5.0	15.0	65.0	15.0	100.0
5분위	0.0	5.0	5.0	15.0	75.0	100.0

IV. 피고용자(2017년)→사업가(2018년)

2017년 \ 2018년	1분위	2분위	3분위	4분위	5분위	합계
1분위	50.0	40.0	5.0	5.0	0.0	100.0
2분위	10.0	60.0	20.0	5.0	5.0	100.0
3분위	5.0	20.0	50.0	20.0	5.0	100.0
4분위	0.0	10.0	20.0	50.0	20.0	100.0
5분위	0.0	0.0	5.0	35.0	60.0	100.0

※ 1) '가(2017년)→나(2018년)'는 고용형태 변화 유형을 나타내며, 2017년 고용형태 '가'에서 2018년 고용형태 '나'로 변화된 것을 의미함.
2) 소득분위는 1~5분위로 구분하며, 숫자가 클수록 분위가 높음.
3) 각 고용형태 변화 유형 내에서 2017년 소득분위별 인원은 동일함.

22. '갑'국 표본의 2017년 고용형태에서 사업가와 피고용자가 각각 5,000명일 때, 위 <표>를 근거로 한 <보기>의 설명 중 옳은 것만을 모두 고르면?

<보 기>

ㄱ. 2017년 사업가에서 2018년 피고용자로 고용형태가 변화된 사람 중에서 2018년에 소득 1분위에 속하는 사람은 모두 210명이다.
ㄴ. 2018년 고용형태가 사업가인 사람은 6,000명이다.
ㄷ. 2017년 피고용자에서 2018년 사업가로 고용형태가 변화된 사람 중에서 2017년 소득 2분위에서 2018년 소득분위가 높아진 사람은 모두 90명이다.
ㄹ. 동일한 표본에 대해, 2017년에서 2018년 고용형태 변화 비율과 같은 비율로 2018년에서 2019년 고용형태가 변화된다면 2019년 피고용자의 수는 2018년에 비해 감소한다.

① ㄱ, ㄴ
② ㄷ, ㄹ
③ ㄱ, ㄴ, ㄷ
④ ㄱ, ㄷ, ㄹ
⑤ ㄴ, ㄷ, ㄹ

23. 위 <표>를 근거로 한 <보기>의 설명 중 옳은 것만을 모두 고르면?

<보 기>

ㄱ. 2017년 소득 1분위이면서 2018년 소득분위가 2017년 소득분위보다 높아진 사람의 비율은, '사업가(2017년) → 사업가(2018년)' 유형이 '사업가(2017년) → 피고용자(2018년)' 유형보다 높다.
ㄴ. 2017년 소득 3분위이면서 2018년 소득분위가 2017년 소득분위보다 높아진 사람의 비율은, '피고용자(2017년)→사업가(2018년)' 유형이 '피고용자(2017년)→피고용자(2018년)' 유형보다 높다.
ㄷ. 고용형태 변화 유형 네 가지 중에서 2017년과 2018년 사이에 소득분위가 변동되지 않은 사람의 비율이 가장 높은 유형은 '사업가(2017년)→피고용자(2018년)'이다.
ㄹ. 고용형태 변화 유형 네 가지 중에서 2018년에 소득 5분위인 사람의 비율이 가장 높은 유형은 '사업가(2017년)→사업가(2018년)'이다.

① ㄱ, ㄷ
② ㄴ, ㄹ
③ ㄷ, ㄹ
④ ㄱ, ㄴ, ㄷ
⑤ ㄱ, ㄴ, ㄹ

24. 다음 <표>는 하진이의 10월 모바일 쇼핑 구매내역이다. 이에 대한 설명으로 옳은 것은? 18 (나) 33번

<표> 10월 모바일 쇼핑 구매내역

(단위: 원, 포인트)

상품	주문금액	할인금액	결제금액
요가용품세트	45,400	즉시할인 4,540 쿠폰할인 4,860	신용카드 32,700 + 포인트 3,300 = 36,000
가을스웨터	57,200	즉시할인 600 쿠폰할인 7,970	신용카드 48,370 + 포인트 260 = 48,630
샴푸	38,800	즉시할인 0 쿠폰할인 ( )	신용카드 34,300 + 포인트 1,500 = 35,800
보온병	9,200	즉시할인 1,840 쿠폰할인 0	신용카드 7,290 + 포인트 70 = 7,360
전체	150,600	22,810	127,790

※ 1) 결제금액(원) = 주문금액 − 할인금액

2) 할인율(%) = $\frac{\text{할인금액}}{\text{주문금액}} \times 100$

3) 1포인트는 결제금액 1원에 해당함.

① 전체 할인율은 15% 미만이다.
② 할인율이 가장 높은 상품은 '보온병'이다.
③ 주문금액 대비 신용카드 결제금액 비율이 가장 낮은 상품은 '요가용품세트'이다.
④ 10월 전체 주문금액의 3%가 11월 포인트로 적립된다면, 10월 구매로 적립된 11월 포인트는 10월 동안 사용한 포인트보다 크다.
⑤ 결제금액 중 포인트로 결제한 금액이 차지하는 비율이 두 번째로 낮은 상품은 '가을스웨터'이다.

25. 다음 <표>는 '갑'국의 인구 구조와 노령화에 대한 자료이다. 이에 대한 <보기>의 설명 중 옳은 것만을 모두 고르면? 18 (나) 38번

<표 1> 인구 구조 현황 및 전망

(단위: 천 명, %)

연도	총인구	유소년인구 (14세 이하)		생산가능인구 (15~64세)		노인인구 (65세 이상)	
		인구수	구성비	인구수	구성비	인구수	구성비
2000	47,008	9,911	21.1	33,702	71.7	3,395	7.2
2010	49,410	7,975	( )	35,983	72.8	5,452	11.0
2016	51,246	( )	( )	( )	( )	8,181	16.0
2020	51,974	( )	( )	( )	( )	9,219	17.7
2030	48,941	5,628	11.5	29,609	60.5	( )	28.0

※ 2020년, 2030년은 예상치임.

<표 2> 노년부양비 및 노령화지수

(단위: %)

구분 \ 연도	2000	2010	2016	2020	2030
노년부양비	10.1	15.2	( )	25.6	46.3
노령화지수	34.3	68.4	119.3	135.6	243.5

※ 1) 노년부양비(%) = $\frac{\text{노인인구}}{\text{생산가능인구}} \times 100$

2) 노령화지수(%) = $\frac{\text{노인인구}}{\text{유소년인구}} \times 100$

<보 기>

ㄱ. 2020년 대비 2030년의 노인인구 증가율은 55% 이상으로 예상된다.
ㄴ. 2016년에는 노인인구가 유소년인구보다 많다.
ㄷ. 2016년 노년부양비는 20% 이상이다.
ㄹ. 2020년 대비 2030년의 생산가능인구 감소폭은 600만 명 이상일 것으로 예상된다.

① ㄱ, ㄷ
② ㄴ, ㄷ
③ ㄴ, ㄹ
④ ㄱ, ㄴ, ㄷ
⑤ ㄴ, ㄷ, ㄹ

약점 보완 해설집 p.216

부록

SPEED CHECK 정답표

OCR 답안지

SPEED CHECK 정답표 | 2025~2024년 기출문제

2025년 언어논리 p.33

1	개념 이해	①
2	개념 이해	①
3	구조 판단	③
4	논지와 중심 내용	⑤
5	구조 판단	②
6	개념 이해	③
7	글의 수정	④
8	빈칸 추론	②
9	밑줄 추론	③
10	빈칸 추론	④
11	구조 판단	③
12	원칙 적용	③
13	빈칸 추론	①
14	개념 이해	③
15	논증 평가	④
16	논리 퀴즈	⑤
17	독해형 논리	④
18	논리 퀴즈	⑤
19	빈칸 추론	②
20	논증 평가	④
21	원칙 적용	⑤
22	원칙 적용	④
23	원칙 적용	②
24	빈칸 추론	①
25	견해 분석	⑤

2025년 상황판단 p.47

1	일치부합형(법조문형)	①
2	일치부합형(법조문형)	①
3	일치부합형(법조문형)	②
4	일치부합형(법조문형)	②
5	일치부합형(텍스트형)	⑤
6	정확한 계산형	①
7	규칙 단순확인형	②
8	규칙 단순확인형	⑤
9	1지문 2문항형	③
10	1지문 2문항형	④
11	일치부합형(법조문형)	⑤
12	일치부합형(법조문형)	④
13	일치부합형(법조문형)	③
14	조건 계산형	③
15	규칙 정오판단형	④
16	경우 파악형	②
17	경우 확정형	①
18	규칙 단순확인형	①
19	정확한 계산형	②
20	규칙 적용해결형	③
21	경우 파악형	④
22	경우 확정형	③
23	조건 계산형	③
24	경우 파악형	④
25	경우 확정형	⑤

2025년 자료해석 p.61

1	조건 판단형	④
2	분수 비교형	④
3	보고서 검토·확인형	⑤
4	보고서 검토·확인형	④
5	각주 판단형	②
6	단순 판단형	③
7	매칭형	①
8	매칭형	③
9	각주 판단형	③
10	각주 판단형	③
11	각주 판단형	①
12	분수 비교형	②
13	분산·물방울형	①
14	분수 비교형	③
15	분수 비교형	⑤
16	매칭형	⑤
17	빈칸형	②
18	최소여집합형	②
19	빈칸형	⑤
20	곱셈 비교형	④
21	빈칸형	①
22	빈칸형	⑤
23	곱셈 비교형	②
24	조건 판단형	①
25	각주 판단형	③

2024년 언어논리 p.77

1	개념 이해	③
2	개념 이해	④
3	구조 판단	④
4	구조 판단	③
5	구조 판단	④
6	구조 판단	②
7	글의 수정	⑤
8	빈칸 추론	①
9	빈칸 추론	⑤
10	빈칸 추론	②
11	독해형 논리	②
12	논리 퀴즈	③
13	논리 퀴즈	②
14	독해형 논리	④
15	원칙 적용	①
16	구조 판단	②
17	논증 평가	⑤
18	원칙 적용	⑤
19	논증의 타당성	③
20	논증 평가	③
21	밑줄 추론	①
22	원칙 적용	④
23	원칙 적용	③
24	견해 분석	②
25	견해 분석	③

2024년 상황판단 p.91

1	일치부합형(법조문형)	⑤
2	일치부합형(법조문형)	⑤
3	일치부합형(법조문형)	②
4	응용형(법조문형)	④
5	일치부합형(텍스트형)	①
6	조건 계산형	②
7	규칙 정오판단형	④
8	상대적 계산형	④
9	1지문 2문항형	②
10	1지문 2문항형	③
11	일치부합형(법조문형)	①
12	조건 계산형	④
13	규칙 정오판단형	③
14	규칙 정오판단형	③
15	조건 계산형	⑤
16	규칙 정오판단형	⑤
17	경우 파악형	②
18	경우 확정형	①
19	조건 계산형	③
20	조건 계산형	④
21	경우 확정형	③
22	경우 파악형	④
23	조건 계산형	②
24	규칙 정오판단형	⑤
25	규칙 정오판단형	①

2024년 자료해석 p.105

1	각주 판단형	④
2	평균 개념형	①
3	보고서 검토·확인형	⑤
4	조건 판단형	⑤
5	보고서 검토·확인형	⑤
6	조건 판단형	④
7	보고서 검토·확인형	③
8	매칭형	②
9	분수 비교형	②
10	분수 비교형	②
11	단순 판단형	④
12	각주 판단형	③
13	단순 판단형	③
14	분수 비교형	②
15	매칭형	①
16	빈칸형	⑤
17	각주 판단형	①
18	각주 판단형	④
19	분수 비교형	②
20	분수 비교형	①
21	표-차트 변환형	④
22	빈칸형	①
23	분수 비교형	③
24	분산·물방울형	④
25	평균 개념형	⑤

자르는 선

SPEED CHECK 정답표 | 2023~2022년 기출문제

2023년 언어논리 p.121

1	개념 이해	②
2	개념 이해	①
3	논지와 중심 내용	②
4	논지와 중심 내용	③
5	개념 이해	③
6	구조 판단	③
7	글의 수정	④
8	밑줄 추론	②
9	빈칸 추론	④
10	빈칸 추론	④
11	원칙 적용	①
12	견해 분석	④
13	원칙 적용	①
14	독해형 논리	③
15	독해형 논리	⑤
16	논리 퀴즈	⑤
17	구조 판단	④
18	구조 판단	②
19	원칙 적용	④
20	논증 평가	⑤
21	견해 분석	⑤
22	논증 평가	③
23	원칙 적용	①
24	빈칸 추론	⑤
25	밑줄 추론	②

2023년 상황판단 p.135

1	일치부합형(법조문형)	②
2	일치부합형(법조문형)	①
3	응용형(법조문형)	⑤
4	응용형(법조문형)	③
5	일치부합형(텍스트형)	④
6	조건 계산형	①
7	조건 계산형	⑤
8	규칙 단순확인형	④
9	1지문 2문항형	①
10	1지문 2문항형	⑤
11	일치부합형(법조문형)	④
12	일치부합형(법조문형)	⑤
13	조건 계산형	②
14	조건 계산형	④
15	경우 파악형	①
16	경우 파악형	①
17	조건 계산형	②
18	상대적 계산형	④
19	규칙 적용해결형	③
20	조건 계산형	③
21	조건 계산형	②
22	경우 파악형	②
23	경우 확정형	④
24	경우 파악형	③
25	일치부합형(법조문형)	⑤

2023년 자료해석 p.149

1	조건 판단형	①
2	빈칸형	③
3	각주 판단형	②
4	조건 판단형	③
5	보고서 검토·확인형	⑤
6	분수 비교형	④
7	분수 비교형	①
8	분수 비교형	①
9	분산·물방울형	②
10	빈칸형	⑤
11	조건 판단형	③
12	조건 판단형	④
13	표-차트 변환형	⑤
14	빈칸형	③
15	분산·물방울형	⑤
16	빈칸형	④
17	빈칸형	④
18	빈칸형	④
19	분수 비교형	②
20	조건 판단형	①
21	빈칸형	③
22	매칭형	①
23	빈칸형	③
24	단순 판단형	④
25	조건 판단형	②

2022년 언어논리 p.165

1	개념 이해	⑤
2	개념 이해	①
3	개념 이해	①
4	개념 이해	②
5	개념 이해	②
6	논지와 중심 내용	⑤
7	빈칸 추론	①
8	글의 수정	⑤
9	원칙 적용	①
10	글의 수정	③
11	논증 평가	④
12	논증의 타당성	⑤
13	빈칸 추론	③
14	견해 분석	②
15	견해 분석	②
16	원칙 적용	⑤
17	논리 퀴즈	④
18	논리 퀴즈	③
19	독해형 논리	④
20	구조 판단	③
21	논증 평가	④
22	논증 평가	⑤
23	빈칸 추론	②
24	빈칸 추론	⑤
25	견해 분석	④

2022년 상황판단 p.179

1	일치부합형(법조문형)	⑤
2	발문 포인트형(법조문형)	①
3	일치부합형(법조문형)	⑤
4	일치부합형(법조문형)	①
5	일치부합형(텍스트형)	②
6	응용형(텍스트형)	②
7	경우 파악형	③
8	규칙 적용해결형	④
9	1지문 2문항형	②
10	1지문 2문항형	③
11	규칙 적용해결형	①
12	조건 계산형	②
13	규칙 정오판단형	③
14	조건 계산형	⑤
15	상대적 계산형	①
16	상대적 계산형	③
17	경우 확정형	④
18	규칙 정오판단형	②
19	경우 파악형	③
20	경우 파악형	③
21	조건 계산형	⑤
22	규칙 정오판단형	④
23	경우 확정형	①
24	조건 계산형	④
25	응용형(법조문형)	④

2022년 자료해석 p.193

1	빈칸형	①
2	분수 비교형	⑤
3	보고서 검토·확인형	④
4	분수 비교형	①
5	매칭형	②
6	분수 비교형	①
7	평균 개념형	④
8	분수 비교형	①
9	매칭형	⑤
10	보고서 검토·확인형	④
11	빈칸형	②
12	매칭형	③
13	조건 판단형	③
14	분수 비교형	⑤
15	각주 판단형	④
16	매칭형	②
17	각주 판단형	②
18	조건 판단형	⑤
19	분산·물방울형	③
20	빈칸형	①
21	각주 판단형	③
22	최소여집합형	⑤
23	매칭형	①
24	각주 판단형	④
25	빈칸형	②

SPEED CHECK 정답표 | 2021년 기출문제~2020년 모의평가

2021년 언어논리 p.209

1	구조 판단	④
2	빈칸 추론	①
3	구조 판단	①
4	원칙 적용	④
5	구조 판단	⑤
6	독해형 논리	①
7	논리 퀴즈	③
8	독해형 논리	④
9	논리 퀴즈	③
10	원칙 적용	②
11	논증 평가	③
12	논증의 타당성	④
13	논증의 타당성	⑤
14	논증 평가	②
15	원칙 적용	④
16	글의 수정	⑤
17	빈칸 추론	③
18	원칙 적용	③
19	밑줄 추론	③
20	개념 이해	①
21	빈칸 추론	①
22	논증 평가	②
23	빈칸 추론	⑤
24	밑줄 추론	④
25	견해 분석	③

2021년 상황판단 p.223

1	응용형(법조문형)	④
2	일치부합형(법조문형)	①
3	일치부합형(법조문형)	⑤
4	조건 계산형	④
5	조건 계산형	④
6	규칙 적용해결형	①
7	규칙 적용해결형	①
8	경우 파악형	③
9	조건 계산형	②
10	경우 확정형	③
11	경우 파악형	②
12	조건 계산형	⑤
13	조건 계산형	③
14	규칙 정오판단형	④
15	발문 포인트형(법조문형)	③
16	응용형(법조문형)	④
17	응용형(법조문형)	③
18	일치부합형(법조문형)	④
19	규칙 정오판단형	⑤
20	규칙 단순확인형	⑤
21	경우 확정형	②
22	경우 파악형	⑤
23	1지문 2문항형	①
24	1지문 2문항형	②
25	규칙 적용해결형	②

2021년 자료해석 p.237

1	보고서 검토·확인형	②
2	보고서 검토·확인형	⑤
3	분수 비교형	②
4	빈칸형	①
5	각주 판단형	④
6	매칭형	③
7	평균 개념형	④
8	빈칸형	⑤
9	분수 비교형	⑤
10	매칭형	②
11	조건 판단형	③
12	분수 비교형	③
13	분수 비교형	④
14	분수 비교형	①
15	분수 비교형	③
16	빈칸형	①
17	매칭형	④
18	빈칸형	③
19	조건 판단형	③
20	각주 판단형	④
21	평균 개념형	②
22	평균 개념형	②
23	조건 판단형	⑤
24	표-차트 변환형	①
25	빈칸형	⑤

2020년 언어논리 p.253

1	개념 이해	⑤
2	구조 판단	③
3	논지와 중심 내용	④
4	빈칸 추론	④
5	개념 이해	⑤
6	빈칸 추론	⑤
7	글의 수정	①
8	원칙 적용	④
9	원칙 적용	②
10	빈칸 추론	①
11	원칙 적용	①
12	독해형 논리	②
13	빈칸 추론	①
14	원칙 적용	②
15	논리 퀴즈	⑤
16	논리 퀴즈	③
17	논리 퀴즈	①
18	밑줄 추론	③
19	견해 분석	⑤
20	원칙 적용	②
21	논증 평가	③
22	논증 평가	①
23	견해 분석	①
24	밑줄 추론	④
25	견해 분석	②

2020년 상황판단 p.267

1	응용형(법조문형)	④
2	일치부합형(법조문형)	⑤
3	응용형(법조문형)	⑤
4	응용형(법조문형)	⑤
5	응용형(법조문형)	③
6	응용형(법조문형)	②
7	규칙 단순확인형	①
8	응용형(텍스트형)	③
9	일치부합형(텍스트형)	④
10	정확한 계산형	④
11	정확한 계산형	②
12	상대적 계산형	⑤
13	경우 확정형	②
14	경우 확정형	④
15	규칙 적용해결형	③
16	경우 파악형	③
17	규칙 단순확인형	⑤
18	상대적 계산형	②
19	규칙 적용해결형	①
20	규칙 정오판단형	③
21	규칙 정오판단형	③
22	조건 계산형	①
23	1지문 2문항형	②
24	1지문 2문항형	①
25	경우 확정형	⑤

2020년 자료해석 p.281

1	보고서 검토·확인형	⑤
2	평균 개념형	①
3	분수 비교형	①
4	각주 판단형	⑤
5	각주 판단형	④
6	조건 판단형	②
7	곱셈 비교형	③
8	빈칸형	②
9	각주 판단형	①
10	표-차트 변환형	③
11	매칭형	④
12	빈칸형	③
13	곱셈 비교형	③
14	조건 판단형	④
15	각주 판단형	①
16	빈칸형	②
17	빈칸형	⑤
18	빈칸형	⑤
19	빈칸형	⑤
20	분수 비교형	④
21	매칭형	④
22	조건 판단형	①
23	분수 비교형	③
24	보고서 검토·확인형	③
25	분수 비교형	②

자르는 선

SPEED CHECK 정답표 | 5급 기출 재구성 모의고사

5급 기출 재구성 모의고사 언어논리 p.297

1	개념 이해	③
2	개념 이해	⑤
3	구조 판단	⑤
4	구조 판단	④
5	구조 판단	③
6	논지와 중심 내용	⑤
7	빈칸 추론	④
8	글의 수정	③
9	원칙 적용	⑤
10	밑줄 추론	③
11	논증 평가	③
12	논증의 타당성	④
13	빈칸 추론	④
14	구조 판단	③
15	견해 분석	②
16	구조 판단	③
17	논리 퀴즈	②
18	논리 퀴즈	⑤
19	독해형 논리	①
20	구조 판단	③
21	논증 평가	⑤
22	논증 평가	②
23	독해형 논리	⑤
24	논증의 비판과 반박	④
25	견해 분석	②

5급 기출 재구성 모의고사 상황판단 p.311

1	일치부합형(법조문형)	⑤
2	발문 포인트형(법조문형)	③
3	일치부합형(법조문형)	④
4	일치부합형(법조문형)	⑤
5	일치부합형(텍스트형)	④
6	응용형(텍스트형)	①
7	경우 파악형	⑤
8	규칙 단순확인형	④
9	1지문 2문항형	③
10	1지문 2문항형	⑤
11	규칙 적용해결형	②
12	정확한 계산형	③
13	규칙 정오판단형	⑤
14	조건 계산형	②
15	상대적 계산형	⑤
16	상대적 계산형	②
17	경우 확정형	③
18	규칙 정오판단형	③
19	경우 파악형	③
20	경우 파악형	②
21	조건 계산형	④
22	규칙 정오판단형	④
23	경우 확정형	④
24	경우 파악형	③
25	응용형(법조문형)	②

5급 기출 재구성 모의고사 자료해석 p.325

1	조건 판단형	①
2	빈칸형	③
3	분수 비교형	②
4	각주 판단형	②
5	매칭형	④
6	분수 비교형	③
7	분수 비교형	①
8	분수 비교형	⑤
9	각주 판단형	②
10	보고서 검토·확인형	②
11	분수 비교형	②
12	분수 비교형	④
13	조건 판단형	④
14	분수 비교형	①
15	분수 비교형	③
16	매칭형	④
17	분산·물방울형	③
18	조건 판단형	②
19	분산·물방울형	①
20	각주 판단형	④
21	분수 비교형	④
22	각주 판단형	④
23	각주 판단형	⑤
24	각주 판단형	③
25	빈칸형	⑤

자르는 선

2025년 기출문제 답안지 (1교시)

컴퓨터용 검은색 사인펜만 사용

책 형

【필적감정용 기재】
*아래 예시문을 옮겨 기재하시기 바랍니다.

본인은 OOO(응시자성명)임을 확인함

기 재 란

성 명	
자필성명	본인 성명 기재
응시직렬	
응시지역	

응 시 번 호

	⓪	⓪	⓪	⓪	⓪	⓪	⓪
	①	①	①	①	①	①	①
	②	②	②	②	②	②	②
	③	③	③	③	③	③	③
④	④	④	④	④	④	④	④
⑤	⑤	⑤	⑤	⑤	⑤	⑤	⑤
	⑥	⑥	⑥	⑥	⑥	⑥	⑥
	⑦	⑦	⑦	⑦	⑦	⑦	⑦
	⑧	⑧	⑧	⑧	⑧	⑧	⑧
	⑨	⑨	⑨	⑨	⑨	⑨	⑨

생 년 월 일

⓪	⓪	⓪	⓪	⓪	⓪
	①	①	①	①	①
	②		②	②	②
	③		③	③	③
	④		④		④
	⑤		⑤		⑤
⑥	⑥		⑥		⑥
⑦	⑦		⑦		⑦
⑧	⑧		⑧		⑧
⑨	⑨		⑨		⑨

※시험감독관 서명
(성명을 정자로 기재하시기 바랍니다.)

빨간색 볼펜만 사용

언어논리영역(1~10번)

1	①	②	③	④	⑤
2	①	②	③	④	⑤
3	①	②	③	④	⑤
4	①	②	③	④	⑤
5	①	②	③	④	⑤
6	①	②	③	④	⑤
7	①	②	③	④	⑤
8	①	②	③	④	⑤
9	①	②	③	④	⑤
10	①	②	③	④	⑤

언어논리영역(11~20번)

11	①	②	③	④	⑤
12	①	②	③	④	⑤
13	①	②	③	④	⑤
14	①	②	③	④	⑤
15	①	②	③	④	⑤
16	①	②	③	④	⑤
17	①	②	③	④	⑤
18	①	②	③	④	⑤
19	①	②	③	④	⑤
20	①	②	③	④	⑤

언어논리영역(21~25번)

21	①	②	③	④	⑤
22	①	②	③	④	⑤
23	①	②	③	④	⑤
24	①	②	③	④	⑤
25	①	②	③	④	⑤

상황판단영역(1~10번)

1	①	②	③	④	⑤
2	①	②	③	④	⑤
3	①	②	③	④	⑤
4	①	②	③	④	⑤
5	①	②	③	④	⑤
6	①	②	③	④	⑤
7	①	②	③	④	⑤
8	①	②	③	④	⑤
9	①	②	③	④	⑤
10	①	②	③	④	⑤

상황판단영역(11~20번)

11	①	②	③	④	⑤
12	①	②	③	④	⑤
13	①	②	③	④	⑤
14	①	②	③	④	⑤
15	①	②	③	④	⑤
16	①	②	③	④	⑤
17	①	②	③	④	⑤
18	①	②	③	④	⑤
19	①	②	③	④	⑤
20	①	②	③	④	⑤

상황판단영역(21~25번)

21	①	②	③	④	⑤
22	①	②	③	④	⑤
23	①	②	③	④	⑤
24	①	②	③	④	⑤
25	①	②	③	④	⑤

자르는 선

2025년 기출문제 답안지 (2교시)

컴퓨터용 검은색 사인펜만 사용

책 형

【필적감정용 기재】
*아래 예시문을 옮겨 기재하시기 바랍니다.

본인은 OOO(응시자성명)임을 확인함

기 재 란

성 명	
자필성명	본인 성명 기재
응시직렬	
응시지역	

응 시 번 호

	⓪	⓪	⓪	⓪	⓪	⓪	⓪
	①	①	①	①	①	①	①
	②	②	②	②	②	②	②
	③	③	③	③	③	③	③
④	④	④	④	④	④	④	④
⑤	⑤	⑤	⑤	⑤	⑤	⑤	⑤
	⑥	⑥	⑥	⑥	⑥	⑥	⑥
	⑦	⑦	⑦	⑦	⑦	⑦	⑦
	⑧	⑧	⑧	⑧	⑧	⑧	⑧
	⑨	⑨	⑨	⑨	⑨	⑨	⑨

생 년 월 일

⓪	⓪	⓪	⓪	⓪	⓪
	①	①	①	①	①
	②		②	②	②
	③		③	③	③
	④		④		④
	⑤		⑤		⑤
⑥	⑥		⑥		⑥
⑦	⑦		⑦		⑦
⑧	⑧		⑧		⑧
⑨	⑨		⑨		⑨

※시험감독관 서명
(성명을 정자로 기재하시기 바랍니다.)

빨간색 볼펜만 사용

자료해석영역(1~10번)

1	①	②	③	④	⑤
2	①	②	③	④	⑤
3	①	②	③	④	⑤
4	①	②	③	④	⑤
5	①	②	③	④	⑤
6	①	②	③	④	⑤
7	①	②	③	④	⑤
8	①	②	③	④	⑤
9	①	②	③	④	⑤
10	①	②	③	④	⑤

자료해석영역(11~20번)

11	①	②	③	④	⑤
12	①	②	③	④	⑤
13	①	②	③	④	⑤
14	①	②	③	④	⑤
15	①	②	③	④	⑤
16	①	②	③	④	⑤
17	①	②	③	④	⑤
18	①	②	③	④	⑤
19	①	②	③	④	⑤
20	①	②	③	④	⑤

자료해석영역(21~25번)

21	①	②	③	④	⑤
22	①	②	③	④	⑤
23	①	②	③	④	⑤
24	①	②	③	④	⑤
25	①	②	③	④	⑤

자르는 선

2024년 기출문제 답안지 (1교시)

컴퓨터용 검은색 사인펜만 사용

책 형

【필적감정용 기재】
*아래 예시문을 옮겨 기재하시기 바랍니다.

본인은 OOO(응시자성명)임을 확인함

기 재 란

성 명	
자필성명	본인 성명 기재
응시직렬	
응시지역	

응시번호						
	⓪	⓪	⓪	⓪	⓪	⓪	⓪
	①	①	①	①	①	①	①
	②	②	②	②	②	②	②
	③	③	③	③	③	③	③
④	④	④	④	④	④	④	④
⑤	⑤	⑤	⑤	⑤	⑤	⑤	⑤
	⑥	⑥	⑥	⑥	⑥	⑥	⑥
	⑦	⑦	⑦	⑦	⑦	⑦	⑦
	⑧	⑧	⑧	⑧	⑧	⑧	⑧
	⑨	⑨	⑨	⑨	⑨	⑨	⑨

생년월일					
⓪	⓪	⓪	⓪	⓪	⓪
	①	①	①	①	①
	②		②	②	②
	③		③	③	③
	④		④		④
	⑤		⑤		⑤
⑥	⑥		⑥		⑥
⑦	⑦		⑦		⑦
⑧	⑧		⑧		⑧
⑨	⑨		⑨		⑨

※시험감독관 서명
(성명을 정자로 기재하시기 바랍니다.)

빨간색 볼펜만 사용

언어논리영역(1~10번)					
1	①	②	③	④	⑤
2	①	②	③	④	⑤
3	①	②	③	④	⑤
4	①	②	③	④	⑤
5	①	②	③	④	⑤
6	①	②	③	④	⑤
7	①	②	③	④	⑤
8	①	②	③	④	⑤
9	①	②	③	④	⑤
10	①	②	③	④	⑤

언어논리영역(11~20번)					
11	①	②	③	④	⑤
12	①	②	③	④	⑤
13	①	②	③	④	⑤
14	①	②	③	④	⑤
15	①	②	③	④	⑤
16	①	②	③	④	⑤
17	①	②	③	④	⑤
18	①	②	③	④	⑤
19	①	②	③	④	⑤
20	①	②	③	④	⑤

언어논리영역(21~25번)					
21	①	②	③	④	⑤
22	①	②	③	④	⑤
23	①	②	③	④	⑤
24	①	②	③	④	⑤
25	①	②	③	④	⑤

상황판단영역(1~10번)					
1	①	②	③	④	⑤
2	①	②	③	④	⑤
3	①	②	③	④	⑤
4	①	②	③	④	⑤
5	①	②	③	④	⑤
6	①	②	③	④	⑤
7	①	②	③	④	⑤
8	①	②	③	④	⑤
9	①	②	③	④	⑤
10	①	②	③	④	⑤

상황판단영역(11~20번)					
11	①	②	③	④	⑤
12	①	②	③	④	⑤
13	①	②	③	④	⑤
14	①	②	③	④	⑤
15	①	②	③	④	⑤
16	①	②	③	④	⑤
17	①	②	③	④	⑤
18	①	②	③	④	⑤
19	①	②	③	④	⑤
20	①	②	③	④	⑤

상황판단영역(21~25번)					
21	①	②	③	④	⑤
22	①	②	③	④	⑤
23	①	②	③	④	⑤
24	①	②	③	④	⑤
25	①	②	③	④	⑤

자르는 선

2024년 기출문제 답안지 (2교시)

컴퓨터용 검은색 사인펜만 사용

책 형

【필적감정용 기재】
*아래 예시문을 옮겨 기재하시기 바랍니다.

본인은 OOO(응시자성명)임을 확인함

기 재 란

성 명	
자필성명	본인 성명 기재
응시직렬	
응시지역	

응시번호						
	⓪	⓪	⓪	⓪	⓪	⓪
	①	①	①	①	①	①
	②	②	②	②	②	②
	③	③	③	③	③	③
④	④	④	④	④	④	④
⑤	⑤	⑤	⑤	⑤	⑤	⑤
	⑥	⑥	⑥	⑥	⑥	⑥
	⑦	⑦	⑦	⑦	⑦	⑦
	⑧	⑧	⑧	⑧	⑧	⑧
	⑨	⑨	⑨	⑨	⑨	⑨

생년월일					
⓪	⓪	⓪	⓪	⓪	⓪
	①	①	①	①	①
	②		②	②	②
	③		③	③	③
	④		④		④
	⑤		⑤		⑤
⑥	⑥		⑥		⑥
⑦	⑦		⑦		⑦
⑧	⑧		⑧		⑧
⑨	⑨		⑨		⑨

※시험감독관 서명
(성명을 정자로 기재하시기 바랍니다.)

빨간색 볼펜만 사용

자료해석영역(1~10번)					
1	①	②	③	④	⑤
2	①	②	③	④	⑤
3	①	②	③	④	⑤
4	①	②	③	④	⑤
5	①	②	③	④	⑤
6	①	②	③	④	⑤
7	①	②	③	④	⑤
8	①	②	③	④	⑤
9	①	②	③	④	⑤
10	①	②	③	④	⑤

자료해석영역(11~20번)					
11	①	②	③	④	⑤
12	①	②	③	④	⑤
13	①	②	③	④	⑤
14	①	②	③	④	⑤
15	①	②	③	④	⑤
16	①	②	③	④	⑤
17	①	②	③	④	⑤
18	①	②	③	④	⑤
19	①	②	③	④	⑤
20	①	②	③	④	⑤

자료해석영역(21~25번)					
21	①	②	③	④	⑤
22	①	②	③	④	⑤
23	①	②	③	④	⑤
24	①	②	③	④	⑤
25	①	②	③	④	⑤

✂ 자르는 선

2023년 기출문제 답안지 (1교시)

컴퓨터용 검은색 사인펜만 사용

책 형

【필적감정용 기재】
*아래 예시문을 옮겨 기재하시기 바랍니다.

본인은 OOO(응시자성명)임을 확인함

기 재 란

성 명	
자필성명	본인 성명 기재
응시직렬	
응시지역	

응 시 번 호

	⓪	⓪	⓪	⓪	⓪	⓪	⓪
	①	①	①	①	①	①	①
	②	②	②	②	②	②	②
	③	③	③	③	③	③	③
④	④	④	④	④	④	④	④
⑤	⑤	⑤	⑤	⑤	⑤	⑤	⑤
	⑥	⑥	⑥	⑥	⑥	⑥	⑥
	⑦	⑦	⑦	⑦	⑦	⑦	⑦
	⑧	⑧	⑧	⑧	⑧	⑧	⑧
	⑨	⑨	⑨	⑨	⑨	⑨	⑨

생 년 월 일

⓪	⓪	⓪	⓪	⓪	⓪
	①	①	①	①	①
	②		②	②	②
	③		③	③	③
	④		④		④
	⑤		⑤		⑤
⑥	⑥		⑥		⑥
⑦	⑦		⑦		⑦
⑧	⑧		⑧		⑧
⑨	⑨		⑨		⑨

※시험감독관 서명 (성명을 정자로 기재하시기 바랍니다.)	빨간색 볼펜만 사용

언어논리영역(1~10번)

1	① ② ③ ④ ⑤
2	① ② ③ ④ ⑤
3	① ② ③ ④ ⑤
4	① ② ③ ④ ⑤
5	① ② ③ ④ ⑤
6	① ② ③ ④ ⑤
7	① ② ③ ④ ⑤
8	① ② ③ ④ ⑤
9	① ② ③ ④ ⑤
10	① ② ③ ④ ⑤

언어논리영역(11~20번)

11	① ② ③ ④ ⑤
12	① ② ③ ④ ⑤
13	① ② ③ ④ ⑤
14	① ② ③ ④ ⑤
15	① ② ③ ④ ⑤
16	① ② ③ ④ ⑤
17	① ② ③ ④ ⑤
18	① ② ③ ④ ⑤
19	① ② ③ ④ ⑤
20	① ② ③ ④ ⑤

언어논리영역(21~25번)

21	① ② ③ ④ ⑤
22	① ② ③ ④ ⑤
23	① ② ③ ④ ⑤
24	① ② ③ ④ ⑤
25	① ② ③ ④ ⑤

상황판단영역(1~10번)

1	① ② ③ ④ ⑤
2	① ② ③ ④ ⑤
3	① ② ③ ④ ⑤
4	① ② ③ ④ ⑤
5	① ② ③ ④ ⑤
6	① ② ③ ④ ⑤
7	① ② ③ ④ ⑤
8	① ② ③ ④ ⑤
9	① ② ③ ④ ⑤
10	① ② ③ ④ ⑤

상황판단영역(11~20번)

11	① ② ③ ④ ⑤
12	① ② ③ ④ ⑤
13	① ② ③ ④ ⑤
14	① ② ③ ④ ⑤
15	① ② ③ ④ ⑤
16	① ② ③ ④ ⑤
17	① ② ③ ④ ⑤
18	① ② ③ ④ ⑤
19	① ② ③ ④ ⑤
20	① ② ③ ④ ⑤

상황판단영역(21~25번)

21	① ② ③ ④ ⑤
22	① ② ③ ④ ⑤
23	① ② ③ ④ ⑤
24	① ② ③ ④ ⑤
25	① ② ③ ④ ⑤

자르는 선

2023년 기출문제 답안지 (2교시)

컴퓨터용 검은색 사인펜만 사용

책 형

【필적감정용 기재】
*아래 예시문을 옮겨 기재하시기 바랍니다.

본인은 OOO(응시자성명)임을 확인함

기 재 란

성 명	
자필성명	본인 성명 기재
응시직렬	
응시지역	

응시번호							
	⓪	⓪	⓪	⓪	⓪	⓪	⓪
	①	①	①	①	①	①	①
	②	②	②	②	②	②	②
	③	③	③	③	③	③	③
④	④	④	④	④	④	④	④
⑤	⑤	⑤	⑤	⑤	⑤	⑤	⑤
	⑥	⑥	⑥	⑥	⑥	⑥	⑥
	⑦	⑦	⑦	⑦	⑦	⑦	⑦
	⑧	⑧	⑧	⑧	⑧	⑧	⑧
	⑨	⑨	⑨	⑨	⑨	⑨	⑨

생년월일					
⓪	⓪	⓪	⓪	⓪	⓪
	①	①	①	①	①
	②		②	②	②
	③		③	③	③
	④		④		④
	⑤		⑤		⑤
⑥	⑥		⑥		⑥
⑦	⑦		⑦		⑦
⑧	⑧		⑧		⑧
⑨	⑨		⑨		⑨

※시험감독관 서명
(성명을 정자로 기재하시기 바랍니다.)

빨간색 볼펜만 사용

자료해석영역(1~10번)					
1	①	②	③	④	⑤
2	①	②	③	④	⑤
3	①	②	③	④	⑤
4	①	②	③	④	⑤
5	①	②	③	④	⑤
6	①	②	③	④	⑤
7	①	②	③	④	⑤
8	①	②	③	④	⑤
9	①	②	③	④	⑤
10	①	②	③	④	⑤

자료해석영역(11~20번)					
11	①	②	③	④	⑤
12	①	②	③	④	⑤
13	①	②	③	④	⑤
14	①	②	③	④	⑤
15	①	②	③	④	⑤
16	①	②	③	④	⑤
17	①	②	③	④	⑤
18	①	②	③	④	⑤
19	①	②	③	④	⑤
20	①	②	③	④	⑤

자료해석영역(21~25번)					
21	①	②	③	④	⑤
22	①	②	③	④	⑤
23	①	②	③	④	⑤
24	①	②	③	④	⑤
25	①	②	③	④	⑤

자르는 선

2022년 기출문제 답안지 (1교시)

컴퓨터용 검은색 사인펜만 사용

책 형

【필적감정용 기재】
*아래 예시문을 옮겨 기재하시기 바랍니다.

본인은 OOO(응시자성명)임을 확인함

기 재 란

성 명	
자필성명	본인 성명 기재
응시직렬	
응시지역	

응시번호							
	⓪	⓪	⓪	⓪	⓪	⓪	⓪
	①	①	①	①	①	①	①
	②	②	②	②	②	②	②
	③	③	③	③	③	③	③
④	④	④	④	④	④	④	④
⑤	⑤	⑤	⑤	⑤	⑤	⑤	⑤
	⑥	⑥	⑥	⑥	⑥	⑥	⑥
	⑦	⑦	⑦	⑦	⑦	⑦	⑦
	⑧	⑧	⑧	⑧	⑧	⑧	⑧
	⑨	⑨	⑨	⑨	⑨	⑨	⑨

생년월일					
⓪	⓪	⓪	⓪	⓪	⓪
	①	①	①	①	①
	②		②	②	②
	③		③	③	③
	④		④		④
	⑤		⑤		⑤
⑥	⑥		⑥		⑥
⑦	⑦		⑦		⑦
⑧	⑧		⑧		⑧
⑨	⑨		⑨		⑨

※시험감독관 서명
(성명을 정자로 기재하시기 바랍니다.)

빨간색 볼펜만 사용

언어논리영역(1~10번)					
1	①	②	③	④	⑤
2	①	②	③	④	⑤
3	①	②	③	④	⑤
4	①	②	③	④	⑤
5	①	②	③	④	⑤
6	①	②	③	④	⑤
7	①	②	③	④	⑤
8	①	②	③	④	⑤
9	①	②	③	④	⑤
10	①	②	③	④	⑤

언어논리영역(11~20번)					
11	①	②	③	④	⑤
12	①	②	③	④	⑤
13	①	②	③	④	⑤
14	①	②	③	④	⑤
15	①	②	③	④	⑤
16	①	②	③	④	⑤
17	①	②	③	④	⑤
18	①	②	③	④	⑤
19	①	②	③	④	⑤
20	①	②	③	④	⑤

언어논리영역(21~25번)					
21	①	②	③	④	⑤
22	①	②	③	④	⑤
23	①	②	③	④	⑤
24	①	②	③	④	⑤
25	①	②	③	④	⑤

상황판단영역(1~10번)					
1	①	②	③	④	⑤
2	①	②	③	④	⑤
3	①	②	③	④	⑤
4	①	②	③	④	⑤
5	①	②	③	④	⑤
6	①	②	③	④	⑤
7	①	②	③	④	⑤
8	①	②	③	④	⑤
9	①	②	③	④	⑤
10	①	②	③	④	⑤

상황판단영역(11~20번)					
11	①	②	③	④	⑤
12	①	②	③	④	⑤
13	①	②	③	④	⑤
14	①	②	③	④	⑤
15	①	②	③	④	⑤
16	①	②	③	④	⑤
17	①	②	③	④	⑤
18	①	②	③	④	⑤
19	①	②	③	④	⑤
20	①	②	③	④	⑤

상황판단영역(21~25번)					
21	①	②	③	④	⑤
22	①	②	③	④	⑤
23	①	②	③	④	⑤
24	①	②	③	④	⑤
25	①	②	③	④	⑤

✂ 자르는 선

2022년 기출문제 답안지 (2교시)

컴퓨터용 검은색 사인펜만 사용

책 형

【필적감정용 기재】
*아래 예시문을 옮겨 기재하시기 바랍니다.

본인은 OOO(응시자성명)임을 확인함

기 재 란

성 명	
자필성명	본인 성명 기재
응시직렬	
응시지역	

응 시 번 호

	⓪	⓪	⓪	⓪	⓪	⓪	⓪
	①	①	①	①	①	①	①
	②	②	②	②	②	②	②
	③	③	③	③	③	③	③
④	④	④	④	④	④	④	④
⑤	⑤	⑤	⑤	⑤	⑤	⑤	⑤
	⑥	⑥	⑥	⑥	⑥	⑥	⑥
	⑦	⑦	⑦	⑦	⑦	⑦	⑦
	⑧	⑧	⑧	⑧	⑧	⑧	⑧
	⑨	⑨	⑨	⑨	⑨	⑨	⑨

생 년 월 일

⓪	⓪	⓪	⓪	⓪	⓪
	①	①	①	①	①
	②		②	②	②
	③		③	③	③
	④		④		④
	⑤		⑤		⑤
⑥	⑥		⑥		⑥
⑦	⑦		⑦		⑦
⑧	⑧		⑧		⑧
⑨	⑨		⑨		⑨

※시험감독관 서명
(성명을 정자로 기재하시기 바랍니다.)

빨간색 볼펜만 사용

자료해석영역(1~10번)

1	①	②	③	④	⑤
2	①	②	③	④	⑤
3	①	②	③	④	⑤
4	①	②	③	④	⑤
5	①	②	③	④	⑤
6	①	②	③	④	⑤
7	①	②	③	④	⑤
8	①	②	③	④	⑤
9	①	②	③	④	⑤
10	①	②	③	④	⑤

자료해석영역(11~20번)

11	①	②	③	④	⑤
12	①	②	③	④	⑤
13	①	②	③	④	⑤
14	①	②	③	④	⑤
15	①	②	③	④	⑤
16	①	②	③	④	⑤
17	①	②	③	④	⑤
18	①	②	③	④	⑤
19	①	②	③	④	⑤
20	①	②	③	④	⑤

자료해석영역(21~25번)

21	①	②	③	④	⑤
22	①	②	③	④	⑤
23	①	②	③	④	⑤
24	①	②	③	④	⑤
25	①	②	③	④	⑤

자르는 선

2021년 기출문제 답안지 (1교시)

컴퓨터용 검은색 사인펜만 사용

책 형

【필적감정용 기재】
*아래 예시문을 옮겨 기재하시기 바랍니다.

본인은 OOO(응시자성명)임을 확인함

기 재 란

성 명	
자필성명	본인 성명 기재
응시직렬	
응시지역	

응 시 번 호

	⓪	⓪	⓪	⓪	⓪	⓪	⓪
	①	①	①	①	①	①	①
	②	②	②	②	②	②	②
	③	③	③	③	③	③	③
④	④	④	④	④	④	④	④
⑤	⑤	⑤	⑤	⑤	⑤	⑤	⑤
	⑥	⑥	⑥	⑥	⑥	⑥	⑥
	⑦	⑦	⑦	⑦	⑦	⑦	⑦
	⑧	⑧	⑧	⑧	⑧	⑧	⑧
	⑨	⑨	⑨	⑨	⑨	⑨	⑨

생 년 월 일

⓪	⓪	⓪	⓪	⓪	⓪
	①	①	①	①	①
	②		②	②	②
	③		③	③	③
	④		④		④
	⑤		⑤		⑤
⑥	⑥		⑥		⑥
⑦	⑦		⑦		⑦
⑧	⑧		⑧		⑧
⑨	⑨		⑨		⑨

※시험감독관 서명
(성명을 정자로 기재하시기 바랍니다.)

빨간색 볼펜만 사용

언어논리영역(1~10번)

1	①	②	③	④	⑤
2	①	②	③	④	⑤
3	①	②	③	④	⑤
4	①	②	③	④	⑤
5	①	②	③	④	⑤
6	①	②	③	④	⑤
7	①	②	③	④	⑤
8	①	②	③	④	⑤
9	①	②	③	④	⑤
10	①	②	③	④	⑤

언어논리영역(11~20번)

11	①	②	③	④	⑤
12	①	②	③	④	⑤
13	①	②	③	④	⑤
14	①	②	③	④	⑤
15	①	②	③	④	⑤
16	①	②	③	④	⑤
17	①	②	③	④	⑤
18	①	②	③	④	⑤
19	①	②	③	④	⑤
20	①	②	③	④	⑤

언어논리영역(21~25번)

21	①	②	③	④	⑤
22	①	②	③	④	⑤
23	①	②	③	④	⑤
24	①	②	③	④	⑤
25	①	②	③	④	⑤

상황판단영역(1~10번)

1	①	②	③	④	⑤
2	①	②	③	④	⑤
3	①	②	③	④	⑤
4	①	②	③	④	⑤
5	①	②	③	④	⑤
6	①	②	③	④	⑤
7	①	②	③	④	⑤
8	①	②	③	④	⑤
9	①	②	③	④	⑤
10	①	②	③	④	⑤

상황판단영역(11~20번)

11	①	②	③	④	⑤
12	①	②	③	④	⑤
13	①	②	③	④	⑤
14	①	②	③	④	⑤
15	①	②	③	④	⑤
16	①	②	③	④	⑤
17	①	②	③	④	⑤
18	①	②	③	④	⑤
19	①	②	③	④	⑤
20	①	②	③	④	⑤

상황판단영역(21~25번)

21	①	②	③	④	⑤
22	①	②	③	④	⑤
23	①	②	③	④	⑤
24	①	②	③	④	⑤
25	①	②	③	④	⑤

자르는 선

2021년 기출문제 답안지 (2교시)

컴퓨터용 검은색 사인펜만 사용

책 형

【필적감정용 기재】
*아래 예시문을 옮겨 기재하시기 바랍니다.
본인은 OOO(응시자성명)임을 확인함
기 재 란

성 명	
자필성명	본인 성명 기재
응시직렬	
응시지역	

응 시 번 호							
	⓪	⓪	⓪	⓪	⓪	⓪	⓪
	①	①	①	①	①	①	①
	②	②	②	②	②	②	②
	③	③	③	③	③	③	③
④	④	④	④	④	④	④	④
⑤	⑤	⑤	⑤	⑤	⑤	⑤	⑤
	⑥	⑥	⑥	⑥	⑥	⑥	⑥
	⑦	⑦	⑦	⑦	⑦	⑦	⑦
	⑧	⑧	⑧	⑧	⑧	⑧	⑧
	⑨	⑨	⑨	⑨	⑨	⑨	⑨

생 년 월 일					
⓪	⓪	⓪	⓪	⓪	⓪
	①	①	①	①	①
	②		②	②	②
	③		③	③	③
	④		④		④
	⑤		⑤		⑤
⑥	⑥		⑥		⑥
⑦	⑦		⑦		⑦
⑧	⑧		⑧		⑧
⑨	⑨		⑨		⑨

※시험감독관 서명
(성명을 정자로 기재하시기 바랍니다.)

빨간색 볼펜만 사용

자료해석영역(1~10번)					
1	①	②	③	④	⑤
2	①	②	③	④	⑤
3	①	②	③	④	⑤
4	①	②	③	④	⑤
5	①	②	③	④	⑤
6	①	②	③	④	⑤
7	①	②	③	④	⑤
8	①	②	③	④	⑤
9	①	②	③	④	⑤
10	①	②	③	④	⑤

자료해석영역(11~20번)					
11	①	②	③	④	⑤
12	①	②	③	④	⑤
13	①	②	③	④	⑤
14	①	②	③	④	⑤
15	①	②	③	④	⑤
16	①	②	③	④	⑤
17	①	②	③	④	⑤
18	①	②	③	④	⑤
19	①	②	③	④	⑤
20	①	②	③	④	⑤

자료해석영역(21~25번)					
21	①	②	③	④	⑤
22	①	②	③	④	⑤
23	①	②	③	④	⑤
24	①	②	③	④	⑤
25	①	②	③	④	⑤

자르는 선

2020년 모의평가 답안지 (1교시)

컴퓨터용 검은색 사인펜만 사용

책 형

【필적감정용 기재】
*아래 예시문을 옮겨 기재하시기 바랍니다.

본인은 OOO(응시자성명)임을 확인함

기 재 란

성 명	
자필성명	본인 성명 기재
응시직렬	
응시지역	

응 시 번 호							
	⓪	⓪	⓪	⓪	⓪	⓪	⓪
	①	①	①	①	①	①	①
	②	②	②	②	②	②	②
	③	③	③	③	③	③	③
④	④	④	④	④	④	④	④
⑤	⑤	⑤	⑤	⑤	⑤	⑤	⑤
	⑥	⑥	⑥	⑥	⑥	⑥	⑥
	⑦	⑦	⑦	⑦	⑦	⑦	⑦
	⑧	⑧	⑧	⑧	⑧	⑧	⑧
	⑨	⑨	⑨	⑨	⑨	⑨	⑨

생 년 월 일					
⓪	⓪	⓪	⓪	⓪	⓪
	①	①	①	①	①
	②		②	②	②
	③		③	③	③
	④		④		④
	⑤		⑤		⑤
⑥	⑥		⑥		⑥
⑦	⑦		⑦		⑦
⑧	⑧		⑧		⑧
⑨	⑨		⑨		⑨

※시험감독관 서명
(성명을 정자로 기재하시기 바랍니다.)

빨간색 볼펜만 사용

언어논리영역(1~10번)					
1	①	②	③	④	⑤
2	①	②	③	④	⑤
3	①	②	③	④	⑤
4	①	②	③	④	⑤
5	①	②	③	④	⑤
6	①	②	③	④	⑤
7	①	②	③	④	⑤
8	①	②	③	④	⑤
9	①	②	③	④	⑤
10	①	②	③	④	⑤

언어논리영역(11~20번)					
11	①	②	③	④	⑤
12	①	②	③	④	⑤
13	①	②	③	④	⑤
14	①	②	③	④	⑤
15	①	②	③	④	⑤
16	①	②	③	④	⑤
17	①	②	③	④	⑤
18	①	②	③	④	⑤
19	①	②	③	④	⑤
20	①	②	③	④	⑤

언어논리영역(21~25번)					
21	①	②	③	④	⑤
22	①	②	③	④	⑤
23	①	②	③	④	⑤
24	①	②	③	④	⑤
25	①	②	③	④	⑤

상황판단영역(1~10번)					
1	①	②	③	④	⑤
2	①	②	③	④	⑤
3	①	②	③	④	⑤
4	①	②	③	④	⑤
5	①	②	③	④	⑤
6	①	②	③	④	⑤
7	①	②	③	④	⑤
8	①	②	③	④	⑤
9	①	②	③	④	⑤
10	①	②	③	④	⑤

상황판단영역(11~20번)					
11	①	②	③	④	⑤
12	①	②	③	④	⑤
13	①	②	③	④	⑤
14	①	②	③	④	⑤
15	①	②	③	④	⑤
16	①	②	③	④	⑤
17	①	②	③	④	⑤
18	①	②	③	④	⑤
19	①	②	③	④	⑤
20	①	②	③	④	⑤

상황판단영역(21~25번)					
21	①	②	③	④	⑤
22	①	②	③	④	⑤
23	①	②	③	④	⑤
24	①	②	③	④	⑤
25	①	②	③	④	⑤

자르는 선

2020년 모의평가 답안지 (2교시)

컴퓨터용 검은색 사인펜만 사용

책 형

【필적감정용 기재】

*아래 예시문을 옮겨 기재하시기 바랍니다.

본인은 OOO(응시자성명)임을 확인함

기 재 란

성 명	
자필성명	본인 성명 기재
응시직렬	
응시지역	

응시번호							
	⓪	⓪	⓪	⓪	⓪	⓪	⓪
	①	①	①	①	①	①	①
	②	②	②	②	②	②	②
	③	③	③	③	③	③	③
④	④	④	④	④	④	④	④
⑤	⑤	⑤	⑤	⑤	⑤	⑤	⑤
	⑥	⑥	⑥	⑥	⑥	⑥	⑥
	⑦	⑦	⑦	⑦	⑦	⑦	⑦
	⑧	⑧	⑧	⑧	⑧	⑧	⑧
	⑨	⑨	⑨	⑨	⑨	⑨	⑨

생년월일					
⓪	⓪	⓪	⓪	⓪	⓪
	①	①	①	①	①
	②		②	②	②
	③		③	③	③
	④		④		④
	⑤		⑤		⑤
⑥	⑥		⑥		⑥
⑦	⑦		⑦		⑦
⑧	⑧		⑧		⑧
⑨	⑨		⑨		⑨

※시험감독관 서명

(성명을 정자로 기재하시기 바랍니다.)

빨간색 볼펜만 사용

자료해석영역(1~10번)					
1	①	②	③	④	⑤
2	①	②	③	④	⑤
3	①	②	③	④	⑤
4	①	②	③	④	⑤
5	①	②	③	④	⑤
6	①	②	③	④	⑤
7	①	②	③	④	⑤
8	①	②	③	④	⑤
9	①	②	③	④	⑤
10	①	②	③	④	⑤

자료해석영역(11~20번)					
11	①	②	③	④	⑤
12	①	②	③	④	⑤
13	①	②	③	④	⑤
14	①	②	③	④	⑤
15	①	②	③	④	⑤
16	①	②	③	④	⑤
17	①	②	③	④	⑤
18	①	②	③	④	⑤
19	①	②	③	④	⑤
20	①	②	③	④	⑤

자료해석영역(21~25번)					
21	①	②	③	④	⑤
22	①	②	③	④	⑤
23	①	②	③	④	⑤
24	①	②	③	④	⑤
25	①	②	③	④	⑤

자르는 선

5급 기출 재구성 모의고사 답안지 (1교시)

컴퓨터용 검은색 사인펜만 사용

책 형

【필적감정용 기재】 *아래 예시문을 옮겨 기재하시기 바랍니다.
본인은 OOO(응시자성명)임을 확인함
기 재 란

성 명	
자필성명	본인 성명 기재
응시직렬	
응시지역	

응시번호						
	⓪	⓪	⓪	⓪	⓪	⓪
	①	①	①	①	①	①
	②	②	②	②	②	②
	③	③	③	③	③	③
④	④	④	④	④	④	④
⑤	⑤	⑤	⑤	⑤	⑤	⑤
	⑥	⑥	⑥	⑥	⑥	⑥
	⑦	⑦	⑦	⑦	⑦	⑦
	⑧	⑧	⑧	⑧	⑧	⑧
	⑨	⑨	⑨	⑨	⑨	⑨

생년월일					
⓪	⓪	⓪	⓪	⓪	⓪
	①	①	①	①	①
	②		②	②	②
	③		③	③	③
	④		④		④
	⑤		⑤		⑤
⑥	⑥		⑥		⑥
⑦	⑦		⑦		⑦
⑧	⑧		⑧		⑧
⑨	⑨		⑨		⑨

※시험감독관 서명 (성명을 정자로 기재하시기 바랍니다.)	빨간색 볼펜만 사용

언어논리영역(1~10번)	
1	① ② ③ ④ ⑤
2	① ② ③ ④ ⑤
3	① ② ③ ④ ⑤
4	① ② ③ ④ ⑤
5	① ② ③ ④ ⑤
6	① ② ③ ④ ⑤
7	① ② ③ ④ ⑤
8	① ② ③ ④ ⑤
9	① ② ③ ④ ⑤
10	① ② ③ ④ ⑤

언어논리영역(11~20번)	
11	① ② ③ ④ ⑤
12	① ② ③ ④ ⑤
13	① ② ③ ④ ⑤
14	① ② ③ ④ ⑤
15	① ② ③ ④ ⑤
16	① ② ③ ④ ⑤
17	① ② ③ ④ ⑤
18	① ② ③ ④ ⑤
19	① ② ③ ④ ⑤
20	① ② ③ ④ ⑤

언어논리영역(21~25번)	
21	① ② ③ ④ ⑤
22	① ② ③ ④ ⑤
23	① ② ③ ④ ⑤
24	① ② ③ ④ ⑤
25	① ② ③ ④ ⑤

상황판단영역(1~10번)	
1	① ② ③ ④ ⑤
2	① ② ③ ④ ⑤
3	① ② ③ ④ ⑤
4	① ② ③ ④ ⑤
5	① ② ③ ④ ⑤
6	① ② ③ ④ ⑤
7	① ② ③ ④ ⑤
8	① ② ③ ④ ⑤
9	① ② ③ ④ ⑤
10	① ② ③ ④ ⑤

상황판단영역(11~20번)	
11	① ② ③ ④ ⑤
12	① ② ③ ④ ⑤
13	① ② ③ ④ ⑤
14	① ② ③ ④ ⑤
15	① ② ③ ④ ⑤
16	① ② ③ ④ ⑤
17	① ② ③ ④ ⑤
18	① ② ③ ④ ⑤
19	① ② ③ ④ ⑤
20	① ② ③ ④ ⑤

상황판단영역(21~25번)	
21	① ② ③ ④ ⑤
22	① ② ③ ④ ⑤
23	① ② ③ ④ ⑤
24	① ② ③ ④ ⑤
25	① ② ③ ④ ⑤

자르는 선

5급 기출 재구성 모의고사 답안지 (2교시)

컴퓨터용 검은색 사인펜만 사용

책 형

【필적감정용 기재】
*아래 예시문을 옮겨 기재하시기 바랍니다.

본인은 OOO(응시자성명)임을 확인함

기 재 란

성 명	
자필성명	본인 성명 기재
응시직렬	
응시지역	

응 시 번 호

	⓪	⓪	⓪	⓪	⓪	⓪	⓪
	①	①	①	①	①	①	①
	②	②	②	②	②	②	②
	③	③	③	③	③	③	③
④	④	④	④	④	④	④	④
⑤	⑤	⑤	⑤	⑤	⑤	⑤	⑤
	⑥	⑥	⑥	⑥	⑥	⑥	⑥
	⑦	⑦	⑦	⑦	⑦	⑦	⑦
	⑧	⑧	⑧	⑧	⑧	⑧	⑧
	⑨	⑨	⑨	⑨	⑨	⑨	⑨

생 년 월 일

⓪	⓪	⓪	⓪	⓪	⓪
	①	①	①	①	①
	②		②	②	②
	③		③	③	③
	④		④		④
	⑤		⑤		⑤
⑥	⑥		⑥		⑥
⑦	⑦		⑦		⑦
⑧	⑧		⑧		⑧
⑨	⑨		⑨		⑨

※시험감독관 서명
(성명을 정자로 기재하시기 바랍니다.)

빨간색 볼펜만 사용

자료해석영역(1~10번)

1	①	②	③	④	⑤
2	①	②	③	④	⑤
3	①	②	③	④	⑤
4	①	②	③	④	⑤
5	①	②	③	④	⑤
6	①	②	③	④	⑤
7	①	②	③	④	⑤
8	①	②	③	④	⑤
9	①	②	③	④	⑤
10	①	②	③	④	⑤

자료해석영역(11~20번)

11	①	②	③	④	⑤
12	①	②	③	④	⑤
13	①	②	③	④	⑤
14	①	②	③	④	⑤
15	①	②	③	④	⑤
16	①	②	③	④	⑤
17	①	②	③	④	⑤
18	①	②	③	④	⑤
19	①	②	③	④	⑤
20	①	②	③	④	⑤

자료해석영역(21~25번)

21	①	②	③	④	⑤
22	①	②	③	④	⑤
23	①	②	③	④	⑤
24	①	②	③	④	⑤
25	①	②	③	④	⑤

2026 대비 최신개정판

해커스PSAT 7급 PSAT 기출문제집

개정 4판 1쇄 발행 2025년 9월 15일

지은이	조은정, 길규범, 김용훈
펴낸곳	해커스패스
펴낸이	해커스PSAT 출판팀
주소	서울특별시 강남구 강남대로 428 해커스PSAT
고객센터	1588-4055
교재 관련 문의	gosi@hackerspass.com
	해커스PSAT 사이트(psat.Hackers.com) 1:1 문의 게시판
학원 강의 및 동영상강의	psat.Hackers.com
ISBN	979-11-7404-066-4 (13320)
Serial Number	04-01-01

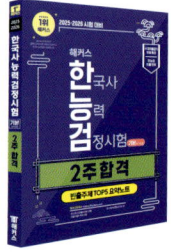

2026 대비 최신개정판

해커스PSAT

7급 PSAT 기출문제집

약점 보완 해설집

해커스PSAT

해커스PSAT

7급 PSAT 기출문제집

약점 보완 해설집

해커스

취약 유형 공략 포인트_언어논리

기출문제 풀이 후 〈취약 유형 분석표〉를 통해 본인의 취약한 유형을 파악하고, 취약한 유형은 유형별 공략 포인트를 확인하여 다시 복습해보세요.

독해의 원리

유형 1 **개념 이해**	개념 이해 취약형은 글의 세부적인 내용을 빠르고 정확하게 파악하는 능력이 부족한 경우입니다. 따라서 문제를 풀 때 핵심 키워드를 중심으로 주요 논지와 흐름을 파악하는 연습을 합니다. 유형 공략 포인트 지문을 읽기 전에 선택지를 먼저 읽고, 핵심어와 반복되는 단어가 무엇인지 확인한다. 지문의 모든 정보를 이해하는 데 매몰되지 말고, 선택지의 핵심어와 반복된 단어에 대한 설명을 중심으로 지문의 정보를 확인한다. '그러므로, 따라서, 하지만, 그러나' 등 접속사는 지문의 흐름을 결정하므로 접속사로 시작하는 문장에 주목한다.
유형 2 **구조 판단**	구조 판단 취약형은 글의 논리적 구조와 흐름을 정확히 파악하는 능력이 부족한 경우입니다. 따라서 문제를 풀 때 각 문단의 핵심 내용을 중심으로 핵심 키워드 간의 관계를 파악하도록 합니다. 또한 선택지를 잘 활용하면 글 전체를 읽지 않아도 답을 찾을 수 있는 경우가 있으므로, 접속어나 지시어 등을 통해 앞뒤 문맥을 정확히 파악하여 선택지 내용을 빠르게 찾아 비교하는 연습을 합니다. 유형 공략 포인트 지문을 읽기 전에 선택지를 먼저 읽어 반복되는 단어나 비교 표현이 있는지, 대조되는 단어나 비교 표현이 있는지 확인한다. 대조되는 단어가 보이는 지문의 경우, 대조되는 단어의 특징을 동그라미, 세모 등의 기호로 구별되게 체크하여 대조 개념의 특징을 하나의 '계열'로 정리한다. 선택지가 같은 '계열'의 단어끼리 매칭되었는지, 반대 '계열'의 단어끼리 매칭되었는지 여부로 정오를 판별한다.
유형 3 **원칙 적용**	원칙 적용 취약형은 새로운 사례에 적용하여 추론하는 능력이 부족한 경우입니다. 따라서 우선 글에 제시된 원리·원칙의 내용을 정확하게 파악하고, 제시된 내용과 적용하려는 상황 간의 공통점과 차이점을 비교하며 읽는 연습을 합니다. 유형 공략 포인트 선택지에서 조건이나 사례가 제시되면, 원리나 원칙을 적용하는 문제이다. 지문에 원리·원칙이 하나만 제시되어 있다면 원리·원칙의 구체적인 내용을 파악한 후 선택지나 〈보기〉의 사례와 비교하고, 두 개 이상 제시되어 있다면 원리·원칙 간의 차이점에 초점을 두고 지문의 정보를 파악한 후 선택지나 〈보기〉의 사례에 적용한다.

논증의 방향

유형 4 **논지와 중심 내용**	논지와 중심 내용 취약형은 지문의 큰 흐름을 파악하는 능력이 부족한 경우입니다. 따라서 지문에서 방향을 잡는 접속사를 중심으로 세부 내용보다는 글의 최종적인 결론에 집중하여 글을 읽는 연습을 합니다. 유형 공략 포인트 지문을 요약하듯이 빠르게 읽으면서 각 단락의 내용을 정리하는 가장 중요한 문장을 체크하고, 이후 단락별 중요 문장 중 가장 중요하거나 포괄적인 내용을 담고 있는 문장이 무엇인지 확인한다. 지문에서 체크한 문장을 선택지와 비교하여 가장 유사한 내용을 가진 선택지를 찾는다. '그러므로, 따라서, 요컨대' 등 결과를 나타내는 접속사로 시작하는 문장과 '그러나, 하지만'등 역접의 접속사로 시작하는 문장 뒤에는 필자가 얘기하고자 하는 중요 내용이 정리되어 있을 가능성이 높다.
유형 5 **견해 분석**	견해 분석 취약형은 주장 간의 차이점을 파악하는 능력이 부족한 경우입니다. 따라서 각자의 주장을 파악하여 같은 편인지 반대편인지 빠르게 구분하는 연습을 합니다. 유형 공략 포인트 지문에 제시된 견해별로 가장 중요하거나 가장 포괄적인 내용을 담은 문장을 찾아 주장을 파악한다. 각 등장인물이 같은 주장을 하고 있는지, 다른 주장을 하고 있는지 구분하여 각 선택지나 〈보기〉에서 어떤 주장끼리 비교하는지 확인한다. 선택지나 〈보기〉에 '양립 가능성', '모순관계'와 같은 표현이 있는 경우, 두 주장이 동시에 참이 될 수 있는지 없는지를 중심으로 주장 간의 관계를 파악한다.
유형 6 **논증의 비판과 반박**	논증의 비판과 반박 취약형은 전제와 결론으로 구성된 논증의 구조를 파악하는 능력이 부족한 경우입니다. 따라서 접속사를 중심으로 논증의 결론을 빠르게 파악하고 그 결론을 지지하는 문장이나 단어를 선별하는 연습을 합니다. 유형 공략 포인트 비판과 반박의 대상이 논지인 경우, 지문에서 논증의 전제와 결론(논지)을 확인하고, 비판과 반박의 대상이 논지가 아닌 경우, 지문에서 세부 내용을 확인한다. 이후 선택지나 〈보기〉에서 비판의 대상과 방향성이 반대인 내용을 찾는다.
유형 7 **논증 평가**	논증 평가 취약형은 논증의 방향성을 판단하는 능력이 부족한 경우입니다. 따라서 논증의 방향성을 판단하는 기준이 되는 논증의 결론을 빠르게 찾고, 그 결론과 같은 방향의 진술, 반대 방향의 진술을 예측하는 연습을 합니다. 유형 공략 포인트 발문에서 평가의 대상이 무엇인지 찾고, 지문에서 그 내용을 확인한다. 평가의 대상이 논증이나 논지일 경우, 논증의 전제와 결론(논지)을 확인하고 그 외의 것일 경우, 그 대상을 찾아 내용을 확인한다. 선택지나 〈보기〉의 강화·약화나 평가의 대상이 되는 내용과 비교하여 어떤 '방향성'을 갖는지 파악한다. '강화하는·지지하는 진술'을 찾아야 하는 경우, 논증의 전제나 결론과 방향성이 같은지를 확인하고, '약화하는 진술'을 찾아야 하는 경우, 논증의 전제나 결론과 방향성이 반대인지를 확인한다.

문맥과 단서

유형 8 **빈칸 추론**	빈칸 추론 취약형은 글의 문맥을 파악하는 단서를 찾아내는 능력이 부족한 경우입니다. 따라서 빈칸 주변의 접속사를 위주로 문장의 흐름을 판단하고, 핵심 키워드를 바탕으로 빈칸에 들어갈 내용을 추론할 수 있는 단서를 잡아내는 연습을 합니다. 유형 공략 포인트 선택지나 〈보기〉를 읽기 전에, 빈칸 앞뒤 문장을 먼저 확인하여 내용 연결 흐름을 파악한다. 선택지나 〈보기〉 중 전반적인 지문의 흐름과 방향이 비슷하게 이어지는 것을 추리고, 예측한 빈칸의 내용과 비슷한 방향을 가지는 내용이나 가장 자연스러운 내용을 선택한다.
유형 9 **밑줄 추론**	밑줄 추론 취약형은 글의 전체적인 흐름을 바탕으로 구체적인 내용을 추론하는 능력이 부족한 경우입니다. 따라서 밑줄 그어진 단어나 구절 주변에서 그 의미를 추론할 수 있는 키워드에 집중하는 독해 연습을 합니다. 유형 공략 포인트 선택지나 〈보기〉를 읽기 전에 지문에서 밑줄 앞뒤의 문장을 먼저 읽는다. 밑줄의 내용을 나타내는 핵심어나 문장을 체크하여 밑줄의 의미를 추론할 수 있는 단서를 파악한 후, 선택지나 〈보기〉의 내용과 일치하는지 비교한다. 밑줄의 사례를 찾는 문제인 경우, 선택지나 〈보기〉에 구체적인 사례가 제시되므로 각 선택지나 〈보기〉의 핵심어를 체크하여 지문의 단서와 비교한다.
유형 10 **글의 수정**	글의 수정 취약형은 전체적인 글의 문맥에 비추어 부분적인 내용이 적절한지 파악하는 능력이 부족한 경우입니다. 따라서 처음부터 지문을 읽으면서 글의 전반적인 흐름을 잡고 부분과 전체를 비교하는 연습을 합니다. 유형 공략 포인트 밑줄 그어진 문장을 수정하는 문제인 경우, 지문을 읽으면서 밑줄이 나오면 앞뒤 문장의 핵심어를 통해 내용의 흐름을 파악한다. 밑줄이 나올 때마다 바로바로 해당 선택지를 확인하여 핵심어가 글의 흐름과 자연스러운지 판단한다. 지문에 제시된 기준에 따라 수정해야 하는 문제인 경우, 기준을 우선적으로 확인한 후 지문을 읽으며 어긋나는 부분을 찾으면 해당 선택지를 확인하여 기준에 따라 적절하게 수정되었는지 판단한다.

논리의 체계

유형 11 **논증의 타당성**	논증의 타당성 취약형은 논증의 전제와 결론 간의 형식적인 구조를 판단하는 능력이 부족한 경우입니다. 따라서 전제와 결론의 구조를 쉽게 파악할 수 있도록 기호화하여 내용이 아니라 논리 규칙에 따라 타당성 여부를 판단하는 연습을 합니다. 유형 공략 포인트 논증은 전제와 결론으로 이루어져 있으므로 논증의 전제가 되는 문장과 결론인 문장을 구별하여 간단히 기호화한다. '전건 긍정법, 후건 부정법, 선언지 제거법' 등의 논증 규칙이나 '전건 부정의 오류, 후건 긍정의 오류, 선언지 긍정의 오류' 등의 논리적 오류를 적용하여 기호화한 전제가 참일 때, 결론이 반드시 참이 되는지 확인한다. 전제가 참일 때 결론이 반드시 참으로 도출되면 타당한 논증이고, 전제가 참일 때 결론이 반드시 참으로 도출되지 않으면 타당하지 않은 논증이다.
유형 12 **논리 퀴즈**	논리 퀴즈 취약형은 논리 이론이나 규칙을 응용문제에 적용하는 능력이 부족한 경우입니다. 따라서 논리 명제를 빠르게 기호화하고, 퀴즈 문제에 많이 활용되는 모순이나 반대 개념을 숙지하여 문제에 적용하는 연습을 합니다. 유형 공략 포인트 발문과 지문을 읽고 참말과 거짓말에 대한 진술이 제시되는 '참·거짓 퀴즈'인지, 지문에 명제를 제시하여 연결고리를 파악하는 '명제 연결형 퀴즈'인지 판별한다. '참·거짓 퀴즈'의 경우, 제시된 지문에서 먼저 모순되는 진술이 있는지 찾고, 있다면 이를 기준으로 경우의 수를 파악한다. '명제 연결형 퀴즈'의 경우, 기호화 한 명제의 연결고리를 확인하고 명제를 연결하여 경우의 수를 파악한다.
유형 13 **독해형 논리**	독해형 논리 취약형은 글의 논리적인 구조를 파악하는 능력이 부족한 경우입니다. 따라서 지문의 내용을 이해하기보다는 제시된 논리 명제를 빠르게 기호화하여 문장 간의 논리적인 관계를 파악하는 연습을 합니다. 유형 공략 포인트 지문에서 정언 명제, 가언 명제 등 기호화가 필요한 논리 명제를 찾아 기호화한다. 선택지나 〈보기〉의 문장도 동일한 방식으로 기호화한다. 선택지나 〈보기〉의 정보의 참·거짓을 판단하는 문제의 경우, 지문에서 기호화한 문장을 연결하여 선택지나 〈보기〉를 기호화한 문장이 도출되는지 판별한다. 추가해야 할 전제를 찾는 문제의 경우, 지문의 기호화한 문장을 연결했을 때 결론 도출에 부족한 부분을 찾는다.

취약 유형 공략 포인트_상황판단(1)

기출문제 풀이 후 〈취약 유형 분석표〉를 통해 본인의 취약한 유형을 파악하고, 취약한 유형은 유형별 공략 포인트를 확인하여 다시 복습해보세요.

텍스트형

유형 1 **발문 포인트형**	발문 포인트형(텍스트형) 취약형은 문제에서 요구하는 기준이나 방법을 제대로 이해하지 못한 상태로 적용 대상부터 확인하는 경우입니다. 문제를 해결하기 위해 필요한 기준이나 방법을 선별하여 먼저 확인하는 연습을 해야 합니다. 유형 공략 포인트 발문에 제시된 포인트에 따라 지문에서 필요한 내용을 중점적으로 파악한다. 발문 포인트형(텍스트형) 문제의 발문에 제시되는 포인트는 주로 판단기준 또는 방법을 파악할 것을 요구하는 경우가 많다.
유형 2 **일치부합형**	일치부합형(텍스트형) 취약형은 지문에 주어진 정보를 모두 다 처리하느라 문제를 효율적으로 해결하지 못하는 경우입니다. 지문에 주어진 정보를 모두 다 처리하다보니 그만큼 정보량도 많아지고 정보 간 혼동도 생기게 됩니다. 일치부합형(텍스트형) 지문의 정보량이 많은 경우가 대부분이기 때문에 문제에서 묻는 것을 위주로 확인하는 연습을 통해 효율적으로 문제를 해결해야 합니다. 유형 공략 포인트 지문을 읽기 전에 선택지나 〈보기〉에서 키워드 또는 비한글 요소를 체크하고, 이를 중심으로 지문에 강약을 두어 읽는다. 지문에 키워드와 관련한 내용이 나오면 해당 부분을 집중적으로 읽고, 바로 관련 선택지나 〈보기〉의 내용을 비교한다.
유형 3 **응용형**	응용형(텍스트형) 취약형은 지문의 내용을 정확하게 이해하지 못하거나, 이해한 바를 토대로 사례에 적용·응용하는 능력이 부족한 경우입니다. 응용형 문제의 경우 지문 내용이 어려운 경우가 많으므로 글을 빠르고 정확하게 이해하는 연습부터 해야 합니다. 또한 주로 계산을 요구하는 형태로 출제되므로 기출문제를 철저하게 분석해야 합니다. 유형 공략 포인트 선택지와 〈보기〉에 유사한 표현이 반복되는 경우가 많으므로 지문에서 그와 관련된 내용을 찾아 파악하고, 동일한 용어가 반복되는 경우 먼저 그 용어의 의미를 파악한다. 소재나 읽는 방식에 따라 발췌독이 가능한지 판단한다.
유형 4 **1지문 2문항형**	1지문 2문항형은 발문 포인트형, 일치부합형, 응용형의 문제가 조합되어 출제됩니다. 따라서 1지문 2문항형 취약형은 앞선 세 가지 유형을 집중적으로 연습해야 합니다. 유형 공략 포인트 두 문제가 어떤 유형의 조합으로 구성되었는지 파악한 후 처리한다. 발문 포인트형은 발문에 제시된 포인트에 맞춰 지문의 내용을 파악하고, 일치부합형은 선택지나 〈보기〉에서 체크한 내용을 중심으로 지문에 강약을 두어 내용을 파악한다. 응용형은 선택지나 〈보기〉에 반복되는 유사한 표현, 단어와 관련된 부분을 지문에서 찾아 내용을 파악한다.
유형 5 **기타형**	기타형에는 병렬형과 논증형이 포함됩니다. 병렬형 취약형은 지문의 병렬적인 내용 중에 필요한 내용을 정확히 찾지 못하거나 병렬적인 정보를 전부 다 처리하려는 경우입니다. 따라서 병렬적인 내용을 정확히 구분하여 필요한 부분 위주로 확인해서 정확도와 속도를 모두 높여야 합니다. 논증형 취약형은 양측의 입장을 명확하게 구분하거나 주장을 뒷받침하는 데 필요한 근거를 적절하게 찾아내는 연습을 해야 합니다. 유형 공략 포인트 병렬형은 지문을 처음부터 모두 읽기보다는 비한글 장치 등을 활용하여 선택지나 〈보기〉 중 빠른 해결이 가능한 것부터 골라서 해결한다. 병렬적인 내용 중 한 가지만 묻거나 길이가 짧은 것을 먼저 해결하고, 두 가지 이상의 내용을 동시에 묻는 것은 후순위로 해결한다. 위치상 뒤쪽에 있는 내용을 먼저 확인하는 것도 좋은 전략이 될 수 있다. 논증형은 내용을 자세하게 확인하는 것보다 입장 · 주장이 대립되도록 내용을 구분하여 큰 틀에서 이분법적으로 사고하며 문제를 해결하는 것이 빠른 해결에 도움이 된다.

법조문형

유형 6 **발문 포인트형**	발문 포인트형(법조문형) 취약형은 문제에서 요구하는 기준과 방법을 정확하게 파악하지 못하는 경우입니다. 발췌독이 익숙해지도록 지문을 빠르고 정확하게 파악하는 연습을 해야 합니다. 유형 공략 포인트 발문에 제시된 포인트에 따라 문제해결에 필요한 내용을 지문에서 중점적으로 파악한다. 발문 포인트형(법조문형)의 발문에 제시되는 포인트는 주로 해당여부, 가능여부 등의 판단기준 또는 방법을 파악할 것을 요구하는 경우가 많다.
유형 7 **일치부합형**	일치부합형(법조문형) 취약형은 지문 중 해당 선택지 또는 〈보기〉의 해결을 위해 필요한 조문을 찾지 못하는 경우입니다. 일치부합형의 경우 지문을 전부 다 정확하게 보지 않더라도 해결되므로, 키워드를 적절하게 활용하여 필요한 조문 위주로만 확인하는 연습을 해야 합니다. 유형 공략 포인트 발문에 포인트가 없으므로 선택지나 〈보기〉에서 키워드를 잡은 후 관련된 법조문과 매칭한다. 제시된 법조문은 조문 제목인 표제가 있거나 표제가 없는 형태로 제시되며, 표제가 있다면 표제를 활용하고, 표제가 없다면 각 조·항에서 효과 부분을 활용한다.
유형 8 **응용형**	응용형(법조문형) 취약형은 제시된 법조문의 내용을 정확하게 이해하지 못하거나, 이해한 바를 토대로 사례에 적용 · 응용하는 능력이 부족한 경우입니다. 응용형(법조문형)의 경우, 지문 내용이 어려운 경우가 많으므로 글을 정확하게 이해하는 연습부터 해야 합니다. 지문의 외양적 특징이나 선택지나 〈보기〉에서 발견되는 특징으로 응용형인지 판단하는 것, 지문의 내용을 빠르고 정확하게 이해하는 것, 이를 토대로 적용 대상에 정확히 적용·응용하는 일련의 과정이 잘 연습되어야 문제를 빠르고 정확하게 해결할 수 있습니다. 유형 공략 포인트 지문을 읽기 전에 지문에 제시된 정보가 무엇인지, 추가로 제시된 정보가 있는지, 선택지나 〈보기〉에 반복적으로 나타나는 키워드가 무엇인지 체크한다. 발문에 큰 특징이 없는 문제가 대부분이므로 지문과 정보, 선택지나 〈보기〉 등을 통해 유형을 파악해야 한다. 〈상황〉이나 〈정보〉 등이 추가로 제시된 경우, 상황 속 인물들의 관계나 상황이 발생한 시기 등을 정확히 정리한다. 단, 경우에 따라 〈상황〉이나 〈정보〉를 사용하지 않고도 답이 도출되는 경우도 있다.
유형 9 **법계산형**	법계산형 취약형은 지문에 주어진 계산 방법을 정확히 파악하지 못하는 경우입니다. 따라서 지문을 의미 단위별로 잘 끊어서 읽고, 계산 과정을 설명하는 용어에 특히 신경 써서 계산 방법을 파악해야 합니다. 유형 공략 포인트 세금 계산, 의사·의결정족수 계산, 상속액 계산, (정당)보조금 계산, 여비 계산 등 계산과 관련된 법조문이 제시되거나, 그 밖에 법조문 소재의 계산의 근거가 되는 지문이 제시된다. 시기(기간)을 계산하거나 금액을 계산하는 것이 가장 일반적이다. 지문에서 계산에 필요한 부분이 무엇인지 찾고, 해당 부분을 중심으로 계산 방법과 조건 등을 정리한다. 특히 예외나 단서 조항을 반드시 체크한다.
유형 10 **규정형**	규정형은 지문의 특성에 따라 보다 세분화하여 구분한 유형 중 하나로, 발문 포인트형, 일치부합형, 응용형과 문제 접근법이 동일합니다. 따라서 세 유형 중 부족한 유형을 집중적으로 연습하는 것이 필요합니다. 유형 공략 포인트 규정형 문제임을 파악하였다면, 문제 해결에 필요한 부분을 중점적으로 확인한다. 일반적인 법조문 형식이 아닌 법과 유사한 규정 · 규칙의 형태로 지문이 제시되며, 제시된 규정 · 규칙을 모두 읽지 않아도 문제풀이를 할 수 있다.
유형 11 **법조문소재형**	법조문소재형 역시 발문 포인트형, 일치부합형, 응용형과 문제 접근법이 동일합니다. 따라서 세 유형 중 부족한 유형을 집중적으로 연습하는 것이 필요합니다. 유형 공략 포인트 지문은 내용상 법과 관련되어 있으나 형태가 법조문이 아닌 글이 제시된다. 일반적인 정오판단만 하면 되는 문제라면, 제시된 지문 전체를 차근차근 읽기보다는 문제해결에 필요한 부분만 체크하며 해당 내용을 중심으로 문제를 풀이한다.

취약 유형 공략 포인트_상황판단(2)

계산형

유형 12 **정확한 계산형**	정확한 계산형 취약형은 계산 방법을 이해하고, 이해한 바를 토대로 정확한 계산 결과를 도출할 수 있도록 연습해야 합니다. PSAT는 객관식 시험이기 때문에 선택지를 활용하면 보다 빠르고 정확하게 문제를 해결할 수 있습니다. 유형 공략 포인트 발문에서 계산에 필요한 정보를 시각화하거나 조건을 그룹화하여 효율적으로 파악하고, 단서 조건을 놓치지 않도록 주의한다. 또한 기본적인 사칙연산 시 실수해서 틀리지 않도록 빠르고 정확하게 풀이하는 연습을 해야 한다. 이때 홀수 · 짝수, 양수 · 음수, 자릿수, 배수 성질 등을 이용하는 방법을 활용할 수 있다.
유형 13 **상대적 계산형**	상대적 계산형은 정확한 계산값을 도출하는 문제가 아니라, '크다, 작다, 같다'처럼 계산을 한 결과를 상대적으로 비교하여 판단할 것을 요구합니다. 따라서 정확한 값을 계산할 필요가 없기 때문에, 계산을 보다 간단하게 바꿀 수 있는 스킬들을 연습해야 합니다. 유형 공략 포인트 계산 과정을 생략하고 단순화시킬수록 문제를 빠르고 정확하게 해결할 수 있으므로 계산에 필요한 정보를 간단하게 정리한 후, 차이·비의 상대적 계산 스킬을 활용하여 문제를 풀이한다.
유형 14 **조건 계산형**	조건 계산형 취약형은 계산 조건을 정확하게 이해하지 못하거나, 중요한 계산 조건을 누락하는 경우입니다. 따라서 계산 조건을 정확하게 파악하는 연습을 해야 하며, 이때 시각화 등의 스킬도 연습하는 것이 좋습니다. 유형 공략 포인트 정확한 계산형이나 상대적 계산형 문제가 단순 계산 능력을 평가하는 것과 달리, 조건 계산형 문제는 계산 능력에 대해 조건이나 규칙의 이해 · 적용 능력을 평가하므로 발문과 지문 등을 통해 제시된 조건을 정확하게 파악한다. 용어에 주목하여 정확한 최종 결괏값을 구해야 하는지 상대적으로 비교만 하면 되는지 파악하여 조건에 따라 정확하게 문제를 해결한다.

규칙형

유형 15 **규칙 단순확인형**	규칙 단순확인형은 단순히 규칙을 확인하는 수준만으로 정답을 찾아낼 수 있기 때문에 정확한 해결뿐만 아니라 시간 단축도 필요합니다. 규칙 단순확인형 문제는 정보의 양을 늘려서 시간을 소비시키고자 하는 경우가 많기 때문에, 필요한 정보를 매칭하는 연습을 해야 합니다. 유형 공략 포인트 문제에는 풀이에 필요하지 않은 정보도 혼재되어 있는 경우가 대부분이므로 정보 처리에 강약을 두어 풀이해야 한다. 선택지나 〈보기〉는 최대 5개까지만 가능하므로, 규칙이나 적용 대상이 5개를 초과하여 제시된 경우 선택지나 〈보기〉를 토대로 5개까지 선별하여 확인한다.
유형 16 **규칙 정오판단형**	규칙 정오판단형은 파악된 규칙을 토대로 선택지나 〈보기〉의 내용을 단순히 정오판단하는 경우도 있지만, 파악된 규칙을 토대로 입증사례나 반증사례를 스스로 찾아야 하는 경우가 훨씬 더 많습니다. 따라서 적절한 사례를 찾아내는 것이 중요한 유형이므로 어떠한 경우에 입증사례를 찾아야 하는지, 반대로 어떠한 경우에 반증사례를 찾아야 하는지 정확히 연습해야 합니다. 유형 공략 포인트 규칙을 이해하는 것이 핵심이므로 발문, 문제 번호 등을 통해 규칙 정오판단형임을 확인한 후 규칙을 꼼꼼하게 확인하여, 문제에서 요구하는 것을 처리한다.
유형 17 **규칙 적용해결형**	규칙 적용해결형은 파악된 규칙을 적용하여 정확한 결과를 도출해야 하므로 규칙의 정확한 이해가 선결되어야 합니다. 복잡한 규칙이 주어지더라도 빠르고 정확하게 이해하는 연습을 해야 하고, 이를 위해 시각화, 조건의 강약조절, 조건의 n-1개 처리 등 처리해야 하는 조건의 양을 줄이고, 조건을 정확하게 이해할 수 있도록 많은 스킬들을 연습해 두는 것이 필요합니다. 유형 공략 포인트 제시된 규칙을 시각화·도식화하거나 조건을 그룹화하여 정확하게 파악한다. 파악한 조건에 따라 풀이가 간단해지는 방식으로 문제를 해결한다. 문제를 해결할 때는 출제자의 의도를 파악하여 뒤에서부터 풀이하거나 가로·세로를 바꿔서 풀이하는 등 풀이 순서를 바꾼다면 풀이가 간단해지는 경우가 많다. 규칙이 많거나 복잡해서 직접 해결이 어려운 경우에는 선택지를 활용하여 풀이한다.

경우형

유형 18 **경우 파악형**	경우 파악형은 경우를 파악할 수 있는 도구(툴)가 문제에 제시되는 경우도 많지만, 아무런 도구 없이 가능한 모든 경우를 파악해야 하는 문제도 있습니다. 전자에 해당하는 문제는 기출에서 반복해서 출제되는 도구(툴)를 잘 발견하고 적용하는 연습을 해야 하고, 후자에 해당하는 문제는 많은 문제를 접해보면서 다양한 사고를 연습해 보아야 합니다. 유형 공략 포인트 도식화 · 도표화 등 다양한 정리 방법을 적절하게 활용하여 주어진 상황을 이해하기 쉽게 정리한다. 경우를 그릴 때는 수형도를 그리거나, 2X2 표를 활용하거나 곱분해·합분해를 하는 등 체계적으로 경우를 파악하여 해결한다. 선택지나 〈보기〉의 주장 강도나 양에 따라서 입증사례 또는 반증사례를 적절하게 파악할 수 있어야 한다.
유형 19 **경우 확정형**	경우 확정형은 다양한 문제를 풀어보면서 고정정보를 찾아내고 문제를 해결하는 과정을 연습하는 것이 필요합니다. 고정정보가 보이지 않을 때, 또는 고정정보를 통해 해결하는 과정이 중간에 멈추었을 때, 실마리를 잘 찾아내야 합니다. 소재를 다양하게 바꾸거나 여러 장치를 결합해 출제된 경우 문제의 난도는 높아질 수 있지만, 해결하는 스킬은 정해져있기 때문에 그 스킬을 체화시키는 것이 중요합니다. 유형 공략 포인트 문제 해결의 실마리가 되는 고정정보를 찾고, 제시된 정보를 선택지나 〈보기〉와 연결 · 결합한다. 제시된 제약 조건에 의해서 경우의 수가 적은 부분, 즉 갈림길이 적은 부분에서 실마리를 찾는다. 정보 또는 힌트가 많이 제시되는 부분을 활용하여야 한다.

취약 유형 공략 포인트_자료해석

기출문제 풀이 후 〈취약 유형 분석표〉를 통해 본인의 취약한 유형을 파악하고, 취약한 유형은 유형별 공략 포인트를 확인하여 다시 복습해보세요.

자료비교

유형 1 **곱셈 비교형**	곱셈 비교형은 식을 간단히 정리하는 연습을 해야 합니다. 또한 직접 식을 구성하고 계산하여 정오를 판단하지 말고, 선택지나 〈보기〉의 대소 비교 방향을 식 구성에 반영한 후에 정오를 판단하는 것이 실수를 줄이는 데 도움이 됩니다. 유형 공략 포인트 해당하는 자료의 수치를 확인하고, 수치가 3자리 수 이상인 경우 유효숫자를 설정한다. A×B와 C×D 형태로 식을 구성하고, 수치 간 크기나 증가율을 비교하여 풀이한다. 곱셈 비교 시에는 서로 다른 방향으로 증가율을 비교해야 하고, 곱셈식을 구체적으로 비교하기 전에 식을 최대한 간소화한다.
유형 2 **분수 비교형**	분수 비교형은 식을 간단히 정리하는 연습을 해야 합니다. 또한 분자와 분모의 대소를 비교하여 기준을 설정한 후, 증가율 비교 또는 차이 값 비교를 통해 대소를 판단합니다. 곱셈 비교와 마찬가지로 선택지나 〈보기〉의 대소 비교 방향을 식 구성에 반영한 후 정오를 판단하는 것이 실수를 줄이는 데 도움이 됩니다. 유형 공략 포인트 해당하는 자료의 수치를 확인하고, 수치가 4자리 수 이상인 경우 유효숫자를 설정한다. $\frac{A}{B}$와 $\frac{C}{D}$ 형태로 식을 구성하고, 수치 간 크기나 증가율을 비교하여 풀이한다.
유형 3 **반대해석형**	자료 구성과 계산 정도에 따라 난도가 높더라도 반대해석을 적용하여 선택지나 〈보기〉를 판단하면 계산 과정이 단순해지므로 익숙해지도록 연습해 두어야 합니다. 따라서 전체가 각 개별 항목의 합인 구조 또는 비율의 합이 100%인 자료가 제시되었을 때, 특정 비율을 묻는 경우 여사건 확률을 반대해석하여 도출한 다음 판단하도록 연습합니다. 유형 공략 포인트 전체 항목이 여러 가지 항목의 합으로 구성되었다면, 선택지나 〈보기〉에서 전체 대비 특정 항목의 비율을 묻고 있는지 체크한다. 50%, 80%, 75%인 정형화된 비중을 묻는 경우에는 1배, 4배, 3배 등 배수 관계로 전환하거나 특정 항목의 반대 항목의 비율을 활용하여 문제를 풀이한다.

자료판단

유형 4 **단순 판단형**	복잡한 식의 계산을 요구하지 않기 때문에 일부만 판단해서 선택지나 〈보기〉에서 정오를 판단할 수 있는 것부터 해결합니다. 판단이 쉽다보니 실수하지 않도록 꼼꼼히 풀이합니다. 유형 공략 포인트 자료의 수치를 단순히 비교하는 선택지나 '증감방향'과 같은 키워드가 포함된 〈보기〉를 먼저 검토한다.
유형 5 **매칭형**	제시된 조건이나 정보 중 비교 항목, 수식어 등의 키워드를 파악하여 한 항목을 특정하거나 계산이 단순한 것을 먼저 풀이하여야 합니다. 이때 자료의 제목과 단위를 토대로 자료의 속성을 파악하고, 각주에서 추가로 식이 주어지는 경우 반드시 체크합니다. 또한 조건 검토 순서를 바꿔 시간을 단축할 수 있는 효율적인 접근 방법이 있는지 찾는 연습을 합니다. 유형 공략 포인트 제시된 조건 중 '가장', '몇 번째' 등의 키워드가 포함된 조건부터 확인한다. 또한 두 가지 항목을 비교하는 조건보다 구체적인 배수 또는 비율을 언급하는 조건을 우선적으로 검토한다. 이후 정답이 될 수 없는 항목을 제거하는 방식으로 선택지를 소거하면 풀이 시간을 단축할 수 있다.
유형 6 **빈칸형**	빈칸이 포함된 자료가 제시되었을 때, 선택지나 〈보기〉에서 빈칸과 관련된 것이 무엇인지 빠르게 구분하고 계산을 최소화하는 연습을 해야 합니다. 먼저 빈칸의 개수를 대략적으로 체크하고, 빈칸이 너무 많다면 후순위로 풀이하는 것도 좋은 방법입니다. 유형 공략 포인트 선택지나 〈보기〉 중 빈칸을 고려하지 않아도 판단이 가능한 내용을 먼저 풀이하고, 나머지 선택지나 〈보기〉 중에서도 빈칸의 수치를 직접 도출해야 하는 것보다 간접적으로도 비교할 수 있는 것을 먼저 검토한다. 빈칸의 개수가 적거나 계산이 간단하다면 자료의 빈칸을 먼저 채운 후 풀이한다.
유형 7 **각주 판단형**	각주에서 새로운 정보가 제시되므로 확실히 확인하고, 만약 수식이 2개 이상이라면 이를 정리하여 수식 간 어떤 관계가 있는지 체크해야 합니다. 특히 분수 형태의 식이 주어진 경우에는 분모와 분자에 공통인 항목이 포함되어 있는지 반드시 확인합니다. 유형 공략 포인트 동그라미나 밑줄 등으로 선택지나 〈보기〉의 키워드 및 자료의 각주를 체크한다. 각주에 여러 개의 식이 제시되는 경우 각각의 식에 공통적으로 포함된 요소와 차이가 나는 요소를 구분하여 체크하고, 차이가 나는 요소를 중심으로 문제에 접근한다. 구체적인 수치가 제시되지 않고 계산이 간단한 것을 먼저 풀이하고, 수치가 구체적이고 계산이 복잡한 것은 후순위로 풀이한다. 각주에 '단', '다만' 등의 표현이 제시된 경우, 문제를 풀이하는 중요한 단서가 될 수 있으므로 주목한다.

유형 8 **조건 판단형**	조건에 새로운 식이 제시되는 경우가 있으므로 선택지나 〈보기〉의 질문에 맞게 식을 재정리하여야 합니다. 조건이 너무 복잡해서 짧은 시간에 이해하기 힘든 경우 해당 문제를 후순위로 풀이하는 것이 시간을 효율적으로 관리하는 좋은 방법이 됩니다. 유형 공략 포인트 발문에서 묻는 것이 무엇인지 반드시 동그라미나 밑줄 등으로 체크한다. 조건 자체를 이해하지 않더라도 자료만 가지고 판단할 수 있는 선택지나 〈보기〉를 먼저 해결하고, 구체적인 수치를 도출해야 한다면 이를 역으로 조건의 공식에 직접 대입한다. 조건을 통해 여러 항목을 계산하여 비교해야 하는 경우, 일반적으로 공통점보다 차이점 위주로 물어볼 가능성이 높으므로 차이점에 주목한다. 조건에 '단', '다만' 등의 표현이 제시된 경우, 문제를 풀이하는 중요한 단서가 될 수 있다.

자료검토·변환

유형 9 **보고서 검토·확인형**	보고서 검토·확인형은 전체 유형 중 가장 난도가 낮은 유형 중 하나이므로, 반드시 맞힐 수 있도록 합니다. 보고서의 전반적인 내용을 이해하기보다는 제시된 보고서와 선택지나 〈보기〉에서 제시되는 자료가 서로 매칭되는지를 중점적으로 검토하는 연습이 필요합니다. 유형 공략 포인트 자료의 제목과 유사한 키워드가 선택지나 〈보기〉에서 제시되는 경우, 차이가 나는 부분에 동그라미나 밑줄 등으로 표시한다. 시점을 언급하는 키워드는 반드시 시작 시점과 종료 시점을 체크한다. 보고서 작성 시 사용된 자료가 있는지 표나 그래프를 통해 파악하는 문제의 경우, 선택지나 〈보기〉의 키워드가 보고서에 포함되어 있는지 확인한다. 추가로 필요한 자료를 찾는 문제의 경우, 제시된 자료의 내용이 보고서에 포함되지 않아 도출될 가능성이 없는 내용 또는 보고서에 처음 등장한 내용이 선택지나 〈보기〉의 키워드로 제시되어 있는지 확인한다.
유형 10 **표-차트 변환형**	표-차트 변환형은 풀이 시간을 고려하여 전략적으로 접근해야 합니다. 표의 수치를 재구성하여 변형한 선택지나 〈보기〉는 풀이 시간 소요가 크므로 후순위로 검토하되, 판단이 용이한 선택지나 〈보기〉를 우선적으로 검토하는 연습이 필요합니다. 유형 공략 포인트 제목·단위를 비교하여 표와 단위가 동일한 선택지나 〈보기〉부터 풀이하고, 제시된 표의 수치를 재구성한 자료 중 계산이 많은 선택지나 〈보기〉는 후순위로 풀이한다.

자료이해

유형 11 **평균 개념형**	평균의 기본적인 특성이나 가평균의 개념, 편차의 합 등 풀이에 필요한 이론적인 부분을 빠르고 정확하게 활용하기 위해서는, 제시되는 기초적인 이론을 숙지하고 반복하여 해당 이론을 적용해 문제를 푸는 연습이 필요합니다. 유형 공략 포인트 평균의 원리를 묻는 경우, 추가적인 설명 없이 '평균' 자체만 언급한다면 산술평균이고, 가중치가 직접 제시되거나 수치의 기준이 서로 다르다면 가중평균이다. 평균의 단순 비교를 요구하는 경우, 평균의 구체적인 수치를 구하지 않고 총합으로 비교하거나 편차의 합은 0이라는 원리를 활용하여 대략적으로 비교한다. 구체적인 평균의 수치를 묻는 경우, 가평균 또는 편차의 합은 0이라는 원리를 활용하여 평균 수치를 파악한다.
유형 12 **분산·물방울형**	분산·물방울형 차트가 제시되는 경우, 제시된 항목의 의미와 항목 간 상관관계를 빠르게 파악하는 연습이 필요합니다. 또한 선택지의 패턴이 정형화되어 있는 편이므로 그래프의 항목 간 비율이나 합, 차를 파악하는 방식을 숙지하는 것이 좋습니다. 유형 공략 포인트 그래프의 X축과 Y축, 원이 나타내는 항목이 무엇인지 체크하고, 분산형 차트라면 Y = X인 보조선을 그린다. 그래프의 X축과 Y축에 나타나는 항목이 두 가지라면 분산형 차트이고, X축과 Y축 항목 외에 평면인 원으로 항목(Z)이 나타난다면 물방울 차트이다.
유형 13 **최소여집합형**	PSAT 시험에서 빈번하게 출제되는 중요 유형이나, 관련 이론을 숙지해야 해결할 수 있습니다. '~중', '반드시', '적어도', '최소한' 등과 같은 키워드가 있을 경우, $A+B-U=A-B^c=B-A^c$ 등의 공식을 활용하는 연습을 합니다. 유형 공략 포인트 실수 자료가 제시된 경우에는 합계가 동일한지 확인하고, 비율 자료가 제시된 경우에는 수치의 전체 합이 100%인지 확인한다. 이때 자료의 전체 항목이 동일한 경우에만 최소여집합을 활용할 수 있으므로 합계의 기준과 방향을 정확히 파악한다. '~중에는', '반드시', '적어도' 등의 표현이 있는 선택지나 〈보기〉를 찾아, 키워드 '~중'을 기준으로 앞에 언급된 항목을 A, 뒤에 언급된 항목을 B로 설정한다. A에 해당하는 부분이 B를 제외한 나머지보다 큰지 확인하고, B를 제외한 나머지가 모두 A라면 A에서 B를 제외한 나머지의 차이는 반드시 B에 해당함을 적용한다.

2025년 기출문제

모바일 자동 채점 및
성적 분석 서비스

PSAT 전문가의 총평

· 2025년 7급 PSAT 시험은 언어논리와 상황판단 영역에서 전년 대비 난도가 낮아진 것이 특징입니다. 자료해석 영역은 전반부는 평이했으나 후반부로 갈수록 까다로워 중간 수준의 난이도를 보였습니다. 지속적으로 기존 7급 및 5급 PSAT 기출문제와 유사한 패턴으로 출제되고 있어, 철저한 기출문제 분석의 중요성이 더욱 강조됩니다.
· 영역별로 언어논리는 문맥 문제 비중이 높아졌고 논리 문제는 비중이 낮아져 전년 대비 체감 난도가 낮았습니다. 또한 논리와 빈칸 추론 문제가 변별력 있는 문제로 출제되었습니다. 상황판단은 50% 이하 정답률의 변별력 있는 문제가 한 문제도 출제되지 않아 매우 평이한 수준이었으며, 텍스트와 법조문형이 특히 쉽게 출제되어 전체 평균이 높을 것으로 예상됩니다. 자료해석은 70점 이상은 누구나 달성 가능했으나 90점 이상 고득점을 위해서는 20번대 고난도 문제 해결이 필요했습니다.
· 2025년 7급 PSAT 응시율은 약 59.8%를 기록했습니다. 약 26,400명이 원서 접수를 하고 실제 응시자는 약 15,800명으로 조사됨에 따라 응시율은 2024년(61.7%) 대비 소폭 하락하였습니다.

언어논리

유형별 비중

2025년 7급 PSAT 언어논리는 2024년에 비해 문맥과 단서 문제 비중이 늘었고(5문항→7문항) 논리의 체계 문제 비중이 줄었다(5문항→3문항). 독해의 원리(11문항)와 논증의 방향(4문항)은 전년과 동일한 비중을 유지했다. 지문 내용을 단순히 파악하는 문제의 비중이 늘었고, 논증의 방향을 판단하는 문제와 논리 문제의 비중은 줄었다. 문맥 문제의 경우 실무 소재 문제의 비중이 2021년 기출 이후 가장 낮았다.

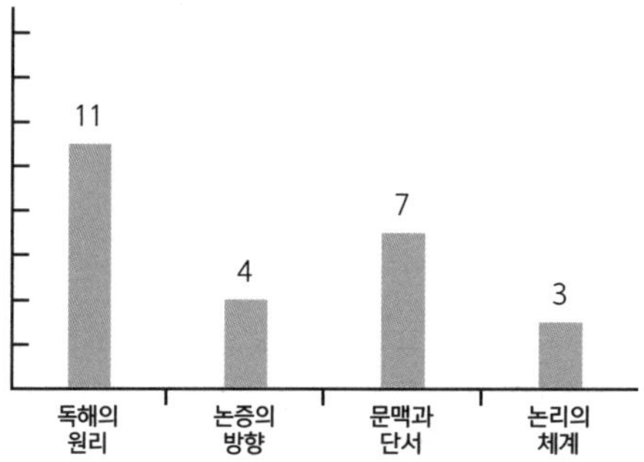

[유형별 출제 문항 수]

난도 및 소재

2025년 시험은 2024년 시험보다 난도가 낮았다. 독해 문제는 2024년과 유사하게 평이한 난도로 출제되었고, 논증에서는 과학 실험 관련 문제가 출제되었지만 난도가 높지 않았다. 논리 문제도 비중이 줄어 체감 난도가 낮았다. 모든 문제 유형에서 매우 높은 난도의 문제가 출제되지 않았기 때문에 2024년에 비해 체감 난도가 낮았다. 변별력 높은 문제는 논리와 빈칸 추론 문제에서 주로 출제되었다. 특히 5급 문제와 유사하게 빈칸 추론 문제가 다양한 형태로 출제되었으며, 과학 실험 관련 소재가 각 유형별로 난도 높은 소재로 활용되었다. 실무 소재는 비중이 줄었으나 쟁점 분석 문제가 어렵게 출제되었다.

상황판단

유형별 비중

2025년 7급 PSAT 상황판단은 2024년 대비 법조문형이 증가(5문항→7문항)하고 계산형이 감소(7문항→4문항)했다. 텍스트형 3문항, 법조문형 7문항으로 득점포인트 유형이 총 10문항, 계산형 4문항, 규칙형 5문항(전년 6문항), 경우형 6문항(전년 4문항)으로 핵심 유형이 총 15문항 출제되었다. 문제 배치는 2024년과 거의 동일했으며, 1~5번 위치와 9, 10번 전후로 득점포인트형 문제가 배치되었고, 9번과 10번은 1지문 2문항 형식으로 출제되었다. 이는 2022년 기출부터 이어져온 패턴으로 출제 배치가 안정화되었다고 볼 수 있다.

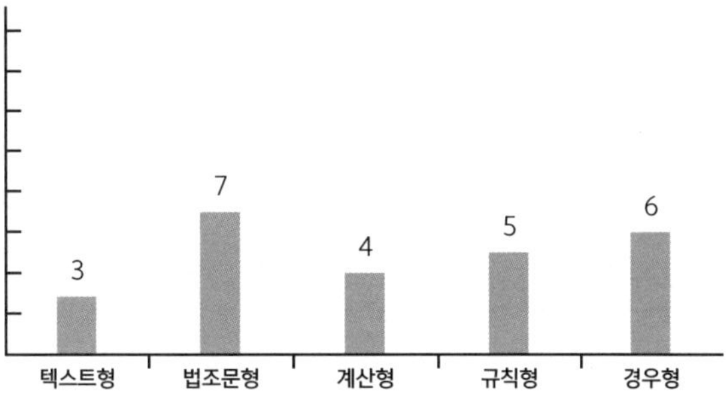

[유형별 출제 문항 수]

난도 및 소재

2025년 시험은 다소 쉽게 출제되었고 특히 텍스트, 법조문형이 매우 평이하게 출제되어 기본적인 점수는 누구나 확보할 수 있었다. 50% 이하의 정답률을 보이는 변별력 있는 문제가 2024년 5문제에서 2025년에는 한 문제도 없어 난도가 '하' 수준으로 평가된다. 2024년과 유사하게 '직위≠직급', '총 사흘≠이틀 연속' 등 용어 차이를 발견해야 하는 함정이 있었기에 합격컷이 높아진 상황에서 실수를 줄이는 것이 더욱 중요해졌다. 또한 기존 기출문제에서 활용되던 장치와 함정, 소재가 반복 활용되어 줄세우기 장치, 위원회 소재, 의사정족수 소재, 등록 소재, 제한 소재, 비용지급 소재 등 기존 기출문제로 연습할 수 있는 소재가 많이 출제되었다.

자료해석

유형별 비중

2025년 7급 PSAT 자료해석은 2024년 대비 자료판단 문제가 증가(12문항 → 15문항)하고 자료검토·변환(4문항 → 2문항), 자료이해(3문항 → 2문항) 문제가 감소했다. 자료비교는 6문항으로 전년과 동일했다. 순수 자료 비교인 곱셈 비교와 분수 비교 문제가 6문항(20% 이상)을 차지했고, 자료판단에서 매칭형 3문항, 빈칸형 4문항, 각주 판단형 6문항, 조건 판단형 2문항으로 구성되어 전체의 50% 이상을 차지했다. 세트문제는 22~23번으로 기존 기출과 동일한 20번 대에 출제되었다.

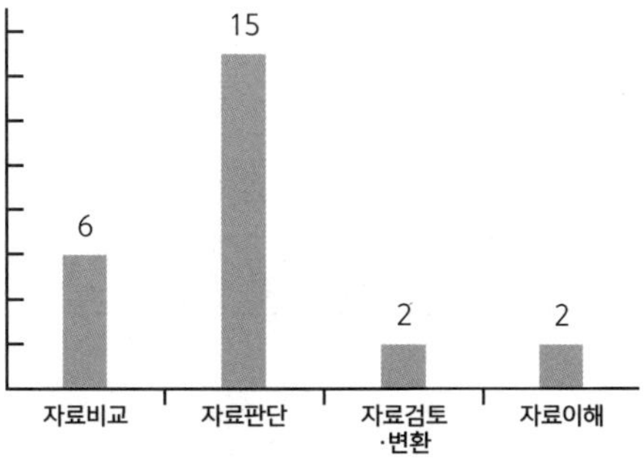

[유형별 출제 문항 수]

난도 및 소재

전체적인 난이도는 '중' 정도로 2023년 7급 기출과 비슷한 난이도로 출제되었다. 전반부는 평이했으나 후반부로 갈수록 체감 난도가 까다로웠으며, 특히 20번대 일부 문항의 난도가 높은 편이었다. 70점 이상은 누구나 달성 가능했으나 80점을 받기에는 어려운 부분이 존재했고 90점 이상을 받기에는 정말 쉽지 않은 난도였다. 소재는 2023년과 마찬가지로 인포그래픽 형태의 시각 자료나 보고서 제시 문제의 비중이 높지 않았고, 표 형태의 자료가 20문항으로 가장 큰 비중을 차지했다.

정답

p.33

1	①	개념 이해	6	③	개념 이해	11	③	구조 판단	16	⑤	논리 퀴즈	21	⑤	원칙 적용
2	①	개념 이해	7	④	글의 수정	12	③	원칙 적용	17	④	독해형 논리	22	④	원칙 적용
3	③	구조 판단	8	②	빈칸 추론	13	①	빈칸 추론	18	⑤	논리 퀴즈	23	②	원칙 적용
4	⑤	논지와 중심 내용	9	③	밑줄 추론	14	③	개념 이해	19	②	빈칸 추론	24	①	빈칸 추론
5	②	구조 판단	10	④	빈칸 추론	15	④	논증 평가	20	④	논증 평가	25	⑤	견해 분석

취약 유형 분석표

유형별로 맞힌 문제 개수와 정답률, 틀린 문제 번호, 풀지 못한 문제 번호를 적고 나서 취약한 유형이 무엇인지 파악해 보세요. 그 후 약점 보완 해설집 p.2 [취약 유형 공략 포인트]에서 약점 보완 학습법을 확인하고, 틀린 문제와 풀지 못한 문제를 다시 한번 풀어보세요.

유형		맞힌 문제 개수	정답률	틀린 문제 번호	풀지 못한 문제 번호
독해의 원리	개념 이해	/4	%		
	구조 판단	/3	%		
	원칙 적용	/4	%		
논증의 방향	논지와 중심 내용	/1	%		
	견해 분석	/1	%		
	논증의 비판과 반박	-	-		
	논증 평가	/2	%		
문맥과 단서	빈칸 추론	/5	%		
	밑줄 추론	/1	%		
	글의 수정	/1	%		
논리의 체계	논증의 타당성	-	-		
	논리 퀴즈	/2	%		
	독해형 논리	/1	%		
TOTAL		/25	%		

해설

1 개념 이해 난이도 하 정답 ①

문제풀이 핵심 포인트
전진의 황제 부견, 신라의 왕 내물마립간, 고구려 소수림왕, 사산조 페르시아의 관계를 확인하는 것이 핵심이다.

풀이

① (○) 세 번째 단락에 따르면 신라 사신은 전진의 황제 부견을 알현해 내물마립간의 친서를 전달했다. 따라서 전진의 황제 부견은 신라의 왕 내물마립간이 보낸 사신을 만난 일이 있다는 것은 옳은 내용이다.

② (×) 첫 번째 단락에 따르면 터키석으로 장식된 팔찌가 출토된 것은 황남대총이다. 따라서 경주에 소재한 계림로 14호 고분에서 터키석으로 장식된 팔찌가 출토되었다는 것은 옳지 않다.

③ (×) 세 번째 단락에 따르면 부견은 서역의 여러 나라를 정복했고 실크로드를 통해 사산조 페르시아와 교류했다. 그러나 사산조 페르시아가 전진과 함께 서역의 여러 나라를 정복하고 실크로드를 개척했다는 것은 알 수 없다.

④ (×) 세 번째 단락에 따르면 신라는 고구려 소수림왕의 허락을 받아 사신을 고구려 영토를 거쳐 전진에 보내는 데 성공했고, 사신은 사산조 페르시아 사람들로부터 보검을 사들여왔다. 따라서 고구려 소수림왕이 신라의 요청을 받아들여 전진에 사신을 보내 서아시아 지역에서 제작된 보검을 구해 주었다는 것은 옳지 않다.

⑤ (×) 세 번째 단락에 따르면 신라 사신은 전진의 황제 부견을 알현해 내물마립간의 친서를 전달했다. 그러나 신라 사신이 부견의 도움으로 서아시아산 물건을 구해달라는 내용의 친서를 사산조 페르시아에 보낼 수 있었다는 것은 알 수 없다.

2 개념 이해 난이도 중 정답 ①

문제풀이 핵심 포인트
불내, 불내후, 고구려, 한, 낙랑군, 예족, 동예 등 나라 이름과 지역 이름, 생소한 용어가 제시되어 있으므로 단어들이 어떻게 연관되어 있는지에 주목한다.

풀이

① (○) 첫 번째 단락에 따르면 불내라는 집단이 있던 곳은 동예가 있던 곳이고, 두 번째 단락에 따르면 낙랑군이 고구려에 의해 정복되어 사라지게 되면서 동예가 있던 곳도 고구려 땅이 되었다. 따라서 불내라는 집단이 있던 곳은 고구려에 의해 낙랑군이 멸망한 뒤 고구려 영토가 되었다는 것은 옳은 내용이다.

② (×) 첫 번째 단락에 따르면 한은 낙랑군에게 함경도 일대의 예족 집단인 동예를 관리하게 했고, 낙랑군은 불내후에게 동예의 모든 집단을 관리하게 했다. 따라서 불내후가 오늘날의 함경도 일대에 살던 예족을 직접 다스리기 위해 낙랑군을 두었다는 것은 옳지 않다.

③ (×) 첫 번째 단락에 따르면 낙랑군은 불내후에게 동예의 모든 집단을 관리하게 하고, 불내후가 있는 곳에 동부도위라는 기구를 두어 그 동향을 감시했다. 따라서 고구려가 낙랑군을 정복한 뒤 그 지역을 다스리기 위해 동부도위라는 기구를 설치했다는 것은 옳지 않다.

④ (×) 첫 번째 단락에 따르면 한 무제는 고조선을 멸한 뒤 동예가 있는 곳에 임둔군을 설치했다. 따라서 고조선이 주변에 거주하는 예족의 여러 집단이 복속하자 그들을 다스리기 위해 임둔군을 설치했다는 것은 옳지 않다.

⑤ (×) 첫 번째 단락에 따르면 한 무제는 고조선이 동예가 중국의 한과 직접 교역하지 못하게 막고 무역 이권을 독점한 것에 분노해 고조선을 멸했다. 따라서 한 무제는 동예가 고조선과 한의 교역을 중간에서 막고 무역 이권을 독점하는 것에 분노해 동예를 정복했다는 것은 옳지 않다.

실전에선 이렇게!

나라 이름과 지역 및 군 이름이 여러 개 제시되어 있으므로 각 단어의 연관성을 파악하는 데 집중한다.

3 구조 판단 난이도 하 정답 ③

문제풀이 핵심 포인트
배리어프리디자인과 인클루시브디자인, 유니버설디자인의 차이점과 공통점에 주목한다.

풀이

① (×) 배리어프리디자인은 사용상 걸림돌이 되는 요소를 제거하는 데 초점을 맞추는 것이고, 인클루시브디자인은 모두가 사용할 수 있는 디자인을 추구하는 것이다. 따라서 배리어프리디자인을 적용한 제품은 모두 인클루시브디자인이 적용된 제품이라는 것은 옳지 않은 추론이다.

② (×) 세 번째 단락에 따르면 배리어프리디자인이 적용된 제품을 사용하는 과정에서 신체적 특성이 부각되거나 차별감을 느낄 수 있다.

③ (○) 유니버설디자인은 다양한 특성을 지닌 사람들을 모두 포용해야 한다는 관점에서 디자인하는 것이다. 따라서 장애인 화장실 대신 장애인과 비장애인 모두가 사용할 수 있는 화장실을 설치하는 것은 유니버설디자인을 추구한 사례이다.

④ (×) 인클루시브디자인은 모두가 사용할 수 있는 디자인을 추구하는 것이므로 휠체어 사용자를 위해 주출입구 계단과 떨어진 곳에 별도로 설치된 경사로는 인클루시브디자인이 적용된 사례라고 볼 수 없다.

⑤ (×) 유니버설디자인과 모두를위한디자인의 관점 모두 모두가 사용할 수 있는 디자인을 추구하는 것이다. 따라서 유니버설디자인의 관점은 모두를위한디자인의 관점보다 다양한 특성의 사람들을 더 많이 포용한다는 것은 추론할 수 없다.

실전에선 이렇게!

선택지에서 반복되고 있는 디자인의 종류별로 대조되는 특성을 파악하는 데 집중한다.

4 논지와 중심 내용 난이도 하 정답 ⑤

문제풀이 핵심 포인트
글의 핵심 논지는 지문에서 말하고자 하는 최종 결론이므로 첫 번째 단락의 물음에 대한 답변을 찾는 데 주목한다.

풀이

① (×) 미술작품의 미적 가치가 위대한지 아닌지는 학습할 수 없다는 것은 글의 내용과 일치하지 않으므로 논지가 될 수 없다.

② (×) 미술작품의 미적 가치는 다양하기 때문에 단일한 기준으로 평가할 수 없다는 것은 글의 내용과 일치하지 않으므로 논지가 될 수 없다.

③ (×) 미술작품의 원본을 실제로 보아야 그 작품의 미적 가치를 스스로 이해할 수 있다는 것은 글의 내용과 일치하지 않으므로 논지가 될 수 없다.

④ (×) 미술작품의 고고학적 가치를 이해하지 않고서는 미술작품의 미적 가치를 이해하지 못한다는 것은 글의 내용과 일치하지 않으므로 논지가 될 수 없다.

⑤ (○) 글의 논지는 '우리는 후대 미술가들의 설명과 해설을 기반으로 미적 가치를 이해한 것이지, 미술작품의 미적 가치를 스스로 이해한 것은 아니다.'라는 부분에서 드러난다. 따라서 '미술작품의 미적 가치는 우리 스스로 이해한 것이 아니라 타인의 해석을 바탕으로 이해한 것이다.'가 글의 논지로 가장 적절하다.

실전에선 이렇게!

세부적인 정보보다는 지문 전체에서 가장 중요한 한 문장을 찾는 데 집중한다.

5 구조 판단 난이도 하 정답 ②

문제풀이 핵심 포인트
오픈사이언스, 오픈데이터, 오픈액세스, 오픈콜라보레이션이라는 용어의 차이점과 공통점에 주목한다.

풀이

① (×) 첫 번째 단락에 따르면 오픈사이언스는 연구문화 및 규범을 일컫는 개념이었으나, 개방적인 연구 활동 전반을 일컫는 용어로 재개념화되었다.

② (○) 오픈데이터는 연구 과정 중 생산된 중간산출물을 공유하는 활동이다. 따라서 오픈데이터는 연구가 종료되기 전의 연구 과정에 관한 정보 및 그 과정에서 생산된 중간산출물의 공유를 촉진한다는 것은 옳은 내용이다.

③ (×) 두 번째 단락에 따르면 오픈액세스는 최종 연구성과인 출판논문을 온라인상에 공개하는 활동이므로 연구자들이 오프라인 공간에서 소통하고 협력하기 위한 플랫폼을 제공하는 활동이라고 볼 수 없다.

④ (×) 첫 번째 단락에 따르면 오픈사이언스는 디지털 기술을 활용하여 연구성과와 과정 및 그와 관련한 정보를 공개하는 일련의 활동을 총칭한다. 따라서 오픈사이언스는 연구자 간 상호 검증이 가상 공간 바깥에서 이루어지도록 추동한다는 것은 옳지 않다.

⑤ (×) 네 번째 단락에 따르면 오픈콜라보레이션은 연구의 최종산출물과 중간산출물을 제외한 그 외의 정보들을 온라인 플랫폼을 통해 공유함으로써 연구자들끼리 협력하는 활동이다. 따라서 연구 절차에 관한 정보 및 출판논문을 공유하는 연구 활동의 하나라는 것은 옳지 않다.

6 개념 이해 난이도 하 정답 ③

문제풀이 핵심 포인트
한국의 전자기술 산업화와 반도체 기술이 도입되고 발전된 역사를 서술하고 있으므로 시기별 특징적인 과정을 확인하는 것이 필요하다.

풀이

① (×) 두 번째 단락에 따르면 1965년에 미국의 코미사가 한국 자본과의 합작 투자로 한국 최초의 반도체 조립 업체인 고미전자산업을 설립했다. 따라서 외국 반도체 기업 가운데 코미사는 합작 투자가 아닌 방식으로 한국에 진출했다는 것은 옳지 않다.

② (×) 한국 최초의 반도체 조립 업체가 설립된 때는 미국의 코미사가 한국 자본과의 합작 투자로 설립한 1965년이고, 「외자도입촉진법」은 1960년에 제정되었다. 따라서 한국 최초의 반도체 조립 업체가 설립된 것은 「외자도입촉진법」이 제정되기 이전이었다는 것은 옳지 않다.

③ (○) 첫 번째 단락에 따르면 전기업공업통제협회가 출범한 것은 1948년이고, 한국에 반도체 기술이 도입되기 시작한 때는 1960년대이다. 따라서 전기업공업통제협회가 출범할 당시 한국에 반도체 기술은 아직 도입되지 않은 상태였다.

④ (×) 두 번째 단락에 따르면 1960년에 한국은 외자도입의 양적 확대에 초점을 둔 「외자도입촉진법」을 제정했고, 그 후 1966년에 「외자도입법」을 제정하여 외국의 선진기술을 받아들이는 것을 장려하였다. 따라서 「외자도입법」이 제정됨으로써 여러 국제기구가 한국의 경제 발전을 위한 차관을 양적으로 확대했다는 것은 옳지 않다.

⑤ (×) 첫 번째 단락에 따르면 한국에서 전자기술의 산업화에 대한 관심이 싹트기 시작한 것은 한국전쟁이 정전된 1953년 무렵이다. 따라서 한국전쟁 발발 이전부터 미군을 통해 유입된 라디오와 가전기기 등은 전자기술에 대한 관심을 촉발했다는 것은 옳지 않다.

7 글의 수정 난이도 하 정답 ④

문제풀이 핵심 포인트
밑줄 친 ㉠~㉤이 글의 문맥과 일치하는지 여부를 전체적인 글의 흐름을 확인하는 데 집중하여 파악한다.

풀이

① (×) "창수가 나에게 오면 상세히 설명할게요."와 같은 표현이 그러하다는 것에서, ㉠을 '화자의 위치에서 청자의 위치로의 이동을 지시하는'으로 수정하는 것은 적절하지 않다.

② (×) 창수의 이동 목적지인 회사는 화자나 청자의 위치와는 아무런 관련이 없다는 사례에서 보면, ㉡을 '화자의 위치와 관련이 있어야 하는 반면 청자의 위치와 무관하게'로 수정하는 것은 적절하지 않다.

③ (×) '오다'는 대화 참여자의 실제 위치가 아닌 대화 참여자가 당연하다고 생각하는 규범적 위치, 곧 표준 위치를 기준으로 발화한 것이라는 내용을 보면, ㉢을 '이동체가 표준 위치인 회사에서 벗어나 이동하는'으로 수정하는 것은 적절하지 않다.

④ (O) 이 같은 발화는 담임 교사가 학교가 아닌 퇴근 후 집에 있을 때에도 사용할 수 있다는 것에서, '오다'는 '학교'를 청자인 담임 교사가 있는 위치로 간주하고 청자 중심으로 이동했다고 보는 것보다는 '학교'를 창희가 이동 목표로 삼는 표준 위치로 간주하고 표준 위치로 이동했다고 보는 것이 설득력이 있다. 따라서 ㉣을 '앞의 해석보다는 뒤의 해석으로 보는'으로 수정한다는 것은 적절하다.

⑤ (×) 모녀가 시내에 함께 나왔다가 딸은 남고 어머니만 먼저 집에 들어가야 하는 상황에서 ㉤을 '화자가 현재 위치한 장소를 기준으로'로 수정하는 것은 적절하지 않다.

8 빈칸 추론 난이도 하 정답 ②

문제풀이 핵심 포인트
(가)와 (나)의 앞뒤 문장을 근거로 빈칸에 들어갔을 때 가장 흐름이 자연스러운 문장을 선택지에서 고른다.

풀이

(가) 한국어의 큰아버지에 해당하는 중국어 '백부'라는 호칭을 사용할 때 기억하는 사실이 들어가야 하므로 '그가 나의 부계 남성 혈족이며 내 아버지보다 나이가 많다는' 것이 가장 적절하다.

(나) '미래 시제가 엄격하게 구분되는' 언어를 모국어로 쓰는 사람들은 저축률이 낮고, '문법상 현재와 미래에 차이가 없는' 언어를 모국어로 쓰는 사람들은 저축률이 높았다는 조사 결과에 따르면, '미래를 현재와 동떨어진 것으로 여기면 저축을 적게 하고, 미래를 곧 다가올 현재라고 여기면 저축을 많이 한다'는 것이 가장 적절하다.

실전에선 이렇게!

'미래 시제가 엄격하게 구분되는' 언어는 미래를 현재와 동떨어진 것으로 여기고, '문법상 현재와 미래에 차이가 없는' 언어는 미래를 곧 다가올 현재라고 여길 것임을 파악하는 것이 중요하다.

9 밑줄 추론 난이도 하 정답 ③

문제풀이 핵심 포인트
밑줄의 내용을 확인하기 위해 을, 병, 정의 주장을 확인해야 한다.

풀이

ㄱ. (O) 을에 따르면 B시는 악성 민원 대응 매뉴얼 도입 이후 담당 직원들의 민원 스트레스가 현저히 감소했고, 이에 악성 민원 대응 매뉴얼을 마련할 것을 주장한다. 따라서 B시 공공 기관의 악성 민원 대응 매뉴얼 도입 후 담당 직원들의 민원 스트레스 감소 정도를 조사하는 것은 을이 제안한 방법의 효과성을 검증하는 데 필요하다.

ㄴ. (×) 병에 따르면 C시 행정복지센터에도 악성 민원 종결권 제도를 도입하려고 몇 달 전부터 논의 중이지만, 아직 도입된 것은 아니다. 따라서 A시와 C시의 행정복지센터 직원들의 민원 업무 만족도 차이를 조사하는 것은 병이 제안한 방법의 효과성을 검증하는 데 필요하지 않다.

ㄷ. (O) 정에 따르면 D시의 모든 행정복지센터에서는 민원 응대 시 캠코더로 녹화되고 있음을 고지하는 정책 도입 이후 욕설과 폭언을 하는 민원인이 확실히 줄었다. 따라서 D시의 행정복지센터의 캠코더 사용 고지 정책 도입 후 욕설과 폭언을 하는 민원인의 감소 정도를 조사하는 것은 정이 제안한 방법의 효과성을 검증하는 데 필요하다.

실전에선 이렇게!

을, 병, 정이 제안한 방법의 효과성을 파악하는 데 필요한 자료를 판단해야 하므로 각자의 주장을 명확하게 확인하는 데 집중한다.

10 빈칸 추론 난이도 하 정답 ④

문제풀이 핵심 포인트
글의 내용을 바탕으로 ㉠~㉥을 채우면 다음과 같다.
㉠ OO청
㉡ 게시물 관리 기관
㉢ OO청
㉣ 서비스 신청
㉤ 게시물을 관리하는 기관에 해당 게시물의 삭제 요청
㉥ OO청에 처리 결과 통보

풀이

① (×) 신청 내용 확인 단계에서 ㉠은 ㉡에게 신청인의 개인정보가 게시물에 포함되었는지 확인을 요청하는 것이 아니라 스스로 그 여부를 판단한다.

② (×) ㉠과 ㉢은 OO청으로서 같은 주체이다.

③ (×) 검토 단계에서 게시물 삭제 조치가 미흡한 것으로 판단되면 삭제를 재요청하는 것이지, ㉣로 돌아가는 것은 아니다.

④ (O) 삭제 요청 대상 게시물에 신청인의 개인정보가 포함된 것이 인정되면 게시물을 관리하는 기관에 해당 게시물의 삭제를 요청할 것이므로 ㉤을 수행한다는 것은 적절한 설명이다.

⑤ (×) ㉥은 신청인에게 삭제 완료 사실을 통보하는 단계가 아니라, OO청에 처리 결과를 통보하는 단계이다.

실전에선 이렇게!

표의 빈칸에 들어갈 내용을 파악해야 선택지 판단이 가능하므로 표를 채우는 데 우선적으로 집중한다.

11 구조 판단 난이도 중 정답 ③

문제풀이 핵심 포인트
플라스마를 가열하는 방식 중 공명 가열 방식과 중성 입자 빔 주입 방식 간의 차이점에 주목한다.

풀이

① (O) 세 번째 단락에 따르면 우리나라의 핵융합 연구 장치 케이스타는 중성 입자 빔 주입 방식과 공명 가열 방식을 사용한다. 따라서 케이스타는 고온의 플라스마를 얻기 위해 공명 가열 방식을 사용하고 있음을 알 수 있다.

② (○) 두 번째 단락에 따르면 이온 공명 가열의 경우에는 수십 메가헤르츠 대역의 주파수를, 전자 공명 가열의 경우에는 수만~수십만 메가헤르츠 대역의 주파수를 사용한다. 따라서 핵융합 장치에서 공명을 일으킬 때 전자의 경우는 이온의 경우보다 더 높은 주파수를 사용한다는 것을 알 수 있다.

③ (×) 세 번째 단락에 따르면 중성 입자 빔 주입은 외부에서 가속된 고에너지의 중성 입자를 플라스마 속으로 투입하여 플라스마를 가열하는 방식이다. 따라서 중성 입자 빔 주입 방식을 통해 플라스마 내로 투입되는 중성 입자는 플라스마 속에 들어와서 가속된다는 것은 옳지 않다.

④ (○) 두 번째 단락에 따르면 외부에서 가하는 힘의 주파수가 힘이 가해진 이온이나 전자가 가진 고유 주파수와 같으면 공명이 일어난다. 따라서 공명 가열은 외부에서 가해지는 힘의 주파수와 그 힘을 받는 이온이나 전자의 고유 주파수가 같을 때 가능하다는 것을 알 수 있다.

⑤ (○) 첫 번째 단락에 따르면 핵융합 반응은 플라스마의 밀도와 온도를 곱한 값이 일정 수준에 도달했을 때 발생하는데, 플라스마의 온도를 1억°C가 넘게 만들어야 지구에서도 태양에서와 같은 핵융합 반응이 일어나게 할 수 있다. 따라서 지구에서 플라스마의 밀도를 더 높일 수 있다면 1억°C보다 더 낮은 온도에서 핵융합 반응을 일으키는 것이 가능하다.

실전에선 이렇게!

플라스마를 가열하는 방식이 공명 가열과 중성 입자 빔 주입으로 대조되고 있으므로 둘의 차이점에 주목한다.

12 원칙 적용 난이도 중 정답 ③

문제풀이 핵심 포인트

도체가 대전되었을 때와 대전되지 않았을 때 자유 전자에 작용하는 전기력의 합력과 관련된 원리 원칙을 확인한다.

풀이

ㄱ. (○) 첫 번째 단락에 따르면 도체 내부에서 자유 전자는 양이온들에 의해 당겨지고 다른 자유 전자들에 의해 밀쳐지면서, 각각에 작용하는 전기력의 합력이 0이 되도록 위치하게 된다. 따라서 대전되지 않은 금속 내부에서 자유 전자에 작용하는 전기력의 합력은 0이 된다.

ㄴ. (○) 금속이 대전될 때 추가된 전자들은 모두 표면에 존재할 수밖에 없고, 표면의 전자에는 표면에 수직인 바깥 방향으로 전기력의 합력이 작용한다. 따라서 금속에 전자들이 추가되면 금속 표면에 있는 전자는 외부로 향하는 전기력의 합력을 받는다.

ㄷ. (×) 두 번째 단락에 따르면 대전된 상황에서도 금속 내부의 모든 전자에 작용하는 전기력의 합력은 0이어야 한다. 따라서 도체가 대전되면 도체 내부의 자유 전자에 작용하는 전기력의 합력은 0이 아니라는 것은 옳지 않은 추론이다.

13 빈칸 추론 난이도 하 정답 ①

문제풀이 핵심 포인트

(가), (나), (다)의 앞뒤 문장을 근거로 빈칸에 들어갔을 때 가장 흐름이 자연스러운 문장을 선택지에서 고른다.

풀이

(가) 소작인들의 수확물 은닉 여부를 일일이 감독할 필요가 없고, 수확의 정도를 확인하기 위해 서로 다른 수확 시기마다 먼 곳까지 올 필요가 없었다는 내용을 통해 정액제에 해당하는 '도지'가 들어가는 것이 적절하다.

(나) '도지'는 정액제이므로 이 방식하에서 예상과는 달리 풍년이 들었다면 소작인에게 더 유리할 것이다. 따라서 '소작인'이 들어가는 것이 적절하다.

(다) '집조'는 당해 연도의 작황 수준이 비교적 정확히 반영된다는 특징이 있고, 이는 수확된 결과물의 절반을 수취하는 정률제 방식인 '타작'과 유사하다. 따라서 '타작'이 들어가는 것이 적절하다.

실전에선 이렇게!

선택지를 보면 빈칸을 채우기 위해서는 '도지'와 '타작'의 차이점을 확인해야 함을 알 수 있으므로 첫 번째 단락에 제시된 개념 정의가 빈칸을 채우는 데 중요 단서가 된다.

14 개념 이해 난이도 하 정답 ③

문제풀이 핵심 포인트

말(야생말)과 관련해 시기별 정보가 나열되어 있으므로 이에 주목하여 정보를 체크한다.

풀이

① (×) 두 번째 단락에 따르면 중기 충적세 시기에 야생말의 서식 지역 분포가 바뀌었으나 지구력이 좋아지기 시작했는지는 알 수 없다.

② (×) 세 번째 단락에 따르면 말을 장거리 이동 수단으로 쓴 것은 기원전 3,500년경이다. 따라서 후기 홍적세 시기 이전부터 북부 아프리카에서는 야생말을 운송 수단으로 썼다는 것은 옳지 않다.

③ (○) 세 번째 단락에 따르면 기원전 3,500년경 메소포타미아 지역의 목축업자들이 유라시아 중북부의 스텝 기후 지역에 들어가 이 지역에 살던 야생말을 길들이기 시작했다. 따라서 기원전 3,500년경 유라시아 중북부의 스텝 기후 지역에 살던 야생말이 길들여지기 시작했다는 것을 알 수 있다.

④ (×) 세 번째 단락에 따르면 인류가 말을 농업과 운송 등의 실생활에 이용한 것은 기원전 3,500년경 야생말을 길들일 때부터이다. 따라서 후기 홍적세 시기부터 초기 충적세 시기 사이에 인류는 농업과 운송 등의 실생활에 말을 이용했다는 것은 옳지 않다.

⑤ (×) 당나귀를 이동 수단으로 쓰던 지역은 말을 이동 수단으로 이용하던 지역보다 정치·경제적으로 더 발전했다는 것은 알 수 없다.

15 논증 평가 난이도 하 정답 ④

문제풀이 핵심 포인트

㉠에서 긍정하는 대상인 '단위 분석'이 전체의 고유한 속성들을 고스란히 갖추고 있으면서 더 이상 나눌 수 없는 부분인 단위로 전체를 나누는 분석이라는 개념을 확인한다.

풀이

① (×) 분석 대상을 시간 요소로 나누어 살피더라도 인과관계는 드러나지 않기 때문에 설명에 도움이 되지 않는다는 것은 요소 분석을 약화시키는 내용이므로 ㉠을 약화하지 않는다.

② (×) 요소들의 결합으로 대상 전체가 어떻게 구성되는지 보여주는 데 성공하더라도 그것은 대상의 속성을 설명하는 일과 다르다는 것은 요소 분석을 약화시키는 내용이므로 ㉠을 약화하지 않는다.

③ (×) 요소 분석에서는 전체를 설명하기 위하여 요소들 간의 상호 관계까지 추가로 해명해야 하기 때문에 설명의 경제성이 삭감된다는 것은 요소 분석을 약화시키는 내용이므로 ㉠을 약화하지 않는다.

④ (○) 단위가 전체의 속성들을 그대로 지닌다면 설명되어야 할 대상 자체와 다를 바 없으므로 단위 분석은 설명에 기여하지 못한다는 것은 현상을 제대로 설명하기 위해 단위 분석을 선택해야 한다는 ㉠을 약화한다.

⑤ (×) 설명의 적절성은 설명을 요구하는 구체적인 문제의 특성에 따라 달라지기 때문에 설명에는 다양한 단위 분석이 존재할 수 있다는 것은 현상을 제대로 설명하기 위해 단위 분석을 선택해야 한다는 ㉠을 약화하지 않는다.

실전에선 이렇게!

단위 분석을 긍정하는 것이 ㉠의 내용이므로 선택지 중 단위 분석을 부정하는 내용을 찾는다.

16 논리 퀴즈 난이도 중 정답 ⑤

문제풀이 핵심 포인트
지문에 제시된 가언명제를 간단히 기호화하고 기호화한 명제들을 연결하여 선택지에 제시된 명제의 참, 거짓 여부를 판별한다.

풀이

지문에 제시된 명제를 기호화하면 다음과 같다.

- 명제 1: 박 → 오
- 명제 2: 이 → 남
- 명제 3: 선 → 박
- 명제 4: 선 or 이

① (×) 명제 2에 따라 이 주무관이 선발된다는 보장이 없으므로 남 주무관이 선발된다는 것은 반드시 참이라고 할 수 없다.

② (×) 명제 4에 따라 이 주무관과 선 주무관 중 적어도 한 명은 선발되지만, 이 주무관과 선 주무관이 둘 다 선발된다는 것은 반드시 참이라고 할 수 없다.

③ (×) 명제 3에 따라 선 주무관이 선발되면 박 주무관도 선발되지만, 박 주무관이 선발되거나 선 주무관이 선발된다는 것은 반드시 참이라고 할 수 없다.

④ (×) 명제 1에 따라 오 주무관이 선발되지 않으면 박 주무관은 선발되지 않지만, 오 주무관이 선발되지 않으면 박 주무관은 선발된다는 것은 반드시 참이라고 할 수 없다.

⑤ (○) 명제 1에서 명제 4까지를 연결하면 '~남 → 오'가 도출된다. 따라서 남 주무관과 오 주무관 중 적어도 한 사람은 선발된다는 것은 반드시 참이다.

실전에선 이렇게!

주어진 명제를 기호화하여 각 명제를 연결하는 것에 집중한다.

17 독해형 논리 난이도 중 정답 ④

문제풀이 핵심 포인트
빈칸 앞에 '왜냐하면'이라는 표현에서 빈칸에 들어갈 내용이 전제임을 알 수 있다. 따라서 지문에 제시된 결론과 전제를 찾아 기호화하고 빠진 연결고리를 찾는 방식으로 접근한다.

풀이

기호화가 필요한 문장을 정리하면 다음과 같다.

- 전제 1: 심적 대상 → ~물리적 대상
- 전제 2: 심적 대상 & ~물리적 대상 → 인식적 특권
- 전제 3: 인식적 특권 → 소유자만 알 수 있는
- 전제 4: 소유자만 알 수 있는 → 검증 불가능한 지식
- 결론: ~심적 대상

① (×) 빈칸에 '심적 대상은 물리적 대상과 같지 않기 때문이다'가 들어가면, 결론이 도출되지 않는다.

② (×) 빈칸에 '심적 대상이 물리적 대상과 같다면 심적 대상은 없기 때문이다'가 들어가면, 결론이 도출되지 않는다.

③ (×) 빈칸에 '심적 대상에 관해 그 소유자만이 알 수 있는 부분이 있기 때문이다'가 들어가면, 결론이 도출되지 않는다.

④ (○) 전제 1, 2, 3, 4를 연결하면 '심적 대상 → ~물리적 대상 → 인식적 특권 → 소유자만 알 수 있는 → 검증 불가능한 지식'이다. 따라서 빈칸에 '심적 대상에 관해 검증 불가능한 지식은 존재하지 않기 때문이다'가 들어가면 '~심적 대상'이라는 결론이 도출된다.

⑤ (×) 빈칸에 '심적 대상의 소유자가 심적 대상에 접근할 수 있는 인식적 특권을 지니기 때문이다'가 들어가면, 결론이 도출되지 않는다.

18 논리 퀴즈 난이도 중 정답 ⑤

문제풀이 핵심 포인트
주어진 정보와 명제를 조합하여 각 부서에 배치되는 주무관 수를 결정하고, 1명이 배치되는 부서를 기준으로 경우의 수를 나눈다.

풀이

4개의 부서 중 2개의 부서에는 1명씩, 남은 2개의 부서에는 2명씩 배치되는데, A와 D는 다른 수습 주무관 없이 혼자 배치되므로 1명씩 배치되는 부서에 배치되는 주무관은 A와 D이다. 갑 부서에는 수습 주무관이 1명만 배치되므로 갑에 배치되는 주무관은 A나 D이다. 또한 을 부서에는 과학기술 직군 수습 주무관이 배치되지 않고, 동일 직군의 수습 주무관은 같은 부서에 배치되지 않으므로 을에 배치되는 주무관은 D 1명이다. 따라서 갑에 배치되는 주무관은 A이다.

① (×) A가 갑 부서에 배치되는 것은 참이지만, C는 병 부서나 정 부서에 배치될 수 있으므로 반드시 참이라고 할 수 없다.

② (×) B가 병 부서에 배치되면 E는 병 부서나 정 부서에 배치될 수 있으므로 반드시 참이라고 할 수 없다.

③ (×) B나 C가 병이나 정 부서에 배치될 수 있으므로 B가 정 부서에 배치되지 않고 C가 병 부서에 배치된다는 것은 반드시 참이라고 할 수 없다.

④ (×) D는 을 부서에 배치되고 A는 갑 부서에 배치되므로 D가 을 부서에 배치되지 않고 A도 갑 부서에 배치되지 않는다는 것은 반드시 참이라고 할 수 없다.

⑤ (O) E나 F가 병 부서나 정 부서에 배치되므로 F가 정 부서에 배치되면 E가 병 부서에 배치된다는 것은 반드시 참이다.

실전에선 이렇게!

기호화가 안 되는 사실 정보를 조합해서 확정적인 정보를 도출하는 것이 중요한 문제이므로 정보의 조합에 초점을 두는 것이 중요하다.

19 빈칸 추론 난이도 중

정답 ②

문제풀이 핵심 포인트

<실험 해석> 부분에 빈칸이 들어가 있지만, 이를 채우는 데에는 실험 1, 실험 2의 내용을 확인해야 한다.

풀이

(가) 독성이 강한 개구리 종을 모방한 개구리 종 c와 독성이 약한 개구리 종을 모방한 개구리 종 d 중 어느 것도 잡아먹으려 하지 않은 것은 X-1이다. 따라서 '강한'이 들어가는 것이 적절하다.

(나) 독성이 강한 개구리 종을 모방한 개구리 종 c를 잡아먹는 것을 회피하지 않았으나, 독성이 약한 개구리 종을 모방한 개구리 종 d는 잡아먹으려 하지 않은 것은 X-2이다. 따라서 '약한'이 들어가는 것이 적절하다.

(다) 따라서 OO지역에 서식하는 독이 없는 개구리가 X에게 잡아먹히지 않으려면 독성이 '약한' 개구리 종을 모방하는 것이 더 유리하다는 것을 알 수 있다.

실전에선 이렇게!

<실험 해석>의 빈칸을 채우기 위해서는 <실험>의 결과를 확인하는 것이 필요하므로 이에 집중한다.

20 논증 평가 난이도 중

정답 ④

문제풀이 핵심 포인트

㉠은 유충 시기보다 성충 시기에 α와 β의 혈중 농도 차이가 더 작다는 것이므로 변태 시기 동안의 α와 β의 혈중 농도 변화가 성충 시기에 어떤 영향을 미치는지 파악한다.

풀이

ㄱ. (×) X의 유충 시기에는 α의 혈중 농도가 β의 혈중 농도보다 낮았고, 변태 시기 동안 α의 혈중 농도는 증가한 반면에 β의 혈중 농도는 감소하였으므로 차이가 줄어든 상태다. 따라서 X의 성충 시기에 α의 혈중 농도가 β의 혈중 농도보다 높다는 실험 결과가 나오더라도, ㉠이 강화되는지는 알 수 없다.

ㄴ. (O) 변태 시기 동안 α와 β의 혈중 농도 차이가 줄어들었으므로 X의 성충 시기에 β의 혈중 농도가 α의 혈중 농도보다 높다는 실험 결과가 나오면, ㉠은 강화된다.

ㄷ. (O) 변태 시기 동안 α와 β의 혈중 농도 차이가 줄어들었으므로 X의 성충 시기에 α와 β의 혈중 농도가 같다는 실험 결과가 나오면, ㉠은 강화된다.

21 원칙 적용 난이도 중

정답 ⑤

문제풀이 핵심 포인트

합리적 추론을 했는지, 오류를 저지른 것인지 판단할 기준을 지문에서 확인하는 것이 필요하다.

풀이

① (×) 합리적 추론을 하기 위해 지켜야 할 원칙 중 하나인 전체 증거의 원칙을 지키면 (b)가 옳다고 답변하게 된다. 따라서 설문지에서 (b)가 옳다고 답변한 사람은 합리적 추론을 한 것이 아니라고 추론하는 것은 옳지 않다.

② (×) A시의 택시 중 파란색 택시 비율에만 주목하여 (a)가 옳다고 답변한 사람은 전체 증거의 원칙을 지킨 것이 아니므로 합리적 추론을 한 것이라고 볼 수 없다.

③ (×) 설문지의 조건에서 갑의 증언의 정확도만 70%로 바꾸면 갑이 본 달아난 택시가 파란색일 확률이 더 낮아질 것이다. 따라서 이 경우 (a)가 옳다고 답변한 사람은 기저율 오류를 저지른 것이 아니라는 추론은 옳지 않다.

④ (×) 설문지의 조건에서 A시의 택시 대수만 총 1,000대로 바꾸면 갑이 본 달아난 택시가 파란색일 확률은 변하지 않는다. 따라서 이 경우 (a)가 옳다고 답변한 사람은 기저율 오류를 저지른 것이 아니라는 추론은 옳지 않다.

⑤ (O) 전체 증거의 원칙은 확보된 모든 증거를 고려하여 추론해야 한다는 것이다. 따라서 A시의 택시 중 파란색 택시 비율과 갑의 증언의 정확도 중 하나라도 고려하지 않은 사람이 (b)가 답이라고 추론한다면, 그 사람은 전체 증거의 원칙을 지키지 않은 것이다.

22 원칙 적용 난이도 중

정답 ④

문제풀이 핵심 포인트

판단 기준이 되는 기저율을 파악하고 이를 무시했을 때와 무시하지 않았을 때의 결과를 비교한다.

풀이

ㄱ. (×) 을은 X가 1/1,000,000의 확률로 걸리는 희귀병이라는 점과 그 검사법의 정확도에 대해 알고 있다. 따라서 을은 X에 대한 검사에서 양성 반응이 나올 확률이 그렇지 않을 확률보다 크다고 판단하지 않을 것이다.

ㄴ. (O) 을이 기저율을 무시한다면 검사의 정확도에 초점을 맞출 것이다. 따라서 을은 X에 대한 검사에서 양성 반응이 나왔을 때, 자신이 X에 실제로 걸렸을 확률이 걸리지 않았을 확률보다 크다고 판단할 것이다.

ㄷ. (O) 을이 기저율을 무시하지 않는다면 X가 걸릴 확률에 초점을 맞출 것이다. 따라서 을은 X에 대한 검사에서 양성 반응이 나왔을 때, 자신이 X에 실제로 걸렸을 확률이 걸리지 않았을 확률보다 작다고 판단할 것이다.

23 원칙 적용 난이도 중

정답 ②

문제풀이 핵심 포인트

갑, 을, 병 사이의 적극행정 가산점을 비교하는 것이 핵심이므로 적극행정 가산점 획득 방식을 정확하게 파악해야 한다.

풀이

ㄱ. (×) 갑이 획득할 수 있는 적극행정 가산점은 1~2점이고, 을이 획득할 수 있는 적극행정 가산점은 0~3점이다. 따라서 적극행정 가산점은 갑이 을보다 높을 수 없다는 추론은 옳지 않다.

ㄴ. (×) 을이 획득할 수 있는 적극행정 가산점은 0~3점이고, 병이 획득할 수 있는 적극행정 가산점은 2~4점이다. 따라서 적극행정 가산점은 을이 병보다 높을 수 없다는 추론은 옳지 않다.

ㄷ. (○) 갑이 획득할 수 있는 적극행정 가산점은 1~2점이고, 병이 획득할 수 있는 적극행정 가산점은 2~4점이다. 따라서 적극행정 가산점은 갑이 병보다 높을 수 없다는 추론은 옳다.

실전에선 이렇게!

갑, 을, 병의 적극행정 가산점을 비교하는 것이 핵심이므로 갑, 을, 병의 가산점 가능 영역을 미리 파악해둔다.

24 빈칸 추론 난이도 하 정답 ①

문제풀이 핵심 포인트

갑과 을의 대화를 전체적으로 확인하되, 특히 (가)와 (나)의 앞뒤 문장을 근거로 빈칸에 들어갔을 때 가장 흐름이 자연스러운 문장을 선택지에서 고른다.

풀이

(가) '그렇다면 A마트에 대해서는 의무휴업이 적용되지 않겠군요.'에서 빈칸에는 의무휴업이 적용될 기준 중 A마트가 만족하지 못하는 기준이 들어가야 함을 알 수 있다. A마트는 아직 개설등록을 하지 않았으므로 빈칸에는 '개설등록을 하여 적법한 영업 요건을 충족해야'가 들어가는 것이 가장 적절하다.

(나) A마트는 개설등록을 하지 않고 대규모 점포를 개설하여 영업했으므로 위법하고 벌금형 부과 대상이다. 이에 대해 시에서는 수사기관에 고발하는 것까지만 할 수 있으므로 빈칸에는 '수사기관에 고발하는 조치를'이 들어가는 것이 가장 적절하다.

25 견해 분석 난이도 중 정답 ⑤

문제풀이 핵심 포인트

각 쟁점에 대한 갑과 을의 견해 차이에 주목하고, 견해를 분석하는 데 기준이 되는 조항을 선별적으로 적용한다.

풀이

ㄱ. (○) 쟁점 1과 관련하여, 경매 절차를 통해 임차주택의 소유권을 취득한 자가 위 법 제3조제1항의 '임차주택을 매수한 제삼자'에 포함된다고 해석하면, 임차인 B는 임차주택에 대한 주민등록을 마쳤으므로 C에게 임대차 계약의 효력을 주장할 수 있다. 따라서 갑의 주장은 옳고 을의 주장은 옳지 않다.

ㄴ. (○) 쟁점 2와 관련하여, 갑은 임대인이 자필로 계약일자를 기재한 것도 위 법 제3조제2항의 확정일자가 기재된 것에 해당한다고 해석하고 있다면, 임대차 계약서에는 A의 자필로 계약일자가 기재되어 있었으므로 확정일자는 없었더라도 B가 임대차 보증금을 다른 채권자인 D보다 우선적으로 배당 받을 수 있다. 을은 그렇지 않다고 해석하고 있다면, B가 임대차 보증금을 다른 채권자인 D보다 우선적으로 배당 받을 수 없을 것이다. 따라서 갑과 을의 주장 불일치를 설명할 수 있다.

ㄷ. (○) 쟁점 3과 관련하여, 위 법 제4조제1항의 목적이 임차인의 선택을 최대한 존중하는 것이라고 해석하면, 임차인 B의 선택에 따라 임대차 계약이 종료된 것으로 보아야 할 것이다. 따라서 갑의 주장은 옳지 않지만 을의 주장은 옳다.

실전에선 이렇게!

<보기>에서 쟁점별로 분석하고 있으므로 각각의 쟁점 판단에 필요한 조항을 확인하고 <보기>도 순서대로 확인한다.

정답

p.47

1	①	일치부합형 (법조문형)	6	①	정확한 계산형	11	⑤	일치부합형 (법조문형)	16	②	경우 파악형	21	④	경우 파악형
2	①	일치부합형 (법조문형)	7	②	규칙 단순확인형	12	④	일치부합형 (법조문형)	17	①	경우 확정형	22	③	경우 확정형
3	②	일치부합형 (법조문형)	8	⑤	규칙 단순확인형	13	③	일치부합형 (법조문형)	18	①	규칙 단순확인형	23	③	조건 계산형
4	②	일치부합형 (법조문형)	9	③	1지문 2문항형	14	③	조건 계산형	19	②	정확한 계산형	24	④	경우 파악형
5	⑤	일치부합형 (텍스트형)	10	④	1지문 2문항형	15	④	규칙 정오판단형	20	③	규칙 적용해결형	25	⑤	경우 확정형

취약 유형 분석표

유형별로 맞힌 문제 개수와 정답률, 틀린 문제 번호, 풀지 못한 문제 번호를 적고 나서 취약한 유형이 무엇인지 파악해 보세요. 그 후 약점 보완 해설집 p.4 [취약 유형 공략 포인트]에서 약점 보완 학습법을 확인하고, 틀린 문제와 풀지 못한 문제를 다시 한번 풀어보세요.

유형		맞힌 문제 개수	정답률	틀린 문제 번호	풀지 못한 문제 번호
텍스트형	발문 포인트형	-	-		
	일치부합형	/1	%		
	응용형	-	-		
	1지문 2문항형	/2	%		
	기타형	-	-		
법조문형	발문 포인트형	-	-		
	일치부합형	/7	%		
	응용형	-	-		
	법계산형	-	-		
	규정형	-	-		
	법조문소재형	-	-		
계산형	정확한 계산형	/2	%		
	상대적 계산형	-	-		
	조건 계산형	/2	%		
규칙형	규칙 단순확인형	/3	%		
	규칙 정오판단형	/1	%		
	규칙 적용해결형	/1	%		
경우형	경우 파악형	/3	%		
	경우 확정형	/3	%		
TOTAL		/25	%		

해설

1 일치부합형(법조문형) 난이도 하 정답 ①

문제풀이 핵심 포인트
제00조(기상산업의 실태조사 등)에서 '기상산업의 실태조사 등'의 표제가 주어진 경우에는 표제를 활용하여 빠른 해결이 가능한 문제이다. 법조문 일치부합형의 문제는 정확도와 속도를 모두 잡아야 한다.

풀이

첫 번째 조문부터 각각 제1조~제3조라고 한다.

① (O) 제1조 제1항에 따르면 기상청장은 실태조사를 할 수 있지만, 같은 조 제3항에 따르면 기상청장은 실태조사를 기상산업에 관한 전문성을 갖춘 기관 또는 단체에 의뢰하여 실시할 수 있다. 따라서 기상청장은 실태조사를 직접 실시하지 않고 기상산업에 관한 전문성을 갖춘 단체에 의뢰하여 실시할 수 있다고 판단할 수 있다.

② (×) 제1조 제2항에 따르면 기상청장은 실태조사와 자료수집을 위하여 필요하다고 인정하면 관련 기상사업자 등에게 필요한 자료나 의견을 제출하도록 요청할 수 있다. 따라서 기상청장은 실태조사와 자료수집을 위해 필요한 경우, 관련 행정기관뿐만 아니라 기상사업자에게도 필요한 자료의 제출을 요청할 수 있다.

③ (×) 제2조 제1항에 따르면 기상청장은 기상사업자가 기상정보의 제공을 신청한 경우 정당한 이유가 없으면 그 정보를 제공하여야 하고, 제3조 제1항에 따르면 기상사업자는 기상정보를 제3자에게 제공하는 경우 그 출처를 밝혀야 한다. 즉, 제3조 제1항은 기상사업자가 기상정보를 제3자에 제공할 수 있는 것을 염두에 둔 규정이므로, 기상사업자는 기상청장으로부터 제공받은 기상정보를 제3자에게 제공할 수 있는 것으로 판단할 수 있다.

④ (×) 제2조 제2항에 따르면 같은 조 제1항에 따라 기상청장이 기상사업자에게 기상정보를 제공할 때에는 그 기상정보의 제공에 드는 비용에 충당하기 위하여 수수료를 징수할 수 있다고 하여 수수료 징수여부를 기상청장의 재량으로 규정하고 있다. 따라서 기상청장이 기상사업자에게 기상정보를 제공할 때 반드시 기상정보의 경제적 가치에 해당하는 수수료를 징수하여야 하는 것은 아니다.

⑤ (×) 제1조 제4항에 따르면 기상청장은 실태조사를 실시한 경우 그 결과를 기상청의 인터넷 홈페이지에 공표해야 한다. 그러나 같은 조 제1항의 자료수집의 경우 이러한 공표에 관하여 규정하고 있지 않다. 따라서 기상청장이 기상산업 진흥을 위한 자료수집을 한 경우, 그 결과를 기상청 인터넷 홈페이지에 공표해야 하는 것으로 판단해서는 안 된다.

실전에선 이렇게!

표제를 활용하는 것이 연습이 덜 되어 어렵다면, 선택지와 제시문의 키워드를 잘 매칭하여 문제 해결에 필요한 부분 위주로만 확인하면 빠른 해결이 가능한 문제이다.

2 일치부합형(법조문형) 난이도 하 정답 ①

문제풀이 핵심 포인트
'정의' 조문이 활용되는 점, '제외'가 중요하다는 점, 표제 또는 키워드를 활용하면 빠른 해결이 가능하다는 점 등 최근 출제 경향이 반영된 문제로, 속도와 정확도를 모두 잡아야 하는 문제이다.

풀이

첫 번째 조문부터 각각 제1조~제3조라고 한다.

① (O) 제2조 제2항 제2호에 따르면 위원회는 중앙행정기관별 다음 연도 국제기구 분담금 납부계획을 심의·조정한다.

② (×) 제3조 제1항에 따르면 위원회가 아니라 중앙행정기관의 장은 소관 국제기구 분담금의 납부목적 부합 여부에 대하여 매년 자체평가를 실시하여야 한다.

③ (×) 제3조 제2항에 따르면 중앙행정기관의 장은 소관 국제기구 분담금의 전년도 납부실적을 위원회에 제출하여야 한다. 그러나 제1조에 따르면 국제기구 분담금에는 녹색기후기금에 납입하는 출연금은 제외한다. 따라서 환경부가 녹색기후기금에 출연금을 납입하였다고 해도 녹색기후기금에 납입한 출연금은 국제기구 분담금에 해당하지 않으므로, 환경부장관이 해당 납입실적을 위원회에 제출하여야 하는 것은 아니다.

④ (×) 제3조 제2항에 따르면 중앙행정기관의 장은 소관 국제기구 분담금의 전년도 납부실적을 위원회에 제출하여야 하고, 제2조 제2항 제1호에 따르면 위원회는 중앙행정기관별 전년도 국제기구 분담금 납부실적을 심의·조정한다. 그리고 제3조 제3항에 따르면 외교부장관은 같은 조 제2항에 따라 제출된 납부실적 등에 대한 위원회의 심의·조정 결과를 매년 5월 31일까지 기획재정부장관에게 송부한다. 즉, 외교부장관은 중앙행정기관의 장이 제출한 납부실적이 아니라 제3조 제2항에 따라 제출된 납부실적 등에 대한 위원회의 심의·조정 결과를, 매년 3월 31일까지가 아니라 매년 5월 31일까지 기획재정부장관에게 송부한다.

⑤ (×) 제1조에 따르면 '국제기구 분담금'이란 정부가 국제기구에 의무적으로 납부하여야 하는 경비 또는 국제기구와 협력사업 추진을 위하여 재량적으로 납부하는 경비를 말한다. 따라서 정부가 아닌 시민단체가 스스로 국제기구에 납부하는 경비는 국제기구 분담금에 해당하지 않는다.

3 일치부합형(법조문형) 난이도 하 정답 ②

문제풀이 핵심 포인트
'~에도 불구하고'는 최근 7급 공채 시험에서 중요하게 활용되고 있는 출제장치이다. 최근 출제 경향을 잘 분석해두면, 최근 시험을 보다 쉽게 해결할 수 있다.

풀이

① (×) 제△△조 제1항에 따르면 심판은 3명 또는 5명의 심판관으로 구성되는 합의체가 한다. 따라서 심판의 합의체는 심판장 1명과 심판관 1명, 총 2명으로 구성될 수 없다.

② (○) 제□□조 제1항에 따르면 원장은 각 심판사건에 대하여 합의체를 구성할 심판관을 지정하여야 하고, 같은 조 제2항에 따르면 원장은 제1항에 따라 지정된 심판관 중에서 1명을 심판장으로 지정하여야 한다. 그러나 같은 조 제3항에 따르면 제2항에도 불구하고 원장은 특히 중요하다고 인정되는 심판사건에 대해서는 원장 스스로 심판장이 될 수 있고, 같은 조 제4항에 따르면 심판장은 그 심판사건에 관한 사무를 총괄한다. 따라서 원장이 특히 중요하다고 인정되는 심판사건에 대해서는 원장 스스로 심판장이 되어 그 심판사건에 관한 사무를 총괄하는 경우가 있을 것으로 판단할 수 있다.

③ (×) 제△△조 제1항에 따르면 심판은 심판관으로 구성되는 합의체가 하고, 같은 조 제2항에 따르면 제1항의 합의체의 합의는 과반수로 결정한다. 따라서 합의체의 합의는 심판관 전원의 일치된 의견으로 결정하는 것이 아니다.

④ (×) 제△△조 제3항 단서에 따르면 당사자가 구술심리를 신청하였을 때에는 서면심리만으로 결정할 수 있다고 인정되는 경우 외에는 구술심리를 하여야 한다. 따라서 당사자가 구술심리를 신청하였다고 하더라도 서면심리만으로 결정할 수 있다고 인정되는 경우에는 반드시 구술심리를 하여야 하는 것은 아니고, 서면심리로 심판할 수 있다고 판단할 수 있다.

⑤ (×) 제△△조 제4항에 따르면 구술심리는 공개하여야 한다. 그러나 서면심리로 심판하는 경우에도 그 심리를 공개하여야 하는 것으로 판단해서는 안 된다.

4 일치부합형(법조문형) 난이도 하 정답 ②

문제풀이 핵심 포인트

괄호 형식의 정보가 중요하게 활용되는 것도 최근 출제 경향이다. 기출문제를 통해 최근 중요한 출제장치, 함정 등을 분석해 두는 것이 필요하다.

풀이

첫 번째 조문부터 각각 제1조, 제2조라고 한다.

① (×) 제1조 제1항에 따르면 의료 해외진출을 하려는 의료기관의 개설자는 시·도지사에게 등록하는 것이 아니라 보건복지부장관에게 신고하여야 한다.

② (○) 제2조 제1항 제2호에 따르면 외국인환자를 유치하려는 의료기관은 의료배상공제조합 또는 보건복지부령으로 정하는 의료사고배상책임보험에 가입하고 시·도지사에게 등록하여야 한다. 따라서 외국인환자 유치를 위해 시·도지사에게 등록하려는 의료기관이 제2조 제1항 제2호의 보건복지부령으로 정하는 의료사고배상책임보험에 가입하지 않는다면 의료배상공제조합에는 가입하여야 한다.

③ (×) 제2조 제4항에 따르면 같은 조 제1항 및 제2항에 따른 등록의 유효기간은 등록일부터 3년으로 하고, 같은 조 제5항에 따르면 제4항에 따른 유효기간이 만료된 후 계속하여 외국인환자를 유치하려는 자는 유효기간이 만료되기 전에 그 등록을 갱신하여야 한다. 따라서 외국인환자 유치사업자는 등록일부터 3년이 지난 후에도 외국인환자를 유치하기 위해서는 유효기간이 만료되기 전에 그 등록을 갱신하여야 하며, 그 등록의 갱신 없이는 계속하여 외국인환자를 유치할 수 없는 것으로 판단할 수 있다.

④ (×) 제2조 제1항 제1호에 따르면 외국인환자를 유치하려는 의료기관은 외국인환자를 유치하려는 진료과목별로 전문의를 1명 이상 두고 시·도지사에게 등록하여야 한다. 그러나 의료기관이 아니라 외국인환자를 유치하려는 비의료기관이 시·도지사에게 등록하기 위해서 진료과목별로 전문의 1명 이상을 두어야 하는 것으로 판단할 수는 없다. 비의료기관에 대하여 규정한 제2조 제2항 각 호에서는 진료과목별로 전문의 1명 이상을 두어야 하는 것으로 규정하고 있지 않다.

⑤ (×) 제2조 제2항 제2호에 따르면 외국인환자를 유치하려는 비의료기관은 국내에 사무소를 설치하고 시·도지사에게 등록하여야 한다. 따라서 시·도지사는 국내에 사무소를 설치하지 않은 비의료기관에 대해 외국인환자 유치사업자 등록증을 발급할 수 없다고 판단할 수 있다.

실전에선 이렇게!

제시문과 선택지에서의 키워드를 매칭하여 각 선택지 해결에 필요한 부분 위주로 확인할 때 가장 빠른 해결이 가능하다.

5 일치부합형(텍스트형) 난이도 하 정답 ⑤

문제풀이 핵심 포인트

평이한 난도의 텍스트 일치부합형에 속하는 문제로, 제시문의 길이도 짧기 때문에 빠른 해결이 가능한 문제이다.

풀이

첫 번째 문단부터 각각 문단 i)~iii)이라고 한다.

① (×) 문단 ii)에 따르면 동해안의 소금 생산 방법은 서해안이나 남해안과 달랐고, 동해안에서는 바닷물을 끓여서 소금을 만들었던 반면, 서해안과 남해안은 조석 간만의 차를 이용했다.

② (×) 문단 iii)에 따르면 조선시대 경기도 일대 소금은 대부분 한강의 마포나루에 집결되었는데, 경강상인은 마포나루를 비롯한 한강 일대의 나루터에서 소금 등을 거래하였다. 따라서 조선시대에 경강상인에 의한 소금 거래가 이루어졌다고 판단할 수 있다.

③ (×) 문단 i)에 따르면 조선시대 소금의 최대 생산지는 남해안의 갯벌 지대가 아니라 평안도에서 전라도에 이르는 서해안의 갯벌 지대이다.

④ (×) 문단 iii)에 따르면 조선시대 경기도 일대 소금은 대부분 한강의 마포나루에 집결된 까닭에 조선시대에는 마포염이라는 말이 있을 정도였다고 한다. 따라서 마포염이 마포에서 생산된 소금을 이르는 말은 아닌 것으로 판단할 수 있다.

⑤ (○) 문단 ii)에 따르면 해안가에 염전을 만들어 자연 증발을 통해 얻은 소금을 천일염이라고 한다. 따라서 조선시대에 천일염은 염전에서 얻을 수 있었다고 판단할 수 있다.

6 정확한 계산형 난이도 하 정답 ①

문제풀이 핵심 포인트

이 문제는 매우 단순한 문제이지만, 최근 출제 경향을 보면 복잡해 보이는 계산문제일수록 가능하다면 방정식으로 문제를 해결하는 것은 지양하는 것이 바람직하다.

풀이

甲과 乙의 대화를 순서대로 정리해본다. 甲과 乙의 첫 번째 대화에 따르면 분식집에 낸 총액은 15,000원이다. 그리고 甲의 두 번째 대화에 따르면 어묵, 떡볶이, 만두 각각 한 단위당 1,000원, 3,000원, 2,000원이다. 乙의 두 번째 대화에 따르면 甲과 乙은 떡볶이 한 접시와 만두 한 접시, 그리고 어묵을 여러 개 먹었지만 분식집 사장님이 만둣값은 안 받았다고 한다. 식으로 다음과 같이 정리할 수 있다.

떡볶이 한 접시 × 3,000원 + 어묵 n개 × 1,000원 = 15,000원

어묵 n개 × 1,000원 = 12,000원

∴ n = 12

甲과 乙의 세 번째 대화에 따르면 甲은 乙보다 어묵을 2개 더 먹었다. 甲과 乙이 먹은 어묵의 개수를 각각 $n_{甲}$, $n_{乙}$이라고 한다면 $n_{甲} = n_{乙} + 2$이고, $n = n_{甲} + n_{乙}$이다.

$n = n_{甲} + n_{乙} = 12$

$n = n_{乙} + n_{乙} + 2 = 2n_{乙} + 2 = 12$

∴ $n_{乙} = 5$

따라서 乙이 먹은 어묵의 개수는 5개이다.

실전에선 이렇게!

복잡하고 어려운 문제를 연습하는 것보다는 이런 단순한 문제에서 시간을 지체하지 않고 빠르게 풀어내어 시간을 절약할 수 있어야 한다. 방정식을 세우는 방법은 가장 빠른 방법은 아니다.

7 규칙 단순확인형 난이도 하 정답 ②

문제풀이 핵심 포인트

직접 해결해서 결과를 찾아내는 것보다는 선택지를 활용해서 주어진 조건에 위배되는 선택지를 지우는 것이 바람직하다.

풀이

제시문에 따르면 시험은 5지선다형 20개 문항으로 구성된다. 첫 번째 동그라미부터 각각 ⅰ), ⅱ)라고 하고, 제시문의 표를 확인해보면 甲은 15번 문항까지 출제하였는데 선택지의 개수가 B는 0개, D, E는 각각 5개이다. ⅰ)에 따르면 각 선택지가 정답인 문항은 2개 이상 6개 이하여야 하므로 선택지 중에서 우선 B가 1개 이하이거나 D, E가 2개 이상인 선택지가 있는지 확인해본다. 선택지 ③은 18번과 20번의 정답이 D로 D가 2개이고, 선택지 ⑤는 17번만 정답이 B로 B가 1개이므로 선택지 ③, ⑤는 제거된다.

그리고 ⅱ)에 따르면 동일한 정답이 연속해서 3회 이상 나와서는 안 되는데, 제시문에 따르면 14번과 15번 문항의 정답은 모두 A이다. 선택지 ①은 16번의 정답이 A로 동일한 정답이 연속해서 3회 나오게 되므로 선택지 ①은 제거된다. 그리고 선택지 ④의 경우 17번, 18번, 19번 정답이 3회 연속해서 B이므로 선택지 ④는 제거된다.

따라서 정답은 ②로, 선택지 ②는 ⅰ), ⅱ) 모두 위배하지 않는다.

실전에선 이렇게!

선택지를 활용하여 소요시간을 단축해 시간을 벌었어야 하는 문제이다.

8 규칙 단순확인형 난이도 하 정답 ⑤

문제풀이 핵심 포인트

세미나 장소를 선정하기 위한 조건을 정확하게 파악한 후 이를 모두 충족하는 장소를 선정하면 되는 평이한 난도의 문제이다.

풀이

첫 번째 동그라미의 첫 번째 '-'부터 각각 ⅰ)~ⅲ)이라고 한다. 세미나 장소 A~E의 ⅰ), ⅱ) 만족 여부를 확인해보면 다음과 같다.

장소	세미나 당일 타 부서 예약 현황	프로젝터 사용 가능 여부	최대 수용 가능 인원	다과 제공 가능 여부
A	~~13:00~15:00~~	ⅱ)× ○	65명	○
B	없음	○	~~40명~~	ⅰ)× ○
C	11:00~12:30	○	50명	×
D	없음	~~×~~	ⅱ)× 80명	×
E	없음	○	45명	○

ⅲ)에 따르면 ⅰ), ⅱ)를 모두 만족하는 장소가 여러 곳인 경우, 그중 다과 제공이 가능한 장소를 선정한다. ⅰ), ⅱ)를 모두 만족하는 장소는 C, E인데 E는 다과 제공이 가능하고 C는 가능하지 않으므로 C, E 중에서는 E를 선택한다.

따라서 세미나 장소 A~E 중 甲이 선정할 곳은 E이다.

실전에선 이렇게!

조건을 만족하는 장소가 여러 곳인 경우에 어떤 장소를 선정하는지의 조건까지 잘 활용할 수 있어야 한다.

9 1지문 2문항형 난이도 하 정답 ③

문제풀이 핵심 포인트

여러 용어의 차이를 잘 구분해야 하는 문제이다. 노인장기요양보험제도가 기존 노인복지서비스와 다른 점, 노인장기요양보험제도로 제공받을 수 있는 급여인 ① 재가급여, ② 시설급여, ③ 복지용구급여, ④ 특별현금급여 간의 공통점과 차이점 등을 포함한 관계를 정확하게 파악할 수 있어야 한다.

풀이

첫 번째 문단부터 각각 문단 ⅰ)~ⅳ)라고 한다.

ㄱ. (×) 문단 ⅱ)에 따르면 노인장기요양보험제도는 소득에 관계없이 장기요양인정을 받은 자에게 서비스를 제공하는 것이고, 국민기초생활보장대상자 등 특정 저소득층을 대상으로 제공되는 기존 노인복지서비스와 차이가 있다고 한다. 따라서 노인장기요양보험제도의 지원 대상은 국민기초생활보장대상자 등 특정 저소득층이 아니라고 판단할 수 있다.

ㄴ. (○) 문단 ⅲ)에 따르면 재가급여는 노인요양시설에 입소하지 않은 수급자의 가정을 방문하여 제공하는 방문요양, 방문목욕 등으로 이루어져 있다. 따라서 노인요양시설에 입소해 장기간 보호받고 있는 수급자 A는 그 기간 동안 방문목욕급여를 받을 수 없다고 판단할 수 있다.

ㄷ. (○) 문단 ⅲ)에 따르면 복지용구급여는 일상생활·신체활동 지원 및 인지기능의 유지·향상에 필요한 용구를 구입하거나 대여해 주는 것을 말하는데, 시설급여 수급자의 경우 복지용구급여는 제공받지 못한다고 한다. 따라서 시설급여 수급자 B는 신체활동 지원에 필요한 용구인 성인용 보행기 대여에 대한 복지용구급여를 받을 수 없다고 판단할 수 있다.

ㄹ. (×) 문단 ⅲ)에 따르면 특별현금급여는 재가급여나 시설급여를 받을 수 없어 그 가족 등으로부터 방문요양에 상당하는 서비스를 받을 때 지급하는 현금급여를 뜻한다. 따라서 재가급여나 시설급여를 제공받을 수 있음에도 가족으로부터 방문요양에 상당하는 서비스를 받는 C는 특별현금급여의 대상에 해당하지 않아 특별현금급여를 제공받을 수 없다.

실전에선 이렇게!

피지컬이 좋은 수험생이라면 제시문을 차곡차곡 읽지 않아도 'OO급여'의 용어를 찾아 정보를 처리하는 것도 가능한 문제이다.

10 1지문 2문항형 난이도 하

정답 ④

문제풀이 핵심 포인트

본인부담금을 계산할 수 있는 조건이 제시문의 마지막 문단에 있으므로 이를 정확하게 <상황>에 적용하여 계산할 수 있어야 한다.

풀이

문단ⅳ)에 따르면 재가급여의 경우 해당 장기요양급여비용의 100분의 15, 시설급여는 100분의 20, 복지용구급여는 100분의 15이고, 국민기초생활보장대상자에게는 본인부담금이 발생하지 않는다는 것을 확인한다. <상황>의 甲~丙의 이번 달 수급 현황에 급여별 장기요양급여비용을 표시해보면 다음과 같다.

수급자	수급 내역	비고
甲	방문목욕 10회,×7만 원 복지용구(전동침대) 구입	전동침대 구입비 30만 원
乙	주·야간보호 45시간, 방문요양 28시간	국민기초생활보장대상자
丙	노인요양시설 보호 11일×7만 원	-

乙은 국민기초생활보장대상자로서 본인부담금이 발생하지 않는다. 乙의 본인부담금은 0원으로 가장 낮으므로 선택지 ①, ③, ⑤는 제거된다. 甲과 丙의 본인부담금을 비교해보면 다음과 같다.

· 甲: 7만 원 × 10회 × 0.15 + 30만 원 × 0.15
  = 70만 원 × 0.15 + 30만 원 × 0.15
  = 100만 원 × 0.15
  = 15만 원

· 丙: 7만 원 × 11일 × 0.20
  = 77만 원 × 0.20
  = 15.4만 원

丙의 본인부담금이 甲보다 높다.

따라서 본인부담금이 높은 순서대로 나열하면 丙 > 甲 > 乙이다.

실전에선 이렇게!

을은 국민기초생활보장대상자로 본인부담금이 발생하지 않는다는 사실을 빨리 파악하면 선택지 ②와 ④ 중에 정답을 고를 수 있게 된다.

11 일치부합형(법조문형) 난이도 하

정답 ⑤

문제풀이 핵심 포인트

최근 호·목의 형식이 중요하게 활용되고 있다.

풀이

첫 번째 조문부터 각각 제1조, 제2조라고 한다.

① (×) 제1조 제2항 제1호에 따르면 같은 조 제1항에 따른 특정도서에서 행위 제한에도 불구하고 군사 행위의 경우 같은 조 제1항을 적용하지 아니한다. 그리고 같은 조 제3항에 따르면 제2항에 따른 행위를 한 자는 그 행위의 내용과 결과를 환경부장관에게 통보하여야 한다. 따라서 특정도서에서의 도로 신설이 군사 행위인 경우 제1조 제3항에 따라 그 행위의 내용과 결과를 환경부장관에게 통보하여야 한다.

② (×) 제1조 제1항 제1호에 따르면 특정도서에서는 공작물의 신축 행위를 할 수 없지만, 제2항 제2호에 따르면 같은 조 제1항에 따른 특정도서에서 행위 제한에도 불구하고 재해의 발생 방지 및 대응을 위하여 필요한 행위의 경우 같은 조 제1항을 적용하지 아니한다. 따라서 특정도서에 거주하는 주민은 제1조 제1항 제1호에 따라 공작물의 신축 행위를 할 수 없지만, 같은 조 제2항 제2호에 따르면 재해발생 방지를 위해 필요한 경우는 특정도서에서의 공작물 신축 행위를 할 수 있는 것으로 해석할 수 있다.

③ (×) 제2조에 따르면 환경부장관은 문화유산으로 지정된 특정도서에 대하여 각 호의 어느 하나에 해당하는 행위를 허가하기 위해서는 미리 국가유산청장과 협의하여야 한다. 따라서 문화유산으로 지정된 특정도서가 아니라면 환경부장관이 특정도서에서 건축물의 증축을 허가하기 위해서 항상 미리 국가유산청장과 협의하여야 하는 것은 아니고, 건축물의 증축이 제2조 제1호의 행위에 해당하는지도 불분명하다.

④ (×) 제2조 제1호에 따르면 환경부장관은 특정도서의 지정 목적에 지장이 없다고 인정하는 경우에는 국가나 지방자치단체가 산책로를 설치하는 행위를 허가할 수 있다. 그러나 국가나 지방자치단체가 아닌 민간기업이 영리 목적으로 특정도서에 산책로를 설치하려는 경우에는 환경부장관이 이를 허가할 수 있는 것으로 판단할 수 없다.

⑤ (O) 제2조 제2호에 따르면 환경부장관은 특정도서의 지정 목적에 지장이 없다고 인정하는 경우 자연생태계의 연구·조사를 목적으로 하는 행위를 허가할 수 있다. 따라서 특정도서에서 자연생태계의 연구·조사를 목적으로 하는 행위에 대해서는 환경부장관의 허가를 얻으면 그 행위를 할 수 있다.

실전에선 이렇게!

많은 문제에서 주체, 객체, 대상 등 행위자의 함정이 매우 높은 빈도로 활용되고 있으므로, 함정에 빠지지 않도록 주의하자.

12 일치부합형(법조문형) 난이도 하

정답 ④

문제풀이 핵심 포인트

괄호 형식의 정보가 중요하게 활용되는 것도 최근 출제 경향이다. 기출문제를 통해 최근 중요한 출제장치, 함정 등을 분석해 두는 것이 필요하다.

풀이

① (×) 제□□조 제1항에 따르면 사업주는 특수건강진단을 실시하는 경우 고용노동부장관이 아니라 근로자대표가 요구하면 근로자대표를 참석시켜야 한다.

② (×) 제□□조 제2항에 따르면 사업주는 산업안전보건위원회 또는 근로자대표가 요구할 때에는 특수건강진단 결과에 대하여 설명하여야 하고, 단서에 따르면 개별 근로자의 특수건강진단 결과는 본인의 동의 없이 공개해서는 아니 된다. 그러나 근로자대표가 사업주에 대하여 특수건강진단 결과에 대한 설명을 요구함에 있어 산업안전보건위원회의 동의를 얻도록 규정하고 있지는 않다.

③ (×) 제□□조 제3항에 따르면 산업안전보건위원회가 아니라 사업주는 특수건강진단의 결과 근로자의 건강을 유지하기 위하여 필요하다고 인정할 때에는 야간근로의 제한 등 적절한 조치를 하여야 한다.

④ (O) 제△△조 제3항에 따르면 고용노동부장관은 같은 조 제2항에 따른 특수건강진단기관의 진단·분석능력의 확인 결과를 포함하여 특수건강진단기관에 대한 평가 결과를 공개할 수 있다.

⑤ (×) 제□□조 제2항에 따르면 사업주는 근로자대표가 요구할 때에는 특수건강진단 결과에 대하여 설명하여야 하고, 단서에 따르면 개별 근로자의 특수건강진단 결과는 본인의 동의 없이 공개해서는 아니 된다. 따라서 사업주는 근로자대표의 요구가 있다고 해도 개별 근로자의 특수건강진단 결과는 본인 동의 없이 공개할 수 없다.

13 일치부합형(법조문형) 난이도 하 정답 ③

문제풀이 핵심 포인트

소방활동의 비용을 지급하는 것과 손실보상을 하는 것을 둘 다 돈이 나온다는 점에서 비슷하다고 생각하여 혼동하지 않도록 주의해야 한다.

풀이

① (×) 제○○조 제1항에 따르면 소방대장은 화재가 발생한 현장에서 소방활동을 위하여 필요할 때에는 그 현장에 있는 사람으로 하여금 사람을 구출하는 일을 하게 할 수 있다. 그리고 같은 조 제2항 본문에 따르면 제1항에 따른 명령에 따라 소방활동에 종사한 사람은 시·도지사로부터 소방활동의 비용을 지급받을 수 있다. 그러나 제2항 단서 및 제1호에 따르면 건물에 화재가 발생한 경우 그 소방대상물의 소유자는 소방활동의 비용을 지급받을 수 없다. 따라서 화재가 발생한 건물의 소유자의 경우 소방대장의 제○○조 제1항에 의한 소방활동 종사명령에 따라 해당 건물에서 사람을 구출하는 일을 하였더라도, 제○○조 제2항 단서 및 제1호에 따라 소방활동의 비용을 지급받을 수 없다.

② (×) 제△△조 제1호에 따르면 소방청장 또는 시·도지사는 제○○조 제1항에 따른 소방활동 종사로 인하여 부상을 입은 자에게 손실보상을 하여야 한다. 이러한 손실보상은 제○○조 제2항에 따른 소방활동의 비용과는 구분하여야 한다. 따라서 과실로 화재를 발생시킨 사람으로서 제○○조 제2항 단서 및 제2호에 따라 소방활동의 비용 지급대상의 예외에 해당한다고 하더라도, 소방대장의 소방활동 종사명령에 따라 불을 끄는 일을 하던 중 부상을 입은 경우에는 제△△조 제1호에 따라 손실보상을 받을 수 있다.

③ (O) 제□□조 제1항에 따르면 소방대장은 사람을 구출하기 위하여 필요할 때에는 불이 번질 우려가 있는 토지에 대한 일시적 사용제한 등 소방활동에 필요한 처분을 할 수 있다.

④ (×) 제□□조 제2항에 따르면 소방대장은 소방활동을 위하여 긴급하게 출동할 때에는 소방자동차의 통행과 소방활동에 방해가 되는 주차된 차량을 이동시킬 수 있고, 제△△조 제2호에 따르면 소방청장 또는 시·도지사는 제□□조 제2항에 따른 처분으로 인하여 손실을 입은 자에게 손실보상을 하여야 한다. 그러나 제2호 단서에 따르면 법령을 위반하여 소방자동차의 통행과 소방활동에 방해가 된 경우는 제외한다. 따라서 소방대장이 제□□조 제2항에 따라 화재진압을 위한 소방자동차의 긴급 출동에 방해가 되는 차량을 이동시키던 중 그 차량이 파손된 경우, 해당 차량이 불법 주차 차량이라면 제△△조 제2호 단서에 따라 손실보상의 대상에서 제외되므로 해당 차량을 주차한 소유자는 손실보상을 받을 수 없다.

⑤ (×) 제□□조 제3항에 따르면 소방대장은 소방활동에 방해가 되는 주차 또는 정차된 차량의 제거나 이동을 위하여 관할 지방자치단체 등 관련 기관에 견인차량과 인력 등에 대한 지원을 요청할 수 있고, 같은 조 제4항에 따르면 시·도지사는 같은 조 제3항에 따라 견인차량과 인력 등을 지원한 자에게 비용을 지급할 수 있다고 하여 비용 지급 여부에 관하여는 시·도지사의 재량으로 규정하고 있다. 따라서 소방청장은 소방대장의 요청에 따라 견인차량을 지원한 자에게 반드시 견인비용을 지급하여야 하는 것은 아니며, 견인비용 지급 주체는 소방청장이 아닌 시·도지사이다.

14 조건 계산형 난이도 중 정답 ③

문제풀이 핵심 포인트

가동비용은 고정비용이므로, 경제학에서의 개념으로 이해하자면 공장 A는 고정비용이 있고, 공장 B는 고정비용은 없지만 한계비용(MC)이 공장 A의 2배인 셈이다.

풀이

제시문의 공장 A, B에 대하여 각 공장에서 Q개의 제품을 생산할 때의 총비용(TC)을 다음과 같이 정리할 수 있다.

- A: $TC_A(Q) = Q + 100$
- B: $TC_B(Q) = 2Q$

또는 다음과 같이 그래프로 생각해볼 수 있다.

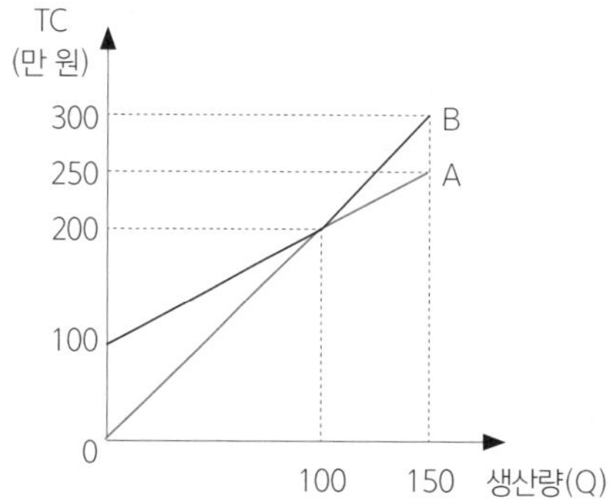

A, B 모두 하루에 각각 최대 150개까지 제품 생산이 가능하다고 하므로 생산량은 150개까지만 표시하였다. 그래프를 해석해보면 한 공장에서만 제품을 생산할 때에는 100개 미만이라면 B공장에서 생산하는 것이, 100개 초과라면 A공장에서 생산하는 것이 최소 비용을 달성한다. Q가 100인 경우에는 A, B 공장의 총비용은 같다.

ㄱ. (O) Q가 100을 초과하여 120이라면 A에서만 생산하는 것이 최소 비용을 달성할 수 있다.

ㄴ. (×) Q가 200이라면 A에서 150개를 생산하고 B에서 50개를 생산하는 것이 최소 비용을 달성할 수 있다.

ㄷ. (O) Q가 200일 때, A의 가동비용이 1일 50만 원으로 감소해도 보기 ㄴ과 마찬가지로 A에서 150개를 생산하고 B에서 50개를 생산하는 것이 최소 비용을 달성할 수 있다. A, B에 대한 배분량은 달라지지 않는다.

실전에선 이렇게!

기존 문제에서 여러 번 활용된 적 있고, 자료해석에서도 출제되고 있는 출제장치인 catch-up의 아이디어를 떠올린다면 빠른 해결이 가능한 문제이다.

15 규칙 정오판단형 난이도 중 정답 ④

문제풀이 핵심 포인트

수학에서의 교집합 개념이 반영된 자료해석에서의 최소교집합 개념을 연습해 두었다면 해결이 가능한 문제이다. 최근 상황판단과 자료해석의 경계가 모호한 문제들이 두 과목 모두에서 많이 출제되고 있는 추세이다. 25년 자료해석 시험에서도 상황판단 장치, 스킬이 쓰이는 여러 문제가 출제되었다.

풀이

제시문의 건강생활실천율은 거주자 중 금연, 절주, 걷기를 모두 실천하는 사람의 비율이다. 예를 들어 A지역의 건강생활실천율이 35%라면 A지역의 전체 거주자 중 금연을 실천하는 사람, 절주를 실천하는 사람, 걷기를 실천하는 사람의 교집합에 해당하는 사람의 비율이 35%라는 것이다.

① (×) A지역에서 금연, 절주, 걷기를 실천하는 사람의 비율이 각각 2%p씩 높아진다고 해도 예를 들어 아래와 같이 건강생활실천율이 2%p 높아지지 않을 수 있다.

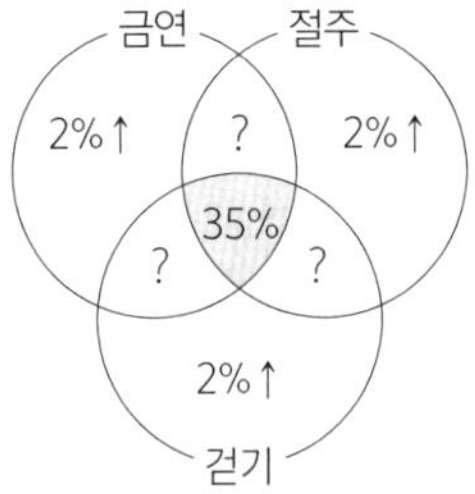

② (×) 반례를 떠올려본다. 아래 그림에서 금연, 절주, 걷기를 실천하는 사람의 비율은 각각 a + b + d + e, b + c + d + f, d + e + f + g이다. 이때 예를 들어 걷기를 실천하는 사람의 비율이 가장 낮다고 가정해보자.

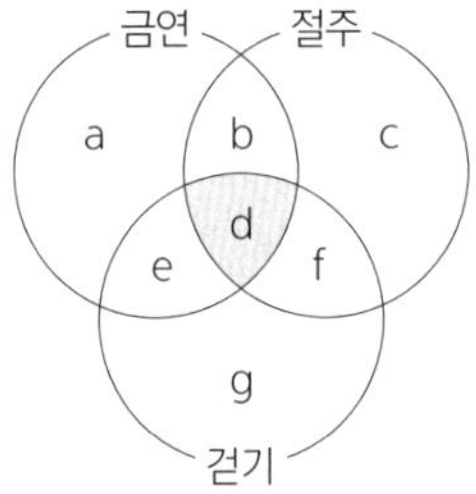

만약 e가 1만큼 감소했는데 d가 1만큼 증가한 경우(금연과 걷기를 실천하던 거주자 1명이 절주까지 실천하게 된 경우) 건강생활실천율은 증가하지만 금연, 절주, 걷기를 실천하는 사람의 비율 중 가장 낮은 값이 증가한 것은 아니다.

③ (×) 금연과 절주를 동시에 실천하는 사람의 비율은 전체 거주자 중 아래 음영으로 표시된 구역의 비율이다.

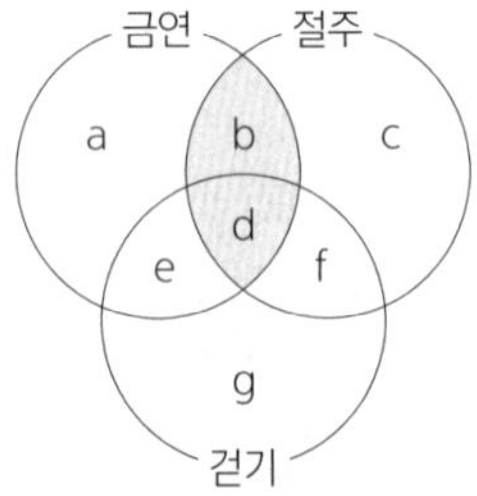

건강생활실천율은 그림에서 'd'이고 금연과 절주를 동시에 실천하는 사람의 비율은 'b + d'라고 할 수 있는데, B지역의 'd'가 C보다 높다고 해도 B지역의 'b + d'가 C지역보다 높은지 알 수 없다.

④ (○) D지역의 건강생활실천율은 30%이므로 금연, 절주, 걷기를 모두 실천하는 사람의 비율이 30%이다. 따라서 걷기를 실천하는 사람의 비율은 30% 이상이므로, 최소 30%이다.

⑤ (×) 甲도가 A~E 총 5개 지역으로 이루어져 있다고 해도 각 지역별 거주자의 수를 알 수 없으므로 甲도 전체 건강생활실천율이 30%인지 알 수 없다.

실전에선 이렇게!

판단하기 애매한 선택지가 있다면 우선 넘기고 보다 판단하기 쉬운 명확한 선택지를 먼저 처리하는 것이 바람직하다.

16 경우 파악형 난이도 중 정답 ②

문제풀이 핵심 포인트

그동안 기출에서 많이 출제되었던 가성비와 최선·차선이 결합되어 출제된 문제이다. 기존 기출문제만 잘 준비해 두었다면, 새로울 것 없이 기존에 준비된 스킬로만 충분히 해결 가능한 문제이기도 하다.

풀이

제시문에 따르면 甲은 자격증을 취득하려고 한다. 이때 첫 번째로 3과목 점수의 합이 150점 이상이어야 하고, 두 번째로 각 과목의 점수는 각각 40점 이상이어야 한다. 그리고 세 번째로 A, B, C 3과목 중 2과목은 일반과정, 1과목은 속성과정으로 수강한다. 마지막으로 과목별로 취득점수 1점당 수강료가 부과된다.

이를 종합하면 甲은 A과목을 속성과정으로 수강하는 경우, B과목을 속성과정으로 수강하는 경우, C과목을 속성과정으로 수강하는 경우밖에 없는데, 이 중에서도 취득점수 1점당 수강료가 가장 낮은 과목에서 70점을, 나머지 과목에서는 각각 40점을 취득하면 150점으로 합격할 수 있다. 〈경우 1~3〉을 다음과 같이 생각할 수 있다.

〈경우 1〉 A과목을 속성과정으로 수강하는 경우

과목	취득점수 1점당 수강료(원)	
	일반과정	속성과정
A	5,000	10,000 40점
B	3,000 70점	7,000
C	10,000 40점	13,000

〈경우 2〉 B과목을 속성과정으로 수강하는 경우

과목	취득점수 1점당 수강료(원)	
	일반과정	속성과정
A	5,000 70점	10,000
B	3,000	7,000 40점
C	10,000 40점	13,000

〈경우 3〉 C과목을 속성과정으로 수강하는 경우

과목	취득점수 1점당 수강료(원)	
	일반과정	속성과정
A	5,000 40점	10,000
B	3,000 70점	7,000
C	10,000	13,000 40점

우선 〈경우 1〉을 계산한다고 가정하고 정리해보면 다음과 같다.

- 경우 1: 10,000원 × 40점 + 3,000원 × 70점 + 10,000원 × 40점
 = 3,000원 × 70점 + (10,000원 × 40점 + 10,000원 × 40점)
 = 3,000원 × 70점 + 20,000원 × 40점

〈경우 2〉와 〈경우 3〉도 마찬가지로 다음과 같이 정리할 수 있다.

- 경우 2: 5,000원 × 70점 + 17,000원 × 40점
- 경우 3: 3,000원 × 70점 + 18,000원 × 40점

〈경우 1〉과 〈경우 3〉을 비교해보면 〈경우 1〉은 〈경우 3〉보다 40점을 취득하는 데 점수당 2,000원이 더 필요하므로 〈경우 1〉은 최소 수강료가 아니다. 〈경우 2〉도 〈경우 3〉보다 70점을 취득하는 데 2,000원이 더 필요하고 40점을 취득하는 데 1,000원이 덜 필요하므로 〈경우 2〉도 최소 수강료가 아니다.

〈경우 3〉을 계산해보면 다음과 같다.

3,000원 × 70점 + 18,000원 × 40점

= 210,000원 + 720,000원

= 930,000원

따라서 甲이 자격증 취득 시 지불해야 하는 최소 수강료는 930,000원이다.

실전에선 이렇게!

경우 파악형은 경우가 그려지지 않는다면 빠르게 넘기는 것이 필요한 문제이다.

17 경우 확정형 난이도 중 정답 ①

문제풀이 핵심 포인트

A > B이면 A는 가장 낮을 수 없다는 장치가 활용된 문제이다. 이 장치는 같은 해 다른 과목인, 25년 7급 공채 자료해석 인책형 8번 문제 매칭형에서도 활용되었다.

풀이

첫 번째 동그라미부터 각각 ⅰ), ⅱ)라고 한다. ⅰ)에서 甲, 乙, 丙이 서로 다른 우체국에서 근무한다는 것을 확인한다. 그리고 직급과 직위를 구분한다. 甲의 첫 번째 대화에 따라 제시문에 다음과 같이 표시할 수 있다.

- A우체국: 3급 1명(국장), 4급 2명(과장), 5급 1명(팀장)
- B우체국: 4급 1명(국장), 5급 3명(과장)
- C우체국: 5급 1명(국장)甲×

그리고 乙의 대화에 따르면 甲과 乙은 직급이 같다. 따라서 甲과 乙은 3급이 아니고, 각각 4급이거나 각각 5급이다.

- A우체국: 3급 1명(국장)甲× 乙×, 4급 2명(과장), 5급 1명(팀장)
- B우체국: 4급 1명(국장), 5급 3명(과장)
- C우체국: 5급 1명(국장)甲×

丙의 대화에 따르면 丙은 A우체국에서 근무하지 않고 乙이 근무하는 우체국의 어느 공무원보다도 직급이 높다. 따라서 丙은 C우체국에도 근무하지 않고, 丙은 B우체국의 4급(국장)이어야 한다. 丙은 乙이 근무하는 우체국의 어느 공무원보다도 직급이 높으므로 乙은 A우체국에 근무할 수 없다. 따라서 乙은 C우체국에 근무하는 5급이다. 甲과 乙은 직급이 같으므로 甲은 A우체국에 근무하는 5급(팀장)이다.

따라서 甲과 丙의 근무처와 직위를 옳게 나열한 것은 ①이다.

실전에선 이렇게!

'직위'와 '직급'의 용어를 혼동하지 않도록 주의하자.

18 규칙 단순확인형 난이도 하 정답 ①

문제풀이 핵심 포인트

아파트 매물을 선택할 조건들이 여러 개 주어져 있으므로, 누락하지 않고 모든 조건을 충족하는 매물을 선택하면 해결되는 평이한 난도의 문제이다.

풀이

첫 번째 동그라미부터 각각 ⅰ), ⅱ)라고 한다. ⅰ)의 각 기준을 순서대로 1)~3)이라고 할 때 충족하지 못하는 항목을 〈상황〉의 표에 표시해보면 다음과 같다.

매물	지역	동·호수	입주 가능 시기	전세 보증금 (억 원)	담보 대출	붙박이장
A	대한동	1011동 1601호	즉시	2.5	없음	있음
B	대한동	503동 1704호	즉시	2.3	있음 2)	없음
C	민국동	301동 1504호	즉시	2.0	없음	없음
D	대한동	308동 1306호	2025. 8. 1. 이후 1)	2.0	없음	있음
E	민국동	616동 806호 1)	즉시	2.3	없음	없음

매물 A의 경우 전세 보증금이 2.5억 원이지만 붙박이장이 있으므로 3)을 충족한다. ⅰ)의 기준을 모두 충족하는 매물은 A, C이다.

ⅱ)에 따르면 ⅰ)의 기준을 모두 충족하는 매물이 2개 이상인 경우, 그중 대한동 매물이 있다면 그 매물을 선택한다고 한다. 따라서 A, C 중에서는 대한동 매물인 A를 선택한다.

따라서 아파트 매물 A~E 중 甲이 선택할 곳은 A이다.

실전에선 이렇게!

모든 조건을 충족하는 매물이 2개 이상인 경우에 선택하는 기준이 나와 있으므로, 이 조건을 중요하게 활용하는 것이 좋다.

19 정확한 계산형 난이도 하 정답 ②

문제풀이 핵심 포인트

우선 지원 대상에 해당하지 않는 직원을 먼저 제외시켜야 한다. 남은 직원을 대상으로 월세를 초과하지 않는 범위 내에서 최대한 지원해 줄 수 있는 금액을 계산해야 한다.

풀이

첫 번째 동그라미부터 각각 ⅰ), ⅱ)라고 한다. ⅰ)에 따라 직원별 주택 소유 여부를 확인하고 주택을 소유하지 않은 직원 중 거주지와 근무지 간 편도 거리가 50km 이상이거나 통근 시간이 1시간 이상인지 여부를 〈상황〉에서 확인해보면 다음과 같다.

직원	거주지와 근무지 간 편도 거리	통근 시간	주택 소유 여부	월세
甲	50km	1시간 10분	○	45만 원
乙	45km	1시간	×	30만 원
丙	100km	1시간 30분	×	45만 원
丁	40km	50분	×	40만 원
戊	70km	1시간 40분	×	35만 원

甲과 丁은 지원 대상에 해당하지 않고, 乙, 丙, 戊는 지원 대상에 해당한다.

〈상황〉에서 戊는 신규임용일로부터 3년이 지나지 않았으며, 乙은 질병으로 출퇴근에 어려움이 있다는 것을 확인한다. 지급기준에 따르면 乙의 지원 한도액은 35만 원, 丙은 20만 원, 戊는 25만 원이다. ⅱ)에 따르면 지원액은 월세를 초과하지 않는 범위 내에서 최대로 하므로 乙의 지원액은 30만 원, 丙은 20만 원, 戊는 25만 원이다.

따라서 A부서의 1개월치 월세 지원액의 합은 30 + 20 + 25 = 75만 원이다.

실전에선 이렇게!

복수의 지급기준에 해당하는 경우에는 더 높은 지원 한도액을 적용하므로, 지원 한도액이 높은 것부터 해당 여부를 확인하는 것도 좋다.

20 규칙 적용해결형 난이도 하

정답 ③

문제풀이 핵심 포인트

점수를 매겨 7점을 초과하는 경우를 고르면 되는 평이한 난도의 문제이다.

풀이

제시문에 따르면 합산 점수가 7점을 초과하는 경우 세무조사 대상 기업으로 지정하고, 최근 1년 내 세무조사를 받은 기업은 제외한다. 따라서 〈상황〉에서 기업 C는 제외된다. 첫 번째 동그라미부터 각각 ⅰ)~ⅳ)라고 하면 〈상황〉의 표에서 각 세로 줄은 전년도 매출액부터 각각 ⅰ)~ⅳ)에 대응된다. 표에 점수를 표시해보면 다음과 같다.

기업	전년도 매출액 (억 원) ⅰ)	최근 1년간 탈세 의심 민원(건) ⅱ)	전년도 부실 거래 (건) ⅲ)	성실 납세 기업 선정 연도 ⅳ)	최근 1년 내 세무조사 여부
A	1,700+3	0.5× 5=+2.5	0.3×7=+2.1	2021년−1	×
B	480+1	0.5×10=+5	0.3×4=+1.2	2017년	×
C	6,250	6	2	2022년	○
D	3,000+3	0.5× 7=+3.5	0.3×5=+1.5	2023년−1	×
E	5,000+5	0.5× 3=+1.5	0.3×3=+0.9	2010년	×

각 기업의 점수를 계산해보면 다음과 같다.

· A: 3 + 2.5 + 2.1 − 1 = 6.6점

· B: 1 + 5 + 1.2 = 7.2점

· D: 3 + 3.5 + 1.5 − 1 = 7점

· E: 5 + 1.5 + 0.9 = 7.4점

따라서 세무조사 대상으로 지정될 7점을 초과하는 기업은 B, E이다.

실전에선 이렇게!

최근 5년 내 특정 조건에 충족되면 감점시키는 조건이 있으므로 이를 중요하게 활용할 수 있어야 한다.

21 경우 파악형 난이도 상

정답 ④

문제풀이 핵심 포인트

경우 파악형의 문제는 파악할 수 있는 도구(ex. 2 × 2 매트릭스, 순열·조합, 합분해·곱분해)가 적용되는 문제도 있지만, 이 문제처럼 문제에 주어진 조건을 토대로 순간적인 기지를 발휘해서 풀어야 하는 문제도 있다.

풀이

제시문에 따르면 ⅰ) 매일 아침 甲은 세탁소에서 찾아온 셔츠를 한 벌 꺼내 입고, 입었던 셔츠를 한데 모아 놓았다가 매주 월요일 점심에 세탁소에 모두 맡기고 온다. 그리고 ⅱ) 매주 월요일 저녁에는 세탁이 다 된 셔츠를 세탁소에서 찾아온다. 그리고 ⅲ) 세탁소에 다녀올 때는 그날 아침에 꺼내 입은 셔츠를 입는다. 즉, 월요일 점심에 세탁소에 셔츠를 맡기고 다음 주 월요일에 셔츠를 맡기러 갈 때까지 8벌의 셔츠가 필요하다.

월	화	수	목	금	토	일
월						

그리고 그 다음 주 월요일에 셔츠를 맡기러 갈 때까지 7벌의 셔츠가 필요하다.

	화	수	목	금	토	일
월						

따라서 甲은 최소 15벌의 셔츠가 필요하다.

실전에선 이렇게!

경우 파악형에 해당하는 문제는 경우가 그려지지 않으면 빠르게 넘기는 것도 필요하다.

22 경우 확정형 난이도 중

정답 ③

문제풀이 핵심 포인트

주어진 조건을 잘 연결해서 정리해야 문제를 쉽게 풀 수 있는 가능성이 높아진다. 실마리를 잡고 경우를 나누어 따져볼 수 있어야 한다.

풀이

첫 번째 동그라미부터 각각 ⅰ)~ⅴ)라고 한다. 각 카드가 다른 카드를 이기는 관계를 다음과 같이 정리할 수 있다. 화살표가 출발하는 쪽이 도착하는 쪽을 이긴다.

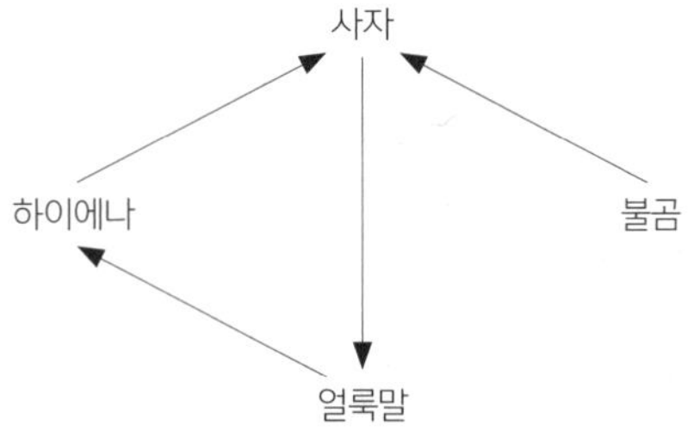

甲~丙의 대화에 따르면 丁은 甲에게 이기고, 乙에게 지고, 丙과는 무승부이다. 즉 세 카드 중 하나의 카드에는 이기고, 하나에는 지고, 하나와는 무승부인 카드를 가지고 있어야 한다. 사자 카드는 두 카드에게 지므로 丁이 가진 카드가 아니고, 불곰 카드는 두 카드와 비기므로 丁이 가진 카드가 아니다. 따라서 丁이 얼룩말 카드를 가진 경우와 丁이 하이에나 카드를 가진 경우로 나누어 생각해 본다.

〈경우 1〉 丁이 얼룩말 카드를 가진 경우

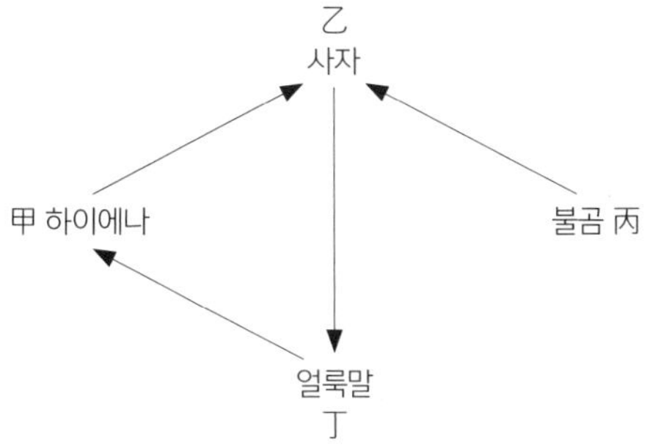

〈경우 2〉 丁이 하이에나 카드를 가진 경우

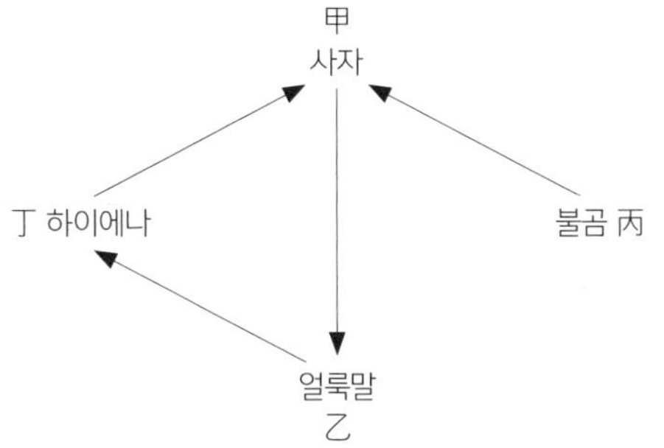

① (×) 〈경우 1〉과 〈경우 2〉 모두 甲의 카드는 얼룩말 카드가 아니다.
② (×) 〈경우 1〉과 〈경우 2〉 모두 乙의 카드는 하이에나 카드가 아니다.
③ (○) 〈경우 1〉과 〈경우 2〉 모두 丙의 카드는 불곰 카드이다.
④ (×) 〈경우 1〉과 〈경우 2〉 모두 丁의 카드는 사자 카드가 아니다.
⑤ (×) 丙의 카드는 확정할 수 있다.

실전에선 이렇게!

해설의 방법 외에도 이 문제의 정보를 정리하고 문제를 해결하는 방법은 여러 가지가 있다.

23 조건 계산형 난이도 하 정답 ③

문제풀이 핵심 포인트

이전 기출문제에서 수없이 활용된 적이 있는 '대체'의 스킬을 적용하여 쉽게 해결할 수 있는 문제이다. 대체는 100원과 80원 두 종류의 합을 할 때, 80원이 3개이면 총합은 240원이지만, 80원이 100원으로 하나씩 대체될 때마다 총합은 20원씩 증가하는 것이다. 또는 수적센스를 발휘하여 4,500원과 5,500원의 합이 10,000원이 됨을 활용해도 쉽게 해결이 가능하다.

풀이

제시문에서 ⅰ) 기존 식권을 4,500원과 5,500원 두 종류의 새로운 식권으로 교환해 주고, ⅱ) 교환할 때에는 식권의 종류에 상관없이 기존 식권의 총액과 새로운 식권의 총액이 동일하도록 교환하며, ⅲ) ⅱ)와 같이 교환할 수 없는 경우 최소의 추가 금액을 결제하여 교환한다는 것을 확인한다. 〈상황〉에 따르면 甲은 기존 4,000원 식권 6장과 5,000원 식권 7장을 가지고 있다. 즉, 기존 식권의 총액은 4,000원 × 6장 + 5,000원 × 7장 = 59,000원이다.

ⅱ)를 우선 판단하기 위해 새로운 식권 가격 4,500원과 5,500원으로 59,000원이 될 수 있는지 확인해본다. 1,000원 단위를 맞춰주기 위해 4,500원 식권과 5,500원 식권을 한 장씩 묶어서 10,000원으로 생각하면 새로운 4,500원 식권과 5,500원 식권이 각각 6장씩 있을 때 총 60,000원이 된다. 두 식권의 가격 차는 1,000원이므로 5,500원 식권을 한 장 줄이고, 4,500원 식권을 한 장 늘려 4,500원 식권과 5,500원 식권이 각각 7장, 5장 있을 때 식권의 총액은 59,000원이 된다.

따라서 甲이 받을 새로운 식권의 개수는 12장이다.

실전에선 이렇게!

교환할 때에는 식권의 종류에 상관없이 기존 식권의 총액과 새로운 식권의 총액이 동일하도록 교환하고 그럴 수 없는 경우, 최소의 추가 금액을 결제하여 교환한다. 따라서 먼저 총액이 동일하도록 교환할 수 있는지를 검토해 보아야 한다.

24 경우 파악형 난이도 중 정답 ④

문제풀이 핵심 포인트

씨앗 C와 씨앗 D가 둘 다 비가 온 뒤에 싹이 튼다는 공통점이 있기도 하지만, 반대로 차이점이 뭔지도 분명하게 파악할 수 있어야 한다. '사흘'이라는 표현도 5급 공채 25년 기출문제 등 이전에 몇 번 출제된 적 있는 표현이었기 때문에 의미를 혼동하지 않도록 주의하여야 한다.

풀이

제시문에서 네 종류의 씨앗(A~D)이 싹이 트는 조건을 확인한다. 찬우는 4월 1일 0시에 A~D를 하나씩 심었고, 각주에서 날씨는 맑음과 비밖에 없음을 확인한다. 제시문의 표에서 4월 2일에 하나의 씨앗이 싹이 텄는데, 각 씨앗의 싹이 트는 조건에 따르면 A는 빨라야 심은지 3일째, C는 4일째, D는 3일째에 싹이 틀 수 있고, B만 심은지 2일째에 싹이 틀 수 있다. 따라서 4월 2일에 싹이 튼 씨앗은 B이다. 선택지 ①은 제거된다. 4월 1일의 날씨는 '맑음'이다.

	4월 1일	4월 2일	4월 3일	4월 4일	4월 5일	4월 6일	4월 7일
	0	1	0	1	0	1	1
날씨	맑음						
씨앗		B					

만약 4월 2일의 날씨가 '맑음'이었다면 4월 3일에 A가 싹 텄을 것이다. 4월 3일에 싹이 튼 씨앗이 없으므로 4월 2일의 날씨는 '비'이다.

	4월 1일	4월 2일	4월 3일	4월 4일	4월 5일	4월 6일	4월 7일
	0	1	0	1	0	1	1
날씨	맑음	비					
씨앗		B					

4월 4일에 1개의 씨앗이 싹 텄는데 4월 3일은 이틀 연속 맑은 날의 다음 날이 아니므로 A가 아니고, 비가 온 날이 총 사흘이 된 다음 날이 아니므로 C도 아니다. 4월 4일에 싹이 튼 씨앗은 D이다. 선택지 ②, ③은 제거된다. 4월 3일의 날씨는 '비'이다.

	4월 1일	4월 2일	4월 3일	4월 4일	4월 5일	4월 6일	4월 7일
	0	1	0	1	0	1	1
날씨	맑음	비	비				
씨앗		B		D			

4월 4일에 비가 왔다면 4월 5일은 비가 온 날이 총 사흘이 된 날의 다음 날이 되므로 C가 싹 텄어야 한다. 4월 5일에 싹이 튼 씨앗은 없으므로 4월 4일의 날씨는 '맑음'이다.

	4월 1일	4월 2일	4월 3일	4월 4일	4월 5일	4월 6일	4월 7일
	0	1	0	1	0	1	1
날씨	맑음	비	비	맑음			
씨앗		B		D			

만약 4월 5일에 비가 왔다면 4월 6일에 싹이 튼 씨앗은 C이다. 그러나 4월 5일에 비가 왔다면 4월 7일에 싹이 튼 씨앗이 나머지 A가 될 수 없다. 따라서 4월 6일에 싹이 튼 씨앗은 A이고, 4월 7일에 싹이 튼 씨앗이 C이다. 나머지 내용도 정리해보면 다음과 같다.

	4월 1일	4월 2일	4월 3일	4월 4일	4월 5일	4월 6일	4월 7일
	0	1	0	1	0	1	1
날씨	맑음	비	비	맑음	맑음	비	
씨앗		B		D		A	C

따라서 씨앗 A~D의 싹이 튼 순서로 옳은 것은 ④이다.

실전에선 이렇게!

네 개의 씨앗 중 가장 먼저 싹이 틀 수 있는 씨앗부터 실마리를 잡아서 해결해 나가야 한다.

25 경우 확정형 난이도 ㊤ 정답 ⑤

문제풀이 핵심 포인트

최근 표를 그려서 해결해야 하는 문제가 거의 매년 출제되고 있다. 각 문제별로 가장 적절한 해결방법을 충분히 연습하고 숙지할 수 있어야 한다.

풀이

제시문의 내용에서 ⅰ) 매 분기 전체 5개 부서 중 3개 이상의 부서를 대상으로 안전평가를 실시하여 '우수' 또는 '보완' 등급을 부여하고, ⅱ) 안전평가 대상은 직전 분기 안전평가에서 보완 등급을 받은 부서이며, ⅲ) 직전 분기에 보완 등급을 받은 부서가 2개 이하인 경우, 안전평가를 받은 지 오래된 순서대로 부서를 추가하여 평가한다는 것을 파악한다. <상황>에 따르면 甲~戊는 서로 다른 부서에 속해 있고 7월 말에 주어진 대화를 나누었다고 한다. 甲~戊의 대화를 우선 다음과 같이 정리할 수 있다.

	甲 부서	乙 부서	丙 부서	丁 부서	戊 부서	
1분기		우수	×	×	○	
2분기				×	○	
3분기				×	○	우수 3

ⅰ)에 따르면 매 분기 3개 이상의 부서를 대상으로 안전평가를 실시하므로 1분기에 甲의 부서는 안전평가를 받았다.

	甲 부서	乙 부서	丙 부서	丁 부서	戊 부서	
1분기	○	우수	×	×	○	
2분기				×	○	
3분기				×	○	우수 3

ⅱ)에 따르면 안전평가 대상은 직전 분기 안전평가에서 보완 등급을 받은 부서이므로 乙의 부서는 2분기에 안전평가를 받지 않았다. 戊의 부서는 1, 2분기에 보완 등급을 받았다.

	甲 부서	乙 부서	丙 부서	丁 부서	戊 부서	
1분기	○	우수	×	×	보완	
2분기		×		×	보완	
3분기				×	○	우수 3

ⅲ)에 따르면 직전 분기에 보완 등급을 받은 부서가 2개 이하인 경우, 안전평가를 받은 지 오래된 순서대로 부서를 추가하여 평가하는데, 丁의 부서는 2분기에 안전평가를 받지 않았다. 만약 甲의 부서가 1분기에 우수 등급을 받았다면 丁의 부서가 2분기에 안전평가를 받았을 것이므로 甲의 부서는 1분기에 보완 등급을 받았다. 그리고 甲, 丙의 부서는 2분기에 안전평가를 받았다.

	甲 부서	乙 부서	丙 부서	丁 부서	戊 부서	
1분기	보완	우수	×	×	보완	
2분기	○	×	○	×	보완	
3분기				×	○	우수 3

만약 甲, 丙의 부서가 2분기에 우수 등급을 받았다면 ⅲ)에 따라 3분기에 丁의 부서가 안전평가를 받았을 것이므로 2분기에 甲, 丙의 부서는 보완 등급을 받았다.

	甲 부서	乙 부서	丙 부서	丁 부서	戊 부서	
1분기	보완	우수	×	×	보완	
2분기	보완	×	보완	×	보완	
3분기				×	○	우수 3

그리고 3분기에 안전평가를 받은 3개 부서는 모두 우수 등급을 받았으므로 올해 A기업의 1~3분기 안전평가에서 '보완' 등급이 부여된 횟수는 총 5회이다.

실전에선 이렇게!

각 사람의 발언에서 확정적인 정보부터 표에 적용하여 표를 채워갈 수 있어야 한다.

자료해석

정답

p.61

1	④	조건 판단형	6	③	단순 판단형	11	①	각주 판단형	16	⑤	매칭형	21	①	빈칸형
2	④	분수 비교형	7	①	매칭형	12	②	분수 비교형	17	②	빈칸형	22	⑤	빈칸형
3	⑤	보고서 검토·확인형	8	③	매칭형	13	①	분산·물방울형	18	②	최소여집합형	23	②	곱셈 비교형
4	④	보고서 검토·확인형	9	③	각주 판단형	14	③	분수 비교형	19	⑤	빈칸형	24	①	조건 판단형
5	②	각주 판단형	10	③	각주 판단형	15	⑤	분수 비교형	20	④	곱셈 비교형	25	③	각주 판단형

취약 유형 분석표

유형별로 맞힌 문제 개수와 정답률, 틀린 문제 번호, 풀지 못한 문제 번호를 적고 나서 취약한 유형이 무엇인지 파악해 보세요. 그 후 약점 보완 해설집 p.8 [취약 유형 공략 포인트]에서 약점 보완 학습법을 확인하고, 틀린 문제와 풀지 못한 문제를 다시 한번 풀어보세요.

유형		맞힌 문제 개수	정답률	틀린 문제 번호	풀지 못한 문제 번호
자료비교	곱셈 비교형	/2	%		
	분수 비교형	/4	%		
	반대해석형	-	-		
자료판단	단순 판단형	/1	%		
	매칭형	/3	%		
	빈칸형	/4	%		
	각주 판단형	/5	%		
	조건 판단형	/2	%		
자료검토·변환	보고서 검토·확인형	/2	%		
	표 - 차트 변환형	-	-		
자료이해	평균 개념형	-	-		
	분산·물방울형	/1	%		
	최소여집합형	/1	%		
TOTAL		/25	%		

해설

1 조건 판단형 난이도 하 정답 ④

문제풀이 핵심 포인트
2번과 3번의 배점이 동일하므로 이를 토대로 계산하여 답을 도출한다.

풀이

배점과 결과를 고려한 점수를 도출하면 아래와 같다.
· 갑: 10 + 30 + 30 = 70점
· 을: 30 + 40 = 70점
· 병: 20 + 15 + 40 = 75점
· 정: 20 + 30 + 15 + 20 = 85점
· 무: 10 + 15 + 15 + 40 = 80점
따라서 종합점수가 가장 높은 선수는 정이다.

실전에선 이렇게!
경험상 1번부터 이러한 콘셉트의 문제를 푸는 것은 좋은 생각이 아니다. 난도에 비해 시간이 오래 소요되었다면 2턴으로 넘겨 풀이한다.

2 분수 비교형 난이도 하 정답 ④

문제풀이 핵심 포인트
<보기>에서 묻는 연도 매칭만 올바르게 하면 특별히 어려운 부분은 없는 평이한 문제이므로 정확한 시각화를 통해 답을 도출한다.

풀이

ㄱ. (O) 2018년 교원 1인당 원아수는 13.7명으로 10명 이상이다.
ㄴ. (×) 2017년 대비 2018년 유치원수는 427개에서 430개로 증가한 반면 원아수는 44,009명에서 42,324명으로 감소하였다. 따라서 전년 대비 증감 방향은 유치원수와 원아수가 매년 동일하지 않다.
ㄷ. (O) 원아수는 2017년 44,009명에서 2023년 34,777명으로 약 21% 감소하였다. 따라서 2017년 대비 2023년 원아수는 20% 이상 감소한다.

실전에선 이렇게!
ㄱ. 모든 연도에서 원아수는 교원수의 10배 이상이다.
ㄷ. 유효숫자를 설정하면 2017년은 440, 2023년은 348이고 감소폭은 92이므로 440의 20%인 88보다 크다. 따라서 20% 이상 감소했다고 쉽게 판단 가능하다.

3 보고서 검토·확인형 난이도 하 정답 ⑤

문제풀이 핵심 포인트
사용되지 않은 자료를 찾는 유형이므로 선지 제목의 키워드를 먼저 체크한 후 〈보고서〉에서 언급되지 않은 자료를 찾는다.

풀이

① (O) 2023년 '갑'시의 지역별 인구는 세 번째 문단의 마지막 문장인 인구 100명당 민원건수를 작성하는 데 사용되었다.
② (O) 2023년 '갑'시의 분야별 민원건수 비중은 두 번째 문단에 언급되어 있다.
③ (O) 2023년 '갑'시 민원의 상위 10대 키워드는 네 번째 문단에 언급되어 있다.
④ (O) 2023년 '갑'시의 지역별 민원건수는 세 번째 문단에 언급되어 있다.
⑤ (×) 2022년 대비 2023년 '갑'시의 민원건수 증가 및 감소 분야는 언급되지 않고 있다.

4 보고서 검토·확인형 난이도 하 정답 ④

문제풀이 핵심 포인트
사용되지 않은 자료를 찾는 유형이므로 선지 제목의 키워드를 먼저 체크한 후 〈보고서〉에서 언급되지 않은 자료를 찾는다.

풀이

① (O) 2020~2024년 공적개발원조에 대해 알고 있다는 응답자 비율은 첫 번째 문단 두 번째 문장에 언급되어 있다.
② (O) 2024년 공적개발원조 규모에 대한 의견은 두 번째 문단에 언급되어 있다.
③ (O) 2024년 공적개발원조 제공에 대한 찬반조사 결과는 첫 번째 문단 네 번째 문장에 언급되어 있다.
④ (×) 2024년 공적개발원조 관련 교육 경로에 대한 선호도(중복 응답)는 언급되고 있지 않다.
⑤ (O) 2024년 공적개발원조 관련 정보를 접한 경로는 첫 번째 문단 세 번째 문장에 언급되어 있다.

5 각주 판단형 난이도 하 정답 ②

문제풀이 핵심 포인트
빈칸으로 제시된 B의 실제 발전량과 C의 최대 발전량을 먼저 도출한 후 각주에서 제시된 이용률의 구조를 통해 분수비교하여 답을 도출한다.

풀이

빈칸을 채우면 B의 실제 발전량은 7,000, C의 최대 발전량은 9,000이다. 따라서 이용률이 높은 순서부터 나열하면 A가 4,000 / 5,000 = 80.0%, B가 7,000 / 9,000 ≒ 77.8%, D가 9,000 / 12,000 = 75.0%, C가 6,000 / 9,000 ≒ 66.7%이다.

실전에선 이렇게!

선지가 순서나열형으로 구성되어 있으므로 가장 높은 원자력발전소가 A VS B인지 또는 가장 낮은 원자력발전소가 C VS D인지 우선적으로 선택하여 판단한다. 또한 정확하게 나눠떨어지는 A, D는 80과 75로 구체적 수치를 도출하여 판단하고 근사치인 C는 2/3인 66.7, B는 7/9이므로 1 - (7/9)로 반대 해석하여 (100 - 22.2)%로 판단한다.

6 단순 판단형 난이도 하 정답 ③

문제풀이 핵심 포인트

점수를 기호화 하여 판단하는 문제이므로 점수가 높은 경우를 계산할 때 0점을 나타내는 기호를 세어 판단한다.

풀이

① (×) '단맛'으로 원두를 비교할 때 가장 높은 점수를 받은 원두는 5점인 인도네시아 만델링으로 아프리카 지역이 아닌 아시아 지역의 원두이다.

② (×) 르완다 AB+ 원두는 '향' 평가점수가 2점으로 '단맛' 평가점수인 3점보다 낮다. 따라서 아프리카 지역의 원두 중 '향' 평가점수가 '단맛' 평가점수보다 높지 않은 원두가 있다.

③ (○) 아메리카 지역은 '바디감'으로 원두를 비교할 때 도미니카 AA가 1점으로 가장 낮은 점수를 받았고 '향'으로 원두를 비교할 때도 역시 2점으로 가장 낮은 점수를 받았다.

④ (×) 아시아 지역은 '산미'로 원두를 비교할 때 인도네시아 토리자가 5점으로 가장 높은 점수를 받은 원두지만 종합 평가점수는 18점으로 인도 몬순드 말리바의 20점보다 낮다. 따라서 종합 평가점수도 가장 높지는 않다.

⑤ (×) 각 지역에서 종합 평가점수가 가장 높은 원두의 종합 평가점수는 아시아 지역의 인도 몬순드 말리바가 20점, 아메리카 지역의 페루 HB GRADE1이 20점이지만 아프리카 지역의 짐바브웨 AA+가 21점으로 모두 같지 않다.

실전에선 이렇게!

⑤ 종합점수를 비교할 때 만점이 5점이므로 만점 기준으로 몇 점이 부족한지 판단한다. 인도 몬순드 말리바가 -5점, 아메리카 지역의 페루 HB GRADE1이 -5점이고 아프리카 지역의 짐바브웨 AA+가 -4점이므로 모두 같지 않다는 것을 쉽게 판단할 수 있다.

7 매칭형 난이도 하 정답 ①

문제풀이 핵심 포인트

〈대화〉를 통해 A~E 중 갑에 해당하는 업체 1개를 고르는 문제이므로 소거법을 이용하여 답을 도출한다.

풀이

- 류 주무관의 첫 번째 대화에서 제안개요 평가항목 점수가 14점 이상이라고 하였으므로 10점인 C는 갑이 될 수 없다. → 선지 ③ 제거
- 류 주무관의 두 번째 대화에서 제안업체 일반현황의 평가항목 점수는 최소 기준인 20점 이상이었고 두 세부항목 간 점수 차이도 10점 미만이었다고 하였으므로 16점 차이가 나는 D는 갑이 될 수 없다. → 선지 ④ 제거
- 류 주무관의 마지막 대화에서 사업수행계획의 평가항목 점수는 총점의 50% 이상이라고 하였으므로 32/68 < 50%인 B와 34/76 < 50%인 E는 갑이 될 수 없다. → 선지 ②, ⑤ 제거

따라서 갑에 해당하는 업체는 A이다.

8 매칭형 난이도 하 정답 ③

문제풀이 핵심 포인트

〈조건〉이 4개가 주어지는 일반적인 형태의 문제가 아니므로 3개만 주어진 조건 중 어떤 조건을 먼저 검토해야 하는지 판단하여 답을 도출한다.

풀이

- 첫 번째 조건에서 '강사 만족도'가 '교육환경 만족도'보다 높은 기관은 발명청과 세무청이라고 하였으므로 A 또는 D는 발명청과 세무청이다. → 선지 ① 제거
- 세 번째 조건에서 '참여자'는 문화청이 자료청보다 많다고 하였으므로 선지 구조상 B와 C를 비교하여 참여자가 더 많은 C가 문화청, B가 자료청이 된다. → 선지 ②, ④ 제거
- 두 번째 조건에서 '내용 만족도'는 자료청 B가 세무청보다 높다고 하였으므로 세무청은 D(3.6)가 된다. → 선지 ⑤ 제거

따라서 정답은 ③이다.

9 각주 판단형 난이도 중 정답 ③

문제풀이 핵심 포인트

모든 〈보기〉가 각주에서 주어지는 전력자급률의 분수구조 또는 구분항목 간 분수비교를 묻고 있기 때문에 최대한 간단한 비교를 하는 〈보기〉부터 검토한다.

풀이

ㄱ. (×) 수도권 소비량 214.8은 전국 소비량 547.9의 40%인 219.2보다 작다.

ㄴ. (○) 전력자급률은 A지역이 33.9 / 17.3 ≒ 196.0%로 수도권 144.4 / 214.8 ≒ 67.2%의 2배인 134.4% 이상이다.

ㄷ. (○) C지역 발전량과 D지역 발전량의 합은 222.0 + 80.3 = 302.3으로 전국 발전량 594.7의 50%인 297.35 이상이다.

ㄹ. (×) 전력자급률은 B지역이 114.1 / 92.9 ≒ 122.8%, C지역이 222.0 / 151.2 ≒ 146.8%, D지역이 80.3 / 71.7 ≒ 112.0%로 모두 150% 이상이 되지 못한다.

실전에선 이렇게!

ㄱ. 수도권이 40% 이상이 되려면 비수도권이 60% 이하여야 하므로 수도권 215의 절반 수준인 108을 더한 값 323이 비수도권 333보다 커야 옳은 보기가 된다.

ㄹ. 전력자급률이 150% 이상이 되려면 발전량이 소비량의 1.5배 이상이 되어야 하므로 발전량과 소비량의 차이가 상대적으로 작은 D지역을 판단하여 틀린 보기로 빠르게 처리할 수 있다.

10 각주 판단형 난이도 하 정답 ③

문제풀이 핵심 포인트

2020년을 기준으로 한 지수문제이므로 기준점을 토대로 판단하여 답을 도출한다.

풀이

ㄱ. (O) 2020년 이후 '저위기술산업군' 출하지수는 2021년 증가한 다음 2022년 이후 매년 감소하고 있다. 따라서 2020년 이후 출하지수의 연도별 증감 방향이 '저위기술산업군'과 동일한 산업군은 '중저위기술산업군'뿐이다.

ㄴ. (×) 중저위기술산업군의 2023년 재고지수는 96.4로 2024년 재고지수 97.5보다 작기 때문에 기준연도를 2024년으로 변경한다면 2023년 중저위기술산업군의 재고지수는 100보다 작아진다. 따라서 모든 산업군별 재고지수는 매년 각각 100 이상이 되지 않는다.

ㄷ. (O) 재고율이 매년 100% 이상이 되려면 재고지수 ≥ 출하지수 관계가 성립되어야 한다. 따라서 '고위기술산업군'뿐이다.

실전에선 이렇게!

ㄱ. 증감 방향 판단 시 2020년부터 검토해야 함을 놓치지 않아야 한다.

ㄷ. 고위기술산업군을 제외한 나머지 산업군은 모든 연도에서 재고지수는 100 미만, 출하지수는 100 이상이다. 따라서 재고율이 100% 미만이 된다.

11 각주 판단형 난이도 중 정답 ①

문제풀이 핵심 포인트

순위가 제시된 자료이므로 〈표〉에서 제시한 전체 순위와 〈보기〉에서 묻는 순위의 범주를 정확히 비교하여 문제를 풀이한다.

풀이

ㄱ. (O) 순위 8위 이내 국가 중 승률이 0.5 이하인 국가는 잉글랜드(0.43)와 스페인(0.46) 2개이다.

ㄴ. (×) 1위인 브라질부터 9위인 우루과이까지 평균 승점을 순서대로 나열하면 2.17, 2.01, 1.80, 1.88, 1.79, 1.59, 1.64, 1.89, 1.49로 순위가 높은 국가일수록 평균 승점이 높지 않다.

ㄷ. (×) 경기수 중 무승부 경기수의 비중은 독일이 0.19로 잉글랜드 0.30보다 작다.

실전에선 이렇게!

ㄱ. 순위 8위 이내 국가를 판단하는 보기임을 정확히 체크해야 한다. 실수로 9위까지 판단한다면 우루과이도 포함되기 때문에 3개라고 하여 틀린 보기로 체크하는 실수를 할 수 있다.

ㄷ. 독일은 0.2 미만, 잉글랜드는 0.2 이상으로 쉽게 판단 가능하다.

12 분수 비교형 난이도 하 정답 ②

문제풀이 핵심 포인트

각 선지의 (가), (나), (다)에 들어갈 항목 또는 연도는 둘 중 하나인 택1 구조이므로 제시된 자료의 모든 항목 또는 연도를 검토하기보다 선지에 제시된 항목 위주로 판단한다.

풀이

(가) 2024년 민간부문과 공공부문 구매실적의 합은 하이브리드차 16,044대, 전기차 19,840대이다. 따라서 가장 큰 차종은 전기차이다.

(나) 전기차 구매실적 대비 수소차 구매실적 비율은 공시대상기업집단이 73 / 8,771 ≒ 0.83%, 시내버스운송사업자가 8 / 399 ≒ 2.01%이다. 따라서 가장 높은 업종구분은 시내버스운송사업자이다.

(다) 하이브리드차의 공공부문 구매실적은 정책 시행 시작연도인 2019년부터 매년 증가하여 2022년에 3,422대로 최대가 되었다.

실전에선 이렇게!

(나) 전기차의 수치가 수소차에 비해 크기 때문에 반대해석하여 수소차 대비 전기차 비율이 가장 낮은 업종을 판단한다. 전기차가 수소차의 몇 배 정도인지를 기준으로 판단한다면 시내버스운송사업자는 50배에 미치지 못하지만 공시대상기업집단은 50배를 훨씬 상회한다.

13 분산·물방울형 난이도 중 정답 ①

문제풀이 핵심 포인트

생존지수의 식이 각주로 주어졌으므로 온도지수(x)와 습도지수(y) 간 관계식을 도출하여 판단한다.

풀이

온도지수를 x, 습도지수를 y라고 하여 생존지수 식을 설정하면 3x + 2y가 된다. 주의는 150 이상 300 미만이므로 150 ≦ 3x + 2y < 300을 정리하여 평면상 범위를 도출한다. 위 부등식을 정리하면 y ≧ −1.5x + 75와 y < −1.5x + 150이다. 이를 평면에 도해하면 아래와 같다.

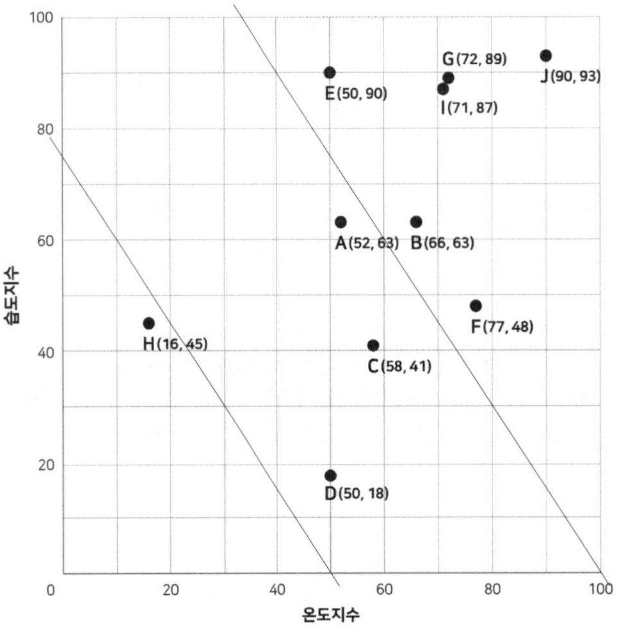

따라서 주의인 배양기는 A, C, D이다.

14 분수 비교형 난이도 중 정답 ③

문제풀이 핵심 포인트
〈보고서〉 전체 내용보다 선지를 구분하여 답을 도출할 근거가 포함된 두 번째 문단의 내용 위주로 판단하여 답을 도출한다.

풀이

- 두 번째 문단 첫 번째 문장 '대통령표창'과 '국무총리표창'은 포상분야 및 포상인원이 각각 매년 증가하였다고 하였으므로 대통령표창이 2023년 12개에서 2024년 9개로 감소한 ②와 2023년과 2024년 모두 9개로 동일한 ④는 답이 될 수 없다. → 선지 ②, ④ 제거
- 두 번째 문단 두 번째 문장 특히 '국무총리표창'의 포상분야는 2024년이 2022년 대비 20% 이상 증가하였다고 하였으므로 2022년 25개에서 2024년 28개로 3개 증가하여 20% 미만 증가한 ①은 답이 될 수 없다. → 선지 ① 제거
- 두 번째 문단 마지막 문장 2024년 정부포상을 포상분야 1개당 포상인원이 많은 표창부터 순서대로 나열하면 '장관표창', '국무총리표창', '대통령표창' 순이다 라고 하였으므로 국무총리표창 141 / 36 ≒ 3.9보다 대통령표창 27 / 6 = 4.5가 더 큰 ⑤는 답이 될 수 없다. → 선지 ⑤ 제거

따라서 정답은 ③이다.

실전에선 이렇게!

선지를 구성하는 수치가 모두 다르게 구성된 것은 아니기 때문에 차이가 나는 항목 위주로 판단한다. 예를 들어 두 번째 문단 두 번째 문장을 판단할 때 ④와 ⑤의 수치가 동일하기 때문에 ①과 ④, ⑤를 동시에 판단한다.

15 분수 비교형 난이도 중 정답 ⑤

문제풀이 핵심 포인트
보고서 일치 부합 패턴의 분수비교 문제이므로 〈보고서〉 내용 중 비율을 묻는 문장 위주로 판단하여 답을 도출한다.

풀이

ㄱ. (×) 2024년 '갑'국의 행정기관위원회는 총 590개이고, 이중 행정위원회가 40개라고 하였으므로 40 / 590 ≒ 6.8%인데 7.3%로 표시한 ㄱ은 틀린 그림이다.

ㄴ. (O) 부처 소속 행정기관위원회는 2020년 이후 매년 전체 행정기관위원회의 80% 이상을 차지한 것으로 나타났다고 하였으므로 옳은 그림이다.

ㄷ. (×) 2024년 행정기관위원회의 회의 개최 횟수를 살펴보면 4회 이상 회의를 개최한 행정기관위원회는 전체 행정기관위원회의 절반에도 미치지 못했다고 하였는데 4회 이상 회의를 개최한 행정기관위원회는 300개로 전체 590개의 절반 이상이다.

ㄹ. (O) 예산이 5천만 원을 초과한 행정기관위원회는 93개로 전체 행정기관위원회 590개의 20%인 118개에 미치지 못했고 예산이 미편성된 행정기관위원회 336개는 전체 행정기관위원회 590개의 55%인 324.5개를 넘었다.

실전에선 이렇게!

ㄴ. 전체 중 부처의 비중이 80% 이상이 되려면 대통령과 국무총리 합이 차지하는 비중은 20% 이하가 되어야 한다. 따라서 부처의 수치가 대통령과 국무총리 합의 4배 이상이 되는지 판단한다. 2020년 이후 대통령과 국무총리의 합은 매년 90 미만이고 부처는 매년 90의 4배인 360 이상이므로 옳은 그림이다.

16 매칭형 난이도 중 정답 ⑤

문제풀이 핵심 포인트
선지에 제시된 5개 국가만 골라내어 소거법으로 답을 도출한다.

풀이

- 첫 번째 조건에서 2023년 A국 전체 중고차 수출량에서 '갑'국으로의 중고차 수출량이 차지하는 비중은 10% 이하라고 하였으므로 전체 약 50만 중 15만 이상으로 10% 이상의 비중을 차지하는 리비아는 답이 될 수 없다. → 선지 ① 제거
- 두 번째 조건에서 A국 전체 중고차 수출량에서 '갑'국으로의 중고차 수출량이 차지하는 비중은 2023년이 2022년보다 크다고 하였으므로 13.4%에서 6.1%로 감소한 요르단과 4.0%에서 3.1%로 감소한 타지키스탄은 답이 될 수 없다. → 선지 ②, ④ 제거
- 세 번째 조건에서 2021년 대비 2022년 A국에서 '갑'국으로의 중고차 수출량 증가율이 20%라고 가정할 때 2021년 A국에서 '갑'국으로의 중고차 수출량은 튀르키예가 21,689 / 1.2 ≒ 18,074대, 키르기스스탄이 13,741 / 1.2 ≒ 11,451대이다. 따라서 2021년 A국에서 '갑'국으로의 중고차 수출량이 12,000대 이하인 키르기스스탄은 답이 될 수 없다. → 선지 ③ 제거

따라서 정답은 ⑤이다.

실전에선 이렇게!

- 두 번째 조건에서 전체 대비 비중이 2022년 대비 2023년에 증가하려면 약 30만에서 약 50만으로 20만 정도 증가하여 66.7% 정도 증가한 A국 전체보다 더 크게 증가해야 한다. 따라서 수출량이 감소한 요르단과 12,000에서 16,000 미만으로 4,000 미만 증가하여 증가율이 33.3% 미만인 타지키스탄은 비중이 감소하였다는 것을 판단할 수 있다.
- 세 번째 조건을 검토 전 첫 번째와 두 번째 조건을 먼저 검토했다면 선지가 ③, ⑤ 두 개만 남기 때문에 택1 구조로 볼 때 두 국가 중 2022년 수출액이 더 많은 튀르키예가 답이 되어야 한다.

17 빈칸형 난이도 중 정답 ②

문제풀이 핵심 포인트
빈칸으로 제시된 시가화 면적을 구체적으로 도출하는 선지는 후순위로 두고 이를 분수비교로 판단할 수 있는 선지부터 검토하여 답을 도출한다.

풀이

① (O) '도로 연장'당 '도로 면적'은 A지역이 0.011로 D지역 0.009보다 크다.

② (×) B지역의 '도로 연장'은 '갑'시 '도로 연장'의 330 / 1,352 ≒ 24.4%로 25% 이상이 아니다.

③ (O) '도로율'이 가장 낮은 지역은 22.2인 C지역이고 '시가화 면적'이 26.13으로 가장 크다.

④ (O) D지역의 '시가화 면적'은 9.83km²로 10km² 이하이다.

⑤ (O) '갑'시의 '시가화 면적'은 61.60km²로 50km² 이상이다.

실전에선 이렇게!

② B의 도로 연장인 330을 기준으로 다른 지역의 편차를 도출하면 A는 -7, C는 +112, D는 -73임을 알 수 있다. 즉 편차의 합이 +이므로 '갑'시의 A~D지역 도로 연장 평균은 330보다 크다는 것을 알 수 있다. 따라서 평균보다 작은 B가 '갑'시 전체에서 차지하는 비중은 25% 미만임을 알 수 있다.
③ 시가화 면적은 도로 면적/도로율이므로 도로율이 가장 낮은 C지역의 도로 면적은 5.80으로 가장 크기 때문에 빈칸을 도출하지 않고도 시가화 면적이 가장 크다는 것을 판단할 수 있다.
④ 유효숫자로 식을 구성하면 235/239이므로 10보다 작음을 쉽게 판단할 수 있다.

18 최소여집합형 난이도 중 정답 ②

문제풀이 핵심 포인트

전체 건수가 동일하고 분류기준이 피해유형과 조명종류 2가지로 구분하여 제시된 자료이므로 최소여집합 포인트를 체크하여 이를 위주로 판단한다.

풀이

① (×) 장식조명 민원건수가 전년 대비 증가한 해는 2022년과 2023년이지만 전광판조명 민원건수는 2022년에 전년 대비 감소한다.

② (O) 2023년 공간조명으로 인한 민원건수는 829건이고 수면방해 민원건수는 1,107건이다. 따라서 전자를 A, 후자를 B, 전체(U)가 1,844이므로 최소여집합 식을 적용하면 A + B - U = 829 + 1,107 - 1,844 = 92이다. 따라서 2023년 공간조명으로 인한 수면방해 민원건수는 92건 이상이다.

③ (×) 2021년 전체 민원건수 중 수면방해 민원건수의 비중은 2,096 / 2,577 ≒ 81.3%로 85% 이상이 아니다.

④ (×) 눈부심 민원건수의 전년 대비 증가율은 2024년이 17.1%지만 2022년이 58.1%로 더 높다. 따라서 2024년이 가장 높지 않다.

⑤ (×) 2021년에는 전광판조명이 장식조명보다 많지만 2022년 이후에는 전광판조명보다 장식조명이 더 많다. 따라서 매년 조명종류의 민원건수 순위는 동일하지 않다.

실전에선 이렇게!

② 829 + 1,107 ≥ 1,844 + 92가 성립하는지 판단한다.
③ 반대해석하여 나머지 유형의 합이 전체의 15% 이하인지 검토하면 어림산하여 쉽게 판단 가능하다.

19 빈칸형 난이도 상 정답 ⑤

문제풀이 핵심 포인트

누적 물동량을 참고하여 월별 물동량을 판단하거나 월별 물동량을 참고하여 누적 물동량을 판단하여 빈칸을 정확히 채운 다음 답을 도출한다.

풀이

물동량과 누적 물동량 간 관계를 통해 빈칸을 채우면 아래와 같다.

구분 / 월	물동량	누적 물동량
1	273	273
2	229	(502)
3	(　)	(　)
4	(　)	(1,088)
5	282	1,370
6	280	1,650
7	287	(1,937)
8	(285)	2,222
9	307	2,529
10	300	(2,829)
11	312	3,141
12	(320)	3,461

ㄱ. (×) 8월 물동량 285는 7월 물동량 287보다 적다.

ㄴ. (O) 1월 물동량 273 대비 12월 물동량 320은 47 증가하여 증가율은 17.2%로 15% 이상이다.

ㄷ. (O) 2023년 월평균 물동량은 12월 누적 물동량 3,461을 12로 나눈 값인 288.4이다. 2023년 월평균 물동량보다 물동량이 확실하게 많은 달은 9, 10, 11, 12월 4개이다. 4월의 누적 물동량 1,088과 2월의 누적 물동량 502의 차이인 586은 3월과 4월의 물동량 합이기 때문에 3월과 4월 중 1개는 586 / 2 = 293 이상이다. 따라서 총 5개 이상이다.

20 곱셈 비교형 난이도 중 정답 ④

문제풀이 핵심 포인트

<그림>의 A 예산액 비중이 <표>에 구체적인 수치로 제시되어 있으므로 이를 연결한 다음 대략적인 예산액을 판단하여 답을 도출한다.

풀이

ㄱ. (O) 2018~2023년 동안 공공기관 예산액 중 B의 예산액 비중은 +1.6, +2.5, +1.8, +2.1, +2.0으로 매년 1%p 이상 증가하였다.

ㄴ. (×) 2023년 A는 사업비 654가 출연금 260의 3배인 780 이상이 아니다.

ㄷ. (O) A의 일반관리비 중 인건비가 차지하는 비중은 2021년 66.5%, 2022년 64.5%, 2023년 62.8%로 2021~2023년 동안 A는 매년 인건비가 일반관리비의 60% 이상이다.

ㄹ. (O) '갑'국의 예산액을 도출하면 2021년 902 / 0.261 ≒ 3,456이고 2022년 1,079 / 0.248 ≒ 4,351이다. C의 예산액은 2021년 3,456 × 0.334 ≒ 1,154억 원이고 2022년 4,351 × 0.305 ≒ 1,327억 원이므로 2022년 C의 예산액은 전년 대비 증가하였다.

실전에선 이렇게!

ㄴ. 출연금 260이 주어졌기 때문에 260의 3배인 780을 사업비 빈칸에 대입하여 합계가 대략적으로 도출되는지 확인한다.

ㄷ. 인건비가 차지하는 비중이 60% 이상이 되려면 경비가 차지하는 비중이 40% 이하가 되어야 하므로 경비 × 1.5 ≤ 인건비의 관계가 만족하는지 검토한다.

ㄹ. C의 예산식을 유효숫자로 구성하면 2021년은 (902 × 334) / 261이고 2022년은 (1,079 × 305) / 248이다. 분모는 261에서 248로 감소한 반면 분자인 곱셈식은 902에서 1,079로 +177 증가하여 10% 이상 증가율을, 305에서 334는 +29 증가하여 10% 미만의 증가율을 보이기 때문에 분자는 증가한 것으로 판단할 수 있다. 따라서 C의 예산액은 전년 대비 증가하였음을 구체적인 수치를 도출하지 않고 판단 가능하다.

21 빈칸형 난이도 중 정답 ①

문제풀이 핵심 포인트

〈보고서〉의 내용은 2024학년도 현황이고 〈그림〉은 2025학년도 현황 및 전년 대비 증감폭을 제시하고 있으므로 이를 연결하여 빈칸에 들어갈 값을 도출한다.

풀이

· A: 2025학년도 전체 응시원서 접수 인원이므로 보고서의 2024학년도 응시원서 접수 인원 504,588명을 이용하여 도출한다. 각주 1)에 따라 빈칸의 수치는 2024학년도 대비 2025학년도 증가폭으로 볼 수 있기에 응시 인원은 +18,616, 미응시 인원은 −534이므로 응시원서 접수 인원은 +18,616 − 534 = +18,082명이 전년 대비 증가한 셈이다. 따라서 A에 들어갈 값은 504,588 + 18,082 = 522,670이다.

· D: 미응시 인원 중 재학생의 2024학년도 대비 2025학년도 증감인원의 크기이다. 보고서에서 2024학년도 응시원서 접수 인원 중 재학생은 326,646명이고 응시 인원 중 재학생은 287,502명이라고 하였으므로 미응시 인원 중 재학생은 326,646 − 287,502 = 39,144명이다. 그림에서 2025학년도 미응시 인원 중 재학생은 38,188명이므로 D에 들어갈 값은 38,188 − 39,144 = −956이다.

따라서 정답은 ①이다.

실전에선 이렇게!

선지에 A와 D 수치가 직접 제시되어 있으므로 일의 자리 숫자 차이를 통해 계산을 줄여서 답을 도출한다.

22 빈칸형 난이도 상 정답 ⑤

문제풀이 핵심 포인트

평균이 주어진 문제이므로 편차의 합이 0 또는 1~5주 합계를 도출하여 빈칸에 들어갈 수치를 가늠한 다음 답을 도출한다.

풀이

ㄱ. (×) 냉동 고등어 가격의 전주 대비 증감 방향은 A도매점이 증가, 감소, 증가, 증가지만 B소매점은 증가, 감소, 감소, 증가이다. 따라서 동일하지 않다.

ㄴ. (○) 냉장 수산물은 고등어, 오징어 둘 뿐이다. A도매점의 냉장 수산물 중 1주 가격 대비 3주 가격 증감률은 고등어가 15 / 77 ≒ 19.5%이고 오징어가 30 / 165 ≒ 18.2%로 고등어가 가장 크다. B소매점의 냉장 수산물 중 1주 가격 대비 3주 가격 증감률은 고등어가 6 / 117 ≒ 5.1%이고 오징어가 4 / 267 ≒ 1.5%로 고등어가 가장 크다. 따라서 냉장 수산물 중 1주 가격 대비 3주 가격 증감률이 가장 큰 어종은 고등어로 동일하다.

ㄷ. (○) 냉동 갈치의 1~5주 합은 A도매점이 65,000, B소매점이 70,000이다. 1~5주 합에서 주어진 1~3주 합을 빼면 4~5주 합이 도출되는데 A도매점이 29,700, B소매점이 25,500이다. 따라서 4주 또는 5주 둘 중 하나는 A도매점이 29,700 / 2 = 14,850원 이상이고 B소매점은 25,500 / 2 = 12,750원 이상이다. 따라서 A도매점이 B소매점보다 주별 냉동 갈치 가격이 높은 주가 있다.

23 곱셈 비교형 난이도 중 정답 ②

문제풀이 핵심 포인트

A도매점과 B소매점의 수산물별 가격 차이를 먼저 도출한 다음 각 요리사의 구매 수산물 양을 곱해 비교한다.

풀이

A도매점에서 〈표 3〉의 수산물을 동일하게 구매한다면 각 요리사의 총 구매액은 갑은 88,600원, 을은 96,200원, 병은 81,000원, 정은 69,000원, 무는 57,000원이다. 따라서 B소매점 대비 A도매점의 총 구매액 감소폭은 갑이 85,600원, 을이 90,300원, 병이 80,900원, 정이 72,600원, 무가 64,300원이다. 즉 을이 가장 큰 폭으로 감소하는 요리사이다.

실전에선 이렇게!

5주의 각 어종별 B소매점 대비 A도매점 가격 차이는 냉장 고등어가 7,400원, 냉장 오징어가 12,100원, 냉동 명태가 3,800원이다. 또한 동일 어종 내에서 가장 적은 양을 구매한 요리사 기준으로 편차를 작성하여 각 어종별 편차에 가격차이를 곱해 더한 값(십의자리 이하 버림)을 도출하면 아래 표와 같다.

수산물 \ 요리사		갑	을	병	정	무
어종	상태					
고등어	냉장	1	0	2	2	2
오징어	냉장	3	4	2	1	0
명태	냉동	0	0	0	1	2
편차×가격차이의 합		437	484	390	307	224

24 조건 판단형 난이도 상 정답 ①

문제풀이 핵심 포인트

각 부문별 변환점수가 가장 높은 국가를 체크하여 해당 부문의 배점을 확인한 후 정답을 도출한다.

풀이

ㄱ. (○) '전문가 평가' 부문 배점은 70점으로 '논문'과 '특허' 부문 배점 합 30점의 2배 이상이다.

ㄴ. (×) 독일의 '논문' 부문 원점수만 50점 증가한다면 원점수가 112점이 되어 논문 부문 원점수가 가장 높은 국가인 중국의 767점 대비 약 0.15의 비율이다. 따라서 논문 변환점수는 0.15 × 10 = 1.5가 되어 독일의 기술점수는 51.0이 된다. 따라서 프랑스 51.1보다 높아지지 않는다.

ㄷ. (×) '논문'과 '특허' 부문 배점이 서로 바뀐다면, 기술점수는 이스라엘이 0.4 + 0.3 + 53.2 = 53.9이고 대만이 1.2 + 0.1 + 53.9 = 55.2로 이스라엘보다 대만이 더 높다.

실전에선 이렇게!

ㄴ. 프랑스와 독일의 기술점수 차이가 0.8이므로 논문 부문 변환점수가 0.8인 독일의 변환점수가 0.8보다 크게 증가해야 프랑스의 기술점수를 넘을 수 있다. 독일 원점수 62일 때 변환점수가 0.8이므로 원점수가 50점 증가한다면 변환점수는 0.8보다 작게 증가한다.

25 각주 판단형 난이도 ㊤ 정답 ③

문제풀이 핵심 포인트

순위가 제시된 문제이므로 각 소득그룹별 최하위 국가의 GII 순위를 체크하여 답을 도출한다.

풀이

ㄱ. (○) GII 순위가 1위인 스위스보다 낮고 11위인 중국보다 높은 국가는 GII 순위가 2~10위인 국가들이므로 고소득 국가 순위 2~10위인 국가와 일치한다. 따라서 모두 고소득그룹 국가이다.

ㄴ. (○) GII 순위 41위 태국부터 50위 브라질까지 10개 국가 중 중상소득 국가인 41위 태국과 50위 브라질, 그리고 중저소득 국가인 44위 베트남을 제외하면 고소득그룹 국가 수는 7개이다.

ㄷ. (×) 133개 국가 중 110위인 마다가스카르보다 GII 순위가 낮은 국가 수는 23개이다. 이 중 저소득 국가는 저소득 국가 그룹 내 순위 3~10위인 8개 국가이므로 마다가스카르보다 GII 순위가 낮으면서 저소득그룹이 아닌 국가 수는 14개가 아닌 15개이다.

ㄹ. (○) 중상소득그룹과 중저소득그룹을 중소득그룹으로 묶으면, 중소득그룹 순위는 중국(11), 말레이시아(33), 튀르키예(37), 불가리아(38), 인도(39), 태국(41), 베트남(44), 브라질(50), 세르비아(52), 필리핀(53) 순으로 필리핀의 중소득그룹 내 순위는 10위이다.

2024년 기출문제

모바일 자동 채점 및 성적 분석 서비스

PSAT 전문가의 총평

- 2024년 7급 PSAT 시험은 언어논리와 상황판단 영역에서 지난해와 유사한 난이도를 유지했으나, 자료해석 영역은 전년 대비 평이해진 것이 특징입니다. 또한, 계속해서 기존 7급 및 5급 PSAT 기출문제와 유사한 패턴으로 출제되고 있어, 기존 기출문제를 철저히 분석하고 대비하는 것이 중요해 보입니다.
- 영역별로 언어논리는 실험 결과를 추론하거나 논리적 접근을 요구하는 논증 문제와 전제 찾기 문제의 난도가 높아 체감 난도가 높았을 수 있지만 전체적으로는 전년과 유사한 수준이었습니다. 상황판단도 지나치게 쉬운 문제나 지나치게 어려운 문제가 출제되지 않고, 해결할 수 있을 것 같은 문제가 계속 출제되고 있기에 모든 문제를 해결하려다 보면 오히려 점수가 떨어질 수 있으므로 전략적인 접근이 필요합니다. 자료해석은 빈칸형 문제의 비중이 크게 줄어들고, 세세한 계산을 요구하는 문항도 거의 출제되지 않아 체감 난도가 낮았을 것으로 보입니다.
- 2024년 7급 PSAT 응시율은 약 61.7%를 기록했습니다. 약 26,400명이 원서 접수를 하고 실제 응시자는 약 16,300명으로 조사됨에 따라 응시율은 2023년과 유사하였습니다.

언어논리

유형별 비중

2024년 7급 PSAT 언어논리는 2023년 7급 공채에 비해 독해 문제 비중이 늘었고 논증 문제 비중이 줄었다. 그러나 논리 문제의 비중이 늘어나 논리 논증 유형의 비중은 비슷하게 유지되었다. 실무 소재 문제는 비중이 줄었으나 응용된 형태로 출제되었다. 또한 원칙 적용형이나 표를 활용하는 도식적인 구조, 상관관계에 집중하는 과학 소재 지문, 실험 결과 추리 문제에서 5급 공채와 매우 유사한 패턴을 보이고 있다.

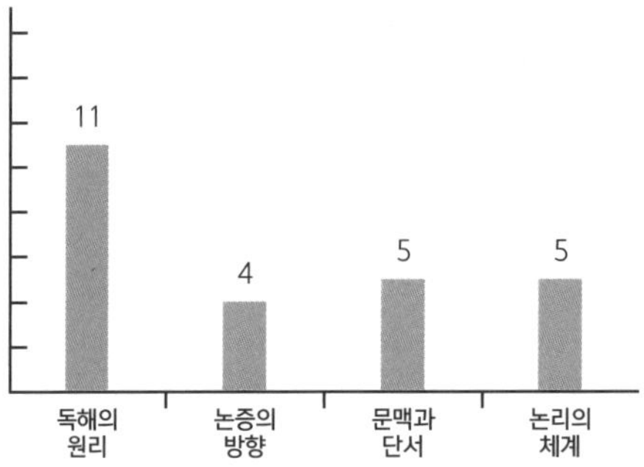

[유형별 출제 문항 수]

난도 및 소재

유형별로 어려운 문제들이 포함되어 있어서 2023년에 비해 난도가 높았다. 정보의 옳고 그름을 판단하는 문제의 난도는 평이했으나, 실험의 결과를 추론하거나 논리적 접근을 요하는 논증 문제 및 전제 찾기 문제의 난도가 높아 체감 난도를 높였다. 특히 실험 소재가 각 유형별로 어렵게 출제되고 있는 것에 주목해야 한다. 실무 관련 소재의 출제 비중은 감소하였지만 기존 기출과 다른 형태로 출제되어 어렵게 느껴졌다.

상황판단

유형별 비중

득점포인트 유형에 속하는 텍스트, 법조문형의 비중이 보통 매년 8~10문제, 핵심 유형에 속하는 계산, 규칙, 경우형의 비중이 매년 15~17문제라고 예상하는데, 2024년 7급 PSAT 상황판단은 텍스트형 3문제, 법조문형 5문제로 득점포인트 유형이 8문제 출제되었고, 계산형 7문제, 규칙형 6문제, 경우형 4문제로 핵심 유형이 17문제 출제되었다. 법조문형에 해당하는 문제의 비중이 줄어들면서 25번에 출제되던 법조문형 문제가 핵심 유형 문제로 바뀌었다. 계산형은 대부분 조건 계산형 문제가 출제되었고, 규칙형에 해당하는 모든 문제가 정오판단형으로 출제된 것이 특징이다.

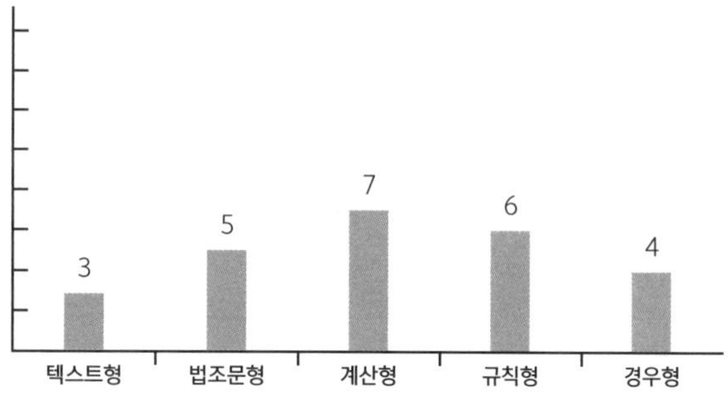

[유형별 출제 문항 수]

난도 및 소재

너무 쉽거나 너무 어려운 문제가 출제되지 않고, 적당한 난도의 문제로만 출제되었다. 문제를 읽었을 때 손도 못 대게 어렵다기보다는 건드리면 풀 수 있을 것 같은 문제가 계속 출제되기에 오히려 다 풀려고 하다간 점수가 떨어질 수 있다고 경고하면서 전략의 중요성을 강조한 바 있다. 또한 올해 시험을 포함하여 최근 시험에서는 기존 기출문제에서 활용된 장치와 함정, 소재가 많이 활용되고 있기에 기존의 기출문제를 얼마나 잘 분석하고 있는지가 고득점의 열쇠가 된다. 평소에 기출문제를 철저하게 분석함으로써, 기출의 장치, 함정을 정리해 두고 빠른 해결이 가능한 접근법, 스킬을 체화하며, 다양하게 사고를 연습해 둔다면 이제 상황판단도 누구나 충분히 안정적으로 80점 이상의 득점, 90점 이상의 고득점이 가능하다.

자료해석

유형별 비중

2024년 7급 PSAT 자료해석은 초반의 2번 문제가 평균 개념을 묻는 문제라서 1턴에 해결하고자 했다면 잘 풀리지 않았을 가능성이 높고 작년 대비 가장 크게 변화한 점은 빈칸형 문제가 작년의 8문제에 비해 비중이 줄어 2문제(16, 22번)만 출제되었고 추가로 필요한 자료를 찾는 문제가 작년의 1문제(5번)에 비해 비중이 늘어 2문제(5, 7번)가 출제되었다는 점이다. 매칭형 문제가 작년의 1문제(22번)에 비해 다소 늘어난 2문제(8, 15번)가 출제되었고, 다소 까다로운 각주 판단형(1, 12, 17, 18번)과 조건 판단형(4, 6번) 역시 6문제 출제되어 작년과 비중이 유사하였다.

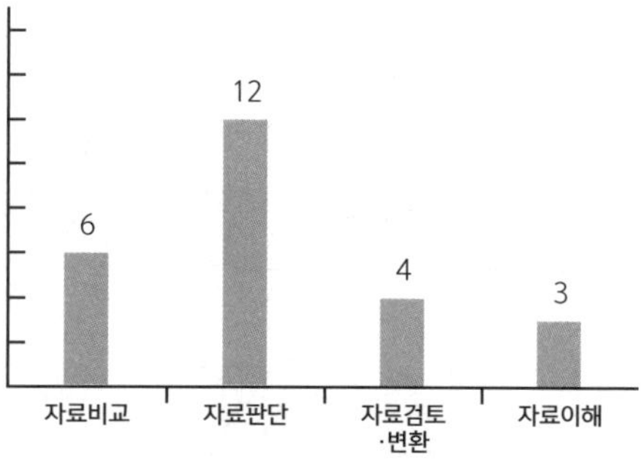

[유형별 출제 문항 수]

난도 및 소재

난도는 2023년에 비해 좀 더 평이한 수준으로 2022년과 비슷한 난도라고 본다. 2023년은 빈칸형 문제와 세밀한 계산을 요구하는 문제의 출제 비중이 높아 전체적으로 시간을 많이 소모하는 문제 때문에 체감 난도가 높았지만 2024년에서는 빈칸형 문제 출제 비중이 대폭 줄었고 세세한 계산을 요구하는 문항 수도 거의 출제되지 않아 체감 난도가 낮았을 것으로 본다. 전체적인 난도는 '하' 정도로 출제되었으며 소재 역시 기존의 기출 패턴과 유사하였다.

정답

p.77

1	③	개념 이해	6	②	구조 판단	11	②	독해형 논리	16	②	구조 판단	21	①	밑줄 추론
2	④	개념 이해	7	⑤	글의 수정	12	③	논리 퀴즈	17	⑤	논증 평가	22	④	원칙 적용
3	④	구조 판단	8	①	빈칸 추론	13	②	논리 퀴즈	18	⑤	원칙 적용	23	③	원칙 적용
4	③	구조 판단	9	⑤	빈칸 추론	14	④	독해형 논리	19	③	논증의 타당성	24	②	견해 분석
5	④	구조 판단	10	②	빈칸 추론	15	①	원칙 적용	20	③	논증 평가	25	③	견해 분석

취약 유형 분석표

유형별로 맞힌 문제 개수와 정답률, 틀린 문제 번호, 풀지 못한 문제 번호를 적고 나서 취약한 유형이 무엇인지 파악해 보세요. 그 후 약점 보완 해설집 p.2 [취약 유형 공략 포인트]에서 약점 보완 학습법을 확인하고, 틀린 문제와 풀지 못한 문제를 다시 한번 풀어보세요.

유형		맞힌 문제 개수	정답률	틀린 문제 번호	풀지 못한 문제 번호
독해의 원리	개념 이해	/2	%		
	구조 판단	/5	%		
	원칙 적용	/4	%		
논증의 방향	논지와 중심 내용	-	-		
	견해 분석	/2	%		
	논증의 비판과 반박	-	-		
	논증 평가	/2	%		
문맥과 단서	빈칸 추론	/3	%		
	밑줄 추론	/1	%		
	글의 수정	/1	%		
논리의 체계	논증의 타당성	/1	%		
	논리 퀴즈	/2	%		
	독해형 논리	/2	%		
TOTAL		/25	%		

해설

1 개념 이해 난이도 하 정답 ③

문제풀이 핵심 포인트
한성전기회사의 설립 과정과 역할이 무엇이었는지가 지문의 주요 내용이므로 이에 주목하고, 한미전기회사에 관한 정보와 구분해야 한다.

풀이

① (×) 첫 번째 단락에서 경인철도회사는 개항 직후에 설립되어 운영된 것이고, 두 번째 단락에서 한성전기회사는 그 이후에 설립된 것임을 알 수 있다. 따라서 한성전기회사가 경인철도회사보다 먼저 설립되었다는 것은 글의 내용과 부합하지 않는다.

② (×) 두 번째 단락에서 한성전기회사는 당초 남대문에서 청량리까지 전차 노선을 부설하기로 했으나 계획을 수정해 서대문에서 청량리까지 부설하기로 변경했다고 제시되어 있다. 따라서 전차 노선의 시작점은 원래 서대문이었으나 나중에 남대문으로 바뀌었다는 것은 글의 내용과 부합하지 않는다.

③ (○) 세 번째 단락에서 전차 노선 부설에 필요한 공사비가 부족해지자 회사 재산을 담보로 콜브란으로부터 부족분을 빌려 공사를 마무리할 수 있었다고 되어 있다. 따라서 한성전기회사가 전차 노선을 부설하는 데 부족한 자금은 미국인 콜브란이 빌려주었다는 것은 글의 내용과 부합한다.

④ (×) 두 번째 단락에서 서울 시내에 처음으로 전차 노선을 부설한 회사는 한성전기회사인데, 이는 김두승 등이 전기회사 설립 청원서를 농상공부에 제출한 뒤 허가를 받아 한성전기회사를 설립했음을 알 수 있다. 따라서 서울 시내에 처음으로 전차 노선을 부설한 회사는 황실이 주도해 농상공부가 설립하였다는 것은 글의 내용과 부합하지 않는다.

⑤ (×) 세 번째 단락에서 한성전기회사를 한미전기회사로 재편하였고, 한미전기회사가 전차 및 전기등 사업을 이어받았으므로 서울 시내에서 전기등 설치 사업을 벌인 회사가 한미전기회사임은 글의 내용과 부합한다. 그러나 한미전기회사가 김두승과 이근배의 출자로 설립되었다는 것은 글의 내용과 부합하지 않는다.

2 개념 이해 난이도 하 정답 ④

문제풀이 핵심 포인트
사고를 관리하는 방식과 이와 관련하여 겸직사관의 역할, 포쇄가 무엇인지 등이 지문의 주요 내용이므로 이에 주목한다.

풀이

① (×) 첫 번째 단락에 따르면 겸직사관은 사관을 보좌하기 위한 직책으로서 포쇄의 전문가 중에서 선발되었는지는 알 수 없다. 따라서 겸직사관은 포쇄의 전문가 중에서 선발되어 포쇄의 효율성이 높았는지는 알 수 없다.

② (×) 세 번째 단락에서 중종은 사관을 보내는 것은 비용이 많이 드는 등의 폐단이 있다고 주장하였다. 따라서 중종은 포쇄를 위해 사관을 파견하면 문헌이 훼손되는 폐단이 생긴다고 주장했다는 것은 알 수 없다.

③ (×) 세 번째 단락에서 춘추관은 정식 사관이 아닌 겸직사관에게 포쇄를 맡기는 것은 문헌 보관의 일을 가벼이 볼 수 있는 계기가 될 거라고 주장했다. 그러나 겸직사관의 폐지를 주장한 것은 아니다. 따라서 춘추관은 겸직사관이 사고의 관리 책임을 맡으면 문헌 보관의 일을 경시할 수 있게 된다고 하며 겸직사관의 폐지를 주장했다는 것은 알 수 없다.

④ (○) 두 번째 단락에서 사고 도서의 포쇄는 3년마다 정기적으로 실시되었고, 네 번째 단락에서 포쇄 때는 반드시 포쇄 상황을 기록한 포쇄형지안이 작성되었다는 것을 알 수 있다. 따라서 사고 도서의 포쇄 상황을 기록한 포쇄형지안은 3년마다 정기적으로 작성되었다는 것을 알 수 있다.

⑤ (×) 두 번째 단락에서 사고에 보관된 도서는 해충이나 곰팡이 피해를 입을 수 있었는데, 당시 도서를 보존, 관리하는 가장 효과적인 방법은 포쇄였다는 것을 알 수 있다. 그러나 도서에 피해를 입히는 해충을 막기 위해 사고 안에 약품을 살포했는지는 알 수 없다.

3 구조 판단 난이도 하 정답 ④

문제풀이 핵심 포인트
대한민국 헌법에서의 '국민' 개념과 미국 헌법에서의 '사람들'의 개념, 그리고 '인민'이라는 개념이 대비되고 있으므로 각 개념의 비교 포인트에 주목한다.

풀이

① (×) 두 번째 단락에서 '인민'은 공산당의 용어인데 어째서 그러한 말을 쓰려고 하느냐는 공박을 당했고, '인민'은 결국 제정된 제헌헌법에서 '국민'으로 대체되었다. 따라서 대한민국 역사에서 '인민'은 분단 후 공산주의 사상이 금기시되면서 사용되기 시작한 말이라는 것은 옳지 않다.

② (×) 네 번째 단락에서 대한민국으로 여행을 온 외국인은 국민에 해당하지 않지만 천부인권을 지닌 보편적 인간에 속하는 것이 명백하기에 헌법상의 평등권, 자유권 등 기본적 인권은 보장되는 것임을 알 수 있다. 따라서 대한민국으로 여행을 온 외국인은 대한민국 헌법상의 자유권을 보장받지 못한다는 것은 옳지 않다.

③ (×) 첫 번째 단락에서 미국 헌법에서 '사람들'은 보편적 인간을 의미한다. 따라서 미국 헌법에서 '사람들'은 보편적 인간이 아니라 미국 국적을 가진 자를 의미한다는 것은 옳지 않다.

④ (○) 세 번째 단락에서 법학자 유진오는 '국민'은 국가의 구성원이라는 점이 강조된 국가 우월적 표현이기 때문에, 국가조차도 함부로 침범할 수 없는 자유와 권리의 주체로서의 보편적 인간까지 함의하기에는 적절하지 못하다고 비판했다. 따라서 법학자 유진오는 '국민'이 보편적 인간을 의미하기에는 적절하지 않다고 비판했다는 것을 알 수 있다.

⑤ (×) 두 번째 단락에서 '인민'은 공산당의 용어인데 어째서 그러한 말을 쓰려고 하느냐는 공박을 당했고, '인민'은 결국 제정된 제헌헌법에서 '국민'으로 대체되었다. 따라서 대한민국 제헌헌법에서는 '인민'이 사용되었으나 비판을 받아 이후의 개정을 통해 헌법에서 삭제되었다는 것은 옳지 않다.

4 구조 판단 난이도 하 정답 ③

문제풀이 핵심 포인트
독서의 형태로서 공동체적 독서와 음독의 특성이 지문의 주요 내용이므로 이에 주목하고, 전근대 사회와 근대 사회의 독서의 특성을 비교한다.

풀이

① (×) 첫 번째 단락에서 필사문화에서 독서는 대개 한 사람이 자신이 속한 집단 내에서 다른 사람들에게 책을 읽어서 들려주는 사회적 활동을 의미했고, 이는 개인이 책을 소유하고 혼자 눈으로 읽는 묵독과 같은 오늘날의 독서 방식과 구별되고 있다. 따라서 필사문화를 통해 묵독이 유행하기 시작했다는 것은 알 수 없다.

② (×) 세 번째 단락에서 낭송은 음독에 포함되는 개념이고, 음독은 공동체적 독서와 긴밀한 연관을 가질 수밖에 없지만, 음독이 꼭 공동체적 독서라고는 할 수 없다. 따라서 전근대 사회에서 낭송은 공동체적 독서를 의미한다는 것은 알 수 없다.

③ (O) 첫 번째 단락에서 오늘날의 독서 방식으로 개인이 책을 소유하고 혼자 눈으로 읽는 묵독이 제시되어 있고, 네 번째 단락에서 현대 사회에서도 필요에 따라 공동체적 독서와 음독이 많이 행해진다고 한다. 따라서 공동체적 독서와 개인적 독서 모두 현대사회에서 행해지는 독서 형태임을 알 수 있다.

④ (×) 첫 번째 단락에서 근대 초기만 해도 문맹률이 높았기 때문에 공동체적 독서와 음독이 지속되었다는 것을 알 수 있다. 그러나 근대 초기 식자층의 독서 방식이었던 음독은 높은 문맹률로 인해 생겨났다는 것은 알 수 없다.

⑤ (×) 두 번째 단락에서 윤독은 같은 책을 여러 사람이 돌려 읽는 것이고, 도시와 촌락의 장시에서 주로 이루어진 것은 구연임을 알 수 있다. 따라서 근대 사회에서 윤독은 주로 도시와 촌락의 장시에서 이루어진 독서 형태였다는 것은 알 수 없다.

5 구조 판단 난이도 하 정답 ④

문제풀이 핵심 포인트

정약용의 『종두요지』에서의 인두법과 지석영의 『우두신설』에서의 우두법을 비교하는 것이 핵심이므로 두 방식의 비교 포인트에 주목한다.

풀이

① (O) 두 번째 단락에서 인두법의 접종대상자는 반드시 생후 12개월이 지난 건강한 아이여야 했고, 우두법은 생후 70~100일 정도의 아이를 접종대상자로 한다. 따라서 우두법은 접종을 시작할 수 있는 나이가 인두법보다 더 어리다.

② (O) 네 번째 단락에서 한묘법은 위험성이 높아서 급하게 효과를 보려고 할 때만 쓴 반면, 수묘법은 일반적으로 통용되었고 안전성 면에서도 보다 좋은 방법이었음을 알 수 있다. 따라서 인두 접종 방식 가운데 수묘법이 한묘법보다 일반적으로 통용되는 접종 방식이었다.

③ (O) 세 번째 단락에서 정약용은 접종 후에 나타나는 각종 후유증을 치료하기 위한 처방을 상세히 기재하고 있는 데 반해, 지석영은 접종 후에 나타나는 각종 후유증을 치료하기 위한 처방을 매우 간략하게 제시하거나 전혀 언급하지 않았음을 알 수 있다. 따라서 『종두요지』에는 접종 후에 나타나는 후유증을 치료하기 위한 처방이 제시되어 있었다.

④ (×) 네 번째 단락에서 우두 접종은 의료용 칼을 사용해서 팔뚝 부위에 일부러 흠집을 내어 접종했다. 따라서 인두법은 의료용 칼을 사용하여 팔뚝 부위에 흠집을 낸 후 접종하는 방식이었다는 것은 옳지 않다.

⑤ (O) 두 번째 단락에서 『우두신설』에서는 생후 70~100일 정도의 아이를 접종대상자로 하며, 아이의 몸 상태에 특별히 신경을 쓰지 않음을 알 수 있다. 따라서 『우두신설』에 따르면 몸이 허약한 아이에게도 접종할 수 있었다.

실전에선 이렇게!

선택지에서 우두법과 인두법이 반복되어 제시되어 있고 비교급 표현이 나타나 있으므로 우두법과 인두법의 차이점에 초점을 맞추어 지문의 정보를 체크한다.

6 구조 판단 난이도 하 정답 ②

문제풀이 핵심 포인트

과학자가 고안한 새로운 이론이 과학적 진보에 기여하는지를 평가할 때, 고려되는 세 가지 조건이 제시되어 있으므로 그 구체적 내용에 주목한다.

풀이

① (×) 단순하면서 통합적인 개념 틀을 제공하는 이론은 통합적 설명 조건이다. 이것이 통과 조건을 만족하는지는 알 수 없다.

② (O) 네 번째 단락에서 통과 조건을 만족하지 못하더라도 통합적 설명 조건과 새로운 현상의 예측 조건을 모두 만족하는 이론은 과학적 진보에 기여하는 것으로 평가할 수 있다. 따라서 통과 조건을 만족하지 못하더라도 과학적 진보에 기여하는 이론이 있을 수 있다.

③ (×) 네 번째 단락에서 반증된 이론은 실패한 이론이고 과학적 진보에 기여하지 못한다고 생각하지만, 그런 이론도 새로운 이론을 고안하도록 과학자를 추동하는 역할을 한다고 되어 있다. 따라서 반증된 이론은 과학자들이 새로운 이론을 고안하도록 추동하는 역할을 하지 못한다는 것은 옳지 않다.

④ (×) 새로운 현상의 예측 조건과 통합적 설명 조건은 각기 다른 조건이므로 새로운 현상의 예측 조건을 만족하지 못하는 이론은 통합적 설명 조건을 만족하지 못하는지는 알 수 없다.

⑤ (×) 두 번째 단락에서 통합적 설명 조건만을 만족한다고 해서 과학적 진보에 기여한다고 보기는 어렵다고 되어 있다. 따라서 통합적 설명 조건과 새로운 현상의 예측 조건 중 하나만 만족하는 이론도 과학적 진보에 기여한다고 볼 수 없다.

7 글의 수정 난이도 하 정답 ⑤

문제풀이 핵심 포인트

밑줄 친 ㉠~㉤ 문장이 각각 글의 문맥과 일치하는지 확인하기 위해 글의 세부 정보보다는 전체적인 흐름을 파악하는 것이 중요하다.

풀이

① (×) ㉠ '기존과 다르게 해석하여 이 문장에 대한 일반적 해석을 변경하는 방식'이라는 표현이 '이 문장의 일반적 해석을 바꾸지 않고'라는 표현과 연결된다. 따라서 ㉠을 "기존과 동일하게 해석하여 이 문장에 대한 일반적 해석을 준수하는 방식"으로 고치는 것은 적절하지 않다.

② (×) ㉡ '인이 106회 언급되었다고 해도 다른 것에 비해서는 드물다고 평가할 수 있다'라는 표현이 '동일 선상에 있는 다른 것과의 비교를 염두에 둔 것'이라는 표현과 연결된다. 따라서 ㉡을 "인이 106회 언급되었다면 다른 어떤 것에 비해서도 드물다고 평가할 수 없다"로 고치는 것은 적절하지 않다.

③ (×) ㉢ '인에 대한 기록이 많아질 수밖에 없었다'라는 표현이 '공자가 인을 중시하면서도 그에 대해 드물게 언급하다 보니 제자들이 자주 물을 수밖에 없었다.'라는 문장과 연결된다. 따라서 ㉢을 "인에 대한 기록이 적어질 수밖에 없었다"로 고치는 것은 적절하지 않다.

④ (×) ㉣ '이 문장을 기록한 제자의 개별적 특성'이라는 표현이 '이 문장의 기록자만 드물게 들었을 수 있다.'라는 문장과 연결된다. 따라서 ㉣을 "『논어』를 편찬한 공자 제자들의 공통적 특성"으로 고치는 것은 적절하지 않다.

⑤ (○) ㉤ '이 문장을 기록한 시점 이후에'라는 표현이 '그리고 그 뒤 어느 시점부터 공자가 빈번하게 인에 대해 설파하기 시작했으며'라는 문장과 맞지 않는다. 따라서 ㉤을 "이 문장을 기록했던 시점까지"로 고치는 것이 적절하다.

실전에선 이렇게!

지문의 밑줄 친 ㉠~㉤ 문장을 읽을 때 해당 선택지에서 수정한 내용을 함께 확인하여 정오를 판단하는 방식으로 접근한다.

8 빈칸 추론 난이도 하 정답 ①

문제풀이 핵심 포인트

(가)와 (나)의 앞뒤 문장을 근거로 빈칸에 들어갔을 때 가장 흐름이 자연스러운 문장을 선택지에서 고른다.

풀이

(가) '좋아요'의 선택을 받기 위해 노력하다 보면 어느 순간 현실에 존재하는 '나'가 사라지고 만다는 내용과, 타인의 '좋아요'를 얻기 위해 현실에 존재하는 내가 사라지고 마는 아이러니를 직면한다는 부분이 단서가 된다. 따라서 (가)에는 '좋아요'를 얻기 위해 현실의 나와 다른 전시용 나를 제작하는 셈이라는 내용이 들어가는 것이 가장 적절하다.

(나) 같은 것을 좋아하고 긍정하는 '좋아요'의 공동체 안에서 각자의 '다름'은 점차 사라진다는 부분과, 이제 공동체에서 그러한 타자를 환대하거나 그의 말을 경청하려는 사람은 점점 줄어들고, '다름'은 '좋아요'가 용납하지 않는 별개의 언어가 된다는 부분이 단서가 된다. 따라서 (나)에는 '좋아요'를 거부하고 다른 의견을 내는 사람은 불편한 대상이자 배제의 대상이 된다는 내용이 들어가는 것이 가장 적절하다.

실전에선 이렇게!

빈칸이 두 개 주어졌으므로 각 빈칸 주변에서 어떤 단서를 잡을 수 있는지 지문에서 확인하고, 선택지에 배치된 내용을 확인하여 옳지 않은 선택지를 소거하는 방식으로 접근한다.

9 빈칸 추론 난이도 하 정답 ⑤

문제풀이 핵심 포인트

빈칸이 들어가 있는 문장에서 더 이질적인 문화를 경험했을 때 우리의 뇌가 어떻게 작동하는지에 대한 내용을 찾는 것이 빈칸을 채우는 핵심 단서임을 알 수 있다.

풀이

① (×) 여행은 ACC를 자극하므로 'ACC를 덜 활성화시킨다'는 것은 빈칸에 들어가기에 적절하지 않다.

② (×) ACC는 자신이 가진 세계 모델을 기초로 앞으로 들어올 지각 정보의 기대치를 결정하고 새로 들어오는 지각 정보들을 추적한다. 따라서 '더 적은 정보를 처리한다'는 것은 빈칸에 들어가기에 적절하지 않다.

③ (×) 낯선 장소를 방문할 때 우리는 늘 어색함을 느끼므로 '주변 환경에 더 친숙해진다'는 것은 빈칸에 들어가기에 적절하지 않다.

④ (×) 새로 들어온 정보가 기대치에 맞지 않으면 ACC는 경보를 발령하고, 이 정보에 대한 판단을 지연시켜 새로운 정보를 분석할 시간을 제공한다. 따라서 '기존의 세계 모델을 더 확신한다'는 것은 빈칸에 들어가기에 적절하지 않다.

⑤ (○) 여행은 ACC를 자극하고, ACC의 경보 발령으로 우리는 신속한 판단이나 반사적 행동을 자제하게 된다. 더 이질적인 문화를 경험하는 것은 여행과 비슷한 경험이므로 빈칸에는 우리의 뇌는 '정보에 대한 판단을 더 지연시킨다.'는 내용이 들어가는 것이 가장 적절하다.

10 빈칸 추론 난이도 중 정답 ②

문제풀이 핵심 포인트

빈칸에 들어갈 내용이 방법 C에 따랐을 때 S의 정합도를 측정하는 방법이므로 방법 C의 구체적인 내용을 찾는 것이 핵심이다.

풀이

② (○) 세 번째 단락에서 정보 집합의 정합도는 1이므로 이것으로는 S의 정합도를 정의하는 방식을 계산할 수 없다. 한편, 네 번째 단락에서 '그가 결혼하지 않았으며 아이가 있을 확률'은 '그가 결혼하지 않았거나 아이가 있을 확률'보다 낮다고 하였다. 이때 '그가 결혼하지 않았으며 아이가 있을 확률'이 S의 모든 정보가 참일 확률이고, '그가 결혼하지 않았거나 아이가 있을 확률'이 S의 정보 중 적어도 하나가 참일 확률이다. 방법 C에 따르면 을의 정보 집합의 정합도는 1보다 작다. 따라서 'S의 모든 정보가 참일 확률을 S의 정보 중 적어도 하나가 참일 확률로 나눈 값'이 S의 정합도의 정의로서 빈칸에 들어가기에 가장 적절하다.

실전에선 이렇게!

빈칸 앞에 "방법 C에 따르면, S의 정합도는"이라고 되어 있으므로 방법 C에 따를 때, S의 정합도를 측정하는 원칙을 지문에 제시된 사례를 통해 추론한다.

11 독해형 논리 난이도 중 정답 ②

문제풀이 핵심 포인트

밑줄 친 ㉠이 결론이므로 이를 이끌어내기 위해 지문에 제시되어 있는 전제를 찾아 조합하고, 이 전제로부터 ㉠이 도출되는 데 부족한 연결고리를 찾아줘야 한다.

풀이

지문에 제시된 전제를 찾아 정리하면 다음과 같다.

- 전제 1: 원인 → 관념 or 나의 마음 or 다른 마음
- 전제 2: ~관념
- 전제 3: ~나의 마음
- 전제 4: 원인 → 다른 마음
- 전제 5: 다른 마음 → 다른 사람 or 다른 존재
- 전제 6: ~다른 사람
- 전제 7: 다른 마음 → 다른 존재
- 결론: 원인 → 신의 마음

전제 1~7을 연결하면, '원인 → 다른 존재'가 도출된다. 여기서 결론이 도출되려면 '다른 존재 → 신의 마음'이라는 전제가 필요하다. 이와 관련된 내용으로 적절한 것은 '사람과 신 이외에 마음을 지닌 존재는 없다.'는 것이다.

12 논리 퀴즈 난이도 중 　정답 ③

문제풀이 핵심 포인트
지문에 제시된 가언명제를 간단히 기호화하고 기호화한 문장들을 연결하여 선택지에 제시된 문장의 참, 거짓 여부를 판별한다.

풀이

지문에 제시된 명제를 기호화하면 다음과 같다.

- 명제 1: 가은 → 나은 & 다은
- 명제 2: ~나은 → 라은
- 명제 3: 가은 or 마은

① (×) 명제 1에 따르면 나은이 프로젝트에 참여하지 않으면 가은이 프로젝트에 참여하지 않는다. 따라서 가은이 프로젝트에 참여하지 않으면 나은이 프로젝트에 참여한다는 것은 반드시 참이 아니다.

② (×) 다은이 프로젝트에 참여하면 마은이 프로젝트에 참여하는지는 알 수 없다.

③ (O) 명제 1에 따르면 다은이 프로젝트에 참여하지 않으면 가은은 프로젝트에 참여하지 않고, 명제 3에 따르면 가은이 프로젝트에 참여하지 않으면 마은이 프로젝트에 참여한다. 따라서 다은이 프로젝트에 참여하거나 마은이 프로젝트에 참여한다는 것은 반드시 참이다.

④ (×) 라은이 프로젝트에 참여하면 마은이 프로젝트에 참여하는지는 알 수 없다.

⑤ (×) 라은이 프로젝트에 참여하거나 마은이 프로젝트에 참여하는지는 알 수 없다.

실전에선 이렇게!

지문도 가언명제, 선택지도 가언명제로 구성되어 있으므로 기호화하여 명제들이 연결되는지 여부로 참, 거짓을 판단한다.

13 논리 퀴즈 난이도 중 　정답 ②

문제풀이 핵심 포인트
지문에 제시된 명제를 간단히 기호화하고, 명제가 참인지 거짓인지 여부로 경우의 수를 나누어 판단한다.

풀이

지문에 제시된 명제를 기호화하면 다음과 같다.

- 명제 1: 갑-설탕 뽑기 & 무-징검다리
- 명제 2: 을-구슬치기 or 정-줄다리기
- 명제 3: ~을-구슬치기 & ~무-징검다리
- 명제 4: ~병 & 정-줄다리기
- 명제 5: 무-징검다리 or ~정-줄다리기

명제 1과 명제 3은 무에 대해 다르게 예측하고 있으므로 동시에 참일 수 없다. 따라서 명제 1과 명제 3 중 하나의 예측이 틀린 것이 되고, 명제 2, 4, 5의 예측은 참인 것으로 확정된다.

<경우 1> 명제 3의 예측이 틀린 경우
갑은 설탕 뽑기, 을은 구슬치기, 정은 줄다리기, 무는 징검다리에 선택되고, 병은 선택되지 않는다.
<경우 2> 명제 1의 예측이 틀린 경우
명제 4와 5에서 무는 징검다리에 선택될 수밖에 없으므로 명제 3의 내용과 상충된다. 따라서 이 경우의 수는 타당하지 않다.
따라서 을이 구슬치기에 선택되었다는 것은 반드시 참이다.

① (×) 갑이 어느 게임에도 선택되지 않았다는 것은 반드시 참이 아니다.

② (O) 을이 구슬치기에 선택되었다는 것은 반드시 참이다.

③ (×) 병이 줄다리기에 선택되었다는 것은 반드시 참이 아니다.

④ (×) 정이 징검다리 건너기에 선택되었다는 것은 반드시 참이 아니다.

⑤ (×) 무가 설탕 뽑기에 선택되었다는 것은 반드시 참이 아니다.

14 독해형 논리 난이도 상 　정답 ④

문제풀이 핵심 포인트
빈칸 주변을 확인하면 전제 자리에 빈칸이 제시되어 있으므로 추가해야 할 전제를 찾는 문제이다. 따라서 결론을 내는 데 필요한 전제를 찾아 기호화하고 빠진 연결고리를 찾는 방식으로 접근한다.

풀이

기호화가 필요한 문장을 정리하면 다음과 같다.

- 전제 1: 강 주무관 & 남 주무관 → 폐기
- 전제 2: 폐기 or 도 주무관
- 전제 3: 강 주무관 or 남 주무관
- 전제 4: ~(강 주무관 & ~남 주무관)
- 전제 5: ~폐기
- 결론: 전제 중 거짓 있음

① (×) 빈칸에 '남 주무관은 업무 평가에서 S등급을 받았습니다'가 들어가면, 전제 중 거짓이 있다는 결론이 도출되지 않는다.

② (×) 빈칸에 '강 주무관은 업무 평가에서 S등급을 받지 못했습니다'가 들어가면, 전제 중 거짓이 있다는 결론이 도출되지 않는다.

③ (×) 빈칸에 '도 주무관이 전보 발령 대상이 아닌 경우, 문공 팀 제안서가 폐기됩니다'가 들어가면, 전제 중 거짓이 있다는 결론이 도출되지 않는다.

④ (O) 전제 1~전제 5를 모두 참이라고 가정하면, 전제 1, 4, 5로부터 '~강 주무관'이라는 결론이 도출되고, 전제 2로부터 '도 주무관', 전제 3으로부터 '남 주무관'이라는 결론이 도출된다. 따라서 빈칸에 '남 주무관이 업무 평가에서 S등급을 받은 경우, 도 주무관은 전보 발령 대상이 아닙니다'가 들어가면, 전제 중 거짓이 있다는 결론이 도출될 수 있다.

⑤ (×) 빈칸에 '강 주무관이 업무 평가에서 S등급을 받은 경우, 남 주무관도 업무 평가에서 S등급을 받습니다'가 들어가면, 전제 중 거짓이 있다는 결론이 도출되지 않는다.

15 원칙 적용 난이도 중 　정답 ①

문제풀이 핵심 포인트
절연체가 어떤 상황에서 전하 사이에 작용하는 힘인 전기력에 의한 운동이 가능한지에 대한 답변을 찾는 것이 지문의 핵심 내용이다.

풀이

ㄱ. (○) 네 번째 단락에서 절연체 내부의 전하들은 외부에서 작용한 전기력에 의해 미세하게 이동할 수 있는데, 음전하는 양으로 대전된 물체와 가까워지는 방향으로, 양전하는 멀어지는 방향으로 이동하게 된다는 것을 알 수 있다. 따라서 절연체 내부 전하의 위치는 절연체 외부의 영향에 의해서 변할 수 있다고 추론할 수 있다.

ㄴ. (×) 네 번째 단락에서 대전된 물체는 절연체 내 음전하와 양전하를 일정한 방향으로 이동시킬 수 있지만, 그 구성 비율을 변화시킬 수 있는지는 추론할 수 없다.

ㄷ. (×) 세 번째, 네 번째 단락에는 양으로 대전된 물체에 의해서 절연체에 전기력이 작용하는 경우가 예시되어 있다. 이를 바탕으로 음으로 대전된 문체에 의해 전기력이 작용하는 경우를 추론하면, 대전된 물체의 음전하와 절연체의 양전하 간의 인력이 대전된 물체의 음전하와 절연체의 음전하 간의 척력보다 커져 절연체는 대전된 물체 방향으로 끌려가게 된다. 따라서 음으로 대전된 물체를 특정 무게 이하의 절연체에 가까이함으로써 절연체를 밀어내는 것이 가능하다는 것은 추론할 수 없다.

16 구조 판단 난이도 하 정답 ②

문제풀이 핵심 포인트
운동 신경 세포에서 아세틸콜린이 방출되는 것과 억제성 신경 세포에 의해 아세틸콜린 방출이 억제되는 과정이 대비되어 제시되고 있으므로 이에 주목한다.

풀이

① (×) 두 번째 단락에서 방출된 아세틸콜린은 근육 세포의 막에 있는 아세틸콜린 결합 단백질에 결합한다고 했으므로 근육 세포의 막에는 아세틸콜린 결합 단백질이 있다는 것을 추론할 수 있지만, 글리신 결합 단백질이 있는지는 추론할 수 없다.

② (○) 네 번째 단락에서 보툴리눔 독소는 운동 신경 세포에 작용하여 아세틸콜린이 방출되는 것을 막아 근육 세포가 이완된 상태로 있게 하여 근육 마비를 일으킨다. 따라서 보툴리눔 독소는 근육 세포의 수축이 일어나지 않게 하여 근육 마비를 일으킨다는 것을 추론할 수 있다.

③ (×) 운동 신경 세포에서 방출된 아세틸콜린과 억제성 신경 세포에서 글리신의 방출되는 것 사이의 연관성이 언급되어 있지 않으므로 운동 신경 세포에서 방출된 아세틸콜린은 억제성 신경 세포에서 글리신의 방출을 막는다는 것을 추론할 수 없다.

④ (×) 두 번째 단락에서 뇌의 운동피질에서 유래한 신호가 운동 신경 세포에 작용하여 운동 신경 세포에서 아세틸콜린이 방출되고, 방출된 아세틸콜린은 근육 세포가 수축되게 한다. 따라서 뇌의 운동피질에서 유래된 신호는 운동 신경 세포에서 아세틸콜린의 방출을 막아서 근육의 수축을 일으킨다는 것을 추론할 수 없다.

⑤ (×) 네 번째 단락에서 파상풍 독소는 억제성 신경 세포에 작용하여 글리신이 방출되는 것을 막아 근육 세포가 수축된 상태로 있게 하여 근육 마비를 일으킨다. 세 번째 단락에서 글리신은 운동 신경 세포에 작용하여 아세틸콜린의 방출을 막음으로써 근육 세포가 이완되게 한다. 따라서 파상풍 독소는 운동 신경 세포에서 방출된 아세틸콜린이 근육 세포의 막에 있는 결합 단백질에 결합할 수 없게 한다는 것은 추론할 수 없다.

17 논증 평가 난이도 중 정답 ⑤

문제풀이 핵심 포인트
실험 1의 내용과 가설 H1이 어떤 방향성을 가지는지, 실험 2의 내용과 가설 H2가 어떤 방향성을 가지는지가 빈칸에 들어갈 내용을 추론하는 핵심이다.

풀이

(가) 실험 1의 경우 기판 A의 밀도가 기판 B의 밀도보다 작은데도 단위 면적당 방출된 전자의 양은 기판 A와 기판 B가 같았다. 가설 H1은 나노 구조체의 밀도가 높을수록 단위 면적당 더 많은 양의 전자가 방출될 것이라고 본다. 따라서 실험 1은 가설 H1을 약화한다.

(나) 실험 2의 경우 밀도가 높을수록 방출되는 전자의 양이 많아지다가 일정 밀도가 넘어가면 오히려 전자의 양이 적어졌다. 가설 H2는 기판의 단위 면적당 방출되는 전자의 양은 나노 구조체의 밀도가 일정 수준 이상으로 높아지면 오히려 줄어들게 될 것이라고 본다. 따라서 실험 2는 가설 H2를 강화한다.

실전에선 이렇게!

빈칸 추론 형태로 구성되어 있으나 선택지를 확인하면 결국 가설에 대한 평가 문제임을 알 수 있으므로 실험의 결과와 가설의 내용을 확인하여 방향성을 판단한다.

18 원칙 적용 난이도 상 정답 ⑤

문제풀이 핵심 포인트
선택지에서 실험의 결과와 관련하여 두 광검출기에서 검출할 수 있는 빛의 최소 세기와 광포화점을 비교하고 있으므로 이와 관련된 정보를 체크한다.

풀이

⑤ (○) 빛의 세기가 'C < D'인데, D는 I에서는 측정할 수 없지만 II에서는 측정할 수 있다. 암전류보다 작은 광전류가 발생한다면 이 빛의 세기는 광검출기에서 측정할 수 없다. 따라서 검출 가능한 빛의 최소 세기는 I이 II보다 크다. 또한 빛의 세기가 'A > B > C'인데, A는 I에서는 측정할 수 있지만 II에서는 측정할 수 없다. 광포화가 일어나기 위한 빛의 최소 세기를 광포화점이라 하고, 광검출기는 광포화점 이상의 세기를 갖는 서로 다른 빛에 대해서는 각각의 세기를 측정할 수 없다. 따라서 광포화점은 I이 II보다 크다.

실전에선 이렇게!

실험 결과를 설명하는 내용을 묻는 문제는 선택지를 먼저 보고 어떤 부분을 묻고 있는지를 확인한 후 지문에서 해당 내용을 찾는 방식으로 접근하는 것이 효율적이다.

19 논증의 타당성 난이도 상

정답 ③

문제풀이 핵심 포인트

㉠~㉣의 밑줄 친 문장을 간단히 기호화하여 논증을 구성하고, 각 문장을 전제로 할 때 다른 문장이 도출될 수 있는지 여부를 <보기>에 따라 판단한다.

풀이

밑줄 친 문장을 간단히 기호화하여 정리하면 다음과 같다.

㉠ 정당화 ↔ 믿어야 함

㉡ ~자유롭게 선택

㉢ ~자유롭게 선택 → ~인식적 의무

㉣ ~정당화

ㄱ. (O) ㉠과 ㉢을 연결하면 '~자유롭게 선택 → ~인식적 의무 → ~정당화'이다. 따라서 ㉠과 ㉢만으로는 ㉣이 도출되지 않는다.

ㄴ. (×) ㉡의 부정인 '자유롭게 선택'으로부터 ㉢의 부정인 '~자유롭게 선택 & 인식적 의무'가 도출되지 않는다.

ㄷ. (O) "'지금 비가 오고 있다.'를 믿는다는 것이 비의지적이다."를 간단히 기호화하면 '비의지적'이다. 이것과 ㉢을 연결하면 '~자유롭게 선택 → ~인식적 의무'에서 전건이 만족되므로 '~인식적 의무'라는 결론이 도출된다. 따라서 "우리에게 '지금 비가 오고 있다.'를 믿어야 할 인식적 의무가 없다."는 것이 도출된다는 분석은 적절하다.

20 논증 평가 난이도 상

정답 ③

문제풀이 핵심 포인트

<보기>에서 철학자 A와 B의 입장이 강화되는지 약화되는지 여부를 묻고 있으므로 철학자 A와 B의 입장이 어떠한지를 명확히 파악해야 한다.

풀이

철학자 A는 자유주의 논제와 비의지성 논제는 받아들이면서 의무론 논제를 거부하여 위 논증의 결론을 거부한다. 한편 철학자 B는 의무론 논제와 비의지성 논제는 받아들이면서 자유주의 논제를 거부하여 위 논증의 결론을 거부한다.

ㄱ. (O) "우리가 p를 믿는다는 것은 자유롭게 선택할 수 있는 것이다."는 것이 사실이면, p에 대한 믿음이 의지적이라는 것이다. 그러나 철학자 A는 비의지성 논제를 받아들이므로 위의 내용이 사실이면 철학자 A의 입장은 약화된다.

ㄴ. (O) "우리에게 p를 믿어야 할 인식적 의무가 있다면 우리의 p에 대한 믿음이 인식적으로 정당화된다."는 것이 사실이면 '인식적 의무 → 정당화'가 참이다. 철학자 B는 의무론 논제를 받아들이므로 위의 내용이 사실이면 철학자 B의 입장은 강화된다.

ㄷ. (×) "우리가 p를 믿는다는 것이 자유롭게 선택할 수 있는 것이 아니더라도 우리에게 p를 믿어야 할 인식적 의무가 있다."는 것이 사실이면, '~자유롭게 선택 & 인식적 의무'가 참이다. 철학자 A는 자유주의 논제를 받아들이고, 철학자 B는 자유주의 논제를 거부하므로 위의 내용이 사실이면 철학자 A의 입장은 약화되지만, B의 입장은 약화되지 않는다.

21 밑줄 추론 난이도 하

정답 ①

문제풀이 핵심 포인트

밑줄의 앞뒤 문장을 읽고, 밑줄의 구체적인 내용을 파악할 수 있는 핵심어나 문장을 체크하는 것이 필요하다.

풀이

ㄱ. (O) 을은 아동학대로부터 제대로 보호 받지 못하는 피해자들이 여전히 많은 이유를 신속한 보호조치가 미흡하여 신고를 해 놓고 보호조치를 기다리는 동안 또다시 학대를 받는 아동이 많은 것이라고 보고 있다. 따라서 을의 주장을 뒷받침하기 위해, 신고가 접수된 시점과 아동학대 판단 후 보호조치가 시행된 시점 사이에 아동학대가 재발한 사례의 수를 조사하는 것은 을의 의견을 뒷받침할 수 있는 자료가 된다.

ㄴ. (×) 병은 아동학대로부터 제대로 보호 받지 못하는 피해자들이 여전히 많은 이유를 아동학대로 판단되지 않은 사례에 대해서는 보호조치가 취해지지 않는데, 당장은 직접적인 학대 정황이 포착되지 않아 아동학대로 판단되지 않았으나, 실제로는 아동학대였던 경우가 많았을 것이라고 본다. 따라서 병의 주장을 뒷받침하기 위해, 아동학대로 판단되지 않은 신고 사례 가운데 보호조치가 취해지지 않은 사례가 차지하는 비중을 조사하는 것은 병의 의견을 뒷받침할 수 있는 자료가 될 수 없다.

ㄷ. (×) 정은 아동학대로부터 제대로 보호 받지 못하는 피해자들이 여전히 많은 이유를 아동학대가 가까운 친인척에 의해 발생하여 신고 자체가 어려운 경우가 많다고 본다. 따라서 정의 주장을 뒷받침하기 위해, 아동학대 피해자 가운데 친인척과 동거하지 않으며 보호조치를 받지 못한 사례의 수를 조사하는 것은 정의 의견을 뒷받침할 수 있는 자료가 될 수 없다.

실전에선 이렇게!

의견을 뒷받침할 수 있는 자료를 찾아야 하므로 지문의 을, 병, 정 의견의 핵심을 명확히 체크하여 <보기>의 내용과 비교한다.

22 원칙 적용 난이도 중

정답 ④

문제풀이 핵심 포인트

고시 개정 이전과 이후의 주류 판매 유형에 따른 주문 방법 및 결제 방법, 수령 방법에 대한 원칙을 지문의 표를 통해 파악하는 것이 핵심이다.

풀이

① (×) 두 번째 단락에서 고시 개정 전 음식점을 운영하는 음식업자가 주문 받은 배달 음식과 함께 소량의 주류를 배달하는 경우에 예외적으로 주류의 완전 비대면 판매가 가능했음을 알 수 있다. 따라서 고시 개정과 무관하게 음식업자는 주류만 완전 비대면으로 판매할 수 있다는 것은 추론할 수 없다.

② (×) 네 번째 단락에서 고시 개정 이전에는 슈퍼마켓, 편의점 등을 운영하는 주류 소매업자는 대면 및 예약 주문 방식으로만 주류를 판매할 수 있었음을 알 수 있다. 따라서 고시 개정 이전에는 슈퍼마켓을 운영하는 주류 소매업자는 온라인으로 주류 주문을 받을 수 없었다는 것은 추론할 수 없다.

③ (×) 두 번째 단락에서 고시 개정 전 음식점을 운영하는 음식업자가 주문 받은 배달 음식과 함께 소량의 주류를 배달하는 경우에 예외적으로 주류의 완전 비대면 판매가 가능했음을 알 수 있다. 따라서 고시 개정 이전에는 주류를 구매하는 소비자는 반드시 영업장을 방문하여 상품을 대면으로 수령해야 했다는 것은 추론할 수 없다.

④ (O) 네 번째 단락에서 고시 개정 이전에는 슈퍼마켓, 편의점 등을 운영하는 주류 소매업자는 대면 및 예약 주문 방식으로만 주류를 판매할 수 있었음을 알 수 있다. 표에 따르면 대면 및 예약 주문 방식은 모두 영업장을 방문하여 결제해야 한다. 따라서 고시 개정 이전에는 편의점을 운영하는 주류 소매업자는 주류 판매 대금을 온라인으로 결제 받을 수 없었다는 것을 추론할 수 있다.

⑤ (×) 고시 개정 이후에도 고시 개정 이전의 대면 및 예약 주문 방식의 주류 구매는 가능하다. 따라서 고시 개정 이후에는 전통주를 구매하는 소비자는 전통주 제조자의 영업장에 방문하여 주류를 구입할 수 없다는 것은 추론할 수 없다.

23 원칙 적용 난이도 중

정답 ③

문제풀이 핵심 포인트

<표>를 보면 기관 A, B의 연도별 보호수준 평가 결과가 항목별로 일부 제시되어 있다. 이 표의 비어 있는 부분인 ㉠~㉥을 채울 수 있는 원칙을 지문에서 확인하는 것이 핵심이다.

풀이

ㄱ. (O) 우수기관으로 지정되기 위해서는 당해 연도와 전년도에 각각 둘 이상의 항목에서 상 등급을 받고 당해 연도에는 하 등급을 받은 항목이 없어야 한다. 따라서 A기관은 2024년에 하 등급을 받은 항목이 있으므로 우수기관으로 지정될 수 없다. 또한 하 등급을 받은 항목의 수가 2년 연속 둘이라면, 그 기관은 취약기관으로 지정된다. A기관이 2024년에 취약기관으로 지정되려면, ㉠과 ㉢이 모두 하 등급이어야 한다. 따라서 ㉠과 ㉢이 다르면 A기관은 2024년에 우수기관으로도 취약기관으로도 지정되지 않는다는 것은 적절한 판단이다.

ㄴ. (×) 하 등급을 받은 항목의 수가 2년 연속 둘이라면, 그 기관은 취약기관으로 지정된다. B기관이 2024년에 취약기관으로 지정되려면 ㉤과 ㉥이 모두 '하'이고, ㉣도 '하'여야 한다. 따라서 ㉤과 ㉥이 모두 '하'라면 B기관은 2024년에 취약기관으로 지정된다는 것은 적절한 판단이 아니다.

ㄷ. (O) 2024년에 A기관이 취약기관으로 지정되었다면, ㉠, ㉡, ㉢이 모두 '하'여야 한다. 또한 2024년에 B기관이 우수기관으로 지정되었다면, ㉣, ㉤, ㉥이 모두 '상'이어야 한다. 따라서 2024년에 A기관은 취약기관으로 지정되었고 B기관은 우수기관으로 지정되었다면, ㉡과 ㉣은 같지 않다는 것은 적절한 판단이다.

24 견해 분석 난이도 중

정답 ②

문제풀이 핵심 포인트

대화에 대한 분석 문제는 등장인물들의 견해가 대비되어 있으므로 문제되는 A시 조례에 대한 갑~무의 견해 간에 차이점이 무엇인지에 집중한다.

풀이

① (O) ㉠은 "출산일 기준으로 12개월 전부터 신청일 현재까지 계속하여 A시에 주민등록을 둔 산모"이다. 이에 대해 갑은 민원인이 2023년 8월 30일부터 2023년 9월 8일까지 다른 지역으로 주민등록을 옮겨서 거주한 일이 있어서 지원 대상이 될 수 없다는 입장이고, 병은 당해 조항이 계속성을 요구한다고 보아 민원인이 지원 대상이 될 수 없다는 입장이다. 그러나 무는 계속성을 유연하게 해석할 수 있다고 본 근로관계에 대한 판례를 근거로 민원인이 지원 대상이 될 수 있다는 입장이다. 따라서 갑은 민원인이 ㉠을 갖추었는지 여부에 대한 판단에서 병과는 같고 무와는 다르다는 것은 적절한 분석이다.

② (×) 을은 ㉡에 "계속하여"라는 문구가 없다는 점을 근거로 민원인에 대해 출산장려금을 지원해야 한다는 입장이다. 그러나 을은 ㉠에 관한 조항에 나오는 "계속하여"라는 문구의 의미에 관해 얘기하고 있지 않다. 따라서 을은 ㉠에 관한 조항에 나오는 "계속하여"라는 문구의 의미를 갑, 병과 달리 이해한다는 것은 적절하지 않은 분석이다.

③ (O) 병은 ㉡을 근거로 한 을의 주장에 대해, ㉢이 A시 조례 제7조와 같은 취지와 형식의 문구로 되어 있으면서 계속성을 명시하고 있으며, 다른 지방자치단체들의 조례도 마찬가지라고 주장하고 있다. 따라서 병은 ㉢에서처럼 주민등록의 계속성을 명시하는 것이 ㉡과 같은 경우보다 일반적이라고 이해한다는 것은 적절한 분석이다.

④ (O) 정은 B시 조례에서 출산 전 주민등록의 기간이 짧다는 점을 고려하여 ㉡과 ㉢을 동일 선상에 놓고 보아서는 안 된다고 본다. 따라서 정이 조문의 해석에서 ㉢에서의 주민등록 기간이 ㉡에서와 다르다는 점을 고려할 수 있다고 본다는 것은 적절한 분석이다.

⑤ (O) 무는 갱신되거나 반복된 근로계약에서는 그 사이 일부 공백 기간이 있더라도 근로관계의 계속성을 인정해야 한다는 판결과 A시 조례가 일맥상통한다고 본다. 따라서 무가 ㉠과 관련하여 일시적인 단절이 있어도 계속성의 요건이 충족될 수 있다고 본다는 것은 적절한 분석이다.

25 견해 분석 난이도 중

정답 ③

문제풀이 핵심 포인트

쟁점별 상황이 각기 다르므로 각 쟁점에 대한 갑과 을의 주장을 파악하고, 쟁점을 판단하기 위해 적용할 수 있는 주거법 규정을 확인한다.

풀이

ㄱ. (O) 쟁점 1과 관련하여, 을이 이중처벌 금지가 하나의 범죄행위에 대해 동일한 국가가 형벌권을 거듭 행사해서는 안 된다는 의미라고 해석하는 것이라면, 을은 외국에서 받은 형 집행에 대해 이중처벌 금지 원칙과 무관하다고 볼 것이고, 현행 조항이 이중처벌 금지 원칙과 무관하다고 볼 것이다. 따라서 이는 갑과 을 사이의 주장 불일치를 설명할 수 있다.

ㄴ. (O) 쟁점 2와 관련하여, 갑은 현행 조항은 신체의 자유를 과도하게 제한하는 위헌적 조문으로 보지만, 을은 현재 K국 법원은 법률상의 재량을 합리적으로 행사하여 위헌의 사례 없다고 본다. 따라서 갑은 현행 조항으로 말미암아 헌법상 신체의 자유가 침해될 것이라고 전망하지만, 을은 그러한 전망에 동의하지 않는다는 것은 적절한 분석이다.

ㄷ. (×) '외국에서 형의 집행을 받은 피고인에게 K국 법원이 형을 선고할 때에는 이미 집행된 형량을 공제해야 한다.'는 내용으로 K국 의회가 현행 조항을 개정한다면, 이중처벌 금지의 원칙에 따르면 외국에서 받은 형 집행은 K국에서 반드시 반영되어야 한다고 주장하는 갑은 개정에 찬성할 것이다. 따라서 갑과 을은 개정에 반대할 것이라는 분석은 적절하지 않다.

실전에선 이렇게!

<보기>에서 각각 쟁점 1, 2에 대해 차례대로 묻고 있으므로 지문의 <논쟁>을 먼저 읽기보다는 <보기> 판단 시에 지문의 <논쟁>을 읽고 내용을 파악하는 순서로 접근한다.

정답

p.91

1	⑤	일치부합형 (법조문형)	6	②	조건 계산형	11	①	일치부합형 (법조문형)	16	⑤	규칙 정오판단형	21	③	경우 확정형
2	⑤	일치부합형 (법조문형)	7	④	규칙 정오판단형	12	④	조건 계산형	17	②	경우 파악형	22	④	경우 파악형
3	②	일치부합형 (법조문형)	8	④	상대적 계산형	13	③	규칙 정오판단형	18	①	경우 확정형	23	②	조건 계산형
4	④	응용형 (법조문형)	9	②	1지문 2문항형	14	③	규칙 정오판단형	19	③	조건 계산형	24	⑤	규칙 정오판단형
5	①	일치부합형 (텍스트형)	10	③	1지문 2문항형	15	⑤	조건 계산형	20	④	조건 계산형	25	①	규칙 정오판단형

취약 유형 분석표

유형별로 맞힌 문제 개수와 정답률, 틀린 문제 번호, 풀지 못한 문제 번호를 적고 나서 취약한 유형이 무엇인지 파악해 보세요. 그 후 약점 보완 해설집 p.4 [취약 유형 공략 포인트]에서 약점 보완 학습법을 확인하고, 틀린 문제와 풀지 못한 문제를 다시 한번 풀어보세요.

유형		맞힌 문제 개수	정답률	틀린 문제 번호	풀지 못한 문제 번호
텍스트형	발문 포인트형	-	-		
	일치부합형	/1	%		
	응용형	-	-		
	1지문 2문항형	/2	%		
	기타형	-	-		
법조문형	발문 포인트형	-	-		
	일치부합형	/4	%		
	응용형	/1	%		
	법계산형	-	-		
	규정형	-	-		
	법조문소재형	-	-		
계산형	정확한 계산형	-	-		
	상대적 계산형	/1	%		
	조건 계산형	/6	%		
규칙형	규칙 단순확인형	-	-		
	규칙 정오판단형	/6	%		
	규칙 적용해결형	-	-		
경우형	경우 파악형	/2	%		
	경우 확정형	/2	%		
TOTAL		/25	%		

해설

1 일치부합형(법조문형) 난이도 하 정답 ⑤

문제풀이 핵심 포인트

오답인 선택지에서는 단순히 반대로 말하거나, 행위자를 바꾼 함정을 활용한 문제이다. 전형적인 쉬운 함정을 활용한 문제이므로 빠르고 정확하게 해결할 수 있어야 한다.

풀이

첫 번째 조문부터 각각 제1조~제3조라고 한다.

① (×) 제1조 제5항에 따르면 실태조사는 현장조사, 서면조사 등의 방법으로 실시하되, 효율적인 실태조사를 위하여 필요한 경우에는 정보통신망 및 전자우편 등의 전자적 방식으로 실시할 수 있다. 즉 실태조사는 전자적 방식이 아니라 현장조사, 서면조사 등의 방법으로 실시하는 것을 원칙으로 하되, 필요한 경우 전자적 방식으로 실시할 수 있다.

② (×) 제3조에 따르면 클라우드컴퓨팅기술 및 클라우드컴퓨팅서비스의 발전과 이용 촉진을 위하여 국가와 지방자치단체가 조세감면을 할 수 있다.

③ (×) 제1조 제4항에 따라 A부장관이 실태조사를 할 때에는 실태조사의 내용에 제3호의 클라우드컴퓨팅 산업의 인력 현황 및 인력 수요 전망을 포함하여야 한다.

④ (×) 제1조 제1항에 따르면 A부장관은 실태조사를 할 수 있고, 제3항에 따르면 A부장관은 관계 중앙행정기관의 장이 요구하는 경우 실태조사 결과를 통보하여야 한다. 제시문에서 관계 중앙행정기관의 장이 실태조사를 할 수 있다거나, A부장관이 관계 중앙행정기관의 장에게 실태조사 결과를 요구할 수 있다는 조문은 없다. 또한 관계 중앙행정기관의 장이 실태조사 결과를 A부장관에게 통보하여야 한다는 조문도 없다.

⑤ (O) 제2조 제1항, 제2항에 따르면 관계 중앙행정기관의 장은 연구기관에 클라우드컴퓨팅기술 및 클라우드컴퓨팅서비스에 관한 연구개발사업을 수행하게 하고 그 사업 수행에 드는 비용의 전부 또는 일부를 지원할 수 있다.

실전에선 이렇게!

제시문에서 외형적으로 쉽게 파악할 수 있는 것은, '제00조'이면서 표제가 주어지지 않은 법조문이라는 것이다. 표제를 사용할 수 없는 문제이므로 키워드를 활용하는 것이 좋다. 이 경우 법조문의 각 조 및 각 항에서 키워드를 잡은 후, 이를 키워드를 매칭하듯이 각 선택지의 키워드와 연결시켜 세밀하게 정오를 확인할 때 가장 빠르고 정확한 해결이 가능하다.

2 일치부합형(법조문형) 난이도 하 정답 ⑤

문제풀이 핵심 포인트

최근 출제 경향처럼 선택지 ①번에서는 정의 조문을 활용한 것을 볼 수 있다. 모든 기출문제가 다 중요하지만 최근 출제 경향은 특히 더 주의 깊게 파악하고 있어야 한다. 오답 선택지는 행위자 함정을 파거나, 반대로 말하거나, 요건에 해당하는지 정확하게 확인해야 하는 등 전형적인 함정을 사용하고 있으므로 정오를 잘못 판단하여 틀려서는 안 되는 평이한 난도의 문제이다.

풀이

첫 번째 조문부터 각각 제1조, 제2조라고 한다.

① (×) 제1조 제3호의 "방제"에는 산림병해충이 발생하지 않도록 예방하는 활동도 해당한다.

② (×) 제2조 제1항에 따르면 산림병해충이 발생할 우려가 있는 경우, 수목의 판매자가 아니라 산림소유자가 예찰에 필요한 조치를 하여야 한다.

③ (×) 제2조 제3항에 따르면 시·도지사 등은 산림병해충이 발생하였을 때 제3항 각호에 따른 조치 명령을 할 수 있고, 같은 조 제5항에 따르면 시·도지사 등은 제3항 각 호의 조치이행에 따라 발생한 인건비 등의 방제비용을 예산의 범위에서 지원할 수 있다. 따라서 산림병해충 발생으로 인한 조치 명령을 이행함에 따라 발생한 인건비는 시·도지사 등의 지원 대상이다.

④ (×) 제2조 제4항에 따르면 시·도지사 등은 같은 조 제3항 제2호에 따라 산림용 종묘, 베어낸 나무, 조경용 수목 등의 이동 제한이나 사용 금지를 명한 경우에는 그 내용을 해당 기관의 게시판 및 인터넷 홈페이지 등에 10일 이상 공고하여야 한다. 그러나 산림병해충이 발생한 종묘에 대해 관할 구청장이 소독을 명한 경우는 제3항 제3호에 해당하므로 시·도지사 등이 그 내용을 구청 게시판 및 인터넷 홈페이지에 10일 이상 공고하여야 하는 것은 아니다.

⑤ (O) 제2조 제3항 제1문 및 제1호에 따르면 관할 지방산림청장은 산림병해충이 발생한 경우 수목의 소유자에게 산림병해충이 있는 수목 제거를 명할 수 있다. 그러나 제3항 제2문에 따르면 명령을 받은 자는 특별한 사유가 없으면 명령에 따라야 한다고 하므로, 특별한 사유가 있으면 그 명령에 따르지 않을 수 있다는 것을 알 수 있다.

실전에선 이렇게!

1번 문제와 마찬가지로 제00조이면서 표제가 없는 법조문이 주어진 문제이므로, 키워드를 활용하여 빠르고 정확하게 해결하여야 한다.

3 일치부합형(법조문형) 난이도 하 정답 ②

문제풀이 핵심 포인트

위원회는 빈출소재이므로 대비가 되어 있었다면 빠른 해결이 가능한 문제이다. 선택지 ③번에서 '호선'과 '지명'이 다른 개념임은 기출분석을 통해 대비되어 있었어야 한다.

- 호선: 조직의 구성에 있어서 선거권을 가진 구성원간에 상호투표를 통하여 대상자를 선출하는 제도 또는 그러한 선거방식을 말하며, 선거권자와 피선거권자의 범위가 동일함을 원칙으로 하는 선거이다. 이러한 선거방법으로는 중앙선거관리위원회 위원장의 선출, 국회 특별위원회의 위원장 선출 등이 있다.
- 지명: 통상 일정한 범위의 사람 가운데 어떤 한 사람이나 여러 사람을 특정하는 행위를 말한다. 지정이라고 쓸 때도 있다.

풀이

첫 번째 조문부터 각각 제1조~제3조라고 한다.

① (×) 제1조 제4항에 따르면 위원의 임기는 3년이고, 제3조 제3항에 따르면 감사의 임기는 3년이다. 감사와 위원의 임기는 같다.

② (O) 제1조 제2항에 따르면 위원장은 상임으로 하고, 제3조 제2항에 따르면 감사는 상임으로 한다.

③ (×) 제1조 제3항에 따르면 위원장은 A부장관이 위원 중에서 지명하는 것이 아니라 위원 중에서 호선한다.

④ (×) 제1조 제2항에 따르면 위원회는 위원장 1명을 포함한 9명 이내의 위원으로 구성하고, 제3조 제1항에 따른 감사는 위원과 별개이다. 제1조 제3항에서 위원은 관련 단체의 장이 추천하는 사람을 A부장관이 위촉하고 제3조 제2항에서 감사는 A부장관이 임명하므로, 그 선임 방법이 다른 것에서도 위원과 감사가 별개임을 확인할 수 있다.

⑤ (×) 제2조 제2항에 따르면 위원회의 성립은 A부장관의 인가 여부와 관계없는 것이 아니라, A부장관의 인가를 받아 주된 사무소의 소재지에서 설립등기를 함으로써 성립한다.

실전에선 이렇게!

선택지 ①번에서의 위원의 임기, ③번에서 지명, 임명, 호선, 위촉 등의 구분, ④번에서 위원회의 구성은 위원회 소재의 거의 모든 문제마다 묻는 것이고, ②번에서의 상임, 비상임 여부, ⑤번에서 성립 과정(절차) 등도 종종 묻는 것이다. 기존의 출제 경향에서 벗어나지 않으므로, 정오 판단에 필요한 근거를 제시문에서 빠르게 찾아내서 정확하게 해결할 수 있어야 한다.

4 응용형(법조문형) 난이도 하 정답 ④

문제풀이 핵심 포인트

발문에서 '제사주재자'가 누군지 해결할 것을 요구하므로 주어진 제시문에서 누구를 제사주재자로 결정하는지와 관련하여 정확하게 파악하여야 한다. 종전 대법원 판례와 변경된 최근 대법원 판례가 주어져 있으므로, 종전과 최근 두 판례를 정확하게 이해하여 차이점을 구분한 후, 이를 주어진 〈상황〉에 정확하게 적용하여 각 판례에 따를 때 제사주재자가 누구인지 해결할 수 있어야 한다.

풀이

첫 번째 문단부터 각각 문단 i)~iii)라고 한다. 문단 ii)의 종전 대법원 판례에 따르면 특별한 사정이 없는 한 1) 사망한 사람의 직계비속으로서 장남(장남이 이미 사망한 경우에는 장손자), 2) 공동상속인들 중 아들이 없는 경우에는 장녀가 제사주재자가 된다. 그리고 문단 iii)의 최근 대법원 판례에 따르면 특별한 사정이 없는 한 연령을 기준으로 하여 사망한 사람의 직계비속 가운데 남녀를 불문하고 최근친(最近親) 중 연장자가 제사주재자가 된다.

〈상황〉에 따르면 A~D는 甲과 乙의 직계비속이고, 2024. 6. 1. 현재 甲의 공동상속인인 乙, A, C, D의 연령을 각각 확인할 수 있다. 그리고 B는 2023. 5. 1. 사망 당시 43세이므로 C보다는 나이가 많아 B가 甲과 乙의 장남임을 알 수 있다. 따라서 종전 대법원 판례에 따르면 사망한 甲의 직계비속으로서 장남인 B가 제사주재자가 되어야 하나 이미 사망하였으므로 장손자인 D가 제사주재자가 된다. 그리고 최근 대법원 판례에 따르면 사망한 甲의 직계비속 가운데 남녀를 불문하고 최근친 중 연장자인 A(50세)가 제사주재자가 된다. 따라서 제사주재자를 옳게 짝지은 것은 ④이다.

실전에선 이렇게!

발문에 포인트가 있는 문제이므로, '제사주재자'가 누가 되는지에 초점을 맞추어 제시문부터 정확하게 이해하여야 한다. 제시문과 〈상황〉이 주어진 경우 어디부터 읽는 것이 더 좋은가는 정답이 없다. 어디부터 읽을 때 더 잘 이해되고 정답률이 높아지는지는 기존 기출문제를 통해 자신에 대한 파악이 되어 있어야 한다.

5 일치부합형(텍스트형) 난이도 하 정답 ①

문제풀이 핵심 포인트

자기조절력의 하위 요소(상·하위), 목표달성을 위한 두 가지 능력(능력 간 서로 내용 바꾸기) 등 함정으로 낼만 한 내용을 포함하고 있는 제시문이다. 그 외에 약할수록 ↔ 강할수록, 강화하는 ↔ 약화하는 등 일반적으로 상식선에서 판단할 수 있는 함정이 활용된 문제이다.

풀이

첫 번째 문단부터 각각 문단 i)~iii)이라고 한다.

① (○) 문단 i)에 따르면 자기조절을 위해서는 현재 나의 상태와 도달하고 싶으나 아직 구현되지 않은 나의 미래 상태를 구별해 낼 수 있어야 한다.

② (×) 문단 iii)에 따르면 내측전전두피질과 배외측전전두피질 간의 기능적 연결성이 강할수록 목표를 위해 에너지를 집중하고 지속적인 노력을 쏟아부을 수 있는 능력이 높아진다고 한다. 이는 자신이 도달하고자 하는 대상에 집중할 수 있는 두 번째 능력과 관련된 것이다. 선택지와 같이 내측전전두피질과 배외측전전두피질 간의 기능적 연결성이 약할수록 목표를 위한 집중력이 높아진다고 판단할 수는 없다.

③ (×) 문단 ii)에 따르면 자기절제는 일상적이고도 전형적인 행동을 분명한 의도를 바탕으로 억제하는 것이다. 이는 문단 iii)의 목표달성과는 무관하다. 따라서 목표달성을 위해서 일상적이고 전형적인 행동을 강화하는 능력이 필요하다고 판단할 수는 없다. 목표달성을 위해 필요한 두 가지 능력은 문단 iii)에서 언급하고 있어, 문단 ii)의 자기절제와는 무관하다.

④ (×) 문단 iii)에서는 목표달성을 위해 두 가지 능력이 필요하다고 한다. 첫 번째는 자기 자신에 집중할 수 있는 능력이 필요하며 이를 위해서는 자기참조과정이 필요하다고 한다. 그리고 두 번째는 자신이 도달하고자 하는 대상에 집중할 수 있는 능력이 필요하다. 자신이 도달하고자 하는 대상에 집중하는 과정은 두 번째 능력에 관한 것이고 자신을 되돌아보며 현재 나의 상태를 알아차리는 자기참조과정은 첫 번째 능력에 관한 것이다.

⑤ (×) 문단 i)에 따르면 자기조절력의 하위 요소로 자기절제와 목표달성 등이 있다. 자기조절력이 자기절제의 하위 요소인 것은 아니다.

실전에선 이렇게!

옳은 선택지는 쉽고 빠르게 확인할 수 있다. 정답이 찾아지면 다른 선택지를 추가적으로 확인하지 않고 바로 다음 문제로 넘어갈 때 시간 단축이 가능해지고 더 많은 문제를 주어진 시간 내에 풀어낼 수 있다.

6 조건 계산형 난이도 하 정답 ②

문제풀이 핵심 포인트

이전 5·7급 기출문제에서는 곱해가는 과정을 추적하는 문제가 주로 출제되었는데, 이 문제는 덧셈을 하는 과정을 추적하면 되는 문제이다. 곱셈 과정보다 수월하므로 빠르고 정확하게 해결할 수 있어야 한다.

풀이

제시문의 보이지 않는 다섯 개의 숫자를 다음과 같이 각각 [a]~[e]라고 한다.

甲:	[a]	5	7	0	1
乙:	8	4	[b]	9	8
丙:	8	3	[c]	[d]	4
丁:	[e]	6	7	1	5

주어진 甲~丁의 걸음 수를 모두 더해 그 합이 199,998걸음이 나와야 한다. 우선 일의 자리를 모두 더해보면 다음과 같다.

				1	
甲:	a	5	7	0	1
乙:	8	4	b	9	8
丙:	8	3	c	d	4
丁:	e	6	7	1	5
					8

그리고 십의 자리를 모두 더하면 9가 되어야 하므로 d는 8이다.

			1	1	
甲:	a	5	7	0	1
乙:	8	4	b	9	8
丙:	8	3	c	d	4
丁:	e	6	7	1	5
				9	8

백의 자리를 모두 더하면 9이어야 하므로 b+c는 4 또는 14이어야 한다. 그러나 천의 자리를 감안하면, 천의 자리에 1만 올라가야 하므로 b+c는 4이어야 한다.

	1	1	1		
甲:	a	5	7	0	1
乙:	8	4	b	9	8
丙:	8	3	c	d	4
丁:	e	6	7	1	5
		9	9	9	8

그러므로 a+e는 2이어야 한다.

따라서 보이지 않는 숫자를 모두 합한 값은 a+b+c+d+e=14이다.

실전에선 이렇게!

d는 8이라는 것은 확정할 수 있지만, b+c는 4, a+e는 2이어야 한다는 것까지만 확인한 후 빠르게 정답을 찾아야 한다. 발문에서 묻는 것은 '모두 합한 값'이라는 점을 잘 활용하자.

7 규칙 정오판단형 난이도 하

정답 ④

문제풀이 핵심 포인트

규칙형 중 정오판단형의 전형적인 문제이다. 각 보기의 정오판단을 할 수 있는 적절한 입증사례 또는 반증사례를 찾아낼 수 있어야 한다.

풀이

〈조건〉의 첫 번째 동그라미부터 각각 조건 i), ii)라고 한다. 주어진 총 7개 공 무게의 합은 270g이며, 〈조건〉에 따라 3개의 상자에 나누어 모두 담으려고 한다. 조건 i)에 따라 각 상자에는 100g을 초과해서 담을 수 없으므로, 각 공의 무게를 고려할 때 어느 한 상자에는 총 3개의 공을 담아야 하며, 나머지 두 상자에는 2개의 공을 담아야 한다. 한 상자에 공 4개를 담으면 100g을 초과하며, 한 상자에 공 1개를 담는 경우 나머지 어느 한 상자에서 반드시 100g을 초과하기 때문이다.

한 상자에 공 3개를 담는 것이 가능한 경우를 생각해보면 빨강×2, 노랑×1을 담아 100g이 되는 것만 가능하다. 따라서 한 상자는 빨강×2, 노랑×1로 확정되고 남은 빨강×1, 노랑×1, 파랑×2를 남은 상자에 담을 수 있는 경우는 다음 두 가지이다.

〈경우 1〉

빨강 빨강 노랑	파랑 파랑	빨강 노랑

〈경우 2〉

빨강 빨강 노랑	파랑 빨강	파랑 노랑

조건 ii)에 따르면 각 상자에는 적어도 2가지 색의 공을 담아야 하므로 <경우 2>만 가능하다.

ㄱ. (×) 빨간색 공 2개가 같은 상자에 담기게 된다. 따라서 빨간색 공 3개가 모두 서로 다른 상자에 각각 담기게 되는 것은 아니다.

ㄴ. (O) 각 상자에 담긴 공 무게의 합을 계산해보면 다음과 같다.

빨강 빨강 노랑	파랑 빨강	파랑 노랑
100g	80g	90g

따라서 각 상자에 담긴 공 무게의 합은 서로 다르다.

ㄷ. (×) 빨간색 공이 담기는 두 개의 상자 중 빨간색 공이 담긴 상자에 파란색 공이 담기는 경우가 있다.

빨강 빨강 노랑	파랑 빨강	파랑 노랑

ㄹ. (O) 3개의 상자 중에서 공 무게의 합이 가장 작은 상자(80g)에는 파란색 공이 담기게 된다.

실전에선 이렇게!

보기 ㄱ의 정오판단을 위해서는 반례를 찾으려고 시도해야 한다. 그런데 해당하는 반례를 찾으려고 할 때, '빨간색 공은 모두 서로 다른 상자에 담기게 된다.'의 반례가 '빨간색 공은 모두 같은 상자에 담기게 된다.'가 아님에 주의하자. '모두 서로 다른 상자'의 반대가 '모두 같은 상자'의 의미는 아니다. 3개의 상자에 (빨강, 빨강), (빨강), (빨강 없음)으로 담기는 경우 보기 ㄱ의 반례가 될 수 있다.

8 상대적 계산형 난이도 하

정답 ④

문제풀이 핵심 포인트

작품별 기본점수에 네 가지 기준에 따른 점수를 가감하여 최종점수를 산출한 후, 최종점수가 75점인 작품에 투자한다. 이때 함정에 빠지거나 계산실수하지 않도록 주의해야 한다.

풀이

첫 번째 동그라미에 주어진 표에 두 번째 동그라미의 점수를 가감해본다. 우선 스태프 인원이 50명 미만인 작품에 감점 10점을, 장르가 판타지인 작품에 가점 10점을 적용해보면 다음과 같다.

현황 작품	기본 점수 (점)	스태프 인원 (명)	장르	감독의 최근 2개 작품 흥행 여부 (개봉연도)	
성묘	70	55	판타지 +10	성공 (2009)	실패 (2015)
서울의 겨울	85	45 -10	액션	실패 (2018)	실패 (2020)
만날 결심	75	50	추리	실패 (2020)	성공 (2022)
빅 포레스트	65	65	멜로	성공 (2011)	성공 (2018)

그리고 감독의 최근 2개 작품이 모두 흥행 성공한 작품에 가점 10점을, 감독의 직전 작품이 흥행 실패한 작품에 감점 10점을 적용해보면 다음과 같다.

현황 / 작품	기본 점수 (점)	스태프 인원 (명)	장르	감독의 최근 2개 작품 흥행 여부 (개봉연도)	
성묘	70	55	판타지 +10	성공 (2009)	실패 (2015) −10
서울의 겨울	85	45 −10	액션	실패 (2018)	실패 (2020) −10
만날 결심	75	50	추리	실패 (2020)	성공 (2022)
빅 포레스트	65	65	멜로	성공 (2011)	성공 (2018) +10

각 작품의 최종점수를 확인해보면 '성묘'가 70 + 10 − 10 = 70점, '서울의 겨울'이 85 − 10 − 10 = 65점, '만날 결심'이 75점, '빅 포레스트'가 65 + 10 = 75점이다. 최종점수가 75점 이상인 작품에 투자하므로 '만날 결심'과 '빅 포레스트'에 투자한다.

실전에선 이렇게!

감점과 가점을 혼동하지 않도록 주의한다. 점수를 가감하는 네 가지 기준을 적용할 때 사소한 함정에 빠지지 않도록 정확하게 읽고 해결해야 한다.

9 1지문 2문항형 난이도 하 정답 ②

문제풀이 핵심 포인트

매력적인 함정은 없는 난도가 평이한 문제이므로 반드시 맞혀야 하는 문제이다.

풀이

첫 번째 문단부터 다섯 번째 문단까지 각각 문단 i)~ v)라고 한다.

ㄱ. (O) 문단 i)에 따르면 암호문에서 평문으로 변환하는 것을 복호화라 한다.

ㄴ. (×) 문단 iii)에 따르면 비대칭키 방식의 경우에는 수신자가 송신자의 키를 몰라도 자신의 키만 알면 복호화가 가능하다. 여기서 복호화라 함은 보기 ㄱ에서 확인한 바와 같이 암호문을 해독 가능한 평문으로 변환하는 것이다. 따라서 비대칭키 방식에서는 수신자가 송신자의 키를 모르더라도 암호를 해독할 수 있다.

ㄷ. (×) 문단 ii)에 따르면 단어, 어절 등의 순서를 바꾸는 것은 대체가 아니라 치환이다. 대체는 각 문자를 다른 문자나 기호로 일대일로 대응시키는 것이다.

ㄹ. (O) 문단 v)에 따르면 컴퓨팅 기술의 발전으로 인해 DES는 더 이상 안전하지 않아, DES보다는 DES를 세 번 적용한 삼중 DES(triple DES) 등을 사용하고 있다고 한다. 따라서 삼중 DES 알고리즘은 DES 알고리즘보다 안전성이 높다고 판단할 수 있다.

실전에선 이렇게!

각 보기의 해결에 필요한 근거를 제시문에서 빠르게 찾아 해결할 수 있어야 한다.

10 1지문 2문항형 난이도 하 정답 ③

문제풀이 핵심 포인트

56비트로 만들 수 있는 키의 수는 2^{56}개이고, 60비트로 만들 수 있는 키의 수는 2^{60}개이다. 〈상황〉에 주어지길 컴퓨터의 체크 속도가 2배가 될 때마다 컴퓨터는 10만 원씩 비싸진다. 2배가 될수록 2^n에서 2^{n+1}로 n이 1씩 증가한다는 것은 기본적으로 잘 알고 있을 것이다.

풀이

문단 iv)에 따르면 비트는 0과 1을 표현할 수 있는 가장 작은 단위이고, 예를 들어 8비트로 만들 수 있는 키의 수는 2^8, 즉 256개이다. 따라서 〈상황〉의 '2^{56}개의 키'는 비트로 환산하면 56비트이고, 1비트가 증가할 때마다. 키의 수가 2배로 늘어남을 확인한다.

56비트로 만들 수 있는 키를 1초에 모두 체크할 수 있는 컴퓨터의 가격이 1,000,000원이고, 컴퓨터의 체크 속도가 2배가 될 때마다 컴퓨터는 10만 원씩 비싸진다고 한다. 60비트로 만들 수 있는 키를 1초에 모두 체크할 수 있는 컴퓨터는 56비트로 만들 수 있는 키를 1초에 모두 체크할 수 있는 컴퓨터 체크 속도의 2^4배이므로 해당 컴퓨터의 최소 가격은 1,000,000 + 4 × 10만 원 = 1,400,000원이다. 따라서 (가)에 해당하는 수는 1,400,000이다.

실전에선 이렇게!

제시문을 전반적으로 훑어 보면서 해결의 근거가 되는 내용은 문단 iv)에 있음을 쉽게 확인할 수 있어야 한다. 제시문 문단 iv)의 내용과 〈상황〉에 주어진 내용을 통해 빠른 해결이 가능한 문제이다.

11 일치부합형(법조문형) 난이도 하 정답 ①

문제풀이 핵심 포인트

제1조 제4항에 따르면 각 호의 어느 하나에 해당하는 경우 원칙적으로는 지정을 취소할 수 있거나 일정 기간 동안 업무의 전부 또는 일부를 정지할 수 있어, 지정 취소 또는 업무 정지가 재량으로 규정되어 있다. 그런데 그 중 제1호에 해당하는 경우에는 일정 기간 업무 정지는 불가능하고 지정을 취소해야 하여 지정 취소가 기속으로 규정되어 있다. 기속과 재량을 구분하여 인식할 수 있어야 하고, 특정 호에만 기속으로 규정된 내용도 실수하지 않고 정확하게 볼 수 있어야 한다.

풀이

첫 번째 조문부터 각각 제1조~제3조라고 한다.

① (O) 제1조 제4항 단서에 따르면 A부장관은 김치산업 전문인력 양성기관이 부정한 방법으로 지정을 받아 제1호에 해당하는 경우에는 지정을 취소하여야 한다.

② (×) 제3조 제2항에 따르면 A부장관은 김치의 품질향상과 국가 간 교역을 촉진하기 위하여 김치의 국제규격화를 지양하는 것이 아니라 추진하여야 한다.

③ (×) 제1조 제2항에 따르면 A부장관은 같은 조 제1항에 따른 전문인력 양성을 위하여 적절한 시설과 인력을 갖춘 기관·단체를 전문인력 양성기관으로 지정·관리할 수 있다. 적절한 시설을 갖추지 못한 대학이라도 전문인력 양성을 위하여 해당 대학을 김치산업 전문인력 양성기관으로 지정할 수 있다고 판단해서는 안 된다.

④ (×) 제2조 제1항에 따르면 국가는 김치종주국의 위상제고, 김치의 연구·전시·체험 등을 위하여 세계 김치연구소를 설립하여야 한다. 국가가 아닌 지방자치단체가 세계 김치연구소를 설립하여야 하는 것으로 판단해서는 안 된다.

⑤ (×) 제3조 제1항에 따르면 지방자치단체는 김치의 해외시장을 개척하는 개인에 대하여 필요한 지원을 할 수 있다.

실전에선 이렇게!

김치의 품질향상과 국가 간 교역을 촉진하려고 하면서 김치의 국제규격화는 지양한다, 적절한 시설을 갖추지 못한 대학인데도 전문인력 양성기관으로 지정한다 등 법조문을 굳이 확인하지 않아도 옳지 못할 것이 예상되는 선택지들이 포함되어 있다. 어느 정도는 법상식에 맞게 판단하는 것도 가능한 문제이다.

12 조건 계산형 난이도 중 정답 ④

문제풀이 핵심 포인트

〈인쇄 규칙〉을 정확하게 이해한 후 이를 표의 정보에 정확하게 적용하면 해결할 수 있는 문제이다. 계산 문제의 경우 조건을 하나라도 놓치거나 부정확하게 적용하는 경우 계산 결괏값이 달라지고 문제를 틀리게 되므로, 실수하지 않도록 주의해야 한다.

풀이

〈인쇄 규칙〉의 첫 번째 동그라미부터 네 번째 동그라미까지 각각 ⅰ)~ⅳ)라고 한다. ⅳ)에 따르면 한 장의 A4용지에는 한 종류의 문서만 인쇄한다고 하므로 각 문서의 종류별로 몇 장의 A4용지가 필요한지 각각 검토한다.

- A: ⅱ)에 따르면 문서는 A4용지 한 면에 2쪽씩 인쇄하지만, 중요도가 상에 해당하는 보도자료는 A4용지 한 면에 1쪽씩 인쇄한다. A는 중요도가 상에 해당하는 보도자료이므로 A4용지 한 면에 1쪽씩 인쇄한다. 그리고 ⅲ)에 따르면 단면 인쇄를 기본으로 하므로 총 2쪽인 A를 인쇄하기 위해서는 총 2장의 A4용지가 필요하다.
- B: ⅱ), ⅲ)에 따르면 문서는 A4용지 한 면에 2쪽씩 인쇄하고, 단면 인쇄를 기본으로 한다. 따라서 총 34쪽인 B를 인쇄하기 위해서는 단면 인쇄로 한 면에 2쪽씩 34 ÷ 2 = 총 17장의 A4용지가 필요하다.
- C: ⅱ)에 따르면 문서는 A4용지 한 면에 2쪽씩 인쇄한다. 그리고 ⅲ)에 따르면 단면 인쇄를 기본으로 하지만 중요도가 하에 해당하는 문서는 양면 인쇄한다. 따라서 총 5쪽인 C를 인쇄하기 위해서는 양면 인쇄로 한 면에 2쪽씩 총 2장의 A4용지가 필요하다.
- D: ⅱ), ⅲ)에 따르면 문서는 A4용지 한 면에 2쪽씩 인쇄하고, 단면 인쇄를 기본으로 한다. 따라서 총 3쪽인 D를 인쇄하기 위해서는 단면 인쇄로 한 면에 2쪽씩 총 2장의 A4용지가 필요하다. 유형이 보도자료가 아니라 설명자료임에 실수하지 않도록 주의해야 한다.

따라서 인쇄에 필요한 A4용지의 장수를 모두 더하면 2 + 17 + 2 + 2 = 23장이다.

실전에선 이렇게!

기본적으로 A4용지 한 면에 2쪽씩 인쇄하고, 단면 인쇄를 기본으로 한다. 이 두 개의 기본조건에 더해 두 개의 단서조건이 추가된 문제이다. 중요도가 상에 해당하는 보도자료는 A4용지 한 면에 1쪽씩 인쇄하고, 중요도가 하에 해당하는 문서는 양면 인쇄한다. 규칙을 이해하고 적용하는 과정에서 실수하지 않도록 주의해야 한다.

13 규칙 정오판단형 난이도 중 정답 ③

문제풀이 핵심 포인트

A국의 작명법을 정확하게 이해하는 것이 관건인 문제이다. 첫 번째 문단부터 각각 문단 ⅰ)~ⅲ)이라고 한다. 제시문의 예에 따라 작명법을 정리해보면 다음과 같다. 우선 문단 ⅰ)에 따르면 A국에서는 이름 뒤에 부칭이 오도록 작명을 한다.

욘 스테파운손
|
피얄라르 욘손(아들)
카트린 욘스도티르(딸)

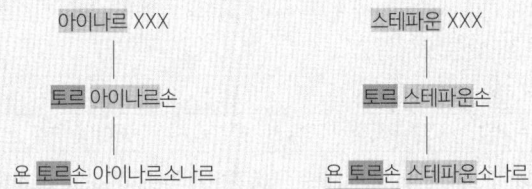

아버지의 이름이 '욘', 부칭이 '스테파운손'인 경우 아들의 부칭은 '욘손', 딸의 부칭은 '욘스도티르'가 된다. 그리고 문단 ⅱ)의 같은 사회적 집단에 속해 있는 사람끼리 이름과 부칭이 '욘 토르손'으로 같은 경우의 예를 정리해보면 다음과 같다.

아이나르 XXX	스테파운 XXX
|	|
토르 아이나르손	토르 스테파운손
|	|
욘 토르손 아이나르소나르	욘 토르손 스테파운소나르

'욘 토르손 아이나르소나르'의 이름은 '욘', 부칭은 '토르손'이다. 이름과 부칭은 밑줄로 표시하였다. '아이나르소나르' 부분은 할아버지의 이름을 의미하는데 제시문에서 해당 부분의 명칭을 언급하고 있지는 않다. '욘 토르손 아이나르소나르'의 아버지 이름은 '토르'이고 부칭은 '아이나르손'이다. 그리고 '욘 토르손 아이나르소나르'의 할아버지 이름은 '아이나르'이고 부칭은 알 수 없다. '욘 토르손 스테파운소나르'의 경우도 마찬가지이다.

풀이

① (×) 문단 ⅰ), ⅱ)에 따르면 피얄라르 토르손 아이나르소나르(Fjalar Thorsson Einarssonar)라고 불리는 사람의 이름은 '피얄라르', 아버지의 이름은 '토르', 할아버지의 이름은 '아이나르'임을 알 수 있다. 그러나 할아버지의 부칭은 알 수 없다.

② (×) 문단 ⅲ)에 따르면 공식적인 자리에서 A국 사람들은 이름을 부르거나 이름과 부칭을 함께 부르며, 부칭만으로 서로를 부르지는 않는다. 따라서 피얄라르 욘손(Fjalar Jonsson)은 공식적인 자리에서 부칭인 '욘손'으로 불리지는 않을 것이라고 판단할 수 있다.

③ (O) 문단 ⅲ)에 따르면 A국에서는 부칭이 아닌 이름의 영어 알파벳 순서로 정렬하여 전화번호부를 발행한다. 피얄라르 욘손(Fjalar Jonsson)의 아버지의 이름은 '욘(Jon)'이므로 A국의 전화번호부에는 '토르(Thor)'보다 먼저 나올 것이다.

④ (×) 스테파운(Stefan)의 아들 욘(Jon)의 부칭은 '스테파운손(Stefansson)'이다. 손자 피얄라르(Fjalar)가 욘(Jon)의 아들이라면 부칭은 '욘손(Jonsson)'이다. 부칭이 같을 것이라고 판단할 수 없다.

⑤ (×) 욘 스테파운손(Jon Stefansson)의 아들의 부칭은 '욘손(Jonsson)'이다. 그리고 욘 토르손(Jon Thorsson)의 딸의 부칭은 '욘스도티르(Jonsdottir)'이다. 동일한 부칭을 사용하지 않을 것이다.

실전에선 이렇게!

선택지 ③번에서 피얄라르 욘손의 이름이 아니라 피얄라르 욘손의 아버지의 이름임에 주의하자. 24년 7급 PSAT 상황판단 문제에서는 자잘한 함정이 많았던 것이 특징이다. 스스로 생각하기에는 큰 무리 없이 문제를 잘 푼 것 같은데, 채점했을 때 결과가 좋지 못하다면 함정에 빠진 것이다.

14 규칙 정오판단형 난이도 하

정답 ③

문제풀이 핵심 포인트

박스에 주어진 정보와 <상황>에 주어진 정보를 결합하여, 국내 순위 1~10위 선수 10명을 4명은 A팀, 3명은 B팀, 3명은 C팀 소속으로 확정해야 하고, A, B, C팀 소속 선수가 최소한 1명씩은 포함되도록 국내 순위가 높은 4명을 국가대표로 선발하여야 한다.

풀이

<상황>의 첫 번째 동그라미부터 네 번째 동그라미까지 각각 ⅰ)~ⅳ)라고 한다. ⅰ), ⅱ), ⅳ)의 내용을 정리해보면 다음과 같다.

1위	2위	3위	4위	5위	6위	7위	8위	9위	10위
	B팀			B팀			B팀		

그리고 ⅲ)에 따르면 C팀 선수 3명 중 국내 순위가 가장 낮은 선수가 A팀 선수 4명 중 국내 순위가 가장 높은 선수보다 국내 순위가 높다고 하므로 다음과 같이 정리할 수 있다.

1위	2위	3위	4위	5위	6위	7위	8위	9위	10위
C팀	B팀	C팀	C팀	B팀	A팀	A팀	B팀	A팀	A팀

제시문에 따르면 4명의 국가대표는 국내 순위가 높은 선수가 우선 선발되나, A, B, C팀 소속 선수가 최소한 1명씩은 포함되어야 한다. 따라서 국가대표로 선발되는 선수를 음영 처리해보면 다음과 같다.

1위	2위	3위	4위	5위	6위	7위	8위	9위	10위
C팀	B팀	C팀	C팀	B팀	A팀	A팀	B팀	A팀	A팀

ㄱ. (O) 국내 순위 1위 선수의 소속팀은 C팀이다.

ㄴ. (×) A팀 소속 선수 중 국내 순위가 가장 낮은 선수는 9위가 아니라 10위이다.

ㄷ. (×) 국가대표 중 국내 순위가 가장 낮은 선수는 7위가 아니라 6위이다.

ㄹ. (O) 국내 순위 3위 선수와 4위 선수는 같은 C팀이다.

실전에선 이렇게!

<상황>을 주어진 순서대로 적용하는 것보다 순서를 바꾸어 적용할 때 보다 빠르고 정확한 해결이 가능한 문제이다.

15 조건 계산형 난이도 하

정답 ⑤

문제풀이 핵심 포인트

주어진 조건을 잘 정리하는 것이 요구되는 문제이다. Q를 100리터 생산하는 데 드는 최소 비용을 따질 수 있는 이유는, A와 B를 혼합하여 가공하면 Q가 생산되는데, A는 원료 X와 Y를 혼합하여 만든다. 여기까지는 최소 비용을 따질 여지가 없는데, B는 원료 Z와 W를 혼합하여 만들거나, Z만 사용하여 만들거나, W만 사용하여 만든다. B를 만드는 세 가지 방법 중 가장 저렴한 비용의 방법을 선택해야 최소 비용으로 Q를 생산해낼 수 있다.

풀이

제시문의 첫 번째 동그라미부터 네 번째 동그라미까지 각각 ⅰ)~ⅳ)라고 한다. 발문에 따라 Q를 100리터 생산하기 위해서 필요한 원료를 ⅰ)부터 검토해본다. ⅰ)에 따르면 Q 100리터를 생산하기 위해서는 A 200리터와 B 100리터가 필요하다.

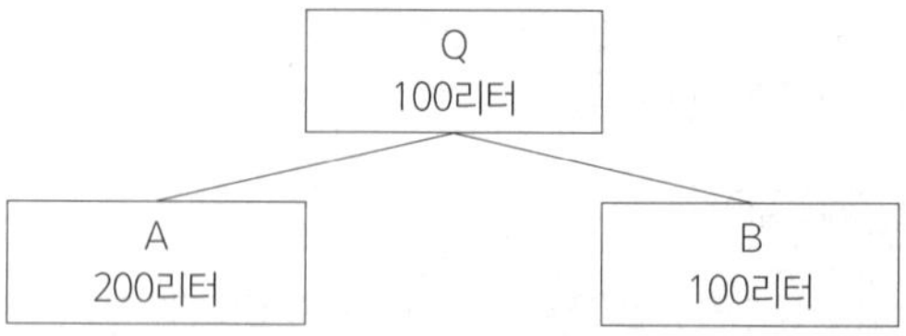

그리고 ⅱ)에 따르면 A를 200리터 생산하기 위해서는 X 200리터와 Y 400리터가 필요하다. 또한 ⅲ)에 따르면 B를 100리터 생산하기 위해서는 Z 200리터 또는 W 200리터 또는 Z 100리터와 W 100리터가 필요하다. 즉, Z이든 W이든 도합 200리터가 필요하다. ⅳ)에 따르면 W의 원료비가 Z보다 저렴하므로 W만 사용하여 B를 만들 때 비용이 더 적다. 이를 정리하면 다음과 같다.

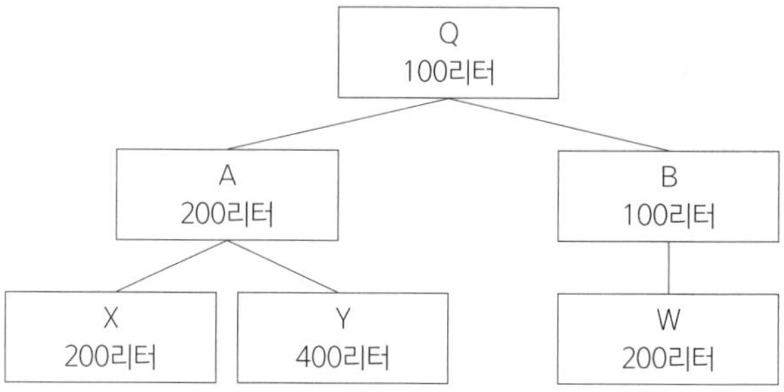

ⅳ)에 따르면 원료비 이외의 비용은 발생하지 않는다고 하므로 Q를 생산하는 데 드는 X, Y, W의 최소 원료비를 계산해보면 (200리터 × 1만 원) + (400리터 × 2만 원) + (200리터 × 3만 원) = 1,600만 원이다. 따라서 Q를 100리터 생산하는 데 드는 최소 비용은 1,600만 원이다.

16 규칙 정오판단형 난이도 중

정답 ⑤

문제풀이 핵심 포인트

PSAT을 제대로 준비하는 방법은 이전에 출제된 기출문제를 철저하게 분석하는 것이다. 이를 통해 앞으로 출제될 문제를 대비할 수 있다. '개별 게임을 반복적으로 진행하여 한 선수의 점수가 다른 선수보다 2점 많아지면'의 정보는 5급 공채 21년 가책형 33번 '남성 인물카드를 여성 인물카드보다 2장 더 많이 가지고 있다.'에서 동일하게 활용된 적 있고, 2점을 앞서야 하는 듀스 상황은 5급 공채 23년 가책형 29번 문제에서 '두 선수가 겨루는 어느 스포츠 종목의 경기 규칙은 다음과 같다. …(중략)… 1~2세트는 15점을 먼저 득점하는 선수가 이기며, …(중략)… 1~2세트는 점수가 14:14가 되면 점수가 먼저 2점 앞서거나 20점에 먼저 도달하는 선수가 이긴다'에서 이미 활용된 적 있다. 해당 문제를 잘 분석해 두었다면 이 문제를 수월하게 해결할 수 있었을 것이다.

풀이

제시문에 따르면 개별 게임에서 두 선수가 얻는 승점의 합은 1점이다. 개별 게임을 반복적으로 진행하여 한 선수의 점수가 다른 선수보다 2점 많아지면 그 선수가 경기의 승자가 되고 경기가 종료된다고 하므로 홀수 번째 게임에서 두 선수의 점수 차는 1점이고 경기가 종료되는 경우는 없다. 예를 들어 첫 번째 게임이 끝나고 나면 두 선수의 점수는 (1, 0)일 것이다.

그리고 경기가 종료되지 않은 짝수 번째 게임에서 두 선수의 점수는 같고, 경기가 종료되는 짝수 번째 게임에서는 두 선수의 점수 차는 2점이라는 것을 파악해야 문제의 해결이 가능하다. 한 선수가 두 게임을 연달아 승리해야 게임이 종료되는 것으로 이해해도 좋다. 예를 들어 두 번째 게임에서 첫 번째 게임에서 이긴 선수가 아닌 다른 선수가 이겼다면 두 선수의 점수는 (1, 1)이 될 것이고, 두 번째 게임에서 연달아 이겼다면 두 선수의 점수는 (2, 0)이 되어 경기가 종료되었을 것이다.

<상황>에서는 n번째 게임을 끝으로 甲이 경기의 승자가 되고 경기가 종료되었다고 한다.

(n-3)번째	(n-2)번째	(n-1)번째	n번째
	점수 동점	甲 승	甲 승

경기 종료

ㄱ. (×) n이 홀수인 경우, 두 선수의 점수 차는 1점이다. 두 선수의 점수 차가 1점인 경우 경기가 종료되지 않는다.

ㄴ. (×) 甲이 경기의 승자가 되었으므로, (n-1)번째 게임에서는 甲이 승리하였어야 n번째 게임에서 점수 차가 2점이 된다. n번째 게임을 끝으로 경기가 종료되었기 때문에 (n-1)번째 게임은 바로 그 직전의 게임을 의미한다. 위의 그림과 같이 (n-1)번째 게임과 n번째 게임을 연달아 甲이 이겨야 甲이 경기의 승자가 되면서 경기가 종료될 수 있다.

ㄷ. (○) (n-2)번째 게임 종료 후 두 선수의 점수가 같아야 (n-1)번째, n번째 게임을 하게 된다.

ㄹ. (○) (n-3)번째 게임에서는 甲 또는 乙 누구나 이겼을 수 있다.

실전에선 이렇게!

위에 해설에서 정리한 표처럼, n번째 게임은 마지막 게임으로 甲이 경기의 승자로 결정되는 게임이고, (n-1)번째 게임은 마지막 게임의 바로 직전의 게임이고, 그 전에 (n-2)번째 게임, 다시 그 전에 (n-3)번째 게임까지 게임이 진행된 순서가 제대로 그려져야 문제를 수월하게 해결할 수 있을 것이다.

17 경우 파악형 난이도 중

정답 ②

문제풀이 핵심 포인트

甲이 치른 3경기의 순위를 모두 합했을 때 총 157점이 되는 경우가 잘 그려져야 풀 수 있는 문제이다. 기존에 출제되어 오던 유형인 '경우형' 중 '합분해'에 해당하는 유형이므로 준비가 되어 있다면 풀어내고, 경우가 그려지지 않는다면 빠르게 넘기는 것도 가능한 문제이다.

풀이

제시문의 표에서 매 경기 순위에 따라 부여되는 점수를 확인한다. <상황>에 따르면 甲은 3경기에서 총 157점을 획득하였으며, 공동 순위는 한 번 기록하였다고 한다. 제시문의 표에서 점수의 일의 자리가 7이 될 수 있는 순위의 조합을 찾아야 한다.

직관적으로 157점은 상당히 높은 점수이므로 공동 순위를 기록하지 않고 1위 한 번, 2위 한 번을 통해 150점이 부여되었다고 하자. 일의 자리가 7이 될 수 있는 경우는 2명이 공동 6위인 경우 (8+6)÷2=7이다. 따라서 甲이 치른 3경기의 순위를 모두 합한 수는 1+2+6=9이다.

추가적으로, 가능한 모든 경우를 확인해보면 다음과 같다.

우선 甲 포함 2명이 공동 순위인 경우, 甲 포함 3명이 공동 순위인 경우를 나누어 점수를 정리해보면 다음과 같다.

<경우 1> 甲 포함 2명이 공동 순위인 경우

예를 들어 甲 포함 2명이 공동 순위 1위인 경우 (100+50)÷2=75점을 부여한다.

공동 순위	점수	순위	점수
1	75	6	7
2	40	7	5
3	25	8	3
4	15	9	
5	9	10	

가능하지 않은 경우나 점수 계산 결과 나누어떨어지지 않는 경우는 생략하였다. 157점에서 이상의 점수를 빼주어 나머지 두 경기로 획득해야 하는 점수를 정리해보면 다음과 같다.

공동 순위	점수	순위	점수
1	157-75=82	6	157-7=150
2	157-40=117	7	157-5=152
3	157-25=132	8	157-3=154
4	157-15=142	9	
5	157-9=148	10	

공동 순위가 6위인 경우를 제외하고는, 甲 포함 2명이 공동 순위에 단독 순위 2번을 더해 점수 157점을 획득하는 것은 가능하지 않다.

<경우 2> 甲 포함 3명이 공동 순위인 경우

예를 들어 甲 포함 3명이 공동 순위 1위인 경우 (100+50+30)÷3=60점을 부여한다.

공동 순위	점수	순위	점수
1	60	6	6
2		7	4
3	20	8	
4		9	
5	8	10	

<경우 1>과 마찬가지로 가능하지 않은 경우나 점수 계산 결과 나누어떨어지지 않는 경우는 생략하였다. 157점에서 이상의 점수를 빼주어 나머지 두 경기로 획득해야 하는 점수를 정리해보면 다음과 같다.

공동 순위	점수	순위	점수
1	157-60=97	6	157-6=151
2		7	157-4=153
3	157-20=137	8	
4		9	
5	157-8=149	10	

따라서 甲 포함 3명이 공동 순위인 경우, 단독 순위 2번을 더해 점수 157점을 획득하는 것은 가능하지 않다.

실전에선 이렇게!

총 157점을 만들기 위해 덩어리 접근과 끝자리 접근을 할 수 있어야 한다. 중요한 부분은 157점의 숫자가 크다는 것이고, 끝자리 '7'을 만드는 방법은 많이 않다는 것이다. 합분해를 할 때 끝자리를 신경 쓰거나, 경우형에서 덩어리를 신경 쓰는 것은 이전 기출문제에서도 여러 번 연습할 수 있는 부분이다.

18 경우 확정형 난이도 하

정답 ①

문제풀이 핵심 포인트

조건 중 여러 부분에서 1:多 대응임을 쉽게 확인할 수 있는 문제이다. 하나씩 대응되는 1:1 대응 문제와는 달리 하나가 여럿과 대응되는 1:多 대응 문제에서는 표를 그려서 해결하는 것이 효율적인 방법일 수 있다.

풀이

제시문의 내용을 표로 정리해본다. 丙, 丁의 대화를 다음과 같이 정리할 수 있다.

	메일	공지	결재	문의
甲				
乙				
丙		○		○
丁		×		

乙의 대화에 따르면 乙은 丁이 접속하지 못하는 공지에 접속할 수 없다. 甲의 대화에 따르면 甲은 결재에 접속할 수 없다.

	메일	공지	결재	문의
甲			×	
乙		×		
丙		○		○
丁		×		

甲이 접속할 수 없는 결재는 乙, 丙, 丁 모두 접속할 수 있다. 따라서 乙, 丙, 丁 모두 결재에 접속할 수 있다. 제시문에서 접속할 수 없는 메뉴가 각자 1개 이상 있다고 하므로 丙은 메일에 접속할 수 없다.

	메일	공지	결재	문의
甲			×	
乙		×	○	
丙	×	○	○	○
丁		×	○	

甲이 접속할 수 없는 메뉴는 乙, 丙, 丁 모두 접속할 수 있다. 대우 명제와 같이 생각해보면 乙 또는 丙 또는 丁이 접속할 수 없는 메뉴는 甲이 접속할 수 있다. 따라서 甲은 메일과 공지에 접속할 수 있다.

	메일	공지	결재	문의
甲	○	○	×	
乙		×	○	
丙	×	○	○	○
丁		×	○	

甲은 2개 메뉴에만 접속할 수 없으므로 문의는 접속할 수 없다. 甲이 접속할 수 없는 문의는 乙, 丙, 丁 모두 접속할 수 있다. 丙이나 丁이 접속하지 못하는 메뉴는 乙도 접속할 수 없으므로 乙은 메일에 접속할 수 없다.

	메일	공지	결재	문의
甲	○	○	×	×
乙	×	×	○	○
丙	×	○	○	○
丁		×	○	○

① (×) 甲은 공지에 접속할 수 있다.

② (O) 乙은 메일에 접속할 수 없다.

③ (O) 乙은 결재와 문의, 2개의 메뉴에 접속할 수 있다.

④ (O) 丁은 문의에 접속할 수 있다.

⑤ (O) 甲과 丙이 공통으로 접속할 수 있는 메뉴로는 공지가 있다.

실전에선 이렇게!

이전에 출제되었던 1:多 대응에 속하는 기출문제들처럼, 조건에서 숨겨진 의미를 찾아보아야 한다. 조건의 숨겨진 의미를 찾음으로써 문제를 빠르게 해결할 수 있다.

19 조건 계산형 난이도 하

정답 ③

문제풀이 핵심 포인트

문제에서 주어진 상황을 그리고 간단한 공식으로 나타낼 수 있어야 한다.

풀이

제시문의 상황을 그림으로 정리해보면 다음과 같다.

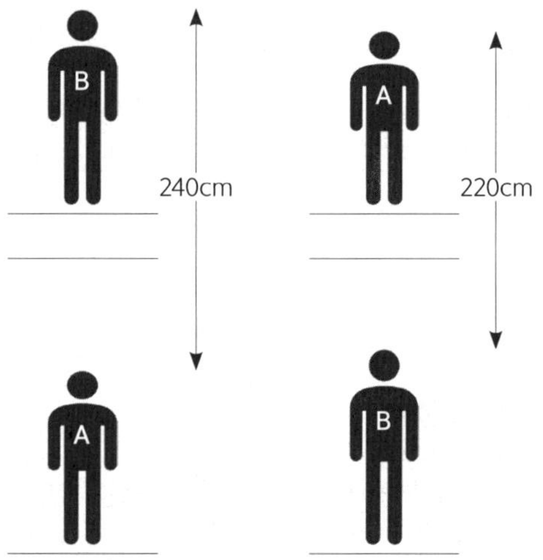

1층 바닥면에서 2층 바닥면까지의 높이를 x라 할 때 이상의 상황에 따라 식을 세워보면 다음과 같다.

$x + B - A = 240cm$

$x + A - B = 220cm$

두 식을 연립하면 x는 230cm임을 알 수 있다. 따라서 1층 바닥면에서 2층 바닥면까지의 높이는 230cm이다.

실전에선 이렇게!

식이 찾아지기만 하면, 간단한 공식이므로 바닥면의 높이를 어렵지 않게 구할 수 있다. 또한 상황이 잘 이해되기만 하면 220cm와 240cm의 평균으로 바로 230cm를 구할 수도 있다.

20 조건 계산형 난이도 하

정답 ④

문제풀이 핵심 포인트

이 문제는 7급 공채 21년 나책형 4번 문제와 유사하게 출제된 문제이다. 사업분야가 공연인 단체의 배정액 산정 방식과 사업분야가 교육인 단체의 배정액 산정 방식을 실수하지 않도록 주의하면서, 예산이 소진될 때까지 인원이 많은 단체부터 순차적으로 지급하여야 한다. 예산 부족으로 산정된 금액 전부를 지급할 수 없는 단체에는 예산 잔액을 배정액으로 한다.

풀이

제시문의 첫 번째 동그라미부터 다섯 번째 동그라미까지 각각 ⅰ)~ⅴ)라고 한다. ⅴ)에서 제시된 예술단체 A~D에 ⅰ)부터 적용해본다. ⅰ)을 적용해보면 단체 A는 인원이 30명 이상이고 운영비가 1.8억 원이므로 지원 대상에 선정되지 않는다. 단체 B, C, D는 인원이 30명 미만이거나 운영비가 1억 원 미만에 해당한다.

ⅱ)에 따르면 사업분야가 공연인 단체 C의 배정액은 '(운영비 × 0.2) + (사업비 × 0.5)'로 산정하고, ⅲ)에 따르면 사업분야가 교육인 단체 B, D의 배정액은 '(운영비 × 0.5) + (사업비 × 0.2)'로 산정한다. 정리해보면 다음과 같다.

단체	인원(명)	사업분야	운영비(억 원)	사업비(억 원)
A	30	공연	1.8	5.5
B	28	교육	2.0×0.5	4.0×0.2
C	27	공연	3.0×0.2	3.0×0.5
D	33	교육	0.8×0.5	5.0×0.2

ⅳ)에 따르면 인원이 많은 단체부터 순차적으로 지급한다고 하므로 인원이 많은 단체부터 계산해본다. 그리고 예산 부족으로 산정된 금액 전부를 지급할 수 없는 단체에는 예산 잔액을 배정액으로 한다는 것과 예산은 4억 원임을 확인한다.

- D: 0.8(억 원) × 0.5 + 5.0(억 원) × 0.2 = 1.4억 원
- B: 2.0(억 원) × 0.5 + 4.0(억 원) × 0.2 = 1.8억 원

예산 잔액은 0.8억 원이므로 C의 계산 결과와 상관없이 가장 많은 액수를 지급받을 예술단체는 B이고 배정액은 1억 8,000만 원이다.

실전에선 이렇게!

2023년도 기준 인원이 30명 미만이거나 운영비가 1억 원 미만인 예술단체를 선정하는데, 인원이 30명 이상이고 운영비가 1.8억 원이어서 두 요건에 모두 해당하지 않는 단체 A는 제외시켜야 한다.

21 경우 확정형 난이도 하 정답 ③

문제풀이 핵심 포인트

먼저 교육장소의 2 × 2로 배열된 책상에 甲~丁을 배치한 이후 〈대화〉를 반영하여 5일 동안 실시되는 직무교육에 결석한 사람을 확인해야 한다.

풀이

제시문에서 교육은 5일 동안 실시된다는 것과 교육기간 동안 자리 이동은 없었다는 것, 교육 첫째 날과 마지막 날은 4명 모두 교육을 받았다는 것, 직무교육을 이수하기 위해서는 4일 이상 교육을 받아야 한다는 것을 확인한다. 그리고 '2 × 2로 배열된 책상'을 간단히 다음과 같이 나타낸다.

		앞줄
		뒷줄

甲과 丁의 대화에 따르면 甲, 丁은 뒷줄에, 丙의 대화에 따르면 丙은 앞줄에 앉았다. 나머지 乙은 앞줄에 앉았음을 알 수 있다.

甲의 대화에 따르면 교육 둘째 날에 甲의 바로 앞사람은 결석했는데, 乙의 대화에 따르면 乙은 교육 둘째 날에 출석했다. 책상의 좌우는 구분하지 않으므로 다음과 같이 정리할 수 있다.

둘째 날

~~丙~~	乙
甲	丁

그리고 丙의 대화에 따라 셋째 날을, 丁의 대화에 따라 넷째 날을 정리해보면 다음과 같다.

둘째 날

~~丙~~	乙
甲	丁

셋째 날

丙	乙
~~甲~~	丁

넷째 날

~~丙~~	乙
~~甲~~	丁

甲과 丙은 각각 2일을 결석했고 직무교육을 이수하기 위해서는 4일 이상 교육을 받아야 하므로 직무교육을 이수하지 못한 사람은 甲, 丙이다.

실전에선 이렇게!

교육장소의 2 × 2로 배열된 책상에, 甲~丁을 앞줄 2명, 뒷줄 2명이 되도록 앉혀야 한다. 교육기간 동안 자리 이동은 없었다고 강조하는 부분에서도 자리 배열이 먼저 필요함을 알아채야 한다. 〈대화〉 중 앞사람, 뒷사람의 정보를 활용하여 자리 배열을 할 수 있어야 한다.

22 경우 파악형 난이도 상 정답 ④

문제풀이 핵심 포인트

'각자가 그날 모은 도토리 개수'를 비교해서 '그 차이 값'에 해당하는 개수의 도토리를 함께 먹는다는 것을 정확하게 이해해야 한다. 각 쌍이 먹은 도토리의 개수가 동일하기 위해서는, 개수의 차이 값 즉, 간격이 동일해야 한다.

풀이

제시문에 따르면 A공원의 다람쥐 열 마리는 각자 서로 다른 개수의 도토리를 모았는데, 한 다람쥐가 모은 도토리는 최소 1개부터 최대 10개까지였다고 한다. 열 마리의 다람쥐를 A~J라고 하고 각각 모은 도토리의 개수를 다음과 같이 생각할 수 있다.

A	B	C	D	E	F	G	H	I	J
1	2	3	4	5	6	7	8	9	10

그리고 두 마리의 다람쥐가 쌍을 이루어 모은 도토리 개수를 비교해 그 차이 값에 해당하는 개수의 도토리를 함께 먹는다고 한다. 그런데 '첫째 날 각 쌍이 먹은 도토리 개수'는 모두 동일했고, '둘째 날 각 쌍이 먹은 도토리 개수'도 모두 동일했다고 한다. 이러한 방식으로 도토리를 먹는 것이 가능하기 위해서는 다음 2가지 경우만 가능하다.

〈경우 1〉 (A, B), (C, D), (E, F), (G, H), (I, J)가 쌍을 이루어 각 쌍이 1개씩 먹는 경우

(1, 2), (3, 4), (5, 6), (7, 8), (9, 10)으로 쌍을 이루는 경우에 각 쌍이 먹은 도토리 개수는 1개로 모두 동일하다.

〈경우 2〉 (A, F), (B, G), (C, H), (D, I), (E, J)가 쌍을 이루어 각 쌍이 5개씩 먹는 경우

(1, 6), (2, 7), (3, 8), (4, 9), (5, 10)으로 쌍을 이루는 경우에 각 쌍이 먹은 도토리 개수는 5개로 모두 동일하다.

'첫째 날 각 쌍이 먹은 도토리 개수'와 '둘째 날 각 쌍이 먹은 도토리 개수'는 서로 달랐다고 하므로 첫째 날과 둘째 날 각각 〈경우 1〉, 〈경우 2〉 중 어느 한 방법으로 먹은 것이다. 그 차이는 5 − 1 = 4개이다. 따라서 (가)에 해당하는 수는 4이다.

실전에선 이렇게!

1씩 간격, 2씩 간격, 3씩 간격, 4씩 간격, 5씩 간격까지 고민해 보면 된다. 경우 파악형에 해당하는 문제이기는 하지만, 아예 실마리를 잡지 못하는 문제라기보다는 간격을 하나씩 따져보면 어느 정도 접근은 할 수 있는 문제이다.

23 조건 계산형 난이도 상 정답 ②

문제풀이 핵심 포인트

하루에 물탱크에 물을 900리터씩 채우고, 전체 입주민이 하루에 물을 300리터씩 사용한다면 하루에 600리터의 물이 남게 되는 셈이다. 물을 채우는 양은 계속 900리터씩으로 일정하고, 전체 입주민의 1일 물 사용량은 3월 1일부터 3월 5일까지 300리터, 3월 6일부터 3월 10일까지 500리터, 3월 11일부터는 계속 700리터이므로, 아파트 외벽 청소를 위해 청소업체가 물탱크의 물 1,000리터를 추가로 사용하는 하루를 제외하고 나면 어느 정도는 반복되는 주기성을 발견할 수 있는 문제이다.

풀이

제시문에 따르면 용량이 10,000리터인 빈 물탱크에 3월 1일 00:00부터 물을 채운다. 매일 00:00부터 00:10까지 물탱크에 물을 900리터씩 채운다고 하고, 3월 1일부터 3월 5일까지 전체 입주민이 매일 300리터의 물을 사용한다고 하므로 다음과 같이 정리할 수 있다.

3월 1일	3월 2일	3월 3일	3월 4일	3월 5일		
600	1,200	1,800	2,400	3,000		

이상의 물의 양은 다음 날 00:00이 되어 물탱크에 물을 채우기 직전 물탱크에 남아 있는 물의 양을 의미한다. 하루에 물을 900리터씩 채우는데, 입주민이 물을 300리터씩 사용하므로 3월 5일까지 5일간 물의 양은 매일 600리터씩 증가한다.

3월 6일부터 3월 10일까지 물은 계속 900리터씩 채우는데, 입주민이 물을 500리터씩 사용하므로 5일간은 하루에 400리터씩 증가하게 된다.

3월 11일부터는 물은 계속 900리터씩 채우는데, 입주민이 700리터씩 사용하므로 하루에 200리터씩 증가한다.

3월 15일까지 정리해보면 다음과 같다.

3월 1일	3월 2일	3월 3일	3월 4일	3월 5일	3월 6일	3월 7일
600	1,200	1,800	2,400	3,000	3,400	3,800
3월 8일	3월 9일	3월 10일	3월 11일	3월 12일	3월 13일	3월 14일
4,200	4,600	5,000	5,200	5,400	5,600	5,800
3월 15일						
5,000						

3월 15일에는 아파트 외벽 청소를 위해 청소업체가 물탱크의 물 1,000리터를 추가로 사용했음에 유의한다. 이후 물의 양은 계속 매일 200리터씩 증가한다.

3월 1일	3월 2일	3월 3일	3월 4일	3월 5일	3월 6일	3월 7일
600	1,200	1,800	2,400	3,000	3,400	3,800
3월 8일	3월 9일	3월 10일	3월 11일	3월 12일	3월 13일	3월 14일
4,200	4,600	5,000	5,200	5,400	5,600	5,800
3월 15일	3월 16일	3월 17일	…			
5,000	5,200	5,400	…			
			⋮			
4월 5일						
9,200						

따라서 4월 5일에서 6일로 넘어가기 직전에 물탱크에는 9,200리터의 물이 차 있다. 4월 6일 00:00이 되어 900리터의 물을 채우면 물탱크가 가득 차게 된다. 따라서 처음으로 물탱크가 가득 차는 날은 4월 6일이다.

실전에선 이렇게!

문제에서 묻는 것은 하루에 채우는 물의 양과 사용량을 모두 고려하고 난 후 10,000리터가 남게 되는 날이 아니라(이렇게 계산하면 선택지 ④번 4월 9일로 오답을 하게 된다.), 처음으로 10,000리터의 물탱크가 가득 차게 되는 날을 찾아야 한다. 예를 들어 9,400리터의 물의 양으로 시작된 날이라면 채우는 양 900리터와 사용량 700리터를 모두 고려하면 9,600리터의 물이 남게 되겠지만, 먼저 9,400리터로 시작해서 900리터는 채우는 도중에 10,000리터의 물탱크가 가득 차게 되는 순간이 온다.

24 규칙 정오판단형 난이도 중 정답 ⑤

문제풀이 핵심 포인트

7번 문제와 마찬가지로 각 보기의 정오판단을 할 수 있는 적절한 입증사례 또는 반증사례를 찾아야 하는 문제이다.

풀이

제시문의 첫 번째 동그라미부터 각각 ⅰ)~ⅲ)이라고 한다. ⅰ), ⅱ)에 따르면 1번 문제와 같이 3명이 정답을 맞힌 경우, 각각 1점의 기본점수를 받게 되고 1/3점의 추가점수를 받게 된다. 그리고 2번 문제와 같이 2명이 정답을 맞힌 경우, 각각 1점의 기본점수를 받게 되고 2/2 = 1점의 추가점수를 받게 된다. 4번 문제와 같이 1명만 정답을 맞힌 경우에는 1점의 기본점수와 3/1 = 3점의 추가점수를 받게 된다.

ㄱ. (O) 甲은 1번 문제에서 4/3점, 3번 문제에서 4/3점, 4번 문제에서 4점을 받았다. 甲이 5번, 6번 문제를 모두 맞힌다면 각각 2점씩을 받게 된다. 따라서 甲이 최종적으로 받을 수 있는 최대 점수는 4/3 + 4/3 + 4 + 2 + 2 = 32/3점이다.

ㄴ. (O) 1~4번 문제에서 받은 점수의 합은 甲이 4/3 + 4/3 + 4 = 20/3점, 乙이 4/3 + 4/3 = 8/3점, 丙이 4/3 + 2 = 10/3점, 丁이 2 + 4/3 = 10/3점이다. 따라서 1~4번 문제에서 받은 점수의 합은 乙이 8/3점으로 가장 낮다.

ㄷ. (×) ⅲ)에 따르면 총합 점수가 5점 이상인 사람이 합격한다. 보기 ㄴ에서 확인한 바와 같이 甲은 1~4번 문제에서 받은 점수의 합이 20/3점이므로 5번, 6번 문제를 乙, 丙, 丁이 맞혔다고 가정하여 4명 모두가 합격할 수 있는 경우가 있는지 확인해본다. 점수가 가장 낮은 乙이 5번, 6번을 모두 맞히고, 丙과 丁이 각각 1문제씩 맞힌다면, 乙의 점수는 8/3 + 2 + 2 = 20/3점, 丙과 丁의 점수는 10/3 + 2 = 16/3점이 되어 모두 합격할 수 있다.

ㄹ. (O) 3명이 정답을 맞힌 경우, 각각 1점의 기본점수를 받게 되고 각각 1/3점의 추가점수를 받게 된다. 3명이 받게 되는 점수의 합은 4점이다. 그리고 2번 문제와 같이 2명이 정답을 맞힌 경우, 각각 1점의 기본점수를 받게 되고 각각 1점의 추가점수를 받게 된다. 2명이 받게 되는 점수의 합은 4점이다. 5번과 6번의 경우도 여기에 해당한다. 4번 문제와 같이 1명만 정답을 맞힌 경우에는 1점의 기본점수와 3점의 추가점수를 받게 된다. 받게 되는 점수의 합은 4점이다. 1번부터 6번까지 어떤 문제의 경우에도 4명이 받게 되는 점수의 합은 4점이므로 6문제를 모두 합산한 4명이 받은 점수의 총합은 24점이다.

실전에선 이렇게!

만약 보기 ㄱ~ㄹ이 주어진 보기형의 문제가 어렵게 느껴지는 경우, 최대한 쉬운 보기부터 해결해 가야 한다.

25 규칙 정오판단형 난이도 중 정답 ①

문제풀이 핵심 포인트

테니스 선수 랭킹은 매달 1일 발표되며, 발표 전날로부터 지난 1년간 선수들이 각종 대회에 참가하여 획득한 점수의 합인 '총점수'가 높은 순으로 순위가 매겨진다. 즉, 〈2023년 12월 1일〉 점수에는 2022년 12월 1일~2023년 11월 30일 사이의 점수가 포함되어 있을 것이고, 〈2024년 1월 1일〉 점수에는 2023년 1월 1일~2023년 12월 31일 사이의 점수가 포함되어 있을 것이다. 즉, 2022년 12월의 점수가 빠지고 2023년 12월의 점수가 포함된다. 이런 사고는 5급 공채 24년 나책형 36번 문제에서 활용된 바 있다. 그리고 점수가 (+)되고 (-)될 때의 변화는 7급 공채 22년 가책형 7번 문제에서 연습해 두었어야 한다.

풀이

〈상황〉의 첫 번째 동그라미부터 네 번째 동그라미까지 각각 ⅰ)~ⅳ)라고 한다. ⅱ)에 따르면 챔피언십 대회는 랭킹 1~4위의 선수만 참가한다. 따라서 〈2023년 12월 1일〉 기준 랭킹 1~4위인 A~D 선수를 제외하면 나머지 다른 선수는 총점수가 상승할 수 없다. 그리고 ⅳ)에 따르면 ⅲ)의 〈2024년 1월 1일〉 총점수는 2022년 챔피언십 대회에서 획득한 점수는 빠지고, 2023년 챔피언십 대회에서 획득한 점수가 산입된 결과이다.

ㄱ. (O) A의 총점수는 〈2023년 12월 1일〉 7500점에서 〈2024년 1월 1일〉 6000점이 되었다. 따라서 A가 2022년 챔피언십 대회에서 우승한 2000점이 빠지고 2023년에는 3위를 하여 1500점이 하락하였음을 알 수 있다. 따라서 지난 2022년 챔피언십 대회 우승자는 A였다.

ㄴ. (O) B의 총점수는 〈2023년 12월 1일〉 7000점에서 〈2024년 1월 1일〉 7250점이 되었다. 250점이 상승하기 위해서는 B가 1) 2023년에 4위를 한 경우, 2) B가 2022년에 4위를 하고 2023년에 3위를 하는 경우가 가능하다. 보기 ㄱ에 따르면 A가 2023년에 3위를 하였으므로 2)의 경우는 가능하지 않다. 따라서 1)의 경우로 B의 총점수가 250점이 상승한 것이고, 따라서 이번 2023년 챔피언십 대회 4위는 B였다.

ㄷ. (×) D의 총점수가 〈2023년 12월 1일〉 5000점에서 〈2024년 1월 1일〉 7000점이 되었으므로 이번 2023년 챔피언십 대회에서 D가 우승했음을 알 수 있다.

ㄹ. (×) 보기 ㄷ에서 확인한 바와 같이 D의 총점수가 2000점 상승하기 위해서는 2022년 챔피언십 대회에서 D가 획득한 점수가 있어서는 안 된다. 즉, 〈2024년 1월 1일〉 총점수에 2022년 챔피언십 대회에서 획득한 점수가 빠져서는 안 된다. 따라서 D는 2022년 챔피언십 대회에 참가하지 못했을 것이다.

실전에선 이렇게!

직접 해결이 어렵다면 〈보기〉의 내용을 대입해서 해결하는 것도 가능하다.

정답

p.105

1	④	각주 판단형	6	④	조건 판단형	11	④	단순 판단형	16	⑤	빈칸형	21	④	표-차트 변환형
2	①	평균 개념형	7	③	보고서 검토·확인형	12	③	각주 판단형	17	①	각주 판단형	22	①	빈칸형
3	⑤	보고서 검토·확인형	8	②	매칭형	13	③	단순 판단형	18	④	각주 판단형	23	③	분수 비교형
4	⑤	조건 판단형	9	②	분수 비교형	14	②	분수 비교형	19	②	분수 비교형	24	④	분산·물방울형
5	⑤	보고서 검토·확인형	10	②	분수 비교형	15	①	매칭형	20	①	분수 비교형	25	⑤	평균 개념형

취약 유형 분석표

유형별로 맞힌 문제 개수와 정답률, 틀린 문제 번호, 풀지 못한 문제 번호를 적고 나서 취약한 유형이 무엇인지 파악해 보세요. 그 후 약점 보완 해설집 p.8 [취약 유형 공략 포인트]에서 약점 보완 학습법을 확인하고, 틀린 문제와 풀지 못한 문제를 다시 한번 풀어보세요.

유형		맞힌 문제 개수	정답률	틀린 문제 번호	풀지 못한 문제 번호
자료비교	곱셈 비교형	-	-		
	분수 비교형	/6	%		
	반대해석형	-	-		
자료판단	단순 판단형	/2	%		
	매칭형	/2	%		
	빈칸형	/2	%		
	각주 판단형	/4	%		
	조건 판단형	/2	%		
자료검토·변환	보고서 검토·확인형	/3	%		
	표-차트 변환형	/1	%		
자료이해	평균 개념형	/2	%		
	분산·물방울형	/1	%		
	최소여집합형	-	-		
TOTAL		/25	%		

해설

1 각주 판단형 난이도 하 정답 ④

문제풀이 핵심 포인트
각주에 주어진 치명률 식을 통해 환자 수 대비 사망자 수의 분수비교로 판단한다.

풀이

A는 5.3%, B는 5.0%, C는 4.0%, D는 6.0%, E는 4.5%로 가장 높은 도시는 'D'이고 가장 낮은 도시는 'C'이다.

실전에선 이렇게!

먼저 치명률이 가장 높은 도시 후보인 A와 D를 비교한 다음 나머지 B, C, E를 비교한다.

2 평균 개념형 난이도 하 정답 ①

문제풀이 핵심 포인트
각 구별 공사 건수와 평균 공사비가 주어졌으므로 각 구별 총 공사비를 도출하여 전체 공사 건수인 9건으로 나눠 도출한다.

풀이

A구의 공사 건수는 3건이고 평균 공사비는 30억 원이므로 총 공사비는 90억 원이다. A구와 B구의 공사 건수 합은 7건이고 평균 공사비는 22억 원이므로 A구와 B구의 총 공사비는 154억 원이다. 따라서 B구의 총 공사비는 154−90=64억 원이다. A구와 C구의 공사 건수 합은 5건이고 평균 공사비는 34억 원이이므로 A구와 C구의 총 공사비는 170억 원이다. 따라서 C구의 총 공사비는 170−90=80억 원이다.
이를 근거로 계산한 2023년 A~C구 전체 공사의 공사 건수 합은 9건이고 공사비 합은 90+64+80=234억 원이므로 평균 공사비는 26억 원이다.

실전에선 이렇게!

빈칸으로 제시된 B와 C의 평균 공사비를 도출하지 않고 답을 구할 수 있다. 즉 A+B, B+C, A+C에 주어진 정보를 더하면 2(A+B+C)이므로 각 그룹별 공사비는 154, 144, 170억 원이므로 이를 모두 더한 값을 공사 건수 합인 18건으로 나눠주면 동일하게 26억 원이 도출된다.

3 보고서 검토·확인형 난이도 하 정답 ⑤

문제풀이 핵심 포인트
선지 제목의 키워드를 체크하여 보고서에서 언급되지 않은 내용을 체크하여 답을 도출한다.

풀이

- 보고서 두 번째 문장 '문화예술교육 수강 경험이 있는 응답자가 가장 많이 수강한 상위 5개 분야는 기타를 제외하고 영화, 사진, 음악, 공예, 미술 순이었다.'고 하였으므로 선지 ①은 사용된 자료이다.
- 보고서 세 번째 문장 '문화예술교육 수강자의 평균 지출 비용은 38만 8천 원이었는데, 연령대별로는 40대가 48만 4천 원으로 가장 많았다.'고 하였으므로 선지 ②는 사용된 자료이다.
- 보고서 네 번째 문장 '또한 문화예술교육 수강자의 동반자 유형 구성을 살펴보면, '혼자(동반자 없음)' 수강한 비율은 50% 이상이었고, '친구 및 연인'과 함께 수강한 비율은 18.4%였다.'고 하였으므로 선지 ③은 사용된 자료이다.
- 보고서 다섯 번째 문장 '문화예술교육 인지 경로는 '인터넷 검색'이 33.2%로 가장 높았고, 다음으로 '주변 지인'이 19.0%였다.'고 하였으므로 선지 ④는 사용된 자료이다.

따라서 보고서를 작성하는 데 사용되지 않은 자료는 ⑤이다.

4 조건 판단형 난이도 중 정답 ⑤

문제풀이 핵심 포인트
정보에 주어진 감척지원금 식의 구조를 분석하여 〈표〉에서 주어진 항목을 연결하여 답을 도출한다.

풀이

어선별 감척지원금은 아래와 같다.

- A: 170+(60×3)+(6×5×6)=530백만 원
- B: 350+(80×3)+(8×5×6)=830백만 원
- C: 200+(150×3)+(10×5×6)=950백만 원
- D: 50+(40×3)+(3×5×6)=260백만 원

따라서 산정된 감척지원금이 가장 많은 어선은 'C'이고, 가장 적은 어선은 'D'이다.

5 보고서 검토·확인형 난이도 하 정답 ⑤

문제풀이 핵심 포인트
주어진 〈표〉와 〈정보〉를 통해 〈보고서〉 내용 중 작성할 수 없는 내용을 〈보기〉에서 골라 답을 도출한다.

풀이

ㄱ. (O) 첫 번째 문장과 두 번째 문장에서 ['갑'국의 주택 수는 2022년 1,813만 호에서 2023년 1,853만 호로 2.2% 증가하였다. 개인소유 주택 수는 2022년 1,569만 호에서 2023년 1,597만 호로 1.8% 증가하였다.]고 하였으므로 2019~2023년 '갑'국 주택 수 및 개인소유 주택 수가 추가로 필요하다.

ㄴ. (O) 세 번째 문단 후단 [~, 가구 주택소유율은 2022년 56.3%에서 2023년 56.0%로 감소하였다.]고 하였고 〈표〉에서 주택소유 가구 수가 제시되었기 때문에 '2022년과 2023년 '갑'국 가구 수'가 추가로 제시된다면 〈정보〉의 식을 통해 주택소유율을 작성할 수 있다.

ㄷ. (O) 네 번째 문단 [2023년 지역별 가구 주택소유율을 살펴보면, 상위 3개 지역은 A(64.4%), B(63.0%), C(61.0%)로 나타났다.]고 하였으므로 2023년 '갑'국 지역별 가구 주택소유율 상위 3개 지역이 추가로 필요하다.

6 조건 판단형 난이도 중

정답 ④

문제풀이 핵심 포인트

〈평가방법〉에 주어진 조건을 토대로 〈표〉에 제시된 전투기의 평가항목별 점수를 부여하여 도출한다.

풀이

각 전투기의 평가항목별 점수를 도출하면 아래와 같다.

평가항목 \ 전투기	A	B	C	D	E
최고속력	5	1	3	2	4
미사일 탑재 수	4	5	2	3	1
항속거리	4	1	2	3	5
가격	1	4	3	5	2
공중급유	1	1	0	1	0
자체수리	0	1	0	1	1
계	15	13	10	15	13

따라서 평가항목 점수의 합은 A와 D가 15점으로 동점이기 때문에 둘 중 가격이 더 낮은 D가 '갑'국이 구매할 전투기이다.

실전에선 이렇게!

최고속력~가격 평가항목은 점수가 1~5점으로 부여되고 공중급유와 자체수리는 가능 여부에 따라 점수가 1점 또는 0점으로 구분되므로 역순인 아래에서 위로 점수를 산정한다.

7 보고서 검토·확인형 난이도 하

정답 ③

문제풀이 핵심 포인트

〈표〉에 제시된 내용 중 〈보고서〉에 누락된 내용이 〈보기〉에 제시되었다면 추가로 필요한 자료이다.

풀이

- 여섯 번째 문장 [한편, 운전자가 배달대행이나 퀵서비스 시장에 진입하기 위해서는 이륜자동차 구입 비용이 소요되는데, 신차와 중고차 구입 각각에서 배달대행이 퀵서비스보다 평균 구입 비용이 높았다.]고 하였으므로 ㄷ. 배달대행 및 퀵서비스 시장 진입을 위한 이륜자동차 평균 구입 비용이 추가로 필요하다.
- 일곱 번째 문장 후단에서 [~, 월평균 근로일수도 배달대행이 퀵서비스보다 3일 이상 많은 것으로 나타났다.]고 하였으므로 ㄹ. 월평균 근로일수가 추가로 필요하다.

따라서 제시된 〈표〉 이외에 〈보고서〉를 작성하기 위해 추가로 필요한 자료는 ㄷ, ㄹ이다.

8 매칭형 난이도 하

정답 ②

문제풀이 핵심 포인트

주요 10개 업종 중 7개는 이미 알려진 업종이므로 이를 이용해서 A~C를 올바르게 매칭하여 답을 도출한다.

풀이

- 첫 번째 정보에서 '중소기업' 특허출원건수가 해당 업종 전체 기업 특허출원건수의 90% 이상인 업종은 '연구개발', '전문서비스', '출판'이라고 하였으므로 출판을 제외하면 A는 15.0%, B는 96.0%, C는 94.3%이므로 '연구개발'과 '전문서비스'는 B 또는 C이다. → 선지 ①, ④, ⑤ 제거
- 세 번째 정보에서 특허출원기업당 특허출원건수는 '연구개발'이 '전문서비스'보다 많다고 하였으므로 B와 C를 비교하면 B는 2.9, C는 1.7로 B가 더 많다. 따라서 '연구개발'은 B, '전문서비스'는 C이므로 정답은 ②이다.

9 분수 비교형 난이도 중

정답 ②

문제풀이 핵심 포인트

〈표 1〉에서 짜장면 가격과 가격지수가 동시에 주어졌으므로 가격지수를 통해 가격의 상대적인 크기를 판단한다.

풀이

① (×) 짜장면 가격지수가 80.0이면 짜장면 가격은 5,276 × 0.8 ≒ 4,221원이므로 4,000원 이하가 아니다.

② (○) 짜장면 가격은 2018년 5,011원에서 2023년 6,361원으로 26.9% 상승하여 20% 이상 상승하였다.

③ (×) 2018년에 비해 2023년 판매단위당 가격이 2배 이상인 짜장면 주재료 품목은 2,250원에서 6,000원으로 약 2.7배인 양파와 4,000원에서 15,000원으로 약 3.8배인 청오이 2개이다.

④ (×) 2020년에 식용유 1,800mL, 밀가루 2kg, 설탕 2kg의 가격 합계는 13,220원으로 15,000원 이상이 아니다.

⑤ (×) 매년 판매단위당 가격이 상승한 짜장면 주재료 품목은 하나도 없다.

실전에선 이렇게!

① 가격지수 100이 5,000원일 때 80.0인 가격지수에 해당하는 가격이 4,000원이다. 따라서 2020년 가격지수 100이 5,276원으로 5,000원 이상이기 때문에 지수가 80.0이면 4,000원 이상이다.

② 2018년 가격지수 95.0에서 2023년 가격지수 120.6이 되었기 때문에 계산할 필요 없이 당연히 20% 이상 상승했다고 판단할 수 있다.

④ 각 품목의 판매단위 2배 합을 묻고 있으므로 식용유, 밀가루, 설탕의 판매단위당 가격 합이 7,500원 이상인지 여부로 판단할 수 있다.

10 분수 비교형 난이도 하

정답 ②

문제풀이 핵심 포인트

A, B, C의 연도를 정확하게 매칭하여 각 빈칸에 해당하는 내용을 도출한다.

풀이

- A: 참여 자치 단체 수의 증감방향은 증가, 감소, 증가, 증가, 감소, 증가이고 어린이 수의 증감방향 역시 증가, 감소, 증가, 증가, 감소, 증가이므로 A에 들어갈 내용은 어린이다. 학부모 수의 증감방향은 증가, 감소, 감소, 감소, 감소, 감소이다.
- B: 운영 횟수당 교육 참여 어린이 수는 2021년이 61,380 / 39 ≒ 1,574로 2020년 58,680 / 35 ≒ 1,677보다 적었다.

· C: 자원봉사자당 교육 참여 어린이 수는 2019년 55,780 / 2,989 ≒ 18.7이 2017년 10,265 / 2,083 ≒ 4.9보다 많았다.

따라서 A~C에 해당하는 내용을 바르게 연결한 것은 ②이다.

11 단순 판단형 난이도 하 정답 ④

문제풀이 핵심 포인트
자료에 제시된 숫자의 개수가 많기 때문에 연도와 월을 정확히 매칭하여 답을 도출한다.

풀이

ㄱ. (×) 3분기 국제선 지연편수는 2021년 11 + 61 + 46 = 118편에서 2022년 83 + 111 + 19 = 213편으로 100편 이상 증가하지 않았다.

ㄴ. (○) 2023년 9월의 결항편수는 국내선 1,351편이 국제선 437편의 3배인 1,311편 이상이다.

ㄷ. (○) 매년 1월과 3월에는 국제선과 국내선 모두 0편이므로 항공편 결항이 없었다.

12 각주 판단형 난이도 중 정답 ③

문제풀이 핵심 포인트
각주에 제시된 2개의 분수식을 구성하는 분모와 분자에 해당하는 구분 항목을 〈표〉에서 정확하게 확인 후 답을 도출한다.

풀이

① (○) 취업률은 A계열이 500 / 800 = 62.5%로 B계열 57.1%보다 높다.

② (○) C계열의 진학률은 40 / 500 = 8.0%이므로 진로 미결정 비율은 B계열 35.8%가 C계열 52.0%보다 낮다.

③ (×) 진학자 수만 계열별로 20%씩 증가한다면 전체 진학자 수는 180명이 되므로 전체의 진학률은 180 / 2,000 = 9%로 10% 이상이 되지 못한다.

④ (○) 취업자 수만 계열별로 10%씩 증가한다면 전체 취업자 수는 1,210명이 되므로 전체의 취업률은 1,210 / 2,000 = 60.5%로 60% 이상이 된다.

⑤ (○) C계열의 진학률은 ②번에서 도출한 바와 같이 8.0%이므로 진학률은 A~C계열 중 C계열이 가장 높다.

실전에선 이렇게!

② '진로 미결정 비율(%) = 100 − (취업률 + 진학률)'이므로 진로 미결정 비율이 더 낮다는 것은 취업률과 진학률 합이 더 높다는 것이므로 취업률 + 진학률은 B계열이 C계열보다 높은지 판단한다.
③, ④ 각 계열별 동일한 비율로 증가한다면 전체 또한 같은 비율로 증가하기 때문에 계열별 비율 증가 변화를 판단하기보다 전체의 비율 증가로 판단한다.
⑤ 전체 진학률이 7.5%이고 A의 진학률은 이와 같은 7.5%, B의 진학률은 이보다 낮은 7.1%이므로 C의 진학률이 무조건 7.5%보다 커야 한다.

13 단순 판단형 난이도 하 정답 ③

문제풀이 핵심 포인트
〈표〉에서 제시된 월의 순서는 12월 이후 1월의 순환구조로 이루어졌으므로 이러한 점을 고려하여 답을 도출한다.

풀이

① (○) '촉성' 재배방식에서 정식이 가능한 달의 수는 오이가 12월과 1월 2개로 고추 12월의 1개보다 많다.

② (○) 고추의 파종 가능 시기와 정식 가능 시기의 차이는 촉성의 경우 2개월, 반촉성의 경우 3개월, 그리고 조숙, 보통, 억제는 모두 2개월로 1개월 이상이다. 따라서 고추의 각 재배방식에서 파종 가능 시기와 정식 가능 시기의 차이는 1개월 이상이다.

③ (×) 정식과 수확이 모두 가능한 달의 수는 오이와 고추 모두 2, 4, 5, 6월 4개로 동일하다.

④ (○) 고추의 경우, 수확이 가능한 재배방식의 수는 7월이 4개로 가장 많다.

⑤ (○) 오이의 재배방식 중 수확이 가능한 달의 수는 '보통'이 3개로 가장 적다.

14 분수 비교형 난이도 하 정답 ②

문제풀이 핵심 포인트
단순 비교 선지가 많은 문제이므로 간단하게 판단할 수 있는 ①, ④, ⑤ 선지부터 검토하는 전략도 고려해 볼만 하다.

풀이

① (×) '김' 면허어업 건수는 2022년 880건에서 2023년 812건으로 감소하여 매년 증가하지 않는다.

② (○) '굴'과 '새고막'의 면허어업 건수 합은 2019년 52.4%, 2020년 50.7%, 2021년 50.9%, 2022년 50.7%, 2023년 53.9%로 매년 전체의 50% 이상이다.

③ (×) '바지락' 면허어업 건수의 전년 대비 증가율은 2020년 17 / 570 ≒ 3.0%가 2022년 6 / 576 ≒ 1.0%보다 높다.

④ (×) '미역' 면허어업 건수는 2023년 678건이 2020년 920건보다 적다.

⑤ (×) 2023년에 면허어업 건수가 전년 대비 증가한 양식 품목은 새고막 1개이다.

실전에선 이렇게!

② 굴과 새고막 합의 2배가 전체 이상인지 판단한다.
③ 전년 대비 증가율의 분자인 전년 대비 증가폭은 17인 2020년이 6인 2022년보다 크고 분모인 기준년도 건수는 2020년이 570으로 2022년 576보다 작기 때문에 쉽게 판단할 수 있다.

15 매칭형 난이도 중 정답 ①

문제풀이 핵심 포인트
A~E국 중 우리나라에 해당하는 1개의 국가를 고르는 문제이므로 〈보고서〉 내용을 해석하면서 소거법으로 답을 도출한다.

풀이

- 네 번째 문장에서 '2021년부터 충청남도 서산과 당진에 있는 바이오매스 발전소에 캐나다산 목재펠릿을 공급하면서 캐나다산 목재펠릿 수입이 증가하여 2022년 캐나다산 목재펠릿 수입량은 2019년 대비 30배 이상이 되었다.' 고 하였으므로 2019년 캐나다산 수입량 11천 톤의 30배인 330천 톤보다 작은 E국은 제외한다. → 선지 ⑤ 제거
- 다섯 번째 문장에서 '또한, 2022년에는 유럽 시장에 수출길이 막힌 러시아산 목재펠릿의 수입량이 크게 증가하여 2022년 기준 러시아산이 우리나라 목재펠릿 수입량 2위를 차지하였다.'고 하였으므로 러시아산이 2위가 아닌 B(3위), D(3위)는 제외한다. → 선지 ②, ④ 제거
- 여섯 번째 문장에서 '인도네시아산 목재펠릿 수입량은 2019년 이후 꾸준히 증가해 2022년에는 말레이시아산 목재펠릿 수입량을 추월하였다.'고 하였으므로 2022년 인도네시아산 수입량이 말레이시아산 수입량보다 많은 A가 우리나라가 된다. → 선지 ③ 제거

따라서 A~E국 중 우리나라에 해당하는 국가는 ①이다.

16 빈칸형 난이도 중 정답 ⑤

문제풀이 핵심 포인트

빈칸의 수가 적고 채우는 시간이 적게 걸리기 때문에 빈칸을 모두 채우고 문제를 풀어도 좋은 선택이 될 수 있다.

풀이

ㄱ. (×) 2021년 '전통공예시설'은 10개소이고 2019년 '한옥숙박시설'은 1개소이다. 2022년의 경우 '전통공예시설'은 전년 대비 감소했지만 '한옥숙박시설'은 전년과 동일한 0개소이므로 전년 대비 증감 방향이 매년 같지 않다.

ㄴ. (O) 전체 공공한옥시설 중 '문화전시시설'의 비율은 2017년 29.6%, 2018년 29.6%, 2019년 35.7%, 2020년 36.7%, 2021년 35.3%, 2022년 35.3%로 매년 20% 이상이다.

ㄷ. (O) 2022년 '주거체험시설'은 5개소이다. 2020년 대비 2022년 공공한옥시설의 유형별 증가율은 '주거체험시설' 2 / 3 ≒ 66.7%가 '주민이용시설' 2/6 ≒ 33.3%의 2배이다.

ㄹ. (O) '한옥숙박시설'이 '주거체험시설'보다 많은 해는 2017년(2 > 0)과 2018년(2 > 0)뿐이다.

실전에선 이렇게!

ㄴ. '문화전시시설'의 5배 수치가 전체 이상인지 판단한다.
ㄷ. 증가율을 분수로 나타내면 2/3과 1/3이므로 2배인지 쉽게 판단 가능하다.

17 각주 판단형 난이도 중 정답 ①

문제풀이 핵심 포인트

각주로 제시된 분수식의 비중과 분모가 주어졌으므로 분자인 최저개발국 직접투자 규모를 묻는 선지의 경우에는 곱셈비교로 판단한다.

풀이

① (O) 최저개발국 직접투자 규모는 2023년 76,466 × 1.7% ≒ 1,300백만 달러로 2015년 31,205 × 2.8% ≒ 874백만 달러보다 크다.

② (×) 최저개발국 직접투자 비중은 2020년 1.6%에서 2021년 1.9%로 증가하였다.

③ (×) 2018년 최저개발국 직접투자 규모는 40,657 × 1.8% ≒ 732백만 달러, 즉 7억 3,200만 달러이므로 10억 달러 이상이 아니다.

④ (×) 해외직접투자 규모는 2022년 57,299백만 달러에서 2023년 76,466백만 달러로 33.4% 증가하여 전년 대비 40% 이상 증가하지 않았다.

⑤ (×) 2017년에 해외직접투자 규모는 전년 대비 증가했지만 최저개발국 직접투자 비중은 2.0%에서 1.4%로 감소하였다.

실전에선 이렇게!

① 유효숫자를 설정해서 곱셈비교로 비교하면 해외직접투자 규모는 2023년 764가 2015년 312의 2배 이상이고 최저개발국 직접투자 비중은 2015년 28이 2022년 17의 2배 미만이므로 최저개발국 직접투자 규모는 2023년이 2015년보다 크다.
③ 40,657백만 달러는 406억 5,700만 달러이므로 400억 달러의 2% 수준이 8억 달러임을 고려하면 10억 달러 이상이 되지 못함을 쉽게 판단할 수 있다.
④ 유효숫자로 판단하면 2022년 573에서 2023년 765로 192만큼 증가하였으므로 40% 이상 증가하지 못했다고 쉽게 판단할 수 있다. (500의 40%인 200과 비교한다.)

18 각주 판단형 난이도 상 정답 ④

문제풀이 핵심 포인트

순위 자료가 제시되었으므로 주어진 가장 낮은 순위인 5위 브랜드의 E를 기준으로 6위 이하 항목을 판단한다.

풀이

ㄱ. (×) 1~5위 브랜드 가맹점 수 합은 44,493개이고 '갑'국의 전체 편의점 가맹점 수가 5만 개이므로 6위 이하 브랜드 가맹점 수 합은 5,507개이다. 6위 이하 브랜드 가맹점 수는 5위인 E의 787개보다 적기 때문에 5위 크기를 기준으로 6위 이하의 가맹점 수 최솟값을 도출하면 5,507 / 787 ≒ 7.0이므로 '갑'국의 전체 편의점 가맹점 수가 5만 개라면 편의점 브랜드 수는 1~5위 5개와 6위 이하 7개 이상으로 최소 12개이다.

ㄴ. (O) A~E 중, 가맹점당 매출액이 가장 큰 브랜드는 B이고 전체 가맹점 매출액의 합 역시 14,593 × 603,529 ≒ 8,807,298,697천 원으로 가장 크다.

ㄷ. (O) 전체 가맹점 면적의 합은 해당 브랜드 전체 가맹점 매출액의 합을 가맹점 면적당 매출액으로 나눠서 비교한다. A~E 중, 해당 브랜드 전체 가맹점 면적의 합은 E가 28,513m^2로 가장 작다.

실전에선 이렇게!

ㄱ. 6위 이하 합 5,507이 787의 9배보다 작기 때문에 최소 14개가 아니라고 판단할 수 있다.
ㄴ. B는 가맹점당 매출액이 가장 많고 가맹점 수는 A 다음인 두 번째로 많기 때문에 A와 곱셈비교를 하면 A는 147 × 584, B는 146 × 603이므로 B가 A보다 많다는 것을 쉽게 판단할 수 있다.
ㄷ. 가맹점 수와 가맹점당 매출액을 곱한 다음 이를 가맹점 면적당 매출액으로 나눠서 판단하는 구조지만 E의 가맹점 수가 4위인 D의 20% 미만으로 나머지 브랜드에 차이가 크게 나므로 구체적으로 계산하지 않고 판단 가능하다.

19 분수 비교형 난이도 중 정답 ②

문제풀이 핵심 포인트
선지 ①을 제외하면 나머지 모든 선지가 분수비교를 통해 도출해야 하므로 계산의 정도가 낮은 선지 위주로 판단하여 답을 도출한다.

풀이

① (×) C와 E를 비교하면 '연간소각실적'은 E가 C보다 많지만 '관리인원'은 C가 E보다 많기 때문에 '연간소각실적'이 많은 소각시설일수록 '관리인원'이 많지 않다.

② (O) '시설용량' 대비 '연간소각실적' 비율은 E가 265.3으로 가장 높다.

③ (×) '연간소각실적'은 163,785톤인 A가 104,176톤인 D의 1.5배인 156,264 이상이다.

④ (×) C의 '시설용량' 750은 전체 '시설용량' 2,898의 30%인 869.4 이상이 되지 못한다.

⑤ (×) 각주에서 시설용량은 1일 가동 시 소각할 수 있는 최대량이라고 하였으므로 B의 2023년 가동 일수는 12,540 / 48 ≒ 261일 이상이다. 따라서 250일 미만이 아니다.

실전에선 이렇게!

③ 유효숫자로 판단하면 D는 104이고 1.5배는 104의 절반인 52를 더한 156과 같기 때문에 A인 164와 대소비교를 쉽게 할 수 있다.
④ C가 750이기 때문에 전체의 30% 이상이 되려면 전체가 2,500 이하여야 한다.
⑤ 48 × 250 = 12 × 1,000 = 12,000보다 12,540이 더 크기 때문에 250일 미만이 아님을 알 수 있다.

20 분수 비교형 난이도 중 정답 ①

문제풀이 핵심 포인트
자릿수가 다른 수치끼리 분수비교를 해야 하는 선지가 대부분이므로 유효숫자를 설정하여 판단한다.

풀이

① (×) 2023년 식량작물 생산량의 전년 대비 감소율은 A지역 전체 6.8%가 '갑'국 전체 2.8%보다 높다.

② (O) 2019년 대비 2023년 A지역 식량작물의 생산량 증감률은 미곡이 6.5%, 맥류가 25.6%, 잡곡이 2.7%, 두류가 11.1%, 서류가 20.1%로 맥류가 가장 크다.

③ (O) A지역 전체 식량작물 생산 면적 중 미곡이 차지하는 비중은 2019년 62.1%, 2020년 60.4%, 2021년 60.9%, 2022년 60.9%, 2023년 61.7%로 미곡은 매년 A지역 전체 식량작물 생산 면적의 절반 이상을 차지한다.

④ (O) 2023년 A지역 식량작물 중 생산 면적당 생산량은 미곡이 5.0, 맥류가 2.1, 잡곡이 4.9, 두류가 1.8, 서류가 6.4로 서류가 가장 많다.

⑤ (O) A지역 전체 식량작물 생산량과 A지역 전체 식량작물 생산 면적의 전년 대비 증감 방향은 각각 증가, 감소, 증가, 감소로 매년 균일하게 증감을 반복하고 있기 때문에 같다.

실전에선 이렇게!

① 유효숫자로 판단하면 A지역 전체는 237에서 221로 16감소하였고 갑국 전체는 446에서 433으로 13감소하였으므로 감소율의 분자인 증감폭이 더 크고 분모인 2022년 수치가 더 작은 A지역 전체가 갑국 전체보다 높다.
② 맥류를 기준으로 20% 이상인 항목은 서류뿐이므로 서류와 비교하여 판단한다.
③ 미곡의 2배 수치가 A지역 전체 이상인지 판단한다.

21 표-차트 변환형 난이도 중 정답 ④

문제풀이 핵심 포인트
제시된 자료의 수치를 그대로 표시한 그림부터 찾아 판단한다면 답을 도출하는 시간을 줄일 수 있다.

풀이

ㄴ. (×) 2021년 잡곡과 두류의 생산량을 바꿔서 잘못 표시하였다.

22 빈칸형 난이도 상 정답 ①

문제풀이 핵심 포인트
각주 식을 통해 빈칸에 포함될 수치를 구체적으로 도출하기 보다 〈표 2〉에서 제시되는 각 수준의 지수 범위를 통해 대략적으로 판단한다.

풀이

① (×) 지방소멸위험지수가 0.5 이상 1.0 미만인 경우 지방소멸위험 수준이 '주의'이므로 여기에 해당되는 동은 A, B, D, J, L과 1,272 / 2,300 ≒ 0.55인 E도 포함된다. 따라서 지방소멸위험 수준이 '주의'인 동은 6곳이다.

② (O) '20~39세 여성 인구'는 3,365 × 0.88 ≒ 2,961명인 B동이 3,421명인 G동보다 적다.

③ (O) 지방소멸위험지수는 E가 0.55, I가 1.55, K가 0.48이므로 지방소멸위험지수가 가장 높은 동은 I이다. I동의 '65세 이상 인구' 2,656명은 '총인구' 23,813명의 10%인 2,381.3 이상이다.

④ (O) '총인구'가 가장 많은 동인 K는 지방소멸위험지수가 0.48로 가장 낮다.

⑤ (O) 지방소멸위험 수준이 '보통'인 동은 C, F, G, H이고 이 들의 '총인구' 합은 29,204 + 16,792 + 19,163 + 27,146 = 92,305명으로 90,000명 이상이다.

실전에선 이렇게!

① 주의는 0.5 이상 1.0 미만이므로 65세 이상 인구가 20~39세 여성인구보다 많으면서 동시에 20~39세 여성 인구의 2배 수치가 65세 이상 인구 이상인 동이 추가로 있는지 확인한다.
② 20~39세 여성인구는 G동이 3,421명이고 이는 B동의 65세 이상 인구인 3,365명보다 많다. B동의 지방소멸위험지수가 1보다 작은 0.88이기 때문에 계산하지 않고도 판단할 수 있다.
③ 괄호를 제외하면 지방소멸 위험지수는 G동이 1.39로 가장 높고 이보다 더 높은 동을 나머지 빈칸 중에 찾는다면 유일한 후보자는 I뿐이기 때문에 I가 1.5 초과인지 판단한다.

23 분수 비교형 난이도 하

정답 ③

문제풀이 핵심 포인트

분수의 비율을 묻는 경우 비율 쪼개기(예를 들어 15%를 구할 때 10%와 5%를 각각 구해서 비교)를 하거나 비율을 배수구조로 변환하여 반대해석으로 답을 도출한다.

풀이

① (×) 전체 처리실적 중 '매립'의 비율은 291 / 2,270 ≒ 12.8%로 15% 이상이 아니다.

② (×) 재활용의 경우 처리실적은 '공공'이 403만 톤으로 '위탁'의 870만 톤보다 적다.

③ (○) 각 처리주체에서 '매립'의 비율은 '공공'이 286 / 1,143 ≒ 25.0%로 '자가' 의 1 / 21 ≒ 4.8%보다 높다.

④ (×) 처리주체가 '위탁'인 생활계 폐기물 중 '재활용'의 비율은 870 / 1,106 ≒ 78.7%로 75% 이상이다.

⑤ (×) '소각' 처리 생활계 폐기물 중 '공공'의 비율은 447 / 565 ≒ 79.1%이므로 90% 이상이 아니다.

실전에선 이렇게!

③ 자가의 매립과 합의 수치에 각각 100을 곱해서 공공과 비교하면 공공은 286/1,143이고 자가는 100/2,100이므로 공공이 자가보다 높다는 것을 쉽게 판단할 수 있다.
④ 재활용 870이 나머지 합 236의 3배 이하인지 판단한다.
⑤ 반대해석하여 자가와 위탁의 합인 118이 전체인 565의 10% 이하인지 판단한다.

24 분산·물방울형 난이도 상

정답 ④

문제풀이 핵심 포인트

〈그림〉에서 각 연도별 상위 5개 시도를 제시하고 있으므로 여기에 포함되지 않은 시도는 5위 시도를 기준으로 판단한다.

풀이

㉠ (○) 2023년 처리 건수 상위 5개 시도는 경기, 서울, 경남, 경북, 부산이다. 2022년 대비 2023년 처리건수는 경기가 약 1,600건에서 2,100건으로 증가, 서울이 약 720건에서 1,370건으로 증가, 경남이 약 450건에서 840건으로 증가, 경북이 약 390건에서 680건으로 증가, 부산은 6위 이하에서 5위로 순위 상승하였다.

㉡ (○) 2023년 처리 건수가 가장 많은 시도는 경기이고 2023년 인용 건수는 약 375건 정도이다. 2022년 인용률이 가장 높은 시도는 울산이고 울산의 처리건수는 2022년 상위 5위에 포함되지 못했기 때문에 5위인 인천의 약 350보다 작다. 따라서 울산의 2022년 인용건수는 약 350의 50.9%로 대략적으로 178건 정도이다. 따라서 2023년 경기의 인용건수 약 375건은 2022년 울산의 인용 건수인 178의 1.5배 이상이다.

㉢ (×) 2020년부터 2022년까지 인용률이 매년 감소한 시도는 부산과 전남 2개이므로 2020년부터 2023년까지 인용률이 매년 감소한 시도는 최대 2개이므로 3개가 될 수 없다.

실전에선 이렇게!

㉠ 경기, 서울, 경남의 경우에는 2022년 점의 위치를 기준으로 2023년 점의 위치가 우상방에 위치하기 때문에 처리건수가 증가했다고 쉽게 판단할 수 있다.
㉡ 2023년 경기의 인용건수는 350건 이상이 확실하다. 2022년 인천의 처리건수는 확실하게 350건보다 적기 때문에 울산은 이보다 더 적으면서 처리율이 약 50%임을 감안한다면 인용건수는 1.5배 이상이 확실하다고 판단할 수 있다.

25 평균 개념형 난이도 상

정답 ⑤

문제풀이 핵심 포인트

각 직급별 임직원 수가 모두 짝수이므로 각주 3)에서 제시한대로 중간값은 가장 중앙에 있는 2인의 평균값임을 이용해서 답을 도출한다.

풀이

ㄱ. (○) 공장 관리직의 임직원 수는 4명이므로 각 분위당 인원은 1명씩이다. 따라서 최저인 15,000원을 받는 1분위 인원 1명과 30,000원을 받는 3분위 인원 1명을 알 수 있고 중간값 25,000원을 통해 2분위에 속한 인원 1명이 받는 시간당 임금은 20,000원임을 알 수 있다. 따라서 전체 평균이 25,000원이므로 공장 관리직의 '시간당 임금' 최고액은 35,000원이다.

ㄴ. (○) 본사 임원은 8명이므로 각 분위당 인원은 2명씩이다. 임금이 낮은 임직원부터 순서대로 1~8번이라고 가정하면 1번은 24,000원이고 8번은 55,000원이다. Q1이 25,600원이므로 이는 2번의 시간당 임금임을 알 수 있고 Q3가 48,000원이므로 6번이 48,000원임을 알 수 있다. 중간값이 48,000원이고 이는 4번과 5번의 평균이 되어야 하는데 집단의 분위 자체가 시간당 임금 순서이므로 6번이 48,000원인 상황에서 4번과 5번의 평균이 48,000원이 되기 위해서는 4번과 5번 모두 48,000원이 되어야 한다. 따라서 '시간당 임금'이 같은 본사 임원은 4, 5, 6번이 48,000원으로 3명 이상이다.

ㄷ. (○) ㄴ에서 도출한 대로 1번은 24,000원, 2번은 25,600원, 4번부터 6번은 모두 48,000원, 8번이 55,000원이다. 40,000원 이상인지 묻고 있으므로 3번은 2번과 같은 25,600원, 7번 역시 6번과 같은 48,000원으로 최솟값을 설정해서 판단하면 본사 임원의 '시간당 임금' 평균은 40,275원으로 40,000원 이상이다.

ㄹ. (×) '시간당 임금'이 23,000원 이상인 공장관리직의 경우 2명, 본사 임원은 8명이다. 공장 생산직의 임직원 수는 52명이므로 각 분위당 인원은 13명씩이다. 중앙값인 23,500원이므로 3분위와 4분위 인원 26명은 시간당 임금이 23,000원 이상이다. 마찬가지로 본사 직원의 임직원 수는 36명이므로 각 분위당 인원은 9명이다. 중앙값이 23,500원이므로 역시 3분위와 4분위 인원 18명은 시간당 임금이 23,000원 이상이다. 따라서 '시간당 임금'이 23,000원 이상인 임직원은 2 + 8 + 26 + 18 = 54명 이상이므로 50명 미만이 아니다.

실전에선 이렇게!

ㄷ. 40,000원을 기준으로 편차를 도출하면 1번 −16,000원, 2번 14,400원, 4~6번 각 +8,000원, 8번 +15,000원으로 3번과 7번을 제외한 편차의 합은 +8,600원이다. 3번과 7번을 각각 최솟값으로 가정하여 40,000원 기준 편차를 도출하면 각각 −14,400원과 +8,000원이므로 1~8번 편차 합의 최솟값은 +8,600 − 14,400 + 8,000 = +2,200으로 0보다 크다. 따라서 평균은 40,000원 이상임을 판단할 수 있다.

2023년 기출문제

모바일 자동 채점 및 성적 분석 서비스

PSAT 전문가의 총평

- 2023년 7급 PSAT 시험은 작년과 동일하게 1교시에 언어논리와 상황판단 영역을 동시에 치러 변경된 시험에 따른 전략이 올해도 많은 영향을 미쳤을 것으로 보입니다.
- 영역별로 언어논리는 2022년 7급 PSAT과 유사한 형태로 출제되었고, 작년처럼 5급 PSAT과 유사한 패턴으로 출제되는 양상이 유지되었습니다. 상황판단은 작년 대비 비중에 큰 변화는 없었으나, 계산형 문제의 출제 비중이 매우 높고 규칙형 문제의 출제 비중이 낮았다는 것이 특징적이었습니다. 자료해석은 빈칸형 문제와 세밀한 계산을 요구하는 문제 비중이 높아, 작년 대비 좀 더 까다로웠습니다. 그러나 세 영역 모두 한 번씩 출제된 적이 있는 문제나 전체적으로 자주 출제되었던 유형들이 출제되고 있으므로 7급 PSAT 기출문제뿐만 아니라 5급 PSAT 기출문제도 함께 학습하는 것이 시험 대비에 효과적일 것으로 보입니다.
- 2023년 7급 PSAT 응시율은 62%를 기록했습니다. 약 29,000명이 원서 접수를 하고 실제 응시자는 약 18,100명으로 조사됨에 따라 응시율은 2022년보다 약 3%p 하락하였습니다.

언어논리

유형별 비중

2023년 7급 PSAT 언어논리는 2022년 7급 공채와 유사한 형태로 출제되었다. 또한 2020년 모의평가에서부터 2022년 기출까지 한 번씩 출제된 경력이 있는 문제 유형들이 출제되어 익숙한 유형의 문제들로 구성되었다. 그리고 작년보다 논리 문제 비중은 낮아졌고, 논증 문제도 작년과 같은 실험 평가 문제가 배제되었다. 그리고 작년에도 그러했듯이 7급 공채 문제가 5급 공채와 유사한 패턴으로 출제되는 양상은 올해도 계속되었다. 특히 추론 문제와 실험 소재 문제의 출제 패턴은 눈여겨보아야 한다. 추론 문제는 비중이 높아졌을 뿐만 아니라, 원칙 적용형이나 표를 활용하는 도식적인 구조, 상관관계에 집중하는 과학 소재 지문 구성에서 5급 공채와 매우 유사한 패턴을 보이고 있다.

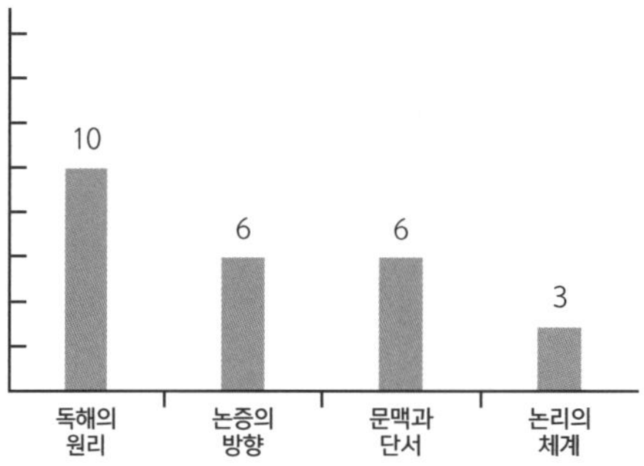

[유형별 출제 문항 수]

난도 및 소재

전체 문제의 체감 난도는 크게 높지 않았을 것으로 보인다. 비록 시간이 많이 걸릴 수 있는 유형인 실무 소재 문제가 올해 5문제 정도로 작년보다 비중이 늘었지만, 문제 난이도는 작년에 비해 어렵지 않았다. 그래서 문제 구성을 보았을 때 작년보다 난도가 높지 않은 것으로 보인다. 실험 소재 문제의 경우, 실험의 결론을 묻는 19번 문제는 2023년 5급 공채 36번과 매우 유사한 형태로 출제되었다. 이러한 출제 경향으로 볼 때, 7급 공채 기출만이 아니라 5급 공채 기출도 내년 시험에 대비해서 중요하게 다루어야 한다. 특히 최근 5급 공채 언어논리에서 전반적으로 강화되고 있는 유형인 추론, 실험 소재, 전제 찾기와 같은 유형에 주목해야 한다. 더불어 7급 공채 기출만의 특성이 보이는 문제들 중 실무적인 소재를 다루는 문제 유형에는 철저하게 대비해야 한다.

상황판단

유형별 비중

2023년 7급 PSAT 상황판단에서는 텍스트형 3문제, 법조문형 7문제, 계산형 8문제, 규칙형 2문제, 경우형 5문제가 출제되었다. 텍스트형과 법조문형, 즉 득점포인트 유형에 속하는 문제가 보통 8문제에서 10문제 정도 출제되고, 계산형, 규칙형, 경우형(경우의 수) 즉, 핵심유형에 속하는 문제가 15문제에서 17문제 출제되어 왔다는 점에서는 출제 비중에 큰 변화는 없었다. 득점포인트 유형에서는 2019년 이후에 계속 유지되어오고 있는 경향처럼 텍스트형보다는 법조문형의 출제비중이 높았다. 핵심유형에서는 보통 각 유형별로 다섯 문제 안팎의 문제가 출제되어 왔으나 올해는 계산형의 출제비중이 매우 높았고, 규칙형의 출제비중이 낮았다는 것이 특징적이었다.

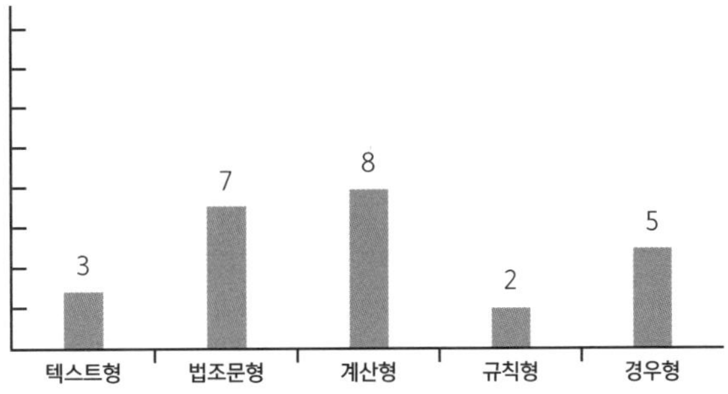

[유형별 출제 문항 수]

난도 및 소재

올해 상황판단 시험은 변별력 있는 난도 있는 문제가 적었고, 그 문제들이 20번 전후에 몰려 배치되었으며, 득점포인트형에 속하는 텍스트형과 법조문형의 난도가 평이했다. 그리고 50% 이하의 정답률을 보이는 문제가 2021년 시험에서는 8문제, 2022년 시험에서는 5문제였던 반면에, 올해 2023년 시험에서는 1문제뿐이었다. 7급 공채 PSAT에서는 기존에 출제되었던 장치나 소재가 반복해서 출제되는 경우가 많다. 2023년 PSAT에서도 대안비교, 점수계산, 요일 계산, 시계대칭(일치), 1:多 대응 등 기존에 여러 번 출제되었던 소재가 다시 출제되었다. 이에 따라 최근 7급 공채는 얼마나 기존 기출문제를 잘 분석해 두는가가 안정적인 고득점의 관건이 되고 있는 것으로 보인다.

자료해석

유형별 비중

2023년 7급 PSAT 자료해석의 출제 패턴은 기존의 민경채, 5급 공채 그리고 7급 공채에서 출제되었던 패턴의 문제가 대부분이었고 발문 역시 크게 색다른 문제는 없었다. 입지 조건을 묻는 1번 문제는 5급 공채에서 이보다 훨씬 고난도 형태로 두 번 정도 출제되었기 때문에 쉽게 해결할 수 있었을 것이고, 빈칸형 문제는 작년에 비해 비중이 늘어 8문제나 출제되었다. 매칭형 문제가 1문제로 작년보다 그 비중이 줄었고 다소 까다로운 각주 판단형과 조건 판단형 역시 7문제 출제되어 작년에 비해 비중이 약간 증가하였다. 추가로 필요한 자료를 찾는 문제는 작년과 동일하게 1문제 출제되었고 작년에 출제되지 않았던 고난도 유형인 표-차트 변환형 문제가 1문제 출제되었다.

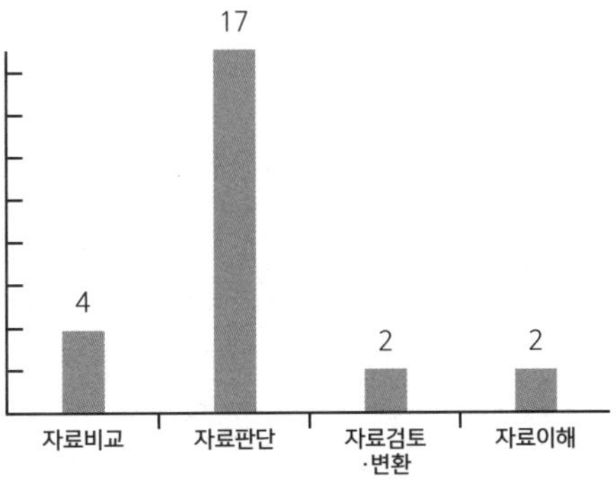

[유형별 출제 문항 수]

난도 및 소재

난도는 2022년 기출에 비해 좀 더 까다로운 수준이고, 2021년과 비슷한 난도로 보인다. 다만 2021년에는 사고력을 요하는 문제가 많았던 반면, 2023년에는 빈칸형 문제와 세밀한 계산을 요구하는 문제의 출제 비중이 높아 전체적으로 시간을 많이 소모하는 문제 때문에 체감 난도가 높았을 것이다. 전체적인 난이도는 '중' 정도로 출제되었으며 인구, 사회, 산업, 교육, 수산 등 다양한 분야의 통계 자료와 실무와 관련된 소재가 출제되었다.

정답

p.121

1	②	개념 이해	6	③	구조 판단	11	①	원칙 적용	16	⑤	논리 퀴즈	21	⑤	견해 분석
2	①	개념 이해	7	④	글의 수정	12	④	견해 분석	17	④	구조 판단	22	③	논증 평가
3	②	논지와 중심 내용	8	②	밑줄 추론	13	①	원칙 적용	18	②	구조 판단	23	①	원칙 적용
4	③	논지와 중심 내용	9	④	빈칸 추론	14	③	독해형 논리	19	④	원칙 적용	24	⑤	빈칸 추론
5	③	개념 이해	10	④	빈칸 추론	15	⑤	독해형 논리	20	⑤	논증 평가	25	②	밑줄 추론

취약 유형 분석표

유형별로 맞힌 문제 개수와 정답률, 틀린 문제 번호, 풀지 못한 문제 번호를 적고 나서 취약한 유형이 무엇인지 파악해 보세요. 그 후 약점 보완 해설집 p.2 [취약 유형 공략 포인트]에서 약점 보완 학습법을 확인하고, 틀린 문제와 풀지 못한 문제를 다시 한번 풀어보세요.

유형		맞힌 문제 개수	정답률	틀린 문제 번호	풀지 못한 문제 번호
독해의 원리	개념 이해	/3	%		
	구조 판단	/3	%		
	원칙 적용	/4	%		
논증의 방향	논지와 중심 내용	/2	%		
	견해 분석	/2	%		
	논증의 비판과 반박	–	–		
	논증 평가	/2	%		
문맥과 단서	빈칸 추론	/3	%		
	밑줄 추론	/2	%		
	글의 수정	/1	%		
논리의 체계	논증의 타당성	–	–		
	논리 퀴즈	/1	%		
	독해형 논리	/2	%		
TOTAL		/25	%		

해설

1 개념 이해 난이도 하 정답 ②

문제풀이 핵심 포인트
순검군이 설치된 이유와 그 역할이 무엇인지가 지문의 주요 내용이므로 이에 주목하고, 이전부터 있었던 개경의 군사 조직과의 관계도 확인해야 한다.

풀이

① (×) 두 번째 단락에서 개경의 도시화가 진전됨에 따라 전문적인 치안 기구의 필요성이 증대되었음을 알 수 있지만, 개경이 고려의 다른 어떤 지역보다 범죄 행위가 많이 발생한 곳이었는지는 알 수 없다.

② (○) 두 번째 단락에서 순검군의 설치는 도성을 방위하고 국왕을 지키는 군대의 기능과 도성의 치안 유지를 위한 경찰의 기능이 분리되고 전문화된 것을 의미한다는 것을 알 수 있다. 따라서 순검군이 설치된 이후에도 도성의 성문을 지키는 임무는 위숙군에게 있었다는 것을 알 수 있다.

③ (×) 세 번째 단락에서 급한 공무나 질병, 출생 등 부득이한 경우에만 사전 신고를 받고 야간에 통행하도록 하였다는 것을 알 수 있으나, 야간에 급한 용무로 시내를 통행하려는 사람은 먼저 시가지를 담당하는 검점군에 신고를 하였는지는 알 수 없다.

④ (×) 두 번째 단락에서 순검군은 개경 시내를 순찰하고 검문을 실시하는 전문적인 치안 조직임을 알 수 있다. 따라서 순검군이 야간 통행이 금지되는 저녁부터 새벽 시간까지 순찰 활동을 하며 성문 방어에도 투입되었다는 것은 알 수 없다.

⑤ (×) 두 번째 단락에서 순검군의 설치는 도성을 방위하고 국왕을 지키는 군대의 기능과 도성의 치안 유지를 위한 경찰의 기능이 분리되고 전문화된 것을 의미한다는 것을 알 수 있다. 따라서 순검군의 설치 이후에 간수군을 비롯한 개경의 세 군사 조직이 군대의 기능과 경찰의 기능을 모두 수행하였다는 것은 알 수 없다.

2 개념 이해 난이도 중 정답 ①

문제풀이 핵심 포인트
고려의 동북 9성과 관련하여 선택지에 제시된 인물인 오연총, 윤관, 척준경 등의 행동에 주목하여 지문을 읽는다. 위치에 대한 정보도 확인해야 한다.

풀이

① (○) 세 번째 단락에 따르면 고려는 동북 9성에 대한 방비를 강화하였지만, 전투가 거듭될수록 병사들이 계속 희생되었고 물자 소비도 점점 많아졌다. 그래서 예종 4년에 여진이 강화를 요청했을 때 고려는 이를 받아들이고 여진에 동북 9성 지역을 돌려주기로 하였다. 따라서 고려는 동북 9성을 방어하는 과정에서 병사들이 계속 희생되고 물자 소비도 늘어났기 때문에 여진의 강화 요청을 받아들였다는 것은 글의 내용과 부합한다.

② (×) 두 번째 단락에 따르면 윤관은 가한촌에서 큰 위기를 맞이하였지만 척준경이 10여 명의 결사대를 이끌고 분전한 덕분에 영주로 탈출할 수 있었다. 그러나 오연총이 웅주에 있던 윤관이 여진군에 의해 고립된 사실을 알고 길주로부터 출정하여 그를 구출하였다는 것은 글의 내용과 부합하지 않는다.

③ (×) 두 번째 단락에 따르면 윤관은 여진의 끈질긴 공격을 물리치면서 함주, 공험진, 의주, 통태진, 평융진에도 성을 쌓아 총 9개의 성을 완성하였다. 그러나 윤관이 여진군과의 끈질긴 전투 끝에 가한촌을 점령하고 그곳에 성을 쌓아 동북 9성을 완성하였다는 것은 글의 내용과 부합하지 않는다.

④ (×) 두 번째 단락에 따르면 척준경은 가한촌 전투에서 큰 위기를 맞이한 윤관을 도와 영주로 탈출할 수 있게 했다. 그러나 척준경이 패배한 고려군을 이끌고 길주로 후퇴하였다는 것은 글의 내용과 부합하지 않는다.

⑤ (×) 첫 번째 단락에 따르면 신기군과 신보군, 경궁군이 포함된 별무반은 숙종의 허락을 받아 윤관이 창설하였다. 따라서 예종이 즉위하고 다음 해에 신기군과 신보군, 경궁군이 창설되었다는 것은 글의 내용과 부합하지 않는다.

실전에선 이렇게!

역사 소재 지문은 사건의 전체적인 흐름을 잡아내는 것이 중요한 정보로 제시되는 경우가 있으므로 지문 전체의 시간적 흐름을 놓치지 않도록 지문을 읽는다.

3 논지와 중심 내용 난이도 하 정답 ②

문제풀이 핵심 포인트
글의 핵심 논지는 지문에서 필자가 하고자 하는 가장 중요한 말이므로 세부적인 정보보다는 물음에 대한 답변에 주목한다.

풀이

① (×) 윤리적으로 잘 먹기 위해서는 육식을 지양해야 한다는 것은 글에서 알 수 없는 내용이므로 핵심 논지가 될 수 없다.

② (○) 세 번째 단락에서 '잘 먹는다'는 것의 윤리적 차원은 다른 사람들, 동물들, 식물들, 서식지, 토양 등과 관계를 맺는 행위임을 인식하기 시작할 때 비로소 드러난다고 하고, 마지막 단락에서 이러한 관계들은 먹는 행위를 윤리적 반성의 대상으로 끌어 올린다고 한다. 따라서 먹는 행위에 대해서도 윤리적 차원을 고려하여야 한다는 것이 글의 핵심 논지로 가장 적절하다.

③ (×) 두 번째 단락에서 건강 증진이나 취향 만족을 위한 먹는 행위는 개인적 차원의 평가 대상일 뿐이라고 볼 수 있지만, 이것은 글의 핵심 논지가 아니다.

④ (×) 세 번째 단락에서 먹는 행위는 동물, 식물, 토양 등의 비인간 존재와 인간 사이의 관계를 만들어낸다는 것을 알 수 있지만, 이것은 글의 핵심 논지가 아니다.

⑤ (×) 먹는 행위를 평가할 때에는 먹거리의 소비자보다 생산자의 윤리적 책임을 더 고려하여야 한다는 것은 글에서 알 수 없는 내용이므로 핵심 논지가 될 수 없다.

실전에선 이렇게!

"먹는 일에도 윤리적 책임이 동반된다고 생각해 볼 수 있지 않을까?"라는 문제 제기에 대한 답변을 찾는다.

4 논지와 중심 내용 난이도 하

정답 ③

문제풀이 핵심 포인트
지역문화콘텐츠의 성공을 위해 글에서 제시하고 있는 문제점과 이를 해결하기 위한 방안에 주목한다.

풀이

① (×) 향유의 지속성을 고려해야 한다는 것이 글의 논지이므로 중앙정부와 지방자치단체의 협력을 통해 지역문화콘텐츠의 경쟁력을 강화해야 한다는 것은 글의 핵심 논지로 적절하지 않다.

② (×) 그동안 지역문화 정책과 사업이 새로운 콘텐츠를 발굴·제작하는 데만 주력해 온 탓에 향유의 지속성 측면을 고려하지 못했다고 언급하고 있으므로 새로운 콘텐츠의 발굴과 제작을 통해 지역문화콘텐츠의 생명력을 연장하고 활성화해야 한다는 것은 글의 핵심 논지로 적절하지 않다.

③ (O) 이미 만들어진 우수한 지역문화콘텐츠의 생명력을 연장하고 콘텐츠 향유의 활성화를 꾀하기 위해 향유자에 의한 콘텐츠의 공유와 확산이 활발하게 이루어지는 향유, 아울러 향유자가 콘텐츠의 소비·매개·재생산의 주체가 되는 향유를 위한 방안이 개발되어야 한다는 것이 글의 논지이다. 따라서 지역문화콘텐츠를 향유자와 연결하고 향유자의 향유 경험을 지속하게 할 방안을 마련해야 한다는 것이 글의 핵심 논지로 가장 적절하다.

④ (×) 글에서는 향유자 개인의 역할을 제시하고 있지 않으므로 지역문화콘텐츠 향유자 스스로 자신이 콘텐츠의 소비·매개·재생산의 주체임을 인식해야 한다는 것은 글의 핵심 논지로 적절하지 않다.

⑤ (×) 지역문화콘텐츠의 성공은 지역 산업의 동력이 될 뿐 아니라 지역민의 문화향유권 확장에 이바지한다는 점에서 주목할 만하지만, 이를 위해 중앙정부의 경제적 지원이 증대되어야 한다는 내용은 글에서 확인할 수 없다.

5 개념 이해 난이도 하

정답 ③

문제풀이 핵심 포인트
갈등영향분석의 실시 기준과 필수적인 단계 및 각 단계의 주체에 대한 구체적인 정보가 제시되어 있으므로 해당 정보에 주목하여 지문을 읽는다.

풀이

① (O) 두 번째 단락에서 해당 사업을 수행하는 기관장은 예비타당성 조사 실시 기준인 총사업비를 판단 지표로 활용하여 갈등영향분석의 실시 여부를 판단한다고 제시되어 있다. 따라서 정부가 갈등영향분석 실시 여부를 판단할 때 예비타당성 조사 실시 기준인 총사업비를 판단 지표로 활용한다는 것은 글의 내용과 부합한다.

② (O) 세 번째 단락에서 해당 사업을 수행하는 기관장은 대상 시설이 기피시설인지 여부를 판단할 때, 단독으로 판단하지 말고 지역 주민 관점에서 검토할 수 있도록 민간 갈등관리전문가 등의 자문을 거쳐야 한다고 제시되어 있다. 따라서 기피 시설 여부를 판단할 때 해당 사업을 수행하는 기관장이 별도 절차 없이 단독으로 판단해서는 안 된다는 것은 글의 내용과 부합한다.

③ (×) 네 번째 단락에서 갈등관리심의위원회의 자문을 거쳐 해당 사업과 관련된 주요 이해당사자들이 중립적이라고 인정하는 전문가가 갈등영향분석서를 작성하여야 한다고 제시되어 있다. 따라서 갈등영향분석서는 정부가 주관하여 중립적 전문가의 자문하에 해당 기관장이 작성하여야 한다는 것은 글의 내용과 부합하지 않는다.

④ (O) 네 번째 단락에서 작성된 갈등영향분석서는 반드시 모든 이해당사자들의 회람 후에 해당 기관장에게 보고되고 갈등관리심의위원회에서 심의되어야 한다고 제시되어 있다. 따라서 갈등영향분석서를 작성한 후에는 이해당사자가 회람하는 절차가 있어야 한다는 것은 글의 내용과 부합한다.

⑤ (O) 두 번째 단락에서 경제적 규모가 실시 기준 이상이라도 갈등 발생 여지가 없거나 미미한 경우에는 갈등관리심의위원회 심의를 거쳐 갈등영향분석을 실시하지 않을 수 있다고 제시되어 있다. 따라서 갈등관리심의위원회는 갈등영향분석 실시 여부의 판단에 관여할 수 있다는 것은 글의 내용과 부합한다.

6 구조 판단 난이도 하

정답 ③

문제풀이 핵심 포인트
초·중학교 기초학력 부진학생의 기초학력 향상을 위한 3단계의 체계적인 지원체계가 제시되어 있으므로 단계별 주요 키워드에 주목하여 지문을 읽는다.

풀이

① (×) 세 번째 단락에서 OO시에 총 5곳이 설치되어 있는 것은 학습종합클리닉센터가 아니라 권역학습센터임을 알 수 있다.

② (×) 세 번째 단락에서 기초학력 부진 판정을 받은 학생 중 복합요인 기초학력 부진학생을 대상으로 학습멘토 프로그램을 운영한다는 것을 알 수 있다. 따라서 기초학력 부진학생으로 판정된 학생은 학습멘토 프로그램에 참여할 수 없다는 것은 알 수 없다.

③ (O) 네 번째 단락에서 복합요인 기초학력 부진학생 중 주의력결핍 과잉행동장애 또는 난독증 등의 문제로 학습에 어려움을 겪는 학생을 대상으로 소아정신과 전문의 등으로 이루어진 의료지원단을 구성하여 의료적 도움을 줄 수 있음을 알 수 있다. 따라서 복합요인 기초학력 부진학생으로 판정된 학생 중 의료지원단의 의료적 도움을 받는 학생이 있을 수 있다는 것을 알 수 있다.

④ (×) 세 번째 단락에서 학습멘토 프로그램에 참여하는 지원 인력은 OO시의 인증을 받은 학습상담사임을 알 수 있지만, 전문학습클리닉 프로그램에 참여하는 지원 인력의 인증 여부는 알 수 없다. 따라서 학습멘토 프로그램 및 전문학습클리닉 프로그램에 참여하는 지원 인력은 OO시의 인증을 받지 않아도 된다는 것은 알 수 없다.

⑤ (×) 네 번째 단락에서 3단계 지원은 복합요인 기초학력 부진학생 중 주의력결핍 과잉행동장애 또는 난독증 등의 문제로 학습에 어려움을 겪는 학생을 대상으로 OO시 학습종합클리닉센터에서 이루어진다는 것을 알 수 있다. 따라서 난독증이 있는 학생은 기초학력 부진 판정을 받지 않았더라도 OO시 학습종합클리닉센터에서 운영하는 프로그램에 참여할 수 있다는 것은 알 수 없다.

7 글의 수정 난이도 하

정답 ④

문제풀이 핵심 포인트
㉠에 해당하는 '오늘 회의에서 논의된 내용' 중 〈안내〉에 언급된 사항과 관련된 내용에 집중한다.

풀이

① (O) 단순히 A시에서 생활하는 사람이 아닌 A시에 주민으로 등록한 사람이라는 점이 명확하게 드러나야 한다는 내용을 반영하면, 가입 대상을 'A시에 주민으로 등록한 사람 누구나'로 수정하는 것은 적절하다.

② (O) 보험 기간 내에 발생한 사고에 대해서 사고 발생 시점을 기준으로 할 때 보험금을 언제까지 청구할 수 있는지에 대한 안내가 추가되면 좋을 것 같다는 내용을 반영하면, 보험 기간을 '2024. 1. 1.~2024. 12. 31. (보험 기간 내 사고발생일로부터 3년 이내 보험금 청구 가능)'로 수정하는 것은 적절하다.

③ (O) 보장 항목을 안내하면서 새롭게 추가된 두 가지 항목인 개 물림 사고와 사회재난 사망 사고를 포함하면 좋겠다는 내용을 반영하면, 보장 항목을 '대중교통 이용 중 상해·후유장애, 개 물림 사고, 사회재난 사망 사고 등 총 10종의 사고 보장'으로 수정하는 것은 적절하다.

④ (×) 연락처 정보만으로는 부족하고, 안내문에 보험금 청구에 필요한 대표적인 서류들을 제시하자는 내용이 제시되었으므로 청구 방법을 '청구 절차 및 필요 서류는 B보험사 통합상담센터(Tel. 15xx－xxxx)로 문의'로 수정하는 것은 적절하지 않다.

⑤ (O) A시 누리집뿐만 아니라 코리아톡 앱을 통해서도 A시 시민안전보험에 관한 정보를 확인할 수 있게 되었다는 점을 안내할 계획이라는 내용을 반영하면, 참고 사항을 '자세한 관련 내용은 A시 누리집 및 코리아톡 앱을 통해서도 확인 가능'으로 수정하는 것은 적절하다.

실전에선 이렇게!

밑줄 친 ㉠에 따라 〈안내〉의 내용을 수정해야 하는 문제이므로 지문을 처음부터 읽으면서 〈안내〉에 표시된 가입 대상, 보험 기간, 보장 항목, 청구 방법, 참고 사항 등에 대한 내용이 나오면 〈안내〉의 내용과 선택지를 동시에 확인하는 방식으로 접근한다.

8 밑줄 추론 난이도 하 정답 ②

문제풀이 핵심 포인트
밑줄의 앞뒤 문장을 읽고, 밑줄의 의미를 파악할 수 있는 핵심어나 문장을 체크하는 것이 필요하다.

풀이

ㄱ. (×) 을이 문제 삼는 것은 원동기 면허가 없는 사람들도 개인형 이동장치를 많이 이용한다는 것이다. 미성년자 중 원동기 면허 취득 비율과 19세 이상 성인 중 원동기 면허 취득 비율은 이와는 직접적인 관련성이 없으므로 의견을 검증하기 위해 필요한 자료라고 볼 수 없다.

ㄴ. (O) 경음기가 부착된 개인형 이동장치 1대당 평균 사고 발생 건수와 경음기가 부착되지 않은 개인형 이동장치 1대당 평균 사고 발생 건수는 경음기 부착 여부가 사고 발생에 유의미한 영향을 미친다고 보는 병의 의견을 검증하기 위해 필요한 자료가 될 수 있다.

ㄷ. (×) 개인형 이동장치 등록 대수가 가장 많은 지역의 개인형 이동장치 사고 발생 건수와 개인형 이동장치 등록 대수가 가장 적은 지역의 개인형 이동장치 사고 발생 건수는 의견을 검증하기 위해 필요한 자료라고 볼 수 없다.

실전에선 이렇게!

의견을 검증하기 위해 필요한 자료를 찾아야 하므로 지문의 을, 병, 정 의견의 핵심을 명확히 체크하여 〈보기〉의 내용과 비교한다.

9 빈칸 추론 난이도 중 정답 ④

문제풀이 핵심 포인트
A국과 B국의 행복 정도를 비교하는 예시 부분에 빈칸 (가)와 (나)가 배치되어 있으므로 행복 정도의 비교에 대한 기본 원칙이 제시된 부분에 주목해야 한다.

풀이

(가) 갑은 국민 개인의 삶의 질을 1부터 10까지의 수치로 평가하고 이 수치를 모두 더해 한 국가의 행복 정도를 정량화하여 어느 국가가 더 행복한 국가인지 비교할 수 있다고 주장한다. 하지만 필자는 갑의 주장은 일반적인 직관과 충돌하는 결론이 나오기 때문에 받아들이기 어렵다고 본다. 따라서 (가)에는 행복한 국가라면 그 국가의 대다수 국민이 높은 삶의 질을 누리고 있다고 보는 일반적 직관과 충돌하는 사례가 들어가야 한다. (가) 뒤쪽에 'B국에서 가장 높은 삶의 질을 지닌 국민이 A국에서 가장 낮은 삶의 질을 지닌 국민보다 삶의 질 수치가 낮다.'는 문장이 제시되어 있으므로 (가)에 들어갈 말로 가장 적절한 것은 'B국의 행복 정도가 A국의 행복 정도보다 더 크지만'이다.

(나) (나)에는 위 사례에 대한 갑의 주장이 들어가야 하고, (나) 뒤쪽에 '그러나 이러한 결론에 동의할 사람은 거의 없을 것이다.'라는 문장이 제시되어 있으므로 (나)에 들어갈 말로 가장 적절한 것은 'B국이 A국보다 더 행복한 국가라고 말해야 할 것이다'이다.

10 빈칸 추론 난이도 중 정답 ④

문제풀이 핵심 포인트
(가)는 A가 사용한 행복 개념이 무엇인지에 대한 단서를 찾는 것이 필요하고, (나)는 주관적 심리 상태가 행복의 필수 조건임을 부정할 수 없다는 A의 견해와 방향성이 같은 문장을 〈보기〉에서 찾아야 한다.

풀이

(가) A가 사용한 행복 개념은 행복이 주관적 심리 상태만으로는 충분하지 않고, 그런 심리 상태를 뒷받침하는 객관적 조건이 반드시 갖추어져 있어야 한다는 것이다. 따라서 (가)에 들어갈 말은 주관적인 심리 상태를 만족했음에도 불구하고 행복하지 않은 경우에 해당할 것이다. 〈보기〉 중 이와 가장 유사한 내용은 '자신이 행복하다고 느끼고 있으면서도 행복하지 않은 경우가 있을 수 있다'는 ㄴ이다.

(나) A는 행복이 주관적 심리 상태만으로는 충분하지 않다고 하더라도, 주관적 심리 상태가 행복의 필수 조건임은 부정할 수 없다고 보고 있으므로 (나)에 들어갈 말은 주관적인 심리 상태가 만족해야만 행복한 경우에 해당할 것이다. 〈보기〉 중 이와 가장 유사한 내용은 '자신이 행복하지 않다고 느끼고 있으면서도 행복한 경우란 있을 수 없다'는 ㄷ이다.

실전에선 이렇게!

빈칸이 두 개 주어졌고, 선택지는 〈보기〉를 매칭하는 형태이다. 각 빈칸 주변에서 어떤 단서를 잡을 수 있는지 지문에서 확인하고, 〈보기〉의 문장을 대입하면서 옳지 않은 선택지를 소거하는 방식으로 접근한다.

11 원칙 적용 난이도 중 정답 ①

문제풀이 핵심 포인트
〈보기〉에 투여된 약이 증상 치유에 긍정적인지 부정적인지 여부가 언급되어 있으므로 이를 판단할 수 있는 기준을 지문에서 찾아야 한다.

풀이

ㄱ. (O) 지문에 제시된 사례에서는 항생제 투여 없이 그대로 자연 치유에 맡기는 경우 치유될 확률이 20%라고 했을 때 그보다 확률이 높아지면 치유에 긍정적인 효과가 있는 것이고 거꾸로 확률이 낮아지면 치유에 부정적인 효과가 있다고 보고 있다. 더불어 두 경우 모두 치유에 투여된 약 이외의 다른 요인이 개입하지 않았다는 점이 보장되어야 한다고 제시되어 있다. 따라서 투여된 약이 증상의 치유에 어떠한 효과도 없다는 것을 보이기 위해서는, 약을 투여하더라도 증상이 치유될 확률에 변화가 없을 뿐 아니라 약의 투여 이외의 다른 요인이 개입되지 않았다는 것이 밝혀져야 한다는 것은 추론할 수 있다.

ㄴ. (×) 지문에 제시된 사례에 따르면 투여된 약이 증상의 치유에 긍정적인 효과가 있다는 것을 보이기 위해서는 증상이 치유될 확률이 약의 투여 이전보다 이후에 더 높아야 하고, 치유에 투여된 약 이외의 다른 요인이 개입하지 않았다는 점이 보장되어야 한다. 따라서 투여된 약이 증상의 치유에 긍정적인 효과가 있다는 것을 보이기 위해서는 증상이 치유될 확률이 약의 투여 이전보다 이후에 더 높아지는 것을 보이는 것으로 충분하다는 것은 적절하지 않다.

ㄷ. (×) 약 투여 이외의 다른 요인이 개입되지 않았다고 전제할 경우에, 투여된 약이 증상의 치유에 긍정적인 효과가 없다는 것을 보이기 위해서는 증상이 치유될 확률이 약의 투여 이전보다 이후에 더 낮아지는 것을 보이거나 확률의 변화가 없다는 것을 보이면 된다. 따라서 증상이 치유될 확률이 약의 투여 이전보다 이후에 더 낮아지는 것을 보이는 것이 필요하다는 것은 적절하지 않다.

12 견해 분석 난이도 중 정답 ④

문제풀이 핵심 포인트
논쟁에 대한 분석 문제는 등장인물들의 견해가 대비되어 있으므로 도덕적 지위를 갖는 기준에 대한 갑~정의 견해 간에 차이점이 무엇인지에 집중한다.

풀이

ㄱ. (×) 을은 인공지능 로봇은 기계이므로 의식을 갖는 것이 가능하지 않다고 본다. 그러나 정은 인공지능 로봇이 의식을 갖지 않는 경우라 해도 도덕적 지위를 부여해야 하는 경우가 있다고 주장하지만, 인공지능 로봇에게 의식이 없다고 주장하지 않는다.

ㄴ. (O) 병은 인공지능 로봇에게 의식이 있을 수도 있겠지만 인간의 필요에 의해서 만든 도구적 존재에게 도덕적 지위를 부여할 수 없다고 본다. 따라서 인공지능 로봇에게 의식이 있어도 도덕적 지위를 부여할 수 없다고 생각하는 사람이 있다는 것은 적절한 분석이다.

ㄷ. (O) 을은 인공지능 로봇은 기계이므로 의식을 갖는 것이 가능하지 않기 때문에 인공지능 로봇에게 도덕적 지위를 부여할 수 없다고 생각한다. 따라서 인공지능 로봇에게 실제로 의식이 있다고 밝혀진다면, 을은 인공지능 로봇에게 도덕적 지위를 부여해야 하는가에 대한 입장을 바꿔야 한다.

13 원칙 적용 난이도 중 정답 ①

문제풀이 핵심 포인트
〈표〉에 제시된 위기단계별 조치 사항과 각 위기단계의 기준을 확인하는 것이 선택지를 판단하는 원칙이 된다.

풀이

ㄱ. (O) 예비전력이 50만 kW일 때는 심각단계이므로 모든 공공기관은 실내조명을 완전 소등하여야 한다. 예비전력이 180만 kW일 때는 경계단계이고, 조치 사항에는 그 전 위기단계까지의 조치 사항이 포함되므로 50% 이상 소등하여야 한다.

ㄴ. (×) 공공기관은 냉방 온도를 25°C 이상으로 설정해야 하므로 취약계층 보호시설에 해당하지 않는 공공기관은 예비전력이 280만 kW일 때나 750만 kW일 때 모두 냉방 온도를 24°C로 설정할 수 없다.

ㄷ. (×) 장애인 승강기는 전력수급 위기단계와 관계없이 상시 가동하여야 하므로 전력수급 위기단계가 심각단계일 때 취약계층 보호시설에 해당하는 공공기관뿐만 아니라 취약계층 보호시설에 해당하지 않는 공공기관도 장애인 승강기를 가동할 수 있다.

실전에선 이렇게!
표가 제시된 지문은 지문의 정보를 표에 표기하여 정리해 놓으면 선택지를 판단할 때 실수할 위험을 줄일 수 있다.

14 독해형 논리 난이도 중 정답 ③

문제풀이 핵심 포인트
지문이 줄글 형태로 제시된 '독해형 논리' 유형이므로 지문에서 기호화할 필요가 있는 문장을 골라 빠르게 기호화하여 선택지의 참과 거짓 여부를 판별한다.

풀이

지문에서 기호화가 필요한 문장을 정리하면 다음과 같다.

- 공직 자세 → 리더십
- 글로벌 → 직무 ∧ 전문성
- ~리더십 ∨ ~전문성

ㄱ. (O) 위의 세 문장을 연결하면 '공직 자세 → ~글로벌'이 도출된다. 따라서 갑은 〈공직 자세 교육과정〉을 이수하지 않거나 〈글로벌 교육과정〉을 이수하지 않는다는 것은 반드시 참이다.

ㄴ. (O) 두 번째 명제의 대우명제는 '~직무 ∨ ~전문성 → ~글로벌'이다. 따라서 갑이 〈직무 교육과정〉을 이수하지 않는다면 〈글로벌 교육과정〉도 이수하지 않는다는 것은 반드시 참이다.

ㄷ. (×) 갑이 〈공직 자세 교육과정〉을 이수하지 않는다는 것은 주어진 정보로는 알 수 없다.

15 독해형 논리 난이도 상

정답 ⑤

문제풀이 핵심 포인트
주어진 조건에 새롭게 입수한 '정보'를 더해 결론이 도출되어야 하므로 그 정보는 결론을 도출하는 '전제'의 역할을 하는 것이다.

풀이

지문에 제시된 문장을 기호화하면 다음과 같다.

- 명제 1: 월 → 수
- 명제 2: 화 → ~수
- 명제 3: 수 ∧ 목
- 결론: ~월 ∧ 목

명제 1, 2, 3을 연결하면 다음과 같다.

월 → 수 ∧ 목 → ~화

결론으로 '~월 ∧ 목'이 도출되려면 '수 ∧ 목' 영역이 '월' 영역과 겹치지 않아야 한다. 따라서 새롭게 입수한 정보로 적절한 것은 "월요일에 참석한 시험위원 중에는 목요일에 참석한 시험위원은 없다."는 것이다.

16 논리 퀴즈 난이도 상

정답 ⑤

문제풀이 핵심 포인트
지문에서 기호화 가능한 논리 명제와 정보를 제시하는 사실 명제가 섞여 있으므로 사실 정보와 논리 명제를 연결하여 확정적인 정보를 찾아내는 것이 핵심이다.

풀이

지문에 제시된 명제 중 기호화 가능한 명제를 정리하면 다음과 같다.

- 명제 2: A → B
- 명제 4: ~B ∨ ~D
- 명제 6: D → C

5명의 대표자를 임의로 갑, 을, 병, 정, 무로 설정한다. 이때 명제 1에 따라 A에 찬성하는 대표자를 갑과 을이라 하고, 명제 5에 따라 D에 찬성하는 대표자를 병과 정이라 한다.

ㄱ. (O) 명제 1에 따라 A에 찬성하는 대표자를 갑과 을이라 하고, 명제 5에 따라 D에 찬성하는 대표자를 병과 정이라 하면 무는 A에 반대하고 D에도 반대한다. 또한 명제 3에 따라 B에 찬성하는 대표자 수는 짝수일 수밖에 없으므로 무는 B에도 반대한다. 따라서 3개 정책에 반대하는 대표자가 있다는 것은 반드시 참이다.

ㄴ. (O) 명제 1과 2에 따라 B에 찬성하는 대표자는 갑과 을이고, D에 찬성하는 병과 정은 명제 4에 따라 B에 반대한다. 또한 명제 3에 따라 B에 찬성하는 대표자 수는 짝수일 수밖에 없으므로 무는 B에 반대한다. 따라서 B에 찬성하는 대표자는 2명이라는 것은 반드시 참이다.

ㄷ. (O) 명제 3에 따라 갑과 을 둘 중 한 명은 C에 찬성하고, 병, 정은 명제 6에 의해, 무는 하나 이상의 정책에 찬성해야 한다는 조건에 따라 C에 찬성한다. 따라서 C에 찬성하는 대표자가 가장 많다는 것은 반드시 참이다.

17 구조 판단 난이도 중

정답 ④

문제풀이 핵심 포인트
폐가 형성되고, 이후 출산이 일어나는 데 영향을 미치는 요소와 단계가 제시되어 있으므로 그 단계별 흐름을 정리하는 것이 중요하다.

풀이

ㄱ. (×) 첫 번째 단락에 따르면 폐포가 정상적으로 기능을 발휘하려면 충분한 양의 계면 활성제가 필요하다. 폐포 세포가 분비하는 계면 활성제는 임신 기간이 거의 끝날 때쯤 충분히 폐포에 분비되어 비로소 호흡할 수 있는 폐가 형성된다. 두 번째 단락에 따르면 태아의 폐가 정상 기능을 하게 되면 곧이어 출산이 일어나는데, 물질 A는 그 과정에 작용한다. 따라서 태아 시기 쥐의 폐포에서 물질 A가 충분히 발견되지 않는다면, 그 쥐의 폐는 정상적으로 기능을 발휘할 수 없다는 것은 적절한 추론이 아니다.

ㄴ. (O) 두 번째 단락에 따르면 효소 B는 자궁 근육 안에서 물질 C가 만들어지게 하는데, 물질 C는 효소 B가 없으면 만들어지지 않는다. 이렇게 만들어진 물질 C가 일정 수준의 농도가 되면 자궁 근육을 수축하게 하여 쥐의 출산이 일어나게 한다. 따라서 임신 초기부터 효소 B가 모두 제거된 상태로 유지된 암쥐는 출산 시기가 되어도 자궁 근육의 수축이 일어나지 않는다는 것은 글에서 추론할 수 있다.

ㄷ. (O) 두 번째 단락에 따르면 물질 C가 일정 수준의 농도가 되면 자궁 근육을 수축하게 하여 쥐의 출산이 일어나게 하는데, 물질 C가 일정 수준의 농도에 이르지 않으면 자궁 근육의 수축이 일어나지 않는다. 따라서 출산을 며칠 앞둔 암쥐의 자궁 근육에 물질 C를 주입하여 물질 C가 일정 수준의 농도에 이르게 되면 출산이 유도된다는 것은 글에서 추론할 수 있다.

실전에선 이렇게!
생물학 소재 지문은 일정한 단계와 흐름이 제시되는 경우가 많으므로 그 정보에 집중하여 글을 읽는다.

18 구조 판단 난이도 중

정답 ②

문제풀이 핵심 포인트
선택지에 부글래기, 왕눈 등의 수경의 종류가 언급되어 있고, 지문도 수경의 종류별 특성을 단락별로 언급하고 있으므로 수경의 종류별 특성에 집중하여 글을 읽는다.

풀이

① (O) 첫 번째 단락에 따르면 수경을 쓰면 빛이 공기에서 각막으로 굴절되어 망막에 들어오므로 상이 망막에 선명하게 맺혀서 물체를 뚜렷하게 볼 수 있다. 따라서 수경인 부글래기를 쓰고 잠수하면 빛이 공기에서 각막으로 굴절되어 망막에 들어와 물체를 뚜렷하게 볼 수 있다는 것은 글에서 추론할 수 있다.

② (×) 두 번째 단락에 따르면 초기 형태의 수경은 수경 내부 공기의 부피는 변하지 않으므로 수경 내의 공기압인 수경 내압은 변하지 않는다. 네 번째 단락에 따르면 큰눈은 잠수 시 수압에 의하여 폐가 압축되어 수압과 수경 내압이 같아질 때까지 폐의 공기가 기도와 비강을 거쳐 수경 내로 들어온다. 따라서 수경 내압은 큰눈을 쓰고 잠수했을 때보다 초기 형태의 수경을 쓰고 잠수했을 때가 더 크다는 것은 적절한 추론이 아니다.

③ (O) 세 번째 단락에 따르면 수경 '부글래기'는 잠수 시 나타날 수 있는 결막 출혈을 방지하는데, 우리나라에서는 모슬포 지역의 해녀들이 부글래기를 사용한 적이 있다. 따라서 잠수 시 결막 출혈을 방지할 수 있는 수경이 모슬포 지역에서 사용된 적이 있다는 것은 글에서 추론할 수 있다.

④ (O) 네 번째 단락에 따르면 왕눈은 잠수 시 수압에 의하여 폐가 압축되어 수압과 수경 내압이 같아질 때까지 폐의 공기가 기도와 비강을 거쳐 수경 내로 들어온다. 따라서 왕눈을 쓰고 잠수하면 수경 내압과 체내 압력이 같아진다는 것은 글에서 추론할 수 있다.

⑤ (O) 두 번째 단락에 따르면 잠수 시 수압에 의해 신체가 압박되어 신체의 부피가 줄어들면서 체내 압력이 커져 수압과 같아지게 된다. 따라서 체내 압력은 잠수하기 전보다 잠수했을 때가 더 크다는 것은 글에서 추론할 수 있다.

19 원칙 적용 난이도 상

정답 ④

문제풀이 핵심 포인트

선택지에서 실험의 결과와 관련하여 불순물 함유율과 내부 양자효율의 대소 비교를 언급하고 있으므로 그 부분에 집중하여 지문의 정보를 체크한다.

풀이

①, ② (×) 불순물 함유율이 낮을수록 내부 양자효율은 높아지므로 불순물 함유율은 'A < B > C'가 되어야 한다. 따라서 B가 가장 높지만, A와 C 중 어느 것이 가장 낮은지는 알 수 없다.

④ (O) 외부 양자효율은 X의 굴절률에 의해서만 결정되며, 굴절률이 클수록 외부 양자효율은 낮아진다. 실험에서 A와 B의 굴절률은 서로 같았지만, 모두 C의 굴절률보다는 작았다. 실험 결과, 방출되는 광자의 개수는 A가 가장 많았고 B와 C는 같았다. 이를 정리하면 다음과 같다.

굴절률	A = B < C
외부 양자효율	A = B > C
내부 양자효율	A > B < C
방출되는 광자 개수	A > B = C

X에서 방출되는 광자의 개수는 외부 양자효율과 내부 양자효율을 곱한 값이 클수록 많아진다. 따라서 내부 양자효율은 'A > B < C', 즉 A가 B보다 높고, C가 B보다 높아야 한다.

실전에선 이렇게!

실험 소재는 과학 소재가 많이 출제되고, 생소하고 어려운 용어가 제시될 확률이 높으므로 지문의 내용을 이해하려고 애쓰기보다는 선택지를 활용해 지문에서 주목해야 할 정보를 확인하여 그 부분에만 집중하는 것이 효율적이다.

20 논증 평가 난이도 중

정답 ⑤

문제풀이 핵심 포인트

〈보기〉에서 이 논증이 강화되는지 약화되는지 여부를 물어보고 있으므로 논증의 결론과 전제에 주목하여 지문을 읽는 것이 필요하다.

풀이

ㄱ. (O) 논증에 따르면 침팬지 이와 사람 머릿니 사이의 염기서열 차이는 550만 년 동안 누적된 변화이고 이로부터 1만 년당 이의 염기서열이 얼마나 변화하는지 계산할 수 있다고 보고 있다. 따라서 염기서열의 변화가 일정한 속도로 축적되는 것이 사실이라면 550만 년 동안의 변화로부터 1만 년당 염기서열의 변화를 추론하는 지문의 논증은 강화된다.

ㄴ. (O) 논증에 따르면 침팬지 이와 사람 머릿니 사이의 염기서열 차이는 550만 년 동안 누적된 변화이고, 사람 몸니와 사람 머릿니의 염기서열 차이는 사람이 옷을 입기 시작한 시점인 약 12만 년 전 이후부터 나타난 것이다. 따라서 침팬지 이와 사람 머릿니의 염기서열의 차이가 사람 몸니와 사람 머릿니의 염기서열의 차이보다 작다면 이 논증은 약화된다.

ㄷ. (O) 논증에 따르면 침팬지와 사람이 공통 조상에서 분기되면서 침팬지 이와 사람 머릿니도 공통 조상에서 분기되었다고 볼 수 있고, 화석학적 증거에 따르면 침팬지와 사람의 분기 시점이 약 550만 년 전이므로, 침팬지 이와 사람 머릿니 사이의 염기서열 차이는 550만 년 동안 누적된 변화로 볼 수 있다. 그런데 염기서열 비교를 통해 침팬지와 사람의 분기 시점이 침팬지 이와 사람 머릿니의 분기 시점보다 50만 년 뒤였음이 밝혀진다면, 침팬지 이와 사람 머릿니 사이의 염기서열 차이는 550만 년 동안 누적된 변화로 볼 수 없게 되므로 논증은 약화된다.

21 견해 분석 난이도 중

정답 ⑤

문제풀이 핵심 포인트

A와 B의 주장을 찾고, 갑과 을에 대한 도덕적 평가가 달라지는 이유를 확인해야 한다.

풀이

ㄱ. (O) A에 따르면, 갑과 마찬가지로 을도 도덕적 잘못을 저질렀다는 것이 일반적인 직관이므로 을이 태어난 아이에게 해악을 끼쳤다고 볼 수 없다는 B의 주장은 수용하기 어렵다. 따라서 A의 주장에 따르면, 을의 행위는 도덕적으로 옳은 행위가 아니라고 보는 것은 적절한 분석이다.

ㄴ. (O) 대체가능성 논제를 수용하는 A뿐만 아니라 대체가능성 논제를 수용하지 않는 B의 입장에서도 갑은 이미 태어난 아이에게 해악을 끼쳤다고 판단된다. 따라서 갑의 행위에 대한 B의 도덕적 평가는 대체가능성 논제의 수용 여부에 따라 달라지지 않는다는 것은 적절한 분석이다.

ㄷ. (O) B는 을이 태어난 아이에게 해악을 끼쳤다고 평가하려면 그 아이가 건강하게 태어날 수도 있었다는 전제가 필요한데, 만일 을이 3개월을 기다려 임신했다면 그 아이가 아닌 다른 아이가 잉태되었을 것이기 때문에 을이 태어난 아이에게 해악을 끼쳤다고 볼 수 없다고 주장한다. 따라서 B의 주장에 따르면, 을의 행위에 대한 도덕적 평가를 할 때 잉태되지 않은 존재의 쾌락이나 고통을 고려해서는 안 된다는 것은 적절한 분석이다.

22 논증 평가 난이도 중

정답 ③

문제풀이 핵심 포인트

〈보기〉에서 ㉠이 강화되는지 약화되는지 여부를 묻고 있으므로 ㉠의 방향을 명확히 파악해야 한다.

풀이

㉠은 B의 주장에 대한 A의 비판이다. 즉, 현세대가 미래세대를 고려하여 기존과 다른 삶의 방식을 취하게 되면, 현세대가 기존 방식을 고수했을 때와는 다른 구성원으로 이루어진 미래세대가 생겨나기 때문에 현세대는 미래세대가 겪는 고통에 대해 도덕적 책임이 없다고 말하는 것은 옳지 않다는 것이다.

ㄱ. (O) 미래세대 구성원이 달라질 경우 미래세대가 누릴 행복의 총량이 변한다고 해도, 현세대가 미래세대가 겪는 고통에 대해 도덕적 책임이 없다고 말하는 것은 옳지 않다는 ㉠의 주장과는 관련이 없다. 따라서 ㉠은 약화되지 않는다.

ㄴ. (×) 아직 현실에 존재하지 않는다는 이유로 미래세대를 도덕적 고려에서 배제하는 것이 불합리하다면, B의 주장을 공격하는 것이 되므로 ㉠은 강화된다.

ㄷ. (O) A는 일반적인 직관에 반하는 결론이 도출된다는 이유로 B를 비판하고 있다. 따라서 일반적인 직관에 반하는 결론이 도출된다고 해도 그러한 직관이 옳은지의 여부가 별도로 평가되어야 한다면, A의 주장인 ㉠은 약화된다.

23 원칙 적용 난이도 하

정답 ①

문제풀이 핵심 포인트

〈표〉를 보면 기준 A, B에 대해 안건 (가), (나), (다), (라)의 특성이 분류되어 있다. 따라서 지문에서 기준으로 제시된 '신청인이 같은 내용으로 민원이나 국민제안을 제출한 적이 있는지 여부'와 '신청인이 이전에 제출한 민원의 거부 또는 국민제안의 불채택 사유가 근거 법령의 미비나 불명확에 해당하는지 여부'를 기준으로 각 안건의 특성을 정리해야 한다.

풀이

ㄱ. (O) A에 '신청인이 같은 내용의 민원이나 국민제안을 제출한 적이 있는지 여부'가 들어가면 (가)와 (나)는 모두 제출한 적 있으므로 ㉠과 ㉡이 같다.

ㄴ. (×) ㉠과 ㉢이 서로 다르다면, A에 '신청인이 이전에 제출한 민원의 거부 또는 국민제안의 불채택 사유가 근거 법령의 미비나 불명확에 해당하는지 여부'가 들어가야 한다. 따라서 B에는 '신청인이 같은 내용의 민원이나 국민제안을 제출한 적이 있는지 여부'가 들어간다.

ㄷ. (×) ㉤과 ㉥이 같다면 B에 '신청인이 같은 내용의 민원이나 국민제안을 제출한 적이 있는지 여부'가 들어간 것이므로, ㉦과 ㉧은 같지 않다.

실전에선 이렇게!

〈보기〉에서 A와 B에 들어갈 기준에 따라 ㉠~㉧에 들어갈 내용이 같은지 여부를 묻고 있으므로 지문에 제시된 기준 중 A와 B에 들어갈 기준을 임의로 설정하여 표를 채워 놓은 상태에서 〈보기〉를 판단한다.

24 빈칸 추론 난이도 중

정답 ⑤

문제풀이 핵심 포인트

갑의 질문에 대한 을의 답변 내용을 잘 파악해야 최종적으로 갑의 진술 중 빈칸에 들어갈 내용으로 적절한 내용이 무엇인지 판단할 수 있다.

풀이

①, ② (×) 도의회에 관한 기능연속성계획이 수립되어야 하는지는 재난 발생 상황에서도 도의회가 연속성 있게 수행할 필요가 있는 핵심 기능이 있다고 판단되는지 여부에 따라 달라진다. 따라서 '재난 상황이 발생하면 A도의회의 핵심 기능 유지를 위해 A도지사의 판단을 거쳐 신속하게 기능연속성계획을 수립해야 하겠군요'나 'A도의회는 재난 발생 시에도 수행해야 할 핵심 기능이 있기에 자체적으로 기능연속성계획을 수립해야 하겠군요'는 빈칸에 들어가기에 적절하지 않다.

③ (×) 도의회는 그 자체로 「재난안전법」에 명시된 재난관리책임기관이 아니므로 'A도의회는 재난관리책임기관이므로 A도의회 의장이 재난에 대비한 기능연속성계획을 수립해야 하겠군요'는 빈칸에 들어가기에 적절하지 않다.

④ (×) A도의회가 국회 같은 차원의 의결기능을 갖고 있지 않은 것은 기능연속성계획을 수립해야 하는지 여부와 관련이 없으므로 'A도의회는 국회 같은 차원의 의결기능을 갖고 있지 않으므로 기능연속성계획을 수립할 일이 없겠군요'는 빈칸에 들어가기에 적절하지 않다.

⑤ (O) 도의회에 관한 기능연속성계획이 수립되어야 하는지는 재난 발생 상황에서도 도의회가 연속성 있게 수행할 필요가 있는 핵심 기능이 있다고 판단되는지가 관건이고, 「재난안전법」상 그것을 판단할 권한은 해당 지방자치단체의 장에게 있다. 따라서 'A도의회에 관한 기능연속성계획이 수립되어야 하는지 여부는 A도지사의 판단에 따라 결정되겠군요'는 빈칸에 들어가기에 적절하다.

25 밑줄 추론 난이도 중

정답 ②

문제풀이 핵심 포인트

갑과 을 중 한 명은 A시와 B시 어디에서도 교복 구입비 지원을 받을 수 없는 상황을 해결하기 위해 조례의 일부를 개정하려는 것이므로 각 시의 조례에 따를 때 교복 구입비 지원을 받을 수 없는 학생이 누구인지를 먼저 확인한다.

풀이

현재 「A시 교복 지원 조례」에 따르면 A시 관내에 있는 고등학교에 입학하는 을은 교복 구입비 지원을 받을 수 있지만, B시 관내에 있는 고등학교에 입학하는 갑은 교복 구입비 지원을 받을 수 없다. 또한 「B시 교복 지원 조례」에 따르면 B시에 주민등록을 두고 거주하는 을은 교복 구입비 지원을 받을 수 있지만, A시에 주민등록을 두고 거주하는 갑은 교복 구입비 지원을 받을 수 없다.

ㄱ. (×) 「A시 교복 지원 조례」 제2조제1호의 '학교 중 A시 관내 중·고등학교'를 '학교'로, 제4조제1호의 '교복을 입는 학교에 신입생으로 입학하는 1학년 학생'을 'A시에 주민등록이 되어 있고, 교복을 입는 A시 관내 학교에 입학하는 신입생'으로 개정하면, B시에 주민등록을 두고 거주하는 을과 B시 관내에 있는 고등학교에 입학하는 갑 모두 교복비 지원을 받을 수 없다.

ㄴ. (×) 「A시 교복 지원 조례」 제4조제1호의 '교복을 입는 학교에 신입생으로 입학하는 1학년 학생'을 'A시에 주민등록이 되어 있고, 교복을 입는 학교에 신입생으로 입학하는 1학년 학생'으로 개정하더라도, 갑은 B시 관내에 있는 고등학교에 입학하므로 제2조에 해당되지 않아 여전히 교복 구입비 지원을 받을 수 없다.

ㄷ. (O) 「B시 교복 지원 조례」 제4조제1항의 'B시에 주민등록이 되어 있고, 중·고등학교에 입학하는 학생'을 'B시 관내 중·고등학교에 입학하는 학생'으로 개정하면, B시 관내에 있는 고등학교에 입학하는 갑은 교복 구입비 지원을 받을 수 있다.

정답

p.135

1	②	일치부합형 (법조문형)	6	①	조건 계산형	11	④	일치부합형 (법조문형)	16	①	경우 파악형	21	②	조건 계산형
2	①	일치부합형 (법조문형)	7	⑤	조건 계산형	12	⑤	일치부합형 (법조문형)	17	②	조건 계산형	22	②	경우 파악형
3	⑤	응용형 (법조문형)	8	④	규칙 단순확인형	13	②	조건 계산형	18	④	상대적 계산형	23	④	경우 확정형
4	③	응용형 (법조문형)	9	①	1지문 2문항형	14	④	조건 계산형	19	③	규칙 적용해결형	24	③	경우 파악형
5	④	일치부합형 (텍스트형)	10	⑤	1지문 2문항형	15	①	경우 파악형	20	③	조건 계산형	25	⑤	일치부합형 (법조문형)

취약 유형 분석표

유형별로 맞힌 문제 개수와 정답률, 틀린 문제 번호, 풀지 못한 문제 번호를 적고 나서 취약한 유형이 무엇인지 파악해 보세요. 그 후 약점 보완 해설집 p.4 [취약 유형 공략 포인트]에서 약점 보완 학습법을 확인하고, 틀린 문제와 풀지 못한 문제를 다시 한번 풀어보세요.

유형		맞힌 문제 개수	정답률	틀린 문제 번호	풀지 못한 문제 번호
텍스트형	발문 포인트형	-	-		
	일치부합형	/1	%		
	응용형	-	-		
	1지문 2문항형	/2	%		
	기타형	-	-		
법조문형	발문 포인트형	-	-		
	일치부합형	/5	%		
	응용형	/2	%		
	법계산형	-	-		
	규정형	-	-		
	법조문소재형	-	-		
계산형	정확한 계산형	-	-		
	상대적 계산형	/1	%		
	조건 계산형	/7	%		
규칙형	규칙 단순확인형	/1	%		
	규칙 정오판단형	-	-		
	규칙 적용해결형	/1	%		
경우형	경우 파악형	/4	%		
	경우 확정형	/1	%		
TOTAL		/25	%		

해설

1 일치부합형(법조문형) 난이도 하 정답 ②

문제풀이 핵심 포인트

제00조를 순서대로 제1조, 제2조라고 한다. 제1조 '정의' 조문에는 여러 용어의 정의가 '호'의 형식으로 열거되어 있고, 제2조 '천문역법' 조문에서는 기준, 사용, 발표, 게재에 대해서 규정하고 있다.

풀이

① (×) 제1조 제4호에 따르면 그레고리력은 윤년을 제외하는 양력이 아니라 윤년을 포함하는 양력을 말한다.

② (○) 제1조 제6호에 따르면 월력요항은 달력 제작의 기준이 되는 자료로써 24절기가 표기된다.

③ (×) 제2조 제2항에 따르면 과학기술정보통신부장관이 아니라 윤초의 결정을 관장하는 국제기구가 결정하고, 과학기술정보통신부장관은 이를 지체 없이 발표하여야 한다.

④ (×) 제2조 제1항에 따르면 천문역법을 통하여 계산되는 날짜는 음력을 병행하여 사용할 수 있고, 양력인 그레고리력을 기준으로 한다.

⑤ (×) 제2조 제3항에 따르면 과학기술정보통신부장관은 한국천문연구원으로부터 자료를 제출받아 매년 6월 말까지 그해가 아니라 다음 연도의 월력요항을 작성하여 관보에 게재하여야 한다.

실전에선 이렇게!

표제와 키워드를 잘 활용하면 수월하게 해결할 수 있는 문제이다.

2 일치부합형(법조문형) 난이도 하 정답 ①

문제풀이 핵심 포인트

표제를 활용하거나 선택지와 제시문의 키워드를 활용하여 해결하면 수월하게 해결 가능한 문제이다.

풀이

제00조를 순서대로 제1조~제3조라고 한다.

① (○) 제1조 제1항에 따르면 새로운 법령등은 법령등에 특별한 규정이 있는 경우를 제외하고는 그 법령등의 효력 발생 전에 완성되거나 종결된 사실관계 또는 법률관계에 대해서는 적용되지 아니한다. 따라서 반대로 해석하면 새로운 법령등은 법령등에 특별한 규정이 있는 경우에는 그 법령등의 효력 발생 전에 종결된 법률관계에 대해 적용될 수 있다.

② (×) 제2조 단서에 따르면 무효인 처분의 경우 처음부터 그 효력이 발생하지 아니하므로, 처분의 효력이 소멸되기 전에도 유효한 것으로 통용되지 않는다.

③ (×) 제3조 제1항 본문에 따르면 행정청은 부당한 처분의 일부를 소급하여 취소할 수 있고, 전부도 소급하여 취소할 수 있다.

④ (×) 제1조 제2항에 따르면 당사자의 신청에 따른 처분은 처분 당시의 법령등을 적용하기 곤란한 특별한 사정이 있는 경우를 제외하고는 처분 당시의 법령등에 따른다.

⑤ (×) 제3조 제2항 본문에 따르면 행정청은 같은 조 제1항에 따라 당사자에게 권리나 이익을 부여하는 처분을 취소하려는 경우에는 취소로 인하여 당사자가 입게 될 불이익을 취소로 달성되는 공익과 비교·형량하여야 한다. 그러나 단서에 따르면 제1호의 부정한 방법으로 처분을 받은 경우에는 그러하지 아니하다. 따라서 당사자가 부정한 방법으로 자신에게 이익이 부여되는 처분을 받았다면 제3조 제2항 제1호에 해당하므로, 제3조 제2항 단서에 따라 행정청이 그 처분을 취소하고자 하는 경우 취소로 인해 당사자가 입게 될 불이익과 취소로 달성되는 공익을 비교·형량하지 아니한다.

3 응용형(법조문형) 난이도 하 정답 ⑤

문제풀이 핵심 포인트

제00조를 순서대로 제1조~제3조라고 한다. 제1조에서는 '조직'에 대해서, 제2조에서는 '자율방범활동'에 대해서, 제3조에서는 '금지의무'에 대해서 규정하고 있다. 예를 들어 선택지 ⑤번을 해결한다면 키워드는 '해촉'이고, 자율방범대원이 자율방범대의 명칭을 사용하여 기부금품을 모집했고 이를 이유로 파출소장이 그의 해촉을 요청하였으므로 금지의무를 위반한 것임을 추론할 수 있다.

풀이

① (×) 제1조 제2항에 따르면 파출소장이 아니라 경찰서장은 자율방범대장이 추천한 사람을 자율방범대원으로 위촉할 수 있다.

② (×) 제2조 제2항에 따르면 자율방범대원이 제1항 각 호의 자율방범활동을 하는 때에는 자율방범활동 중임을 표시하는 복장을 착용해야 하지만, 제3항에 따르면 경찰과 유사한 복장을 착용해서는 안 된다. 따라서 자율방범대원이 제2조 제1항 제1호의 범죄예방을 위한 순찰을 하는 경우라고 하더라도 경찰과 유사한 복장을 착용해서는 안 된다.

③ (×) 제3조 제1항 제2호에 따르면 자율방범대원은 영리목적으로 자율방범대의 명의를 사용하여서는 안 된다. 그러나 같은 조 제2항의 처벌 규정은 제1항 제3호를 위반한 자에 대한 것이므로 제1항 제2호에 해당하는 행위를 한 경우에는 3년 이하의 징역에 처할 수 없다.

④ (×) 제2조 제2항에 따르면 자율방범대원이 제2조 제1항 제1호의 청소년 선도활동을 하는 경우, 자율방범활동 중임을 표시하는 복장을 착용하고 자율방범대원의 신분을 증명하는 신분증을 소지해야 한다.

⑤ (○) 자율방범대원이 자율방범대의 명칭을 사용하여 기부금품을 모집하는 행위를 하였다면 제3조 제1항 제1호를 위반한 것이고, 제1조 제3항에 따르면 경찰서장은 자율방범대원이 이 법을 위반하여 파출소장이 해촉을 요청한 경우, 해당 자율방범대원을 해촉해야 한다.

4 응용형(법조문형) 난이도 하 정답 ③

문제풀이 핵심 포인트

제○○조에서는 허가'신청'을, 제□□조에서는 허가'제한'을, 제△△조에서는 허가'취소'를, 그리고 마지막 제◇◇조에서는 '벌칙'에 대해 규정하고 있다. 표제를 잘 활용하여 해결하면 수월하게 해결할 수 있는 문제이다.

풀이

<상황>에 따르면 甲~戊는 제○○조 제1항에 해당하는 대기관리권역에서 총량관리대상 오염물질을 배출량 기준을 초과하여 배출하는 사업장(이하 '사업장'이라 한다)을 설치하려 한다.

① (×) 제○○조 제1항 제2문에 따르면 사업장에 대해 허가받은 사항을 변경하는 경우에도 환경부장관으로부터 허가를 받아야 한다. 따라서 甲이 사업장 설치의 허가를 받은 경우, 이후 허가받은 사항을 변경하는 때에도 별도의 허가를 받아야 한다.

② (×) 제◇◇조 제1호에 따르면 제○○조 제1항에 따른 허가를 받지 아니하고 사업장을 설치한 자는 제◇◇조에 따라 7년 이하의 징역 또는 2억 원 이하의 벌금에 처한다. 乙이 제○○조 제1항의 허가를 받지 않고 사업장을 설치한 경우, 7년의 징역과 2억 원의 벌금에 처하는 것이 아니라 7년 이하의 징역 또는 2억 원 이하의 벌금에 처한다.

③ (○) 제△△조 제2항 제2호에 따르면 제○○조 제1항에 따른 허가를 받지 아니하고 사업장을 설치·운영하는 자에 대하여 제△△조 제2항에 따라 환경부장관은 해당 사업장의 폐쇄를 명할 수 있다. 따라서 丙이 제○○조 제1항에 따른 허가를 받지 않고 사업장을 설치·운영한 경우, 환경부장관은 제△△조 제2항에 따라 해당 사업장의 폐쇄를 명할 수 있다.

④ (×) 제□□조에 따르면 제○○조 제1항에 따른 설치 허가신청을 받은 경우, 그 사업장의 설치로 인하여 지역배출허용총량의 범위를 초과하게 되면 이를 허가하여서는 아니 된다. 따라서 丁이 사업장 설치의 허가를 신청한 경우, 그 설치로 인해 지역배출허용총량의 범위를 초과한다면 환경부장관은 이를 허가하여서는 아니 된다.

⑤ (×) 제△△조 제1항에 따르면 사업자가 부정한 방법으로 제○○조 제1항에 따른 허가를 받은 경우, 환경부장관은 그 허가를 취소할 수 있다. 따라서 戊가 사업장 설치의 허가를 부정한 방법으로 받은 경우 환경부장관은 그 허가를 취소할 수 있다.

5 일치부합형(텍스트형) 난이도 하 정답 ④

문제풀이 핵심 포인트

각 선택지에서 묻는 바 위주로 제시문에서 확인한다면, 수월하게 해결할 수 있는 문제이다.

풀이

① (×) 첫 번째 문단 첫 번째 문장에 따르면 50여 년 전만 해도, 대두를 10월쯤 수확했다. 따라서 50여 년 전에는 5월쯤이 아니라 10월쯤 그해 수확한 대두로 두부를 만들 수 있었다.

② (×) 첫 번째 문단 여덟 번째 문장부터 열 번째 문장에 따르면 콩비지를 염화마그네슘으로 응고시키면 두유가 나오는 것이 아니라 끓인 콩비지를 주머니에 담고 탕약 짜듯이 짜면 두유가 나온다. 그리고 두 번째 문단 첫 번째 문장부터네 번째 문장에 따르면 콩비지를 염화마그네슘으로 응고시키면 두부가 나오는 것이 아니라, 두유에 함유된 식물성 단백질이 염화마그네슘을 만나면 응고되고 두부는 두유를 응고시킨 것이다.

③ (×) 첫 번째 문단 일곱 번째 문장에 따르면 익힌 콩비지가 아니라 막 갈려 나온 콩비지에서는 식물성 단백질로 인해서 비린내가 나지만 익히면 이 비린내는 없어진다.

④ (○) 두 번째 문단 세 번째, 네 번째 문장에 따르면 간수의 주성분은 염화마그네슘인데, 두유에 함유된 식물성 단백질은 염화마그네슘을 만나면 응고된다.

⑤ (×) 첫 번째 문단 세 번째 문장에 따르면 여름에 두부를 만들기 위해서는 콩을 하루 종일이 아니라 반나절 정도 물에 담가둬야 한다.

6 조건 계산형 난이도 하 정답 ①

문제풀이 핵심 포인트

첫 번째 문장에 따르면 아기에게는 총 4mL의 해열시럽을 먹여야 한다. 나머지 문장에서 아기가 먹은 해열시럽의 양을 확인한다.

풀이

두 번째 문장에 따르면 아기는 배즙 4mL와 해열시럽 4mL를 균일하게 섞은 것의 4분의 1만 먹었다. 균일하게 섞었다고 하므로 아기는 배즙 1mL와 해열시럽 1mL를 먹은 것이고 배즙 3mL와 해열시럽 3mL가 남은 것이다.

세 번째, 네 번째 문장에 따르면 남은 배즙 3mL, 해열시럽 3mL와 사과즙 50mL를 다시 균일하게 섞었는데 그 절반을 먹었다고 하므로, 해열시럽은 1.5mL를 먹은 것이고 1.5mL가 남은 것이다. 즉 아기에게 해열시럽 1.5mL를 더 먹여야 한다.

따라서 처방에 따라 아기에게 더 먹여야 하는 해열시럽의 양은 1.5mL이다.

실전에선 이렇게!

두 번째 문장에 따르면 아기는 배즙 4mL와 해열시럽 4mL를 균일하게 섞은 것의 4분의 1만 먹었다. 균일하게 섞었다고 하므로 아래와 같이도 계산할 수 있다.

- 아기가 먹은 해열시럽의 양: $4mL \times \frac{1}{4} = 1mL$
- 남은 해열시럽의 양: $4mL - 1mL = 3mL$

세 번째, 네 번째 문장에 따르면 남은 배즙 3mL, 해열시럽 3mL와 사과즙 50mL를 다시 균일하게 섞었는데 그 절반을 먹었다고 하므로 아래와 같이 계산할 수 있다.

- 아기가 먹은 해열시럽의 양: $3mL \times \frac{1}{2} = 1.5mL$
- 남은 해열시럽의 양: $3mL - 1.5mL = 1.5mL$

7 조건 계산형 난이도 하 정답 ⑤

문제풀이 핵심 포인트

첫 번째 동그라미부터 각각 조건 i)~ v)라고 한다. 조건 i)에 따르면 甲은 09:00~20:00(총 11시간) 동안 주차하며, 조건 ii)에 따르면 甲의 자동차는 중형차, 3종 저공해차량이다.

풀이

- A주차장: 甲이 A주차장을 이용한다면 기본요금은 2,000원이고, 이후 10시간 동안 주차해야 하므로 추가요금까지 계산하면 주차요금은 $2,000 + 1,000 \times 20 = 22,000$원이다.
- B주차장: B주차장은 경차 전용 주차장이므로 중형차인 甲의 차량은 주차할 수 없다.
- C주차장: 甲이 C주차장을 이용한다면 기본요금은 3,000원이고, 이후 10시간 동안 주차해야 하므로 추가요금까지 계산하면 $3,000 + 1,750 \times 20 = 38,000$원이다. C주차장은 당일 00:00~24:00 이용 가능한 일 주차권이 20,000원이므로 조건 iv)에 따라 甲은 일 주차권을 선택한다.

- D주차장: 甲이 D주차장을 이용한다면 기본요금은 5,000원이고, 이후 10시간 동안 주차해야 하므로 추가요금까지 계산하면 주차요금은 5,000+700×20=19,000원이다.
- E주차장: 甲이 E주차장을 이용한다면 기본요금은 5,000원이고, 이후 10시간 동안 주차해야 하는데 18:00부터 익일 07:00까지는 무료이므로 총 9시간의 요금만 계산하면 5,000+1,000×16=21,000원이다. 그리고 E주차장은 3종 저공해차량에 대해 주차요금을 20% 할인해준다고 하므로 주차요금은 21,000×0.8=16,800원이다.

따라서 甲주무관이 이용할 주차장은 E주차장이다.

실전에선 이렇게!

甲의 자동차를 B주차장에 주차할 수 있다면 甲이 B주차장을 이용했을 경우 기본요금은 3,000원이고, 이후 10시간 동안 주차해야 하므로 추가요금까지 계산하면 3,000+1,500×20=33,000원이다. B주차장은 저공해차량에 대해 주차요금을 30% 할인해준다고 하므로 주차요금은 33,000×0.7=23,100원이다.

8 규칙 단순확인형 난이도 하 정답 ④

문제풀이 핵심 포인트

甲~戊 중 청년자산형성적금의 가입요건에 해당되지 않는 사람을 제거해 나가면 수월하게 정답을 찾을 수 있다.

풀이

두 번째 문단 첫 번째 문장에 따르면 청년자산형성적금은 직전과세년도의 근로소득과 사업소득의 합이 5,000만 원 이하이어야 한다. 甲~丁은 모두 직전과세년도의 근로소득과 사업소득의 합이 5,000만 원 이하이지만, 戊는 직전과세년도의 근로소득과 사업소득의 합이 4,000+1,500=5,500만 원이므로 戊는 가입할 수 없다. 그러므로 선택지 ⑤는 제거된다.

두 번째 문단 두 번째 문장에 따르면 직전과세년도에 근로소득과 사업소득이 모두 없는 사람도 가입할 수 없으므로, 甲은 가입할 수 없다. 그러므로 선택지 ①은 제거된다. 그리고 직전 2개년도 중 한 번이라도 금융소득 종합과세 대상자였던 사람은 가입할 수 없다. 발문에 따르면 현재는 2023년이므로 직전 2개년도인 2021년, 2022년 금융소득 종합과세 대상자였던 丙, 戊는 가입할 수 없다. 그러므로 선택지 ③은 제거된다.

세 번째 문단에 따르면 청년은 19~34세인 사람을 의미하고, 군복무기간은 나이를 계산할 때 포함하지 않는다. 乙은 나이가 36세로 청년에 해당하지 않으므로 청년자산형성적금에 가입할 수 없다. 그러므로 선택지 ②는 제거된다.

丁은 나이가 35세이지만 군복무기간 2년을 제외하면 33세이므로 청년에 해당한다. 따라서 丁은 모든 요건을 충족하므로 청년자산형성적금에 가입할 수 있다.

9 1지문 2문항형 난이도 하 정답 ①

문제풀이 핵심 포인트

문단별로 중심내용이 명확하게 구분되므로, 각 선택지의 해결에 필요할 부분을 중점적으로 확인하여 빠르게 해결해야 한다.

풀이

① (O) 세 번째 문단 일곱 번째 문장에 따르면 EDP의 부향률은 15~20%이고, 네 번째 문장에 따르면 EDC의 부향률은 2~5%이다. EDP의 부향률이 EDC의 부향률보다 높다.

② (×) 두 번째 문단 여덟 번째 문장에 따르면 흡수법은 원료의 향유 함유량이 적은 경우 이용하므로, 흡수법은 많은 양의 향유를 얻을 수 있는 방법은 아니라는 것을 알 수 있다.

③ (×) 첫 번째 문단 네 번째 문장에 따르면 오늘날 많이 사용되는 향수의 대부분은 식물성 천연향료로 만들어지는 것이 아니라, 천연향료와 합성향료를 배합하여 만들어진다.

④ (×) 두 번째 문단 여덟 번째 문장에 따르면 고가이고 향유의 함유량이 적은 원료에서 향유를 추출하고자 할 때는 압착법보다는 흡수법이 이용된다.

⑤ (×) 세 번째 문단 세 번째 문장에 따르면 부향률이 높은 향수일수록 향이 오래 지속된다. 그러나 여섯 번째 문장에 따르면 부향률이 가장 높은 향수인 EDP가 가장 많이 사용되는 것이 아니라, EDT가 일반적으로 가장 많이 사용된다.

10 1지문 2문항형 난이도 하 정답 ⑤

문제풀이 핵심 포인트

부향률과 지속시간에 대한 정보는 세 번째 문단에 포함되어 있어, 세 번째 문단을 집중적으로 확인하면 수월하게 해결할 수 있는 문제이다.

풀이

세 번째 문단의 내용에 따라 부향률과 지속시간을 정리하면 다음과 같다.

EDC	1~2시간
EDT	3~5시간
EDP	5~8시간
Parfum	8~10시간

- 甲: 甲은 오후 4시에 EDC를 뿌렸고, EDC는 1~2시간 지속되므로 오후 5~6시까지 향수의 향이 남아 있다.
- 乙: 乙이 뿌린 향수의 향이 가장 강하다고 하므로 乙은 Parfum을 뿌렸다. Parfum은 8~10시간 지속되는데, 오전 9시 30분에 향수를 뿌렸으므로 오후 5시 30분~7시 30분까지 향수의 향이 남아있다.
- 丙: 丙이 뿌린 향수의 부향률은 18%이므로 丙은 EDP를 뿌렸다. 甲보다 5시간 전에 향수를 뿌렸다고 하므로 丙은 오전 11시에 향수를 뿌렸고, EDP는 5~8시간 지속되므로 오후 4~7시까지 향수의 향이 남아 있다.
- 丁: 丁은 오후 2시에 EDT를 뿌렸고, EDT는 3~5시간 지속되므로 오후 5~7시까지 향수의 향이 남아 있다.
- 戊: 戊는 丁보다 1시간 뒤인 오후 3시에 EDP를 뿌렸고 EDP는 5~8시간 지속되므로 오후 8~11시까지 향수의 향이 남아 있다.

따라서 가장 늦은 시각까지 향수의 향이 남아 있는 사람은 戊이다.

실전에선 이렇게!

시간을 계산할 때 오전과 오후 때문에 계산이나 비교가 헷갈릴 것 같다면 24시간으로 표시해서 비교한다.

11 일치부합형(법조문형) 난이도 하 정답 ④

문제풀이 핵심 포인트

4번 문제와 조문의 구조가 유사한 문제이다. 해수욕장에 대해서 규정하는 법조문이 제시되어 있고, 제○○조에서는 '구역'에 대해서, 제□□조에서는 '개장기간'에 대해서, 제△△조에서는 '관리·운영'에 대하여 규정한 후, 위반이 있는 경우 제◇◇조에서 '과태료'를 규정하고 있다. 표제를 잘 활용하여 각 선택지의 정오판단에 필요한 부분을 빠르게 확인할 수 있어야 한다.

풀이

① (×) 제△△조 제1항에 따르면 해수욕장은 관리청이 직접 관리·운영하여야 하지만 제2항에 따르면 관리청은 해수욕장의 효율적인 관리·운영을 위하여 필요한 경우, 관할 해수욕장 관리·운영업무의 전부가 아닌 일부를 위탁할 수 있다.

② (×) 제○○조 본문에 따르면 관리청은 해수욕장을 물놀이구역과 수상레저구역을 구분하여 관리·운영하여야 하지만, 단서에 따르면 해수욕장을 운영함에 있어 그 효율성이 떨어진다고 판단되는 경우 그러하지 아니하다.

③ (×) 제△△조 제3항에 따르면 관리청이 해수욕장 관리·운영업무를 위탁하려는 경우, 공익법인을 수탁자로 우선 지정할 수 있고 지역공동체도 수탁자로 우선 지정할 수 있다.

④ (○) 제△△조 제4항에 따르면 관리청으로부터 해수욕장 관리·운영업무를 위탁받은 공익법인은 해수욕장 관리·운영업무의 전부 또는 일부를 재위탁하여서는 아니 되며, 제◇◇조 제1항 제2호에 따르면 해수욕장 관리·운영업무를 위탁받은 공익법인이 이를 타 기관에 재위탁한 경우, 관리청은 제◇◇조 제1항, 제2항에 따라 그 공익법인에 대해 500만 원 이하인 300만 원의 과태료를 부과할 수 있다.

⑤ (×) 제□□조 제1항 제1문에 따르면 관리청은 해수욕장의 개장기간 및 개장시간을 정함에 있어 해수욕장의 특성이나 여건 등을 고려해야 하고, 제2문에 따르면 관계 행정기관의 장과 협의하여야 한다.

12 일치부합형(법조문형) 난이도 하 정답 ⑤

문제풀이 핵심 포인트

'제00조'가 아닌 '제○○조'의 형식이므로 조문 간 연결이 있을 것임을 예상할 수 있고, 표제를 활용하여 각 선택지 해결에 필요한 근거를 제시문에서 찾아 읽을 수 있는 문제이다.

풀이

① (×) 제○○조 제1항에 따르면 중앙119구조본부의 장이 아니라 소방청장은 구조견 양성 및 교육훈련 등을 위하여 119구조견교육대를 설치하여야 한다.

② (×) 제△△조에 따르면 훈련견이 종모견으로 도입되기 위해서는 원친 번식(제3호)에 의한 생후 20개월(제2호)인 순수한 혈통(제1호)의 훈련견이어야 하며 제□□조 제2항에 따른 훈련견 평가결과에 모두 합격하여야 한다.

③ (×) 제△△조에 따르면 훈련견이 종모견으로 도입되기 위해서는 제□□조 제2항에 따른 훈련견 평가결과에 모두 합격하여야 하고, 제2호에 따르면 생후 20개월 이상이어야 한다. 제□□조 제2항 제1호의 기초평가 기준에 따라 총점 80점을 득점하고, 수의검진 결과 적합판정을 받은 훈련견은 제□□조 제2항 제1호의 기초평가를 합격한 것이지만, 생후 15개월인 훈련견은 제△△조 제2호의 요건인 생후 20개월 이상에 해당하지 않으므로 종모견으로 도입될 수 없다.

④ (×) 제□□조 제2항 제2호 가목에 따르면 중간평가에 합격하기 위해서는 훈련 시작 12개월 이상이어야 한다. 생후 12개월에 훈련을 시작해 반년이 지난 훈련견은 훈련 시작 6개월이므로, 제□□조 제2항 제2호 다목의 결격사유가 없고, 나목의 중간평가 기준에 따라 총점 75점을 득점하고, 수의진료소견 결과 적합판정을 받는다고 하더라도 가목의 요건을 충족하지 못하므로 중간평가에 합격할 수 없다.

⑤ (○) 제□□조 제3항에 따르면 기초평가에서 합격했더라도 결격사유가 있어 중간평가에 불합격한 훈련견은 유관기관으로 관리전환할 수 있다.

13 조건 계산형 난이도 하 정답 ②

문제풀이 핵심 포인트

첫 번째 동그라미부터 각각 조건 i)~iv)라고 한다. 조건 ii)의 식에 따른 값을 일부 계산하고 ㉠의 값에 따라 조건 iii)을 충족하는지 확인한다. '순서' 장치가 활용된 문제라고 해석한다면 '경우형'으로도 분류할 수 있는 문제이다.

풀이

조건 ii)의 식에 조건 iv)의 甲~戊의 연간 '착한 일 횟수'와 '울음 횟수'를 대입해 정리해보면 다음과 같다.

- 甲: (3 × 5) - (3 × ㉠) = 15 - (3 × ㉠)
- 乙: (3 × 5) - (2 × ㉠) = 15 - (2 × ㉠)
- 丙: (2 × 5) - (3 × ㉠) = 10 - (3 × ㉠)
- 丁: (1 × 5) - (0 × ㉠) = 5
- 戊: (1 × 5) - (3 × ㉠) = 5 - (3 × ㉠)

조건 ii)에 따르면 丁은 선물 B를 받았다. 조건 iii)에 따르면 甲~戊 중 1명은 선물 A를 받았다. 즉, 1명만 위의 식에 따른 값이 10 이상이어야 한다. 甲, 乙, 丙, 戊 중에서는 ㉠이 어떤 값이라도 乙의 점수가 가장 높으므로 乙이 선물 A를 받아야 하고, 乙이 선물 A를 받으려면 ㉠은 자연수 중에서 1, 2만 가능하다. 조건 iii)에 따르면 甲~戊 중 1명은 선물을 받지 못했다. 즉, 1명만 위의 식에 따른 값이 음수이어야 한다. 甲, 丙, 戊 중에서는 ㉠이 어떤 값이라도 戊의 점수가 가장 낮으므로 戊가 선물을 받지 못하고, 戊가 선물을 받지 못하려면 ㉠은 1, 2 중에서 2만 가능하다. 따라서 ㉠에 해당하는 수는 '2'다.

실전에선 이렇게!

- 乙: 15 - (2 × ㉠) ≥ 10
  - (2 × ㉠) ≥ 10 - 15 (앞에 -)

  2 × ㉠ ≤ 5

  ㉠ ≤ 2.5, ㉠은 자연수이므로 ㉠은 1 또는 2
- 戊: 5 - (3 × ㉠) < 0

  -(3 × ㉠) < -5

  3 × ㉠ > 5

  ㉠ > 약 1.67, ㉠은 자연수이므로 ㉠은 2

14 조건 계산형 난이도 하

정답 ④

문제풀이 핵심 포인트

조건이 다소 복잡한 조건 계산형이라고 분류하는 것도 가능하고, 경우를 파악해야 하는 '경우형'으로 분류하는 것도 가능한 문제이다. 어떤 부분이 더 중요하게 느껴지고 어렵게 느껴지는 가에 따라 분류는 다양하게 해 볼 수 있다.

풀이

첫 번째 문장에 따르면 甲은 근무일마다 동일한 쪽수의 보고서를 한 건씩 작성한다. 근무일을 x, 작성한 보고서 한 건의 쪽수를 y라고 한다. 그리고 두 번째 문장에 따르면 작성한 보고서를 회사의 임원들 각각에게 당일 출력하여 전달한다고 하므로 임원 수를 z라고 한다. 네 번째 문장에 따르면 甲이 현재까지 출력한 총량은 1,000쪽이므로 다음과 같이 나타낼 수 있다.

→ $x \times y \times z = 1{,}000$

세 번째 문장에 따르면 $x > 20$, 네 번째 문장에 따르면 $z \geq 2$이다. 발문에서는 y의 최댓값을 묻고 있으므로 x, z는 가능한 작은 값이어야 한다. 따라서 $z = 2$라고 가정하면 다음과 같이 정리할 수 있다.

→ $x \times y = 500$

보고서의 쪽수는 정수이고, 선택지 등을 고려할 때 근무일도 정수 단위로 고려한다는 것을 알 수 있다. 따라서 근무일은 20보다 큰 21부터 정수들을 고려할 때 500을 나눠서 떨어지는 25일이다. $x = 25$이면 $y = 20$이다. 따라서 甲이 작성한 보고서 한 건의 쪽수의 최댓값은 '20'이다.

실전에선 이렇게!

선택지를 활용하여 검토해 보는 것도 가능하다.

15 경우 파악형 난이도 하

정답 ①

문제풀이 핵심 포인트

덩어리가 큰 즉, 접속해 있던 시간이 긴 학생으로 실마리를 잡아서 해결하면 수월하게 해결할 수 있는 문제이다.

풀이

첫 번째 동그라미부터 각각 조건 ⅰ) ~ ⅲ)이라고 한다.

조건 ⅰ)에 따르면 수업시간은 30분이다. 조건 ⅲ)에 따르면 A와 C가 접속해 있던 시간은 서로 겹치지 않았다고 하는데, 조건 ⅰ)의 표에 따르면 A가 접속해 있던 시간은 13분, C가 접속해 있던 시간은 17분이다. 둘의 접속시간을 더하면 정확히 30분이므로 예를 들어 다음과 같이 나타낼 수 있다.

C가 먼저, A가 나중에 접속한 경우도 상관없다.

그리고 접속시간이 가장 긴 E의 접속시간을 다음과 같이 생각해본다.

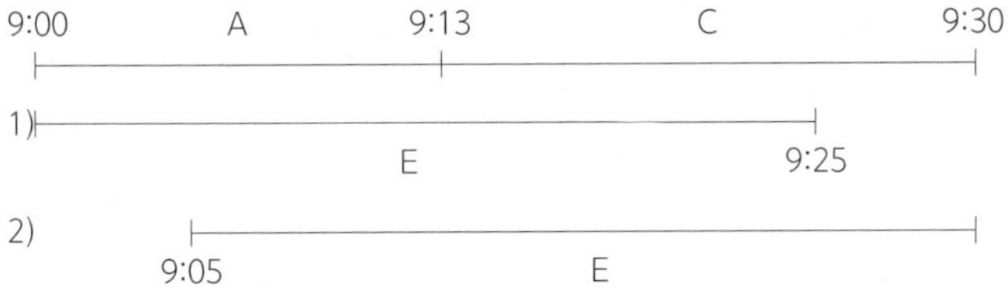

① (O) 2)의 경우, E가 접속해 있던 시간에 B, D가 접속해 있었다면 9:04에 A 한 명만 화상강의 시스템에 접속해 있는 것이 가능하다.

② (×) 1), 2) 어떤 경우에도 최소 A, E 두 명이 접속해 있다.

③ (×) 1), 2) 어떤 경우에도 최소 C, E 두 명이 접속해 있다.

④ (×) 1), 2) 어떤 경우에도 최소 C, E 두 명이 접속해 있다.

⑤ (×) 1), 2) 어떤 경우에도 최소 C, E 두 명이 접속해 있다.

실전에선 이렇게!

선택지를 활용하여 해결해야 하는 문제이다.

16 경우 파악형 난이도 하

정답 ①

문제풀이 핵심 포인트

기존에 출제된 문제보다는 다소 난도가 낮은 합분해, 곱분해 유형의 문제이다.

풀이

첫 번째 동그라미부터 각각 조건 ⅰ), ⅱ)라고 한다. 조건 ⅰ)에 따르면 1, 2, 3, 4 중에서 숫자를 고른다고 하는데 중복이 허용되는지 언급하고 있지 않다. 그러나 조건 ⅱ)에 따르면 비밀번호 각 자리의 숫자를 '모두 더한 값'과 '모두 곱한 값'이 같다고 하므로 중복이 허용되지 않는다면 조건 ⅱ)를 충족시킬 수 없다. 따라서 숫자를 중복해서 고를 수 있음을 확인한다.

〈방법 1〉 직접 여러 비밀번호를 조합해보는 방법

극단적으로 작은 값을 떠올려본다. 고른 숫자가 (1, 1, 1, 1)이라면 '모두 더한 값'은 4이고, '모두 곱한 값'은 1이다. (1, 1, 1, 2), (1, 1, 1, 4)와 같은 숫자 조합을 떠올려본다면 여전히 '모두 더한 값'이 '모두 곱한 값'보다 크다. 그러므로 (1, 1, x, y)와 같이 '모두 곱한 값'을 증가시킬 수 있는 숫자 조합을 생각해본다. (1, 1, 2, 2), (1, 1, 2, 3), (1, 1, 2, 4)와 같은 숫자 조합을 떠올려보면 (1, 1, 2, 4)는 '모두 더한 값'과 '모두 곱한 값'이 같다는 것을 알 수 있다. 따라서 甲이 만든 비밀번호 각 자리의 숫자를 모두 곱한 값은 '8'이다.

극단적으로 큰 값부터 시작해보면 (4, 4, 4, 4)의 경우 '모두 더한 값'은 최대 16이고 '모두 곱한 값'은 256이므로 '모두 곱한 값'이 훨씬 크다는 것을 알 수 있다. (x, y, 4, 4)와 같은 숫자 조합은 조건 ⅱ)를 충족시킬 수 없다는 것을 확인한다. (2, 2, 2, 2)와 같은 비밀번호도 여전히 '모두 더한 값' 8보다 '모두 곱한 값' 16이 크다. '모두 곱한 값'이 더 작은 숫자 조합을 떠올려보면서 (1, 1, 2, 4)를 찾아야 한다.

〈방법 2〉 일부 숫자 조합을 배제하는 방법

홀수, 짝수를 기준으로 다음과 같이 생각해본다.

- 숫자 조합 중 홀수가 4개인 경우
  '모두 더한 값'은 짝수인데 '모두 곱한 값'은 홀수이다. 성립할 수 없다.
- 숫자 조합 중 홀수가 3개, 짝수가 1개인 경우
  '모두 더한 값'은 홀수인데 '모두 곱한 값'은 짝수이다. 성립할 수 없다.
- 숫자 조합 중 홀수가 2개, 짝수가 2개인 경우
  '모두 더한 값'은 짝수, '모두 곱한 값'도 짝수이다. 성립할 수 있다.
- 숫자 조합 중 홀수가 1개, 짝수가 3개인 경우
  '모두 더한 값'은 홀수인데 '모두 곱한 값'은 짝수이다. 성립할 수 없다.
- 숫자 조합 중 짝수가 4개인 경우
  '모두 더한 값'은 짝수, '모두 곱한 값'도 짝수이다. 성립할 수 있다.

짝수가 4개인 경우 가장 작은 경우인 (2, 2, 2, 2)도 '모두 더한 값'보다 '모두 곱한 값'이 크고, 2를 대신해 다른 짝수인 4를 조합할 경우 그 격차는 더 커진다. 따라서 짝수가 4개인 경우도 조건 ⅱ)를 충족시킬 수 없다.

홀수가 2개, 짝수가 2개인 경우 (홀수, 홀수, 짝수, 짝수) 순으로 생각했을 때 (홀수, 홀수, 2, 2)와 같이 작은 짝수 2로만 조합해도 홀수는 3이 되어서는 안 된다. 따라서 홀수는 모두 1이다. (1, 1, 2, 2), (1, 1, 2, 4) 중 (1, 1, 2, 4)가 조건ⅱ)를 충족한다. 따라서 甲이 만든 비밀번호 각 자리의 숫자를 모두 곱한 값은 '8'이다.

실전에선 이렇게!

선택지를 활용하여 조건에 위배되지 않고 가능한지 검토해 보는 것도 가능한 문제이다.

17 조건 계산형 난이도 하

정답 ②

문제풀이 핵심 포인트

'각 배정대상자의 신청액 대비 배정액 비율이 모두 같도록'의 표현을 잘 처리할 수 있는지가 관건이 되는 문제이다. 첫 번째 '-'부터 각각 조건 ⅰ)~ⅳ)라고 한다. 우선 조건ⅱ)에 따라 원격지 전보에 해당하는 신청자를 판단하고, 조건ⅳ)에 따라 지원액을 계산한다.

풀이

조건ⅱ)에 따르면 원격지 전보에 해당하는 신청자만 배정대상자로 하므로 乙은 배정 대상자에서 제외된다.

조건ⅰ)에 따르면 이전여비 지원 예산 총액은 160만 원인데 甲, 丙, 丁, 戊의 신청액 합은 70 + 50 + 30 + 50 = 200(만 원)으로 배정대상자 신청액의 합이 지원 예산 총액을 초과한다. 조건ⅳ)에 따르면 배정대상자 신청액의 합이 지원 예산 총액을 초과할 경우에는 각 배정대상자의 '신청액 대비 배정액 비율'이 모두 같도록 삭감하여 배정한다. 甲, 丙, 丁, 戊의 배정액을 각각 a, b, c, d라고 하면 a + b + c + d = 160만 원이고, 신청액 대비 배정액 비율은 모두 같다고 하므로

$\frac{a}{70} = \frac{b}{50} = \frac{c}{30} = \frac{d}{50}$

$\rightarrow b = \frac{50}{70}a,\ c = \frac{30}{70}a,\ d = \frac{50}{70}a$

$\rightarrow a + \frac{50}{70}a + \frac{30}{70}a + \frac{50}{70}a = 160$

$\rightarrow (1 + \frac{50}{70} + \frac{30}{70} + \frac{50}{70})a = 160$

$\rightarrow \frac{200}{70}a = 160,\ a = \frac{70}{200} \times 160 = 56$

따라서 甲에게 배정되는 금액은 560,000원이다.

실전에선 이렇게!

70 + 50 + 30 + 50 = 200(만 원)이고, 160만 원에서 甲, 丙, 丁, 戊 모두 200만 원 대비 본인의 신청액만큼의 비율로 배정받는다. 따라서 다음과 같이 바로 계산할 수 있다.

→ 甲: 160만 원 × $\frac{70}{200}$ = 560,000만 원

또는 '신청액 대비 배정액 비율'이 모두 같다면 甲의 신청액에 '전체 신청액 대비 전체 배정액 비율'을 곱해도 된다.

→ 甲: 70만 원 × $\frac{160}{200}$ = 560,000만 원

모두 원리는 같다.

18 상대적 계산형 난이도 하

정답 ④

문제풀이 핵심 포인트

제시문의 첫 번째 동그라미부터 각각 조건 ⅰ)~ⅴ)라고 하고, 상황의 첫 번째 동그라미부터 각각 상황 ⅰ)~ⅲ)이라고 한다. 조건 ⅴ)에서 대안비교 문제임을 알 수 있다. 동점 시 처리규칙을 포함하고 있는 대안비교 문제이다. 조건ⅱ)의 입찰가격 평가점수는 상황ⅱ)에 직접 주어져 있으므로 조건ⅲ)의 기술능력 평가점수를 계산하고, 조건ⅳ), ⅴ)를 판단한다.

풀이

상황ⅲ)의 표에서 조건ⅲ)에 따라 최고점수와 최저점수를 제외해보면 다음과 같다.

구분	甲	乙	丙	丁	戊
A위원	68	65	~~73~~	75	65
B위원	68	~~73~~	69	70	60
C위원	68	~~62~~	69	65	~~60~~
D위원	~~68~~	65	~~65~~	~~65~~	70
E위원	~~72~~	65	69	~~75~~	~~75~~

산술평균을 계산하기 쉽게 숫자가 주어져 있다. 정리해보면 다음과 같다.

산술평균	68	65	69	70	65

조건ⅰ)에 따르면 기술능력 평가점수는 80점 만점이고, 조건ⅳ)에 따르면 기술능력 평가점수에서 만점의 85% 미만, 즉 80점 × 85% = 68점 미만의 점수를 받은 업체는 선정에서 제외한다. 따라서 乙, 戊는 제외된다.

조건ⅴ)에 따라 입찰가격 평가점수와 기술능력 평가점수를 합산한 점수를 정리해보면 다음과 같다.

합산점수	81	-	84	84	-

丙과 丁이 동점이므로 조건ⅴ)에 따라서 기술능력 평가점수가 가장 높은 丁을 선정한다.

따라서 甲~戊 중 사업자로 선정되는 업체는 丁이다.

19 규칙 적용해결형 난이도 하

정답 ③

문제풀이 핵심 포인트

첫 번째 동그라미의 첫 번째 '-'부터 각각 조건 ⅰ)~ⅲ)이라고 한다. 두 번째 동그라미의 표에 조건ⅰ)부터 순서대로 적용해본다. 계산형의 성격도 가지고 있는 문제이다.

풀이

두 번째 동그라미의 표 금요일 부분에 조건ⅰ)~ⅲ)을 적용해 출근시각과 퇴근시각에서 일과시간(월~금, 09:00~18:00)을 제외한 실적시간을 정리해보면 다음과 같다.

구분	출근시각	퇴근시각		실적시간	비고
甲	8:55	20:00	00:05 + 02:00	2:05	
乙	8:00	19:55	01:00 + 01:55	2:55	
丙	9:00	21:30	03:30 - 00:30	3:00	개인용무시간 제외
丁	8:30	23:30		-	재택근무
戊	7:00	21:30	02:00 + 03:30	4:00	최대 4시간

그리고 토요일 부분에 조건 i)~iii)을 적용해보면 다음과 같다.

구분	출근시각	퇴근시각		실적시간	비고
甲	10:30	13:30	3:00	2:00	최대 2시간
乙	-	-		-	
丙	13:00	14:30	1:30	1:30	
丁	-	-		-	
戊	-	-		-	

甲~戊의 금요일과 토요일의 초과근무 인정시간의 합을 정리해보면 다음과 같다.

- 甲: 02:05+02:00=04:05
- 乙: 02:55
- 丙: 03:00+01:30=04:30
- 丁: -
- 戊: 04:00

따라서 甲~戊 중 금요일과 토요일의 초과근무 인정시간의 합이 가장 많은 근무자는 丙이다.

20 조건 계산형 난이도 하 정답 ③

문제풀이 핵심 포인트

점수계산 문제는 이미 여러 번 출제되었던 소재이다. 기존 기출문제를 빨리 해결할 수 있었던 스킬을 사용하면 이 문제 역시도 빠른 해결이 가능하다. 두 번째 문단 첫 번째 문장에서 갑은 5개 과목 평균이 60점이므로 총점은 300점임을 확인한다. 그리고 2개 과목은 과락(50점 미만)이고, 표 아래 각주에 따르면 각 과목은 10문항, 각 문항별 배점은 10점이다.

풀이

A과목은 'O'표시가 7개, '×'표시가 3개이다. 이 중 어떤 표시가 정답인지 알 수 없는 상황이므로 'O'표시가 정답인 경우 70점, '×'표시가 정답인 경우 30점이다. 이를 표시된 개수가 많은 O을 먼저 표시하여 O : × = 70 : 30과 같이 정리한다. 다른 과목들도 같은 방법으로 다음과 같이 정리할 수 있다.

A	O : × = 70 : 30	40점 차
B	V : × = 70 : 30	40점 차
C	O : / = 60 : 40	20점 차
D	V : O = 60 : 40	20점 차
E	/ : × = 80 : 20	60점 차

甲의 총점은 300점이어야 하는데 표시된 개수가 많은 표시의 점수를 모두 더하면 70(O)+70(V)+60(O)+60(V)+80(/)=340점이다. 총점 300점이 되려면 40점을 감점해야 하므로, A 또는 B 중 하나가 30점이거나, C와 D가 40점이어야 한다. 그런데 A 또는 B 중 하나만 30점이라면 4개 과목이 50점 이상으로 2개 과목이 과락이 아니므로 C와 D가 40점이어야 한다.

ㄱ. (O) A과목은 70점이다.
ㄴ. (×) B과목은 70점이다.
ㄷ. (×) C과목은 40점이다.
ㄹ. (O) D과목은 40점이다.
ㅁ. (O) E과목은 80점이다.

실전에선 이렇게!

평균으로 접근하는 것도 가능하고, 합분해처럼 해결하는 것도 가능한 문제이다. 여러 접근이 가능한 문제인 만큼 다양하게 연습해 보는 것도 좋다.

21 조건 계산형 난이도 중 정답 ②

문제풀이 핵심 포인트

문제 해결에 필요한 정보를 놓치지 않도록 주의한다. 요일 계산 문제도 이전에 몇 번 출제되었던 소재이다. 요일 계산 문제는 7로 나눈 나머지로 접근하는 것이 가장 바람직한데, 이 문제 역시도 7로 나눈 나머지로 접근하면 빠른 해결이 가능하다.

풀이

발문에서는 (1) 식목일의 요일을 묻고 있고, (1)~(6)은 서로 다른 요일의 일기라고 한다. (1)~(6) 중 확정적인 정보부터 정리해 본다.

(3)은 수요일로 주어져 있다. (6)은 일요일이고 (5)는 (6)의 전날이므로 토요일이다. 다음과 같은 대략적인 달력에 정리할 수 있다.

월	화	수	목	금	토	일
		(3)				
					(5)	(6)

선택지 ⑤는 제거된다. 지문의 일기들은 날짜순으로 나열한 것이므로 (3) 이전에 (1), (2)가, (3)과 (5) 사이에 (4)가 들어가야 한다. (1)이 월요일인 경우, 화요일인 경우, 목요일인 경우, 금요일인 경우로 나눠서 생각해본다.

〈가정 1〉 (1) 4월 5일이 월요일이라고 가정

월	화	수	목	금	토	일
(1) 5일						(2) 11일
		(3)				
					(5)	(6)

4월 5일이 월요일이면 (2) 4월 11일은 일요일이 된다. (2)와 (6)이 같은 요일이 되므로 서로 다른 요일이라는 지문의 내용에 위배된다.

〈가정 2〉 (1) 4월 5일이 화요일이라고 가정

월	화	수	목	금	토	일
	(1) 5일					
(2) 11일		(3)				
					(5)	(6)

4월 5일이 화요일이 될 수 있다.

〈가정 3〉 (1) 4월 5일이 목요일이라고 가정

월	화	수	목	금	토	일
			(1) 5일			
		(2), (3)				
					(5)	(6)

4월 5일이 목요일이면 (2) 4월 11일은 수요일이 된다. (2)와 (3)이 같은 요일이 되므로 서로 다른 요일이라는 지문의 내용에 위배된다.

〈가정 4〉 (1) 4월 5일이 금요일이라고 가정

월	화	수	목	금	토	일
				(1) 5일		
		(3)	(2) 11일			
					(5)	(6)

4월 5일이 목요일이면 (2) 4월 11일은 목요일이 된다. 달력상으로 (2)가 (3)보다 늦은 날짜가 되므로 일기를 날짜순으로 나열한 것이라는 지문의 내용에 위배된다.

따라서 식목일의 요일은 화요일이다.

22 경우 파악형 난이도 중

정답 ②

문제풀이 핵심 포인트

주어진 조건 하에서 다양한 경우가 등장할 수 있는 문제이다. 경우 파악형 문제는 조건에 따른 여러 경우가 잘 그려지지 않는다면 넘어가는 것이 필요할 수 있다. 5급 공채의 경우 엘리베이터 소재의 어려운 경우형의 문제가 2012년에 출제된 바 있다. 그리고 입법고시에 더 자주 출제되는 T/F 바꾸기의 소재도 활용된 문제이다보니, 기존에 기출문제를 다뤄보지 않은 경우에 어렵게 느껴질 수 있는 문제이다.

풀이

첫 번째 동그라미부터 각각 조건 ⅰ) ~ ⅵ)이라고 한다. 조건 ⅲ)에 따르면 빈 엘리베이터에 승객 7명이 탔고, 조건 ⅳ)에 따르면 승객들이 버튼을 누른 횟수의 합은 10이다. 그리고 조건 ⅱ)에 따르면 사람이 내린 층의 버튼은 홀수 번 누른 것이며 사람이 내리지 않은 층은 0번 또는 짝수 번 누른 것이다. 조건 ⅴ)에 따르면 승객 3명은 4층에서 내렸다고 하는데 승객이 여러 명 내리더라도 버튼은 최소 한 번만 누르면 된다. 2명이 5층에서 내린 경우도 마찬가지이며, 나머지 2명이 6층 이상의 서로 다른 층에서 내렸으므로, 총 네 번의 버튼은 확정적으로 누른 것이다. 이상의 내용을 바탕으로 〈보기〉를 판단해본다.

ㄱ. (×) 각 승객이 1개 이상의 버튼을 누르지 않은 경우가 가능하다. 극단적인 예로 반례를 들어보면 7명의 승객을 A ~ G라고 할 때, A가 4층, 5층, 6층 이상의 서로 다른 층을 각각 누르고, 어떤 버튼이든 짝수 번을 누른다면 혼자서 10번 모두 누른 경우도 가능하다.

ㄴ. (○) 5번 누른 버튼이 있다면 홀수 번 누른 것이므로 해당 버튼은 사람이 내린 층 중 하나이다. 그리고 나머지 승객이 내린 3개 층의 버튼을 누른 횟수를 더하면, 5번 누른 층 + 나머지 승객이 내린 3개의 층 = 최소 8번의 버튼은 승객이 내린 층에서 확정적으로 누른 것이다. 나머지 2번을 서로 다른 층에 누른다면, 승객이 내린 층은 승객이 내릴 수 없고, 승객이 내리지 않은 층은 승객이 내리지 않은 층에 정지하게 되므로 조건 ⅵ)에 위배된다. 따라서 나머지 2번은 5번 누른 층을 제외하고 어떤 층이든 같은 층에 2번 눌려야 하므로 2번 이상 누른 다른 버튼이 있다는 것을 알 수 있다.

ㄷ. (×) 4층 버튼을 가장 많이 누르지 않은 경우가 가능하다. 극단적인 예로 반례를 들어보면 4층 1번, 5층 7번, 6층 이상의 승객이 내린 서로 다른 층 각각 1번씩 누른다면, 누른 횟수의 합이 10이 되면서 다른 조건을 위배하지 않는다.

ㄹ. (×) 승객이 내리지 않은 층의 버튼을 누른 경우가 가능하다. 반례를 생각해보면 3층을 6번 눌러서 취소되고, 4층 1번, 5층 1번, 6층 이상의 승객이 내린 서로 다른 층 각각 1번씩 누른다면, 누른 횟수의 합이 10이 되면서 다른 조건을 위배하지 않는다.

23 경우 확정형 난이도 상

정답 ④

문제풀이 핵심 포인트

A ~ E 간에 상대방의 연락처를 갖고 있는 설정이면서, A가 3명의 연락처를 갖고 있다는 첫 번째 동그라미를 통해 1 : 1 대응관계가 아닌 1 : 多 대응관계의 문제임을 파악하여야 한다. 1 : 多 대응관계의 문제는 표를 그려서 푸는 방법이 가장 확실하다.

풀이

첫 번째 동그라미부터 각각 조건 ⅰ) ~ ⅴ)라고 한다. 확정적인 정보부터 표로 정리해 본다.

간단한 조건 ⅴ)부터 표로 정리해 보면 다음과 같다.

~의 연락처를 / ~가 가지고 있다.	A	B	C	D	E	
A						
B						
C						
D						
E	×	○	×	×		1명

그리고 조건 ⅲ), ⅳ)를 정리해 보면 다음과 같다.

~의 연락처를 / ~가 가지고 있다.	A	B	C	D	E	
A			○			
B						
C	○	×		×	×	1명
D						2명
E	×	○	×	×		1명

조건 ⅱ)에 따르면 B는 2명의 연락처를 갖고 있는데, 그 2명을 제외한 2명만 B의 연락처를 갖고 있다. 즉 C는 B의 연락처를 갖고 있지 않으므로 B는 C의 연락처를 갖고 있고, E는 B의 연락처를 갖고 있으므로 B는 E의 연락처를 갖고 있지 않다.

~의 연락처를 / ~가 가지고 있다.	A	B	C	D	E	
A			○			
B			○		×	2명
C	○	×		×	×	1명
D						2명
E	×	○	×	×		1명
		2명				

조건 ⅰ)에 따르면 A의 연락처를 갖고 있는 사람은 총 3명이다. E가 A의 연락처를 갖고 있지 않으므로 B, D는 A의 연락처를 갖고 있음을 알 수 있다.

~의 연락처를 ~가 가지고 있다.	A	B	C	D	E	
A			O			
B	O		O	×	×	2명
C	O	×		×	×	1명
D	O					2명
E	×	O	×	×		1명
	3명	2명				

그리고 A는 3명의 연락처를 갖고 있는데, 그중 2명만 A의 연락처를 갖고 있으며 A의 연락처를 갖고 있는 사람은 총 3명이다. 즉, A는 A의 연락처를 갖고 있지 않은 E의 연락처를 갖고 있고, 나머지 B, D 중 1명의 연락처를 갖고 있다. 그리고 다시 조건 ii)를 생각해보면 B가 연락처를 갖고 있는 2명을 제외한 2명만 B의 연락처를 갖고 있다. 즉, B는 A, C의 연락처를 갖고 있으므로, D, E가 B의 연락처를 갖고 있다. 따라서 A는 B의 연락처를 갖고 있지 않고 D의 연락처를 갖고 있다.

~의 연락처를 ~가 가지고 있다.	A	B	C	D	E	
A		×	O	O	O	3명
B	O		O	×	×	2명
C	O	×		×	×	1명
D	O	O	×		×	2명
E	×	O	×	×		1명
	3명	2명	2명	1명	1명	

① (×) A는 B의 연락처를 갖고 있지 않다.
② (×) B는 D의 연락처를 갖고 있지 않다.
③ (×) C의 연락처를 갖고 있는 사람은 3명이 아니라 2명이다.
④ (O) D의 연락처를 갖고 있는 사람은 A뿐이다.
⑤ (×) E의 연락처를 갖고 있는 사람은 2명이 아니라 1명이다.

24 경우 파악형 난이도 중 정답 ③

문제풀이 핵심 포인트

주어진 조건을 충족하는 경우가 그려져야 해결할 수 있는 문제이다. 시계를 통해 대칭, 일치 등을 고민해 볼 수 있는 문제는 5급 공채에서는 08년과 15년에 출제된 바 있는데, 7급 공채에는 처음 출제된 문제이다.

풀이

시침과 분침을 서로 바꾸어 조립하지 않은 원래의 시계를 생각해보자. 정오부터 시간이 가면서 시침과 분침이 동시에 시계방향으로 움직이지만, 분침이 시침보다 더 빨리 시계방향으로 회전한다. 그러나 시침과 분침을 서로 바꾸어 조립한 A라면 정오부터 시간이 가면서 시침이 분침보다 더 시계방향으로 회전해 있으므로 시침이 한 바퀴 돌기 전에는 한 순간도 실제 시각을 가리키지 않음을 확인한다.

그러나 시침과 분침이 만나는 경우에는 A라고 해도 실제 시각과 정확히 일치할 것이므로, 정오 이후 처음으로 시침과 분침이 만나는 경우를 생각해보면 원래 시계를 기준으로 시침이 오후 1시를 조금 넘어가 있는 시각이다. A라면 시침이 1시 정각으로부터 5분을 조금 넘어가 있는 시각이므로, 오후 1시 5분 0초부터 오후 1시 10분 0초 사이에 A가 처음으로 실제 시각을 가리키게 된다. 따라서 ㉠에 들어갈 내용으로 옳은 것은 오후 1시 5분 0초부터 오후 1시 10분 0초이다.

25 일치부합형(법조문형) 난이도 하 정답 ⑤

문제풀이 핵심 포인트

최근 7급 공채 PSAT에서는 25번 문제로 법조문형에 속하는 문제가 출제되고 있다. 각 선택지에서 묻는 바 위주로 제시문에서 확인하면 수월하게 해결할 수 있는 일치부합형에 속하는 문제이다.

풀이

① (×) 제□□조 제1항에 따르면 제○○조 제1호부터 제3호까지의 규정에 해당하는 자는 지원대상자가 된다. 5세인 자녀는 제○○조 제3호의 아동에 해당하므로, 아동인 5세인 자녀를 홀로 양육하는 자는 같은 조 제2호 각 목의 어느 하나에 해당하면 지원대상자가 될 수 있다. 따라서 5세인 자녀를 홀로 양육하는 자가 지원대상자가 되기 위해서는 반드시 제○○조 제2호 라목의 미혼자여야 하는 것은 아니고, 가목 내지 다목의 어느 하나에 해당하는 경우에도 지원대상자가 될 수 있다.

② (×) 제○○조 제3호의 "아동"이란 18세 미만(취학 중인 경우에는 22세 미만을 말하되, 병역의무를 이행하고 취학 중인 경우에는 병역의무를 이행한 기간을 가산한 연령 미만을 말한다)의 자를 말한다. 22세의 대학생 자녀의 경우, 18개월간 병역의무를 이행한 기간을 가산하여 최소 23세 미만이므로 제○○조 제3호의 아동에 해당한다. 따라서 배우자와 사별한 자는 제○○조 제2호 가목에 해당하고 해당 자녀는 아동에 해당하므로, 제○○조 제2호의 "모(母)" 또는 "부(父)"에 해당하여 제□□조 제1항에 따라 지원대상자가 될 수 있다.

③ (×) 6세인 손자는 제○○조 제3호의 아동에 해당한다. 그리고 부모의 생사가 불분명한 6세인 손자를 양육하는 조모는 제○○조 제2항에 따라 지원대상자가 된다. 그러나 제△△조 제1항에 따르면 국가나 지방자치단체는 지원대상자의 복지 급여 신청이 있으면 각 호의 복지 급여를 실시한다고 하므로, 복지 급여 신청이 없어도 제△△조 제1호의 생계비를 지급하여야 하는 것은 아니다.

④ (×) 제○○조 제2호, 제3호에 따르면 30세인 미혼모가 5세인 자녀를 양육하는 경우 제□□조 제1항에 따라 지원대상자가 된다. 제△△조 제1항 제3호에 따르면 해당 지원대상자의 복지 급여 신청이 있으면 아동양육비를 지급하여야 하고, 같은 조 제3항에 따르면 제1항 제3호의 아동양육비를 지급할 때 제1호의 미혼모가 5세 이하의 아동을 양육하는 경우 예산의 범위에서 추가적인 복지 급여를 실시하여야 한다.

⑤ (O) 제△△조 제1항, 제2항 단서에 따르면 지원대상자가 다른 법령에 따른 지원을 받고 있는 경우에도 국가나 지방자치단체는 아동양육비를 지급할 수 있다.

자료해석

정답

p.149

1	①	조건 판단형	6	④	분수 비교형	11	③	조건 판단형	16	④	빈칸형	21	③	빈칸형
2	③	빈칸형	7	①	분수 비교형	12	④	조건 판단형	17	④	빈칸형	22	①	매칭형
3	②	각주 판단형	8	①	분수 비교형	13	⑤	표-차트 변환형	18	④	빈칸형	23	③	빈칸형
4	③	조건 판단형	9	②	분산·물방울형	14	③	빈칸형	19	②	분수 비교형	24	④	단순 판단형
5	⑤	보고서 검토·확인형	10	⑤	빈칸형	15	⑤	분산·물방울형	20	①	조건 판단형	25	②	조건 판단형

취약 유형 분석표

유형별로 맞힌 문제 개수와 정답률, 틀린 문제 번호, 풀지 못한 문제 번호를 적고 나서 취약한 유형이 무엇인지 파악해 보세요. 그 후 약점 보완 해설집 p.8 [취약 유형 공략 포인트]에서 약점 보완 학습법을 확인하고, 틀린 문제와 풀지 못한 문제를 다시 한번 풀어보세요.

유형		맞힌 문제 개수	정답률	틀린 문제 번호	풀지 못한 문제 번호
자료비교	곱셈 비교형	-	-		
	분수 비교형	/4	%		
	반대해석형	-	-		
자료판단	단순 판단형	/1	%		
	매칭형	/1	%		
	빈칸형	/8	%		
	각주 판단형	/1	%		
	조건 판단형	/6	%		
자료검토·변환	보고서 검토·확인형	/1	%		
	표-차트 변환형	/1	%		
자료이해	평균 개념형	-	-		
	분산·물방울형	/2	%		
	최소여집합형	-	-		
TOTAL		/25	%		

해설

1 조건 판단형 난이도 하 정답 ①

문제풀이 핵심 포인트
입지조건을 모두 만족하는 후보지 1곳을 고르는 문제이므로 조건을 하나씩 검토하면서 소거법으로 답을 도출한다.

풀이

- 첫 번째 조건에서 나들목에서부터 거리가 6km 이내인 장소라고 하였으므로 E는 제외한다.
- 두 번째 조건에서 역에서부터 거리가 8km 이내인 장소라고 하였으므로 B는 제외한다.
- 세 번째 조건에서 지가가 30만 원/m^2 미만인 장소라고 하였으므로 D는 제외한다.
- 네 번째 조건에서해발고도가 100m 이상인 장소라고 하였으므로 C는 제외한다.

따라서 남은 선지 ① A가 정답이다.

2 빈칸형 난이도 하 정답 ③

문제풀이 핵심 포인트
선지가 구체적인 수치로 제시되어 있으므로 빈칸에 들어갈 수치를 직접 도출해서 계산한다.

풀이

4월 7일 진료의사 수는 합계 143에서 나머지 날짜의 합을 더해 뺀 20명이다. 따라서 진료의사 1인당 진료환자 수는 580/20 = 29명이 된다.

3 각주 판단형 난이도 하 정답 ②

문제풀이 핵심 포인트
주어진 육로수입량 비중 식은 전체비이므로 이를 상대비로 전환하여 답을 도출한다.

풀이

육로수입량 비중은 콩 0.7%, 건고추 1.5%, 땅콩 6.2%, 참깨 2.2%, 팥 3.9%로 땅콩이 가장 크다.

실전에선 이렇게!

육로수입량 비중의 식을 구성하는 분모와 분자에 농산물별 육로수입량이 공통으로 포함되어 있으므로 상대비인 육/(해+공)의 비율이 가장 큰 농산물로 판단한다. 해상과 항공에 비해 육로의 수입량은 5가지 농산물 모두 2천대로 큰 차이가 없기 때문에 해상과 항공의 합이 가장 작은 땅콩의 상대비가 가장 크다는 것을 쉽게 파악할 수 있다.

4 조건 판단형 난이도 하 정답 ③

문제풀이 핵심 포인트
비교대상끼리 동일한 가중치를 기준으로 편차를 통해 대소비교를 한다.

풀이

공공정책 홍보경력이 있는 홍보업체의 인지도를 도출하면 A는 66만 명, C는 68만 명, F는 51만 명이므로 인지도가 가장 높은 C가 선정된다.

공공정책 홍보경력이 없는 홍보업체의 인지도를 도출하면 B는 72만 명, D는 68만 명, E는 64만 명이므로 인지도가 가장 높은 B가 선정된다.

따라서 선정되는 업체는 B, C이므로 정답은 ③이다.

실전에선 이렇게!

미디어채널 구독자 수의 가중치가 0.4이고 SNS 팔로워 수의 가중치가 0.6이므로 미디어채널 구독자 수:SNS 팔로워 수 = 2:3으로 가중치를 간단히 한 후 홍보경력 유, 무에 따라 각 그룹별로 최솟값 기준 편차를 도출하여 비교하면 아래와 같다.

- 공공정책 홍보경력이 있는 홍보업체

구분 \ 홍보업체	미디어채널 구독자 수(2)	SNS 팔로워 수(3)	편차× 가중치 합
A	+40	+5	95
C	0	+35	105
F	+10	0	20

- 공공정책 홍보경력이 없는 홍보업체

구분 \ 홍보업체	미디어채널 구독자 수(2)	SNS 팔로워 수(3)	편차× 가중치 합
B	+100	0	200
D	0	+60	180
E	+20	+40	160

5 보고서 검토·확인형 난이도 하 정답 ⑤

문제풀이 핵심 포인트
〈표〉에서 제시하는 내용은 특허 출원 건수의 연도별 국내 출원과 국외 출원만 제시되어 있으므로 이 외의 내용이 〈보고서〉에 등장하는 경우 해당 내용을 〈보기〉에서 찾아 추가로 필요한 자료임을 확인한다.

풀이

ㄴ. (O) 두 번째 문단 두 번째 문장에서 '2013~2022년 국외 출원 특허 건수를 대상 국가별로 살펴보면, 미국에 출원한 특허가 매년 가장 많았다.'고 하였으므로 이를 작성하기 위해서는 ㄴ. '갑'국 국방연구소의 국외 출원 대상 국가별 특허 출원 건수가 추가로 필요하다.

ㄷ. (O) 세 번째 문단 첫 번째 문장에서 '2013~2022년 '갑'국 국방연구소는 2015년에만 상표권을 출원하였으며, 그 중 국외 출원은 없었다.'고 하였으므로 이를 작성하기 위해서는 ㄷ. '갑'국 국방연구소의 연도별 상표권 출원 건수가 추가로 필요하다.

ㄹ. (O) 세 번째 문단 두 번째 문장에서 '또한, 2016년부터 2년마다 1건씩 총 4건의 실용신안을 국내 출원하였다.'고 하였으므로 이를 작성하기 위해서는 ㄹ. '갑'국 국방연구소의 연도별 실용신안 출원 건수가 추가로 필요하다.

6 분수 비교형 난이도 중

정답 ④

문제풀이 핵심 포인트

구분 항목으로 제시된 연구개발 세액감면액을 중심으로 GDP 대비 비중과 연구개발 총지출액 대비 비중이 주어졌으므로 이를 토대로 GDP나 연구개발 총지출액 크기를 나타내는 식을 구성하여 답을 도출한다.

풀이

ㄱ. (×) GDP는 연구개발 세액감면액을 GDP 대비 연구개발 세액감면액 비율로 나눈 값이므로 C는 2,104/0.13≒161,846,154백만 달러이고 E는 6,547/0.13≒503,615,385백만 달러이므로 GDP는 C국이 E국보다 작다.

ㄴ. (O) 연구개발 총지출액은 연구개발 세액감면액을 연구개발 총지출액 대비 연구개발 세액감면액 비율로 나눈 값이므로 A가 7,269,618백만 달러, B가 44,094,737백만 달러, C가 2,581,595백만 달러, D가 4,064,030백만 달러, E가 15,814,010백만 달러이다. 따라서 B국이 가장 크다.

ㄷ. (O) GDP 대비 연구개발 총지출액 비율은 연구개발 총지출액 대비 연구개발 세액감면액 비율을 GDP 대비 연구개발 세액감면액 비율로 나눈 값이므로 A국 4.02%가 B국 2.46%보다 높다.

실전에선 이렇게!

ㄱ. C와 E의 GDP 대비 연구개발 세액감면액 비율이 0.13%로 같기 때문에 연구개발 세액감면액이 더 큰 E의 GDP가 C보다 더 크다.

ㄴ. B는 연구개발 총지출액 식의 분자에 해당하는 연구개발 세액감면액이 12,567로 가장 크고 분모에 해당하는 연구개발 총지출액 대비 연구개발 세액감면액 비율이 2.85로 가장 작기 때문에 다른 국가에 비해 연구개발 총지출액이 가장 크다.

ㄷ. GDP 대비 연구개발 총지출액 비율은 A가 0.20/4.97, B가 0.07/2.85이다. 이를 정리해서 분수 비교하면 A 20/497이 B 7/285에 비해 분자는 2배 이상, 분모는 2배 미만 증가했기 때문에 A가 B보다 더 크다.

7 분수 비교형 난이도 중

정답 ①

문제풀이 핵심 포인트

연도가 10개나 주어진 양이 많은 자료이므로 항목과 연도를 정확하게 매칭하여 답을 도출한다.

풀이

㉠ (O) 2014년부터 2022년까지 매년 전체 농지 면적은 농업진흥지역 면적의 2배 이상이므로 매년 농업진흥지역 면적은 전체 농지 면적의 50% 이하이다.

㉡ (×) 2016년, 2017년, 2021년의 농업진흥지역 면적은 전년대비 증가하였다.

㉢ (×) 농업진흥지역 면적에서 밭 면적이 차지하는 비중은 2013년 14.6/91.5≒16.0%이므로 2013년 이후 매년 15% 이하가 아니다.

실전에선 이렇게!

㉢ 2013년 비중은 146/915이므로 15%에 해당하는 150/1,000과 분수 비교하면 15% 이상이라는 것을 쉽게 판단할 수 있다.

8 분수 비교형 난이도 중

정답 ①

문제풀이 핵심 포인트

선지별로 방문객 수 변화에 차이가 없기 때문에 매출액 변화를 토대로 뉴스 기사를 판단한다.

풀이

· 세 번째 문장에 따르면 농촌체험마을은 2020년 방문객 수와 매출액이 2019년에 비해 75% 이상 감소하였다.

→ 매출액으로 비교하면 선지 ①, ③, ⑤는 12,280에서 3,030으로 75.3% 감소하였고 선지 ②, ④는 12,320에서 3,180으로 74.2% 감소하였으므로 선지 ②, ④는 삭제한다.

· 네 번째 문장에 따르면 농촌민박도 2020년 방문객 수와 매출액이 전년과 비교하여 30% 이상 줄어들었다.

→ 매출액으로 비교하면 선지 ①, ③은 98,932에서 67,832로 31.4% 감소하였고 선지 ⑤는 96,932에서 70,069으로 27.7% 감소하였으므로 선지 ⑤는 삭제한다.

· 다섯 번째 문장에 따르면 문장 농촌융복합사업장은 2020년 방문객 수와 매출액이 전년과 비교해 줄어든 비율이 농촌체험마을보다는 작았다.

→ 매출액으로 비교하면 선지 ①은 6,109에서 1,827로 70.1% 감소하였고 선지 ③은 6,309에서 1,290으로 79.5% 감소하였으므로 농촌체험마을 75.3%보다 높은 ③은 삭제한다. 따라서 정답은 ①이다.

실전에선 이렇게!

구분항목별로 매출액이 감소하는 경우는 각각 2가지뿐이다. 따라서 매칭형 문제 중 택1 구조에서 접근하는 방식으로 해결한다면 세 번째 문장의 75% 이상을 검토한 후 네 번째 문장을 검토할 때 30% 이상 감소한 경우는 98,932 → 67,832와 96,932 → 70,069중 감소율이 더 큰 98,932 → 67,832의 경우이고 네 번째 문장에서 감소율이 더 작은 것을 검토할 때에도 6,109 → 1,827과 6,309 → 1,290 중 감소율이 더 작은 6,109 → 1,827의 경우가 답이 된다.

9 분산·물방울형 난이도 중

정답 ②

문제풀이 핵심 포인트

분산형차트이므로 기울기를 통해 x축과 y축 항목의 비율을 판단한다.

풀이

ㄱ. (O) 2021년 수출량은 농산물 350 → 400, 축산물 150 → 250, 수산물 100 → 200으로 각각 전년 대비 증가하였다.

ㄴ. (×) 농림축수산물 총수입량은 2020년 1,050천만 톤에서 2021년 850천만 톤으로 감소하였다.

ㄷ. (O) 수출량 대비 수입량 비율은 2020년과 2021년 임산물이 모두 2.0으로 가장 높다.

ㄹ. (×) 2021년 수출량은 전년 대비 축산물이 150에서 250으로 100만큼 증가하여 100/150≒66.7%의 증가율을 보이고 있지만 수산물은 100에서 200으로 100만큼 증가하여 100/100≒100%의 증가율을 보이고 있기 때문에 축산물보다 수산물이 더 높다.

실전에선 이렇게!

ㄱ. 임산물은 제외하고 판단하여야 하는 점을 반드시 체크한다.
ㄷ. 그림에서 수출량 대비 수입량 비율이 가장 높은 항목은 기울기가 가장 큰 항목으로 판단한다.

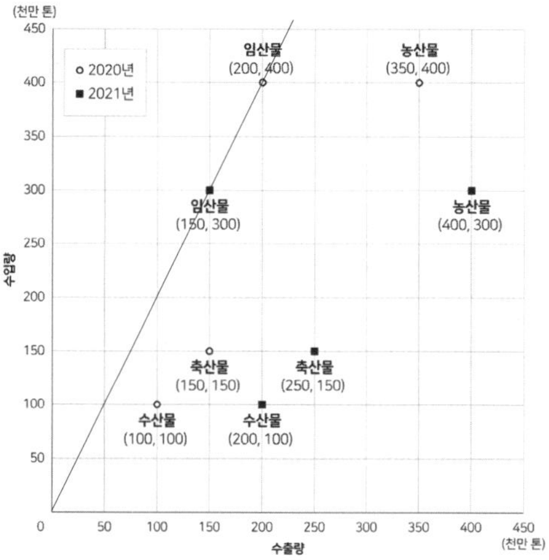

10 빈칸형 난이도 중 정답 ⑤

문제풀이 핵심 포인트

항목과 수치가 많고 빈칸을 채워야 하는 유형이기 때문에 빈칸을 채우지 않고 판단할 수 있는 항목을 먼저 판단하거나, 빈칸을 채우지 않고도 간접적으로 판단할 수 있는 항목 위주로 판단하여 답을 도출한다.

풀이

ㄱ. (×) 연도별 전체 발생 건수 상위 2개 연도인 1405년 74건과 1406년 59건의 발생 건수 합 133건은 하위 2개 연도인 1408년 23건과 1404년 29건의 발생 건수 합 52건의 3배인 156건 이상이 되지 못한다.

ㄴ. (○) 먼저 '우박'은 1405년에 9건으로 가장 많이 발생했다. 1406년 '큰 비'의 발생건수는 21건이므로 '큰 비' 역시 1405년에 27건으로 가장 많이 발생하였다.

ㄷ. (○) 큰비는 1401~1418년 동안의 발생 건수 합이 234건이다. 따라서 1401~1418년 동안의 발생 건수 합 상위 5개 유형은 '천둥번개' 83건, '큰 비' 234건, '벼락' 96건, '우박' 76건, '짙은 안개' 64건이다.

ㄹ. (○) 1402년 '짙은 안개'의 발생 건수는 15건으로 가장 많고 1408년 '짙은 안개'의 발생 건수는 7건으로 역시 가장 많다.

실전에선 이렇게!

ㄷ. '큰 비'를 제외하고 상위 5개 유형으로 언급한 유형 중 '짙은 안개'가 가장 적다. 나머지 유형 중 가장 많은 '가뭄 및 홍수'가 57건이므로 큰 비가 57건보다 많은지 대략적으로 판단하면 구체적인 합계 수치를 도출하지 않고도 판단 가능하다.

11 조건 판단형 난이도 중 정답 ③

문제풀이 핵심 포인트

계산형 문제이므로 위원장이 1명이고 위원이 2명이라는 공통사항을 체크해서 차이가 나는 부분 위주로 비교한다.

풀이

(가) 1급지에서 개최되고 위원장 1인과 위원 2인이 참석하며, 회의시간이 1시간인 전체위원회 소위
→ 위원(장) 안건검토비는 전체위원회 소위이므로 250+200×2=650천 원이고 회의시간이 1시간이므로 회의참석비는 150×3=450천 원이며 교통비는 1급지이므로 12×3=36천 원으로 총지급액은 1,136천 원이다.

(나) 2급지에서 개최되고 위원장 1인과 위원 2인이 참석하며, 회의시간이 3시간인 조정위원회 전체회의
→ 위원(장) 안건검토비는 조정위원회 전체회의이므로 200+150×2=500천 원이고 회의시간이 3시간이므로 회의참석비는 200×3=600천 원이며 교통비는 2급지이므로 16×3=48천 원이므로 총지급액은 1,148천 원이다.

(다) 3급지에서 개최되고 위원장 1인과 위원 2인이 참석하며, 회의시간이 1시간인 전문위원회
→ 위원(장) 안건검토비는 전문위원회이므로 200+150×2=500천 원이고 회의시간이 1시간이므로 회의참석비는 150×3=450천 원이며 교통비는 3급지이므로 25×3=75천 원이므로 총지급액은 1,025천 원이다.

(라) 4급지에서 개최되고 위원장 1인과 위원 2인이 참석하며, 회의시간이 4시간인 기타 위원회
→ 위원(장) 안건검토비는 기타위원회이므로 150+100×2=350천 원이고 회의시간이 4시간이므로 회의참석비는 200×3=600천 원이며 교통비는 4급지이므로 30×3=90천 원이므로 총지급액은 1,050천 원이다.

따라서 총 지급액이 가장 큰 회의는 1,148천 원인 (나)이고 세 번째로 큰 회의는 1,050천 원인 (라)이다.

실전에선 이렇게!

선지에서 경우의 수를 고려하면 가장 큰 회의부터 도출해야 하고, (나)와 (라)만 비교하면 선지를 지울 수 있기 때문에 먼저 두 회의부터 비교하여 답이 될 수 있는 선지를 좁혀 나간다.

12 조건 판단형 난이도 중 정답 ④

문제풀이 핵심 포인트

정보에서 주어진 영향력 지수와 기술력 지수의 식을 정리한 다음 필요한 수치만 가지고 이를 토대로 답을 도출한다.

풀이

해당 출원인의 영향력 지수 $=\dfrac{\text{해당 출원인의 피인용도 지수}}{\text{IT 분야 전체 등록특허의 피인용도 지수}}$ 이므로 이를 도출하면 $\dfrac{\dfrac{\text{해당 출원인의 등록특허 피인용 횟수의 합}}{\text{해당 출원인의 등록특허 수}}}{\dfrac{\text{IT 분야 전체의 등록특허 피인용 횟수의 합}}{\text{IT 분야 전체의 등록특허 수}}}$ 이 된다.

IT 분야 전체의 등록특허 수는 직접 제시되지 않은 고정된 값이고 IT 분야 전체의 등록특허 피인용 횟수의 합은 204건이므로 결국 해당 출원인의 영향력 지수는 $\frac{\text{해당 출원인의 피인용도 지수}}{\text{IT 분야 전체 등록특허의 피인용도 지수}}$를 204로 나눈 값이다.

결국 해당 출원인의 영향력 지수의 크기는 해당 출원인의 피인용도 지수의 크기로 결정되므로 선택지에서 주어진 항목만 비교하면 A는 14, D는 16, E는 19.5이다. 따라서 영향력 지수가 가장 큰 출원인은 E이므로 선지 ①, ②, ③은 삭제된다.

해당 출원인의 기술력 지수 = 해당 출원인의 영향력 지수×해당 출원인의 등록특허 수이므로 이는 해당 출원인의 피인용도 지수×해당 출원인의 등록특허 수의 크기로 비교할 수 있다.

선지에서 남은 항목만 비교하면 B는 24, C는 26이므로 가장 작은 출원인은 B가 된다. 따라서 정답은 ④이다.

실전에선 이렇게!

영향력 지수 판단 시 분모인 IT 분야 전체 등록특허의 피인용도 지수는 모든 특허 출원인이 공통이므로 이를 고려하지 않고 해당 출원인의 피인용도 지수 크기로 비교할 수 있다. 또한 기술력 지수 판단 시 피인용도 지수의 분모가 해당 출원인의 등록특허 수이므로 결국 해당 출원인의 등록특허 피인용 횟수의 합 크기로 비교할 수 있다.

13 표 - 차트 변환형 난이도 중 정답 ⑤

문제풀이 핵심 포인트

표의 수치가 그대로 적용된 선지 ②를 빠르게 비교한 후 비율을 묻는 선지 순으로 판단한다.

풀이

⑤ (O) 2022년의 경우 〈표〉에서 양자내성암호는 754백만 원으로 양자통신 723백만 원보다 많지만 그림에서는 양자내성암호가 29.2%로 양자통신 31.4%보다 작게 표시되어 있으므로 옳지 않다.

실전에선 이렇게!

선지 ③과 ⑤처럼 구성비 혹은 비중 그래프는 실제 수치와 비교하여 비중이 큰 순서가 일치하는지 먼저 검토한다.

14 빈칸형 난이도 중 정답 ③

문제풀이 핵심 포인트

빈칸의 수가 3개로 적은 편이고 빈칸을 구체적으로 채워야 해결할 수 있는 〈보기〉가 대부분이므로 선지에서 요구하는 빈칸의 수치를 도출하여 답을 해결한다.

풀이

ㄱ. (O) 흰불나방은 2022년에 증가, 솔잎혹파리는 2021년에 증가, 참나무시들음병은 2022년에 1,487건으로 증가했기 때문에 2019~2022년 발생면적이 매년 감소한 병해충은 '솔껍질깍지벌레'뿐이다.

ㄴ. (O) 2018년 전체 병해충 발생면적은 80,565ha이므로 전체 병해충 발생면적이 전년 대비 증가한 해는 2018년뿐이다.

ㄷ. (×) 2019년 '솔잎혹파리' 발생면적은 32,531ha로 2022년 '참나무시들음병' 발생면적 1,487ha의 30배인 44,610ha 이상이 되지 못한다.

ㄹ. (×) 2021년 대비 2022년 병해충 발생면적은 '참나무시들음병'이 1,240에서 1,487로 19.9% 증가하였고 '흰불나방'은 28,522에서 32,627로 14.4% 증가하여 2022년 병해충 발생면적의 전년 대비 증가율은 '참나무시들음병'이 '흰불나방'보다 높다.

실전에선 이렇게!

ㄴ. 2018년 전체 합을 도출하지 않고 병해충 항목별로 2017년 대비 증감폭을 도출하여 판단한다. 흰불나방은 −3,729, 솔잎혹파리는 +3,269, 솔껍질깍지벌레는 +3,675, 참나무시들음병은 −97로 증가폭이 감소폭보다 크기 때문에 전년에 비해 증가했다고 판단할 수 있다.

15 분산·물방울형 난이도 중 정답 ⑤

문제풀이 핵심 포인트

체질량지수가 X축 항목인 신장^2 대비 Y축 항목인 체중의 비율이므로 기울기를 그려서 판단한다.

풀이

① (O) '저체중'으로 분류된 학생의 수는 2022년이 B와 C 2명으로 2017년 C 1명보다 많다.

② (O) A~H학생 체중의 평균은 2017년 67kg에서 2022년 77.375kg으로 15.5% 증가하여 10% 이상 증가하였다.

③ (O) 2017년과 2022년에 모두 '정상'으로 분류된 학생은 A와 D 2명이다.

④ (O) 2017년과 2022년 신장의 차이가 가장 큰 학생은 신장2의 차이가 가장 큰 학생이므로 0.39차이인 A이다.

⑤ (×) 2022년 A~H학생의 체질량지수 중 가장 큰 학생은 기울기가 가장 큰 G이고 가장 작은 학생은 기울기가 가장 작은 C이다. G와 C의 체질량 지수를 비교하면 107/3.24가 51/2.89의 2배인 102/2.89보다 큰 지 확인한다. 분수 비교형으로 판단하면 107/324는 102/289보다 분자는 5만큼 크고 분모는 39만큼 크기 때문에 분자는 10% 미만 차이, 분모는 10% 이상 차이가 나기 때문에 G가 C의 2배보다 작다.

실전에선 이렇게!

20에 해당하는 선과 25에 해당하는 선을 그리면 아래와 같다.

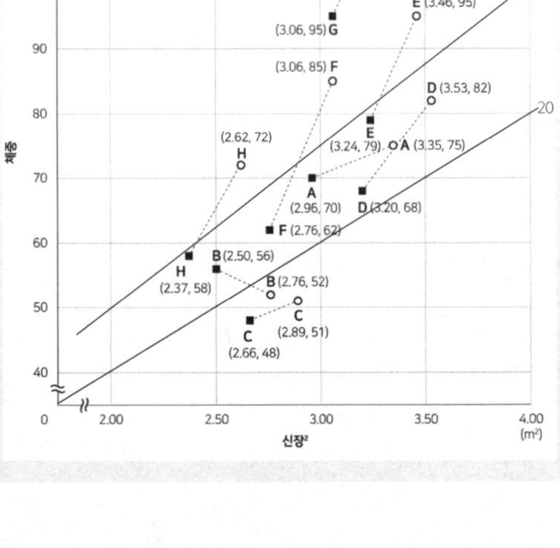

① 저체중은 20 미만이므로 20 선분 하단에 위치한 학생이 이에 해당한다.
③ 정상은 20 이상 25 미만이므로 20 선분과 25 선분 사이에 있는 학생이 이에 해당한다.

16 빈칸형 난이도 중 정답 ④

문제풀이 핵심 포인트

빈칸의 수는 2개로 적은 편이고 ㄴ을 검토하지 않는다면 굳이 채울 필요가 없으므로 빈칸을 직접 묻지 않는 나머지 〈보기〉부터 검토하여 답을 도출한다.

풀이

ㄱ. (O) 스마트농업의 연구과제당 정부연구비는 2016년이 약 161백만 원으로 가장 많다.

ㄴ. (O) 전체 정부연구비는 '자동화설비기기'가 174,142백만 원, '융합연구'가 154,847백만 원으로 '자동화설비기기'가 가장 많다.

ㄷ. (×) 2022년 스마트농업 정부연구비의 전년 대비 증가율은 2021년 72,138백만 원에서 2022년 90,332백만 원으로 25.2% 증가했지만 2019년 스마트농업 정부연구비의 전년 대비 증가율은 2018년 46,221백만 원에서 2019년 63,493백만 원으로 37.4% 증가했다. 따라서 전년 대비 증가율이 가장 높은 해는 2022년이 아니다.

ㄹ. (O) 2019년 대비 2022년 정부연구비 증가율은 '데이터기반구축'이 71.9%, '자동화설비기기'가 23.7%, '융합연구'가 48.0%로 데이터기반구축이 가장 높다.

실전에선 이렇게!

ㄱ. 유일하게 2016년의 정부연구비는 연구과제 수의 150배 이상이다. 즉 연구과제 수의 백의 자리에 15배를 한 다음, 정부연구비의 만의 자리와 천의 자리 숫자와 비교하면 된다. 예를 들어 2016년은 연구과제 수의 백의 자리 2에 15배를 한 수치가 30이고, 정부연구비의 만의 자리와 천의 자리 숫자는 34이므로 150배 이상임을 알 수 있다.
ㄷ. 2022년과 2019년 모두 전년 대비 증가폭이 약 17,000과 18,000으로 그 차이가 10% 이내로 크지 않은 반면, 전년 대비 증가율의 분모에 해당하는 2021년과 2018년의 수치가 50% 이상 차이가 나기 때문에 전년 대비 증가율은 2019년이 더 큼을 알 수 있다.
ㄹ. 데이터 기반 구축이 유일하게 50% 이상의 증가율을 보이고 있다.

17 빈칸형 난이도 중 정답 ④

문제풀이 핵심 포인트

빈칸을 직접 채우지 않고 간접적으로 판단하여 〈보기〉의 정오를 판단할 수 있는 선지부터 검토한다.

풀이

ㄱ. (×) 국비 지원금액 대비 지방비 지원금액 비율은 '주택 복구'가 1,800/5,200≒0.35이고 '생계안정 지원'이 660/1,320=0.5이므로 '주택 복구'가 가장 높은 지원항목이 아니다.

ㄴ. (O) 산림청의 국비 지원금액은 33,008천만 원이고 산림시설복구 국비 지원금액은 32,594천만 원이다. 만약 산림시설 복구를 제외한 나머지 지원 항목의 국비 지원금액 22,464천만 원이 모두 산림청 지원금액이라고 하더라도 그 차이인 33,008-22,464=10,544천만 원, 즉 1,054억 4천만원은 최소 산림청의 '산림시설 복구' 지원금액이므로 1,000억 원 이상이다.

ㄷ. (×) 국토교통부의 지원금액은 9,010천만 원이고 이는 전체 국비 지원금액 55,058의 9,010/55,058≒16.4%로 20% 이상이 되지 못한다.

ㄹ. (O) 전체 지방비 지원금액 합은 12,592천만 원으로 '상·하수도 복구' 국비 지원금액 10,930천만 원보다 크다.

실전에선 이렇게!

ㄴ. 산림청의 국비 지원금액 33,008천만 원을 A, 산림시설복구 국비 지원금액 32,594천만 원을 B, 전체 국비 지원금액 55,058천만 원을 U라고 하고 A+B-U≥10,000천만 원(1,000억 원) 이상인지 판단한다.

18 빈칸형 난이도 중 정답 ④

문제풀이 핵심 포인트

합격률을 비교하는 것은 분수 비교이므로 유효숫자를 사용해서 판단할 수 있지만 구체적인 수치의 대소 비교는 정확히 도출하여 비교한다.

풀이

① (×) 2종 면허 응시자 수 42,469명은 1종 면허 응시자 수 29,507의 2배인 59,014명 이상이 되지 못한다.

② (×) 전체 합격률은 44,012/71,976≒61.1%이므로 60% 이상이다.

③ (×) 1종 보통 면허 합격률 15,346/24,388≒62.9%는 2종 보통 면허 합격률 26,289/39,312≒66.9%보다 낮다.

④ (O) 1종 면허 남자 응시자 수는 28,191명으로 2종 면허 남자 응시자 수 28,139명보다 많다.

⑤ (×) 1종 대형 면허 여자 합격률 4/50=8%는 2종 소형 면허 여자 합격률 1/5=20%보다 낮다.

19 분수 비교형 난이도 중 정답 ②

문제풀이 핵심 포인트

분수 비교 선지 판단 시 유효숫자를 사용하여 비교한다.

풀이

ㄱ. (O) 국방비가 가장 많은 국가 A의 국방비가 A~E국 국방비 합에서 차지하는 비중은 8,010/9,711≒82.5%로 80% 이상이다.

ㄴ. (×) 인구 1인당 GDP는 B국 13,899/4,722≒29,435달러가 C국 16,652/5,197≒32,042달러보다 작다.

ㄷ. (×) C와 E를 비교하면 국방비는 E가 더 많지만 GDP 대비 국방비 비율은 E가 C보다 더 높다. 따라서 국방비가 많은 국가일수록 GDP 대비 국방비 비율이 높지 않다.

ㄹ. (O) 군병력 1인당 국방비는 A국 8,010/133≒602,256달러가 D국 320/17≒188,235달러의 3배 이상이다.

실전에선 이렇게!

ㄱ. A가 80% 이상이 되려면 B~E의 국방비 합이 전체에서 차지하는 비중은 20% 이하가 되어야 한다. 따라서 A가 나머지 합의 4배 이상이면 옳은 선지이므로 B~E의 합이 대략적으로 2,000 미만인지 판단한다.
ㄴ. 분수 비교로 판단하면 B의 139/472와 C의 166/520을 비교한다. 분자는 139에서 166으로 27만큼 차이가 나므로 약 20% 정도 증가율의 차이이고, 분모는 472에서 520으로 48만큼 차이가 나므로 약 10% 정도 증가율 차이이다. 따라서 B보다 C가 더 크다는 것을 어렵지 않게 판단할 수 있다.
ㄷ. C와 E의 GDP 대비 국방비 비율을 비교할 때 GDP는 약 2배 차이가 나지만 GDP는 50% 미만 차이가 나기 때문에 분자는 비슷한 반면 분모는 2배 정도 차이가 난다고 판단할 수 있다. 따라서 C가 E보다 GDP 대비 국방비 비율이 높다고 어렵지 않게 판단 가능하다.

20 조건 판단형 난이도 상

정답 ①

문제풀이 핵심 포인트

5억 원 미만 또는 50억 원 이상인 경우에는 요율만 고려하면 되지만, 5억 원 이상 50억 원 미만인 경우에는 요율과 기초액까지 고려해야 한다는 점을 체크하여 비교한다.

풀이

ㄱ. (O) 대상액이 10억 원인 경우, 안전관리비는 '일반건설공사(을)'이 10억 원×1.99%+550만 원=2,540만 원이고 '중건설공사'가 10억 원×2.35%+540만 원=2,890만 원이므로 전자가 후자보다 적다.

ㄴ. (×) 대상액이 4억 원인 경우, 안전관리비는 '일반건설공사(갑)'은 4억 원×2.93%=1,172만 원이고 '철도·궤도신설공사'는 4억 원×2.45%=980만 원이므로 차이는 192만 원이다.

ㄷ. (×) '특수 및 기타 건설공사' 안전관리비는 대상액이 100억 원인 경우가 100억 원×1.27%=1억 2,700만 원이고 대상액이 10억 원인 경우는 10억 원×1.20%+325만 원=1,525만 원이다. 따라서 10배 이상이 되지 못한다.

실전에선 이렇게!

ㄴ. 대상액이 4억 원으로 동일하므로 두 금액의 차이가 200만 원 이상이 되려면 요율의 차이가 0.5%p 이상이어야 한다. 두 요율의 차이는 2.93-2.54=0.49%p이므로 틀린 선지이다.

21 빈칸형 난이도 중

정답 ③

문제풀이 핵심 포인트

빈칸의 수가 2개로 적은 편이기 때문에 선지에서 요구하는 빈칸의 수치를 채워서 답을 도출한다.

풀이

ㄱ. (×) 제20대 선거에서 투표소 수는 '아주'가 68개소로 '중동' 21의 4배인 84개소 이상이 되지 못한다.

ㄴ. (×) 유럽의 투표율은 25,629/32,591≒78.6%이므로 제20대 선거에서 투표율이 가장 높은 지역은 중동 83.0%이고 가장 낮은 지역은 미주 68.7%이므로 두 지역의 투표율 차이는 14.3%p로 15%p 이상이 되지 못한다.

ㄷ. (O) 제20대 선거에서 투표소당 선거인 수는 '미주'가 73,381/62≒1,184명으로 '유럽'의 32,591/47≒693명보다 많다.

ㄹ. (O) 제20대 선거와 제19대 선거의 선거인 수 차이가 큰 지역부터 순서대로 나열하면 '아주' 33,096명, '미주' 21,756명, '유럽' 10,012명, '중동' 2,852명, '아프리카' 832명 순이다.

실전에선 이렇게!

ㄴ. 유럽의 투표율이 80%에 미치지 못한다는 것을 어렵지 않게 판단할 수 있기 때문에 가장 큰 지역이 아니라는 것을 구체적으로 도출하지 않고도 파악할 수 있다.
ㄷ. 미주와 유럽을 비교하면 선거인 수는 2배 이상 차이가 나고 투표소 수는 2배 미만 차이가 나기 때문에 쉽게 판단할 수 있다.
ㄹ. 19대 선거의 선거인 수를 구체적으로 도출한 다음 20대 선거인 수와 차이를 구체적으로 판단해야 하므로 실전에서는 건드리지 않아야 한다.

22 매칭형 난이도 중

정답 ①

문제풀이 핵심 포인트

매칭형 문제이므로 경우의 수가 적은 가장 또는 두 번째를 언급하는 〈조건〉부터 검토한다.

풀이

- 다섯 번째 〈조건〉에서 2020년과 2021년의 해양사고 인명피해 인원 차이는 D가 5명으로 가장 많기 때문에 '화재폭발'은 D이다. → 선지 ②, ⑤ 삭제
- 두 번째 〈조건〉에서 2020년 해양사고 발생 건수 대비 인명피해 인원의 비율은 E가 79/203≒0.39로 가장 높고 B가 25/108≒0.23으로 두 번째로 높다. 따라서 '전복'은 B이다. → 선지 ③ 삭제
- 세 번째 〈조건〉에서 해양사고 발생 건수는 매년 '충돌'이 '전복'인 B의 2배 이상이라고 하였으므로 2020년 108인 B의 2배인 216보다 작은 E는 '충돌'이 되지 못한다. 따라서 정답은 ①이다.

23 빈칸형 난이도 중 정답 ③

문제풀이 핵심 포인트
빈칸을 채워야 풀 수 있는 선지가 대부분이므로 가장 적게 채우고도 해결 가능한 선지부터 검토한다.

풀이

빈칸을 채우면 아래와 같다.

유형 연도	승차거부	정류소 정차 질서문란	부당 요금	방범등 소등 위반	사업구역 외 영업	기타	전체
2017	- 1,566	1,110	125	1,001	123	241	4,166
2018	1,694	701	301	- 879	174	382	4,131
2019	1,991	1,194	441	825	554	349	5,354
2020	717	1,128	51	769	2,845	475	- 5,985
2021	130	355	40	1,214	1,064	484	- 3,287
2022	43	193	268	- 1,262	114	187	2,067

① (×) 위법행위 단속건수 상위 2개 유형은 2017년이 '승차거부'와 '정류소 정차 질서문란'이지만 2018년이 '승차거부'와 '방범등 소등위반'으로 같지 않다.

② (×) '부당요금' 단속건수 대비 '승차거부' 단속건수 비율은 2017년이 1,566/125≒12.5지만 2020년이 717/51≒14.1로 더 높다.

③ (○) 전체 단속건수는 2020년이 5,985건으로 가장 많다.

④ (×) 전체 단속건수 중 '방범등 소등위반' 단속건수가 차지하는 비중은 2020년 12.8%에서 2021년 36.9%, 2022년 61.1%로 증가하고 있다.

⑤ (×) 2017년 '승차거부' 단속건수 1,566건은 2022년 '방범등 소등위반' 단속건수 1,262건보다 많다.

실전에선 이렇게!

④ 방범등 소등위반 건수는 2021년과 2022년이 비슷하지만 전체 건수는 3,287건에서 2,067건으로 감소하였으므로 그 비중은 증가한다고 쉽게 판단할 수 있다.

24 단순 판단형 난이도 하 정답 ④

문제풀이 핵심 포인트
가격의 비교를 묻는 단순 판단형이므로 실수없이 맞혀야 하는 문제이다.

풀이

① (×) 휘발유와 경유의 가격 차이가 가장 큰 정유사는 4월은 D이지만 5월과 6월은 B로 매월 같지 않다.

② (×) 4월에 모든 정유사의 휘발유 가격보다 경유 가격이 더 높기 때문에 낮은 정유사는 0개이다.

③ (×) 5월 휘발유 가격이 가장 높은 정유사는 C이고 5월 경유 가격이 가장 높은 정유사는 D이므로 같지 않다.

④ (○) 각 정유사의 경유 가격은 매월 높아졌다. 6월의 경유 가격은 모두 2,000원을 상회하므로 4월에 비해 5월의 경유 가격이 상승했는지만 체크해서 판단하면 된다.

⑤ (×) 5월과 6월 가격 차이는 A(154 < 162), B(133 < 135), D(127 < 129) 정유사의 경우 경유가 휘발유보다 크지만, C(139 > 128)의 경우 경유가 휘발유보다 작다.

25 조건 판단형 난이도 상 정답 ②

문제풀이 핵심 포인트
〈정보〉에서 주어진 4월 유류세는 원가의 50%이고 부가가치세는 원가와 유류세를 합한 금액의 10%이므로 4월의 가격은 1.65원가이다. 즉, 4월의 원가는 가격을 1.65로 나눈 값이므로 이를 토대로 답을 도출한다.

풀이

ㄱ. (×) 5월 B의 휘발유 유류세가 원가의 40%라면, 유류세는 0.4원가이고 부가가치세는 0.1(원가+유류세)이므로 가격은 1.54원가가 된다. 따라서 5월 B의 휘발유 원가가 1,300원/L 이상이면 가격은 1,300×1.54=2,002원 이상이 되어야 하지만 5월의 휘발유 가격은 1,849원/L이므로 원가는 1,300원/L 미만임을 알 수 있다. 1,300원의 50%는 650원이므로 1,300원의 1.5배는 1,950원이다. 따라서 1,950원으로 판단해도 1,849원이 더 작기 때문에 틀린 선지임을 보다 쉽게 도출할 수 있다.

ㄴ. (○) 4월 C의 경유 원가는 1,806/1.65≒1,095원/L이다. 5월 C의 경유 원가가 전월인 4월과 같다면, 1,095원/L이고 만약 5월 C의 경유 유류세가 600원/L 이상이면 가격은 1,695×1.1≒1,865원 이상이 되어야 한다. 실제 5월 C의 경유 가격은 1,885원/L이므로 유류세가 600원/L 이상임을 판단할 수 있다.

ㄷ. (×) 4월 D의 경유 원가는 1,827/1.65≒1,107원/L이므로 유류세는 이의 50%인 약 554원이다. 6월 D의 경유 유류세가 4월과 같은 금액이고 6월 D의 경유 유류세가 원가의 50% 이상이라면 원가는 1,107원/L 이하가 되어야 하고 유류세가 554원/L이므로 가격은 1.1(1,107+554)=1,827원/L 이하가 되어야 한다. 하지만 실제 6월 D의 경유 가격은 2,024원이므로 옳지 않다. 4월 유류세가 원가의 50%이므로 6월 D의 경유 유류세가 원가의 50% 이상이라면 6월의 가격은 4월의 가격 이하가 되어야 한다.

2022년 기출문제

모바일 자동 채점 및 성적 분석 서비스

PSAT 전문가의 총평

- 2022년 7급 PSAT 시험은 시간표 및 시험 구성이 변경되어 오후에 진행되었으며, 처음으로 언어논리와 상황판단 영역을 동시에 치르기도 했습니다. 따라서 집중력 유지와 시험 운영 전략이 점수에 많은 영향을 미쳤을 것입니다.
- 난도가 높아 5급 PSAT와 크게 다르지 않은 시험으로 평가받았던 2021년 7급 PSAT 시험과 달리, 2022년에는 민간경력자 PSAT에 준하는 난도로 출제되었습니다. 출제 유형이 기존 5급이나 민간경력자 PSAT와 유사해지면서, 이미 2021년 PSAT 시험과 모의평가 등을 접한 경험이 있는 대부분의 수험생에게는 체감 난도가 낮았습니다. 따라서 2021년 시험을 기준으로 준비했던 많은 수험생들이 당황했을 것으로 보이며, 일부 고난도 문항의 정답 여부 등이 결과에 중요한 영향을 미쳤을 것으로 보입니다. 실제 평균 과락률도 전년에 비해 절반 수준인 것으로 나타났으며, 80점 이상 고득점자와 90점 이상 최상위권도 큰 폭으로 증가하였습니다.
- 2022년 7급 PSAT 응시율은 65%를 기록했습니다. 약 33,400명이 원서 접수를 하고 실제 응시자는 약 21,700명으로 조사되어, 지원자의 30% 가량은 본시험에 응시하지 않은 것으로 나타났습니다.

언어논리

유형별 비중

2022년 7급 PSAT 언어논리는 2021년보다 오히려 2020년 모의평가와 더 유사한 형태로 출제되었다. 2021년 첫 7급 PSAT 시험이 기존 5급이나 민간경력자 PSAT와는 다른 7급 PSAT만의 특성을 드러내려 했던 경향이 강했다면, 2022년 시험은 5급이나 민간경력자 PSAT와 유사하게 출제되었다. 2021년 시험에서 7급 PSAT만의 특성으로 꼽혔던 실무 소재를 바탕으로 하는 문제 유형은 3문항으로 비중이 크게 줄었고, 2021년에 거의 출제되지 않았던 일반적인 독해 문제 비중이 2022년에는 5급이나 민간경력자 PSAT 수준으로 높아졌다. 더불어 최근 5급 PSAT에서 꾸준히 출제되고 있는 실험 추리 문제와 실험 평가 문제, 원칙 적용 문제도 빠짐없이 출제되었다.

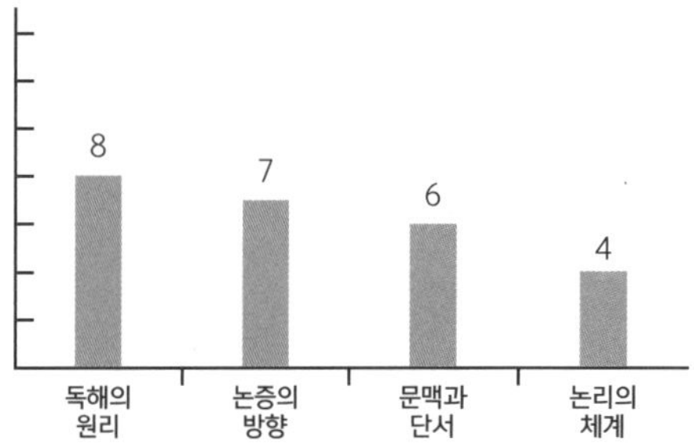

[유형별 출제 문항 수]

난도 및 소재

전체 문제의 난도는 2021년보다 낮아졌다. 시간이 많이 걸릴 수 있는 실무 소재의 문맥형 문제 비중이 줄고, 전년도 기출에서 유난히 비중이 높았던 논리 문제 비중은 적정 수준으로 조절되었기 때문이다. 독해 문제도 일반적인 개념 이해형 문제의 비중이 늘어 난도가 높지 않았다. 그러나 최근 강조되고 있는 실험 평가 문제나 정언논리형 퀴즈 문제의 비중이 늘었고, 해당 유형은 난도가 높기 때문에 출제 비중이 늘어날 경우 전체적인 시험 난도가 높아질 수 있다. 따라서 변별력을 높이는 이런 유형의 문제들에 꼼꼼히 대비해야 한다. 또한 실무 소재의 지문으로 빈칸을 추론하는 유형이나 여러 개의 쟁점에 대한 논쟁을 제시하여 견해의 방향성을 판단하는 유형은 2020년 모의평가부터 3년 연속 출제되었으므로 유형화되었다고 보고 철저하게 대비해야 한다.

❯ 상황판단

유형별 비중

2022년 7급 PSAT 상황판단은 텍스트형이 4문항 출제되었고, 세부적으로는 일치부합형 1문항, 응용형 1문항, 1지문 2문항형 2문항으로 2020년 모의평가와 동일한 구성을 보였다. 3개년 기출을 토대로 볼 때, 텍스트형이 출제되지 않았던 2021년을 제외하고는 대체로 유형 간의 균형을 맞추려고 노력하고 있음을 알 수 있다. 득점포인트 유형인 텍스트형과 법조문형은 9~10문항이 출제되고 있고, 핵심 유형인 계산형, 규칙형, 경우형은 15~16문항이 꾸준히 출제되고 있다. 그러나 문제 배치는 해마다 변화가 매우 컸으므로, 주어진 시험 시간을 어떻게 운영할지 전략을 잘 준비해 두는 것이 꼭 필요하다.

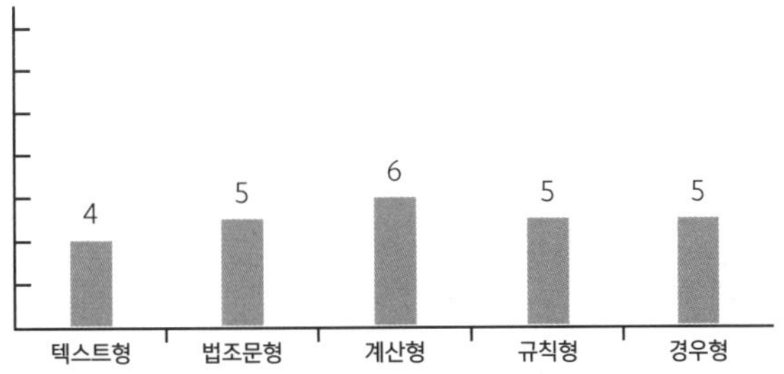

[유형별 출제 문항 수]

난도 및 소재

난도는 텍스트형의 응용형이 다소 까다로웠고 나머지 문제는 평이했다. 법조문형은 일치부합형 문제가 응용형 문제보다 더 높은 비중으로 출제되었지만 키워드 연결이 쉽지 않은 부분이 있어 일치부합형의 난도가 마냥 낮지만은 않았다. 마지막 문제인 25번 응용형 문제가 실제 난도보다 정답률이 낮다는 점에서, '전략'에 대해서 더 많은 고민이 필요하다는 점을 알 수 있었다. 계산형은 최근 출제 경향에 맞게 조건 이해가 까다로운 문제가 높은 비중으로 출제되었고, 계산에서는 상대적인 계산으로 판단하면 보다 수월하게 해결되는 문제들이 출제되었다. 규칙형은 정오판단형 문제가 다소 까다로웠다. 정오판단을 위해 적절한 입증사례 또는 반증사례를 찾는 것에 대한 철저한 대비를 해두어야 할 것이다. 계산형과 규칙형 모두 기존의 출제 장치를 활용하여 난도를 높이지 않고, 주어진 내용만으로 잘 이해하고 접근하면 대체로 해결이 가능한 문제 위주로 출제되었다. 반면 경우형은, 경우를 그리거나 아이디어를 떠올려야 해결할 수 있는 문제를 출제하여 변별력을 두고자 한 것으로 보인다. 따라서 정답률이 대체로 낮았다.

❯ 자료해석

유형별 비중

2022년 7급 PSAT 자료해석은 순수 자료비교인 곱셈 비교와 분수 비교 자체를 묻는 문제가 5문항 출제되어 전체의 20%를 차지하였다. 자료판단은 총 15문항이 출제되어 전체의 60%를 차지하였는데, 매칭형이 4문항, 빈칸형이 5문항, 각주 판단형이 4문항, 조건 판단형이 2문항 출제되었다. 자료검토·변환형은 보고서 검토·확인형에서만 2문항이 출제되고 표-차트 변환형은 출제되지 않았으며, 자료이해에서는 평균 개념형, 분산·물방울형, 최소여집합형에서 각 1문항씩 출제되며 총 3문항이 출제되었다. 세트문제는 22~23번으로 2021년 기출문제와 동일한 번호 대에 출제되었고, 각주 판단형과 매칭형으로 구성되었으며 세트문제 2문항당 4분 30초 정도 소요되는 난도였다.

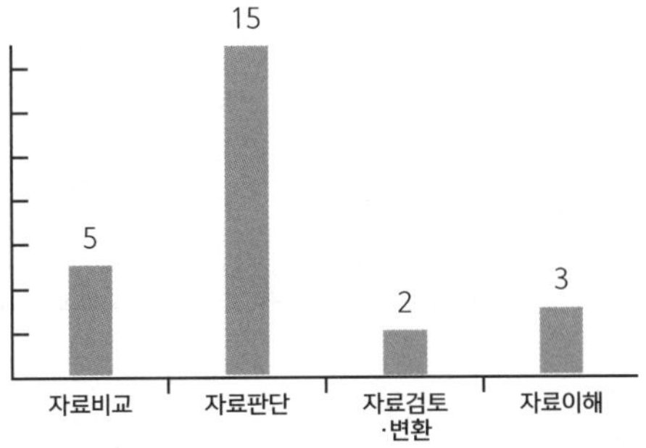

[유형별 출제 문항 수]

난도 및 소재

전체적인 난도는 중하 정도이며, 2022년 민간경력자 PSAT 시험과 모두 동일한 문항으로 구성되었다. 2분 30초 이상 소요되는 문항 수는 약 5문항에 불과하였고, 2분 이내로 해결 가능한 중간 난도의 문제가 대부분이었으므로 시간 관리가 수월했을 것으로 보인다. 실제로도 80점 이상의 점수를 받기에 큰 어려움은 없는 난도라고 평가할 수 있다. 또한 2021년 시험과 달리 인포그래픽을 활용한 시각 자료의 비중이 낮아지고, 보고서의 출제 비중이 높아졌다. 인구, 사회, 산업, 교육, 수산 등의 분야의 일반적인 통계 자료와 스포츠 자료 등이 출제되었다.

정답

p.165

1	⑤	개념 이해	6	⑤	논지와 중심 내용	11	④	논증 평가	16	⑤	원칙 적용	21	④	논증 평가
2	①	개념 이해	7	①	빈칸 추론	12	⑤	논증의 타당성	17	④	논리 퀴즈	22	⑤	논증 평가
3	①	개념 이해	8	⑤	글의 수정	13	③	빈칸 추론	18	③	논리 퀴즈	23	②	빈칸 추론
4	②	개념 이해	9	①	원칙 적용	14	②	견해 분석	19	④	독해형 논리	24	⑤	빈칸 추론
5	②	개념 이해	10	③	글의 수정	15	②	견해 분석	20	③	구조 판단	25	④	견해 분석

취약 유형 분석표

유형별로 맞힌 문제 개수와 정답률, 틀린 문제 번호, 풀지 못한 문제 번호를 적고 나서 취약한 유형이 무엇인지 파악해 보세요. 그 후 약점 보완 해설집 p.2 [취약 유형 공략 포인트]에서 약점 보완 학습법을 확인하고, 틀린 문제와 풀지 못한 문제를 다시 한번 풀어보세요.

유형		맞힌 문제 개수	정답률	틀린 문제 번호	풀지 못한 문제 번호
독해의 원리	개념 이해	/5	%		
	구조 판단	/1	%		
	원칙 적용	/2	%		
논증의 방향	논지와 중심 내용	/1	%		
	견해 분석	/3	%		
	논증의 비판과 반박	–	–		
	논증 평가	/3	%		
문맥과 단서	빈칸 추론	/4	%		
	밑줄 추론	–	–		
	글의 수정	/2	%		
논리의 체계	논증의 타당성	/1	%		
	논리 퀴즈	/2	%		
	독해형 논리	/1	%		
TOTAL		/25	%		

해설

1 개념 이해 난이도 하 정답 ⑤

문제풀이 핵심 포인트
고려가 송과 거란 사이에서 사용한 외교적 전략과 여진족을 몰아내고 강동 6주를 확보하는 과정이 통시적으로 제시되어 있는 역사 소재 지문이므로 사건의 시간적인 흐름에 주목하여 지문을 읽는다.

풀이

① (×) 두 번째 단락에서 압록강 하류 유역에 살고 있던 여진족은 발해의 지배를 받았었지만, 발해가 거란에 의해 멸망한 후에는 어느 나라에도 속하지 않은 채 독자적 세력을 이루고 있었음을 알 수 있다. 따라서 거란이 압록강 유역에 살던 여진족이 고려의 백성이라고 주장하였다는 것은 글의 내용에 부합하지 않는다.

② (×) 두 번째 단락에서 압록강 하류 유역에 살고 있던 여진족은 발해의 지배를 받았었지만, 발해가 거란에 의해 멸망한 후에는 어느 나라에도 속하지 않은 채 독자적 세력을 이루고 있었음을 알 수 있다. 따라서 여진족이 발해의 지배에서 벗어나기 위해 거란과 함께 고려를 공격하였다는 것은 글의 내용에 부합하지 않는다.

③ (×) 세 번째 단락에서 소손녕은 압록강 하류의 여진족 땅을 고려가 지배할 수 있게 묵인해 달라는 서희의 요구를 수용한 것일 뿐, 이후 압록강 하류의 여진족 땅까지 밀고 들어가 영토를 넓히고 그 지역에 강동 6주를 둔 것은 고려임을 알 수 있다. 따라서 소손녕이 압록강 유역의 여진족 땅을 빼앗아 강동 6주를 둔 후 그곳을 고려에 넘겼다는 것은 글의 내용에 부합하지 않는다.

④ (×) 첫 번째 단락에서 고려는 거란을 공격하기 위해 원병을 요청한 송 태종의 요청에 응하지 않았음을 알 수 있다. 따라서 고려가 압록강 하류 유역에 있는 여진족의 땅으로 세력을 확대한 거란을 공격하고자 송 태종과 군사동맹을 맺었다는 것은 글의 내용에 부합하지 않는다.

⑤ (O) 두 번째 단락에서 서희는 소손녕이 보낸 서신의 내용은 핑계일 뿐이라고 주장하고, 고려가 병력을 동원해 거란을 치는 일이 없도록 하겠다는 언질을 주면 소손녕이 철군할 것이라고 말했다. 따라서 서희는 고려가 거란에 군사적 적대 행위를 하지 않겠다고 약속하면 소손녕이 군대를 이끌고 돌아갈 것이라고 보았다는 것은 글의 내용에 부합한다.

2 개념 이해 난이도 하 정답 ①

문제풀이 핵심 포인트
태종과 이종무가 대마도의 왜구를 대상으로 대마도주의 귀순을 받아낸 과정에 주목하여 지문을 읽는다. 특히 위치에 대한 정보를 놓치지 않는 것이 필요하다.

풀이

① (O) 첫 번째 단락에 따르면 황해도 해주 앞바다에 나타나 조선군과 교전을 벌인 왜구는 요동반도 방향으로 북상했고, 그 후 이종무는 왜구가 본거지로 되돌아가기 전에 대마도를 정벌하라는 태종의 명령에 따라 군사를 모아 대마도 정벌에 나섰다. 따라서 해주 앞바다에 나타나 조선군과 싸운 대마도의 왜구가 요동반도를 향해 북상한 뒤 이종무의 군대가 대마도로 건너갔다는 것을 알 수 있다.

② (×) 첫 번째 단락에서 황해도 해주 앞바다에서 조선군과 교전을 벌인 왜구가 명의 땅인 요동반도 방향으로 북상했다는 것은 알 수 있으나, 조선이 왜구의 본거지인 대마도를 공격하기로 하자 명의 군대도 대마도까지 가서 정벌에 참여하였다는 것은 알 수 없다.

③ (×) 이종무가 세종이 대마도에 보내는 사절단에 포함되어 대마도를 여러 차례 방문하였는지는 알 수 없다.

④ (×) 태종이 이종무에게 대마도 정벌을 명한 것은 알 수 있으나, 태종이 대마도 정벌을 준비하였지만 세종의 반대로 뜻을 이루지 못하였는지는 알 수 없다.

⑤ (×) 두 번째 단락에서 조선군이 대마도주를 사로잡기 위해 상륙하였다가 패배한 곳은 견내량이 아니라 니로임을 알 수 있다.

실전에선 이렇게!
역사 소재 지문은 사건의 전체적인 흐름을 잡아내는 것이 중요한 정보로 제시되는 경우가 있으므로 지문 전체의 시간적 흐름을 놓치지 않도록 지문을 읽는다.

3 개념 이해 난이도 하 정답 ①

문제풀이 핵심 포인트
혐오의 대상, 혐오의 감정, 인간에 대한 혐오 등 '혐오'가 지문의 중심 소재이므로 이와 관련된 정보에 집중하여 지문을 읽는다.

풀이

① (O) 세 번째 단락에 따르면 히틀러는 유대인을 혐오스러운 적대자로 설정함으로써 자신의 야욕을 달성하려 했고, 대다수의 독일인은 이러한 야만적인 정치적 선동에 동의를 표했다. 따라서 혐오가 정치적 선동의 도구로 이용되지 않았다는 것은 옳지 않다.

② (×) 첫 번째 단락에서 혐오의 감정이 특정 개인과 집단을 배척하기 위한 강력한 무기로 이용되었다는 것을 알 수 있고, 세 번째 단락에 유대인 집단이 혐오의 대상이 된 사례가 제시되어 있다. 따라서 개인뿐만 아니라 집단도 혐오의 대상이 될 수 있다는 것을 알 수 있다.

③ (×) 세 번째 단락에 따르면 유대인을 암세포, 종양, 세균 등으로 묘사하면서 이들을 비인간적 존재로 전락시키는 의학적 담론이 유행하기도 했다. 따라서 혐오의 대상이 되는 집단은 비인간적으로 묘사되기도 한다는 것을 알 수 있다.

④ (×) 첫 번째 단락에 따르면 인간에 대한 혐오의 감정을 사회 안정의 도구로 활용해야 한다거나 법적 판단의 근거로 삼아야 한다는 주장은 영미법의 오래된 역사에서 그리 낯설지 않다. 따라서 혐오의 감정을 법적 판단의 근거로 삼아야 한다는 입장이 있었다는 것을 알 수 있다.

⑤ (×) 두 번째 단락에 따르면 혐오는 특정 집단을 오염물인 것처럼 취급하고 자신은 오염되지 않은 쪽에 속함으로써 얻게 되는 심리적인 우월감 및 만족감과 연결되어 있다. 따라서 인간에 대한 혐오의 감정은 타자를 혐오함으로써 주체가 얻을 수 있는 심리적인 만족감과 연관되어 있다는 것을 알 수 있다.

4 개념 이해 난이도 하 정답 ②

문제풀이 핵심 포인트
'계획적 진부화'의 개념, 이유, 생산자와 소비자 입장에서 계획적 진부화에 대한 평가 등 단락별로 제시된 계획적 진부화의 특성에 집중하여 지문을 읽는다.

풀이

① (O) 세 번째 단락에서 계획적 진부화는 소비자 입장에서 크게 다를 것 없는 신제품 구입으로 불필요한 지출과 실질적인 손실이 발생할 수 있어 부정적으로 인식됨을 알 수 있다.

② (×) 두 번째 단락에서 기업이 새로운 제품을 출시하면, 중고품 시장에서 판매되는 기존 제품은 진부화되고 그 경쟁력도 하락함을 알 수 있다. 따라서 계획적 진부화는 기존 제품과 동일한 중고품의 경쟁력을 높인다고 볼 수 없다.

③ (O) 두 번째 단락에서 소비자들의 취향이 급속히 변화하는 상황에서 계획적 진부화로 소비자들의 만족도를 높일 수 있음을 알 수 있다. 따라서 계획적 진부화는 소비자들의 요구에 대응하기 위하여 수행되기도 한다고 볼 수 있다.

④ (O) 두 번째 단락에서 기업이 기존 제품의 가격을 인상하기 곤란한 경우, 신제품을 출시한 뒤 여기에 인상된 가격을 매길 수 있음을 알 수 있다. 따라서 계획적 진부화를 통해 기업은 기존 제품보다 비싼 신제품을 출시할 수 있다.

⑤ (O) 첫 번째 단락과 세 번째 단락에서 '계획적 진부화'는 의도적으로 수명이 짧은 제품이나 서비스를 생산함으로써 소비자들이 새로운 제품을 구매하도록 유도하는 마케팅 전략으로서 기존 제품이 사용 가능한 상황에서도 신제품에 대한 소비자들의 수요를 자극하는 것임을 알 수 있다. 따라서 계획적 진부화로 인하여 제품의 실제 사용 기간은 물리적으로 사용 가능한 수명보다 짧아질 수 있다.

실전에선 이렇게!
선택지의 주어 부분에 하나의 단어가 집중적으로 제시되는 경우, 지문에서 설명하고 있는 그 단어의 개념 정의, 특징, 목적 등의 정보에 주목하여 지문을 읽어야 한다.

5 개념 이해 난이도 하 정답 ②

문제풀이 핵심 포인트
'비경합적', '비배제적'의 개념을 파악하여 선택지의 사례에 적용할 수 있어야 한다.

풀이

① (O) 유료 공연에서 일정한 돈을 지불하지 않은 사람의 공연장 입장을 차단한다는 것은 그 공연이 배재적이라는 것을 의미한다. 따라서 그 공연은 배제적으로 소비될 수 있다는 것을 알 수 있다.

② (×) 국방 서비스를 소비하는 모든 국민에게 그 비용을 지불하도록 한다는 것은 배제적인 성격을 가지게 된다. 그러나 배제적이라고 해서 비경합적으로 소비될 수 없다는 의미는 아니다.

③ (O) 이용할 수 있는 수가 한정된 여객기 좌석은 경합적인 성격을 가지므로 그 좌석이 경합적으로 소비될 수 있다는 것을 알 수 있다.

④ (O) 세 번째 단락에 따르면 무임승차를 쉽게 방지할 수 없는 국방 서비스의 경우 시장에서 과소 생산될 수 있다. 따라서 무임승차를 쉽게 방지할 수 없는 재화나 용역은 과소 생산될 수 있다는 것을 알 수 있다.

⑤ (O) 첫 번째 단락에서 라디오 방송 서비스는 여러 사람이 비경합적으로 소비할 수 있는 사례로 제시되고 있다.

6 논지와 중심 내용 난이도 하 정답 ⑤

문제풀이 핵심 포인트
글의 핵심 논지는 지문에서 최종적으로 하고자 하는 말이므로 '따라서', '그러므로', '이처럼' 등으로 시작하는 결론적인 문장에 집중한다.

풀이

① (×) 세 번째 단락에서 자유총선거에서 동독 주민들은 점진적 통일보다 급속한 통일을 지지하는 모습을 보여주었다는 것을 알 수 있지만, 이것이 글의 핵심 논지는 아니다.

② (×) 첫 번째 단락에서 '흡수 통일'은 동독이 일방적으로 서독에 흡수되었다는 인상을 주고, 이는 통일 과정에서 동독 주민들이 보여준 행동을 고려하면 오해의 여지를 주는 용어일 수 있다고 주장한다. 따라서 동독이 일방적으로 서독에 흡수되었다는 점에서 독일 통일을 흡수 통일이라고 부른다는 것은 글의 핵심 논지가 아니다.

③ (×) 독일 통일은 분단국가가 합의된 절차를 거쳐 통일을 이루었다는 점에서 의의가 있다는 것은 글에서 알 수 없는 내용이므로 핵심 논지가 아니다.

④ (×) 독일 통일 전부터 서독의 정당은 물론 개인도 동독의 선거에 개입할 수 있었다는 것은 글에서 알 수 없는 내용이므로 핵심 논지가 아니다.

⑤ (O) 마지막 단락에서 독일 통일의 과정에서 동독 주민들의 주체적인 참여를 확인할 수 있으며, 독일 통일을 단순히 흡수 통일이라고 부를 수 없다는 것이 지문의 논지임을 확인할 수 있다. 따라서 독일 통일의 과정에서 동독 주민들의 주체적 참여가 큰 역할을 하였다는 것이 글의 핵심 논지이다.

실전에선 이렇게!
독일 통일을 지칭하는 '흡수 통일'이라는 용어에 대한 지문의 평가가 부정적이라는 점에 주목한다.

7 빈칸 추론 난이도 중 정답 ①

문제풀이 핵심 포인트
빈칸이 두 개 주어졌으므로 각 빈칸 주변에서 어떤 단서를 잡을 수 있는지 지문에서 확인하고, 선택지에 배치된 내용을 확인하여 옳지 않은 선택지를 소거하는 방식으로 접근한다.

풀이

(가) (가)에 들어갈 내용은 기본 기하 도형으로 건축물을 디자인하면 '인체 비례에 숨겨진 신의 진리를 구현할 수 있다'고 생각했는지, 아니면 '신의 진리를 넘어서는 인간의 진리를 구현할 수 있다'고 생각했는지 둘 중 하나이다. 첫 번째 단락에서 서양 사람들은 옛날부터 신이 자연 속에 진리를 감추어 놓았다고 믿고 그 진리를 찾기 위해 노력했으며 신이 자연물에 숨겨 놓은 수많은 진리 중에서도 인체 비례야말로 가장 아름다운 진리의 정수로 여겼다고 했으므로 르네상스 시대 건축가들은 신의 진리를 구현하는 데 관심이 있었다는 것을 알 수 있다. 따라서 (가)에는 '인체 비례에 숨겨진 신의 진리를 구현한'이 들어가는 것이 적절하다.

(나) (나)에 들어갈 말은 동일한 비례를 아름다움의 기준으로 삼은 점이 동서양의 '조형미에 대한 안목'이 유사한 것인지, '건축물에 대한 공간 활용법'이 유사한 것인지, '인체 실측에 대한 계산법'이 동일한 것인지 중 하나이다. 두 번째 단락에서 건축에서 미적 표준으로 인체 비례를 활용하는 조형적 안목은 서양뿐 아니라 동양에서도 찾을 수 있다고 했으므로 동서양의 조형적 안목의 공통점임을 알 수 있다. 따라서 (나)에는 '조형미에 대한 동서양의 안목이 유사하였다'가 들어가는 것이 적절하다.

실전에선 이렇게!

(가)는 르네상스 시대의 건축가들이 어떤 건물을 위대한 건물로 생각했는지에 대한 단서를 찾는 것이 필요하고, (나)는 동서양이 동일한 비례를 아름다움의 기준으로 삼았다는 것이 어떤 측면에서의 유사성을 보여주고 있는지에 대한 단서를 찾아야 한다.

8 글의 수정 난이도 중 정답 ⑤

문제풀이 핵심 포인트

밑줄 친 ㉠~㉤ 문장이 각각 글의 문맥과 일치하는지 확인하기 위해 글의 세부 정보보다는 전체적인 흐름을 파악하는 것이 중요하다.

풀이

① (×) ㉠ '갑작스럽게 외부로부터 도입한 자본주의 시스템에 적응하는 일'이라는 표현이 '동유럽 국가들은 자연스럽게 자본주의 시장경제를 받아들였는데'라는 문장과 연결된다. 따라서 ㉠을 "자본주의 시스템을 갖추지 않고 지원을 받는 일"로 수정하는 것은 적절하지 않다.

② (×) ㉡ '자본주의 시스템 도입을 적극적으로 지지했던'이라는 표현은 '경제 체제의 변화와는 관련이 없다는 것이다.'라는 문장과 연결된다. 따라서 ㉡을 "자본주의 시스템 도입을 적극적으로 반대했던"으로 수정하는 것은 적절하지 않다.

③ (×) ㉢ '동유럽 지역 남성들의 과도한 음주와 흡연, 폭력과 살인 같은 비경제적 요소'라는 표현은 '경제 체제의 변화와는 관련이 없다는 것이다.'라는 문장과 연결된다. 따라서 ㉢을 "수출입과 같은 국제 경제적 요소"로 수정하는 것은 적절하지 않다.

④ (×) ㉣ 'IMF의 자금 지원을 받은 국가와 다른 기관에서 자금 지원을 받은 국가'라는 표현은 '해당 국가들의 건강 지표가 IMF의 자금 지원 전후로 어떻게 달라졌는지를 살펴보았다.'는 문장과 연결된다. 따라서 ㉣을 "IMF의 자금 지원 직후 경제 성장률이 상승한 국가와 하락한 국가"로 수정하는 것은 적절하지 않다.

⑤ (○) ㉤ '실시 이전부터 결핵 발생률이 크게 증가했던 것'이라는 표현은 'IMF 구조조정 프로그램의 실시 여부는 국가별 결핵 사망률과 일정한 상관관계가 있었던 것이다.'라는 문장과 맞지 않는다. 따라서 ㉤을 "실시 이후부터 결핵 사망률이 크게 증가했던 것"으로 수정하는 것이 적절하다.

실전에선 이렇게!

지문의 밑줄 친 ㉠~㉤ 문장을 읽을 때 해당 선택지에서 수정한 내용을 함께 확인하여 정오를 판단하는 방식으로 접근한다.

9 원칙 적용 난이도 중 정답 ①

문제풀이 핵심 포인트

〈표〉에 제시된 수험생의 유형과 증상 및 시험장에 따라 지켜야 하는 마스크 착용 기준이 무엇인지 확인하는 것이 선택지를 판단하는 원칙이 된다.

풀이

① (×) 일반 수험생이 시험을 치르는 소형 강의실과 중대형 강의실에서는 각각 KF99와 KF94 마스크 착용을 권장하지만 의무 사항은 아니다. 따라서 일반 수험생 중 유증상자는 KF80 마스크를 착용하더라도 시험을 치를 수 있다고 추론할 수 있다.

② (○) 일반 수험생이 시험을 치르는 소형 강의실과 중대형 강의실에서는 각각 KF99와 KF94 마스크 착용을 권장하지만 의무 사항은 아니다. 따라서 일반 수험생 중 무증상자는 KF80 마스크를 착용하고 시험을 치를 수 있다고 추론할 수 있다.

③ (○) 자가격리 수험생이 시험을 치르는 특별 방역 시험장에서는 KF99 마스크를 의무적으로 착용해야 한다. 따라서 자가격리 수험생 중 유증상자는 KF99 마스크를 착용하고 시험을 치를 수 있다고 추론할 수 있다.

④ (○) 자가격리 수험생이 시험을 치르는 특별 방역 시험장에서는 KF99 마스크를 의무적으로 착용해야 한다. 또한 마스크 착용 규정에서 특정 등급의 마스크 의무 착용을 명시한 경우, 해당 등급보다 높은 등급의 마스크 착용은 가능하지만 낮은 등급의 마스크 착용은 허용되지 않는다. 따라서 자가격리 수험생 중 무증상자는 KF94 마스크를 착용하고 시험을 치를 수 없다고 추론할 수 있다.

⑤ (○) 확진 수험생이 시험을 치르는 생활치료센터에서는 각 센터장이 내린 지침을 의무적으로 따라야 한다. 따라서 확진 수험생은 생활치료센터장이 허용하는 경우 KF80 마스크를 착용하고 시험을 치를 수 있다고 추론할 수 있다.

10 글의 수정 난이도 중 정답 ③

문제풀이 핵심 포인트

〈표〉에 제시된 고병원성 AI, 저병원성 AI, 검사 중, 바이러스 미분리 항목의 정오를 판단할 수 있는 근거를 찾는 데 집중한다.

풀이

ㄱ. (○) 최근 야생 조류 고병원성 AI 바이러스 검출 사례는 2020년 10월 25일부터 11월 21일까지 경기도에서 3건, 충남에서 2건이 발표되었고, 가금류 고병원성 AI 바이러스 검출 사례는 전국에서 총 3건이 발표되었다. 그런데 〈표〉에 제시된 바이러스 검출 현황은 '야생 조류 AI 바이러스' 검출 현황이므로 가금류의 검출 현황은 제외되어야 한다. 따라서 〈표〉의 고병원성 AI 항목의 "8건"을 "5건"으로 수정하는 것은 적절하다.

ㄴ. (×) 야생 조류 AI 바이러스가 검출되고 나서 고병원성 여부를 확인하기 위해 정밀 검사를 하는 데 상당한 기간이 소요되므로, 아직 검사 중인 것이 9건이다. 따라서 〈표〉의 검사 중 항목의 "9건"은 옳은 내용이므로 이를 "8건"으로 수정하는 것은 적절하지 않다.

ㄷ. (○) 야생 조류 AI 바이러스 검출 현황은 고병원성 AI, 저병원성 AI, 검사 중으로 분류하고 바이러스 미분리는 야생 조류 AI 바이러스 검출 현황에 포함하지 않는다. 따라서 〈표〉의 "바이러스 미분리" 항목을 삭제하는 것은 적절하다.

실전에선 이렇게!

〈표〉의 각 항목을 수정하는 것이 〈보기〉의 내용이므로 〈보기〉에 제시된 표의 항목을 우선 확인하고, 그 근거가 되는 부분을 지문에서 발췌독하는 방식으로 접근한다.

11 논증 평가 난이도 중

정답 ④

문제풀이 핵심 포인트
인간의 존엄성에 대해 A~C가 주장하는 내용이 평가의 대상이므로 각 주장을 찾는 데 집중하고, 주장 간의 차이점과 공통점을 확인한다.

풀이

ㄱ. (×) A의 주장은 인간 존엄성은 그 의미가 무엇인지에 대해 사람마다 생각이 달라서 불명료할 뿐 아니라 무용한 개념이라는 것이다. 그리고 그 사례로 존엄성이 존엄사를 옹호하거나 반대하는 논증 모두에서 각각의 주장을 정당화하는 데 사용된다는 점을 들고 있다. 따라서 많은 논란에도 불구하고 존엄사를 인정한 연명의료결정법의 시행은 A의 주장을 약화시키는 사례라고 볼 수 없다.

ㄴ. (○) C의 주장은 인간 존엄성은 인간종이 그 자체로 다른 종이나 심지어 환경 자체보다 더 큰 가치가 있다고 생각하는 종족주의의 한 표현에 불과하다는 것이다. 이런 생각은 인간이라면 결코 용납하지 않았을 폭력적 처사를 인간 외의 존재에 정당화하는 근거로 활용된다고 본다. 따라서 이러한 C의 주장은 화장품의 안전성 검사를 위한 동물실험의 금지를 촉구하는 캠페인의 근거로 활용될 수 있다.

ㄷ. (○) B는 인간 존엄성을 신이 인간에게 부여한 독특한 지위로 생각함으로써 인간이 스스로를 지나치게 높게 보도록 하는 오만을 낳았다고 비판하고 있고, C는 인간 존엄성은 인간종이 그 자체로 다른 종이나 심지어 환경 자체보다 더 큰 가치가 있다고 생각하는 종족주의의 한 표현에 불과하다고 비판한다. 따라서 B와 C는 인간에게 특권적 지위를 부여하는 인간 중심적인 생각을 비판한다는 점에서 공통적이다.

12 논증의 타당성 난이도 상

정답 ⑤

문제풀이 핵심 포인트
〈보기〉에서 밑줄 친 문장에 새로운 전제를 추가하면 다른 밑줄 친 문장을 도출해낼 수 있는지 묻고 있으므로 전제가 참일 때 결론이 참임을 판단하는 타당성 판단 문제이다.

풀이

ㄱ. (○) ㉠은 "내가 더 일찍 태어나는 것은 상상할 수 없다."는 것이다. 그 근거로 나를 있게 하는 것은 특정한 정자와 난자의 결합이고, 내 부모님이 10년 앞서 임신할 수 있었다고 해도 그랬다면 내가 아니라 나의 형제가 태어났을 것이라는 점을 제시한다. 그런데 냉동 보관된 정자와 난자가 수정되어 태어난 사람의 경우를 고려하면, 그 정자와 난자는 나를 태어나게 하는 특정한 것이고, 냉동 보관의 방식으로 내가 더 일찍 태어날 수 있는 가능성이 있게 된다. 따라서 이러한 경우를 고려하면 ㉠이 거짓이라는 것은 적절한 분석이다.

ㄴ. (○) "어떤 사건이 가능하면, 그것의 발생을 상상할 수 있다."라는 전제는 "어떤 사건의 발생을 상상할 수 없으면, 그 사건은 가능하지 않다."와 동일한 의미이다. 따라서 "내가 더 일찍 태어나는 것은 상상할 수 없다."는 ㉠에 "어떤 사건이 가능하면, 그것의 발생을 상상할 수 있다."라는 전제를 추가하면, "내가 더 일찍 태어나는 것은 가능하지 않다."는 결론이 도출된다. 이는 곧 ㉡의 내용이므로 ㉠에 "어떤 사건이 가능하면, 그것의 발생을 상상할 수 있다."라는 전제를 추가하면, ㉡을 이끌어 낼 수 있다는 것은 적절한 분석이다.

ㄷ. (○) "태어나기 이전의 비존재는 나쁘다."는 ㉢에 "태어나기 이전의 비존재가 나쁘다면, 내가 더 일찍 태어나는 것이 가능하다."라는 전제를 추가하면, "내가 더 일찍 태어나는 것이 가능하다."라는 결론이 도출된다. 이는 "내가 더 일찍 태어나는 것은 불가능하다."는 ㉡의 부정이 된다. 따라서 ㉢에 "태어나기 이전의 비존재가 나쁘다면, 내가 더 일찍 태어나는 것이 가능하다."라는 전제를 추가하면, ㉡의 부정을 이끌어 낼 수 있다는 것은 적절한 분석이다.

실전에선 이렇게!

논증의 타당성은 내용이 아니라 형식적으로 판단해야 하므로 밑줄 친 문장 위주로 기호화가 가능한 문장은 기호화하여 논증의 구조를 단순화한다.

13 빈칸 추론 난이도 중

정답 ③

문제풀이 핵심 포인트
(가)는 생물 다양성을 보존할 의무와 필요성이 있다는 결론을 이끌어 내는 데 필요한 전제가 들어갈 자리이고, (나)는 모든 종은 보존되어야 한다는 결론을 지지하는 전제가 들어갈 자리이다.

풀이

(가) 빈칸 (가)는 A가 제시하는 결론의 두 번째 전제이다. A가 제시하는 첫 번째 전제는 생물 다양성 보존이 우리가 원하는 이익을 얻는 최선의 수단이라는 것이다. 그리고 이 전제들로부터 우리에게는 생물 다양성을 보존할 의무와 필요성이 있다는 결론이 나온다. 즉, (가)에는 '최선의 수단'으로부터 '의무와 필요성'으로 이어질 수 있는 연결고리가 들어가야 한다. 따라서 (가)에는 '어떤 것이 우리가 원하는 이익을 얻는 최선의 수단이라면 우리에게는 그것을 실행할 의무와 필요성이 있다'는 내용이 들어가는 것이 가장 적절하다.

(나) 빈칸 (나) 앞에 있는 '왜냐하면'이라는 접속사로부터 (나)에는 앞 문장인 결론을 지지하는 전제가 들어가야 함을 알 수 있다. C는 "내재적 가치를 지니는 것은 모두 보존되어야 한다."는 것으로부터 "모든 종은 보존되어야 한다."는 결론을 도출한다. 이때 '내재적 가치'란 본래부터 갖고 있다고 인정되는 고유한 가치를 의미한다. 따라서 (나)에는 '모든 종은 그 자체가 본래부터 고유의 가치를 지니기' 때문이라는 내용이 들어가는 것이 가장 적절하다.

14 견해 분석 난이도 중

정답 ②

문제풀이 핵심 포인트
A, B, C의 주장을 찾고, 주장 간의 차이점과 공통을 확인해야 〈보기〉에 제시된 주장 간의 비교, 비판 내용, 양립 가능성 여부를 판단할 수 있다.

풀이

ㄱ. (×) A는 생물 다양성을 보존할 의무와 필요성이 있다는 결론을 도출하고 있으므로 생물 다양성을 보존해야 한다고 주장한다. 이에 대해 B는 A가 제시하는 도구적 정당화에 근거하여 생물 다양성을 보존하자고 주장하는 것은 옹호될 수 없다고 주장하여 A의 전제를 비판하고 있을 뿐, 생물 다양성을 보존하지 않아도 된다고 주장하고 있지는 않다.

ㄴ. (×) B는 A가 제시하는 도구적 정당화에 근거하여 생물 다양성을 보존하자고 주장하는 것은 옹호될 수 없다고 주장하여 A의 전제가 참이 아니라고 비판하고 있다. 따라서 A의 두 전제가 참이더라도 A의 결론이 반드시 참이 되지는 않는다고 비판하는 것은 아니다.

ㄷ. (O) A는 자연적으로 존재하는 생명체를 보존해야 하는 근거로 도구적 정당화를 제시하고 있고, C는 생명체는 도구적 가치와 내재적 가치를 모두 갖는다고 주장한다. 따라서 자연적으로 존재하는 생명체가 도구적 가치를 가지느냐에 대한 A와 C의 평가가 양립할 수 있다는 것은 적절한 분석이다.

실전에선 이렇게!

양립할 수 있다는 것은 동시에 참이 될 수 있다는 의미이므로 한편의 주장이 참일 때 다른 편의 주장이 참이 될 수 있는지를 판단한다.

15 견해 분석 난이도 상 정답 ②

문제풀이 핵심 포인트

갑과 을의 견해가 대비되어 있으므로 입증에 대한 갑과 을의 견해 간에 차이점이 무엇인지에 집중한다.

풀이

ㄱ. (×) 갑은 증거 발견 후 가설의 확률 증가분이 있다면, 증거가 가설을 입증한다는 입장이다. 따라서 갑의 입장에서, 증거 발견 후 가설의 확률 증가분이 없는 경우는 가정하고 있지 않으므로 그 경우에 그 증거가 해당 가설을 입증하지 못한다고 분석하는 것은 적절하지 않다.

ㄴ. (×) 을은 증거 발견 후 가설의 확률 증가분이 있고 증거 발견 후 가설이 참일 확률이 1/2보다 크다면, 그리고 그런 경우에만 증거가 가설을 입증한다는 입장이다. 즉 증거 발견 후를 가정하고 입증에 대한 정의를 내리고 있다. 따라서 을의 입장에서, 어떤 증거가 주어진 가설을 입증할 경우 그 증거 획득 이전에 해당 가설이 참일 확률이 1/2보다 크다고 분석하는 것은 적절하지 않다.

ㄷ. (O) 갑은 증거 발견 후 가설의 확률 증가분이 클수록 증거가 가설을 입증하는 정도가 더 커진다고 본다. 따라서 갑의 입장에서 어떤 증거가 주어진 가설을 입증하는 정도가 작더라도, 그 증거 발견 후 가설의 확률 증거분이 있다는 것이고, 그에 더해 증거 발견 후 가설이 참일 확률이 1/2보다 크다면, 을의 입장에서 그 증거가 해당 가설을 입증할 수 있다. 따라서 해당 분석은 적절하다.

실전에선 이렇게!

논쟁에 대한 분석 문제에서 핵심은 각 입장의 주장이므로 입증에 대한 갑과 을의 주장 외에 예시나 다른 구체적인 정보는 크게 집중하지 않는다.

16 원칙 적용 난이도 중 정답 ⑤

문제풀이 핵심 포인트

선택지에서 ISBN - 10의 첫 번째, 두 번째, 세 번째 숫자에 대한 언급이 주요 내용을 이루고 있으므로 그 부분에 집중하여 지문의 정보를 체크한다.

풀이

① (×) ISBN-10의 첫 번째 부분에 있는 숫자는 출판된 국가 또는 언어 권역을 나타낸다. 따라서 ISBN-10의 첫 번째 부분에 있는 숫자가 같으면 언어 권역이 같은 것일 수도 있으므로 반드시 같은 나라에서 출판된 책이라고 확정할 수 없다.

② (×) 2007년부터는 13자리의 숫자로 구성된 ISBN인 ISBN-13이 부여되고 있지만, 2006년까지 출판된 도서에는 10자리의 숫자로 구성된 ISBN인 ISBN-10이 부여되었다. 따라서 임의의 책의 ISBN-10에 숫자 3자리를 추가하더라도 그 책의 ISBN-13을 얻는다고 볼 수는 없다.

③ (×) ISBN-10의 세 번째 부분은 출판사에서 그 책에 임의로 붙인 번호이다. 따라서 ISBN-10이 '0-285-00424-7'인 책은 해당 출판사에서 424번째로 출판한 책이라고 볼 수 없다.

④ (×) ISBN-10의 두 번째 부분은 국가별 ISBN 기관에서 그 국가에 있는 각 출판사에 할당한 번호를 나타낸다. 따라서 ISBN-10의 두 번째 부분에 있는 숫자가 같은 서로 다른 두 권의 책이 다른 국가에서 출판되었다면 반드시 동일한 출판사에서 출판된 책이라고 볼 수 없다.

⑤ (O) 부여된 ISBN-10이 유효한 것이라면 이 ISBN-10의 열 개 숫자에 각각 순서대로 10, 9, …, 2, 1의 가중치를 곱해서 각 곱셈의 값을 모두 더한 값이 반드시 11로 나누어 떨어져야 한다. 그런데 확인 숫자 앞의 아홉 개의 숫자에 정해진 가중치를 곱하여 합한 값이 이미 11의 배수이고 확인 숫자에 들어갈 숫자는 0에서 10까지의 숫자 중 하나가 되어야 하므로 이 ISBN-10이 유효하다면, 그 확인 숫자는 반드시 0이어야 한다.

17 논리 퀴즈 난이도 중 정답 ④

문제풀이 핵심 포인트

지문을 보면 가언명제가 조건으로 제시되어 있는 '명제 연결형 퀴즈'임을 알 수 있다. 따라서 주어진 명제를 기호화하여 연결고리를 파악하고 반드시 수강하게 되는 과목을 판단한다.

풀이

지문에 제시된 조건을 기호화하면 다음과 같다.

- 명제 1: A → ~B → ~C
- 명제 2: ~D → C
  ~A → ~E
- 명제 3 : ~E → ~C

기호화한 명제를 하나로 연결하면 'C → E → A → ~B → ~C → D'이고, '~C'가 확정된다. 따라서 반드시 수강해야 할 과목은 D이다.

18 논리 퀴즈 난이도 상 정답 ③

문제풀이 핵심 포인트
지문을 보면 정언명제가 조건으로 제시되어 있는 '명제 연결형 퀴즈'임을 알 수 있다. 따라서 주어진 명제를 기호화하여 연결고리를 파악하고 자격증을 가지고 있는 후보자의 상황을 파악한다.

풀이

지문에 제시된 명제를 기호화하면 다음과 같다.

- 명제 1: A ∧ D
- 명제 2: ~ B ∨ ~D
- 명제 3: A ∨ B → ~C
- 명제 4: ~(A → ~B) = A ∧ B

ㄱ. (O) 명제 1과 명제 4에 따르면 A를 가진 후보자는 B나 D를 가지고 있을 수 있으나, 명제 2에 따라 B를 가지고 있으면 D를 가지고 있지 않다. 또한 명제 3에 따르면 A나 B를 가지고 있으면 C는 가지고 있지 않으므로 네 종류 중 세 종류의 자격증을 가지고 있는 후보자는 없다는 것은 반드시 참이다.

ㄴ. (O) 어떤 후보자는 B를 가지고 있지 않고, 또 다른 후보자는 D를 가지고 있지 않다는 것은 결국 B 가지지 않거나 D를 가지지 않는다는 의미이다. 따라서 B와 D를 둘 다 가진 후보자는 없다는 명제 2에 따라 반드시 참이다.

ㄷ. (×) D를 가지고 있지 않은 후보자는 누구나 C를 가지고 있지 않다면, C를 가지고 있는 후보자는 누구나 D를 가지고 있다는 의미가 된다. 그러나 네 종류 중 한 종류의 자격증만 가지고 있는 후보자가 있는지는 알 수 없다.

19 독해형 논리 난이도 상 정답 ④

문제풀이 핵심 포인트
지문이 줄글 형태로 제시된 '독해형 논리' 유형이므로 지문에서 기호화할 필요가 있는 문장을 골라 빠르게 기호화하여 선택지의 참과 거짓 여부를 판별한다.

풀이

지문에서 기호화가 필요한 문장을 정리하면 다음과 같다.

- 민원 → 홍보
- 인사만 선호
- ~민원 ∧ ~인사
- ~세 개 이상 선호
- 갑: 기획
- 을: 민원

ㄱ. (×) 민원, 홍보, 인사, 기획 업무 중 갑은 기획 업무를 선호하고, 을은 민원 업무를 선호하므로 갑도 을도 선호하지 않을 수 있는 업무는 홍보나 인사이다. 첫 번째 명제에 따르면 을은 홍보 업무도 선호하므로 갑도 을도 선호하지 않는 어떤 업무는 인사가 될 수 있다. 그런데 세 번째 명제에 따라 을이 인사 업무를 선호하지 않는 것은 알 수 있지만, 갑이 인사 업무를 선호하지 않는지는 주어진 조건만으로는 알 수 없다. 따라서 어떤 업무는 갑도 을도 선호하지 않는다는 것이 반드시 참이라고 할 수는 없다.

ㄴ. (O) 첫 번째 명제와 여섯 번째 명제에 따라 을은 홍보 업무를 선호한다. 또한 첫 번째 명제에서 '그 역은 성립하지 않는다'고 했으므로 민원 업무는 선호하지 않고 홍보 업무만 선호하는 사람이 적어도 한 명이 있다. 따라서 적어도 두 명 이상의 신입사원이 홍보 업무를 선호한다는 것은 반드시 참이다.

ㄷ. (O) 민원, 홍보, 인사, 기획 업무 중 갑은 기획 업무를 선호하고, 을은 민원 업무와 홍보 업무를 선호한다. 또한 두 번째 명제에 따라 인사 업무만 선호하는 사원이 있다. 따라서 조사 대상이 된 업무 중에, 어떤 신입사원도 선호하지 않는 업무는 없다는 것은 반드시 참이다.

20 구조 판단 난이도 상 정답 ③

문제풀이 핵심 포인트
공변세포의 부피에 변화를 일으키는 요인이 두 번째 단락, 세 번째 단락, 네 번째 단락에 하나씩 제시되어 있는 병렬 구조이므로 이를 기준으로 지문의 주요 정보를 파악한다.

풀이

ㄱ. (O) 두 번째 단락에서 햇빛이 있는 낮에, 햇빛 속에 있는 청색광이 공변세포에 있는 양성자 펌프를 작동시키고 이것이 공변세포 밖에 있는 칼륨이온과 염소이온을 안으로 들어오게 한다는 것을 알 수 있다. 따라서 한 식물의 동일한 공변세포 안에 있는 칼륨이온의 양을 비교한다면, 햇빛이 있는 낮에 햇빛의 청색광만 차단하는 필름으로 식물을 덮은 경우가 칼륨이온의 양이 적을 것이므로 필름을 덮지 않은 경우보다 적다는 것을 추론할 수 있다.

ㄴ. (×) 세 번째 단락에서 수분스트레스를 받으면 햇빛이 있더라도 기공이 열리지 않는다는 것을 알 수 있고, 두 번째 단락에서 양성자 펌프를 작동시키면 기공이 열린다는 것을 알 수 있다. 그러나 수분스트레스를 받은 식물에 양성자 펌프의 작동을 못하게 하면 햇빛이 있는 낮에 기공이 열린다는 것은 추론할 수 없다.

ㄷ. (O) 세 번째 단락에서 수분스트레스를 받은 식물은 호르몬 A를 분비하고 이 경우 햇빛이 있더라도 기공이 열리지 않는다는 것을 알 수 있고, 네 번째 단락에서 식물을 감염시킨 병원균 α는 양성자 펌프를 작동시키는 독소 B를 만들고 이는 기공을 계속 열리게 한다는 것을 알 수 있다. 따라서 호르몬 A를 분비하는 식물이 햇빛이 있는 낮에 보이는 기공은 닫혀 있고 병원균 α에 감염된 식물이 햇빛이 없는 밤에 보이는 기공은 열려 있으므로 개폐 상태는 다르다고 추론할 수 있다.

21 논증 평가 난이도 상 정답 ④

문제풀이 핵심 포인트
<보기>에서 ㉠과 ㉡이 강화되는지 강화되지 않는지 여부를 물어보고 있으므로 지문을 읽을 때 ㉠과 ㉡의 차이점을 명확하게 파악하는 것이 필요하다.

풀이

ㄱ. (×) 상황 1에서 암컷에게 들려준 소리가 A, B인 경우 암컷이 A로 이동했다면, A는 B보다 울음소리의 톤이 더 일정하고 빈도도 더 높으므로 배우자 선택의 기준은 울음소리의 톤일 수도 있고 빈도일 수도 있다. 따라서 상황 2에서 C로 이동했다면, 배우자 선택의 기준이 울음소리의 톤일 경우 ㉠은 강화될 가능성이 있다. 따라서 ㉠은 강화되지 않지만 ㉡은 강화된다는 것은 적절한 평가가 아니다.

ㄴ. (O) 상황 1에서 암컷에게 들려준 소리가 B, C인 경우 암컷이 B로 이동했다면, B는 C보다 울음소리의 빈도가 더 높으므로 배우자 선택의 기준은 울음소리의 빈도일 것이다. 그런데 상황 2에서 A로 이동했다면, 배우자 선택의 기준이 여전히 울음소리의 빈도인 것이므로 ㉠은 강화되지만 ㉡은 강화되지 않는다.

ㄷ. (O) 상황 1에서 암컷에게 들려준 소리가 A, C인 경우 암컷이 C로 이동했다면, C는 A보다 울음소리의 톤이 더 일정하므로 배우자 선택의 기준은 울음소리의 톤일 것이다. 그런데 상황 2에서 A로 이동했다면, 배우자 선택의 기준이 울음소리의 빈도로 변화한 것이므로 ㉠은 강화되지 않지만 ㉡은 강화된다.

실전에선 이렇게!

평가 문제의 선택지를 판단할 때 '강화되지 않는다'는 약화되거나 평가의 대상과 무관한 경우를 모두 포함한다.

22 논증 평가 난이도 상 정답 ⑤

문제풀이 핵심 포인트

〈보기〉에서 ㉠과 ㉡이 강화되는지 강화되지 않는지 여부를 물어보고 있으므로 지문을 읽을 때 ㉠과 ㉡의 구체적인 내용과 차이점을 명확하게 파악하는 것이 필요하다.

풀이

ㄱ. (O) 색깔이 같은 두 빛이 각각 경로 1과 2를 통과했을 때, 경로 1을 통과한 빛이 경로 2를 통과한 빛보다 스크린의 오른쪽에 맺힌다는 것은 물속에서 빛의 속도가 더 빠르다는 것을 의미한다. 따라서 ㉠은 강화되고 ㉡은 약화된다.

ㄴ. (O) 색깔이 다른 두 빛 중 하나는 경로 1을, 다른 하나는 경로 2를 통과했을 때, 경로 1을 통과한 빛이 경로 2를 통과한 빛보다 스크린의 왼쪽에 맺힌다는 것은 어떤 색깔의 빛이든 물속에서의 빛의 속도가 더 느리다는 것을 의미한다. 따라서 ㉠은 약화되고 ㉡은 강화된다.

ㄷ. (O) 색깔이 다른 두 빛이 모두 경로 1을 통과했을 때, 두 빛이 스크린에 맺힌 위치가 다르다는 것은 색깔에 따라 빛의 속도가 달라진다는 것을 의미한다. 따라서 ㉠은 약화되고 ㉡은 강화된다.

실전에선 이렇게!

평가의 대상이 실험과 관련되어 있는 경우에는 실험의 설계, 실험의 결과에서 차이가 나는 부분을 잘 살펴보아야 한다.

23 빈칸 추론 난이도 중 정답 ②

문제풀이 핵심 포인트

지문이 대화체로 구성되어 있으므로 대화 마지막에 제시된 빈칸에 들어갈 내용을 찾기 위해서는 지문을 전체적으로 읽어주어야 한다.

풀이

② (O) 민원인은 2021년에 A보조금을 수령하였으므로 A보조금과 같은 B보조금의 기본적인 신청 자격은 갖춘 것으로 볼 수 있다. 따라서 추가로 확인할 사항은 민원인이 다른 제한 사항에 해당하지 않는지 여부, 즉 전년도에 A보조금을 부정한 방법으로 수령했는지 여부이다. 이와 관련하여 부정한 방법으로 수령했다고 판정되었더라도 이의 제기를 할 수 있고 이의 제기 심의 기간에는 부정한 방법으로 수령하지 않은 것으로 본다. 따라서 민원인이 부정 수령 판정을 받았는지 여부, 여기에 대해 민원인이 이의 제기를 했는지 여부를 확인해야 하고, 이의 제기 기각 건에 민원인이 제기한 건이 포함되었는지 여부를 확인해야 한다. 기각 건에 포함되지 않았다면 B보조금 신청자격이 된다고 판단할 수 있기 때문이다.

③, ⑤ (×) 민원인은 2021년에 A보조금을 수령하였으므로 A보조금과 같은 B보조금의 기본적인 신청 자격은 갖춘 것으로 볼 수 있다. 따라서 민원인의 농업인 및 농지 등록 여부는 추가로 확인할 사항에 포함되지 않는다.

실전에선 이렇게!

빈칸을 채우기 위해서는 다른 사유를 확인하지 않고서도 민원인이 현재 B보조금 신청 자격이 되는지를 알 수 있는 추가 확인 자료가 무엇인지를 찾아야 한다. 따라서 B보조금 신청 자격과 민원인의 현재 상황 등에 주목하여 지문을 읽어야 한다.

24 빈칸 추론 난이도 중 정답 ⑤

문제풀이 핵심 포인트

빈칸이 대화에서 을에 해당하는 부분이므로 전체적으로 을이 어떠한 입장인지를 파악해야 한다.

풀이

① (×) 을은 교육법 제8조제1항의 목적은 학교의 자율과 책임을 당연히 존중하는 것이라고 말하고 있으므로 '학칙의 제정을 통하여 학교 운영의 자율과 책임뿐 아니라 학생들의 학습권과 개성을 실현할 권리가 제한될 수 있습니다'는 빈칸에 들어갈 내용으로 적절하지 않다.

② (×) 을은 교육법 제8조제1항에서의 법령에는 조례가 포함된다고 해석하고 있으므로 '법령에 조례가 포함된다고 해석할 여지는 없지만 교육법의 체계상 「학생인권조례」를 따라야 합니다'는 빈칸에 들어갈 내용으로 적절하지 않다.

③ (×) 을은 교육법 제10조제2항의 조례는 법령의 위임을 받아 제정되는 위임 입법이라고 보고 있다. 따라서 '교육법 제10조제2항에 따라 조례는 입법 목적이나 취지와 관계없이 법령에 포함됩니다'는 빈칸에 들어갈 내용으로 적절하지 않다.

④ (×) 을은 학생들의 학습권, 개성을 실현할 권리 등은 헌법에 보장된 기본권에서 나오고 교육법 제18조의4에서도 학생의 인권을 보장하도록 규정하고 있다고 말하고 있다. 따라서 '「학생인권조례」에는 교육법에 어긋나는 규정이 있지만 학칙은 이 조례를 따라야 합니다'는 빈칸에 들어갈 내용으로 적절하지 않다.

⑤ (O) 을은 교육법 제8조제1항에서의 법령에는 조례가 포함된다고 해석하고 있으며, 이 경우에 제10조제2항의 조례와는 그 성격이 다르다고 보고 있으므로 도 의회에서 제정한 「학생인권조례」가 법령에 포함된다는 입장이다. 또한 을은 학교에서 학칙을 제정하고자 할 때는 교육법에 어긋나지 않는 범위에서 제정이 이루어져야 한다고 말하고 있으므로 '법령의 범위에 있는 「학생인권조례」의 내용에 반하는 학칙은 교육법에 저촉됩니다'는 을이 대화에서 말할 수 있는 내용으로 적절하다.

25 견해 분석 난이도 상

정답 ④

문제풀이 핵심 포인트

<보기>에서 각각 쟁점 1, 2, 3에 대해 차례대로 묻고 있으므로 지문의 <논쟁>을 먼저 읽기보다는 <보기> 판단 시에 지문의 <논쟁>을 읽고 내용을 파악하는 순서로 접근한다. 쟁점별 상황이 각기 다르므로 각 쟁점에 대한 갑과 을의 주장을 파악하고, 쟁점을 판단하기 위해 적용할 수 있는 주거법 규정을 확인한다.

풀이

ㄱ. (×) 쟁점 1과 관련하여, 일시 귀국하여 체재한 '3개월 이내의 기간'이 귀국할 때마다 체재한 기간의 합으로 확정된다면, 주거법 제OO조 제1항 제2호에 따라 A가 귀국하여 체재한 기간이 일본 체재 기간에 포함되지 않게 되므로 A의 일본 체재 기간이 2년 미만이 될 수 있다. 이 경우 A는 △△국 비거주자로 구분되지 않을 것이므로 갑의 주장은 그르고 을의 주장은 옳다.

ㄴ. (O) 쟁점 2와 관련하여, 갑이 B를 △△국 국민이라고 생각한다면, 주거법 제OO조 제1항 제1호에 따라 B를 △△국 비거주자로 구분할 것이다. 한편 을이 B를 외국인이라고 생각한다면, 주거법 제OO조 제2항에 따라 B는 외국에서 3개월 이상 체재 중인 사람이 아니므로 B를 △△국 비거주자로 구분하지 않을 것이다. 따라서 갑은 B를 △△국 국민이라고 생각하지만 을은 외국인이라고 생각한다는 것은 갑과 을 사이의 주장 불일치를 설명할 수 있다.

ㄷ. (O) 쟁점 3과 관련하여, D의 길거리 음악 연주가 영업활동이 아닌 것으로 확정된다면, 주거법 제OO조 제1항 제1호에 해당하지 않으므로 제1항 제3호를 적용해야 한다. 이 경우 D는 배우자의 국적국에 6개월 이상 체재한 사람이 아니므로 △△국 비거주자로 구분되지 않을 것이다. 따라서 갑의 주장은 그르고 을의 주장은 옳다.

상황판단

정답

p.179

1	⑤	일치부합형 (법조문형)	6	②	응용형 (텍스트형)	11	①	규칙 적용해결형	16	③	상대적 계산형	21	⑤	조건 계산형
2	①	발문 포인트형 (법조문형)	7	③	경우 파악형	12	②	조건 계산형	17	④	경우 확정형	22	④	규칙 정오판단형
3	⑤	일치부합형 (법조문형)	8	④	규칙 적용해결형	13	③	규칙 정오판단형	18	②	규칙 정오판단형	23	①	경우 확정형
4	①	일치부합형 (법조문형)	9	②	1지문 2문항형	14	⑤	조건 계산형	19	③	경우 파악형	24	④	조건 계산형
5	②	일치부합형 (텍스트형)	10	③	1지문 2문항형	15	①	상대적 계산형	20	③	경우 파악형	25	④	응용형 (법조문형)

취약 유형 분석표

유형별로 맞힌 문제 개수와 정답률, 틀린 문제 번호, 풀지 못한 문제 번호를 적고 나서 취약한 유형이 무엇인지 파악해 보세요. 그 후 약점 보완 해설집 p.4 [취약 유형 공략 포인트]에서 약점 보완 학습법을 확인하고, 틀린 문제와 풀지 못한 문제를 다시 한번 풀어보세요.

유형		맞힌 문제 개수	정답률	틀린 문제 번호	풀지 못한 문제 번호
텍스트형	발문 포인트형	-	-		
	일치부합형	/1	%		
	응용형	/1	%		
	1지문 2문항형	/2	%		
	기타형	-	-		
법조문형	발문 포인트형	/1	%		
	일치부합형	/3	%		
	응용형	/1	%		
	법계산형	-	-		
	규정형	-	-		
	법조문소재형	-	-		
계산형	정확한 계산형	-	-		
	상대적 계산형	/2	%		
	조건 계산형	/4	%		
규칙형	규칙 단순확인형	-	-		
	규칙 정오판단형	/3	%		
	규칙 적용해결형	/2	%		
경우형	경우 파악형	/3	%		
	경우 확정형	/2	%		
TOTAL		/25	%		

해설

1 일치부합형(법조문형) 난이도 하 정답 ⑤

문제풀이 핵심 포인트

'취소하여야 한다'라는 기속의 표현과 '취소할 수 있다'라는 재량의 표현을 구분할 수 있어야 한다. '기속'의 표현인 경우 취소하는 것 외의 선택을 할 수 없지만, '재량'의 표현인 경우에는 취소할지 말지를 결정할 수 있다.

풀이

제00조를 순서대로 제1조~제3조라고 한다.

① (×) 甲기업이 우수기업으로 인증을 받고자 한다면 제2조 제2항 각 호의 요건을 갖추어야 한다. 또한 동조 제3항 단서에 의하면 제3호 요건의 경우 최초 평가에 한하여 해당 기준을 3개월 내에 충족할 것을 조건으로 인증할 수 있다. 甲기업이 처음 우수기업 인증을 받고자 하고 총 예산의 4%를 재해경감활동 비용으로 할애하였다면 비록 제2조 제2항 제3호의 요건을 갖추지는 못하였지만, 동조 제2항 제1호, 제2호, 제4호의 요건을 갖춘 경우 제3호의 '재해경감활동 비용으로 총 예산의 5% 이상 할애할 것'이라는 요건은 동조 제3항 단서에 의하여 해당 기준을 3개월 내에 충족할 것을 조건으로 인증할 수 있다.

② (×) 제3조에서 A부 장관은 인증받은 우수기업을 6개월마다 재평가하도록 하고 있다. A부 장관이 乙기업을 평가하여 2022. 2. 25. 우수기업으로 인증한 경우, A부 장관은 6개월 뒤인 2022. 8. 25.까지 재평가를 해야 한다.

③ (×) 제2조 제4항에서 우수기업 평가 및 인증에 소요되는 비용은 신청하는 자가 부담한다고 정하고 있다. 丙기업이 우수기업 인증을 신청하는 경우, 인증에 소요되는 비용은 A부 장관이 아닌 우수기업 인증을 신청한 丙기업이 부담한다.

④ (×) 제3조 각 호에서 우수기업 인증 취소에 관한 요건을 정하고 있다. 제2호와 제3호의 경우 '인증을 취소할 수 있다'고 하여 재량이 있는 것으로 해석되는 반면, 제1호의 경우에는 '인증을 취소하여야 한다'고 하여 기속행위로 해석된다. 丁기업이 재난관리 전담조직을 갖춘 것처럼 거짓으로 신청서를 작성하여 우수기업으로 인증을 받은 경우라면 제3조 제1호의 거짓으로 인증을 받은 경우에 해당되며, 이 경우 A부 장관은 인증을 취소하여야 한다.

⑤ (O) 우수기업인 戊기업이 己기업을 흡수합병하면서 재평가 당시 일시적으로 방재관련 인력이 총 인원의 1.5%가 되었다면 제2조 제2항 제4호의 요건을 갖추지 못한 것이 된다. 이 경우 제3조 제3호에 해당하여 A부 장관은 戊기업의 인증을 취소할 수 있다. 그러나 제3조의 A부 장관의 우수기업 인증을 취소할 수 있는 권한은 재량행위이므로 제2조 제2항 제4호의 요건을 일시적으로 갖추지 못하였다고 하더라도 A부 장관은 戊기업의 인증을 취소하지 않을 수 있다.

2 발문 포인트형(법조문형) 난이도 하 정답 ①

문제풀이 핵심 포인트

반드시 조문 순서대로 확인할 필요는 없다. 선택지 ③, ⑤의 내용은 간단히 확인할 수 있고, 결국은 김가을의 성과 본은 김여름의 성과 본을 따른 것이라는 것을 파악해야 한다. 본(본관)의 의미를 정확하게 파악하지 못하면 어려움을 겪을 수도 있는 문제이다.

풀이

- 가족관계등록부에 기록해야하는 사항으로 우선 제○○조 제2항 제1호의 등록기준지가 있다. 제□□조에서는 출생을 사유로 처음 등록하는 경우에는 등록기준지를 자녀가 따르는 성과 본을 가진 부 또는 모의 등록기준지로 한다고 정하고 있다. 〈상황〉의 김가을은 2021년 10월 10일에 출생하여 출생신고를 하는 것으로 제□□조의 적용 대상이 된다. 김가을의 성 '김'은 부모 중 김여름의 성을 따른 것이므로, 김가을의 등록기준지는 김여름의 등록기준지인 부산광역시 남구 ◇◇로 2-22로 하여야 한다. 이에 따라 선택지 ②가 제외된다.
- 제○○조 제2항 제2호에서는 본을 기록하도록 하고 있는데 본이란 본관(本貫)을 말하는 것이다. 제□□조에서는 '자녀가 따르는 성과 본'이라고 언급하고 있고 부 또는 모의 성을 따르면서 특별히 본을 다르게 정하는 경우는 생각하기 어렵다. 김가을의 성은 부모 중 김여름의 성을 따른 것이므로 김가을의 본도 김여름의 본을 따른 것이다. 따라서 김여름의 본인 金海는 김가을의 가족관계등록부에 기록해야 하는 내용이다. 이에 따라 선택지 ④가 제외된다.
- 제○○조 제2항 제2호에 따라, 김가을의 성별인 '남'은 기록해야 하는 내용이다. 이에 따라 선택지 ⑤는 제외된다.
- 제○○조 제2항 제2호에 따라, 김가을의 출생연월일인 '2021년 10월 10일'은 기록해야 하는 내용이다. 이에 따라 선택지 ③은 제외된다.

따라서 김가을의 가족관계등록부에 기록해야 하는 내용이 아닌 것은 박겨울의 등록기준지인 '서울특별시 마포구 △△로 3-33'이다.

3 일치부합형(법조문형) 난이도 하 정답 ⑤

문제풀이 핵심 포인트

선택지에서 키워드를 확인한 후, 이를 관련된 법조문과 빠르게 매칭하여 해결한다. 이때 지방자치단체 장의 종류를 혼동하지 않도록 주의한다.

풀이

제00조를 순서대로 제1조~제5조라고 한다.

① (×) 제4조 제4항에서 '시장 등은 직접 시행하는 정비사업'과 같이 정하고 있어 '시장 등'이 직접 정비사업을 시행할 수 있음을 알 수 있다. 제3조는 '시장 등이 아닌 자가 정비사업을 시행하려는 경우에는 토지 등 소유자로 구성된 조합을 설립해야 한다.'고 정하고 있으므로 이를 반대해석해보면 시장 등이 직접 정비사업을 시행하는 경우 토지 등 소유자로 구성된 조합을 설립하지 않아도 된다고 해석할 수 있다. 甲특별자치시장은 제2조의 시장 등에 해당하고 甲특별자치시장이 직접 정비사업을 시행하려는 경우에는 토지 등 소유자로 구성된 조합을 설립하지 않아도 된다.

② (×) A도 乙군수는 제2조의 시장 등에 해당한다. 제4조 제1항에는 시장 등이 아닌 사업시행자가 정비사업 공사를 완료한 경우 준공인가 신청에 대해 규정하고 있는데 乙군수가 직접 시행하는 정비사업에 관한 경우에는 공사가 완료된 때에 1) 시장 등이 직접 시행하는 정비사업의 경우 준공인가 신청에 관한 규정이 없고(제4조 제4항은 시장 등이 직접 시행하는 정비사업에 대한 공사가 완료된 때에 그 완료를 지방자치단체의 공보에 고시해야 한다고 하여 별도로 준공인가에 대해 규정하고 있지 않다), 2) 준공인가 신청은 시장 등에 하여야 하므로 乙군수가 乙군수에게 준공인가 신청을 하는 것은 불가능하다. 따라서 乙군수가 A도지사에게 준공인가신청을 해야 하는 것은 아니다.

③ (×) 사업시행자 B의 경우 시장 등이 아닌 자로서 제3조에 의하여 토지 등 소유자로 구성된 조합을 설립하여 정비사업을 시행하였을 것이다. 丙시장의 준공인가가 있으면 해당 공사의 완료를 지방자치단체의 공보에 고시해야 하고(제4조), 해당 고시는 정비구역의 지정에 영향을 준다(제5조 제1항). 그러나 제5조 제2항에 의하면 정비구역의 해제는 조합의 존속에 영향을 주지 않는다. 따라서 丙시장이 사업시행자 B의 정비사업에 관해 준공인가를 하여 정비구역이 해제된다고 하더라도 토지 등 소유자로 구성된 조합의 존속에는 영향을 주지 않는다.

④ (×) 제5조 제1항에 의하면 정비구역의 지정은 공사완료의 고시가 있은 날의 다음 날에 해제된 것으로 본다. 즉, 丁시장이 사업시행자 C의 정비사업에 관해 공사완료를 고시하면, 정비구역의 지정은 고시한 날의 다음 날에 해제된다.

⑤ (○) 제4조 제4항에 의하면 시장 등은 직접 시행하는 정비사업에 대한 공사가 완료된 때에는 그 완료를 해당 지방자치단체의 공보에 고시해야 한다. 戊시장은 시장 등에 해당하므로 戊시장이 직접 시행하는 정비사업에 관한 공사가 완료된 때에는 그 완료를 戊시의 공보에 고시해야 한다.

4 일치부합형(법조문형) 난이도 하 정답 ①

문제풀이 핵심 포인트

제00조를 순서대로 제1조~제3조라고 한다. 제1조에서 선박 및 소형선박에 대해서 정의하고 있다. 이 개념을 활용하되, 각 선택지와 직접적으로 키워드가 매칭되는 부분은 제2조이므로, 제2조에서 각 선택지의 해결에 필요한 부분을 보다 정확하게 확인하여 해결한다.

풀이

① (○) 매수인 甲이 선박의 소유권을 취득하고자 하는 상황이므로 제2조 제1항을 검토한다. 甲이 매수한 선박은 총톤수 80톤인 부선으로, 제1조 제2항의 소형선박 중 제2호의 총톤수 100톤 미만인 부선에 해당하여 제2조 제1항 단서가 적용된다. 제2조 제1항 단서에서 소형선박 소유권의 이전은 계약당사자 사이의 양도합의와 선박의 등록으로 효력이 생긴다고 하였으므로 계약당사자인 매수인 甲과 매도인은 양도합의를 하고 선박을 등록해야 소유권 이전의 효력이 발생하여 甲이 선박의 소유권을 취득할 수 있다.

제2조 제2항에서 제1항의 본문의 경우에는 선박의 '소유자', 제1항 단서의 경우에는 선박의 '매수인'이라고 구분해서 지칭하고 있다. 해당 조문과 같이 이해하였다면 선택지의 표현 '매수인 甲'에서 이미 제1항 단서에 해당하는 사안임을 알 수 있다.

② (×) 제2조 제2항에 따르면 총톤수 20톤 이상인 기선은 선박의 등기를 한 후에 선박의 등록을 신청하여야 한다. 총톤수 100톤인 기선의 소유자 乙은 먼저 관할 등기소에 선박의 등기를 한 후에 관할 지방해양수산청장에게 선박의 등록을 신청해야 한다.

③ (×) 선박 취득 시 선박의 등록에 관한 사항은 제2조 제2항을 검토한다. 丙이 등록하고자 하는 선박은 총톤수 60톤인 기선으로 소유자 丙은 선박을 취득한 날부터 60일 이내에 해양수산부장관이 아닌 지방해양수산청장에게 선박의 등록을 신청해야 한다.

제2조 제2항에서 총톤수 20톤 이상인 기선은 선박의 등기를 한 후에 선박의 등록을 신청하여야 한다고 하고 있으나, 등록 신청 기한이 60일 이내인 점에는 변함이 없다. 또한 이 때에도 선택지 ①의 경우와 마찬가지로 '소유자 丙'이라고 하여 소유자와 매수인을 구분하여 사용하고 있다. 그러나 총톤수 60톤인 기선은 제2조 제1항 단서의 적용 대상이 아닌데도 선택지에서는 '취득'이 아닌 '매수'라고 하여 용어의 혼동을 주고 있다.

④ (×) 선박국적증서의 발급에 관한 사항은 제2조 제3항을 검토하여야 한다. 丁은 선적항을 관할하는 등기소에 등기신청을 할 수 있다. 그리고 총톤수 200톤인 부선이므로 제2조 제2항에 따라, 선박의 등기를 한 후에 선박의 등록을 신청하여야 한다. 그러나 이러한 등기과정에서 등기소가 선박국적증서를 발급하는 것이 아니라, 丁이 선적항을 관할하는 지방해양수산청장에게 선박의 등록을 신청하면 지방해양수산청장은 이를 선박원부에 등록하고 신청인에게 선박국적증서를 발급한다.

⑤ (×) 선박국적증서의 발급에 관한 사항은 제2조 제3항을 중심으로 검토한다. 총톤수 20톤 미만인 범선의 매수인 戊가 선박의 등록신청을 하려면 관할 법원이 아닌 제2조 제2항에 따라 관할 지방해양수산청장에게 하여야 한다. 그리고 제2조 제3항에 의하면 등록신청에 대하여 선박원부에 등록하고 신청인에게 선박국적증서를 발급하는 기관 역시 관할 법원이 아니라 관할 지방해양수산청장이다.

5 일치부합형(텍스트형) 난이도 하 정답 ②

문제풀이 핵심 포인트

각 선택지별로 중요 키워드를 확인한 후, 해당 선택지에서 무엇을 묻는지를 파악하여 해당 내용 위주로 본문을 확인해야 한다.

풀이

① (×) 첫 번째 단락 첫 번째 문장에 의하면 흰색 쌀은 가을철 논에서 수확한다고 한다. 세 번째 단락 네 번째 문장에 의하면 어떤 콩은 봄철에 어떤 콩은 여름에 심을 수도 있지만 콩 수확기는 가을이라고 하고 있다. 즉, 흰색 쌀과 여름에 심는 콩은 모두 가을에 수확했다.

② (○) 두 번째 단락 다섯 번째 문장에 의하면 보리의 수확기는 여름이다. 여섯 번째 문장과 함께 생각해보면 봄보리는 봄에 파종하여 그해 여름에 수확하고 가을보리는 가을에 파종하여 이듬해 여름에 수확한다. 봄보리의 재배 기간은 가을보리의 재배 기간보다 가을, 겨울만큼 짧았다.

③ (×) 첫 번째 단락 첫 번째 문장에 의하면 흰색 쌀은 가을철 논에서 수확한 벼를 가공해서 얻게 된다. 그러나 회색 쌀은 논에서 수확된 곡식이 아니라 밭에서 자란 곡식을 가공하여 얻게 되는 것이었다.

④ (×) 두 번째 단락 두 번째 문장부터 네 번째 문장까지 보릿고개에 대해 설명하고 있다. 네 번째 문장에서 남부 지역의 보릿고개는 하지까지 지속되다가 하지가 지나면서 사라졌다고 한다. 하지가 지나면서 더 심해지지 않는다. 그리고 두 번째 문장에서 가을 곡식이 바닥을 보이기 시작하는 봄철이라고 표현하고 있는데 선택지에서는 가을 곡식이 바닥을 보이는 하지라고 표현하고 있다. 가을 곡식이 바닥을 '보이기 시작하는' 것과 '보이는'의 차이는 있지만, 각각 봄철과 하지라는 시기가 서로 맞지 않는다고도 볼 수 있다.

⑤ (×) 세 번째 단락 여섯 번째 문장에서 봄철 밭에서는 보리, 콩, 조가 함께 자라는 것을 볼 수 있었다고 한다. 다섯 번째 문장에서 조는 봄에 심었다는 것을 파악한다면, 보리, 콩의 재배 기간을 고려할 때 틀린 설명임을 알 수 있다.

6 응용형(텍스트형) 난이도 하 정답 ②

문제풀이 핵심 포인트

'속력 = 거리/시간'을 활용한 문제로, 최근 시험에서 빈출되는 소재이다. 상황판단에서 이와 같은 자료해석 스타일의 문제가 자주 출제되고 있다.

풀이

ㄱ. (O) 평균속력 식에서 분자인 A가 증가하고 B가 감소하면 평균속력은 증가한다. 甲은 평균속력이 더 높은 대안경로를 선택한다.

ㄴ. (×) 평균속력 식에서 분자인 A와 분모인 B가 모두 증가하면, 甲은 분자인 A의 증가율이 분모인 B의 증가율보다 높은 경우 평균속력이 증가하므로 대안경로를 선택한다. 반대로 A의 증가율이 B의 증가율보다 낮은 경우 평균속력은 감소하므로 甲은 기존경로를 선택한다. 따라서 甲이 항상 대안경로를 선택하는 것은 아니다.

ㄷ. (O) 평균속력 식에서 분자인 A와 분모인 B가 모두 감소하면, 甲은 분자인 A의 감소율이 분모인 B의 감소율보다 큰 경우 평균속력이 감소하므로 대안경로를 선택하지 않고 기존경로를 선택한다. 그러나 분자인 A의 감소율이 분모인 B의 감소율보다 작은 경우 평균속력이 증가하므로 이러한 경우 대안경로를 선택한다. 따라서 甲이 대안경로를 선택하는 경우가 있다.

ㄹ. (×) 평균속력 식에서 분자인 A가 감소하고 분모인 B가 증가하면 평균속력은 감소한다. 따라서 甲은 평균속력이 더 높은 기존경로를 선택하고 대안경로를 선택하지 않는다.

실전에선 이렇게!

거리·속력·시간에 대한 기본적인 식을 문제에 맞게 정리해보면 평균속력 $=\frac{\text{잔여시간(A)}}{\text{잔여시간(B)}}$이지만, 해당 식을 시간$=\frac{\text{거리}}{\text{속력}}$, 거리$=$속력$\times$시간과 같이 변형하는 것도 익숙해져야 한다.

7 경우 파악형 난이도 하 정답 ③

문제풀이 핵심 포인트

선택지에 제시되어 있는 것처럼 어느 과일상자가 더 계산되거나, 어느 과일상자는 덜 계산되면서 다른 과일상자는 더 계산되거나 하는 방식으로 9,300원의 금액 차이를 만들어 낼 수 있어야 한다.

풀이

결제해야 하는 금액은 총 228,000원인데 결제한 금액은 총 237,300원이다. 이 금액의 차이는 237,000 - 228,000 = 9,300원이다. 사과, 귤, 복숭아, 딸기 총 네 종류의 과일이 있고 각 과일 한 상자의 가격은 최소 14,300원 이상이므로 선택지 ①, ②와 같은 방식으로는 9,300원과 같은 금액 차이를 만들어 낼 수 없다. 그렇다면 어느 과일상자는 덜 계산되면서 다른 과일상자는 더 계산되었다는 것인데 더 계산된 또는 덜 계산된 과일상자가 한 상자라는 보장도 없다. 우선 각 과일별 1상자 가격의 차이부터 파악한다. 과일별 1상자 가격의 차이를 정리하면 아래와 같다.

구분	사과	귤	복숭아	딸기
사과		5,200	16,400	7,100
귤	-5,200		11,200	1,900
복숭아	-16,400	-11,200		-9,300
딸기	-7,100	-1,900	9,300	

복숭아 1상자와 딸기 1상자의 가격 차이가 9,300원이므로 선택지 ④, ⑤의 복잡한 경우까지 생각할 필요없이 딸기 1상자가 더 계산되고 복숭아 1상자가 덜 계산되었음을 알 수 있다.

실전에선 이렇게!

숫자의 차이를 이용하는 계산 또는 퀴즈 문제가 많이 출제되므로 그 차이를 이용해서 문제를 해결한다는 아이디어를 반드시 떠올려야 한다. 선택지의 경우가 가능한지 일일이 확인해보는 것은 경우의 수가 너무 많고 계산 시간도 오래 걸리므로 피해야 한다. 총 결제해야 하는 금액이 228,000원이 맞는지 여부도 굳이 확인할 필요가 없다.

8 규칙 적용해결형 난이도 하 정답 ④

문제풀이 핵심 포인트

휴가지원사업의 '참여 대상'을 설명하면서 참여 대상을 규정하면서 단서로 제외 대상을 정하기도 하고, 반대로 제외 대상을 규정하면서 단서로 예외적인 참여 대상을 정하고 있기도 하다. 혼동하여 실수하지 않도록 주의한다.

풀이

甲 ~ 戊의 재직정보에 참여 대상 기준을 적용시켜 본다. 〈상황〉의 재직정보는 그 직장에 소속되어 있다는 것으로 해석한다.

- 甲은 의료법인의 근로자로서 휴가지원사업의 참여 대상이 되며, 간호사이므로 단서에 의한 참여 제외 대상도 아니다.
- 乙은 중소기업의 근로자로서 참여 대상 첫 번째 항목에 해당되지만, 두 번째 항목 단서에서 회계법인 소속의 노무사인 근로자는 제외된다고 하였으므로 휴가지원사업의 참여 대상이 아니다.
- 丙은 사회복지법인의 대표로서 참여 대상 첫 번째 항목에 해당되고, 두 번째 항목 단서에 따라 사회복지법인의 대표는 제외되지 않음을 알 수 있다. 이에 따라 丙은 휴가지원사업의 참여 대상이 된다.
- 丁은 대기업 소속의 근로자로서 휴가지원사업의 참여 대상이 아니다.
- 戊는 비영리민간단체의 임원으로 참여 대상 두 번째 항목 단서에 따라 참여가 가능함을 알 수 있다. 또한 戊는 의사이지만 병·의원 소속 의사인 근로자가 아니므로 참여 대상에서 제외되지 않는다.

따라서 휴가지원사업에 참여할 수 있는 사람은 甲, 丙, 戊이다.

9 1지문 2문항형 난이도 하 정답 ②

문제풀이 핵심 포인트

각 선택지에서 묻는 내용 위주로 제시문에서 빠르고 정확하게 확인할 수 있어야 한다.

풀이

① (×) 두 번째 단락에서 국민제안제도와 국민참여예산제도, 주민참여예산제도와 국민참여예산제도의 차이를 설명하고 있다. 국민제안제도의 대상에 대한 설명은 없지만, 중앙정부가 재정을 지원하는 예산사업을 대상으로 하는 제도는 두 번째 단락 세 번째 문장의 국민참여예산제도임을 알 수 있다. 또한 예산사업의 우선순위를 국민이 정할 수 있는 제도는 국민제안제도가 아니라, 두 번째 단락 두 번째 문장에서 우선순위 결정과정에도 국민의 참여가 가능한 국민참여예산제도임을 알 수 있다. 국민제안제도는 국민들이 제안한 사항에 대해 관계부처가 채택여부를 결정하는 제도이다.

② (O) 세 번째 단락에서 국민참여예산제도의 과정에 대해 설명하고 있다. 국민참여예산제도에서는 세 번째 단락 첫 번째 문장부터 네 번째 문장까지 설명하는 3~7월의 과정을 통해 국민참여예산사업이 결정되며 이는 8월에 국무회의에서 정부예산안에 반영된다. 세 번째 단락 다섯 번째 문장에서는 이렇게 국회에 제출된 정부예산안은 국회의 심의·의결을 거치게 된다고 설명한다. 즉 시간 순서상 국민참여예산사업이 정부예산안에 반영되는 시점은 국회 심의·의결 전이다.

③ (×) 첫 번째 단락 두 번째 문장에서 국민참여예산제도는 정부의 예산편성권의 틀 내에서 운영된다고 설명하고 있다. 국민참여예산제도는 정부의 예산편성권 범위 밖에서 운영되는 것은 아니다.

④ (×) 참여예산 '후보'사업을 누가 제안하고 있는지에 대해서는 지문에서 명시적으로 언급한 바 없지만, 두 번째 단락 두 번째 문장에서 '국민의 제안 이후'라고 하고 있고, 세 번째 단락 첫 번째 문장에서는 국민사업제안과 제안사업 적격성 검사를 실시한다고 하였으므로 국민이 제안한 사업이 참여예산후보사업이 되며 이후 이러한 사업에 대한 적격성 검사를 실시하는 것임을 알 수 있다. 세 번째 단락에 따르면 국민참여예산제도 과정을 통해 결정된 국민참여예산사업에 대해 8월에 재정정책자문회의가 논의를 함으로써 재정정책자문회의는 국민참여예산사업에 개입하지만 재정정책자문회의가 참여예산후보사업을 제안하는 것은 아니다.

⑤ (×) 네 번째 단락 네 번째 문장에서 예산국민참여단의 사업선호도는 오프라인 투표를 통해 조사한다고 설명하고 있다. 예산국민참여단의 사업선호도 조사는 전화설문을 통해 이루어지지 않는다.

10 1지문 2문항형 난이도 하 정답 ③

문제풀이 핵심 포인트

2019년 국민참여예산사업 예산이 800억 원이라는 것만 파악한다면 간단한 계산을 통해 해결할 수 있는 문제이다.

풀이

<상황>에서 국민참여예산사업 예산 가운데 일부는 생활밀착형사업 예산이고 나머지는 취약계층지원사업 예산이라고 하였으므로 국민참여예산사업 예산은 두 가지로만 분류되는 것을 알 수 있다. <상황>의 내용을 정리하면 다음과 같다.

구분	2019년	2020년
생활밀착형사업 예산(억 원)	688	870
취약계층지원사업 예산(억 원)	$x-688$	$1.25x-870$
합계(억 원)	x	$1.25x$

2019년 국민참여예산사업 예산이 800억 원이라는 것을 반영하면 다음과 같다.

구분	2019년	2020년
생활밀착형사업 예산(억 원)	688	870
취약계층지원사업 예산(억 원)	112	130
합계(억 원)	800	1,000

따라서 국민참여예산사업 예산에서 취약계층지원사업 예산이 차지하는 비율은 2019년이 (112/800) × 100 = 14%, 2020년이 (130/1,000) × 100 = 13%이다.

실전에선 이렇게!

<상황>만 읽고 2019년 국민참여예산사업 예산이 800억 원이라는 것을 파악하지 못했다 하더라도, 첫 번째 표에서 2019년도와 2020년도 각각 국민참여예산사업 예산에서 취약계층지원사업 예산이 차지하는 비율을 구할 수 없다는 것을 알 수 있다. 이런 경우, <상황> 내에서 해결하려고 시간을 지체하기보다는 문제에서 추가적으로 실마리를 찾아야 한다.

11 규칙 적용해결형 난이도 하 정답 ①

문제풀이 핵심 포인트

법규 체계 순위, 소관 부서명을 적용함에 있어 우선순위를 혼동하지 않도록 주의하고, 이에 대한 예외적인 조건인 한 부서에서 보고해야 하는 개정안이 여럿인 경우와 보고자가 국장인 경우의 진행 방법을 실수하지 않고 적용할 수 있도록 주의한다.

풀이

· 세 번째 기준에 따라 보고자가 丙국장인 D법 시행령 개정안을 다른 개정안보다 가장 먼저 보고한다. 나머지 개정안들은 보고자가 국장인 경우가 아니므로 첫 번째 기준부터 적용해본다.

· 첫 번째 기준의 첫 번째 문장에 의하면 A법 개정안과 B법 개정안은 법규 체계상 '법'에 해당하여 '시행령'에 해당하는 C법 시행령 개정안보다 먼저 보고하게 되고, C법 시행령 개정안은 '시행규칙'에 해당하는 E법 시행규칙 개정안보다 먼저 보고한다. A법 개정안과 B법 개정안은 법규 체계상 '법'에 해당하므로 법규 체계 순위가 같다. 이때 첫 번째 기준의 두 번째 문장을 적용하면 B법 개정안은 소관 부서명이 '기획담당관'으로, 가나다 순에 의할 때 소관 부서명이 '예산담당관'인 A법 개정안보다 먼저 보고한다.

· B법 개정안을 두 번째로 보고하므로, 두 번째 기준에 의해 같은 소관 부서인 기획담당관에서 B법 개정안을 보고하고 C법 시행령 개정안을 연달아 보고한다.

· 나머지 예산담당관의 A법 개정안과 E법 시행규칙 개정안은 첫 번째 기준의 첫 번째 문장에 따라 A법 개정안을 먼저 보고하고, 두 번째 기준에 따라 E법 시행규칙 개정안을 연달아 보고한다.

따라서 D법 시행령 개정안 - B법 개정안 - C법 시행령 개정안 - A법 개정안 - E법 시행규칙 개정안의 순서로 보고되므로 네 번째로 보고되는 개정안은 A법 개정안이다.

12 조건 계산형 난이도 하 정답 ②

문제풀이 핵심 포인트

제시된 지원기준을 정확하게 파악한 후, <상황>에 적절하게 대입하여 정확한 결과를 도출한다.

풀이

<상황>에서 甲은 창호와 쉼터를 수리하고자 하므로 제시된 표에서 해당 항목을 음영 처리하여 아래 표와 같이 정리한다. 1), 2)는 각각 1)의 한도는 1,250만 원, 2)의 한도는 1,200만 원임을 표시한 것이다. 그리고 3)은 담장과 쉼터 중 하나의 항목만 지원함을 표시한 것이다.

구분		사업 A의 지원기준		사업 B의 지원기준	
외부	방수	90%[1]		50%[2]	
	지붕	90%[1]		50%[2]	
	담장	90%[1]		300만 원[3]	
	쉼터	90%[1]	900 × 90% = 810 만 원	50만 원[3]	50만 원
내부	단열	×		50%[2]	
	설비	×		50%[2]	
	창호	×		50%[2]	500 × 50% = 250만 원

甲이 사업 A를 선택하는 경우 '쉼터'에 대해서는 810만 원, '창호'에 대해서는 지원을 받지 못하여 총 810만 원의 지원금을 받게 된다. 사업 B를 선택하는 경우 '쉼터'에 대해서는 50만 원, '창호'에 대해서는 250만 원, 총 300만 원의 지원금을 받게 된다. 甲은 사업 A와 B 중 지원금이 많은 사업 A를 신청하므로 810만 원의 지원금을 받게 된다.

실전에선 이렇게!

사업 A의 1), 사업 B의 2), 3)과 같은 한도가 정답을 찾는 데 활용되지 않고, 수리 항목도 2개밖에 없는 간단한 계산문제이다. 실전에서는 표로 정리할 필요 없이 창호와 쉼터에 대응되는 지원기준만 빠르게 찾아내어 계산하여야 한다.

13 규칙 정오판단형 난이도 하 정답 ③

문제풀이 핵심 포인트

방식이 변화하기는 하지만, 단순한 수치 변화이므로 어렵지 않게 해결할 수 있는 문제이다. 지문의 업무처리 방식을 정확히 적용하여 칭찬, 꾸중 여부만 판단하면 쉽게 해결 가능하다. 이때 표로 정리하지 않고 눈으로만 판단해도 충분할 수 있으나, 〈보기〉를 판단하면서 여러 번 반복적으로 확인해야 하는 경우가 더 많다. 시험지에 어떤 방식으로든 시각화하여, 이미 해결한 사항을 중복해서 처리하여 시간을 낭비하거나 헷갈리는 일이 없도록 한다.

풀이

甲의 방식1~3에 의한 월~금의 업무량은 다음과 같다.

구분		월	화	수	목	금
기본업무량		60	50	60	50	60
방식1	업무량	100	80	60	40	20
	결과	칭찬	칭찬	-	꾸중	꾸중
방식2	업무량	0	30	60	90	120
	결과	꾸중	꾸중	-	칭찬	칭찬
방식3	업무량	60	60	60	60	60
	결과	-	칭찬	-	칭찬	-

ㄱ. (×) 방식1을 선택할 경우 화요일의 기본업무량은 50이나 갑의 처리한 업무량은 80이므로 甲은 칭찬을 듣는다.

ㄴ. (O) 방식1 ~ 3 모두 甲이 수요일에 처리하는 업무량은 60으로, 기본업무량과 같다. 어느 방식을 선택하더라도 칭찬도 꾸중도 듣지 않는다.

ㄷ. (O) 방식1에 의하면 월, 화 2번, 방식2에 의하면 목, 금 2번, 방식3에 의하면 화, 목 2번으로 모두 각각 2번의 칭찬을 듣는다. 어느 방식을 선택하더라도 칭찬을 듣는 날수는 2번으로 같다.

ㄹ. (×) 방식2에 의하면 칭찬을 듣는 날수 2번, 꾸중을 듣는 날수 2번으로 칭찬을 듣는 날수에서 꾸중을 듣는 날수를 뺀 값은 0이다. 그러나 방식3에 의하면 칭찬을 듣는 날수는 2번, 꾸중을 듣는 날수는 0번으로 칭찬을 듣는 날수에서 꾸중을 듣는 날수를 뺀 값은 2이다. 칭찬을 듣는 날수에서 꾸중을 듣는 날수를 뺀 값을 최대로 하려면 방식3을 선택하여야 한다. 방식1의 칭찬을 듣는 날수에서 꾸중을 듣는 날수를 뺀 값은 0으로 방식2와 같다.

14 조건 계산형 난이도 중 정답 ⑤

문제풀이 핵심 포인트

줄글로 주어진 조건을 얼마나 잘 처리할 수 있는지가 관건이다. 조건을 표로 표현할 때 항목이 두 가지라면 아래 〈표 1〉처럼 단순하게 표현되지만, 세 가지라면 하나의 항목을 더 표시해야하므로 〈표 2〉처럼 더 복잡하게 된다.

표 1	희망	희망×	계
남			
여			
계			

표 2	희망	희망×	계
남			
여			
계			

따라서 하나의 항목을 줄여 〈표 1〉처럼 정리할 수 있으면 편한데, 이 문제는 乙의 첫 번째 진술 '연수를 희망하는 응답자는 43%였으며, 남자직원의 40%와 여자직원의 50%가 연수를 희망' 부분에서 가중평균을 활용하여 연수 희망 여부 항목을 줄이고 연수를 희망하는 사람들로만 구성된 표를 만들 수 있다.

풀이

지문의 대화 내용 중 '연수를 희망하는 응답자는 43%였으며, 남자직원의 40%와 여자직원의 50%가 연수를 희망'했다는 진술에 따라 연수를 희망하는 남자직원과 여자직원의 수를 구해보면 다음과 같다. 남자직원의 수를 A, 여자직원의 수를 B라고 하면 연수를 희망하는 응답자 43%는 다음과 같이 구해진다.

- $A + B = 1{,}000$
- $\frac{0.4A + 0.5B}{A + B} \times 100 = 43\%$

두 식을 연립하면 A = 700(명), B = 300(명)이다. 이때 남자직원의 40%와 여자직원의 50%가 연수를 희망하므로 연수를 희망하는 남자직원은 280명, 여자직원은 150명임을 알 수 있다.

위의 내용을 토대로 연수를 희망하는 직원만을 대상으로 하여 표로 정리하면 다음과 같다.

	A지역	B지역	계
남	280 × 60%(ⓒ)	280 × 40%(ⓑ)	280명
여	150 × 20%(ⓒ)	150 × 80%(ⓐ)	150명
계	-	-	430명

표에는 乙의 두 번째 진술 '연수를 희망하는 여자직원 중 B지역 희망 비율은 연수를 희망하는 남자직원 중 B지역 희망 비율의 2배인 80%였습니다.'의 내용(ⓐ)에 음영처리하였다. 즉, 연수를 희망하는 남자직원 중 B지역 희망 비율은 40%(ⓑ)임을 알 수 있고 이에 따라 표의 나머지 부분(ⓒ)도 채울 수 있다. 모두 계산해서 표를 채워보면 다음과 같다.

	A지역	B지역	계
남	168명	112명	280명
여	30명	120명	150명
계	198명	232명	430명

ㄱ. (O) 남자직원의 수(A)는 700명으로 전체 직원 중 남자직원의 비율은 70%이다.

ㄴ. (×) 연수 희망자 430명 중 여자직원은 150명으로 그 비율은 약 34.9%이다. 40%를 넘는지 않는다.

ㄷ. (O) A지역 연수를 희망하는 직원은 198명으로 200명을 넘지 않는다.

ㄹ. (O) B지역 연수를 희망하는 남자직원은 112명으로 100명을 넘는다.

실전에선 이렇게!

실전에서는 가중평균을 위와 같이 식을 세워서 구하지 않고 비례식을 통해 해결하는 것이 효율적이다. 남자직원의 40%, 여자직원의 50%가 연수를 희망하였고 전체 직원의 43%가 연수를 희망하였다면, 남자직원과 전체 직원의 퍼센트 차가 3, 여자직원과 전체 직원의 퍼센트 차가 7로 남자직원의 수 : 여자직원의 수 = 7 : 3이므로 남자직원 수는 700명, 여자직원 수는 300명으로 빠르게 구한 후 풀이해야 한다.

15 상대적 계산형 난이도 하

정답 ①

문제풀이 핵심 포인트

계산을 요하는 문제인 것 같지만, <보기>에서 묻는 내용을 보면 이익이 증가하는지 감소하는지만 파악하면 되므로 이익에 관한 식으로 정리한 후, 증가 또는 감소 여부만 파악한다.

풀이

ㄱ. (×) 2021년의 판매량, 판매가격, 단위당 변동원가, 고정원가가 모두 2020년과 같다면 이익을 구성하는 식의 모든 항목이 같은 것이므로 2021년의 이익은 2020년의 이익과 같다. 이익이 감소한 경우가 아니므로 甲은 지원금을 받을 수 없다.

ㄴ. (O) 자영업자의 이익은 매출액에서 변동원가와 고정원가를 뺀 금액으로 지문의 내용을 이용해 식으로 나타내면 다음과 같다.

이익 = 매출액 - 변동원가 - 고정원가
= (판매량 × 판매가격) - (판매량 × 단위당 변동원가) - 고정원가
= 판매량 × (판매가격 - 단위당 변동원가) - 고정원가

이익을 구성하는 항목들의 증감에 따라 이익의 증감 관계를 정리해보면 다음과 같다.

구분	판매량	판매가격	단위당 변동원가	고정원가
이익	+	+	-	-

표에서 '+'는 양의 상관관계를 나타낸 것으로, 판매량이 증가하면 이익도 증가함을 의미한다. 반대로 '-'는 음의 상관관계를 나타낸 것으로, 단위당 변동원가가 증가하면 이익은 감소함을 의미한다. ㄴ의 내용을 정리하면 다음과 같다.

구분	판매량	판매가격	단위당 변동원가	고정원가
항목의 변화	불변	감소	불변	불변
이익의 증감	불변	감소	불변	불변

따라서 2020년에 비해 2021년의 이익이 감소하므로 甲은 지원금을 받을 수 있다.

ㄷ. (×) ㄷ의 내용을 정리하면 다음과 같다.

구분	판매량	판매가격	단위당 변동원가	고정원가
항목의 변화	증가	불변	불변	감소
이익의 증감	증가	불변	불변	증가

따라서 2020년에 비해 2021년의 이익이 증가하므로 甲은 지원금을 받을 수 없다.

ㄹ. (×) ㄹ의 내용을 정리하면 다음과 같다.

구분	판매량	판매가격	단위당 변동원가	고정원가
항목의 변화	증가	증가	불변	불변
이익의 증감	증가	증가	불변	불변

따라서 2020년에 비해 2021년의 이익이 증가하므로 甲은 지원금을 받을 수 없다.

실전에선 이렇게!

항목의 증감에 따라 계산이 필요한 경우가 발생할 수도 있다. 예를 들어 다음과 같은 상황에서는 판매량의 증가는 이익의 증가로, 단위당 변동원가의 증가는 이익의 감소로 나타나므로 항목별 변화 정도에 따라 이익이 증가할지 감소할지 계산으로 확인하여야 한다.

구분	판매량	판매가격	단위당 변동원가	고정원가
항목의 변화	증가	불변	증가	불변
이익의 증감	증가	불변	감소	불변

그러나 해당 문제에서는 이러한 상황이 주어지지 않았으므로 구체적인 이익의 값을 계산하는 일이 없도록 한다.

16 상대적 계산형 난이도 하

정답 ③

문제풀이 핵심 포인트

작년과 올해의 성과급 산정식은 더 이상 간단히 변형하기 어렵고, 계산에 특별한 취급을 요하는 요소도 없어 어렵지 않다. 따라서 선택지에서 계산이 필요한 경우 바로 계산하되, 표에서 성과급 산정비율을 고를 때 실수하지 않도록 주의한다.

풀이

甲 ~ 丙의 작년과 올해 성과급을 비교하며 계산이 필요한 경우만 계산한다.

① (O) 甲의 작년 부서 성과 등급은 S로 부서 산정비율은 40%, 개인 성과 등급은 A로 개인 산정비율은 20%이다. 작년 연봉은 3,500만 원으로, 주어진 식에 따라 작년 성과급을 계산하면 3,500 × {(40% + 20%)/2} = 3,500 × 30% = 1,050만 원이다.

② (O) 甲의 올해 부서 성과 등급은 A, 개인 성과 등급은 S로 성과 등급이 더 높은 개인 산정비율 40%가 성과급 산정에 사용된다. 乙의 올해 부서 성과 등급은 S, 개인 성과 등급은 A로 성과 등급이 더 높은 부서 산정비율 40%가 성과급 산정에 사용된다. 이때 甲과 乙은 연봉이 각각 4,000만 원으로 같고 성과급 산정에 사용되는 산정비율 값도 같으므로 올해의 성과급도 동일하다.

③ (×) 甲의 경우 작년의 연봉에 곱해질 성과급 산정비율은 부서 성과 등급 S와 개인 성과 등급 A의 산정비율의 평균값 (40% + 20%)/2 = 30%이고, 올해의 연봉에 곱해질 성과급 산정비율은 부서 성과 등급 A와 개인 성과 등급 S의 산정비율 중 더 큰 값인 S의 산정비율 40%이다. 甲은 작년에 비해 올해의 연봉이 500만 원 인상되었으므로 작년에 비해 올해 연봉도 더 높고 연봉에 곱해질 산정비율도 더 크므로 작년 대비 올해 성과급이 증가한다.

乙의 경우 甲과 마찬가지로 작년의 연봉에 곱해질 성과급 산정비율은 B와 S의 산정비율의 평균값이고, 올해의 연봉에 곱해질 성과급 산정비율은 S와 A중 더 큰 값인 S의 산정비율이다. 乙은 작년과 올해의 연봉이 같지만 B, S의 평균값과 S값 중 S값이 더 크므로 작년 대비 올해 성과급이 증가한다.

丙의 경우 작년의 성과급은 3,000 × {(10% + 20%)/2} = 450만 원이고, 올해의 성과급은 3,500 × max{0%, 10%} = 350만 원으로 올해의 성과급은 작년 대비 감소하였다.

④ (O) 올해 甲~丙의 성과급은 甲이 4,000 × 40%(S), 乙이 4,000 × 40%(S), 丙이 3,500 × 10%(B)이다. 계산하지 않아도 丙의 성과급이 가장 작음을 알 수 있고 연봉 또한 丙이 가장 작으므로 연봉과 성과급의 합이 가장 작은 사람은 丙이다.

⑤ (O) 丙은 작년 대비 올해 성과급이 감소하였으므로 甲과 乙의 성과급만 검토한다.

구분	작년	올해
甲	3,500 × {(40% + 20%)/2} = 1,050	4,000 × max{20%, 40%} = 1,600
乙	4,000 × {(10% + 40%)/2} = 1,000	4,000 × max{40%, 20%} = 1,600

성과급 상승률을 구체적으로 계산할 필요는 없고, 올해 甲과 乙의 성과급은 같은 반면 작년의 성과급은 乙이 甲보다 작았으므로 乙의 성과급 상승률이 더 크다.

실전에선 이렇게!

③ 丙의 경우에 작년에 비해 올해 연봉에 곱해질 성과급 산정비율은 약 33.3% 감소하였으나 연봉의 인상률은 이에 미치지 못하므로 구체적인 계산 전에 이미 감소하였음을 알 수 있다.

17 경우 확정형 난이도 중 　　　　정답 ④

문제풀이 핵심 포인트

모든 선택지에서 가정을 포함하여 합격하는 사람을 찾아내고 있다. 따라서 지문에 주어진 조건만으로는 합격하는 사람을 확정할 수 없고, 가정을 추가해야 확정이 가능함을 파악할 수 있어야 한다. 조건의 연결처리를 잘 해야 쉽게 해결할 수 있는 문제이다.

풀이

각 과목 점수에 관한 내용을 정리하면 다음과 같다.

- 전공시험 점수: A > B > E … ㉠
  C > D … ㉡
- 영어시험 점수: E > F > G … ㉢
- 적성시험 점수: G > B … ㉣
  G > C … ㉤

① (×) A가 합격하였다면 어느 한 과목에서라도 A보다 높은 점수를 받은 응시자는 합격한 것이다. 그러나 B가 A보다 어느 한 과목에서 높은 점수를 받았는지는 알 수 없다.

② (×) C가 G보다 어느 한 과목에서 높은 점수를 받았는지는 알 수 없다.

③ (×) C와 D가 A, B보다 어느 한 과목에서 높은 점수를 받았는지는 알 수 없다.

④ (O) B가 합격하였다면 ㉣에 의해 G도 합격한 것이고, G가 합격하였다면 ㉢에 의해 F도 합격하였다. 또한 E가 합격하였다면 ㉠에 의해 B가 합격, ㉣에 의해 G도 합격, ㉢에 의해 F도 합격하였다.

⑤ (×) B가 합격하였다면 ㉠에 의해 A가 합격하였고 ㉣에 의해 G도 합격하였다. 또한 G가 합격하였다면 ㉢에 의해 E와 F도 합격하였다. 그러나 C와 D가 어느 한 과목에서라도 지금까지 추론한 합격자 A, B, E, F, G보다 높은 점수를 받았는지는 알 수 없다. 따라서 B를 포함하여 적어도 5명이 합격하였다.

실전에선 이렇게!

④, ⑤ 두 명의 응시자 A, B가 있을 때 모두 합격자라면 어느 과목에서는 점수가 A > B이고, 다른 과목에서는 점수가 B > A일 수 있다. 그리고 모두 불합격자인 경우에도 동일하다. 그러나 마지막 문단에 의하면 위와 같은 관계는 한 명은 합격자, 한 명은 불합격자인 경우에는 성립할 수 없다. ㉠의 B > E, ㉢의 E > F > G, ㉣의 G > B를 종합적으로 고려하면 B, E, F, G의 관계는 일정 과목에서는 다른 응시자보다 점수가 높으면서 다른 과목에서는 다른 응시자보다 점수가 낮은 관계임을 알 수 있다. 즉, B, E, F, G는 모두 합격자이거나 모두 불합격자이어야 한다.

18 규칙 정오판단형 난이도 하 　　　　정답 ②

문제풀이 핵심 포인트

<보기>에 대한 사례·반례를 찾는 문제이다. 해설의 최소 합계 점수, 최대 합계 점수와 같이 사례·반례를 찾기 위한 논리의 전개에 익숙해져야 한다. 지문에 제시된 내용 중 '4점 슛 도전 실패 시 1점을 잃는 경우'는 여러 <보기>에서 활용되는 부분이므로 처음에 잘못 판단하더라도 다른 <보기>를 통해 다시 판단할 수 있어야 한다.

풀이

ㄱ. (×) 甲의 합계 점수를 가능한 낮게 만들어서 반례를 찾는다. 예를 들어 甲이 성공한 1, 3, 4, 5회차 도전이 모두 2점 슛이었다면 甲은 8점을 획득한다. 그러나 甲이 실패한 2회차 도전이 4점 슛 도전이었다면 실패한 경우 1점을 잃게 된다. 이 경우 甲의 합계 점수는 7점으로 8점 미만이 된다.

ㄴ. (O) 乙이 승리하기 위해서 4점 슛에 도전해야만 하는 상황인지 확인한다. 즉, 乙이 4점 슛에 도전하지 않고는 甲의 최소 합계 점수를 넘을 수 없는지 확인한다. 甲이 3점 슛에 2번 도전하였을 때 최소 합계 점수가 나오는 경우를 정리하면 다음 표와 같다.

	1회	2회	3회	4회	5회	합계 점수
경우 1	○ (3점)	× (3점)	○ (2점)	○ (2점)	○ (2점)	9점
경우 2	○ (3점)	× (−1점)	○ (3점)	○ (2점)	○ (2점)	9점

경우 2는 2회차 도전에서 4점 슛에 도전하고 실패한 경우이다. 乙이 4점 슛에 도전하지 않고 얻을 수 있는 최대 합계 점수는 1, 2, 5회차 모두 3점 슛에 도전하여 성공한 경우인 9점이다. 甲의 최소 합계 점수와 乙의 최대 합계 점수가 9점으로 같은 상황인데 지문에서는 점수가 같은 경우 누가 승리하는지에 대해 언급이 없다. 다만 합계 점수가 더 높은 사람이 승리한다고 했으므로 乙이 승리하기 위해서는 甲의 9점보다 높은 점수가 필요하다. 따라서 乙이 승리하기 위해서는 던지기에 성공한 1, 2, 5회차 도전 중 1번은 4점 슛에 도전하여 성공해야 한다.

ㄷ. (×) 甲이 승리하기 위해서는 甲의 최소 합계 점수가 乙의 최대 합계 점수 이상이어야 한다. 甲의 최소 합계 점수를 구하면 1, 3, 4, 5회차 도전에는 모두 2점 숫을 도전하여 성공하고, 2회차 도전에서는 숫 종류에 상관없이 실패하여 1점을 잃은 7점이 된다. 乙의 최대 합계 점수를 구하면 성공한 회차인 1, 2, 5회차에 1회는 4점 숫, 2회는 3점 숫을 도전하여 총 10점을 획득하고, 실패한 회차인 3, 4회차에는 숫 종류에 상관없이 실패하여 총 2점을 잃은 8점이 된다. 따라서 모든 숫에 대해 실패 시 1점을 차감한다면 반드시 甲이 승리하였을 것이라고는 할 수 없다.

실전에선 이렇게!

총 5회의 던지기 도전 중 2점 숫과 3점 숫을 자유롭게 선택하여 도전할 수 있고, 5회 중 1회는 4점 숫 도전이 가능하다. 2점 숫과 3점 숫은 점수를 잃는 경우가 없으나, 4점 숫 도전은 예외적으로 실패하면 1점을 잃을 수 있다는 점에 유의한다.

19 경우 파악형 난이도 중 정답 ③

문제풀이 핵심 포인트

지문과 각주의 내용에 따라 A군의 범위 안에 양봉농가를 배치한다는 생각으로 접근한다. 바로 도형에 의한 아이디어가 떠오르지 않을 때는 양봉농가를 하나씩 최대한 가깝게 배치해보는 시도를 해보면서 감을 잡아 문제를 해결해 나가야 한다.

풀이

A군의 외부에는 양봉농가가 존재하지 않으므로 A군의 경계에 양봉농가를 배치할 수 있다. 또한 각주에서 양봉농가의 면적은 고려하지 않는다고 했으므로 양봉농가를 점으로 가정하여 그림으로 나타내면 다음과 같다.

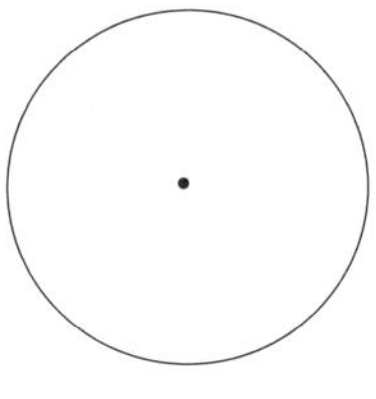

〈그림 1〉

〈그림 1〉의 가운데 점은 양봉농가이며(면적은 0), 원은 반지름이 12km로 원 안은 다른 양봉농가가 배치될 수 없는 범위를 나타낸다. 양봉농가 간 거리가 12km 이상인 경우에만 양봉을 허가한다고 했으므로 다른 양봉농가가 〈그림 1〉의 원 위에 배치될 수 있다. A군에 최대한 많은 양봉농가를 배치하고자 하므로 우선 두 개의 양봉농가를 최대한 가까이 배치하면 다음과 같다.

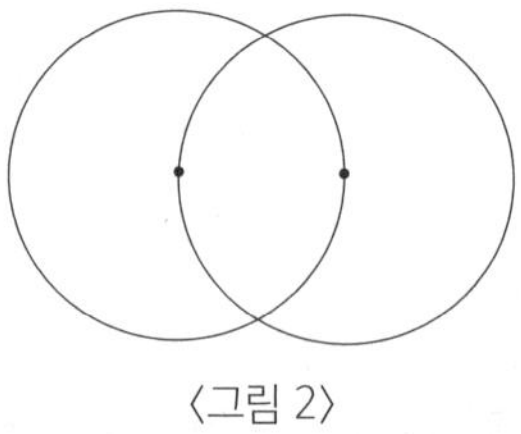

〈그림 2〉

〈그림 2〉에서는 두 개의 양봉농가가 배치된 것이며, 다른 양봉농가가 배치될 수 없는 범위인 원 위에 서로 배치되어 있다. 마찬가지로 하나의 양봉농가를 최대한 가까이 배치하면 다음과 같다.

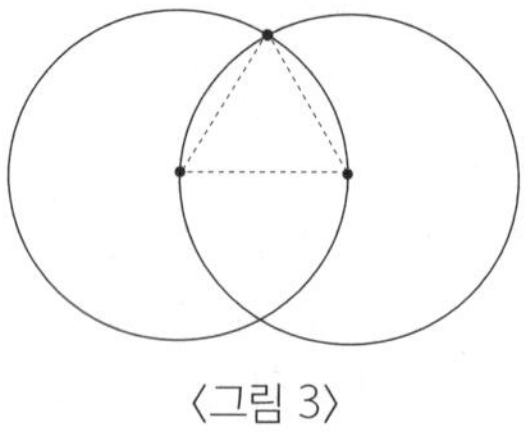

〈그림 3〉

생략된 원을 고려하면 세 번째 양봉농가는 〈그림 3〉처럼 배치되어야 함을 알 수 있다. 이때 세 양봉농가는 서로 같은 거리에 있으며, 세 양봉농가를 이은 점선은 정삼각형을 이룬다. 즉, 각 양봉농가끼리 서로 정삼각형을 이루도록 배치하면 다음과 같다.

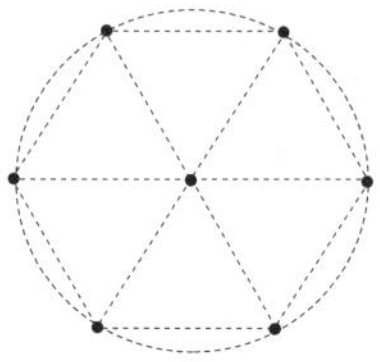

〈그림 4〉

〈그림 4〉에서 점선으로 나타낸 원은 A군의 경계이므로, 주어진 조건에 따라 A군의 경계에 양봉농가를 배치할 수 있다. 점으로 나타낸 각 양봉농가를 이은 점선은 양봉농가 간의 거리가 같음을 나타낸 것이다. A군의 경계 안에 〈그림 4〉보다 더 많은 양봉농가를 배치할 수는 없다. 따라서 A군 양봉농가의 최대 수는 7개이다.

실전에선 이렇게!

결과를 알고 나서 〈그림 4〉를 보면 쉽지만, 실전에서 양봉농가들을 정삼각형 또는 A군의 경계에 내접하는 정육각형 모양으로 배치해 나간다는 아이디어를 떠올리기는 쉽지 않다. A군 양봉농가의 최대 수를 묻고 있으므로 양봉농가를 최대한 빽빽하게 배치해보는 시도를 해보면서 감을 잡아야 한다. A군의 중심으로부터 하나의 양봉농가를 최대한 먼 곳에서부터 우선 배치해보면 결국은 A군의 경계에 배치를 하게 된다. A군 경계의 길이, 즉 12km × π ≒ 6으로 6 이상이라는 것을 알면 A군 경계에 최대 6개의 양봉농가를 배치할 수 있음을 알 수 있고, A군의 중심에도 배치할 수 있으므로 정삼각형 또는 정육각형과 같은 도형에 의한 아이디어가 떠오르지 않더라도 문제를 해결할 수 있다.

20 경우 파악형 난이도 중 정답 ③

문제풀이 핵심 포인트

만 나이는 태어났을 때 0살로 시작해 다음 해 생일이 되면 1살이 된다. 즉, 어느 해나 생일이 되는 날 만 나이가 1살 더해지고(단, 2월 29일생은 예외), 1년 365일 중 생일이 두 번 지날 수는 없다는 점 등에 유의하여 문제에 접근한다.

풀이

甲의 첫 번째 진술에 따르면 甲은 올해 안에 만 23살이 된다. 다가올 올해 생일에 만 23살이 된다는 것은 현재 만 나이가 22살이라는 것이다. 또한 그저께 만 21살이었는데 오늘이 만 22살이라는 것은 어제 또는 오늘 둘 중 한 날이 생일이었다는 것이다. 올해 안에 만 23살이 되려면 올해 안에 생일이 있어야 하는데, 오늘이 생일이라면 생일이 올해 안에 다시 있을 수는 없으므로 어제가 생일이며 어제는 작년임을 알 수 있다. 정리하면 甲은 그저께인 2021년 12월 30일에는 만 21살이었고, 어제인 2021년 12월 31일에 생일이 되어 만 22살이 되었으며, 올해 생일인 2022년 12월 31일에 만 23살이 될 것이다. 이때 ㉠을 계산하기 위한 甲의 주민등록번호 앞 6자리 숫자를 모두 알

기 위해서는 甲의 출생연도를 알아야 한다. 출생연도는 올해 연도 X에서 올해 생일을 기준으로 한 만 나이 Y를 빼면 구할 수 있다. 甲의 세 번째 진술에 따르면 올해는 2022년이고, 올해 생일에 만 23살이 되므로 甲의 출생연도는 2022 - 23 = 1999년이다. 따라서 甲의 주민등록번호 앞 6자리는 991231로 ㉠은 9 × 9 × 1 × 2 × 3 × 1 = 486이다.

실전에선 이렇게!

甲의 생일이 12월 31일인 것을 찾아냈다면 선택지를 이용해 빠르게 판단할 수 있다. 우선 12월 31생인 것으로부터 1 × 2 × 3 × 1 = 6인 것을 알 수 있다. 선택지 ①은 甲이 2000년생은 확실히 아닌 점에서 쉽게 소거가 가능하고, 선택지 ②는 6의 배수가 아닌 점에서 소거 가능하다. 그리고 ㉠을 구하기 위해서는 아직 구하지 않은 甲의 출생연도를 일의 자리 수 두 개로 바꾼 숫자를 6에 두 번 곱해야 하는데, 어떤 일의 자리 수 두 개를 6에 곱하더라도 선택지 ④, ⑤의 값이 나올 수 없다. 따라서 구체적인 만 나이를 구하지 않고도 선택지를 통해 해결할 수 있다.

21 조건 계산형 난이도 상

정답 ⑤

문제풀이 핵심 포인트

박스에 주어진 조건에 <상황>으로 주어진 조건까지 더해져 조건이 매우 복잡한 문제이다. 활용된 용어에 주의하여 조건을 정확하게 파악해야만 문제를 정확히 해결할 수 있다.

풀이

A검사국이 인사부서에 증원을 요청할 인원을 구하기 위해서는 다음 해 A검사국의 예상 검사 건수를 알아야 한다. <상황>에서 내년 예상 검사 건수는 올해 검사 건수의 120%라고 했으므로 올해 검사 건수를 구해야 하는데, 올해 검사 건수는 올해의 최대 검사 건수와 같다고 했으므로, 우선 주어진 지문과 <상황>을 조합하여 올해 최대 검사 건수를 구한다.

- 올해 최대 검사 건수를 구하기 위해서는 '기준 검사 건수'를 확인한다. 올해의 '기준 검사 건수'는 100건이며, 이를 직원별로 차감하여 올해 최대 검사 건수를 구한다. 국장은 '기준 검사 건수' 100건에서 100% 차감되므로 최대 검사 건수는 0건이다. 사무 처리 직원도 마찬가지로 최대 검사 건수는 0건이다. 국장 및 사무 처리 직원을 제외한 모든 직원은 10%를 차감하되, 과장은 50%를 추가 차감한다. 즉, 과장은 60%를 차감하고 국장, 사무 처리 직원, 과장을 제외한 나머지 직원은 10%를 차감하는 결과가 된다. 이를 제시된 A검사국의 직원 수와 종합하여 최대 검사 건수를 계산하면 다음과 같다.

올해	기준 검사 건수		100% - 차감		인원 수		최대 검사 건수
국장	100	×	0	×	1	=	0
사무 처리 직원	100	×	0	×	10	=	0
과장	100	×	40	×	9	=	360
나머지 직원	100	×	90	×	80	=	7,200
				계	100	계	7,560

- 주어진 <상황>에 따르면 올해 최대 검사 건수는 올해 검사 건수이고, 내년 예상 검사 건수는 올해 검사 건수의 120%이므로 내년 예상 검사 건수는 7,560 × 1.2이다.
- 내년 예상 검사 건수를 모두 검사하는 데 필요한 최소 직원 수에서 올해 직원 수를 뺀 인원을 증원 요청한다고 했지만, 계산을 수월하게 하기 위해 내년 예상 검사 건수에서 내년 최대 검사 건수를 뺀 후 해당 검사 건수를 검사하는 데 필요한 최소 직원 수를 계산하는 방법을 이용한다. 1명당 검사 건수가 가장 많은 '나머지 직원'을 기준으로 최소 직원 수를 계산하고, 내년의 국장, 과장, 사무 처리 직원의 수는 올해와 동일하다는 점을 확인한다.
- 올해 직원 수를 기준으로 내년에 수행 가능한 최대 검사 건수는, 주어진 <상황>에 따라 위의 표에서 '기준 검사 건수'만 100건에서 90건으로 하향 조정된다. '기준 검사 건수'가 10% 감소하였다는 것은 모든 직원별 검사 건수가 10% 감소했다는 것이고, 이는 내년 최대 검사 건수가 올해 최대 검사 건수의 90%라는 것이다. 즉, 내년 최대 검사 건수는 7,560 × 0.9이다.
- 내년 예상 검사 건수 7,560 × 1.2에서 내년 최대 검사 건수 7,560 × 0.9를 빼면 7,560 × 0.3 = 2,268건이다. '나머지 직원' 1명이 내년 한 해 동안 수행할 수 있는 최대 검사 건수는 90 × 0.9 = 81건이다. 이에 따라 2,268/81 = 28명의 '나머지 직원'을 인사부서에 증원 요청해야 한다.

따라서 현재의 직원으로 내년 예상 검사 건수를 수행하면 2,268건에 대한 검사를 수행하지 못하므로 한 명당 81건의 검사를 수행할 수 있는 '나머지 직원' 28명이 더 필요하다.

22 규칙 정오판단형 난이도 중

정답 ④

문제풀이 핵심 포인트

甲 ~ 丙의 회차별 정답 여부와 문제 번호를 주어진 조건에 따라 직접 확인해야 한다. 직접 확인하기 전에 주어진 7회차까지 빠르게 판단하면 될 것 같지만, 주어진 표에 4 ~ 5회차 결과가 제외되어 있어 경우의 수가 갈리면 더 복잡해질 수도 있고, 조건에 따라 경우의 수가 줄어들 수도 있다는 점을 유의해야 한다.

풀이

주어진 회차별 풀이 결과에 따르면 甲, 丙의 경우 1, 2, 3, 6, 7회차 정답의 개수가 3회인데 乙은 4회이므로 甲 ~ 丙의 7회차까지 정답의 개수는 4회 또는 5회임을 알 수 있다. 甲부터 판단해 보면 다음과 같다.

甲	1	2	3	4	5	6	7
문제 번호	1번	3번	7번	4번	9번		
풀이 결과	○	○	×	○	?		

4회차에는 풀이 결과 오답일 수 없다. 조건에 따라 4회차에 4번 문제를 풀어 오답인 경우 다음 회차인 5회차에는 3번 문제를 풀어야 하는데, 한 사람이 같은 번호의 문제를 두 번 이상 푼 경우는 없다고 했으므로 4회차의 풀이 결과는 정답이다. 그리고 5회차에는 9번 문제를 풀게 된다. 여기까지 풀이하면 5회차는 풀이 결과가 확정되지 않으므로 乙을 확인한다.

乙	1	2	3	4	5	6	7
문제 번호	1번	3번	7번	15번	8번		
풀이 결과	○	○	○	×			

4회차 풀이 결과는 정답일 수 없다. 4회차가 정답이라면 조건에 따라 5회차에는 25번 문제를 풀게 되고 더 이상 문제를 풀지 않는다. 그러나 乙은 6회차, 7회차에 문제를 풀었으므로 4회차 풀이 결과는 오답이다. 그리고 5회차에는 8번 문제를 풀게 된다. 이때 乙의 5회차 풀이 결과에 따라 경우의 수가 두 가지로 나누어지므로 이를 정리하면 다음과 같다.

〈경우 1〉 乙의 5회차 풀이 결과가 정답인 경우

乙	5	6	7
문제 번호	8번	17번	9번
풀이 결과	○	×	○

〈경우 2〉 乙의 5회차 풀이 결과가 오답인 경우

乙	5	6	7
문제 번호	8번	5번	3번
풀이 결과	×	×	○

그러나 〈경우 2〉는 乙이 7회차에서 다시 3번 문제를 풀게 되므로 성립할 수 없다. 이에 따라 乙의 5회차 풀이 결과는 정답이다.

조건에 따르면 세 사람이 맞힌 정답의 개수는 같고, 乙의 정답 개수가 5개이므로 甲의 정답 개수도 5개이다. 즉, 甲의 5회차 풀이 결과는 정답임을 알 수 있다. 丙의 정답 개수가 5개이므로 丙의 4회차와 5회차 풀이 결과가 모두 정답이다. 이상의 내용들을 하나의 표로 정리하면 다음과 같다.

구분		1	2	3	4	5	6	7
甲	문제 번호	1번	3번	7번	4번	9번	19번	25번
	풀이 결과	○	○	×	○	○	○	×
乙	문제 번호	1번	3번	7번	15번	8번	17번	9번
	풀이 결과	○	○	○	×	○	×	○
丙	문제 번호	1번	3번	2번	5번	11번	23번	25번
	풀이 결과	○	×	○	○	○	○	×

ㄱ. (×) 4회차에 甲은 4번 문제를, 丙은 5번 문제를 풀었다.

ㄴ. (O) 4회차에 정답을 맞힌 사람은 甲, 丙 2명이다.

ㄷ. (×) 5회차에 정답을 맞힌 사람은 甲, 乙, 丙 3명이다.

ㄹ. (O) 乙은 7회차에 9번 문제를 풀었다.

실전에선 이렇게!

사후적 풀이처럼 설명하지 않기 위해서 甲부터 해설하였다. 그러나 조건에 따르면 乙은 4~5회차 풀이 결과가 모두 정답일 수 없고, 4회차 풀이 결과가 오답이고 5회차 풀이 결과가 정답이면 甲과 丙의 모든 결과가 쉽게 확정될 수 있다는 점에서 乙부터 풀이하는 것이 좋다. 위 '풀이'처럼 甲부터 시작해 문제를 풀게 되면, 5회차 풀이부터는 결과가 확정되지 않으므로 다음 두 가지의 경우로 나누어 판단해야 한다.

〈경우 1〉 甲의 5회차 풀이 결과가 정답인 경우

회차	5	6	7
문제 번호	9번	19번	25번
풀이 결과	O	O	×

〈경우 2〉 甲의 5회차 풀이 결과가 오답인 경우

회차	5	6	7
문제 번호	9번	5번	11번
풀이 결과	×	O	×

乙과 달리 甲의 〈경우 1〉과 〈경우 2〉는 모두 성립이 가능하다. 甲부터 풀이를 시작하였다면 이러한 상황까지 확인하고 乙이나 丙으로 넘어갈 수도 있지만, 보다 더 빨리 확정할 수 있는 다른 경우로 넘어가는 것도 좋다.

23 경우 확정형 난이도 ㊤ 정답 ①

문제풀이 핵심 포인트

지문이 연언문, 선언문으로만 주어져 있고, 조건문이 없는 점, 숫자에 의한 제약이 있는 점에서 언어논리의 논리퀴즈 유형처럼 접근하지 않도록 주의한다. 주어진 조건에 따라 사례와 반례를 찾아서 빠르게 해결한다.

풀이

△△팀원은 7명이고 甲과 함께 식사하므로 총 8명이 식사하게 된다. 첫 번째 조건에 따라 함께 식사하는 총 인원은 4명 이하여야 하므로 팀원 7명은 최소 3개의 조로 나누어져 식사를 해야 한다. 또한 두 번째 조건에서 단둘이 식사하지 않는다고 했으므로 최대 3개 조로 나누어 식사를 하게 된다. 즉, 어떠한 경우에도 3개 조로 나누어져 식사를 한다. 이 3개의 조는 甲을 제외하고 항상 3명, 2명, 2명으로 나누어진다.

① (×) A와 E가 함께 환영식사에 참석한 경우 모순이 발생하는지 판단한다. 세 번째 조건에 따라 B는 A와 함께 식사하지 않으므로 서로 다른 조에 배치한다고 가정한다. 그리고 다섯 번째 조건에 따라 F는 E와 함께 식사한다. 이를 그림으로 나타내면 다음과 같다.

A	E	F	甲		B	(음영)	甲				甲

큰 사각형 안의 각 작은 사각형 한 칸은 각각 1명이 들어감으로써 첫 번째 조건의 총 인원이 4명 이하임을 표시한 것이다. 편의상 왼쪽 첫 번째 큰 사각형부터 첫 번째 조, 두 번째, 세 번째 조라고 가정하고 음영 칸에 들어가야 할 팀원을 생각해 본다. 네 번째 조건에 따르면 C와 D는 함께 식사하지 않으므로 C와 D 중 한 명은 음영 칸에 들어가고 나머지는 세 번째 조에 들어간다. 그러나 여섯 번째 조건에 따라 부팀장과 함께 식사해야 하는 G 역시 음영 칸에 들어가야 한다. 이러한 경우는 성립할 수 없으므로 A는 E와 함께 환영식사에 참석할 수 없다.

② (O) B가 C와 함께 환영식사에 참석한 경우, 세 번째 조건에 따라 A는 다른 조에 참석해야 하며 편의상 두 번째 조로 배치한다. 다섯 번째 조건에 따라 E와 F는 함께 식사해야 하므로 세 번째 조에 함께 배치한다. 다섯 번째 조건에 따라 D는 C와 함께 식사하지 않으므로 두 번째 조로 배치한다. 마지막으로 여섯 번째 조건에 따라 G를 첫 번째 조에 배치한다. 이를 그림으로 나타내면 다음과 같다.

B	C	G	甲		A	D	甲		E	F	甲

따라서 B는 C와 함께 환영식사에 참석할 수 있다.

③ (O) C와 G가 함께 환영식사에 참석하는 경우 여섯 번째 조건에 따라 부팀장이 함께 식사해야 하므로 C와 G를 첫 번째 조에 배치한다.

	C	G	甲				甲				甲

이 외에 다른 제약조건이 없으므로 선택지 ②와 같이 배치가 가능하다. 따라서 C는 G와 함께 환영식사에 참석할 수 있다.

④ (O) D가 E와 함께 환영식사에 참석하는 경우 다섯 번째 조건에 따라 F도 함께 식사에 참석해야 하므로 첫 번째 조에 배치한다. 세 번째 조건에 의해 A와 B는 함께 식사하지 않으므로 편의상 각각 두 번째 조, 세 번째 조에 배치한다. 네 번째 조건에 따라 C와 D는 함께 식사하지 않고, A와 B는 특별한 조건이 없으므로 각각 두 번째 조, 세 번째 조 중 어떤 조에 들어가도 무방하다. 이를 그림으로 나타내면 다음과 같다.

〈경우 1〉

D	E	F	甲		A	C	甲		B	D	甲

〈경우 2〉

D	E	F	甲	A	D	甲	B	C	甲

따라서 D가 E와 함께 환영식사에 참석하는 경우, C는 부팀장과 함께 환영식사에 참여하게 된다.

⑤ (O) G를 포함하여 총 4명이 함께 환영식사에 참석하는 경우, 여섯 번째 조건에 따라 G는 A 또는 B와 함께 첫 번째 조에 들어간다. 예를 들어 B와 함께 첫 번째 조에 들어갔다고 가정하면, 다섯 번째 조건에 따라 E와 F는 함께 식사해야 하므로 편의상 세 번째 조로 배치한다.

B		G	甲	A		甲	E	F	甲

이에 따라 F가 참석하는 환영식사의 인원은 총 3명이다. 나머지는 다른 제약조건이 없으므로 선택지 ②와 같이 배치가 가능하다.

24 조건 계산형 난이도 상 정답 ④

문제풀이 핵심 포인트

거리·속력·시간에 대한 이해를 묻는 문제이다. 거리·속력·시간의 구체적 값이 주어져 있지 않지만, 주어진 조건을 토대로 甲과 乙 속력의 비를 구하는 것이 문제의 핵심이다. 거리·속력·시간에 대한 기본적인 식과 변형에 익숙해져야 한다.

풀이

사무실 사이의 거리는 주어져 있지 않고, 甲과 乙 각각의 속력은 일정함을 지문을 통해 확인할 수 있다. 乙이 자신의 사무실을 출발하여 4분 뒤 복도에서 甲을 만나 서류를 받은 상황과, 甲이 사무실에 복귀한 것까지 화살표로 나타내면 다음 〈그림 1〉과 같다.

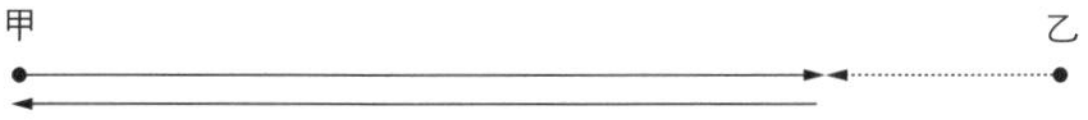

〈그림 1〉

마지막 문장에 따르면, 甲은 원래 예상했던 시각보다 2분 일찍 사무실로 복귀한 사실을 알게 되었다. 甲은 乙과 중간에서 만남으로써 乙이 이동한 거리, 즉 점선 화살표 길이의 2배만큼 덜 이동하게 된 것이다. 乙은 점선 화살표 길이를 이동하는 데 4분이 걸리는데, 甲은 그 2배 거리를 이동하는 데 2분이 걸린다는 것이다. 즉, 甲은 해당 거리를 이동하는 데 1분이 걸리고 甲의 속력은 乙의 4배라는 것을 알 수 있다.

아래 〈그림 2〉는 乙이 출발한 시점에서 甲의 위치를 나타낸 것이다. 乙이 출발한 시점으로부터 4분 뒤 두 번째 화살표와 점선 화살표가 만나는 지점에서 〈그림 1〉처럼 甲과 乙이 만나게 되는 것이다.

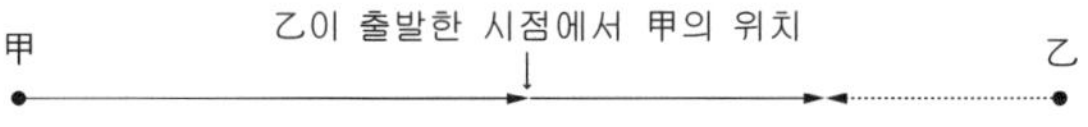

〈그림 2〉

이는 甲이 두 번째 화살표 길이만큼의 거리를 4분 만에 가는 것이다. 그리고 甲의 속력은 乙의 4배이므로 점선 화살표 길이만큼의 거리는 1분 만에 갈 수 있다. 즉, 乙이 출발한 시점에서 甲은 乙의 사무실까지 5분 만에 갈 수 있다. 따라서 乙은 甲이 도착하기 5분 전, 즉 약속한 시각보다 5분 일찍 자신의 사무실을 나섰다.

25 응용형(법조문형) 난이도 하 정답 ④

문제풀이 핵심 포인트

선택지에서 '허가'라는 키워드가 네 번 나오고, 〈상황〉이 주어져 있으므로 '일치부합형'의 해결 방식이 아닌 '응용형'의 해결 방식을 사용해 문제를 해결한다. 甲은 공관장이고, 甲~丙은 모두 재외공관인 A국 소재 대사관에 근무하는 공무원으로 재외공무원에 해당한다는 점에 주목한다.

풀이

① (×) 제1항에 따르면 재외공무원이 공무로 일시귀국하고자 하는 경우에는 장관의 허가를 받아야 한다. 올해 甲의 일시귀국 2회는 모두 공무상 회의 참석을 위한 것이므로 甲은 일시귀국 시 장관에게 신고를 하는 것이 아닌 허가를 받아야 한다.

② (×) 제2항에 따르면 공관장이 공무 외의 목적으로 일시귀국하려는 경우에는 장관의 허가를 받아야 하지만, 제2항 단서에서 배우자의 직계존·비속이 사망하거나 위독한 경우 공관장은 장관에게 신고하고 일시귀국할 수 있다고 하였다. 따라서 甲이 배우자의 직계존속이 위독하여 올해 추가로 일시귀국하기 위해서는 제2항 단서에 따라 장관의 허가를 받는 것이 아닌 장관에게 신고하고 일시귀국할 수 있다. 이는 제4항에 해당하는 상황도 아니다.

③ (×) 공관장이 아닌 재외공무원이 장관의 허가를 받아야 하는 경우는 제4항 각 호에 해당하는 사항이어야 한다. 乙의 올해 일시귀국 현황은 동반자녀의 관절 치료를 위해 총 1회이며 이는 제3항의 단서 제2호에 해당하는 경우로 일시귀국의 횟수 및 기간에 산입하지 아니한다. 즉, 乙이 직계존속의 회갑으로 인해 올해 3일간 추가로 일시귀국을 하더라도 연 1회 20일 이내이므로 제4항 제1호의 장관의 허가를 받아야 하는 상황이 아니라, 제2항 본문의 공관장의 허가를 받아야 하는 상황에 해당한다.

④ (O) 제4항 제2호에서는 재외공무원이 장관의 허가를 받아야 하는 경우로 재외공무원이 일시귀국 후 국내 체류기간을 연장하는 경우라고 정하고 있다. 해당 경우 허가의 예외를 정하고 있는 조문은 제시되지 않았으므로 乙이 공관장의 허가를 받아 일시귀국하였더라도 국내 체류기간을 연장하였을 때에는 장관의 허가를 받았을 것이다.

⑤ (×) 제2항에서 공관장이 아닌 재외공무원이 공무 외의 목적으로 일시귀국하려는 경우에는 공관장의 허가를 받도록 정하고 있지만, 제4항 제1호에 따르면 재외공무원이 연 1회 또는 20일을 초과하여 공무 외의 목적으로 일시귀국하려는 경우는 장관의 허가를 받아야 한다. 丙의 자신의 혼인이라는 사유는 제4항 제1호의 공무 외의 목적에 해당하고 올해 직계존속의 회갑으로 이미 1회 일시귀국한 바 있으므로 올해 연 1회를 초과하여 일시귀국하기 위해서는 제4항에 의하여 공관장의 허가가 아닌 장관의 허가를 받아야 한다.

실전에선 이렇게!

⑤ 제3항에서 재외공무원이 공무 외의 목적으로 일시귀국할 수 있는 기간은 연 1회 20일 이내로 정하고 있으나, 직접적으로 적용되는 조문은 제4항임에 유의한다.

정답

p.193

1	①	빈칸형	6	①	분수 비교형	11	②	빈칸형	16	②	매칭형	21	③	각주 판단형
2	⑤	분수 비교형	7	④	평균 개념형	12	③	매칭형	17	②	각주 판단형	22	⑤	최소여집합형
3	④	보고서 검토·확인형	8	①	분수 비교형	13	③	조건 판단형	18	⑤	조건 판단형	23	①	매칭형
4	①	분수 비교형	9	⑤	매칭형	14	⑤	분수 비교형	19	③	분산·물방울형	24	④	각주 판단형
5	②	매칭형	10	④	보고서 검토·확인형	15	④	각주 판단형	20	①	빈칸형	25	②	빈칸형

취약 유형 분석표

유형별로 맞힌 문제 개수와 정답률, 틀린 문제 번호, 풀지 못한 문제 번호를 적고 나서 취약한 유형이 무엇인지 파악해 보세요. 그 후 약점 보완 해설집 p.8 [취약 유형 공략 포인트]에서 약점 보완 학습법을 확인하고, 틀린 문제와 풀지 못한 문제를 다시 한번 풀어보세요.

유형		맞힌 문제 개수	정답률	틀린 문제 번호	풀지 못한 문제 번호
자료비교	곱셈 비교형	-	-		
	분수 비교형	/5	%		
	반대해석형	-	-		
자료판단	단순 판단형	-	-		
	매칭형	/5	%		
	빈칸형	/4	%		
	각주 판단형	/4	%		
	조건 판단형	/2	%		
자료검토·변환	보고서 검토·확인형	/2	%		
	표-차트 변환형	-	-		
자료이해	평균 개념형	/1	%		
	분산·물방울형	/1	%		
	최소여집합형	/1	%		
TOTAL		/25	%		

해설

1 빈칸형 난이도 하 정답 ①

문제풀이 핵심 포인트
비경제활동인구는 15세 이상 인구와 경제활동인구의 차이이고, 취업자는 경제활동인구와 실업자의 차이이다.

풀이

- A는 15세 이상 인구 증감폭 중 경제활동인구 증감폭을 제외한 수치이므로 -1만 5천 = +3만 + A를 만족하는 값을 도출하면 된다. 따라서 A에 들어갈 수치는 -4만 5천이다.
- B는 경제활동인구 중 실업자 인구를 제외한 수치이므로 175만 7천에서 6만 1천을 제한 169만 6천이다.

2 분수 비교형 난이도 하 정답 ⑤

문제풀이 핵심 포인트
청구인과 피청구인 유형이 내국인인지 외국인인지 구분하여 판단한다.

풀이

ㄱ. (O) 청구인이 내국인인 특허심판 청구건수는 2018년 2,859건에서 2019년 1,154건으로 59.6% 감소하였다. 따라서 전년 대비 감소율은 50% 이상이다.

ㄴ. (O) 2021년 피청구인이 내국인인 특허심판 청구건수 893건은 피청구인이 외국인인 특허심판 청구건수 259건의 3배인 777건 이상이다.

ㄷ. (O) 2017년 내국인이 외국인에게 청구한 특허심판 청구건수 270건은 2020년 외국인이 외국인에게 청구한 특허심판 청구건수 230건보다 많다.

3 보고서 검토·확인형 난이도 하 정답 ④

문제풀이 핵심 포인트
〈보고서〉의 내용 중 각 선지와 관련된 부분을 정확하게 찾아 판단한다.

풀이

④ (×) 〈보고서〉의 두 번째 문단 마지막 문장에서 2018년 이후 예식장과 결혼상담소의 사업자 수도 각각 매년 감소하는 것으로 나타났다고 하였지만, 자료에서는 2018년 대비 2019년 예식장 사업자 수가 증가하므로 〈보고서〉의 내용에 부합하지 않는다.

4 분수 비교형 난이도 하 정답 ①

문제풀이 핵심 포인트
회차별 위원의 수는 16명으로 모두 동일하므로 동의한 위원을 묻더라도 상대적으로 적은 부동의한 위원의 수를 세어 판단한다.

풀이

ㄱ. (O) 24~26차 회의의 심의안건에 모두 동의한 위원은 기획재정부장관, 보건복지부장관, 여성가족부장관, 국토교통부장관, 해양수산부장관, 문화재청장으로 6명이다.

ㄴ. (×) 심의안건에 부동의한 위원 수는 24회차 5명, 25회차 6명, 26회차 4명으로 매 회차 증가한 것은 아니다.

ㄷ. (×) 각주 1에서 위원의 수는 16명이므로 $\frac{2}{3}$ 이상이 동의하려면 11명 이상이 동의해야 한다. 하지만 ㄴ에서 검토했듯이, 25회차는 6명이 부동의하였고 동의한 의원의 수는 10명이므로 심의안건은 의결되지 못하였음을 알 수 있다.

5 매칭형 난이도 하 정답 ②

문제풀이 핵심 포인트
〈보고서〉의 내용에 부합하는 도시는 1개뿐이므로 첫째~넷째 특징에 부합하지 않는 도시를 소거법으로 제거하면서 답을 도출한다.

풀이

- 첫째, 1990년대 이후 모든 시기에서 자본금액 1천만 원 미만 창업 건수가 자본금액 1천만 원 이상 창업 건수보다 많다고 하였으므로 2010년대 1천만 원 미만(16건)이 1천만 원 이상(17건)보다 적은 C는 제외한다.
- 둘째, 자본금액 1천만 원 미만 창업 건수와 1천만 원 이상 창업 건수의 차이는 2010년대가 2000년대의 2배 이상이므로 2010년대 차이(77건)가 2000년대 차이(39건)의 2배 미만인 D는 제외한다.
- 셋째, 2020년 이후 전체 창업 건수는 1990년대 전체 창업 건수의 10배 이상이므로 2020년 이후가 889건으로 1990년대 209건의 10배 미만인 A와, 2020년 이후가 247건으로 1990년대 30건의 10배 미만인 D는 제외한다.
- 넷째, 2020년 이후 전체 창업 건수 중 자본금액 1천만 원 이상 창업 건수의 비중은 3% 이상이므로 전체(253건) 중 1천만 원 이상(7건)이 3% 미만인 E는 제외한다.

따라서 〈보고서〉의 내용에 부합하는 도시는 B이다.

실전에선 이렇게!
가장 간단한 첫째 특징부터 판단한 다음, 차이가 '2배 이상인지' 묻는 둘째 특징보다 단순히 '10배 이상 차이가 나는지' 묻는 셋째 특징을 먼저 검토한다면 A와 D를 한 번에 제외할 수 있으므로 검토 시간을 줄일 수 있다.

6 분수 비교형 난이도 중 정답 ①

문제풀이 핵심 포인트
〈표 2〉는 합계가 함께 제시되었지만 〈표 1〉은 1~3등급만 제시되었기 때문에 가공비용 판단 시 등급을 정확하게 연결하여 도출한다.

풀이

ㄱ. (O) A 지역의 3등급 쌀 가공비용 100×25=2,500천 원은 B 지역의 2등급 현미 가공비용 97×25=2,425천 원보다 크다.

ㄴ. (×) 1등급 현미 전체의 가공비용 105×106=11,130천 원은 2등급 현미 전체 가공비용 97×82=7,954천 원의 2배인 15,908천 원 이상이 아니다.

ㄷ. (×) 3등급 쌀과 3등급 보리의 가공단가가 각각 90천 원/톤, 50천 원/톤으로 변경될 경우, 지역별 가공비용 총액 감소폭은 A가 25×(-10)+7×(-5) =-285천 원, B가 55×(-10)+5×(-5)=-575천 원, C가 20×(-10) +2×(-5)=-210천 원이므로 가장 작은 지역은 A가 아니라 C이다.

실전에선 이렇게!

ㄱ. A 지역의 3등급 쌀 가공량과 B 지역의 2등급 현미 가공량은 25톤으로 동일하므로 가공단가가 더 큰 쌀의 가공비용이 더 크다.

ㄴ. 식을 설정하여 105×106이 97×82×2=97×164보다 큰지 곱셈 비교로 판단한다.

ㄷ. C 지역 3등급 쌀과 보리의 가공량이 A, B 지역에 비해 각각 가장 적기 때문에 감소폭 역시 가장 작다고 판단한다.

7 평균 개념형 난이도 하

정답 ④

문제풀이 핵심 포인트

등급별 배점 차이가 작은 평가항목부터 나열하면 편익<피해액<재해발생위험도이다.

풀이

ㄱ. (O) '재해발생위험도' 점수가 높은 지역부터 순서대로 나열하면 '을(25)', '갑(17)', '병(10)'이고 우선순위가 높은 지역부터 순서대로 나열하면 역시 '을(39)', '갑(38)', '병(32)'이다.

ㄴ. (×) 우선순위가 가장 높은 지역 '을'과 가장 낮은 지역 '병'의 '피해액' 점수 차이는 12-6=6점으로 '재해발생위험도' 점수 차이 25-10=15점보다 작다.

ㄷ. (O) '피해액' 점수와 '재해발생위험도' 점수의 합은 '갑'이 32점, '을'이 31점, '병'이 22점으로 '갑'이 가장 크다.

ㄹ. (O) '갑'지역의 '편익' 등급이 B로 변경되면, 점수가 2점 상승하고 우선순위는 '을(39)'보다 '갑(40)'이 더 높아지므로 우선순위가 가장 높은 지역은 '갑'이 된다.

실전에선 이렇게!

ㄱ. 갑과 병의 경우 등급이 A, B, C로 하나씩 있는 점이 동일하지만 '편익'에 비해 '재해발생위험도'의 배점이 높기 때문에 이를 가중치로 보아 대략적으로 합의 크기를 판단할 수 있다.

ㄴ. '피해액'의 경우 등급별 배점 차이가 3점이므로 2개 등급의 배점 차이는 6점이고, '재해발생위험도'의 경우 등급별 배점 차이가 최소 7점이므로 2개 등급의 배점 차이는 7점 이상이다.

8 분수 비교형 난이도 하

정답 ①

문제풀이 핵심 포인트

연도별 막대그래프 자료이므로 동일한 사료 유형을 판단할 때 막대그래프 색이 동일한 것끼리 비교한다.

풀이

ㄱ. (O) 2017~2021년 동안의 특허 출원건수 합은 '식물기원'이 58건, '동물기원'이 42건, '미생물효소'가 40건으로 가장 작은 사료 유형은 '미생물효소'이다.

ㄴ. (×) 2019년 특허 출원건수는 '식물기원'이 9건, '동물기원'이 11건으로 연도별 전체 특허 출원건수 대비 각 사료 유형의 특허 출원건수 비율은 '식물기원(9/29)'보다 '동물기원(11/29)'이 더 높다. 따라서 연도별 전체 특허 출원건수 대비 각 사료 유형의 특허 출원건수 비율은 '식물기원'이 매년 가장 높다는 것은 옳지 않은 설명이다.

ㄷ. (×) 2021년 특허 출원건수의 전년 대비 증가율은 '식물기원'이 (13/12)×100≒108%, '동물기원'이 (5/10)×100=50%, '미생물효소'가 (9/8)×100=112.5%이므로 가장 높은 사료 유형은 '식물기원'이 아닌 '미생물효소'이다.

실전에선 이렇게!

ㄱ. 2019년을 제외하고 매년 특허 출원건수가 가장 많은 식물기원의 합이 사실상 가장 크다고 판단한 후 동물기원과 미생물효소를 연도별 차이값으로 비교한다. 동물기원-미생물효소 값은 2017년이 +3, 2018년이 -3, 2019년이 +2, 2020년이 +2, 2021년이 -2이므로 차이값의 합은 +2이다. 따라서 동물기원이 미생물효소보다 많기 때문에 미생물효소의 합이 가장 작다고 판단할 수 있다.

ㄷ. 2021년 특허 출원건수가 전년 대비 2배 이상 증가한 식물기원과 미생물효소를 비교할 때, 2배 초과분만 분수식으로 판단하면 식물기원은 1/24, 미생물효소는 1/8이므로 미생물효소가 더 높다는 것을 빠르게 판단할 수 있다.

9 매칭형 난이도 하

정답 ⑤

문제풀이 핵심 포인트

지역의 수가 많이 제시된 〈표〉이므로 A, B, C를 판단할 때 신중히 체크하여 답을 도출한다.

풀이

- 2020년 빈집 수가 전년 대비 증가한 지역은 서울특별시, 부산광역시, 광주광역시, 전라북도, 전라남도, 경상남도로 총 6개 지역이다. 따라서 [A]에 들어갈 수치는 '6'이다.
- 전년대비 빈집비율의 증가폭은 광주광역시가 7.5%에서 7.7%로 0.2%p이고, 전라북도가 12.6%에서 12.9%로 0.3%p 이므로 전년 대비 빈집비율이 가장 큰 폭으로 증가한 지역인 [B]에 들어갈 지역은 '전라북도'이다.
- 빈집비율이 가장 높은 지역과 가장 낮은 지역의 빈집비율 차이는 2019년 전라남도 15.5와 서울특별시 3.2의 차이인 12.3이고 2020년 역시 전라남도 15.2와 서울특별시 3.2의 차이인 12.0이다. 따라서 [C]에 들어갈 단어는 '감소'이다.

10 보고서 검토·확인형 난이도 하

정답 ④

문제풀이 핵심 포인트

〈표〉만 가지고는 〈보고서〉의 내용을 작성할 수 없는 〈보기〉를 선별하여 추가로 필요한 자료로 골라낸다.

풀이

ㄱ. (O) 〈보고서〉의 첫 번째 문단 두 번째 문장 '오후돌봄교실의 경우 2021년 기준 전체 초등학교의 98.9%가 참여하고 있다.'를 작성하기 위해서는 '연도별 오후돌봄교실 참여 초등학교 수 및 참여율'이 추가로 필요하다.

ㄴ. (O) 〈보고서〉의 세 번째 문단 첫 번째 문장 '19시를 넘는 늦은 시간까지 이용하는 학생 비중은 11.2%에 불과하다.'를 작성하기 위해서는 '2021년 저녁돌봄교실 이용학생의 이용시간별 분포'가 추가로 필요하다.

ㄷ. (×) 〈보고서〉의 세 번째 문단 두 번째 문장 '2021년 현재 저녁돌봄교실 이용학생은 1~2학년이 8,570명으로 전체 저녁돌봄교실 이용학생의 83.7%를 차지한다.'는 내용은 〈표 1〉에 제시된 저녁돌봄교실의 1학년과 2학년 학생 수 및 비율을 합하여 도출할 수 있으므로 '2021년 저녁돌봄교실 이용학생의 학년별 분포'는 추가로 필요하지 않다.

ㄹ. (O) 〈보고서〉의 네 번째 문단 '초등돌봄교실 담당인력은 돌봄전담사, 현직교사, 민간위탁업체로 다양하다. 담당인력 구성은 돌봄전담사가 10,237명으로 가장 많고, 다음으로 현직교사 1,480명, 민간위탁업체 565명 순이다. 그중 돌봄전담사는 무기계약직이 6,830명이고 기간제가 3,407명이다.'를 작성하기 위해서는 '2021년 초등돌봄교실 담당인력 현황'이 추가로 필요하다.

11 빈칸형 난이도 중

정답 ②

문제풀이 핵심 포인트

직접 제시된 연도는 2016~2020년이지만 각주에서 다음 연도 이월 건수를 언급하고 있으므로 2021년의 전년 이월 건수를 고려해야 한다.

풀이

ㄱ. (O) 2017년 '심판대상'은 323건이고 2018년 '전년 이월'은 90건이다. 따라서 '심판대상' 중 '전년 이월'의 비중은 2018년 (90/258) × 100 ≒ 34.9%가 2016년 (96/322) × 100 ≒ 29.8%보다 높다.

ㄴ. (×) 다음 연도로 이월되는 건수가 가장 많은 연도는 100건인 2016년이 아니라 131건인 2020년이다.

ㄷ. (O) 2017년 이후 '해당 연도 접수' 건수가 전년 대비 증가한 연도는 2019년과 2020년이다. 2019년은 168건에서 204건으로 36건 증가하였으므로 증가율은 21.4%이고 2020년은 204건에서 252건으로 48건 증가하였으므로 증가율은 23.5%이다. 따라서 2017년 이후 '해당 연도 접수' 건수의 전년 대비 증가율이 가장 높은 연도는 2020년이다.

ㄹ. (×) '재결' 건수는 2019년이 186건으로 가장 적고 '해당 연도 접수' 건수는 2018년이 168건으로 가장 적다.

실전에선 이렇게!

ㄱ. 분수 비교 시 분모가 분자의 3배를 넘는지 여부로 판단할 수 있다.

ㄷ. 36/168과 48/204를 분수 비교할 때, 분자는 36에서 48로 12만큼 1/3의 증가율을 보이고 분모는 168에서 204로 36만큼 1/4 미만의 증가율을 보이고 있으므로 분자의 증가율이 분모의 증가율보다 높다. 따라서 2020년의 증가율이 더 높음을 빠르게 판단할 수 있다.

12 매칭형 난이도 중

정답 ③

문제풀이 핵심 포인트

해양포유류 부류는 A~D로 4가지가 제시되었지만 선지는 A, B 둘뿐이므로 선지 구성을 활용하여 답을 도출한다.

풀이

- 〈보고서〉의 두 번째 문단에서 멸종우려종 중 '고래류'가 차지하는 비중은 80% 이상이라고 하였으므로 가장 많은 D가 '고래류'임을 알 수 있다. 이에 따라 선지 ①, ②가 제외된다.
- 〈보고서〉의 두 번째 문단에서 '해달류 및 북극곰'은 9개의 지표 중 멸종우려종 또는 관심필요종(LC)으로만 분류된 것으로 나타났다고 하였으므로 B가 '해달류 및 북극곰'임을 알 수 있다. 이에 따라 선지 ④가 제외된다.
- 〈보고서〉의 세 번째 문단에서 '해달류 및 북극곰'과 '해우류'는 자료부족종(DD)으로 분류된 종이 없다고 하였으므로 '해우류'는 C임을 알 수 있다. 이에 따라 선지 ⑤가 제외된다.

따라서 A는 '기각류'이고 B는 '해달류 및 북극곰'이다.

13 조건 판단형 난이도 상

정답 ③

문제풀이 핵심 포인트

(가)와 (나)를 판단할 때 가장 낮은 대여요금을 제공하지 못할 가능성이 있는 운영사를 골라내야 하므로 잠금해제료를 기본요금으로 간주하고 분당대여료를 사용요금으로 간주하여 식을 세운 후 답을 도출한다.

풀이

- 2022년 1월 기준 대여시간이 1분일 때 A는 200원, B는 400원, C는 870원, D는 1,660원으로 A가 가장 낮고, 대여시간이 10분일 때 A는 2,000원, B는 1,750원, C는 1,950원, D는 2,200원으로 B가 가장 낮으며, 대여시간이 100분일 때 A는 20,000원, B는 15,250원, C는 12,750원, D는 7,600원으로 D가 가장 낮다. 따라서 2022년 1월 기준 대여요금제에 따르면, 운영사 C는 이용자의 대여시간이 몇 분이더라도 해당 대여시간에 대해 운영사 A~D 중 가장 낮은 대여요금을 제공하지 못하므로 (가)에 들어갈 운영사는 'C'이다.
- 운영사 C가 2월부터 잠금해제 이후 처음 5분간 분당대여료를 면제하는 것으로 대여요금제를 변경하면 대여시간이 10분일 때 A는 2,000원, B는 1,750원, C는 1,350원, D는 2,200원으로 C가 가장 낮기 때문에 2022년 2월 기준 대여요금제에 따르면 운영사 B는 이용자의 대여시간이 몇 분이더라도 해당 대여시간에 대해 운영사 A~D 중 가장 낮은 대여요금을 제공하지 못한다. 따라서 (나)에 들어갈 운영사는 'B'이다.
- 이에 운영사 B는 3월부터 분당대여료를 50원 인하하는 것으로 대여요금제를 변경하였고 그 결과 대여시간이 20분일 때, 3월 기준 대여요금제로 산정된 공유킥보드 대여요금은 B가 250 + 100 × 20 = 2,250원이고 C가 750 + 120 × 15 = 2,550이므로 차이는 300원이다. 따라서 (다)에 들어갈 수치는 '300'이다.

실전에선 이렇게!

잠금해제료가 없지만 분당대여료가 가장 높은 A와, 잠금해제료가 가장 높지만 분당대여료가 가장 낮은 D는 대여시간에 따라 가장 낮은 대여요금을 제공할 가능성이 있다. 이를 파악했다면 (가)에 들어갈 운영사는 C이고 (나)에 들어갈 운영사는 B라는 것을 어렵지 않게 판단할 수 있다.

14 분수 비교형 난이도 중 정답 ⑤

문제풀이 핵심 포인트
증가율 또는 감소율 판단 시 6%와 같은 세밀한 비율은 후순위로 판단하고, 50%나 20%와 같이 일의 자리가 0인 비율을 우선적으로 판단한다.

풀이

① (O) 2021년 전체 학생 수는 532만 명으로 전년보다 감소하였지만, 사교육비 총액은 23조 4천억 원으로 전년의 19.4조 원 대비 20.6% 증가하였다.

② (O) 사교육의 참여율과 주당 참여시간도 전년 대비 증가하였다.

③ (O) 2021년 전체 학생의 1인당 월평균 사교육비 36.7만 원은 전년의 30.2만 원 대비 21.5% 증가하였고, 사교육 참여학생의 1인당 월평균 사교육비 또한 45.0만 원에서 48.5만 원으로 전년 대비 7.8% 증가하였다.

④ (O) 2021년 전체 학생 중 월평균 사교육비를 20만 원 미만 지출한 학생의 비중은 20만 원 미만의 각 구간에서 모두 전년 대비 감소하였고, 60만 원 이상 지출한 학생의 비중은 17.4%에서 21.8%로 전년 대비 증가하였다.

⑤ (×) 2021년 방과후학교 지출 총액은 4,434억 원으로 2019년 8,250억 원 대비 약 46.3% 감소하여 50% 이상 감소하지 않았다.

실전에선 이렇게!

⑤ 50% 이상 감소하려면 2021년의 지출 총액은 2019년 8,250억 원의 절반인 4,125억 원 이하가 되어야 한다.

15 각주 판단형 난이도 중 정답 ④

문제풀이 핵심 포인트
5년마다 조사한 자료가 제시되었으므로 주어지지 않은 연도를 묻는 선택지에 유의하여 답을 도출한다.

풀이

① (×) 5년마다 조사한 자료이므로 2000년 이후 중학교 여성 교장 비율이 매년 증가하는지는 판단할 수 없다.

② (×) 각주 2에서 학교당 교장은 1명이므로 초등학교 수는 초등학교 교장의 수로 판단한다. 초등학교 수는 2020년이 2,418/0.403 = 6,000개로 1980년의 117/0.018 = 6,500개보다 적다.

③ (×) 고등학교 전체 교장 수는 1985년이 1,500명, 1990년이 1,600명이다. 따라서 고등학교 남성 교장 수는 1985년에 1,500 - 60 = 1,440명으로 1990년의 1,600 - 64 = 1,536명보다 적다.

④ (O) 1995년 초등학교 수 5,842개는 같은 해 중학교 수와 고등학교 수의 합인 2,382 + 1,737 = 4,118개보다 많다.

⑤ (×) 초등학교 여성 교장 수는 2020년이 2,418명으로, 2000년 490명의 5배인 2,450명 이상이 되지 못한다.

실전에선 이렇게!

② 2020년 2,418/40.3과 1980년 117/1.8을 비교할 때, 분모의 소수점을 뺀 다음 분자가 분모의 몇 배가 되는지 판단한다. 2020년은 6배, 1980년은 6배 이상이다.
③ 고등학교 남성 교장 수는 1985년이 (60/4)×96, 1990년이 (64/4)×96이므로 결국 분모는 96/4로 동일하다. 따라서 분자인 여성 교장 수가 더 많은 1990년의 남성 교장수가 더 많음을 빠르게 판단할 수 있다.

16 매칭형 난이도 하 정답 ②

문제풀이 핵심 포인트
〈보고서〉의 내용에 부합하는 지역은 1개뿐이므로, 부합하지 않는 지역을 소거법으로 제거하면서 답을 도출한다.

풀이

- TV 토론회 전에는 B 후보자에 대한 지지율이 A 후보자보다 10%p 이상 높게 집계되었으므로 차이가 10%p 미만인 마 지역(36 - 29 = 7)은 제외한다.
- TV 토론회 후 '지지 후보자 없음'으로 응답한 비율이 줄었으므로 A지지율과 B지지율 합이 늘어야 한다. 따라서 A지지율과 B지지율 합이 줄어든 다 지역(90 → 73)은 제외한다.
- A 후보자에 대한 지지율 증가폭이 B 후보자보다 큰 것으로 나타났으므로 A 후보자는 감소(-4)하고 B후보자는 증가(+8)한 라 지역은 제외한다.
- TV 토론회 후 두 후보자간 지지율 차이가 3%p 이내에 불과하므로 4%p 차이인 가 지역은 제외한다.

따라서 〈보고서〉의 내용에 해당하는 지역은 '나'이다.

17 각주 판단형 난이도 중 정답 ②

문제풀이 핵심 포인트
도입률의 분자와 고도화율의 분모가 업종별 스마트시스템 도입 업체 수로 동일한 점을 체크하여 답을 도출한다.

풀이

ㄱ. (O) 스마트시스템 도입 업체 수는 '자동차부품'이 766×35.1% ≒ 269개로 가장 많다.

ㄴ. (×) 고도화율이 가장 높은 업종은 '항공기부품'이지만 스마트시스템 고도화 업체 수는 '금속제조(1,275×0.282×0.153 ≒ 55대)'가 '항공기부품(95×0.370×0.284 ≒ 10대)'보다 더 많다.

ㄷ. (O) 업체 수 대비 스마트시스템 고도화 업체 수는 도입률과 고도화율의 곱으로 도출한다. 따라서 면적이 가장 넓은 업체인 '항공기 부품'이 업체 수 대비 스마트시스템 고도화 업체 수가 가장 높다.

ㄹ. (×) 도입률이 가장 낮은 업종은 '식품바이오'이고 고도화율이 가장 낮은 업종은 '금형주조도금'이다.

실전에선 이렇게!

ㄱ. 도입률은 자동차부품이 가장 높기 때문에 업체 수가 자동차부품보다 많은 기계장비, 소재, 금속제조와 곱셈 비교한다.

18 조건 판단형 난이도 중 정답 ⑤

문제풀이 핵심 포인트
〈정보〉에서 주어진 정지시거의 식을 구성하는 항목 중 〈표〉에 직접 제시된 항목을 중심으로 정리하여 답을 도출한다.

풀이

정지시거는 반응거리+제동거리이므로 먼저 반응거리를 도출한다. 반응거리는 운행속력×반응시간이므로 B는 40, C는 32, D는 48, E는 28이다. 제동거리는 운행속력의 제곱값을 마찰계수와 중력가속도의 곱에 2배를 한 값으로 나눈 것이므로 이를 정리하면 0.1은 200, 0.2는 100, 0.4는 50, 0.8은 25이다. 따라서 운전자별 정지시거를 정리하면 아래와 같다.

운전자	맑은 날 정지시거[m]	비 오는 날 정지시거[m]
A	90	240
B	90	140
C	57	82
D	98	148
E	78	128

실전에선 이렇게!

제동거리의 분모를 구성하는 중력가속도 g가 10으로 일정하고 이에 2배를 하면 20이다. 운행속력은 모든 운전자가 20이므로 제동거리는 결국 운행속력/마찰계수로 정리할 수 있다.

19 분산·물방울형 난이도 상 정답 ③

문제풀이 핵심 포인트

전년비의 분자와 평년비의 분자가 2020년 어획량으로 동일한 점을 체크하여 식을 정리한 다음 답을 도출한다.

풀이

ㄱ. (O) 2019년 어획량은 2020년 어획량/전년비로 도출할 수 있다. 고등어는 2020년 어획량이 가장 많고 전년비는 광어 다음으로 작기 때문에 광어와 분수 비교하면 전년비는 약 2배 차이가 나고 어획량은 10배 이상 차이가 난다. 따라서 8개 어종 중 2019년 어획량이 가장 많은 어종은 고등어이다.

ㄴ. (×) 2019년 어획량이 해당 어종의 2011~2020년 연도별 어획량의 평균보다 적으려면 전년비가 평년비보다 커야 한다. 조기의 경우 평년비가 전년비보다 크기 때문에 2019년 어획량은 2011~2020년 연도별 어획량의 평균보다 많다.

ㄷ. (O) 갈치의 2020년 평년비는 120 이상이므로 2020년 어획량은 2011년~2020년 연도별 어획량 평균보다 20% 이상 더 많다. 따라서 2021년 갈치 어획량이 2020년과 동일하다면 2021년 갈치 어획량도 2011~2020년 연도별 어획량 평균보다 20% 더 많을 것이기 때문에 이를 더해서 2011~2021년 연도별 어획량의 평균을 도출하면 2011~2020년 연도별 어획량의 평균보다 크다.

20 빈칸형 난이도 상 정답 ①

문제풀이 핵심 포인트

〈보기〉에서 필요한 빈칸을 먼저 채우거나 빈칸을 채우지 않아도 판단할 수 있는 〈보기〉부터 검토한다.

풀이

ㄱ. (O) '수영'기록이 한 시간 이하인 선수는 종합기록 순위 1, 2, 6위 선수이고 이들의 'T2'기록은 2:47, 1:48, 2:56으로 모두 3분 미만이다.

ㄴ. (O) 종합기록 순위 9위 선수의 종합기록은 9:48:07이다. 따라서 종합기록 순위 2~10위인 선수 중, 종합기록 순위가 한 단계 더 높은 선수와의 '종합'기록 차이가 1분 미만인 선수는 6위(5위와 44초 차이), 7위(6위와 32초 차이), 10위(9위와 11초 차이)로 3명뿐이다.

ㄷ. (×) 종합기록 순위 3~5위의 국적이 모두 대한민국이고 이 중 달리기 3등의 기록은 3:21:53이다. 종합기록 순위 6위와 7위 선수의 달리기 기록이 더 짧기 때문에 '달리기'기록 상위 3명의 국적은 모두 대한민국이 아니다.

ㄹ. (×) '수영'기록은 종합기록 순위 1위인 선수가 0:48:18, 종합기록 순위 6위인 선수가 0:52:01, 종합기록 순위 2위인 선수가 0:57:44이고, 이어 종합기록 순위 10위인 선수가 1:02:28로 4위이다. '수영'기록과 'T1'기록의 합산 기록 역시 종합기록 순위 1위인 선수가 0:51:01, 종합기록 순위 6위인 선수가 0:55:29, 종합기록 순위 2위인 선수가 1:00:11이고, 이어 종합기록 순위 10위인 선수가 1:05:57로 4위이다. 따라서 순위가 동일하다.

실전에선 이렇게!

ㄱ. T2기록이 2:14로 3분 미만이므로 5위 선수의 '수영'기록을 계산하지 않더라도 정오를 판단할 수 있다.

21 각주 판단형 난이도 중 정답 ③

문제풀이 핵심 포인트

매출액 크기 비교를 묻고 있으므로 매출액 자체를 구하기보다는 매출액에 관한 식으로 정리하여 비교한다.

풀이

매출액=제조원가/제조원가율이다. 제조원가율은 〈표〉에 직접 제시된 항목이므로 제조원가만 도출하면 된다. 제조원가는 고정원가/고정원가율 또는 변동원가/변동원가율이고, 〈표〉에 고정원가가 주어졌으므로 변동원가율을 통해 고정원가율을 도출한다. 고정원가율은 100-변동원가율이므로 A는 60%, B는 40%, C는 60%, D는 80%, E는 50%이다. 따라서 제조원가는 A는 100,000원, B는 90,000원, C는 55,000원, D는 62,500원, E는 20,000원이다. 마지막으로 제조원가를 제조원가율로 나누면 매출액이 도출되며, A는 400,000원, B는 300,000원, C는 약 183,333원, D는 625,000원, E는 200,000원이므로 가장 작은 제품은 'C'이다.

구분 / 제품	고정원가 (원)	변동 원가율 (%)	고정 원가율 (%)	제조원가 (원)	제조 원가율 (%)	매출액 (원)
A	60,000	40	60	100,000	25	400,000
B	36,000	60	40	90,000	30	300,000
C	33,000	40	60	55,000	30	183,333
D	50,000	20	80	62,500	10	625,000
E	10,000	50	50	20,000	10	200,000

실전에선 이렇게!

매출액에 관한 식으로 정리하면 매출액 = 고정원가/(고정원가율×제조원가율)이므로, 고정원가율을 도출한 다음 식을 정리해서 간단히 비교한다. A는 60/150, B는 36/120, C는 33/180, D는 50/80, E는 10/50이므로 유일하게 비율이 20% 미만인 C가 가장 작음을 빠르게 판단할 수 있다.

22 최소여집합형 난이도 중 정답 ⑤

문제풀이 핵심 포인트

합계가 동일한 자료가 2개 이상 주어진 경우 최소여집합 판단을 묻는 선지가 나올 가능성이 높기 때문에 이를 선제적으로 검토하여 답을 도출한다.

풀이

ㄱ. (O) 방위산업의 국내 매출액이 가장 큰 연도는 2020년이고, 방위산업 총매출액 중 국외 매출액 비중 역시 11.5%로 가장 작다.

ㄴ. (O) '기타'를 제외하고, 2018년 대비 2020년 매출액 증가율은 '탄약'이 2.5%로 가장 낮다.

ㄷ. (×) 2020년 방위산업의 기업유형별 종사자당 국외 매출액은 대기업이 0.61억 원으로 중소기업 0.17억 원의 4배인 0.68억 원 이상이 되지 못한다.

ㄹ. (O) 2020년 '항공유도' 분야의 매출액은 49,024억 원이고 대기업의 국내 매출액은 119,586억 원이다. 만약 대기업의 국내 매출액을 제외한 나머지 합인 대기업 국외 매출액과 중소기업 총매출액의 합 16,612 + 17,669 = 34,281억 원 모두 '항공유도' 분야라고 가정하더라도 49,024 - 34,281 = 14,743억 원은 '항공유도' 분야이면서 동시에 대기업 국내 매출액의 최솟값이 된다. 따라서 2020년 '항공유도' 분야 대기업 국내 매출액은 14,500억 원 이상이다.

실전에선 이렇게!

ㄱ. 〈표 1〉에서 대략적으로 국내 매출액은 2020년이 13만 이상으로 가장 크다는 것을 판단했다면, '총매출액 중 국외 매출액 비중'인 전체비 대신 '국내 매출액 대비 국외 매출액 비율'인 상대비로 2020년의 비중이 가장 작다는 것을 쉽게 판단할 수 있다.

ㄹ. 2020년 49,024(항공유도) + 119,586(대기업 국내) - 153,867(전체) = 14,743≥14,500인지 판단한다.

23 매칭형 난이도 중 정답 ①

문제풀이 핵심 포인트

'가장'이라는 키워드가 포함된 두 번째 문단의 세 번째 문장과 네 번째 문장부터 검토한다. 또한 두 번째 문단 첫 번째 문장에서 '항공유도'는 A, C, D 중 하나이므로 B와 E는 제외하고 판단한다.

풀이

- 2018년 대비 2020년 방위산업 분야별 매출액은 모두 증가하였으나 종사자 수는 '통신전자', '함정', '항공유도' 분야만 증가하고 나머지 분야는 감소한 것으로 나타났다고 하였으므로, 2018년 대비 2020년 종사자 수가 증가한 A, C, D가 '통신전자', '함정', '항공유도' 중 하나임을 알 수 있다.
- 2018~2020년 동안 매출액과 종사자 수 모두 매년 증가한 방위산업 분야는 '통신전자'뿐이고, '탄약'과 '화생방' 분야는 종사자 수가 매년 감소하였다고 하였으므로, 2018~2020년 동안 매출액과 종사자 수 모두 매년 증가한 D가 '통신전자'임을 알 수 있다. 이에 따라 선지 ④가 제외된다.
- 특히, '기동' 분야는 2018년 대비 2020년 매출액 증가율이 방위산업 분야 중 가장 높았지만 종사자 수는 가장 많이 감소하였다고 하였으므로, 2018년 대비 2020년 종사자 수가 445명으로 가장 많이 감소한 E가 '기동'임을 알 수 있다. 이에 따라 선지 ⑤가 제외된다.
- 2018년 대비 2020년 '함정' 분야 매출액 증가율은 방위산업 전체 매출액 증가율보다 낮았으나 종사자 수는 방위산업 분야 중 가장 많이 증가하였다고 하였으므로, 2018년 대비 2020년 종사자 수가 527명으로 가장 많이 증가한 C가 '함정'임을 알 수 있다. 이에 따라 선지 ③이 제외된다.

24 각주 판단형 난이도 상 정답 ④

문제풀이 핵심 포인트

이산화탄소 총배출량이 가장 적은 국가부터 순서를 정하면 되므로 이산화탄소 총배출량을 구체적으로 구하지 말고 식을 정리하여 비교한다.

풀이

이산화탄소 총배출량은 1인당 이산화탄소 배출량과 총인구의 곱이므로 총인구를 도출하여 〈표〉에 제시된 1인당 이산화탄소 배출량을 이용해 접근한다. 총인구 = (국내총생산/1인당 국내총생산)이므로 A는 3.26억 명, B는 1.27억 명, C는 0.52억 명, D는 13.93억 명이다. 여기에 1인당 이산화탄소 배출량을 곱하면 이산화탄소 총배출량이 도출되며, 이는 A가 54.18톤CO_2eq., B가 11.51톤CO_2eq., C가 6.40톤CO_2eq., D가 97.49톤CO_2eq.임을 구할 수 있다. 따라서 총배출량이 적은 순서대로 나열하면 C, B, A, D이다.

실전에선 이렇게!

이산화탄소 총배출량 식으로 접근하면 (1인당 이산화탄소 배출량×국내총생산)/1인당 국내총생산이므로 이를 유효숫자 3자리로 정리하면 A는 (205×166)/628, B는 (50×91)/393, C는 (16×124)/314, D는 (136×70)/98이므로 분모의 수치를 비슷하게 맞춰서 비교한다.

25 빈칸형 난이도 상 정답 ②

문제풀이 핵심 포인트

빈칸의 수치를 판단할 때 자릿수가 큰 수치부터 더해서 비교해야 시간을 줄일 수 있다.

풀이

ㄱ. (O) 전체 급속충전기 수 대비 '다중이용시설' 급속충전기 수의 비율은 2019년이 48.3%, 2020년이 54.4%, 2021년이 59.0%로 매년 증가한다.

ㄴ. (×) 2021년 '공공시설' 급속충전기 수는 3,752대로 '주차전용시설'과 '쇼핑몰' 급속충전기 수의 합인 1,275 + 2,701 = 3,976대보다 적다.

ㄷ. (O) 급속충전기 수를 도출하면 2019년 '휴게소'는 475대, 2021년 '주유소'는 1,051대이다. '기타'를 제외하고, 2019년 대비 2021년 급속충전기 수의 증가율은 '주유소'가 740.8%로 가장 크다.

ㄹ. (×) 2019년 급속충전기 수는 '휴게소' 475대가 '문화시설' 757대보다 적다.

2021년 기출문제

모바일 자동 채점 및
성적 분석 서비스

PSAT 전문가의 총평

· 2021년은 국가직 7급 공채 시험에 PSAT가 처음 도입된 해로, 기존 PSAT 시험에서 볼 수 없던 유형의 문제들이 출제됨에 따라 체감 난도 또한 높았습니다. 언어논리 영역의 체감 난도가 특히 높아, 7급 PSAT 첫 시험의 첫 영역부터 당황했다는 수험생들이 많았습니다. 실제 난도 역시 2020년 인사혁신처 모의평가보다 높았으며, 5급 PSAT보다는 낮고 민간경력자 PSAT보다는 높았습니다. 영역별로 난도의 차이는 있어, 언어논리의 법조문 문제, 자료해석의 복잡한 계산 문제 등 고난도 문제에 얼마나 잘 대처했는지에 따라 당락이 결정된 것으로 보입니다.
· 2021년 국가직 7급 1차 PSAT 응시율은 약 63.5%로, 지원자 약 38,900명 중 약 24,700명이 실제 응시한 것으로 나타났습니다. 이는 전년 대비 소폭 하락한 수치인데, PSAT가 처음 도입되면서 지원자가 증가하며 이탈자도 함께 늘어난 것으로 보입니다.

언어논리

유형별 비중

처음 치러진 7급 PSAT인 2021년 시험은 2020년 모의평가와 동일하게 문제 해결력에 초점이 맞춰졌다. 이에 따라 전형적인 독해 문제는 3문항 정도 출제되었고, 대부분의 문제가 지문에서 몇 가지 원칙이나 기준을 찾아 선택지에 적용하여 옳고 그름을 판단하는 형태로 출제되었다. 세부적인 정보를 찾고 내용을 이해하는 '독해력'이 아니라, 지문의 구조와 방향성, 추론을 위한 단서를 찾아낼 수 있는 '해결력'을 평가하는 데 초점이 있었다. 2021년 시험에서 주목해야 할 점은 5급이나 민간경력자 PSAT와는 다른 7급 PSAT 시험만의 특성이 보이는 문제 유형들이 유형화되었다는 것이다. '판단'이라는 발문으로 구조적인 지문이나 원리·원칙을 제시하여 적용하게 만드는 유형, 실무 소재의 지문으로 빈칸을 추론하게 하거나 법령을 수정하게 만드는 유형, 여러 개의 쟁점에 대한 논쟁을 제시하여 견해의 방향성을 판단하는 기준을 여러 개 제시하는 유형 등이 대표적이다. 더불어 최근 언어논리에서 전반적으로 강조되고 있는 유형인 〈실험〉의 결과를 평가하거나 추론하는 유형 및 단순한 논리 이론을 논증형 발문에 접목시키는 문제 유형도 주목해야 할 필요가 있다.

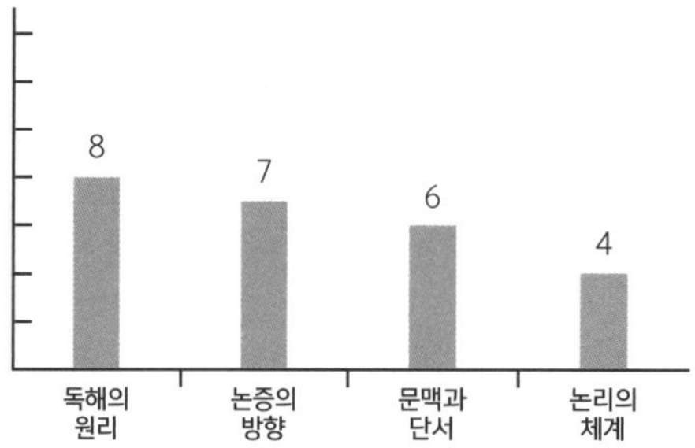

[유형별 출제 문항 수]

난도 및 소재

유형별 문제 비중이 크게 달라지지 않았음에도 불구하고 2021년 기출의 난도는 2020년 모의평가보다 높다. 지문 길이가 길어지고, 처음 접해본 수험생이 많았을 논리 문제 비중도 모의평가 때보다 높아졌기 때문이다. 기존의 언어 시험에서는 생소한 논리 문제의 비중이 높아진 탓에 시험장에서의 체감 난도는 더 높았을 것이다.

상황판단

유형별 비중

2021년 7급 PSAT 상황판단에서는 텍스트형에 속하는 문제가 출제되지 않은 점이 가장 특징적이었다. 법조문형은 총 9문항이 출제되었고, 발문 포인트형, 일치부합형, 응용형 문제가 골고루 출제되었다. 1지문 2문항형에 속하는 문제가 텍스트형이 아닌 법조문형으로 출제된 점이 텍스트형이 출제되지 않은 가장 큰 이유였다. 계산형은 총 5문항, 규칙형은 총 6문항, 경우형은 총 5문항이 출제되었다.

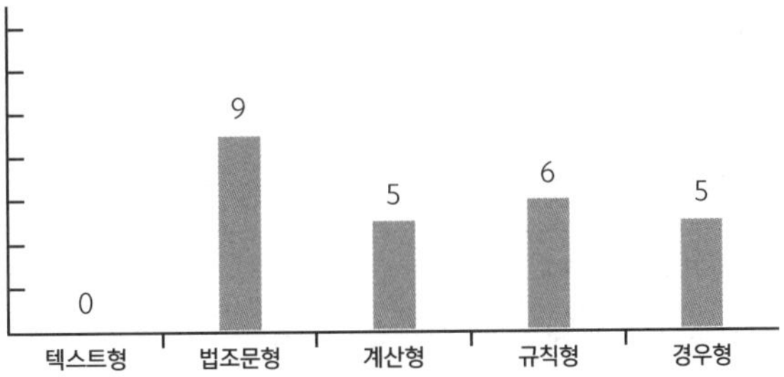

[유형별 출제 문항 수]

난도 및 소재

2020년 모의평가보다 난도가 낮아져 다소 평이하게 출제되었다. 또한 처음 실시된 7급 PSAT 시험이지만, 기존의 민간경력자 PSAT와 5급 PSAT에서 사용된 장치 또는 함정이 많이 활용되었다. 다만 법조문형은 최근 5급 PSAT에서 자주 출제되고 있는 위원회 소재의 문제가 출제되었는데, 정답률이 60% 정도로 높지 않았다는 점이 특징적이었다. 24번 문제의 정답률도 매우 낮았는데, 조건도 복잡한 편에 속하는 데다가 기존에는 활용되지 않았던 '올림' 계산 장치가 사용되었다. 그러나 이는 같은 해 5급 PSAT 가책형 17번 문제에서도 '올림' 장치가 사용되었으므로 대비가 되어 있었어야 했다.

계산형은 전반적으로 조건이 복잡했다는 점이 공통적이었다. 그러나 '5의 배수+α, 간격, A당 B' 등 기존 5급 PSAT에서 자주 활용되고 있던 장치가 그대로 7급에서 출제되었다는 점, 장치나 함정이 복잡하게 결합되지 않고 하나의 장치나 함정으로 문제가 출제되었다는 점 등에서 기존에 5급 PSAT 기출문제로 충분히 대비가 가능했다. 따라서 기존 기출문제를 잘 준비한 수험생은 쉽게 해결할 수 있었던 반면, 그렇지 않은 수험생은 어려워했고 정답률은 대부분의 문제가 50%대로 높지 않았다는 점에서 보다 철저한 기출분석이 요구된다. 규칙형은 업무 정합성을 고려한 20번 문제를 제외하면 역시나 기존에 출제되던 장치들이 출제되었다는 점이 특징적이다. 25번 문제 역시, 기존에 법조문형에서 많이 활용된 지방자치단체의 종류를 구별하는 문제가 출제되었다. 경우형은 기존 5급 PSAT 기출문제 중에서도 고난도 출제 장치인 '합분해, 1/2씩 줄여가기' 등이 출제되며 난도가 높았다.

자료해석

유형별 비중

2021년 7급 PSAT 자료해석은 순수 자료비교인 곱셈 비교와 분수 비교 자체를 묻는 문제가 6문항 출제되어 전체의 약 20%를 차지하였다. 자료판단에서는 총 13문항이 출제되어 전체의 50% 이상을 차지하였고, 매칭형이 3문항, 빈칸형이 6문항, 각주 판단형이 2문항, 조건 판단형이 3문항 출제되었다. 자료검토·변환형은 총 3문항으로 보고서 검토·확인형이 2문항, 표-차트 변환형이 1문항 출제되었으며, 자료이해에서 평균 개념형 문제가 3문항 출제되어 난도를 높이는 요인으로 작용하였다. 22~23번에 배치된 세트문제는 평균 개념형과 조건 판단형으로 구성되었으며, 2문항당 5분 정도 소요되는 난도로 출제되었다.

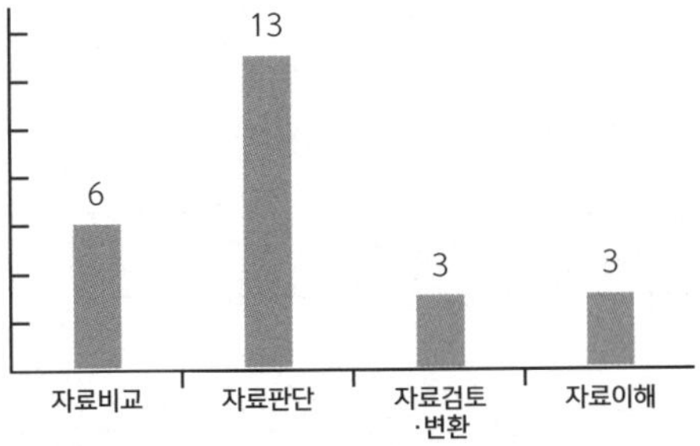

[유형별 출제 문항 수]

난도 및 소재

전체적인 난도는 중상 정도이며, 민간경력자 PSAT보다는 5급 PSAT에 가까운 난도라는 평가를 할 수 있다. 2021년 민간경력자 PSAT 문제와 15문항이 동일하고 나머지 10문제는 상대적으로 고난도로 출제되었다. 고난도 10문제로 인해 시간 관리에 많은 어려움이 있었을 것으로 보이며, 2분 이내로 해결 가능한 중간 난도의 문제가 절반 정도에 불과하여 70점 이상 받기에 쉽지 않았을 것이라 평가할 수 있다. 또한 2020년 모의평가 대비 한 문제에 제시되는 자료의 개수가 최대 4개까지 늘어났으며, 인포그래픽 형태의 시각 자료가 제시되는 비중도 높아졌다.

정답

p.209

1	④	구조 판단	6	①	독해형 논리	11	③	논증 평가	16	⑤	글의 수정	21	①	빈칸 추론
2	①	빈칸 추론	7	③	논리 퀴즈	12	④	논증의 타당성	17	③	빈칸 추론	22	②	논증 평가
3	①	구조 판단	8	④	독해형 논리	13	⑤	논증의 타당성	18	③	원칙 적용	23	⑤	빈칸 추론
4	④	원칙 적용	9	③	논리 퀴즈	14	②	논증 평가	19	③	밑줄 추론	24	④	밑줄 추론
5	⑤	구조 판단	10	②	원칙 적용	15	④	원칙 적용	20	①	개념 이해	25	③	견해 분석

취약 유형 분석표

유형별로 맞힌 문제 개수와 정답률, 틀린 문제 번호, 풀지 못한 문제 번호를 적고 나서 취약한 유형이 무엇인지 파악해 보세요. 그 후 약점 보완 해설집 p.2 [취약 유형 공략 포인트]에서 약점 보완 학습법을 확인하고, 틀린 문제와 풀지 못한 문제를 다시 한번 풀어보세요.

유형		맞힌 문제 개수	정답률	틀린 문제 번호	풀지 못한 문제 번호
독해의 원리	개념 이해	/1	%		
	구조 판단	/3	%		
	원칙 적용	/4	%		
논증의 방향	논지와 중심 내용	-	-		
	견해 분석	/1	%		
	논증의 비판과 반박	-	-		
	논증 평가	/3	%		
문맥과 단서	빈칸 추론	/4	%		
	밑줄 추론	/2	%		
	글의 수정	/1	%		
논리의 체계	논증의 타당성	/2	%		
	논리 퀴즈	/2	%		
	독해형 논리	/2	%		
TOTAL		/25	%		

해설

1 구조 판단 난이도 상 정답 ④

문제풀이 핵심 포인트
선택지에 통리교섭사무아문이 배포한 기, 이응준이 만든 기, 오늘날의 태극기, 박영효가 그린 기 등 태극기의 종류에 따라 4괘의 문양에 관해 비교하는 내용이 제시되어 있으므로 이에 대한 정보에 주목한다.

풀이

① (×) 두 번째 단락에서 미국 해군부가 만든 『해상 국가들의 깃발들』에 수록된 기는 이응준이 그린 것으로 짐작되는 '조선의 기'라는 이름의 기로서, 통리교섭사무아문이 각국 공사관에 배포한 조선 국기와는 다르다.

② (×) 두 번째 단락에서 태극 문양을 그린 기는 개항 이전에도 여러 개 있었다는 것을 알 수 있다. 따라서 조미수호조규 체결을 위한 회담 장소에서 사용하고자 이응준이 만든 기는 태극 문양이 담긴 최초의 기라고 볼 수 없다.

③ (×) 세 번째 단락에서 통리교섭사무아문이 배포한 기의 우측 상단에 있는 괘는 '감'이고, '조선의 기'의 좌측 하단에 있는 괘는 '곤'이므로 상징하는 것이 같다고 볼 수 없다.

④ (○) 첫 번째 단락에서 오늘날의 태극기의 우측 하단에 있는 괘는 '곤'이고 이는 땅을 상징한다는 것을 알 수 있고, 세 번째 단락에서 고종이 조선 국기로 채택한 기의 우측 하단에 있는 괘도 '곤'이므로 땅을 상징한다는 것을 알 수 있다. 따라서 오늘날 태극기의 우측 하단에 있는 괘와 고종이 조선 국기로 채택한 기의 우측 하단에 있는 괘는 모두 땅을 상징한다는 것은 글에서 알 수 있는 내용이다.

⑤ (×) 세 번째 단락에서 박영효가 그린 기의 좌측 상단에 있는 괘는 '건'이므로 하늘을 상징하고, 이응준이 그린 기의 좌측 상단에 있는 괘는 '감'이므로 물을 상징한다.

실전에선 이렇게!

1번에 출제되는 독해 문제는 지문의 내용이 길고 복잡하게 제시될 확률이 높다. 따라서 선택지에 제시된 핵심적인 단어를 기준으로 지문에서 어떤 정보에 집중해야 할지를 판단하는 것이 필요하다.

2 빈칸 추론 난이도 중 정답 ①

문제풀이 핵심 포인트
빈칸에 들어갈 문장은 A시의 조례 제정 비율과 관련하여 알 수 있는 것이 무엇인지에 대한 답변이 될 것이므로 지문을 전체적으로 읽으면서 A시의 조례 제정 비율에 대한 정보를 찾는다.

풀이

① (○) 1월 1일부터 7월 10일 현재까지 법률에서 조례를 제정하도록 위임한 사항은 10건인데, A시는 이 중 7건을 조례로 제정하였으며 조례로 제정하기 위하여 입법 예고 중인 것은 2건이다. 따라서 A시의 조례 제정 비율과 관련하여 현재 조례로 제정하기 위하여 입법 예고가 필요한 것은 1건이라는 사실을 알 수 있다.

②, ③, ⑤ (×) 올해는 1월 1일부터 7월 10일 현재까지의 정보만 알 수 있으므로 올 한 해의 조례 제정 비율이 작년보다 높아질지, 올 한 해 총 9건의 조례를 제정하게 될지, 올 한 해 법률에서 조례를 제정하도록 위임 받은 사항이 작년보다 줄어들지 여부는 알 수 없다.

④ (×) 현재까지 법률에서 조례를 제정하도록 위임한 사항은 10건인데, A시는 이 중 7건을 조례로 제정하였으며 조례로 제정하기 위하여 입법 예고 중인 것은 2건이다. 그런데 현재 입법 예고 중인 2건의 제정 가능성은 단정하기 어려우므로 현재 시점을 기준으로 평가를 받으면 조례 제정 비율은 70%이다.

실전에선 이렇게!

실무 소재를 활용한 빈칸 추론 문제는 지문이 대화체로 구성된 경우가 많다. 대화체 지문은 빠트리는 부분 없이 전체 맥락을 모두 파악해 주어야 한다.

3 구조 판단 난이도 중 정답 ①

문제풀이 핵심 포인트
지문에 표로 정리되어 있는 A~C 모형의 특성과 선택지에 제시된 모형의 특성을 연결할 수 있어야 한다.

풀이

① (○) 표에서 외부 참여 가능성이 높은 모형은 C이고, C는 관료제의 영향력이 작고 통제가 약한 분야에서 주로 작동한다. 따라서 외부 참여 가능성이 높은 모형은 관료제의 영향력이 작고 통제가 약한 분야에서 나타나기 쉽다는 것은 적절한 판단이다.

② (×) 표에서 상호 의존성이 보통인 모형은 B이고, 배타성이 강한 모형은 A이다. 따라서 상호 의존성이 보통인 모형에서는 배타성이 강해 다른 이익집단의 참여를 철저하게 배제한다는 것은 적절한 판단으로 볼 수 없다.

③ (×) 표에서 합의 효율성이 높은 모형은 A이고, A보다 더 효과적으로 정책 목표를 달성할 수 있는 것은 B이다. 따라서 합의 효율성이 높은 모형이 가장 효과적으로 정책 목표를 달성할 수 있다는 것은 적절한 판단으로 볼 수 없다.

④ (×) A에 참여하는 이익집단의 정책 결정 영향력이 B에 참여하는 이익집단의 정책 결정 영향력보다 큰지 여부는 제시된 글의 내용만으로 판단할 수 없다.

⑤ (×) C에서는 참여자가 많아 합의가 어려워 결국 정부가 위원회나 청문회를 활용하여 의견을 조정하려는 경우가 종종 발생한다는 것을 알 수 있지만, 참여자의 수가 많아질수록 네트워크의 지속성이 높아지는지는 제시된 글의 내용만으로 판단할 수 없다.

실전에선 이렇게!

A~C 모형이 대비되고 있는 구조이므로 각 모형의 대조되는 특성을 확인하는 것에 주목하여 글을 읽어야 한다.

4 원칙 적용 난이도 상 정답 ④

문제풀이 핵심 포인트
〈보기〉에서 두 개의 입자에 대해 양자 상태의 가짓수에 따라 경우의 수가 어떻게 되는지 묻고 있으므로 이 부분에 집중하여 지문을 읽어야 한다.

풀이

ㄱ. (×) BE 방식은 두 입자가 구별되지 않고 하나의 양자 상태에 여러 개의 입자가 있을 수 있으므로, 두 개의 입자에 대해 양자 상태가 두 가지이면 BE 방식에서 경우의 수는 2가 아니라 3임을 추론할 수 있다.

ㄴ. (O) FD 방식은 두 입자가 구별되지 않고 하나의 양자 상태에 하나의 입자만 있을 수 있으므로, 두 개의 입자에 대해 양자 상태의 가짓수가 많아지면 두 입자가 서로 다른 양자 상태에 각각 있는 경우의 수는 커진다는 것을 추론할 수 있다.

ㄷ. (O) BE 방식은 두 입자가 구별되지 않고 하나의 양자 상태에 여러 개의 입자가 있을 수 있고, MB 방식은 두 입자가 구별 가능하고 하나의 양자 상태에 여러 개의 입자가 있을 수 있으므로, 두 개의 입자에 대해 양자 상태가 두 가지 이상이면 경우의 수는 BE 방식에서보다 MB 방식에서 언제나 크다는 것을 추론할 수 있다.

실전에선 이렇게!
〈보기〉에서 조건이 반복되고 있으면 원리나 원칙을 적용하는 문제일 가능성이 높으므로 원칙 적용 유형의 접근법에 따라 문제를 해결한다.

5 구조 판단 난이도 중 정답 ⑤

문제풀이 핵심 포인트
학습된 공포 반응을 일으키는 경우와 학습된 안정 반응을 일으키는 경우의 실험 결과가 대비되고 있으므로 그 차이점에 집중한다.

풀이

① (×) 네 번째 단락에서 선조체에서 반응이 세게 나타나면 안정감을 느끼게 되어 학습된 안정 반응을 일으킨다는 것을 알 수 있다. 따라서 중핵에서 만들어진 신호의 세기가 강한 경우에 학습된 안정 반응이 나타난다는 것은 옳지 않다.

② (×) 네 번째 단락에서 선조체에서 반응이 세게 나타나면 안정감을 느끼게 되어 학습된 안정 반응을 일으킨다는 것을 알 수 있다. 그러나 학습된 공포 반응을 일으키지 않는 소리 자극이 선조체에서 약한 반응이 일어나게 하는지는 추론할 수 없다.

③ (×) 네 번째 단락에서 선조체에서 반응이 세게 나타나면 안정감을 느끼게 되어 학습된 안정 반응을 일으킨다는 것을 알 수 있다. 그러나 학습된 공포 반응을 일으키는 소리 자극이 청각시상에서 선조체로 전달되는 자극 신호를 억제하는지는 추론할 수 없다.

④ (×) 세 번째 단락에서 학습된 공포 반응을 일으키는 경우 청각시상으로 전달된 소리 자극 신호는 학습을 수행하기 전 상태에서 전달되는 것보다 훨씬 센 강도의 신호로 증폭되어 측핵으로 전달되는 것을 알 수 있고, 네 번째 단락에서 학습된 안정 반응을 일으키는 경우 청각시상에서 만들어진 신호가 측핵으로 전달되는 것이 억제되기 때문에 측핵에 전달된 신호는 매우 미약해진다는 것을 알 수 있다. 그러나 학습된 안정 반응을 일으키는 청각시상에서 받는 소리 자극 신호가 학습된 공포 반응을 일으키는 청각시상에서 받는 소리 자극 신호보다 약한지는 추론할 수 없다.

⑤ (O) 세 번째 단락에서 학습된 공포 반응을 일으키는 경우 청각시상으로 전달된 소리 자극 신호는 학습을 수행하기 전 상태에서 전달되는 것보다 훨씬 센 강도의 신호로 증폭되어 측핵으로 전달된다는 것을 알 수 있다. 또한 네 번째 단락에서 학습된 안정 반응을 일으키는 경우 청각시상에서 만들어진 신호가 측핵으로 전달되는 것이 억제되기 때문에 측핵에 전달된 신호는 매우 미약해진다는 것을 알 수 있다. 따라서 학습된 안정 반응을 일으키는 경우와 학습된 공포 반응을 일으키는 경우 모두, 청각시상에서 측핵으로 전달되는 신호의 세기가 학습하기 전과 달라진다는 것을 추론할 수 있다.

6 독해형 논리 난이도 상 정답 ①

문제풀이 핵심 포인트
전제가 제시되는 자리에 빈칸이 있으므로 추가해야 할 전제를 찾는 문제이다. 따라서 결론을 내는 데 필요한 전제를 찾아 기호화하고 빠진 연결 고리를 찾는 방식으로 접근한다.

풀이

기호화가 필요한 문장을 정리하면 다음과 같다.

- 전제 1: 민간 문화
- 전제 2: 민간 문화 → ~정부 관료 수석
- 전제 3: 민간 문화 ∧ ~정부 관료 수석 → 고전음악 ∨ 대중음악
- 전제 4: 정부 관료 → ~고전음악 ∧ ~대중음악
- 전제 5: 전체 세대
- 전제 6: 갑 ∨ 을 → A
- 결론: A

① (O) A가 공연 예술단에 참가한다는 결론이 도출되기 위해서는 갑이나 을이 수석대표를 맡는다는 전제가 만족되어야 한다. 그런데 수석대표가 되기 위해서는 전제 5에 따라 전체 세대를 아우를 수 있어야 하고, 전제 1과 전제 2에 따라 정부 관료가 아니어야 한다. 전제 4에 따를 때 고전음악 지휘자이거나 대중음악 제작자이면 정부 관료가 아니므로 빈칸에는 갑이나 을이 고전음악 지휘자이거나 대중음악 제작자이고, 전체 세대를 아우를 수 있다는 전제가 들어가면 된다. 따라서 빈칸에 들어갈 내용으로 가장 적절한 것은 '갑은 고전음악 지휘자이며 전체 세대를 아우를 수 있기'이다.

② (×) 갑이나 을이 대중음악 제작자 또는 고전음악 지휘자라고 해도, 전체 세대를 아우를 수 있다는 조건을 만족하지 않으므로 갑이나 을이 수석대표를 맡는다고 보장할 수 없다.

③ (×) 갑과 을이 둘 다 정부 관료가 아니며 전체 세대를 아우를 수 있다고 해도, 고전음악 지휘자나 대중음악 제작자라는 조건을 만족하지 못하므로 갑이나 을이 수석대표를 맡는다고 보장할 수 없다.

④ (×) 을이 대중음악 제작자가 아니라면 전체 세대를 아우를 수 없을 것이라고 해도, 이 조건만으로는 갑이나 을이 수석대표를 맡는다고 보장할 수 없다.

⑤ (×) 대중음악 제작자나 고전음악 지휘자라면 누구나 전체 세대를 아우를 수 있다고 해도, 이 조건만으로는 갑이나 을이 수석대표를 맡는다고 보장할 수 없다.

7 논리 퀴즈 난이도 상

정답 ③

문제풀이 핵심 포인트

네 명 중 한 명만 범인이라는 단서를 기준으로 참말을 한 사람과 거짓말을 한 사람으로 가능한 경우의 수를 나눈다.

풀이

제시된 진술 중 범인이 누구인지에 대한 것만 기호화하여 정리하면 다음과 같다.

- 바다: ~다은
- 다은: 은경 ∨ 경아
- 은경: ~경아
- 경아: 바다

네 명 중 한 명만 범인이므로 다은의 진술과 경아의 진술은 동시에 참이 될 수 없다. 따라서 경우의 수는 다은이 참말을 하고 경아가 거짓말을 하는 경우, 다은이 거짓말을 하고 경아가 참말을 하는 경우, 다은과 경아가 모두 거짓말을 하는 경우 세 가지로 나뉜다.

〈경우 1〉 다은이 참말을 하고 경아가 거짓말을 하는 경우

범인은 '은경 ∨ 경아'이므로 바다의 진술은 참이 되고, 은경의 진술은 참이 될 수도 있고 거짓이 될 수도 있다. 이때 네 명의 첫 번째 진술을 판단해보면, 바다, 다은, 은경의 진술은 동시에 참이 가능하고, 경아의 진술은 거짓이 된다. 따라서 경우 1은 가능하다.

〈경우 2〉 다은이 거짓말을 하고 경아가 참말을 하는 경우

범인은 '바다'이므로 바다의 진술과 은경의 진술은 참이 된다. 이때 네 명의 첫 번째 진술을 판단해보면, 은경과 경아의 진술은 동시에 참이 될 수 없다. 따라서 경우 2는 가능하지 않다.

〈경우 3〉 다은과 경아가 모두 거짓말을 하는 경우

범인은 '다은'이므로 바다의 진술은 거짓이 되고 은경의 진술은 참이 된다. 이때 네 명의 첫 번째 진술을 판단해보면, 바다, 다은, 경아의 진술은 동시에 거짓이 가능하고, 은경의 진술은 참이 가능하다. 따라서 경우 3은 가능하다.

ㄱ. (O) 경우 1에서 바다와 은경의 말이 모두 참일 수 있다.

ㄴ. (×) 경우 1에서 다은과 은경의 말이 모두 참인 것은 가능하다.

ㄷ. (O) 용의자 중 거짓말한 사람이 단 한 명이면, 경우 1에 해당하므로 은경이 범인이다.

8 독해형 논리 난이도 상

정답 ④

문제풀이 핵심 포인트

발문에 '다음 글의 내용이 참일 때'라고 되어 있으므로 줄글 형태의 지문이라도 논리 문제로 접근한다.

풀이

지문에서 기호화가 필요한 문장을 정리하면 다음과 같다.

- 개인건강정보 → 보건정보
- 국민건강 재편 → 개인건강정보 ∧ 보건정보
- 개인건강정보 ∧ 최팀장 → 손공정
- 보건정보 → 국민건강 재편 ∨ 보도자료 수정
- ~(최팀장 → 손공정)

ㄱ. (×) 세 번째 명제와 다섯 번째 명제에서 '~개인건강정보'가 참으로 확정된다. 그러나 '~보건정보'가 참인지는 알 수 없다. 따라서 '~개인건강정보 ∧ ~보건정보'는 반드시 참이라고는 할 수 없다.

ㄴ. (O) 다섯 번째 명제에서 '최팀장 ∧ ~손공정'이 참으로 확정되므로 이 팀의 최팀장이 다음 주 정책 브리핑을 총괄한다는 것은 반드시 참이다. 또한 이와 함께 두 번째 명제와 세 번째 명제에 따라 '~국민건강 재편'이 참으로 확정된다. 따라서 '~국민건강 재편 ∧ 최팀장'은 반드시 참이다.

ㄷ. (O) ㄴ에서 '~국민건강 재편'이 참으로 확정되었으므로 이를 네 번째 명제에 적용하면 '보건정보 → 보도자료 수정'은 반드시 참이다.

실전에선 이렇게!

독해형 논리 문제는 지문의 내용에 집착하지 말고, 기호화할 필요가 있는 문장을 골라 빠르게 기호화하여 선택지의 참과 거짓 여부를 판별한다.

9 논리 퀴즈 난이도 상

정답 ③

문제풀이 핵심 포인트

지문에 제시된 정보 중 논리명제는 기호화하고 단순 정리가 필요한 것은 간단한 표로 정리한 후, 두 정보를 연결하여 새로운 정보를 도출한다.

풀이

제시된 명제를 정리하면 다음과 같다.

- 명제 1: 여러 해석 존재. 각각 하나의 해석만
- 명제 2: 5명만 상태 오그라듦 가설
- 명제 3: 상태 오그라듦 가설 → 코펜하겐 해석 ∨ 보른 해석
- 명제 4: 코펜하겐 해석 ∨ 보른 해석 → 상태 오그라듦 가설
- 명제 5: B – 코펜하겐 해석, C – 보른 해석
- 명제 6: A, D – 상태 오그라듦 가설
- 명제 7: 아인슈타인 해석

명제 3과 명제 4에 따르면 '상태 오그라듦 가설 ↔ 코펜하겐 해석 ∨ 보른 해석'이 된다. 명제 5에 따르면 B와 C는 상태 오그라듦 가설을 받아들인다. 이상의 정보를 매트릭스로 정리하면 다음과 같다. 이때 학회 참석인원이 총 8명이므로 임의로 A~H로 설정한다.

구분	A	B	C	D	E	F	G	H
상태 오그라듦	○	○	○	○				
코펜하겐		○						
보른			○					
아인슈타인	×	×	×					

① (×) 적어도 한 명이 많은 세계 해석을 받아들이는지는 주어진 정보만으로 알 수 없다.

② (×) A와 D가 동일하게 코펜하겐 해석을 받아들여도 E~H 중 한 명이 보른 해석을 받아들이면 보른 해석을 받아들이는 이가 두 명이 될 수 있다.

③ (O) 명제 3에 따라 A와 D가 받아들이는 해석이 다르다면, A와 D는 코펜하겐 해석과 보른 해석 중 다른 것을 받아들여야 한다. 이미 B가 코펜하겐 해석을 받아들이고 있으므로 적어도 두 명이 코펜하겐 해석을 받아들인다는 것은 반드시 참이다.

④ (×) 명제 1에 따르면 해석은 여러 가지가 있으므로 오직 한 명만이 많은 세계 해석을 받아들인다 해도 아인슈타인 해석을 받아들이는 이가 두 명이라고 단정할 수 없다.

⑤ (×) A와 D가 모두 코펜하겐 해석을 받아들여도 코펜하겐 해석을 받아들이는 이가 세 명이 될 수 있다.

10 원칙 적용 난이도 중 정답 ②

문제풀이 핵심 포인트

각 실험군의 차이점을 바탕으로 〈실험 결과〉에서 나타난 결과의 차이점을 정리해야 한다.

풀이

① (×) 학습 위주의 경험을 하도록 훈련시킨 실험군 1의 쥐에서는 대뇌 피질의 지각 영역에서 구조 변화가 나타났고, 운동 위주의 경험을 하도록 훈련시킨 실험군 2의 쥐에서는 대뇌 피질의 운동 영역과 더불어 운동 활동을 조절하는 소뇌에서 구조 변화가 나타났다. 그러나 대뇌 피질의 구조 변화가 학습 위주 경험보다 운동 위주 경험에 더 큰 영향을 받는지는 추론할 수 없다.

② (○) 학습 위주의 경험을 하도록 훈련시킨 실험군 1의 쥐에서는 뇌 신경세포 한 개당 시냅스의 수가 크게 증가했고, 운동 위주의 경험을 하도록 훈련시킨 실험군 2의 쥐에서는 뇌 신경세포 한 개당 모세혈관의 수가 크게 증가했다. 따라서 학습 위주 경험은 뇌의 신경세포당 시냅스의 수에, 운동 위주 경험은 뇌의 신경세포당 모세혈관의 수에 영향을 미친다는 것을 추론할 수 있다.

③ (×) 학습 위주의 경험을 하도록 훈련시킨 실험군 1의 쥐와 운동 위주의 경험을 하도록 훈련시킨 실험군 2의 쥐에서 어떤 부위의 뇌 구조를 변화시키는 차이는 있었지만, 학습 위주 경험과 운동 위주 경험이 뇌의 특정 부위에 있는 신경세포의 수를 늘려 그 부위의 뇌 구조를 변하게 하는지는 추론할 수 없다.

④ (×) 특정 형태의 경험으로 인해 뇌의 특정 영역에서 구조 변화가 발생하고, 뇌의 신경세포당 모세혈관 또는 시냅스의 수가 변화되는 결과가 나왔지만, 뇌의 구조 변화와 특정 형태의 경험으로 인해 뇌의 특정 영역에 발생한 구조 변화가 뇌의 신경세포당 모세혈관 또는 시냅스의 수를 변화시킨다고 추론할 수는 없다.

⑤ (×) 실험의 결과는 특정 형태의 경험이 신경세포당 모세혈관 또는 시냅스의 수를 변화시키고, 뇌의 특정 영역에서 구조를 변화시킨다는 것을 보여준다. 그러나 이것만으로 뇌가 영역별로 특별한 구조를 갖는 것이 그 영역에서 신경세포당 모세혈관 또는 시냅스의 수를 변화시켜 특정 형태의 경험을 더 잘 수행할 수 있게 한다고 추론할 수는 없다.

11 논증 평가 난이도 상 정답 ③

문제풀이 핵심 포인트

각 방에서의 실험 결과를 비교하여 그 결과가 각 〈보기〉에 제시된 가설을 강화하는지 여부를 묻고 있으므로 방에서의 실험 설계 및 결과의 차이에 집중해야 한다.

풀이

ㄱ. (○) 방 1과 2 중 X가 음탐지 방법이 방해를 받는 환경은 방 2인데, 여기에서 울음주머니가 있는 A는 공격했지만 울음주머니가 없는 B는 공격하지 않았다. 반면 방 1에서는 A와 B를 모두 공격하였다. 따라서 방 1과 2의 〈실험 결과〉는, X가 음탐지 방법이 방해를 받는 환경에서는 초음파탐지 방법을 사용한다는 가설을 강화한다.

ㄴ. (○) 방 2에서는 A는 공격했지만 B는 공격하지 않았고, 방 3에서는 A와 B 모두 공격했고 시간상 유의미한 차이도 없었다. 두 방의 차이는 로봇개구리가 있는 곳과 다른 위치에서 로봇개구리와 같은 소리가 추가로 들리는지 전혀 다른 소리가 추가로 들리는지의 차이이므로 방 2와 3의 〈실험 결과〉는, X가 소리의 종류를 구별할 수 있다는 가설을 강화한다.

ㄷ. (×) 수컷 개구리의 울음소리와 전혀 다른 소리가 들리는 환경에서 X가 초음파탐지 방법을 사용한다면 방 3에서 A는 공격하되 B는 공격해서는 안 된다. 따라서 방 1과 3의 〈실험 결과〉는, 수컷 개구리의 울음소리와 전혀 다른 소리가 들리는 환경에서는 X가 초음파탐지 방법을 사용한다는 가설을 강화한다고 볼 수 없다.

실전에선 이렇게!

실험의 내용과 결과가 제시된 지문은 실험 설계에서의 차이와 그로 인한 결과의 차이에 초점을 두고 정보를 정리한다.

12 논증의 타당성 난이도 상 정답 ④

문제풀이 핵심 포인트

〈보기〉를 보면 지문에 제시된 〈논증〉의 전제를 추가하거나 바꾸었을 때 결론이 도출될 수 있는지를 묻는 문제이므로 논증의 타당성을 판단하는 것에 초점을 둔다.

풀이

지문의 〈논증〉을 간단히 기호화하면 다음과 같다.

(1) 첫째 ∨ 둘째

(2) ~첫째 ∧ ~둘째

(3) ~첫째 ∧ ~둘째 → ~인식론

(4) ~인식론

(5) ~인식론 → 심리학

(6) 심리학

ㄱ. (×) 지문의 논증은 전통적 인식론의 목표 중 (1)의 '두 가지 목표'를 달성할 수 없을 때를 전제로 결론인 (6)을 도출하고 있다. 따라서 전통적 인식론의 목표에 (1)의 '두 가지 목표' 외에 "세계에 관한 믿음이 형성되는 과정을 규명하는 것"이 추가되어도 논증에 영향을 미치지 못하므로 위 논증에서 (6)은 도출된다.

ㄴ. (○) 원래의 (2)인 "전통적 인식론은 첫째 목표도 달성할 수 없고 둘째 목표도 달성할 수 없다."는 '~첫째 ∧ ~둘째'로, 바뀐 (2)인 "전통적 인식론은 첫째 목표를 달성할 수 없거나 둘째 목표를 달성할 수 없다."는 '~첫째 ∨ ~둘째'로 기호화되므로, 원래의 (2)가 참일 때 바뀐 (2)도 참이 된다. 따라서 (2)를 "전통적 인식론은 첫째 목표를 달성할 수 없거나 둘째 목표를 달성할 수 없다."로 바꾸어도 위 논증에서 (6)은 도출된다.

ㄷ. (○) (4)는 (2)와 (3)을 전제로 할 때 도출되는 결론이고, (5)와 함께 (6)을 도출하는 전제이기도 하다. 따라서 (4)는 논증 안의 어떤 진술들로부터 나오는 결론일 뿐만 아니라 논증 안의 다른 진술의 전제이기도 하다.

실전에선 이렇게!

논증의 타당성을 판단하는 문제는 논증의 내용이 아니라 논증의 형식을 판단하는 방식으로 접근해야 한다. 따라서 주어진 논증을 간단히 기호화하여 〈보기〉의 조건에 따라 형식적으로 타당한 논증인지를 판단한다.

13 논증의 타당성 난이도 상

정답 ⑤

문제풀이 핵심 포인트

'A이거나 B'의 형식을 가진 문장이 거짓이면 A도 B도 모두 반드시 거짓이라는 원리, 어떤 가정 하에서 같은 문장의 긍정과 부정이 모두 성립하는 경우 그 가정의 부정은 반드시 참이라는 원리, 'A이거나 B'라는 형식의 참인 문장에서 A가 거짓인 경우 B는 반드시 참이라는 원리가 의미하는 바를 알고 있어야 한다.

풀이

지문의 (1)을 간단히 기호화하면 다음과 같다.

(1) 제안자가 10만 원 돌려줌 ∨ ⓐ 내가 10억 원을 지불

ㄱ. (○) (1)이 거짓이면 제안자는 10만 원을 돌려주고 호화 여행도 제공한다고 했으므로 그는 당신에게 10만 원을 돌려준다. 그런데 (1)이 거짓이라고 가정하면 '제안자가 10만 원 돌려줌'과 ⓐ '내가 10억 원을 지불'이 모두 거짓이 되므로 ㉠ '그는 당신에게 10만 원을 돌려주지 않는다.'라는 결론이 나온다. 따라서 ㉠을 추론하는 데 'A이거나 B'의 형식의 문장이 거짓이면 A와 B 모두 반드시 거짓이라는 원리가 사용되었다는 것은 적절한 분석이다.

ㄴ. (○) ㄱ과 같은 추론 방식에 따르면 (1)을 거짓으로 가정하면 '제안자가 10만 원 돌려줌'은 동시에 참도 되고 거짓도 되므로 모순되는 상황이다. 결국 (1)을 거짓으로 가정하면 안 되므로 ㉡ '(1)은 참일 수밖에 없다.'라는 결론이 나온다. 따라서 ㉡을 추론하는 데는 어떤 가정 하에서 같은 문장의 긍정과 부정이 모두 성립하는 경우 그 가정의 부정은 반드시 참이라는 원리가 사용되었다는 것은 적절한 분석이다.

ㄷ. (○) (1)이 참이면 제안자는 10만 원을 돌려주지 않고 호화 여행은 제공하므로 그는 당신에게 10만 원을 돌려주지 않는다. 그런데 선언지인 (1)이 참이 되기 위해서는 적어도 둘 중의 하나는 참이어야 하므로 '제안자가 10만 원 돌려줌'이 거짓이라면 'ⓐ 내가 10억 원을 지불'은 참이 되어야 한다. 즉, ㉢ 당신은 그에게 10억 원을 지불한다. 따라서 ㉢을 추론하는 데는 'A이거나 B'라는 형식의 참인 문장에서 A가 거짓인 경우 B는 반드시 참이라는 원리가 사용되었다는 것은 적절한 분석이다.

14 논증 평가 난이도 중

정답 ②

문제풀이 핵심 포인트

평가의 대상인 ㉠과 ㉡의 내용을 파악하고 그 차이점에 집중한다. 특히 ㉠의 '철학'보다 ㉡의 '모든 지적 작업'의 범주가 넓다는 사실에 주목한다.

풀이

ㄱ. (×) 과학의 탐구가 귀납적 방법에 의해 진행된다는 주장을 부정하는 것이 포퍼의 철학인데, 포퍼의 철학은 ㉡의 사례 중 하나이다. 따라서 과학의 탐구가 귀납적 방법에 의해 진행된다는 주장은 ㉠이 아니라 ㉡을 반박한다.

ㄴ. (○) 첫 번째 단락에서 철학은 지적 작업 중 하나에 해당하고, 두 번째 단락에서 귀추법은 귀납적 방법에 해당한다는 것을 알 수 있다. 따라서 철학의 일부 논증에서 귀추법의 사용이 불가피하다는 것은 지적 작업에서 귀납적 방법이 필요하다는 의미이므로 모든 지적 작업에서 귀납적 방법의 필요성을 부정하는 ㉡을 반박한다.

ㄷ. (×) 연역 논리와 경험적 가설 모두에 의존하는 지적 작업이 있다는 주장은 모든 지적 작업에서 귀납적 방법의 필요성을 부정하는 ㉡을 반박하지만, 철학에 귀납적 방법이 불필요하다는 ㉠과는 관련이 없다.

15 원칙 적용 난이도 상

정답 ④

문제풀이 핵심 포인트

(2)를 타당한 논증이라고 잘못 판단하는 이유에 대한 갑, 을, 병의 입장을 명확히 파악하고 이를 〈보기〉의 사례에 적용할 수 있어야 한다.

풀이

ㄱ. (×) 갑은 사람들이 (2)를 타당한 논증으로 판단하는 이유로 '모든 A는 B이다'를 '모든 B는 A이다'로 잘못 바꾸기 때문이라는 것을 든다. 따라서 대다수의 사람이 "어떤 과학자는 운동선수이다. 어떤 철학자도 과학자가 아니다."라는 전제로부터 "어떤 철학자도 운동선수가 아니다."를 타당하게 도출할 수 있는 결론이라고 응답했다는 심리 실험 결과는, '모든 A는 B이다'를 '모든 B는 A이다'로 잘못 바꾼 것이 아니기 때문에 갑에 의해 설명된다고 판단할 수 없다.

ㄴ. (○) 을은 사람들이 (2)를 타당한 논증으로 판단하는 이유로 '모든 A는 B이다'를 약한 의미로 이해해야 하는데도 'A와 B가 동일하다'라는 강한 의미로 이해하기 때문이라는 것을 든다. 따라서 대다수의 사람이 "모든 적색 블록은 구멍이 난 블록이다. 모든 적색 블록은 삼각 블록이다."라는 전제로부터 "모든 구멍이 난 블록은 삼각 블록이다."를 타당하게 도출할 수 있는 결론이라고 응답했다는 심리 실험 결과는, 적색 블록과 구멍이 난 블록을 동일하게 보고 적색 블록과 삼각 블록을 동일하게 보았기 때문에 나온 결론이므로 을에 의해 설명된다.

ㄷ. (○) 병은 사람들이 (2)를 타당한 논증으로 판단하는 이유로 전제 가운데 하나가 '어떤 A는 B이다'라는 형태의 명제로 이루어진 것일 경우에는 결론도 그런 형태이기만 하면 타당하다고 생각하기 때문이라는 것을 든다. 따라서 대다수의 사람이 "모든 물리학자는 과학자이다. 어떤 컴퓨터 프로그래머는 과학자이다."라는 전제로부터 "어떤 컴퓨터 프로그래머는 물리학자이다."를 타당하게 도출할 수 있는 결론이라고 응답했다는 심리 실험 결과는, 전제 가운데 하나가 '어떤 컴퓨터 프로그래머는 과학자이다.'이고 이로부터 결론도 '어떤 컴퓨터 프로그래머는 물리학자이다.'라는 형태로 나온 것이므로 병에 의해 설명된다.

실전에선 이렇게!

'판단'이라는 발문은 다양하게 출제될 수 있으므로 선택지를 통해 어떤 것을 판단하는 문제인지 파악한 후 지문에서 필요한 정보를 찾는 방식으로 접근한다.

16 글의 수정 난이도 중 정답 ⑤

문제풀이 핵심 포인트
㉠에 해당하는 '오늘 회의에서 나온 의견' 중 〈계획안〉에 언급된 사항과 관련된 의견에 집중한다.

풀이

① (O) A시의 유명 공공 건축물을 활용해서 A시를 홍보하고 관심을 끌 수 있는 주제의 강의가 있으면 좋겠다는 의견을 반영하면, 강의 주제에 "건축가 협회 선정 A시의 유명 공공 건축물 TOP3"를 추가하는 것은 적절한 수정이다.
② (O) 온라인 강의는 편안한 시간에 접속하여 수강하게 하고, 수강 가능한 기간을 명시해야 한다는 의견을 반영하면, 일시 항목을 "○ 기간: 7. 12.(월) 06:00~7. 16.(금) 24:00"으로 바꾸는 것은 적절한 수정이다.
③ (O) 코로나19 상황을 고려해 대면 교육보다 온라인 교육이 좋겠다는 의견을 반영하면, 장소 항목을 "○ 교육방식: 코로나19 확산 방지를 위해 온라인 교육으로 진행"으로 바꾸는 것은 적절한 수정이다.
④ (O) 온라인으로 진행하면 교육 대상을 A시 시민만이 아닌 모든 희망자로 확대하는 장점이 있다는 의견을 반영하면, 대상을 "A시 공공 건축에 관심 있는 사람 누구나"로 바꾸는 것은 적절한 수정이다.
⑤ (×) 시 홈페이지에서 신청 게시판을 찾아가는 방법을 안내할 필요는 있다고 하였으므로 신청 방법을 "A시 공식 어플리케이션을 통한 A시 공공 건축 교육 과정 간편 신청"으로 바꾸는 것은 적절한 수정이 아니다.

실전에선 이렇게!
밑줄 친 ㉠에 따라 〈계획안〉을 수정해야 하는 문제이므로 지문을 처음부터 읽으면서 〈계획안〉에 표시된 강의 주제, 일시, 장소, 대상, 신청 방법 등에 대한 내용이 나오면 〈계획안〉과 선택지를 동시에 확인하는 방식으로 접근한다.

17 빈칸 추론 난이도 중 정답 ③

문제풀이 핵심 포인트
글의 내용을 바탕으로 ㉠~㉧에 들어갈 내용을 채울 수 있어야 한다.

풀이

〈기존〉

주관 기관	㉠ ○○도 산하 공공 기관					
채용 절차	채용 공고 →	원서 접수 →	㉡ 서류 →	㉢ 필기 →	㉣ 면접 →	합격자 발표

〈개선〉

주관 기관	㉤ ○○도			㉥ ○○도 산하 공공 기관		
채용 절차	채용 공고 →	원서 접수 →	㉦ 필기 →	㉧ 서류 →	㉨ 면접 →	합격자 발표

① (×) 위의 도표에 따르면 개선 이후 ㉠에 해당하는 기관인 ○○도 산하 공공 기관이 주관하는 채용 업무 중 채용 공고, 원서 접수, 필기시험이 제외되었으므로 업무의 양은 이전과 동일하다고 볼 수 없다.
② (×) 위의 도표에 따르면 ㉠에 해당하는 기관인 ○○도 산하 공공 기관과 같은 주관 기관이 들어가는 것은 ㉤이 아니라 ㉥이다.
③ (O) 위의 도표에 따르면 ㉡과 ㉧에는 '서류 심사'라는 같은 채용 절차가 들어간다.
④ (×) 위의 도표에 따르면 ㉢과 ㉦에는 모두 필기시험이 들어가지만, ○○도는 기존의 필기시험 과목인 영어·한국사·일반상식을 국가직무능력표준 기반 평가로 바꾸어 기존과 달리 실무 능력을 평가해서 인재를 선발할 수 있도록 제도를 보완하였으므로 지원자들이 평가받는 능력이 같다고 볼 수 없다.
⑤ (×) 위의 도표에 따르면 ㉣과 ㉨에 해당하는 면접시험을 주관하는 기관은 ○○도 산하 공공 기관으로 동일하다.

18 원칙 적용 난이도 중 정답 ③

문제풀이 핵심 포인트
〈표〉를 보면 기준 A, B에 대해 조례안 (가), (나), (다)의 특성이 분류되어 있다. 따라서 지문에 따라 입법 예고를 완료하였는지 여부와 과거에 입안을 지원하였던 조례안 중에 최근에 접수된 조례안과 내용이 유사한 사례가 있는지 여부를 기준으로 각 조례의 특성을 정리해야 한다.

풀이

ㄱ. (O) A에 유사 사례의 유무를 따지는 기준이 들어가면, B는 입법 예고 완료 여부를 따지는 기준이 들어갈 것이므로 ㉣은 부정, ㉥도 부정이 되어서 같다고 판단할 수 있다.
ㄴ. (O) 첫 번째 단락에 따르면 유사 사례가 존재하지 않는 경우에만 갑이 을에게 보고하므로, B에 따라 을에 대한 갑의 보고 여부가 결정된다면 B는 유사 사례 유무가 될 것이고, A는 입법 예고 완료 여부가 될 것이다. 따라서 ㉠과 ㉢은 모두 긍정으로 같다고 판단할 수 있다.
ㄷ. (×) ㉣과 ㉤이 같은 경우, 즉 (가)와 (나)가 같은 경우는 유사 사례의 유무이므로 B가 유사 사례 유무, A가 입법 예고 완료 여부가 될 것이다. 이때 ㉠은 부정, ㉡은 긍정이므로 같다고 판단할 수 없다.

실전에선 이렇게!
〈보기〉에서 A와 B에 들어갈 기준에 따라 ㉠~㉥에 들어갈 내용이 같은지 여부를 묻고 있으므로 A와 B에 들어갈 기준을 임의로 설정하여 표를 채워 놓은 상태에서 〈보기〉를 판단한다.

19 밑줄 추론 난이도 중 정답 ③

문제풀이 핵심 포인트
밑줄의 앞뒤 문장을 읽고, 밑줄의 의미를 파악할 수 있는 핵심어나 문장을 체크하는 것이 필요하다.

풀이

ㄱ. (O) 장애인 및 비장애인 각각의 인구 대비 '스포츠강좌 지원사업' 가맹 시설 수는 장애인의 수에 비해 장애인 대상 가맹 시설의 수가 비장애인의 경우보다 턱없이 적음을 확인하기 위해 필요한 자료가 될 수 있다.
ㄴ. (O) 장애인과 비장애인 각각 '스포츠강좌 지원사업'에 참여하기 위해 본인이 부담해야 하는 금액은 바우처 지원액이 너무 적어 바우처를 사용한다 해도 자기 부담금이 여전히 크다는 것을 확인하기 위해 필요한 자료가 될 수 있다.

ㄷ. (×) 만 50세에서 만 64세까지의 장애인 중 스포츠강좌 수강을 희망하는 인구와 만 50세에서 만 64세까지의 비장애인 중 스포츠강좌 수강을 희망하는 인구는 회의에서 논의된 내용과 직접적인 관련성이 없으므로 회의에서 논의된 내용을 확인하기 위해 필요한 자료라고 볼 수 없다.

실전에선 이렇게!

회의에서 논의된 내용을 확인하기 위해 필요한 자료를 찾아야 하므로 지문에 체크한 핵심 문장과 〈보기〉의 내용을 비교한다.

20 개념 이해 난이도 중 정답 ①

문제풀이 핵심 포인트

지문은 대화체로 구성되어 있고 조출생률과 합계 출산율에 대한 개념 정의와 각각의 특성이 제시되어 있으므로 이러한 정보에 주목해서 전체적으로 지문을 읽어주어야 한다.

풀이

ㄱ. (○) 첫 번째 갑의 진술에서 조출생률은 인구 1천 명당 출생아 수를 의미한다는 것을 알 수 있다. 따라서 조출생률의 개념은 전체 인구수가 기준이 될 뿐 전체 인구 대비 여성의 비율은 고려하지 않는다.

ㄴ. (×) 두 나라의 인구수와 조출생률에 차이가 없다면, 두 나라의 출생아 수가 동일함을 알 수 있다. 그러나 합계 출산율은 여성 한 명이 평생 동안 낳을 것으로 예상되는 출생아 수로서 조출생률과는 관련이 없으므로 두 나라의 인구수와 조출생률에 차이가 없다고 해서 합계 출산율에 차이가 없는지는 추론할 수 없다.

ㄷ. (×) 합계 출산율은 여성 한 명이 평생 동안 낳을 것으로 예상되는 출생아 수이다. 이는 15세~49세의 각각의 연령대 출산율을 모두 합해서 구하는 것이지, 한 명의 여성이 일생 동안 출산한 출생아의 수를 집계한 자료를 바탕으로 산출하는 것이 아니다.

21 빈칸 추론 난이도 중 정답 ①

문제풀이 핵심 포인트

빈칸 주변의 정보를 보면 빈칸에 들어갈 내용은 A 주장의 둘째 근거인 예측의 오류와 관련된 구체적인 사례임을 알 수 있다. 따라서 두 번째 단락에 제시된 A의 주장의 내용을 바탕으로 '예측의 오류'가 의미하는 바가 무엇인지 찾아주어야 한다.

풀이

(가), (나) 두 번째 단락의 마지막 문장을 보면, 재범을 저지른 사람이든 그렇지 않은 사람이든, 흑인은 편파적으로 고위험군으로 분류된 반면 백인은 편파적으로 저위험군으로 분류되었다고 했으므로 빈칸에 들어갈 단어로 구성된 문장도 그와 동일한 내용을 가져야 한다. 우선 (가)와 (나)의 경우, '잘못 분류되었던 사람의 비율은 흑인의 경우 45%인 반면 백인은 23%에 불과했고'라는 표현을 보았을 때 흑인 쪽이 비율이 높은 것이므로 고위험군이 아님에도 고위험군으로 분류된 사례가 들어가는 것이 적절하다. 따라서 (가)에는 '저지르지 않은', (나)에는 '고위험군'이 들어가는 것이 적절하다.

(다), (라) '잘못 분류되었던 사람의 비율은 흑인의 경우 28%인 반면 백인은 48%로 훨씬 컸다.'라는 표현을 보았을 때 흑인 쪽이 비율이 낮은 것이므로 고위험군임에도 고위험군으로 분류되지 않은 사례가 들어가는 것이 적절하다. 따라서 (나)에는 '저지른', (나)에는 '고위험군'이 들어가는 것이 적절하다.

실전에선 이렇게!

빈칸 추론 문제는 지문을 전체적으로 읽기 전에 빈칸 주변에서 빈칸에 들어갈 내용을 추론할 수 있는 단서를 찾는 것이 효율적이다.

22 논증 평가 난이도 중 정답 ②

문제풀이 핵심 포인트

㉠~㉢에 대한 강화·약화 여부를 평가하는 문제이므로 ㉠~㉢의 내용을 확인하고 선택지에 제시된 사례가 ㉠~㉢에 대해 어떠한 방향성을 가지는지 파악한다.

풀이

ㄱ. (×) ㉠은 A의 주장으로서 양형 보조 프로그램인 X가 흑인과 백인을 차별한다는 것이다. X는 유죄가 선고된 범죄자를 대상으로 재범 확률을 추정하여 위험지수로 평가하는 프로그램이므로 강력 범죄자 중 위험지수가 10으로 평가된 사람의 비율이 흑인과 백인 사이에 차이가 없다는 것은 ㉠과 직접적인 관련이 없는 내용이다. 따라서 ㉠이 강화된다고 볼 수 없다.

ㄴ. (×) ㉡은 B의 주장으로서 A가 언급한 예측의 오류는 흑인의 기저재범률과 백인의 기저재범률보다 높기 때문이고, X가 편파적으로 흑인과 백인의 위험지수를 평가하지 않는다는 것이다. 따라서 흑인의 기저재범률이 높을수록 흑인에 대한 X의 재범 가능성 예측이 더 정확해진다면, ㉡은 강화된다.

ㄷ. (○) ㉢은 기저재범률의 문제점을 지적하면서 이를 바탕으로 한 X의 지속적인 사용은 미국 사회의 인종차별을 고착화한다는 것이다. 기저재범률의 문제점 중 하나는 나와 상관없는 다른 사람들이 만들어낸 기저재범률이 나의 형량에 영향을 준다는 것인데, X가 특정 범죄자의 재범률을 평가할 때 사용하는 기저재범률이 동종 범죄를 저지른 사람들로부터 얻은 것이라 해도 여전히 타인의 기저재범률이 상관없는 이의 형량에 영향을 미치는 것이므로 ㉢은 강화되지 않는다.

23 빈칸 추론 난이도 중 정답 ⑤

문제풀이 핵심 포인트

빈칸에 들어갈 내용으로 선택지에 제시된 내용이 지문의 청탁금지법을 바탕으로 타당한지 여부를 판단해주어야 하므로 청탁금지법의 구체적인 내용에 초점을 두고 지문을 읽어야 한다.

풀이

① (×) 청탁금지법에 따르면 여러 행위가 계속성 또는 시간적·공간적 근접성이 있다고 판단되면, 합쳐서 1회로 간주될 수 있으므로 시간적·공간적 근접성은 청탁을 한 사람이 동일인인지를 판단하는 기준이 된다. 그런데 X회사로부터 받은 접대는 이미 1인당 1만 2천 원씩 총 90명에게 제공되어 명목에 상관없이 1회 100만 원을 초과하는 금품이나 접대를 받을 수 없다는 청탁금지법에 위반된다. 따라서 X회사로부터 받은 접대는 시간적·공간적 근접성으로 보아 청탁금지법을 위반한 향응을 받은 것이 된다는 것은 빈칸에 들어갈 내용으로 적절하지 않다.

② (×) Y회사의 임원인 B가 관급 공사 입찰을 도와달라고 청탁하면서 100만 원을 건넨 것은 청탁금지법상의 금품이므로, Y회사로부터 받은 제안의 내용이 금품이라고는 할 수 없지만 향응에는 포함될 수 있다는 것은 빈칸에 들어갈 내용으로 적절하지 않다.

③ (×) 청탁금지법상 한 공직자에게 여러 사람이 동일한 부정 청탁을 하며 금품을 제공하려 하였을 때에도 이들의 출처가 같다고 볼 수 있다면 '동일인'으로 해석되는데, A와 C가 갑에게 동일한 부정 청탁을 한 것은 아니므로 둘이 동일인으로서 부정 청탁을 한 것이 된다는 것은 빈칸에 들어갈 내용으로 적절하지 않다.

④ (×) 청탁금지법에 따르면 공직자는 동일인으로부터 명목에 상관없이 1회 100만 원을 초과하는 금품이나 접대를 받을 수 없다. 그런데 B는 100만 원, C는 200만 원을 주려고 했으므로 직무 관련성이 없다면 B와 C가 제시한 금액은 청탁금지법상의 허용 한도를 벗어나지 않는다는 것은 빈칸에 들어갈 내용으로 적절하지 않다.

⑤ (O) 청탁금지법에 따르면 공직자가 부정 청탁을 받았을 때는 명확히 거절 의사를 표현해야 하고, 그랬는데도 상대방이 이후에 다시 동일한 부정 청탁을 해 온다면 소속 기관의 장에게 신고해야 한다. 현재 C가 찾아와 X회사 공장 부지의 용도 변경에 힘써 달라며 200만 원을 주려고 해서 단호히 거절한 상태이고 이후 C가 같은 청탁을 하지는 않은 상태이다. 따라서 현재는 청탁금지법상 C의 청탁을 신고할 의무가 생기지 않지만, C가 같은 청탁을 다시 한다면 신고해야 한다는 것은 빈칸에 들어갈 내용으로 적절하다.

24 밑줄 추론 난이도 중 정답 ④

문제풀이 핵심 포인트

갑의 민원을 검토한 A시 의회는 관련 규정의 보완이 필요하다고 인정하여 조례 제9조를 개정하였으며, B카페는 이에 근거한 지원금을 받아 전기차 충전 시설을 설치하게 되었다. 따라서 선택지 중 B카페 전기차 충전 시설 지원금을 받을 수 있는 개정 사항에 해당할 수 있는 것을 찾는다.

풀이

① (×) 제1항 제3호로 "다중이용시설(극장, 음식점, 카페, 주점 등 불특정다수인이 이용하는 시설을 말한다)"을 신설하여도 B카페는 '주차단위구획 100개 이상을 갖춘' 시설에 해당되지 않으므로 ㉠에 해당하는 내용으로 적절하지 않다.

② (×) 제1항 제3호로 "교통약자(장애인·고령자·임산부·영유아를 동반한 사람, 어린이 등 일상생활에서 이동에 불편을 느끼는 사람을 말한다)를 위한 시설"을 신설하여도 B카페는 '주차단위구획 100개 이상을 갖춘' 시설에 해당되지 않으므로 ㉠에 해당하는 내용으로 적절하지 않다.

③ (×) 제4항으로 "시장은 제2항에 따른 지원을 할 때 교통약자(장애인·고령자·임산부·영유아를 동반한 사람, 어린이 등 일상생활에서 이동에 불편을 느끼는 사람을 말한다)를 위한 시설을 우선적으로 지원하여야 한다."를 신설하여도 제2항에 따른 지원은 제1항의 설치대상에 대한 것이고, B카페는 제1항의 설치대상에 해당하지 않으므로 ㉠에 해당하는 내용으로 적절하지 않다.

④ (O) B카페는 주차구획이 50개이므로 조례 제9조 제1항과 제2항에 해당되지 않고 제3항은 설치 권고만 할 수 있을 뿐이다. 따라서 제4항으로 "시장은 제3항의 권고를 받아들이는 사업장에 대하여는 설치비용의 60퍼센트를 지원하여야 한다."를 신설하면 B카페는 이에 근거한 지원금을 받아 전기차 충전 시설을 설치할 수 있게 된다.

⑤ (×) 제4항으로 "시장은 전기자동차 충전시설의 의무 설치대상으로서 조기 설치를 희망하는 사업장에는 설치 비용의 전액을 지원할 수 있다."를 신설하여도 B카페는 기자동차 충전시설의 의무 설치대상이 아니므로 ㉠에 해당하는 내용으로 적절하지 않다.

25 견해 분석 난이도 상 정답 ③

문제풀이 핵심 포인트

지문에서 쟁점이 되는 규정은 하나이지만, 갑과 을이 하나의 쟁점에 대해 논쟁하고 있는 것이 아니라 3개의 각기 다른 쟁점에 대해 논쟁하고 있으므로 각 쟁점 안에서 갑과 을의 견해 차이를 구별해서 파악해야 한다.

풀이

ㄱ. (O) 쟁점 1과 관련하여, 갑이 위원으로서의 임기가 종료되면 위원장으로서의 자격도 없는 것으로 생각한다면 위원을 한 차례 역임한 A가 규정을 어기고 있다고 볼 것이고, 을이 위원장이 되는 경우에는 그 임기나 연임 제한이 새롭게 산정된다고 생각한다면 A가 규정을 어기지 않았다고 볼 것이다. 따라서 갑과 을 사이의 주장 불일치를 설명할 수 있다는 것은 적절한 분석이다.

ㄴ. (O) 쟁점 2와 관련하여, 갑이 위원장이 부적법한 절차로 당선되었더라도 그것이 연임 횟수에 포함된다고 생각한다면 B가 선출될 경우 「위원회의 운영에 관한 규정」 제8조 제2항을 어겨 규정을 어기게 된다고 볼 것이고, 을이 위원장이 부적법한 절차로 당선되었더라도 그것이 연임 횟수에 포함된다고 생각하지 않는다면 B가 선출되어도 규정을 어기지 않는다고 볼 것이다. 따라서 갑과 을 사이의 주장 불일치를 설명할 수 있다는 것은 적절한 분석이다.

ㄷ. (×) 쟁점 3과 관련하여, 위원장 연임 제한의 의미가 '단절되는 일 없이 세 차례 연속하여 위원장이 되는 것만을 막는다'는 것으로 확정된다면, C가 선출되어도 단절되는 일 없이 세 차례 연속하여 위원장이 되는 것이 아니므로 갑의 주장은 그르고, 을의 주장은 옳다고 볼 수 있다.

실전에선 이렇게!

〈보기〉에서 각각 쟁점 1, 2, 3에 대해 차례대로 묻고 있으므로 지문의 〈논쟁〉을 먼저 읽기보다는 〈보기〉 판단 시에 지문의 〈논쟁〉을 읽고 내용을 파악하는 순서로 접근한다.

정답

p.223

1	④	응용형 (법조문형)	6	①	규칙 적용해결형	11	②	경우 파악형	16	④	응용형 (법조문형)	21	②	경우 확정형
2	①	일치부합형 (법조문형)	7	①	규칙 적용해결형	12	⑤	조건 계산형	17	③	응용형 (법조문형)	22	⑤	경우 파악형
3	⑤	일치부합형 (법조문형)	8	③	경우 파악형	13	③	조건 계산형	18	④	일치부합형 (법조문형)	23	①	1지문 2문항형
4	④	조건 계산형	9	②	조건 계산형	14	④	규칙 정오판단형	19	⑤	규칙 정오판단형	24	②	1지문 2문항형
5	④	조건 계산형	10	③	경우 확정형	15	③	발문 포인트형 (법조문형)	20	⑤	규칙 단순확인형	25	②	규칙 적용해결형

취약 유형 분석표

유형별로 맞힌 문제 개수와 정답률, 틀린 문제 번호, 풀지 못한 문제 번호를 적고 나서 취약한 유형이 무엇인지 파악해 보세요. 그 후 약점 보완 해설집 p.4 [취약 유형 공략 포인트]에서 약점 보완 학습법을 확인하고, 틀린 문제와 풀지 못한 문제를 다시 한번 풀어보세요.

유형		맞힌 문제 개수	정답률	틀린 문제 번호	풀지 못한 문제 번호
텍스트형	발문 포인트형	-	-		
	일치부합형	-	-		
	응용형	-	-		
	1지문 2문항형	/2	%		
	기타형	-	-		
법조문형	발문 포인트형	/1	%		
	일치부합형	/3	%		
	응용형	/3	%		
	법계산형	-	-		
	규정형	-	-		
	법조문소재형	-	-		
계산형	정확한 계산형	-	-		
	상대적 계산형	-	-		
	조건 계산형	/5	%		
규칙형	규칙 단순확인형	/1	%		
	규칙 정오판단형	/2	%		
	규칙 적용해결형	/3	%		
경우형	경우 파악형	/3	%		
	경우 확정형	/2	%		
TOTAL		**/25**	**%**		

해설

1 응용형(법조문형) 난이도 하 정답 ④

문제풀이 핵심 포인트

<상황>이 제시되어 있으나 모든 선택지가 다 응용형처럼 해결해야 하는 것은 아니다. 따라서 일치부합형처럼 풀이하는 선택지와 응용형처럼 풀이하는 선택지를 구분하여 빠르게 해결할 수 있어야 한다.

풀이

① (×) 법조문 제2항에 따르면 제1항의 신청을 받은 주민등록지의 시장·군수·구청장은 OO부의 주민등록번호변경위원회에 번호변경 여부에 관한 결정을 청구해야 한다. 그런데 제1항에서 주민등록지의 시장은 특별시장·광역시장은 제외하고 특별자치도지사는 포함한다. 따라서 A광역시장은 결정을 청구할 수 있는 주체가 아님을 알 수 있다.

② (×) 법조문 제3항에 따르면 변경위원회로부터 번호변경 인용결정을 통보받은 경우에는 주민등록지의 시장 등이 신청인의 번호를 변경한다. 따라서 번호변경 인용결정은 변경위원회가 하지만, 신청인의 번호를 변경하는 주체는 주민등록지의 시장임을 알 수 있다.

③ (×) 제3항 제1호, 제2호에 따르면 변경위원회로부터 번호변경 인용결정을 통보받고 주민등록지의 시장 등이 신청인의 번호를 변경할 때, 번호의 앞 6자리(생년월일) 및 뒤 7자리 중 첫째 자리는 변경할 수 없으며, 제1호 이외의 나머지 6자리는 임의의 숫자로 변경한다. 따라서 甲의 주민등록번호 뒤 7자리 중 첫째 자리인 '2'는 변경할 수 없음을 알 수 있다.

④ (O) 법조문 제4항에 따르면 제3항의 번호변경 통지를 받은 신청인이 운전면허증에 기재된 번호의 변경을 위해서는 그 번호의 변경을 신청해야 한다. 이때 제3항에 따르면 변경위원회로부터 번호변경 인용결정을 통보받은 경우에는 신청인의 번호를 지체 없이 변경하고 이를 신청인에게 통지해야 한다. 즉, 번호변경 통지를 받았다는 것은 신청인의 번호가 변경되었음을 의미한다. 따라서 甲의 주민등록번호가 변경된 경우, 甲이 운전면허증에 기재된 주민등록번호를 변경하기 위해서는 변경신청을 해야 함을 알 수 있다.

⑤ (×) 제5항에 따르면 주민등록지의 시장 등은 변경위원회로부터 번호변경 기각결정을 통보받은 경우에는 그 사실을 신청인에게 통지해야 하며, 신청인은 통지를 받은 날부터 30일 이내에 그 시장 등에게 이의신청을 할 수 있다. 따라서 이의신청은 주민등록번호변경위원회가 아니라 시장 등에게 해야 함을 알 수 있다.

2 일치부합형(법조문형) 난이도 하 정답 ①

문제풀이 핵심 포인트

선택지의 키워드를 파악한 후, 이를 법조문 각 조항의 키워드와 매칭하여 해결한다.

풀이

제00조를 순서대로 제1조~제5조라고 한다.

① (O) 제4조 제2항에 따르면 물품출납공무원은 제1항에 따른 물품관리관의 명령이 없으면 물품을 출납할 수 없다.

② (×) 제1조 제1항에 따르면 각 중앙관서의 장은 그 소관 물품관리에 관한 사무를 소속 공무원에게 위임할 수 있고, 필요하면 다른 중앙관서의 소속 공무원에게 위임할 수 있다. 따라서 A중앙관서의 장이 그 소관 물품관리에 관한 사무를 B중앙관서의 소속 공무원에게 위임하는 것도 가능하다.

③ (×) 제3조에 따르면 원칙적으로 물품은 국가의 시설에 보관하여야 하지만, 계약담당공무원이 아니라 물품관리관이 국가의 시설에 보관하는 것이 물품의 사용이나 처분에 부적당하다고 인정하거나 그 밖에 특별한 사유가 있으면 예외적으로 국가 외의 자의 시설에 보관할 수 있다.

④ (×) 제2조 제1항에 따르면 물품수급관리계획에 정해진 물품 이외의 물품이 필요한 경우, 물품관리관은 물품출납공무원이 아니라 계약담당공무원에게 필요할 때마다 물품의 취득에 관한 필요한 조치를 할 것을 청구하여야 한다.

⑤ (×) 제5조 제2항에 따르면 물품출납공무원이 아니라 물품관리관이 제1항에 따른 보고에 의하여 수선이나 개조가 필요한 물품이 있다고 인정하면 계약담당공무원이나 그 밖의 관계 공무원에게 그 수선이나 개조를 위한 필요한 조치를 할 것을 청구하여야 한다. 제5조 제1항에 따라 보고하는 주체는 물품출납공무원이지만 이를 인정하고 청구하는 주체는 제2항에 따른 물품관리관이다. 또한 물품관리관이 제1항에 따른 보고에 의하여 수선이나 개조가 필요한 물품이 있다고 인정하면 계약담당공무원이나 그 밖의 관계 공무원에게 조치를 청구할 수 있으므로 반드시 계약담당공무원에게 청구해야 하는 것도 아니다.

3 일치부합형(법조문형) 난이도 하 정답 ⑤

문제풀이 핵심 포인트

선택지에서 키워드를 잡은 후 연결되는 법조문을 빠르게 매칭해서 해결할 수 있어야 한다. 각 선택지에서 키워드를 잡으면 ①, ②는 '사용', ③은 '벌금, 처해질 수 있다', ④는 '징역, 처해질 수 있다', ⑤는 '자격정지, 처해질 수 있다'이다.

풀이

① (×) 제□□조에 따르면 甲이 불법검열에 의하여 乙의 우편물을 취득한 것은 제OO조 제1항을 위반한 것이므로, 해당 우편물은 징계절차에서 증거로 사용할 수 없다.

② (×) 제OO조 제1항에 따르면 누구든지 공개되지 아니한 타인 상호간의 대화를 녹음하지 못한다. 그러나 甲이 乙과의 대화를 녹음한 것은 타인 상호간의 대화가 아닌 당사자가 포함된 녹음이므로 제OO조 제1항의 규정을 위반한 것이 아니다. 그러므로 해당 대화를 녹음한 내용은 제□□조에 의하여 재판에서 증거로 사용하는 것이 금지되지 않는다.

③ (×) 제OO조 제2항 제2호에 따르면 甲이 타인 상호간인 乙과 丙 사이의 공개되지 않은 대화를 녹음한 것은 제1항을 위반한 것으로 제2항 제1호에 해당하므로, 이를 공개한 경우 제2항에 따라 1천만 원의 벌금이 아닌 1년 이상 10년 이하의 징역과 5년 이하의 자격정지에 처해질 수 있다.

④ (×) 제OO조 제3항 본문에 따르면 누구든지 단말기기 고유번호를 제공받아서는 안 되지만, 단서에 따르면 이동통신 사업자가 단말기의 개통처리와 같이 정당한 업무의 이행을 위하여 제공받는 경우에는 그러하지 아니하다. 따라서 이동통신사업자 甲이 乙의 단말기를 개통하기 위하여 단말기기 고유번호를 제공받은 경우는 제OO조 제3항 단서에 해당하여 제3항을 위반한 것이 아니므로 같은 조 제4항에 의하여 1년의 징역에 처해질 수 없다.

⑤ (O) 제OO조 제2항 제1호에 따르면 甲이 乙과 丙 사이의 우편물을 불법으로 검열한 것은 제1항을 위반하여 우편물을 검열한 것이므로 제2항에 따라 1년 이상 10년 이하에 해당하는 2년의 징역과 5년 이하에 해당하는 3년의 자격정지에 처해질 수 있다.

4 조건 계산형 난이도 중

정답 ④

문제풀이 핵심 포인트

이하, 미만의 개념을 혼동하지 않도록 주의한다. 이상, 이하, 미만, 초과를 확인하는 것은 매우 기본적인 필수요소이다.

풀이

- 총 중소기업 광고비 지원사업 예산은 6억 원이다.
- 2020년도 총매출이 500억 원 미만인 기업만 지원한다.
  → A, B기업은 제외된다.
- 우선 지원대상 사업분야는 백신, 비대면, 인공지능이다.
  → 남은 기업 중 D, E, G기업이 우선 지원대상이다.
- 우선 지원 사업분야 내에서 '소요 광고비 × 2020년도 총매출'이 작은 기업부터 지원된다.

구분	2020년도 총매출	소요 광고비	계산결과	사업분야
D	300억 원	4억 원	1,200억 원	인공지능
E	200억 원	5억 원	1,000억 원	비대면
G	30억 원	4억 원	120억 원	백신

→ 따라서 G - E - D 순으로 지원된다.

- 지원금 상한액은 1억 2,000만 원이나, 해당 기업의 2020년도 총매출이 100억 원 이하인 경우 상한액의 2배까지 지원할 수 있다. 단, 지원금은 소요 광고비의 2분의 1을 초과할 수 없다.

구분	2020년도 총매출	소요 광고비	소요광고비의 1/2	지원금 상한액
D	300억 원	4억 원	2억 원 이하	1.2억 원
E	200억 원	5억 원	2.5억 원 이하	
G	30억 원	4억 원	2억 원 이하	2.4억 원

- 지원금 상한액 내에서 소요광고비의 1/2까지 지원할 수 있다.
  - G기업은 2020년도 총매출이 100억 원 이하인 경우이므로, 상한액인 1.2억 원의 2배인 2.4억 원까지 지원할 수 있다. 지원금은 소요 광고비의 2분의 1을 초과할 수 없으므로 2억 원을 초과할 수 없다. 이에 따라 G기업에 2억 원을 지급하고 4억 원이 남는다.
  - 두 번째 E기업에 지원금 상한액 1.2억 원만큼만 지급하고 2.8억원이 남는다.
  - 세 번째 D기업에 지원금 상한액 1.2억 원만큼만 지급하고 1.6억원이 남는다.
- 우선 지원대상이 아닌 사업분야 내에서도 동일한 과정을 거쳐 지원된다.
  → '소요 광고비 × 2020년도 총매출'이 작은 기업 F기업부터 지원된다.

구분	2020년도 총매출	소요 광고비	사업분야
C	400억 원	3억 원	농산물
F	100억 원	6억 원	의류

- 우선 지원대상이 아닌 사업분야 내에서 지원금을 계산해 보면 다음과 같다.

구분	2020년도 총매출	소요 광고비	소요광고비의 1/2	지원금 상한액
C	400억 원	3억 원	1.5억 원 이하	1.2억 원
F	100억 원	6억 원	3억 원 이하	2.4억 원

→ 지원금 산정 방법에 따라 예산 범위 내에서 지급 가능한 최대 금액을 예산이 소진될 때까지 지원대상 기업에 순차로 배정한다. 따라서 F기업은 지원금 상한액이 2.4억 원인데 남은 예산이 1.6억 원뿐이므로 남은 1.6억 원을 모두 지원받는다.

5 조건 계산형 난이도 중

정답 ④

문제풀이 핵심 포인트

문제 접근법을 잘 판단해야 한다. 여러 문제 해결 방법 중에서 방정식을 세워서 푸는 방법은 매우 느린 방법이다.

풀이

제시된 조건을 정리해 보면 다음과 같다.

- 총합은 부서 전 직원 57명
- 5, 6, 7명으로 구성된 10개의 소조직 구성
- 각 소조직은 각각 하나 이상 존재
- 각 직원은 하나의 소조직에만 소속

고정정보는 5, 6, 7명으로 구성된 소조직이 각각 하나 이상 존재한다는 것이다. 따라서 이를 제외한 나머지 39명만 고려하여 5의 배수 + 6의 배수 + 7의 배수의 합으로 39를 만든다. 이때 10개의 소조직 구성을 구성해야 하는데 고정정보로 3개의 소조직이 구성되었으므로, 나머지 7개의 소조직을 구성해야 한다. 따라서 5의 배수, 6의 배수, 7의 배수 각 배수 숫자의 총합이 7이 되어야 한다. 이는 아래 세 가지 방식을 통해서 해결할 수 있다.

〈방법 1〉

7 = 5 + 2, 6 = 5 + 1인 것처럼 5의 배수 + α 성질을 이용한다.

〈방법 2〉

39 = 25 + 14처럼 합분해를 한다.

〈방법 3〉

방법 1과 방법 2를 동시에 고려한다.

39는 5의 배수 35에 나머지 4가 결합된 숫자이다. 6은 5의 배수 +1인 숫자이고 7은 5의 배수 +2인 숫자이므로 나머지 4는 6명 또는 7명으로 채울 수 있다. 즉, 나머지 4를 1 또는 2로 채워주는 방식이다. 예를 들어 4 = 2 + 2일 수도 있고, 4 = 1 + 1 + 1 + 1일 수도 있다.

이에 따라 5명의 소조직을 최소로 만드는 방법은 6명 또는 7명의 소조직을 최대로 만드는 것이다. 이 경우 4를 최대한 여러 번에 걸쳐서 채우는 것이 좋다. 즉, 6명의 소조직(+1)을 4개 만든다. 그러면 24명이 소속되고 나머지 15명은 5명의 소조직 3개에 소속되므로 소조직이 4개 + 3개 = 총 7개가 구성되어 앞서 고정정보 총 3개의 소조직에 더해 총 10개의 소조직이 구성되어야 한다는 조건도 충족한다.

	5명(+0)	6명(+1)	7명(+2)	
고정	1개(5명)	1개(6명)	1개(7명)	18명
최소	3개(15명)	4개(24명)	-	39명(+4명)

5명의 소조직을 최대로 만드는 방법은 6명 또는 7명의 소조직을 최소로 만드는 것이다. 이 경우 4를 최대한 적은 횟수로 채우는 것이 좋다. 즉, 7명의 소조직(+2)을 2개 만든다. 그러면 14명이 소속되고 나머지 25명은 5명의 소조직 5개에 소속되므로 소조직이 2개 + 5개 = 총 7개가 구성되어 앞서 고정정보 총 3개의 소조직에 더해 총 10개의 소조직이 구성되어야 한다는 조건도 충족한다.

따라서 ㉠은 4, ㉡은 6이다.

6 규칙 적용해결형 난이도 하

정답 ①

문제풀이 핵심 포인트

제시된 조건과 부문별 업무역량 값 계산식을 정확히 이해하는 것이 필요하다. 구해야 하는 것은 업무역량 노력의 최소값이라는 점에 주의한다.

풀이

구분	부문별 업무역량 값				업무역량 값
	업무역량 재능	×4	업무역량 노력	×3	
기획력	90	360			
창의력	100	400			
추진력	110	440			
통합력	60	240			
			합 100		

- 통합력의 업무역량 값을 다른 어떤 부문의 값보다 크게 만들고자 한다.
  → 해당 업무역량 재능까지만 고려했을 때 가장 값이 큰 부문은 추진력이고 그 때의 값은 440이다. 따라서 통합력의 업무역량 값을 다른 어떤 부문의 값보다 크게 만들기 위해서는 남은 '해당 업무역량 노력 × 3'의 값으로 추진력의 440보다는 크게 만들어야 한다. 이에 따라 甲이 통합력에 투입해야 하는 노력의 최솟값을 구해보면 다음과 같다.
  현재 추진력의 240과 통합력의 440은 200점 차이가 나고, 해당 업무역량 노력은 '× 3'이 되므로 200÷3 = 66.666…로 최소 67이 필요하다.
- 투입 가능한 노력은 총 100이며 가능한 노력을 남김없이 투입해야 하므로, 남은 33의 값은 기획력과 창의력에 적절하게 배분해 주면 된다. 기획력은 360이라 80의 여유가 있고, 창의력은 400이라 40의 여유가 있다. 80 ÷ 3 = 26.666… 이므로 남은 33을 기획력에는 26까지 투입할 수 있고 창의력에는 40 ÷ 3 = 13.333… 13까지 투입할 수 있으므로, 통합력에 최소 67의 노력을 투입하면 통합력의 업무역량 값을 다른 어떤 부문의 값보다 크게 만들 수 있다.

구분	부문별 업무역량 값				업무역량 값
	업무역량 재능	×4	업무역량 노력	×3	
기획력	90	360	합 33	합 99	440 이하 가능
창의력	100	400			
추진력	110	440	0	0	440
통합력	60	240	67	201	441
			합 100		

실전에선 이렇게!

검토할 때 정확한 값보다 범위로 구해보면 더 빠른 해결이 가능하다.

7 규칙 적용해결형 난이도 중

정답 ①

문제풀이 핵심 포인트

일반적인 규칙을 찾아낸 후에 구체적인 사례를 대입하거나, 반대로 구체적인 사례에서 규칙을 찾아낸 후 상황에 맞게 조정하는 것도 가능하다. 원탁에 위치시키는 경우 회전, 대칭이 가능하기 때문에 시작점이 중요하지 않은 경우가 많다.

풀이

〈방법 1〉 일반적인 규칙을 확인해 사례를 대입한다.

- 원탁에 숫자 1, 2, 3, 4, 5, 6 순으로 시계방향대로 앉아있다고 생각해본다.
- 1을 시작점으로 시계방향으로 여섯 번째로 해당하는 숫자를 제외시키면 맨 처음 6이 제외된다. → 1 2 3 4 5
- 6을 제외시킨 후, 6 다음 시계방향인 1을 시작점으로 시계방향으로 여섯 번째로 해당하는 숫자를 제외시키면 1이 제외된다. → 2 3 4 5
- 1과 6이 제외된 상태에서, 1 다음 시계방향인 2를 시작점으로 시계방향으로 여섯 번째로 해당하는 숫자를 제외시키면 3이 제외된다. → 2 4 5
- 1, 3, 6이 제외된 상태에서, 3 다음 시계방향인 4를 시작점으로 시계방향으로 여섯 번째로 해당하는 숫자를 제외시키면 2가 제외된다. → 4 5
- 1, 2, 3, 6이 제외된 상태에서, 2 다음 시계방향인 4를 시작점으로 시계방향으로 여섯 번째로 해당하는 숫자를 제외시키면 5가 제외된다. 최종적으로 남은 숫자는 4이다.

이 규칙에 떡을 대입해 보면 4의 자리에 마지막에 먹는 송편을 두어야 한다. 그때 4 직전에 먹는 5의 자리에는 '무지개떡'이 위치하게 된다.

〈방법 2〉 사례에서 규칙을 찾아 원 쟁반을 이동한다.

만약 쑥떡부터 시작했다면, 다음과 같은 순서대로 떡을 먹게 된다.

→ 시계방향

쑥떡	인절미	송편	무지개떡	팥떡	호박떡
시작					
					① ×
② ×					
		③ ×			
	④ ×				
				⑤ ×	
			⑥ ×		

쑥떡부터 시작했다면 호박떡 → 쑥떡 → 송편 → 인절미 → 팥떡 → 무지개떡 순서대로 먹게 된다. 그렇다면 마지막에 먹는 떡이 송편이 되기 위해서는 ⑥ x의 위가 송편이 되도록 떡의 위치를 시계방향으로 한 칸씩 이동해 주면 된다. 이때 송편 직전에 먹는 떡은 무지개떡이 된다.

8 경우 파악형 난이도 하

정답 ③

문제풀이 핵심 포인트

문제 접근법이 여러 가지가 있지만, 방정식을 세워서 푸는 방법은 시간 소요가 큰 편이다. 이 문제의 경우 끝자리를 '0'을 만드는 것에 주목한다면 보다 빠르게 해결이 가능하다.

풀이

선택지를 활용해서 풀어보면, 상품의 무게가 무거운 것부터 가벼운 순으로 A, B, C, D이고, 甲은 가장 무거운 상품과 가장 가벼운 상품을 제외하고 두 상품을 구매하기로 하였기 때문에 그 중에서 B, C를 구매한다. 그리고 그 결과는 선택지 중에 있다. A, B, C, D 중 두 상품을 선택해서 함께 저울에 올린 결과는 각각 35kg, 39kg, 44kg, 45kg, 50kg, 54kg이므로 甲이 구매한 B, C를 함께 저울에 올린 결과도 이 중에 있어야 한다.

① 19kg + 25kg = 44kg으로 결과 중에 있다.

② 19kg + 26kg = 45kg으로 결과 중에 있다.

③ 20kg + 24kg = 44kg으로 결과 중에 있다.

④ 21kg + 25kg = 46kg으로 결과 중에 없다.

⑤ 22kg + 26kg = 48kg으로 결과 중에 없다.

따라서 선택지 ④, ⑤가 제거된다.

A, B, C, D 중 두 상품을 선택해서 함께 저울에 올린 결과는 각각 35kg, 39kg, 44kg, 45kg, 50kg, 54kg인데 이 중 54kg이 가장 무겁고 이는 상품 중에서 가장 무거운 두 개를 함께 저울에 올린 결과여야 한다. 반대로 결과 중 35kg이 가장 가볍고 이는 상품 중에서 가장 가벼운 두 개를 함께 저울에 올린 결과여야 한다. 따라서 A + B의 결과가 54가 되도록 A를 구하고, C + D의 결과가 35가 되도록 D를 구해보면 다음과 같다.

구분	A + B = 54		C + D = 35	
	A	B	C	D
①	29	25	19	16
②	28	26	19	16
③	30	24	20	15

이 네 상품의 무게를 통해 그 중 두 상품을 선택해서 함께 저울에 올린 결과가 각각 35kg, 39kg, 44kg, 45kg, 50kg, 54kg일 수 있는지 확인하면 선택지 ①, ②가 제거된다.

실전에선 이렇게!

A + B = 54와 C + D = 35를 모두 구한 후에 정답을 찾는 것보다, 둘 중 하나를 해결한 후 결과를 확인해 보면 보다 빠르게 정답을 찾아낼 수 있다. 예를 들어 선택지 ①에서 C + D = 35를 통해 D 무게가 16kg인 것을 찾아냈다면 B 25kg, C 19kg, D 16kg이므로 그 중 두 상품 무게 중에 B + D = 25kg + 16kg인 41kg이 있어야 하는데 주어진 35kg, 39kg, 44kg, 45kg, 50kg, 54kg 결과 중에는 41kg가 없으므로 선택지 ①은 정답이 될 수 없다.

9 조건 계산형 난이도 하 정답 ②

문제풀이 핵심 포인트

n개 사이 간격은 (n - 1)개라는 장치를 알고 있다면, 빠른 해결이 가능하다. 문제에서도 '간격'이라는 용어를 그대로 사용하고 있다.

풀이

주어진 정보를 정리하면 다음과 같다.

- 매시 정각을 알리기 위해 매시 정각부터 일정한 시간 간격으로 해당 시의 수만큼 종을 친다.
- 7시 정각을 알리기 위해서는 7시 정각에 첫 종을 치기 시작 + 일정한 시간 간격으로 총 7번의 종을 친다.
- 이 괘종시계가 정각을 알리기 위해 2번 이상 종을 칠 때, 종을 치는 시간 간격은 몇 시 정각을 알리기 위한 것이든 동일하다.
- A 괘종시계가 6시 정각을 알리기 위한 마지막 6번째 종을 치는 시각은 6시 6초이다.

마지막 조건을 그림으로 나타내면 다음과 같다.

n개 사이 간격 = n - 1개이므로 6시 정각을 알리기 위해 6번 종을 치는 것은 6개 사이 '간격 5개'의 길이 6초이고, 11시 정각을 알리기 위해 11번 종을 치는 것은 11개 사이 '간격 10개'의 길이(= '간격 5개'의 길이의 두 배) 12초이다. 따라서 A 괘종시계가 11시 정각을 알리기 위한 마지막 종을 치는 시각은 11시 12초이다.

10 경우 확정형 난이도 하 정답 ③

문제풀이 핵심 포인트

각자가 한 일의 양을 확정하기 위해 가장 먼저 고정정보를 찾아낸 후, 조건을 연결한다. 경우를 확정하기 위해서는 반드시 고정정보를 찾아내야 한다.

풀이

甲 ~ 戊가 하는 일의 양에 대해 제시된 조건을 정리하면 다음과 같다.

- 조건 1: 甲 ~ 戊가 오늘 해야 하는 일의 양은 같다.
- 조건 2: 甲은 丙이 아직 하지 못한 일의 절반을 했다.
- 조건 3: 乙은 丁이 남겨 놓고 있는 일의 2배를 했다.
- 조건 4: 丙은 자신이 현재까지 했던 일의 절반을 남겨 놓고 있다.
- 조건 5: 丁은 甲이 남겨 놓고 있는 일과 동일한 양을 했다.
- 조건 6: 戊는 乙이 남겨 놓은 일의 절반을 했다.

구체적인 일의 양을 계산하지 않아도 되므로 丙이 현재까지 했던 일의 양을 2라고 가정한다. 조건 4에 따르면 丙은 자신이 현재까지 했던 일의 절반을 남겨 놓고 있으므로 丙이 남겨 놓고 있는 일의 양은 1이고, 甲 ~ 戊가 오늘 해야 하는 일의 양은 3이 된다. 이때 조건 2에 따르면 甲이 현재까지 한 일의 양은 0.5, 남겨 놓고 있는 일의 양은 2.5이다.

	현재까지 한 일의 양	남겨 놓고 있는 일의 양	오늘 해야 하는 일의 양
丙	2	1	3
甲	0.5	2.5	

조건 5에 따르면 丁이 현재까지 한 일의 양은 2.5, 남겨 놓고 있는 일의 양은 0.5이다.

	현재까지 한 일의 양	남겨 놓고 있는 일의 양	오늘 해야 하는 일의 양
丙	2	1	3
甲	0.5	2.5	
丁	2.5	0.5	

조건 3에 따르면 乙이 현재까지 한 일의 양은 1, 남겨 놓고 있는 일의 양은 2이다.

	현재까지 한 일의 양	남겨 놓고 있는 일의 양	오늘 해야 하는 일의 양
丙	2	1	3
甲	0.5	2.5	
丁	2.5	0.5	
乙	1	2	

마지막으로 조건 6에 따르면 戊가 현재까지 한 일의 양은 1, 남겨 놓고 있는 일의 양은 2이다.

	현재까지 한 일의 양	남겨 놓고 있는 일의 양	오늘 해야 하는 일의 양
丙	2	1	3
甲	0.5	2.5	
丁	2.5	0.5	
乙	1	2	
戊	1	2	

따라서 현재 시점에서 두 번째로 많은 양의 일을 한 사람은 丙이다.

11 경우 파악형 난이도 하 정답 ②

문제풀이 핵심 포인트

<대화>를 처리할 때 조건을 잘 연결하여야 한다. 丁의 성과점수는 4점으로 확정적인 정보이고, 乙의 '가장 높은 성과점수'도 문제 해결의 실마리가 될 수 있다.

풀이

<대화>의 의미를 파악해 보면 다음과 같다.

- 甲에 따르면, 甲>丁이어야 한다.
- 乙에 따르면, 乙>甲>丁이어야 한다.
- 丙에 따르면, 주무관의 직급은 甲>乙>丙>丁 순이다. 따라서 성과점수는 甲, 乙>丙>丁이어야 한다. 앞서 구해진 정보와 결합해 보면, 乙>甲>丙>丁 순이 된다.
- 丁에 따르면, 乙>甲>丙>4점이 된다.

성과점수 30점 중 丁의 4점을 제외한 나머지 26점을 자연수로 乙>甲>丙 순으로 분배해야 한다. 丙이 받을 수 있는 성과점수를 최대로 만들기 위해서 세 주무관의 점수가 1점씩 차이나는 경우가 가장 바람직하다. '乙(丙 성과점수+2), 甲(丙 성과점수+1), 丙 성과점수'인 경우가 丙의 성과점수를 가장 최대로 만들 수 있다. 丙의 성과점수가 8점이라면 乙 성과점수 10점, 甲 성과점수 9점으로 세 사람의 성과점수의 합이 27점이 되어 불가능하다. 따라서 丙의 최대 성과점수는 7점이다.

12 조건 계산형 난이도 하 정답 ⑤

문제풀이 핵심 포인트

A당 B의 공식을 활용하는 문제이다. 상대적 계산 스킬을 사용하고 범위로 검토하면 빠르게 접근할 수 있다.

풀이

주어진 조건을 정리해 보면 다음과 같다.

- 벽돌집: 벽돌만 필요
- 나무집: 나무와 지지대(20만 원)가 필요
- 지푸라기집: 지푸라기와 지지대(5만 원)가 필요

다음 표를 통해 1m²당 가격(원)을 구할 수 있다.

구분	벽돌	나무	지푸라기
1개당 가격(원)	6,000	3,000	1,000
1m²당 필요 개수(개)	15	20	30
1m²당 가격(만 원)	9	6	3

삼형제 집의 면적의 총합은 11m²인데 첫째 돼지 집의 면적은 둘째 돼지 집의 2배이고, 셋째 돼지 집의 3배이므로, 첫째 돼지 집의 면적은 6m², 둘째 돼지 집의 면적은 3m², 셋째 돼지 집의 면적은 2m²가 된다. 1m²당 가격(원) × 면적(+지지대 가격)이 집을 짓는 데 필요한 총 재료 비용이다.

- 벽돌집: 9만 원 × 면적
- 나무집: 6만 원 × 면적 + 20만 원
- 지푸라기집: 3만 원 × 면적 + 5만 원

각각의 비용을 계산해 보면 다음과 같다.

(단위: 만 원)

구분	벽돌집: 면적 × 9	나무집: 면적 × 6 + 20	지푸라기집: 면적 × 3 + 5
첫째(6m²)	54	56	23
둘째(3m²)	27	38	14
셋째(2m²)	18	32	11

둘째 돼지 집을 짓는 재료 비용이 가장 많이 들어야 하므로, 각 돼지의 집 종류는 첫째가 지푸라기집, 둘째가 나무집, 셋째가 벽돌집으로 결정된다.

실전에선 이렇게!

첫째 돼지 집의 면적은 둘째 돼지 집의 2배, 셋째 돼지 집의 3배이므로 첫째 돼지 집의 면적은 6의 배수일 가능성이 높다.

13 조건 계산형 난이도 중 정답 ③

문제풀이 핵심 포인트

조건이 제시된 계산 문제의 경우, 정확한 계산이 필요한지 상대적 계산 스킬로도 해결할 수 있는지 판단해야 한다.

풀이

보수 = 착수금 + 사례금임을 적용하여 구한다.

- 착수금
  - 대리인이 작성한 출원서의 내용에 따라 <착수금 산정 기준>의 세부항목을 합산하여 산정
  - 단, 세부항목을 합산한 금액이 140만 원을 초과할 경우 착수금은 140만 원으로 함

  세부항목에 따라 착수금을 계산하면 다음과 같다.

세부항목	금액(원)	甲	乙
기본료	1,200,000	1,200,000	1,200,000
독립항 1개 초과분(1개당)	100,000	1개 → 0	5개 → 400,000
종속항(1개당)	35,000	2개 → 70,000	16개 → 560,000
명세서 20면 초과분(1면당)	9,000	14면 → 0	50면 → 270,000
도면(1도당)	15,000	3도 → 45,000	12도 → 180,000

甲 = 120만 + 0 + 7만 + 0 + 4.5만 = 131.5만 원

乙 = 120만 + 40만 + 56만 + 27만 + 18만 = 261만 원

단, 세부항목을 합산한 금액이 140만 원을 초과할 경우 착수금은 140만 원으로 하기 때문에 乙의 착수금은 140만 원이다.

- 사례금

  甲은 등록결정되었으므로 131.5만 원, 乙은 거절결정되었으므로 0원이다.

따라서 甲의 보수 263만 원과 乙의 보수 140만 원의 차이는 123만 원이다.

실전에선 이렇게!

착수금이 140만 원을 넘어가게 되는 경우 정확한 값을 구하지 않아야 더 빠른 문제 해결이 가능하다.

14 규칙 정오판단형 난이도 하

정답 ④

문제풀이 핵심 포인트

최종심사 점수 산출방법뿐만 아니라 사업자 자격 요건 재허가 기준을 정확하게 파악하여야 한다. 이후 각 〈보기〉에 제시된 내용을 적용하여 문제를 해결한다.

풀이

주어진 내용을 정리하면 다음과 같다.

· 최종심사 점수 = 기본심사 점수 - 감점 점수

→ 최종심사 점수가 70점 이상이면 '재허가', 60점 이상 70점 미만이면 '허가 정지', 60점 미만이면 '허가 취소'로 판정

기본심사 점수 및 감점 점수 부여 방식에 따라 〈상황〉의 점수를 계산해 보면 다음과 같다.

사업자	기본심사 항목별 점수				총점
	㉮	㉯	㉰	㉱	
A	20	23	17	?	60 + ?
B	18	21	18	?	57 + ?
C	23	18	21	16	78

사업자	과태료 부과 횟수 (2)	제재 조치 횟수			합
		경고 (3)	주의(1.5)	권고(0.5)	
A	3	-	-	6	-9
B	5	-	3	2	-15.5
C	4	1	2	-	-14

각 사업자별 최종심사 점수는 A가 (51 + ?)점, B가 (41.5 + ?)점, C가 64점이고, '?'의 범위는 0 ~ 25점의 범위인 자연수이다.

ㄱ. (×) A의 ㉱ 항목 점수가 15점이라면 A의 최종심사 점수는 66점이 된다. 70점 이상이어야 '재허가'이고, 60점 이상 70점 미만이면 '허가 정지'이므로 A는 '허가 정지'가 된다.

ㄴ. (O) B의 허가가 취소되지 않으려면, 최종심사 점수가 적어도 60점 이상이어야 한다. 기본심사 점수는 자연수이기 때문에 현재 41.5점에서 60점 이상이 되기 위해서는 B의 ㉱ 항목 점수가 19점 이상이어야 한다.

ㄷ. (O) C가 2020년에 과태료를 부과받은 적이 없다면 감점 점수 8점이 없어지게 된다. 그렇다면 C의 최종심사 점수는 64 + 8 = 72점이 된다. 따라서 기존 64점의 '허가 정지'에서 72점의 '재허가'로 판정 결과가 달라진다.

ㄹ. (×) 기본심사 점수와 최종심사 점수 간의 차이가 크다는 의미는 감점 점수가 크다는 의미이다. 감점 점수는 B가 15.5점으로 가장 크고 C는 그보다 작은 14점이다. 따라서 기본심사 점수와 최종심사 점수 간의 차이가 가장 큰 사업자는 B이다.

실전에선 이렇게!

정확한 계산을 하기보다는 기준이 되는 점수와 대략적인 크기 비교만 하더라도 정오판단이 가능하다.

15 발문 포인트형(법조문형) 난이도 하

정답 ③

문제풀이 핵심 포인트

해당하는 호, 목만 정확히 찾아낼 수 있다면 단순 확인을 통해 해결할 수 있는 문제이다. 이때 정수장 C를 제1항 제1호 나목 단서에 매칭하지 않도록 주의한다.

풀이

법조문 제1항과 제2항을 토대로 충족해야 하는 기준을 정리하면 다음과 같다.

검사지점	검사대상	수질검사빈도(제1항)		수질기준
정수장 A	잔류염소	제1호 가목	매일 1회 이상	4mg/L 이하
정수장 B	질산성 질소	제1호 나목	매주 1회 이상	10mg/L 이하
정수장 C	일반세균	제1호 나목	매주 1회 이상	100CFU/mL 이하
수도꼭지 D	대장균	제2호 가목	매월 1회 이상	불검출/100mL
배수지 E	잔류염소	제3호	매분기 1회 이상	4mg/L 이하

수질검사빈도를 보면, 정수장 C는 매주 1회 이상 수질 검사를 해야 하나 매월 1회 검사를 했으므로 검사빈도 기준을 충족하지 못한다. 또한 수질기준을 보면, 정수장 B는 10mg/L 이하여야 하나 검사 결과 11mg/L의 결과가 나왔으므로 수질기준을 충족하지 못한다. 따라서 수질검사빈도와 수질기준을 둘 다 충족한 검사지점은 정수장 B와 정수장 C를 제외한 나머지 A, D, E이다.

16 응용형(법조문형) 난이도 하

정답 ④

문제풀이 핵심 포인트

지문을 먼저 읽어 단락별 제목을 미리 확인해 두고, 각 선택지에 관련된 정보를 빠르게 찾아 해결한다.

풀이

① (×) 첫 번째 단락 '민원의 종류'와 두 번째 단락 '민원의 신청'에 따르면 '인근 공사장 소음으로 인한 불편 해결을 요구하는 민원'은 불편 해결을 요구하는 민원으로 기타민원이므로 구술 또는 전화로 민원을 신청할 수 있다.

② (×) 첫 번째 단락 '민원의 종류'와 두 번째 단락 '민원의 신청'에 따르면 '자신의 영업허가를 신청하는 민원'은 허가를 신청하는 법정민원이므로 문서(전자문서를 포함)로 민원을 신청해야 한다. 따라서 전자문서로도 민원이 신청 가능하다.

③ (×) 네 번째 단락 '민원의 이송'에 따르면 접수한 민원이 다른 행정기관의 소관인 경우, 접수된 민원문서를 지체 없이 소관 기관에 이송하여야 한다.

④ (O) 다섯 번째 단락 '처리결과의 통지'에 따르면 접수된 민원에 대한 처리결과를 민원인에게 문서로 통지하는 것이 원칙이나, 기타민원의 경우와 통지에 신속을 요하거나 민원인이 요청하는 경우에는 구술 또는 전화로 통지하는 것도 가능하다. 그 중 甲은 기타민원에 해당하므로 전화로 통지하는 것이 가능하다.

⑤ (×) 마지막 단락 '반복 및 중복 민원의 처리'에 따르면 법정민원은 2회 이상 처리결과를 통지하고 정당한 사유 없이 반복 접수되는 민원이라도 종결처리할 수 없고, 乙은 법정민원이므로 바로 종결 처리할 수 없다.

17 응용형(법조문형) 난이도 하 정답 ③

문제풀이 핵심 포인트

선택지와 지문의 키워드를 활용하여 일치부합형처럼 해결하면서, 해결에 부족한 정보만 <상황>에서 추가적으로 확인한다.

풀이

제00조를 순서대로 제1조, 제2조라고 한다.

① (O) 제1조 제1항에 따르면, 건축물을 건축하거나 대수선하려는 자는 특별자치시장·특별자치도지사 또는 시장·군수·구청장의 허가를 받아야 한다. 다만 21층 이상의 건축물이나 연면적 합계 10만 제곱미터 이상인 건축물을 특별시나 광역시에 건축하려면 특별시장이나 광역시장의 허가를 받아야 한다. 甲은 20층의 연면적 합계 5만 제곱미터인 건축물을 신축하려고 하므로 단서에 걸리지 않는다. 따라서 甲은 시장·군수·구청장에 해당하는 B구청장에게 건축허가를 받아야 한다. A광역시장은 특별자치시장·특별자치도지사 또는 시장·군수·구청장 중에 해당하지 않는다.

② (O) 제2조 제2항에 따르면, 특별시장·광역시장·도지사는 지역계획이나 도시·군계획에 특히 필요하다고 인정하면 시장·군수·구청장의 건축허가나 허가를 받은 건축물의 착공을 제한할 수 있다. 따라서 甲이 건축허가를 받은 경우에도 A광역시장은 지역계획에 특히 필요하다고 인정하면 일정한 절차를 거쳐 甲의 건축물 착공을 제한할 수 있다.

③ (×) 제2조 제3항에 따르면, OO부 장관이나 시·도지사는 주민의견을 청취한 후 건축위원회의 심의를 거쳐 제1항이나 제2항에 따라 건축허가나 건축허가를 받은 건축물의 착공을 제한할 수 있다. 따라서 주민의견을 청취한 후 건축위원회의 심의를 거쳐 건축허가를 받은 乙의 건축물 착공을 제한할 수 있는 주체는 OO부 장관이나 시·도지사이고, B구청장은 해당되지 않는다.

④ (O) 제1조 제2항에 따르면, 허가권자는 제1항에 따른 허가를 받은 자가 제2항 각 호의 어느 하나에 해당하면 허가를 취소하여야 한다. 다만 제1호에 해당하는 경우로서 정당한 사유가 있다고 인정되면 1년의 범위에서 공사의 착수기간을 연장할 수 있다. 乙이 건축허가를 받은 날로부터 2년 이내에 공사에 착수하지 않은 경우는 제1호에 해당하지만 정당한 사유가 없기 때문에 단서조항에 해당하지 않는다. 따라서 허가권자인 A광역시장은 건축허가를 취소하여야 한다. 乙은 연면적 합계 15만 제곱미터인 건축물을 A광역시 B구에 신축하려고 하므로 제1조 제1항 단서에 따를 때 허가권자는 A광역시장이다.

⑤ (O) 제2조 제1항에 따르면, OO부 장관은 국토관리를 위하여 특히 필요하다고 인정하거나 주무부장관이 국방, 문화재보존, 환경보전 또는 국민경제를 위하여 특히 필요하다고 인정하여 요청하면 허가권자의 건축허가나 허가를 받은 건축물의 착공을 제한할 수 있다. 동조 제4항에 따르면, 제1항이나 제2항에 따라 건축허가나 건축물의 착공을 제한하는 경우 제한기간은 2년 이내로 한다. 다만 1회에 한하여 1년 이내의 범위에서 제한기간을 연장할 수 있다. 따라서 주무부장관이 문화재보존을 위하여 특히 필요하다고 인정하여 요청하는 경우, OO부 장관은 건축허가를 받은 乙의 건축물에 대해 제한기간 최대 2년에, 1회에 한하여 최대 1년을 연장하였을 때, 최대 3년간 착공을 제한할 수 있다.

18 일치부합형(법조문형) 난이도 하 정답 ④

문제풀이 핵심 포인트

의사정족수, 의결정족수는 최근 빈출 소재이므로 미리 잘 준비해 두어야 한다. 일치부합형 문제는 어떤 선택지부터 처리하는지도 중요하다. 답이 될 만한 선택지를 먼저 확인하는 습관을 들이는 것이 좋다.

풀이

① (O) 제3항에 따르면, 외부 위원의 임기는 2년으로 하되 2회에 한하여 연임할 수 있으므로 최대 6년까지 가능하다.

② (O) 제1항에 따르면, 심의회는 내부 위원과 외부 위원으로 구성된다. 또한 제1호에 따르면 내부 위원이 4명으로 인원이 고정되어 있고, 제2호에 따르면 외부 위원이 총 위원수의 3분의 1이상 위촉되어야 한다. 최소 전체 위원 6명일 때 내부 위원 4명과 외부 위원 2명이므로 조건을 충족한다. 따라서 정보공개심의회는 최소 6명의 위원으로 구성된다.

③ (O) 제1항에서 심의회가 내부 위원과 외부 위원으로 구성된다는 것을 검토했고, 제2항에 따르면, 위원은 특정 성별이 다른 성별의 2분의 1 이하가 되지 않도록 한다. 정보공개심의회 내부 위원이 모두 여성인 경우 내부 위원 4명이 모두 여성이라는 의미이다. 특정 성별이 다른 성별의 2분의 1 이하가 되지 않아야 하므로, 외부 위원이 3명이면서 이들이 모두 남성인 경우, 주어진 조건을 충족하면서 정보공개심의회가 7명의 위원으로 구성될 수 있다.

④ (×) 제4항에 따르면, 심의회는 위원장이 소집하며, 회의는 위원장을 포함한 재적위원 3분의 2 이상의 출석으로 개의하고 출석위원 3분의 2 이상의 찬성으로 의결한다. 따라서 정보공개심의회가 8명의 위원으로 구성되면, 재적위원 8명 중 3분의 2 이상, 즉 6명 이상의 출석으로 개의한다. 찬성에 필요한 정족수를 최소한으로 줄이기 위해 출석위원이 6명인 경우를 가정해 보면, 출석위원(= 최소 6명) 3분의 2 이상(= 최소 4명)의 찬성으로 의결할 수 있다. 즉, 의결정족수를 최소한으로 줄여보더라도 4명이므로, 3명의 찬성으로는 의결될 수 없다.

⑤ (O) 제5항에 따르면, 위원은 부득이한 이유로 참석할 수 없는 경우에는 서면으로 의견을 제출할 수 있다. 이 경우 해당 위원은 심의회에 출석한 것으로 본다. 위원장을 포함한 위원 5명은 직접 출석했고, 2명이 부득이한 이유로 서면으로 의견을 제출한 경우, 이 2명의 위원도 심의회에 출석한 것으로 보기 때문에 출석위원은 총 7명이 된다. 주어진 선택지만으로는 재적위원이 정확하게 몇 명인지는 알기 어렵지만, 제1항에서 심의회는 10인 이내의 위원으로 구성되므로 최대 10인이기 때문에 7명의 출석이면 재적위원 3분의 2 이상의 출석을 충족하여 의사정족수를 충족한다. 의결정족수를 살펴보면 출석위원 7명 중 3분의 2 이상의 찬성으로 의결되기 때문에 5명 이상이면 찬성으로 의결 가능하다. 즉, 직접 출석한 5명이 모두 안건에 찬성하였으므로 서면으로 의견을 제출한 2명의 의견이 찬성인지 반대인지와 무관하게 찬성으로 의결된다.

19 규칙 정오판단형 난이도 하 정답 ⑤

문제풀이 핵심 포인트

분반 허용 기준을 정확히 이해한 후, <보기>에 제시된 각 상황이 분반 허용 기준, 단서조건을 충족하는지 충족하지 않는지 판단한다.

풀이

각 강의별 분반 허용 기준을 적용하기에 앞서 단서조건에 해당하는지, 즉 직전 년도(= 2021년 적용 기준 직전년도는 2020년) 강의만족도 평가점수가 90점 이상인지 여부를 먼저 확인하여야 한다.

ㄱ. (×) 2020년의 강의만족도 평가점수가 85점이므로 단서조건에 해당하지 않는다. 일반강의의 분반 허용 기준은 'ⓐ 직전 2년 수강인원의 평균이 100명 이상이거나, ⓑ 그 2년 중 1년의 수강인원이 120명 이상'이어야 한다. ⓐ 직전 2년 수강인원의 평균을 구해보면, 100명과 80명이므로 평균 90명으로 평균 100명 이상에 해당하지 않는다. 그리고 ⓑ 그 2년 중 1년의 수강인원이 120명 이상에도 해당하지 않는다. 따라서 분반 허용 기준에 해당하는 것이 없으므로 분반은 허용되지 않는다.

ㄴ. (O) 2020년의 강의만족도 평가점수가 나와있지 않으므로 단서조건에 해당하는지 여부는 먼저 검토하기 어렵다. 영어강의의 분반 허용 기준은 'ⓐ 직전 2년 수강인원의 평균이 30명 이상이거나, ⓑ 그 2년 중 1년의 수강인원이 50명 이상'이어야 한다. ⓐ 직전 2년 수강인원의 평균을 구해보면, 10명과 45명의 평균은 27.5명으로 평균이 30명 이상에 해당하지 않는다. 평균을 구하는 것보다는 합이 60명이 안된다는 것으로 판단하는 것이 빠르다. ⓑ 그 중 1년의 수강인원이 50명 이상인 경우에도 해당하지 않는다. 기본적인 기준에도 불구하고 단서조건에 해당하면 분반이 가능하지만, 영어강의 B의 분반이 허용되지 않는다는 것은 단서조건의 만족도 평가점수 관련 조건도 충족하지 않는다는 의미이다. 만약 만족도 평가점수가 90점 이상이었다면, ⓐ 평균 30명 기준의 90%인 27명 이상이고, ⓑ 1년 수강인원 50명 기준의 90%인 45명 이상이다. 즉, 앞서 살펴본 ⓐ, ⓑ 기준으로 둘 다 90% 이상을 충족하기 때문에 분반이 허용되었어야 한다.
정리하면 기본적인 분반 허용 기준에는 해당하지 않고, 단서조건에 따를 때 만족도 평가점수 조건만 충족했다면 분반은 허용되었을 것이다. 그런데도 분반이 허용되지 않았다는 것은 만족도 평가점수가 90점 미만이었어야 한다.

ㄷ. (O) 2020년 강의만족도 평가점수가 92점이므로 단서조건에 해당한다. 따라서 기본적인 분반 허용 기준의 90% 이상이면 분반이 허용된다. 따라서 분반이 허용되지 않았다는 의미는 기본적인 분반 허용 기준의 90% 미만이라는 의미이다. 실습강의는 직전 2년 수강인원의 평균이 20명 이상이면 되는데, 단서조건이 적용되므로 직전 2년 수강인원의 평균이 18명 이상이면 분반이 허용된다. 2019년 수강인원이 20명이면 평균 18명에서 편차가 +2이므로, 2020년 강의 수강인원은 편차 -2인 16명 이상이면 단서조건의 기준을 충족한다. 2020년 강의의 수강인원이 15명을 넘었다면 16명 이상이라는 의미이므로, 분반이 허용되지 않은 실습강의 C의 2020년 강의 수강인원은 15명을 넘지 않았을 것이다.

실전에선 이렇게!

분반 허용 기준에 제시된 강의의 종류는 4가지이고, 보기는 ㄱ~ㄷ 세 개이다. 문제에서 묻는 것 위주로 확인하여 정보 확인의 시간을 단축하여야 한다.

20 규칙 단순확인형 난이도 하 정답 ⑤

문제풀이 핵심 포인트

기존의 PSAT 기출에서는 거의 보지 못했던, 7급 PSAT에 보다 특화된 실무와 관련된 문제이다. 7급 PSAT 특성에 맞게 추가된 유형을 잘 대비해 두어야 한다.

풀이

- 대학이 부지를 확보하는 것이 쉽지 않으므로 신청 사업부지 안에 건축물이 포함되어 있어도 신청 허용
  → ㉮ '□ 신청 조건'에 따르면 최소 1만m^2 이상의 사업부지를 확보해야 하고, 사업부지에는 건축물이 없어야 한다. 따라서 대학이 부지를 확보하는 것이 쉽지 않으므로 신청 사업부지 안에 건축물이 포함되어 있어도 신청 허용하는 것은 관계부처 협의 결과에 부합하지 않는다.
- 도시재생뉴딜사업, 창업선도대학 등 '관련 정부사업과의 연계가능성' 평가 비중 확대
  → ㉯ 'I. 개발 타당성'의 '관련 정부사업과의 연계가능성' 항목의 배점을 보면 된다. 배점이 현행 5점에서 10점으로 수정되어 배점이 높아졌다. 따라서 도시재생뉴딜사업, 창업선도대학 등 '관련 정부사업과의 연계가능성' 평가비중이 확대된 것은 관계부처 협의 결과에 부합한다.
- 시범사업 기간이 종료되었으므로 시범사업 조기 활성화와 관련된 평가지표를 삭제하되 '대학 내 주체 간 합의 정도'는 타 지표로 이동하여 계속 평가
  → ㉱ 'IV. 시범사업 조기 활성화 가능성'은 현행 10점에서 삭제되면서 세부 항목 중 '대학 내 주체 간 합의 정도'는 ㉰ 'II. 대학의 사업 추진 역량과 의지 지표' 중 하나로 '이동'되었다. 따라서 관계부처 협의 결과에 부합한다.
- 논의된 내용 이외의 하위 지표의 항목과 배점은 사업의 안정성을 위해 현행 유지
  → 앞서 검토한 것 이외의 하위 지표의 항목과 배점은 사업의 안정성을 위해 현행 유지되어야 한다. 그런데 앞서 언급되지 않은 평가지표 중 ㉲ 'III. 기업 유치 가능성' 하위 지표의 배점이 변동되었다. 따라서 관계 부처 협의 결과에 부합하지 않는다.

따라서 ㉯, ㉰, ㉱가 관계부처 협의 결과에 부합한다.

21 경우 확정형 난이도 중 정답 ②

문제풀이 핵심 포인트

조건을 처리한 덩어리가 커질수록 경우가 확정될 가능성은 높아진다. 예를 들어 다섯 자리가 있을 때 두 자리 덩어리보다는 네 자리 덩어리가 더 경우의 수가 적다. 스스로 필요한 조건을 찾아내기가 어렵다면, 주어진 선택지의 내용을 대입하여 경우가 확정되는지 검토해 보는 것도 가능하다.

풀이

주무관 丁이 알고 있는 사실에 따를 때, 주무관 甲~丙을 서로 겹치지 않게 확정해야 한다.

- 甲의 방문 시점은 乙보다 늦어야 한다.
- 丙은 점심에 방문하였고, 乙은 저녁에 방문하였다. 乙이 방문 가능한 가장 이른 시점이 월요일 저녁이므로 甲은 화요일 이후에 방문 가능하다.
- 丙은 화요일 점심 또는 수요일 점심에 방문하였다. 월요일 점심은 아무도 방문하지 않았다.

정리하면 월요일 점심은 아무도 방문하지 않고, 乙이 월요일 저녁 이후에 저녁에 방문하고 나면 甲이 방문 가능하고, 丙은 화요일 점심 또는 수요일 점심에 방문 가능하다.

① (×) 乙이 다녀온 바로 다음날 점심은 화요일 점심 또는 수요일 점심이 가능하다.

〈경우 1〉 화요일 점심인 경우

乙이 월요일 저녁에 다녀오고, 丙이 화요일 점심에 다녀온 것까지는 확정되지만, 甲은 확정되지 않는다.

〈경우 2〉 수요일 점심인 경우

乙이 화요일 저녁, 丙이 수요일 점심, 甲이 수요일 저녁에 방문하게 된다. 두 가지 경우가 가능하므로 세 사람이 식당에 언제 갔었는지가 정확히 확정되지 않는다.

② (○) [甲이 먼저 점심 할인을 받고 나에게(丙에게) 알려준 거야.] 라는 조건이 추가되면 甲이 화요일 점심, 丙이 수요일 점심으로 확정된다. 乙은 甲보다 먼저 방문해야 하므로 월요일 저녁으로 확정된다.

	월요일	화요일	수요일
점심		甲	丙
저녁	乙		

③ (×) 甲이 乙, 丙보다 늦게 갔다는 사실만으로는 경우가 확정되지 않는다.

④ (×) 乙은 화요일 저녁 또는 수요일 저녁이 가능한데, 甲을 고려하면 화요일 저녁으로 확정된다. 丙은 화요일 점심과 수요일 점심이 모두 가능하고, 丙이 화요일 점심에 간 경우 甲은 수요일 점심 또는 저녁이 가능하고, 丙이 수요일 점심에 간 경우 甲은 수요일 저녁으로 확정된다. 따라서 경우가 확정되지 않는다.

⑤ (×) 丙이 甲, 乙보다 늦게 갔다는 사실만으로는 경우가 확정되지 않는다.

22 경우 파악형 난이도 상 정답 ⑤

문제풀이 핵심 포인트

1/2씩 나누어 가면서 가능한 경우를 그리거나, 5개의 자리에 ○, ×를 표시하면서 해결하는 것이 필요하다. 다만, 조건에 따른 경우가 쉽게 그려지지 않는다면 후순위로 풀이하고 다음 문제로 넘어가는 것이 바람직하다.

풀이

메시지와 날씨가 일치했는지 여부를 표로 나타내 보면 다음과 같다. 메시지와 날씨가 일치했는지 여부와 무관하게 같은 수의 두 그룹으로 나누어, 계속 한쪽은 "비가 온다"로 다른 한쪽에는 "비가 오지 않는다"로 메시지를 보낸다. 이 경우 한 그룹은 메시지와 날씨가 일치할 것이고, 다른 한 그룹은 메시지와 날씨가 불일치할 것이다.

1일차	2일차	3일차	4일차	5일차	경우
○	○	○	○	○	1
				×	2
			×	○	3
				×	4
		×	○	○	5
				×	6
			×	○	7
				×	8
	×	○	○	○	9
				×	10
			×	○	11
				×	12
		×	○	○	13
				×	14
			×	○	15
				×	16
×	○	○	○	○	17
				×	18
			×	○	19
				×	20
		×	○	○	21
				×	22
			×	○	23
				×	24
	×	○	○	○	25
				×	26
			×	○	27
				×	28
		×	○	○	29
				×	30
			×	○	31
				×	32

받은 메시지와 날씨가 3일 연속 일치한 경우는 다음과 같은 세 가지 경우로 나눌 수 있다. 받은 메시지와 날씨가 3일 연속 일치한 경우, 해당 잠재 사용자는 날씨 예보 앱을 그날 설치한 후 제거하지 않으므로, 3일 연속 일치한 후의 상황은 신경 쓰지 않는다.

· 1일차부터 3일차까지가 일치하는 경우

1일차	2일차	3일차	4일차	5일차
○	○	○	?	?

각 날짜마다 받은 메시지와 날씨가 일치할 확률은 $\frac{1}{2}$이므로 $\frac{1}{2}\times\frac{1}{2}\times\frac{1}{2}=\frac{1}{8}=\frac{4}{32}$이다. 위 표에서는 경우 1부터 경우 4까지가 해당한다.

· 2일차부터 4일차까지가 일치하는 경우

1일차	2일차	3일차	4일차	5일차
×	○	○	○	?

이 경우 1일차는 받은 메시지와 날씨가 불일치해야 한다. 각 날짜마다 받은 메시지와 날씨가 일치할 확률도 $\frac{1}{2}$, 각 날짜마다 받은 메시지와 날씨가 불일치할 확률도 $\frac{1}{2}$이므로 $\frac{1}{2}\times\frac{1}{2}\times\frac{1}{2}\times\frac{1}{2}=\frac{1}{16}=\frac{2}{32}$이다. 위 표에서는 경우 17, 경우 18이 해당한다.

· 3일차부터 5일차까지가 일치하는 경우

1일차	2일차	3일차	4일차	5일차
○	×	○	○	○
×	×	○	○	○

위와 같이 두 가지 경우가 존재한다. 첫 번째 줄의 경우 $\frac{1}{2}\times\frac{1}{2}\times\frac{1}{2}\times\frac{1}{2}\times\frac{1}{2}=\frac{1}{32}$이고, 위 표에서는 경우 9에 해당한다. 두 번째 줄의 경우 $\frac{1}{2}\times\frac{1}{2}\times\frac{1}{2}\times\frac{1}{2}\times\frac{1}{2}=\frac{1}{32}$이고, 위 표에서는 경우 25에 해당한다.

따라서 $\frac{4}{32}+\frac{2}{32}+\frac{1}{32}+\frac{1}{32}=\frac{8}{32}=\frac{1}{4}$이므로, 날씨 예보 앱을 설치한 잠재 사용자의 총수는 총 20만 명 중에 5만 명이 해당한다.

23 1지문 2문항형 난이도 중

정답 ①

문제풀이 핵심 포인트

지문이 줄글의 형태이지만 법조문 소재이므로, 키워드를 잡고 선택지와 지문의 내용을 매칭하듯이 해결하는 일치부합형 스킬을 사용하여 풀이한다.

풀이

① (O) 세 번째 문단 두 번째 문장에 따르면 □□부 장관은 지방자치단체 간 통합권고안에 관하여 해당 지방의회의 의견을 들어야 하지만, 세 번째 문장에 따르면 □□부 장관이 필요하다고 인정하여 해당 지방자치단체의 장에게 주민투표를 요구하여 실시한 경우에는 그렇지 않으므로 지방의회의 의견을 청취하지 않을 수 있다. 따라서 □□부 장관이 지방자치단체의 통합과 관련한 주민투표를 요구하여 주민투표가 실시된 경우에는 통합권고안에 대해 지방의회의 의견을 청취하지 않아도 된다.

② (×) 두 번째 문단 네 번째 문장에 따르면 지방의회 등은 △△위원회에 통합을 건의할 때 통합건의서를 통합대상 지방자치단체를 관할하는 시·도지사를 경유하여야 하고, 다섯 번째 문장에 따르면 시·도지사가 접수받은 통합건의서를 위원회에 제출하여야 한다. 따라서 지방의회가 의결을 통해 다른 지방자치단체와의 통합을 추진하고자 한다면, 통합건의서는 시·도지사를 경유하지 않고 △△위원회에 직접 제출할 수는 없고 시·도지사를 경유하여 시·도지사가 △△위원회에 제출해야 한다.

③ (×) 두 번째 문단 세 번째 문장에 따르면 주민이 인근 지방자치단체와의 통합을 건의하는 경우 일정 수 이상 주민의 연서가 요구된다. 따라서 주민투표권자 총수가 10만 명인 지방자치단체의 주민들이 다른 인근 지방자치단체와의 통합을 △△위원회에 건의하고자 할 때는 주민 200명이 아니라 주민투표권자 총수의 50분의 1인 2,000명 이상의 연서가 있으면 가능하다.

④ (×) 다섯 번째 문단 첫 번째 문장에 따라 통합추진공동위원회의 위원은 □□부 장관이 아닌 관계지방자치단체의 장 및 그 지방의회가 추천하는 자로 한다.

⑤ (×) 두 번째 문단 두 번째 문장에 따르면 지방자치단체의 장은 인근 지방자치단체와의 통합을 위원회에 건의할 수 있으나, 지방의회의 의결을 거쳐야 하는지는 알 수 없다. 따라서 지방자치단체의 장은 해당 지방자치단체의 통합을 △△위원회에 건의할 때, 지방의회의 의결을 거쳐야 하는 것은 아니다.

24 1지문 2문항형 난이도 상

정답 ②

문제풀이 핵심 포인트

계산 공식에 등장하는 '통합대상 지방자치단체', '관계지방자치단체' 등의 용어를 정확하게 파악해야 한다. 특히 계산 과정에서 소수점 이하의 수를 올림한다는 점에 실수하지 않도록 주의한다.

풀이

〈상황〉의 내용을 다섯 번째 문단에 제시된 식에 적용해본다. 관계지방자치단체의 정의는 네 번째 문단 첫 번째 문장에 '통합대상 지방자치단체 및 이를 관할하는 특별시·광역시 또는 도'라고 주어져 있다. 다섯 번째 문단에 제시된 식에 대입될 내용을 정리해보면 다음과 같다.

- 통합대상 지방자치단체 수: A군, B군, C군, D군 → 4개
- 통합대상 지방자치단체를 관할하는 특별시·광역시 또는 도의 수: 甲도(A군, B군을 관할), 乙도(C군을 관할), 丙도(D군을 관할) → 3개
- 관계지방자치단체 수 → 7개

이를 계산하면 $(4\times6+3\times2+1)\div7=4.4\cdots$이므로 다섯 번째 문단 세 번째 문장에 따라 관계지방자치단체 위원 수는 4.4…의 소수점 이하의 수를 올림한 5명이다. 여섯 번째 문단에 따라 관계지방자치단체 위원수 5명에 관계지방자치단체 수 7을 곱하면 통합추진공동위원회의 전체 위원 수는 35명임을 알 수 있다.

25 규칙 적용해결형 난이도 중

정답 ②

문제풀이 핵심 포인트

지방자치단체의 종류 중 광역자치단체(특별시, 광역시, 특별자치시, 도, 특별자치도)와 기초자치단체(시·군·자치구)의 구분은 최근 법조문 유형의 문제에서도 함정으로 자주 활용하고 있다. '도(광역자치단체) - 시(기초자치단체) - 구(자치구 아님)'에서의 '구'와 기초자치단체에 해당하는 '자치구'를 명확하게 구분할 수 있어야 한다.

풀이

OO시 B구의 행정구역분류코드는 '1003?'이다.

- 행정구역분류코드의 '처음 두 자리'는 광역자치단체인 시·도를 의미하는 고유한 값이다.
  〈경우 1〉 OO시가 광역자치단체인 경우
  처음 두 자리 '10'이 광역자치단체인 'OO시'를 의미하는 고유한 값이다.
  〈경우 2〉 OO시가 기초자치단체인 경우
  '10'은 기초자치단체인 OO시가 속한 광역자치단체를 의미하는 고유한 값이다. 예를 들어 '경기도(광역) 성남시(기초) 분당구'라면 '10'은 '경기도'를 의미하는 고유한 값이다. 따라서 어떠한 경우에도 처음 두 자리는 '10'이어야 하므로 선택지 ⑤는 제거된다.
- '그 다음 두 자리'는 광역자치단체인 시·도에 속하는 기초자치단체인 시·군·구를 의미하는 고유한 값이다. 단, 광역자치단체인 시에 속하는 기초자치단체는 군·구이다.
  〈경우 1〉 OO시가 광역자치단체인 경우
  처음 두 자리는 광역자치단체(OO시), 다음 두 자리는 기초자치단체(B구)를 의미하는 숫자이므로 '03'은 B구의 고유한 값이다. 따라서 A구의 경우는 B구의 고유한 값인 '03'과는 달라야 한다. 따라서 선택지 ③은 제거된다.
  〈경우 2〉 OO시가 기초자치단체인 경우
  '03'은 B구가 아닌 'OO시'의 고유한 값이다. A구와 B구가 모두 'OO시'에 속해 있으므로 A구와 B구 모두 다음 두 자리가 '03'이어야 한다. 예를 들어 '경기도(광역) 성남시(기초) 분당구'라면 '03'은 '성남시'를 의미하는 고유한 값이다. 따라서 분당구와 수정구가 모두 성남시에 속해 있다면 둘 다 다음 두 자리는 같아야 한다. 따라서 A구와 B구 모두 다음 두 자리가 '03'이어야 하고, 선택지 ①, ④가 제거된다.
- '마지막 자리'에는 해당 시·군·구가 기초자치단체인 경우 0, 자치단체가 아닌 경우 0이 아닌 임의의 숫자를 부여한다.
  〈경우 1〉 OO시가 광역자치단체인 경우
  A구가 기초단체가 되므로 마지막 자리는 0이어야 한다.
  〈경우 2〉 OO시가 기초자치단체인 경우
  기초자치단체인 시에 속하는 구는 자치단체가 아니므로, 자치단체가 아닌 경우 0이 아닌 임의의 숫자를 부여하면 된다.

따라서 ㉠은 '10020', ㉡은 '10033'이다.

정답

p.237

1	②	보고서 검토·확인형	6	③	매칭형	11	③	조건 판단형	16	①	빈칸형	21	②	평균 개념형
2	⑤	보고서 검토·확인형	7	④	평균 개념형	12	③	분수 비교형	17	④	매칭형	22	②	평균 개념형
3	②	분수 비교형	8	⑤	빈칸형	13	④	분수 비교형	18	③	빈칸형	23	⑤	조건 판단형
4	①	빈칸형	9	⑤	분수 비교형	14	①	분수 비교형	19	③	조건 판단형	24	①	표-차트 변환형
5	④	각주 판단형	10	②	매칭형	15	③	분수 비교형	20	④	각주 판단형	25	⑤	빈칸형

취약 유형 분석표

유형별로 맞힌 문제 개수와 정답률, 틀린 문제 번호, 풀지 못한 문제 번호를 적고 나서 취약한 유형이 무엇인지 파악해 보세요. 그 후 약점 보완 해설집 p.8 [취약 유형 공략 포인트]에서 약점 보완 학습법을 확인하고, 틀린 문제와 풀지 못한 문제를 다시 한번 풀어보세요.

유형		맞힌 문제 개수	정답률	틀린 문제 번호	풀지 못한 문제 번호
자료비교	곱셈 비교형	-	-		
	분수 비교형	/6	%		
	반대해석형	-	-		
자료판단	단순 판단형	-	-		
	매칭형	/3	%		
	빈칸형	/5	%		
	각주 판단형	/2	%		
	조건 판단형	/3	%		
자료검토·변환	보고서 검토·확인형	/2	%		
	표-차트 변환형	/1	%		
자료이해	평균 개념형	/3	%		
	분산·물방울형	-	-		
	최소여집합형	-	-		
TOTAL		/25	%		

해설

1 보고서 검토·확인형 난이도 중 정답 ②

문제풀이 핵심 포인트
추가로 이용한 자료를 찾는 문제이므로 〈보고서〉의 내용 중 표만 가지고 작성할 수 없는 부분이 〈보기〉에 제시되어 있는지 판단한 후 답을 도출한다.

풀이

ㄱ. (O) 〈보고서〉의 두 번째 문단 두 번째 문장 '교통사고 사망자 수는 2015년 이후 매년 줄어들었고, 특히 2018년에 전년 대비 11.2% 감소하였다.'를 작성하기 위해서는 '연도별 전국 교통사고 사망자 수'가 추가로 필요하다.

ㄷ. (O) 〈보고서〉의 두 번째 문단 첫 번째 문장 '전국 안전사고 사망자 수는 2015년 이후 매년 감소하다가 2018년에는 증가하였다.'를 작성하기 위해서는 '연도별 전국 안전사고 사망자 수'가 추가로 필요하다.

실전에선 이렇게!

〈보고서〉의 첫 번째 문단과 세 번째 문단 모두 2019년 현황을 언급하고 있으므로 해당 연도의 내용을 담고 있지 않은 ㄴ, ㄹ은 추가로 필요한 자료가 아니다.

2 보고서 검토·확인형 난이도 하 정답 ⑤

문제풀이 핵심 포인트
〈표〉의 내용을 그대로 〈보고서〉에서 설명하는 수준의 문제이므로 밑줄 친 부분을 중심으로 해석하여 답을 도출한다.

풀이

① (O) '소말리아 임무단'은 2007년 1월부터 현재 시점인 2021년 5월까지 유일하게 14년 이상 활동한 임무단이다. 따라서 평화유지활동 중 가장 오랜 기간 동안 활동하였다.

② (O) '코모로 선거감시 지원 임무단'은 유일하게 6개월 미만 활동하여 가장 짧은 기간 동안 활동하였다.

③ (O) 아프리카연합이 현재까지 평화유지활동을 위해 파견한 임무단의 총규모는 27,001명으로 25,000명 이상이다.

④ (O) 수단에서 '수단 임무단', '다르푸르 지역 임무단'이 활동하였고 코모로에서는 '코모로 선거감시 지원 임무단', '코모로 치안 지원 임무단'이 활동하여 각각 2개의 임무단이 활동하였다.

⑤ (×) 2007년 10월 기준 평화유지활동을 수행 중이었던 임무단은 '수단 임무단', '소말리아 임무단', '코모로 치안 지원 임무단', '다르푸르 지역 임무단'으로 총 4개이다.

3 분수 비교형 난이도 중 정답 ②

문제풀이 핵심 포인트
〈그림 1〉에 GDP 대비 두 가지 비율이 주어져 있고 〈그림 2〉에 GDP가 주어져 있으므로 이를 연계하여 국가채무 및 적자성채무를 도출할 수 있다.

풀이

ㄱ. (O) 국가채무는 2014년에 1,323×29.7%≒393조 원이고 2020년에 1,741×36.0%≒626조 원이다. 따라서 2020년 국가채무 약 626조 원은 2014년 국가채무인 393조 원의 1.5배인 589.5조 원 이상이다.

ㄴ. (×) GDP 대비 금융성채무 비율은 (GDP 대비 국가채무 비율) - (GDP 대비 적자성채무 비율)이다. 2019년에 35.7 - 20.0 = 15.7%이고 2020년에 36.0 - 20.7 = 15.3%로 감소하였으므로 매년 증가하는 것은 아니다.

ㄷ. (O) 적자성채무는 2018년 1,563×18.3%≒286조 원, 2019년 1,658×20.0%≒332조 원, 2020년 1,741×20.7%≒360조 원으로 2019년부터 300조 원 이상이다.

ㄹ. (×) 금융성채무가 매년 국가채무의 50% 이상이 되려면 적자성채무가 매년 국가채무의 50% 이하가 되어야 한다. 즉 매년 (GDP 대비 적자성채무 비율)/(GDP 대비 국가채무 비율)≦50%인지 판단하면 되고, 2020년의 경우 20.7/36.0으로 50% 이상이므로 금융성채무가 매년 국가채무의 50% 이상인 것은 아니다.

실전에선 이렇게!

ㄴ. 2019년 대비 2020년 GDP 대비 국가채무 비율은 0.3%p 증가했지만 GDP 대비 적자성채무 비율은 0.7%p 증가하였으므로 이 둘의 차이인 GDP 대비 금융성채무 비율은 감소하였다고 판단할 수 있다.

ㄹ. (GDP 대비 적자성채무 비율)×2≦(GDP 대비 국가채무 비율)이 매년 성립하는지 판단한다.

4 빈칸형 난이도 하 정답 ①

문제풀이 핵심 포인트
문제의 난도는 낮지만 빈칸이 많은 문제이므로 빈칸을 쉽게 채워서 판단할 수 있는 〈보기〉부터 검토한 후 답을 도출한다.

풀이

주어진 〈표〉의 빈칸을 채우면 다음과 같다.

(단위: 가구)

이사 후 \ 이사 전	소형	중형	대형	합
소형	15	10	(5)	30
중형	(0)	30	10	(40)
대형	5	10	15	(30)
계	(20)	(50)	(30)	100

ㄱ. (O) 주택규모가 이사 전 '소형'에서 이사 후 '중형'으로 달라진 가구는 0으로 없다.

ㄴ. (O) 이사 전후 주택규모가 동일한 가구 수는 60가구이므로 이사 전후 주택규모가 달라진 가구 수는 40가구이다. 따라서 전체 가구 수 100가구의 40%를 차지하므로 50% 이하이다.

ㄷ. (×) 주택규모가 '대형'인 가구 수는 이사 전이 30가구로 이사 후 30가구와 동일하다.

ㄹ. (×) 이사 후 주택규모가 커진 가구 수는 15가구이고 이사 후 주택규모가 작아진 가구 수는 25가구이므로 전자가 후자보다 적다.

실전에선 이렇게!

빈칸을 채우지 않아도 판단 가능한 ㄴ부터 검토 후, 빈칸을 하나만 채우면 판단 가능한 ㄷ을 검토한다.

5 각주 판단형 난이도 하

정답 ④

문제풀이 핵심 포인트

폐기처리 직전에 거쳐야 하는 공정은 재작업뿐만 아니라 검사도 포함해서 판단해야 하며 조립공정 직전에 거쳐야 하는 공정은 성형뿐만 아니라 재작업도 포함된다.

풀이

'혼합'공정에 1,000kg이 투입되면 '성형'공정에 직진율이 1.0인 1,000kg이 전달된다. 이 중 직진율이 0.1인 100kg만큼 '재작업'공정에 전달되고, 다시 이 중 직진율이 0.5인 50kg이 '폐기처리'공정에 전달된다. '성형'공정의 1,000kg 중 직진율이 0.9인 900kg은 '조립'공정에 전달되고, '재작업'공정의 100kg 중 직진율이 0.5인 50kg 역시 '조립'공정에 전달된다. 즉, 950kg 모두 '검사'공정에 전달되며, 이 중 직진율이 0.2인 190kg이 '폐기처리'공정에 전달된다. 따라서 '폐기처리'공정에 전달되는 재료의 총량은 50 + 190 = 240kg이다.

6 매칭형 난이도 상

정답 ③

문제풀이 핵심 포인트

국가명을 알 수 없는 것을 B~F 중에서 골라내야 하므로 A, G, H를 제외하고 판단한다.

풀이

- 두 번째 〈조건〉에 따라, '연강수량'이 세계평균 807mm보다 많은 국가인 A, B, D, G, H 중 '1인당 이용가능한 연수자원총량'이 가장 적은 국가인 A가 대한민국이다.
- 다섯 번째 〈조건〉에 따라, '1인당 이용가능한 연수자원총량'이 많은 국가부터 나열하면 E, G, 러시아, F, 미국, H이므로 H가 프랑스이다.
- 첫 번째 〈조건〉에 따라, '연강수량'이 세계평균 807mm의 2배인 1,614mm 이상인 B와 G가 일본 또는 뉴질랜드임을 알 수 있다.
- 세 번째 〈조건〉 에 따라, '1인당 연강수총량'이 세계평균 16,427m^3/인의 5배인 82,135m^3/인 이상인 국가를 '연강수량'이 많은 국가부터 나열하면 G, E, F이므로 뉴질랜드는 G, 캐나다는 E, 호주는 F이다. 이를 첫 번째 〈조건〉과 연결하면 B는 일본이 된다. 이에 따라 선지 ①, ④, ⑤는 제외된다.
- 네 번째 〈조건〉에 따라, '1인당 이용가능한 연수자원총량'이 영국보다 적은 국가인 A, C, D 중 '1인당 연강수총량'이 세계평균의 25%인 4,106.75m^3/인 이상인 국가는 C(4,530m^3/인)이다. 이에 따라 C가 중국임을 알 수 있고, 선지 ②는 제외된다.

따라서 국가명을 알 수 없는 것은 D이다.

실전에선 이렇게!

- 첫 번째 〈조건〉 판단 시 '연강수량'이 많은 2개 국가를 고르면 된다.
- 네 번째 〈조건〉을 마지막으로 판단한다면, C와 D 중 더 많은 국가를 고르면 된다.

7 평균 개념형 난이도 중

정답 ④

문제풀이 핵심 포인트

평균을 묻는 경우 편차의 합은 0이라는 원리를 이용하여 답을 도출한다.

풀이

ㄱ. (O) 80점을 기준으로 편차를 도출하면 +10, +5, −20, +15, −5이고 이를 모두 더한 편차의 합은 (+)이므로 국어 평균 점수는 80점 이상이다.

ㄴ. (×) '을'과 '정'을 비교하면 국어는 '을'이 +10, 영어는 '무'가 +15, 수학은 '무'가 +30이므로 '무'가 '을'보다 +35점이 더 높다. 따라서 3개 과목 평균 점수가 가장 높은 학생과 가장 낮은 학생의 평균 점수 차이는 10점 이하가 아니다.

ㄷ. (O) 국어, 영어, 수학 점수에 각각 0.4, 0.2, 0.4의 가중치를 부여했으므로 국어와 수학 점수를 합하고 영어는 점수의 절반만 계산하여 풀이한다. '갑'은 210점, '을'은 197.5점, '병'은 195점, '정'은 227.5점, '무'는 225점이다. 따라서 국어, 영어, 수학 점수에 각각 0.4, 0.2, 0.4의 가중치를 곱한 점수의 합이 가장 큰 학생은 '정'이다.

ㄹ. (O) '병'의 성별이 주어지지 않은 상황에서 남학생 '갑'과 '무'의 수학 평균 점수는 87.5점이고 여학생 '을'과 '정'의 수학 평균 점수는 85점이다. '병'의 수학 점수가 85점이므로 '병'이 남학생이라고 해도 평균은 85점보다 높고 '병'이 여학생이라면 동일하므로 '갑'~'무'의 성별 수학 평균 점수는 남학생이 여학생보다 반드시 높다.

8 빈칸형 난이도 중

정답 ⑤

문제풀이 핵심 포인트

비중 19.9%와 31.3%를 판단할 때 각각 약 20%, 약 33.3%로 보고 분수 형태로 변환하여 답을 도출한다.

풀이

ㄱ. (O) 2023년 인공지능반도체 비중은 325/2,686 ≒ 12.1%이므로 매년 증가한다.

ㄴ. (O) 2027년 시스템반도체 시장규모는 1,179/0.313 ≒ 3,767억 달러이므로 2021년 2,500억 달러보다 1,000억 달러 이상 증가한다.

ㄷ. (O) 2025년 시스템반도체 시장규모는 657/0.199 ≒ 3,302억 달러이다. 또 2022년 대비 2025년의 시장규모 증가율은 인공지능반도체가 {(657 − 185)/185} × 100 ≒ 255%이고 시스템반도체가 {(3,301 − 2,310)/2,310} × 100 ≒ 42.9%이므로 5배 이상이다.

실전에선 이렇게!

ㄱ. 2023년 인공지능반도체 비중이 10%는 넘지만 15%는 넘지 못한다는 점만 판단하면, 구체적으로 빈칸의 수치를 도출하지 않고도 정오를 판단할 수 있다.

ㄴ. 2027년 인공지능반도체 비중이 31.3%이므로 전체의 1/3인 33.3%보다 작다. 이 점을 활용하여, 2027년 시스템반도체 시장규모는 인공지능반도체 시장규모의 3배보다 크므로 1,179 × 3이 2,500 + 1,000 = 3,500억 달러 이상인지 비교한다.

ㄷ. 2025년 인공지능반도체 비중이 19.9%로 전체의 1/5인 약 20%이므로 시스템 반도체 시장규모는 인공지능반도체의 약 5배인 657 × 5 ≒ 3,300억 달러로 판단한다.

9 분수 비교형 난이도 중 정답 ⑤

문제풀이 핵심 포인트

<표>의 형태가 짝표이므로 출발 지역과 도착 지역이 동일한 지역 내 화물 이동을 묻는 <보기>를 우선적으로 검토한다.

풀이

ㄱ. (O) 도착 화물보다 출발 화물이 많은 지역은 A, B, D 3개이다.

ㄴ. (×) 지역 내 이동 화물은 C지역이 30개로 가장 적고 도착 화물은 D지역이 355개로 가장 적다.

ㄷ. (O) 지역 내 이동 화물을 제외할 때, 출발 화물과 도착 화물의 합은 C지역이 687개로 가장 작고 출발 화물과 도착 화물의 차이도 15개로 가장 작다.

ㄹ. (O) 도착 화물은 G가 1,465개로 가장 많고 출발 화물 중 지역 내 이동 화물의 비중도 (359/1,294)×100≒27.7%로 가장 크다.

실전에선 이렇게!

ㄹ. 출발 화물 중 지역 내 이동 화물의 비중을 비교할 때 G지역의 지역 내 이동 화물의 4배가 출발 화물보다 많기 때문에 25% 이상이다. 따라서 비교 대상이 되는 지역이 4배 이상이 되는지 판단한다.

10 매칭형 난이도 중 정답 ②

문제풀이 핵심 포인트

대화 형태의 <보고서> 매칭형 문제이지만 키워드 '가장'을 찾아 판단하면 쉽게 답을 도출할 수 있다.

풀이

- 갑의 첫 번째 <대화>에서 A~D는 대전, 세종, 충북, 충남 중 하나임을 알 수 있다.
- 을의 첫 번째 <대화>에서 4개 지자체 중 세종을 제외한 3개 지자체에서 4월 4일 기준 자가격리자가 전일 기준 자가격리자보다 늘어났다고 했고, 4월 4일 기준 자가격리자가 전일 기준 자가격리자보다 늘어나려면 신규인원에서 해제인원을 뺀 값이 0보다 커야 한다. 신규인원에서 해제인원을 뺀 값은 A가 900+646-560-600>0, B가 70+52-195-33<0, C가 20+15-7-5>0, D가 839+741-704-666>0이므로 B는 세종이다. 이에 따라 선지 ④가 소거된다.
- 을의 두 번째 <대화>에서 대전, 세종, 충북은 모니터링 요원 대비 자가격리자의 비율이 1.8 이상이라고 했으므로 세종인 B를 제외하고 A, C, D의 값을 구한다. 모니터링 요원 대비 자가격리자의 비율은 C가 (1,147+141)/196≒6.6, D가 (9,263+7,626)/8,898≒1.9로 1.8 이상이므로 1.8 미만인 A는 충남이다. 이에 따라 선지 ①, ③이 소거된다.
- 갑의 세 번째 <대화>에서 자가격리자 중 외국인이 차지하는 비중이 4개 지자체 가운데 대전이 가장 높다고 했으므로 A, B를 제외하고 C, D의 값을 구한다. 자가격리자 중 외국인이 차지하는 비중은 C가 (141/1,288)×100≒10.9%, D가 (7,626/16,889)×100≒45.2%이므로 대전은 D이다. 이에 따라 선지 ⑤가 소거된다.

따라서 C에 해당하는 지자체는 충북, D에 해당하는 지자체는 대전이다.

실전에선 이렇게!

'가장'이라는 키워드가 포함된 갑의 세 번째 <대화>부터 풀이하면 선지 ①, ③, ⑤가 소거되고, 이후 을의 첫 번째 <대화>를 풀이하면 선지 ④가 소거되어 정답을 바로 도출할 수 있다. 이 경우, 을의 두 번째 <대화>를 분석하지 않아도 되기 때문에 문제풀이 시간을 단축할 수 있다. 갑의 세 번째 <대화>에 따른 계산이 다소 복잡하더라도 수치상 대전은 A 또는 D임을 알 수 있으며, A와 D를 비교할 때 분수 비교의 기법 중 전체비와 상대비를 이용하면 763/926인 D가 780/978인 A보다 크다는 것을 쉽게 판단할 수 있다.

11 조건 판단형 난이도 상 정답 ③

문제풀이 핵심 포인트

선지가 순서 나열형이므로 정확한 수치를 계산하기보다는 식을 정리한 다음 어림수로 빠르게 비교한다.

풀이

월간 출근 교통비는 {출근 1회당 대중교통요금-(기본 마일리지+추가 마일리지)×($\frac{\text{마일리지 적용거리}}{800}$)}×월간 출근 횟수이므로 이에 따라 갑~병의 <조건> 및 월간 출근 교통비를 정리하면 다음과 같다.

구분	갑	을	병
출근 1회당 대중교통요금(원)	3,200	2,300	1,800
기본 마일리지(원)	450	350	250
추가 마일리지(원)	200	-	100
마일리지 적용거리(m)	800	800	600
월간 출근 횟수(회)	15	22	22
월간 출근 교통비(원)	38,250	42,900	33,825

따라서 월간 출근 교통비가 많은 사람부터 나열하면 을, 갑, 병 순이다.

실전에선 이렇게!

식을 정리하면 갑은 2,550×15, 을은 1,950×22, 병은 약 1,560×22이므로 곱셈 비교로 판단할 수 있다.

12 분수 비교형 난이도 상 정답 ③

문제풀이 핵심 포인트

<그림 1>과 <그림 2> 모두 상위 15개국 현황이 제시되어 있으므로 16위 이하 회원국은 15위 수치보다 작다는 점을 이용하여 답을 도출한다.

풀이

ㄱ. (O) 국민총소득 대비 공적개발원조액 비율이 UN 권고 비율보다 큰 국가는 룩셈부르크, 노르웨이, 스페인, 덴마크, 영국 5개국이다. 이 중 룩셈부르크는 <그림 1>에 제시되지 않았지만 나머지 4개국의 합만 더해도 19.4+4.3+2.7+2.5=28.9십억 달러로 250억 달러 이상이다.

ㄴ. (O) 공적개발원조액 상위 5개국의 공적개발원조액 합은 33.0+24.1+19.4+12.0+11.7=100.2십억 달러이다. 상위 15개국 소계는 137.5십억 달러이고 나머지 14개국은 15위 한국보다 작기 때문에 2.5×14=35십억 달러보다 작다. 따라서 개발원조위원회 29개 회원국 공적개발원조액 합은 137.5+35=172.5십억 달러보다 작기 때문에 공적개발원조액 상위 5개국의 공적개발원조액 합 100.2십억 달러는 개발원조위원회 29개 회원국 공적개발원조액 합의 50% 이상이다.

ㄷ. (×) 독일의 국민총소득은 24.1/0.0061≒3,951십억 달러이다. 독일이 공적개발원조액만 30억 달러 증액하면 27.1십억 달러가 되므로 독일의 국민총소득 대비 공적개발원조액 비율은 0.0685%이고, 이는 UN 권고 비율인 0.70% 이상이 되지 못한다.

실전에선 이렇게!

ㄷ. 비율의 수치가 너무 낮아 판단하기 힘들다면, 24.1/0.61≒40으로 보아 27.1/40>0.7이 되는지 검토한다.

13 분수 비교형 난이도 상

정답 ④

문제풀이 핵심 포인트

연속적인 전년 대비 변화율을 고려하여 판단할 때 5% 미만인 경우에는 합산하여 답을 도출한다.

풀이

ㄱ. (O) 2020년 오리 생산액은 1,327십억 원=1.327조 원이고 2020년 대비 2021년 생산액 변화율이 -5.58%이므로 2021년 '오리' 생산액 전망치는 1.327×0.9442≒1.253조 원으로 1.2조 원 이상이다.

ㄴ (×) 2021년 '돼지' 생산액 전망치는 7,119×0.9609≒6,841십억 원이고, 같은 해 '농업' 생산액 전망치 50,052×1.0077≒50,437십억 원의 15% 수준인 약 7,565십억 원 이상이 되지 못하므로 옳지 않은 설명이다.

ㄷ. (O) '축산업' 중 전년 대비 생산액 변화율 전망치가 2022년보다 2023년이 낮은 세부항목은 우유와 오리 2개이다.

ㄹ. (O) 2020년 생산액 대비 2022년 생산액 전망치의 증감폭은 '재배업'이 30,270에서 30,597로 약 327십억 원이고 '축산업'이 19,782에서 19,853으로 약 70십억 원이므로 옳은 설명이다.

실전에선 이렇게!

ㄱ. 1.327조 원 기준 5.58% 감소하였으므로, 쉽게 계산하려면 이보다 수치를 살짝 높여 1.4조 원으로 판단한다. 1.4의 6%는 0.084이고, 이를 1.327에서 빼도 1.327-0.084>1.2이므로 옳은 선택지라고 판단할 수 있다.

ㄴ. 2021년 농업 생산액 전망치는 2020년보다 증가하므로 5만 이상이고, 돼지는 오히려 감소하고 있으므로 2020년 수치인 5만의 15%인 7,500을 기준으로 보더라도 옳지 않다는 것을 쉽게 판단할 수 있다.

ㄹ. 증가율이 5% 미만인 아주 작은 수치이므로 2021년과 2022년의 증가율을 더해 이를 2020년 대비 2022년 증가율로 간주해도 된다. 재배업은 1.5-0.42=1.08%, 축산업은 -0.34+0.7=0.36%으로 2020년 대비 2022년 증가율은 재배업이 축산업보다 높고, 2020년 재배업 생산액이 축산업 생산액보다 더 많기 때문에 증감폭 역시 재배업이 축산업보다 크다고 판단할 수 있다.

14 분수 비교형 난이도 중

정답 ①

문제풀이 핵심 포인트

회원수의 단위가 그림별로 다르므로 이를 일치시켜 판단하고, 구좌수는 자릿수가 많으므로 유효숫자를 설정하여 비교한다.

풀이

① (×) 장기저축급여 가입 회원 수는 744,733명으로, 전체 회원 85.2만 명의 약 87.4%이므로 85% 이상이다.

② (O) 공제제도별 자산 규모 구성비에서 장기저축급여가 27.3조 원으로 전체의 64.5%를 차지하고 있다. 따라서 공제제도의 총자산 규모는 27.3/0.645≒42.3조 원이므로 40조 원 이상이다.

③ (O) 자산 규모 상위 4개 공제제도는 장기저축급여, 퇴직생활급여, 목돈급여, 분할급여이고 4개 공제제도의 가입 회원 수 합은 744,733+40,344+55,090+32,411=872,578명이다. 전체 회원 수는 85.2만 명이므로 적어도 그 차이인 20,578명은 2개의 공제제도에 가입한 회원 수가 된다.

④ (O) 충청의 장기저축급여 가입 회원 수 61,850명은 15개 지역 평균 장기저축급여 가입 회원 수 744,733/15≒49,649명보다 많다.

⑤ (O) 공제제도별 1인당 구좌 수는 장기저축급여가 449,579,295/744,733≒603.7구좌로 분할급여 2,829,332/32,411≒87.3의 5배인 436.5구좌 이상이다.

실전에선 이렇게!

① 유효숫자만 설정하여 나타내면 744/852이므로 이를 반대해석하여 108/852≥15%인지 판단한다. 852의 10%인 85.2와 5%인 42.6의 합은 127.8이고, 108은 이보다 작으므로 옳지 않다는 것을 알 수 있다.

② 장기저축급여가 27.3조 원으로 전체의 64.5%를 차지하고 있기 때문에 이를 66.7%, 즉 전체의 약 2/3이라고 바꿔서 생각해본다. 따라서 나머지 1/3을 더하면 전체 금액이 되므로 대략 27.3+13.5>40이다. 실제로는 66.7%가 아니라 64.5%이므로 이보다 더 큰 금액임을 판단할 수 있다.

④ 충청의 회원 수는 6만 명 이상이고 15개 지역이므로 전체 가입 회원 수가 90만 명 미만이라면 옳은 선지가 된다.

15 분수 비교형 난이도 중

정답 ③

문제풀이 핵심 포인트

〈보고서〉의 분량이 많으므로 〈보고서〉의 내용을 그대로 나타낸 선지부터 검토하여 답을 도출한다.

풀이

① (O) 2018년 기준 광고사업체의 매체 광고비 규모는 11조 362억 원(64.1%), 매체 외 서비스 취급액은 6조 1,757억 원(35.9%)으로 조사됐다는 내용과 일치한다.

② (O) 인터넷매체 취급액은 3조 8,804억 원으로 전년 3조 6,406억 원 대비 (2,398/36,406)×100≒6.6% 증가했다. 이 중 특히 모바일 취급액은 14,735억 원에서 17,796억 원으로 (3,061/14,735)×100≒20.8% 증가하여 전년 대비 20% 이상 증가하였다.

③ (×) 간접광고(PPL) 취급액은 1,108억 원에서 1,270억 원으로 (162/1,108)×100≒14.6% 증가하여 전년 대비 14% 이상 증가하였다. 하지만 지상파TV와 케이블TV 간 비중의 격차는 45.1-39.2=5.9%p로 5%p 이하가 아니다.

④ (O) 2018년 기준 광고 사업체 취급액은 17조 2,119억 원으로, 전년 16조 4,133억 원 대비 4.9% 증가했고, 광고사업체당 취급액 역시 22.7억 원에서 23.7억 원으로 증가했다. 업종별로 살펴보면 광고대행업이 6조 6,239억 원으로 전체 취급액의 38.5%를 차지했고, 취급액의 전년 대비 증가율은 온라인광고대행업이 16.9%로 가장 높다.

⑤ (O) 매체 광고비 중 방송매체 취급액은 4조 266억 원으로 가장 큰 비중을 차지하고 있으며, 그 다음으로 인터넷매체, 옥외광고매체, 인쇄매체 순으로 나타났다는 내용과 일치한다.

실전에선 이렇게!

③ 지상파TV와 케이블TV 간 비중은 2018년 간접광고 취급액 1,270억 원이 공통분모이므로 비중 차이 5%p를 구할 때 1,270억 원의 5%인 63.5억 원을 기준으로 두 매체의 취급액 차이가 이를 넘지 못하는지 판단한다.

16 빈칸형 난이도 상 정답 ①

문제풀이 핵심 포인트

2020년 연간 교통사고 건수가 주어지지 않았으므로 월별 평균치를 토대로 판단한다.

풀이

ㄱ. (O) 월별 교통사고 사상자는 가장 적은 달은 492명인 1월로, 사상자가 가장 많은 8월 841명의 60%인 504.6명 이하이다.

ㄴ. (O) 1~12월 동안 월별 사상자는 교통사고 건수의 2배 이상이다. 따라서 2020년 교통사고 건당 사상자는 1.9명 이상이다.

ㄷ. (×) '안전거리 미확보'가 사고원인인 교통사고 건수는 전체의 22.9%로 '중앙선 침범'이 사고원인인 교통사고 건수가 전체의 3.4%이므로 7배 이상이 되지 못한다.

ㄹ. (×) 2020년 총 교통사고 건수는 3,218건이고 이 중 사고원인이 '안전운전의무 불이행'인 비중은 65.3%이므로 교통사고 건수는 3,218×0.653≒2,101건으로 2,000건 이하가 아니다.

실전에선 이렇게!

ㄹ. 〈그림 3〉에서 '안전운전의무 불이행'의 비중은 전체의 65.3%로 약 2/3이다. 만약 전체 건수가 3,000건이라면 '안전운전의무 불이행' 건수는 약 2,000건이 된다. 〈그림 2〉에서 가평균을 이용하여 월별 평균 교통사고 건수를 도출하면 260건 이상이다. 따라서 전체 건수는 3,120건 이상이고 2/3는 2,080건이므로 2,000건 이상이라고 판단할 수 있다.

17 매칭형 난이도 중 정답 ④

문제풀이 핵심 포인트

발문에서 빈칸에 들어갈 수 있는 가능한 값을 묻고 있으므로 〈정보〉의 내용에 부합하지 않는 항목을 지우는 소거법으로 답을 도출한다.

풀이

- 첫 번째 〈정보〉에 따라, (가)는 A의 83.8, C의 65.7, F의 69.5 중 가장 작은 65.7보다 클 수 없다. 이에 따라 선지 ⑤가 제외된다.
- 두 번째 〈정보〉에 따라, 주택노후화율이 가장 높은 지역은 33.7%인 I지역이므로 (나)는 I를 제외한 시가화 면적 비율이 가장 낮은 E의 20.7보다 더 작아야 한다. 이에 따라 선지 ①이 제외된다.
- 세 번째 〈정보〉에 따라, 10만 명당 문화시설수가 가장 적은 지역은 3.1개인 B이고 10만 명당 체육시설수가 네 번째로 많아야 하므로 (다)는 세 번째로 많은 I의 119.2보다는 작고 F의 114.0보다는 커야 한다. 이에 따라 선지 ②가 제외된다.
- 네 번째 〈정보〉에 따라, (라)는 92.5보다 커야 하므로 선지 ④만 가능함을 알 수 있다.

18 빈칸형 난이도 중 정답 ③

문제풀이 핵심 포인트

빈칸의 수치를 직접 도출해야 판단 가능한 〈보기〉는 시간이 오래 걸리므로 빈칸을 직접 묻지 않는 〈보기〉를 먼저 판단하고 이후 빈칸을 간접적으로 묻는 〈보기〉를 검토한다.

풀이

ㄱ. (O) 2019년 수도권대학 기숙사의 수용률은 (119,940/676,479)×100≒18.2%이다. 2019년 대비 2020년 대학유형별 기숙사 수용률은 국공립대학(26.7 → 26.8)보다 사립대학(20.8 → 21.0)이 0.2%p 더 큰 폭으로 증가하였고 비수도권대학(25.5 → 25.5)보다 수도권대학(17.7 → 18.2)이 0.5%p 더 큰 폭으로 증가하였다.

ㄴ. (×) 기숙사 수용가능 인원은 국공립대학이 102,906명에서 102,025명으로 881명 감소하여, 전년 대비 800명 이상 증가한 것이 아니라 800명 이상 감소하였다. 또한 사립대학은 251,261명에서 252,497명으로 1,236명 증가하였기 때문에 전년 대비 1,400명 이상 감소하지 않았다.

ㄷ (×) 전체 대학 196개교 중 기숙사비 카드납부가 가능한 대학은 47개교로 약 24%이다. 따라서 37.9%에 불과하였다는 설명은 옳지 않다.

ㄹ. (O) 카드납부가 가능한 공공기숙사는 0개교이고, 현금분할납부가 가능한 공공기숙사도 사립대학 9개교이므로 옳은 설명이다.

실전에선 이렇게!

ㄱ. 수도권대학의 수용가능인원은 증가한 반면 재학생 수는 감소하였으므로 수용률은 증가하였다. 따라서 수용률의 변화가 없는 비수도권대학보다 수도권 대학의 수용률이 더 큰 폭으로 증가했다고 쉽게 판단할 수 있다.

19 조건 판단형 난이도 상 정답 ③

문제풀이 핵심 포인트

발문에서 2020년 기본 연봉의 합을 묻고 있지만, 〈조건〉에서 매년 각 직원의 기본 연봉은 변동이 없다고 했으므로 각 직원이 해당 연도에 어떤 등급을 받았는지만 판단한다.

풀이

첫 번째 〈조건〉에서 기본 연봉은 변동이 없다고 했으므로 각 직원의 기본 연봉을 도출한다. 갑은 2018~2020년 동안 매년 성과급이 다르므로 2018년에 S, 2019년에 A, 2020년에 B를 받았음을 알 수 있다. 이때 성과등급 S는 인원 수가 1명이므로 갑 이외에 2018년에 성과등급 S를 받은 직원은 없다. 이에 따라 병의 2018년 성과등급은 A이므로 2020년 성과등급도 A이며, 2019년 성과등급은 B이다. 을은 2018년 대비 2019년에 성과급이 4배 증가했으므로 2019년 성과등급 S를 받은 직원이 을임을 알 수 있다. 무는 성과급이 매년 동일하므로 성과등급은 매년 B이다. 정과 기는 남은 인원 수를 고려하면 B, B, A 또는 A, A, S 중 하나이다.

구분	2018	2019	2020
갑	12.0 S	6.0 A	3.0 B
을	5.0 B	20.0 S	5.0 B
병	6.0 A	3.0 B	6.0 A
정	6.0 B	6.0 B	12.0 A
무	4.5 B	4.5 B	4.5 B
기	6.0 A	6.0 A	12.0 S

따라서 '가'부서의 직원별 기본 연봉은 갑~기 순서대로 60백만 원, 100백만 원, 60백만 원, 120백만 원, 90백만 원, 60백만 원이므로 2020년 기본 연봉의 합은 490백만 원이다.

20 각주 판단형 난이도 상

정답 ④

문제풀이 핵심 포인트

$500m^3$ 이상(L)만 지역등급 Ⅰ~Ⅳ별로 기준이 나누어져 있고, $50m^3$ 이상 $500m^3$ 미만(M)과 $50m^3$ 미만(S)은 지역등급과 무관하게 기준이 동일하다는 점에 착안하여 판단한다.

풀이

ㄱ. (O) 생물학적 산소요구량 기준이 '5mg/L 이하'인 경우는 1일 하수처리용량이 $500m^3$ 이상(L)이면서 동시에 지역등급이 Ⅰ 또는 Ⅱ등급뿐이다. 따라서 지역등급 Ⅰ과 Ⅱ인 지역 중에서 L인 지역을 찾으면 5개이다. 따라서 방류수의 생물학적 산소요구량 기준이 '5mg/L 이하'인 하수처리장 수는 5개이다.

ㄴ. (×) 1일 하수처리용량 $500m^3$ 이상(L)인 하수처리장 수는 14개이고 1일 하수처리용량 $50m^3$ 미만(S)인 하수처리장 수는 10개이므로 1.5배 이상이 되지 못한다.

ㄷ. (O) Ⅱ등급 지역에서 방류수의 총인 기준이 '0.3mg/L 이하'인 하수처리장은 1일 하수처리용량이 $500m^3$ 이상(L)인 2개 지역이므로 이들의 1일 하수처리용량 합은 최소 $1,000m^3$가 된다.

ㄹ. (O) 방류수의 총질소 기준이 '20mg/L 이하'인 하수처리장 수는 1일 하수처리용량이 $50m^3$ 미만인 지역(S)을 제외한 나머지이다. 따라서 1일 하수처리용량이 $50m^3$ 미만인 지역(S)이 총 10개이므로 방류수의 총질소 기준이 '20mg/L 이하'인 하수처리장 수는 전체 36개 중 10개를 제외한 26개이다. 방류수의 화학적 산소요구량 기준이 '20mg/L 이하'인 하수처리장 수는 ㄱ에서 도출한 것과 사실상 동일한 5개이므로 5배 이상이 된다.

21 평균 개념형 난이도 상

정답 ②

문제풀이 핵심 포인트

종합점수인 평균이 제시되어 있기 때문에 편차의 합은 0이라는 원리를 이용하여 답을 도출한다.

풀이

주어진 〈표〉의 빈칸을 채우면 다음과 같다.

(단위: 점)

직원 \ 평가자	A	B	C	D	E	종합점수
갑	91	87	(86↓)	89	95	89.0
을	89	86	90	88	(91↑)	89.0
병	68	76	( )	74	78	( )
정	71	72	85	74	(86↑)	77.0
무	71	72	79	85	(83)	78.0

ㄱ. (O) '을'의 종합점수가 89점이므로 88, 89, 90점에 대한 평균임을 판단할 수 있다. 따라서 86점과 E에 대한 점수를 제외하여야 하므로 '을'에 대한 직무평가 점수는 평가자 E가 91점 이상으로 가장 높다.

ㄴ. (×) C에게 받은 점수가 68점 미만이라면 종합점수×3은 최소 68+74+76이고, 78점 초과라면 종합점수×3은 최대 74+76+78이다. 따라서 이 둘의 차이는 10점이므로 종합점수는 10/3 차이가 난다. 따라서 '병'의 종합점수로 가능한 최댓값과 최솟값의 차이는 5점 이상이 되지 못한다.

ㄷ. (×) 평가자 C의 '갑'에 대한 직무평가 점수가 '갑'의 종합점수 89점보다 높다면 '갑'의 종합점수는 89, 90, 91점 또는 89, 91, 92~94점 또는 89, 91, 95점의 평균이 된다. 즉 어떤 경우라도 평균이 89점이 될 수 없다. 따라서 평가자 C의 '갑'에 대한 직무평가 점수는 '갑'의 종합점수 89점보다 높지 않다.

ㄹ. (O) ㄱ에서 판단한 바와 같이 '을'의 경우 B, E가 제외된다. '갑'의 경우 종합점수가 89점이고 이는 87, 89, 91점에 대한 평균임을 알 수 있으므로 역시 C, E가 제외된다. A와 D가 제외될 상황만 판단해 보면, '정'의 경우 종합점수가 77점이므로 만약 E가 71점 미만이라면 71, 72, 74점에 대한 평균인데 이는 불가능하므로 71점이 최솟값임을 알 수 있다. 따라서 A가 제외되어야 한다. 마지막으로 '무'의 경우 종합점수가 78점인데 만약 E가 86점 이상이면 72, 79, 85점에 대한 평균이 되고, 이는 78점 기준으로 한 편차의 합이 0이 되지 않아 불가능하다. 따라서 D가 제외되어야 한다. 즉 '갑'~'무'의 종합점수 산출 시, 부여한 직무평가 점수가 한 번도 제외되지 않은 평가자는 없다.

22 평균 개념형 난이도 하

정답 ②

문제풀이 핵심 포인트

제시된 자료가 많지만 〈보기〉에서 묻는 내용이 복잡하거나 변환된 내용은 아니므로 정확하게 찾아서 판단한다.

풀이

ㄱ. (×) '월평균 지상 10m 기온'이 가장 높은 달이 7월이고 '월평균 지표면 온도'가 가장 높은 달이 8월인 도시는 A와 D 2개 도시이다.

ㄴ. (O) 2월의 '월평균 지상 10m 기온'이 영하인 도시는 B를 제외한 A, C, D, E이고 이 중 '월평균 지표면 온도'가 영상인 도시는 C와 E이다.

ㄷ. (O) A~E 도시 중 1월의 '월평균 지표면 온도'는 D가 −2.7°C로 가장 낮다. D의 도시의 설계적설하중은 0.8kN/m²로 5개 도시 평균 설계적설하중 0.9kN/m²보다 작다.

ㄹ. (×) 설계기본풍속이 두 번째로 큰 도시 E는 8월의 '월평균 지상 10m 기온'도 A~E 도시 중 25.7°C인 B와 25.4°C인 A에 이어 세 번째로 높다.

실전에선 이렇게!

ㄷ. 0.8을 기준으로 편차를 도출하면 −0.3, −0.3, −0.1, +1.2로, 이들의 합은 +0.5이다. 즉 5개 도시 평균 설계적설하중은 0.8kN/m²보다 크다는 것을 판단할 수 있다.

23 조건 판단형 난이도 중 정답 ⑤

문제풀이 핵심 포인트

발문에서 설계적설하중의 크기를 묻는 것이 아니라 설계적설하중의 증가폭 크기를 묻는다는 점에 유의하여 답을 도출한다.

풀이

- 단계 1에 따라 각 도시의 설계적설하중을 50% 증가시키면 A와 B는 0.75kN/m², C는 1.05kN/m², D는 1.2kN/m², E는 3.0kN/m²가 된다.
- 단계 2에 따라 '월평균 지상 10m 기온'이 영하인 달이 3개 이상인 도시는 A, D, E이고 해당 도시의 단계 1에 의해 산출된 값을 40% 증가시키면 A는 1.05kN/m², D는 1.68kN/m², E는 4.2kN/m²가 된다.
- 단계 3에 따라 설계기본풍속이 40m/s 이상인 도시 B, E만 단계 1~2를 거쳐 산출된 값을 20% 감소시키면 B는 0.6kN/m², E는 3.36kN/m²이다.
- 단계 4에 따라 단계 1~3을 거쳐 산출된 값을 수정된 설계적설하중으로 하고, 1.0kN/m² 미만인 B는 0.6이 아닌 1.0kN/m²으로 한다.

따라서 증가폭은 A +0.55, B +0.5, C +0.35, D +0.88, E +1.36으로, 두 번째로 큰 도시는 D이고 가장 작은 도시는 C이다.

24 표-차트 변환형 난이도 상 정답 ①

문제풀이 핵심 포인트

<표 3>에 전년대비 증가 현황이 주어져 있으므로 2017년 수치를 도출할 때 이를 근거로 판단해야 한다.

풀이

① (×) <표 3>은 2018년 피해유형별 접수 건수만 제시되어 있고, 전년 대비 증가 현황은 합계만 주어졌기 때문에 <표 2>에서 판단해야 한다. 실제로는 <표 3>에서 2017년 접수 건수(국적항공사 638−36=602, 외국적항공사 486−7=479)를 도출하여 반영해야 한다. 그래프에서 '기타'가 0.99로 표시되어 있으나, <표 3>에서 국적항공사의 '기타'유형 피해구제 접수 건수인 7.64×602와 외국적항공사의 '기타'유형 피해구제 접수 건수인 7.72×479를 비교하면 국적항공사가 더 크기 때문에 외국적항공사 대비 국적항공사의 비는 1.0보다 커야 한다.

② (O) <표 3>에서 2018년 합계와 전년 대비 증가를 통해 2017년 국적항공사별 피해구제 접수 건수를 도출할 수 있다. 태양항공부터 각각 140, 108, 29, 37, 41, 133, 51, 63건이고 전체 602건에서 항공사가 차지하는 비중은 그래프의 수치와 동일하다.

③ (O) 선지 ①과 마찬가지로 <표 2>의 국적항공사 비율에 602건을 곱해서 도출하면 그래프의 수치와 동일하다.

④ (O) <표 1>에서 저비용항공사의 국내선과 국제선 운송실적 전체를 합해서 증가율을 도출하면 그래프의 수치와 동일하다.

⑤ (O) <표 1>에서 대형항공사의 국내선과 국제선 운송실적 합계를 도출할 수 있고, <표 3>에서 대형항공사의 피해구제 접수 건수를 도출하여 비를 나타내면 그래프의 수치와 동일하다.

실전에선 이렇게!

① 그래프는 <표 2>의 외국적항공사의 피해구제 접수 건수 비율 대비 국적항공사의 피해구제 접수 건수 비율의 비를 나타낸 것이다. 실제 2017년 피해유형별 외국적항공사의 피해구제 접수 건수 대비 국적항공사의 피해구제 접수 건수 비를 도출하면 취소환불 위약금이 1.46, 지연 결항이 1.03, 정보제공 미흡이 0.97, 수하물 지연 파손이 1.28, 초과판매가 0.22, 기타가 1.24이다.

⑤ 운송실적의 단위가 <표 1>의 단위인 천 명이 아닌 백만 명이라는 점을 고려하여 판단한다.

25 빈칸형 난이도 상 정답 ⑤

문제풀이 핵심 포인트

검거율 식을 토대로 표의 빈칸을 최소로 채워 판단할 수 있는 <보기>부터 검토한다.

풀이

ㄱ. (O) 2011~2020년 연평균 산불 건수는 473.7건으로 500건 이하이다.

ㄴ. (O) 산불 건수는 2017년이 692건으로 가장 많고 2012년이 197건으로 가장 적다. 2017년의 검거율은 44.1%로, 2012년의 검거율 37.1%보다 높다.

ㄷ. (×) 산불건수는 성묘객 실화가 9건으로 논밭두렁 소각 49건보다 더 적지만, 검거율은 성묘객 실화 66.7%보다 논밭두렁 소각 91.8%가 더 높다.

ㄹ. (O) <표 1>에서 2020년 전체 산불 건수는 620건이다. 입산자 실화 건수는 217건으로 전체 산불 건수 620건의 35%이다.

실전에선 이렇게!

ㄱ. 500을 기준으로 2011년부터 편차를 도출하면 −223, −303, −204, −8, +123, −109, +192, −4, +153, +120으로 편차의 합은 (−)이다. 따라서 500건 이하이다.

ㄴ. 검거율 식으로 분수 비교를 하면 73/197과 305/692의 비교이므로 40%를 기준으로 판단한다.

ㄹ. 620의 35%를 구할 때 비율 쪼개기를 해서 (30+5)%로 도출한다. 30%는 186이고 5%는 31이므로 합은 217이 된다.

2020년 모의평가

모바일 자동 채점 및 성적 분석 서비스

PSAT 전문가의 총평

전반적으로 모든 영역이 문항 형태와 유형 측면에서 5급이나 민간경력자 PSAT와 유사하게 출제되었습니다. 모의평가 문제는 2019년 7급 PSAT 예시문제를 반영하여 출제되었으나, 자주 출제되던 유형이 아닌 유형의 문제들을 섞어 고난도 문항을 구성하였습니다. 또한 전반적으로 실무 소재가 많이 활용되어 출제된 만큼, 해당 소재나 관련 유형에 익숙해질 필요가 있습니다.

언어논리

유형별 비중

2020년 모의평가는 언어논리가 독해력을 테스트하는 시험이 아니라 문제 해결력을 테스트하는 시험이라는 특성을 보여주었다. 25개의 문제 중 독해 문제가 총 8문항 출제되었는데, 그중에서 개념 이해 문제는 3문항이었고, 나머지 5문항은 원칙 적용 문제였다. 또한 단순한 독해력이 아니라 지문에서 문맥을 파악하거나 핵심이 되는 단서를 찾아내야 하는 유형인 빈칸 추론 문제와 밑줄 추론 문제의 비중이 높게 출제되었다. 전반적으로 독해력보다는 원칙을 찾아 적용하는 전략적인 접근법이 중요하게 다뤄졌다. 논증과 논리 문제에서는 강화와 약화, 평가, 분석 등의 발문을 가진 논증 문제들이 총 6문항 출제되어 단일 유형으로 가장 비중이 높았다. 언어논리는 언어력과 논리력을 동시에 평가하는 시험이고, 이러한 출제 취지에 가장 맞는 문제 유형이 논증이므로 이 유형의 비중은 줄지 않을 것으로 보인다. 논리는 총 4문항 출제되었는데, 이 중 퀴즈 문제가 3문항을 차지했다. 기존의 5급이나 민간경력자 PSAT처럼 논리는 퀴즈의 형태로 출제되는 것이 가장 일반적인 출제 패턴일 것으로 보인다. 또한 퀴즈 문제의 유형도 이미 5급 PSAT에서 자리 잡힌 유형이 그대로 출제되었음을 주목할 필요가 있다.

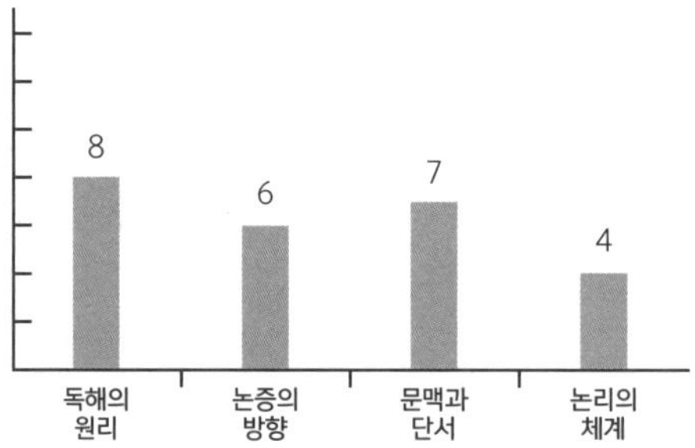

[유형별 출제 문항 수]

난도 및 소재

민간경력자 PSAT와 유사하게 난도는 평이하였다. 다만 일부 문제에서 과학, 철학, 법 지문이 출제되며 어려운 내용을 비교적 꼼꼼히 파악하여야 해서 난도가 상대적으로 높았다. 그림이 제시되거나 법조문이 출제되는 등 기존과는 다른 문제 형태가 출제되기도 하였다. 특히 주목할 점은 지문 소재에 있어서 실무적인 내용을 다루는 글이나 법령 등의 비중이 높았다는 것이다.

상황판단

유형별 비중

2020년 모의평가 상황판단에서 텍스트형은 총 4문항이 출제되었다. 상황판단 영역의 특성에 맞게, 정보량이 많은 글이 제시되어 많은 정보를 얼마나 잘 처리할 수 있는지가 중요했다. 법조문형은 총 6문항이 출제되었으며, 〈상황〉이 주어진 문제가 많다는 점이 특징이었다. 일치부합형에 속하는 2번 문제의 경우도 5개의 선택지 중 일부 선택지가 계산을 요하기 때문에 응용형의 속성을 가지므로 응용형의 비중이 매우 높았다. 또한 계산형은 5문항, 규칙형은 6문항, 경우형은 4문항이 출제되었다.

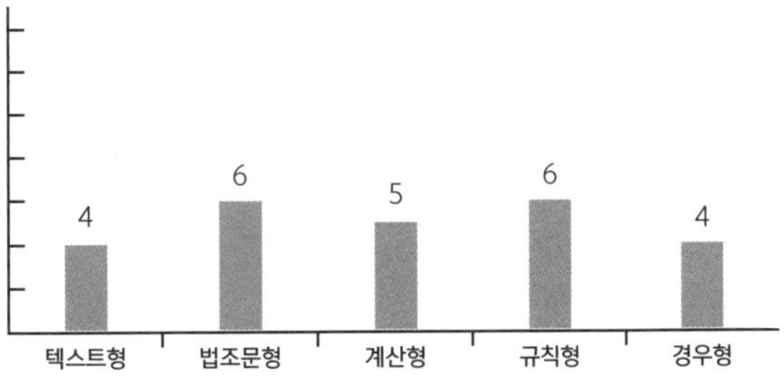

[유형별 출제 문항 수]

난도 및 소재

2020년 모의평가에서 상황판단은 난도가 높은 편이었는데, 특히 법조문형이 단순히 일치부합 정오판단에서 그치지 않고 주어진 〈상황〉에 응용·적용을 요한다는 점에서 난도가 높은 편이었다. 계산형은 문제의 난도 차이가 큰 편이었다. 10번, 11번, 12번, 18번 문제는 난도가 비교적 낮았지만, 22번 문제는 MAX 함수가 민간경력자·5급·7급 PSAT을 통틀어 처음 사용되어 난도가 높았고, 자료해석에서 중요하게 활용되는 가중평균이 사용되었다는 점이 특징적이었다. MAX 함수는 이후 2022년 기출에서도 다시 활용되었다. 규칙형도 계산형 문제와 마찬가지로 난도 차이가 꽤 큰 편이었다. 단순확인형에 속하는 7번, 17번, 적용해결형에 속하는 15번, 19번 문제의 경우는 난도가 평이했지만, 정오판단형에 속하는 20번과 21번 문제의 경우에는 난도가 높은 편이었다. 과정이 끝까지 확정되지 않은 상태에서 문제에 등장한 개정안 또는 참가자의 순서를 바꿔볼 수 있는지 '몰아주기'의 장치가 쓰인 문제였는데, 이는 최근 5급 PSAT에서도 자주 출제되고 있는 장치라는 점이 특징적이었다. 경우형은 전반적으로 난도가 높은 편이었으나, 아이디어가 떠오르지 않으면 풀지 못하는 유형의 문제라기보다는 기존 기출학습으로 접근법이나 스킬을 잘 연습해 두었다면 풀 수 있는 문제였다.

자료해석

유형별 비중

2020년 모의평가 자료해석은 순수 자료 비교인 곱셈 비교와 분수 비교 자체를 묻는 문제가 6문항 출제되어 전체 출제 비중의 20% 이상을 차지했다. 자료판단에서 전체의 60%인 15문제가 출제되었는데, 매칭형이 2문항, 빈칸형이 6문항, 각주 판단형이 4문항, 조건 판단형이 3문항 출제되었다. 자료검토·확인형 문제는 총 3문항으로 보고서 검토·확인형이 2문항, 표-차트 변환형이 1문항 출제되었다. 세트문제는 24~25번에 배치되었으며, 보고서 검토·확인형과 분수 비교형으로 구성되었다. 2문항당 4분 정도 소요되는 평이한 난도로 출제되었다.

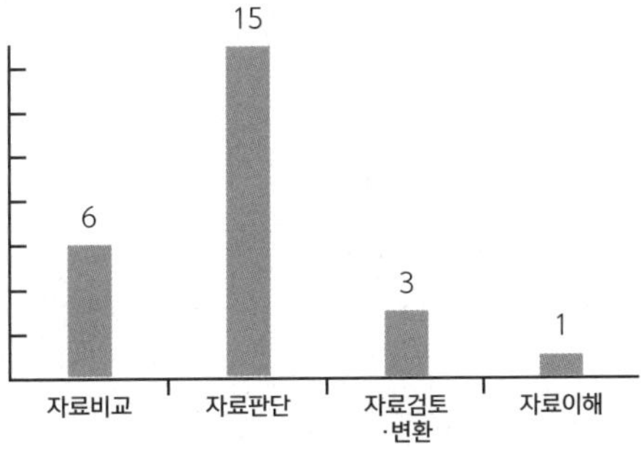

[유형별 출제 문항 수]

난도 및 소재

2020년 모의평가의 전체적인 난도는 중 정도로, 7급 PSAT에서 처음으로 25문항이 모두 출제된 시험이므로 다소 실험적인 성격을 가진 문항이 다수 출제되었다. 특히 세밀한 계산을 요구하는 문항의 수가 적지 않았다. 풀이 시간이 2분 30초 이상 소요되는 고난도 문항의 수가 8문항으로 다소 많이 출제되어 이로 인해 시간 관리에 어려움이 있었을 것으로 보이지만, 나머지 문항은 2분 이내로 해결 가능한 중간 난도 문제가 다수였다. 따라서 70점 이상 받는 데 크게 무리는 없었을 것이라고 보인다.

정답

p.253

1	⑤	개념 이해	6	⑤	빈칸 추론	11	①	원칙 적용	16	③	논리 퀴즈	21	③	논증 평가
2	③	구조 판단	7	①	글의 수정	12	②	독해형 논리	17	①	논리 퀴즈	22	①	논증 평가
3	④	논지와 중심 내용	8	④	원칙 적용	13	①	빈칸 추론	18	③	밑줄 추론	23	①	견해 분석
4	④	빈칸 추론	9	②	원칙 적용	14	②	원칙 적용	19	⑤	견해 분석	24	④	밑줄 추론
5	⑤	개념 이해	10	①	빈칸 추론	15	⑤	논리 퀴즈	20	②	원칙 적용	25	②	견해 분석

취약 유형 분석표

유형별로 맞힌 문제 개수와 정답률, 틀린 문제 번호, 풀지 못한 문제 번호를 적고 나서 취약한 유형이 무엇인지 파악해 보세요. 그 후 약점 보완 해설집 p.2 [취약 유형 공략 포인트]에서 약점 보완 학습법을 확인하고, 틀린 문제와 풀지 못한 문제를 다시 한번 풀어보세요.

유형		맞힌 문제 개수	정답률	틀린 문제 번호	풀지 못한 문제 번호
독해의 원리	개념 이해	/2	%		
	구조 판단	/1	%		
	원칙 적용	/5	%		
논증의 방향	논지와 중심 내용	/1	%		
	견해 분석	/3	%		
	논증의 비판과 반박	-	-		
	논증 평가	/2	%		
문맥과 단서	빈칸 추론	/4	%		
	밑줄 추론	/2	%		
	글의 수정	/1	%		
논리의 체계	논증의 타당성	-	-		
	논리 퀴즈	/3	%		
	독해형 논리	/1	%		
TOTAL		/25	%		

1 개념 이해 난이도 중 정답 ⑤

문제풀이 핵심 포인트
대한민국 임시정부와 관련하여 어떤 과정을 통해 대한민국임시헌장이 공포되었고 대동단결선언이 만들어졌으며, 한국이라는 명칭이 언제부터 사용되었는지 묻고 있으므로 지문에 제시된 용어의 시간적인 흐름에 주목하여 지문을 읽는다.

풀이

① (×) 세 번째 단락에서 건국강령은 1941년에 발표되었고, 첫 번째 단락에서 대한민국임시헌장은 임시정부를 만들기 위한 첫걸음으로 채택한 것임을 알 수 있으므로 대한민국 임시정부가 건국강령을 통해 대한민국임시헌장을 공포했다는 것은 옳지 않다.

② (×) 두 번째 단락에서 대동단결선언은 조소앙이 3·1운동 이전에 발표한 것임을 알 수 있으므로 대한민국 임시정부의 요청을 받아들여 대동단결선언을 만들었다고 볼 수 없다.

③ (×) 대한민국임시헌장이 공포되기 전에 '한국'이라는 명칭을 사용한 독립운동가가 없었는지는 알 수 없다.

④ (×) 세 번째 단락에서 제헌국회는 대한민국임시헌장에 담긴 정신을 계승했고 제헌헌법에 우리나라의 명칭을 '대한민국'이라고 했음을 알 수 있지만, 대한제국의 정치 제도를 계승하기 위해 '대한민국'이라는 국호를 사용했는지는 알 수 없다.

⑤ (○) 세 번째 단락에서 조소앙의 주장은 대한민국 임시정부에 참여한 독립운동가들로부터 열렬한 지지를 받았다는 것을 알 수 있고, 첫 번째 단락에서 조소앙의 주장 중 대한민국은 민주공화제로 한다는 것이 포함되어 있음을 알 수 있다. 따라서 대한민국 임시정부를 만드는 데 참여한 독립운동가들은 민주공화제를 받아들이는 데 합의했다는 것을 알 수 있다.

실전에선 이렇게!
역사 소재로 지문이 구성되면 생소한 용어가 많이 등장하고, 시간의 흐름에 따라 어떤 사건이 제시되는지가 중요 정보가 될 수 있으므로 이 부분에 주목하여 정보를 체크한다.

2 구조 판단 난이도 중 정답 ③

문제풀이 핵심 포인트
선택지에 여러 명의 이름이 제시되어 있으므로 각 사람의 견해를 찾아 대조하는 데 초점을 두고 지문을 읽는다.

풀이

① (×) 첫 번째 단락에서 최명길은 명을 섬겨야 한다는 김상헌의 주장에는 동의하지만, 그보다 나라를 보존하는 것이 우선이라고 말했음을 알 수 있다. 따라서 최명길이 중화 중심의 세계관에서 벗어나야 한다는 생각에서 주화론을 주장했다는 것은 옳지 않다.

② (×) 세 번째 단락에서 효종은 청에 복수하겠다는 북벌론을 내세웠음을 알 수 있으나, 송시열의 주장에 따라 청군의 항복 요구를 받아들이지 않기로 결정했는지는 알 수 없다.

③ (○) 첫 번째 단락에서 김상헌은 청에 항복하는 것은 있을 수 없는 일이라며 끝까지 저항하자고 했으며, 중화인 명을 버리고 오랑캐와 화의를 맺는 일은 군신의 의리를 버리는 것이라고 말했음을 알 수 있다. 따라서 김상헌이 명에 대한 군신의 의리를 지켜야 한다고 주장하면서 주화론에 맞섰다는 것은 옳은 내용이다.

④ (×) 두 번째 단락에 따르면 인조는 최명길의 입장을 받아들여 청에 항복하는 길을 선택했으나 인조가 청에 항복한 후 척화론을 받아들였다고 볼 수 없고, 세 번째 단락에서 인조 때에는 척화론을 주장했던 사람들이 정국을 주도하지 못했기 때문에 주화론을 내세웠던 사람들이 정계에서 쫓겨나가는 일은 벌어지지 않았다는 것을 알 수 있다. 따라서 주화론자들을 정계에서 내쫓았다는 것은 옳지 않다.

⑤ (×) 세 번째 단락에 따르면 노론 세력은 송시열 사후에 나타났으므로 인조를 설득했다는 것은 옳지 않다. 또한 노론 세력은 최명길의 주장에 동조했던 사람들의 후손이 요직에 오르지 못하게 막았으므로 주화론이 아닌 척화론을 받아들이는 입장이었다.

3 논지와 중심 내용 난이도 하 정답 ④

문제풀이 핵심 포인트
글의 논지를 찾는 문제이므로 지문에서 가장 중요한 한 문장을 찾는 데 집중한다.

풀이

① (×) 병균이나 바이러스로 인한 신체적 이상 증상은 가정이나 지역사회에 위기를 야기할 수 있기에 중요한 사회적 문제라는 것은 지문의 내용에 부합하는 내용일 수는 있지만 논지라고 볼 수는 없다.

② (×) 한 사람의 몸은 개인적 영역인 동시에 사회적 영역이기에 발병의 책임을 질병에 걸린 사람에게만 묻는 것은 옳지 않다는 것은 지문의 내용에 부합하는 내용일 수는 있지만 논지라고 볼 수는 없다.

③ (×) 질병으로 인한 신체적 고통보다 질병에 대한 사회적 편견으로 인한 고통이 더 큰지 여부는 지문에서 알 수 없는 내용이므로 이에 대한 사회적 대책이 필요하다는 것은 논지라고 볼 수 없다.

④ (○) 첫 번째 단락의 마지막 문장인 '따라서 어떤 질병의 성격을 파악할 때 질병의 발생이 개인적 요인뿐만 아니라 계층이나 직업 등의 요인과도 관련될 수 있음을 고려해야 한다.'와 두 번째 단락의 마지막 문장인 '요컨대 질병의 치료가 개인적 영역을 넘어서서 사회적 영역과 관련될 수밖에 없다는 것은 질병의 대처 과정에서 사회적 요인을 반드시 고려해야 한다는 점을 잘 보여준다.'를 종합하면 "질병의 성격을 파악하고 질병에 대처하기 위해서는 사회적인 측면을 고려해야 한다."는 것이 글의 논지로 가장 적절하다.

⑤ (×) 질병의 치료를 위해서 개인적 차원보다 사회적 차원의 노력이 더 중요하다는 것은 지문에서 알 수 없는 내용이므로 이에 대한 사회적 대책이 필요하다는 것은 논지라고 볼 수 없다.

4 빈칸 추론 난이도 중 정답 ④

문제풀이 핵심 포인트

빈칸 앞에 "그러므로 '공범 원리'에 따른다면"이라고 되어 있으므로 '공범 원리'가 무엇인지 확인해야 하고, 그 공범 원리에 따를 때 최종적인 결론이 될 수 있는 내용이 빈칸에 들어가야 한다.

풀이

① (×) 공범 원리는 타인의 악행에 가담한 경우 결과에 얼마나 영향을 주었는지와 무관하게 도덕적 책임이 있다는 것이므로 갑훈이 두 번째 저지른 약탈 행위에 대해서 더 큰 죄책감을 느껴야 한다는 것은 빈칸에 들어갈 내용으로 적절하지 않다.

② (×) 공범 원리는 해악의 크기와 도덕적 책임의 크기의 관계에 대해 말하고 있지 않으므로 전체 해악의 크기가 커질수록 해악에 가담한 사람들의 도덕적 책임도 커진다는 것은 빈칸에 들어갈 내용으로 적절하지 않다.

③ (×) 갑훈은 첫 번째 약탈에서 을훈의 콩 100알을 빼앗았고, 두 번째 약탈에서는 한 알을 빼앗았으므로 첫 번째 약탈과 두 번째 약탈에서 갑훈이 을훈에게 입힌 해악에 차이가 없다는 것은 빈칸에 들어갈 내용으로 적절하지 않다.

④ (O) 〈사례〉에서 갑훈은 두 번의 약탈을 행했는데, 한 사람에게 콩 100알을 빼앗았는지, 100 사람에게 콩 한 개씩을 빼앗았는지에 차이가 있었다. 그러나 공범 원리에 따르면 약탈에 가담했다는 것만으로도 갑훈에게는 도덕적 책임이 있으므로 '갑훈에게 도덕적 책임이 있다는 점에서 첫 번째 약탈과 두 번째 약탈은 차이가 없다.'는 것은 빈칸에 들어가기에 가장 적절한 내용이다.

⑤ (×) 공범 원리에 따를 때 갑훈이 져야 할 도덕적 책임이 있다는 점에서는 차이가 없지만, 두 차례 약탈에서 갑훈이 빼앗은 전체 콩알의 수가 같기 때문에 그러한 것은 아니므로 두 차례 약탈에서 갑훈이 빼앗은 전체 콩알의 수가 같기 때문에 갑훈이 져야 할 도덕적 책임에는 차이가 없다는 것은 빈칸에 들어갈 내용으로 적절하지 않다.

실전에선 이렇게!

'공범 원리'를 받아들이는 사람들은 타인의 악행에 가담한 경우 결과에 얼마나 영향을 주었는지와 무관하게 도덕적 책임이 있다고 주장한다. 즉, 단지 그 해악의 공범이라는 이유만으로 그에 따른 도덕적 책임을 져야 한다는 것이 공범 원리의 내용임을 주목한다.

5 개념 이해 난이도 중 정답 ⑤

문제풀이 핵심 포인트

실무적인 내용을 다루는 소재가 지문에 제시되는 경우 대화체 형태로 구성될 확률이 높다. 이러한 경우 선택지를 통해 어떤 실무에 대한 것인지를 먼저 파악하고 그 부분에 집중하여 글을 읽어주어야 한다. 선택지에 시기에 대한 언급과 함께 연명의료 실행과 관련하여 사전연명의료의향서 제출과 접수에 대한 내용이 제시되어 있으므로 이에 주목하여 지문을 읽는다.

풀이

① (×) 2018년 2월부터 사전연명의료의향서를 제출하는 제도가 도입되었음을 알 수 있으나 전국 모든 보건소에서 사전연명의료의향서를 접수하기 시작한 것은 2020년 4월부터이고, 이를 연명의료 전문 상담사가 접수한 것인지는 알 수 없다.

② (×) 사전연명의료의향서를 제출해야 하는 것은 연명의료 거부 의사를 표명한 사람이지 병원이 아니므로 2020년 4월부터 연명의료를 실행하지 않고자 하는 병원은 보건소에 사전연명의료의향서를 제출해야 한다는 것은 옳지 않다.

③ (×) 연명의료 전문 상담사 배치가 어려운 보건소의 직원들을 대상으로 연명의료 관련 기본 필수교육을 실시하는 것이지, 연명의료를 받고자 하는 사람이 주소지 관할 보건소가 지정한 연명의료 전문 상담사로부터 기본 필수교육을 받아야 하는 것인지는 알 수 없다.

④ (×) 연명의료 전문 상담사 배치가 어려운 보건소를 이용하는 민원인들이 보건소 직원으로부터 설명을 들은 후 그 자리에서 전화로 연명의료 전문 상담사로부터 구체적인 내용을 상담받을 수 있도록 하는 것이지, 연명의료 전문 상담사의 상담을 받으려는 사람이 전화예약 시스템을 이용해야 하는 것은 아니다.

⑤ (O) 갑은 연명의료 거부의사가 있는 사람은 지금까지 한 것처럼 전문 상담사의 상담을 받게 하는 조치를 유지해 달라고 하고 있다. 따라서 연명의료 거부 의사가 있는 사람이 연명의료 전문 상담사의 상담을 받지 않은 상태에서 작성한 사전연명의료의향서는 받아들여지지 않을 것임을 알 수 있다.

6 빈칸 추론 난이도 중 정답 ⑤

문제풀이 핵심 포인트

지문이 대화체로 구성되어 있으므로 대화 마지막에 제시된 빈칸에 들어갈 내용을 찾기 위해서는 지문을 전체적으로 읽어야 한다.

풀이

소상공인 및 자영업자에게 주는 지원금을 신청할 수 있는 경우는 다음 세 가지이다. 1) 사회적 거리두기 2단계의 실시로 출입이 금지된 집합금지 및 집합제한업종의 자영업자, 2) 사회적 거리두기 2.5단계부터 운영이 제한된 수도권의 카페나 음식점, 3) 집합금지 및 집합제한업종에 속하지 않더라도 연 매출 4억 원 이하라는 사실을 증명할 수 있는 자료와 함께 코로나19 확산으로 매출이 감소했음을 증빙하는 자료를 제출

① (×) 일반 업종에 해당해야만 긴급재난지원금을 신청할 수 있는 것이 아니므로 문구점은 일반 업종에 해당하지 않아 긴급재난지원금을 신청할 수 없다는 것은 빈칸에 들어갈 내용으로 적절하지 않다.

② (×) 지난 5월에 긴급재난지원금을 받았다는 사실은 긴급재난지원금을 신청할 수 있는 조건이 아니므로 지난 5월에 긴급재난지원금을 받았다는 사실을 증명하는 서류를 제출해야 한다는 것은 빈칸에 들어갈 내용으로 적절하지 않다.

③ (×) 문구점이 집합금지 및 집합제한업종에 해당하지 않는 것으로 확인되었더라도 지원받을 수 있는 다른 경우에 해당할 수 있으므로 문구점이 집합금지 및 집합제한업종에 해당하지 않는 것으로 확인되었기 때문에 지원금을 받을 수 없다는 것은 빈칸에 들어갈 내용으로 적절하지 않다.

④ (×) 사회적 거리두기 2.5단계부터 운영이 제한되거나 금지된 업종이 아니라도 긴급재난지원금을 받을 수 있는 경우가 있으므로 사회적 거리두기 2.5단계부터 운영이 제한되거나 금지된 업종이 아니면 긴급재난지원금을 받을 수 없다는 것은 빈칸에 들어갈 내용으로 적절하지 않다.

⑤ (O) 민원인 A의 경우 문구점을 운영하고 있으므로 1)과 2)에 해당되지 않는다. 따라서 연 매출 4억 원에 미치지 못하고 코로나19로 매출이 감소한 자영업자라면 증빙서류를 갖추어 신청할 수 있다는 것이 빈칸에 들어갈 수 있는 답변 내용으로 가장 적절하다.

7 글의 수정 난이도 중   정답 ①

문제풀이 핵심 포인트

㉠에 해당하는 '오늘 회의에서 논의된 내용' 중 〈계획안〉에 언급된 사항과 관련된 내용을 파악하는 것이 핵심이다.

풀이

① (×) 정은 보고 대상이 명시적으로 드러날 수 있도록 주제를 더 구체적으로 표현하는 것이 필요하다고 주장한다. 그러나 주제를 '효율적 정보 제시를 위한 보고서 작성 기법'으로 변경하면 보고 대상이 드러나 있지 않으므로 ㉠에 따라 〈계획안〉을 수정한 것으로 적절하지 않다.

② (O) 을은 특강을 평일에 개최하되 참석 시간을 근무시간으로 인정해 준다면 참석률이 높아질 것이라고 주장한다. 따라서 일시를 '2021. 11. 10.(수) 10:00~12:00(특강 참여 시 근무시간으로 인정)'으로 변경하는 것은 ㉠에 따라 〈계획안〉을 수정한 것으로 적절하다.

③ (O) 병은 특강 참석 대상이 누구인가에 따라 장소를 조정할 필요가 있고, 중앙부처 소속 공무원에게는 세종시가 접근성이 더 좋다고 주장한다. 갑은 이번 특강은 현직 중앙부처 소속 공무원을 대상으로 진행한다고 언급하고 있으므로 장소를 '정부세종청사 6동 대회의실'로 변경하는 것은 ㉠에 따라 〈계획안〉을 수정한 것으로 적절하다.

④ (O) 갑은 이번 특강은 현직 중앙부처 소속 공무원을 대상으로 진행한다고 언급하고 있으므로 대상을 '보고서 작성 능력을 키우고 싶은 현직 중앙부처 공무원'으로 변경하는 것은 ㉠에 따라 〈계획안〉을 수정한 것으로 적절하다.

⑤ (O) 무는 별도 비용이 있는지 등의 특강과 관련된 정보가 부족하다고 보고, 갑은 특강 수강 비용이 무료라고 언급하고 있다. 따라서 특강을 듣기 위한 별도 부담 비용이 없다고 안내하는 항목을 추가하는 것은 ㉠에 따라 〈계획안〉을 수정한 것으로 적절하다.

실전에선 이렇게!

밑줄 친 ㉠에 따라 〈계획안〉을 수정해야 하는 문제이므로 지문을 처음부터 읽으면서 〈계획안〉에 표시된 강의 주제, 일시, 장소, 대상 등에 대한 내용이 나오면 〈계획안〉과 선택지를 동시에 확인하는 방식으로 풀이한다.

8 원칙 적용 난이도 중   정답 ④

문제풀이 핵심 포인트

선택지에서 조건에 따라 지문에 주어진 표의 ㉠~㉥에 어떤 내용이 들어가는지를 묻고 있으므로 표를 채우는 기준인 원칙을 지문에서 찾아 이를 적용하여 판단한다. 지문에 제시된 기준에 따라 뼈대근육, 내장근육, 심장근육의 특성을 구분하는 데 초점을 맞추어 글을 읽는다.

풀이

ㄱ. (×) ㉡과 ㉢이 같은 특징이라면, 내장근육과 심장근육의 같은 특성인 '의식적으로 통제할 수 없는 근육'이라는 것이므로 A에는 의식적으로 통제할 수 있는지를 따지는 기준이 들어간다고 판단할 수 있다.

ㄴ. (O) ㉣과 ㉥이 다른 특징이라면, 뼈대근육은 의식적으로 통제할 수 있는 근육이고 심장근육은 의식적으로 통제할 수 없는 근육이라는 내용이 들어갈 것이므로 B에는 의식적으로 통제할 수 있는지를 따지는 기준이 들어간다고 판단할 수 있다.

ㄷ. (O) ㉠에 '수의근'이 들어간다면, A에는 의식적으로 통제할 수 있는지를 따지는 기준이 들어갈 것이고 B에는 줄무늬가 있는지 여부를 따지는 기준이 들어갈 것이므로 ㉤에는 '민무늬근'이 들어가야 한다고 판단할 수 있다.

실전에선 이렇게!

〈보기〉에서 A와 B에 들어갈 기준에 따라 ㉠~㉥에 들어갈 내용이 같은지를 묻고 있으므로, A와 B에 들어갈 기준을 임의로 설정하여 〈표〉를 채워 놓은 상태에서 〈보기〉를 판단한다.

9 원칙 적용 난이도 중   정답 ②

문제풀이 핵심 포인트

㉠~㉤에 해당하는 시험관이 지문에 설명된 세균의 종류 중 어떤 것과 매칭되는지 확인해야 선택지 판단이 가능하다. 지문에 그림이 제시된 경우 지문의 내용과 그림을 연결시키는 기준이나 원리를 지문에서 찾는 과정이 선행되어야 한다.

풀이

① (×) ㉠은 세균이 산소 농도가 높은 시험관 위쪽에만 살아 있다. 따라서 ㉠은 산소에 대한 내성이 있고 대사 과정에서 산소 호흡을 하기 때문에 산소의 농도가 높은 곳에서 잘 자라는 절대 호기성 세균이 자란 시험관이다.

② (O) ㉡은 세균이 산소 농도가 낮은 시험관 아래쪽에 살아 있으므로 ㉡에서 자란 세균은 절대 혐기성 세균에 해당한다. 절대 혐기성 세균은 혐기성 세균의 한 종류이고, 혐기성 세균은 산소 호흡을 할 수 없는 세균으로 발효 과정만을 통해 에너지를 만들어낸다. 따라서 ㉡에서 자란 세균이 발효 과정으로 에너지를 만들어 낸다는 것은 적절한 설명이다.

③ (×) ㉢은 세균이 산소 농도가 높은 시험관 위쪽과 산소 농도가 낮은 시험관 아래쪽에 모두 살아 있고, 특히 산소 농도가 높은 시험관 위쪽 환경에서 더 잘 자라므로 통성 세균에 해당한다. 통성 세균은 산소에 대한 내성이 있으므로 ㉢에서 자란 세균은 산소에 대한 내성이 있다.

④ (×) ㉣은 세균이 ㉠에 해당하는 절대 호기성 세균보다 조금 낮은 쪽, 즉 산소 농도가 더 낮은 쪽에 살아 있으므로 미세 호기성 세균에 해당한다. 미세 호기성 세균은 산소 호흡을 하므로 ㉣에서 자란 세균은 산소 호흡을 할 수 있다.

⑤ (×) ㉤은 시험관 전반에 걸쳐 세균이 살고 있으므로 생장 여부가 산소 농도와는 무관한 내기 혐기성 세균에 해당한다. 그러나 ㉣은 미세 호기성 세균에 해당하므로 혐기성 세균이 자란 시험관이라 볼 수 없다.

10 빈칸 추론 난이도 중   정답 ①

문제풀이 핵심 포인트

빈칸이 두 개 주어졌으므로 각 빈칸 주변에서 어떤 단서를 잡을 수 있는지 지문에서 확인하고, 선택지에 배치된 내용을 확인하여 옳지 않은 선택지를 소거하는 방식으로 풀이한다.

풀이

㉠: B학파는 다른 모든 종류의 상품과 마찬가지로 토지 문제 역시 수요·공급의 법칙에 따라 시장이 자율적으로 조정하도록 맡겨 두면 된다고 주장한다. 또한 ㉠ 바로 뒤의 문장에서 토지가 귀금속, 주식, 채권, 은행 예금만큼이나 좋은 투자 대상이라고 제시되어 있다. 따라서 ㉠에 들어갈 문장은 '토지에 대한 투자는 상품 투자의 일종으로 이해된다.'는 것이 가장 적절하다. '토지에 대한 투자는 상품 생산의 수단으로 활용된다.'거나 '토지 투자와 상품 투자는 거시경제적인 관점에서 상호 보완적 역할을 수행한다.'는 것은 지문의 내용으로 추론할 수 없으므로 문맥상 ㉠에 들어갈 내용으로 적절하다고 볼 수 없다.

㉡: '그러나'라는 역접의 접속사로 시작하고 있으므로 앞 문장과 ㉡에 들어갈 문장의 내용은 반대 방향이 될 것임을 추론할 수 있다. ㉡의 앞 문장에서는 상품 투자의 특성을 설명하면서 상품 투자에는 내재적 한계가 있기 마련이라는 내용이 제시되어 있으므로 ㉡에는 토지에 대한 투자는 상품 투자와는 달리 내재적 한계가 없다는 내용이 들어가는 것이 적절하다. 따라서 ㉡에 들어갈 문장은 '토지 공급은 한정되어 있으므로 토지 투자는 상품 투자의 경우와는 달리 제어장치가 없다.'는 것이 가장 적절하다. '토지 투자는 다른 상품의 생산 비용을 상승시켜 상품의 가격 상승으로 이어진다.'는 것은 지문의 내용으로 추론할 수 없으므로 문맥상 ㉡에 들어갈 내용으로 적절하다고 볼 수 없다.

실전에선 이렇게!

빈칸에 들어갈 내용을 추론하기 위해 빈칸 주변에서 단서를 잡는 것이 필요하다. ㉠은 B학파의 관점에 따른 것이라는 점에 주목해야 하고, ㉡은 '그러나'로 시작하고 있으므로 앞 문장의 내용과 반대되는 내용이 들어갈 확률이 높다는 것에 주목해야 한다.

11 원칙 적용 난이도 중

정답 ①

문제풀이 핵심 포인트

선택지에 제시된 각 경우에 응집 반응이 일어나는지 여부를 묻고 있으므로 어떤 경우에 응집 반응이 일어나는지와 관련된 원리를 지문에서 찾아야 한다.

풀이

① (O) A형 응집원만을 선택적으로 제거한 A형 적혈구를 B형인 사람에게 수혈해도 응집소 α와 결합하여 응집 반응을 일으킬 A형 응집원이 없으므로 응집 반응이 일어나지 않는다는 것을 추론할 수 있다.

② (×) B형 응집원만을 선택적으로 제거한 AB형 적혈구를 A형인 사람에게 수혈하면 응집소 β와 결합하여 응집 반응을 일으킬 B형 응집원이 없으므로 응집 반응이 일어나지 않는다는 것을 추론할 수 있다.

③ (×) 응집소 β를 선택적으로 제거한 O형 혈장을 A형인 사람에게 수혈하면 A형 응집원과 응집소 α가 결합하여 응집 반응이 일어난다는 것을 추론할 수 있다.

④ (×) AB형인 사람은 A형 응집원과 B형 응집원을 모두 가지고 있으므로 A형, B형, O형인 혈액을 수혈 받을 경우 응집 반응이 일어난다는 것을 추론할 수 있다.

⑤ (×) O형인 사람은 응집소 α와 응집소 β를 모두 가지고 있으므로 A형, B형, AB형 적혈구를 수혈 받을 경우 응집 반응이 일어난다는 것을 추론할 수 있다.

실전에선 이렇게!

선택지에 일정한 조건이 제시되어 있으면 원리나 원칙을 적용하여 추론하는 문제일 확률이 높으므로 지문에서 원리나 원칙을 찾는 데 주목한다.

12 독해형 논리 난이도 중

정답 ②

문제풀이 핵심 포인트

첫 번째 단락에서 네 조건을 모두 충족시키는 방안이 있다면, 정부는 그 방안을 추진해야 한다고 언급했으므로 각 방안이 주어진 조건을 만족하는지 여부를 알려주는 정보에 주목한다.

풀이

① (×) 고교 평준화 강화는 가장 많은 국민이 선호하는 방안이라는 것은 이미 지문에 제시되어 있으므로 ㉠을 이끌어내기 위해 추가해야 할 전제로 적절하지 않다.

② (O) 고교 평준화 강화는 네 가지 조건 중 세 가지를 만족하고 첫 번째 조건의 일부만 만족하므로 첫 번째 조건의 나머지 일부를 만족하면 모든 조건을 만족하게 된다. 따라서 ㉠을 이끌어내기 위해 추가해야 할 전제는 '고교 평준화 강화는 교육의 수월성을 이룩할 수 있는 방안이다.'이다.

③ (×) 고교 평준화 강화는 가계의 교육 부담을 줄일 수 있는 방안이라는 것은 이미 지문에 제시되어 있으므로 ㉠을 이끌어내기 위해 추가해야 할 전제로 적절하지 않다.

④ (×) 고교 평준화 강화는 정부의 기존 교육 재정만으로도 실행될 수 있는 방안이라는 것은 이미 지문에 제시되어 있으므로 ㉠을 이끌어내기 위해 추가해야 할 전제로 적절하지 않다.

⑤ (×) 정부가 고교 평준화 강화 방안을 추진하지 않아도 된다면, 그 방안은 공정한 기회 균등과 교육의 수월성을 함께 이룩할 수 없는 방안이라는 전제가 추가되어도 ㉠을 이끌어낼 수 없으므로 추가해야 할 전제로 적절하지 않다.

13 빈칸 추론 난이도 중

정답 ①

문제풀이 핵심 포인트

빈칸 주변 문장을 통해 빈칸에는 개정 근로기준법과는 다른 기존 판례의 입장에 대한 의문이 제기되어 있다는 것을 알 수 있다. 또한 빈칸 뒤에 그 이유가 제시되어 있으므로 이를 바탕으로 선택지 중 가장 적절한 물음을 선택한다.

풀이

① (O) 빈칸 뒤에 제시된 이유를 보면, 기존 판례가 연장근로를 소정근로의 연장으로 보았고, 1주의 최대 소정근로시간을 정할 때 기준이 되는 1주를 5일에 입각해 보았기 때문이라고 되어 있다. 이는 휴일근로가 연장근로가 될 수 없는 이유가 된다. 따라서 '휴일근로가 연장근로가 아니라고 보았을까?'라는 물음은 빈칸에 들어가기에 적절하다.

② (×) 토요일에 연장근로를 할 수 있다고 본 것은 기존 판례의 입장이 아니므로 '토요일에 연장근로를 할 수 있다고 보았을까?'라는 물음은 빈칸에 들어가기에 적절하지 않다.

③ (×) 기존 판례 역시 1주의 최대 소정근로시간을 52시간으로 보았으므로 '1주의 최대 소정근로시간을 40시간으로 인정하였을까?'라는 물음은 빈칸에 들어가기에 적절하지 않다.

④ (×) 기존 판례 역시 1일의 최대 소정근로시간은 8시간을 초과할 수 없다고 보았으나, 이는 빈칸 뒤에 제시된 이유와 맞지 않으므로 '1일의 최대 소정근로시간은 8시간을 초과할 수 없다고 보았을까?'라는 물음은 빈칸에 들어가기에 적절하지 않다.

⑤ (×) 휴일에는 근로자의 합의가 없는 한 연장근로를 할 수 없다고 본 것은 기존 판례의 입장이 아니므로 '휴일에는 근로자의 합의가 없는 한 연장근로를 할 수 없다고 보았을까?'라는 물음은 빈칸에 들어가기에 적절하지 않다.

14 원칙 적용 난이도 상 정답 ②

문제풀이 핵심 포인트

개정 및 기존 근로기준법의 소정근로시간, 연장근로시간, 휴일근로시간의 최대 가능 시간을 확인하여 선택지에 적용할 판단 기준을 확인한다.

풀이

갑: (×) 개정 근로기준법에 의하면, 1일 최대 소정근로시간은 8시간이므로 1주 중 3일 동안 하루 15시간씩 일한 사람의 경우, 3일 동안 21시간의 연장근로를 한 셈이다. 그러나 연장근로는 1주에 12시간까지만 허용되어 있으므로 총 근로시간이 45시간으로 52시간보다 적더라도 최대 연장근로시간을 초과하였으므로 법에 어긋난다고 보아야 한다.

을: (○) 개정 근로기준법에 의하면, 월요일부터 목요일까지 매일 10시간씩 일한 사람의 경우, 4일 동안 8시간의 연장근로를 한 셈이다. 따라서 금요일에 허용되는 최대 근로시간은 1일 최대 소정근로시간인 8시간에 남아있는 연장근로시간 4시간을 합하여 12시간이다.

병: (×) 기존 근로기준법에 의하면, 이미 52시간을 근로한 근로자에게 휴일에 1일 8시간을 넘는 근로를 시킬 수 없다. 따라서 일요일 12시간을 일한 경우 그 근로자가 이미 52시간을 근로했다면 12시간 중 8시간만 휴일근로시간이 될 수 있다.

15 논리 퀴즈 난이도 중 정답 ⑤

문제풀이 핵심 포인트

지문에 제시된 문장이 모두 가언명제이므로 간단히 기호화한다. 기호화한 문장들을 연결하면 선택지의 정보에 대해 참, 거짓 여부를 판별할 수 있다.

풀이

제시된 명제를 기호화하면 다음과 같다.

- 명제 1: 치석 ∧ 커피 → 60% 이상
- 명제 2: 치석 ∧ 흡연자 → 80% 이상
- 명제 3: 치석 ∧ 커피 ∧ 흡연자 → 90% 이상
- 명제 4: ~치석 → 20% 미만

① (×) 갑돌은 매일 커피를 마시는 흡연자이지만, 이 정보만으로 갑돌의 이가 노랄 확률이 80% 이상인지는 알 수 없다.

② (×) 을순은 매년 치석을 없앤다. 따라서 명제 4에 따르면 을순의 이가 노랗지 않을 확률은 80% 이상이다.

③ (×) 병돌은 매년 치석을 없앤다. 따라서 명제 4에 따르면 병돌이 흡연자라면, 그의 이가 노랄 확률은 20% 미만이다.

④ (×) 병돌은 매년 치석을 없앤다. 따라서 명제 4에 따르면 병돌이 매일 커피를 마신다면, 그의 이가 노랄 확률은 20% 미만이다.

⑤ (○) 정순은 매일 커피를 마시는 흡연자이다. 따라서 명제 3에 따라 정순이 치석을 매년 없애지 않는다면 그의 이가 노랄 확률은 90% 이상이라는 것은 반드시 참이다.

16 논리 퀴즈 난이도 하 정답 ③

문제풀이 핵심 포인트

지문에 제시된 가언명제를 간단히 기호화하고, 기호화한 문장들을 연결하여 〈보기〉에 제시된 문장의 참, 거짓 여부를 판별한다.

풀이

지문에 제시된 명제를 기호화하면 다음과 같다.

- 명제 1: A → B ∧ C
- 명제 2: ~C
- 명제 3: D → A ∨ E

ㄱ. (○) 안건은 3개 구 이상의 찬성으로 승인되는데, 이미 명제 2와 명제 1에 의해 C와 A는 찬성하지 않는다. 따라서 B가 찬성하지 않는다면 안건은 승인되지 않는다는 것은 반드시 참이다.

ㄴ. (×) 안건은 3개 구 이상의 찬성으로 승인되는데, B가 찬성하는 경우 E도 찬성한다고 해도 D가 찬성하는지는 알 수 없다. 따라서 B가 찬성하는 경우 E도 찬성한다면 안건은 승인된다는 것은 반드시 참이라고 할 수 없다.

ㄷ. (○) 명제 2와 명제 1에 의해 A는 찬성하지 않는다. 이때 E가 찬성하지 않는다면 명제 3에 의해 D도 찬성하지 않으므로 E가 찬성하지 않는다면 D도 찬성하지 않는다는 것은 반드시 참이다.

실전에선 이렇게!

지문에 제시된 명제 중 확정적인 정보를 제시하는 명제는 문제 해결의 시작점이 될 수 있으므로 반드시 확인해야 한다.

17 논리 퀴즈 난이도 중 정답 ①

문제풀이 핵심 포인트

지문에 제시된 명제를 간단히 기호화하고, 명제가 참인지 거짓인지 여부로 경우의 수를 나누어 판단한다. 지문에 제시된 예측 중 한 명의 예측만 틀렸다는 정보를 통해, 한 명만 거짓을 말했다는 확정적인 정보를 확인하여 이를 바탕으로 가능한 참과 거짓의 경우의 수를 나누어 풀이한다.

풀이

지문에 제시된 명제를 기호화하면 다음과 같다.

- 가인: 을현-행정안전부 ∧ 병천-보건복지부
- 나운: 을현-행정안전부 → 갑진-고용노동부
- 다은: ~을현-행정안전부 → 병천-행정안전부
- 라연: 갑진-고용노동부 ∧ 병천-행정안전부

가인의 예측과 라연의 예측은 행정안정부에 배치되는 사람을 다르게 예측하고 있으므로 동시에 참일 수 없다. 따라서 가인과 라연 중 한 명의 예측이 틀린 것이 되고, 나운과 다은의 예측은 참인 것으로 확정된다.

〈경우 1〉 가인의 예측이 틀린 경우

라연의 예측에 따라 갑진은 고용노동부에, 병천은 행정안전부에 배치되고, 을현은 나머지 보건복지부에 배치된다. 이때 모순되는 부분 없이 각자의 부서가 배치되므로 이 경우는 타당한 경우이다.

〈경우 2〉 라연의 예측이 틀린 경우

가인의 예측에 따라 을현은 행정안전부에, 병천은 보건복지부에 배치되고, 갑진은 나머지 고용노동부에 배치된다. 이때 모순되는 부분 없이 각자의 부서가 배치되므로 이 경우 역시 타당한 경우이다.

ㄱ. (O) 두 경우 모두 갑진은 고용노동부에 배치되므로 반드시 참이다.

ㄴ. (×) 〈경우 2〉에서 을현은 행정안전부에 배치되지만, 〈경우 1〉에서는 보건복지부에 배치되므로 반드시 참이라고 볼 수 없다.

ㄷ. (×) 〈경우 1〉에서는 라연의 예측이 옳았으므로 반드시 참이라고 볼 수 없다.

18 밑줄 추론 난이도 중 정답 ③

문제풀이 핵심 포인트

선택지를 보면 각각의 경우에 구매율이나 마케팅 만족도에 대해 비교하여 판단해야 하는 문제임을 알 수 있으므로 지문에 제시된 실험의 결과를 구매율과 마케팅 만족도를 기준으로 구체적으로 정리한다.

풀이

ㄱ. (O) 할인 기회를 제공한 경우는 E, F, G, H이고, 제공하지 않은 경우는 A, B, C, D인데, 이때 E와 F의 구매율은 b, G와 H의 구매율도 b이고, A와 B의 구매율은 d, C와 D의 구매율은 c이다. 따라서 할인 기회를 제공한 경우가 제공하지 않은 경우보다 구매율이 높다는 것은 적절한 판단이다.

ㄴ. (O) 광고를 할 때, 사후 서비스를 한 경우는 C, G이고, 사후 서비스를 하지 않은 경우는 D, H인데, 이때 C의 마케팅 만족도는 b, G의 마케팅 만족도는 a이고, D의 마케팅 만족도는 c, H의 마케팅 만족도는 b이다. 따라서 광고를 할 때, 사후 서비스를 한 경우가 하지 않은 경우보다 마케팅 만족도가 낮지 않다는 것은 적절한 판단이다.

ㄷ. (×) 사후 서비스를 하지 않을 때, 광고를 한 경우는 D, H이고, 광고를 하지 않은 경우는 B, F인데, 이때 D의 마케팅 만족도는 c, H의 마케팅 만족도는 b이고, B의 마케팅 만족도는 d, F의 마케팅 만족도는 b이다. 따라서 사후 서비스를 하지 않을 때, 광고를 한 경우가 하지 않은 경우보다 마케팅 만족도가 높다는 것은 적절한 판단이 아니다.

19 견해 분석 난이도 상 정답 ⑤

문제풀이 핵심 포인트

갑, 을, 병의 견해가 대조적으로 제시되어 있으므로 각각의 주장을 찾아 차이점을 확인하는 것이 핵심이다.

풀이

ㄱ. (O) 첫 번째 단락에서 A라는 성질을 가진 대상이 존재할 때, U가 언제 참이고 언제 거짓인지에 대한 어떤 의견 차이도 없다는 것을 알 수 있다. A라는 성질을 가진 대상이 존재할 때, 그 대상들 중 B라는 성질을 가지지 않는 대상이 있다면 U는 거짓이다. 따라서 갑과 을이 'A인 대상이 존재하지만 B인 대상이 존재하지 않는다면, U는 거짓이다.'라는 것에 동의한다는 것은 적절한 분석이다.

ㄴ. (O) 을은 'A인 대상이 존재하지 않는다면, U 역시 거짓이다.'라고 주장하고, 병은 'A인 대상이 존재하지 않는다면, U는 참도 거짓도 아니다.'라고 주장한다. 따라서 을과 병이 'U가 참이라면, A인 대상이 존재한다.'는 것에 동의한다는 것은 적절한 분석이다.

ㄷ. (O) 갑은 'A인 대상이 존재하지 않는 경우, U는 참이다.'라고 주장하고, 병은 'A인 대상이 존재하지 않는다면, U는 참도 거짓도 아니다.'라고 주장한다. 따라서 갑과 병이 'U가 거짓이라면, A인 대상이 존재한다.'는 것에 동의한다는 것은 적절한 분석이다.

20 원칙 적용 난이도 중 정답 ②

문제풀이 핵심 포인트

지문에 제시된 귀납논증의 종류별로 차이점을 확인하여 그 특징을 선택지에 제시된 사례에 적용할 수 있어야 한다. 적용 문제이므로 지문의 내용을 이해하는 것보다는 각 논증의 특징에 주목하여 선택지의 사례에 각 특징이 제대로 매치되어 있는지를 도식적으로 판단하는 것이 중요하다.

풀이

① (×) '우리나라 공무원 중 여행과 음악을 모두 좋아하는 이들의 비율은 전체의 80%를 넘지 않는다. 따라서 우리나라 공무원 중 여행을 좋아하는 이들의 비율은 전체의 80%를 넘지 않을 것이다.'는 전제의 참이 결론의 참을 100% 보장하지 않으므로 타당한 논증으로 분류될 수 없다.

② (O) '우리나라 전체 공무원 중 100명을 조사한 것'이 보편적 일반화의 n에 해당하고, '이들이 업무의 70% 이상을 효과적으로 수행하고 있다는 것'이 속성 P에 해당한다. 따라서 '우리나라 전체 공무원들은 업무의 70% 이상을 효과적으로 수행하고 있을 것이다.'는 '유형 I에 속하는 모든 개체들은 속성 P를 가질 것이다.'라고 결론을 내리는 보편적 일반화에 해당한다.

③ (×) '우리나라 공무원 중 30%'는 m/n에 해당하고, '그들이 운동을 좋아한다는 것'은 속성 P에 해당한다. 그러나 '따라서 우리나라 20대 공무원 중 30%는 운동을 좋아할 것이다.'는 통계적 일반화의 '유형 I에 속하는 모든 개체 중 m/n이 속성 P를 가질 것이다.'에 해당하지 않는다. '우리나라 20대 공무원'은 '유형 I에 속하는 개체 α'를 가리킨다고 보는 것이 적절하므로 통계적 삼단논법으로 분류되는 것이 적절하다.

④ (×) '해외연수를 다녀온 공무원의 95%가 정부 정책을 지지한다. 공무원 갑은 정부 정책을 지지하고 있다. 따라서 갑은 해외연수를 다녀왔을 것이다.'가 통계적 삼단논법으로 분류되려면, '공무원 갑은 정부 정책을 지지하고 있다.'가 아니라 '공무원 갑이 해외연수를 다녀온 공무원이다.'라는 전제가 필요하므로 적절하지 않다.

⑤ (×) '임신과 출산으로 태어난 을과 그를 복제하여 만든 병은 유전자와 신경구조가 똑같다. 따라서 을과 병은 둘 다 80세 이상 살 것이다.'가 유비추론으로 분류되려면 '을은 80세 이상 살 것이다. 따라서 병도 80세 이상 살 것이다.'로 논의가 전개되어야 하므로 적절하지 않다.

21 논증 평가 난이도 중 정답 ③

문제풀이 핵심 포인트

실험 결과가 강화하는 것을 찾는 문제이므로 지문의 실험 결과의 구체적인 내용을 파악하는 것이 핵심이다.

풀이

ㄱ. (○) 자극 X가 있으면 없을 때보다 신경교세포의 수와 신경전달물질 α의 분비량이 많아진다는 것은 지문의 실험 결과와 같은 내용이므로 실험 결과가 강화하는 내용이다.

ㄴ. (○) 자극 X가 있으면 없을 때보다 전체 뇌 무게에 대한 대뇌피질의 무게 비율이 높아지고 대뇌피질이 촘촘해진다는 것은 대뇌피질이 무겁고 치밀해진다는 것이므로 실험 결과가 강화하는 내용이다.

ㄷ. (×) 자극 X가 있을 때 뇌 신경세포의 크기와 수가 늘어난다는 것이 실험 결과이므로 자극 X가 없으면 있을 때보다 뇌 신경세포의 크기와 수가 늘어난다는 것은 실험 결과가 강화하는 내용이라 볼 수 없다.

실전에선 이렇게!

강화·약화의 대상이 '실험 결과' 등으로 제시되어 있는 경우 실험 결과에 해당하는 모든 내용을 지문에서 찾아주어야 하므로 지문을 꼼꼼하게 읽어주어야 한다.

22 논증 평가 난이도 중 정답 ①

문제풀이 핵심 포인트

㉠을 강화하는 내용을 찾아야 하므로 '이것은 합당한 비판이 아니다'라는 ㉠의 내용과 같은 방향의 내용을 〈보기〉에서 찾아야 한다.

풀이

ㄱ. (○) 세 번째 단락에서 그렇게 많은 쥐를 이용해서 실험하는 것은 불가능하기 때문에 택하는 전형적인 전략이 실험 대상의 수를 줄이고 발암물질의 투여량을 늘리는 것이라 하고 있으며, 이것이 ㉠을 지지하는 근거가 된다. 따라서 인간이든 쥐든 암이 발생하는 사례의 수는 발암물질의 섭취량에 비례한다는 것은 ㉠을 지지하는 근거와 같은 방향의 진술이므로 ㉠을 강화한다.

ㄴ. (×) ㉠이 지지하는 실험은 쥐를 이용하여 인간에 대한 결론을 내고 있다. 그런데 쥐에게 다량 투입하였을 때 암을 일으킨 물질 중에는 인간에게 발암물질이 아닌 것이 있다는 것은 쥐와 인간의 차이점을 언급함으로써 실험 설계가 바람직하지 않음을 보여줄 수 있는 내용이므로 ㉠을 강화하지 않는다.

ㄷ. (×) ㉠의 내용은 발암물질의 유효성이 작기 때문에 실험 대상 수를 늘려야 하는데 그것이 어려우므로 발암물질 투여량을 높여야 한다는 것이다. 따라서 발암물질의 유효성이 크다면 실험 대상이 많을 필요가 없으므로 발암물질의 유효성이 클수록 더 많은 수의 실험 대상을 확보해야 유의미한 실험 결과를 얻을 수 있다는 것은 ㉠을 강화하지 않는다.

실전에선 이렇게!

㉠의 내용은 실험의 내용에 대한 비판이 합당하지 않다는 것이므로 실험의 내용 및 그 비판 내용을 확인하여 실험의 내용이 타당하다는 방향성을 가지는 〈보기〉를 찾아주어야 한다.

23 견해 분석 난이도 중 정답 ①

문제풀이 핵심 포인트

논쟁을 분석하는 문제이므로 지문에 제시된 A, B, C의 견해가 명백히 대비되고 있음을 알 수 있다. 따라서 각자의 견해를 찾아 차이점에 주목한다.

풀이

ㄱ. (○) A는 종 차별주의가 옳지 않다는 주장과 종 평등주의가 옳다는 말이 같다고 하므로 종 차별주의와 종 평등주의가 서로 모순된다고 보지만, B는 종 차별주의를 거부하는 것과 종 평등주의를 받아들이는 것은 별개라고 하므로 종 차별주의와 종 평등주의가 서로 모순된다고 보지 않는다.

ㄴ. (×) C는 모든 인간이 동일한 존엄성과 무한한 생명 가치를 가진다는 것은 거부할 수 없는 윤리의 대전제라고 보는 입장이므로 모든 인간이 동일한 존엄성과 무한한 생명 가치를 가진다는 견해에 동의하지만, B는 그런 언급을 하고 있지 않다.

ㄷ. (×) C는 의식을 이용하여 종 사이의 차별을 정당화한다면 이런 윤리의 대전제를 부정할 수밖에 없다는 입장이어서 오히려 인간과 인간이 아닌 것 사이의 차별적 대우를 정당화하는 근거가 있다는 것에 동의하지 않는 입장으로 보아야 한다. 한편 A는 종 평등주의에 반대하는 입장이다.

실전에선 이렇게!

〈보기〉에 '그렇지 않다'는 표현을 써서 두 사람 간의 견해 차이를 묻는 것뿐만 아니라 '동의한다'는 표현을 써서 두 사람의 견해가 일치하는 부분을 묻고 있으므로 각 견해의 차이점과 공통점을 모두 파악해야 한다.

24 밑줄 추론 난이도 중 정답 ④

문제풀이 핵심 포인트

갑의 신청을 검토한 ○○구는 조례와 운영규정이 불일치한다는 문제를 발견하였고, 이에 운영규정과 조례 중 무엇도 위반하지 않고 갑이 30만 원 이하의 본인 부담금만으로 해당 서비스를 이용할 수 있도록 조례 또는 운영규정을 일부 개정한 내용이 ㉠의 구체적인 내용이 된다. 따라서 갑의 상황을 기준으로 조례와 운영규칙에서 불일치하는 부분이 무엇인지 확인해야 한다.

풀이

① (×) 운영규정 제21조제3항과 조례 제8조제3항으로 '신청일은 출산일 기준 10일을 경과할 수 없다.'를 신설해도 이는 조례와 운영규정이 불일치하는 부분이 아니므로 ㉠의 내용으로 적절하지 않다.

② (×) 운영규정 제21조제1항의 '실제로 ○○구에 거주하고'와 '실제로 ○○구에 체류하고'를 삭제해도 이는 조례와 운영규정이 불일치하는 부분이 아니므로 ㉠의 내용으로 적절하지 않다.

③ (×) 운영규정 제21조제2항의 '본인 부담금'을 '30만 원 이하의 본인 부담금'으로 개정하는 것만으로 갑이 해당서비스를 이용할 수 있다는 보장이 없으므로 이는 ㉠의 내용으로 적절하지 않다.

④ (○) 조례와 운영규정에서 불일치하는 부분은 조례 제8조제1항의 '구청장은 출산 예정일 또는 출산일을 기준으로 6개월 전부터 계속하여 ○○구에 주민등록을 두고 있는 산모' 부분과 운영규정 제21조제1항1호의 '출산일을 기준으로 6개월 전부터 계속하여 ○○구에 주민등록을 두고 실제로 ○○구에 거주하고 있는 산모' 부분이다. 갑은 2020년 1월 1일에 ○○구에 주민등록을 두고 있었으므로 출산 예정일인 2020년 7월 2일을 기준으로 하면 6개월 전부터 계속하여 ○○구에 주민등록을 두고 있는 것이 되어 ○○구 건강관리센터 산모·신생아 건강관리 서비스를 이용할 수 있지만, 출산일인 2020년 6월 28일을 기준으로 하면 6개월 전부터 계속하여 ○○구에 주민등록을 두고 있는 조건을 만족하지 못하므로 ○○구 건강관리센터 산모·신생아 건강관리 서비스를 이용할 수 없게 된다. 따라서 운영규정과 조례 중 무엇도 위반하지 않고 갑이 30만 원 이하의 본인 부담금만으로 해당 서비스를 이용할 수 있도록 조례 또는 운영규정을 일부 개정하려면, 운영규정 제21조제1항의 '출산일'을 모두 '출산 예정일 또는 출산일'로 개정해야 한다.

⑤ (×) 조례 제8조제1항의 '1년'을 '6개월'로 개정해도 이는 조례와 운영규정이 불일치하는 부분이 아니므로 ㉠의 내용으로 적절하지 않다.

25 견해 분석 난이도 상

정답 ②

문제풀이 핵심 포인트

갑과 을이 하나의 법에 대한 두 개의 쟁점에 대해 논쟁하고 있으므로 각 쟁점의 내용과 더불어 각 쟁점 안에서 갑과 을의 견해 차이를 구별해서 파악해야 한다.

풀이

ㄱ. (×) 쟁점 1과 관련하여, 법인 A에는 비상근 손해사정사가 2명 근무하고 있지만 이들이 수행하는 업무의 종류가 다르다는 사실이 밝혀진다고 해도 제00조제1항의 상근 손해사정사를 두어야 한다는 것과는 관련이 없다. 따라서 갑의 주장은 옳지만 을의 주장은 옳지 않다고 분석하는 것은 적절하지 않다.

ㄴ. (○) 쟁점 2와 관련하여, 법인 B의 지점에 근무하는 손해사정사가 비상근일 경우에, 갑은 제00조제2항의 '손해사정사'가 반드시 상근이어야 한다고 생각한다면 법인 B가 「보험업법」 제00조제2항을 어기고 있다고 주장할 것이고, 을은 비상근이어도 무방하다고 생각한다면 법인 B가 「보험업법」 제00조제2항을 어기고 있지 않다고 주장할 것이다. 따라서 법인 B에 대한 갑과 을 사이의 주장 불일치를 설명할 수 있다는 것은 적절한 분석이다.

ㄷ. (×) 법인 A 및 그 지점 또는 사무소에 근무하는 손해사정사와 법인 B 및 그 지점 또는 사무소에 근무하는 손해사정사가 모두 상근이라면, 법인 A와 법인 B는 보험업법 제00조제1항과 제00조제2항을 어기고 있지 않다. 따라서 을의 주장이 쟁점 1과 쟁점 2 모두에서 옳지 않다는 분석은 적절하지 않다.

실전에선 이렇게!

〈보기〉에서 각각 쟁점 1, 2에 대해 차례대로 묻고 있으므로 지문의 〈논쟁〉을 먼저 읽기보다는 〈보기〉 판단 시에 지문의 〈논쟁〉을 읽고 내용을 파악하는 순서로 접근한다.

정답

p.267

1	④	응용형 (법조문형)	6	②	응용형 (법조문형)	11	②	정확한 계산형	16	③	경우 파악형	21	③	규칙 정오판단형
2	⑤	일치부합형 (법조문형)	7	①	규칙 단순확인형	12	⑤	상대적 계산형	17	⑤	규칙 단순확인형	22	①	조건 계산형
3	⑤	응용형 (법조문형)	8	③	응용형 (텍스트형)	13	②	경우 확정형	18	②	상대적 계산형	23	②	1지문 2문항형
4	⑤	응용형 (법조문형)	9	④	일치부합형 (텍스트형)	14	④	경우 확정형	19	①	규칙 적용해결형	24	①	1지문 2문항형
5	③	응용형 (법조문형)	10	④	정확한 계산형	15	③	규칙 적용해결형	20	③	규칙 정오판단형	25	⑤	경우 확정형

취약 유형 분석표

유형별로 맞힌 문제 개수와 정답률, 틀린 문제 번호, 풀지 못한 문제 번호를 적고 나서 취약한 유형이 무엇인지 파악해 보세요. 그 후 약점 보완 해설집 p.4 [취약 유형 공략 포인트]에서 약점 보완 학습법을 확인하고, 틀린 문제와 풀지 못한 문제를 다시 한번 풀어보세요.

유형		맞힌 문제 개수	정답률	틀린 문제 번호	풀지 못한 문제 번호
텍스트형	발문 포인트형	-	-		
	일치부합형	/1	%		
	응용형	/1	%		
	1지문 2문항형	/2	%		
	기타형	-	-		
법조문형	발문 포인트형	-	-		
	일치부합형	/1	%		
	응용형	/5	%		
	법계산형	-	-		
	규정형	-	-		
	법조문소재형	-	-		
계산형	정확한 계산형	/2	%		
	상대적 계산형	/2	%		
	조건 계산형	/1	%		
규칙형	규칙 단순확인형	/2	%		
	규칙 정오판단형	/2	%		
	규칙 적용해결형	/2	%		
경우형	경우 파악형	/1	%		
	경우 확정형	/3	%		
TOTAL		/25	%		

해설

1 응용형(법조문형) 난이도 하 정답 ④

문제풀이 핵심 포인트
지문에 주어진 표제를 잘 활용한다. 이때 '적용범위'와 '정의' 표제의 조문은 지문 전체에 적용되는 내용임에 주의한다. <상황>에서는 문제 해결에 필요한 내용 위주로 확인할 수 있어야 한다.

풀이

제00조를 순서대로 제1조~제4조라고 한다.

① (×) 제2조에서는 이 법의 적용 대상인 국제행사에 대해 정하고 있다. A박람회는 20여 개국에서 8만 명 이상의 외국인들이 참여해 왔으므로 이 법의 적용 대상인 국제행사에 해당하였다. A박람회가 2021년에 총 250만 명의 참여자 중 외국인 참여자가 감소하여 6만 명이 된다면 총 참여자 250만 명의 3%인 7만 5천 명 이하이므로 A박람회는 국제행사에 해당되지 않는다.

② (×) 제3조 각 호에서는 국고지원의 대상에서 제외되는 국제행사에 대해 정하고 있다. A박람회는 매년 1회 개최하는 국제행사로 2021년에 예정대로 개최된다면, 2020년까지는 5회 국고지원을 받았으므로 2021년까지 6회 국고지원을 받게 된다. A박람회가 2022년에 개최되면서 국고지원을 받는다면 이는 제7회 개최이고, 7번째 국고지원을 받은 것이다. 따라서 제3조 제1호에 해당하는 행사이며 국고지원 대상에서 제외된다. 그러나 제3조에서 국고지원의 대상에서 제외되는 시기에 대하여 각 호 이후 최초 개최되는 행사의 해당 연도로 정하고 있으므로 2022년에 국고지원의 대상에서 제외되는 것이 아니라 2023년부터 제외된다.

③ (×) 제1조의 적용 범위에 따르면 지문의 규정은 10억 원 이상의 국고지원을 요청하는 경우에 적용한다. 2021년 A박람회의 총 사업비가 52억 원으로 증가하고 국고지원은 8억 원을 요청한다면, A박람회는 이 규정들의 적용 대상이 아니므로 타당성조사 대상이 아니다. 제4조에서 타당성조사 대상에 대하여 정하고 있지만, 해당 규정들의 적용 대상이 아니므로 해당 조문을 검토하지 않는다.

④ (O) 제4조에서는 타당성 조사, 전문위원회 검토의 대상 등에 대하여 정하고 있다. 2021년 A박람회의 총 사업비가 60억 원으로 증가한다면 제4조 제1항에 따라 타당성조사 대상이 된다. 그러나 국고지원을 전년과 동일한 금액으로 총 사업비 40억 원의 25%인 10억 원을 요청한다면, 국고지원 비율이 총 사업비의 20% 이내이므로 동조 제3항에 따라 제1항에도 불구하고 타당성조사를 전문위원회 검토로 대체할 수 있다.

⑤ (×) 제4조의 타당성 조사, 전문위원회 검토의 대상인지 검토한다. 甲광역자치단체와 乙기초자치단체는 제1조에 따라 2021년 A박람회를 공동주관할 수 있다. 전년인 2020년과 동일한 총 사업비로 A박람회를 개최한다면, 총 사업비는 40억 원으로 50억 원 미만이므로 A박람회는 제4조 제1항의 타당성조사 대상이 아니라 동조 제2항의 전문위원회 검토 대상이다.

2 일치부합형(법조문형) 난이도 하 정답 ⑤

문제풀이 핵심 포인트
첫 번째 조문에서 진흥기금, 가산금, 수수료 등 여러 개념이 등장하므로 혼동하지 말고 정확하게 계산할 수 있어야 한다. 두 개의 조문이 내용상 서로 연결되어 있으므로 이를 정확하게 확인한다.

풀이

① (×) 제○○조 제1항 단서는 제△△조 제1호에 해당하는 영화를 연간 상영일수의 100분의 60 이상 상영한 영화상영관을 진흥기금 징수 대상의 예외로 정하고 있다. 일반적인 영화상영관은 동조 제1항에 따라 진흥기금 징수 대상이 된다. 그러나 영화상영관 A에서 직전 연도에 제△△조 제1호의 애니메이션영화를 연간 상영일수의 100분의 60 이상 상영한 경우에는 제○○조 제1항 단서에 해당하여 진흥기금을 징수하지 아니한다.

② (×) 제○○조 제2항의 진흥기금 납부 기한에 대해 검토한다. 영화상영관 경영자 B는 8월분 진흥기금 60만 원을 다음 달인 9월 20일까지 납부하여야 하는데 9월 18일에 납부한다면, 이는 납부 기한 내에 납부한 것으로 가산금을 납부하여야 하는 것은 아니다.

③ (×) 제○○조 제1항에 따르면 입장권 가액의 100분의 5를 진흥기금으로 징수한다. 관람객 C가 입장권 가액과 그 진흥기금을 합하여 영화상영관에 지불하는 금액이 12,000원이라면 입장권 가액은 12,000원에 미치지 못하는 것이고 입장권 가액의 100분의 5인 진흥기금도 600원이 아니라 600원에 미치지 못한다.

④ (×) D가 제○○조 제1항 단서의 진흥기금 징수 대상의 예외인지 검토한다. 연간 상영일수가 매년 200일인 영화상영관 D에서 직전 연도에 단편영화를 40일, 독립영화를 60일 상영했다면 단편영화와 독립영화는 제△△조 제1호에 해당하는 영화이다. 그러나 합계 상영일수가 100일로 제○○조 제1항 단서의 적용 대상인 연간 상영일수의 100분의 60인 120일에 미치지 못한다. 따라서 영화상영관 D는 진흥기금 징수 대상의 예외에 해당하지 않아 진흥기금을 징수하여야 한다.

⑤ (O) 제○○조 제4항에서는 진흥기금 수납에 대한 위탁 수수료에 대하여 정하고 있다. 영화상영관 경영자 E가 7월분 진흥기금과 그 가산금을 합한 금액인 103만 원을 같은 해 8월 30일에 납부한 경우, 제○○조 제2항에서 정한 진흥기금의 납부 기한을 초과하여 납부한 것으로 동조 제3항에 따라 체납된 금액 100만 원의 100분의 3인 가산금 3만 원이 더해진 금액이다. 즉 진흥기금 징수액은 100만 원이고 위원회는 E에게 동조 제4항에 따라 진흥기금 징수액 100만 원의 100분의 3인 최대 3만 원의 수수료를 지급할 수 있다.

3 응용형(법조문형) 난이도 중 정답 ⑤

문제풀이 핵심 포인트
선택지를 통해 응용형 문제임을 파악하고, 지문의 내용을 정확하게 파악할 수 있어야 한다. 이 문제에서는 원·피고를 정확하게 구분하지 않고도 답이 도출되나, 문제를 분석하면서 원고와 피고의 개념을 정확하게 파악해 두어야 한다. 쉽게 말해 민사소송에서 '원고'는 소를 제기한 자이고, '피고'는 소를 당한 자이다.

풀이

지문을 정리하면 다음과 같다.

- 민사소송의 1심은 피고의 주소지를 관할하는 지방법원 또는 그 지원이 재판을 담당한다. 다만 금전지급청구소송은 원고의 주소지를 관할하는 지방법원 또는 그 지원도 재판할 수 있다. 즉, 금전지급청구소송의 경우는 원고 또는 피고의 주소지를 관할하는 지방법원 또는 그 지원이 재판을 담당한다.

· 시·군법원은 지방법원 또는 그 지원이 재판하는 사건 중에서 소송물가액이 3,000만 원 이하인 금전지급청구소송을 전담하여 재판한다. 즉, 이러한 소송의 경우 원고 또는 피고의 주소지를 관할하는 시·군법원이 있으면 지방법원과 그 지원은 재판할 수 없고 시·군법원만이 재판한다.

〈상황〉을 정리하면 다음과 같다.

· A청구: 소송물가액 3,000만 원의 금전지급청구의 소
· B청구: 소송물가액 1억 원의 고려청자 인도청구의 소

두 소송 모두 甲이 乙에게 소송을 제기하는 것으로 소를 제기한 원고는 甲, 소를 당한 피고는 乙이다.

A청구는 소송물가액 3,000만 원의 금전지급청구의 소이므로, 원고 또는 피고의 주소지를 관할하는 시·군법원이 있으면 지방법원과 그 지원은 재판할 수 없고 시·군법원만이 재판한다. 甲의 주소지는 김포시, 乙의 주소지는 양산시이고, 김포시를 관할하는 김포시법원과 양산시를 관할하는 양산시법원이 있으므로, 이 두 곳에서만 재판할 수 있다. 이에 따라 선택지 ①, ②가 제외된다.

B청구는 인도청구의 소로 민사소송의 1심은 피고인 乙의 주소지를 관할하는 지방법원 또는 그 지원이 재판을 담당한다. 따라서 乙의 주소지인 양산시를 관할하는 울산지방법원에서만 재판할 수 있다. 인도청구의 소이기 때문에, 피고의 주소지를 관할하는 지방법원과 그 지원이 가능하다. 따라서 울산지방법원은 B청구를 재판할 수 있고, 선택지 ③, ④는 제외된다.

실전에선 이렇게!

선택지에서 A청구와 B청구, 두 가지 청구에 대해서 묻고 있다는 점을 활용해서 보다 빠른 해결이 가능하다.

이를 〈상황〉에 대입해 보면, 발명자 甲, 乙, 丙은 각각 독자적인 연구개발을 수행하여 동일한 A발명을 완성하였다.

구분	甲	乙	丙
발명완성 시점	2020. 3. 1.	2020. 4. 1.	2020. 7. 1.
행위	발명 내용을 비밀로 유지	2020. 6. 1. 간행되어 반포된 학술지에 발명 내용을 논문으로 게재	A발명 완성 후 바로 당일에 특허출원
특허출원 시점	2020. 9. 2.	2020. 8. 1.	2020. 7. 1.

특허출원시점을 보면 丙이 가장 빠르다. 그런데 그 전에 乙이 2020. 6. 1. 간행되어 반포된 학술지에 그 발명 내용을 논문으로 게재하였다. 따라서 특허출원 시점인 2020. 7. 1.에는 신규성이 상실되었고, 신규성을 상실시킨 행위를 한 발명자인 乙이 일정한 요건을 갖추어 특허출원한 경우에만 신규성이 있는 것으로 간주되므로, 丙에게는 신규성이 인정되지 못한다. 따라서 丙에게 특허권이 부여되지 않는다.

丙 다음으로 乙이 2020. 8. 1.에 특허출원을 하는데, 이 경우 신규성이 인정될 수 있을지는 모르나, 선출원주의에 의해서 특허청에 선출원된 어떤 발명이 신규성 상실로 특허권이 부여되지 못한 경우, 동일한 발명에 대한 후출원은 선출원주의로 인해 특허권이 부여되지 않는다. 따라서 2020. 8. 1.에 특허출원을 한 乙과 2020. 9. 2.에 특허출원을 한 甲 모두 특허권이 부여되지 않는다.

따라서 특허권이 부여되기 위해서는 신규성과 선출원주의 두 요건 모두를 충족해야 하는데, 甲과 丙은 신규성이 없고, 乙은 후출원으로 선출원주의의 요건을 갖추지 못하므로 甲, 乙, 丙 중 어느 누구도 특허권을 부여받지 못한다.

4 응용형(법조문형) 난이도 중

정답 ⑤

문제풀이 핵심 포인트

선택지를 통해 응용형 문제임을 파악하고, 지문에서 발명에 대해 특허권이 부여되기 위한 두 가지 요건을 정확하게 파악한 후, 이를 〈상황〉에 적절하게 적용할 수 있어야 한다.

풀이

지문을 정리하면 다음과 같다.

특허권이 부여되기 위해서는 신규성과 선출원주의 두 요건 모두를 충족해야 한다.

· 신규성: 발명은 지금까지 세상에 없는 새로운 것, 즉 신규성이 있는 발명이어야 한다.
  - 발명이 신규인지 여부는 특허청에의 특허출원 시점을 기준으로 판단한다.
  - 특허출원 전에 발명 내용이 널리 알려진 경우나, 반포된 간행물에 게재된 경우에는 특허출원 시점에는 신규성이 상실되었기 때문에 특허권이 부여되지 않는다.
  - 발명자가 자발적으로 위와 같은 신규성을 상실시키는 행위를 하고 그날로부터 12개월 이내에 특허를 출원하면, 신규성을 상실시킨 행위를 한 발명자가 특허출원한 경우에만 신규성이 있는 것으로 간주된다.
· 선출원주의: 여러 명의 발명자가 독자적인 연구를 하던 중 우연히 동일한 발명을 완성하였다면, 발명의 완성 시기에 관계없이 가장 먼저 특허청에 특허출원한 발명자에게만 특허권이 부여된다.
  - 특허청에 선출원된 어떤 발명이 신규성 상실로 특허권이 부여되지 못한 경우, 동일한 발명에 대한 후출원은 선출원주의로 인해 특허권이 부여되지 않는다.

5 응용형(법조문형) 난이도 하

정답 ③

문제풀이 핵심 포인트

〈상황〉이 주어진 응용형 문제이므로 지문을 잘 읽고 〈상황〉의 甲에 잘 적용할 수 있어야 한다. 지문에는 하나의 조문만 제시되어 있으므로 한 문단의 글이 주어진 셈이지만, 제1항과 제2항의 키워드가 모두 '말한다'이고, 〈보기〉의 키워드는 각각 '지급', '대출', '지급'이어서 지문의 키워드와는 잘 매칭되지 않는 점에 유의하여야 한다.

풀이

ㄱ. (○) 법조문 제2항의 연금 방식에 부합하는지 검토하여야 한다. 甲은 제2항 제1호의 방식과 같이 생존해 있는 동안 노후생활자금을 매월 지급받을 수 있다. 또한 제1호의 방식과 결합하여 제3호 나목과 같이 A주택의 임차인에게 임대차보증금을 반환하는 용도로 A주택의 주택담보노후연금대출 한도액인 3억 원의 100분의 50 이내인 1억 원을 지급받을 수 있다.

ㄴ. (×) 법조문 제1항에서는 주택담보노후연금보증 대상자의 연령을 주택소유자 또는 주택소유자의 배우자가 60세 이상일 것으로 제한하고 있다. 주택 소유자인 甲의 연령이 61세로 60세 이상이라면 주택소유자의 배우자 연령이 60세 이상이 아니더라도 주택담보노후연금보증을 통해 노후생활자금을 대출받을 수 있다.

ㄷ. (○) 법조문 제2항의 연금 방식에 부합하는지 검토하여야 한다. 甲은 제2항 제2호와 같이 주택소유자가 선택하는 일정한 기간 동안 노후생활자금을 매월 지급받는 방식으로 향후 10년간 노후생활자금을 매월 지급받을 수 있다. 또한 제2호의 방식과 결합하여 제3호의 가목과 같이 A주택을 담보로 대출받은 금액 중 잔액을 상환하는 용도로 A주택의 주택담보노후연금대출 한도액인 3억 원의 100분의 50이내인 1억 5천만 원을 지급받을 수 있다.

6 응용형(법조문형) 난이도 중 정답 ②

문제풀이 핵심 포인트

모든 선택지에서 X지역의 정보를 활용하고 있다. 지문에는 '지역개발 신청 동의'와 관련한 하나의 조문, 즉 하나의 문단이 제시되어 있다. 따라서 지문을 꼼꼼하게 확인한 후, 〈상황〉에 적절하게 적용하여 각 선택지의 정오를 정확하게 판단할 수 있어야 한다.

풀이

지문의 내용을 정리해 보면, 지역개발 신청을 하기 위해서는 두 가지 동의를 모두 받아야 한다.

총 토지 면적	토지 소유자 총수
지역개발을 하고자 하는 지역의 총 토지면적의 3분의 2 이상에 해당하는 토지의 소유자의 동의	지역개발을 하고자 하는 지역의 토지의 소유자 총수의 2분의 1 이상의 동의

또한 지역개발 신청을 하기 위해서 필요한 동의자의 수는 4가지 기준에 따른다.

① (×) 지역개발을 하고자 하는 지역의 토지의 소유자 총수의 2분의 1 이상의 동의를 받아야 한다. 〈상황〉에서 동의자 수 산정 기준에 따라 산정된 X지역 토지의 소유자, 즉 동의대상자는 모두 82인이다. 따라서 이 중 41인 이상의 동의를 받아야 한다. 동의자 수 산정 기준인 제2항 제3호를 보면 1인이 여러 개의 토지를 소유하고 있는 경우에는 소유하는 토지의 수와 무관하게 1인으로 본다. 乙은 X지역에 토지 10개를 소유하고 있지만 동의자 수를 산정할 때는 1인으로 본다. 따라서 乙이 동의대상자 31인의 동의를 얻더라도 총 32인의 동의를 받은 것이기 때문에 지역개발 신청을 위한 X지역 토지의 소유자 총수의 2분의 1 이상의 동의 조건을 갖춘 것이 아니다. 乙이 10개의 토지를 소유하고 있어서 그냥 10인으로 고려하면 10 + 31 = 41인의 동의를 받은 것처럼 함정을 판 선택지이다.

② (○) 우선 면적 관련 동의 요건을 충족했는지 보면, X지역에 대한 지역개발 신청에 甲 ~ 己 모두 동의하였으므로 이들이 소유한 토지면적의 합계를 구한다. 甲은 X지역 총 토지면적($6km^2$)의 4분의 1을 소유하고 있으므로 $1.5km^2$를 소유하고 있고, 乙은 총 $2km^2$를, 丙, 丁, 戊, 己는 총 $1km^2$를 소유하고 있으므로 이를 모두 더하면 $4.5km^2$가 된다. 따라서 지역개발을 하고자 하는 지역의 총 토지면적 $6km^2$의 3분의 2 이상인 $4km^2$ 이상에 해당하는 토지의 소유자의 동의가 필요하다는 조건은 충족한다.

소유자 관련 동의 요건을 충족했는지 보면, 丙, 丁, 戊, 己는 X지역에 토지 1개를 공동소유하고 있고 제2항 제2호에 따라 1개의 토지를 여러 명이 공동소유하는 경우에는 다른 공동소유자들을 대표하는 대표 공동소유자 1인만을 해당 토지의 소유자로 본다. 따라서 丙 ~ 己 중 대표 공동소유자 1인과 甲, 乙 총 3인의 동의에, 나머지 동의대상자 중 38인의 동의를 얻으면 총 41인의 동의를 받은 셈이므로 소유자 관련 동의 요건도 충족하므로 신청이 가능하다.

③ (×) 〈상황〉에서 X지역은 100개의 토지로 이루어져 있고, 그중 〈상황〉을 통해 소유자를 확실히 알 수 있는 토지는 甲이 소유한 토지 2개, 乙이 소유한 토지 10개, 丙 ~ 己가 공동으로 소유하고 있는 토지 1개이다. 1개의 토지를 여러 명이 공동소유하는 경우에는 다른 공동소유자들을 대표하는 대표 공동소유자 1인만을 해당 토지의 소유자로 보기 때문에 丙 ~ 己가 공동으로 소유하고 있는 토지 1개는 대표 공동소유자 1인만을 소유자로 봐야 하고 따라서 총 13개의 토지를 3명이 소유하고 있는 셈이다. 〈상황〉에서 동의자 수 산정 기준에 따라 산정된 동의대상자가 총 82인이라고 했으므로 100개 - 13개 = 87개의 토지를 82인 - 3인 = 79인이 소유하고 있는 셈이다. 따라서 甲, 乙 외에도 X지역에 토지 2개 이상을 소유하는 자는 반드시 존재한다.

④ (×) X지역이 100개의 토지로 이루어져 있고, 토지면적 합계가 총 $6km^2$이므로, X지역의 1필의 토지면적은 $0.06km^2$로 모두 동일하다는 것은 단순히 $6km^2$ ÷ 100개를 한 결과이다. X지역 1필의 토지면적이 균일하다는 조건은 없으며, 이는 오히려 주어진 〈상황〉에 위배된다. 제2항 제1호에서 토지는 지적도 상 1필의 토지를 1개의 토지로 하는데, 甲은 X지역에 토지 2개를 소유하고 있고, 해당 토지면적 합계는 X지역 총 토지면적의 4분의 1인 $1.5km^2$이다. 乙은 X지역에 토지 10개를 소유하고 있고, 해당 토지면적 합계는 총 $2km^2$이다. 丙, 丁, 戊, 己는 X지역에 토지 1개를 공동소유하고 있고, 해당 토지면적은 $1km^2$이다. 〈상황〉을 보면 X지역의 1필의 토지면적이 $0.06km^2$로 모두 동일할 수 없다.

⑤ (×) X지역 안에 있는 국유지의 면적이 $1.5km^2$라는 것은 X지역의 토지면적 합계 총 $6km^2$에서 甲이 소유한 $1.5km^2$, 乙이 소유한 $2km^2$, 丙 ~ 己가 공동으로 소유한 $1km^2$를 제외한 $6km^2 - (1.5km^2 + 2km^2 + 1km^2) = 1.5km^2$를 모두 다 국유지의 면적으로 본 것이다. 甲 ~ 己와 국유지 재산관리청을 제외한 동의대상자가 있고, 그들이 소유한 면적도 있어야 하기 때문에, X지역 안에 있는 국유지의 면적이 $1.5km^2$일 수 없다.

7 규칙 단순확인형 난이도 하 정답 ①

문제풀이 핵심 포인트

甲 ~ 丁의 근무일과 근무시간을 확인하면 해결되는 문제이다. 조건에 부합하지 않는 직원을 하나씩 소거하면서 선택지를 줄여나간다.

풀이

甲. (×) 수요일의 근무계획이 09:00 ~ 13:00인데, 근무 시작과 종료 시각에 관계 없이 점심시간은 12:00 ~ 13:00 각 1시간으로 하고 근무시간으로는 산정하지 않으므로 3시간만 근무하게 되는 셈이다. 근무일의 경우, 1일 최소 근무시간은 4시간으로 하므로 〈유연근무제〉에 부합하지 않고, 근무계획은 승인될 수 없다. 또한 총 근무시간을 계산하더라도 40시간에 못 미친다.

乙. (○) 1일 최대 및 최소 근무시간을 만족하고, 주 40시간을 근무한다는 조건에 부합하므로 근무계획은 승인된다.

丙. (×) 월요일과 화요일의 근무계획이 08:00 ~ 24:00인데, 근무 시작과 종료 시각에 관계 없이 점심시간은 12:00 ~ 13:00, 저녁시간은 18:00 ~ 19:00의 각 1시간으로 하고 근무시간으로는 산정하지 않는다. 따라서 점심시간과 저녁시간을 제외하고 14시간을 근무하게 되는데, 근무일의 경우, 1일 최대 근무시간은 12시간으로 하므로, 〈유연근무제〉에 부합하지 않고, 근무계획은 승인될 수 없다.

丁. (×) 총 근무시간이 9 + 12 + 10 + 18 = 39시간으로 주 40시간을 근무해야 한다는 조건에 부합되지 않으므로, 근무계획은 승인될 수 없다.

06:00 ~ 16:00	08:00 ~ 22:00	-	09:00 ~ 21:00	09:00 ~ 18:00
점심시간 제외하고 9시간	점심시간, 저녁시간 제외하고 12시간		점심시간, 저녁시간 제외하고 10시간	점심시간 제외하고 8시간

실전에선 이렇게!

甲 ~ 丁 중에 누구부터 처리하는지가 중요하다. 판단하기 편한 직원부터 해결한 후 선택지 조합을 함께 고려한다면 보다 빠르고 정확한 해결이 가능하다.

8 응용형(텍스트형) 난이도 하

정답 ③

문제풀이 핵심 포인트

발문과 지문을 통해 1948년 런던 올림픽이 몇 회 대회인지, 1992년 알베르빌 동계 올림픽이 몇 회 대회인지에 대한 정보 위주로 빠르게 확인하여야 함을 파악한다. 하계 올림픽과 동계 올림픽의 차수를 계산하는 방식이 서로 다르므로 정확하게 구분하여 이해한다.

풀이

두 번째 단락에 따르면 올림픽 사이의 기간인 4년을 올림피아드라 부르는데, 하계 올림픽의 차수는 올림피아드를 기준으로 계산한다. 이전 대회부터 하나의 올림피아드만큼 시간이 흐르면 올림픽 대회 차수가 하나씩 올라가고, 대회가 개최되지 못해도 올림피아드가 사라지는 것은 아니므로 대회 차수에는 영향을 미치지 않는다. 반면 동계 올림픽의 차수는 실제로 열린 대회만으로 정해진다.

㉠ 1948년 하계 올림픽은 1936년 제11회 올림픽에서 12년이 지나 12/4 = 3 올림피아드가 흐른 것이므로 제14회 올림픽이다.

㉡ 동계 올림픽은 1948년 제5회 대회 이후 2020년 전까지 개최되지 않은 적이 없고, 1948년 제5회 올림픽으로부터 44년 후인 1992년 알베르빌 동계 올림픽은 44/4 = 11회가 지난 것이므로 제16회 올림픽이 된다.

따라서 ㉠은 14, ㉡은 16이다.

9 일치부합형(텍스트형) 난이도 하

정답 ④

문제풀이 핵심 포인트

시간, 기상현상 등의 여러 가지 기준에 따라 기상예보를 구분하고 있다. 이처럼 개념의 구분이 많은 지문이 주어졌으므로 그 여러 개념들이 혼동되지 않도록 정확히 파악한다.

풀이

ㄱ. (O) 두 번째 단락에서 주간예보는 일일예보를 포함하여 일일예보가 예보한 기간의 다음날부터 5일간의 날씨를 추가로 예보하며 매일 발표하고, 주간예보에 포함된 일일예보는 오늘과 내일, 모레의 날씨를 1일 단위(0시~24시)로 예보함을 알 수 있다. 따라서 월요일에 발표되는 주간예보에는 일일예보로 발표되는 월요일부터 수요일의 날씨와 목요일부터 그 다음 주 월요일의 날씨가 포함됨을 알 수 있다.

ㄴ. (O) 두 번째 단락에서 일일예보는 매일 5시, 11시, 17시, 23시에 발표한다고 했고, 3시간 예보는 매일 0시 발표부터 시작하여 3시간 간격으로 1일 8회 발표한다고 했으므로 일일예보의 발표시각과 3시간 예보의 발표시각은 겹치지 않음을 알 수 있다.

ㄷ. (×) 두 번째 단락에서 일일예보는 오늘과 내일, 모레의 날씨를 1일 단위(0시~24시)로 예보하며 매일 5시, 11시, 17시, 23시에 발표한다고 했고, 이는 동일한 기간의 예보 내용을 4번 반복해서 발표하는 것임을 알 수 있다. 따라서 발표 시점이 18시간이 더 늦다고 해서 18시간 더 먼 미래의 날씨까지 예보하는 것은 아님을 알 수 있다.

ㄹ. (O) 세 번째 단락에서 대설경보의 예보 기준은 24시간 신적설량이 대도시일 때 20cm 이상이고, 대설주의보의 예보 기준은 24시간 신적설량이 울릉도일 때 20cm 이상이라고 했으므로 대도시 A의 대설경보 예보 기준은 울릉도의 대설주의보 예보 기준과 같음을 알 수 있다.

10 정확한 계산형 난이도 하

정답 ④

문제풀이 핵심 포인트

여러 가지 방법으로 해결이 가능한 문제이다. 방정식을 세워 계산하거나 선택지를 활용할 수도 있고, 최소공배수 활용이나 반감기의 수구조를 통해서도 가능하다. 한 문제를 푸는 다양한 방식을 통해 여러 사고를 연습해 두는 것이 좋다.

풀이

직원 수를 x로 두면, A는 1인당 1개씩 배분하므로 총 x개, B는 2인당 1개씩 배분하므로 $(x/2)$개, C는 4인당 1개씩 배분하므로 $(x/4)$개, D는 8인당 1개씩 배분하므로 $(x/8)$개가 배분된다. 그리고 甲기관이 배분한 사무용품의 개수는 총 1,050개였다. 이를 식으로 나타내면 다음과 같다.

$x + (x/2) + (x/4) + (x/8) = 1{,}050$

$\rightarrow (8x + 4x + 2x + x)/8 = 1{,}050$

$\rightarrow x = 560$

따라서 11월 1일 현재 甲기관의 직원 수는 560명이다.

실전에선 이렇게!

A는 1인당 1개씩, B는 2인당 1개씩, C는 4인당 1개씩, D는 8인당 1개씩 배분된다. 1인, 2인, 4인, 8인의 최소공배수가 8인이므로, 8인 단위로 묶어서 생각해 보면 편하다. 8인 기준으로 1인당 1개씩 배분되는 A는 8개, 2인당 1개씩 배분되는 B는 4개, 4인당 1개씩 배분되는 C는 2개, 8인당 1개씩 배분되는 D는 1개가 배분된다. 따라서 8인 기준으로 총 8 + 4 + 2 + 1 = 15개의 사무용품이 배분되는 셈이다. 이 정보를 활용해서 비례관계로 나타내면, 8인:15개이다. 그런데 배분된 사무용품의 개수가 총 1,050개이다.

8인	15개
	↓ × 70
?	1,050개

따라서 8인에도 똑같이 70배의 배율조정을 해주면, 현재 甲기업의 직원 수는 560명이다.

11 정확한 계산형 난이도 하

정답 ②

문제풀이 핵심 포인트

2019년 5급 PSAT 가책형 9번 통역경비를 구하는 문제와 유사한 문제로, 거리는 편도로 제시되어 있지만 왕복교통비를 구해야 한다는 점에 주의하여야 한다.

풀이

계산의 조건을 정확하게 파악해야 한다.

- 팀원은 총 8명
- 한 대의 렌터카로 모두 같이 이동
- 워크숍 기간은 1박 2일
- 워크숍 비용을 최소화
- 워크숍 비용 = 왕복 교통비 + 숙박요금
  - 왕복 교통비: 교통비는 렌터카 비용, 렌터카 비용은 거리 10km당 1,500원

구분	A 펜션	B 펜션	C 펜션
펜션까지 거리(km)	100	150	200
왕복 교통비(원)	30,000	45,000	60,000

- 숙박요금: 숙박인원이 숙박기준인원을 초과할 경우, A ~ C 펜션 모두 초과인원 1인당 1박 기준 10,000원씩 요금 추가, 팀원은 총 8명

구분	A 펜션	B 펜션	C 펜션
1인당 숙박요금(원)	100,000	150,000	120,000
숙박기준인원(인)	4	6	8
숙박요금(원)	140,000	170,000	120,000

- 워크숍 비용

구분	A 펜션	B 펜션	C 펜션
왕복 교통비(원)	30,000	45,000	60,000
숙박요금(원)	140,000	170,000	120,000
워크숍 비용(원)	170,000	215,000	180,000

따라서 예약할 펜션은 A 펜션이고, 워크숍 비용은 170,000원이다.

12 상대적 계산형 난이도 중 정답 ⑤

문제풀이 핵심 포인트

정확한 수입비용을 구하는 문제가 아니라, 상대적 크기 비교만 하면 해결되는 문제이다. 상대적 계산 스킬을 사용하면 보다 빠르고 정확한 해결이 가능하다.

풀이

ㄱ. (O) 甲국은 매년 X를 100톤 수입하고, 기존에 A국에서 수입하던 비용은 1톤당 단가가 12달러, 관세율이 0%, 1톤당 물류비가 3달러이므로 1톤당 수입비용은 $(12+3) \times 100 = 1,500$달러이다. B국가와 FTA를 체결한다면, B국가에서 수입하는 X에 대한 관세율이 0%이고, 1톤당 단가가 10달러, 1톤당 물류비가 5달러이므로 B국가와 FTA 체결 후 수입하는 비용은 $(10+5) \times 100 = 1,500$달러이다. 따라서 기존에 A국에서 수입하던 것과 동일한 비용으로 X를 수입할 수 있다.

ㄴ. (×) C국이 A국과 동일한 1톤당 단가를 제시하였다면, C국의 1톤당 단가는 20달러에서 12달러로 변화한다. 이때 C국에서 수입하는 비용은 $\{12+(12 \times 0.2)+1\} \times 100 = 1,540$달러이다. A국에서 수입하는 비용은 1,500달러이므로 甲국은 기존에 A국에서 수입하던 것보다 저렴한 비용으로 C국으로부터 X를 수입할 수 없다.

ㄷ. (O) A국으로부터 X의 수입이 다시 가능해졌으나 1톤당 6달러의 보험료가 A국으로부터의 수입비용에 추가된다면, A국에서 수입하는 비용은 $(12+3+6) \times 100 = 2,100$달러가 된다. B국에서 수입하는 비용은 $\{10+(10 \times 0.5)+5\} \times 100 = 2,000$달러이므로 甲국은 A국보다 B국에서 X를 수입하는 것이 수입비용 측면에서 더 유리하다.

13 경우 확정형 난이도 중 정답 ②

문제풀이 핵심 포인트

고정 정보를 먼저 찾아야 한다. 甲이 실수로 끝자리에 추가한 숫자가 2이고, 乙이 실수로 첫 자리에 추가한 숫자가 2이므로 이를 활용하여 식을 만들 수 있다.

풀이

다섯 자리 자연수로 된 올바른 우편번호가 ABCDE라고 하면, 甲은 올바른 우편번호의 끝자리 뒤에 2를 추가하였으므로 'ABCDE2'라고 실수한 셈이고, 乙은 올바른 우편번호의 첫 자리 앞에 2를 추가하였으므로 '2ABCDE'라고 실수한 셈이다. 그 결과 甲이 잘못 표기한 우편번호 여섯 자리 수 'ABCDE2'는 乙이 잘못 표기한 우편번호 여섯 자리 수 '2ABCDE'의 3배가 되었다.

	2	A	B	C	D	E
×						3
	A	B	C	D	E	2

- E 자리의 확인

E × 3을 한 결과의 끝자리가 2가 나와야 한다. 3의 배수 중 끝자리가 2인 수는 3 × 4 = 12이므로 E는 4가 된다.

					+1	
	2	A	B	C	D	4
×						3
	A	B	C	D	4	2

- D 자리의 확인

D × 3 + 1을 한 결과의 끝자리가 4가 나와야 하므로 D는 1이 된다.

	2	A	B	C	1	4
×						3
	A	B	C	1	4	2

- C 자리의 확인

C × 3을 한 결과의 끝자리가 1이 나와야 하므로 C는 7이 된다.

			+2			
	2	A	B	7	1	4
×						3
	A	B	7	1	4	2

- B 자리의 확인

B × 3 + 2를 한 결과의 끝자리가 7이 나와야 하고, B × 3을 한 결과의 끝자리는 5가 나와야 한다. 따라서 B는 5가 된다.

		+1				
	2	A	5	7	1	4
×						3
	A	5	7	1	4	2

- A자리의 확인

A × 3 + 1을 한 결과의 끝자리가 5가 나와야 한다. 따라서 A × 3을 한 결과의 끝자리는 4가 나와야 하고 A는 8이 된다.

	+2					
	2	8	5	7	1	4
×						3
	8	5	7	1	4	2

2 × 3 + 2 = 8이 되므로 찾아낸 올바른 우편번호 '85714'가 정확하다는 것을 확인할 수 있다. 따라서 올바른 우편번호의 첫 자리 숫자 '8'과 끝자리 숫자 '4'의 합은 12이다.

실전에선 이렇게!

우편번호 숫자를 전부 다 구하는 것보다 문제에서 묻는 올바른 우편번호의 첫 자리와 끝자리 숫자 위주로 구하면 보다 빠른 해결이 가능하다.

14 경우 확정형 난이도 하

정답 ④

문제풀이 핵심 포인트

제시된 규칙을 정확하게 이해한다. 甲과 乙이 가위, 바위, 보를 각각 몇 회씩 냈는지 제시되고 있지만 정확한 순서는 중요하지 않다는 점에 유의한다.

풀이

주어진 조건을 정리하면 다음과 같다.

· 甲은 가위 6회, 바위 1회, 보 3회를 냈다.

→ 임의로 甲이 가위 6회, 바위 1회, 보 3회 순으로 냈다고 가정한다.

구분	1	2	3	4	5	6	7	8	9	10
甲	가위	가위	가위	가위	가위	가위	바위	보	보	보
乙										
승패										

· 甲과 乙이 서로 같은 것을 낸 적은 10회 동안 한 번도 없었다.

→ 甲이 가위를 내는 6회 동안, 乙은 바위 또는 보를 내야 한다.

· 乙은 가위 4회, 바위 3회, 보 3회를 냈다.

→ 앞의 내용과 연결시키면 乙은 바위 3회, 보 3회를 냈고, 이는 甲이 가위를 내는 6회 동안 乙은 바위 또는 보를 낸 것이 된다. 이를 반영해 보면 다음과 같다.

구분	1	2	3	4	5	6	7	8	9	10
甲	가위	가위	가위	가위	가위	가위	바위	보	보	보
乙	바위	바위	바위	보	보	보				
승패	甲 패	甲 패	甲 패	甲 승	甲 승	甲 승				

乙은 낼 수 있는 것이 가위 4회밖에 남지 않았다. 따라서 나머지 7회차부터 10회차까지는 남은 가위 4회를 낸 것이 되고, 그 때의 최종 결과는 다음과 같다.

구분	1	2	3	4	5	6	7	8	9	10
甲	가위	가위	가위	가위	가위	가위	바위	보	보	보
乙	바위	바위	바위	보	보	보	가위	가위	가위	가위
승패	甲 패	甲 패	甲 패	甲 승	甲 승	甲 승	甲 승	甲 패	甲 패	甲 패

따라서 甲의 승패 결과는 4승 6패가 된다.

실전에선 이렇게!

甲과 乙이 서로 같은 것을 낸 적은 10회 동안 한 번도 없었다는 조건을 甲이 가위를 낼 때는 乙이 가위를 내서는 안된다고 이해하면 보다 빠른 해결이 가능하다.

15 규칙 적용해결형 난이도 하

정답 ③

문제풀이 핵심 포인트

인사교류는 ○○기관(甲)과 □□기관 사이(신청자 A, B, C), ○○기관(甲)과 △△기관 사이(신청자 D, E)에 이루어진다. 교류를 승인하는 조건을 각 신청자에게 정확히 적용하여야 하고, 적용과정에서 '최초'임용년월과 '현직급'임용년월을 혼동하지 않도록 주의한다.

풀이

인사교류란 동일 직급간 신청자끼리 1:1로 교류하는 제도로서, 각 신청자가 속한 두 기관의 교류 승인 조건을 모두 충족해야 한다는 조건에 주의한다.

〈경우 1〉 甲(○○기관)이 A, B, C(□□기관)와 교류하는 경우

신청자	연령(세)	현 소속 기관	최초임용년월	현직급임용년월
甲	32	○○	2015년 9월	2015년 9월
A	30	□□	2016년 5월	2019년 5월
B	37	□□	2009년 12월	2017년 3월
C	32	□□	2015년 12월	2015년 12월

· ○○기관: 신청자간 현직급임용년월은 3년 이상 차이 나지 않고, 연령은 7세 이상 차이 나지 않는 경우

→ 신청자간 현직급임용년월이 3년 이상 차이 나는 A가 제외된다.

· □□기관: 신청자간 최초임용년월은 5년 이상 차이 나지 않고, 연령은 3세 이상 차이 나지 않는 경우

→ 신청자간 최초임용년월이 5년 이상 차이 나고 연령도 3세 이상 차이 나는 B가 제외된다.

〈경우 2〉 甲(○○기관)이 D, E(△△기관)와 교류하는 경우

신청자	연령(세)	현 소속 기관	최초임용년월	현직급임용년월
甲	32	○○	2015년 9월	2015년 9월
D	31	△△	2014년 1월	2014년 1월
E	35	△△	2017년 10월	2017년 10월

· ○○기관: 신청자간 현직급임용년월은 3년 이상 차이 나지 않고, 연령은 7세 이상 차이 나지 않는 경우

→ 모두 조건을 충족한다.

· △△기관: 신청자간 최초임용년월은 2년 이상 차이 나지 않고, 연령은 5세 이상 차이 나지 않는 경우

→ 신청자간 최초임용년월이 2년 이상 차이나는 E가 제외된다.

따라서 조건에 따를 때, A, B, E가 제외되므로 甲과 인사교류를 할 수 있는 사람은 C, D이다.

16 경우 파악형 난이도 상

정답 ③

문제풀이 핵심 포인트

주어진 조건 중 제약조건을 중요하게 처리하고, 이를 통해 여러 경우 중에 가능하지 않은 경우를 빠르게 제거할 수 있어야 한다. 직접 해결하기 어려운 경우에 주어진 선택지의 내용을 활용하는 것도 좋은 방법이다.

풀이

주어진 조건에 따르면 1, 2, 3, 4, 5의 카드가 각 2장씩 총 10장이 있고, 각 카드에 적혀 있는 수는 바로 왼쪽 카드에 적혀 있는 수보다 작거나, 같거나, 1만큼 커야 한다. A ~ E에 들어갈 수 있는 남은 숫자는 1, 2, 4, 4, 5이다. 조건에 위배되지 않도록 숫자를 배열해 보면 다음과 같이 4가지의 경우가 가능하다.

〈경우 1〉

5	1	2	3	A 2	3	B 4	C 5	D 4	E 1

〈경우 2〉

5	1	2	3	A 4	3	B 4	C 5	D 1	E 2

〈경우 3〉

5	1	2	3	A 4	3	B 4	C 5	D 2	E 1

〈경우 4〉

5	1	2	3	A 2	3	B 4	C 4	D 5	E 1

위 네 가지 경우 중 C에 5가 들어갈 수 있는 반례가 세 가지 있다. 그중 하나의 반례라도 찾아낸다면 C가 5일 수 있다는 반례가 찾아진다.

① 현재 남아있는 수는 1, 2, 4, 4, 5이고, 숫자 종류로 보면, 1, 2, 4, 5 네 종류이다.

· A에 1이 들어가는 경우, 아래 굵은 선으로 표시한 자리가 각 카드에 적혀 있는 수는 바로 왼쪽 카드에 적혀 있는 수보다 작거나, 같거나, 1만큼 커야 한다는 조건에 위배된다.

5	1	2	3	A 1	3	B	C	D	E

· A에 2 또는 4가 들어가는 경우 조건에 위배되지 않는다.

· A에 5가 들어가는 경우, 아래 굵은 선으로 표시한 자리가 각 카드에 적혀 있는 수는 바로 왼쪽 카드에 적혀 있는 수보다 작거나, 같거나, 1만큼 커야 한다는 조건에 위배된다.

5	1	2	3	A 5	3	B	C	D	E

따라서 A로 가능한 수는 2 또는 4이므로 2가지이다.

② 위에서 찾은 네 가지 모든 경우에 B에는 4가 들어간다.

④ D가 2라면 가능한 배열은 위에서 찾은 4가지 경우 중 한 가지뿐이다.

⑤ 위에서 찾아낸 네 가지의 경우를 보면 E에는 1 또는 2가 들어간다.

실전에선 이렇게!

선택지를 활용해서 풀면 빠르게 정답을 찾아낼 수 있다.

② A ~ E에 숫자를 배열할 때 현재 남아있는 수는 1, 2, 4, 4, 5이고, 숫자 종류로 보면, 1, 2, 4, 5 네 종류인데, 5를 배열하는 방법은 4 - 5 순서가 될 수밖에 없고, 이는 B - C 또는 C - D에 들어갈 수밖에 없다. (B - C) = (4 - 5)인 경우에 B에는 4가 들어가고, (C - D) = (4 - 5)인 경우에도 B에는 들어갈 수 있는 수가 4밖에 없다. 따라서 B에는 어떠한 경우에도 항상 4가 들어가게 된다.

④ A에 들어갈 수 있는 수는 2 또는 4 뿐인데 D가 2라면, A는 4로 확정된다.

5	1	2	3	A 4	3	B	C	D 2	E

4, 5는 연달아 들어가야 하고 남은 자리는 B, C이다. 그러면 남은 숫자 1이 E에 들어간다.

⑤ 반례를 찾기 위해서 E에 4 또는 5가 들어갈 수 있는지 검토해보면 불가능하다는 것을 알 수 있다. 반례가 찾아지지 않는다고 해서 선택지가 옳다고 판단하면 안되고, E에 1 또는 2가 들어가는지까지 확인해봐야 한다.

17 규칙 단순확인형 난이도 하 정답 ⑤

문제풀이 핵심 포인트

단순히 내용을 확인함으로써 정답을 찾을 수 있는 문제이다. 문제에서 요구하는 것은 포획·채취 금지 고시의 '대상이 되는' 수산자원이고, 〈상황〉에 주어진 내용은 '대상에서 제외되는' 수산자원이므로 실수하지 않도록 주의한다.

풀이

기본적으로 매년 A ~ H 지역에서 포획·채취 금지가 고시되는 수산자원은 〈기준〉에 따르지만, 경제상황을 고려해서 2021년에 한하여 〈상황〉의 어느 하나에 해당하는 경우에 〈기준〉에 따른 포획·채취 금지 고시의 대상에서 제외한다. 제외되지 않는 수산자원이 2021년 포획·채취 금지 고시의 대상이 되는 수산자원이 된다.

· 전어는 소비장려 수산자원이므로 2021년 포획·채취 금지 고시의 대상에서 제외한다.

· 대구와 꽃게는 금지기간이 소비촉진 기간에 포함되므로 2021년 포획·채취 금지 고시의 대상에서 제외한다.

· 소라는 금지지역이 E, F 지역인 경우 해당 지역이 지역경제활성화 지역이고, 금지지역이 G지역인 경우 금지기간이 5월 1일 ~ 6월 30일로 소비촉진 기간에 포함되며, 금지지역이 D인 경우 해당 지역이 지역경제활성화 지역이면서 금지기간도 소비촉진 기간에 포함되므로 2021년 포획·채취 금지 고시의 대상에서 제외한다.

따라서 2021년 포획·채취 금지 고시의 대상이 되는 수산자원은 새조개이다.

18 상대적 계산형 난이도 하 정답 ②

문제풀이 핵심 포인트

지불금액을 계산할 때 + 와 - 부호를 혼동하지 않도록 주의한다. 지불금액을 구해야 하므로 지출 계통인 세금이 + 이고, 수입 계통인 보조금은 - 로 계산되어야 한다.

풀이

자동차 구매 시 지불 금액은 자동차 가격 - 보조금 + 세금이므로 A ~ C의 자동차 가격과 보조금, 세금을 표로 정리하면 다음과 같다.

자동차	차종	자동차 가격	보조금	세금			총 지불 금액
				개별소비세 (10%)	교육세 (2%)	취득세 (5%)	
A	중형 전기차	4,000	1,500	400	전액감면	전액감면	2,900
B	소형 전기차	3,500	1,000	전액감면	전액감면	전액감면	2,500
C	하이브리드차	3,500	500	전액감면	전액감면	175	3,175

따라서 A ~ C 자동차 구매 시 지불 금액을 비교하면 B < A < C 순이다.

19 규칙 적용해결형 난이도 하 정답 ①

문제풀이 핵심 포인트

주어진 선정 기준뿐만 아니라 단서조건도 정확하게 파악하여야 한다. 이에 따라 전체 후보 중 정확한 점수를 계산하기 전에 제외되는 후보가 있는지 확인한다.

풀이

· 친환경인증 또는 전통식품인증 유무에 의한 점수 + 도농교류 활성화 점수 + 가산점 = 점수가 높은 순으로 선정한다.

· 도농교류 활성화 점수가 50점 미만인 농가는 선정하지 않는다. 따라서 농가 D가 제외되고, 선택지 ②, ⑤는 제거된다.

· 동일 지역의 농가를 2곳 이상 선정할 수 없으므로 선택지 ③이 제거된다.

조건에 따라 (가)지역과 (라)지역 농가의 점수를 계산해 보면 다음과 같다.

농가	친환경 인증 유무	전통식품 인증 유무	점수	도농교류 활성화 점수	총점	지역	최종 점수
A	○	○	40	80	120	(가)	120
B	×	○	40	60	100	(가)	100
E	○	×	30	75	105	(라)	105
F	○	○	40	70	110	(라)	110

(가)지역의 농가 A와 B 중에서 총점이 더 높은 A가 선정되고, (라)지역의 농가 E와 F중에서 총점이 더 높은 F가 선정된다. 국가인증 농가를 3곳 선정하여야 하므로 농가 C는 자동적으로 포함된다.

실전에선 이렇게!

동일 지역의 농가를 2곳 이상 선정할 수 없다는 조건과 도농교류 활성화 점수가 50점 미만인 농가는 선정하지 않는다는 제외조건을 먼저 고려하면, 실질적으로 가산점 기준까지 고려하지 않더라도 빠르게 답을 찾아낼 수 있다.

20 규칙 정오판단형 난이도 중

정답 ③

문제풀이 핵심 포인트

추가 절차를 진행하지 않은 상태의 평가점수가 주어져있고, 여기에 추가 절차를 정확하게 반영한 후 평가점수가 가장 높은, 즉 상대적인 비교를 통해 개정안을 채택하여야 한다. 개정안의 개별 평가항목 점수 중 어느 하나라도 2점 미만인 경우, 해당 개정안은 채택하지 않는다는 제외조건과 수용가능성 평가점수를 높일 수 있는 추가절차는 최대 2회까지 진행할 수 있다는 단서조건에 주의한다.

풀이

주어진 조건을 정리하면 다음과 같다.

- 4개 평가항목에 따라 평가점수를 부여하고 평가점수 총합이 가장 높은 개정안을 채택
- 평가점수 총합이 동일한 경우, 국정과제 관련도 점수가 가장 높은 개정안을 채택
- 개정안의 개별 평가항목 점수 중 어느 하나라도 2점 미만인 경우, 해당 개정안은 채택하지 않음
  → 개정안 (가)는 현 상태에서는 채택될 수 없다.
- 수용가능성 평가점수를 높일 수 있는 추가 절차(단, 각 절차는 개정안마다 최대 2회 진행 가능)
  - 이해관계자 수용가능성: 관계자간담회 1회당 1점 추가
  - 관계부처 수용가능성: 부처간회의 1회당 2점 추가
  - 입법부 수용가능성: 국회설명회 1회당 0.5점 추가

ㄱ. (O) 추가 절차를 진행하지 않는 경우, 수용가능성 평가항목별 점수를 높일 수 있는 추가 절차를 진행하지 않은 상태에서 개정안별 평가점수를 계산한 <A법률 개정안 평가점수>를 확인하면 된다. 입법부 수용가능성 점수가 2점 미만인 (가)는 채택될 수 없으므로, (나)와 (다) 중 총합이 더 높은 (나)가 채택된다.

ㄴ. (O) 3개 개정안 모두를 대상으로 입법부 수용가능성을 높이는 절차를 최대한 진행하는 경우, 각 절차는 개정안마다 최대 2회 진행 가능하고 입법부 수용가능성은 국회설명회 1회당 0.5점 추가되므로 다음과 같이 점수가 변화한다.

개정안	수용가능성			국정과제 관련도	총합
	이해관계자	관계부처	입법부		
(가)	5	3	1+1 =2	4	13+1=14
(나)	3	4	3+1 =4	3	13+1=14
(다)	4	3	3+1 =4	2	12+1=13

(가)의 입법부 수용가능성 점수도 2점이기 때문에 (가)가 제외되지 않는다. 총합이 (가)와 (나)가 14점으로 동일하므로, 국정과제 관련도 점수가 4점으로 더 높은 (가)가 채택된다.

ㄷ. (×) (나)에 대한 부처간회의를 1회 진행하고 (다)에 대한 관계자간담회를 2회 진행하는 경우, 점수 변화는 다음과 같다.

개정안	수용가능성			국정과제 관련도	총합
	이해관계자	관계부처	입법부		
(가)	5	3	1	4	13
(나)	3	4+2=6	3	3	13+2=15
(다)	4+2=6	3	3	2	12+2=14

따라서 (나)의 총점이 15점으로 더 높으므로, (다)가 아닌 (나)가 채택된다.

21 규칙 정오판단형 난이도 상

정답 ③

문제풀이 핵심 포인트

과정이 끝까지 확정되지 않은 상태에서 참가자의 점수를 바꿔보는 '몰아주기'의 장치가 사용되었다. 계산을 최대한 줄일 수 있는 방식으로 접근한다.

풀이

총 점수는 UCC 조회수 등급에 따른 점수+심사위원 평가점수이다. 총 점수가 높은 순위에 따라 3위까지 수상한다.

- UCC 조회수 등급에 따른 점수
  조회수에 따라 5등급 A, B, C, D, E로 나눈 후 최상위 A를 10점으로 하여 등급마다 0.3점씩 떨어진다.
- 심사위원 평가점수
  심사위원 (가)~(마)가 각각 부여한 점수(1~10의 자연수)에서 최고점 및 최저점을 제외한 3개 점수의 평균으로 계산한다. 최고점 또는 최저점이 2개 이상인 경우 그 중 하나만 제외한다.

ㄱ. (×) ㉠이 5점이라면 다음과 같다.

참가자	조회수 등급	심사위원별 평가점수				
		(가)	(나)	(다)	(라)	(마)
甲	B	~~9~~	~~5~~	7	8	7
乙	B	~~9~~	8	7	7	~~7~~

甲은 (7+8+7)/3+B이고, 乙은 (8+7+7)/3+B이므로 계산 결과 甲과 乙의 총 점수는 동일하다.

ㄴ. (O) 현재 점수가 확정된 참가자만 살펴보면 다음과 같다.

참가자	조회수 등급	심사위원별 평가점수				
		(가)	(나)	(다)	(라)	(마)
乙	B	~~9~~	8	7	7	~~7~~
丁	B	~~5~~	6	7	7	~~7~~
戊	C	~~6~~	~~10~~	10	7	7

점수를 계산해 보면, 현재 丁은 乙과 戊보다 총 점수가 낮다. 따라서 丁이 수상할 수 있으려면 아직 총 점수가 확정되지 않은 甲과 丙 보다 총 점수에서 앞서야 한다.

참가자	조회수 등급	심사위원별 평가점수				
		(가)	(나)	(다)	(라)	(마)
甲	B	9	(㉠)	7	8	7
丙	A	8	7	(㉡)	10	5
丁	B	5	6	7	7	7

丁의 총 점수를 甲과 丙의 총 점수보다 높이기 위해서 ㉠, ㉡에 최저점을 부여해 보면, 다음과 같다.

참가자	조회수 등급	심사위원별 평가점수				
		(가)	(나)	(다)	(라)	(마)
甲	B	9	(㉠)	7	8	7
丙	A	8	7	(㉡)	10	5
丁	B	5	6	7	7	7

이 경우에도 丁은 甲과 丙에 비해 총 점수가 낮다. 따라서 丁은 ㉠과 ㉡에 상관없이 수상하지 못한다.

ㄷ. (O) 앞서 ㄴ에서 현재 점수가 확정된 참가자만 봤을 때, 戊의 총 점수가 乙과 丁의 총 점수보다 높다. 따라서 戊보다 낮은 2명이 있기 때문에 戊는 최소 3위를 확보하고 있는 셈이다. 이 경우에 戊가 조회수 등급을 D로 받아 한 등급이, UCC 조회수 등급에 따른 점수가 0.3점이 떨어지더라도 여전히 戊의 총점이 가장 높다.

심사위원 평가점수에서 총점을 봤을 때, 乙은 戊보다 2점 낮고, 丁은 戊보다 4점 낮은데, 이 총 점수의 순서가 UCC 조회수 등급에 따른 점수에서 뒤집어지기 위해서는 3등급의 변화가 있어야 하므로, 조회수 등급이 한 등급 떨어졌다고 해서 戊가 乙 또는 丁보다 총 점수가 낮아지지 않는다.

ㄹ. (×) ㉠>㉡이더라도 甲의 총 점수가 丙의 총 점수보다 낮거나 같은 경우가 있는지 찾아보아야 한다. 이를 위해 甲의 총 점수는 낮게 만들고 丙의 총 점수는 높게 만들어 본다. ㉠이 10점이고, ㉡이 9점인 상황을 가정해 보면 다음과 같다.

참가자	조회수 등급	심사위원별 평가점수				
		(가)	(나)	(다)	(라)	(마)
甲	B	9	10	7	8	7
丙	A	8	7	9	10	5

이 경우 심사위원별 평가점수는 동점이고, 조회수 등급에서 丙의 총 점수가 甲의 총 점수보다 높아진다. 즉, 甲의 총 점수가 丙의 총 점수보다 낮은 반례가 찾아진다. 따라서 옳지 않다.

실전에선 이렇게!

- 조회수 등급은 0.3점씩 차이 나기 때문에 심사위원별 점수에 비해서 미미한 값임을 파악하면 보다 빠른 해결이 가능하다.
- 공식변형을 통하여 평균을 계산하지 않는 쪽으로 해결한다.
- 〈보기〉조합형 문제는 〈보기〉 검토 순서를 요령 있게 결정하여야 한다.
- 상대적 계산 스킬을 사용한다.

22 조건 계산형 난이도 상

정답 ①

문제풀이 핵심 포인트

지문에 문제풀이에 필요한 새로운 개념이 제시되었으므로 Max[X, Y]의 의미를 빠르게 파악하여 응용, 적용할 수 있어야 한다.

풀이

주어진 정보를 표에 반영해 보면 다음과 같다.

기관	A	B	C	D
전기평가점수	60	70	90	80
후기평가점수			70	
최종평가점수			80	
순위	1	2	4	3

C기관의 경우 '전기>후기'이므로 '0.5×전기평가점수+0.5×후기평가점수'의 값이 더 클 것이고 그 때의 최종평가점수는 80점이다.

ㄱ. (O) 현재 전기평가점수는 A기관이 60점, B기관이 70점으로 B기관이 더 높은데, 최종평가순위는 A기관이 1등, B기관이 2등으로 A기관의 최종평가점수가 더 높다. 즉, 최종평가점수에서 역전되어야 한다. 두 기관 모두 최종평가점수는 순위가 4등인 C기관의 80점보다 높아야 하기 때문에, 두 기관 모두 최종평가점수는 80점보다 크고, 최종평가점수가 80점보다 크려면 후기평가점수가 80점보다 높아야 한다. 따라서 '0.2×전기평가점수+0.8×후기평가점수'로 계산한 결과가 더 클 것이다. 이 공식에 따를 때 전기평가점수는 B기관이 10점 더 높으므로, 최종평가점수에서는 B기관이 2점 더 높다. 후기평가점수는 1점당 최종평가점수 0.8점이 높아진다.

구분	전기평가점수(×0.2)	후기평가점수 (×0.8)	최종평가점수
A	60	+1점당 최종 +0.8	↑
B	70(+10) → +2		

따라서 A기관의 후기평가점수는 B기관의 후기평가점수보다 최소 3점 높아야 최종평가점수가 +2.4점이 되어 A기관의 최종평가점수가 B기관의 최종평가점수보다 높아진다.

ㄴ. (×) 최종평가점수 순위대로 나열했을 때 다음과 같다.

구분	A		B		D		C
전기평가점수	60	<	70	<	80	<	90
후기평가점수							70
최종평가점수		>		>		>	80
순위	1		2		3		4

따라서 A기관, B기관, D기관 모두 최종평가 점수는 80점보다 높아야 하므로, 후가평가점수가 80점보다 높아야 한다. 각 기관별로 (전기, 후기)=(60, 80초과), (70, 80초과), (80, 80초과)이므로 A, B, D기관의 경우 '0.5×전기평가점수+0.5×후기평가점수'보다 '0.2×전기평가점수+0.8×후기평가점수'로 계산한 결과가 크다. 따라서 '0.2×전기평가점수+0.8×후기평가점수'로 계산해서, 차이 값만 보는 상대적 비교 스킬을 사용한다.

구분	A		B		D		C
전기평가점수 (×0.2)	60(0)	<	70(+2)	<	80(+4)	<	90
후기평가점수 (×0.8)							70
최종평가점수		>		>		>	80
순위	1		2		3		4

D기관의 최종평가점수가 C기관의 최종평가점수보다 높으려면 D기관의 후기평가점수는 최소 81점이면 된다. B기관과 D기관을 비교해 보면 D기관의 전기평가점수가 2점 더 높으므로, 앞서 ㄱ에서도 살펴봤듯이 후기평가점수는 반대로 B기관이 3점 이상 더 높아야 0.8을 곱했을 때 B기관이 +2.4점이 되어 순위가 역전된다.

구분	A		B		D		C
전기평가점수 (×0.2)	60(0)	<	70(+2)	<	80(+4)	<	90
후기평가점수 (×0.8)			84↑		81↑		70
최종평가점수		>		>		>	80
순위	1		2		3		4

이를 정리해보면 D기관의 최종평가점수보다 높으려면, D기관의 후기평가점수는 최소 81점이어야 하고, B기관의 후기평가점수는 84점 이상이어야 한다. 따라서 B기관의 후기평가점수는 83점일 수 없다.

ㄷ. (×) A기관과 D기관의 전기평가점수는 4점 차이가 난다. 그런데 A기관과 D기관의 후기평가점수가 5점 차이가 난다면 후기평가점수에서는 정확히 4점만큼만 뒤집을 수 있다. 이 경우 두 기관의 점수는 동점이 되어 A기관의 순위가 더 높을 수 없다. 따라서 두 기관의 후기평가점수는 5점보다 크게 차이 나야 한다.

실전에선 이렇게!

- Max[X, Y]는 X와 Y 중 큰 값을 의미하는데, 전기평가점수와 후기평가점수가 '전기=후기'인지, '전기>후기'인지, '후기>전기'인지에 따라 '0.5×전기평가점수+0.5×후기평가점수'와 '0.2×전기평가점수+0.8×후기평가점수' 중에 어떤 값이 더 클지 수치를 대입해 보지 않더라도 미리 파악 가능하다.
- 가중평균 값을 복잡한 계산없이 빠르게 구할 수 있으면 이 문제도 빠른 해결이 가능하다.
- 정확한 값을 구하는 것보다 상대적 계산 스킬을 사용하여 해결한다.

23 1지문 2문항형 난이도 하

정답 ②

문제풀이 핵심 포인트

〈보기〉 ㄴ~ㄹ에 'W-K 암호체계에서'라는 표현이 반복되고 있으므로 응용형임을 알 수 있다. 따라서 지문에서 문제 해결에 필요한 부분을 찾아 정확하게 이해한 후, 이를 각 〈보기〉에 응용·적용할 수 있어야 한다.

풀이

ㄱ. (×) 첫 번째 단락에 따르면 김우전 선생은 1944년 1월 일본군에 징병돼 중국으로 파병됐지만 같은 해 5월 말 부대를 탈출해 광복군에 들어갔고, 두 번째 단락에 따르면 1945년 3월 미 육군 전략정보처가 중국에서 광복군과 함께 특수훈련을 하고 있었을 시기에 선생은 한글 암호인 W-K 암호를 만들었다. 따라서 김우전 선생이 광복군의 무전통신을 위해 W-K 암호를 만들었으나, 일본군에 징병되었을 때 만든 것은 아님을 알 수 있다.

ㄴ. (○) 두 번째 단락에 따르면 자음과 모음은 각각 두 자리 숫자로 표시하고, 받침은 자음을 나타내는 두 자리 숫자의 앞에 '00'을 붙여 네 자리로 표시한다. 세 번째 단락에 따르면 W-K 암호는 네 자리씩 끊어 읽는다. 따라서 W-K 암호체계에서 한글 단어를 변환한 암호문의 자릿수는 4의 배수임을 알 수 있다.

ㄷ. (○) 주어진 암호를 네 자리씩 끊어서 표시해 보면 '1830, 0015, 2400'이다. 자음과 모음은 각각 두 자리 숫자로, 받침은 자음을 나타내는 두 자리 숫자의 앞에 '00'을 붙여 네 자리로 표시한다고 했으므로 가운데 '0015'는 '00'으로 시작하기 때문에 앞 글자의 받침임을 알 수 있다. 이에 따라 마지막 '2400'은 자음+모음의 형식의 새로운 글자여야 한다. 그런데 세 번째 단락에 따르면 W-K 암호체계에서 자음은 '11~29'에, 모음은 '30~50'에 순서대로 대응되므로 '2400'이 하나의 글자라면 모음을 나타내는 마지막 두 자리에는 '30~50' 중 하나가 나와야 한다. 따라서 주어진 암호는 한 글 단어로 해독될 수 없음을 알 수 있다.

ㄹ. (×) 세 번째 단락에 따르면 모음은 '30~50'에 순서대로 대응되고, 각주의 모음 순서에 따르면 'ㅞ'는 '48'에 대응되어야 한다. 따라서 W-K 암호체계에서 한글 '궤'는 '1148'로 변환됨을 알 수 있다.

실전에선 이렇게!

ㄷ. 숫자 '00'이 연이어 나올 수 있는 경우는 받침을 표현할 때이고, 숫자 '00'은 네 자리 중 앞에 두 자리에 위치하게 된다. 즉, 'xx00'이라는 형식은 아예 불가능하다.

24 1지문 2문항형 난이도 중

정답 ①

문제풀이 핵심 포인트

발문에서 '3·1운동!'을 옳게 변환한 것을 찾을 것을 요구하고 있으므로 발문에 포인트가 있는 발문 포인트형임을 알 수 있다. 따라서 지문을 읽을 때는 암호를 변환하는 방법과 관련된 규칙을 중점적으로 확인한 후 〈조건〉에 추가된 규칙과 잘 결합하여 문제를 해결한다.

풀이

W-K 암호체계의 규칙을 정리하면 다음과 같다.

- 자음: 두 자리 숫자로 표시, 'ㄱ, ㄴ, ㄷ, ㄹ, ㅁ, ㅂ, ㅅ, ㅇ, ㅈ, ㅊ, ㅋ, ㅌ, ㅍ, ㅎ, ㄲ, ㄸ, ㅃ, ㅆ, ㅉ'가 '11~29'에 순서대로 대응
- 모음: 두 자리 숫자로 표시, 'ㅏ, ㅑ, ㅓ, ㅕ, ㅗ, ㅛ, ㅜ, ㅠ, ㅡ, ㅣ, ㅐ, ㅒ, ㅔ, ㅖ, ㅘ, ㅙ, ㅚ, ㅝ, ㅞ, ㅟ, ㅢ'가 '30~50'에 순서대로 대응
- 받침: 자음을 나타내는 두 자리 숫자의 앞에 '00'을 붙여 네 자리로 표시, 자음 중 'ㄱ~ㅎ'을 이용하여 '0011'부터 '0024'에 순서대로 대응

숫자와 기호를 표현하기 위해 추가된 규칙은 다음과 같다.

- 숫자: 1~9를 차례대로 '51~59'로 변환하고, 끝에 '00'을 붙여 네 자리로 표시
- 기호: 온점(.)은 '70', 가운뎃점(·)은 '80', 느낌표(!)는 '66', 물음표(?)는 '77'로 변환하고, 끝에 '00'을 붙여 네 자리로 표시

이 규칙을 통해 '3·1운동!'을 옳게 변환하면 다음과 같다.

3	·	1	우	ㄴ	도	ㅇ	!
5300	8000	5100	1836	0012	1334	0018	6600

따라서 '3·1운동!'을 옳게 변환한 것은 '53008000510018360012133400186600'이다.

25 경우 확정형 난이도 중 정답 ⑤

문제풀이 핵심 포인트

확정적인 정보가 무엇인지 파악하고, 이후 그 확정적인 정보부터 조건 순서를 바꾸어 적용하여 문제를 해결한다.

풀이

총 35명에게 45개의 내선번호를 부여해야 하므로 내선번호가 과 총원보다 10개 더 많은 셈이다.

〈대화〉를 정리하면 다음과 같다.

- 甲과의 인원은 9명이고, 내선번호는 7016~7024번까지로 총 9개이다. 甲과는 총원과 내선번호 개수가 같다.
- 乙과의 총원이 제일 많은데, 각 과 총원은 과장 1명을 포함하여 7명 이상이고 그 수가 모두 다르므로, 乙과의 총원은 10명 이상이고 내선번호는 4개 더 있어야 한다.
- 丙과는 총원보다 내선번호가 3개 더 많다. 나머지 丁과도 총원보다 내선번호가 3개 더 많아야 한다. 丙과의 내선번호는 7025번부터 시작하고 7034번을 포함한다.
- 丁과는 내선번호 끝자리가 5로 시작해야 한다. 7001번부터 7045번까지 중에 끝자리가 5인 경우는 7005, 7015, 7025, 7035, 7045가 있는데 조건에 따를 때 丁과의 내선번호로 가능한 것은 7035번 하나뿐이고 7035번에서 시작하면 7045번에서 끝나게 된다. 내선번호가 총 11개이므로 丁과의 총원은 8명이다.
- 丙과의 내선번호가 7034번까지로 확정되고 丙과의 내선번호가 7025번부터 7034번까지 10개인데, 丙과는 총원보다 내선번호가 3개 더 많으므로 丙과의 총원은 7명이 된다.
- 나머지 乙의 총원은 나머지 11명이고, 내선번호 개수는 4개 더 많은 15개이며, 내선번호는 7001번부터 7015번까지가 된다.

이를 정리해 보면 다음과 같다.

소속	직원	과 총원	내선번호 개수(+10)	내선번호
제1과	乙	11명	15개(+4)	7001~7015번
제2과	甲	9명	9개(+0)	7016~7024번
제3과	丙	7명	10개(+3)	7025~7034번
제4과	丁	8명	11개(+3)	7035~7045번

따라서 丁은 제4과이고, 과 총원은 8명이다.

정답

p.281

1	⑤	보고서 검토·확인형	6	②	조건 판단형	11	④	매칭형	16	②	빈칸형	21	④	매칭형
2	①	평균 개념형	7	③	곱셈 비교형	12	③	빈칸형	17	⑤	빈칸형	22	①	조건 판단형
3	①	분수 비교형	8	②	빈칸형	13	③	곱셈 비교형	18	⑤	빈칸형	23	③	분수 비교형
4	⑤	각주 판단형	9	①	각주 판단형	14	④	조건 판단형	19	⑤	빈칸형	24	③	보고서 검토·확인형
5	④	각주 판단형	10	③	표 - 차트 변환형	15	①	각주 판단형	20	④	분수 비교형	25	②	분수 비교형

취약 유형 분석표

유형별로 맞힌 문제 개수와 정답률, 틀린 문제 번호, 풀지 못한 문제 번호를 적고 나서 취약한 유형이 무엇인지 파악해 보세요. 그 후 약점 보완 해설집 p.8 [취약 유형 공략 포인트]에서 약점 보완 학습법을 확인하고, 틀린 문제와 풀지 못한 문제를 다시 한번 풀어보세요.

유형		맞힌 문제 개수	정답률	틀린 문제 번호	풀지 못한 문제 번호
자료비교	곱셈 비교형	/2	%		
	분수 비교형	/4	%		
	반대해석형	-	-		
자료판단	단순 판단형	-	-		
	매칭형	/2	%		
	빈칸형	/6	%		
	각주 판단형	/4	%		
	조건 판단형	/3	%		
자료검토·변환	보고서 검토·확인형	/2	%		
	표-차트 변환형	/1	%		
자료이해	평균 개념형	/1	%		
	분산·물방울형	-	-		
	최소여집합형	-	-		
TOTAL		/25	%		

해설

1 보고서 검토·확인형 난이도 하 정답 ⑤

문제풀이 핵심 포인트
보고서 일치부합 문제이므로 단순 수치 비교로 판단 가능한 선지 ②, ④, ⑤부터 검토해서 정답을 빠르게 도출한다.

풀이

① (O) D 축제의 경우 취업자 수와 고용인 수가 각각 130명, 41명으로 가장 적고, 고용인 1인당 취업자 수는 3.2명으로 가장 많으므로 〈보고서〉의 세 번째 문단에 부합하는 자료이다.

② (O) 5대 축제의 관람객 만족도를 보면, 먹거리 만족도가 72점, 69점, 58점으로 매년 떨어지고 있고 2019년에는 살거리 만족도도 60점으로 2018년 63점보다 낮으므로 〈보고서〉의 첫 번째 문단에 부합하는 자료이다.

③ (O) 관람객 1인당 총지출액에서 숙박비의 비중은 C 축제가 46.5%로 유일하게 40%를 초과하여 가장 높고, 먹거리 비용의 비중은 E 축제가 74.0%로 유일하게 70%를 초과하여 가장 높으므로 〈보고서〉의 세 번째 문단에 부합하는 자료이다.

④ (O) A 축제는 관람객 수 8점, 인지도 13점, 콘텐츠 영역 20점으로 B 축제 관람객 수 5점, 인지도 11점, 콘텐츠 영역 13점보다 높은 점수를 받았으나 경제적 효과 영역에서는 B 축제 15점보다 낮은 11점을 받았으므로 〈보고서〉의 첫 번째 문단에 부합하는 자료이다.

⑤ 50대 이상은 TV가 아닌 현수막을 통해 정보를 획득한 관람객 수가 가장 많으므로 〈보고서〉의 두 번째 문단에 부합하지 않는 자료이다.

실전에선 이렇게!

① 고용인 1인당 취업자 수를 비교할 때, D 축제는 고용인 수가 취업자 수의 3배 이상이므로 다른 축제가 3배 이상이 되는지 판단한다.

2 평균 개념형 난이도 하 정답 ①

문제풀이 핵심 포인트
평균은 편차의 합이 0이라는 성격을 이용하여 답을 도출한다.

풀이

- A와 C의 판매량은 같으므로 C의 판매량도 95이다.
- B와 D의 판매량이 같으므로 평균과의 편차를 X라고 하여 평균 70을 기준으로 편차를 도출하면 A = +25, B = X, C = +25, D = X, E = X − 23, F = −27이고 이를 모두 더하면 2X만 남게 된다.
- 따라서 평균의 편차 합 2X = 0이 되어야 하므로 B = D = 70이고 E는 47이다.

3 분수 비교형 난이도 하 정답 ①

문제풀이 핵심 포인트
연도별 전체 사고건수가 동일하고, 기준이 '원인'과 '사용처'로 다른 2개의 〈표〉가 제시된 문제이므로 이를 연결하여 정답을 도출한다.

풀이

ㄱ. (O) '공급자 취급부주의'는 2015년 23건에서 2019년 29건으로 6건 증가하였고 '시설미비'는 18건에서 24건으로 역시 6건 증가하였다. 증가폭이 동일하고 2015년 수치는 '공급자 취급부주의'가 더 크기 때문에 2015년 대비 2019년 사고건수의 증가율은 '공급자 취급부주의'가 '시설미비'보다 작다.

ㄴ. (O) '주택'과 '차량'의 연도별 사고건수 증감방향은 증가, 감소, 증가, 증가로 서로 같다.

ㄷ. (×) 2016년에는 사고건수 기준 상위 2가지 원인은 '사용자 취급부주의'와 '시설미비'로 합이 61건이므로 전체 120건의 절반 이상이다. 따라서 2016년에는 사고건수 기준 상위 2가지 원인에 의한 사고건수의 합이 나머지 원인에 의한 사고건수의 합인 59건보다 많다.

ㄹ. (×) 2017년 사고건수 118건 중 '주택' 39건이 차지하는 비중은 39/118로 35%인 35/100보다 작다. 따라서 전체 사고건수에서 '주택'이 차지하는 비중이 매년 35% 이상인 것은 아니다.

실전에선 이렇게!

ㄹ. 2017년의 경우 '주택' 39건의 3배인 117건은 전체 118건보다 작다. 따라서 전체의 1/3인 33.3%보다도 작다.

4 각주 판단형 난이도 중 정답 ⑤

문제풀이 핵심 포인트
각주에서 까다로운 등급 조건을 제시하고 있으므로, 등급을 직접 묻지 않는 선지 ①, ②, ③ 위주로 우선 판단한다.

풀이

① (O) 2015~2019년 A와 B 지역의 총질소(Total − N)의 연간 증감방향은 감소, 증가, 감소, 감소로 매년 동일하다.

② (O) B 지역은 해조류 군집 출현종수가 2015년 102개에서 2016년 77개로 25개 감소하였고 해양 저서동물 출현종수는 2015년 90개에서 2016년 73개로 17개 감소하였다. 감소율 20%를 기준으로 판단하면, 2016년 B 지역은 해조류 군집 출현종수의 전년대비 증감률이 해양 저서동물 출현종수의 전년대비 증감률보다 크다.

③ (O) 2019년에 해양 저서동물 출현종수가 가장 많은 지역은 304개인 D이고, 총질소(Total − N)가 0.07로 가장 낮은 지역도 D이다.

④ (O) 2015년에 해양수질 1등급 요건인 DO 7.50mg/L 이상, COD 1.00mg/L 이하, Total − N 0.30mg/L 이하를 모두 만족하는 지역은 DO가 7.51mg/L, COD가 0.96mg/L, Total − N이 0.20mg/L인 D뿐이다.

⑤ (×) C 지역의 경우 2015년과 2016년의 COD가 각각 2.35mg/L, 2.29mg/L로 2등급 기준인 COD 2.00mg/L 이하를 만족하지 못한다. 따라서 A와 C 지역의 해양수질이 2015년부터 2017년까지 2등급으로 일정하다는 것은 옳지 않은 설명이다.

5 각주 판단형 난이도 중

정답 ④

문제풀이 핵심 포인트

각주 1과 2를 연결하면 결국 공급예비율은 {(전력공급능력/최대전력수요) - 1}×100이므로 공급예비율의 크기는 전력공급능력/최대전력수요의 비율 크기로 판단 가능하다.

풀이

① (×) 공급예비력은 2018년 2월이 8,793 - 7,879 = 914만 kW로 2019년 8월 9,240 - 8,518 = 722만 kW보다 크다.

② (×) 공급예비율은 2018년 2월 (879/788)×100이 2019년 8월 (924/852)×100보다 높다.

③ (×) 2월에 2018년은 증가, 2019년은 감소로 2019년 1~12월 동안 최대전력수요의 월별 증감방향은 2018년과 동일하지 않다.

④ (O) 해당 연도 1~12월 중 최대전력수요가 가장 큰 달과 가장 작은 달의 최대전력수요 차이는 2018년 2월(7,879) - 5월(6,407)이 2019년 8월(8,518) - 4월(6,577)보다 작다.

⑤ (×) 2019년 최대전력수요의 전년동월 대비 증가율은 1월이 7,780만 kW에서 8,297만 kW로 약 500만 kW 증가하여 10% 미만의 증가율을 보이고 있지만 8월은 7,692만 kW에서 8,518만 kW로 800만 kW 이상 증가하여 10% 이상의 증가율을 보이고 있다. 따라서 2019년 최대전력수요의 전년동월 대비 증가율이 가장 높은 달은 1월이 아니다.

실전에선 이렇게!

② 분자 증가율<분모 증가율로 빠르게 정오 판단이 가능하다.

6 조건 판단형 난이도 중

정답 ②

문제풀이 핵심 포인트

위험인자별 평가점수를 매길 때 경사길이나 토심은 수치가 클수록 평가점수가 높고 경사도는 낮을수록 평가점수가 높다는 점을 체크하여 답을 도출한다.

풀이

〈평가 방법〉의 점수를 간단히 정리하면 다음과 같다.

위험인자 \ 지역	A	B	C	D	E
경사길이(m)	2	3	2	1	0
모암	1	1	3	2	3
경사위치	1	2	1	3	2
사면형	0	3	2	3	1
토심(cm)	3	2	1	2	1
경사도(°)	1	3	2	1	0
계	8	13	11	12	7

따라서 산사태 위험점수가 가장 높은 지역은 B이고 가장 낮은 지역은 E이다.

7 곱셈 비교형 난이도 상

정답 ③

문제풀이 핵심 포인트

선지의 그래프는 이용자 수를 나타내므로 〈보고서〉에서 이용자 변화가 나타나는 부분을 집중적으로 판단하여 답을 도출한다.

풀이

① (×) 〈보고서〉의 두 번째 문단에 따르면 메뉴 가격에 변동이 없을 경우, 일반식 이용자와 특선식 이용자의 수가 모두 2018년 12월에 비해 감소한다. 그래프에서 '메뉴 가격 변동 없음'의 일반식 이용자는 1,220명으로 2018년 12월의 1,210명보다 많으므로 내용에 부합하지 않는다.

② (×) 〈보고서〉의 세 번째 문단에 따르면 특선식 가격만을 1,000원 인상하여 7,000원으로 할 경우, 특선식 이용자 수는 2018년 7월 이후 최저치 이하로 감소한다. 그래프에서 '특선식만 1,000원 인상'의 특선식 이용자는 890명으로, 2018년 7월 이후 최저치인 8월의 885명보다 많으므로 내용에 부합하지 않는다.

③ (O) 메뉴 가격에 변동이 없을 경우, 특선식 이용자 수가 940명, 일반식 이용자 수가 1,200명이므로 2018년 12월에 비해 감소한다. 또한 특선식만 1,000원 인상할 경우, 특선식 이용자 수는 880명으로 2018년 7월 이후 최저치 이하로 감소하고 총 매출액은 880×7 + 1,260×4 = 11,200천 원이므로 2018년 10월 총매출액 이상으로 증가한다. 일반식 가격만을 1,000원 인상할 경우, 일반식 이용자 수는 1,030명으로 2018년 12월 일반식 이용자 수 대비 10% 이상 감소한다. 따라서 〈표〉와 〈보고서〉의 내용에 부합한다.

④ (×) 〈보고서〉의 세 번째 문단에 따르면 특선식 가격만을 1,000원 인상하여 7,000원으로 할 경우, 가격 인상의 영향 등으로 총매출액은 2018년 10월 이상으로 증가할 것으로 예측된다. 2018년 10월의 특선식 총 매출액은 5,874천 원이고, '특선식만 1,000원 인상'의 특선식 총 매출액은 870×7 = 6,090천 원으로 216천 원만큼 증가한다. 반면 2018년 10월의 일반식 총 매출액은 1,244×4이고, '특선식만 1,000원 인상'의 일반식 총 매출액은 1,180×4로 256천 원만큼 감소하므로 내용에 부합하지 않는다.

⑤ (×) 〈보고서〉의 마지막 문단에 따르면 일반식 가격만을 1,000원 인상하여 5,000원으로 할 경우, 일반식 이용자 수는 2018년 12월 대비 10% 이상 감소하며, 특선식 이용자 수는 2018년 10월보다 증가하지는 않으리라 예측된다. 그래프에서 '일반식만 1,000원 인상'의 일반식 이용자는 1,090명이고, 이는 2018년 12월 1,210명의 10%인 121명을 제외한 1,089명보다 많으므로 내용에 부합하지 않는다.

실전에선 이렇게!

이용자 수의 변화를 묻는 내용부터 참고하여 선지 ①, ②, ⑤를 제외하면 선지 ③, ④가 남게 된다. 이 경우 특선식 가격 인상 시 이용자 수는 선지 ③이 선지 ④보다 일반식과 특선식 모두 더 많기 때문에, 총매출액 증가 여부를 도출하지 않고 판단할 수 있다.

8 빈칸형 난이도 중

정답 ②

문제풀이 핵심 포인트

1분은 100초가 아닌 60초이므로 분과 초를 더할 때 각각 더해서 시간을 비교하면 쉽게 판단할 수 있다.

풀이

ㄱ. (O) 출발 후 6km 지점을 먼저 통과한 선수부터 나열하면 A가 29분 100초, C가 31분 127초, D가 33분 150초, B가 33분 169초로 A - C - D - B 순이다.

ㄴ. (×) B의 구간별 기록 중 '분'만 모두 더하면 53분이므로 완주 기록이 60분 이상이 되려면 '초'를 모두 더했을 때 7분 이상, 즉 420초 이상이어야 한다. B는 298초이므로 B의 10km 완주기록은 60분 이상이 아니다.

ㄷ. (O) 0~1km 구간에서 B는 C보다 56초 빨리 달렸지만 1~2km 구간에서 C는 B보다 15초 빨리 달렸고 2~3km 구간에서도 C는 B보다 32초 빨리 달렸다. 3~4km 구간 역시 C는 B보다 1분 3초 빨리 달렸으므로 3~4km 구간에서 B는 C에게 추월당한다.

ㄹ. (×) A가 10km 지점을 통과한 순간은 51분 52초이다. D는 10km 지점을 통과한 순간이 57분 23초이므로 9km 지점을 통과한 순간은 52분 8초, 8km 지점을 통과한 순간은 46분 57초이다. 따라서 A가 10km 지점을 통과한 순간인 51분 52초에 D는 7~8km 구간이 아닌 8~9km 구간을 달리고 있다.

실전에선 이렇게!

ㄴ. 총 10개 구간이므로 완주 기록이 60분 이상이 되려면 구간별로 평균 기록이 6분 이상이 되어야 한다. 따라서 6분을 기준으로 편차를 도출하면 -16초, -18초, -10초, +18초, +14초, +3초, -12초, -21초, -27초, -57초로 편차의 합은 (-)이다. 따라서 평균적으로 6분 이상이 되지 못한다.

9 각주 판단형 난이도 ㊥ 정답 ①

문제풀이 핵심 포인트

한국의 가정용, 산업용 전기요금은 100kWh당 각각 \$120, \$95이고 전기요금 지수가 각각 75, 95이므로 OECD 평균은 각각 \$160, \$100인 점을 판단하여 답을 도출한다.

풀이

ㄱ. (O) 산업용 전기요금은 일본이 \$160로 가장 비싸고 가정용 전기요금은 독일이 \$203로 가장 비싸다.

ㄴ. (O) OECD 평균 전기요금은 가정용이 \$160로 산업용 \$100의 1.5배 이상이다.

ㄷ. (×) 미국의 경우 가정용 전기요금 지수가 77로, 75인 한국보다 전기요금이 비싸지만 산업용 전기요금 지수는 67로 95인 한국보다 비싸지 않다.

ㄹ. (×) 일본은 산업용 전기요금이 \$160로 가정용 전기요금 138×1.6 = \$220.8보다 비싸지 않다.

10 표 - 차트 변환형 난이도 ㊤ 정답 ③

문제풀이 핵심 포인트

〈표〉의 수치를 그대로 나타낸 선지 ①과 차이로 나타낸 선지 ②를 우선적으로 검토한다.

풀이

그래프에서 2018년 공기업의 여성 비율이 25.0%인데 〈표 2〉에서 공기업 전체 9,070명 중 여성 2,087명은 25%가 되지 못한다.

실전에선 이렇게!

여성×4 = 전체가 성립하는지 확인한다.

11 매칭형 난이도 ㊥ 정답 ④

문제풀이 핵심 포인트

'가장'이라는 키워드가 포함된 두 번째 〈조건〉부터 판단한 후 선택지의 구성을 참고하여 소거법으로 답을 도출한다.

풀이

- 두 번째 〈조건〉에서 기관별 전체 심사결과 중 '관련없음'의 비중은 문화청이 가장 크다고 했으므로 문화청은 D이다. 이에 따라 선지 ①, ③은 제외된다.
- 세 번째 〈조건〉에서 '각하' 건수는 과학청이 혁신청보다 많다고 했지만, 남은 선택지 중 과학청>혁신청을 만족하는 조합은 A>B, C>B, C>A 모두 가능하다.
- 첫 번째 〈조건〉에서 우주청의 전체 심사결과 중 '관련없음'의 비중은 혁신청의 전체 심사결과 중 '관련없음'의 비중보다 작다고 했으므로 우주청<혁신청을 만족하지 않는 조합인 A(33/45)가 혁신청, B(77/97)가 우주청인 선지 ⑤는 제외된다. 이때 75%인 3/4을 기준으로 비교하면 빠르게 판단할 수 있다.
- 네 번째 〈조건〉에서 '관련없음' 대비 '관련있음' 건수의 비는 과학청이 우주청보다 높다고 했으므로 A(8/33)<C(99/350)를 판단하면 선지 ④가 정답이다. A와 C를 비교할 때, 분자는 20% 이상 증가하고 분모는 10% 미만 증가하므로 A보다 C가 크다는 것을 빠르게 알 수 있다.

12 빈칸형 난이도 ㊤ 정답 ③

문제풀이 핵심 포인트

식비가 〈그림 1〉의 세로축, 〈그림 2〉의 가로축 변수로 나타나 있으므로 이를 연결하여 판단한다.

풀이

① (×) 의복비는 가구 A가 30 또는 40만 원으로 가구 B의 10만 원보다 크다.

② (×) 의복비가 0원인 가구는 I, J로 2곳 이상이다.

③ (O) 주거비가 40만 원 이하인 가구는 A, B, C이고, 의복비의 경우 A가 30 또는 40만 원, B가 10만 원, C가 30만 원으로 모두 10만 원 이상이다.

④ (×) 식비 하위 3개 가구는 B, G, L이고 의복비의 합은 B가 10만 원, G가 10만 원, L이 30만 원이다. 따라서 합은 50만 원이다.

⑤ (×) K가구의 필수생활비가 130만 원이라면 식비 80만 원과 주거비 70만 원의 합 150만 원보다 작다. 따라서 식비가 80만 원이면서 필수생활비가 130만 원인 가구는 K가 아니다. K는 필수생활비가 150 또는 160만 원이다.

실전에선 이렇게!

② 〈그림 1〉의 식비+주거비와 〈그림 2〉의 필수생활비가 같은 가구를 찾아 판단한다.

13 곱셈 비교형 난이도 중

정답 ③

문제풀이 핵심 포인트

ㄷ을 제외하면, 구체적인 항공기 수를 도출하는 것이 아닌 항공기 수를 비교하는 〈보기〉가 대부분이므로 곱셈식을 구성하여 비교한 후 답을 도출한다.

풀이

ㄱ. (O) 이륙 중에 인적오류로 추락한 항공기 수는 400×55%=220대이다. 따라서 착륙 중에 원인불명으로 추락한 항공기 수 120×15%=18대의 12배인 216대 이상이다.

ㄴ. (×) 비행 중에 원인불명으로 추락한 항공기 수와 착륙 중에 기계결함으로 추락한 항공기 수는 42대로 동일하다.

ㄷ. (×) 비행 중에 인적오류로 추락한 항공기 수는 280×40%=112대이고, 이륙 중에 기계결함으로 추락한 항공기 수는 400×15%=60대이므로 52대 더 많다.

ㄹ. (O) 기계결함으로 추락한 항공기 수는 400×15%=60대, 280×25%=70대, 120×35%=42대로 총 172대이다. 따라서 추락사고가 발생한 항공기 수 800대 중 172대가 차지하는 비중은 21.5%로 20% 이상이다.

실전에선 이렇게!

ㄱ. 이륙 중에 인적오류로 추락한 항공기 비중은 50×55%이고 착륙 중에 원인불명으로 추락한 항공기 비중은 15×15%이다. 따라서 50×55≥15×15×12가 성립하는지 판단한다.

ㄴ. 비행 중에 원인불명으로 추락한 항공기 비중은 35×15%이고 착륙 중에 기계결함으로 추락한 항공기 비중은 15×35%이므로 35×15=15×35가 성립하는지 판단한다.

ㄷ. 800대 중 56대 더 많다는 의미는 7%p 더 많다는 의미로 접근할 수 있다. 비행 중에 인적오류로 추락한 항공기 비중은 35%×40%=14%이고, 이륙 중에 기계결함으로 추락한 항공기 비중은 50%×15%=7.5%이므로 7%p가 아니라 6.5%p 더 많다.

ㄹ. 기계결함으로 추락한 항공기 비중은 50×15%=7.5%, 35×25%=8.75%, 15×35%=5.25%로 전체의 21.5%이다.

14 조건 판단형 난이도 하

정답 ④

문제풀이 핵심 포인트

비행 또는 촬영의 경우 날씨가  또는 이어야 하므로 날씨가  인 1일, 4일, 14일을 제외하고 판단한다.

풀이

ㄱ. (O) 비행이 '허가'인 날 중 지자기지수가 5 미만이고 풍속이 10 미만인 날은 3일, 8일, 10일, 11일, 12일, 15일로 비행에 적합한 날은 총 6일이다.

ㄴ (×) 촬영이 '허가'인 날 중 지자기지수가 10 미만이고 풍속이 5 미만인 날은 3일, 8일, 12일, 15일로 촬영에 적합한 날은 총 4일이다.

ㄷ. (O) 항공촬영에 적합한 날은 비행과 촬영이 모두 적합한 날인 3일, 8일, 12일, 15일로 총 4일이다.

15 각주 판단형 난이도 상

정답 ①

문제풀이 핵심 포인트

산림경영단지 면적이 가장 넓은 곳을 묻고 있으므로 각주 4의 분모에서 산림경영단지 면적을 찾아 이에 관한 식으로 정리하여 답을 도출한다.

풀이

· 면적이 가장 넓은 산림경영단지를 도출하려면 각주 4를 이용해서 임도 길이/임도 밀도 식으로 만들어야 한다. 임도 밀도는 〈표〉에 주어져 있고 임도 길이는 각주 1에서 작업임도 길이+간선임도 길이이다. 간선임도 길이는 주어져 있고 각주 2와 3을 연결하면 결국 작업임도 비율+간선임도 비율=100%이다. 따라서 임도 길이 전체는 간선임도 길이/(100%－작업임도 비율)×100으로 도출할 수 있다.

· 임도 길이/임도 밀도를 구하면 A=100/15, B=50/10, C=50/20, D=40/10, E=100/20이다.

따라서 면적이 가장 넓은 산림경영단지는 A이다.

16 빈칸형 난이도 하

정답 ②

문제풀이 핵심 포인트

빈칸을 채우지 않고 판단할 수 있는 〈보기〉 ㄱ부터 검토한 후, 빈칸 채우는 것을 최소화하는 〈보기〉를 골라 답을 도출한다.

풀이

주어진 〈표〉의 빈칸을 채우면 다음과 같다.

(단위: 명)

정당 / 권역	A	B	C	D	E	합
가	48	(9)	0	1	7	65
나	2	(3)	(23)	0	0	(28)
기타	55	98	2	1	4	160
전체	105	110	25	2	11	253

ㄱ. (O) E 정당 전체 당선자 중 '가' 권역 당선자가 차지하는 비중은 7/11로 60% 이상이다.

ㄴ. (×) 당선자 수의 합은 '가' 권역이 65명으로 '나' 권역 28명의 3배 이상이 되지 못한다.

ㄷ. (O) C 정당 전체 당선자 중 '나' 권역 당선자가 차지하는 비중은 23/25(=92/100)으로 A 정당 전체 당선자 중 '가' 권역 당선자가 차지하는 비중 48/105의 2배인 96/105 이상이다.

ㄹ. (×) B 정당 당선자 수는 '나' 권역이 3명으로 '가' 권역 9명보다 적다.

17 빈칸형 난이도 상 정답 ⑤

문제풀이 핵심 포인트
가중치가 동일한 영역을 묶어서 판단한다.

풀이

① (O) 종합순위 1위 미국의 '성과' 영역 순위는 2위이고 원점수는 54.8점이다. 따라서 1위는 54.8점보다 높을 것이라 추측할 수 있고, 이는 한국의 '성과' 영역 원점수 6.7점의 8배인 53.6점보다 크다. 따라서 종합순위가 한국보다 낮은 국가 중에 '성과' 영역 원점수가 한국의 8배 이상인 국가가 있다고 판단할 수 있다.

② (O) 종합순위 3~10위 국가의 종합점수 합은 307.63점으로 320점 이하이다.

③ (O) 종합순위 2위 중국의 '환경' 영역 순위는 28위이다. 따라서 소프트웨어 경쟁력 평가대상 국가는 적어도 28개국 이상이 된다고 판단할 수 있다.

④ (O) 가중치가 '활용' 영역과 더불어 0.25로 가장 큰 '혁신' 영역의 원점수보다 높은 '환경' 영역과 비교하면, 환경은 62.9×0.15 = 9.435점이고 혁신은 41.5×0.25 = 10.375점으로 '혁신' 영역이 더 높다. 따라서 한국은 5개 영역점수 중 '혁신' 영역점수가 가장 높다.

⑤ (×) 일본의 '활용' 영역 원점수 57.2점이 중국의 '활용' 영역 원점수인 73.6점으로 같아지면 16.4점이 상승하게 된다. 가중치가 0.25이므로 종합점수는 16.4/4 = 4.1점 상승하게 되고, 일본의 종합점수는 41.48 + 4.1 = 45.58점으로 중국의 종합점수 47.04점보다 여전히 작기 때문에 국가별 종합순위가 바뀌지 않는다.

실전에선 이렇게!

② 4~5위는 3위 41.48점을 넘지 못하고, 8~10위 역시 7위 38.12점을 넘지 못하므로 41.48×3 + 38.12×4 + 38.35 = 124.44 + 152.48 + 38.35 = 315.27점을 넘지 못한다는 것을 판단할 수 있다.

18 빈칸형 난이도 중 정답 ⑤

문제풀이 핵심 포인트
G의 피해액을 도출하거나 제시된 수치를 비율로 재구성해야 판단이 가능한 선지인 ①, ②, ③을 후순위로 두고 선지 ④, ⑤부터 판단한다.

풀이

① (O) G 지역의 피해액은 약 580억 원으로 전국 피해액 1,872억 원의 35%인 약 655억 원 이하이다.

② (O) 주요 7개 지역을 합친 지역의 1인당 피해액은 185,589,158/27,125,891 ≒ 6,842원이므로 전국의 1인당 피해액보다 많다. 따라서 주요 7개 지역을 합친 지역의 1인당 피해액은 나머지 전체 지역의 1인당 피해액보다 크다.

③ (O) D 지역과 F 지역을 합친 지역의 1인당 피해액은 약 22,316원이고 전국 1인당 피해액 3,617원의 5배 이상이다.

④ (O) 피해밀도는 A 지역이 2,726.6원/km^2로 B 지역 283.2원/km^2의 9배 이상이다.

⑤ (×) 피해밀도를 계산하면 D 지역은 422.0원/km^2이고, B 지역은 283.2원/km^2로 더 낮음을 알 수 있다. 따라서 주요 7개 지역 중 피해밀도가 가장 낮은 지역은 D 지역이 아니라 B 지역이다.

실전에선 이렇게!

① G 지역이 전국의 35% 이하라면 나머지 지역의 합은 65% 이상이 되어야 한다. 35%를 약 33.3%, 65%를 약 66.7%로 보면 결국 나머지 지역의 합에 1.5배를 한 수치가 전국보다 크면 옳은 선택지임을 판단할 수 있다. 나머지 지역의 합은 126십억 원 이상이고 1.5배는 189십억 원 이상이므로 전국의 수치인 약 187십억 원을 초과한다.

④ 피해액은 거의 비슷하지만 행정면적은 B 지역이 A 지역의 9배 이상이므로 피해밀도는 A 지역이 B 지역의 9배 이상임을 알 수 있다.

⑤ 피해밀도 식을 분수 비교하면 D 지역은 712/168, B 지역은 288/102이므로 D 지역이 B 지역보다 더 작음을 빠르게 비교할 수 있다.

19 빈칸형 난이도 상 정답 ⑤

문제풀이 핵심 포인트
샘플 수를 일종의 가중치로 간주한 다음 항복강도의 합격률을 이용하여 SD500의 샘플 수를 도출한다.

풀이

(단위: 개)

구분 \ 종류		SD400	SD500	SD600	전체
샘플 수		35	(40)	25	(100)
평가항목별 합격률	항복강도	35	38	23	96
	인장강도	35	40	22	(97)
최종 합격률		35	(38)	21	(94)

① (×) SD500의 샘플 수를 x라고 하면 $35 + 0.95x + 25 \times 0.92 = (60 + x) \times 0.96$이다. $58 - 60 \times 0.96 = 0.01x = 0.4$이므로 $x = 40$개이다.

② (×) 인장강도 평가에서 합격한 SD600 샘플은 22개이고 항복강도 평가에서 합격한 SD600 샘플은 23개이다. 그러나 최종 합격한 샘플 개수는 21개이므로 인장강도 평가에서 합격한 SD600 샘플 모두가 항복강도 평가에서 합격한 것은 아니라는 것을 알 수 있다.

③ (×) 항복강도 평가에서 불합격한 SD500 샘플 수는 2개이다.

④ (×) 최종 불합격한 전체 샘플 수는 6개이다.

⑤ (O) 항복강도 평가에서 불합격한 SD600 샘플 수는 최종 불합격한 SD500 샘플 수와 2개로 같다.

실전에선 이렇게!

① 항복강도 전체를 기준으로 종류별 합격률 차이가 +4, −1, −4이므로 이를 샘플 수와 곱해서 합이 0이 되는 x를 찾으면 된다. 따라서 $+140 - x - 100 = 0$이므로 $x = 40$이다.

20 분수 비교형 난이도 중 정답 ④

문제풀이 핵심 포인트

생산량과 소비량 각각 상위 8개국 현황만 제시되어 있으므로 상위 8개국을 제외한 나머지 국가의 비중은 100%에서 8개국 계의 구성비를 뺀 수치이다.

풀이

ㄱ. (O) 2015년 와인 생산량 상위 8개국 중 와인 소비량이 생산량보다 많은 국가는 미국 1개이다.

ㄴ. (O) 2015년 와인 생산량 상위 8개국만 와인 생산량이 각각 10%씩 증가했다면 21,335+2,133.5≒23,400천 L이고 상위 8개국을 제외한 나머지 국가의 와인 생산량은 25.1%이므로 21,335×1/3≒7,100천 L이다. 따라서 30,000천 L 이상이었을 것이다.

ㄷ. (O) 2015년 중국 와인 소비량은 1,600천 L이고, 이는 같은 해 세계 와인 생산량 21,335×4/3≒28,447천 L의 6%인 1,706.8천 L 미만이다.

ㄹ (×) 2013년 스페인 와인 생산량 3,720/0.82≒4,536천 L는 같은 해 영국 와인 소비량 1,290/1.016≒1,270천 L의 3배 이상이다.

실전에선 이렇게!

ㄱ. 소비량 상위 8개국에 포함되지 못한 칠레, 호주, 남아프리카 공화국의 소비량은 8위 스페인의 소비량 1,000천 L보다 작다고 판단하여 비교한다.

21 매칭형 난이도 중 정답 ④

문제풀이 핵심 포인트

〈보고서〉에서 직접 언급되는 업종은 제외하여 소거법으로 답을 도출한다.

풀이

- A: 영업이익이 가장 많은 업종은 선용품공급업이다.
- B: 영업이익률이 10%를 초과하는 업종은 하역업이다.
- C: 사업체당 매출액이 부산항 해운항만산업 전체 232,119/4,511≒51.5억 원보다 적은 업종은 대리중개업, 항만부대업, 선용품공급업, 수리업이고 이 중 사업체당 영업이익이 3억 원을 초과하는 것은 항만부대업뿐이다.
- D: 사업체당 영업비용과 사업체당 매출액은 각각 수리업이 15.7억 원, 17.3억 원으로 모두 가장 적다.

따라서 A~D의 사업체 수 합은 65+323+1,413+478=2,279개이다.

22 조건 판단형 난이도 상 정답 ①

문제풀이 핵심 포인트

발문에서 재사용 또는 폐기까지 소요된 비용을 묻고 있으므로 오염도 측정 단계에서 폐기되거나 치수 단계까지 거쳐 재사용되는 제품 위주로 판단한다.

풀이

- A는 오염도가 12이므로 소요되는 비용은 오염도 측정(5천 원) 비용뿐이다. 반면 C와 D는 오염도 측정 후 강도 측정(10천 원) 이상이 추가되므로 비용이 가장 적은 제품은 A이다.
- B는 오염도 측정(5천 원) 2회, 세척(5천 원) 1회, 강도 측정(10천 원) 3회, 열가공(50천 원) 2회, 치수 측정(2천 원) 3회, 치수 확대(20천 원) 2회로 소요되는 비용은 총 191천 원이다. C는 오염도 측정(5천 원) 1회, 강도 측정(10천 원) 1회, 치수 측정(2천 원) 4회, 치수 확대(20천 원) 3회로 소요되는 비용은 총 83천 원이다. 따라서 비용이 가장 많은 제품은 B이다.

실전에선 이렇게!

비용이 가장 적은 제품은 오염도 측정과정에서 폐기되는 제품이므로 오염도가 10을 초과하는 제품부터 검토한다.

23 분수 비교형 난이도 중 정답 ③

문제풀이 핵심 포인트

〈그림 2〉는 인구 10만 명당 사망자 수이고 선택지의 인구 단위는 '백만 명'과 '인구 1만 명당 교통사고 건수'이므로 단위 변환에 유의하여 답을 도출한다.

풀이

- 2013년 인구는 (10,246/21.8)×10만 명=47백만 명이다.
- 2019년 인구 1만 명당 교통사고 건수를 구하려면 먼저 인구를 도출해야 한다. 인구는 (4,284/8.4)×10만 명=51백만 명이다. 따라서 인구 1만 명당 교통사고 건수는 (331,500/51백 만)×10,000이므로 65건이다.

실전에선 이렇게!

$\frac{331,500}{\frac{4,284}{8.4}\times 10\text{만}}\times 1\text{만}=\frac{\frac{331,500}{1}}{\frac{428,400}{84}}=\frac{3,315\times 84}{4,284}=65$와 같은 번분수 형태로 정리한다.

24 보고서 검토·확인형 난이도 하 정답 ③

문제풀이 핵심 포인트

〈보고서〉 작성 시, 제시된 〈그림〉과 〈표〉만 가지고 도출할 수 없는 항목이 추가로 필요한 항목이 된다.

풀이

ㄱ. (O) 〈보고서〉의 첫 번째 문단 두 번째 문장 '2017년 한국은 중국을 밀어내고 수주량 1위를 차지했는데, 이는 2012년 중국에 1위 자리를 내어준 이후 6년 만이다.'를 작성하기 위해 추가로 필요한 자료는 '2010~2017년 세계 조선업 수주량의 국가별 점유율'이다.

ㄹ. (O) 〈보고서〉의 세 번째 문단 첫 번째 문장 '2017년 국내 대형 조선사는 해양플랜트 수주량 증가에 힘입어 실적이 개선되고 있다.'를 작성하기 위해 추가로 필요한 자료는 '2010~2017년 국내 조선사 규모별 해양플랜트 수주량'이다.

25 분수 비교형 난이도 중 정답 ②

문제풀이 핵심 포인트
〈표 1〉의 빈칸을 채우지 않고 판단할 수 있는 〈보기〉부터 검토하여 답을 도출한다.

풀이

2013년 수주량 및 수주잔량, 전년대비 증가율을 도출하면 아래와 같다.

구분 / 연도	수주량	전년대비 증가율	수주잔량	전년대비 증가율
2013	1,840		3,356	
2014	1,286	(-30.1)	3,302	-1.6
2015	1,066	(-17.1)	3,164	-4.2
2016	221	(-79.3)	2,043	(-35.4)
2017	619	(180.1)	1,761	-13.8

ㄱ. (×) 〈표 1〉의 각주에 해당 연도 건조량 = 전년도 수주잔량 + 해당 연도 수주량 - 해당 연도 수주잔량임이 주어졌으므로, 이를 활용하여 2014~ 2016년의 건조량을 구하면 다음과 같다.
- 2014년 건조량 = 3,356 + 1,286 - 3,302 = 1,340만 톤
- 2015년 건조량 = 3,302 + 1,066 - 3,164 = 1,204만 톤
- 2016년 건조량 = 3,164 + 221 - 2,043 = 1,342만 톤

따라서 2014~2016년 중 국내 조선업 건조량이 가장 적은 해는 2016년이 아닌 2015년이다.

ㄴ. (○) 2014~2016년 동안은 수주량이 매년 감소했으나 2017년에는 전년대비 2배 이상 증가하였다. 따라서 2014년 이후 국내 조선업 수주량의 전년대비 증감률이 가장 큰 해는 2017년이다.

ㄷ. (○) 2014년 이자보상배율이 1 미만인 국내 조선기자재업체 수는 중형 35×25.7%≒9개가 대형 20×15%≒3개의 3배이다.

ㄹ. (×) 이자보상배율이 1 미만인 국내 조선기자재업체 수의 2015년 대비 2016년 증감폭은 중형이 35×(34.3 - 17.1) = 35×17.2%p≒6이고, 소형의 경우 96×(38.5 - 28.1) = 96×10.4%p≒10이므로 이자보상배율이 1 미만인 국내 조선기자재업체 수의 2015년 대비 2016년 증감폭이 가장 큰 기업규모는 중형이 아닌 소형이다.

5급 기출 재구성 모의고사

모바일 자동 채점 및 성적 분석 서비스

언어논리

정답

p.297

1	③	개념 이해	6	⑤	논지와 중심 내용	11	③	논증 평가	16	③	구조 판단	21	⑤	논증 평가
2	⑤	개념 이해	7	④	빈칸 추론	12	④	논증의 타당성	17	②	논리 퀴즈	22	②	논증 평가
3	⑤	구조 판단	8	③	글의 수정	13	④	빈칸 추론	18	⑤	논리 퀴즈	23	⑤	독해형 논리
4	④	구조 판단	9	⑤	원칙 적용	14	③	구조 판단	19	①	독해형 논리	24	④	논증의 비판과 반박
5	③	구조 판단	10	③	밑줄 추론	15	②	견해 분석	20	③	구조 판단	25	②	견해 분석

취약 유형 분석표

유형별로 맞힌 문제 개수와 정답률, 틀린 문제 번호, 풀지 못한 문제 번호를 적고 나서 취약한 유형이 무엇인지 파악해 보세요. 그 후 약점 보완 해설집 p.2 [취약 유형 공략 포인트]에서 약점 보완 학습법을 확인하고, 틀린 문제와 풀지 못한 문제를 다시 한번 풀어보세요.

유형		맞힌 문제 개수	정답률	틀린 문제 번호	풀지 못한 문제 번호
독해의 원리	개념 이해	/2	%		
	구조 판단	/6	%		
	원칙 적용	/1	%		
논증의 방향	논지와 중심 내용	/1	%		
	견해 분석	/2	%		
	논증의 비판과 반박	/1	%		
	논증 평가	/3	%		
문맥과 단서	빈칸 추론	/2	%		
	밑줄 추론	/1	%		
	글의 수정	/1	%		
논리의 체계	논증의 타당성	/1	%		
	논리 퀴즈	/2	%		
	독해형 논리	/2	%		
TOTAL		/25	%		

해설

1 개념 이해 난이도 중 정답 ③

문제풀이 핵심 포인트
선택지에 '협화회'와 '재일조선인'이 연계되어 제시되어 있으므로 두 단어 간의 관련성에 주목하여 지문의 정보를 파악하는 것이 중요하다.

풀이

① (×) 네 번째 단락에서 협화회는 재일조선인에 대한 감시와 사상 관리뿐 아니라 신사참배, 조선어 금지 등 전반적인 영역에서 강압적인 관리를 해왔음을 알 수 있다. 그러나 그것으로 협화회가 재일조선인에 대한 교육을 담당하였다고 볼 수 있을지는 알 수 없다.

② (×) 두 번째 단락에서 조선에 거주하는 조선인은 조선총독부 하 기관의 통제를 받았고, 재일조선인은 협화회의 관리를 받았다는 것을 알 수 있다. 그러나 이것만으로 협화회가 조선총독부와 긴밀한 협조체계를 유지하였는지는 알 수 없다.

③ (O) 두 번째 단락에서 1945년 재일조선인은 전시노동동원자를 포함하여 230만 명에 달했는데, 이들은 모두 협화회의 회원으로 편성되어 행동과 사상 일체에 대해 감시를 받았음을 알 수 있다. 따라서 협화회는 재일조선인 전시노동동원자에 대한 감시를 자행하였다는 것을 알 수 있다.

④ (×) 세 번째 단락에서 재일조선인이 차별에 계속 저항하였고 조선인들끼리 연락하는 단체를 조직했다는 것은 알 수 있지만, 이를 통해 협화회에 조직적으로 저항하며 민족 정체성을 유지하였는지는 알 수 없다.

⑤ (×) 세 번째 단락에서 협화회는 민간단체였지만 경찰이 주체가 되어 조직한 단체이기 때문에 지부장이 경찰서장이었다는 것은 알 수 있지만, 협화회의 간부를 일본의 민간인과 조선인 친일분자가 맡기도 했다는 사실은 알 수 없다.

실전에선 이렇게!

'알 수 있는' 것을 찾는 문제에서는 지문에 제시되어 있지 않은 내용이 선택지로 제시되는데, 이러한 방식으로 구성되는 오답의 유형에 주목해야 한다.

2 개념 이해 난이도 상 정답 ⑤

문제풀이 핵심 포인트
특별한 구조가 없이 인삼과 관련된 정보가 나열되어 있는 지문이므로 선택지에 제시된 단어 중심으로 지문의 정보를 꼼꼼하게 확인해주어야 한다.

풀이

① (×) 두 번째 단락에서 황첩이 없거나 거래량을 허위로 신고한 삼상은 밀매업자인 잠상으로 간주되어 처벌되었으며, 황첩이 없는 상인의 거래를 허가한 강계부사도 처벌되었다는 것을 알 수 있으나, 황첩을 위조하여 강계부로 잠입하는 잠상들이 많았는지는 지문에 언급되어 있지 않으므로 알 수 없다.

② (×) 두 번째 단락에서 황첩이 없거나 거래량을 허위로 신고한 삼상은 밀매업자인 잠상으로 간주되었다는 것은 알 수 있으나, 정부가 잠상을 합법적인 삼상으로 전환시키기 위해 노력하였다는 것은 지문에 제시되어 있지 않으므로 알 수 없다.

③ (×) 첫 번째 단락에서 사상들이 평안도 지방과 송도를 근거지로 하여 인삼 거래에 적극적으로 뛰어들었다는 것을 알 수 있으나, 송도와 강계부가 비교될 만한 근거가 지문에 제시되지 않으므로 상인들이 송도보다 강계부에서 인삼을 더 싸게 구입할 수 있었는지는 알 수 없다.

④ (×) 네 번째 단락에서 한양에서 70냥에 팔리는 인삼이 일본 에도에서는 300냥에 팔리기도 하였다는 것을 알 수 있으나, 일본 에도에서 팔린 것을 왜관에서의 거래라 볼 수 없으므로 왜관에서의 인삼 거래는 한양에서의 거래보다 삼상에게 4배 이상의 매출을 보장해 주었다는 것은 알 수 없다.

⑤ (O) 두 번째 단락에서 강계부는 세금을 납부한 삼상들의 명단을 작성하고, 이들이 어느 지역의 어떤 사람과 거래하였는지, 그리고 거래량은 얼마인지를 일일이 파악하여 중앙의 비변사에 보고하였다는 것을 알 수 있다. 따라서 중앙정부는 강계부에서 삼상에게 합법적으로 인삼을 판매한 백성이 어느 지역 사람인지를 파악할 수 있었다는 것을 알 수 있다.

3 구조 판단 난이도 중 정답 ⑤

문제풀이 핵심 포인트
지문에서 미국의 건축물 화재안전 관리체제로 건축모범규준, 화재안전평가제, 화재위험도평가제 세 가지가 제시되고 있으므로 개념이 대조되고 있는 구조임을 알 수 있다.

풀이

① (×) 두 번째 단락에 따르면 화재안전평가제는 공공안전성이 강조되는 의료, 교정, 숙박, 요양 및 교육시설 등 5개 용도시설에 대해 화재안전성을 평가하고, 5개 용도시설을 제외한 건축물의 경우에는 건축모범규준의 적용이 권고된다. 따라서 건축모범규준이 아니라 화재안전평가제에 따를 때 공공안전성이 강조되는 건물에는 특정 주요 기준이 강제적으로 적용되는 것이다.

② (×) 첫 번째 단락에 따르면 건축모범규준과 화재안전평가제는 건축물의 계획 및 시공단계에서 설계지침으로 적용되며, 화재위험도평가제는 기존 건축물의 유지 및 관리단계에서 화재위험도 관리를 위해 활용된다. 따라서 건축물의 설계·시공단계에서 화재안전을 확보하는 수단에 화재위험도평가제는 포함되지 않는다.

③ (×) 두 번째 단락에 따르면 특정 주요 기준은 대부분의 주가 최근 개정안을 적용하지만, 그 외의 기준은 개정되기 전 규준의 기준을 적용하는 경우도 있다. 따라서 건축모범규준을 적용하여 건축물을 신축하는 경우 반드시 가장 최근에 개정된 기준에 따라야 하는 것은 아니다.

④ (×) 첫 번째 단락에 따르면 미국은 공신력 있는 민간기관이 화재 관련 모범규준이나 평가제를 개발하고 주 정부가 주 상황에 따라 특정 제도를 선택하여 운영하고 있다. 따라서 미국에서는 민간기관인 미국화재예방협회가 건축모범규준과 화재안전평가제를 개발하고 있지만 운영한다고 볼 수는 없다.

⑤ (O) 두 번째 단락에 따르면 뉴욕주 소방청의 화재위험도평가제는 공공데이터 공유 플랫폼을 이용하여 수집된 주 내의 모든 정부 기관의 정보를 평가자료로 활용한다. 따라서 뉴욕주 소방청은 화재위험도 평가에 타 기관에서 수집한 정보를 활용한다는 것은 글의 내용에 부합한다.

실전에선 이렇게!

선택지를 먼저 훑어보면, '건축모범규준', '화재안전평가제', '화재위험도평가제'가 반복되어 제시되고 있으므로 그 제도들 사이의 차이점과 공통점에 집중하여 지문을 읽어준다.

4 구조 판단 난이도 상

정답 ④

문제풀이 핵심 포인트

'A : B' 형태의 대조 지문은 A와 B가 서로 대립되는 주장을 펼치는 경우가 많으므로 각자의 차이점에 집중하여 지문을 읽는다. 또한 부합 문제는 지문의 표현이 선택지에 적절한 유의어와 동의어의 형태로 표현되는 경우가 많으므로 지문과 선택지의 표현 차이에 유의해야 한다.

풀이

① (O) A는 은하와 은하가 멀어질 때 그 사이에서 물질이 연속적으로 생성되어 새로운 은하들이 계속 형성된다고 주장한다. 따라서 A에 따르면 물질의 총 질량이 보존되지 않는다.

② (O) A는 우주가 자그마한 씨앗으로부터 대폭발에 의해 생겨났다는 주장은 터무니없다고 하였고, B는 팽창하는 우주를 거꾸로 돌린다면 우주가 시공간적으로 한 점에서 시작되었다는 결론을 얻을 수 있다고 하였다. 따라서 A에 따르면 우주는 시작이 없고, B에 따르면 우주는 시작이 있다.

③ (O) A는 약간씩 변화는 있겠지만 우주 전체의 평균밀도는 일정하게 유지된다고 주장한다. 따라서 A에 따르면 우주는 국소적인 변화는 있으나 전체적으로는 변화가 없다.

④ (×) A는 은하와 은하가 멀어질 때 그 사이에서 물질이 연속적으로 생성되어 새로운 은하들이 계속 형성된다고 보기 때문에 인접한 은하들 사이에 평균거리가 커진다는 것을 받아들인다고 볼 수 없다. 반면 B는 은하 사이에 새로운 은하가 생겨난다면 도대체 그 물질은 어디서 온 것이라는 말이냐고 하여 인접한 은하들 사이에 평균거리가 커진다는 것을 받아들인다고 볼 수 있다. 따라서 A와 B가 인접한 은하들 사이의 평균 거리가 커진다는 것을 받아들인다는 것은 지문의 내용에 부합하지 않는다.

⑤ (O) A는 은하 사이에서 새로 생성되는 은하를 관측한다면 우리의 가설을 입증할 수 있다고 하였고, B는 대폭발 이후 방출된 방대한 전자기파를 관측한다면 우리의 견해가 입증될 것이라고 하였다. 따라서 A와 B 모두 자신의 주장을 경험적으로 입증하기 위한 방법을 제안하고 있다.

5 구조 판단 난이도 상

정답 ③

문제풀이 핵심 포인트

대동법 실시론자와 공안 개정론자의 견해가 대비되고 있는 지문이므로 각 주장의 차이점과 공통점에 주목하여 지문을 읽는다.

풀이

① (O) 첫 번째 단락에서 대동법의 진정한 의미는 공물 부과 기준과 수취 수단이 법으로 규정됨으로써, 공납 운영의 원칙인 양입위출의 객관적 기준이 마련되었다는 점에 있다는 것을 알 수 있다. 따라서 대동법 실시론자가 양입위출의 법적 기준을 마련하고자 하였다는 것은 지문에서 알 수 있는 내용이다.

② (O) 두 번째 단락에서 양입위출은 대동법 실시론자뿐만 아니라 공안 개정론자도 공유하는 원칙이었다는 것을 알 수 있다. 따라서 공안 개정론자와 대동법 실시론자가 양입위출의 원칙을 공유하였다는 것은 지문에서 알 수 있는 내용이다.

③ (×) 공물가의 수취 액수를 고정하는 것은 지출을 행하는 위출보다는 수입을 헤아리는 양입의 측면에 해당하므로 위출의 측면을 강조하는 공안 개정론자가 이에 관심을 기울였다고 볼 수 없다. 따라서 공안 개정론자가 절용을 통해 공물가의 수취 액수를 고정하는 데 관심을 기울였다는 것은 지문에서 알 수 없는 내용이다.

④ (O) 첫 번째 단락에서 대동법의 핵심 내용으로, 공물을 부과하는 기준이 호에서 토지로 바뀐 것과, 수취 수단이 현물에서 미·포로 바뀐 것을 드는 경우가 많다고 언급하고 있고, 두 번째 단락에서 공안 개정론자는 호마다 현물을 거두는 종래의 공물 부과 기준과 수취 수단을 유지했다고 언급되어 있다. 따라서 공안 개정론자와 대동법 실시론자는 공물 부과 기준과 수취 수단에 대한 주장이 달랐다는 것을 알 수 있다.

⑤ (O) 세 번째 단락에서 공안 개정론자는 공물 수취에 따른 폐해를 공물 수요자 측의 사적 폐단에서 비롯된 것으로 보아 공물 수요자의 자발적 절용을 강조하였고, 대동법 실시론자는 공물 수요자 측의 절용이 필요하다고 보면서도 이를 규제할 공적 제도가 필요하다고 믿었다는 것을 알 수 있다. 따라서 대동법 실시론자는 공물 수요자의 도덕적 수준을 높여야 한다는 공안 개정론자의 주장에 반대하지 않았다는 것을 알 수 있다.

6 논지와 중심 내용 난이도 중

정답 ⑤

문제풀이 핵심 포인트

글의 논지를 찾는 문제이므로 지엽적이고 세부적인 정보보다는 글 전체에서 필자가 최종적으로 주장하고자 하는 내용이 무엇인지에 집중한다.

풀이

① (×) 현대의 상류층은 낭비를 지양하고 소박한 생활을 지향함으로써 서민들에게 친근감을 주지만, 논지는 이것을 극단적인 위세라고 보는 것이다. 따라서 현대의 상류층은 낭비를 지양하고 소박한 생활을 지향함으로써 서민들에게 친근감을 준다는 것은 글의 논지로 적절하지 않다.

② (×) 글의 논지는 현대의 상류층에 대한 내용이므로 현대의 서민들은 상류층을 따라 겸손한 태도로 자신을 한층 더 드러내는 소비행태를 보인다는 것은 글의 논지로 적절하지 않다.

③ (×) 현대의 상류층은 차별화해야 할 아래 계층이 없거나 경쟁 상대인 다른 상류층 사이에 있을 때는 마음 놓고 경쟁적으로 고가품을 소비하며 자신을 마음껏 과시한다. 따라서 현대의 상류층이 그들이 접하는 계층과는 무관하게 절제를 통해 자신의 사회적 지위를 과시한다는 것은 글의 논지로 적절하지 않다.

④ (×) 위계질서를 드러내는 명품을 소비하면서 과시적으로 소비하는 것은 과거의 소비행태이므로 현대에 들어와 위계질서를 드러내는 명품을 소비하면서 과시적으로 소비하는 새로운 행태가 나타났다는 것은 글의 논지로 적절하지 않다.

⑤ (O) 현대의 상류층은 고급, 화려함, 낭비를 과시하기보다 서민들처럼 소박한 생활을 한다는 것을 과시하지만 현대사회에서 소비하지 않기는 고도의 교묘한 소비이며, 그것은 상류층의 표시라는 것이 글의 논지이다. 따라서 현대의 상류층은 사치품을 소비하는 것뿐만 아니라 소비하지 않기를 통해서도 자신의 사회적 지위를 과시한다는 것이 글의 논지로 가장 적절하다.

7 빈칸 추론 난이도 중 정답 ④

문제풀이 핵심 포인트
빈칸에 들어갈 내용을 채우기 위해서는 빈칸 주변에서 단서를 잡아야 하고, 이를 바탕으로 선택지에 제시된 내용을 판단하여 소거해 나간다.

풀이

㉠: 총알구멍은 동체 쪽에 더 많았고 엔진 쪽에는 그다지 많지 않았고, 이를 통해 군 장성들은 철갑의 효율을 높일 수 있는 기회를 발견했다. 따라서 ㉠에 들어갈 내용으로 가장 적절한 것은 교전을 마치고 돌아온 전투기를 기준으로 판단한 내용이다. 따라서 '전투기에서 총알을 많이 맞는 동체 쪽에 철갑을 집중해야 충분한 보호 효과를 볼 수 있다는'이 가장 적절하다. '전투기에서 가장 중요한 엔진 쪽에만 철갑을 둘러도 충분한 보호 효과를 볼 수 있다는' 것은 총알구멍이 동체 쪽에 더 많았고 엔진 쪽에는 그다지 많지 않았다는 ㉠ 앞의 내용과 배치되므로 ㉠에 들어갈 내용으로 적절하지 않다.

㉡: 군 장성들은 자신도 모르게 복귀한 전투기에 관한 어떤 가정을 하고 있었고, 바로 그 가정이 ㉡에 들어갈 내용이다. 그러한 장성들의 생각에 대해 수학자들은 엔진에 총알을 덜 맞은 전투기가 많이 돌아온 것은, 엔진에 총알을 맞으면 귀환하기 어렵기 때문이라고 주장하며 반박한다. 따라서 ㉡에 들어갈 내용은 '출격한 전투기 전체에서 무작위로 추출된 표본이라는'이 가장 적절하다. 기지로 복귀한 전투기가 '출격한 전투기 일부에서 추출된 편향된 표본이라는' 것이 군 장성들의 가정이었다면 ㉠에서 '전투기에서 총알을 많이 맞는 동체 쪽에 철갑을 집중해야 충분한 보호 효과를 볼 수 있다는' 생각을 하지 않았을 것이다. 따라서 이는 ㉡에 들어갈 내용으로 적절하지 않다.

8 글의 수정 난이도 중 정답 ③

문제풀이 핵심 포인트
글의 흐름에 맞지 않는 곳을 수정해야 하는 문제는 전체적인 지문의 흐름을 잡는 것이 중요하다. 전체적으로 지문을 읽으면서 밑줄 친 문장을 선택지와 비교 확인하는 과정을 병행한다.

풀이

① (×) ㉠ '발광하는 와편모충을 잡아먹는 요각류가 발광하지 않는 와편모충만을 잡아먹는 요각류보다'는 표현은 세 번째 단락의 '그 결과는 예상과 같았다.', '이러한 결과는 원생생물이 자신을 잡아먹는 동물에게 포식 위협을 증가시킴으로써 잡아먹히는 것을 회피할 수 있음을 시사한다.'라는 글의 흐름과 일치한다. 따라서 ㉠을 "발광하지 않는 와편모충을 잡아먹는 요각류가 발광하는 와편모충만을 잡아먹는 요각류보다"로 고치는 것은 적절하지 않다.

② (×) ㉡ '연구자들은 수조 속 살아남은 요각류의 수를 세었다.'는 것이 가시고기가 어느 쪽 요각류를 더 많이 먹었는지 판단하는 기준이 될 것이다. 따라서 ㉡을 "연구자들은 수조 속 살아남은 와편모충의 수를 세었다."로 고치는 것은 적절하지 않다.

③ (○) 세 번째 단락에 따르면 발광하는 와편모충을 잡아먹는 요각류가 발광하지 않는 와편모충만을 잡아먹는 요각류보다 그들의 포식자인 육식을 하는 어류에게 잡아먹힐 위험성이 더 높아질 것이다. 따라서 ㉢을 "빛을 내지 않는 와편모충이 있는 쪽보다 빛을 내는 와편모충이 있는 쪽에서 요각류를 더 많이 먹었다."로 고치는 것이 글의 흐름상 적절하다.

④ (×) ㉣ '요각류에게는 빛을 내는 와편모충을 계속 잡는 것보다 도망치는 편이 더 이익이다.'는 것이 '이때 발광하는 와편모충은 요각류의 저녁 식사가 될 확률이 낮아지므로, 자연선택은 이들 와편모충에서 생물발광이 유지되도록 하였다.'는 내용과 흐름이 일치한다. 따라서 ㉣을 "요각류에게는 도망치는 것보다 빛을 내는 와편모충을 계속 잡는 편이 더 이익이다."로 고치는 것은 적절하지 않다.

⑤ (×) ㉤ '포식자인 육식동물들에게 원생생물을 잡아먹는 동물이 근처에 있을 수 있다는 신호가 된다.'는 원생생물이 내는 빛이 어떤 신호가 될 수 있는지를 나타내므로 적절하다. 따라서 ㉤을 "포식자인 육식동물들에게 자신들의 먹이가 되는 원생생물이 많이 있음을 알려주는 신호가 된다."로 고치는 것은 적절하지 않다.

9 원칙 적용 난이도 상 정답 ⑤

문제풀이 핵심 포인트
갑~정의 거주국을 결정하는 원칙 적용형 추론 문제이므로 결정 기준을 지문에서 찾아 사례에 적용하는 것이 가장 중요한 포인트이다. 국적은 주어진 〈기준〉에 따라 판단되고, 〈기준〉의 각 항목을 적용하는 원칙이 첫 단락에 제시되어 있으므로 그 부분을 놓치지 않아야 한다.

풀이

① (×) 갑은 어느 나라에도 영구적인 주소가 없으나 1년에 약 3개월은 X국에 거주하고 나머지는 Y국에 거주하여 Y국에 1년의 50%를 초과하여 거주하므로 셋째 기준에 따라 갑의 거주국은 Y이다. 한편 병은 X국과 Y국에 각각 영구적인 주소를 가지며 X국에 더 중요한 이해관계를 가지므로 둘째 기준에 따라 병의 거주국은 X이다. 따라서 갑과 병은 거주국이 같지 않다.

② (×) 갑과 정은 Y, 을과 병은 X로 거주국이 모두 결정되므로 갑~정 중 거주국이 결정되지 않는 사람이 있다는 것은 옳지 않다.

③ (×) 갑~정 중 국적이 Z국인 사람은 을인데, 을은 X국에 유일하게 영구적인 주소를 가지므로 첫째 기준에 따라 거주국은 X이다.

④ (×) 갑~정 중 Z국에 영구적인 주소를 가지는 사람은 정인데, 정은 첫째, 둘째, 셋째 기준을 만족하지 않으므로 넷째 기준에 따라 Y국 국적자이므로 거주국은 Y국이 된다.

⑤ (○) 갑~정 중 X국의 거주자로 결정된 사람은 을과 병 2명이고, Y국의 거주자로 결정된 사람은 갑과 정 2명이므로 갑~정 중 X국의 거주자로 결정된 사람의 수와 Y국의 거주자로 결정된 사람의 수는 같다.

10 밑줄 추론 난이도 중 정답 ③

문제풀이 핵심 포인트
㉠의 내용은 실험에서 인지부조화 이론이 예측하는 결과이므로 실험의 구체적인 내용 및 인지부조화 이론이 무엇을 의미하는지를 지문에서 확인해야 한다.

풀이

③ (O) ㉠은 인지부조화 이론이 이 실험에서 예측한 결과이므로 '인지부조화 이론'의 입장이 무엇인지, '이 실험'이 어떤 실험인지 확인해야 한다. 세 번째 단락에서 인지부조화 이론에 따르면, 사람들은 현명한 사람을 자기 편, 우매한 사람을 다른 편이라 생각할 때 마음이 편안해질 것이다. 또한 실험에서는 선정된 사람들에게 인종차별에 대한 글을 읽게 하였는데 어떤 글은 지극히 논리적이고 그럴듯하였고, 다른 글은 터무니없고 억지스러운 것이었다. 결국 인지부조화 이론에 따르면 논리적인 글과 터무니없는 억지스러운 글 중에서 참여자들은 자신의 의견에 동의하는 논리적인 글과 반대편에 동의하는 터무니없고 억지스러운 글을 기억할 것이다. 따라서 참여자들은 자신의 의견에 동의하는 논리적인 글과 반대편의 의견에 동의하는 터무니없고 억지스러운 글을 기억한다는 것이 ㉠의 내용으로 가장 적절하다.

실전에선 이렇게!

밑줄 추론 문제에서 밑줄의 의미를 파악하는 가장 직접적인 단서는 밑줄 주변의 문장에 있는 경우가 많다. 따라서 밑줄 친 ㉠이 들어가 있는 단락을 먼저 읽어 보는 것이 좋다.

11 논증 평가 난이도 중

정답 ③

문제풀이 핵심 포인트

〈보기〉에 제시된 사례가 (가)와 (나)의 내용을 강화하는지 약화하는지 여부를 평가하는 문제이므로 (가)와 (나)의 핵심 내용을 찾아 방향성 판단의 기준으로 잡는다.

풀이

ㄱ. (O) (가)는 우리나라 성인의 하루 탄수화물 섭취량은 평균 289.1g으로 한국인은 탄수화물을 지나치게 많이 섭취하고 있다고 주장한다. 따라서 아시아의 경우 성인 기준 하루 300g 이상의 탄수화물 섭취가 필요하다는 연구결과는 289.1g 섭취는 탄수화물 과다 섭취가 아니라는 의미가 되므로 (가)를 약화한다.

ㄴ. (O) (가)는 우리나라 성인의 하루 탄수화물 섭취량이 높다는 것을 근거로 한국인 전체의 탄수화물 섭취량이 많다고 주장한다. 따라서 우리나라 성인뿐 아니라 성인이 아닌 사람들의 탄수화물 섭취량 또한 과하다는 것이 밝혀지면 (가)의 설득력이 높아진다.

ㄷ. (×) (나)는 탄수화물을 극단적으로 제한하면 케토시스 현상이 일어날 수 있다고 주장한다. 따라서 우리 몸의 탄수화물이 충분한 상황에서 케토시스 현상이 나타나지 않는다는 연구결과는 (나)와 같은 방향의 내용이므로 (나)를 약화한다고 볼 수 없다.

실전에선 이렇게!

지문은 (가)와 (나)로 구분되어 있고, 〈보기〉의 ㄱ과 ㄴ은 (가)에 대해서, ㄷ은 (나)에 대해서만 평가하고 있으므로 지문의 (가), (나)를 나눠서 읽고, 그에 해당하는 〈보기〉를 먼저 확인하는 방식으로 접근한다.

12 논증의 타당성 난이도 상

정답 ④

문제풀이 핵심 포인트

〈보기〉를 보면 밑줄 친 ㉠~㉣ 중 일부 문장으로부터 다른 문장이 도출되는지 여부를 묻고 있다. 이는 전제가 참일 때 결론이 도출되는지를 판단하는 타당성 문제이므로 밑줄 친 문장을 간단히 기호화하거나 정리하여 기계적으로 접근한다.

풀이

〈논증〉에서 밑줄 친 문장들을 간단히 정리하면 다음과 같다.

㉠ ~신

㉡ 신 → ~의미

㉢ 부정문 의미 → 의미

㉣ 신 → ?

ㄱ. (O) ㉡과 ㉢을 연결하면, '신 → ~의미 → ~부정문 의미'가 된다. 즉 "신이 존재한다."의 부정문인 "신이 존재하지 않는다."가 무의미하다는 것이 도출된다.

ㄴ. (×) ㉡의 부정은 "신이 존재한다."가 의미가 있다는 것이다. 그러나 ㉠과 ㉣은 "신이 존재하지 않는다."와 "신이 존재한다."의 참 거짓 여부를 언급하고 있으므로 "신이 존재한다."가 의미가 있다는 것으로부터 도출되지 않는다.

ㄷ. (O) "의미가 없는 문장은 참인지 거짓인지 알 수 없다."라는 전제가 추가되면, '~의미 → ?'이 추가되는 것이다. 이를 ㉡과 연결하면 '신 → ~의미 → ?'가 되므로 ㉣에 해당하는 '신 → ?'이 도출된다.

13 빈칸 추론 난이도 상

정답 ④

문제풀이 핵심 포인트

선택지를 통해 α 규칙이나 β 규칙을 적용했을 때 어떤 명제가 입증될 수 있는지를 판단해야 하는 문제임을 확인하고, 지문에서 이 부분의 정보에 주목한다.

풀이

㉠: 세 번째 단락에서 "이 명제가 참일 경우 명제 P 역시 참일 수밖에 없다는 의미에서 이 명제는 P를 논리적으로 함축하고"라고 제시되어 있다. 어떤 명제를 논리적으로 함축하는 것과 관련된 규칙은 α 규칙이 아니라 β 규칙이므로 ㉠에 들어갈 말은 'β 규칙'이다.

㉡: 세 번째 단락에서 "우리는 문제의 관찰 사례가 명제 Q도 입증한다고 평가하게 된다"라고 제시되어 있다. "Q는 아니다."처럼 Q가 부정되고 있는 명제인 경우 Q가 입증될 수는 없기 때문에 "P이고 Q이다."와 "P이지만 Q는 아니다." 중 어떤 사례에 의해 Q가 입증될 수 있는 경우는 "Q이다."이다. 따라서 ㉡에 들어가기에 가장 적절한 것은 "P이고 Q이다."이다.

㉢: 지문에 제시된 규칙은 α 규칙과 β 규칙 두 개인데, 그 중 β 규칙이 이미 적용되었으므로 "이번에 이 명제에 적용"될 규칙은 α 규칙으로 보는 것이 적절하다. 따라서 ㉢에 들어가기에 가장 적절한 것은 "α 규칙"이다.

14 구조 판단 난이도 상 정답 ③

문제풀이 핵심 포인트

선택지에서 α 규칙과 β 규칙이 적용하는 경우의 상황을 반복적으로 묻고 있으므로 두 규칙 간의 차이점에 주목한다.

풀이

① (O) α 규칙은 한 관찰 사례가 어떤 명제를 입증할 경우 그 사례는 그 명제가 논리적으로 함축하는 임의의 명제도 입증한다는 것이다. 따라서 α 규칙을 적용하면, "모든 A는 B의 속성을 지녔다."라는 명제를 입증하는 사례는, "모든 A는 B의 속성을 지녔다."라는 명제가 함축하는 모든 명제를 입증할 수 있다.

② (O) β 규칙은 A를 부분집합으로 갖는 집합 D에 대해서 한 관찰 사례가 어떤 명제를 입증할 경우 그 사례는 그 명제를 논리적으로 함축하는 임의의 명제도 입증한다는 것이다. 이때 A를 부분집합으로 갖는 집합 D는 "모든 A는 B의 속성을 지녔다."라는 명제가 함축하지 않는 어떤 명제에 해당한다. 따라서 β규칙을 적용하면, "모든 A는 B의 속성을 지녔다."라는 명제를 입증하는 사례는, "모든 A는 B의 속성을 지녔다."라는 명제가 함축하지 않는 어떤 명제를 입증할 수 있다.

③ (×) α 규칙이란 한 관찰 사례가 어떤 명제를 입증할 경우 그 사례는 그 명제가 논리적으로 함축하는 임의의 명제도 입증한다는 것을 의미한다. 즉, "모든 C는 B의 속성을 지닌다."라는 명제의 경우, 만일 C가 A의 부분집합에 해당한다면, "모든 A는 B의 속성을 지녔다."라는 명제는 "모든 C는 B의 속성을 지녔다."라는 명제 역시 입증할 것이라고 보는 것이다. 따라서 α규칙은 A의 부분집합인 C에 적용되는 규칙이므로 α 규칙을 적용하면, "모든 A는 B의 속성을 지녔다."라는 명제를 입증하는 사례는, A를 부분집합으로 갖는 집합 S에 관한 모든 명제를 입증할 수 있다는 것은 추론할 수 없다.

④ (O) β 규칙은 A를 부분집합으로 갖는 집합 D에 대해서 한 관찰 사례가 어떤 명제를 입증할 경우 그 사례는 그 명제를 논리적으로 함축하는 임의의 명제도 입증한다는 것이다. 따라서 β 규칙을 적용하면, "모든 A는 B의 속성을 지녔다."라는 명제를 입증하는 사례는, A를 부분집합으로 갖는 집합 S에 관한 어떤 명제를 입증할 수 있다.

⑤ (O) A를 부분집합으로 갖는 집합 S에 관한 어떤 명제는 β 규칙에 의해 입증될 수 있다. 따라서 α 규칙과 β 규칙을 모두 적용하면, "모든 A는 B의 속성을 지녔다."라는 명제를 입증하는 사례는, A를 부분집합으로 갖는 집합 S에 관한 어떤 명제를 입증할 수 있다.

15 견해 분석 난이도 상 정답 ②

문제풀이 핵심 포인트

〈보기〉에 '충분조건'과 '필요조건'이라는 논리적인 용어가 제시되어 있으므로 그 개념을 명확히 알아야 한다. 충분조건은 있으면 항상 어떤 일이 발생하게 되는 조건이고, 필요조건은 어떤 일이 발생하기 위해 있어야 하는 조건이다.

풀이

ㄱ. (×) 갑은 동물에게는 어떤 형태의 의식도 없다고 보므로 동물에게 자의식이 없다고 여긴다. 한편 병은 동물이 무언가를 기억하기 위해 자의식이 꼭 필요한 것은 아니라고 보지만 이를 통해 병이 동물에게 자의식이 없다고 여기는지는 알 수 없다.

ㄴ. (×) 갑은 동물에게는 어떤 형태의 의식도 없지만 통증 행동을 보이기는 한다고 보므로 동물이 의식 없이 행동할 수 있다고 여긴다. 한편 을은 동물이 통증 행동을 보일 때는 실제로 통증을 의식한다고 보아야 한다고 여기지만, 이로부터 동물이 의식 없이 행동할 수 있다고 여기는지는 알 수 없다.

ㄷ. (O) 을은 의식이 있어야만 자의식이 있고, 자의식이 없으면 과거의 경험을 기억하는 일은 불가능하다고 보므로 을에게 기억은 의식의 충분조건이다. 한편 병은 동물이 아무것도 기억할 수 없다는 주장을 인정하고 나면, 동물이 무언가를 학습할 수 있다는 주장은 아예 성립할 수 없다고 보므로 병에게 기억은 학습의 필요조건이다.

16 구조 판단 난이도 상 정답 ③

문제풀이 핵심 포인트

각 단락별로 극단적 도덕주의, 온건한 도덕주의, 자율성주의의 세 가지 입장이 대비되고 있는 구조이므로 각 입장의 핵심적인 주장과 키워드를 확인하는 것이 중요하다.

풀이

ㄱ. (O) 자율성주의는 모든 예술작품이 도덕적 가치판단의 대상이 될 수 없다고 보는 입장이다. 따라서 자율성주의는 극단적 도덕주의와 온건한 도덕주의가 범주착오, 즉 예술작품에 대한 도덕적 가치판단을 하는 착오를 범하고 있다고 볼 것이라고 추론할 수 있다.

ㄴ. (×) 지문에 제시된 입장들은 예술작품이 도덕적 가치판단의 대상이 될 수 있느냐에 대한 것이고, 도덕적 가치가 예술작품을 통해 구현되는지 여부는 주어진 것과 관련이 없다. 따라서 극단적 도덕주의는 모든 도덕적 가치가 예술작품을 통해 구현된다고 보지만 자율성주의는 그렇지 않을 것이라는 것은 추론할 수 없다.

ㄷ. (O) 극단적 도덕주의는 모든 예술작품을 도덕적 가치판단의 대상으로 보는 입장이다. 따라서 온건한 도덕주의에서 도덕적 판단의 대상이 되는 예술 작품들은 모두 극단적 도덕주의에서도 도덕적 판단의 대상이 될 것이라고 추론할 수 있다.

실전에선 이렇게!

지문의 아래로 내려갈수록 예술작품이 도덕적 가치판단의 대상이 될 수 있는지에 대해 부정적으로 평가하고 있다는 구조를 파악한다면 선택지를 조금 더 쉽게 판단할 수 있다.

17 논리 퀴즈 난이도 상 정답 ②

문제풀이 핵심 포인트

각 진술을 간단히 기호화하고, 참과 거짓을 말한 명수에 따라 경우의 수를 나누어 접근한다.

풀이

제시된 명제를 기호화하여 정리하면 다음과 같다.

갑: 갑 & ~병

을: ~을 & 병

병: 무 선발

정: 정 선발 & 병 & 무

무: 갑 & 정 & 무

갑과 을의 진술은 동시에 참이 될 수 없고, 정과 무의 진술도 동시에 참이 될 수 없다. 지문에 따르면 갑~무 중 세 명의 진술은 참이고 나머지 두 명의 진술은 거짓인 것으로 밝혀졌으므로 병의 진술은 참일 수밖에 없다. 따라서 경우의 수는 갑의 진술이 참이고 을의 진술이 거짓인 경우와 갑의 진술이 거짓이고 을의 진술이 참인 경우로 나뉜다.

〈경우 1〉 갑의 진술이 참이고 을의 진술이 거짓인 경우

'~병'이 참이 되므로 정의 진술이 거짓이 되고, 무의 진술이 참이 된다.

〈경우 2〉 갑의 진술이 거짓이고 을의 진술이 참인 경우

'병'이 참이 되므로 정의 진술이 참이 되고, 무의 진술이 거짓이 된다.

각 경우 면접 대상자와 관리자로 선발된 사람은 다음과 같다.

구분	면접 대상자					관리자 선발자
	갑	을	병	정	무	
〈경우 1〉	○			○	○	무
〈경우 2〉			○	○	○	정, 무

① (×) 갑은 〈경우 1〉에만 면접 대상자로 결정되었으므로 반드시 참이라고 볼 수 없다.

② (O) 을은 두 경우 모두 서류심사에서 탈락하였으므로 을이 서류심사에서 탈락하였다는 것은 반드시 참이다.

③ (×) 병은 〈경우 1〉에만 면접 대상자로 결정되었으므로 반드시 참이라고 볼 수 없다.

④ (×) 정은 〈경우 1〉에만 새로운 관리자로 선발되었으므로 반드시 참이라고 볼 수 없다.

⑤ (×) 무는 새로운 관리자로 선발되었으므로 반드시 거짓이다.

18 논리 퀴즈 난이도 상

정답 ⑤

문제풀이 핵심 포인트

지문에 제시된 명제를 연결할 시작점이 주어지지 않은 문제이므로 시작점인 확정적인 정보를 찾는 것이 핵심 포인트이다.

풀이

주어진 5개의 조건 중 기호화 가능한 조건을 정리하면 다음과 같다.

조건3: (가훈 or 나훈) → (라훈 & 소연)

조건4: 다훈 → (~모연 & ~보연)

조건5: 소연 → 모연

조건1과 조건2를 조합하면 남자 사무관은 적어도 2명 이상 뽑아야 하고, 여자 사무관은 최대 2명만 뽑을 수 있다는 것을 알 수 있다. 조건4와 조건5를 연결하면 다훈이 뽑히는 경우 여자 사무관이 한 명도 뽑히지 않게 되어 남자 사무관으로만 전담팀이 구성되어야 하는데, 이는 조건3과 모순된다. 따라서 다훈은 전담팀에 포함되지 않고, 가훈, 나훈, 라훈 중 적어도 2명이 전담팀에 포함된다.

이 경우 가훈과 나훈 중 적어도 한명은 전담팀에 포함될 수밖에 없고, 따라서 조건3의 전건은 무조건 만족된다. 따라서 라훈과 소연은 전담팀에 포함되는 것이 확정된다. 그리고 조건5에 의해 모연도 전담팀에 포함된다. 여자 사무관 중 2명이 전담팀에 포함되었으므로 조건2에 의해 보연은 뽑히지 않는다. 이를 바탕으로 뽑히는 사람을 O, 뽑히지 않는 사람을 ×로 하여 가능한 경우의 수를 정리하면 다음과 같다.

남자 사무관				여자 사무관		
가훈	나훈	다훈	라훈	모연	보연	소연
○	×	×	○	○	×	○
×	○	×	○	○	×	○

ㄱ. (O) 남녀 동수로 팀이 구성된다는 것은 반드시 참이다.

ㄴ. (O) 다훈과 보연 둘 다 팀에 포함되지 않는다는 것은 반드시 참이다.

ㄷ. (O) 라훈과 모연 둘 다 팀에 포함된다는 것은 반드시 참이다.

19 독해형 논리 난이도 상

정답 ①

문제풀이 핵심 포인트

〈보기〉에서 '10월에 진행되지 않는다'는 확정적인 정보의 참·거짓 여부를 묻고 있으므로 지문의 정보를 연결하여 확정적인 정보를 도출해내는 것이 중요하다.

풀이

지문의 문장을 기호화 하면 다음과 같다.

1) 신생벤처기업 지원투자 사업이나 벤처기업 입주지원 사업이 10월에 진행된다면 벤처기업 대표자 간담회도 10월에 열려야 한다.
   : 신생벤처 지원 or 입주지원 → 간담회

2) 창업지원센터가 10월에 간담회 장소로 대관되지 않을 경우 벤처기업 입주지원 사업이 10월에 진행된다.
   : ~창업지원센터 대관 → 입주지원

3) 만일 대관된다면 벤처기업 입주지원 사업은 11월로 연기된다.
   : 창업지원센터 대관 → ~입주지원

4) 기존 중소기업 지원 사업이 10월에 진행된다면 벤처기업 대표자 간담회는 11월로 연기된다.
   : 중소기업 지원 → ~간담회

5) 벤처기업 대표자 간담회가 10월에 열릴 경우 창업지원센터는 간담회 장소로 대관된다.
   : 간담회 → 창업지원센터 대관

6) 벤처기업 대표자 간담회 외의 일로 창업지원센터가 대관되는 일은 없다.
   : 창업지원센터 대관 → 간담회

7) 이러한 상황에서 신생벤처기업 지원투자 사업과 기존 중소기업 지원 사업 중 한 개의 사업만이 10월에 진행된다는 것이 밝혀졌다.
   : 신생벤처 지원 or 중소기업 지원

ㄱ. (O) 1)에서 '입주지원'을 가정하여 5)와 3)을 연결하면 '~입주지원' 이라는 결과가 도출되므로 '~입주지원'이 참으로 확정된다. 따라서 벤처기업 입주지원 사업은 10월에 진행되지 않는다는 것은 반드시 참이다.

ㄴ. (×) '~입주지원'이 참으로 확정되면, 2)와 6)에 의해 '간담회'가 참으로 확정된다. 따라서 벤처기업 대표자 간담회는 10월에 진행되지 않는다는 것은 거짓이다.

ㄷ. (×) '~입주지원'이 참으로 확정되면, 2), 4), 7)에 의해 '신생벤처 지원'이 참으로 확정된다. 따라서 신생벤처기업 지원투자 사업은 10월에 진행되지 않는다는 것은 거짓이다.

실전에선 이렇게!

'다음 글의 내용이 모두 참일 때'로 시작하는 문제는 지문의 문장 중 기호화가 가능한 문장을 간단히 기호화하여 논리로 접근하는 것이 효율적이다.

20 구조 판단 난이도 상

정답 ③

문제풀이 핵심 포인트

선택지에서 밝은 곳과 어두운 곳, 교감신경과 부교감신경, 절전뉴런과 절후뉴런, 돌림근과 부챗살근 등 대비되는 단어들이 나열되어 있으므로 대비되는 개념에 주목한다.

풀이

ㄱ. (O) 세 번째 단락에서 밝은 곳에서 어두운 곳으로 이동하면 교감신경이 활성화되고, 두 번째 단락에 따르면 교감신경이 활성화되면 교감신경의 절전뉴런 끝에서 신호물질인 아세틸콜린이 분비된다는 것을 알 수 있다. 따라서 밝은 곳에서 어두운 곳으로 이동하면 교감신경의 절전뉴런 끝에서 아세틸콜린이 분비된다는 것을 추론할 수 있다.

ㄴ. (O) 세 번째 단락에서 어두운 곳에서 밝은 곳으로 이동하면 부교감신경이 활성화되고, 돌림근이 수축하여 두꺼워진다는 것을 알 수 있다. 또한 두 번째 단락에서 부교감신경이 활성화되면 부교감신경의 절후뉴런 끝에서 아세틸콜린이 분비된다는 것을 알 수 있다. 따라서 어두운 곳에서 밝은 곳으로 이동하면 부교감신경의 절후뉴런 끝에서 아세틸콜린이 분비되고 돌림근이 두꺼워진다는 것을 추론할 수 있다.

ㄷ. (×) 두 번째 단락과 세 번째 단락에서 교감신경이 활성화되면 교감신경의 절후뉴런 끝에서는 노르아드레날린이 분비되고, 부챗살근이 수축한다는 것을 알 수 있다. 반면 부교감신경이 활성화되면 부교감신경의 절후뉴런 끝에서는 아세틸콜린이 분비되고, 돌림근이 수축한다.

21 논증 평가 난이도 상

정답 ⑤

문제풀이 핵심 포인트

〈보기〉를 보면 각 실험이 ㉠~㉢을 강화하는지 약화하는지 여부를 평가하는 것이 핵심이므로 평가의 대상인 ㉠~㉢을 확인하고 이를 기준으로 각 실험의 내용을 정리한다.

풀이

ㄱ. (O) 〈실험 A〉는 30분 후 한 차례 방사능에 노출했으므로 중립적 자극과 무조건 자극이 여러 차례 연결되어야 한다는 ㉠을 만족하지 않지만 실험군의 쥐들이 구토증상을 나타냈으므로 ㉠을 약화한다. 그러나 중립적 자극과 무조건 자극이 단물과 방사능 노출 하나로만 진행되었으므로 무조건 자극과 중립적 자극이 각각 어떤 종류의 자극인지가 조건화에 영향을 미치는지 여부를 확인할 수는 없으므로 ㉢을 약화하지 않는다.

ㄴ. (O) 〈실험 B〉는 중립적 자극과 무조건 자극을 주는 과정을 여러 차례 반복했으므로 ㉠을 약화하지 않는다. 또한 실험군 중 일부에서만 구토와 쇼크가 나타났으므로 무조건 자극과 중립적 자극이 각각 어떤 종류의 자극인지가 조건화에 영향을 미치고 있음을 확인할 수 있으므로 ㉢을 약화한다.

ㄷ. (O) 〈실험 A〉는 한 차례 방사능에 노출했으므로 중립적 자극과 무조건 자극 간의 간격이 0~1초 정도로 충분히 짧아야 한다는 ㉡을 약화한다. 그러나 〈실험 B〉는 단물이나 밝은 물을 주면서 방사능에 노출하거나 전기 충격을 주었으므로 ㉡을 약화하지 않는다.

실전에선 이렇게!

실험이 평가의 대상으로 제시되어 있는 문제는 실험의 구체적인 내용을 정리해주어야 강화나 약화 여부를 실수 없이 판단할 수 있으므로 시간을 충분히 두고 차분히 실험의 내용을 파악하는 것이 좋다.

22 논증 평가 난이도 중

정답 ②

문제풀이 핵심 포인트

강화의 대상이 '논지'이므로 지문의 논지를 찾는 것이 가장 중요하고, 이를 기준으로 〈보기〉에 제시된 내용이 동일한 방향성을 가지는지 판단한다.

풀이

ㄱ. (×) 지문의 논지는 토론의 필요성을 긍정하는 것이다. 그런데 축적된 화재 사고 기록들에 대해 어떠한 토론도 이루어지지 않았음에도 불구하고 화재 사고를 잘 예방하였다는 긍정적인 결론이 나온 것은 토론의 자유를 중시하는 논지의 방향과 동일하다고 볼 수 없다. 따라서 논지를 강화하지 않는다.

ㄴ. (×) 정부가 사람들의 의견 표출을 억누르지 않는 사회는 지문의 논지가 지향하는 사회인데, 그 사회에서 오히려 사람들이 가짜 뉴스를 더 많이 믿었다는 것은 논지에 따랐을 때 부정적인 결과가 나올 수 있음을 나타낸다. 따라서 정부가 사람들의 의견 표출을 억누르지 않는 사회에서 오히려 사람들이 가짜 뉴스를 더 많이 믿었다는 것은 논지를 강화하지 않는다.

ㄷ. (O) 금서가 되었다는 것은 토론의 기회가 없어진 것을 의미하고, 이 경우 진리를 찾을 기회가 박탈되었으므로 논지에 따르지 않은 경우 부정적인 결과가 도출될 수 있음을 나타낸다. 따라서 갈릴레오의 저서가 금서가 되어 천문학의 과오를 드러내고 진리를 찾을 기회가 한동안 박탈되었다는 것은 논지를 강화한다.

23 독해형 논리 난이도 상

정답 ⑤

문제풀이 핵심 포인트

빈칸 앞 문장의 '다음을 추가로 전제하고 있다.'는 부분에서 빈칸에 들어갈 내용이 추가 전제임을 알 수 있다. 따라서 전제에서 결론으로 연결되는 논증의 구조를 살펴보는 것이 중요하다.

풀이

지문의 논증의 결론은 "손인 것처럼 보이는 지각 경험이 손이 있다는 것에 대한 믿음을 정당화하지 못한다."는 것이고, 이 결론을 지지하는 전제로 "모든 회의적 대안 가설이 거짓이라는 믿음은 정당화 될 수 없다."가 제시되어 있다. 이를 정리하면 다음과 같다.

- 전제1: ~회의적 대안 가설이 거짓이라는 믿음
- 전제2: ☐
- 결론: ~손이 있다는 것에 대한 믿음

⑤ (O) 전제1에서 결론이 도출되기 위해서는 '~회의적 대안 가설이 거짓이라는 믿음 → ~손이 있다는 것에 대한 믿음'이라는 연결고리가 필요하다. 이 연결고리가 빈칸에 들어갈 내용이 된다. 따라서 빈칸에 들어갈 진술로 가장 적절한 것은 "모든 회의적 대안 가설이 거짓이라는 믿음은 정당화 될 수 없다면, 손인 것처럼 보이는 지각 경험이 손이 있다는 것에 대한 믿음을 정당화하지 못한다."이다.

실전에선 이렇게!

추가해야 할 전제를 찾는 문제는 필요한 문장을 기호화 한 후, 주어진 결론을 체크하고, 그 결론이 나오는 데에 빠져있는 연결고리를 찾아주는 방식으로 접근한다.

24 논증의 비판과 반박 난이도 중

정답 ④

문제풀이 핵심 포인트

논증에 대해 비판하는 진술로 적절하지 않은 것을 찾아야 하므로 우선 논증의 전제와 결론을 찾아야 한다. 그 후 논증의 전제와 결론과 반대 방향의 진술이 아닌 것을 찾아주면 해당 진술이 논증을 비판하는 진술이다.

풀이

① (O) 100년마다 20종이 출현한다는 것이 다만 평균일 뿐이라는 것은 새로운 생물종이 평균적으로 100년 단위마다 약 20종이 출현한다는 논증의 내용과 반대 방향의 진술이므로 논증에 대한 비판으로 적절하다.

② (O) 5억 년 전 이후부터 지구상에 출현한 생물종이 1,000만 종 이하일 수 있다는 것은 5억 년 전 이후 지구상에 출현한 생물종은 1억 종에 이른다는 논증의 내용에 대한 반대 방향의 진술이므로 논증에 대한 비판으로 적절하다.

③ (O) 생물학자는 새로 발견한 종이 신생 종인지 아니면 오래 전부터 존재했던 종인지 판단하기 어렵다는 것은 지난 100년간 생물학자들이 지구상에서 새롭게 출현한 종을 찾아내지 못했다는 논증의 내용과 반대 방향의 진술이므로 논증에 대한 비판으로 적절하다.

④ (×) 지문에 제시된 논증의 주요 소재는 새롭게 출현한 생물종에 대한 것이므로, 30억 년 전에 생물이 출현한 이후 5차례의 대멸종이 일어났으나 대멸종은 매번 규모가 달랐다는 것은 지문의 논증과는 직접적인 관련성이 없는 내용이다. 따라서 논증에 대한 비판으로 적절하지 않다.

⑤ (O) 생물학자들이 발견한 몇몇 종은 지난 100년 내에 출현한 종이라고 판단할 이유가 있다는 것은 지난 100년간 생물학자들이 지구상에서 새롭게 출현한 종을 찾아내지 못했다는 논증의 내용과 반대 방향의 진술이므로 논증에 대한 비판으로 적절하다.

25 견해 분석 난이도 상

정답 ②

문제풀이 핵심 포인트

'판단' 문제는 선택지를 먼저 확인하여 어떤 유형의 문제인지 확인하고 지문을 읽는 것이 좋다. 이 문제의 경우 선택지를 보면, A 학파와 B 학파의 견해가 대비되고 있는 견해 분석 문제임을 알 수 있다. 따라서 지문을 읽을 때 두 학파 간의 견해 차이에 초점을 맞춘다.

풀이

① (O) A 학파는 기업들 사이의 경쟁이 강화될수록 임금차별은 자연스럽게 줄어들 수밖에 없다고 본다. 따라서 A 학파에 따르면 경쟁이 치열한 산업군일수록 근로형태에 따른 임금 격차는 더 적어진다는 판단은 적절하다.

② (×) A 학파는 차별적 관행을 고수하는 기업들은 비차별적 기업들과의 경쟁에서 자연적으로 도태되기 때문에 기업 간 경쟁이 임금차별 완화의 핵심이라고 이야기한다. 따라서 시장에서 기업 간 경쟁이 약화되는 것을 방지하기 위한 보완 정책이 수립되어야 한다고 보는 것은 A 학파보다는 법과 제도에 의한 규제를 강조하는 B 학파의 견해라고 보는 것이 적절하다.

③ (O) A 학파는 기업 간 경쟁을 통해 정규직과 비정규직 사이의 임금차별이 줄어들 수 있다고 보고, B 학파는 법과 제도에 의한 규제를 통해 정규직과 비정규직 사이의 임금차별이 줄어들 수 있다고 본다. 따라서 A 학파는 정규직과 비정규직 사이의 임금차별이 어떻게 줄어드는가에 대해 B 학파와 견해를 달리한다는 판단은 적절하다.

④ (O) B 학파는 기업의 경우 조직의 정당성이 낮아지게 되면 조직의 생존 가능성 역시 낮아지게 되기 때문에 기업은 임금차별을 줄이는 강제적 제도를 수용함으로써 사회적 비용을 낮추는 선택을 하게 된다고 본다. 따라서 B 학파는 기업이 자기 조직의 생존 가능성을 낮춰가면서까지 임금차별 관행을 고수하지는 않을 것이라고 전제한다는 판단은 적절하다.

⑤ (O) B 학파는 법과 제도에 의한 규제를 통해 임금차별이 줄어들 것이라고 본다. 따라서 B 학파에 따르면 다른 조건이 동일할 때 기업의 비정규직에 대한 임금차별은 주로 강제적 규제에 의해 시정될 수 있다는 판단은 적절하다.

정답

p.311

1	⑤	일치부합형 (법조문형)	6	③	정확한 계산형	11	⑤	일치부합형 (법조문형)	16	①	경우 파악형	21	④	규칙 단순확인형
2	②	응용형 (법조문형)	7	⑤	규칙 정오판단형	12	②	일치부합형 (법조문형)	17	③	경우 확정형	22	④	규칙 정오판단형
3	④	일치부합형 (법조문형)	8	④	규칙 단순확인형	13	③	일치부합형 (법조문형)	18	③	규칙 적용해결형	23	④	경우 확정형
4	⑤	일치부합형 (법조문형)	9	③	1지문 2문항형	14	④	조건 계산형	19	③	경우 파악형	24	③	규칙 정오판단형
5	②	일치부합형 (텍스트형)	10	⑤	1지문 2문항형	15	⑤	경우 파악형	20	④	조건 계산형	25	③	경우 확정형

취약 유형 분석표

유형별로 맞힌 문제 개수와 정답률, 틀린 문제 번호, 풀지 못한 문제 번호를 적고 나서 취약한 유형이 무엇인지 파악해 보세요. 그 후 약점 보완 해설집 p.4 [취약 유형 공략 포인트]에서 약점 보완 학습법을 확인하고, 틀린 문제와 풀지 못한 문제를 다시 한번 풀어보세요.

유형		맞힌 문제 개수	정답률	틀린 문제 번호	풀지 못한 문제 번호
텍스트형	발문 포인트형	-	-		
	일치부합형	/1	%		
	응용형	-	-		
	1지문 2문항형	/2	%		
	기타형	-	-		
법조문형	발문 포인트형	-	-		
	일치부합형	/6	%		
	응용형	/1	%		
	법계산형	-	-		
	규정형	-	-		
	법조문소재형	-	-		
계산형	정확한 계산형	/1	%		
	상대적 계산형	-	-		
	조건 계산형	/2	%		
규칙형	규칙 단순확인형	/2	%		
	규칙 정오판단형	/3	%		
	규칙 적용해결형	/1	%		
경우형	경우 파악형	/3	%		
	경우 확정형	/3	%		
TOTAL		/25	%		

해설

1 일치부합형(법조문형) 난이도 하 정답 ⑤

문제풀이 핵심 포인트

발문에 포인트가 없기 때문에 선택지의 키워드와 지문의 키워드를 매칭해서 필요한 부분 위주로 확인하면 빠르고 정확한 해결이 가능하다.

풀이

제00조를 순서대로 제1조~제3조라 한다.

① (×) 제2조 제2항에 따르면, 아이돌보미가 아닌 사람은 아이돌보미 또는 이와 유사한 명칭을 사용할 수 없다. 따라서 아이돌보미가 아닌 보육 관련 종사자는 아이돌보미 명칭을 사용할 수 없다.

② (×) 지정·운영관련 내용은 제1조 제1항에서, 보수교육 실시 관련 내용은 제3조 제1항에서 확인할 수 있다. 제1조 제1항에 따르면, 시·도지사는 아이돌보미의 양성을 위하여 적합한 시설을 교육기관으로 지정·운영하여야 한다. 그런데 제3조 제1항에 따르면, 아이돌봄서비스의 질적 수준과 아이돌보미의 전문성 향상을 위하여 보수교육을 실시하는 주체는 시·도지사가 아닌 여성가족부장관이다.

③ (×) 제1조 제5항에 따르면, 아이돌보미가 되려는 사람은 시·도지사가 아닌 여성가족부장관이 실시하는 적성·인성검사를 받아야 한다.

④ (×) 과태료와 벌금을 정확하게 구분할 수 있어야 한다. 과태료에 관련한 내용은 제2조 제3항에서 확인할 수 있다. 동조 제1항, 제2항을 위반한 사람에게는 300만 원 이하의 과태료를 부과한다. 제1항에서 아이돌보미는 다른 사람에게 자기의 성명을 사용하여 아이돌보미 업무를 수행하게 하거나 수료증을 대여하여서는 아니 된다고 규정하고 있고, 제2항에서는 아이돌보미가 아닌 사람은 아이돌보미 또는 이와 유사한 명칭을 사용할 수 없다고 규정하고 있다. 서울특별시의 A기관이 부정한 방법을 통해 아이돌보미 양성을 위한 교육기관으로 지정을 받은 경우는 이 두 가지 요건에 해당하지 않으므로 과태료를 부과할 수 없다. 거짓이나 그 밖의 부정한 방법으로 교육기관으로 지정을 받은 자에게는 제1조 제3항에 따를 때 1년 이하의 징역 또는 1천만 원 이하의 벌금에 처한다.

※ 벌금과 과태료

벌금	과태료
- 형법에서 정하고 있는 9가지의 형벌 중 하나인 재산형 - 부과 여부 및 금액이 판결을 통해 확정됨. 재판을 거쳐 일정 금액을 국가에 납부 - 벌금을 5만 원 이상으로 규정, 5만 원 미만일 경우 과료	- 행정상의 위반에 대한 처분 - 행정법 상의 제재(행정질서벌의 일종) - 국가 또는 지방자치단체가 부과

※ 형벌의 종류: 사형, 징역, 금고, 자격상실, 자격정지, 벌금, 구류, 과료, 몰수

⑤ (O) 제1조 제2항 제2호에 따르면, 교육기관이 교육과정을 1년 이상 운영하지 아니하는 경우에 시·도지사는 사업의 정지를 명하거나 그 지정을 취소할 수 있다.

2 응용형(법조문형) 난이도 하 정답 ②

문제풀이 핵심 포인트

지문의 내용에 〈상황〉을 적절하게 반영하여 해결해야 하는 문제이다. 〈상황〉에서 알 수 있는 정보는 등장하는 행위자가 甲, 乙, 丙 세 명이고, 고도(古都)에 해당하는 A지역에 대한 학술조사를 위해 2021년 3월 15일부터 A지역의 발굴에 착수하고자 한다는 것이다.

풀이

조문이 하나이므로, 항만 구분하여 설명한다.

① (×) 제2항에 따르면, 문화재청장 甲은 제1항에 따라 발굴할 경우 발굴의 목적, 방법, 착수 시기 및 소요 기간 등의 내용을 발굴 착수일인 2021년 3월 15일 기준 2주일 전까지 해당 지역의 소유자, 관리자 또는 점유자(이하 '소유자 등'이라 한다)에게 미리 알려 주어야 한다. 날짜 계산을 정확히 하지 않더라도 3월 29일은 3월 15일 기준 '후'이지 '전'이 아니다.

② (O) 제3항에 따르면, 제2항에 따른 통보를 받은 소유자 등은 그 발굴에 대하여 문화재청장에게 의견을 제출할 수 있다. 따라서 丙은 A지역의 점유자로서 '소유자 등'에 해당하고, 의견을 제출할 수 있다.

③ (×) 제7항에 따르면, 문화재청장은 제1항에 따른 발굴 현장에 발굴의 목적, 조사기관, 소요 기간 등의 내용을 알리는 안내판을 설치하여야 한다. 따라서 발굴 현장에 발굴의 목적 등을 알리는 안내판을 설치하여야 하는 주체는 소유자인 乙이 아니라 문화재청장 甲이다.

④ (×) 제3항에 따르면, 제2항에 따른 통보를 받은 소유자 등은 발굴을 거부하거나 방해 또는 기피하여서는 아니 된다. 따라서 A지역의 발굴로 인해 乙에게 손실이 예상되는 경우이더라도 乙은 그 발굴을 거부할 수 없다.

⑤ (×) 제5항에 따르면, 국가는 제1항에 따른 발굴로 손실을 받은 자에게 그 손실을 보상하여야 하고, 제6항에 따를 때 제5항에 따른 손실보상에 관하여는 문화재청장 甲과 손실을 받은 자가 협의하여야 하며, 보상금에 대한 합의가 성립하지 않은 때에는 관할 토지수용위원회에 재결(裁決)을 신청할 수 있다. 따라서 A지역과 인접한 토지 소유자인 丁이 A지역의 발굴로 인해 손실을 받은 경우, 丁은 먼저 문화재청장 甲과 협의한 후, 보상금에 대한 합의가 성립하지 않은 때 관할 토지수용위원회에 재결을 신청할 수 있으므로, 보상금에 대해 甲과 협의하지 않고 관할 토지수용위원회에 재결을 신청할 수는 없다.

3 일치부합형(법조문형) 난이도 하 정답 ④

문제풀이 핵심 포인트

표제가 없는 법조문이 제시되었으므로 법조문의 키워드와 선택지의 키워드를 잘 매칭해서 판단에 필요한 부분만 파악한다.

풀이

① (×) 첫 번째 법조문 제1항에서 지방자치단체의 장은 소속공무원이 적극행정으로 인해 징계 의결 요구가 된 경우 적극행정지원위원회의 변호인 선임비용 지원결정에 따라 200만 원 이하의 범위 내에서 변호인 선임비용을 지원할 수 있다고 했으므로 지방자치단체의 장은 500만 원이 아닌 200만 원의 변호인 선임비용을 지원할 수 있음을 알 수 있다.

② (×) 첫 번째 법조문 제3항에서 지원결정을 받은 공무원은 이미 변호인을 선임한 경우를 제외하고는 선임비용을 지원받은 날부터 1개월 내에 변호인을 선임하여야 한다고 했으나 지원결정을 받은 공무원이 이미 변호인을 선임한 경우 선임비용을 지원받은 날부터 1개월 내에 새로운 변호인을 반드시 선임하여야 하는지는 알 수 없다.

③ (×) 두 번째 법조문 제1항 제2호에서 고소·고발 사유와 동일한 사실관계로 유죄의 확정판결을 받은 경우 위원회가 지원결정을 취소할 수 있다고 했으나 무죄의 확정판결을 받은 경우에 대해서는 알 수 없다.

④ (O) 두 번째 법조문 제2항에서 제1항에 따라 지원결정이 취소된 경우 공무원은 지원받은 변호인 선임비용을 즉시 반환하여야 한다고 했고, 제3항에서 제2항에 따른 반환의무를 전부 부담시키는 것이 타당하지 않다고 판단하는 경우에는 반환의무의 일부 또는 전부를 면제하는 결정을 할 수 있다고 했으므로 지원결정이 취소된 경우 위원회는 해당 공무원이 지원받은 변호인 선임비용에 대한 반환의무의 일부 또는 전부를 면제하는 결정을 할 수 있음을 알 수 있다.

⑤ (×) 두 번째 법조문 제4항에서 두 번째 법조문 제1항부터 제3항은 해당 공무원이 변호인 선임비용을 지원받은 후 퇴직한 경우에도 적용한다고 했으므로 퇴직한 공무원에 대해 지원결정이 취소된다면 그가 그 비용을 반환하는 경우가 있음을 알 수 있다.

4 일치부합형(법조문형) 난이도 하 정답 ⑤

문제풀이 핵심 포인트

선택지의 키워드와 지문의 키워드를 매칭해서 필요한 부분 위주로 확인하여 빠르고 정확하게 해결해야 한다. 이 때 지문의 '철거'는 모두 '할 수 있다.'의 재량행위이므로 선택지 ②처럼 기속행위일 수 없다.

풀이

① (×) 제1항에 따르면, 시장·군수 등은 빈집이 다음 각 호의 어느 하나에 해당하면 빈집정비계획에서 정하는 바에 따라 그 빈집 소유자에게 철거 등 필요한 조치를 명할 수 있다. 붕괴 우려가 없으므로 제1호에는 해당하지 않고, 주거환경에 현저한 장애가 되므로 제2호에 해당하는 상황이며, 각 호의 어느 하나에 해당하면 요건을 충족하므로 A자치구 구청장은 해당 빈집에 대해서 빈집정비계획에 따른 철거를 명할 수 있다.

② (×) 제4항에 따르면, 시장·군수 등은 제3항에 따라 철거할 빈집 소유자의 소재를 알 수 없는 경우 그 빈집에 대한 철거명령과 이를 이행하지 아니하면 직권으로 철거한다는 내용을 일간신문 및 홈페이지에 1회 이상 공고하고, 일간신문에 공고한 날부터 60일이 지난 날까지 빈집 소유자가 빈집을 철거하지 아니하면 직권으로 철거할 수 있다. 이때의 철거는 '할 수 있다'의 재량이므로, B군 군수가 반드시 철거해야 하는 것은 아니다. 또한 일간신문에 공고한 날부터 60일이 지난 날까지 빈집 소유자가 빈집을 철거하지 아니하면 직권으로 철거할 수 있는 것이므로, 60일 내에 철거하기를 기다려야 하는 것이지 60일 내에 철거를 해야 하는 것도 아니다.

③ (×) 제5항에 따르면, 시장·군수 등은 제3항 또는 제4항에 따라 빈집을 철거하는 경우에는 정당한 보상비를 빈집 소유자에게 지급하여야 한다. 이 경우 시장·군수 등은 보상비에서 철거에 소요된 비용을 빼고 지급할 수 있다. 따라서 C특별자치시 시장이 직권으로 빈집을 철거한 경우, 그 소유자에게 철거에 소요된 비용을 빼고 보상비 전액을 지급할 수 있다.

④ (×) 제6항에 따르면, 시장·군수 등은 다음 각 호의 어느 하나에 해당하는 경우에는 보상비를 법원에 공탁하여야 하고, 빈집 소유자가 보상비 수령을 거부하는 경우는 그 중 제1호에 해당한다. 따라서 D군 군수가 빈집을 철거하였는데 그 소유자가 보상비 수령을 거부하면 보상비를 법원에 공탁하여야 한다. 법원에 공탁하므로 보상비 지급의무 자체가 소멸하는 것은 아니다.

⑤ (O) 제1항~제3항에 따르면, 시장·군수 등은 빈집이 제1항 각 호의 어느 하나에 해당하면 빈집정비계획에서 정하는 바에 따라 그 빈집 소유자에게 철거 등 필요한 조치를 명할 수 있다. 이 경우 빈집 소유자는 특별한 사유가 없으면 60일 이내에 조치를 이행하여야 하고, 그 빈집 소유자가 특별한 사유 없이 제2항의 기간(60일) 내에 철거하지 아니하면 직권으로 그 빈집을 철거할 수 있다. 이 과정에서 지방건축위원회의 심의는 필요하지 않다. 건축위원회의 심의가 필요한 경우는 제1항 단서의 빈집정비계획이 수립되어 있지 아니한 경우이다. 따라서 이를 종합해 볼 때, E시 시장은 빈집정비계획에 따른 빈집 철거를 명한 후 그 소유자가 특별한 사유 없이 60일 이내에 철거하지 않으면, 지방건축위원회의 심의 없이 직권으로 철거할 수 있다.

5 일치부합형(텍스트형) 난이도 하 정답 ②

문제풀이 핵심 포인트

평이한 문제로 속도와 정확도를 모두 잡아야 하는 문제이다.

풀이

ㄱ. (×) 제시문의 첫 번째 문단에 따르면 '장'의 한자 표기인 '欌'이라는 한자는 우리나라에서 만들어 사용하는 한자이고, 欌이라는 한자가 사용되기 이전에는 중국의 명칭을 따라 '竪櫃(수궤)'라고 표기하였다. '欌'이라는 한자가 만들어지기 이전에 '竪櫃'라는 한자를 사용했으므로, '竪櫃'라는 한자가 사용되기 이전에 '欌'이라는 한자가 사용되었을 수 없다.

ㄴ. (O) 제시문의 세 번째 문단에 따르면 나이테 모양이 드러나는 판자를 그대로 사용하는 경우 계절의 변화에 따라 수축과 팽창이 심하여 가구의 변형이 많이 일어난다고 한다. 그리고 물푸레나무는 나이테가 뚜렷한 자재라고 한다. 따라서 물푸레나무 자재는 변형이 많이 일어날 것이라고 판단할 수 있다. 그리고 소나무와 같은 자재는 변형이 적다고 한다. 그러므로 소나무 자재는 물푸레나무 자재보다 변형이 적을 것이라고 판단할 수 있다.

ㄷ. (×) 제시문의 두 번째 문단에 따르면 머릿장은 사랑방에서 사용되기도 하였다. 따라서 머릿장을 안방에서만 사용한 것은 아니다.

ㄹ. (×) 제시문의 세 번째 문단에 따르면 촉짜임기법을 이용해 변형을 최소화하였다고 한다. 그리고 제시문에서 정교한 조각을 장식하는 경우에 대해서 언급한 바가 없으므로 촉짜임기법은 장에 정교한 조각을 장식하기 위해 고안된 것은 아니라고 판단할 수 있다.

실전에선 이렇게!

제시문을 다 읽는 것보다는 각 <보기> 해결에 필요한 정보 위주로 확인하여 해결시간을 단축할 수 있다.

6 정확한 계산형 난이도 하

정답 ③

문제풀이 핵심 포인트

여러 방법으로 해결이 가능하므로 다양한 방법을 연습해 두는 것이 필요한 문제이다. 빠른 해결을 위해 선택지를 활용해 보면, 주어진 조건에 따를 때 기념품 구입 개수가 100개를 넘을 수는 없기 때문에 선택지 ②, ④는 답이 될 수 없음을 알 수 있다.

풀이

주어진 〈포상금 사용기준〉을 정리하면 다음과 같다.

현금 배분	- 포상금의 40 % 이상은 반드시 각 부서에 현금으로 배분 - 전체 15개 부서를 우수부서와 보통부서 두 그룹으로 나누어 우수부서에 150만 원, 보통부서에 100만 원을 현금으로 배분 - 우수부서는 최소한으로 선정
복지시설 확충	- 포상금 중 2,900만 원은 직원 복지 시설을 확충하는 데 사용
기타	- 직원 복지 시설을 확충하고 부서별로 현금을 배분한 후 남은 금액을 모두 사용하여 개당 1만 원의 기념품을 구입

이를 문제 해결에 필요한 순서로 바꿔서 종합해 보면 다음과 같다.

1) 5,000만 원의 포상금 중 2,900만 원은 직원 복지 시설을 확충하는 데 사용한다.
2) 포상금의 40 % 이상, 즉 2,000만 원 이상은 전체 15개 부서를 우수부서와 보통부서 두 그룹으로 나누어 우수부서에 150만 원, 보통부서에 100만 원을 현금으로 배분한다.
3) 남은 금액을 모두 사용하여 개당 1만 원의 기념품을 구입한다.

단, 2)에서 우수부서 수는 최소한으로 선정해야 한다.

▶[방법 1]

2)에서 부서에 배분되는 현금은 최소 2,000만 원에서 최대 2,100만 원이 됨을 알 수 있다. 이 때 우수부서의 수는 최소가 되어야 한다. 전체 15개 부서가 우수부서 또는 보통부서로 구분되므로, 우수부서의 수를 x라 하면 보통부서의 수는 $(15-x)$가 된다.

이를 종합해서 식을 세우면 2,000만 원(=5,000만 원×40%)≤(150만 원×x)+100만 원×$(15-x)$≤2,100만 원이 된다. 이를 충족하는 x의 범위는 $10 \le x \le 12$이고, 우수부서의 수는 최소값인 10개, 보통부서의 수는 나머지 5개가 된다. 이에 따라 부서에 배분되는 현금은 150×10+100×5=2,000만 원이다.

따라서 남은 100만 원을 모두 사용하여 개당 1만 원의 기념품을 구입하면 100개를 구입 가능하고, 정답은 ③이다.

▶[방법 2] 변화분의 확인

우수부서 수의 확정은 다른 방법으로도 가능하다.

전체 15개 부서가 전부 우수부서라면 그 때 각 부서에 현금처럼 배분되는 금액은 150만 원×15개=2,250만 원이고, 이후 우수부서 수가 하나 줄고(-150만 원), 대신 보통부서 수가 하나 늘어날 때마다(+100만 원) 총 배분금액은 -50만 원이 된다. 따라서 우수부서 수를 최소한으로 선정하는 경우 부서에 배분되는 금액은 최소로 줄어들 것이므로 포상금의 40% 이상인 2,000만 원에 맞춰질 것이고, 따라서 (15개, 2,250만 원)에서 우수부서 수가 5개 줄어서 10개이어야 -250만 원이 되고 2,000만 원에 맞춰질 것이다.

구분	우수부서 수+보통부서 수=15개						
우수부서 수 (150만 원)	15개	14개	13개	…	2개	1개	0개
보통부서 수 (100만 원)	0개	1개	2개	…	13개	14개	15개
배분 금액 (만 원)	2,250	2,200	2,150	…	1,600	1,550	1,500

이는 반대로 보통부서 수가 15개를 가정하여 1,500만 원에서 시작한 후 보통부서 수가 하나 줄어들 때마다(-100만 원), 우수부서 수가 하나 늘어난다고(+150만 원) 보는 것도 가능하다. 그렇다면 우수부서 수가 하나 늘어날 때마다 +50만 원이 되고, 포상금의 40% 이상(=2,000만 원)에 맞추기 위해서는 1,500만 원에서 +500만 원이 되어야 하고, 우수부서는 +10개(=+50×10개)가 된다.

▶[방법 3] 선택지 활용

복지시설 확충에 2,900만 원을 사용하는 것은 고정이므로, 남은 2,100만 원의 포상금을 어떻게 사용할지를 결정해야 한다. 문제를 해결한 후 선택지 중 맞는 것을 고르지 말고, 선택지를 활용하여 검토하되 우수부서 수는 최소가 되어야 하므로 작은 값인(9개) 선택지 ① 또는 ②가 가능한지부터 검토한다.

- 선택지 ①, ② 검토: 우수부서 수가 9개 일 때 (=보통부서 수는 6개)
  현금 배분을 계산하면 (150×9)+(100×6)=1,950만 원이고, 이는 포상금의 40 % 이상은 반드시 각 부서에 현금으로 배분한다는 조건에 위배되므로 불가능하다.
- 선택지 ③, ④ 검토: 우수부서 수가 10개일 때 (=보통부서 수는 5개)
  현금 배분을 계산하면 (150×10)+(100×5)=2,000만 원이고, 남은 100만 원으로 개당 1만 원의 기념품을 구입하므로 총 100개의 기념품을 구입할 수 있다.

▶[방법 4] 방법 2+방법 4+비율 처리

우수부서에 배분하는 금액이 150만 원, 보통부서에 배분하는 금액이 100만 원이고, 전체 15개 부서 중 우수부서 수를 최소로 하면, 보통부서의 수가 최대가 되고, 각 부서에 현금처럼 배분되는 금액은 앞에서 살펴본 바와 같이 최소가 된다.

선택지 ①, ②를 검토하면, 우수부서 수가 9개라고 했으므로 보통부서 수는 6개가 된다. 이때 배분되는 금액이 2,000만 원이 되는지를 확인하면 된다. (9개×150만 원)+(6개×100만 원)=2,000만 원이고, 여기에 비율 처리를 하면 계산이 쉬워진다. 전부 다 100으로 나누었다고 가정하고 (9×1.5)+(6×1)=20이 되는지 검토한다. (9×1.5)+(6×1)=19.5 이므로 선택지 ①, ②는 답이 될 수 없다.

이후 선택지 ③, ④의 우수부서 10개를 대입하여 위와 같이 따져보면 20이고, 이때 기념품 구입개수는 100개가 되므로 정답은 ③이다.

7 규칙 정오판단형 난이도 하

정답 ⑤

문제풀이 핵심 포인트

이 문제 역시 여러 가지 방법으로 해결이 가능한 문제이다. 한 문제를 여러 방법으로 풀어보는 연습을 해두어야 다음에 어떤 문제가 출제되어도 여러 방법으로 대응할 수 있다.

풀이

ㄱ. (O) (가)를 판단기준으로 한다면, 국민 전체 혜택의 합이 더 큰 정책을 채택하게 된다. A인구가 B인구의 4배임을 반영하여 계산하는 방법은 세 가지가 있다.

▶[방법 1] A인구 4명, B인구 1명일 경우

A인구가 4배이므로 A인구 4명, B인구 1명으로 가정하고 해결한다. 현행 정책은 (100 × 4명) + (50 × 1명) = 400 + 50 = 450이고, 개편안은 360 + 80 = 440으로 현행 정책이 유지된다.

이때 평균사고를 연습해보면, 현행 정책의 값은 450이고 개편안에 따를 때 개인의 혜택은 90또는 80이므로 450에 미치지 못할 것이라는 것을 쉽게 알 수 있다. 따라서 현행 정책이 채택된다.

▶[방법 2] 가중평균의 활용 – 국민 개인이 얻는 혜택을 구하는 방법

(1) 거리비로 계산하기

현행 정책의 경우 집단 B에 속한 개인은 50의 혜택을 얻고, 집단 A에 속한 개인은 100의 혜택을 얻는다. 각 집단의 비중에 따라 가중평균을 하면 50과 100 사이에서 결괏값이 도출될 것이다. 집단 B의 비중:집단 A의 비중 = 1:4 이므로, 50과 100 사이에 거리비 4:1인 90의 값이 도출된다.

개편안의 경우 집단 B에 속한 개인은 80의 혜택을 얻고, 집단 A에 속한 개인은 90의 혜택을 얻는다. 각 집단의 비중에 따라 가중평균을 하면 80과 90 사이에서 결괏값이 도출될 것이다. 집단 B의 비중:집단 A의 비중 = 1:4 이므로, 80과 90 사이에 거리비 4:1인 88의 값이 도출된다.

따라서 가중평균의 결과 현행 정책 90, 개편안 88이므로 현행 정책이 유지된다.

(2) 비중을 곱해서 계산하기

A인구가 4배이므로, 집단 A의 비중이 80%, 집단 B의 비중이 20%이다. 각 집단의 개인이 얻는 혜택에 비중을 곱해서도 가중평균 값을 구할 수 있다. 현행 정책의 경우 100 × 0.8 + 50 × 0.2 = 90이고, 개편안의 경우 90 × 0.8 + 80 × 0.2=88이므로 현행 정책이 유지된다.

▶[방법 3] 차이값 접근

집단 A에 속한 사람은 현행 정책의 혜택이 + 10이고, 집단 B에 속한 사람은 개편안의 혜택이 + 30이다. 집단 A에 속한 사람이 4명, 집단 B에 속한 사람이 1명이라고 가정하여 계산하면 A가 + 10 × 4 = + 40, B가 + 30이다. 따라서 현행 정책이 유지된다.

ㄴ. (O) ㄱ과 동일하게 여러 방법으로 해결이 가능하다. 그 중 (가)를 기준으로 하면, 국민 전체 혜택의 합이 더 큰 정책을 채택한다. B인구가 전체 인구의 30%라면, 나머지 A인구가 전체 인구의 70%이므로 A인구 7명, B인구 3명으로 가정하여 계산하면 현행 정책은 (100 × 7) + (50 × 3) = 850이고 개편안은 (90 × 7) + (80 × 3) = 870이므로 개편안이 채택된다.

ㄷ. (O) 판단기준 (나)에 따를 때, '개인이 얻는 혜택'이 적은 집단에 더 유리한 정책을 채택한다. '개인이 얻는 혜택'은 표에 제시된 숫자이다. 현행 정책이 유지될 경우 개인이 얻는 혜택이 적은 집단은 100과 50 중 50의 혜택을 얻는 B 집단이고, 개편안이 채택될 경우 개인이 얻는 혜택이 적은 집단은 90과 80 중 80의 혜택을 얻는 B 집단이다. 따라서 현행 정책이 유지되든 개편안이 채택되든 개인이 얻는 혜택이 적은 집단은 B 집단이므로, 이 B 집단에 더 유리한 정책은 80의 혜택을 얻는 개편안이다. 따라서 개편안이 채택된다. 판단기준 (나)는 개인이 얻는 혜택을 비교하기 때문에 집단 A와 B의 인구 구성과는 무관하다.

ㄹ. (×) 판단기준 (다)에서는 A, B 두 집단 간 개인 혜택의 차이, 즉 1인당 혜택의 차이를 보기 때문에 집단 A와 B의 인구 구성과는 무관하다. 따라서 A인구가 B인구의 5배라는 것은 불필요한 정보이다. 현행 정책이 유지되면 A, B 두 집단 간 개인 혜택의 차이는 100과 50으로 50 차이가 나고, 개편안에서는 90과 80으로 10 차이가 난다. 그렇다면 A, B 두 집단 간 개인 혜택의 차이가 더 작은 정책은 개편안이다.

8 규칙 단순확인형 난이도 하

정답 ④

문제풀이 핵심 포인트

<대화>에서 민서가 볼 뮤지컬 공연을 선택하는 기준을 파악한 후, 이를 <표>에 적용하면 쉽게 해결되는 문제이다.

풀이

제시문에서 주어진 민서의 대화를 첫 번째 대화부터 각각 1)~3)이라고 한다. 1)에 따르면 민서는 바이올린 협주 공연이 아닌 다른 공연에 가려고 한다. 따라서 <표>에서 두 번째 바이올린 협주 공연은 제외된다. 그리고 3)에 따르면 10월 9일 전만 아니면 괜찮다고 한다. 따라서 공연 날짜가 10월 6일인 첫 번째 뮤지컬은 제외된다. 또한 B시는 너무 멀어서 안 가려고 한다. 따라서 공연 장소가 B시 콘서트홀인 다섯 번째 오케스트라는 제외된다.

구분	뮤지컬	바이올린 협주	피아노 협주	오페라	오케스트라
티켓 가격	77,000원	90,000원	120,000원	100,000원	110,000원
공연 날짜	10월 6일	10월 15일	10월 11일	10월 17일	10월 10일
공연 장소	A시 아트센터	C시 문화회관	A시 아트센터	C시 문화회관	B시 콘서트홀
학생할인 (20%) 여부	×	×	○	×	○

인영의 두 번째 대화에 따르면 민서는 학생할인을 받을 수 있고, 2)에 따르면 민서는 결제할 금액이 제일 저렴한 공연을 볼 생각이라고 한다. 피아노 협주는 학생할인을 받을 수 있으므로 결제할 금액은 120,000원 × 0.8 = 96,000원이다. 오페라의 티켓 가격 100,000원과 비교하면 결제할 금액이 제일 저렴한 공연은 피아노 협주이다.

따라서 민서가 결제할 금액은 96,000원이다.

9 1지문 2문항형 난이도 하

정답 ③

문제풀이 핵심 포인트

일치부합형의 〈보기〉인 ㄱ, ㄷ은 지문에서 관련 내용을 빠르게 확인하고, 응용형의 〈보기〉인 ㄴ, ㄹ은 직접 계산하는 것보다 주어진 내용을 검증하면 빠른 해결이 가능하다.

풀이

ㄱ. (×) 마지막 문단에 따르면, 전력차단프로젝트는 컴퓨터가 일정시간 사용되지 않으면 '언제라도' 컴퓨터와 모니터의 전원이 자동으로 꺼지도록 하는 것이다. 처음에 문제제기는 컴퓨터의 전력 소비량이 밤 시간대에 놀라울 정도로 많다는 것을 발견하게 된 것이었지만, 전력차단프로젝트 자체는 밤 시간대에 국한된 것은 아니다.

ㄴ. (O) 검증해서 해결해야 한다. 22,000대의 컴퓨터에 설치해서 연간 35만 kWh의 전력 소비를 절감할 수 있을 것으로 예상된다. A은행의 전력차단프로젝트로 절감되는 컴퓨터 1대당 전력량이 연간 15kWh 이상인지는 22,000대 × 연간 15kWh=2.2만 × 15 ≒ 33만 kWh이므로 연간 35만 kWh의 전력 소비를 절감하기 위해서 컴퓨터 1대당 연간 15kWh 이상 절감되어야 함을 알 수 있다.

컴퓨터 1대당 절감되는 연간 전력 소비량을 직접 구해보면

$\frac{\text{전력 소비 절감량}}{\text{컴퓨터 대수}} = \frac{\text{35만 kWh}}{\text{22,000대}} ≒ 15.9\text{kWh}$이다.

ㄷ. (×) 첫 번째 문단에 따르면, 넷제로는 배출되는 탄소량과 흡수·제거되는 탄소량을 동일하게 만든다는 개념이다. 즉 '배출되는 탄소량 = 흡수·제거되는 탄소량'이어야 한다. 그런데 A은행이 화상회의시스템과 전력차단프로젝트를 도입하더라도 배출되는 탄소량이 절감될 뿐 배출되는 탄소량과 흡수·제거되는 탄소량이 동일하지 않다.

ㄹ. (○) 발생하는 이산화탄소 평균 배출량을 표로 나타내면 다음과 같다.

동일한 거리	1명	비행기 한 대	이산화탄소 평균배출량	400kg	↑2배
	4명	자동차 한 대		200kg	

- 1명이 비행기로 출장 시: 400 kg
- 같은 거리를 4명이 자동차 한 대로 출장 시의 2배
  (같은 거리를 4명이 자동차 한 대로 출장 시 200kg, 1명일 시 50kg)

즉, 1인당 이산화탄소 평균 배출량은 4명이 자동차 한 대로 출장을 가는 경우가 50kg이고, 이는 같은 거리를 1명이 비행기로 출장을 가는 경우인 400kg의 1/8이다.

10 1지문 2문항형 난이도 하 정답 ⑤

문제풀이 핵심 포인트

문제를 해결하기 위한 정보가 지문 중 한 부분에 몰려 있지 않고, 다소 흩어져 있는 편이다. 이를 잘 결합하여 문제를 해결할 수 있어야 한다.

풀이

- A은행에서는 매년 연인원 1,000명이 항공 출장을 가고 있고, 한 사람이 비행기로 출장 시 발생하는 이산화탄소 평균 배출량은 400kg이다. 항공 출장으로 인하여 현재 A은행이 배출하는 연간 이산화탄소의 양은 A은행의 연간 전체 이산화탄소 배출량의 1/5에 달하는 수준이다. 이를 토대로 A은행의 전체 이산화탄소 배출량을 구하면 400kg × 1,000 × 5(∵20% → 100%) = 2백 만kg = 2,000톤이다.
- 화상회의시스템을 활용할 경우 한 사람의 이산화탄소 평균 배출량은 항공 출장의 1/10 수준에 불과하고, 항공 출장인원의 30%에게 항공 출장 대신 화상회의시스템을 활용하도록 할 계획이라고 하였다. 따라서 화상회의시스템을 도입할 경우 400kg × 90% × 300명=108,000kg으로, 연간 108톤이 절감된다.
- 전력차단프로젝트를 통하여 A은행은 연간 35만 kWh의 전력 소비를 절감할 수 있을 것으로 예상되며, 이는 652톤의 이산화탄소 배출에 해당하는 양이다.

따라서 절감되는 총 이산화탄소 배출량은 108 + 652=760톤이고, 760톤/2,000톤이므로 도입 전에 비해 연간 38% 감소한다.

11 일치부합형(법조문형) 난이도 하 정답 ⑤

문제풀이 핵심 포인트

제2항과 제3항 모두 키워드가 '지원'이므로 제2항의 지원과 제3항의 지원을 정확하게 구분하여 선택지 ①번을 판단할 수 있어야 한다. 같은 항 안에서 내용을 정확하게 파악해야 하는 선택지 ②번과 선택지 ④번, 행위자를 정확하게 파악해야 하는 선택지 ③번의 함정 모두 기존 기출문제에서 여러 번 활용되고 있는 함정이다. 한편, 옳은 선택지인 ⑤번 선택지에서 '취소할 수 있다'의 결정재량이 있는 경우 요건에 해당하더라도 반드시 취소해야 하는 것은 아니라는 것도 이전 기출 문제에서 여러 번 활용된 적 있다.

풀이

① (×) 제△△조 제2항에 따르면 A부장관은 지방자치단체의 장이 지정한 동물보호센터가 아니라 설치·운영하는 동물보호센터의, 보호비용이 아니라 설치·운영비용의 일부를 지원할 수 있고, 지원하여야 하는 것은 아니다. 제3항에 따르면 A부장관이 아니라 지방자치단체의 장이 A부장관이 정하는 기준에 맞는 기관이나 단체를 동물보호센터로 지정하여 동물의 구조·보호조치 등을 하게 할 수 있고, 이때 소요비용의 전부 또는 일부를 지원할 수 있고 지원하여야 하는 것은 아니다.

② (×) 제△△조 제5항 제3호에 따르면 지방자치단체의 장은 지정된 동물보호센터가 제○○조의 규정을 위반한 경우 제5항 본문에 따라 그 지정을 취소할 수 있다. 그리고 제○○조에 따르면 누구든지 동물에 대하여 학대행위를 하여서는 아니 된다. 따라서 지정된 동물보호센터가 동물을 학대한 사실이 확인된 경우, 제○○조를 위반한 것으로 제△△조 제5항 제3호에 해당하므로 제5항 본문에 따라 지방자치단체의 장은 그 지정을 취소할 수 있고, 취소하여야 하는 것은 아니다.

③ (×) 제△△조 제4항에 따르면 동물보호센터로 지정받고자 하는 기관은 지방자치단체의 장이 아니라 A부장관이 정하는 바에 따라, A부장관이 아니라 지방자치단체의 장에게 신청하여야 한다.

④ (×) 제△△조 제6항 본문에 따르면 지방자치단체의 장은 제5항에 따라 지정이 취소된 기관을 지정이 취소된 날부터 1년 이내에 다시 동물보호센터로 지정하여서는 아니 된다. 그리고 제5항 제1호에 따르면 동물보호센터가 부정한 방법으로 지정을 받은 경우 제5항 본문에 따라 지방자치단체의 장은 그 지정을 취소할 수 있다. 따라서 부정한 방법으로 동물보호센터 지정을 받아 그 지정이 취소된 기관은 제△△조 제5항 제1호에 해당하여 제5항 본문에 따라 지정이 취소된 것이므로, 제6항에 본문에 따르면 지정이 취소된 날부터 2년이 아니라 1년이 지나야 다시 동물보호센터로 지정받을 수 있다.

⑤ (○) 제△△조 제5항 제4호에 따르면 지방자치단체의 장은 지정된 동물보호센터가 보호비용을 거짓으로 청구한 경우, 제5항 본문에 따라 그 지정을 취소할 수 있고, 반드시 그 지정을 취소해야 하는 것은 아니다.

실전에선 이렇게!

'제00조'가 아닌 '제○○조'의 형식이므로 조문 간 연계가 있을 것임을 예상할 수 있다. '동물학대 등의 금지'라는 표제가 있기는 하지만, 조문이 1개뿐이므로 제1항에서 제6항까지 각 항의 키워드를 활용하여 빠르게 해결해야 한다.

12 일치부합형(법조문형) 난이도 하 정답 ②

문제풀이 핵심 포인트
조문이 하나인 문제로, 조문은 텍스트로 치면 한 문단에 대응되므로, 텍스트로 치면 한 문단의 글이기 때문에 각 항의 내용이 유사하거나 연결된다고 느껴질 수도 있다. '다만'의 단서 내용이나 '그러하지 아니하다'라는 표현은 선택지를 만들 때 자주 활용되는 부분이다.

풀이

① (×) 제3항에 따르면 제1항 각 호에 따라 영상정보처리기기를 설치·운영하는 자를 '영상정보처리기기운영자'라 하고, 제4항에 따르면 영상정보처리기기운영자는 녹음기능을 사용할 수 없다. 따라서 제1항에 따라 영상정보처리기기운영자가 영상정보처리기기를 공개된 장소에 설치·운영하는 경우에도 해당 영상정보처리기기의 녹음기능은 사용할 수 없다.

② (○) 제2항 본문에 따르면 누구든지 불특정 다수가 이용하는 목욕실 등 개인의 사생활을 현저히 침해할 우려가 있는 장소의 내부를 볼 수 있도록 영상정보처리기기를 설치·운영하여서는 아니 된다. 그러나 제2항 단서에 따르면 교도소 등 사람을 구금하거나 보호하는 시설에 대하여는 그러하지 아니하다. 따라서 교도소에서는 수형자가 이용하는 목욕실의 내부를 볼 수 있도록 영상정보처리기기를 설치·운영할 수 있다고 판단할 수 있다.

③ (×) 제4항에 따르면 영상정보처리기기운영자는 영상정보처리기기의 설치 목적과 다른 목적으로 영상정보처리기기를 임의로 조작하거나 다른 곳을 비춰서는 아니 된다. 따라서 제1항 제1호에 따라 범죄수사를 위하여 공개된 장소에 설치된 영상정보처리기기라고 하더라도 그 설치 목적과 다른 목적으로 임의로 조작하거나 다른 곳을 비춰서는 아니 된다.

④ (×) 제1항에 따르면 각 호의 경우를 제외하고는 공개된 장소에 영상정보처리기기를 설치·운영하여서는 아니 된다. 따라서 제1항 각 호의 어느 하나에 해당하는 경우에는 공개된 장소에 영상정보처리기기를 설치·운영할 수 있는 것으로 해석할 수 있다. 제4호에서는 교통정보의 수집·분석·제공을 위하여 필요한 경우에 대하여 정하고 있으므로, 교통정보의 수집·분석·제공을 위한 목적으로 공개된 장소에서 영상정보처리기기를 설치·운영할 수 있다.

⑤ (×) 제3항 본문에 따르면 영상정보처리기기운영자는 정보주체가 쉽게 인식할 수 있도록 각 호의 사항이 포함된 안내판을 설치하는 등 필요한 조치를 하여야 한다. 그러나 제3항 단서에 따르면 국가보안시설에 대하여는 그러하지 아니하다. 그러므로 제1항에 따라 공개된 장소에 영상정보처리기기를 설치·운영하는 경우, 그 장소가 국가보안시설이라면 설치 목적·장소, 촬영 범위·시간 등이 명시된 안내판을 설치하여야 하는 것은 아니다.

13 일치부합형(법조문형) 난이도 하 정답 ③

문제풀이 핵심 포인트
'및'은 and 요건처럼 해석해야 한다. 따라서 '물리적·화학적 특성이 같은 수출입규제폐기물을 국내의 같은 세관 및 수입국의 같은 세관을 통하여 같은 자에게 두 번 이상 수출하는 경우'에는 국내에서도 같은 세관, 수입국에서도 같은 세관을 통할 것이 요구된다. 요건에 충족하지 않을 때의 반대해석은 이제 워낙 기본적인 해석으로 요구된다.

풀이

① (×) 제3항에 따르면 환경부장관은 제2항에 따른 수출허가를 하려는 경우에는 수출하려는 수출입규제폐기물의 수입국 및 경유국의 동의를 받아야 한다. 그러므로 환경부장관은 경유국의 동의를 받아도 수입국의 동의가 없다면 수출입규제폐기물의 수출허가를 할 수 없다.

② (×) 제1항에 따르면 수출입규제폐기물을 수출하려는 자는 환경부장관의 허가를 받아야 하고, 허가받은 사항을 변경하려는 경우에도 또한 같다. 그러므로 수출입규제폐기물을 수출하는 것은 허가를 받아야 하고, 그 허가받은 사항을 변경하는 것 또한 허가를 받아야 한다.

③ (○) 제4항에 따르면 환경부장관은 제2항에 따른 허가를 할 때 물리적·화학적 특성이 같은 수출입규제폐기물을 국내의 같은 세관 및 수입국의 같은 세관을 통하여 같은 자에게 두 번 이상 수출하는 경우에는 12개월의 범위에서 기간을 정하여 한꺼번에 허가할 수 있다. 그러므로 환경부장관이 수출입규제폐기물의 수출허가를 할 경우, 같은 자에게 수출하더라도 수입국의 세관이 동일하지 않으면 수입국의 같은 세관을 통하여 수출하는 경우가 아니므로 기간을 정하여 한꺼번에 허가할 수 없다고 해석하여야 한다.

④ (×) 제5항에 따르면 제1항에 따라 수출허가를 받은 자는 다른 자에게 자기의 상호를 사용하여 수출입규제폐기물을 수출하게 하여서는 아니 된다. 그러므로 수출입규제폐기물의 수출허가를 받은 자는 다른 자에게 자기의 상호를 사용하여 수출입규제폐기물을 수출하게 할 수 없다.

⑤ (×) 제2항 제2호에 따르면 환경부장관은 해당 폐기물이 수입국에서 재활용을 위한 산업의 원료로 필요한 경우에 해당하는 수출입규제폐기물의 수출허가 신청을 받은 경우에는 이를 허가할 수 있다. 따라서 국내에서 특정 수출입규제폐기물을 환경적으로 건전하고 적정하게 처리하는 데 필요한 기술과 시설을 가지고 있는 것과 무관하게 해당 폐기물이 수입국에서 재활용을 위한 산업의 원료로 필요한 경우라면 제2항 제2호에 해당하므로 환경부장관은 수출허가를 할 수 있다.

14 조건 계산형 난이도 하 정답 ④

문제풀이 핵심 포인트
주어진 정보를 얼마나 효율적으로 처리할 수 있는지가 관건인 문제이다. 연비, 속력 문제는 상황판단 보다 자료해석에서 더 많이 출제되는 소재이므로, 기존 기출문제를 통해 충분히 연습해 둘 수 있는 문제이다.

풀이

㉠ X의 연비는 15mpg이다. 이를 각주에 따라 갤런과 km로 나타내어보면 다음과 같다.

→ $\frac{15\text{마일}}{1\text{갤런}} = \frac{15\text{마일}}{1\text{갤런}} \times \frac{1\text{갤런}}{4\text{L}} \times \frac{1.6\text{km}}{1\text{마일}} = \frac{6\text{km}}{1\text{L}}$

따라서 X는 120km를 이동하는 데 120km × $\frac{1\text{L}}{6\text{km}}$ = 20L가 소요된다. 선지 ①, ②, ⑤는 제거된다.

㉡ ㉡은 4갤런의 연료로 갈 수 있는 거리에 대해서 묻고 있으므로 Y와 Z의 연비를 갤런으로 환산해보면 다음과 같다.

→ Y: $\frac{8\text{L}}{100\text{km}} = \frac{8\text{L}}{100\text{km}} \times \frac{1\text{갤런}}{4\text{L}} = \frac{2\text{갤런}}{100\text{km}}$

→ Z: $\frac{18\text{km}}{1\text{L}} = \frac{18\text{km}}{1\text{L}} \times \frac{4\text{L}}{1\text{갤런}} = \frac{72\text{km}}{1\text{갤런}}$

따라서 Y는 4갤런의 연료로 200km를 이동할 수 있고, Z는 72km × 4 = 288km를 이동할 수 있으므로 Z는 Y보다 88km를 더 이동할 수 있다. 선택지 ①, ③은 제거된다.

따라서 ㉠과 ㉡을 옳게 짝지은 것은 ④이다.

실전에선 이렇게!

A당 B은 기출문제에서 매우 빈출되는 장치이다. A당 B를 공식으로 정확하게 표현하면 B/A라고 표현되지만, 이렇게 정보를 처리하는 것은 효율적이지 못하다. 각 자동차의 연비 정보를 8L/100km,라고 주면 8L : 100km라고 적고, 18km/L이라고 주면 18km : 1L라고 적고 L 또는 km의 배율에 따라 비례관계 조정만 하면 간단하게 해결할 수 있는 문제이다.

15 경우 파악형 난이도 하 정답 ⑤

문제풀이 핵심 포인트

㉠, ㉡을 동시에 해결하기 위해서는 화재 이후 시점의 각 창고별 재고를 파악해야 한다. 우선 시간순으로 각 창고의 재고량을 파악해본다. 이를 통해 불에 그을리지 않은 것의 개수, 상반기 전체 출고기록이 맞바뀐 두 창고의 경우가 적절하게 그려져야 한다.

풀이

지문에서 문제풀이에 필요한 조건을 정리하면 다음과 같다.

- 조건 ⅰ) 2020년 1월 1일자 재고는 A창고 150개, B창고 100개, C창고 200개
- 조건 ⅱ) 하나의 창고에 화재가 발생하여 창고 안의 150개 재고 전부가 불에 그을림
- 조건 ⅲ) ㉡의 상반기 전체 출고기록이 맞바뀜

우선 조건 ⅰ)과 표의 내용에 따라 각 창고의 재고량을 시간순으로 함께 정리하면 다음과 같다. 문제 해결을 위해서 반드시 시간순 정리를 요하는 것은 아니고 입고기록과 출고기록을 합산하여 5월 11일 이후 시점의 각 창고별 재고량을 파악한다.

일자 \ 창고	A			B			C		
	입고	출고	재고	입고	출고	재고	입고	출고	재고
1월 1일			150			100			200
2월 18일(출고)		-30	120		-20	80		-10	190
3월 4일(입고)	+50		170	+80		160	0		190
3월 27일(출고)		-10	160		-30	130		-60	130
4월 10일(입고)	0		160	+25		155	+10		140
4월 13일(출고)		-20	140		0	155		-15	125
5월 11일(입고)	+30		170	0		155	0		125
	+80	-60		+105	-50		+10	-85	

이때 조건 ⅱ)의 내용과 달리 재고가 150개인 창고가 없으므로 ㉡을 해결하기 위해서는 조건 ⅲ)을 적용하여 두 창고의 상반기 전체 출고기록을 맞바꿔 재고가 150개가 되는 창고가 있는지 확인하여야 한다.

우선 ㉠부터 해결해보면 각 창고별 재고가 아닌 甲회사 전체의 재고만 파악하면 된다. 5월 11일 이후부터 화재 직전 시점까지 甲회사 전체의 재고는 170 + 155 + 125 = 450개이고, 5월 25일 화재 발생으로 150개가 불에 그을린 이후 불에 그을리지 않은 재고는 300개이다. 2020년 1월 1일자 재고와 2020년 상반기 입·출고기록에 따라 5월 25일 각 창고의 재고를 구하면 다음과 같다.

- A창고: 150 + (50 + 30) - (30 + 10 + 20) = 170개
- B창고: 100 + (80 + 25) - (20 + 30) = 155개
- C창고: 200 + 10 - (10 + 60 + 15) = 125개

5월 25일 총 재고는 170 + 155 + 125 = 450개이고 이 중 불에 그을린 재고는 150개로, 5월 26일 甲회사의 재고 중 그을리지 않은 것은 ㉠ 300개이다.

㉡을 해결해보면 두 창고의 출고기록을 맞바꿔야 하는데 창고가 3개밖에 없으므로 두 창고의 출고기록을 맞바꾸는 경우의 수는 3가지뿐이다.

따라서 직접 계산을 해보되 아래와 같이 5월 11일 이후 각 창고의 재고와 상반기 전체 출고량만 염두에 두고 계산한다.

일자 \ 창고	A			B			C		
	입고	출고	재고	입고	출고	재고	입고	출고	재고
5월 11일(입고)			170			155			125
		-60			-50			-85	

예를 들어 창고 A, B를 비교하면 창고 A의 상반기 출고량이 창고 B의 상반기 출고량보다 10개 더 많으므로 두 창고의 출고기록을 바꾸는 경우 창고 A의 재고는 180개, 창고 B의 재고는 145개가 될 것이다. 마찬가지 방법으로 창고 A, C를 비교하면 창고 C의 상반기 출고량이 창고 A의 상반기 출고량보다 25개 더 많으므로 두 창고의 출고기록을 바꾸는 경우 창고 A의 재고량은 25개를 뺀 145개가 되고 창고 C의 출고량은 25개를 더한 150개가 된다. 따라서 출고기록이 바뀐 두 창고는 A와 C이며 화재가 발생한 창고는 C임을 알 수 있다.

실전에선 이렇게!

- ㉠만 해결하기 위해서는 각 창고별 5월 11일 이후의 재고량을 파악할 필요가 없다. 조건 ⅰ)에 따르면 1월 1일 시점에서 甲회사의 재고량은 150 + 100 + 200 = 450개이다. 표에 따르면 상반기 전체 입고량은 50 + 80 + 0 + 0 + 25 + 10 + 30 + 0 + 0 = 195개이고, 상반기 전체 출고량은 30 + 20 + 10 + 10 + 30 + 60 + 20 + 0 + 15 = 195개이다. 즉, 5월 11일 이후부터 화재 이전까지 甲회사 전체의 재고는 450 + 195 - 195 = 450개이고, 이 중 화재로 150개가 불에 그을렸으므로 5월 26일 화재 직후 불에 그을리지 않은 재고량은 300개임을 알 수 있다.
- 조건 ⅱ)와 ⅲ)에 따라 출고기록이 맞바뀐 후 A~C 중 하나의 창고의 재고가 150개가 되어야 한다. ㉠이 300이므로 선택지 ④, ⑤만 남기면 ㉡으로 가능한 것은 A와 B 또는 A와 C이다. ㉡이 A와 B일 때 창고의 재고는 A가 180개, B가 145개, C가 125개이다. ㉡이 A와 C일 때 창고의 재고는 A가 145개, B가 155개, C가 150개이다. 이에 따라 ㉡은 5월 25일의 C창고의 재고가 150개가 되는 A와 C이다.

16 경우 파악형 난이도 중 정답 ①

문제풀이 핵심 포인트

정확히 1kg만 맡겨서 최대 금액이 되도록 맡겨야 한다. 그렇다면 무게당 가격이 높을 때 최대 금액이 될 수 있다. '가성비' 장치는 이전 기출문제에서 여러 번 출제된 적이 있는 빈출 장치이다. 기출분석을 철저하게 해두는 것이 필요하다.

풀이

甲은 정확히 1kg의 보석만 맡길 수 있으며, 모든 종류의 보석을 하나씩은 포함하여 최대 금액이 되도록 맡기는 것을 확인한다. 최대 금액이 되도록 맡겨야 하므로 각 보석의 무게당 가격을 비교해보면 다음과 같다.

→ C: $\frac{3}{3}$ > A: $\frac{10}{12}$ > B: $\frac{7}{10}$ > D: $\frac{1}{2}$

따라서 C를 다른 보석에 우선하여 최대한 맡기는 것으로 생각해본다. 그렇다면 150개를 모두 맡기고, 맡긴 보석의 무게는 총 3 × 150 = 450g이다. 두 번째로 A를 모두 맡긴다고 생각해보면 무게는 총 12 × 52 = 624g이다. B, D도 최소 하나씩은 포함하여야 하고 1kg를 초과할 수는 없으므로, A를 빼면서 B, D를 추가하는 것으로 생각해본다. 일단 A의 무게가 550g 이하가 되도록 충분히 빼준다면 7개를 빼는 것으로 생각해보자. 12 × 45 = 540g이지만 이 경우 B, D를 하나씩 맡길 수 없다. 8개를 빼는 것으로 생각해본다. 12 × 44 = 528g이고 이 경우 B 2개, D 1개를 맡겨 정확히 1kg을 맡길 수 있다. 따라서 甲이 은행 금고에 맡길 A의 개수는 44이다.

실전에선 이렇게!

무게당 가격이 높아야 1kg을 맡겼을 때 최대금액이 될 수 있는데, 이 정보는 바로 주어지지는 않았다. 표에서 '개당 가격'과 '개당 무게'의 정보로부터 '무게당 가격'을 찾아낼 수 있어야 한다. 이런 식의 숨겨진 정보를 찾는 문제는 민경채 18년, 7급 공채 21년 문제에서 이미 여러 번 출제된 바 있다.

17 경우 확정형 난이도 하 정답 ③

문제풀이 핵심 포인트

甲~戊 다섯 명 모두 다섯 개의 항목에서 3점 2개, 2점 3개씩을 받았다. 따라서 3점 2개를 받은 항목의 항목가중치가 얼마인지에 따라서 등수가 차이가 나게 된다. 항목가중치가 정확하게 얼마인지를 구하는 문제가 아닌, 甲~戊 간의 비교만 할 수 있는 문제이다. 비교를 할 때는 인접한 등수의 사람끼리 하는 것이 가장 바람직하다.

풀이

이 문제는 甲~戊 모두 3점이 2개, 2점이 3개씩이다. 따라서 항목가중치가 동일했다면 총점은 모두 동일할 것이고, 항목가중치에 따라서 등수가 결정될 것이다. 반대로 등수를 통해서 항목가중치를 알아낼 수도 있다.

(단위: 점)

구분	甲	乙	丙	丁	戊
가치관	3	2	3	2	2
열 정	2	3	2	2	2
표현력	2	3	2	2	3
잠재력	3	2	2	3	3
논증력	2	2	3	3	2

· 1등(乙) vs 2등(戊) 비교

표현력에서 받은 3점은 동일하기 때문에 두 사람 간 차이가 발생하지 않는다. 乙은 열정에서 3점, 戊는 잠재력에서 3점을 받았는데 乙이 1등이고 戊가 2등이므로, 항목가중치는 열정 > 잠재력임을 알 수 있다.

· 2등(戊) vs 3등(甲) 비교

잠재력에서 받은 3점은 동일하기 때문에 두 사람 간 차이가 발생하지 않는다. 戊는 표현력에서 3점, 甲은 가치관에서 3점을 받았는데 戊가 2등이고 甲이 3등이므로, 항목가중치는 표현력>가치관임을 알 수 있다.

· 3등(甲) vs 4등(丁) 비교

잠재력에서 받은 3점은 동일하기 때문에 두 사람 간 차이가 발생하지 않는다. 甲은 가치관에서 3점, 丁은 논증력에서 3점을 받았는데 甲이 3등이고 丁이 4등이므로, 항목가중치는 가치관 > 논증력임을 알 수 있다.

· 4등(丁) vs 5등(丙) 비교

논증력에서 받은 3점은 동일하기 때문에 두 사람 간 차이가 발생하지 않는다. 丁은 잠재력에서 3점, 丙은 가치관에서 3점을 받았는데 丁이 4등이고 丙이 5등이므로, 항목가중치는 잠재력 > 가치관임을 알 수 있다.

따라서 정답은 ③이다.

18 규칙 적용해결형 난이도 하 정답 ③

문제풀이 핵심 포인트

지문에서 해당 스포츠 종목은 1점씩 득점한다고 하며, 〈상황〉에서는 A, B 두 팀의 득점 순서가 주어져 있으므로 득점에 따른 점수 상황을 모두 알 수 있다. 득점에 따른 점수 상황을 정리하고 〈방식 1〉, 〈방식 2〉를 적용해본다.

풀이

〈상황〉의 득점 순서에 따라 A, B팀의 점수를 정리해보면 다음과 같다. A팀을 앞쪽에, B팀을 뒤쪽에 표시하였다.

A - A - B - B - B - A - B - A - A - A - B

첫 번째	두 번째	첫 번째	두 번째	세 번째	세 번째	네 번째	네 번째	다섯 번째	여섯 번째	다섯 번째
1:0	2:0	2:1	2:2	2:3	3:3	3:4	4:4	5:4	6:4	6:5

〈방식 1〉, 〈방식 2〉 모두 승리한 팀을 기준으로 결승점을 정의한다. 경기 종료 시 더 많은 득점을 한 A팀이 승리하였다.

〈방식 1〉을 적용해보면 A팀이 B팀보다 1점 많아지는 득점을 한 경우는 A팀의 첫 번째, 다섯 번째 득점이다. 그중 경기 종료 시까지 동점이나 역전을 허용하지 않고 승리한 경우는 A의 다섯 번째 득점이다. 선택지 ①, ④, ⑤는 제거된다.

〈방식 2〉를 적용해보면 A팀의 득점 중 B팀의 최종 점수 5점보다 1점 많아진 때의 득점은 A의 여섯 번째 득점이다.

따라서 〈방식 1〉과 〈방식 2〉에 따른 결승점을 옳게 짝지은 것은 ③이다.

실전에선 이렇게!

〈방식 1〉과 〈방식 2〉 중에서 어떤 방식부터 먼저 해결할 것인지 고민해서 더 빠르게 해결할 수 있는 과정을 수행해야 한다. 또한 발문에서 묻는 형식을 통해 적절하게 선택지를 활용하여 해결할 수 있어야 한다.

19 경우 파악형 난이도 중 정답 ③

문제풀이 핵심 포인트

5세트가 시작한 시점에 경기장에 남아있는 관람객 수의 최댓값을 묻고 있으므로 홈팀과 원정팀이 어떤 순서대로 세트 점수를 획득하는 것이 가장 관람객이 적게 나갈 것인지 생각해본다.

풀이

마지막 조건에 따르면 경기 결과 원정팀이 세트 점수 3점, 홈팀이 세트 점수 2점이지만, 5세트가 시작한 시점을 묻고 있으므로 홈팀, 원정팀 각각 세트 점수 2점인 상황의 관람객 수 최댓값을 구해야 한다.

첫 번째 세트를 홈팀이 이겨 세트 점수가 홈팀, 원정팀 각각 1: 0이 되면 원정팀 관람객 500명이 나간다. 반대로 세트 점수가 0: 1이 되면 홈팀 관람객 1,000명이 나간다. 즉, 첫 번째 세트를 홈팀이 이기는 것이 경기장을 나가는 관람객의 총수가 더 적다(8,000명 → 7,500명).

구분		1세트	2세트	3세트	4세트	5세트
승리팀		홈팀				
누적 세트 점수		1:0				
관람객	홈팀	5,000				
	원정팀	2,500				

세 번째 조건에서 한 팀이 다른 팀보다 누적 세트 점수가 낮은 경우 관람객이 경기장을 나간다고 했으므로 누적 세트 점수가 같은 경우는 관람객이 경기장을 떠나지 않는다. 즉, 두 번째 세트는 원정팀이 이겨 누적 세트 점수가 1:1이 되면 세트가 끝나도 경기장을 나가는 관람객이 없다(7,500명).

구분		1세트	2세트	3세트	4세트	5세트
승리팀		홈팀	원정팀			
누적 세트 점수		1:0	1:1			
관람객	홈팀	5,000	5,000			
	원정팀	2,500	2,500			

세 번째, 네 번째 세트도 이와 같은 과정을 반복하면 4세트가 끝나고 5세트가 시작한 시점에서 경기장에 남아있는 관람객은 7,000명이 된다.

구분		1세트	2세트	3세트	4세트	5세트
승리팀		홈팀	원정팀	홈팀	원정팀	
누적 세트 점수		1:0	1:1	2:1	2:2	
관람객	홈팀	5,000	5,000	5,000	5,000	
	원정팀	2,500	2,500	2,000	2,000	

즉, 5세트가 시작한 시점(4세트 결과)에서 경기장에 남아 있는 관람객 수의 최댓값은 7,000명이다.

20 조건 계산형 난이도 중

정답 ④

문제풀이 핵심 포인트

계산 문제가 가장 기본적으로는 'A = B + C'의 구조를 사용하는 것에 반해, 이 문제는 주어진 줄글 조건을 토대로 홍수가 난 날을 계산하기 위한 방법(공식)이 스스로 찾아져야 한다.

풀이

제시문에 따르면 개미는 매일 6g의 먹이를 먹는데, 1년(365일) 중 마지막 90일은 개미의 겨울이라서 이 기간에는 먹이를 구할 수 없다. 즉 1년 중 275일은 먹이를 구할 수 있고, 90일은 먹이를 구할 수 없다. 그리고 개미는 겨울을 제외한 기간에는 매일 아침 10g의 먹이를 수집하여 6g을 먹고, 남은 4g을 즉시 비축하는데 어느 날 밤 홍수가 나서 그때까지 개미가 비축한 먹이 중 2/3가 휩쓸려 사라졌다고 한다. 그럼에도 개미는 이전과 같이 먹이 수집과 비축을 계속하여, 모자라거나 남는 먹이 없이 겨울을 무사히 보낼 수 있었다고 하므로 홍수가 난 날을 x일째 날이라고 하면 다음과 같이 정리할 수 있다.

x일 × 4g × 1/3 ◀—▶ (275일 − x일) × 4g ◀—▶ 90일
6g × 90일 = 540g 필요

$4/3x + 4(275 - x) = 540$이어야 한다. 정리해보면 다음과 같다.

$4/3x + 4(275 - x) = 4/3x + 1{,}100 - 4x = 1{,}100 - 8/3x = 540$

$560 = 8/3x$

$x = 210$

따라서 1년 중 홍수가 난 날은 210일째 날이다.

실전에선 이렇게!

직접 해결하는 것보다는 빠른 방법을 활용하여 문제를 해결하는 것이 좋다.

21 규칙 단순확인형 난이도 하

정답 ④

문제풀이 핵심 포인트

조건이 다소 복잡해 보일 수 있으나 주어진 대로 처리하면 해결되는 문제이다. 3급지 항에 적용되는 단서조건을 놓치지 않도록 주의한다.

풀이

〈일반하역사업의 최소 등록기준〉에 따르면 사업자 甲의 부산항, 사업자 乙의 광양항은 1급지, 사업자 丙의 동해·묵호항은 2급지, 사업자 丁의 대산항은 3급지에 해당한다.

구분	1급지 甲, 乙 (부산항, 인천항, 포항항, 광양항)	2급지 丙 (여수항, 마산항, 동해·묵호항)	3급지 丁 (1급지와 2급지를 제외한 항)

단서조건에 해당하는 세 번째 조건부터 검토해보면, 사업자 丁이 해당하므로 등록기준에서 정한 급지별 '총시설평가액'이 2분의 1로 완화된다.

구분	1급지 甲, 乙 (부산항, 인천항, 포항항, 광양항)	2급지 丙 (여수항, 마산항, 동해·묵호항)	3급지 丁 (1급지와 2급지를 제외한 항)
총시설평가액	10억 원	5억 원	0.5억 원
자본금	3억 원	1억 원	5천만 원

지문의 표에 총시설평가액과 자본금 기준이 제시되어 있으므로, 각 사업자의 총시설평가액과 자본금이 주어진 최소 등록기준을 넘는지 확인해 본다.

- 사업자 甲: 총시설평가액 10억 원, 자본금 2억 원으로 기준을 충족하지 못한다.
- 사업자 乙: 총시설평가액 11억 원, 자본금 3억 원으로 기준을 충족한다.
- 사업자 丙: 총시설평가액 7억 원, 자본금 4억 원으로 기준을 충족한다.
- 사업자 丁: 총시설평가액 0.9억, 자본금 1억 원으로 기준을 충족한다.

이때 단서조건에 의해 丁이 기준을 충족한다는 점에 유의한다.

남은 사업자를 대상으로 첫 번째 조건과 두 번째 조건을 적용한다. 아래 표에서 첫 번째 조건은 굵은 테두리로, 두 번째 조건은 회색 음영으로 표시하였다. 첫 번째 조건을 검토할 때 분자에는 굵은 테두리 액수의 합을, 분모에는 앞서 구한 표의 총시설평가액을 대입하면 된다.

검토 결과 두 번째 조건에 의해서 丙이 제외되고, 일반하역사업 등록이 가능한 사업자로는 乙, 丁이 남는다.

사업자	항만	자본금	시설	시설 평가액	본인 소유 여부	첫 번째 조건	두 번째 조건
乙 1급지	광양항	3억 원	C	8억 원	○	8/10 억 원	8/11 억 원
			E	1억 원	×		
			F	2억 원	×		
丙 2급지	동해·묵호항	4억 원	A	1억 원	○	5/5 억 원	5/8 억 원
			C	4억 원	○		
			D	3억 원	×		
丁 3급지	대산항	1억 원	A	6천만 원	○	7/5 천만 원	8/9 천만 원
			B	1천만 원	×		
			C	1천만 원	×		
			D	1천만 원	○		

22 규칙 정오판단형 난이도 하

정답 ④

문제풀이 핵심 포인트

6 또는 9가 적힌 숫자카드는 9와 6 중에서 원하는 숫자카드 하나로 활용할 수 있다는 점과 만능카드가 있다는 점을 잘 활용하여야 한다. 甲과 乙은 총 10장의 카드를 5장씩 나누어 가지므로, 두 사람 간에 카드 중복은 불가능하다.

풀이

ㄱ. (○) 숫자를 크게 만들기 위해서는 다섯 자리 중 앞자리(왼쪽 자리)부터 큰 숫자를 배치해야 한다. 숫자 9를 만들 수 있는 카드는 6 카드, 9 카드, 만능카드이므로 '999××'까지 완성되고 남은 숫자 중 큰 순으로 '99987'을 만들 수 있다. '99987'은 홀수이다.

ㄴ. (○) 숫자를 작게 만들 때 숫자 '1'을 만들 수 있는 카드는 1 카드와 만능카드이다. 甲과 乙 서로 간에 카드 중복이 불가능하므로 乙이 '12'를 만들 수 있는 카드 조합의 경우를 따져보아야 한다. '12'를 만들 때 활용할 수 있는 카드는 1 카드, 2 카드, 만능카드 세 장이고 이 중 두 장을 사용하여 '12'를 만들었을 것이다. 따라서 甲은 1 카드, 2 카드, 만능카드 세 장 중 한 장과 3, 4, 5, ……의 카드를 가지게 된다. '乙이 승리한다'의 반례는 甲이 이기거나 비기는 경우인데, 그러기 위해서는 甲은 11 또는 12를 만들어야 한다. 甲이 가진 카드는 1 카드, 2 카드, 만능카드 세 장 중 한 장과 3, 4, 5, ……의 카드이므로 11 또는 12를 만드는 것은 불가능하고, 만들 수 있는 가장 작은 수는 '13'이다. 따라서 乙이 승리한다.

위의 상황을 구체적으로 살펴보면 다음과 같다. 乙이 12를 만들 수 있는 경우와, 그 때 甲이 가진 카드 중 작은 숫자를 만들 수 있는 카드, 그 카드로 甲이 만들 수 있는 가장 작은 숫자를 살펴보면 다음과 같다.

乙		甲	
12	ⓐ 1, 2	만능카드, 3, 4, ……	13
	ⓑ 1, 만능카드	2, 3, 4	23
	ⓒ 2, 만능카드	1, 3, 4	13

이 문제에는 일반적으로 게임 규칙에서 자주 볼 수 있는 '각 참가자는 승리하기 위해 최선을 다한다.'라는 조건이 없다. 따라서 위 경우 ⓐ, ⓑ, ⓒ 중 ⓑ는 숫자 '12'를 만들 수도 있지만, 승리하기 위해서 최선을 다한다면 '12'가 아닌 '11'을 만들었을 것이다. 따라서 '각 참가자는 승리하기 위해 최선을 다한다.'라는 조건이 있었다면 위 경우 중 ⓑ경우를 제외한 ⓐ경우와 ⓒ경우만을 고려해야 한다.

ㄷ. (×) 숫자 9를 만들 수 있는 카드는 6 카드, 9 카드, 만능카드 세 장이다. 甲이 '98'을 만들었다면 이 중 한 장과 8 카드를 사용한 셈이다. 따라서 乙이 '9'를 만들 수 있는 남은 두 장의 카드로 '99'를 만드는 것이 가능하기 때문에 甲이 승리한다고 말할 수 없다.

ㄹ. (○) 10보다 작은 3의 배수는 3, 6, 9가 있다. 여기에 만능카드까지 고려한다면 10보다 작은 3의 배수는 최대 4개까지 만들 수 있다. 이 때 6과 9 모두 10보다 작은 3의 배수이므로 6 ↔ 9 카드에 대한 고려는 하지 않아도 된다. 따라서 가능한 4개 중 乙이 3개를 만들었다면 甲은 최대 1개까지만 만들 수 있으므로 乙은 승리한다.

23 경우 확정형 난이도 하

정답 ④

문제풀이 핵심 포인트

제약조건을 중요하게 확인한 후, 경우 확정형 문제를 해결하는 데 실마리가 되는 고정정보를 찾고 덩어리가 큰 조건부터 해결한다.

풀이

· 제약조건

- 시험 전날, 발표 수업이 있는 날에는 청소당번을 하지 않는다.
- 한 사람이 이틀 연속으로는 청소당번을 하지 않는다.

1) A 2번 중 1번, D 확정

대화를 통해 확정적인 것은 A가 월요일, D가 금요일에 청소당번을 한다는 것이다. A만 두 번 청소당번을 하므로 A는 한 번의 청소당번을 더 해야 한다. 따라서 화, 수, 목의 청소당번은 A, B, C가 한 번씩 하게 된다. 조건에 따라 한 사람이 이틀 연속으로는 청소당번을 하지 않으므로, A는 수요일 또는 목요일에 청소당번을 하게 된다.

월	화	수	목	금
A				D

2) C 확정

C의 발언을 보면 '발표 수업 = 시험 보는 날'이 두 번인데, 해당일과 그 전날도 청소당번을 하지 않는다. 그 결과 청소당번을 할 수 있는 날이 하루밖에 없어야 하고, 해당 요일의 청소당번이 된다.

월	화	수	목	금

위 상태에서 [X | 발표수업 시험]를 2번 배치해서 청소당번이 가능한 요일이 하나로 확정되어야 한다.

	월	화	수	목	금
경우1)	X	발표수업 시험	발표수업 시험		
경우2)	X	발표수업 시험	X	발표수업 시험	
경우3)	X	발표수업 시험		X	발표수업 시험
경우4)		X	발표수업 시험	발표수업 시험	
경우5)		X	발표수업 시험	X	발표수업 시험
경우6)			X	발표수업 시험	발표수업 시험

청소당번이 가능한 요일이 하나만 남는 경우는 경우 2), 3), 5)이다. 그런데 경우 2)는 금요일만, 경우 5)는 월요일만 가능하므로 앞에서 A가 월요일, D가 금요일에 청소당번을 한다는 조건과 충돌한다. 따라서 경우 3)이어야 하고 C는 수요일에 청소당번을 한다.

월	화	수	목	금
A		C		D

3) 나머지의 확정

A는 수요일 또는 목요일에 청소당번이 가능했는데, C가 수요일로 확정되었으므로, A는 목요일에 청소당번을 한다.

나머지 B가 화요일에 청소당번을 한다.

ㄷ. (×) 중립 관계인 두 나라는 직접 조약 관계가 아니다. 편의상 두 나라의 이름을 붙여서 표기하면, 직접 조약 관계가 아닌 AB, CD, CE, DE 관계만 확인한다. AB는 상황에서 친밀 관계라고 주어져 있고, CD는 직접 조약 관계인 나라가 A, B로 2개이므로 우호 관계이다. CE는 두 나라가 직접 조약 관계가 아니라면 직접 조약 관계인 나라가 A, B로 2개로 우호 관계이고, DE는 ㄱ에서 살펴본 바와 같이 우호 관계이다. 나머지 6가지 관계는 직접 조약 관계이므로 중립 관계인 두 나라는 없다.

실전에선 이렇게!

주어진 정보를 어떻게 시각화 하는지가 중요한 문제이다. 표로 정리하는 경우도 있지만, 위 해설에서처럼 도형의 형식을 활용하는 것이 효율적이다.

24 규칙 정오판단형 난이도 하 정답 ③

문제풀이 핵심 포인트

지문의 첫 번째 문단에서 '직접 조약' 관계는 두 나라 사이에서만 성립하는 관계임을 확인한다. 그리고 두 번째 문단의 설명은 '직접 조약' 관계가 아닌 경우이다. '연결망'문제는 상황판단 보다 자료해석에서 더 많이 출제되고 있는 유형이다. 자료해석과 상황판단은 서로 시너지가 날 수 있는 과목이므로 기출분석을 철저하게 해 두면 자료해석도 상황판단도 고득점이 가능해질 것이다.

풀이

<상황>의 첫 번째 동그라미부터 각각 상황 ⅰ)~ⅲ)이라고 한다.

상황 ⅰ)에 따르면 △△대륙의 국가는 A~E국으로 총 5개국이다. 따라서 총 $_5C_2 = 10$가지 경우의 직접 조약 관계를 확인해야 한다. 상황 ⅲ)에 따르면 A국과 B국은 친밀 관계이다. 즉, A국과 B국은 직접 조약 관계가 아니며 두 나라와 공통으로 직접 조약 관계인 나라가 3개이므로, A국과 B국 모두 C, D, E국과 직접 조약 관계임을 알 수 있다. 다음과 같이 정리할 수 있다.

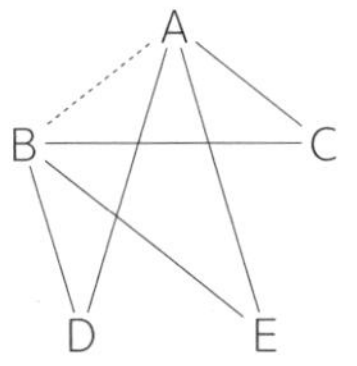

그림에서 '———'는 직접 조약 관계를, '·········'는 직접 조약 관계가 아님을 의미한다. 상황 ⅱ)에 따르면 A국과 직접 조약 관계인 어떤 나라도 D국과 직접 조약 관계에 있지 않으므로 C, E국은 D국과 직접 조약 관계가 아니다.

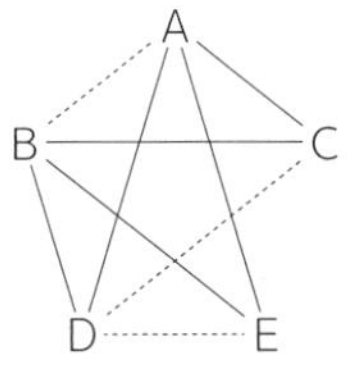

C국과 E국의 직접 조약 관계 여부는 알 수 없으므로 <보기>를 확인한다.

ㄱ. (○) D국과 E국은 공통으로 직접 조약 관계인 나라가 A, B로 2개이므로 우호 관계이다.

ㄴ. (○) A국과 D국은 직접 조약 관계이다.

25 경우 확정형 난이도 하 정답 ③

문제풀이 핵심 포인트

1차 투표에서 한 명당 두 표를 가지므로 1:多 대응에 속하는 문제임을 파악해야 한다. 일반적으로 이전에 출제된 1:多 대응 문제는 중복이 허용되는 경우가 거의 없기 때문에, 두 표 모두 하나의 후보에 줄 수 있다는 것이 특징적인 문제이다. 〈1차 투표 결과〉에서 보면 하나의 후보에 두 표를 모두 준 사람은 甲과 乙뿐이며, 이들은 동일한 후보에 표를 주었기 때문에 이를 문제 해결의 실마리로 활용해야 한다.

풀이

제시문에 따르면 1차 투표에서는 한 명당 두 표를 가지며, 두 표 모두 하나의 후보에 줄 수도 있는데 <1차 투표 결과>에 따르면 하나의 후보에 두 표를 모두 준 사람은 甲과 乙뿐이며, 이들은 동일한 후보에 표를 주었다. 甲과 乙이 1)A에 투표한 경우, 2)B에 투표한 경우, 3)C에 투표한 경우로 나누어 정리해 보면 다음과 같은 경우가 가능하다.

1)

	A	B	C
甲	2		
乙	2		
丙	1		1
丁		1	1
戊		1	1
계	5	2	3

2)

	A	B	C
甲		2	
乙		2	
丙	1		1
丁	1		1
戊	1		1
계	3	4	3

3)

	A	B	C
甲			2
乙			2
丙	1		1
丁	1	1	
戊	1	1	
계	3	2	5

① (×) 2)의 경우 B는 최다 득표 후보이므로 프로젝트명으로 선정된다.

② (×) 2)의 경우 丙과 丁이 투표한 후보의 조합은 같으며, 1), 3)의 경우에도 같을 가능성이 있다.

③ (○) 1)의 경우이다.

④ (×) 1), 2)의 경우 C는 4표 이상 받지 못했다.

⑤ (×) 1차 투표 결과 1)의 경우 A가, 2)의 경우 B가, 3)의 경우 C가 프로젝트명으로 선정된다. 2차 투표를 실시하는 경우는 없다.

실전에선 이렇게!

1:多 유형에 해당하는 문제이다. 1:1 대응은 표를 그리지 않는 것이 효율적이나, 1:多 대응은 표를 그려 생각해 보는 것이 더 효율적일 수 있다.

정답

p.325

1	①	조건 판단형	6	③	분수 비교형	11	②	분수 비교형	16	④	매칭형	21	①	분수 비교형
2	③	빈칸형	7	①	분수 비교형	12	④	분수 비교형	17	③	분산·물방울형	22	④	각주 판단형
3	②	분수 비교형	8	⑤	분수 비교형	13	④	조건 판단형	18	②	조건 판단형	23	⑤	각주 판단형
4	②	각주 판단형	9	④	각주 판단형	14	①	분수 비교형	19	①	분산·물방울형	24	③	각주 판단형
5	④	매칭형	10	②	보고서 검토·확인형	15	③	분수 비교형	20	④	각주 판단형	25	⑤	빈칸형

취약 유형 분석표

유형별로 맞힌 문제 개수와 정답률, 틀린 문제 번호, 풀지 못한 문제 번호를 적고 나서 취약한 유형이 무엇인지 파악해 보세요. 그 후 약점 보완 해설집 p.8 [취약 유형 공략 포인트]에서 약점 보완 학습법을 확인하고, 틀린 문제와 풀지 못한 문제를 다시 한번 풀어보세요.

유형		맞힌 문제 개수	정답률	틀린 문제 번호	풀지 못한 문제 번호
자료비교	곱셈 비교형	-	-		
	분수 비교형	/9	%		
	반대해석형	-	-		
자료판단	단순 판단형	-	-		
	매칭형	/2	%		
	빈칸형	/2	%		
	각주 판단형	/6	%		
	조건 판단형	/3	%		
자료검토·변환	보고서 검토·확인형	/1	%		
	표-차트 변환형	-	-		
자료이해	평균 개념형	-	-		
	분산·물방울형	/2	%		
	최소여집합형	-	-		
TOTAL		/25	%		

해설

1 조건 판단형 [난이도 상] 정답 ①

문제풀이 핵심 포인트
화살표 방향으로 한번만 이동하여 균등하게 정산이 되어야 하는 점을 파악하여 답을 도출한다.

풀이

창호는 40만 원, 영숙은 120만 원을 지출하였고 기오는 56만 원(140원/홍콩달러×4,000홍콩달러)을 지출하였으므로 총 경비는 216만 원이 된다. 이를 네 명이 동일하게 분담하려면 1인당 분담금액은 54만 원씩이다. 따라서 준희는 영숙에게 54만 원(A)을 주고 창호는 기오에게 2만 원(B), 영숙에게 54 - 40 - 2 = 12만 원(C)을 주면 정산이 완료된다.

2 빈칸형 [난이도 중] 정답 ③

문제풀이 핵심 포인트
표에서 거리와 속력이 주어졌으므로 시간은 거리/속력으로 도출할 수 있다.

풀이

ㄱ. (×) 전체 구간 주행 시간은 전체 구간 거리를 전체 구간 평균 속력으로 나누면 도출되지만, 자동차별 전체 구간 평균 속력은 주어져 있지 않기 때문에 구간별 거리/평균 속력으로 구간별 주행 시간을 모두 도출해서 더해야 한다. 이를 소수점 셋째 자리까지 구해보면 '갑'은 2.456으로 약 2.5시간, '을'은 2.460으로 약 2.5시간, '병'은 약 2.4시간으로 전체 구간 주행 시간은 '병'이 가장 짧다.

ㄴ. (O) 전체 구간 주행 연료비는 '갑'이 18,000원, '을'이 22,950원, '병'이 15,000원으로 '을'이 가장 많고 '병'이 가장 적다.

ㄷ. (O) 전체 구간은 240km로 '갑', '을', '병'이 모두 동일하다. 즉, 주행 거리가 동일하다면 연료 소모량이 적을수록 주행 연비가 높다. 따라서 연료 소모량이 가장 적은 '병'이 전체 구간 주행 연비는 가장 높고, 연료 소모량이 가장 많은 '갑'이 전체 구간 주행 연비는 가장 낮다.

ㄹ (×) '갑'의 A→B 구간 주행 연비는 100/7.0≒14.3km/L이고, '을'의 B→C 구간 주행 연비는 50/3.0(=100/6.0)≒16.7km/L이므로 전자보다 후자가 높다.

실전에선 이렇게!

ㄱ. 구간별 거리는 모두 동일하므로, 각 구간별 평균 속력이 작다면 구간별 주행 시간은 길게 된다. 따라서 '갑'과 '병'을 비교하면 A→B 구간에서 '갑'보다 '병'의 평균 속력이 크고 나머지 구간은 모두 동일하므로 전체 구간 주행 시간은 '병'보다 '갑'이 더 길다고 쉽게 판단할 수 있다.
ㄴ. 연료 소모량과 연료비의 곱셈 비교이므로 유효숫자 3자리로 설정해서 식을 구성하면 '갑'은 180×100, '을'은 135×175, '병'은 100×150이므로 '병'은 '갑'과 '을'보다 각각 더 작다는 것을 쉽게 비교할 수 있다. 이후 '갑'과 '을'의 분수 비교만 하면 된다. 180과 175는 거의 차이가 없고, 100과 135는 100기준 35% 증가율이므로 '갑'보다 '을'이 더 크다.

3 분수 비교형 [난이도 하] 정답 ②

문제풀이 핵심 포인트
비교 대상이 되는 항목 중 가장 작은 항목의 증가폭이 가장 큰 경우 증가율이 가장 높다.

풀이

ㄱ. (O) 2009년 IT산업 생산규모인 322.0조 원의 1.15배는 370.3조 원이다. 따라서 그보다 큰 385.4조 원은 전년대비 15% 이상 증가한 수치임을 판단할 수 있다.

ㄴ. (×) 2010년 융합서비스는 전년대비 생산규모 증가율이 $\frac{1.4}{7.4}\times100≒$ 18.9%로 정보통신서비스 중 가장 높았지만, 정보통신서비스에서 차지하는 생산규모 비중은 가장 작다. 숫자가 가장 작은 항목의 증가폭이 가장 큰 경우 증가율이 가장 높다.

ㄷ. (O) 2006~2010년 동안 매년 정보통신기기 생산규모가 큰 순서대로 나열하면 전자부품, 통신기기, 응용기기, 음향기기, 정보기기 순이다.

ㄹ. (×) 응용기기의 경우 2009년에는 2008년에 비해 생산규모가 감소하였다.

실전에선 이렇게!

ㄱ. 322의 10%는 32.2이고 5%는 16.1이므로 15%는 48.3이다. 꼼꼼하게 계산하지 않아도, 322+32+16<385임을 어렵지 않게 판단할 수 있다.

4 각주 판단형 [난이도 중] 정답 ②

문제풀이 핵심 포인트
〈표 1〉의 역량은 세로방향으로 제시된 반면 〈표 2〉의 역량은 가로방향으로 제시되었기 때문에 구성원과 작업을 정확하게 매칭하여 답을 도출한다.

풀이

① (O) '갑'팀 구성원 중 D작업을 수행할 수 있는 '가'는 의사소통, 기술활용, 변화관리 역량을 지니고 있기 때문에 G작업도 수행할 수 있다.

② (×) A와 F의 차이는 의사소통과 변화관리 유무이다. '갑'팀 구성원 중 A작업을 수행할 수 있는 '나'는 F작업을 수행하기 위한 모든 역량을 보유하고 있으므로 기존 보유 역량 외에 '의사소통' 역량이 추가로 필요하지 않다.

③ (O) '갑'팀 구성원 중 E작업을 수행할 수 있는 '나'의 경우 '의사소통' 역량이 없으므로 D, F, G를 수행할 수 없고, '대인관계' 역량이 없으므로 A, B를 수행할 수 없으며 '문화이해' 역량이 없으므로 B도 수행할 수 없다. 따라서 E 이외에 다른 작업을 수행할 수 없다.

④ (O) '갑'팀 구성원 중 B작업을 수행할 수 있는 '다'의 경우 '의사소통'과 '변화관리' 역량은 보유하고 있기 때문에 '기술활용' 역량을 추가로 보유하면 G작업을 수행할 수 있다.

⑤ (O) '갑'팀 구성원 중 C작업을 수행하기 위한 '문제해결'과 '자원관리' 역량을 동시에 지니고 있는 사람은 없다.

5 매칭형 난이도 하

정답 ④

문제풀이 핵심 포인트
보고서 매칭형 문제이므로 경우의 수가 적은 정보부터 검토하고, 답을 도출하는 데 있어 필요하지 않은 부분은 과감하게 생략하면서 검토한다.

풀이

- 첫 번째 문단 두 번째 문장에서 '가'지진과 '나'지진의 규모는 동일하나 '가'지진에 의한 사망자 수가 '나'지진에 의한 사망자 수의 4배 이상이었다고 했으므로, (나, 가)의 조합이 될 수 있는 것은 (C, D) or (B, E)이다. 이에 따라 선지 ①, ②는 제외된다.
- 두 번째 문단 첫 번째 문장에서 '다'지진은 '가'지진보다 지진의 규모가 크지만 사망자 수와 부상자 수는 각각 적게 발생하였다고 했으므로 '다'는 C임을 알 수 있다. 이에 따라 선지 ③은 제외되며, '라'와 '마'가 A 또는 F 중 무엇인지만 판단하면 된다.
- 세 번째 문단 첫 번째 문장에서 동일한 국가에서 발생한 '라'지진과 '마'지진의 경우, 지진의 규모는 '마'지진이 크다고 했으므로 '라'는 A이고, '마'는 F가 된다.

6 분수 비교형 난이도 중

정답 ③

문제풀이 핵심 포인트
<표>에 제시된 수치의 천의 자리 이하를 버림으로써 유효숫자 3자리로 식을 설정한 다음 분수 비교로 답을 도출한다.

풀이

① (○) 2010년 '비공개기록물 공개 재분류 사업' 대상 전체 기록물은 2,702,653건이고 이 중 다시 비공개로 재분류된 건수는 1,404,083건이므로 절반인 2,702,653×0.5≒1,350,000건 이상임을 판단할 수 있다.

② (○) 30년 경과 비공개기록물 중 전부공개로 재분류된 기록물 건수는 33,012건이고, 30년 경과 비공개기록물 중 '개인 사생활 침해' 사유에 해당하여 비공개로 재분류된 기록물 건수는 46,298건이므로 전자가 후자보다 적다.

③ (×) 30년 경과 비공개기록물 중 공개로 재분류된 기록물의 비율은 $\frac{1{,}079{,}690}{1{,}199{,}421}$≒0.90이고 30년 미경과 비공개기록물 중 비공개로 재분류된 기록물의 비율은 $\frac{1{,}284{,}352}{1{,}503{,}232}$≒0.85이므로 전자가 후자보다 높다.

④ (○) 재분류 건수가 많은 것부터 순서대로 나열하면, 30년 경과 비공개기록물은 부분공개(1,046,678건), 비공개(119,731건), 전부공개(33,012건) 순이고 30년 미경과 비공개기록물은 비공개(1,284,352건), 전부공개(136,634건), 부분공개(82,246건) 순이다.

⑤ (○) 30년 경과 비공개기록물 중 '국민의 생명 등 공익침해'와 '개인 사생활 침해' 사유에 해당하여 비공개로 재분류된 기록물 건수의 합은 54,329+46,298=100,627건이고 '비공개기록물 공개 재분류 사업' 대상 전체 기록물은 2,702,653건이므로 $\frac{54{,}329+46{,}298}{2{,}702{,}653}$×100≒3.7%이다.

실전에선 이렇게!

③ 유효 숫자를 잡아서 비교하면 $\frac{108}{120}$과 $\frac{128}{150}$의 비교이다. 즉 90%를 기준으로 이를 넘는지 넘지 못하는지 판단한다.
⑤ 270만 건의 5%를 넘으려면 적어도 13만 건 이상이 되어야 한다.

7 분수 비교형 난이도 상

정답 ①

문제풀이 핵심 포인트
〈표 1〉은 여성 의원 '수'가 직접 제시된 자료이지만 〈표 2〉는 여성 의원 수가 아닌 여성 의원 '비율'이 제시된 자료라는 점에 유의한다.

풀이

ㄱ. (○) 2012년 A국 전체 의원은 1,111명이다. 이 중 여성 의원의 비율이 15% 이하가 되려면 166명 이하가 되어야 한다. 비례대표 의원 중 여성 의원 수는 185×42.2%≒78명, 지역구 의원 중 여성 의원 수는 926×8.0%≒74명이므로 약 152명이다. 따라서 2012년 A국 전체 의원 중 여성 의원의 비율은 15% 이하이다.

ㄴ. (○) 2008년 정당별 지역구의원 중 여성 의원 비율은 '기타'를 제외하면 '라' 정당이 약 14%이다. '다' 정당보다 높은 것은 쉽게 판단 가능하고, 지역구 의원 51명과 여성 의원 7명을 각각 4배하여 '가'와 '나' 정당과 비교하면 역시 '라' 정당이 더 높은 것을 쉽게 판단할 수 있다.

ㄷ. (×) '가' 정당 여성 의원 비율은 비례대표의원 유형의 경우 2008년 $\frac{21}{44}$×100≒47.7%에서 2012년 41.2%로 감소하였지만, 지역구의원 유형의 경우에는 2008년 $\frac{16}{230}$×100≒7.0%에서 2012년 7.2%로 증가하였다.

ㄹ. (×) '가' 정당의 경우 2012년 여성 지역구의원 수는 16명으로 2008년과 동일하다.

실전에선 이렇게!

ㄱ. A국 전체 의원이 약 1,100명이므로 15% 이하가 되려면 165명을 넘지 못하면 된다. 비례대표 여성 의원 수와 지역구 여성 의원 수는 각각 185×42.2%, 926×8.0%이므로 80명을 넘지 못한다. 따라서 합하여도 165명 이하임을 빠르게 판단할 수 있다.

ㄷ. 먼저 비례대표의원 유형의 경우, $\frac{22}{44}$가 50%라는 점에서 $\frac{21}{44}$은 50%에 근접하는 40% 후반의 수치이므로 41.2%로 감소하였다고 판단하면 된다.
한편 지역구의원 유형의 경우 23×7=161이므로 $\frac{16}{230}$이 7%를 넘지 못한다는 점을 고려하면 증가하였다고 판단할 수 있다.

ㄹ. 각주 2에서 비율은 소수점 둘째 자리에서 반올림한 값이라고 하였으므로 〈표 1〉의 '가' 정당 지역구 의원 여성 16명을 전체 230명으로 나누면 약 7%이다. 사람 수는 소수점이 존재할 수 없으므로 2008년과 2012년이 동일함을 판단할 수 있다. 나머지 정당도 마찬가지로 판단가능하다. '나' 정당은 242명의 12.4%이므로 21명보다는 많다는 것을 알 수 있으며, '다' 정당은 2명에서 6명으로 증가하고 '라' 정당은 7명에서 58명×13.8%=약 8명으로 증가함을 어렵지 않게 판단할 수 있다.

8 분수 비교형 난이도 하

정답 ⑤

문제풀이 핵심 포인트
감소폭이 가장 크다고 해서 감소율이 반드시 큰 것은 아니고, 반대로 감소율이 가장 크다고 해서 감소폭 역시 반드시 큰 것은 아니기 때문에 감소율과 감소폭의 관계를 정확히 판단하여 답을 도출한다.

풀이

① (×) '있음'으로 응답한 비율이 가장 작은 침해유형은 2013년 '목적 외 이용'이지만 2014년은 '주민등록번호 도용'이다. 따라서 2013년과 2014년의 순서는 동일하지 않다.

② (×) 2014년 '개인정보 무단수집'을 '있음'으로 응답한 비율은 44.4%이고 '개인정보 미파기'를 '있음'으로 응답한 비율은 22.7%이므로 2배 이상이 되지 않는다.

③ (×) 2014년 '있음'으로 응답한 비율의 전년대비 감소폭은 '과도한 개인정보 수집'이 44.6 - 31.3 = 13.3%p로 '개인정보 무단수집' 59.7 - 44.4 = 15.3%p보다 더 작다.

④ (×) '개인정보 유출'의 경우 '모름'으로 응답한 비율은 2013년 29.0%에서 2014년 27.7%로 감소하였다.

⑤ (○) 2014년 '있음'으로 응답한 비율의 전년대비 감소율은 '주민등록번호 도용'이 $\frac{28.8-17.1}{28.8} \times 100 ≒ 40.6\%$로 가장 크다. 이보다 더 큰 증가율을 보이는 항목은 없다. 선지 ③에서 판단하였듯이, 감소폭은 '주민등록번호 도용' 11.7%p보다 '개인정보 무단수집' 15.3%p가 더 크지만 감소율은 반대이다. 감소폭과 감소율의 관계를 생각하면서 접근한다.

9 각주 판단형 난이도 중

정답 ④

문제풀이 핵심 포인트

각주에서 주어진 식을 구성하는 항목 중 〈표〉에서 직접 제시한 항목을 체크하여 유효무수율과 부정사용률에 관한 식으로 변형하여 답을 도출한다.

풀이

각주의 식을 통해 유효무수율과 부정사용률을 도출하면 아래 표와 같다.

도시	유수율	무수율	누수율	계량기 불감수율	수도사업 용수량 비율	유효 무수율	부정 사용률
A	94.2	5.8	5.4	0.1	0.0	0.4	0.3
B	91.6	8.4	3.6	4.5	0.3	4.8	0.0
C	90.1	9.9	4.5	2.3	0.1	5.4	3.0
D	93.4	6.6	4.3	2.0	0.1	2.3	0.2
E	93.8	6.2	4.2	1.9	0.1	2.0	0.0
F	92.2	7.8	5.1	2.6	0.1	2.7	0.0
G	90.9	9.1	5.1	3.8	0.1	4.0	0.1
H	94.6	5.4	2.6	2.3	0.2	2.8	0.3

① (○) 유효무수율은 A가 0.4%로 가장 낮은 도시지만 누수율은 5.4%로 가장 높다.

② (○) 유수율이 가장 낮은 도시는 90.1%인 C이고 부정사용률은 3.0%이다. 유수율이 세 번째로 높은 도시는 93.8%인 E이고 부정사용률은 0%이다. 따라서 전자는 후자보다 부정사용률이 높다.

③ (○) 무수율과 부정사용률의 차이는 G가 9.0%로 가장 높다.

④ (×) 계량기 불감수율은 B가 4.5%로 가장 높은 도시지만 유효무수율은 4.8%로 C의 5.4%보다 낮다.

⑤ (○) 부정사용률은 C가 3.0%로 가장 높은 도시이고 무수율도 9.9%로 가장 높다.

실전에선 이렇게!

③ 무수율과 부정사용률의 차이를 정리하면 누수율 + 계량기 불감수율 + 수도사업 용수량 비율의 합이다.

10 보고서 검토·확인형 난이도 하

정답 ②

문제풀이 핵심 포인트

〈표〉의 제목과 항목을 꼼꼼히 보고, 〈보고서〉에 처음으로 언급되거나 제시된 〈표〉만 가지고 판단할 수 없는 부분이 추가로 필요한 자료이다.

풀이

- 〈보고서〉 세 번째 문단 첫 번째 문장에서 '박사학위 취득자 중 취업자의 고용형태를 살펴보면, 여성 취업자 중 비정규직 비율은 75% 이상이었다.'고 하였으나, 주어진 〈그림〉과 〈표〉만으로는 여성 취업자의 비정규직 비율을 파악할 수 없다. 따라서 [ㄱ. 박사학위 취득자 중 취업자의 성별 고용형태]가 추가로 필요하다. 이에 따라 선지 ①, ③은 제외된다.
- 〈보고서〉 세 번째 문단 두 번째 문장에서 '전공계열별로는 인문계열의 비정규직 비율이 가장 높고 ~ '라고 하였으나, 주어진 〈그림〉과 〈표〉만으로는 인문계열의 비정규직 비율을 파악할 수 없다. 따라서 [ㄷ. 박사학위 취득자 중 취업자의 전공계열별 고용형태]가 추가로 필요하다. 이에 따라 선지 ④, ⑤가 제외된다.
- 〈보고서〉 네 번째 문단 두 번째 문장에서 '정규직 취업자의 직장유형을 기타를 제외하고 평균 연봉이 높은 것부터 순서대로 나열하면 민간기업, 민간연구소, 공공연구소, 대학, 정부·지자체 순이었다. 또한, 비정규직 내에서도 직장유형별 평균 연봉의 편차가 크게 나타났다.'고 하였으나, 주어진 〈그림〉과 〈표〉만으로는 정규직 취업자와 비정규직 취업자의 고용형태별 평균 연봉을 판단할 수 없다. 따라서 [ㄹ. 박사학위 취득자 중 취업자의 고용형태별, 직장유형별 평균 연봉]이 추가로 필요하다.

11 분수 비교형 난이도 상

정답 ②

문제풀이 핵심 포인트

〈표 1〉과 〈표 2〉에서 제시된 자료를 바탕으로 〈보기〉에서 묻는 항목의 식을 구성하여 답을 도출한다.

풀이

ㄱ. (×) 실업분야 공공복지예산은 실업분야의 GDP 대비 공공복지예산 비율 × GDP이므로 먼저 GDP를 도출해야 한다. GDP는 직접 제시된 항목이 아니므로 〈표 1〉의 공공복지예산과 〈표 2〉의 GDP 대비 공공복지예산 비율을 통해 도출 가능하다. 2011년 한국의 GDP = $\frac{111{,}090\text{십억 원}}{8.34\%}$이므로 약 1,332조 140억 원이 된다. 따라서 2011년 한국의 실업분야 공공복지예산은 1,332조 140억 원 × 0.27 ≒ 3,596십억 원으로 3조 5,960억 원이다. 즉, 4조 원 미만이다.

ㄴ. (○) 한국의 공공복지예산 중 보건분야 예산이 차지하는 비중은 $\frac{\text{보건분야 예산}}{\text{공공복지예산}} = \frac{\text{GDP 대비 보건분야 예산}}{\text{GDP 대비 공공복지예산}}$으로 판단 가능하다. 2010년에 $\frac{3.74}{8.32}$, 2011년에 $\frac{3.73}{8.32}$, 2012년에 $\frac{3.76}{9.06}$이므로 매년 감소하고 있다.

ㄷ. (○) 각 연도별 한국의 노령분야 공공복지예산과 가족분야 공공복지예산을 비교하고 있으므로 노령분야의 GDP 대비 공공복지예산 비율과 가족분야의 GDP 대비 공공복지예산 비율로 비교 가능하다. 따라서 매년 한국의 노령분야 공공복지예산은 가족분야 공공복지예산의 2배 이상이다.

ㄹ. (×) 2009~2012년 동안 OECD 주요국 중 GDP 대비 공공복지예산 비율이 가장 높은 국가는 프랑스이고 가장 낮은 국가는 한국이다. 2011년에는 전년대비 한국의 비율은 증가하는 반면 프랑스의 비율은 감소하기 때문에 비율 차이는 전년대비 감소하게 된다.

실전에선 이렇게!

ㄱ. 먼저 GDP를 도출해서 계산하기보다는 식을 정리해 본다. 2011년 한국의 실업분야 공공복지예산 = 실업분야의 GDP 대비 공공복지예산 비율 × $\frac{\text{공공복지예산}}{\text{GDP 대비 공공복지예산 비율}}$이 된다. 따라서 $\frac{\text{111,090십억 원}}{8.34\%}\times 0.27\% =$ 111조 900억 원 × $\frac{27}{834}$이다. $\frac{27}{834}$은 $\frac{1}{30}$보다 더 작은 수치이고, 공공복지예산도 120조 원을 넘지 못하므로 한국의 실업분야 공공복지예산은 4조 원 미만이라는 것을 어렵지 않게 판단할 수 있다.

12 분수 비교형 난이도 중

정답 ④

문제풀이 핵심 포인트

어떤 항목을 먼저 검토하는지에 따라 풀이 시간이 달라지기 때문에 '3분의 2'를 판단하는 ㄴ을 '1.4배, 12%'를 판단해야 하는 ㄷ보다 먼저 검토해야 한다.

풀이

ㄱ. (O) 〈표 1〉에서 해수 비율은 97.468%이다.

ㄴ. (O) 담수의 3분의 2 이상이 빙하, 만년설이 되려면 지하수와 지표수의 합이 담수의 3분의 1 이하가 되어야 한다. 따라서 〈표 1〉에서 (지하수+지표수)×2<빙설을 만족하는지 확인한다. 0.801×2<1.731이므로 옳은 내용이다.

ㄷ. (×) 〈표 2〉에 따르면 한국의 연평균 강수량 1,245mm는 세계평균 880mm의 1.4배 이상이다. 하지만 한국의 1인당 강수량 2,591mm은 세계평균 19,635mm의 12% 이상이다.

ㄹ. (O) 〈표 3〉에서 한국의 1인당 물사용량은 395ℓ/일로, 독일(132ℓ/일)의 2.5배인 264(132의 2배)+66(132의 절반)=330ℓ/일 이상이며, 프랑스(281ℓ/일)의 1.4배인 281+112.4(281의 40%)=393.4ℓ/일 이상이다.

실전에선 이렇게!

ㄷ. 19,635mm의 12% 미만인지 묻고 있으므로, 계산하기 편하게 19,635보다 좀 더 큰 20,000에 0.12를 곱해보자. 2,400보다 2,591이 더 크다는 것은, 세계 평균 강수량이 20,000mm일 때도 한국이 세계 평균의 12% 이상이므로 실제 세계 평균 강수량 19,635mm의 12%를 당연히 넘게 된다.

13 조건 판단형 난이도 상

정답 ④

문제풀이 핵심 포인트

1차 고객기관은 '자체활용'만 하는 기관과 개인고객 또는 2차 고객기관에게 '제공'만 하는 기관 두 종류로 구분된다는 점에 유의하여 답을 도출한다.

풀이

먼저 〈조건〉을 간략히 정리한다.

- 첫 번째 〈조건〉에 따르면 1차 고객기관은 자체활용 기관 또는 개인고객 또는 2차 고객기관에게 제공하는 기관 두 종류로 구분된다는 것을 알 수 있다.
- 두 번째 〈조건〉에 따르면 1차 고객기관 중 25%인 150개는 공공데이터를 자체활용만 한다. 따라서 개인고객 또는 2차 고객기관에 공공데이터를 제공하는 1차 고객기관은 450개이다.
- 세 번째 〈조건〉에 따르면 1차 고객기관 중 50%인 300개는 2차 고객기관에게 공공데이터를 제공하고, 1차 고객기관 중 60%인 360개는 개인고객에게 공공데이터를 제공한다. 여기서 주의해야 할 점은 2차 고객기관에 공공데이터를 제공하는 300개 기관과 개인고객에게 공공데이터를 제공하는 360개 기관의 합은 공공데이터를 자체활용만 하는 기관 150개를 제외한 공공데이터를 제공하는 기관 450개보다 많다는 점이다.
- 네 번째 〈조건〉에 따르면 2차 고객기관 중 30%인 90개는 공공데이터를 자체활용만 하고, 70%인 210개는 개인고객에게 공공데이터를 제공한다.
- 다섯 번째 〈조건〉에 따르면 1차 고객기관으로부터 공공데이터를 제공받지 않는 2차 고객기관은 없다.

ㄱ. (O) 개인고객에게 공공데이터를 제공하는 기관의 수는 1차 고객기관이 360개로 2차 고객기관의 210개보다 크다.

ㄴ. (O) 공공데이터를 자체활용만 하는 기관의 수는 1차 고객기관이 150개로 2차 고객기관의 90개보다 크다.

ㄷ. (O) 1차 고객기관 중 공공데이터를 자체활용하는 150개를 제외하고 공공데이터를 제공하는 기관 450개 중 2차 고객기관에 공공데이터를 제공하는 기관은 300개이다. 따라서 1차 고객기관 중 개인고객에게'만' 공공데이터를 제공하는 기관의 수는 450-300=150개이므로 1차 고객기관 600개의 25%가 된다.

ㄹ. (×) 1차 고객기관 중 개인고객에게'만' 공공데이터를 제공하는 기관의 수는 ㄷ에서 도출하였듯이 150개이고, 1차 고객기관 중 2차 고객기관에게 '만' 공공데이터를 제공하는 기관의 수는 450-360=90개이다. 따라서 70%인 63개 이상 더 크지 않다.

14 분수 비교형 난이도 중

정답 ①

문제풀이 핵심 포인트

비중을 판단할 때, 어떤 수치를 기준으로 비율이 구성되는지 분명하게 판단한다.

풀이

〈보고서〉 세 번째 문단의 '개인소유 토지의 57.1%를 차지하고 있는 외국국적 교포의 토지소유면적'이 '외국인소유 토지의 57.1%를 차지하고 있는 외국국적 교포의 토지소유면적'으로 바뀐다면 〈보고서〉에 부합하는 자료가 될 수 있다. 실제로 개인 소유 토지 중 외국국적 교포의 토지 소유면적이 차지하는 비중은 90%를 넘는다.

15 분수 비교형 난이도 중

정답 ③

문제풀이 핵심 포인트

각주의 식을 구성하는 항목이 복잡한 요소이므로 식을 정리하여 완벽히 이해한 후 답을 도출한다.

풀이

ㄱ. (O) 약물 복용횟수가 1회인 경우의 기형발생률은 0.32%이고, 0회인 경우의 기형발생률은 0.30%이다. 따라서 0.02%p 차이가 난다.

ㄴ. (×) 1.62%는 약물 복용횟수 0회, 1회, 2회인 경우의 기형발생률을 단순히 더한 값이다(0.3+0.32+1.0). 약물 복용횟수가 2회 이하인 경우의 기형발생률은 각주 2)에 따라 (96/29,300)×100으로 도출해야 한다.

ㄷ. (×) 기형발생률은 약물 복용횟수가 2회일 때 1%, 3회일 때 3%, 5회일 때 5%이다. 따라서 증가폭이 2%p로 동일하다. 또한 약물 복용횟수가 5 이상인 경우에는 판단할 수 없다.

ㄹ. (O) 기형발생 오즈(odds)는 약물 복용횟수가 4회인 경우 $\frac{5}{95}$이고 2회인 경우 $\frac{1}{99}$이므로 5배 이상 높다.

16 매칭형 난이도 중 정답 ④

문제풀이 핵심 포인트
매칭형 문제이므로 '가장'이라는 키워드가 포함된 〈조건〉부터 검토한다.

풀이

- 첫 번째 〈조건〉에서 '갑'~'정'국 중 전체 기업수 대비 서비스업 기업수의 비중이 가장 큰 국가는 '갑'국이라고 하였으므로, 〈표〉를 통해 서비스업/전체의 비중을 판단한다. (제조업+기타)를 묶어서 접근하면 이는 상대비로 판단할 수 있고, 결국 서비스업/전체의 비중이 가장 큰 국가는 서비스업/(제조업+기타)의 비중이 가장 큰 국가와 동일하다. 따라서 서비스업의 수가 가장 많고 (제조업+기타)의 합이 가장 작은 D국이 '갑'국이 된다. 이에 따라 선지 ①, ③은 제외된다.
- 두 번째 〈조건〉에서 '정'국은 '을'국보다 제조업 기업수가 많다고 하였으므로 A는 '정'국이 될 수 없다. 이에 따라 선지 ⑤가 제외된다.
- 세 번째 〈조건〉에서 '을'국은 '병'국보다 전체 기업수는 많지만 GDP는 낮다고 하였으므로 선지 ②, ④를 고려하여 〈그림〉에서 판단하면 '을'국은 B, '병'국은 A이다.

따라서 A~D에 해당하는 국가를 바르게 나열하면 병, 을, 정, 갑이다.

17 분산·물방울형 난이도 중 정답 ③

문제풀이 핵심 포인트
수출입액 항목의 괄호 안 비율은 각 연도별 전체 수출입액에 대한 비율이다. 즉, 비율 자료가 제시된 경우 합 100%가 어떻게 구성되는지 판단한다.

풀이

ㄱ. (×) 아시아에 대한 수출입액의 비율만 보면 88.4%에서 89.8%로 1.4%p 증가하였다고 착각할 수 있다. 수출입액 자체의 증감 현황을 묻고 있으므로 3,259,630억 원에서 2,996,677억 원으로 감소하였다고 판단하여야 한다.

ㄴ. (O) 모든 지역에서 감소하고 있다.

ㄷ. (×) 2011년 '가'국의 유럽에 대한 수출액은 전년대비 67,648억 원에서 60,911억 원으로 6,737억 원 감소하였다. 따라서 전년대비 5.9% 감소한 것이 아니라 약 10% 감소한 것이 된다.

ㄹ. (O) 〈그림 2〉의 프랑스를 제외한 비율의 합이 85.9%이므로 2011년 '가'국의 유럽에 대한 전체 수출입액 중 수출입액 상위 5개국이 차지하는 수출입액의 비중은 85.0% 이상이다.

ㅁ. (×) 2011년 '가'국의 네덜란드에 대한 수입액 대비 수출액 비율은 전년에 비해 증가하였다. 원점과 네덜란드를 잇는 선분의 기울기가 감소하면 수입액 대비 수출액 비율은 증가하고, 수출액 대비 수입액 비율이 감소한다.

18 조건 판단형 난이도 상 정답 ②

문제풀이 핵심 포인트
소독효율의 A 개체수는 100으로 일정하고, 각 시점의 간격은 1시간으로 동일하다.

풀이

ㄱ. (×) 실험시작 후 2시간이 경과한 시점은 C에서 측정한 소독효율 값이다. 이는 약 $\frac{91}{5}$마리/kg이고 1시간이 경과한 시점에서 B의 소독효율은 $\frac{80}{2.8}$마리/kg이다. 따라서 소독효율은 B가 C보다 더 높다. 이는 정확하게 계산하지 않고 20을 기준으로 대략적으로 검토해도 판단 가능하다.

ㄴ. (O) 식의 숫자를 대입해서 비교하려 하지 말고, 식의 구조를 고려하여 판단한다. A의 개체수는 일정한 상황에서 D는 F에 비해 개체수가 적고 누적 주입량 역시 적다. 따라서 소독효율 식의 분자가 D가 더 큰 반면 분모는 더 작기 때문에 당연히 소독효율은 F가 D보다 낮다.

ㄷ. (×) 역시 식의 구조를 고려하여 판단한다. 구간 소독속도 식의 분모를 보면 두 측정 시점 사이의 시간이므로 B~C 구간과 E~F 구간의 시간은 1시간으로 동일하다. 결국 B~C 구간과 E~ F 구간의 개체수 차이가 클수록 소독속도 역시 크게 되므로, 구간 소독속도는 B~C 구간이 E~F 구간보다 높다.

실전에선 이렇게!

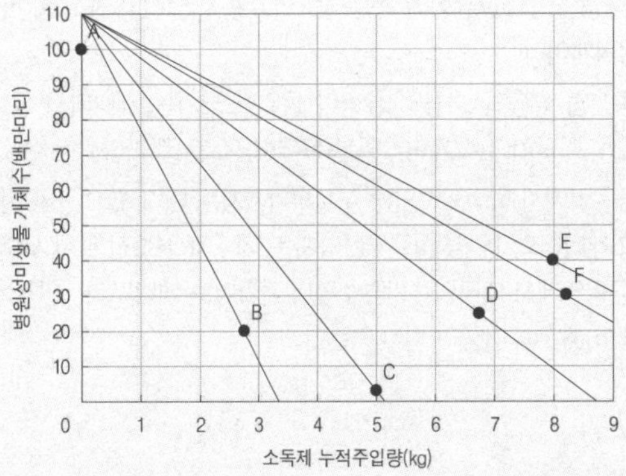

소독효율은 그림에서 선분의 기울기로 판단할 수 있다. 병원성미생물 개체수를 Y, 소독제 누적주입량을 X, 소독효율을 A로 하여 소독효율 식을 재구성하면 A = (100 - Y)/X이므로 이를 정리하면 Y = - AX + 100이 된다. 즉 Y축 절편 100을 지나면서 기울기가 -A인 선분을 평면에 그렸을 때 기울기가 가장 큰 선분이 소독효율 역시 가장 높다. 즉, 소독효율은 기울기가 큰 B, C, D, F, E 순으로 높다.

19 분산·물방울형 난이도 중 정답 ①

문제풀이 핵심 포인트
아래 그림에서 회색 음영인 부분을 제외하면 금융업과 통신업 기준과 무관하게 Ⅰ~Ⅳ유형을 일관되게 판단할 수 있으므로 회색 음영에 포함된 부분에 유의하여 답을 도출한다.

풀이

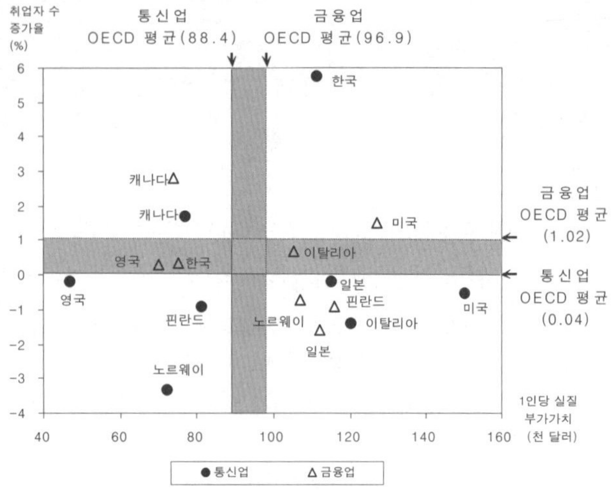

ㄱ. (O) 한국과 일본의 통신업의 경우, 1인당 실질부가가치가 통신업의 OECD 평균보다 각각 높게 나타나려면 한국과 일본의 통신업 표식(검은 원)이 각각 실선 우측에 위치해야 한다.

ㄴ. (O) 한국의 통신업의 1인당 실질부가가치와 취업자 수 증가율이 각각 금융업의 1인당 실질부가가치와 취업자 수 증가율보다 크려면 한국의 통신업 표식(검은 원)이 한국의 금융업 표식(세모)보다 우상방에 위치해야 한다.

ㄷ. (×) 통신업의 제Ⅲ유형에 속한 국가의 수는 영국, 핀란드, 노르웨이로 3개이고, 금융업의 제Ⅳ유형에 속한 국가의 수는 이탈리아, 노르웨이, 일본, 핀란드로 4개이다.

ㄹ. (O) 통신업 유형과 금융업 유형이 동일한 국가는 캐나다(Ⅱ유형), 영국(Ⅲ유형), 이탈리아(Ⅳ유형), 일본(Ⅳ유형)으로 4개이다.

ㅁ. (×) 금융업에서 미국의 1인당 실질부가가치는 대략 120~130천 달러 사이이고 캐나다의 1인당 실질부가가치는 대략 70~80천 달러 사이이다. 따라서 금융업에서 미국의 1인당 실질부가가치는 캐나다의 1인당 실질부가가치에 비해 2배 이상이 되지 않는다.

20 각주 판단형 난이도 상

정답 ④

문제풀이 핵심 포인트

<조건>을 매도 시와 매수 시에 내야하는 비용으로 바꿔 정리한다.

풀이

ㄱ. (×) 매도 시에는 '주식거래 비용'이 들고, 매수 시에는 '주식매매 수수료'만 든다는 점을 감안하면, 갑이 동일한 양을 매수한 다음 전량 매도하는 경우 주식거래 총 비용 = 2×주식매매 수수료 + 증권거래세이다. 증권사 수수료 역시 주식매매 수수료의 일종이므로 주식거래 비용의 합에서 증권사 수수료가 차지하는 비중은 $(0.1840\times2)/(0.3+0.1949\times2) \fallingdotseq \frac{0.37}{0.69} \geq 50\%$이다.

ㄴ. (O) 2005년의 주식매매 수수료율이 0.1655%이므로 1,000만 원 주식을 매수하면 수수료는 16,550원이다.

ㄷ. (×) 금융투자협회는 2008년과 2011년이 동일하다.

ㄹ. (O) 2011년에 '갑'이 주식을 매도할 때 '갑'에게 부과되는 주식거래 비용에서 유관기관 수수료가 차지하는 비중은 $\frac{0.054}{0.3+0.0993} = 54/3{,}993 \leq 2\%$이다.

21 분수 비교형 난이도 하

정답 ①

문제풀이 핵심 포인트

표에 직접 주어진 구분항목을 비교하는 ㄹ부터 판단하여 답 고르는 시간을 단축한 다음 반드시 검토해야 할 보기만 판단하여 답을 도출한다.

풀이

ㄱ. (O) '배터리 용량'당 '차량가격'은 A가 112.9, B가 64.9, C가 156.9, D가 131.1, E가 77.5로 C가 가장 높다.

ㄴ. (O) '차량가격'이 가장 낮은 전기차는 B이고 '완충시간' 대비 '배터리 용량'의 비율도 77.4/392 ≒ 0.197로 유일하게 0.2미만으로 가장 낮다.

ㄷ. (×) '완충시 주행거리' 대비 '완충시간'의 비율은 D가 420/447 ≒ 0.94로 E의 2배인 504/524 ≒ 0.96보다 작다.

ㄹ. (×) A의 차량가격은 B보다 높지만 A의 배터리용량은 B보다 작다. 따라서 '차량가격'이 높을수록 '배터리 용량'이 크지는 않다.

22 각주 판단형 난이도 상

정답 ④

문제풀이 핵심 포인트

2017년 고용형태에서 사업가와 피고용자가 각각 5,000명이라고 하였으므로 〈표 1〉을 통해 Ⅰ. 사업가(2017년) → 사업가(2018년) 4,000명, Ⅱ. 사업가(2017년) → 피고용자(2018년) 1,000명, Ⅲ. 피고용자(2017년) → 피고용자(2018년) 3,500명, Ⅳ. 피고용자(2017년) → 사업가(2018년) 1,500명임을 도출한다.

풀이

구분		2019년		합계(명)
		사업가	피고용자	
2018년	사업가	4,400(80%)	1,100(20%)	5,500
	피고용자	1,350(30%)	3,150(70%)	4,500
합		5,750명	4,250명	-

ㄱ. (O) 각주 3)에서 각 고용형태 변화 유형 내에서 2017년 소득분위별 인원은 동일하다고 하였으므로, 2017년 사업가에서 2018년 피고용자로 고용형태가 변화된 사람 1,000명 중에서 2017년 기준 각 분위별 사람 수는 200명으로 모두 동일하다. 따라서 2018년에 소득 1분위에 속하는 사람은 $(200\times70\%)+(200\times25\%)+(200\times5\%)+(200\times5\%)+(200\times0\%) = 210$명이다. 2017년 소득분위별 인원은 동일하므로 공통인 200명에 2018년 분위별 비율합인 105%를 곱해서 바로 도출 가능하다.

ㄴ. (×) 2018년 고용형태가 사업가인 사람은 Ⅰ. 사업가(2017년) → 사업가(2018년)인 4,000명과 Ⅳ. 피고용자(2017년) → 사업가(2018년)인 1,500명을 합한 5,500명이다.

ㄷ. (O) 2017년 피고용자에서 2018년 사업가로 고용형태가 변화된 사람 1,500명 중에서 2017년 소득 2분위는 300명이다. 2017년 소득 2분위에서 2018년 3~5분위로 소득분위가 높아진 사람은 20+5+5=30%이므로 300×0.3=90명이다.

ㄹ. (O) 동일한 표본에 대해, 2017년에서 2018년 고용형태 변화비율과 같은 비율로 2018년에서 2019년 고용형태가 변화된다면 2019년 피고용자의 수는 4,250명으로 2018년 4,500명에 비해 감소한다.

23 각주 판단형 난이도 상 정답 ⑤

문제풀이 핵심 포인트

<보기>에서 묻는 상황이 <표 2>에 주어진 네 가지 유형 중 어느 유형에 해당하는지 정확히 매칭하여 답을 도출한다.

풀이

ㄱ. (○) 2017년 소득 1분위이면서 2018년 소득분위가 2017년 소득분위보다 높아진 사람의 비율은 '사업가(2017년) → 사업가(2018년)' 유형(I)이 35.0 + 10.0 + 10.0 + 5.0 = 60%로, '사업가(2017년) → 피고용자(2018년)' 유형(II) 30.0 + 0.0 + 0.0 + 0.0 = 30%보다 높다.

ㄴ. (○) 2017년 소득 3분위이면서 2018년 소득분위가 2017년 소득분위보다 높아진 사람의 비율은 '피고용자(2017년) → 사업가(2018년)' 유형(IV)이 20.0 + 5.0 = 25%로, '피고용자(2017년) → 피고용자(2018년)' 유형(III) 15.0 + 0.0 = 15%보다 높다.

ㄷ. (×) 고용형태 변화 유형 네 가지 중에서 2017년과 2018년 사이에 소득분위가 변동되지 않은 사람의 비율은 '사업가(2017년) → 피고용자(2018년)' 유형(II) 70.0 + 5.0 + 50.0 + 50.0 + 75.0보다 '피고용자(2017년) → 피고용자(2018년)' 유형(III) 85.0 + 65.0 + 60.0 + 65.0 + 75.0이 더 높다.

ㄹ. (○) 고용형태 변화 유형 네 가지 중에서 2018년에 소득 5분위인 사람의 비율은 '사업가(2017년) → 사업가(2018년)' 유형(I)이 5.0 + 5.0 + 10.0 + 25.0 + 80.0으로 가장 높다.

24 각주 판단형 난이도 상 정답 ③

문제풀이 핵심 포인트

할인금액은 즉시할인과 쿠폰할인으로 구분되고 결제금액은 신용카드와 포인트로 구분되므로 선택지에서 묻는 항목을 정확히 매칭하여 판단한다.

풀이

① (×) 전체 할인율은 (22,810/150,600) × 100 ≒ 15.1%이므로 15% 이상이다.

② (×) '보온병'의 할인율은 (1,840/9,200) × 100 = 20%이지만 '요가용품세트'의 할인율은 (9,400/45,400) × 100 ≒ 20.7%로 할인율이 더 높다. 따라서 '보온병'의 할인율이 가장 높지는 않다.

③ (○) 주문금액 대비 신용카드 결제금액의 비율은 '요가용품세트'가 (32,700/45,400) × 100 ≒ 72.0%, '가을스웨터'가 (48,370/57,200) × 100 ≒ 84.6%, '샴푸'가 (34,300/38,800) × 100 ≒ 88.4%, '보온병'이 (7,290/9,200) × 100 ≒ 79.2%이므로 '요가용품세트'가 가장 낮다.

④ (×) 10월 전체 주문금액 150,600원의 3%는 4,518원이므로 적립된 11월 포인트는 4,518 포인트이다. 10월 동안 사용한 포인트는 3,300 + 260 + 1,500 + 70 = 5,130 포인트이므로, 10월 구매로 적립된 11월 포인트는 10월 동안 사용한 포인트보다 작다.

⑤ (×) 결제금액 중 포인트로 결제한 금액이 차지하는 비율은 '요가용품세트'가 (3,300/36,000) × 100 ≒ 9.2%, '가을스웨터'가 (260/48,630) × 100 ≒ 0.5%, '샴푸'가 (1,500/35,800) × 100 ≒ 4.2%, '보온병'이 (70/7,360) × 100 ≒ 0.9%이다. 따라서 결제금액 중 포인트로 결제한 금액이 차지하는 비율이 두 번째로 낮은 상품은 '가을스웨터'가 아니라 '보온병'이다.

실전에선 이렇게!

① 주문금액 15만 원의 15%가 22,500원이고, 600원의 15%가 90원에 불과하다는 점을 고려하면 22,810원은 15% 이상이라고 판단할 수 있다.

② '요가용품세트'의 주문금액은 45,400원이므로 이의 20%는 9,080원이다. 따라서 9,400원은 20% 이상이라고 판단할 수 있다.

③ '요가용품세트'의 경우, 주문금액 45,400원의 80%는 36,000원 이상이므로 신용카드 결제금액의 비율은 주문금액의 80% 미만이라는 것을 알 수 있다. 따라서 비율이 80% 이상인 '가을스웨터'와 '샴푸'를 제외하고, 보온병이 80%에 근접하는 비율이라는 것을 도출하여 비교한다.

⑤ 1% 이상인 요가용품세트와 샴푸를 제외하고 1% 미만인 보온병과 가을스웨터를 비교하면 어렵지 않게 판단 가능하다.

25 빈칸형 난이도 상 정답 ⑤

문제풀이 핵심 포인트

각주에서 노년부양비와 노령화지수만 주어졌기 때문에 이를 통해 생산인구 또는 유소년인구를 판단하여 답을 도출한다.

풀이

ㄱ. (×) 직관적으로 문제를 해결하려면 2030년 노인인구를 대략적으로 도출해서 접근한다. 총인구와 유소년인구, 생산가능인구가 주어져 있으므로 2030년 노인인구는 대략 13,700천 명이다. 따라서 노인인구는 2020년 9,219천 명의 55%인 약 4,600 + 460 = 5,060천 명 미만 증가하여 2030년 13,700천 명이 되었으므로 증가율은 55% 이상이 되지 못한다.

ㄴ. (○) 노인인구와 유소년인구의 관계를 알려주는 항목은 각주 2에 제시된 노령화지수이다. 2016년에는 노령화지수가 119.3%로, 100%를 넘기 때문에 당연히 노인인구가 유소년인구보다 많다.

ㄷ. (○) 2016년 노년부양비를 판단하려면 2016년 생산가능인구수 또는 구성비 항목이 필요하므로 이를 도출해본다. 2016년 노령화 지수가 119.3%로 120%에 가까운 비율이라는 점을 이용하면, 노인인구:유소년인구 = 6:5이다. 2016년 노인인구의 구성비가 17.7%로 약 18%이기 때문에 유소년인구는 약 15%이다. 따라서 생산가능인구의 구성비는 약 67%이고, 이렇게 본다면 2016년 노년부양비는 $\frac{16}{67}$으로 20% 이상이라고 판단할 수 있다. 반대로 접근해보면, 노인인구 구성비가 16%이므로 노년부양비가 20% 이상이 되려면 생산가능인구의 구성비가 80%이하가 되어야 한다. 만약 생산가능인구의 구성비가 80%를 초과한다면, 필연적으로 유소년인구의 구성비가 4% 미만이 되므로 유소년인구와 노인인구의 상대적인 비율을 나타내는 노령화지수가 400%를 초과하게 된다. 실제 노령화 지수는 119.3%이므로 노년부양비는 20% 이상이라고 어렵지 않게 판단할 수 있다.

ㄹ. (○) 2030년 생산가능인구가 29,609천 명으로 주어져 있으므로 2020년 생산가능인구가 35,609천 명 이상이 되는지 판단해본다. 2020년 생산가능인구를 도출하려면 노년부양비 25.6%와 노인인구 9,219천 명을 이용하면 된다. 각주 1을 변형하면 생산가능인구 = $\frac{\text{노인인구}}{\text{노년부양비}}$가 되므로 2020년 생산가능인구는 36,000천 명을 넘는다고 쉽게 판단할 수 있다. 따라서 2020년 대비 2030년의 생산가능인구 감소폭은 600만 명 이상일 것으로 예상된다. 25.6%를 약 $\frac{1}{4}$로 생각하면 9,219 × 4 > 36,000이므로 쉽게 판단할 수 있다.